後白河法皇日録

編著　小松　茂美
補訂　前田多美子

学藝書院

後白河法皇日録

まえがき

小松茂美先生と後白河法皇との、かくも深い因縁は、一九九九年五月に始まる。「梁塵秘抄」の断簡が新たに発見され、それが編者・後白河法皇の自筆か否かと論議を呼んだのが発端であった。

先生はしばらくその断簡の写真を熟視されていたが、軽々には結論を出されなかった。そして、後白河法皇という人とその時代、つまり書が生み出された土壌の究明に取り掛かられた。一見、迂遠と見える源流への遡上は、一貫した先生の学問的姿勢である。

当時、古筆学研究所に出勤されると、先生はまっすぐに机に向かわれた。一息ついてからではない、すぐにである。そして、涼しいお顔で昨日の続きの作業をされた。『史料綜覧』に始まり、『玉葉』『中右記』などありとあらゆる公卿日記に過眼、必要な記事に付箋を添付。本の天・地・横、分厚く膨らんだ付箋は、あたかもお祓いの御幣《ごへい》のようであった。それを、B４のコピー用紙四分の一に切ったカードに書き抜く。「一つひとつ手で書くからこそ頭に入っていくのだ」が持論。そして年次、日次《ひなみ》に並べ、それを簡潔に記述、表にしていく。その片端から、側近の神崎充晴氏（現センチュリーミュージアム館長）統括のもと、古筆学研究所やセンチュリーミュージアムなどの若い人たちが印字化した。そのようにして出来上がったのが、この『後白河法皇日録』の前身である。

すぐにも刊行、という話があったようであるが、先生は頑として首を縦に振られなかった。「『日録』はこれから執筆すべき研究篇とともに、車の両輪である。セットで刊行してこそ意義があり、そこで初めて古筆学の集大成といえる。先に出すのであれば、〝没後〟でも同じ」（二〇一〇年四月十八日）という信念は、最期の日まで先生の心底から離れることはなかった。

二〇〇一年三月、古筆学研究所が閉鎖された。小松先生はセンチュリー文化財団理事、ミュージアム館長の職に専念されることになる。一方で、

『図説 平家納経』二〇〇五年一〇月、戎光祥出版
『平家納経　平清盛とその成立』二〇〇五年一〇月、中央公論美術出版
『天皇の書』二〇〇六年四月、文春新書

と、矢継ぎ早に著書が刊行された。じつに精力的、まさに超人的な仕事ぶりであった。こともなげに「昨夜も徹夜」とおっしゃる血色のよい表情からは、体調の心配など考えも及ばなかった。


『後白河法皇日録』とのちに名付けられるその大部のものが、私のもとに初めて廻って来たのは、二〇〇六年の初夏であった。校正、補訂の仕事を託される。当然ながら原稿との突き合わせから始めた。原典の公卿日記には白紙の気持ちで立ち向かい、歴史の流れの上で解釈すべく努めた。勝手な異見言上も寛大に許され、談論沸騰して気分は昂揚、充実感が湧いた。訂正、削除、加筆の作業が、以後、延々と続いていくことになる。

当初、無機質な表形式であったが、小松先生が信頼を寄せられる編集者の森登氏の提案で現在の組み方になり、面白い読み物に転生していく。漢字ばかりの退屈な公卿日記のポイントを見極めて、簡潔に記述するのは大変なことである。人間模様、当時の政治、文化を熟知していなければ成し得ない。「平家納経」に学問の出発をみ、後白河法皇の時代の中で過ごされたが如き小松先生ならではの仕事、と思う。

官職だけで表記される登場人物をだれに特定するか、これは厄介な手順を踏まねばならない。また付記する年齢が重要な意味をもつ。「年齢がわかれば情景が目の前に浮かんでくる、芝居の舞台のように」と自負なさっていたが、その多くが人名辞典には採られていない。これまた当代の史料を博捜して作成された先生の生没一覧表が武器であった（そ

の後、年齢確認作業は、金子馨さんが担当)。

そして、文体は先生一流の擬古文が混じる。「当時の雰囲気というものを大切にしたいから」と。登場人物の人間性が躍如としているものにという願望通り、これまでの研究書にはない、読み物としても十分に需めに応えられるものになっている。先生はご満悦であった。

先生には、活字本を簡単には鵜呑みにしない、という信念がある。そもそも古筆学という学問は、単なる書跡解読の学問ではない。書跡を中心に据えて、国文学・歴史学・美術史・禅・茶の湯・管絃、あらゆる分野との学際的な交わりにおいて研究する。逆もまた言えるわけで、書が本当に分かり、正しく読み解かれなければ、真の文字資料とはなりえない。けれども、このことがあまりに軽視されている現状である。生《なま》の文字資料は読めない、読もうとしない、活字本に頼り切って事足れりという風潮、と先生はしばしば眉をひそめておられた。公卿日記の記事も、その時々の状況や有職故実、あらゆる事情を勘案して、活字の誤りを訂正する。そして、史料の背後にある真実を読もうとされ続けた。

その一例。二〇一〇年五月六日、数ヶ月振りで私は先生に質問した。入退院が繰り返され、なかなか機会がなかったのだ。壇の浦で平家が滅び、神鏡と神璽が入洛する場面。藤原兼実の『玉葉』に「二瓦河市」とある箇所について尋ねると、「やっぱりきたか」とおっしゃって、信じられないような身軽さで『古事類苑』ほかの書物を次々に開いて説明された。「市」は字形類似からの誤読で正しくは「舟」と読むべき箇所、つまり河舟である。この河舟は二瓦《ふたつがわら》、三棟の造りであったのだ、と。これぞ古筆学の視点である。しかしながら、この日がこの世での最終講義になろうとは、私は夢にも思わなかった。


さて、『後白河法皇日録』は、後白河法皇を身籠った待賢門院璋子の着帯の儀から書き起こされる。その時、在位していたのは、後白河と同母の兄の崇徳天皇である。そして、崇徳が譲位させられた後は、鳥羽法皇寵愛の美福門院が生んだ近衛天皇、つまり崇徳・後白河にとっての異母弟が即位した。しかし、近衛天皇は十七歳の若さで崩御。その後の皇位継承をめぐっては、崇徳上皇は皇子重仁親王を強く望んだが、鳥羽法皇・美福門院はそれを断固、拒絶。美福門院の猶子となっていた後白河皇子守仁（二条天皇）に白羽の矢。その前段階、辻褄合わせの暫定措置として起用されたのが、後白河天皇であった。

人々の思惑、政治的力学の狭間に、想定外で誕生したわけである。その背後にあって美福門院とともに巧妙に後白河即位を画策したのが、後白河の乳母・藤原朝子（のちに紀伊二位と呼ばれて権勢を振るう）の夫である信西といわれている。無論、それは「〝仏と仏〟の談合による後白河天皇に舞い込む宝位」として、研究篇の目次にしかと組み込まれていた。後白河は時に二十九歳。それまでの天皇の即位がみな幼少であった（鳥羽天皇＝五歳、崇徳天皇＝五歳、近衛天皇＝三歳）ことを思うと、二十九歳はあまりに遅い。奇異な感がある。

鳥羽天皇は早くから後白河を「天皇の器にあらず」とし、世間は「イタクサタダシク（沙汰だし＝うわさになるほど）御遊ナドアリ」（『愚管抄』）と評していた。後白河自身も、「そのかみ十余歳の時より今に至るまで、今様を好みて怠る事無し」（『梁塵秘抄口伝集』）と述懐しているように、ひたすら今様に耽溺した。白拍子や遊女、傀儡子《くぐつ》らと気軽に交わり、のびのびと青春を謳歌した。帝王学のカリキュラムとは無縁の環境の中で成長したのである。皇位への欲望はなく、周囲の期待の星でもなかった。後白河の急遽登極は、周囲が彼を容易に傀儡《かいらい》にできると踏んだ故ではなかったか。

即位以降、後白河天皇は大方の期待に反して、ゆっくりと独自の姿勢を天下に示していくことになる。『後白河法皇日録』を綴る小松先生の筆にも、次第に拍車がかかっていく。天変地異も出来し、未曾有の困難が続く時代であった。鳥羽法皇崩御を機に勃発した保元の乱は、皇位継承の争い、摂関家の内紛であったが、傭兵であったはずの武家が、実力、存在感を主張していく結果となった。次の二条天皇との父子の確執もあった。やがて、平治の乱では信西が排除され、いよいよ平清盛が覇権への階段を昇っていくこととなる。

後白河は、幾たびも拉致・幽閉の憂き目に遭い、御所も焼かれた。福原からの還幸の際は、ことに哀れ。御幸の行粧もあまりに寂寥たるものであった。途中、安徳天皇も高倉上皇も下船したが、後白河法皇は厳重な警固の下、小舟の中に押し込められたままで夜を明かす。なんとも労《いたわ》しいかぎりであった。

平家滅亡の前後に登場するのは源氏。義仲、義経、頼朝。後白河法皇には、それが誰であってもよかった、我が身の安全さえ保証されれば。朝令暮改の謗《そし》りも意に介さない。綸言の汗などはすぐに乾く。朝《あした》に頼朝追討の院宣を下して、夕べに義経追討に替えるとも、それはそれ。

一方、後白河の明け暮れにこそ、後白河ならではの自己発現があった。今様執心は『梁塵秘抄』に結実し、当代に特記されるべき文化遺産である。絵巻の制作に熱中。白河・鳥羽を踏襲する熊野詣では、じつに三十六回にも及んだ。

しかし、顰蹙を買うことも多々。しばしば双六に熱狂した。それは金銭・物品を賭ける博奕である。藤原兼実が参内しても、待ちぼうけさせて、拝謁無しのこともある。病中であっても止めない。麻薬のような、「物狂いの事」であったようだ。宋人を見物するなど、藤原兼実は「天魔の所為か」と批判したが、日常茶飯の一端に過ぎない。強盗が捕まれば、御前に召して、その窃盗の秘術を熱心に尋問、再現までさせたという。異常に旺盛な好奇心であった。

こうした後白河に苦言を呈し続けた藤原兼実は、二十二歳年下である。彼の日記『玉葉』には激越な批判の言葉が頻出している。公卿日記は当時の公卿にとって必須の有職故実のテキストであった。不特定多数が後世にまで読み継ぐものである。にもかかわらず敢えて書き付ける。「天下の亡弊に気づかず、国家の傾危を顧みることなし。さながら嬰児の如き無防備、禽獣の如き貪欲《どんよく》なり。悲しむべき乱世なり」とは、兼実のまことに辛辣な後白河評であった。

兼実は、誠実で謙虚な、真面目な能吏であった。つまり、後白河より年下ながら、前時代の伝統に忠実な優等生。兼実の本質は、無論、天皇崇拝。自分さえ不惜身命に、誠実に奉公していれば、やがては「仏天の知見照覧あるべし」と信じる。しかし、価値観を全く異にする、いわば新人類の後白河を理解することなど、所詮無理ではなかったか。

後白河の後見人的な立場でもあった乳父《めのと》・信西はこう語った。平治の乱直前、信西最期の言葉である。「後白河上皇は、和漢・古今の間においても、比類無き暗主である。いかに諭しても理解してもらえぬ。されど、二つの長所あり。一旦発念するとなにがなんでもやり抜く力。また、抜群の記憶力」。「暗主」、つまり無能な君主とはよくも言ったり。されど、後白河は信西の尺度ではとうてい計り切れない人物であったのだ。しかし、強靭な意志の力とすぐれた記憶力、後白河のこの二つの能力の指摘は、正鵠を穿っている。その後の苦難に立ち向かう何よりの力、才能であった。常識という枠、伝統という枠、さらには人倫という枠さえも、視界に入れずに生き抜いた。

このほかに、大勢の多彩な群像が、波乱万丈のドラマを展開した。先生はことに歴史の水面下で隠然たる、意味深長な役割を果たした人々に強い関心をもっておられた。後宮に奉仕し、中には成り上がって権勢を誇った者もあった女房たちの存在。若狭局、冷泉局、丹後局ら。また、変名を重ねて逃げ落ちた源義経は、「義経逃亡」（吉村昭の『長英逃亡』は先生の愛読書）の項目を立てて、先生の頭の中では構想が練られていた。最期まで気になったのは、以仁王であった。「あの令旨は本物だった」と。

小松先生は、

「よく夢を見る。この仕事を完成出来ずに私は死ぬのだが、その瞬間に思う、最期にこれほど夢中になるものに出会えて、本当に幸せであったと。そして覚めてから、ああ、夢であったかとホッと胸をなでおろすのだよ」

とおっしゃったことがある（二〇〇九年八月十六日）。

小松先生がそれほどまでに執心された後白河法皇の魅力とはなんであったのか。天衣無縫、常軌を逸する器量の大きさであった、ともいえるであろうか。

研究篇『後白河法皇史』の執筆は一年弱。そのすべての時間を、後白河前史たる、曾祖父白河法皇に注がれた。それは骨肉の異常な情念の世界である。この白河法皇と後白河法皇、両者が交錯する地平に、先生執心の秘密が、より強烈な魅力を窺う鍵が潜んでいるのではないかと思う。

暗黒の時代故に「暗主」だからこそ己を実現できた。韜晦などという甘いものにあらず。真の無頼。まさに破天荒の一生であったといえるのではないだろうか。

『後白河法皇日録』は、後白河法皇六十六年の生涯の日々の記録である。これは想像や主観で書かれたものではない。可能な限りの記録の証言を集め、立体的に組み立てられたものである。古今東西の帝王を主人公にした、こうした日録の例はない。

また、『後白河法皇日録』は、時代史でもある。後白河法皇、およびこの激動の時代の有為転変の事実を、事細かに拾い上げたものであるが故に、今後の研究者にとっては基礎的な文献となるに相違ない。

これに対し、研究篇『後白河法皇史』は、小松先生が集められた厖大な史料を駆使し、先生独自の感性で絵解きをし、これまでの定説を大胆に覆す、長大な叙事詩となるはずであった。『後白河法皇日録』の行間に、『後白河法皇史』の幻影を追っていただければ、なによりの手向けとなるであろう。

なお別冊に、「平安御遊楽器別所作人一覧表」「後白河院司異動一覧」を収める。前者は一条天皇から後鳥羽天皇までの約二百年間の、後宴における管絃、所作人、曲目を一表にしたもの。一目瞭然たるは、表の威力である。また、後者は後白河の生涯に及ぶ側近名簿。後白河を支えた組織の構成人員を知る上で、きわめて資料的価値が高い。ともに、先生の指示を受けた浅井桂子さんの手によって、すでに先生在世中に完成していた。

また、その時々の朝廷の主立った陣容を知るために、「年譜」を組んだ。それには『後白河法皇日録』の記憶すべき事項（『日録』の日付の下にゴチック見出し）などを加え、興味深い発言も「」に入れた。『後白河法皇日録』に親しんでいただく手がかりになれば幸甚である。さらに、簡略ながら『日録』登場人物の系図も添えた。

二〇一二年四月

前田多美子

・出典の史料に見える俗字・異体字は、通行の漢字に改めた。

例えば、庄 → 荘　駈 → 駆

・ルビは、『平安時代史事典』『有識故実大辞典』『日本国語大辞典』『国史大辞典』などを参考にした。「…とも」「古くは」として複数の読みを掲げたり、辞典による異同がある場合が多く、二転三転、判断に苦しんだ。先生の声が耳朶に残っている読み、古い用例が確かめられる読みを優先した。

・女性名の読みは、音読みであるはずがないという原則に立ち、『平安時代史事典』に依拠した。

目次

胎内から雅仁親王時代　1歳～28歳

大治二年（一一二七）～久寿元年（一一五四）

大治二年（一一二七）　胎内・一歳

四月八日〔天晴る〕　**待賢門院璋子、着帯の儀**

待賢門院（藤原璋子《たまこ》27）懐妊五ヶ月（後白河）により、着帯《ちゃくたい》の儀あり。兄左兵衛督藤原実能（32）、仰せをうけ帯を調進す。鳥羽院司・伯耆守藤原顕盛（28）、大炊御門《おおいみかど》高倉第《てい》に赴き、権僧正勝覚（71）の壇所において加持《かじ》の上、鳥羽上皇（25）に進献す。刻限（午時＝正午頃）に臨み、上皇みずから帯を結ぶ。　【御産部類記（九民記＝権右中弁藤原顕頼日記）】

六月九日〔天晴る〕

待賢門院御産のため御調度（産室）の儀あり。権右中弁藤原顕頼（34）奉行すべく束帯を着装参仕。陰陽頭《おんみょうのかみ》賀茂家栄《いえよし》（62）、日時を勘申《かんじん》。顕頼、これを鳥羽上皇に奏上す。院主典代《しゅてんだい》藤原以範《もちのり》、庁官を率いて御産行事所に参着。産所の御帳《みちょう》柱の立柱を始む。院判官代・刑部大輔藤原朝隆（31）、奉行たるも故障により不参、よって後日、改定に決す。　【御産部類記（九民記）】

七月六日〔天陰り、雨猶降る〕

待賢門院御産の御祈りとして、百仏供養あり。白河法皇（75）・鳥羽上皇・待賢門院の三院、三条東殿に渡御。覚法法親王（白河第四皇子・37）導師を勤む。讃衆《さんしゅ》二十人。　【中右記】

七月十四日

待賢門院御産の御祈り。三院、三条東殿に渡御あり。百体不動尊仏像ならびに千体不動尊絵像を供養。園城寺長吏・大僧正行尊（73）、導師となり讃衆十人勤仕《ごんし》す。三条西殿に還御の後、御仏供養、五壇法を修せらる。いずれも、女院御産の御祈りなり。　【中右記】

七月十七日〔天晴る〕

待賢門院御産後の夜々の行事（産養《うぶやしない》）を定む。午刻（正午頃）、鳥羽上皇、御産調度一具を進ぜらる。仕丁二十六人、これを搬入。行事は院判官代・刑部大輔藤原朝隆なり。ついで、三夜を女院、五夜を一院（白河法皇）、七夜を新院（鳥羽上皇）において執り行うことを決し、各定文《さだめぶみ》を書して奏上あり。　【御産部類記（九民記）】

七月二十五日
未明より三条殿（西殿）において待賢門院御産の御祈りとして大般若経三十口御読経供養あり。寝殿南庇七間に僧座を設け、中央に釈迦絵像を奉懸。摂政藤原忠通（31）・右大臣藤原家忠（66）・大納言藤原経実（60）以下、上達部《かんだちめ》（直衣）・殿上人《てんじょうびと》（衣冠）ら済々《せいせい》として参仕。南都薬師寺の別当・権律師隆覚（右大臣源顕房子・53）、導師を勤む。導師以下、被物《かずけもの》および布施を取り、事了りて退出す。【中右記】

八月二日〔天陰り、或いは晴る。時々、小雨ふる〕
待賢門院（27）の平産を祈るため、三条殿（西殿）において薬師琉璃《るり》光《こう》如来以下七仏を本尊として、七仏薬師法を修す。天台座主・法印仁実（大納言藤原公実二男・37）導師となり、番僧二十口をもって読経を行う。未刻《ひつじのとき》（午後二時頃）に事了る。ついで、座主、二十口の衆僧により、女院《にょういん》を加持す。右大臣藤原家忠以下、被物・布施を取り、事了りて退出。さらに能読《のうどく》の僧六口により法華経読誦《どくじゅ》を始む。【中右記】

八月十四日〔早旦、雨下る〕
白河法皇（75）、待賢門院御産御祈りのため数体御仏供養を行わる。三院ともに三条殿（東殿・三条東洞院第）に渡御。大僧正行尊（73）および聖恵《しょうえ》法親王（長尾宮、白河法皇皇子・34）、互いに導師を勤む。事了りて三条殿（西殿）に還御。仁和寺宮覚法法親王（長尾宮兄・37）、讃衆三十人を率いて尊勝陀羅尼供養を行う。ついで、白河法皇、白川・伊豆堂に御幸。御仏（合二百余体）供養により女院御産御祈りとなす。権僧正勝覚（71）、この導師を勤む。また、覚法法親王、孔雀経御修法《みしほ》（五七日後結願）を三条西殿において勤修《ごんじゅ》。さらにまた、同西殿の西泉殿において経供養あり。【中右記、仁和寺御伝】

八月二十六日〔去る夜より雨下る〕
また白河法皇、三条殿（西殿＝三院同居）において待賢門院御産御祈りとして数体御仏供養ならびに尊勝陀羅尼供養を行わる。【中右記】
待賢門院御産御祈りのため御仏供養あり。【中右記】

九月二日〔時々、天陰り、小雨ふる〕
三条殿（西殿）において待賢門院御産御祈りのため百口観音経転読供養（口別《こうべつ》百巻＝合一万巻）を行わる。僧正三人・法印覚猷《かくゆう》（75）・僧綱《そうごう》・已講《いこう》・法勝寺学生《がくしょう》ら百口なり。寝殿の母屋《もや》南庇《ひさし》を衆僧（百口）の座となし、三井寺の権少僧都禅仁（越前守源基行子・66）を導師となす。観音経は新写なり。内大臣源有仁《ありひと》（25）以下、公卿十余人が布施を取る。事了りて未時（午後二時頃）、退出す。また、この日、一日一仏を造立、供養を行わる。【中右記】

九月三日〔天陰り、雨下る〕

三条殿（待賢門院産所＝西殿・三条烏丸殿）において、去る八月十四日始修の孔雀経法あり。導師・仁和寺覚法法親王（37）、修法《すほう》の賞を法眼信証（後三条天皇皇子輔仁親王子・32）に譲り、信証は権大僧都に任ぜらる。【仁和寺御伝】

九月十一日〔天晴る〕　**待賢門院璋子御産、皇子（後白河）誕生**

戌刻（午後八時頃）、待賢門院璋子（27）御産、平安のうちに皇子（後白河）誕生あり。「昔より后《きさき》一腹に皇子四人は稀有の例なり」。権大納言藤原宗忠（66）、「王胤《おういん》の繁昌、天下の幸甚か」と慶祝す。この女院の御産、ついに六ヶ度に及ぶ（男子四人、女子二人）。この皇子は四宮なり。陰陽師《おんみょうじ》、賜禄《しろく》として大袿《おおうちき》一領を賜う。また、祈禱の効験《こうげん》により仁和寺覚法法親王および二所僧正・三人法印に布施として馬を賜う。

【御産部類記（九民記）、中右記、百錬抄、一代要記】

九月十二日

未刻（午後二時頃）、三条殿（西殿＝寝殿・西渡殿《わたどの》）において若宮（後白河）の御湯殿始《おゆどのはじめ》の儀あり。白河法皇（75）・鳥羽上皇（25）臨御。摂政藤原忠通（31）・内大臣源有仁（25）、殿上《てんじょう》に候す。公卿、左衛門督藤原通季《みちすえ》（38・女院洞院局《とういんのつぼね》は室家なり）以下の八人西対《にしのたい》広庇に出座す。女院女房洞院局（民部卿藤原忠教女）・女房高松局（侍従中納言藤原実隆室）・女房三条局（参議藤原家政女・鳥羽上皇妃）ら五人、御湯殿役を奉仕。読書博士《ふみのはかせ》は式部大輔藤原敦光（65）・明経《みょうぎょう》博士中原師遠《もろとお》（58）・大学頭《だいがくのかみ》藤原資光（45）ら三人、『御注孝経』（天子章）を読む。鳴弦《めいげん》は五位殿上人十人、および六位蔵人《くろうど》十人が奉仕す。事了りて次第に退下。ついで、夕べの御湯の事あり。【中右記、御産部類記（九民記）】

九月十三日〔天晴る〕

仁和寺覚法法親王の三条殿（西殿）における待賢門院御産御祈りの孔雀経法、この日、結願《けちがん》す（八月十四日始修）。巳刻（午前十時頃）、若宮（後白河）、御浴《おんゆあみ》の事あり。明経博士中原師遠、『古文孝経』を読む。酉刻（午後六時頃）、摂政藤原忠通・内大臣源有仁・権大納言藤原宗忠ら公卿十一人出仕。待賢門院の儲《もう》けにより第三夜の儀あり。女院の殿上、寝殿六ヶ間に女房二十人、打出《うちいで》の襲《かさね》装束袖を出す。饗饌《きょうせん》は三献。権大納言宗忠、朗詠（佳辰令月《かしんのれいげつ》・徳是北辰《とくはこれほくしん》）を唱う。【中右記、御産部類記（九民記）】

九月十四日〔天晴る〕

辰刻（午前八時頃）、三条殿（西殿）において若宮（後白河）の御浴の事あり。一昨日の儀の如し。大学頭藤原資光（45）、読書博士を勤め『五帝本紀』を読む。【御産部類記（九民記）】

九月十五日〔天晴る〕

早旦、若宮（後白河）の御浴の事あり。しかして、大外記明経博士中原師遠（58）、俄かに病を称し参仕せず。よって、鳥羽上皇、若宮勅別当たる按察使《あぜち》権中納言藤原顕隆（56）を召し、対策を下命。ゆえに式部大輔藤原敦光（65）が参上、『後漢書《ごかんじょ》』（明帝紀）を読み、御浴の儀を了す。

今夜、若宮の第五夜事（白河法皇産養《うぶやしない》）あり。酉《とり》刻（午後六時頃）、摂政藤原忠通（31）以下、三条殿（西殿）に群参、しばらくして殿上に着座。五献の饗宴ありて後、御遊（「御遊年表」参照）。摂政藤原忠通、箏《そうのこと》を奏す。琵琶は内大臣源有仁（25）が弾く。笙《しょう》の所作《しょさ》人《うど》なきにより、俄かに前《さきの》右兵衛佐源行宗（64）に女院昇殿を聴《ゆる》し、笙を吹かしむ。行宗「老後の面目」と悦ぶ。この夜の呂律の楽曲、「妙管清絃は錚《そう》摐寥亮《そうりょうりょう》として、誠に是れ治世の音、鈞天《きんてん》の調《しらべ》なり」（九民記）と。

【中右記、御産部類記（九民記）】

九月十六日〔陰気有るも雨脚なし〕（『中右記』は〔時々、小雨あり〕と）

この朝、若宮（後白河）、御湯事あり。その儀、昨日の如し。読書博士として小外記中原師安（40）、『毛詩』（大明篇）を読む。

【御産部類記（九民記）】

九月十七日〔天晴る。朝の間、時々小雨あり〕

若宮（後白河）の御浴の事、例の如し。読書博士は大学頭藤原資光（45）、『五帝本紀《ごていほんぎ》』を読む。今夜、七夜事（鳥羽上皇産養）あり。酉刻（午後六時頃）、摂政藤原忠通以下、公卿七、八人参入。権大納言藤原宗忠（66）の参入についで、内大臣源有仁（25）も参加。五献の饗の後、御遊あり（「御遊年表」参照）。管絃の興は一昨日の如し。ついで賜禄《しろく》、のち七廻の粥事《かゆのこと》あり。了りて人々退出。

【中右記、御産部類記（九民記）】

九月十八日〔天晴る〕（『中右記』は〔今朝、霜下る。寒気すでに到る〕）

若宮（後白河）の御浴の事あり。今日、院庁官二人（布衣）役す。蔵人、御湯殿《おゆどの》を勤仕《ごんし》す。鳴弦《めいげん》は殿上人（衣冠）が勤むるも、白河法皇（75）が人選、定め進めらる。

【御産部類記（九民記）】

九月十九日〔天陰り、雨下る〕

若宮の九夜。皇后宮（令子《よしこ》内親王＝白河法皇二女・50）の産養として白河法皇の沙汰。酉刻（午後六時頃）、摂政藤原忠通・内大臣源有仁以下、参入。三献の饗あり。この夜、朗詠なし。女院判官代《にょういんほうがんだい》・左少弁平実親（41）、筒簺《とうさい》（双六用具、采《さい》を入れる筒）を置き、参仕の公卿、紙を置く。ついでおのおの攤《だう》打ち（二個の采を振り出して優劣を競う）をす。事了りて人々退出す。

【中右記、御産部類記（九民記）】

十月二日〔天陰るも、雨下らず〕

新院（鳥羽上皇25）殿上間《てんじょうのま》（三条西殿＝三院同居）において第四皇子（後白河）の御《おん》五十《い》日定《かのさだめ》の儀あり。院司の公卿参入。別当・右衛門督藤原実行（48）、定文を清書す。来る十一月八日、未《ひつじ》刻（午後二時頃）と定む。

【中右記】

十月二十二日

今夕、待賢門院（27）、方違《かたたが》えにより白河御所（白河殿）に渡御。新宮《にいみや》（後白河）は留守居か。暁更《ぎょうこう》、三条殿（西殿）に還御あり。【中右記】

十月二十九日

白河法皇（75）ならびに鳥羽上皇（25）、高野詣でにより鳥羽殿に渡御のため、三条東殿（去る二十七日に渡御）を進発。摂政藤原忠通（31）、扈従《こしょう》せんとするも新生若君の御悩《ごのう》（病気）のため、俄かに停留す。右大臣藤原家忠（66）は衣冠、内大臣源有仁（25）は直衣《のうし》着装にて供奉《ぐぶ》す。この夜、待賢門院は姫宮（禧子《よしこ》内親王6）を伴い鳥羽殿に御幸《みゆき》。若宮（後白河）は三条殿（西殿）に留守居。【中右記】

十月三十日

卯時（午前六時頃）、白河法皇・鳥羽上皇、鳥羽殿を出御。南都東大寺の東南院に留御の予定なり。待賢門院、鳥羽殿の南殿を出御、進発の幸列を見物あり。その後、ただちに京三条本所（三条西殿）に還御あり。【中右記】

十一月八日〔天晴る〕

第四皇子（後白河）の五十日《いか》産養の儀あり。午初刻《うまのはじめ》（正午前）、白河法皇御所三条烏丸亭（三条西殿＝三院同居）に右大臣藤原家忠・内大臣源有仁以下参入、殿上間（待賢門院殿上西侍廊）に着座す。鳥羽上皇御所は東対屋《たいのや》なり。上皇、引直衣《ひきのうし》を着装、寝殿に出御、若宮に御五十日の餅を含ます。三献の饗あり、ついで御遊（「御遊年表」参照）。鳥羽上皇の御膳は大納言藤原経実（60）陪膳《はいぜん》を勧め、待賢門院の御膳には右兵衛督藤原伊通《これみち》（35）がこれを勧む。申《さる》時（午後四時頃）に事了りて、人々退出す。【中右記、長秋記】

十一月十四日　第四皇子（後白河）親王宣下（御名雅仁）

内裏（土御門烏丸殿）において第四皇子（後白河）に親王宣下《せんげ》の儀を行わる。未《ひつじ》時（午後二時頃）、内大臣源有仁・大納言藤原経実・民部卿藤原忠教《ただのり》（52）・按察《あぜち》使権中納言藤原顕隆（56）・皇后宮権大夫源師時《もろとき》（51）・右大臣藤原家忠ら参仕す。御名「雅仁《まさひと》」、式部大輔《たいふ》藤原敦光《あつみつ》（65）が撰び、蔵人頭《くろうどのとう》右中将藤原忠宗（41）が檀紙《まゆみのかみ》一枚に只「雅仁」の二字を書す。右大臣家忠、これを披見、左中弁藤原実光（59）を召し、御名を下給して親王たるべきを宣す。ついで、右大臣家忠以下、女院御所三条殿（西殿）に参向、雅仁親王政所《まんどころ》を結成す。勅別当に藤原顕隆を任ず。ただし、この日の顕隆に懈怠《けだい》のことあり。鳥羽上皇、仰せられて「今日の顕隆の所行、全く前例に似ず。召しを待たずしての直参《じきさん》、一失なり」と。別当は大納言藤原経実・民部卿藤原忠教。家司《けいし》は左少弁平実親（41）以下五名。職事《しきじ》は少納言源俊隆・刑部大輔《ぎょうぶのたいふ》藤原朝隆（31）。【中右記、長秋記、公卿補任】

十一月十九日　雅仁親王の侍所始の儀

雅仁親王（後白河）の侍所《さぶらいどころ》始の儀あり。預《あずかり》（侍所の長）・別当などを補せらる。三献の饗あり。初献・第二献は蔵人頭右中将藤原忠宗（41）、第三献は右兵衛督藤原伊通（35）が献杯の役を勤仕。覧札《らんさつ》（崇徳天皇に侍所歴名《れきめい》簡札を進覧）の役は左少将藤原季成《すえなり》（26）が奉仕す。事了りて王禄あり、左少弁平実親（41）および右少史中原俊重が参勤せり。【中右記】

十一月二十五日

鳥羽上皇御所三条東洞院第において、若宮（雅仁親王）の百日《ももか》定の儀あり。【中右記】

十二月二日〔天晴る〕

今宮《いまみや》（雅仁親王）の政所、年預《ねんよ》として新たに紀伊守藤原顕長（按察中納言顕隆三男・11）を召仰せらる。なお、勅別当は按察使権中納言藤原顕隆（56）以外、他人しかるべからざる旨、白河法皇（75）の仰せあり、同じく補すべし、と。よって、顕隆、畏み申すと奉答せり。【御産部類記（九民記）】

十二月三日〔天晴る〕

今宮（雅仁親王）、始めて加茂七瀬《ななせ》（糺川《ただすかわ》・一条通・土御門通・近衛通・中御門通・大炊御門通・二条末通）の御祓《おはらい》あり。年預・紀伊守藤原顕長、幼少なるにより参仕せざるも、祓料の御物《おもの》（襁褓《むつき》三十五具ほか衣料・薬・御座七帳・仕丁装束十四具）を今宮御方に調進奉献す。加茂七瀬に七人の御使（加賀守藤原家成21・若狭守藤原信輔・少納言源俊隆・少納言藤原忠成・能登守源資賢15・丹後守藤原季兼・出雲守藤原憲方22）を差遣さる。巳刻（午前十時頃）、使の人々、三条西殿に参入、鳥羽上皇（25）、南面に出御。

今日、今宮御方の白御帳を撤し、尋常御座を供す。さらに御湯殿を寝殿東廂に移さる。【御産部類記（九民記）】

十二月二十二日〔飛雪風に随いて、終日紛々たり〕

第四皇子（雅仁親王）の百日産養なり。午刻（正午頃）、白河法皇御所三条第（三条西殿＝三院同居）の女院殿上間《にょういんてんじょうのま》（西侍廊）にかねて饗饌を居《す》える。摂政藤原忠通（31）・右大臣藤原家忠（66）・内大臣源有仁（25）以下、殿上座《てんじょうのざ》に着座す。三献の饗あり。ついで若宮（雅仁親王）の膳を供す。陪膳の役は大宰大弐藤原長実（53）なり。鳥羽上皇御所（東対）寝殿簾中において、上皇（冠、引直衣を着装）、餅を若宮の口に含ませて、儀を了る。ついで、御遊あり（「御遊年表」参照）。待賢門院（27）の膳は左衛門督藤原通季（38）陪膳を奉仕す。賜禄は摂政藤原忠通の禄を蔵人頭右中将藤原忠宗（41）、諸卿の禄《ろく》は殿上人が取り、了りて人々退出せり。【中右記】

大治三年（一一二八）　二歳

二月十三日　三院（白河・鳥羽・待賢門院）熊野御幸
白河法皇（76）・鳥羽上皇（26）ならびに待賢門院（28）、熊野御幸に進発。雅仁親王、三条烏丸第（三条西殿）に留守居なり。
【中右記目録、三代要録】

三月八日
三院（白河法皇・鳥羽上皇・待賢門院）、熊野より還御。
【中右記目録】

八月二十八日
第四皇子（雅仁親王）、今日、初行啓なり。行先は不明。
【中右記目録】

十二月二十八日
待賢門院、内裏《だいり》（土御門烏丸亭＝皇居）に入御。明正月一日、崇徳天皇（10・母后は待賢門院）、元服の儀を行わるるにより、南殿装束（設営）に臨御のためなり。
【中右記、三代要略】

大治四年（一一二九）　三歳

正月一日〔天、陰徳を施し、嘉雨しばしば降る〕　**崇徳天皇、元服**
崇徳天皇（11）、土御門烏丸亭皇居の南殿において、元服の儀を行わる。白河法皇（77）・鳥羽上皇（27）・待賢門院（29）ともに臨せらる。加冠は太政大臣藤原忠通（33）、理髪は内蔵頭《くらのかみ》播磨守藤原家保（50）が奉仕す。御遊あり（「御遊年表」参照）。酉《とり》時（午後六時頃）、事了りて、白河法皇・鳥羽上皇、三条殿に還御。夜に入りて待賢門院、三条烏丸本御所（三条西殿）に還御あり。
【中右記、長秋記】

正月三十日〔晴〕
鳥羽上皇、寵臣昇叙過法たるにより、待賢門院諷諫《ふうかん》（いさめる）あり。よって、上皇と女院不快（不和）の事あり。これにより白河法皇も御気色《みけしき》不快なり。このため、上皇、法皇の御気色回復のため種々の御祈りを企てらる。

秉燭《へいそく》（夕暮）の間、上皇（新院27）御祈りとして、覚法法親王（39）を導師に律僧二十口を請《しょう》じて、孔雀経法を三条殿（東殿・東対屋西南をもって壇所とす）において修せらる。

上皇（27）、これに先んじて白河法皇（77）より今宮（雅仁親王）に給う御護仏《おんまもりぶつ》二体を覚法法親王に授け、この御仏《みほとけ》供養を始むべきを仰せあり。ただし、本の供養は別の御仏なり、と。法親王、この今宮御持仏を机中央に安置して、供養あり。振鈴《しんれい》なし。これ一様か。前年、醍醐寺権僧正勝覚（73）御仏供養の時の作法なり。この後、孔雀経御修法を始めらる。

【長秋記、仁和寺御伝】

四月二十七日

俄かに第四宮（雅仁親王）の真魚始《まなはじめ》（魚味を聞食す）の儀を三条西殿の西侍廊（待賢門院殿上間）において行わる。摂政藤原忠通（33）・内大臣源有仁（27）・大納言藤原経実（62）・権大納言藤原宗忠（68）・治部卿源能俊（59）・右衛門督検非違使別当藤原実行（50）・新権中納言源雅定（36）・左兵衛督藤原実能（34）・左中将藤原宗輔（53）・皇后宮権大夫源師時（53）・右兵衛督藤原伊通（37）・大宰大弐藤原経忠（55）ら参入。女房高松君（故権大納言藤原仲実女）、雅仁親王を抱き、鳥羽上皇扶持して出御、膳を供す。大納言経実、陪膳《はいぜん》を奉仕。参入の公卿に三献の饗あり。別当実行のすすめにより権大納言宗忠、朗詠（佳辰令月・徳是北辰）を唱う。

【中右記、長秋記】

六月十四日〔晴〕

祇園社御霊会《ごりょうえ》なり。白河法皇・鳥羽上皇・待賢門院（以上、三院）、左兵衛督藤原実能の宿所の桟敷に臨御ありて、行列を見物せらる。四所（内および三院＝崇徳天皇・白河法皇・鳥羽上皇・待賢門院）の殿上の侍臣たちは、いずれも馬長《うまおさ》を貢進。また、三院の北面の武士もまた同前。若宮（二宮通仁親王6・三宮君仁親王5・四宮雅仁親王3）および姫宮（禧子《よしこ》内親王8）の侍《さぶらい》等は田楽《でんがく》を催し、また院武者所衆たちも同じく田楽を経営せり。ついで、三院近習の受領《ずりょう》（国司）は田楽の殖女《うえめ》（早乙女）を進む。

また、院・新院、御厩《みまや》の馬各十疋を引き進めらる。これらいずれも過差無極にして、神慮に叶うべし。また、散楽《さんがく》・猿楽《さるがく》の風流《ふりゅう》を加え、大路を渡る。これら田楽・散楽は参議藤原長実（55）・左京大夫藤原経忠の相営むところなり。事了りて三院、三条殿に還御。

【長秋記】

七月七日〔晴れ、風吹く〕　**白河法皇、崩御**

巳一刻（午前九時すぎ）、白河法皇（77）、三条烏丸西殿（御在所、三条殿西対屋北面の間）において崩御。雅仁親王、時に西北渡殿に居住。法皇在所に近接の故、寝殿南面に御所を移す。待賢門院（29）、法皇臨終の場に侍し、「時々、哀声を挙げ」（『長秋記』）給うと。

【長秋記、永昌記、百錬抄（「三条室町第」とあり）】

七月九日〔風雨〕

戌《いぬ》刻（午後八時頃）、待賢門院（29）、出産（第五皇子本仁親王）のため、三条殿より播磨守藤原家保（50）の三条京極新宅（新造御産所）に渡御。待賢門院、鳥羽上皇（27）と同車。一品宮禧子《いっぽんのみやよしこ》内親王（8）と雅仁親王は別車に同乗渡御。子《ね》刻（午後十二時頃）、上皇還御。雅仁親王は権右中弁藤原顕頼（36）の宿所（洞院宅＝三条東洞院か）に移御。また三宮君仁親王（5）は故権中納言藤原顕隆（58）の桟敷屋に渡御。【中右記、長秋記】

閏七月七日

この夜半、雅仁親王の同母兄・第二皇子通仁親王（6）、但馬守藤原敦兼《あつかね》（乳母夫・51）宅にて赤痢病のため薨逝。この親王、生来「両眼盲《めしい》の如く、起居不調、恒《つね》に又苦悩」（『永昌記』）という虚弱体質なり。【永昌記、百錬抄】

閏七月二十日

雅仁親王の同母弟・第五皇子（本仁《もとひと》親王、のちの仁和寺覚性《かくしょう》法親王）、播磨守藤原家保の三条宅（三条京極亭）において出生。雅仁親王、このころ母待賢門院と同宅に同居（『中右記』八月七日条）。【百錬抄】

九月九日

一品宮禧子内親王および今宮雅仁親王の重陽節供《ちょうようのせっく》。一品宮の陪膳は蔵人頭右大弁源雅兼（51）、今宮には蔵人頭右中将藤原忠宗（43）が奉仕す。【長秋記】

九月十六日

雅仁親王の同母弟・五宮（本仁親王）の五十日《いか》の儀。戌刻（午後八時頃）、鳥羽上皇・待賢門院、三条京極亭（播磨守藤原家保宅・産所）より大炊御門万里小路御所（六条殿・一品宮禧子内親王御所）に密々に渡御。一品宮禧子内親王・今宮雅仁親王・五宮本仁《もとひと》親王、同車（尋常車）、両院同車（新造車、今夜始めての乗用）にて六条殿に着御。宮達（王子・姫君）の車は西対屋《にしのたいのや》に到着。【長秋記】

大治五年（一一三〇）　四歳

正月一日〔行雲遥晴、太陽甚だ明かし〕

四方拝。鳥羽上皇（28）の御所大炊御門万里小路御所にて元旦節供（上皇・待賢門院30・宮達《みやたち》〈王子・姫君〉同居。上皇は小寝殿、待賢門院および宮々《みやみや》は西対屋。一品宮禧子《よしこ》内親王9は対代《たいしろ》南廂に居住）。宮々の節供あり。一品宮と今宮雅仁親王の陪膳は蔵人頭右大弁源雅兼（52）が奉仕、五宮本仁親王（2）は蔵人頭右中将藤原忠宗（44）が勤む。ついで、同殿において、四宮雅仁親王および五宮本仁親王の戴餅《いただきもちい》を供す。　【中右記、長秋記】

正月三日

四宮雅仁親王および五宮本仁親王、戴餅の儀あり。　【中右記】

正月二十日

この夜、右中将源師時《もろとき》（54）、密々に待賢門院御方（大炊御門万里小路御所西対屋）に参上。召しにより女院《にょういん》の御前に参上。一品宮禧子内親王（9）・今宮雅仁親王にも面謁、鶏鳴の刻（丑刻・午前二時頃）に退出す。　【長秋記】

正月二十七日

崇徳天皇（11）、方違え行幸あり。渡御先、不明。　【達幸故実抄】

七月十日

未《ひつじ》時（午後二時頃）、鳥羽上皇の御所大炊御門万里小路御所出火、炎上す。時に鳥羽上皇（28）・待賢門院（30）、白河泉御所（南殿）に御坐《おわしま》す。　【長秋記、中右記】

その留守御所に一品宮禧子内親王・三宮君仁親王（6）・今宮雅仁親王・五宮本仁親王ら若宮達（男女四人親王）御坐す。渡湯殿《わたりゆどの》の方より出火、折柄、東風《こち》大吹により、たちまち一町御所焔火に包まる。即刻、宮々を白河泉御所に乗車渡御せしむ。火災、他所に及ばず。　【百錬抄】

八月二十二日

鳥羽上皇・待賢門院、白河泉御所より三条東御所に渡御。三宮・今宮（雅仁親王）・五宮も同じく渡御か。　【中右記】

十一月二十二日〔晴〕

天明、鳥羽上皇・待賢門院、熊野御幸御《み》精進始《そうじはじめ》のため、白川殿より鳥羽殿（御精進屋）に渡御。待賢門院、別車に一品宮禧子内親王・今宮雅仁親王・五宮本仁親王を同車出御。白川南殿に宮達を下し置き、留守居せしむ。三宮君仁親王は、もとよりこの殿に御坐す。辰時（午前八時頃）、両院、鳥羽南殿に着御。　【長秋記】

十二月二十六日〔晴〕

三条西殿は、かつて三院（白河法皇・鳥羽上皇・待賢門院）同居の御所なり。しかるに、白河法皇崩御の後、三条西殿西対《にしのたい》を破却して、鳥羽泉殿《いずみどの》として移築。白河院周闋《しゅうけつ》の間、御仏《みほとけ》を造立、その御所に安置せらる。このたび越中守藤原公能（16）の遷任ならびに越後守藤原清隆（40）の重任《ちょうにん》の功を募り、新造の寝殿を建て、所々の殿舎《でんしゃ》の修理・新造を加えて、女院御所となす。今夜、その渡御の儀あり。今夕、鳥羽上皇（28）・待賢門院（30）、唐車に同車。三人の宮達（一品宮禧子内親王・今宮雅仁親王・五宮本仁親王）は網代車《あじろぐるま》に同車、両院の車に随従、大炊御門大路より西行、東洞院より南行。三条より西行。室町より、戌刻（午後八時頃）三条西殿の西御門に参着入御。

【中右記、長秋記】

大治六年・天承元年（一一三一・改元）　五歳

正月一日〔晴〕　**雅仁親王、着袴の儀**

今宮雅仁親王、母后待賢門院（31）の御所三条西殿の殿上において着袴《ちゃっこ》の儀あり。関白藤原忠通（35）・右大臣藤原家忠（70）・内大臣源有仁（29）・大納言藤原経実（64）・権大納言藤原宗忠（70）・治部卿源能俊（61）・民部卿藤原忠教（56）・権中納言源師頼（64）・中納言源顕雅（58）・右衛門督源雅定（38）・左兵衛督藤原実能（36）・権中納言藤原長実（57）・同源師時（55）・参議藤原忠宗（45）・左大弁源雅兼（53）以下、殿上人《てんじょうびと》数多《あまた》参上す。女院、殿上に出御。上皇（29）、渡御あり、三献《さんこん》の饗についで御遊あり（「御遊年表」参照）。召人《めしうど》は拍子（中宮大夫藤原宗忠70）・付歌《つけうた》（蔵人頭左中将藤原宗能49）・箏《そうのこと》（前太政大臣藤原忠実54）・笛（左中将藤原公教29）・篳篥《ひちりき》（刑部卿藤原敦兼53）・和琴《わごん》（但馬守源有賢62）なり。終りて禄《ろく》を給う。

【長秋記】

正月二十九日

天承改元＝「去年、炎旱・天変に依るなり」

【一代要記】

天承二年・長承元年（一一三二・改元）　六歳

八月十一日

長承改元＝「疫病・火事に依るなり」

【一代要記】

長承二年（一一三三）　七歳

七月六日〔晴れ、雷鳴あり〕

早朝、故白河院国忌のため、鳥羽上皇（31）、白川殿に御幸。これ待賢門院（33）強ちに勧誘し、両院同列の御幸なり。嫁執《よめとり》（前関白藤原忠実56の女勲子《いさこ》〈改泰子・39〉鳥羽上皇に入内）後、初めて両院対面となる。世事を知らざる今宮雅仁親王、五宮本仁親王（5）ら、久方振りに見る上皇の御前において悦びのあまり濫遊《らんゆう》す。これを見る両院、ともに涕涙《ているい》を拭う、と。両院、当夜、白川殿に宿御。【長秋記】

九月九日〔晴〕

重陽節供。蔵人頭右中将藤原実衡《さねひら》（34）、陪膳を勤め、四ヶ宮（三宮君仁親王9・恂子《あやこ》内親王〔後改名、統子《むねこ》〕8・今宮雅仁親王・五宮本仁親王）に節供を供す。【長秋記】

九月十三日〔陰り〕

待賢門院、仁和寺御堂（法金剛院）に御幸。今宮雅仁親王、五宮本仁親王とともに渡御す。【長秋記】

長承三年（一一三四）　八歳

三月十九日

鳥羽上皇妃藤原泰子（40）を皇后となす。大饗あり（「御遊年表」参照）。【中右記】

八月二十五日〔晴〕

寅刻（午前四時）、待賢門院（34）の髪を切らるることあり。その毛髪、寝所の御傍にあり。また、近侍の女房、「夢狐」により斎院禧子内親王（13）の事を告げる、と。この怪異両事について陰陽師安倍広賢（28）・左京亮安倍泰親（25）を召し、卜占《ぼくせん》せしむ。【長秋記】

十二月五日〔雨下る〕　**雅仁親王、髪剃ぎの儀**

この夜、太皇太后宮御所（令子内親王57）において、鳥羽上皇の三宮、前々斎院統子内親王（9）・今宮雅仁親王・五宮本仁親王（6）の髪剃《かみそ》ぎの儀を行う。上皇（32）ならびに待賢門院渡御。年長順に髪を剃ぐ。儀了後、今宮雅仁親王、便意を催す。太皇太后宮権大夫源師時

(58)、殿上の燭火を取り誘導、壺中に用便を果たす。爾今、大壺の用意必要あるか、と。　【長秋記】

長承四年・保延元年（一一三五・改元）　九歳

正月二十日〔晴〕
暁更、待賢門院の三条京極御所、炎上。放火なり、と。　【百錬抄、長秋記】

四月二十七日
保延改元＝「天下の飢饉に依るなり」　【一代要記】

八月十九日
備前守平忠盛の西国海賊追捕の功を賞し、その譲りにより息清盛(18)を従四位下に叙す。　【中右記、長秋記】

保延三年（一一三七）　十一歳

十二月二十五日〔天晴る、甚だ寒し〕
第四皇子雅仁親王の読書始《ふみはじめ》の儀を四条西洞院殿（待賢門院御所）において行う。鳥羽上皇(35)・待賢門院(37)渡御、簾中に御坐《おわしま》す。講師は式部大輔藤原敦光(75)、尚復《しょうふく》（助教）は秀才・蔵人藤原資長(19)が勤む。御本は『御注孝経』。ついで、御遊（「御遊年表」参照）・作文会《さくもんえ》あり。　【実能記、中右記】

保延四年（一一三八）　十二歳

二月二十三日
申刻（午後四時頃）、待賢門院御所（四条西洞院殿）炎上す。　【百錬抄】

保延五年（一一三九）　十三歳

五月十八日

鳥羽上皇（37）第九皇子（体仁《なりひと》親王＝近衛天皇、母は藤原得子＝美福門院）誕生。八月十七日に皇太弟となす。

【百錬抄】

七月二十八日

皇后泰子、高陽院の院号宣下。

【十三代要略】

十二月二十七日〔早旦、雨降る、未刻（午後二時頃）晴る〕　**雅仁親王元服、三品に叙さる**

今宮雅仁親王、三条高倉の待賢門院御所（鳥羽上皇同居。元按察使権大納言藤原実行60の家なり）において元服を加え、三品《さんぽん》に叙す。加冠は左大臣源有仁（37）、理髪は蔵人頭右中将藤原教長（31）、結髪は修理大夫藤原忠能（46）が、それぞれ奉仕す。三献の饗宴の後、「糸竹之興」（御遊）あり（「御遊年表」参照）。

【百錬抄、一代要記、親王御元服部類記】

保延六年（一一四〇）　十四歳

六月二十二日

雅仁親王の同母弟・五宮本仁親王（12）、仁和寺北院において出家す。信法《しんぽう》親王と称す。戒師は覚法法親王（50）、剃手《そりて》は世毫《せいごう》法印（65）なり。

【一代要記、仁和寺御伝】

八月九日

雅仁親王の同母兄・三宮君仁親王（16）、出家す。

【皇代暦】

保延七年・永治元年（一一四一・改元）　十五歳

三月十日　**鳥羽上皇、出家**

鳥羽上皇（39）、鳥羽南殿において出家（法名空覚）。今朝、まず御随身《みずいじん》を辞すべき御報書を右少弁藤原朝隆《あさたか》（45）に清書せしめ、院司・右

衛門督藤原家成（35）を使として土御門烏丸殿（崇徳天皇）に進達せしむ。【兵範記、百錬抄】

七月十日

永治改元＝「辛酉並びに厄運に依るなり」【一代要記】

十二月七日　崇徳天皇譲位、体仁親王（近衛天皇）践祚

崇徳天皇（23）、皇太弟体仁《なりひと》親王（母は美福門院藤原得子、時に土御門殿に御坐・3）に譲位。関白藤原忠通（45）、宣命《せんみょう》にて摂政となる。土御門殿（土御門烏丸殿）にて受禅《じゅぜん》。十二月二十七日、内裏大極殿にて即位、近衛天皇となる。この時、雅仁親王は三品親王にとどまる。【百錬抄】

十二月九日

崇徳上皇に太上《だいじょう》天皇の尊号。この日、上皇内裏を退出、三条西洞院殿に渡御す。【皇代暦、十三代要略、度々部類記】

永治二年・康治元年（一一四二・改元）　十六歳

二月二十六日　待賢門院、出家

待賢門院（42）、仁和寺法金剛院御所において出家。仁和寺の信証僧正（47）戒師となり、五宮信法親王（女院第五皇子・14）、母女院の髪を剃る。鳥羽法皇（40）ならびに崇徳上皇（女院皇子・24）同所に臨幸。女院近侍の女房堀川局（故前兵衛佐藤原顕仲女）・中納言局（故右京大夫藤原定実女）の二人、同時に落飾、尼となる。【台記、本朝世紀】

四月二十八日

康治改元＝「御即位に依るなり」【一代要記】

康治二年（一一四三）　十七歳

二月十一日

今宮雅仁親王の女御藤原懿子《よしこ》（28・贈太政大臣藤原経実女、左大臣源有仁養女。『台記』は夫人《きさき》）、懐妊五ヶ月に当り、吉事帯を着す。日次《ひなみ》は

内々、撰定せらる。散位藤原長光（43）御使として仁和寺御室・覚法法親王（53）の帯の加持を求む。【有光記】

六月十七日　雅仁親王夫人懿子、男子（二条天皇）を出産

雅仁親王夫人懿子（28）、丑刻（午前二時頃）、三条東洞院第（『本朝世紀』は三条高倉第）にて男子（守仁親王＝二条天皇）を出産す。【台記、本朝世紀、一代要記、帝王編年記】

六月二十四日　雅仁親王夫人懿子、薨去

雅仁親王夫人懿子、産後の疱瘡《ほうそう》により薨去。内大臣藤原頼長（24）、その「不幸短命」を哀傷す。【台記、本朝世紀】

九月三十日

早暁、前斎院統子《むねこ》内親王（18）の御所三条烏丸殿焼亡。待賢門院（43）この御所に同居。火災を避け、前斎院と待賢門院（前斎院の母）は隣接の崇徳上皇（25）の三条西洞院第に渡御。鳥羽法皇（41）、火事見舞いのため同所に臨幸。炎上の烏丸殿は故白河法皇の御所。崇徳上皇・雅仁親王はじめ各皇子らは、この御所にて降誕。白河法皇、同所で崩御後、炎上、去る六月新造。統子内親王移徙後、わずか一両月の間に炎上せり。【本朝世紀】

十月十八日

雅仁親王同母兄・入道三宮君仁親王（19）、六条殿（鳥羽法皇御所六条烏丸殿）において薨去。幼少より足萎えの上、唖《おし》で言語不明（『台記』は「筋ありて骨無し」）。元服を加えずして出家。即日、鳥羽法皇・崇徳上皇は服喪するも、近衛天皇（5）は幼稚のためこの事なし。雅仁親王は当然ながら服喪か。【本朝世紀、台記】

十二月二十二日

元日の擬侍従《ぎじじゅう》を定む。参議右中将藤原教長（35）、定文《さだめぶみ》を清書す。親王を入れずして参議藤原公行（39）を候補に内定。しかし、三品雅仁親王を任命す。雅仁親王、朝儀勤仕の初見記録なり。【台記】

康治三年・天養元年（一一四四・改元）　十八歳

正月十一日

待賢門院御願寺たる円勝寺修正会《しゅしょうえ》始。戌刻（午後八時頃）、崇徳上皇（26）ならびに待賢門院（44）御幸。雅仁親王これに供奉。しばらくし

て、鳥羽法皇（42）も御幸。【台記】

二月二十三日

天養改元＝「革令に依るなり」（この年は革令の甲子《きのえね》、変事が多いといい、それを避けるために年号を改む）【一代要記】

天養二年・久安元年（一一四五・改元）　十九歳

七月二十二日

久安改元＝「彗星《すいせい》に依るなり」（彗星は不吉の前兆とされた）【一代要記】

八月□日

待賢門院（45）、死期に臨み、御願寺・仁和寺法金剛院を五宮信法親王（17）に譲進さる。【仁和寺御伝】

八月二十二日　待賢門院、薨去

酉刻（午後六時頃）、待賢門院、三条高倉第において崩ず。崇徳上皇（27）、これよりさき同所に御坐。鳥羽法皇（43）、病急変により使者の告げを待たずして御幸。法皇、臨終に際して女院の枕頭にて磬《けい》を打ち哭泣《こっきゅう》す。ついで、入棺の事あり。【台記、本朝世紀】

八月二十三日

今夜、待賢門院の遺骸を仁和寺（法金剛院小三昧堂）に移す（平生の儀の如し）。葬礼を行う。【本朝世紀、百錬抄】

九月十九日

待賢門院崩後、女院の兄・権大納言藤原実行（66）、数日、喪服を着用せず。鳥羽法皇、「同じ兄ながら権大納言藤原実能（50）はこれを着用、いかなる儀や。実行こそは〝不忠之臣〟と謂うべし」と逆鱗あり。【台記】

十月十一日

円勝寺に百僧を会し、故待賢門院正日《しょうにち》事（四十九日法事）を行う。今暁、崇徳上皇・前斎院統子《むねこ》内親王（20）、この寺に渡御。未刻（午後二時頃）、鳥羽法皇御幸。左大臣源有仁（43）以下参入。雅仁親王も参御。堂東廂に饗座を設け、夜に入り事了る。

今夜、鳥羽法皇・前斎院統子内親王は白川殿（皇后得子新造第）に渡御。崇徳上皇ならびに第四親王（雅仁）は三条西洞院第（旧東宮御所＝体《なり》仁《ひと》親王）に渡御す。【台記】

久安二年（一一四六）　二十歳

五月二十六日

仁和寺法金剛院において故待賢門院のおんために一品経《いっぽんきょう》供養ならびに法華十講を始行。内大臣藤原頼長（27）、午時（正午頃）に仁和寺小御所に参向。しばらくして崇徳上皇（28）および第四親王雅仁、同舟して御堂に参御。鳥羽法皇（44）は白川殿より車駕にて、御堂に直行。まず例の如く法華八講。夜に入り事了る。鳥羽法皇は仁和寺田中院に宿御。崇徳上皇・雅仁親王は法金剛院御所に入宿か。しかるに、崇徳上皇は急病により、翌二十七日暁更、還京す（中御門東洞院御所）。【台記】

八月二十二日

故待賢門院一周正忌なり。三条高倉第（三条殿）にて仏事あり。未刻（午後二時頃）、鳥羽法皇臨幸。崇徳上皇以下、第四親王雅仁・第五親王本仁（18）・統子内親王（21）参御。鳥羽法皇、曼陀羅《まんだら》供を始修。導師は東寺長者寛信（62）。「月卿雲客《げっけいうんかく》済々焉」（『本朝世紀』）として参向。参列の卿相《けいしょう》は参議藤原忠雅（23）以外、すべて帯剣・持笏せず。【台記、本朝世紀】

久安三年（一一四七）　二十一歳

四月十日

雅仁親王の同母弟・第五皇子信法親王（19）、仁和寺内観音院において、二品覚法法親王（57）に灌頂《かんじょう》を受く。鳥羽法皇（45）および崇徳上皇（29）臨幸、月卿雲客済々、扈従《こしょう》す。【本朝世紀、台記】

八月十六日

今夜、御牧《みまき》より貢上されたる馬の駒引《こまひき》の儀あり。蔵人大学権助平時忠（18）、馬の毛色などを記せる御馬解文《みまげもん》を近衛天皇（9）に奏す。ついで貢馬の引分の事あり。鳥羽法皇・崇徳上皇・今宮雅仁親王・若宮重仁親王（崇徳上皇皇子8）・摂政藤原忠通（51）ら五ヶ所に各一疋を分給。雅仁親王には右近中将藤原公通（31）が使となり牽《ひ》きて参向す。【本朝世紀】

この年

雅仁親王の寵女・播磨局藤原成子《なりこ》（権中納言藤原季成46の女・22）、第一王女・亮子《すけこ》内親王（伊勢斎宮・保元元年〈一一五六〉四月十九日卜定〈10〉・殷富門院）を出産す。

〔『仁和寺御日次記』『女院次第』より逆算〕

久安四年（一一四八）　二十二歳

七月六日

今夜、皇后得子《なりこ》（32）、権大納言藤原伊通（56）の女（18）を白川第（白河殿）に迎え猶子《ゆうし》となす。雅仁親王の后に嫁せんとする用意との風評あり。（この女、久安六年二月太政大臣藤原忠通54の養女となり、同年四月二十一日、近衛天皇12に入内、中宮呈子《しめこ》20となる。）

【台記】

この年

雅仁親王の寵女・播磨局藤原成子（23）、第二王女・好子《よしこ》内親王（賀茂斎院・保元三年〈一一五八〉十二月二十五日卜定）を出産す。

〔『女院次第』より逆算〕

久安五年（一一四九）　二十三歳

六月二十四日

三品雅仁親王第一王子・守仁（7＝のち二条天皇）、祖父鳥羽法皇（47）の白河押小路殿の殿上間において着袴定《ちゃっこさだめ》を行う。

【本朝世紀】

八月三日

皇后得子（33）、美福門院の院号宣下。

【本朝世紀】

この年

雅仁親王の寵女・播磨局藤原成子（24）、第三王女・式子《のりこ》内親王（賀茂斎院・平治元年〈一一五九〉十月二十五日卜定・11）を出産す。

〔享年は『兵範記』・没年は『明月記』（建仁元年〈一二〇一〉正月二十五日条）より逆算〕

久安六年（一一五〇）　二十四歳

三月四日

雅仁親王の寵女・播磨局藤原成子（25）、第二王子・守性（のち守覚法親王）を出産す。　【仁和寺御伝、門跡伝】

十二月一日

崇徳上皇（32）一宮・重仁親王（11）、小六条殿（鳥羽法皇御所）において元服の儀を行う。叙品《じょほん》以前なるにより黄袍《きのほう》着装。無品《むほん》親王は黄衣を着すが故実なり。この事、兼日《かねてのひ》、諸卿に質《ただ》さる。雅仁親王元服時の御袍に失錯《しっしゃく》あるによる（この時、待賢門院調献により「浅黄御袍、闕腋雲鶴文《けってきうんかくもん》」の袍を着用せり）。重仁親王を美福門院（34）の養子となして、この日、三品に叙す。御遊あり（「御遊年表」参照）。　【本朝世紀、台記】

十二月十三日

三品雅仁親王（今宮）の王子・守仁（8）、美福門院の養子となる。今日、白川北殿（美福門院御所）の殿上の間において着袴の儀あり。崇徳上皇、腰結《こしゆい》のため御幸。太政大臣藤原実行（71）以下群卿参入、饗饌《きょうせん》・御遊あり（「御遊年表」参照）。　【本朝世紀、台記】

久安七年・仁平元年（一一五一・改元）　二十五歳

正月二十六日

仁平改元＝「去年の風水に依るなり」　【一代要記】

十月十四日〔天晴る〕

雅仁親王の王子・守仁（9）、同母弟・信法親王（本仁親王23）の弟子となるため仁和寺に参向。権大納言藤原公教（49）・中納言藤原公能（37）・参議藤原経宗（33）・同源雅通（34）ら扈従《こしょう》、雲客《うんかく》三十人ばかり行列の前駆《せんぐ》を勤む。　【本朝世紀、一代要記】

この年

雅仁親王の寵女・播磨局藤原成子（26）、第三王子・為仁（のちの以仁王《もちひとおう》）を出産す。

仁平二年（一一五二）　二十六歳

三月六日　**鳥羽法皇、五十賀**

明七日、鳥羽法皇五十賀を鳥羽南殿において行うにあたり、近衛天皇（14）、近衛殿より行幸。鳥羽法皇、美福門院（36）ならびに姫宮叡《とし》子《こ》内親王（18）・同暲子《あきこ》内親王（八条院・16）、北殿より南殿に渡御。雅仁親王同母姉・前斎院統子《むねこ》内親王（27）同じく行啓。仁和寺御室覚法法親王（62）および雅仁親王同母弟・五宮信法親王（24）ら、こぞって参入するも、雅仁親王着御なし。【兵範記】

八月二十九日

入道前太政大臣藤原忠実（75）、鳥羽法皇五十の宝算を賀し、高陽院白河御堂に斎会を設く（「御遊年表」参照）。【兵範記、山槐記】

この年

雅仁親王の寵女・坊門局（右兵衛尉平信重女、同信業15姉）、円恵法親王を出産す。

〔『玉葉』（寿永二年〈一一八三〉十一月二十二日、円恵法親王殺さる）、『園城寺長吏次第』、『華頂要略』等、享年より逆算〕

仁平三年（一一五三）　二十七歳

三月二十七日

雅仁親王の若宮（のち守覚法親王・4、母は藤原成子・高倉三位局）、白河殿より仁和寺北院に渡御。御室覚法法親王（63）ならびに雅仁親王同母弟たる五宮（入道信法親王25）の饗、倶舎頌《くしゃじゅ》の講説を受く。去る両三年以後、毎月一両度、この仁和寺に参向。【御室相承記、兵範記】

八月十六日

駒引《こまひき》の儀。引別けの事あり。鳥羽法皇（51）、崇徳上皇（35）、雅仁親王、関白藤原忠通（57）、左大臣藤原頼長（34）、各馬一疋を給う。【本朝世紀、台記】

八月二十八日

鳥羽・成菩提院において彼岸念仏会あり。八月二十六日の夜、鳥羽法皇・美福門院（37）、鳥羽殿に御幸、東殿に入御。この日、崇徳上皇

および雅仁親王、成菩提院に渡御。左大臣藤原頼長、御車の御簾開閉奉仕のため供奉す。【台記】

八月二十九日

申刻（午後四時頃）、左大臣藤原頼長（34）、嫡男・権中納言藤原兼長（16）を伴い、鳥羽宿所より成菩提院に参る。しばらくして、崇徳上皇（35）・雅仁親王渡御、念仏会聴聞。講了りて上皇、東殿に参御。頼長これに扈従《こしょう》参殿。薄暮に及び宿所に帰り、戌刻（午後八時頃）、頼長、宇治殿に参向。兼長は帰洛。【台記】

九月五日

鳥羽・成菩提院の彼岸念仏会結願なり。巳刻（午前十時頃）、左大臣藤原頼長参向。すでに崇徳上皇臨幸あり。ついで、鳥羽法皇（51）御幸。了りて法皇、北殿に還御につき、頼長供奉。やや久しくして崇徳上皇・雅仁親王、舟に乗りて北殿に還御。しばし釣殿に御坐《おわしま》す。召しにより頼長、御前に参る。上皇・親王は長押《なげし》上の間に御坐し、頼長簀子《すのこ》に侍す。雑事を奏上して宿所に引き上げ、しばらくして土御門第に帰る。【台記】

九月二十二日

前大相国入道藤原忠実（76）、鳥羽北殿に参候、鳥羽法皇に対面す。当時、近衛天皇（15）眼疾により退位の意あり、この談合なり。【台記】

九月二十三日

この夜、左大臣藤原頼長、鳥羽宿所に父・前大相国入道忠実を訪問。昨二十二日、法皇との面接の要旨を伝聞す。「関白忠通（57）、天皇の眼病失明の進行をもって、退位を勧む。天皇退位後、雅仁親王の息童（仁和寺覚法法親王弟子となり、まさに出家せんとする守仁親王、のちの二条天皇・11）を登位せしめんと、法皇に再三、奏上せり」と。法皇、忠通が幼帝を立て専横せんとするを察し、これを許さず、と。【台記】

十二月二十二日〔天晴る〕

荷前使《のさきのつかい》および元日の擬侍従《ぎじじゅう》定を行う。元日節会における大極殿高御座《たかみくら》の左右に侍する擬侍従として、三品雅仁親王と従三位藤原忠能（60）を左方二名とともに任命す。【本朝世紀】

仁平四年・久寿元年（一一五四・改元）　二十八歳

三月二十日〔雨下る〕

鳥羽法皇（52）、故堀河院のために鳥羽南殿の寝殿に堂荘厳《どうしょうごん》（釈迦三尊仏安置、金泥《こんでい》五部大乗経書写奉安）して法華御八講会《ほけみはっこうえ》を行わる。今日、御仏経開白《かいびゃく》、興福寺別当・前僧正隆覚（80）、導師を勤む。崇徳上皇（36）ならびに若宮（第一皇子重仁親王15）・今宮雅仁親王御幸。さらに鳥羽北殿より雅仁親王同母姉前斎院統子内親王（29）・高陽院《かやのいん》（鳥羽皇后泰子60）・入道前大相国藤原忠実（77）ら、相次いで南殿に参御。【兵範記】

七月三日
法勝寺阿弥陀堂御八講始。巳刻（午前十時頃）、鳥羽法皇、重仁親王（崇徳上皇第一皇子）および雅仁親王の息童・守仁親王（のち二条天皇12）を同車して御幸。やや久しくして崇徳上皇臨幸。未刻（午後二時頃）、事終わってそれぞれ還御。【台記】

七月五日
法勝寺御八講、第三日にして五巻日（「提婆品《だいばほん》」讃嘆行道《さんだんぎょうどう》）に当たる。午刻（正午頃）、崇徳上皇御幸。ついで鳥羽法皇、御車に若宮両所（重仁親王・守仁親王）を同乗、御幸。入御とともに朝座の鐘を打ち、始修。申刻（午後四時頃）、終了。両院・若宮両所還御。【兵範記】

八月九日〔天晴る〕　**鳥羽・金剛心院の落慶供養**
鳥羽新御堂（金剛心院）落慶供養。御斎会《ごさいえ》に准ず。阿弥陀堂の西間、西をもって鳥羽法皇・崇徳上皇・美福門院（38）ならびに宮々（雅仁親王・暲子内親王18・重仁親王15）の御所となす。【兵範記】

八月十七日
鳥羽・成菩提院恒例の彼岸念仏会結願《けちがん》なり。午刻（正午頃）事了り、僧の布施を賜い、内大臣藤原実能（59）以下、被物《かずけもの》を取り、四位・五位の殿上人、捧物《ほうもつ》を取る。未刻（午後二時頃）、鳥羽法皇ならびに宮々（雅仁親王・暲子内親王・重仁親王）北殿に御幸。崇徳上皇は南殿に臨幸、雅仁親王同母姉・前斎院統子内親王は東殿に渡御す。【兵範記】

八月十八日
今姫宮《いまひめみや》（乙《おと》姫宮14、母は美福門院）、親王宣旨を蒙る。式部大輔藤原永範（49）、名字《みょうじ》「寿子《ひさこ》」と定む。時に、鳥羽法皇（52）・美福門院（38）ならびに親王（雅仁親王・暲子内親王・重仁親王）、鳥羽北殿に御坐す。同殿の寝殿西北卯酉渡殿《わたどの》において、この儀を行い、終わって寿子内親王の勅別当・家司・職事等を定む。【兵範記】

八月二十二日

故待賢門院忌日により、仁和寺法金剛院において仏事を修す。崇徳上皇（36）・雅仁親王・前斎院統子内親王（29）渡御。申刻（午後四時頃）、事了る。【台記】

八月二十九日

寿子内親王（14）、この日名字「寿子」を改め「姝子《よしこ》」となす。【台記】

九月二十六日

鳥羽・城南寺の祭礼なり。鳥羽法皇・崇徳上皇・美福門院ならびに宮々（雅仁親王・暲子内親王・重仁親王・姝子内親王）、馬場殿に渡御、見物あり。競馬《くらべうま》六番、乗尻《のりじり》（騎手）は水干装束を着装。この日の競馬、発進・勝負等に鼓・鉦鼓《しょうこ》を打たず。【兵範記】

九月二十九日〔天晴る〕

鳥羽馬場殿において五番競馬あり。三院（鳥羽法皇・崇徳上皇・美福門院）、三内親王（前斎院統子内親王・暲子内親王・姝子内親王）、二親王（雅仁親王・重仁親王）、臨御、見物す。この日、故醍醐天皇国忌《こっき》なり。左大臣藤原頼長（35）、国忌の競馬、憚るべきを法皇に諫言するも従わず。左大臣頼長、国忌参会後、鳥羽に来着。内大臣藤原実能（59）以下、公卿多数参入。殿上人（四位・五位）も、念人《ねんにん》（競馬の応援者）非念人ともに衣冠《いかん》着装して済々参入。鼓は美作守藤原家長、鉦鼓は左近衛佐藤原隆輔（26）勤む。晩頭、事了りて両院以下、還御。【台記、兵範記】

十月二十八日

久寿改元＝「焼亡に依るなり」【一代要記】

後白河天皇時代　29歳〜32歳

久寿二年（一一五五）〜保元三年（一一五八）

久寿二年（一一五五） 二十九歳

七月二十三日　近衛天皇、崩御

午刻（正午頃）、近衛天皇（17）、近衛殿（近衛北、烏丸西。関白藤原忠通第）において崩御。在位十五年。加賀守藤原定隆（22）・筑前守藤原頼季ら、崩御直後の次第等を奉仕。まず遺骸を北首に直し、昼御座《ひのおまし》ならびに二の間の格子を下し、御簾を垂る。時に鳥羽法皇（53）・美福門院（39）ともに鳥羽殿に御坐《おわしま》す。

この夜、蔵人頭左中弁藤原光頼（32）鳥羽殿より鳥羽法皇御使として、関白藤原忠通（59）直廬《ちょくろ》（内裏の宿直室）に参上。第四皇子雅仁親王を新帝として登用すべきを伝達せしむ。ただし、儲君《もうけのきみ》（皇太子）冊立《さくりつ》は、いまだ決せず。新帝践祚《せんそ》雑事につきては、光頼をして院宣によりすべて申し行うこととせり。　【兵範記】

七月二十四日　雅仁親王（後白河天皇）、践祚

三品雅仁親王、高松殿（姉小路北、西洞院東。美福門院御所）において宝位を受く（践祚）。新帝御所は、この高松殿。

この朝、鳥羽法皇より御車・前駆《せんぐ》・殿上人を今宮雅仁親王（中御門東洞院殿＝崇徳上皇同宿）に献ぜらる。未刻（午後二時頃）、雅仁親王、高松殿に行啓。寝殿南庇に昼御座を設置（御帳を立てず）、すべて鳥羽法皇の沙汰なり。　【兵範記、台記、山槐記、百錬抄】

七月二十五日

夕方、関白藤原忠通、直衣着用、網代車《あじろぐるま》にて密々、高松殿に参上。朝餉間《あさがれいのま》において主上（後白河天皇）に対面。夜に入り退出。　【兵範記】

八月四日

後白河天皇第一皇子（守仁親王13）を、仁和寺覚性法親王（27）弟子入室より立太子儀にて鳥羽南殿に還御せしむ。　【一代要記】

八月十三日

新帝・後白河天皇、朝服の召始《めしはじめ》（着装式）なり。蔵司《くらのつかさ》（神爾玉・御服などをつかさどる役所）において、関白藤原忠通の家司・散位高階為基が調進す。

今夕、天皇、故近衛天皇服喪《ふくも》（天子は三ヶ日）のため錫紵《しゃくじょ》（浅黒色の闕腋袍《けってきのほう》）を着す。八月十五日の夕方、脱衣す。【兵範記】

九月二十日〔天晴る〕

相伝由緒の「壺切御剣」、先帝近衛天皇の皇太子以後、同天皇御物として内裏・内膳寮御蔵に秘蔵せり。来る二十三日、立太子に際し、後白河天皇より儲君《もうけのきみ》（守仁親王）に相伝すべく、今日、鳥羽法皇（53）に返献さる。【兵範記】

九月二十三日　**後白河天皇第一皇子・守仁親王を皇太子に**

この朝、後白河天皇の一宮（13）に、親王宣旨を下さる。式部大輔藤原永範（50）、名字「守仁」を撰び申す。美福門院（39）の養子たるにより、鳥羽法皇・美福門院、前二十二日の夕刻、鳥羽殿に御幸。この日、鳥羽南殿（守仁親王在所）において皇太子となす。

【兵範記、台記、山槐記、帝王編年記、一代要記】

九月二十六日〔天晴る〕

未刻（午後二時頃）、高松殿寝殿において、後白河天皇即位のための礼服御覧を行う。右中弁藤原雅教（43）・左少弁藤原顕遠（46）、内蔵寮《くらりょう》に参向、礼服を取り出し来る。関白藤原忠通（59）、参内。天皇、昼御座に出御、これを御覧ず。【山槐記】

九月二十九日

後白河天皇の仰せにより、中納言藤原公能（41）の長女・忻子《よしこ》（近衛皇后藤原多子16の姉・22）、女御として入内を決す。忻子の祖父・内大臣藤原実能（60）、左大臣藤原頼長（36）に「老後の大慶、何事かこれにしかず、喜悦極まりなし」と報ず。【台記】

十月十一日〔天晴る〕

夜に入りて後白河天皇、高松殿を出御。大内裏八省《はっしょう》に初臨幸。神祇官に行幸す。即位の由を伊勢皇大神宮に告げ、奉幣。了りて還宮（高松殿）。【兵範記】

十月十六日

後白河天皇の第一皇子守仁親王（13）の元服定。今夕、東宮帯刀試《たちはきこころみ》（武官採用の実技試験）を鳥羽殿右近馬場にて行う。【台記、兵範記】

十月二十日

今夕、右衛門督藤原公能の女・忻子（22）、入内《じゅだい》（高松殿）す。祖父・内大臣藤原実能の沙汰なり。蔵人左衛門佐藤原忠親（25）、先日の命により女房扇を調進して送る。【山槐記、台記、兵範記】

今夜、後白河天皇、高松殿より内裏一本御書所《いっぽんごしょどころ》に行幸。来る二十六日即位礼の便宜のためなり。【兵範記】

十月二十六日〔天晴る〕　**後白河天皇、即位**

後白河天皇、即位の儀を行わる。巳刻（午前十時頃）、関白藤原忠通（59）、一本御書所に参上。午刻（正午頃）、大極殿《だいごくでん》に出御、即位大礼を始行。式了後、後房にて天皇礼服を脱ぎ、内蔵寮官人《かんじん》、これを返す。天皇は一本御書所に還御、ついで高松殿に還宮。

この夜、女御藤原忻子（22）の御方（高松殿女御御所）にて露顕《ところあらわし》（婚礼の披露）の儀あり。天皇、渡御。この日、女御宣旨《にょうごせんじ》を下され、藤原忻子を従四位上に叙し、家司職事を補す。【兵範記、山槐記、台記、百錬抄】

十月二十九日〔天晴る〕

大嘗会御禊《ごけい》行幸。時に後白河天皇、一本御書所に御坐す。午刻（正午頃）、皇輿、待賢門を出御。関白藤原忠通、車駕にて扈従《こしょう》、女御忻子の車、関白の後より渡御。二条末、河原頓宮《かわらのかりみや》に着御、禊《みそぎ》の儀あり。【兵範記】

十一月二十日

左中将藤原師長（18）、参内（大内、一本御書所）して、後白河天皇の御前にて名器・玄上《げんじょう》琵琶を弾く。【台記】

十一月二十一日〔天晴る〕

五節舞始、皇居一本御書所に参入。南所をもって五節所となす。後白河天皇、御帳台（常寧殿）に出御、舞姫帳台試《ちょうだいのこころみ》を御覧。【兵範記】

十一月二十三日　**大嘗会**

大嘗会《だいじょうえ》。夜に入り、後白河天皇、祭服を着用、鳳輦《ほうれん》にて一本御書所を出御。悠紀《ゆき》神殿および主基《すき》神殿に入御。ついで小安殿に幸す。時に寅終り（午前五時前）となる。【兵範記】

十一月二十五日〔陰り晴れ、時に雨まま降る〕

後白河天皇、巳日節会《みのひのせちえ》により大極殿に出御。節会、例の如し。天皇、小安殿に還御。昇廊において清暑堂御神楽《みかぐら》あり。この間、風雨雷鳴す。ついで、御遊あり（「御遊年表」参照）。女御忻子の父・右衛門督藤原公能（41）、笛（銘・小水龍）を吹奏す。【兵範記、台記、御遊抄】

十一月二十六日〔天晴る〕

豊明節会《とよのあかりのせちえ》なり。後白河天皇、大極殿に出御。節会了りて小安殿に還御の後、高松殿に還幸。関白藤原忠通、直ちに帰廬《きろ》（宿所に帰参す）。行幸に扈従せず。【兵範記】

十二月一日

後白河天皇即位以後、初めて南殿（高松殿）に出御、旬節会《しゅんのせちえ》を行う。午上（正午前）、関白藤原忠通参内（高松内裏）、未刻（午後二時頃）、

天皇出御。民部卿藤原宗輔（79）、内弁を勤め、夕刻、事了る。

この夜、鳥羽南殿（寝殿南面間）において東宮守仁親王（13）の御書始《おんふみはじめ》の儀を行う。御本は「御注《ごちゅう》孝経」（鳥羽法皇調献）、式部少輔藤原範兼（侍読）、修理亮藤原俊光（尚復《しょうふく》）によって行わる。関白藤原忠通已下、御前に着座。儀了りて殿上座に着き、盃酌のことあり。東宮学士藤原範兼、朗詠（佳辰令月の句）を唱う。

【兵範記】

十二月二日

大嘗会の御調度を内裏に進めらる。

夜に入り、高松殿において内侍所の御神楽あり（「御遊年表」参照）。後白河天皇、出御。

【山槐記、兵範記】

十二月九日（天晴る）

皇太子守仁親王、皇居高松殿の南殿において元服儀を行う。後白河天皇、南殿に出御。加冠は内大臣藤原実能（60＝女御忻子の祖父）、理髪は左兵衛督藤原忠雅（32）が勤む。この儀に臨みし左中将藤原師長（18）、深更、父・前左大臣藤原頼長（36）を訪問、「太子の作法優美」の由を語る。

【兵範記、台記、山槐記】

久寿三年・保元元年（一一五六・改元）　三十歳

正月七日〔天晴る〕

後白河天皇、方違えのため法住寺入道中納言（前権中納言藤原清隆・66）東堂（法住寺堂）に行幸。件の堂は八条坊門末に所在。西門より御所に至る間に大池あり。池上に浮橋（十余丈）を構えて輿路となし、堂東廊（三間廊）を一夜の宿の装束として夜御所とす。右衛門督藤原公能（女御忻子父・42）と東宮権大夫藤原経宗（38）の二人ならびに剣璽内侍《けんじのないし》二人のみが供奉《ぐぶ》。【山槐記（正月六日条参照）、兵範記】

正月八日

後白河天皇、この暁更、法住寺堂方違え行幸より高松殿に還御。公卿は右衛門督藤原公能のみ供奉。【山槐記】

正月二十一日

高松殿内裏に、犬死穢《しえ》あり。【山槐記（除目部類）】

二月五日〔日者《にっしゃ》（さきごろ）は霖雨なれど、暁より天晴る〕

権中納言藤原基実（14）、拝賀（正月二十七日、任権中納言）。基実、皇居高松殿の西南、四足門より入り、拝舞を終え、朝餉《あさがれい》の間《ま》に参入、後白河天皇と対面あり。ついで、崇徳上皇（38）の中御門殿に参賀。【兵範記】

三月二日

今姫宮姝子《よしこ》内親王（母は美福門院・16）、東宮守仁親王（14）の女御として出立のため、鳥羽殿より白川前斎院（怡子《よしこ》内親王＝輔仁親王女）御所に行啓。鳥羽法皇（54）、御車ならびに殿上人を前駆として供奉せしむ。【兵範記】

三月三日

今夜、東宮守仁親王、御在所鳥羽田中殿より蔵人頭権右中弁左衛門佐藤原惟方《これかた》（32）の四条高倉家に行啓。明後五日、女御姝子内親王参入のため、洛中便宜のためなり。【兵範記】

三月五日〔天陰る〕
今夕、姝子内親王（16・白川北小路斎院御所）を、東宮守仁親王（14）の女御となす。この儀、白河殿において行わる。女御、戌《いぬ》刻（午後八時頃）、夜御殿《よるのおとど》に入御。東宮、引直衣《ひきのうし》を着用、同じく入御す。東宮家司《けいし》の失により衾《ふすま》（夜具）の儲《もう》け（準備）を怠る。されど女御殿御方《おんかた》の左兵衛督藤原忠雅（33）、院宣（鳥羽法皇）によって調進、御帳《おんとばり》中に保管。期に臨み、夜御殿に取り渡す。【兵範記、山槐記、百錬抄】

三月十日〔天晴る〕
午刻（正午頃）、後白河天皇、高倉殿を出御、石清水八幡宮に行幸。関白藤原忠通（60）・内大臣藤原実能（61）・大納言藤原宗輔（80）、不参。左大将藤原公教（54）は供奉。折柄、鳥羽殿止住中の鳥羽法皇（54）ならびに近臣上下、幸列を見物せず。申刻（午後四時頃）、宿院《すくいん》（故済清房・別当法印勝清設営）に入御。【兵範記、山槐記】

三月十一日〔去る夜半許りより雨降る〕
石清水八幡宮宝前に片舞《かたまい》（求子舞《もとめごまい》）奉納のことあり。雨儀により中門西廊第二間において演舞。今日、帰忌日《きこにち》なり。よって大炊御門殿《おおいみかどどの》（鳥羽法皇御所）に行幸、明暁、皇居高松殿に還御あるべし。今朝、検非違使別当藤原忠雅をして別当法印勝清（45）の宿所設営の労により、葦毛馬一疋を下賜さる。【山槐記、兵範記】

三月十二日
鶏鳴の刻、後白河天皇、高松殿に還御。【山槐記】

三月十四日
今夜、皇居高松殿昼御座《ひのおまし》の御剣紛失す。これ、雅仁親王時代の護剣《まもりたち》なり。即位後、御剣新調なきまま今日に至る。かの護剣を代用となし奉安せしもの。【山槐記】

三月十五日〔夜より雨甚だし〕
東宮守仁親王、女御姝子《よしこ》内親王御所において露顕《ところあらわし》（婚礼の披露）の儀を行う。【兵範記】

三月十七日〔天晴る〕
先日紛失の後白河天皇の昼御座の御剣を、蔵人所衆および滝口武士を動員して高松殿の内外、上下等を探索せしむるも、遂に発見し得ず。【山槐記】

三月二十九日

今夕、東宮守仁親王（14）、鳥羽殿に行啓。女御姝子内親王（16）入輿参殿以後、はじめての行啓なり。【兵範記】

四月十九日

後白河天皇皇女亮子《すけこ》内親王（10、母は中納言藤原季成女成子・播磨局31）を卜定して伊勢斎宮と成す。在所（祖父季成家）より三条猪隈《いのくま》の左馬頭藤原隆季（30）家に渡御す。この日、斎宮の生母・播磨局を、格式保持のため従三位に叙し、その住居を召名《めしな》として高倉三位局藤原成子と称すか。【兵範記】

四月二十五日〔天晴る〕

後白河天皇、賀茂社に行幸。左大将藤原公教（54）以下、公卿四人供奉。大臣いずれも供奉せず。【兵範記】

四月二十七日

保元改元＝「御即位に依るなり」【一代要記】

土御門内裏（土御門烏丸殿）造営事始を行う。上卿は左大将藤原公教、蔵人右少弁藤原資長（38）。来る八月二日、棟上《むねあげ》予定。先帝《せんだい》近衛天皇の御時、これを始む。棟上の後、事ありてこれを廃す。後白河天皇、さらにこれを続行せず。ただし、元奉行、右中弁木工頭平範家（44）、病によりこれを改め定むと。【兵範記】

五月四日

去る月二十五日、賀茂行幸に供奉せざる諸司・諸衛の輩、後白河天皇の勅勘ありと。蔵人治部大輔源雅頼（30）、これを奉行す。左中将源成雅、殿上籍《てんじょうのせき》を除かる。右中将藤原光忠（42）・左中将藤原行通は、両人ともに召籠む。また、四位少納言藤原成隆は行幸に供奉せず、更に鈴奏《すずのそう》を勧めず。怠惰によるなり。【兵範記】

七月二日　鳥羽法皇、崩御

鳥羽法皇（54）、鳥羽殿安楽寿院御所において崩御。去る五月二十二日以後、日を経て大漸《たいぜん》（天子の病が次第に重くなる）、終《つい》に晏駕《あんが》（天子の死）せらる。今日、瞑目《めいもく》の間、崇徳上皇（38）臨幸あるも、対面叶わず戸外より還御。さらに遺体を御塔に移御の際も臨幸なし。即夜、山陵に擬《ぎ》し御塔内に葬る。【兵範記】

七月五日　保元の乱

蔵人治部大輔源雅頼、後白河天皇の勅をうけ検非違使等に仰せて、武士の京中に乱入するを停止せしむ。去る月一日以後、鳥羽法皇の院宣により下野守源義朝（34）・右衛門尉源義康ら、陣頭に参宿して禁中（高松殿）を守護す。また出雲守源光保・和泉守平成兼、このほか源氏・平氏の輩《やから》、ことごとく随兵《ずいひょう》を率いて鳥羽殿を警固。けだし、法皇崩御以後、崇徳上皇（38）・左大臣藤原頼長（37）同心して軍を発し、国家を傾けんとすとの風聞あり、その用意のためなり、と。【兵範記】

七月六日

左衛門尉平基盛（清盛二男・18）、東山法住寺の辺りにて、大和国宇野の有勢《うせい》の者、源親治《ちかはる》（頼治の孫、親弘の息・41）を追捕《ついぶ》す。件の親治は左大臣藤原頼長の密命によりひそかに在京の者にして、疑惑ある男なり。【兵範記】

七月八日〔天晴る〕

故鳥羽法皇、初七日《しょなのか》仏事を鳥羽・安楽寿院にて行う。崇徳上皇、臨幸せず。

今日、蔵人頭左中弁藤原雅教（44）、後白河天皇の勅定を奉け御教書を諸国に発して、入道前太政大臣藤原忠実（79）および左大臣藤原頼長の徴発により荘園の軍兵の応ずる事を禁ず。また、蔵人左衛門尉高階俊成ならびに下野守源義朝（34）の随兵ら、頼長の東三条殿に押入り、検知没官《もっかん》せしむ。なお平等院供僧《ぐそう》勝尊が同殿中門南廊において秘法を厳修中。直ちに搦《から》め召して、子細を尋問す。【兵範記】

七月九日

この夜半、崇徳上皇、鳥羽・田中殿より、密々に白川前斎院御所（怡子《よしこ》内親王、去る二日鳥羽殿に渡御）に御幸。上下奇と成し、親疎これを知らず、と。【兵範記】

七月十日

崇徳上皇、白川北殿に軍兵を集結。晩頭、左大臣藤原頼長、宇治より参入。即刻、崇徳上皇と左府藤原頼長は額《ひたい》を合わせ戦略を議定す。左京大夫藤原教長（48）も御前に候す。

一方、後白河天皇の禁中（高松殿）も兵を召して合戦を議せしむ。下野守源義朝・右衛門尉源義康は陣頭に候す。このほか安芸守平清盛（39）・兵庫頭源頼政（53）・右衛門尉平惟繁《これしげ》らの武将が勅定により参会す。ようやく日没近くに軍勢は雲霞《うんか》の如く集結。やがて関白藤原忠通（60）・権中納言藤原師長（19）も参内。後白河天皇は清盛・義朝を朝餉《あさがれい》に召し寄せ、合戦の籌策《ちゅうさく》（計略）を執奏せしむ。この夜、清盛以下、甲冑《かっちゅう》を着し、軍兵を引率す。【兵範記】

七月十一日　**後白河天皇方、崇徳上皇方を破る。平清盛、播磨守に任ぜらる**

鶏鳴の刻限に、清盛・義朝・義康ら、軍兵すべて六百余騎を白川に発向。清盛三百余騎二条方、義朝二百余騎大炊御門方、義康百余騎近衛方より進撃。

この間、後白河天皇は腰輿《たごし》に乗り東三条殿に遷幸。内侍、剣璽を持出す。左衛門督藤原重通（58）これを取りて腰輿に奉安。関白藤原忠通・権中納言藤原師長、直衣《のうし》着用、扈従す。女御忻子（23）も網代車《あじろぐるま》に乗り、同じく東三条殿に渡御。東三条殿に着御の後白河天皇は、ただちに御願を立て、臣下は一斉に戦勝を祈願せり。

辰刻（午前八時頃）、突如、東方の天に煙炎が起ち昇る。御方《みかた》の軍が攻撃して火を放てり、と。清盛らは勝に乗じて新院軍を追跡。崇徳上皇（38）および左大臣藤原頼長（37）は逐電して姿をくらます。白川御所は斎院御所（北小路殿）ならびに白川北殿ともども戦火に炎上。戦勝の報をうけた後白河天皇は即刻、高松殿皇居に還御。その行幸は朝儀の如く、賢所《かしこどころ》還御もまた同前。午刻（正午頃）、清盛以下の大将軍は高松殿内裏に凱旋せり。

清盛は、崇徳上皇行方不知、左府頼長は流矢にあたり負傷、入道大相国忠実（79）は頼長流矢負傷の一件を伝聞、南都に逃亡のこと等を後白河天皇に奏上す。

後白河天皇は今夕、勲功賞を行い、平清盛（39）を播磨守（正四位下）、源義朝（34）を右馬権頭《うまのごんのかみ》（従五位下）、源義康を左衛門尉（正六位上）に昇叙任命して、昇殿を聴《ゆる》す。【兵範記】

七月十二日

崇徳上皇・左大臣藤原頼長の存否ならびに行方不分明。よって、所々方々、検非違使左衛門尉源季実および同右衛門府生阿倍資良をして紫野の知足院寺中・舎房ならびに一条北辺の故左衛門府生秦公春《はたのきんはる》（頼長男寵）旧宅などを探索せしむ。【兵範記】

七月十三日

崇徳上皇は仁和寺中に逃る。同母弟たる五宮信法《しんぽう》親王（28）を頼るも、五宮はこの時、鳥羽殿に御坐《おわ》す。上皇、仁和寺より五宮に書状を遣わして、内裏（後白河天皇）に申達して守護されんことを依頼す。五宮はこれを固辞。やむなく、上皇は仁和寺法務寛遍（57）の土橋旧房に移御。後白河天皇は式部大夫源重成に勅定して、同房において上皇を守護せしむ。

同日、左大臣藤原頼長の職事《しきじ》たる蔵人大夫藤原清頼を逮捕。合戦の日に、左大臣に扈従せし者なり。武士を副《そ》え、関白藤原忠通（60）より高松殿皇居に送致せらる。禁中において清頼を召問するも、左大臣頼長の所在もまた生死《しょうじ》ともに不分明。【兵範記】

七月十四日

皇后宮権亮藤原成隆入道出頭す。去る十一日の合戦当日、左大臣藤原頼長に扈従。官軍に追跡されて仁和寺中に逃げ込み、以来、寺中に潜居。一昨日出家、即日、検非違使別当藤原忠雅（33）亭に出頭。忠雅は、これを後白河天皇に奏聞す。入道前大相国藤原忠実はすでに八条家に帰住と判明。検非違使左衛門大志坂上兼成《さかのうえのかねしげ》、勅定により別当宣をうけ八条に赴き、忠実を追捕して高松殿皇居に連行。忠実は乗車、随兵《ずいひょう》や検非違使下部《しもべ》が囲繞、内裏陣頭（西御蔵町）に引き具し、蔵人左衛門尉高階俊成・検非違使左衛門大志坂上兼成の訊問をうける。忠実およびその郎従を兼成宅に禁固す。

また、右京大夫藤原教長（48）も洛西に逃れ、太秦《うずまさ》広隆寺辺において出家。本日、出頭。左衛門少尉源季実が連行。即日、召問せず、禁中においてその処置の議定を行う。【兵範記】

七月十五日

今夕、藤原教長入道の問注を行う。東三条殿の西中門廊をもって官庁に准《なぞら》え、その問注所とす。右大弁藤原朝隆（60）・左中弁藤原雅教（44）・右少弁藤原資長（38）・左大史《さだいし》小槻師経《おつきのもろつね》以下が着座。教長入道は師経に対座して位置を占む。右大弁朝隆、教長入道に向い、「去る十一日、新院御在所に於いて、軍兵を整え儲《もう》け、国家を危ぶめ奉らんと欲するの子細、実《まこと》に依り弁じ申せ」と。教長、口を開き陳述に及ぶ。文章生史《もんじょうしょうのし》、これを筆録す（委細省略せり、と）。

この日、藤原成隆入道も東三条殿の西内膳辺に召出され、蔵人左衛門尉高階俊成・検非違使左衛門大志坂上兼成の推問《すいもん》を受ける。

今日、入道大相国藤原忠実（79）、関白藤原忠通（60）に書状を送る。忠通、すぐにはこれを受理せず、まず後白河天皇に事由を奏聞、その勅定にしたがい開封の上、返事を書く。助命嘆願の斡旋依頼か。【兵範記】

七月十六日

前《さきの》大夫尉源為義（61）、嫡男・右馬権頭源義朝（34）の許に出頭す。義朝、ただちに後白河天皇に奏聞。勅定により、その身柄を義朝宿所に禁固す。為義、合戦の日以来、京洛の地を流浪、叡山横川《よかわ》において出家入道す、と。【兵範記】

七月十七日

後白河天皇、播磨守平清盛（39）・弟常陸守頼盛（26）・淡路守教盛（29）の昇殿（高松殿皇居）を聴《ゆる》す。清盛申請の、合戦の勲功による。【兵範記】

七月十八日

後白河天皇、綸旨《りんじ》を発し、左大臣藤原頼長（37）および入道大相国藤原忠実父子が謀反《むほん》して国家を危ぶめんとせし罪科《ざいか》の軽からざるにより、田宅資材を官に没収。蔵人頭左中弁藤原光頼（33）に勅定して、関白藤原忠通に宇治所領および平等院のことを知行せしむ。【兵範記】

七月二十一日　**左大臣藤原頼長、流矢に当たり落命せしこと、判明**

左大臣藤原頼長（37）の生死なお判明せず。召出しの輩《やから》の言、いずれも疑殆《ぎたい》あり。興福寺僧玄顕（皇后宮亮藤原顕憲息）の通報によれば、去る十一日の合戦で負傷（流矢）、十二日西山辺を徘徊、十三日大井川辺にて乗船、同日申刻（午後四時頃）、木津辺に着岸。まず入道大相国忠実（79）に次第を言上するも相手にされず。やむなく随従の輩は南都の千覚律師房（故土佐守藤原成実子・56）に救助を求む。その後、一夜、頼長は悩乱、十四日の巳刻（午前十時頃）に落命。即夜、遺体を輿に乗せ般若山辺に埋葬。この申状をうけた禁中は、今朝、官使・史生および滝口武士三人にかの玄顕を相具して、これを検知のため南京（奈良）に発進す。 【兵範記】

七月二十三日　崇徳上皇を讃岐国に移し、藤原忠実を紫野に幽閉

故近衛天皇の正日《しょうにち》により、延勝寺金堂において仏事を修す。後白河天皇、臨幸。関白藤原忠通（60）もまた参る。夕刻、天皇、本殿（高松殿皇居）に還御。

今夕、入道大相国藤原忠実を紫野知足院に幽居せしむ。同じく、崇徳上皇（38）を讃岐国に移す。兼日、公家の沙汰により決す。この日、五位蔵人藤原資長（38）、後白河天皇の勅定により仁和寺御在所（寛遍法務57・土橋旧房）に参向。夜に入り上皇出御。乳母子《めのとご》元美濃守藤原保成の網代車に駕す。扈従の女房（御愛物・右兵衛佐局＝大蔵卿源行宗女）も網代車。右衛門尉源貞宗、御車の後に従う。また、式部大夫源重成は武士数十騎を率いて、上皇の御車を囲繞して鳥羽泊に護送す。上皇はここにて乗船。以後、すべての護送は讃岐国司（讃岐守藤原季行43）の沙汰となる。厳重守護を下命して、重成帰参。 【兵範記】

七月二十七日

後白河天皇、明法博士坂上兼成に勅して、謀反の輩（故左大臣藤原頼長遺子や左京大夫藤原教長ら、諸臣および武士）の罪を勘申《かんじん》せしめ、罪名宣下《せんげ》を行う。 【兵範記】

七月二十八日　保元の乱の敗者に対して、断罪続く

今夕、断罪を行わる。散位平忠貞（前名、忠正）以下五人を、播磨守平清盛（39）、六波羅辺において斬殺す。 【兵範記】

七月三十日

また斬罪を行う。右衛門大夫平家弘以下平家郎党七人を、蔵人左衛門尉源義康、大江山（京都府亀岡市・大枝山）において斬殺す。

同じ日、前大夫尉源為義（61）以下六人を、左馬頭源義朝（34）、船岡辺において斬る。為義は義朝の父、頼方（頼賢）・頼仲・為成・為宗・九郎（為仲）は、いずれも義朝の異母弟たちである。この中、源為義の首級については、検非違使源季実が後白河天皇の勅定により実検す。 【兵範記】

これら斬罪は、嵯峨天皇〈七八六―八四二〉以降、行わざりし刑なるも、少納言入道信西（51）の建議により断行さるるところなり。【百錬抄】

八月三日

謀反の輩の流罪、行わる。故左大臣藤原頼長の遺子四人（右大将兼長19・左中将師長19・右中将隆長16・大法師範長12〔幼名、万寿麻呂〕）および左京大夫入道藤原教長（法名、観蓮・48）ら九人を諸国に配流す。【兵範記、百錬抄】

八月二十九日

後白河天皇若宮二人（ともに母は中納言藤原季成45女〔高倉三位局〕、のち守覚法親王7・のち以仁王6）、高松殿皇居に入内す。前者は神祇伯源顕重家にて養育、後者は大舎人頭《おおとねりのかみ》高階家行家に養育さる。前者は上葺白《うわぶきしろの》御車に駕し、後白河天皇の勅定により諸大夫六人、前駆を勤め参内。高松殿の内に、本所（居住御所）を設置せらるるか。後者は家行以下一家の輩六人が前駆を勤め、各女房同車の上、参入。右兵衛陣において蔵人治部大輔源雅頼（30）、若君を抱き車より下す。【兵範記】

九月八日

去る八月二十九日、中納言右衛門督藤原公能《きんよし》（42）、兼大将宣旨を蒙る。この日、高松殿内裏において任大将除目《じもく》を行う。公能は後白河天皇女御忻子《よしこ》（23）の父なり。よって、この恩寵あり。公能、右大将を兼ねる。午時（正午頃）、後白河天皇、直衣・橡染袍《つるばみぞめのほう》を着装して昼御《ひのお》座《まし》に出御、儀式を始行さる。【山槐記（除目部類）】

閏九月八日

後白河天皇、「保元の乱」の戦勝を謝し、爾今の朝廷の宝位不動（帝位無窮）を祈って、石清水八幡宮の神前に宣命《せんみょう》を捧ぐ。

【石清水文書（竹内理三編『平安遺文』所収）】

閏九月十八日

蔵人頭右大弁平範家《のりいえ》（44）、後白河天皇の勅定をうけ、新制七箇条の宣旨を諸国に下す。【兵範記】

十月二十七日　**藤原忻子、後白河天皇中宮となる**

女御藤原忻子立后《りっこう》、中宮となす。右大将藤原公能の第一女にして、左大臣藤原実能（61）の孫姫なり。禁中節会を行い、右大臣藤原宗輔（80）が内弁を勤む。ついで宮司《みやつかさ》除目を行い、中宮職《ちゅうぐうしき》を任命す。執筆《しゅひつ》は右大臣宗輔なり。中宮大夫藤原公教（正二位権大納言・54）・中宮権大夫藤原公親（正四位下参議・26）・中宮亮藤原顕長（従五位上兵部大輔・40）・中宮権亮藤原実定（正四位下左中将・18）以下を補す。

【山槐記、兵範記、女院記、山槐記（除目部類）】

十一月四日

今夕、中宮忻子の初入内《しょじゅだい》行啓として勧賞《けんじょう》を行い、中宮同腹の弟・中宮権亮左中将藤原実定（18）を従三位に叙す。

【兵範記、公卿補任、帝王編年記、百錬抄】

十一月十八日

後白河天皇の勅定《ちょくじょう》をうけて、京中兵仗《ひょうじょう》を制止すべきの由、宣旨を下す。

【兵範記、公卿補任、帝王編年記、百錬抄】

十一月二十七日

申刻（午後四時頃）、後白河天皇の皇子（のち守覚法親王・7）、仁和寺南院の五宮信法親王（天皇同母弟・28）の室に入御。殿上人二十余人供奉。御車は美福門院（40）より借用。今日の入室、一向（すべて）、女院の沙汰なり。

【仁和寺御伝、一代要記、本朝皇胤紹運録】

この年

後白河天皇寵女・坊門局（右兵衛尉平信重女・同信業19姉）、定恵法親王（園城寺長吏）を出産す。

〔『寺門高僧記』の行年より逆算〕

保元二年（一一五七）　三十一歳

正月十九日
後白河天皇、来る二十二日より除目を行わんとして、今夜より東寺の長者・阿闍梨法務権僧正寛遍（58）をして伴僧二十口《こう》（人《にん》）を請じ、東三条殿において不動法を始行せしめらる。姝子《よしこ》内親王（17）東宮守仁《もりひと》親王（15）に入内後居住の高松殿内裏に、その場所なきの故なり。
【山槐記（除目部類）】

正月二十三日
夜に入り、高松殿寝殿南面において除目第二日の儀あり。後白河天皇、風気により延引の議あり。すでに公卿少々参上するも、延引の旨を下知、退出す。しかるに、天皇、なお行うべきを仰せ下さるるにより、執筆《しゅひつ》（内大臣藤原公教《きんのり》55）以下、おのおの参上、これを行わる。
【山槐記（除目部類）】

正月二十七日
後白河天皇、方違え行幸あり。渡御先、不明。従三位左中将藤原基房（13）・参議左中将藤原公親（27）・蔵人頭左中将源定房（28）ら供奉《ぐぶ》。
【達幸故実抄】

二月十八日
大内裏造営の事始《ことはじめ》（起工式）を行う。「国家之大事也」（『興福寺別当次第』）により、後白河天皇の勅定をうけ、蔵人左少弁源雅頼（31）、奉行として宣旨を下して、その所課を諸国の神社・仏寺および権門勢家の荘園に宛て催《もよお》す。
【興福寺別当次第、園太暦（貞和二年〈一三四六〉七月二十一日条）】

三月十三日〔天晴る〕
亥刻（午後十時頃）、後白河天皇、方違えのため一条北辺の春日殿（皇女式子《のりこ》内親王9）の御堂に鳳輦に駕し行幸。右大臣藤原宗輔（81）・左大将藤原公教（55）・右大将藤原公能（43）以下卿相《けいしょう》十人許り供奉。丑刻（午前二時頃）大地震あり。天明に還御のため発輦、辰刻（午前八

時頃）、高松殿皇居に着御。 【兵範記】

三月二十日

後白河天皇、故女御懿子《よしこ》（東宮守仁親王母）に贈位として従二位を贈る。故女御は贈太政大臣藤原経実女、母は従三位藤原公子。左大臣源有仁養女として雅仁親王（後白河）に入内、守仁親王出産六日後に薨去。じつに没後十五年目の追贈なり。少納言平信範（46）、勅使として蓮台野《れんだいの》の陵前において宣命を読み、位記を墓前に焼く。宣命を持って帰洛す。 【兵範記】

三月二十三日

後白河天皇、造内裏事《ぞうだいりのこと》により安全遂行祈願のため八社（石清水八幡宮・賀茂社・春日社・大原野社・吉田社・日吉社・稲荷社・祇園社）に奉幣せしむ。上卿《しょうけい》左大将藤原公教（55）・左少弁源雅頼（31）がこれを奉行す。 【兵範記】

三月二十六日〔天晴る〕

内裏上棟。上卿右大将藤原公能（43）、参議左大弁藤原雅教（45）・権右中弁左衛門権佐藤原惟方《これかた》（33）・左少弁源雅頼（31）ら、これを奉行す。この日の各所課は紫宸殿（修理職）・仁寿殿《じじゅうでん》（播磨守平清盛40）・承香殿《じょうきょうでん》（近江守藤原朝方23）・正寧殿（伊予守藤原親隆59）・貞観殿《じょうがんでん》（安芸守平頼盛27）・清涼殿（土佐守藤原隆季31）・後涼殿《こうろうでん》（備中守藤原光隆31）・安福殿（越後守藤原成親20）・承明門《しょうめいもん》（越前守藤原家信）・建礼門（伯耆守高階仲経）・朔平門《さくへいもん》（若狭守藤原隆信16）・玄祥門（飛騨守源季長29）等。「此の外の所課は、追って記録すべし」と。 【兵範記】

四月二十一日

後白河天皇、方違えのため中宮亮藤原顕長（41）の八条堀川家に行幸。関白藤原忠通（61）扈従《こしょう》。 【兵範記】

四月二十二日

未明、後白河天皇、方違えより高松殿に還御。関白藤原忠通は法性寺殿に帰参。 【兵範記】

五月十四日

今夕、内裏（禁中＝高松殿）において七宝塔供養ならびに請僧《しょうそう》八口（延暦寺快修・明雲・昌雲・乗澄、園城寺覚讃僧都・憲覚律師・静宗・房覚）により懺法《せんぼう》を行う。「希代の例なり。殊に叡念（後白河天皇）有りて行わるる所なり」（『百錬抄』）と。 【兵範記、百錬抄】

五月二十六日

蔵人勘解由次官《かげゆのすけ》平親範（21）、後白河天皇の中使《ちゅうし》（勅使）として関白藤原忠通の法性寺殿に参入。来る八月八日、遷幸あるべきにより東三条殿を皇居となすべく仰せ下さる。 【兵範記】

五月二十七日
後白河天皇、方違え行幸（行先不明）。参議右中将藤原公親（27）・同藤原実長（28）ら供奉《ぐぶ》。【達幸故実抄】

五月二十九日
保元の乱において後白河天皇に勲功ありし従五位下左衛門尉源義康逝去す。
今日、公家《こうけ》（高松殿皇居）懺法結願《せんぽうけちがん》。内大臣藤原伊通（65）以下卿相十八人参上。被物《かずけもの》・布施および様々捧物《ほうもち》、口別五十余、これを諸僧に分与す。【兵範記】

六月十九日
後白河天皇異母妹・暲子《あきこ》内親王（母は美福門院・21）落飾、法名金剛観と命名（のち八条院）。【女院次第、一代要記】

六月二十二日
今夕、後白河天皇、春日殿（式子内親王9）御堂に方違え行幸。亥刻（午後十時頃）、天皇出御。行幸儀、去る月の如し。【兵範記】

七月三日
故鳥羽法皇崩後満一年に当り、諒闇《りょうあん》おわるの由を朱雀門に大祓《おおはらえ》を行う。後白河天皇は御禊《ごけい》。【兵範記】

七月五日
関白藤原忠通の家司《けいし》・少納言平信範（46）、後白河天皇の遷幸を奉迎すべく、東三条殿の修理・掃除以下、遷幸雑事を進行。この日に至り、東三条殿装束（部屋飾り）の儀、完了す。寝殿を南殿《なんでん》（紫宸殿代）となし、東対屋《ひがしたいのや》を清涼殿として昼御座《ひのおまし》を設営。塗籠《ぬりごめ》中を夜御殿《よるのおとど》（寝室）として、繧繝縁《うげんべり》畳三枚を敷き、御座となす。
今夕、後白河天皇、方違えとして一条北辺の春日殿御堂に行幸。諒闇終了により、行幸儀式を尋常に行う。左大将藤原公教（55）・右大将藤原公能（43）ら供奉。関白藤原忠通（61）御悩により参仕せず。行幸着御に際し、少納言藤原通能、御堂儀たるにより鈴奏《すずのそう》を行わず。【兵範記、達幸故実抄】

七月六日
寅刻（午前四時頃）、後白河天皇、方違え先の一条北辺春日殿御堂より、東三条殿に行幸。ただちに新設南殿（寝殿）に着御。少納言藤原通能、鈴を奏し、公卿名謁《みょうえつ》（名対面《なだいめん》＝点呼）あり。同刻、東宮守仁親王（15）、高松殿より東三条殿に行啓。ついで、後白河天皇中宮忻子《よしこ》（24）も御車に駕し入御。【兵範記】

七月八日
この夜、女御殿（姝子《よしこ》内親王17）、白川殿より東三条殿（細殿母屋女御殿御所）に入内。蔵人左衛門尉平範保（24）、女御入内に際し、輦車の宣旨を仰ぐ。範保は、入内の度毎に輦車の宣旨の仰せあるべし、と。【兵範記】

七月十六日
今夕、東寺の法務・権僧正寛遍（58）祈雨《きう》のため、二十口の伴僧を率いて東寺灌頂堂《かんじょうどう》において孔雀経法を勤修《ごんじゅ》。後白河天皇、蔵人を勅使として御衣《みぞ》を奉献せしむ。先例不明なるも、玉体息災安穏御祈りの時に御衣施入《せにゅう》はしばしばなり。祈雨御祈りにおいては異例なるも、祈雨を期待する天皇の叡念の発露《ほつろ》なり。【兵範記】

七月二十日
日中時の修《す》法《ほう》をもって五日間の勅願孔雀経法を結願す。七月十八日「未刻（午後二時頃）、雨脚《あまあし》降る。急に神験を示すか、又は孔雀経法の感応か」、七月十九日「未刻、甚雨沃《よく》の如し、戌刻（午後八時頃）に至るも、雨脚止まず」と法験《ほうげん》あり。後白河天皇、勧賞《けんじょう》を仰せられ、導師寛遍に牛車での宮中出入を聴《ゆる》す。今夕、後白河天皇、高松殿より方違え行幸。新少納言源重雅、鈴奏《すずのそう》を勤仕す。【兵範記】

七月二十二日
後白河天皇、一条北大宮の西の世尊寺（権大納言藤原行成〈九七二－一〇二七〉の寺）に方違え行幸。『拾芥抄《しゅうかいしょう》』に「一条北、大宮西、本小路東、無レ路南」とあり、世尊寺跡は、いま上京区栄町一帯。【園太暦】

七月二十三日
今夕、美福門院（41）、鳥羽殿より白河の金剛勝院御所に渡御。一年前の鳥羽院崩御以後、始めての出御なり。この女院、「保元の乱」前後以来、鳥羽殿に滞留中なり。【兵範記】

七月二十七日
関白藤原忠通（61）、家司・少納言平信範（46）を奉行として、故左大臣藤原頼長旧第東三条殿の券を皇嘉門院（忠通姉聖子《きよこ》・崇徳天皇中宮・37）に献じ、これより東三条殿皇嘉門院領となる。【兵範記】

八月三日〔雨降る〕
後白河天皇、亥刻（午後十時頃）、高松殿南面に出御、乗輿して東門を出で、世尊寺堂に方違え行幸。蔵人勘解由次官《かげゆのすけ》平親範（21）、行幸行事となる。堂に着御、鈴奏、「御共ニ持仕レル鈴進ヲクト申」、ついで公卿名謁あり、天皇入御。少納言平信範は勘解由次官親範宿所に退下。

「終夜《よもすがら》、雨甚だし」。【兵範記】

八月四日

鶏鳴、後白河天皇、一条北の世尊寺堂を進発、卯刻（午前六時頃）、皇嘉門院新領の東三条殿に着御。「此の間、雨脚降らず」。左大臣藤原実能（62）以下、寝殿の南階《みなみはし》東掖《ひがしわき》に列立《れつりつ》奉迎す。鈴奏、名謁等、昨夜の如し。【兵範記】

八月九日〔天晴る〕

今夕、後白河天皇、東三条殿より高松殿に還御。関白藤原忠通（61）、法性寺殿より参殿。毎事恒例により行幸供奉のためなり。束帯着用、螺鈿御剣佩用す。還御に際し、関白忠通より天皇に贈物《おくりもの》進献す。⑴「御本」（銀筥に納め、浮線綾《ふせんりょう》にて包み、銀松枝に結ぶ。左衛門督藤原基実15、これを捧持）、⑵「琵琶」（錦袋に納む。左兵衛督源雅通40、これを捧持す）、⑶「龍蹄《りょうてい》十疋（馬十頭）」（皆、鹿毛の馬、鏡轡、金銅鼻皮（馬の面当）、赤地錦（鞍褥《くらしとね》）、手綱《たづな》打交差縄《うちかいさしなわ》、纐纈衣《こうけちきぬ》を着せしむ（口取り着装））の三種、これは当代故実《こじつ》なり。別に、関白忠通女房（従四位上源信子）贈物料として「桑絲百疋」（泥絵《でいえ》細櫃四合）を贈る。ついで、後白河天皇、勧賞を行わる。従三位藤原基房（関白忠通二男・13）、従三位源信子（基房母）ほか。やがて、世尊寺堂に行幸。今夜、方違えに相当、本宮還御を避けらる。【兵範記】

八月十日

この朝、後白河天皇、一条北世尊寺堂より高松殿に還御。この日、関白藤原忠通の下命により東三条殿上客料理所を始む。かねて忠通、政所に下知（八月九日、東三条殿逗留の後白河天皇に献饌せんとせしも、当夕、天皇高松殿還御により日次《ひなみ》延引）、当日に決す。東三条殿東宿南別屋を其所（上客料理所）に設置、紫縁畳《むらさきべりのたたみ》四枚を敷き、白垂布を張り、毎事用意せり。未刻（午後二時頃）、家司、木工権頭源季兼《すえかね》・少納言平信範ら、高松殿に参上、即刻、料理を開始。まず、魚両三切を盛り、ついで盃饌《はいせん》あり。事了りて少納言信範、関白藤原忠通の法性寺殿に参向、次第を報ず。【兵範記】

八月十一日

今夕、関白藤原忠通ならびに権大納言藤原基実（15）、東三条殿に渡宿す。この殿、後白河天皇皇居（七月六日～八月九日）となりし以後にして、密々の儀なり。【兵範記】

八月十四日　藤原兼実、初殿上

未時（午後二時頃）、関白藤原忠通の四郎若君（9）に名字「兼実」を定め、権中納言藤原朝隆（61）、名簿《みょうぶ》を清書す。蔭孫《おんそん》藤原朝臣兼実として頭髪は総角《あげまき》、赤色小葵文《こあおいもん》織物袍《ほう》に縮線綾《しゅくせんりょう》表袴《うわばかま》、濃打衵《こきうちあこめ》、黒半臂《くろのはんぴ》を着用、有文玉帯《うもんのぎょくたい》（今朝、法成寺宝蔵を開扉、この日、一時、佩用）を着し、糸鞋《しあい》を履き、高松殿皇居に参内、初殿上《しょてんじょう》。兄・従三位左中将藤原基房（13）が名簿を提出、殿上の間につく。後白河天皇の召しにより、朝餉間に参上、面謁す。【兵範記】

後白河天皇の姉・前斎院統子《むねこ》内親王（32）、高松殿皇居に入内す。【女院小伝】

八月二十四日〔天晴る〕

高松殿より蔵人左少弁源雅頼（31）を使者として、関白藤原忠通（61）の家司・少納言平信範（46）に、来月七日、後白河天皇方違えとして九条殿（皇嘉門院御所）に行幸あるべし、と申さる。信範、「勅定限りあり、左右《とこう》（あれこれ）する能わざる事なり」と。【兵範記】

八月二十五日

関白藤原忠通、東三条殿より九条殿に渡御。少納言平信範、扈従す。後白河天皇方違え行幸の儲けの沙汰のためなり。まず、御簾・畳以下、すべて新規に取り替えるべきの指示あり。晩頭、皇嘉門院（36）、父・関白藤原忠通第たる法性寺御所に渡御せらる。九条殿、改修工事のためなり。【兵範記】

九月三日

今朝、左大臣入道藤原実能（62）薨逝す。血縁の前斎院統子内親王（実能は伯父）および中宮忻子（24・実能は祖父）、高松殿皇居に同殿す。服喪のため統子内親王は、この夕、高松殿を出御す。中宮忻子は退下せず。ただ、清涼殿の昇殿は停止さる。【兵範記】

九月八日〔天晴る〕

後白河天皇、今夕、高松殿より九条殿に方違え行幸。昨今、殿内を皇居として装束完備さる。寝殿南母屋《みなみのもや》三ヶ間を中心に四尺五寸の泥絵（極彩色）屏風四帖を立て、繧繝縁畳二枚、唐錦茵を敷き、昼御座とす。寝殿北面を朝餉御所、北子午後殿を台盤所、北対西方六箇間を女房局……等々、曳物、御座等、殊に美麗を尽す。二階厨子《にかいずし》を立て、手筥・硯箱を居えるなど、高松殿皇居の装束に擬す設置を完備したものであった。【兵範記】

九月九日

後白河天皇、日中に九条殿より高松殿に還御か。『兵範記』当日条の冒頭に、「殿下、九条殿より東三条殿に還御」と記す。天皇の還幸を見送って、関白藤原忠通が「日来《ひごろ》御座東三条殿」（九月十五日条）に帰還したことを記述せるもの。【兵範記】

九月二十三日

今夕より、天台座主最雲（53）、二十口の伴僧を率い、新造内裏仁寿殿において安鎮法を勤修《ごんじゅ》す。行事は権右中弁源雅頼（31）・進士《しんじ》文章生《もんじょうしょう》蔵人藤原頼保（40）。後白河天皇の下命により御衣《みそ》勅使となり、後白河天皇捧献の御衣を有台箱《うだいのはこ》に納め大壇に奉安す。【兵範記、安鎮法日記】

十月五日〔天晴る〕

造内裏臨時仁王会を新造大極殿において行う。堂荘厳《どうしょうごん》ならびに十二堂・諸門等の儀、および大極殿東廊公卿以下の座は、恒例仁王会《にんのうえ》に准ず。ついで、関白藤原忠通（61）の子息、右大臣藤原基実（15）・従三位左中将藤原基房（13）、ともに高松殿に参内、後白河天皇に面謁。【兵範記、園太暦】

十月八日〔天晴る〕　後白河天皇、新造大内裏に遷幸

後白河天皇、高松殿より新造大内《おおうち》に遷幸。酉刻（午後六時頃）、天皇、高松殿皇居の南面に出御。内侍二人が剣璽捧持して扈従。西中門において天皇は鳳輦《ほうれん》に乗駕、関白藤原忠通が供奉。左大将藤原公教（55）は鳳輦の差綱《さしづな》の役を奉仕。ついで四足門《しそくもん》を出御、西洞院より北行、二条より西行、大宮大路より北行、やがて大内の陽明門に到達、入御。移徙《わたまし》の儀により故実にしたがい、黄牛《あめうし》・水火童《すいかのわらわ》（水と燭をささぐ女童が五穀を釜で炊《かし》ぎ、これを祀る）の列を整え、陰陽頭《おんみょうのかみ》賀茂在憲《ありのり》（56）、呪術を施す。火童、南殿より清涼殿に至り、夜御殿の灯楼に点火、水童、同じ経路にて昇殿。天皇の御輿、清涼殿の南階に着御。ついで入御。この日、後白河天皇、高松殿において朝膳を供し、いまここに夕膳五菓を供す。下格子《げこうし》以後、殿上名謁の事あり。天皇入御に続き、中宮忻子（24）、輿にて承香殿《じょうきょうでん》に入御。ついで、東宮守仁親王（15）は昭陽舎、同女御姝子《よしこ》内親王（17）は淑景舎《しげいさ》に入り、輦車の宣旨を受く。天皇の姉・前斎院統子《むねこ》内親王（32）は、高松殿より鳳輦にて弘徽殿《こきでん》に入御。【兵範記、園太暦（同前）】

この日、後白河天皇、宣旨を下して、三十五箇条新制を発布す。五位蔵人治部権少輔藤原俊経（45）、命によりこれを書き下す。【兵範記】

十月九日〔天晴る〕

この夜、内裏第二夜の儀あり。宜陽殿《ぎようでん》において太政大臣藤原宗輔（81）以下に三献の饗《きょう》を賜う。後白河天皇、造宮奉行たる蔵人頭木工頭《くらのかみむくのかみ》平範家（45）を召し、一献を賜う。【兵範記】

十月十日

この夜、内裏第三夜の儀を前夜に引き続き、宜陽殿に行う。左大臣藤原伊通《これみち》（65）・右大臣藤原基実（15）・内大臣藤原公教（55）以下、公卿参着。一献の後、後白河天皇出御。御前座を敷き、まず関白藤原忠通（61）、参着す。蔵人頭左中将藤原信頼（25）、料紙を献ず。【兵範記】

十月十一日〔天晴る〕　藤原琮子、後白河天皇女御として入内

後白河天皇、遷宮の後、初度の政《まつりごと》を行う。【兵範記】

今夕、内大臣藤原公教（55）の女・琮子《たまこ》（13）、後白河天皇の女御として入内。新造内裏の弘徽殿を在所となす。すべて永久五年〈一一一七〉十二月十三日の従三位藤原璋子《たまこ》（17）、鳥羽天皇（15）に入内の例に准行す。これより先、新造内裏の弘徽殿は十月八日に前斎院統子内親王の御在所となす。前斎院同居か。【殿暦、兵範記】

十月十五日〔天晴る〕

午刻（正午頃）、後白河天皇大内移徙以後、初めて南殿（紫宸殿）に出御、旬儀《しゅんのぎ》を行う。剣璽の内侍二人、ほかに女房八人扈従す。関白藤原忠通（61）、供奉。天皇は御帳中、椅子《いし》に着御す。【兵範記】

十月二十二日〔雨降る〕

造内裏勧賞の叙位ならびに節会を行わる。巳刻（午前十時頃）、後白河天皇、左大臣藤原伊通（65）を清涼殿に召し、叙位を始む。御殿装束（設営）は「女叙位」の儀に倣い、関白藤原忠通ならびに執筆《しゅひつ》の座を定む。後白河天皇、直衣を着装、出御。大内記藤原信重ならびに少内記三人を召し、位記を造らしむ。この日の叙位名簿《みょうぶ》は、正三位（一人）・従三位（三人）・正四位下（五人）・従四位上（十一人）・従四位下（五人）・正五位下（十九人）・従五位上（二十六人）・従五位下（二人）、総勢七十二人に及ぶ。申刻（午後四時頃）に至り、位記六十余通（実数七十二通）の作成を終える。一箱に納め、天皇に進覧奏聞す。

夕刻限に臨み、後白河天皇、南殿に出御、節会を行う。【兵範記】

十一月十二日〔天晴る〕

新嘗祭《にいなめのまつり》、五節《ごせち》舞姫参入。ついで五節帳台試《ちょうだいのこころみ》あり。後白河天皇、清涼殿より御師局《おしのつぼね》（舞姫に舞を教授の小師〔大宮内侍〕、大師〔美作前内侍〕局）に渡御。天皇は直衣、紅打出袿《うちいでのうちき》、紫織物指貫《さしぬき》を着装、浅沓《あさぐつ》を履く。春宮守仁親王（15）も天皇と同装束にて、関白藤原忠通・右大臣藤原基実（15）・内大臣藤原公教（55）・検非違使別当藤原経宗（39）らを従え、正寧殿中馬道《めどう》より北庇大師局東戸に入御。帳台試を御覧。雲客《うんかく》、后町《きさいまち》（常寧殿）廊に群集して乱舞《らんぶ》の事あり。舞おわりて五節舞姫、順次退下。やがて後白河天皇も清涼殿に還御。【兵範記】

十一月十三日　**漏刻器を設置**

酉刻（午後六時頃）、後白河天皇、年来断絶の漏刻器《ろうこくき》（水時計）を陽陰寮《おんみょうのつかさ》に設置せしむ。漏刻博士二名をおき、守辰丁《ときもり》二十人をして漏刻を守らしめ、時を報ず。行幸の際には漏刻博士一人が守辰丁十二人を引き具して供奉。【百錬抄】

十一月十七日〔天晴る〕

五節童女御覧《わらわごらん》あり。午刻（正午頃）、美福門院（41）より童女装束二具を進献。女院別当・前讃岐守藤原季行（44）、御使となり、仕丁《じちょう》二人にこれを持たせて、後白河天皇の御前に運上す。天皇、清涼殿の昼御座《ひのおまし》に出御、これを一覧。季行、纏頭《てんどう》（賞）として女装束一襲《ひとかさね》を賜う。今夕、新嘗会の儀を行わる。後白河天皇、腰輿《たごし》に駕し、内裏中和院に行幸。神嘉殿において祭事を親祭。この夜、通夜の儀なく、後白河天皇、鶏鳴以前に清涼殿に還御。【兵範記】

十一月十八日〔天晴る〕

豊明節会《とよのあかりのせちえ》なり。関白藤原忠通（61）、五節所（常寧殿）に渡御。左大臣藤原伊通（65）、内弁《ないべん》（臨時の長官）となり、右大臣藤原基実（15）、外弁《げべん》（内弁の補助職）となり、それぞれ定めの座に着く。三献の後、宮内卿源資賢《すけかた》（45）拍子を執り、御遊《ぎょゆう》あり。後白河天皇・東宮守仁親王（15）・東宮女御姝子《よしこ》内親王（17）・皇嘉門院（36）・美福門院、櫛を献ぜらる。各十枚一包み、いずれも珍重彫櫛。これに添えて美艶薄様の紙を柳筥《やないばこ》に積み、土高杯《つちたかつき》に居えて、殿上人が各使者となる。【兵範記】

十一月十九日

五節舞師以下、所役の者に禄《ろく》（褒美）を給せらる。大師・小師・髪上《かみあげ》（舞姫の結髪人）・闈司《みかどのつかさ》・琴師・小歌女官・拍子女官・小舎人・今良《いままいり》（縫殿寮《ぬいりょう》の女工）・舞姫に、それぞれ絹・綿・袿《うちき》（掛）・袴などを下賜。舞姫には几帳・畳・火桶・炭取・手洗椋《はぞう》などを分与。ほかに台菓子百二十荷を賜禄とした。後白河天皇（五十荷）・東宮守仁親王（十荷）・後白河中宮忻子《よしこ》（24、六荷）・前斎院統子《むねこ》内親王（32、六荷）・東宮女御姝子《よしこ》内親王（六荷）・皇嘉門院（十三荷）・美福門院（十荷）・姫宮（尼姫君暲子《あきこ》内親王21、六荷）・皇后呈子《しめこ》（近衛中宮・27、六荷）・後白河女御琮子《たまこ》（13、六荷）が、各支配により贈らる。【兵範記】

十一月二十七日〔天晴る〕

後白河天皇、一代一度の祭儀たる摂津国八十嶋社祭使として、乳母紀伊典侍《すけ》（少納言入道藤原通憲・法名信西52の妻）を差遣さる。三条西洞院顕長朝臣家（中宮亮木工頭藤原顕長41）より進発。後白河天皇の勅定により関白藤原忠通所有の唐御車・車副《くるまぞい》・御牛・牛童太郎丸等を借用、乗駕す。蔵人頭左中将藤原信頼（25）・蔵人頭右中将藤原公光（28）、殿上人・君達《きんだち》・諸大夫以下、二百余人の前駆が後白河天皇の勅定により供奉。さらに民部卿藤原季成（56）・右衛門督別当藤原経宗（39）・権中納言藤原公通（41）・右衛門督藤原光頼（34）・参議右中将藤原実長（28）・従三位平範家（45）が各檳榔毛車《びろうげのくるま》に駕して扈従。後白河天皇の御衣《みぞ》勅使は蔵人大膳亮高階重章。当時における乳母紀伊典侍の権勢を誇る華麗な行粧《ぎょうそう》であった。【兵範記】

十二月十一日〔天晴る〕

神今食《じんごんじき》なり。後白河天皇、清涼殿より中和院神嘉殿に行幸、親祭さる。【兵範記（京都大学蔵原本）】

十二月十七日

位記請印《いきしょういん》、また小除目勅任御前儀あり。清涼殿昼御座第三間弘庇を装束（設営）、内大臣藤原公教（55）、殿上に候す。ついで、後白河天皇、直衣にて出御。後白河天皇乳母紀伊殿（藤原朝子・少納言入道信西妻）、従三位の位記に外印《げいん》（太政官印）を押捺して、従三位に叙せらる。

【兵範記（京都大学蔵原本）】

十二月二十七日

今夕、後白河天皇、大内より法勝寺に方違え行幸。「天一《てんいち》、去る二十三日以後、卯方（東）に在り」による方忌《かたいみ》のためなり。

【園太暦、兵範記（京都大学蔵原本・十二月二十八日条）】

十二月二十八日

鶏鳴の刻、後白河天皇、法勝寺御所を出御。鈴奏《すずのそう》なし。白川行路は昨夕の如き道順にて、京極大路より北上、中御門大路より西行、富小路より北上、勘解由小路前讃岐守藤原季行（44）家に遷幸。此所を本所となす。昨夜、大内よりこの家に直行すべきのところ、天一神《なかがみ》（陰陽道の方角神）の凶《きょう》により法勝寺に行幸。今朝、この家に遷御。今夕、この家に宿御。

【兵範記（京都大学蔵原本）】

十二月二十九日〔天晴る〕

早暁、後白河天皇、大内に還御。幸列供奉のため、右衛門督藤原経宗（39）・左兵衛督源雅通（40）・右兵衛督藤原光頼（34）・参議藤原光忠（43）ら、勘解由小路殿に参上。やがて天皇出御。少納言平信範（46）も参殿、鈴奏を勤む。待賢門大路より西行、宮城東大路より北行。陽明門に入御、左衛門陣を経て南行、建礼門に入御。天皇、清涼殿に還御、鈴奏あり。

【兵範記（京都大学蔵原本）】

この年

後白河天皇の寵女・高倉三位局（藤原成子・32）、休子《やすこ》内親王（伊勢斎宮・仁安元年〈一一六六〉十二月八日卜定・10）を出産す。

〔『一代要記』（承安元年〈一一七一〉三月一日薨・15）より逆算〕

後白河天皇の寵女・坊門殿（後白河天皇中宮忻子《よしこ》24の妹）、惇子《あつこ》内親王（伊勢斎宮・仁安三年〈一一六八〉八月二十七日卜定・12）を出産す。

〔『一代要記』（承安二年〈一一七二〉五月三日薨・16）より逆算〕

保元三年（一一五八）　三十二歳

正月一日〔天晴る〕
後白河天皇、四方拝《しほうはい》、例の如し。左大臣藤原伊通（66）・右大臣藤原基実（16）・内大臣藤原公教（56）以下、納言・参議十二人、清涼殿の殿上に参候、小朝拝の儀あり。ついで、天皇、南殿に出御。【兵範記】

正月二日〔天晴る〕
東宮守仁親王（16）、内裏に朝覲《ちょうきん》行啓。後白河天皇、清涼殿昼御座《ひのおまし》に出御。椅子を立て、沓を召す。東宮、蔵人頭左中将藤原信頼（26）の介添えにより御拝を終え、還御。ついで権中納言源雅通（41）以下、中宮忻子《よしこ》（25）に拝礼のため承香殿《じょうきょうでん》に参賀。皇太子傅右大臣藤原基実・内大臣藤原公教以下、東宮拝礼のため昭陽舎に参向。ついで、中宮饗（玄輝門西廊）、東宮饗（同門東廊）あり、亥刻（午後十時頃）事終わる。上下退出す。【兵範記】

正月七日
白馬節会《あおうまのせちえ》。後白河天皇、未刻（午後二時頃）、南殿に出御。左大臣藤原伊通、内弁《ないべん》を勤め、内大臣藤原公教、外弁《げべん》着座。夜に入り事終わり、天皇、清涼殿に入御。【兵範記】

正月十日
後白河天皇、美福門院（42）の白川押小路殿（女院御所）に朝覲行幸（「御遊年表」参照）。また、東宮守仁親王も同御所に行啓。ついで天皇、白河・法勝寺修正会に行幸。天明（夜明け）、内裏に還幸。東宮は押小路殿より直ちに内裏に還御。【兵範記】

正月十四日〔天晴る〕
今夕、後白河天皇、法勝寺修正会終により行幸。関白藤原忠通（62）、右大臣藤原基実、参仕す。少納言源重雅、鈴奏《すずのそう》を勤む。前斎院統子《むねこ》内親王（33）も天皇に同列行啓あり。天皇、前斎院ともに翌朝、天明に内裏に還御。【兵範記】

正月二十二日〔天晴る〕　**内宴を復活**

後白河天皇、少納言入道信西（53）の建議により、後一条天皇の長元七年〈一〇三四〉正月二十二日以後中絶せる内宴《ないえん》を復して、大内仁寿殿《じじゅうでん》にこれを行う（「御遊年表」参照）。関白藤原忠通（62）ならびに嫡男右大臣藤原基実（16）、巳刻（午前十時頃）に営参す。関白および前太政大臣藤原実行（79）以下、文人となる。後白河天皇出御。【兵範記、園太暦、百錬抄、御遊抄、帝王編年記】

正月二十九日〔天晴る〕　**藤原兼実、元服**

関白藤原忠通の第三若君（兼実10）、東三条殿において元服の儀を行う。加冠は太政大臣藤原宗輔（82）、理髪は権右中弁源雅頼（32）が奉仕。終って従五位下藤原兼実、兄右大臣藤原基実に相具して参内。後白河天皇に面謁。天皇、兼実に新御車・牛童に添えて、浅緋色の衣服（当色《とうしき》）を賜う。【兵範記】

二月三日〔天晴る〕

立后の事あり。皇太后多子《まさるこ》（近衛天皇皇后・右大将藤原公能44女・19）を太皇太后となし、皇后呈子《しめこ》（近衛天皇中宮・左大臣藤原伊通66女・28）を皇太后となし、後白河天皇姉・前斎院統子内親王（33）を皇后（准母儀）となす。ついで、皇后宮司の除目を行う。皇后宮の御在所は三条烏丸西殿なり。【兵範記、女院記】

二月九日

今夕、皇后統子内親王、初めて内裏（弘徽殿か）に入内のため行啓。後白河天皇、内裏において勧賞《けんじょう》を行い、皇后宮権大夫藤原実定（20）を正三位に、皇后宮権亮藤原信頼（26）を正四位上にそれぞれ昇叙す。【兵範記】

二月十三日

後白河天皇、弘徽殿《こきでん》の壺庭において闘鶏（鶏合《とりあわせ》）の興を行う。入内の皇后統子内親王入輿のためか。月卿雲客、左右の念人《ねんにん》（応援者）となり、勝負の度に舞あり。【百錬抄】

二月十四日〔天晴る〕

この夜、後白河天皇、方違えのため勘解由小路富小路の前讃岐守藤原季行（45）家に行幸。天皇、日華門において輿に駕し、季行家の西門に着御。寝殿南面で下輿。少納言平信範（47）、鈴奏《すずのそう》を勤む。【兵範記】

二月十五日

後白河天皇の方違え行幸、還御の日なれど、内裏、太白神《たいはくじん》方忌により、還御を中止す。この夜、天皇、勘解由小路家に宿御。【兵範記】

二月十六日
後白河天皇行幸還御により、少納言平信範（47）、この夜半、勘解由小路家に参勤す。右衛門督藤原経宗（40）以下、参勤、昨夜の如し。天皇出御および内裏着御の際に、平信範、鈴奏を勤む。【兵範記】

二月二十日
鳥羽院御時始行の、毎年恒例の法華八講会、今年より公家《こうけ》（天皇）御沙汰となすため、後白河天皇、勅定により少納言平信範を社頭に遣わして奉行せしむ。堂荘厳は例年の如し。祇園社別当・明雲僧都（44）導師となり、請僧十口により修す。二月二十四日結願す。【兵範記】

二月二十八日〔天晴る〕
後白河天皇、春日社行幸。巳刻（午前十時頃）、天皇、南殿（紫宸殿）に出御、御輿に乗駕。夜に入り、南都・東大寺内の御所に着御。【兵範記】

二月二十九日〔奈良・天陰る〕
後白河天皇、南都進発。未刻（午後二時頃）、御輿、美津頓宮《みつのかりみや》（京都市伏見区淀美室町）を過ぐ。この間、雨下《ふ》る。すでに晩頭に及び、七条辺において松明《たいまつ》を点ず。戌刻（午後八時頃）、内裏に還御。宜陽殿西庇にて天皇、下輿。少納言平信範、鈴奏。ついで公卿名謁《みょうえつ》あり、天皇入御。上下の公卿・殿上人退出す。【兵範記】

三月十三日
今夕、後白河天皇、方違え行幸。関白藤原忠通（62）ならびに右大臣藤原基実（16）、扈従《こしょう》す。新少納言藤原通能、供奉して鈴奏を勤む。方違え行幸、行先不明なるも、今夕、臨時小除目あり、前讃岐守藤原季行（45）を大宰大弐に任ず。三月六日、大宰大弐藤原忠能（65）死去の後任なり。方違え行幸の賞によるものか。行幸は勘解由小路季行家ならんか。【兵範記】

三月十九日
今夕、後白河天皇、和泉守藤原邦綱（38）および少納言平信範の両名に昇殿を仰せらる。翌二十日、平信範は関白藤原忠通の押小路殿に参候、昇殿事吹挙《すいきょ》の慶《よろこ》び申《もう》しを右大臣藤原基実に言上。ついで、女房を介して関白忠通にその旨、申入る。【兵範記】

三月二十日
内裏において御馬御覧あり。後白河天皇出御か。【兵範記】

三月二十二日〔天晴る〕
石清水八幡宮臨時祭なり。この朝、後白河天皇、清涼殿において浴を供し、同殿東面において御禊《ごけい》装束を着装。庭中に舞人十一人、陪従《べいじゅう》十二人を召し、衝重《ついがさね》を居え、盃酌を賜い、進発せしむ。この時、中宮忻子《よしこ》（25）、清涼殿二間に昇り、女御琮子《たまこ》（14）、同殿石灰壇に御坐《おわ》す。後白河天皇、午刻（正午頃）昼御座に出御、舞人・陪従らを引見す。【兵範記】

四月一日〔天晴る〕

内裏において二孟旬《にもうのしゅん》の儀（孟夏（四月）・孟冬（十一月）の各朔日に行われた旬政）あり。午刻（正午頃）、後白河天皇、南殿に出御。剣璽の内侍二人、ほかに女房八人扈従す。孟夏の旬にかぎり、参入の官人《かんじん》に扇を賜う。三献の饗あり。ついで舞楽を奏す。左舞《さまい》は万歳楽・賀殿《かてん》・陵《りょう》王《おう》、右舞《うまい》は地久・延喜楽・納蘇利《なそり》、終りて天皇還御す。

今夕、後白河天皇、高松殿に還幸。亥刻（午後十時頃）、天皇、南殿に出御。少納言源重能、鈴奏を勤む。天皇、乗輿。承明・建礼・待賢門より、大宮を南行、二条より東行、高松殿に入御。ついで、中宮忻子、東宮守仁親王（16）も同じく高松殿に行啓。女御琮子は父内大臣藤原公教（56）の高倉亭に着御。時に天明に至る。供奉《ぐぶ》の少納言平信範（47）は自第に帰る。【兵範記】

四月七日〔天晴る〕

平野社祭礼。新権中納言藤原実定（20）を上卿《しょうけい》として平野社（京都市北区平野宮本町・二十二社の中）に差遣。午刻（正午頃）、藤原実定、参内して殿上《てんじょう》に候す。この間、後白河天皇、浴を供し、御禊装束を着装。未刻（午後二時頃）、清涼殿東庭に出御、御禊を行わる。【兵範記】

四月十三日

この夜、東宮守仁親王の女御・姝子《よしこ》内親王（18）、母美福門院御所白川押小路に行啓。後白河天皇の催しにより北面《ほくめん》武士、御車に供奉《ぐぶ》、検非違使別当藤原経宗（40）これに扈従。前駆は天皇ならびに東宮の侍臣三十余人が勤仕《ごんし》す。出車《いだしぐるま》三両、内裏殿上人これに扈従す。【兵範記】

四月二十日〔天晴る〕　**賀茂祭において、藤原信頼陵辱事件**

賀茂祭なり。近衛使・左近少将成憲（「盛兼」は誤字、少納言入道信西子・24）、蔵人頭中宮亮藤原顕長（42）の三条西洞院亭を出立所とす。近衛使行列進発以前に参内。後白河天皇、成憲を清涼殿長橋に召し、御前儀を行う。成憲に勅盃、御衣《みぞ》を賜う。

後白河天皇、桟敷に出御、賀茂祭行列を参観。検非違使、桟敷の前に渡るところ、新参議右中将藤原信頼（26）、乗車して桟敷前を通過せんとす。検非違使下部《しもべ》（関白藤原忠通62家僕）、これを制止するも信頼押して通らんとす。下部、駆け寄り車を打ち砕く。信頼、前途叶わず陵辱《りょうじょく》をうけ帰第。下部たちはその場より退散す。後白河天皇の殊寵を蒙る信頼は、この路頭の濫行《らんぎょう》を後白河天皇に愁訴《しゅうそ》。よって、この夕方、右兵衛督藤原惟方《これかた》（34）、天皇の勅を帯び中使（宮中使・勅使）となり、関白藤原忠通の東三条殿に赴き、信頼陵辱を問責すべく、沙汰を伝達す。【兵範記、百錬抄】

四月二十一日

この早朝、関白家政所の舎人・御廐舎人《みまやのとねり》ら、昨日、藤原信頼の車を打擲《ちょうちゃく》せし下部《しもべ》どもを引具し、藤原忠通の家司《けいし》・和泉守藤原邦綱（38）が使者となり内裏に参向。後白河天皇の勅答「分明ならず」、下部どもを追い返す。事、大事に発展。邦綱および随身下毛野《ずいじんしもつけの》武成を内裏に出頭させしむ。後白河天皇は「龍顔逆鱗《げきりん》之至」となり、関白家司・少納言平信範（47）も、その罪、わが身に及ぶと痛感す。晩頭、雲客《うんかく》三人が勅命を帯して、関白忠通（62）の東三条殿に入来、罪状を披露す。和泉守邦綱は左馬寮に拘禁、随身武成および下﨟《げろう》随身二人は検非違使大夫尉平信忠に身柄を預けらる。さらに和泉守邦綱および少納言信範は除籍・解官。関白忠通は東三条殿の東西の門を閉じ、謹慎に伏す。

【兵範記】

四月二十六日

今夕、後白河天皇、高松殿より鳥羽殿に行幸。競馬以下、遊宴を行わる。

賀茂祭における藤原信頼陵辱事件、解決す。晩頭、関白藤原忠通の東三条殿に、中使として蔵人頭右兵衛督藤原惟方（34）、参入。関白忠通、面前に召し、後白河天皇の勅語を伝う、「和泉守藤原邦綱および随身下毛野武成の罪を赦《ゆる》す」と。両人還昇《げんじょう》により、関白忠通、東三条殿を開門す。平信範の解官いまだ沙汰なし、怖畏《ふい》を感知、蓬屋《ほうおく》（自宅）に退出、なおも閉居す。

【兵範記】

四月二十七日

鳥羽殿において浮遊御輿（舟遊び）あり。大宰大弐藤原季行（45）・伊予守藤原親隆（60）・少納言入道信西（53）ら、船を造進す。後白河天皇ならびに皇后（准母儀）統子内親王（33）、両方の女房らが乗船、まず船で証金剛院・成菩提院・勝光明院・安楽寿院・金剛心院などの諸仏堂を巡拝す。

【兵範記】

四月二十八日〔雨降る〕

後白河天皇、鳥羽殿において雨中御遊あり。

【兵範記】

四月二十九日

鳥羽殿御在所の後白河天皇、この早旦、御馬場御所に渡御。月卿雲客ら二十人が乗尻《のりじり》（騎手）となり十番の競馬興《くらべうまのきょう》を行う。競技の合図に打ち鳴らす鼓は権大納言藤原経宗（40）、および鉦《かね》は権中納言藤原実定（20）が、直衣《のうし》を着装してこれを勤む。この日、なお五番の召合《めしあわせ》（選抜競技）が行わる。

【兵範記、百錬抄、帝王編年記】

五月三日

後白河天皇、鳥羽殿より高松殿に還御。【兵範記】

五月六日

後白河天皇、臨時除目ならびに同叙位《じょい》を行う。正四位下参議左中将皇后宮権亮藤原信頼（26）を従三位に叙す。叔父陸奥守藤原雅隆の造宮（保元二年三月二十六日、内裏上棟）賞の譲りなるも、信頼は後白河天皇の男寵《なんちょう》なり。ついで、後白河天皇の乳母夫《めのとふ》たる少納言入道信西（53）の長男藤原俊憲（37）を、去る三月二十八日春日社行幸における行事賞として従四位下に昇叙す。さらに、二男藤原貞憲《さだのり》を右衛門権佐（従五位下相当）に任ず。いずれも寵幸人事なり。【兵範記】

五月二十七日

後白河天皇、高松殿より方違え行幸（渡御先不明）。【兵範記】

五月二十九日

後白河天皇、高松殿より新造内裏に行幸。内教坊の舞妓十二人の舞を御覧。「近代断絶、これを興行す」（『百錬抄』）。清涼殿南庭に舞台を飾り、その南六、七丈を廻り纐纈幄舎《こうけちあくしゃ》を立て、舞姫・楽人の座とす。幄東辺に大鼓・鉦鼓《しょうこ》を立つ。清涼殿の階下に侍臣の座を敷き、簀子《すのこ》に円座を敷き公卿の座とす。御殿の南庇に御簾を垂れ、階間《はしのま》を後白河天皇の玉座とす。楽を発し、舞姫、舞台に進み、舞を供す。舞師《まいのし》・左近府生狛《こまの》光近（41）、大拍手をとる。この功により、後白河天皇、光親を左兵衛尉（従六位上相当）に任ず。【兵範記、百錬抄】

六月十一日

この夜、内裏、神今食《じんごんじき》の儀あり。鶏鳴、後白河天皇、高松殿より大内に行幸。亥刻（午後十時頃）、天皇、中和院に行幸。蔵人頭右兵衛督藤原惟方（34）・右少弁藤原朝方（24）・少納言源重雅、これを奉仕す。大忌幄内に内大臣藤原公教（56）以下、着座す。ただし、右少弁少納言不在により勧盃《けんぱい》の事なし。【兵範記】

六月十二日

この朝、後白河天皇、中和院において暁膳を終え、清涼殿に還御。装束を改め、高松殿に還幸。この殿において解斎《げさい》の供御《くご》を食す。【兵範記】

六月十七日

後白河天皇、高松殿皇居に按察使《あぜち》大納言藤原重通（60）を上卿《しょうけい》に任じ、相撲節会《すまいのせちえ》を行うべきを下命。上卿、左右近衛の次将として左少将藤原成憲（のち改名、成範・24）および右少将源通家（26）に相撲節会を行うことを下達す。左中弁藤原資長（40）、装束司《つかさ》となり節会の装束のことをつかさどる。この相撲節会は白河天皇の永保二年〈一〇八二〉七月二十八日の例（『樗嚢抄《ちょのうしょう》』）により行うべきを、後白河天皇宣下《せんげ》す。

六月十八日

叡山の大衆蜂起の気あり。天台座主・最雲法親王（54）、僧綱《そうごう》・已講《いこう》を引き具し、ことごとく登山。後白河天皇の勅定により、大衆《だいしゅ》騒動を停止《ちょうじ》せんがためなり。晩頭、僧綱十九口、已講四口、大講堂に出座。衆徒《しゅと》五千人ばかり雲霞の如く集会す。僧綱、天皇の勅定の旨を示し含むも、衆徒異口《いく》同音に、和平・不和平を唱え、所詮、結論出でず。夜に入り、座主《ざす》以下、帰洛す。【兵範記】

六月十九日

晩頭、延暦寺の僧綱、高松殿に参内。衆徒の意見を後白河天皇に奏聞す。【兵範記】

六月二十一日

今夕、後白河天皇、高松殿より大内に行幸。相撲節会あるべきの故なり。【兵範記】

六月二十二日〔天晴る〕

相撲の内取《うちどり》（稽古相撲）を清涼殿東庭において行わる。装束の儀（設営）は故実により物忌の儀に准ず。巳刻（午前十時頃）、関白藤原忠通（62）、檳榔毛車《びろうげのくるま》にて参内。関白座、例にまかせて簾中に在り。相撲人《すまいびと》、左方は左兵衛陣舎、右方は右兵衛陣舎に控える。左方相撲人は右少将源通家（26）が率い、右方は左少将藤原成憲（24）がこれを率い、内取十七番を終了す。参議右中将藤原実長（29）、後白河天皇の御前に候し観戦す。七月は忌月《いみつき》たるにより、今月、これを行わる。【兵範記、帝王編年記】

六月二十六日

後白河天皇、元少納言平信範（47）を許し、還任《げんにん》・還昇《げんじょう》のことを仰せらる。上卿・右衛門督《えもんのかみ》藤原光頼（35）、左仗座《ひだりのじょうざ》に着座。蔵人治部権少輔藤原俊経（46）、後白河天皇の宣旨を上卿に示す。大外記中原師業これを読み上ぐ、「仰せて云く。少納言信範、元の如く宜しく還任せしむべし、てえり……」と。去る四月二十一日、藤原信頼陵辱事件の責を問われて解官、じつに二ヶ月余後の朗報。【兵範記】

六月二十七日

内裏仁寿殿《じじゅうでん》の東庭（南殿背後）において相撲召合（十七番の取組）あり。午刻（正午頃）、左大臣藤原伊通（66）参上。ついで、東宮守仁親王（16）、昇御。後白河天皇、南殿に出御。剣璽《けんじ》の内侍二人、女房八人扈従。南大庇《おおひさし》、大床子に着御。剣璽は御座辺《おましのあたり》に奉安。晩頭に及び十七番の召合を終了。ついで、左右の楽屋にて乱声《らんじょう》を発す。左方《さほう》、舞楽・抜頭《ばとう》の舞を奏す。右方《うほう》、舞を供さず。終わりて後白河天皇、清涼殿に還御。東宮、昭陽舎に退下。【兵範記】

後白河天皇、相撲節会における公家《こうけ》御祈りのため、大内仁寿殿において孔雀経法以下、十一壇の秘法を厳修《ごんじゅ》せしむ。大阿闍梨として仁和寺覚法法親王（後白河天皇叔父・68）、伴僧二十口《こう》（人）を具して、これを修す。七月十二日に結願《けちがん》。勧賞として能覚阿闍梨（42）を法眼《ほうげん》に叙す。

【孔雀経御修法記、仁和寺御伝、兵範記】

六月二十八日〔朝より天陰る〕　**相撲節会**

相撲抜出御覧なり。関白藤原忠通（62）・右大臣藤原基実（16）以下、参上（人数、昨日の如し）。午刻（正午頃）、東宮守仁親王（16）、昇御。ついで後白河天皇南殿に出御。次第、昨日の如し。まず、相撲人御覧《ごらん》あり。先頭に左方最手《ほて》（本手＝最上位）藤井家綱、つぎに脇（次位）以下十五人、つぎが助手ならびに十七人が庭中、天皇御前に向い列び立つ。左大臣が「南へ向け」「西へ向け」「罷り入ね」と次々に相撲人の体軀を天皇に披露す。つぎが右方の最手服助恒《はとりすけつね》（資経）以下、左方同様の相撲人の列が御前に立ち向う。まず、白丁《はくてい》（垂髪・総角《あげまき》＝少年相撲人）両三人の取組みから始む。前庭において勝負を決す。この間、二、三十人の取組み勝負があり、これを追相撲《おいすまい》という。終わりて左右の楽屋より乱声《らんじょう》を発し、舞楽・振鉾《えんぶ》を舞い、以下、左右方より互いに舞楽を舞う。終りに臨み、右方、狛犬、左方、猿楽あり。つぎに天皇還御、公卿退下、東宮還御。この時、皇太子傅《ふ》たる右大臣藤原基実、東宮守仁親王（16）の御前に祗候《しこう》す。

この相撲節会は、「保安《ほうあん》（鳥羽天皇元号）以来行われず。三十余年を経て、興行する所なり。七、八月は其の御忌月たり。仍って今月、これを行う」（『百錬抄』）と。保安三年〈一一二二〉八月以来、じつに三十七年目に復活の年中行事なり。　【兵範記】

七月二日

鳥羽院国忌。後白河天皇、大内清涼殿の昼御座において御斎食《ごさいじき》の儀あり。蔵人頭中宮亮藤原顕長《あきなが》（42）、これを奉行す。後白河天皇、装束を着装して座に着御。護持僧東寺の寛遍《かんぺん》僧正（59）、後白河天皇の叡旨《えいし》に応じて、これに供奉す。【兵範記】

七月三日〔晩頭、雷雨、惨烈なり〕

今夜、後白河天皇、清涼殿より腰輿《たごし》に駕し、南殿渡御。日華門において降雨のため蓋《かさ》を差す。内侍、剣璽に候し、少納言平信範（47）、鈴奏を勤め、天皇乗御。一本御書所《いっぽんごしょどころ》に行幸。これ、明日、広瀬社（奈良県北葛城郡河合町＝大忌祭）・瀧田社（奈良県生駒郡斑鳩町）の祭礼の神事のためなり。また、去る月二十七日、孔雀経以下、御修法《みしほ》十一壇《だん》を始行さる。その修中により、後白河天皇、陣外（左衛門陣・建春門の外）に出御せらる。

ついで、皇后統子内親王（33）、さらに東宮守仁親王もともに、この一本御書所に行啓あり。今夜の行幸の儀、いまだ近例を知らず。大外記中原師業、長元の頃（後一条天皇）、職御曹司《しきのみぞうし》（中宮職曹司）に幸するの例を勘申《かんじん》す。

この夜、中宮忻子《よしこ》（25）は内裏（承香殿）より高松殿に行啓。【兵範記】

七月四日

鶏鳴の刻、後白河天皇、一本御書所より清涼殿に還御。少納言平信範（47）、鈴奏《すずのそう》に候す。公卿以下、六衛府の武官供奉。毎事、一昨日の如し。ただし、この日、御輿を鳳輦に改む。「或人云う。昨日、御霍乱《おんかくらん》（急性腸カタル）により、腰輿《たごし》、危ぶみ思食《おぼしめ》すの故、と」（『山槐記』）の理由なり。【兵範記、山槐記】

七月十日

後白河天皇、御慎み（物忌み・斎戒）により赦《しゃ》（罪人をゆるす）を行う。【保元三年記】

七月十三日

後白河天皇御祈願として、仁和寺御室《おむろ》覚法法親王（68）に愛染明王の御修法《みしほ》を始行せしめらる。【仁和寺御伝】

七月二十日

今夜、皇后統子《むねこ》内親王（33）、方違えのため三条烏丸西殿（『兵範記』二月三日条）より七条朱雀の右京大夫藤原信輔の堂に行啓。当初、御在所仁和寺法金剛院御所に渡御せんとするも、修理中につきて変更か。【山槐記】

七月二十一日

この夜、中宮忻子、大内承香殿《じょうきょうでん》より高松殿に行啓。少納言平信範、供奉すべき催しにより、尊勝寺御八講ならびに法成寺阿弥陀堂念仏会に参仕の後、内裏に参入。まず、清涼殿に参殿。ついで中宮御所承香殿に参向。すでに宮司《みやつかさ》以下、多く参集。唐御車を諸大夫六人が引き寄す。玄輝・朔平《さくへい》門を引き出し、上東門において牛を懸け、出御。車副《くるまぞい》は十人。中宮亮藤原顕長（42）、御車の前に在り、宮司および殿上人は御車の後に供奉。【兵範記】

七月二十二日

今夕、後白河天皇、方違えのため内裏より春日殿（第二皇女・式子《のりこ》内親王10）の一条北辺堂（上姫宮《うえのひめみや》御所）に行幸。少納言源通能、鈴奏のため供奉す。明暁、高松殿に還御あるべし。去る六月二十一日、相撲節会以来、大内に御坐なり。【兵範記、山槐記】

七月二十三日

鶏鳴の刻、後白河天皇、方違え所（春日殿一条北辺堂）より高松殿に還幸す。【兵範記】

八月一日

今夕、除目を行う。後白河天皇、皇后宮司（皇后統子内親王・33）を異動せしむ。権中納言藤原実定（20）に皇后宮大夫を、参議左中将皇后宮権亮藤原信頼（26）に皇后宮権大夫を兼ねしむ。ついで、皇后宮権亮藤原実守（12）・皇后宮権大進藤原成頼（23）を任じ、ことに成頼を正五位下に叙し、蔵人に補す。【兵範記】

八月四日

関白藤原忠通（62）、新造の高倉殿に渡御、作事を検覧す。少納言平信範（47）祇候。蔵人頭右兵衛督藤原惟方（34）、後白河天皇の中使（宮中からの使者）として、この高倉殿に来訪。関白忠通と対面。天皇譲位についての一件なり。近日、俄かに天皇退位の意を固め、この儀出来か。「唯、仏と仏との評定にして、余人、沙汰に及ばざるか」と信範、心懐を書き留む。この段階にては、天皇と関白との内談討議なり。【兵範記】

八月五日

臨時除目により皇后宮権大属安倍資成を任命す。【兵範記】

八月六日

少納言平信範、高倉殿に参上。関白藤原忠通より、来る十一日の後白河天皇譲位内定を洩聞す。よって、嫡男右大臣基実（16）の御慶（関白昇任）の風聞察知。その達成のため、関白忠通の内示をうけ、一字金輪明王御修法《みしほ》（全玄僧都46）・大威徳明王御修法（公舜法眼）・愛染明王供（東寺寛遍僧正59）・観音菩薩供（同実厳阿闍梨）・毘沙門天供（玄雲阿闍梨）・金剛童子千手供（三井寺僧正覚忠41）など読経御祈りを厳修《ごんじゅ》すべく沙汰す。さらに奈良・春日社に五ヶ条立願の願書を送達、山階寺（興福寺）別当・恵信権僧正（関白忠通子・45）をして宝前に読み上げ、祈請せしむ。【兵範記】

八月七日

この夜、美福門院御所（八条坊門、乳母・故若狭守平親忠宅）の進物所に「人の寝死」あり。不吉により、女院（42）、他所に御幸す。【山槐記】

八月八日

少納言平信範、関白藤原忠通の上表（関白辞状を天皇に捧呈）の意を伝聞。すでに、関白より上表文の草進を式部大輔藤原永範（関白忠通家司上臈・53）に下命さる、と。後白河天皇譲位と同時に、関白辞退、代りに息男・右大臣基実に譲与せんと、かねて意中あるか。【兵範記】

八月十日

今夜、後白河天皇、高松殿において臨時除目を行わる。平清盛（41）、大宰大弐に任ぜらる。

明日、譲位あるにより、除目の後、亥刻（午後十時頃）、後白河天皇、内裏に行幸。東宮守仁親王（16）も同じく行啓あり。

【兵範記、山槐記】

後白河上皇時代　32歳〜43歳

保元三年（一一五八）〜嘉応元年（一一六九）

保元三年（一一五八） 三十二歳

八月十一日〔天晴る〕 **後白河天皇譲位（＝後白河上皇）、守仁親王践祚（＝二条天皇）。藤原基実、関白となる**

後白河天皇、皇太子守仁親王（二条天皇16）に譲位あり。また、関白藤原忠通（62）、上表して関白・兵仗《ひょうじょう》・氏長者《うじのちょうじゃ》を辞す。右大臣藤原基実（16）、博陸《はくりく》（関白）の詔を下さる。

未明の刻、関白藤原忠通は冠・直衣姿にて押小路殿に参内。この殿において上表の儀を行う。上表文《じょうひょうもん》は式部大輔藤原永範（儒宗《じゅそう》・家司上﨟）の起草、清書は散位藤原公基（能書）。終わって、前関白忠通は東三条殿に還る。

新関白基実、東三条殿寝殿巽（東南）簾中に御座の前関白忠通に慶び申す。ついで檳榔毛《びろうげ》車に乗駕、車副《くるまぞい》、随身・番長・近衛六人、さらに前駆《せんぐ》十二人など行粧《ぎょうそう》を整えて参内。蔵人頭右中弁藤原俊憲（37）に慶賀を奏し、例の如く舞踏を終え、清涼殿に参殿。

新帝守仁親王は、昭陽舎よりすでに渡御。主上（後白河）、装束を召して、昼御座《ひのおまし》に出御。新関白基実に勅語を賜い、新帝、南殿に出御。内侍二人、剣璽を捧持、前後に供奉、女房八人扈従、南殿に昇殿。時に戌刻（午後八時頃）なり。譲位儀了り、旧主後白河上皇、本殿清涼殿に還御。新帝（守仁親王＝二条）、昭陽舎退下より、清涼殿に着御。国璽、累代御物等、新帝に奉送、新帝御方の儀を了し、後白河上皇、弘徽殿《こきでん》に遷御。

旧主入御、新関白藤原基実以下、公卿五、六人殿上の座に着座。旧主、新関白に院司を補すべく下命。即刻に権大納言藤原経宗（40）、新権中納言左兵衛督藤原信頼（26）、従三位平範家（46）の三人を補任。ここに、後白河天皇譲位の儀の一切を終える。【兵範記、山槐記】

この夜、後白河天皇第三女・斎宮好子内親王（11）、嵯峨野宮《ののみや》を出で、前大宰大弐藤原季行（45）の勘解由小路《かげゆこうじ》宅（勘解由小路北、富小路東）に渡御す。前大相国藤原実行（79）の檳榔毛車を鳥居内に寄せ、斎宮これに乗駕。出御の門・舎屋など破取、はなはだ狼藉の体なり。

検非違使平信兼、警衛を勤む。【山槐記】

八月十三日

皇后宮統子内親王（33）、三条烏丸御所（『兵範記』八月十五日条）において一品経《いっぽんきょう》供養を営む。後白河上皇（在弘徽殿）の催しにより、少納

言平信範（47）布施役として参会す。【兵範記】

八月十五日

午刻（正午頃）、新関白藤原基実（16）、初出行なり。檳榔毛車に乗り、行粧を整え、東三条殿を出門。まず、内裏に参内。はじめに弘徽殿の後白河上皇、ついで新帝（二条天皇16）を清涼殿に祗候。退出して皇后宮統子内親王（33）の三条烏丸殿御所に参上、ついで三条殿に帰着。【兵範記】

八月十六日

譲位後の政始《まつりごとはじめ》、晴儀なり。少納言平信範、早旦、参内。しばらく弘徽殿の後白河上皇に祗候す。巳刻（午前十時頃）に至り、上官すべて参着せりと、少納言源通能の侍助正、来り告ぐるにより、結政《かたなし》の座（政務の書類を読んで、束ねる儀式を行う場所）に赴く。【兵範記】

八月十七日

旧主後白河上皇に太上天皇の尊号ならびに随身の詔勅書を下さる。

この夜、後白河上皇、内裏弘徽殿より高松殿に還御。このため、前関白藤原忠通（62）、上皇御幸料の唐御車、御牛以下、御厩舎人《みまやのとねり》装束・居飼《いかい》装束・御車副装束・牛飼装束のほか、随身の狩胡籙《かりやなぐい》十具、矢各十六本、小手（籠手）十具などを調献す。少納言平信範、これらを具して参内、弘徽殿上皇御所に参向。忠通の仰せにより院司・従三位平範家（46）に事由を奏し、院主典代《しゅてんだい》・右衛門尉安倍資良に御車以下を請取らしむ。忠通下家司《げけいし》・藤原忠行、目録を具して、照合の上、引き渡す。時に酉刻（午後六時頃）に至る。

戌刻（午後八時頃）、公卿以下、弘徽殿に参会。新関白藤原基実も参着。登華殿北妻に輦車（関白忠通累代物。東宮守仁親王御料として、これを模造、後院《ごいん》に留置。今夕、これを使用）を引き、後白河上皇乗御。朔平門において、忠通調献の唐御車に移乗、内裏を進発。召次《めしつぎ》数百人、左右に行列、松明を手に執る。行列はまず殿上人。六位・五位・四位、ついで公卿・随身・上皇御車・召次、その後に関白基実の駕車扈従《こしょう》す。やがて高松殿の寝殿南階に御車を停める。関白基実、御車の御簾を奉仕、後白河上皇入御。関白、退出。太政大臣藤原宗輔（82）・内大臣藤原公教（56）以下、殿上《てんじょう》に着座。盃酌の事あり。

この夜、高松殿御幸以前、後白河上皇、内裏（弘徽殿）において院司を仰せ下さる。従三位平範家、上皇の仰せをうけて、院主典代・右衛門尉安倍資良に下知す。別当六人、判官代四人なり。【兵範記】

八月二十日

新帝二条天皇、内裏昭陽舎より清涼殿に還御。関白藤原基実、先例（保安二年〈一一二一〉正月十七日、藤原忠実44の初度関白、吉日をもって供す）により、供御《くご》の菓子二十合（興福寺恵信僧正45・兼日《かねてのひ》調進）を随身府生下毛野師武を使者として、政所《まんどころ》舎人二十八人（人別捧持一合）を召し具し、二条天皇に進献す。前関白藤原忠通（62）もまた、同じく菓子二十合を高松殿の後白河上皇に進献す。【兵範記】

八月二十一日

内裏滝口武士の大寄《おおよせ》あり。後白河上皇、三﨟（年功）以上の武士三人のほか、さらに六人を寄せ加えらる。関白藤原基実（16）、大江高範を内裏の関白御直廬《おんちょくろ》預《あずかり》として寄す。また、左中弁源雅頼（32）はこれに応じて寄す。前関白藤原忠通は寄進せず。

【兵範記（八月二十日裏書）、山槐記】

八月二十五日〔天晴る〕

後白河上皇、譲位後初めて、昼御《ひのみ》幸《ゆき》あり。まず、午終りの刻（午後一時前）、皇后宮統子《むねこ》内親王（33）の御所三条烏丸殿に御幸。皇后宮より贈物として御本（銀折枝に付く）ならびに琵琶（錦袋に入る）を献上。未刻（午後二時頃）、宮御所を出御。皇后宮、桟敷に出御、還御の行列を見物。関白藤原基実、檳榔毛車に乗駕供奉す。ついで、鳥羽殿（城南）に御幸。今日より人々、布衣《ほい》を着して祇候す。【兵範記、山槐記】

九月一日

この日、鳥羽・成菩提院の彼岸会結願。権大僧都有観（79）以下十二口の請僧《しょうそう》により勤修《ごんじゅ》。毎事、故鳥羽院御時の例の如し。後白河上皇、鳥羽殿より渡御参会。公卿、内大臣藤原公教（56）以下、十一人、布衣にて参入。殿上人、左京大夫藤原隆季（32）以下三十二人（布衣）祇候す。午刻（正午頃）、結願す。後白河上皇は、即日、高松殿に還幸。【兵範記、山槐記】

九月十一日〔雨降る〕

後白河上皇、高松殿出御、鳥羽殿に御幸。同じく皇后宮統子内親王、三条烏丸殿より鳥羽殿に行啓。この日、滅日《めつにち》により憚りあるも、御幸は初度にあらず。しかし、皇后宮は立后以後、城南（鳥羽殿）行啓は初度なり。憚りあるべきの由謳歌するも、押して行啓を遂げらる、と。【山槐記】

九月十五日

今夜、後白河上皇の中宮忻子《よしこ》（25）、内裏承香殿を出御、鳥羽殿に行啓あり。【山槐記】

九月十九日

鳥羽・城南寺競馬《くらべうま》なり。後白河上皇・皇后宮統子内親王・中宮忻子、鳥羽殿より渡御。公卿は直衣、殿上人は衣冠着装、扈従観戦す。七番の競馬。乗尻（騎手）は、いずれも後白河上皇の随身・番長、および関白藤原基実の番長・府生、および左大将藤原公教の官人にして、

総勢十四人。左右、染分の装束を着装。鼓は修理大夫源資賢（46）、鉦《かね》は能登守藤原基家が勤む。【山槐記】

九月二十四日〔天晴る〕

今夜、後白河上皇、城南（鳥羽殿）より高松殿に還御。日来、鳥羽殿において連夜、御遊あり。しかるべきの人々、盃飯を献ず。ある時は公卿・殿上人、水干を着装、くつろぐ。【山槐記】

九月二十六日

前関白藤原忠通（62）、九条殿を出で、宇治殿に入る。来月、後白河上皇、宇治御幸あるべきにより、その装束（設営）沙汰のためなり。少納言平信範（47）、前駆を勤め供奉す。忠通、九月二十九日に宇治殿より九条殿に還御。【兵範記】

十月一日〔天陰る〕

旬儀《しゅんのぎ》あり。宜陽殿地上座（平座《ひらざ》）において行わる。上卿は権中納言藤原雅教（46）なり。後白河上皇の女御琮子（14）に給与の湯沐《とうもく》（ゆあみ）の封戸《ふご》（食封《じきふ》）につき、民部省の公文《くもん》に内印（天皇御璽印）を押捺して交付す。少納言源通能、これを勤仕す。【兵範記】

十月五日

少納言平信範、九条殿に参候。前関白藤原忠通より、当月中旬、後白河上皇宇治御幸の院宣を受けしことを告げらる。信範にその装束沙汰（設営準備）を下命さる。小松殿（元関白藤原忠実81御所）を上皇の宿御所に宛てるため、その損否の実検を速やかに行うべきを催す。【兵範記】

十月十一日

今朝、藤原忠通、後白河上皇御幸の装束（設営）の事により、宇治殿に入る。【兵範記】

十月十四日

後白河上皇、高松殿より美福門院（42）の白河押小路殿に御幸。【度々部類抄（東京国立博物館写本）】

十月十七日〔天晴る〕　**後白河上皇、宇治御幸**

午刻（正午頃）、関白藤原基実（16）、冠・直衣着装にて平等院に参候。北殿上廊において後白河上皇の臨幸を待機す。本堂中尊仏前（大仏師定朝法橋作、丈六阿弥陀如来坐像）に高麗縁畳一枚を敷き、東京錦《トンキンにしき》縁《べりの》茵《しとね》を加え、上皇の礼仏《らいぶつ》御座とす。

未刻（午後二時頃）、宇治橋東に後白河上皇御幸の前陣到着。上皇、東岸において迎船に乗り、御堂（平等院）の釣殿《つりどの》船寄せに参着。供奉の公卿は皇后宮権大夫藤原伊実（35）以下七人、殿上人は修理大夫源資賢（46）・大宰大弐平清盛（41）以下十一人。

ついで、皇后宮統子内親王（33）ならびに内女御《うちのにょうご》姝子《よしこ》内親王（18）が同車にて着御。御車床を平駄船に舁き居えて、宇治川を渡御。本堂（鳳凰堂）にて誦経《ずきょう》の後、小松殿に臨幸。上皇・皇后・女御に扈従の女房は六十人。【兵範記】

十月十八日〔天晴る〕

後白河上皇、平等院経蔵に入御、宝物を御覧。巳刻（午前十時頃）、臨幸。上皇・皇后・女御と平等院長吏前大僧正行慶（58）・供僧二口のほか、他人参入せず。終日、御覧了りて晩頭出御。小松殿に還御。【兵範記】

十月十九日

宇治川にて乗船、浮遊御会あり。後白河上皇、小松殿（元関白藤原忠実81）調進の唐綺直衣《からきののうし》を着装。公卿以下はみな水干装束にてくつろぐ。大殿忠通（62）以下、公卿七人が上皇に同船。殿上人は別船にて相従う。下北面武士は主水正《もんどのかみ》源基仲・左衛門大夫藤原実俊以下、高屋形船に乗り追従す。河上、井堰辺にて遊女《あそびめ》六人三艘に分乗参集す。それぞれ紅葉黄菊衣、襲袿《かさねうちき》を着用、傘を差す者あり。船差（船頭）はいずれも男共（この河、女船差は怖畏ある故なり）。流れにまかせ船中宴飲す。家司・和泉守藤原邦綱（38）、風流破籠《わりご》（弁当）・珍菓・美酒を調達す。宇治橋下を通り、網代（氷《ひ》魚《お》捕り）など歴覧、晩頭、小松殿に還御。【兵範記】

十月二十日

後白河上皇ならびに皇后・女御殿還御。関白藤原基実（16）、小松殿に祇候す。上皇、勧賞《けんじょう》を行い、家司・和泉守藤原邦綱を従四位上、前関白藤原忠通の三男・左中将兼実（10）を従四位下に叙す。ついで、基実より御三方に贈物を献上す。上皇には「御手本」（沈筥に納め、錦で包み、銀折枝）、皇后宮には「琵琶」（錦袋に入る）、女御殿には「笙」（錦袋に入る）というもの。さらに上皇には「御馬七疋」を献上。上皇よりは忠通に「御馬二疋」を答礼として賜う。やがて上皇は還御。直ちに宇治橋上を渡り、御船には乗らず。基実は宇治に留まる。時に未刻（午後二時頃）であった。【兵範記】

十月二十三日

後白河上皇の催しにより、少納言平信範（47）、法住寺に参向。上皇の乳母紀伊三位（藤原朝子・少納言入道信西妻）の堂供養のためなり。少納言入道信西（53）、法住寺の本堂の丑寅（東北）の方角に、一間四面、檜《ひ》皮葺《はだぶき》の堂を建立、丈六阿弥陀仏を安置す。廻廊・寝殿舎屋、軒を連ね、風流華美、珍重極まりなき御堂なりき。仏前に大壇（須弥壇）を立て、八供養（法華八講会）の具を備う。御堂の南庭に大鼓・鉦鼓を立て、左右に楽屋を設け、舞楽を奏す。大門に額を懸け、「清浄光院」と号す。前関白藤原忠通、後白河上皇の院宣により、染筆せしものなり。門外に集会の人のための幄舎を立つ。公卿は按察使権大納言藤原重通（60）以下十二人、殿上人済々として参集す。午刻（正午頃）、導師として叡山天台座主・権僧正最雲（54）、来座す。門内において乗輿、讃衆十六口、列び立ちて曼陀羅供を修す。この間、音楽を奏す。中宮権大進藤原長方（20）・左兵衛佐藤原脩範（信西入道子・16）、堂童子を勤む。未刻（午後二時頃）、事了りて布施を配る。導師・最雲座主には被物《かずけもの》百二重（錦被物二重、綾絹等百重）を布施す。その外、百余物に及び、馬二疋（一疋には鞍を置く）も贈るという莫大な施物であった。讃衆、各被物十余重を給わり、「他の物、委しく記すに遑《いとま》あらず」という豪勢な有様。後白河上皇の乳母たる紀伊三位の権勢、推して知るべし。【兵範記】

十月二十四日〔雨下る〕

午刻（正午頃）、後白河上皇、法勝寺大乗会に御幸。公卿以下、前駆《せんぐ》を勤む。上皇の御車、西門外において解き放つ。四位の院司左京大夫藤原隆季（32）・修理大夫源資賢（46）、扈従す。御車、講堂の後、東面に停む。左大臣藤原伊通（66）、御車の御簾をかかげ、上皇下御。左右三番の舞楽あり、ついで法会の行道《ぎょうどう》、つぎに行香。戌刻（午後八時頃）、事了りて上皇、高松殿に還御。【兵範記】

十月二十九日　後白河上皇妹・姝子内親王、入内

この夜、女御無《む》品《ほん》姝子《よしこ》内親王（18）、後白河上皇御所高松殿より内裏に入内。公卿以下、多々参会す。寝殿南面に唐御車を寄せ、東門を出御。御車、内裏の左兵衛陣外に到る。蔵人左兵衛尉源時盛、御車の前にて吉上《きちじょう》（六衛府の下役・宮門の警備）を召し、「無品内親王のまいり給う。手車《てぐるま》（輦《れん》）、入らしめよ」と仰す。すなわち、開門、諸大夫六人、手車を門内に引き入る。女御、入御の後、常御所・御湯殿・台盤所・殿上・侍所・御厨子所・女房局など装束（御所設営）を定む。【兵範記】

十一月二日

後白河上皇、仁和寺舎利会に御幸。【御室相承記】

十一月十七日

後白河上皇、仁和寺泉殿（法金剛院）に御幸。【御室相承記】

十二月十日

皇后統子《むねこ》内親王（33）、日吉社行啓。行列、前払《さきばらい》についで施入の神宝捧持。ついで舞人十人、中に後白河上皇の院判官代・左近将監源雅行の名あり。皇后は輿、出車《いだしぐるま》七両、行粧《ぎょうそう》に加う。【兵範記】

十二月十三日

今夕、二条天皇（16）女御・姝子内親王、内裏より退出（十月二十九日入内）。後白河上皇の催しにより少納言平信範（47）、馬を相具して参内。すでに公卿済々として参集。権中納言源雅通（41）、後白河上皇の上白網代車《うわじろのあじろぐるま》を寄せ、女御の出御を待つ。諸大夫八人が轅《ながえ》に取りつき、玄輝門・朔平門より引き出す。そこで、御牛を懸け、車副・庁官が御車につく。供奉の公卿は、前記、権中納言源雅通についで左衛門督藤原光頼（35）・参議右中将藤原実長（29）・右兵衛督藤原公保（27）・参議侍従藤原公光（上皇の寵女高倉三位局33の弟・29）の五人、殿《てん》上人《じょうびと》二十余人が前駆となり、行粧を整え、女御の母・美福門院（42）の白河押小路殿に入御す。【兵範記】

十二月二十日〔朝間、天陰る〕　**二条天皇、即位**

二条天皇（16）、即位の儀を行う。巳刻（午前十時頃）、天皇南殿に出御。褰帳《けんちょう》の女房は、左が故左大臣源有仁女、右が典侍源重子（乳母・左衛門尉源光保女）。申《さる》四点（午後五時前）にすべての儀を了し、天皇、清涼殿に還御。【兵範記】

十二月二十五日

内裏において後白河上皇第三皇女・好子内親王（母は高倉三位局・11）を卜定《ぼくじょう》して斎宮となす。【兵範記】

十二月二十九日

二条天皇、生母・故准后藤原懿子《よしこ》（後白河上皇女御）に皇太后宮を贈賜、山陵（墓所、船岡辺）・国忌（六月二十四日）を定む。また、天皇の外祖父・故正二位行大納言藤原経実《つねざね》（懿子父）に正一位太政大臣を贈る。【兵範記】

保元四年・平治元年（一一五九・改元）　三十三歳

正月一日〔天陰る、夜より雨降る。未時（午後二時頃）、雨脚休止す〕
後白河上皇、高松殿にて院拝礼あり。関白藤原基実（17）以下公卿・殿上人参候。庭中において公卿第一列、つぎに四位・五位一列、所狭きにより五位少々、列せず。この間、霰降る。ついで、美福門院（43）の白河押小路殿にて拝礼。【山槐記】

正月三日〔天晴る〕
二条天皇（17）、内裏より後白河上皇の御所高松殿に朝覲《ちょうきん》行幸。御遊あり（「御遊年表」参照）。【山槐記、帝王編年記】

正月六日
この夜、叙位の儀あり。従四位下左中弁源雅頼（33）、従四位上に加叙。この加階の事、少納言入道信西（54）、後白河上皇に途別ながら種々理を立て奏達して、午刻（正午頃）、勅許あり。左中将藤原忠親（29）もまた、同じく従四位上の加叙。忠親、「入道の返事あり。面目甚だしき者なり」と。忠親加叙は、故祖父左大臣家忠、永久五年〈一一一七〉の石清水・賀茂両社に鳥羽天皇行幸の砌、上卿《しょうけい》を勤むるの賞なり、と。【山槐記】

正月七日〔天晴る〕
皇后統子《むねこ》内親王（34）、後白河上皇の高松殿より三条殿（三条烏丸）に行啓。未刻（午後二時頃）、後白河上皇、美福門院御所（白河押小路殿）に方違えの御幸。これ、明日の法勝寺以下、諸寺の修正会《しゅしょうえ》御幸に日次よろしからざるの故なり。しかるに内裏節会により供奉の人少なし。検非違使別当藤原信頼（27）、晴の御幸に人なきは見苦しとて、公卿・殿上人、ことごとく供奉す。日没の間に至り、上皇還御。【山槐記】

正月八日〔天晴る〕
今夜、法勝・最勝・尊勝寺など諸寺修正会のため、後白河上皇、御幸あり。月卿雲客、済々として高松殿に参集。しかるに期に臨み、花蔵院寛暁僧正（堀河天皇第二皇子・58）入滅の報到る。上皇の叔父たるにより服喪のため、御幸中止。【山槐記】

正月九日

今夜、後白河上皇、修正会御幸。鶏鳴の刻、還御せんとするも、帰忌日《きこにち》により高松殿に還御せず。三条烏丸殿（皇后統子内親王御所）に方違え御幸す。【山槐記】

正月十日〔雨降る〕

今夜、後白河上皇、法勝寺修正会に御幸。近衛将ら還御に供奉せずして退出せり。これ、二条天皇（17）、明暁、一本御書所より内裏に還幸、供奉のため参内する故なり。【山槐記】

正月十一日〔雨降る〕

後白河上皇、円勝寺修正会（この寺、一夜修正会なり）に御幸。時になお降雨。暁天に及び高松殿に還御。【山槐記】

正月十二日〔天晴る〕

この夜、後白河上皇、法勝寺修正会に御幸。太政大臣藤原宗輔（83）・関白藤原基実（17）および大・中納言、参議、非参議等、済々として供奉す。「堂前の座、頗る所無し。頗るもって重ね着かる」という有様。法勝寺、事了りて延勝寺に御幸。暁天に及び還御。今夜、女御琮子《たまこ》（15）も同じく行啓あり。ただし御車は別、したがって供奉の殿上人も分けらる。【山槐記】

正月十三日

今夜、後白河上皇、法勝寺修正会に御幸。ついで成勝寺修正会に御幸。中宮忻子《よしこ》（25）も同じく行啓。御車は別。殿上人も分けらる。暁天に至りて還御。【山槐記】

正月十四日

この夜、後白河上皇、法勝寺（記録脱漏なれども）修正会に御幸。呪師《のろんじ》（龍典・毘沙門・鬼）あり。さらに、毎夜の猿楽もあり。初一度は下﨟《げろう》猿楽、第二度よりは侍《さぶらい》猿楽なり。事了りて鶏鳴の刻、高松殿に還御。【山槐記】

正月十六日〔天晴る〕

午後、後白河上皇、高松殿において尊勝陀羅尼供養を修す。公卿は直衣、午刻（正午頃）、左少将藤原忠親（29）、衣冠を着して参院。申刻（午後四時頃）、忠親、内裏の節会に参るべく、退出す。【山槐記】

正月二十一日〔天晴る〕

未刻（午後二時頃）、二条天皇、仁寿殿《じじゅうでん》の南廂東面に出御、内宴《ないえん》を行う。まず、文人の作詩あり、公卿の庭中列立謝座（二拝と謂う）、公卿以下、紫宸殿艮《うしとら》（東北）片階《かたはし》に着座、御膳を供す。四献の饗の後、妓女の舞（春鶯囀《しゅんのうでん》・喜春楽・三台）あり。これ、少納言入道信西

(54)、後白河上皇の勅をうけ、その曲を練習せしむ。舞曲の間、蔵人頭権左中弁藤原俊憲（38、父は入道信西・母は紀伊局藤原朝子）、内大臣藤原公教（57）の座に進み、女叙位の事を宣下。これ、後白河上皇乳母・紀伊三位局（藤原朝子）を従二位に昇叙の宣旨なり。ついで、講詩・披講を行う。終わりて、後宴《こうえん》・御遊あり（「御遊年表」参照）。事了りて天皇還御。【山槐記】

正月二十二日〔天晴る〕

後白河上皇、高松殿において呪師《のろんじ》・猿楽（「展牛」とあるは、字形類似による誤写）御覧あり。検非違使別当藤原信頼（27）、御前に祗候、観覧す。【山槐記】

正月三十日〔天晴る〕

今夜、後白河上皇中宮忻子（25）、父右大将藤原公能（45）の大炊御門亭に行啓。【山槐記】

二月三日〔天晴る〕

今夜、二条天皇（17）女御・姝子《よしこ》内親王（19）、内裏飛香舎《ひぎょうしゃ》より、後白河上皇御所高松殿に行啓。唐車を東北門の方（弘徽殿対行）に寄するも、小雨により出御休止。戌終りの刻（午後九時前）に至り、御車進発。少納言平信範（48）、陽明門前にて落馬、負傷するもなお供奉す。御車、上東門を出る。供奉の公卿は新権大納言藤原経宗（41）・権中納言藤原雅教（47）・検非違使別当藤原信頼ら七名、殿上人は三十人ばかりなり。大宮南行、二条東行、町南行、高松殿の東面門に入御。女御、唐車より下車、殿上に出御。殿上において女御姝子内親王の立后（中宮）の事あり。公卿、内大臣藤原公教・按察使権大納言藤原重通（61）参加。立后勅使は蔵人頭権左中弁藤原俊憲なり。今夜、内裏より立后宣旨を高松殿に携行す。【山槐記】

二月五日〔天晴る〕

今夜、後白河上皇女御琮子（15）、大内弘徽殿より父内大臣藤原公教の三条亭に出御す。左中将藤原忠親（29）、供奉の下命を受くも、故障を称し不参。【山槐記】

二月七日〔天晴る〕

今夜、後白河上皇、高松殿を出御、方違え御幸（渡御先不明）。【山槐記】

二月十二日〔奈良・天晴る。於奈良坂返小雨、即休止〕

女御姝子内親王の立后（中宮）装束始（儀礼会場の設営）を後白河上皇御所高松殿において行わる。所々の行事、衣冠を着装して参殿奉仕せり。左中将藤原忠親は殿上行事なるも、折柄、春日祭に参仕。しかして、今日、帰忌日により参院しがたきを、先日、申入る。自第に帰

り、高松殿に進行を相尋ねるところ、すでに儀式終了と。【山槐記】

二月十三日　**統子内親王、上西門院の院号宣下**

後白河上皇御願の白川千体阿弥陀堂供養の習礼《しゅらい》（予行演習）なり。この御堂は、保元の乱に際し、崇徳上皇、鳥羽殿より急遽参殿（白河北殿）、合戦場となりし地。官軍（後白河天皇方）、かの御所（白河殿）に放火、焼失せり。いま、上皇、大宰大弐平清盛（42）に所課、建立せしむる所なり。もと、故鳥羽法皇の御願により建立に着手せしも未完、三尺阿弥陀仏安置の予定なるも、周忌法要に際し、旧臣・女房が追善のため造り加う。その数、千体に及ぶ。残るところ、美福門院（43）沙汰として安置さる。この日、平清盛の侍ども堂中を払拭し、右中弁平親範（23）行事となり勤行す。【山槐記】

後白河上皇准母皇后統子《むねこ》内親王（34）の院号を定めて、上西門院となす。皇后宮伝領の仁和寺法金剛院、此の門に当るの故をもって、左兵衛督藤原惟方（35）この院号を定む。【山槐記（二月十九日条も参照）】

二月十五日

後白河上皇の御所高松殿において阿弥陀講を修せらる。左中将藤原忠親（29）、未刻（午後二時頃）、高松殿に参上。女御姝子《よしこ》内親王の立后装束を始めらる。忠親、その職事たり。しかるに、当御所、阿弥陀講修会《しゅえ》につき故障あり。よって少納言入道信西（54）宿所において行う。殿上人、少々、行き向う。【山槐記】

二月十七日〔雨降る〕

後白河上皇御願・新造白川千体阿弥陀堂、雨のため供養延引。【山槐記】

二月十八日

後白河上皇、上西門院（統子内親王）御所三条室町殿に御幸。呪師《のろんじ》・猿楽の興を御覧のためなり。【山槐記】

二月十九日〔天晴る〕　**上西門院殿上始において、源頼朝、蔵人に任ぜらる**

上西門院殿上始なり。御所は三条室町殿。参集刻限は午刻（正午頃）。左中将藤原忠親、去る夜、昇殿を聴《ゆる》すべく告げられ、未刻（午後二時頃）に参上するも、「時に無人《ぶにん》寂寞たり」という有様。申刻（午後四時頃）にようやく人々、参集せり。院司の公卿、権中納言藤原実定（21）・検非違使別当藤原信頼（27）らなり。しかるに、信頼不参。大宰大弐平清盛以下、中門外に列立。ついで、庭中より殿上方に参入。清盛以下、舞踏す。これ、上西門院、後白河上皇准母の儀によるか。この日、院司の補任。別当（五人）、判官代《ほうがんだい》（一人）、主典代（四人）、蔵人（二人、一人は左兵衛尉源頼朝13）、主殿司《とものつかさ》（六人）を任命さる。昇殿を聴さるる人、修理大夫源資賢（47）以下二十四人。ただし、資賢

は熊野詣で御精進のため不参。【山槐記】

二月二十日〔天陰る〕

午刻許り（正午頃）、後白河上皇、上西門院御所（三条室町殿）に御幸。これ、かの女院灸治の故なり、と。【山槐記】

二月二十一日〔天陰る〕　**中宮忻子を後白河上皇皇后に、姝子内親王を二条天皇中宮に**

中宮忻子《よしこ》（25）を後白河上皇の皇后となし、二条天皇（17）の女御姝子《よしこ》内親王（19）を中宮とす。天皇、清涼殿昼御座《ひのおまし》に出御、関白藤原基実（17）、御前座に参着。中宮司《ちゅうぐうつかさ》除目あり。中宮大夫に正二位按察使権大納言藤原重通（61）、同権大夫に正二位権中納言右衛門督検非違使別当藤原信頼（27）、中宮亮に従三位藤原季行（46・乳母夫）以下、宮司《みやつかさ》を補任す。ついで、夜に入り中宮在所において三献の饗宴、御遊あり（「御遊年表」参照）。内大臣藤原公教《きんのり》（57）拍子を執り、乳母夫・中宮亮藤原季行、篳篥《ひちりき》を吹く。この夜の御遊は「悪しからず、善からず」（『山槐記』二月二十三日条参照）のうちに終了。事了りて中宮、高松殿に退御。【山槐記、同除目部類】

二月二十二日〔朝の間、天晴る〕　**白川千体阿弥陀堂落慶供養**

平清盛（42）が再建せし、後白河上皇御願の白川（大炊御門北）千体阿弥陀堂落慶供養なり。中宮姝子内親王、この供養に御幸せんとす。立后以後二日目、後白河上皇と御同所なる故に、憚りあるべし、と中止。午刻（正午頃）、後白河上皇臨御。太政大臣藤原宗輔（83）・関白藤原基実・内大臣藤原公教以下、参上。山階寺別当・法務権僧正恵信（46）、導師を勤む。法会の進行に従い、左右の楽人、舞台に昇り、舞楽を奏す。やがて薄暮迫り、随身ら、舞台の左右に松明を立つ。右方、舞人多忠節（50）、貴徳《きとく》を舞わんとして、後白河上皇の仰せにより舞台に昇らず、上皇御所の庭において舞う。昏黒に及び、舞台の上、御所より分明ならざるの故なり。ついで、陵王《りょうおう》（狛光時73、能は誤りか）・納蘇利《なそり》（多好方30・多忠光42）も庭上において舞う。終りて後白河上皇高松殿に還御。この日、御堂の柱絵の絵仏師工のみに勧賞《けんじょう》あり。【山槐記】

二月二十三日〔天晴る〕

中宮姝子内親王、立后以後第三日儀なり。中宮、後白河上皇高松殿に御同所。この日、勅使として右中将藤原俊通（32）、御書使《おふみのつかい》（天皇より中宮へ、紅薄様に裹《つつ》む）として高松殿に参入の儀あり。未刻（午後二時頃）、太政大臣藤原宗輔・中宮大夫藤原重通・中宮亮藤原季行ら公卿十一人以下、多々参集。五献の盃酌あり。勅使藤原俊通に女房装束一具を賜禄《しろく》。【山槐記】

二月二十五日〔天晴る〕

今夜、上西門院（後白河上皇准母・34）、院号定め以後、初めて御幸。三条室町殿を出御、後白河上皇の高松殿に。権中納言藤原実定（21）、檳榔毛御車を寄せ、公卿、按察大納言中宮大夫藤原重通以下九人、殿上人十余人供奉して、高松殿東間に入御。出車《いだしぐるま》五両。女房ら車を下りず、やや久しくして還御。時に中宮姝子内親王は高松殿西面《にしおもて》に在所。【山槐記】

三月五日〔天晴る〕

美福門院（43）、白河押小路殿において懺法《せんぼう》結願す。後白河上皇、参会《さんえ》のため高松殿を出御、御幸。殿上人ら、衣冠正装を着用、供奉す。中宮姝子内親王（19）、高松殿御同居の故なり。【山槐記】

四月十八日

後白河上皇、方違え行幸（渡御先不明）のため内裏日華門より乗輿出御。剣璽《けんじ》の動座《どうざ》に奉仕すべき権中納言左中将藤原基房（15）年少につき、参議右中将藤原実長（30）がこれを代行。着御の際、輦戸《れんのと》を開き、まず剣璽を奉安、ついで上皇の草鞋《そうかい》を供す。基房は御輿の御綱の役を奉仕するも不如意なりき、と。【達幸故実抄】

四月二十日

平治改元＝二条天皇、「御即位に依るなり」【一代要記】

五月二十九日

後白河上皇、高松殿において法華五十講を行う。六月十八日結願。貴賤、群を成して参会す。【百錬抄】

六月二十四日

村上天皇皇后安子（応和四年〈九六四〉四月二十九日没・38）の国忌を廃して、二条天皇生母・贈皇太后藤原懿子《よしこ》（康治二年〈一一四三〉六月二十四日没・44）の国忌を西寺（平安京の官寺。羅城門を中にして左京の東寺〔左大寺〕に対する西寺〔右大寺＝旧址は南区唐橋西寺町〕をいう）に置く。【師光年中行事】

七月十九日

後白河上皇、高松殿に修理を加え、この日、移徙《いし》あり。当日、九虎日《くこにち》（神事・移転・婚礼のため凶日。四季の悪日の一つ）にて、人々、申し傾《かたぶ》く（非難する）と雖も渡御あり。【百錬抄】

八月十六日　後白河上皇の仙洞御所高松殿、炎上す

この早暁、寅刻（午前四時頃）、後白河上皇の仙洞御所高松殿、炎上す。御所の規模は「姉小路北、西洞院東、南北一町、東西一町」（『帝王編年記』）なり。高松殿は故鳥羽法皇の仰せにより正四位上長門守源師行造進。去る七月十九日、九虎日渡御により、果してこの炎あり、

と。【百錬抄、帝王編年記】

九月二日　後白河上皇、橘逸勢の社を建立す

後白河上皇、橘逸勢《はやなり》〈?—八四二〉の怨霊鎮魂のため、橘逸勢社（姉小路猪熊祠・中京区猪熊御池下ル。仁安二年〈一一六七〉五月三十日焼亡）を建立。この日、祭礼を結構せらる。祭礼装束は金銀錦繍をもって飾り、面形を捧持（顔にかぶる）して風流《ふりゅう》となし、人々、目をそばだてる。「天下の壮観」なりと。【百錬抄、帝王編年記】

九月十六日

延暦寺・園城寺の僧徒、大勢して後白河上皇御所（三条烏丸殿）に参上、雑芸《ぞうげい》を演ず。今様も歌うか。【百錬抄】

十月二十五日

後白河上皇第三女・式子《のりこ》内親王（11、母は権大納言藤原季成女・従三位藤原成子）を卜定して、斎院となす。【帝王編年記】

十一月十五日

少納言入道信西（54）、後白河上皇の政道諷諫《ふうかん》のため「長恨歌絵《ちょうごんかのえ》」（「玄宗皇帝絵巻」六巻）を画進。この日、宝蓮華院に施入す。後年、後白河法皇（この時65）、これを取り出し、法住寺殿内、蓮華王院宝蔵に収納す。【玉葉（建久二年〈一一九一〉十一月五日条）】

十二月九日　平治の乱

保元の乱後、戦功のあった大宰大弐平清盛（42）と前下野守源義朝（37）の間に勢力争いが勃発。清盛は後白河上皇寵臣の少納言入道信西（後白河上皇乳母夫）と結び権勢を誇り、義朝を圧倒した。当時、右衛門督藤原信頼（27）は上皇の男寵を蒙り、信西入道に対立していた。義朝はこの信頼と組んで、折柄、熊野詣でに発足した（十二月四日『愚管抄』）清盛の留守中に挙兵、清盛打倒を図る。卯刻（午前六時頃）、義朝の軍兵は信西の所々の家（姉小路西洞院宿所ほか）のすべてを焼き払う。その後、信頼・義朝は内裏に軍陣を構う。夜に入り、信頼・義朝はあまたの武士を率いて、後白河上皇御所三条殿（三条北・烏丸東）に少納言入道ならびにその妻紀伊二位局（後白河上皇乳母）を追捕せんと立ち向う。御所に放火、炎上せしむ。焼死、井中に身を投ずる者、済々たり。この時、信頼は上皇および上西門院（後白河上皇准母・34）を内裏一本御書所に移し、幽閉す。【帝王編年記、一代要記、百錬抄】

十二月十三日

少納言入道信西、京都を脱出して宇治の田原山（京都府綴喜郡宇治田原町。『百錬抄』は志加良木山とす）において、穴を掘り身を隠す。この時、信西の家僕・左衛門尉藤原師光（信西の乳母子）これに従い、みずからは出家して西光と名乗り、その地を離る。のち、後白河上皇の近臣第一と称されるが、治承元年〈一一七七〉六月、鹿ヶ谷事件の際に首をはねらる。

【百錬抄、愚管抄】

十二月十七日　**少納言入道信西、自害す**

少納言入道信西（54）、土穴中にて自害。前出雲守藤原光保、遺骸を尋ね出し、その首を斬り取り入京。検非違使の廷尉《ていい》、この首を賀茂河原にて請取り、大路を渡し西獄門前の樹に懸ける。信西は「院（後白河上皇）の御乳母夫にして、御在位の間、天下の政、偏えに彼の最なり」と。

【帝王編年記】

十二月二十五日

この夜、二条天皇（17）ならびに中宮姝子《よしこ》内親王（19）、密々に内裏を出御、大宰大弐平清盛（42）の六波羅亭に行幸・行啓す。後白河上皇・上西門院（34）は、一本御書所より仁和寺（同母弟・覚性法親王31）に遷幸す。

【百錬抄、帝王編年記】

十二月二十六日　**清盛の軍勢、信頼・義朝らを破る**

官軍（二条天皇方・大宰大弐平清盛軍勢）、内裏に攻撃、右衛門督藤原信頼（27）以下の輩を追討す。官軍分散する隙に、信頼の兵、襲来、六条河原において合戦となる。信頼・義朝ら敗北。信頼、仁和寺に逃亡。清盛、前常陸守平経盛（35）を遣わし、信頼を召取る。翌日、六条河原において首を斬る。信頼、当時、「悪右衛門督」と号さる。そのほか誅せらるるもの多し。

【百錬抄、帝王編年記、一代要記】

十二月二十九日

前下野守源義朝（37）の二男・中宮大進源朝長（16）、左股に矢疵《やきず》を受け、歩行困難ながら美濃国青墓宿（大垣市）に逃る。が、ここに至りて自害す。

【帝王編年記】

この年

後白河上皇の寵女・左馬助大江信忠妹、六宮皇子（のち法輪院僧正恒恵）を出産す。

【中山内大臣記、一代要記、三井続燈記（建永元年〈一二〇六〉四月二十九日入滅・歳48より逆算）、本朝皇胤紹運録】

平治二年・永暦元年（一一六〇・改元）　三十四歳

正月一日
物忩《ぶっそう》（平治の乱）により、天下、元三《がんざん》の儀なし。後白河上皇の院拝礼も中止。【帝王編年記】

正月六日
後白河上皇、仁和寺より皇后宮権大夫藤原顕長（44）の八条第に遷御。【愚管抄】

正月九日　平治の乱の敗者・源義朝、殺されて首級を梟《さら》さる
源氏の家人・鎌田次郎政家（本名、正清・38）は、平治の乱の主将・前下野守源義朝（38）を擁して、尾張国野間（愛知県知多郡美浜町野間）に逃れ、外舅内海荘司平忠致《ただむね》を頼る。しかるに、忠致は平氏に通じて謀をもって義朝を殺す。政家もまた、忠致の子景政に殺さる。両人の首級は、京都に運上され、廷尉に引き渡されて、東獄門前の樹に懸けらる。【百錬抄、帝王編年記】

正月十日
永暦改元＝「兵乱に依るなり」【一代要記】

正月十八日
後白河上皇、同母弟・仁和寺覚性法親王（32）をして、八条内裏（美福門院44御所）において仁王経法を修せしむ。【東寺長者補任、御室相承記】

正月十九日
故前下野守源義朝の長子・左衛門尉義平（号悪源太・20）、誅せらる（平治の乱に、鎌倉より上洛して父義朝に加勢）。【帝王編年記】

二月十七日　上西門院統子内親王、出家
後白河上皇准母・上西門院統子内親王（上皇同母姉・35）、仁和寺の法金剛院において落飾、尼と成る。法名は真如理。
後白河上皇第二皇子（11）、仁和寺北院（喜多院）において出家。戒師は上皇弟・覚性法親王、唄師《ばいし》は東大寺別当・僧正寛遍（61）。法名、守性と号す。のちに守覚に改む。後白河上皇、御幸す。【仁和寺御伝、女院記、女院小伝】

二月二十日　藤原経宗・藤原惟方・源師仲を逮捕・解官

後白河上皇、八条殿内裏（二条天皇・18）に御幸。近辺において権大納言藤原経宗（42）および参議左兵衛督検非違使別当藤原惟方（36）・前権中納言源師仲（46）、逮捕せらるるにつき、禁中、乱闘の事あり。経宗ら、朝権を専らにするにより、上皇逆鱗、大宰大弐平清盛（43）をしてこれを捕えしむ。ついで、二月二十八日解官。　【帝王編年記、一代要記、愚管抄、公卿補任、清獬眼抄】

二月二十六日

後白河上皇、諸卿を八条御所（皇后宮権大夫藤原顕長第）に召し、皇居（八条内裏＝美福門院御所）ならびに日吉社御幸を石清水八幡宮・賀茂社御幸に先行すべきや否やを議定せしむ。また、来る四月、熊野詣で御幸の適否につき奏聞せしむ。　【百錬抄】

三月十一日　源頼朝らを配流、平治の乱終結

平治の乱に父義朝に従軍せし右兵衛佐源頼朝（14）、近江国において搦捕られ、この日、伊豆国に遠流さる。同舎弟希義《まれよし》（9）を土佐国に遠流。また、前権中納言藤原経宗を阿波国、前権中納言源師仲を下野国、前参議藤原惟方を長門国にそれぞれ流罪とす。ここに「平治の乱」の終結を見る。　【清獬眼抄】

三月二十五日

後白河上皇、日吉社参詣御幸。遜位《そんい》の後、始めての神社御幸なり。上皇、平治逆乱の時、別に御願あるの故なり。　【百錬抄】

四月七日

後白河上皇、園城寺の金堂供養に臨幸。　【寺門高僧記】

五月十五日

平治元年のころ、肥前国住人・日向太郎通良、朝威を傾けんとするの風聞あり。後白河上皇、大宰大弐平清盛に下命して、追討せしむ。清盛、家人・筑後守平家貞（80）を下向、攻略せしむ。この年四月、筑後守家貞より日向通良以下の党類三百三十五人を討取りたる交名《きょうみょう》を清盛の許に進達す。この日、鎮西賊主・日向通良従類七人の首を京師に運上す。後白河上皇、鳥羽殿に御幸。桟敷においてその首級入京のさまを見物さる。　【源平盛衰記（巻三）、百錬抄】

六月十九日

後白河上皇、同母弟・仁和寺覚性法親王（32）をして、美福門院（44）の病平癒のため白川押小路殿（女院御所）において孔雀経法を修せしむ。　【孔雀経法記、仁和寺御伝、御室相承記】

六月二十日
平清盛（43）、正三位に叙さる。この後、八月十一日に参議、九月二日に右衛門督に任ぜらる。【公卿補任】

七月一日
今夜、後白河上皇准母・上西門院（35）、鳥羽殿に御幸。明日、亡父鳥羽法皇の忌日法会に参会のためなり。【山槐記】

七月三日
後白河上皇、今日、法勝寺御八講始なるも、物忌により八条御所に籠居、法勝寺御幸なし。【山槐記】

七月四日〔天晴る〕
後白河上皇准母・上西門院、逆修供養、第二七日なり。【山槐記】

七月七日
後白河上皇女御琮子《たまこ》（16）の父・内大臣藤原公教（58）、病臥中、昨夕ならびに今朝、両度ながら危急に瀕す。赤痢を病み、すでに二十日にも及ぶ病床なり。万死に一生を得る。この日、藤原公教、内大臣および左大将の所職を辞さんがため、二条天皇（18）に上表す。表使《ひょうのつかい》は左少将藤原実宗（16）なり。【山槐記】

七月九日
寅刻（午前四時頃）、後白河上皇女御琮子の父・内大臣藤原公教、三条高倉亭において薨ず。嫡男・参議右中将実国（21）、時に日吉社において神楽を行い、社参中なり。閉眼臨終の時に来会せず。大悲事なり。女御琮子は、この第に御坐《おわ》す。公教の厳父・前太政大臣実行（去る正月三十日出家、法名蓮覚・81）はなお存命。老少不定《ろうしょうふじょう》の世、悲しきかな。明暁、八条堂に遺骸を移送、その後、十三日に葬送せんとす。【山槐記】

七月十三日
仁和寺宮守性（11、後白河上皇二男・母は高倉三位局〈大納言藤原季成女〉・御室覚性法親王32弟子、のち守覚）、出家後、始めて院御所（七条河原、天台座主・最雲法親王56自房を後白河上皇御所となす）に参向す。威勢、甚だし。四条河原において座主最雲法親王に行き逢う。互いの従者の雑人《ぞうにん》、ふとしたはずみで闘争となる。中に首を打破られて死傷者の多くを出すに至る。驚いた座主は、急ぎその場を逃走す。【山槐記】

七月二十二日〔天晴る〕
近日、八条殿内裏（二条天皇18）の殿上番不出仕の殿上人五人（周防守藤原隆輔32・中務大輔藤原長重36・民部権大輔藤原雅長16・若狭守藤原隆信19・散位藤原季信）を、後白河上皇、院宣を発して除籍せしむ。【山槐記】

七月二十三日

二条天皇（18）、去る七月二十二日夜より八条内裏において、日蝕御祈りのため七仏薬師法を修す。この日、神事により壇を後白河上皇の院御所（冷泉殿）に移さる。奉行人は蔵人左衛門少尉藤原頼保（43）、行事は伊予守平重盛（23）これを勤む。【華頂要略（巻四）】

八月十一日

藤原伊通を太政大臣とする。【山槐記】

八月十六日〔天晴る。晩に入りて雨降る〕

今日より鳥羽・成菩提院彼岸会なり。今朝、後白河上皇、城南（鳥羽殿）に御幸。安房守藤原経房（18）、念仏会を奉行す。上皇、即日還御。【山槐記】

八月十九日

二条天皇の中宮・姝子《よしこ》内親王（20）、去る春以来病悩により内裏を退下、母美福門院御所たる白河押小路殿を宿所とす。この晩方、御悩危急により落飾出家す。後白河上皇、昨夜、見舞いに臨御。この晩天、東三条大炊御門殿に還御。中宮の病状、一昨日より重悩。苦悩のため叫音が御簾外にまで漏るる有様、と。【山槐記】

八月二十日〔陰り晴れ、不定〕

二条天皇、石清水八幡宮に行幸。後白河上皇、鳥羽に密々に御幸。新権大納言藤原光頼（37）宿所においてひそかに行列見物あり。中宮病悩により見物なすべからずと制止の風聞あり。しかるに、鳥羽において後白河上皇御見物は露顕の体《てい》なり。行幸は日没、石清水八幡宮に着御。山内、院頓宮《いんのかりのみや》御所に宿さる。時に小雨そそぐ。上皇は見物後、東三条大炊御門殿に還御。【山槐記】

八月二十一日〔天晴る〕

二条天皇、石清水八幡宮（院頓宮御所）より鳥羽殿に還幸。【山槐記】

後白河上皇准母・上西門院（35）、三条室町殿において五十日逆修供養を行わる。【御逆修部類記】

八月二十二日

今晩、二条天皇、大炊御門高倉殿（大炊御門北、高倉東）に還幸せらる。【山槐記】

八月二十七日〔天陰る〕

二条天皇、賀茂社行幸。未刻（午後二時頃）を過ぎ、神宝を行列の先頭として、大炊御門高倉殿を進発。後白河上皇、高倉の治部卿藤原光隆（34）の桟敷において行列見物。申刻（午後四時頃）、天皇、賀茂下社《しものやしろ》の社頭に着御。参議右中将藤原俊通（33）、剣璽を捧持、関白藤原基実（18）、天皇の御裾を取り、御輿より下御。【山槐記】

九月八日〔天晴る〕

後白河上皇第三皇女・斎王好子（母は高倉局＝二品藤原成子）、伊勢宮に群行《ぐんこう》す。この日、群行雑事は讃岐守重任の功により、中宮亮藤原季行（47）の成功《じょうごう》として沙汰す。斎王、嵯峨野の野宮《ののみや》を出御、子終りの刻（午前一時前頃）、内裏藻壁門より参入。天皇、大極殿に出御、発遣の儀を行う。【山槐記】

九月十四日

仁和寺宮守性（母は高倉局、のち守覚・11）、来月、東寺において受戒あるべきにより、蔵人頭左中将藤原忠親（30）、前駆《せんぐ》として供奉すべく、後白河法皇より催しを受く。忠親、領状。斎王好子内親王、伊勢の斎宮寮に参着す。【山槐記、仁和寺御伝】

九月二十日〔天晴る〕

鳥羽・城南寺祭、競馬《くらべうま》あり。先日、播磨守藤原家明（33）をもって、競馬左方事を奉行すべく、左中将藤原忠親、後白河上皇の院宣を受く。去る夜、鳥羽に至り東殿僧房（近江已講《いこう》有真房）に宿す。寅刻（午前四時頃）、後白河上皇の御輿迎えあり、鼓笛の声に夢を驚かされ、辰始めの刻（午前七時すぎ）、馬場殿に参入。巳刻（午前十時頃）、上皇御幸。右大将藤原公能（46）、馬場殿御所の御簾を上げ、上皇入御す。しばらくして、御幣渡御。つぎに神馬・田楽巫女・舞人・乗尻《のりじり》（騎手）・師子《しし》・神輿の行列が本社の方に入御。午刻（正午頃）、左右の乗尻、御所の御前を渡り、馬場に至り馬に駕す。鼓は修理大夫源資賢（48）、鉦鼓は右少将源通能が勤む。七番、左右乗尻十四人が勝負を競う。【山槐記】

九月二十七日〔天晴る〕

関白藤原基実（18）、参院の事出来。一切、人なし。前駆五人、下﨟《げろう》随身三人許り、はなはだ軽忽《けいこつ》なり。右衛門権佐平時忠（31）をもって見参《げざん》に入り、夜に入り後白河上皇に対面あり。

今日、院御所（東三条大炊御門殿）の門前に日吉社司ならびに延暦寺所司三、四十人許り群立す。これ、山内のことにより氏長者《うじのちょうじゃ》弾正大弼菅原貞衡《さだひら》（65）の非法を訴うるためなり。【山槐記】

十月五日

後白河上皇第二皇子・仁和寺宮守性、この日、受戒あり。その行列に前駆十四人および内裏の房官四人供奉す。【仁和寺御伝】

十月九日

紀伊国高野山領荒河庄（美福門院領）に対し、後白河上皇、熊野御幸における国役を免ぜらる。
【高野山文書、高野春秋】

十月十一日〔陰り晴れ、定まらず〕

二条天皇（18）、大炊御門高倉殿より後白河上皇御所東三条大炊御門殿に朝覲行幸。御遊あり（「御遊年表」参照）。
【山槐記、御遊抄】

十月十二日

叡山の衆徒、日吉社八王子客人十禅師および祇園京極寺の神輿を捧持して、大宰府竈門宮《かまどのみや》ならびに大山安楽寺焼亡、さらに治部権大輔菅原貞衡合戦の事を後白河上皇院御所（東三条大炊御門殿）に強訴《ごうそ》す。上皇、申請により裁許せらる。よって、衆徒《しゅと》、神輿を舁《か》き奉り、退散帰山す。時の座主は七条宮最雲法親王（56）なり。ついで、後白河上皇、同月十七日、菅原貞衡を解官す。
【一代要記、百錬抄】

十月十六日　後白河上皇、新日吉社・今熊野社を建立

後白河上皇御願により、去る七月二十二日、土木の功を始め、この日、日吉社御体を東山新宮（法住寺殿）に渡さる。また、紀州熊野権現の御体も、新造社壇（今熊野社、これなり）に遷宮を行わる。ここに、後白河上皇発願の新日吉社《いまびえしゃ》および今熊野社が建立さる。
【師光年中行事、百錬抄、帝王編年記】

十月二十三日　後白河上皇、初めての熊野御幸

後白河上皇、初めて熊野山（紀伊国熊野三所権現）に御幸あり。熊野御幸のこと、当初、四月に予定さるるも、憚りあるやにより、中止延期せらる。
【百錬抄（二月二十六日条も参照）、山槐記（十一月三日条参照）】

十一月二十三日〔陰り晴れ、定まらず〕　**美福門院、薨去**

今朝、後白河上皇、熊野山より還向あり。

亥刻（午後十時頃）、後白河上皇の義母・美福門院（藤原得子44）、白河押小路殿において崩御。日来、重悩なりしなり。
【山槐記】

十一月二十四日

今夜、美福門院遺骸を火葬に付し、葬送。女院御所白河押小路殿より御骨を御車に奉安、鳥羽東殿に渡御。故鳥羽法皇御骨奉納の御塔内に同座奉安の儀あるも、女院の遺言により、十二月二日、高野山に移葬せらる（『山槐記』十二月六日条も参照）。

今日、公卿、大納言藤原宗能（78）・権大納言源雅通（43）・権中納言源定房（31）・非参議藤原親隆（62）・中宮亮藤原季行（47）以下、総勢十一人、事由を申さず参籠す。恒に女院御所出仕の人ならびに院司ら、すこぶる御不請《ごふしょう》の気あり、と。

大納言藤原重通（62）、葬送参列の儀につき、後白河上皇に伺気のところ、女院の院司たれば然るべからずとの仰せにより、不参。【山槐記】

十二月五日〔天晴る〕

今夜、後白河院御所（東三条大炊御門殿）、仏名会《ぶつみょうえ》あり。判官代《ほうがんだい》藤原重方（37）、これを奉行す。【山槐記】

十二月十五日〔陰り晴れ、定まらず〕

蔵人頭左中将藤原忠親（30）、後白河上皇院御所（東三条大炊御門殿）に参上、蔵人治部大輔藤原行隆（31）に付し、上皇に条々の事を奏聞す。その一、近日、故美福門院御忌参籠の人ならびに重服の人多く、殿上番（自番・他番）に事煩あり、明春一定の後、改番あるべきこと。上皇、これに対し、「然るべし。その間、欠員なきよう計らい沙汰のこと」と。その二、内侍所御神楽の殿上召人以下の事。上皇、「内裏（二条天皇）に言上すべし」と。その三、院御所御鷹飼下毛野敦方《しもつけぬのあつかた》、その役、二男友武に譲与せんとの事。「前関白藤原忠通（64）に院宣あり、忠通よりこの叡旨に従うべし」と。【山槐記】

十二月二十日

近江守藤原範兼、日吉社造営につき国司の力をもってその功を終えがたきにより、院御沙汰たるべきを愁訴。後白河上皇、蔵人治部大輔藤原行隆（31）にその造営を下命す。【山槐記】

十二月二十七日

今夜、内侍所御神楽あり（「御遊年表」参照）。亥刻（午後十時頃）、二条天皇（18）出御。【山槐記】

十二月二十九日〔天晴る〕　**平清盛、大宰大弐を辞す**

申刻（午後四時頃）、右衛門督兼大宰大弐平清盛（43）、蔵人頭左中将藤原忠親（30）に書を送りて大宰大弐を辞せんとす。この旨、今日かならず後白河上皇に奏聞せられんとあるにより、忠親、即刻、院御所に参上、蔵人治部大輔藤原行隆（31）に付し、上皇に奏聞す。これにより、上皇、すみやかに内裏（二条天皇18）ならびに前関白藤原忠通に申すべきを指示す。この日、小除目あり、清盛、大宰大弐を罷《や》め、新任は藤原成範（26）。【山槐記】

永暦二年・応保元年（一一六一・改元）　三十五歳

正月四日

二条天皇（19）、内裏より後白河上皇の東三条大炊御門殿に、朝覲行幸あり（『御遊抄』に法住寺殿行幸とあるも、法住寺殿はこの年、四月十三日落成、初移徙）。【御遊抄】

正月二十七日

二条天皇、内裏より後白河上皇の東三条大炊御門殿に朝覲行幸。御遊あり（「御遊年表」参照）。当日、従二位権大納言藤原忠雅（38）を行幸賞として正二位に、ついで、従三位左衛門督検非違使別当藤原公光（32）を行幸供奉の警固の賞として正三位に昇叙す。【朝覲行幸部類、御遊抄、公卿補任】

二月二日

後白河上皇、石清水八幡宮に御幸。【石清水八幡宮記録、御遊抄、石清水八幡宮略補任】

二月五日

後白河上皇、賀茂社に御幸あり。【園太暦】

四月五日

後白河上皇、熊野御幸より還向《げこう》せらる。進発日、不明。【顕長卿記】

四月七日〔天晴る〕

今朝、後白河上皇、園城寺（三井寺）内、別院平等院に御幸。冠直衣を着装、庇御車《ひさしのみくるま》に乗駕。三井寺長吏・前大僧正行慶（61）この別院を建立、上皇の祈願所として寄進せしためなり。この御幸、当初、去る月二十一日に行わるべきところ、叡山の大衆、園城寺に上皇が戒壇を建立して、探題を置かるべきものと疑い、蜂起するにより、御幸停止。上皇、怒りを含み給う。かの時、後白河上皇、叡山をして御修法《みしほ》を行い、まさに結願せんとするも、山僧、修法壇を取り壊す。このため、公家《こうけ》（二条天皇）をもって結願せしむ。関白藤原基実（19）に対しても同前。

近日、諸家、修法等を山僧に請わず。座主・最雲法親王（57）以下、すべて閉門籠居せり。山僧は甲冑に身を固め、叡山を下り、東坂本において陣を成す。もし、戒壇の事、一定《いちじょう》たらば園城寺に発向せんとす。山僧の王化を恐れざるは、悲しき事なり、と。しかるに、上皇の子細仰せ聞けにより、今日、御幸を遂げるに至るなり。

蔵人頭左中将藤原忠親（31）、山僧らに恩免ありと伝聞す。三井寺御幸、無為無事の故なり、と。

【山槐記（四月九日条も参照）】

四月八日〔天陰り、時々小雨〕

後白河上皇、三井寺より還御。

【山槐記】

四月九日

後白河上皇、新造法住寺殿に密々に御幸。蔵人頭左中将藤原忠親（31）、供奉す。晡時《ほじ》（午後四時頃）に及び還御あり。

【山槐記】

四月十三日　**後白河上皇、法住寺殿に移徙**

稲荷祭なり。後白河上皇、三河守藤原定隆（28）宅（七条北、東洞院東角）において見物あり。

今夕、後白河上皇、新造法住寺殿（この殿、四郭、十余町を籠めらる。其の内に堂舎大小八十余宇、壊棄せらる。衆人、怨みあり）に移徙《わたまし》あり。

この法住寺殿は、別に「東山御所」（『兵範記』）とも称す。皇后忻子《よしこ》（28・近年、同宿なし）、同車にて参殿。三ヶ日逗留以後、院御所東三条大炊御門殿に還御あるべし、と。当時、皇后忻子は父・右大臣藤原公能（47）亭（綾小路北万里小路東＝『山槐記』永暦元年十二月四日条）に在所か。

移徙の儀は院司・新権大納言藤原光頼（38）ならびに院判官代藤原盛方、奉行す。

【山槐記、兵範記】

四月十六日〔天晴る〕

後白河上皇第三女・斎王式子内親王（13、母は三品藤原成子・高倉局）初斎院なり。東河に御禊《ごけい》、紫野院（所謂、一条以北、本院なり）に入御する。今日、凶会日により、斎王御神殿には入御せず。

【山槐記】

四月十九日〔天晴る〕

後白河上皇、今朝、新造法住寺殿より初めて准母・上西門院（36）御所、大炊御門殿に御幸。前駆、公卿以下殿上人、直衣（公卿）・衣冠（殿上人）を着装、人数済々たり、儀式、晴れを存す。

この日、賀茂祭なり。二条天皇（19）、大炊御門高倉殿の寝殿南面の昼御座《ひのおまし》に出御。近衛使右少将源通能に賜盃、勅禄（紅打御単衣）を賜う。

後白河上皇、故右衛門督藤原信頼卿の烏丸桟敷に御幸、ここにて祭行列を見物す。ただし、行事左大弁藤原資長（43）以下、行事検非違使

左衛門尉藤原頼保（44）、車馬を下りず、騎乗のままで御前を渡る。【兵範記、山槐記】

四月二十八日〔天晴る〕

後白河上皇第三女・斎院式子内親王（13）、今日、始めて御神殿に入御あり。明日、凶会日にて入御不能。去る二十一日、本院に入御すべきところ、犬死穢《しえ》ありて、今日の入御となる。【山槐記】

七月四日〔雨降る〕

神泉苑祈雨御読経（導師、南都・山階寺別当法務僧正恵信48）の結願日。龍穴《りょうけつ》御読経始行の日より雨下り、その後、大雨に至る。霊験殊勝なり。このため、賀茂川の水、一時に氾濫せり。

後白河上皇、雨中を大炊御門殿（大炊御門南、高倉西）より法勝寺御八講（白河法皇御周忌）に御幸あり。行列渡河のための橋、利用叶わず。よって、裸形の輩、御車に副い、河中を捧持して渡す。また、公卿・殿上人、各裸形の輩数十人が河を渡し、上皇に供奉す。事了りて大炊御門殿に還御。【山槐記】

七月七日〔天陰る〕

法勝寺御八講結願なり。後白河上皇、午始め（午前十一時すぎ）、大炊御門殿の東門を出御。大炊御門を東行、尊勝寺の東大路を南行、最勝寺の北大路を東行、法勝寺の西大路を南行、法勝寺阿弥陀堂に入御。夕座の講論を了し、御仏供養・行香・例時《れいじ》、恒の如し。上皇、法住寺殿に還御。内大臣藤原基房（17）供奉、法住寺殿に着御、御車簾を褰《かか》げ、上皇下御。供奉の公卿・殿上人、分散。時に申刻（午後四時頃）なり。【山槐記】

七月二十日〔天晴る〕

未刻（午後二時頃）、蔵人頭左中将藤原忠親（31）、滝口武士源盛政を相具して後白河上皇の御所、法住寺殿に参入。甲斐守藤原盛隆に付して文書を上皇に奏上す。【山槐記】

この日、後白河上皇異母妹・暲子《あきこ》内親王（母は美福門院・25）の御堂供養なり。仁和寺覚性法親王（33）、導師となり讃衆二十口をもって、供養を修す。後白河上皇、臨幸。内大臣藤原基房以下、参入す。【一代要記】

八月二日〔天陰る〕

今夜、後白河上皇、法住寺殿西御所に渡御。移徙の儀を行わる。公卿は直衣を着用。よりて権大納言藤原忠雅（忠親同母兄・38）、蔵人頭左中将忠親の薄色奴袴《ぬばかま》を借召す。また、前駆馬一疋を召すにより進上す。この夜の移徙、黄牛《あめうし》あり。陰陽頭賀茂在憲《ありのり》（60）、反閉《へんばい》（邪気を払い安泰を祈る）を奉仕す。しかして饗饌《きょうせん》なきにより、参仕の人々空腹にて各々分散せり、と。今夜の儀、行事不在にして、毎事、違例なり。【山槐記】

八月三日

今夜、後白河上皇准母・上西門院（36）、大炊御門殿より法住寺殿〔西御所〕（去る夜、上皇渡御の御所なり）に御幸あり。また、後白河上皇は七条上御所（法住寺北殿＝法住寺七条末御所）に渡御す。【山槐記】

八月六日〔朝暮、雨下る〕

午後、蔵人頭左中将藤原忠親（31）、滝口武士源盛政を相具し、後白河上皇の院御所（法住寺七条末御所）に参向。興福寺解状（祇園社に准じ、大原野社の検校別当を補せらるべきのこと。行幸の時、寺家に勧賞《けんじょう》あるべきこと）を従五位下藤原光能（30）に付し、上皇に奏聞す。上皇、前関白藤原忠通（65）にしかるべく計らうよう申すべし、と。【山槐記】

八月九日〔天晴る〕

午刻（正午頃）、蔵人頭左中将藤原忠親、滝口武士中原成親を具し、参院（法住寺殿）す。木工頭源清雅に付し、興福寺の解状による大原野社検校別当補任の件につき、内裏の旨を上皇に奏聞す。上皇は、「かくの如きは先例によるべし。子細を知らざれば、なお重ねて前関白藤原忠通の指示にしたがうべし」と。【山槐記】

八月十一日〔天晴る〕

午刻許り（正午頃）、右大臣藤原公能（47）、大炊御門北高倉亭において薨ず。去る月二十五日、祈年穀奉幣上卿として参内（東三条殿）、その後所労再発、不食の病悩なり。太皇太后多子《まさるこ》（故近衛天皇皇后・公能女・22）、訃音《ふいん》により禁裏（東三条殿）より出御、唐車に乗駕して姉小路富小路亭に渡御。後白河上皇皇后忻子《よしこ》（公能女・多子姉・28）高倉東亭に行啓あり。【山槐記】

八月十二日〔天陰り、小雨あり〕

今夜、小除目あり。僧尊隆を法橋に叙す。「今熊野鐘楼功」による、とあり。尊隆は筑前守藤原隆重子、鳥羽・勝光明院上座。今熊野社の鐘楼建立の功により、後白河上皇の沙汰による昇叙か。【山槐記】

八月十四日〔天晴る〕

午刻（正午頃）、蔵人頭左中将藤原忠親、滝口武士藤原親綱を供に具し、後白河上皇御所法住寺北御所に参向。右中将藤原成親（24）に付し、大原野社検校職の事を奏上す。上皇、急ぎ沙汰あるべからず、と。【山槐記】

八月十六日〔天晴る〕

今夜、東三条殿皇居の中門廊東庭において、駒引の儀あり。後白河上皇の使、右少将藤原脩範《ながのり》（19）これを勤む。　【山槐記】

九月三日〔天晴る〕　**平滋子、後白河上皇の皇子を出産**

巳刻（午前十時頃）、後白河上皇皇子（憲仁親王、のち高倉天皇）、右衛門尉平盛国（49）の八条河原宅において誕生す。母は後白河上皇准母上西門院女房・小弁局（20、故民部大輔平時信女〔平滋子〕・母は故民部卿藤原顕頼女）なり。　【山槐記、一代要記】

九月四日〔雨降る〕

応保改元＝「天下疱瘡《ほうそう》に依るなり」。二条天皇（19）も疱瘡なり。　【山槐記、一代要記】

九月十五日〔天晴る〕　**平教盛・平時忠ら、平滋子所生の皇子の立太子を謀るとして解官さる**

除目あり。院中（後白河上皇近臣）の人々、事ありて解官せらる。左馬権頭兼常陸介平教盛（34）・右少弁兼右衛門佐平時忠（32）らなり。時忠の妹・上西門院小弁局、後白河上皇の寵愛をうけ皇子（のちの高倉天皇）誕生。事ありとは「世情嗷々《ごうごう》の説あり」（『百錬抄』）と。これは、兄時忠はじめ平氏有縁《うえん》の者、新皇子を立て皇太子となさんと謀りたる、との説、横行す（皇子誕生は九月三日。直後にこの暗躍ありたり）。この謀議、たちまち露見して、連座の人々、解官か。これよりさき、九月十三日、参議平清盛（44）、権中納言に任ぜらる。右衛門督検非違使別当は元の如くにして、九月十五日、宣旨を受く。この謀議に清盛連座なきか。　【帝王編年記、百錬抄、公卿補任、山槐記】

九月二十八日　**後白河上皇の近習、藤原信隆・藤原成親ら解官さる**

この夜、後白河上皇の近習の輩、右馬頭兼因幡守藤原信隆（36）・左中将藤原成親（24）・右少将兼能登守藤原基家（30）・美濃守兼主水正《もんどのかみ》卜《うら》部《べ》基仲・飛騨守源為行（のち八条院判官代）・内匠頭藤原範忠（熱田神宮大宮司、のち後白河法皇北面武士）の解官を行わる。上卿は中宮権大夫藤原実長（32）および蔵人頭右大弁源雅頼（35）。これは後白河上皇寵女・上西門院女房小弁局出産新皇子の皇太子擁立謀略事件の連座によるか。　【帝王編年記、百錬抄、公卿補任、山槐記（十一月二十九日条参照・錯簡か）】

十二月十六日〔天晴る〕　**暲子内親王、八条院の院号宣下**

申刻（午後四時頃）、内大臣藤原宗能（79）以下の公卿八人、高倉殿皇居の仗座に参候、院号定《さだめ》の儀を行う。後白河上皇異母妹・無品暲子《あきこ》内親王（25）の院号を、人々一同、八条院と定め申す。左京大夫藤原隆季（35）は藻壁門院、左大弁藤原資長（43）は殷富門院号を推す。これにより、蔵人宮内権大輔藤原重方（38）、二条天皇（19）に奏聞す。前関白藤原忠通（65）、八条院よろしきと決断。八条院に決す。　【山槐記、百錬抄】

十二月十七日

今夜、二条天皇（19）、従三位藤原育子《むねこ》（16）を入内せしむ。育子は前関白藤原忠通（65）第二女にして、母は関白忠通家の女房督殿《こうのとの》（前上野守源顕俊女）なり。しかし、実は故左大臣藤原実能女なり。関白藤原基実（19）の猶子として入内（『山槐記』は「御名香子」とせるも、誤写〔育→香〕か）。入内に際し、二条天皇は前夜十六日に内裏に行幸。従三位育子、東三条殿（御装束行事、三河権守藤原高佐）より内裏飛香舎《ひぎょうしゃ》（御装束行事、伊賀守源長定）に入内す。この日、従三位育子の家司職を補せらる。家司は七人なり。【山槐記】

十二月二十一日〔天晴る〕

蔵人治部大輔藤原行隆（32）、明年正月、朝覲行幸あるべき旨、内裏の御使として院御所に参上。承知の旨、返事あり、と。【山槐記】

十二月二十七日〔天陰る〕

二条天皇、始めて従三位藤原育子の居所、飛香舎に渡御の日なり。育子に女御宣旨を下し、女御となす。女御の乳母二人（大納言三位〔故右京大夫高階師重女〕・帥三位《そちのさんみ》〔権中納言平清盛44室・従三位平時子36〕）ほか、各女房・女官たちに賜禄《しろく》あり。【山槐記】

応保二年（一一六二）　三十六歳

正月十日

二条天皇（20）、内裏より後白河上皇の東三条大炊御門殿に朝覲《ちょうきん》行幸あり。還宮後、勧賞《けんじょう》を行い、従二位権大納言藤原兼実（14）を正二位に、従三位右兵衛督皇后宮権大夫周防権守藤原顕長（46）を正三位に叙せらる。

【御遊抄、公卿補任】

正月二十七日

後白河上皇、熊野御幸あり。

【梁塵秘抄口伝集】

二月五日

後白河上皇異母妹・二条天皇中宮姝子《よしこ》内親王尼（法名、実相覚・22）の院号を定めて高松院と号す。同時に中宮職を停止す。

【参議成頼卿記、女院記】

二月十九日　**女御藤原育子を二条天皇中宮とす**

立后定を行い、二条天皇の女御・藤原育子《むねこ》（17）を中宮となす。同日、立后宮司除目を行い、中宮職《ちゅうぐうしき》の各官を補任す。正二位権大納言藤原兼実に中宮大夫、正三位中納言藤原実長（33）に中宮権大夫、正四位下右京大夫播磨守藤原邦綱（42）に中宮亮《すけ》、蔵人頭左中将藤原忠親（32）に中宮権亮を兼ねしめ、以下七人の中宮職を補す。

【達幸故実抄、帝王編年記、公卿補任、弁官補任、蔵人補任、山槐記（三月十九日に太政官謹奏を掲ぐ）】

三月七日

流人・元権大納言藤原経宗（44・永暦元年〈一一六〇〉二月二十日、後白河上皇の下命により右衛門督平清盛が捕縛。二月二十八日解官、三月十一日阿波国配流）らを召還す。後白河上皇の恩免か。長寛二年〈一一六四〉正月二十一日本位に還任《げんにん》。二月十八日帯剣を許さる。閏十月二十五日任右大臣。

【百錬抄、公卿補任】

三月十日　藤原教長・藤原成親を召還

流人・左京大夫入道藤原教長〔法名観蓮・54、保元元年〈一一五六〉八月三日常陸国に配流〕、元右中将藤原成親〔25・応保元年九月二十九日、後白河上皇の近臣として事に座し配流〕、元右少将兼能登守藤原基家〔同上・31〕らを召還す。後白河上皇の恩免によるか。【山槐記、公卿補任】

四月三十日

後白河上皇の沙汰により、始めて東山・新日吉社の祭礼を行う。【師光年中行事】

五月八日

後白河上皇の近臣、蔵人頭右大弁源雅頼〔36〕および右京大夫播磨守藤原邦綱〔42〕、近日、院庁に搦め召さると、能登守藤原重家〔35〕、誑《きょう》言《げん》す。これ事実無根にして、上皇の逆鱗に触れ除籍《じょせき》解《げ》官《かん》さる。軽薄な彼の人口に出ずる災禍なり。その後、恩赦ありて長寛二年〈一一六四〉十二月七日、重家は内侍所御神楽に拍子を執り、昇殿を聴《ゆる》さる。【百錬抄、公卿補任】

六月二日

後白河上皇の近臣、修理大夫源資賢〔50〕・同嫡男右少将源通家〔30〕および通家長子上総守源雅賢〔15〕らを解官す。上皇の院政に反抗して天皇親政を企てた二条天皇〔後白河上皇第一皇子・20〕を、賀茂社に祈請して呪咀《じゅそ》したことが露見せしものなり。【帝王編年記、百錬抄、公卿補任】

六月二十三日〔天霽《は》る〕　**二条天皇呪咀の罪により、源資賢・通家・平時忠らを配流**

二条天皇呪咀という、天子の世を乱した大罪により、後白河上皇の近臣・前修理大夫源資賢を信濃国に、同嫡男前右少将源通家を伊豆国に配流す。また、応保元年九月十五日に誕生した皇子〔父後白河上皇・母は上西門院女房小弁局〔平滋子〕21〕皇太子擁立事件主謀の前右少弁右衛門権佐平時忠〔33〕を出雲国に、前内匠頭藤原範忠を周防国に配流す。【帝王編年記、清獬眼抄、百錬抄、一代要記、公卿補任】

八月二十日

平清盛〔45〕を従二位に叙す。【公卿補任】

応保三年・長寛元年（一一六三・改元） 三十七歳

正月二日
二条天皇（21）、二条東洞院殿皇居より後白河上皇の法住寺殿に朝覲《ちょうきん》行幸。関白藤原基実（21）・左大将藤原基房（19）・同弟右大将藤原兼実（15）以下、供奉す。御遊あり（「御遊年表」参照）。この日、勧賞《けんじょう》ありて、行幸院司賞として、左衛門督藤原公光（34）を従二位に、右中将藤原実房（17）を正三位に叙す。【顕広王記】

二月十三日
後白河上皇、熊野御幸のため御《み》精進始《そうじはじめ》を行わる。【顕広王記】

二月十九日〔昨日より雨下る〕
後白河上皇、熊野御幸に進発さる。【顕広王記】

三月十一日
この朝、後白河上皇皇后忻子（30）の大炊御門第、焼亡す。巳刻（午前十時頃）、後白河上皇准母・上西門院統子内親王（38）の御所三条室町殿に避難渡御。【顕広王記】

三月二十九日
長寛改元＝「天変に依るなり」【一代要記】

三月十五日
後白河上皇、熊野御幸より還御。【顕広王記】

十二月五日
後白河上皇、七条殿（法住寺殿北殿＝寵女小弁局〔東御方〕22の居所）に渡御。【顕広王記】

十二月七日

神祇伯顕広王（69）の姫君（昭子女王、のち高倉天皇典侍）、後白河上皇の法住寺殿北殿（七条殿）に参候。局号を賜わり、「香殿」と号す。上皇、御前に召寄せ「御興御詞」を賜う。【顕広王記】

十二月八日

後白河上皇、熊野御幸のため熊野御精進屋に入御。【顕広王記】

十二月十四日　後白河上皇、熊野御幸に進発

後白河上皇、熊野御幸進発。供人は左衛門督藤原公光（34）・前右馬頭藤原定隆（30）・前甲斐守藤原盛隆・備中守藤原親信（27）・石見守源為行・宮内権大輔院判官代藤原重方らなり。先達は覚讃法印（69）、導師は□□僧都なり。熊野御幸還御は翌二年正月なるも記録なし、不明。【顕広王記】

長寛二年（一一六四）　三十八歳

正月四日

二条天皇（22）、二条東洞院殿皇居より後白河上皇御所（法住寺殿か）に行幸（上皇、熊野御幸より未還御）。【雅頼記】

正月二十六日

二条天皇、後白河上皇御所法住寺殿に朝覲行幸。御遊あり（「御遊年表」参照）。勧賞《けんじょう》を行い、院司として行幸支配の功により、従三位治部卿藤原光隆（38）を正三位に、正四位下内蔵頭藤原俊盛（45）を従三位にそれぞれ昇叙す。【御遊抄、朝覲行幸部類、公卿補任】

二月十四日

後白河上皇御所法住寺殿において普賢講を修せらる。蔵人頭左中将藤原忠親（34）、祈年穀奉幣使を勤仕すべく参内のため、布施役を奉仕せず退出す。【山槐記、達幸故実抄】

四月二十六日

後白河上皇、比叡山延暦寺に登山。七ヶ日の逗留。中堂において七仏薬師法の御修法《みしほ》を始行さる。『百錬抄』は「千僧御読経」と記す。蔵人左少弁藤原長方（26）、この御修法を奉行す。【帝王編年記、七仏薬師法現行記、百錬抄】

四月十日

関白藤原基実（22）、平清盛（47）女・盛子（9）の婿となる。【愚管抄】

六月二十七日

流人・前権中納言藤原師長（27・保元元年〈一一五六〉八月三日、故左大臣藤原頼長縁座により、除名の上、土佐国に配流）および前修理大夫源資賢（52・応保二年〈一一六二〉六月二十三日、二条天皇呪咀事件主謀により、信濃国に配流）、同息・右少将源通家（32・同上）、さらに菅原資成（永暦元年〈一一六〇〉十月十七日、大宰府竈門宮《そうもん》・安楽寺焼亡事件により配流）を召還す。後白河上皇の宥免によるか。【百錬抄、公卿補任】

七月十九日

後白河上皇異母妹・八条院暲子《あきこ》（28）、新御堂落慶による鎮壇参勤のため、女院異母兄・仁和寺覚性法親王（36）参会す。【仁和寺御伝】

七月二十日

八条院御堂供養（『百錬抄』は「仏閣供養」）。仁和寺覚法法親王、讃衆二十口を率い、導師を勤め供養の儀を演ぶ。後白河上皇、これに臨幸。【百錬抄、一代要記】

七月二十二日

二条天皇（22）第一皇子（のち尊恵法親王、母は右馬助源光成女）誕生。後白河上皇の孫王。【百錬抄】

八月二十六日　**崇徳法皇、讃岐において崩御**

崇徳法皇（讃岐院・46）、配所讃岐国志度において崩御。後白河上皇（崇徳法皇同母弟）、服暇《ぶっか》（喪に服すること）の儀なし。【百錬抄】

九月　**平家納経、奉納**

平清盛（47）、平家一門の繁栄を祈願、一門の人々結縁して、『法華経』（二十八品）・『無量義経』『観普賢経』『般若心経』『阿弥陀経』を厳島神社に奉納す。

閏十月二十三日

藤原基房（21）を左大臣に、藤原経宗（46）を右大臣に、藤原兼実（16）を内大臣に任ず。【公卿補任】

十一月十四日　**二条天皇第二皇子（順仁、のち六条天皇）、誕生**

二条天皇第二皇子（順仁《のぶひと》親王、のち六条天皇）、誕生。後白河上皇の孫王。母は大蔵大輔伊岐致遠《いきのむねとお》法師女なり（『百錬抄』は大蔵大輔藤原義盛女とす）。中宮藤原育子《むねこ》（19）が養母となる。【一代要記、百錬抄、顕広王記（六月二十五日条参照）】

十二月十七日　**蓮華王院（三十三間堂）落慶供養。寺額は観蓮（藤原教長）筆**

後白河上皇御願の蓮華王院落慶供養。法住寺南殿内に建立。三十三間御堂にして、一千一体千手観音像を安置。「法住寺千体観音堂」（『醍醐雑事記』）とも俗称す。寺内に蓮華王院宝蔵も建立。当日の法会には興福寺別当・権僧正尋範（64）、導師となり、天台座主・権僧正俊円（58）、呪願《じゅがん》を勤む。請僧三百口、公家は斎会に准じ、後白河上皇御幸あり。寺額は上皇の下命をうけて宰相入道観蓮（左京大夫藤原教長56）が揮毫す。権中納言皇太后宮大夫平清盛（47）の造進。この功により、当日、上皇勧賞を行わる。蓮華王院造作国司・能登守平国盛（のち改名教経・5）の譲りにより、清盛の嫡男・従三位右兵衛督平重盛（27）を正三位に昇叙さる。

【帝王編年記、一代要記、百錬抄、公卿補任、醍醐雑事記】

この年
後白河上皇の寵女・坊門局（右兵衛尉平信重女・左馬助平信業27姉）、静恵法親王を出産す。
〔『猪隈関白記』『業資王記』（建仁三年〈一二〇三〉三月十三日薨・40歳）により逆算〕

長寛三年・永万元年（一一六五・改元）　三十九歳

正月一日〔天晴る。風静かにして、珍重々々〕

午刻（正午頃）、参議左中将藤原忠親（35）参院。院拝礼あり。【山槐記】

正月二日

二条天皇（23）、二条東洞院殿より後白河上皇の法住寺殿に朝覲行幸《ちょうきんぎょうこう》。御遊あり（「御遊年表」参照）。勧賞《けんじょう》あり。従四位上右中将藤原実家（後白河上皇皇后忻子32弟・21。皇后宮御給）を正四位下に、無位無官藤原頼季《よりすえ》（権大納言藤原経宗配流の縁坐により、従四位下越後守を停止。後白河上皇女御琮子21御給）を従四位上に叙す。【山槐記、顕広王記】

正月二十三日

権中納言平清盛（48）、兵部卿を兼任す。【公卿補任】

三月十二日

後白河上皇、法住寺殿において尊勝陀羅尼《そんしょうだらに》供養を修し、二条天皇の除病祈禱を行う。【顕広王記】

四月二十二日〔雨下る〕

後白河上皇、雨天を冒して比叡山延暦寺に登山。七ヶ日滞留、二条天皇の病悩平癒祈願のため七仏薬師法の御修法《みしほ》を行わる。公卿六人（権中納言源定房36・同藤原公保34・同藤原実国26・参議平親範29・右中将藤原実房19・参議藤原隆季39）、殿上人二十余人、前駆《せんぐ》となり供奉登山す。大雨、終日やまず。山路の難、察する所なり。【山槐記、一代要記、顕広王記、帝王編年記】

五月二十三日〔天、始めて晴る〕

神祇伯顕広王《あきひろおう》（71）の王女・香御前《かおりごぜん》（後白河上皇、香局《つぼね》と命名）、後白河上皇の七条殿（法住寺北殿）に参上す。【顕広王記】

正月〜六月

二条天皇、後白河上皇の命をうけて、蓮華王院宝蔵の「御書目録」を作成す。【吉記】

この年頃

後白河上皇、故少納言入道信西画進の「長恨歌絵《ちょうごんかのえ》」（「玄宗皇帝絵」六巻）を宝蓮華院より法住寺殿蓮華王院宝蔵に移納するか。【一代要記】

六月五日〔寅刻（午前四時頃）、地震、驚き入る〕

永万改元＝「天変怪異・病に依るなり」

六月十七日

二条天皇（23）、去る四月中旬以降、不予の事あり。近日、減気（快方）なし。よって関白藤原基実（23）の第《てい》（土御門高倉殿）において立太子定を行う。六月二十五日の立太子礼の儀に内定せしは、第二皇子順仁《のぶひと》（2）、母は大蔵大輔伊岐致遠法師女（『百錬抄』は大蔵大輔藤原義盛女）なり。卑賤出自なるにより、中宮育子《むねこ》（20）が子として養い、一宮《いちのみや》となす。この一宮順仁を立坊に決す。【百錬抄、顕広王記】

六月二十五日　**順仁を親王となし、立太子、即受禅（六条天皇）。藤原基実、摂政となる**

立太子定において決したるも、二条天皇の病悩危急により、昨二十四日に至り俄かに当日を譲位の儀に変更す。二歳の受禅《じゅぜん》、先例なく今度初例。この日、順仁を親王となし、立太子、即受禅という異例の敢行なり。まず、丑刻（午前二時頃）、剣璽を第二皇子順仁に渡さる。御所は土御門高倉亭なり。【顕広王記】

関白藤原基実、摂政となる。【公卿補任、玉葉】

六月二十八日

譲位後の二条上皇、御悩《ごのう》なお軽からず。今日、石屋上人、密《ひそ》かに押小路東洞院殿に参入、上皇の御胸二ヶ所に艾《もぐさ》二十一草を灸す。【山槐記】

七月二十六日　**六条天皇、即位**

六条天皇、内裏大極殿において即位の儀を行う。【帝王編年記、顕広王記】

七月二十八日　**二条上皇、崩御**

今暁、新院二条上皇（23）、押小路東洞院亭において崩御。去る三月以後、重々不予なり。【百錬抄、顕広王記】

八月七日

先皇二条上皇の葬送なり。香隆寺艮《うしとら》（東北）野に埋葬す（『顕広王記』は高隆寺原。『百錬抄』は香隆寺北）。その葬礼、参列の人数は公卿九人、殿上人少々という寂寥たるものであった。【顕広王記、帝王編年記、百錬抄】

八月九日　**二条上皇の葬礼に際し、延暦寺と興福寺とが掲示の寺額の位置で争う**

午二点（正午頃）、清水寺、叡山の衆徒のため焼亡す。これ一昨日の二条上皇葬送当日、南都北京の寺々が額を奉献。その額の掲示の座をめぐり、延暦寺と興福寺の大衆が争い、刃傷事件を惹起した。清水寺は興福寺の末寺なるが故に、その放火は延暦寺の会稽《かいけい》（復讐）であった。大衆放火の後、後白河上皇は六波羅の権中納言兵部卿平清盛（48）第に御幸。人はその故を知らず、しばらくして上皇は還御あり。【顕広王記】

九月十四日　**流人・平時忠を召還**

流人・前右少弁右衛門権佐平時忠（36・応保二年〈一一六二〉六月二十三日、新生皇子〔憲仁親王・のち高倉天皇〕の皇太子擁立謀議主謀により出雲国に配流）を召還す。後白河上皇の恩免によるか。【百錬抄】

九月二十五日

今夕、後白河上皇御所法住寺殿の一部（法住寺門北脇小屋等）焼亡す。【顕広王記】

十一月四日

後白河上皇、日吉社御幸。来る八日、熊野御幸につき熊野御精進屋入御のためなり。この日の御幸、公卿七人、侍臣二十余人、いずれも束帯を着装して供奉す。【顕広王記】

十一月八日

後白河上皇、法住寺殿内熊野御精進屋に入御。御精進始を行う。【顕広王記】

十一月九日

六条天皇即位女叙位なり。摂政藤原基実（23）の内裏直廬《ちょくろ》（個室）においてこれを行う。後白河上皇より局名を下賜せし神祇伯顕広王（71）の姫御前昭子、従五位下に叙せらる。しかして、その名、後三条院女御昭子（右大臣藤原頼宗女）と同一なる故に、同日、信子に改名。【顕広王記】

十一月十三日

後白河上皇、熊野御幸進発。【顕広王記】

十二月十六日

後白河上皇第三皇子（15・母は高倉三位局〔大納言藤原季成女〕）、皇太后呈子（35）の御所において、元服の儀あり。名を以仁《もちひと》と定む。年齢

「十六」と注記するも、十五歳正当。【顕広王記】

十二月十九日

後白河上皇寵妃・東御方（上西門院小弁局・のち建春門院平滋子24）、七条殿（法住寺殿北殿）に移徙あり。後白河上皇も同座渡御。「七条殿」の記載なきも、以後の諸記録により推定。【百錬抄、一代要記、顕広王記】

十二月二十五日

後白河上皇第七皇子（5・母は上西門院小弁局・平滋子）に親王宣旨を下して親王となし、憲仁と命名。権大納言平清盛（48）を勅別当として、法住寺殿においてこの事あり。【百錬抄、一代要記、顕広王記】

この年

後白河上皇の寵女・八条院女房（右衛門佐・肥後守藤原資隆女）、院御子（後年、伯耆国美徳山〔三仏寺〕住・20）を出産す。〔『玉葉』（治承二年〈一一七八〉七月二十八日条、元暦元年〈一一八四〉二月二日条）により逆算〕

永万二年・仁安元年（一一六六・改元）　四十歳

正月二十二日

後白河上皇、初めて蓮華王院修正会《しゅしょうえ》を行う。上皇臨幸か。

この日、陰陽助安倍泰親（57）、天文の奏を上らんがため、院御所に参向、下野守藤原光能（35）の申次《もうしつぎ》にて後白河上皇に奏聞す。【年中行事抄、師光年中行事、安倍泰親朝臣記】

二月六日

亥刻（午後十時頃）、音響を伴う地震発生。この地震占《うら》につき陰陽助安倍泰親、摂政藤原基実（24）ならびに後白河上皇に天文奏《てんもんのそう》を奏聞す。【安倍泰親朝臣記】

二月十五日

早暁寅時（午前四時頃）、月、翼度（南南東）にあり、薄蝕（光の薄いこと）せり（その色、赤、血の如くにして光無し）。陰陽助安倍泰親、この天文異変につき後白河上皇に奏聞す。【安倍泰親朝臣記】

三月二十九日

流人、藤原師仲・藤原惟方（42）を召還す。【百錬抄】

四月十三日

後白河上皇、今熊野社参籠中。陰陽助安倍泰親、近時の天体異変を勘録して、まず摂政藤原基実に献ず。ついで、今熊野御所に参上、下野守藤原光能をして上皇に奏上す。【安倍泰親朝臣記】

五月八日

後白河上皇、今熊野社参籠中。去る四日、月、太白（金星）と度を同じくす。陰陽助安倍泰親、今熊野御所に参上。下野守藤原光能をして天文奏を上皇に奏聞。ついで、摂政藤原基実の高倉殿に赴き、中宮大進平信国（28）をして上申す。【安倍泰親朝臣記】

五月十二日

この月七日の未時（午後二時頃）、太白、天を経て午上（南）に見ゆ。同日、戌時（午後八時頃）、月、太微宮の中に入る。これらの異変を安倍泰親（57）、七条殿（法住寺北殿）に参上、下野守藤原光能（35）をして後白河上皇に奏聞す。【安倍泰親朝臣記】

六月二十一日

昨二十日亥時（午後十時頃）地震あり。陰陽助安倍泰親、地震占を摂政藤原基実（24）ならびに後白河上皇に奏上す。【安倍泰親朝臣記】

七月十日

去る七日、酉時（午後六時頃）、日、病して光りなく西山に没す。日は太陽の精にして天子の象徴たり。日、光りなきは、その国、哭泣《こくきゅう》の声息《や》まず。軍は大敗、君臣淫乱をなす、と。この日申時（午後四時頃）、月色赤く火の如し。安倍泰親、院参して少納言高階泰経（37）を申次ぎ、天文の奏を後白河上皇に奏上す。【安倍泰親朝臣記】

七月二十六日

摂政藤原基実逝去す。翌二十七日、その弟・左大臣藤原基房（22）を摂政となす。【百錬抄】

八月二十七日

仁安改元＝「御即位に依るなり」【一代要紀】

九月四日

後白河上皇、日吉社に御幸。【北院御室記、愚昧記】

九月六日

後白河上皇御所東山殿（七条殿）において、皇子（憲仁6、母は平滋子）の立太子定あり。摂政藤原基房以下、院司公卿十余人参入。院定の後、別当内蔵頭平教盛（39）、摂政基房の命により、立太子式の日時勘文《かんもん》を一覧、ついで同雑事を定む。【兵範記】

九月九日

後白河上皇、熊野御精進屋（法住寺殿内）に入御す。【兵範記】

十月五日

後白河上皇、熊野山より下向。

この日、六条天皇、方違えのため六条烏丸殿皇居より、参議藤原成頼（31）の大炊御門亭に行幸。また、後白河上皇若宮（憲仁親王）、七条殿（法住寺北殿・母東御方同居）より故摂政藤原基実北政所（平盛子11）の御所高倉殿に行啓。上皇の御車に乗駕、殿上人二十余人前駆。右衛門督平重盛（29）、これに扈従《こしょう》す。【兵範記】

十月十日〔夜より降雨〕　**憲仁親王立太子礼、「花を折る」。平清盛を春宮大夫に**

憲仁親王（6）立太子礼あり。去る年十二月、親王となる。いま、皇嘉門院（45）の東三条殿においてその儀あり。東山七条末御所《すえのごしょ》（法住寺北殿）より、東三条亭（摂政藤原基房第）に行啓す。時に、東御方《ひがしのおかた》（平滋子25）と上皇・若宮、三方《さんかた》同居なり。この日、東三条殿に御幸、行啓同時に行わるべし。若宮の御車は上皇御車の後なり。供奉人《ぐぶのひと》「花を折る」（美しく着飾ること『百錬抄』）と。【兵範記、玉葉、百錬抄】

この日、摂政藤原基房（22）直廬《ちょくろ》（五条坊門高倉）において、東宮坊官除目あり、各職を補す。権大納言平清盛（49）を春宮大夫とす（『玉葉』）。参議平親範（30）、この清書を勤む。右兵衛督平重盛の室・藤原経子（憲仁親王乳母）、参議藤原邦綱（46）の女藤原綱子（同上）とともに従五位下に叙せらる。【山槐記（除目部類）、兵範記】

十月二十一日

六条天皇（3）、方違え行幸先の高倉殿（土御門東洞院殿・土御門高倉殿とも。参議藤原成親29第）において小除目（臨時除目・直廬儀）あり。多くの任叙の中に女叙位（二人）あり。後白河上皇の寵妃・東御方（平滋子）を従三位に叙し、同異母姉平時子（権大納言平清盛室・41）を従二位に昇叙す。

未刻（午後二時頃）、後白河上皇、東宮（東三条亭）より東山殿（東山七条末御所＝七条殿）に還御せらる。【兵範記】

十月二十三日

右少弁平信範（55）、院御所七条殿に参上。尊勝寺領、近江・丹波国荘園における大嘗会《だいじょうえ》所課のことを奏聞す。後白河上皇は、前例に任せ、あるいは免除、あるいは減定すべく、各国司に下知すべし、と。

昨二十二日、摂政藤原基房、内舎人《うどねり》二人・左右近衛各一人の随身《ずいじん》を賜う。今夕、基房、この慶《よろこ》びを申すため院御所七条殿（東山殿）に参候。院別当・左京大夫藤原定隆（33）に奏聞、御拝の後、後白河上皇、対面あり。上皇、御馬を賜い、北面武士蔵人橘以政《もちまさ》に引き出さしむ。基房、前庭に下り縄を取り再拝の上、右少将藤原定能（19）に渡し下す。【兵範記】

十月二十六日

今夕、後白河上皇、七条殿より上西門院（同母姉・統子《むねこ》内親王41）御所三条室町殿に御幸。【兵範記（十月二十七日条）】

十月二十七日

大嘗会御禊行幸。後白河上皇新造桟敷《さじき》（二条西洞院西大路西辺）を皇太后宮権大夫藤原俊盛（47）造営す。上皇は去る夕、上西門院御所に御幸につき臨幸なきも、後白河上皇皇后忻子《よしこ》（33）および同女御琮子《たまこ》（22）おのおの上皇桟敷に渡御、幸列を見物さる。鹵簿《ろぼ》行列の中に院御馬あり。御堂唐鞍《からくら》（御堂関白藤原道長遺愛）・八子《はね》雲珠《うず》鈴頸総《くびふさ》で飾る（故摂政藤原基実北政所平盛子11に借用）。【兵範記】

十月二十八日

陰陽助安倍泰親（57）、この月二十二・二十三・二十五・二十六日の天体異変を勘録。ことに二十六日早暁寅時（午前四時頃）、月、太白（金星）と度を同じくして角宿《かくしゅく》に在り。その間隔、わずかに三尺なり。これ天下兵乱の兆《きざし》として忌む。泰親、七条殿に参上、兵部少輔平親宗（23）を申次《もうしつぎ》として、後白河上皇に勘録を奏聞す。【安倍泰親朝臣記】

十月三十日

右少弁平信範（55）、院御所七条殿に参上。尊勝寺領近江荘大嘗会用途につき荘々の愁訴のことを後白河上皇に奏聞す。【兵範記】

十一月三日

今朝、後白河上皇、七条殿より東宮権大夫藤原邦綱（46）の土御門東洞院家に御幸。今夕、東三条亭より行啓あるべきの故なり。藤原邦綱女、従三位藤原綱子および従五位上藤原邦子は、東宮（憲仁親王6）の乳母なり。

夜に入り、東宮、土御門東洞院家に行啓あり。立太子以後、初度の行啓。よって、東三条亭主たる摂政藤原基房（22）勧賞《けんじょう》を行わる。

従三位参議右京大夫東宮権大夫藤原邦綱を正三位に、従四位下右中弁平時忠（37）を従四位上に昇叙。時忠は東宮母・従三位平滋子（25）の兄。ついで、後白河上皇、土御門東洞院家（藤原邦綱家）より鳥羽殿北殿に新造移徙《いし》のため御幸。右大将藤原忠雅（43）・大納言源雅通（49）以下公卿十四、五人、束帯を着用して騎馬。殿上人、同装にて済々焉《せいせいえん》として供奉す。陰陽頭賀茂在憲（65）反閉《へんばい》を奉仕、終わって上皇入御。五菓を供し、摂政藤原基房以下、殿上座に着座。三献の饗宴あり。【兵範記、玉葉】

十一月七日

後白河上皇、新造鳥羽北殿より七条殿に還御。【兵範記】

十一月十一日

右大臣藤原経宗（48）を左大臣に、内大臣藤原兼実（18）を右大臣に、権大納言平清盛（49）を内大臣に任ず。【公卿補任】

十一月十三日

後白河上皇の寵女・皇后忻子《よしこ》女房三条局（故後三条天皇三宮輔仁親王第二王子・大僧都仁操〔本名応仁〕72の女）、尊性親王（のち道法親王）

〔仁和寺御伝、華頂要略、本朝高僧伝により逆算〕

を出産す。

十一月十六日〔天晴る〕　**内大臣平清盛、拝賀**

内大臣平清盛（49）拝賀あり。この朝、清盛の六波羅亭に公卿以下、殿上人、地下人々《じげのひとびと》、多く集会す。巳刻（午前十時頃）、清盛、門外にて檳榔毛車《びろうげのくるま》に乗車、前駆三十余人、一門ならびに昵懇の殿上人・郎党ら供奉す。まず東宮御所（土御門東洞院家＝藤原邦綱家）に参上。東面において後白河上皇（一院）に参り、別当・左京大夫藤原定隆（33）に奏し、舞踏す。昇殿の仰せにより拝舞。ついで、後白河上皇の御前に召し、対面。御簾前に菅円座《すげえんざ》を敷く。ついで、蔵人五位の人が馬を引き出す。清盛は前庭に下りて手綱を取り、再拝す。左馬頭平宗盛（20）がこれを受け取る。ついで、東宮（同所）、摂政藤原基房（22）第（五条坊門高倉直廬）に参賀、六波羅第に帰参。時に夕刻。

去る十三日の大嘗会、丑の日の五節参入の儀に、蔵人頭右大弁藤原朝方（32）・左中将藤原実家（22）籠居して出仕せず。後白河上皇、これを深く咎《とが》め陳謝の便なきにより、この朝、院宣を下し、両名を解官す。代りに右中弁平時忠（37）を蔵人頭に補す。左中将は競望両三に及ぶのゆえ、未定にとどむ。

【兵範記】

十二月二十二日〔天晴る〕

皇太子憲仁親王（6）、東三条第において着袴《はかまぎ》の儀を行わる。後白河上皇、今朝、七条殿よりこれに臨幸。

【玉葉】

十二月二十四日

東宮（憲仁親王）御在所東三条第焼亡。東宮、東宮権大夫藤原邦綱（46）の土御門亭（土御門東洞院家）に遷御。

【百錬抄、帝王編年記、清獬眼抄】

仁安二年（一一六七）　四十一歳

正月一日〔天晴る〕

後白河上皇、七条殿において四方拝《しほうはい》。了りて御薬（屠蘇）を供す。午刻（正午頃）、院拝礼。【兵範記、愚昧記】

正月四日

今夜、院御所（七条殿＝七条川原上御所）の殿上間において法住寺新造御所移徙雑事を定める。左衛門督別当藤原隆季（41）・参議左中将藤原忠親（37）ら、参入。この法住寺殿新造御所は、「東山御所」（『兵範記』）、「南殿」（『長方卿記』）とも称す。この日、参議平親範（31）、執《しゅ》筆《ひつ》を勤め定文《さだめぶみ》を清書す。【兵範記、愚昧記、長方卿記、吉記】

正月八日

この夜、法勝寺修正会《しゅしょうえ》始。後白河上皇、七条殿より御幸。左大将藤原経宗（49）・右大将藤原忠雅（44）以下公卿十七人、殿上人、済々として供奉す。呪師《のろんじ》二手を御覧了りて、暁更還御。右中将藤原実房（女御琮子23弟・21）、上皇の召しにより御車の御簾を褰《かか》ぐ。【兵範記、愚昧記】

正月十一日

夜に入り、後白河上皇、円勝寺修正会に御幸。摂政藤原基房（23）以下、公卿十余輩、供奉。同じく上西門院（42）も御幸。初夜の行《ぎょう》了りて、呪師六手、新門・毘沙門・鬼走・大導師などにより暁更に及び、他寺（尊勝寺）の御幸中止。天明に七条殿に還御。【兵範記、愚昧記】

正月十三日

今夜、後白河上皇、最勝寺・法勝寺の修正会に御幸。暁更、ただちに鳥羽殿に渡御。来る十六日、石清水八幡宮御幸あるべきにより、御精進のためなり。彼の殿（鳥羽殿）より進発。【兵範記、愚昧記】

正月十六日

後白河上皇、鳥羽殿より石清水八幡宮御幸に出立。供奉《ぐぶ》の公卿、右大将藤原忠雅（44）・左衛門督別当藤原隆季（41）・東宮大夫平重盛（30）・治部卿藤原光隆（41）・参議源資賢（55）・新参議右中将平宗盛（21）、殿上人は左京大夫藤原定隆（34）以下十余人なり。左衛門佐平

信基（25）、参向。このたびの御幸、密儀により供奉の催しを広きに及ぼさず、と。
【兵範記、愚昧記】

正月十八日

この夜、蓮華王院修正会。後白河上皇、七条殿より臨幸。中納言藤原実房（21）、上皇の催しにより直衣にて参院。呪師三手の間、退出。上皇は天曙の後、還御と。
【愚昧記】

正月十九日〔晴〕　**後白河上皇、新造法住寺殿御所（南殿）に移徙**

今夜、新造法住寺殿御所（南殿・東山殿・東山御所）に移徙なり。右大将藤原忠雅（44）、七条殿御所、寝殿南階に御車を寄す。上皇、三位殿（東御方・平滋子26）御同車にて出御。法住寺殿南四足門に至り牛を轅《ながえ》から放つ。公卿・殿上人、殿上饗に着座、上皇、入御。五菓を供し、つぎに吉書《きっしょ》を奏す。ついで御膳を供し、三献の献盃あり。終りて紙を置き、箸を抜く。この夜、所々の饗は殿上（丹波守藤原惟頼）、女房（下野守藤原光能）、武者所（上野守藤原範季38）、御随身所（伊賀守藤原資康）、庁（和泉守源季長）という沙汰人により設営さる。
【愚昧記、兵範記、山槐記、顕広王記、吉記】

この新造法住寺南殿（東山御所）は、もと故左衛門督藤原信頼の中御門東洞院第を壊し渡して移建せるものなり。応保以後、後白河上皇、離宮として使用せらるるも、狭少にしてすこぶる凡俗のため、大宮権大夫藤原俊盛（47）、去る年、院宣を奉《う》けて知行国（讃岐・周防）の功を募り、その息・周防守藤原季盛重任の功により造進す。
【仙洞御移徙部類記】

後白河上皇の移徙に同行の三位殿（東御方、東宮母）は寝殿に居らる。明日、女御宣旨を下さるべきなり。
【顕広王記】

正月二十日〔天晴る〕　**平滋子、女御となる**

東宮憲仁親王（7）、土御門亭より法住寺殿南殿（東山御所）に行啓。後白河上皇は去る夜、東三条殿より院御所に遷御さる。申刻（午後四時頃）、摂政藤原基房（23）参入。遅参甚だしく、喩《たと》えるものなし。申終りの刻（午後五時前）、東宮行啓。東宮権大夫藤原邦綱（47）、御車の轅の中に入り、抱き下し奉る。御遊あり（「御遊年表」参照）。今日の行啓、遅々たるにより、上皇逆鱗、蔵人頭右大弁平時忠（38）ならびに藤原邦綱、勘発《かんぼつ》せらる。また、摂政基房も同じく勘発を蒙る。
【玉葉】

今夜、東宮の母・従三位平滋子に女御宣旨が下され、女御となる。勅使・蔵人頭右大弁平時忠、参進。
【百錬抄、愚昧記、兵範記】

正月二十二日〔雨降る〕

丑時（午前二時頃）以後天気陰り、雨雪下る。終日不精なるにより、六条天皇（4）の新法住寺南殿の朝覲行幸を、来る二十七日に延引。

今夕、内裏より五条里内裏《さとだいり》に還御せらる。
【愚昧記、顕広王記】

正月二十七日〔微雪〕

女御殿（従三位平滋子26）法住寺新御所に御坐《おわしま》す。朝覲行啓・行幸の御装束所なり。今日、女御殿侍始および家司・職事等を補す。新御所の西殿上廊北庇六ヶ間を侍所となす。家司年預《ねんよ》・左京大夫藤原定隆（34）以下、家司職事は二十五人。侍所は侍長源茂兼以下、有官《うかん》三十一人、無官七人なり。【兵範記】

正月二十八日〔天晴る〕

朝覲行幸なり。六条天皇（4）、中宮育子《むねこ》（母儀・22）と皇輿に同乗。午刻（正午頃）、新造法住寺南殿の西門に参着。摂政藤原基房（23）、主上を抱きて輿より下す。剣は左近中将藤原成親（30）が取り、璽は三位左中将藤原兼雅（23）が捧持、主上の前後に供奉す。南庇階間《はしのま》に主上の御座を敷く。上皇、庇御座に出御。対面あり。やがて舞楽・御遊（「御遊年表」参照）。申刻（午後四時頃）事了る。六条天皇・中宮育子、同輿にて五条殿皇居に還御。この夜、勧賞《けんじょう》の仰せあり、院司公卿・前権中納言源師仲（53）を従二位に昇叙以下、二十六人にそれぞれ加叙あり。

今日、六条天皇の御膳、院司、調え儲けず、奉行人の失なり。よって、院蔵人源延俊を解官除籍し、右近少将藤原泰通（21）を恐懼《きょうく》に処す。【兵範記、玉葉】

二月二日〔雪下る。午後休《や》む〕

早旦、後白河上皇、法住寺南殿を出御、巳終り（午前十一時前）に賀茂下社に着御、鳥居外にて下乗《げじょう》。やや久しくして賀茂上社に参詣。暁鐘の後、還御。五条を出で京極辺において天曙せり。【山槐記、愚昧記】

二月三日

叡山西塔の悪僧、天台座主・快修僧正（68）の還補（初例）の後、山門不和となり、東西の塔頭合戦す。後白河上皇の沙汰、糾科未定の間に、快修、法住寺殿壇所に逐電す。よって上皇、二月十五日、法印明雲（53）を座主に任ず。【百錬抄】

二月八日〔天晴る〕

後白河上皇、法住寺殿において尊勝陀羅尼供養を修す。導師は東寺一長者禎喜《ていき》（69）が、これを勤む。右大臣藤原兼実（19）以下、参入して簀子敷座に着す。【顕広王記、山槐記、愚昧記】

二月十一日　**内大臣平清盛、太政大臣に補任**

後白河上皇、宣旨を発して内大臣平清盛（50）を太政大臣に任じ、即日、宣命により従一位に叙す。清盛、大将を経ずして左右近衛府生各一人、近衛各四人を随身兵仗となし、また輦車を聴《ゆる》さる。異例なり。また、藤原忠雅（44）を内大臣に任ず。 【百錬抄、公卿補任】

今夕、東宮憲仁親王（7）、土御門亭より後白河上皇の新法住寺殿に行啓。この日、中納言藤原実房（21）、上皇より供奉の催しあり。実房、大納言藤原忠雅（44）の任内大臣節会（「御遊年表」参照）と指合う。上皇の催しを優先して大饗所に赴かずして、晩頭の東宮行啓儀に参上す。戌刻（午後八時頃）、皇太子傅・右大臣藤原兼実（19）、束帯を着し、「青宮《せいきゅう》」（春宮・東宮に同じ。土御門亭・邦綱亭）に供奉のため参向。 【愚昧記、玉葉】

二月十二日〔天晴る〕

従三位参議左中将藤原忠親（37）、昨十一日、権中納言に任ず。この日、早旦、慶《よろこ》び申しのため後白河上皇の法住寺殿に参上。少納言高階泰経（38）の申次により畏《かしこ》み申しを言上。また、女房にも申して退出。 【山槐記】

二月十三日

後白河上皇、熊野御幸のため熊野御精進屋（上西門院御所内＝中御門烏丸殿）に入御。上西門院統子《むねこ》内親王（42）、上皇御幸に同行せんとの意なるか。〈しかるところ、二月十五日、上西門院御所、焼亡す。〉 【顕広王記】

この日、中納言藤原実房（21）、法住寺殿に参上、後白河上皇（熊野御精進屋入御＝上西門院御所）に面謁を賜わるべく、東宮非蔵人源有経（院女房飛鳥井子）をもって、女房飛鳥井ならびに大和局（女御滋子女房）に意を伝える。 【愚昧記】

二月十四日〔朝間小雨、午後晴る〕

蔵人右衛門権佐藤原経房（25）、慶び申しなり。去る正月三十日、五位蔵人左少弁右衛門権佐藤原長方（29）の右中弁昇任に伴い、左衛門権佐に転任の代替としての藤原経房の畏み申しなり。まず、院参せんとするも、後白河上皇、去る十三日より熊野御精進屋（上西門院御所）に入御。犬防《いぬふせぎ》ありて門外に准ずべし。物忌、御精進屋御坐の時は慶び申しに拝せざる慣習なり。しかるに、近代の人々、犬防ありと雖も御拝に参入。わけても、このたびの上皇、桟敷渡御の場合には御眼路《ごがんろ》（目前）に当るにより、慶び申しに拝すべきを人々諷諫す。よって、経房、熊野御精進屋に推参、上皇に慶び申す。ついで、上西門院（申次、佐渡守藤原重頼）、東宮（申次、東宮大進藤原光雅）、女御殿（申次、同上）につぎつぎに慶び申しに参上せり。「已上、一所御坐」と記すにより、当時、後白河上皇・上西門院統子・東宮憲仁親王（7）・後白河上皇女御琮子《たまこ》（23）が、いずれも法住寺南殿に同居であったことを明示する。 【山槐記】

この夜、太政大臣平清盛、慶び申す。去る二月十一日拝任、同日従一位の宣命、随身兵仗を賜い、輦車を聴《ゆる》さる。院御所ほか所々に参上せるも、記載なし。扈従《こしょう》は公卿六人、前駆四十余人の内、殿上人は二十余人にも及ぶという。後白河上皇は、折柄、熊野御精進屋（上西門院

御所）に入御。新任太政大臣平清盛との対面の詳細は判明せず。 【顕広王記、山槐記、公卿補任】

二月十五日〔天晴る〕

未刻（午後二時頃）、権中納言藤原忠親（37）、後白河上皇熊野御精進屋（上西門院御所）に参上。ついで、東宮御所法住寺殿（憲仁親王7）に参る。

亥刻（午後十時頃）、上西門院御所（中御門南・烏丸東。松殿と称す。四分一屋なり）焼亡す。女院は去る十三日より左少将藤原基家（36・母大蔵卿源師隆女は上西門院乳母、基家は乳母子）の宅に渡御中（熊野御精進屋とす）なり。よって、後白河上皇は熊野御精進屋を法住寺殿内、丹後守藤原定能（20）宿所に移し、夜中、急遽、ここに渡御。 【山槐記、愚昧記】

二月十七日

この夜、中納言藤原実房（21）、後白河上皇御精進屋（法住寺殿内、丹後守藤原定能宿所）に参上。それより東宮御所（憲仁親王・法住寺殿）に参向す。 【愚昧記】

二月十九日〔雨下る〕 **後白河上皇、熊野御幸進発**

今暁、後白河上皇、熊野御幸進発。上西門院（42）、同列参詣のところ留まり給う。その理由不明ながら、女院の乳母子左少将藤原基家、沙汰を致すため軽服《きょうぶく》出来か。もしくはまた女院御所焼亡の故、思慮あるか。女院、火災の後、神祇伯顕広王（73）の家に寄寓。そのまま、此の屋に留御。 【山槐記、愚昧記】

二月二十五日〔天晴る〕 **平清盛、厳島詣でに出立**

太政大臣平清盛（50）、安芸国伊都久嶋社（『山槐記』伊津崎島）に参詣、発足す。「そもそも大相国城外の例なり」（『顕広王記』）とある如く、当時の宮廷に異例の事なり。去る二月十一日の任太政大臣の報賽か。いま、二月□付の清盛自筆の紺紙金泥般若心経一巻が「平家納経」の一具として、厳島神社に伝存す。この時、後白河上皇は熊野御幸中、不在なり。 【顕広王記、山槐記】

今夜、後白河上皇女御琮子（23）、八条殿（暲子内親王尼31）より三条殿（弟中納言藤原実房21第）に渡御。右兵衛督平時忠（38・二月十一日、右大弁から参議に）、御車を進献す。供奉の殿上人、院司・皇太后宮亮左京大夫藤原定隆（34）以下六人。 【愚昧記】

二月二十七日〔天陰る〕

一昨日、右兵衛督平時忠を奉行として、後白河上皇女御滋子《しげこ》（時忠妹・26）より権中納言藤原忠親（37）に日向国産紫草の調進方下命あり。折柄、忠親室の弟・定長（19）、日向守たり。その由縁によるか。忠親、六角外居（居箱《すえばこ》）十合を調製。高さ三寸の居箱なり。青二合

（梅・桜文様）、紅梅二合（藤・瞿麦文様）、白二合（紅葉・蘭文様）、縹二合（菊文様）、蘇芳二合（松竹文様）を施す。四季花の彩色により美麗に飾るためなり。各居箱に美麗色々の薄様を敷き、その上に紫草を積み上げる。さらに色々の薄様をもって、これを結ぶ。忠親は、これら美麗十合の紫草を女御御所に進献。女御滋子の御感あり、と。　【山槐記】

三月十三日

後白河上皇、熊野より還幸。未刻（午後二時頃）、無事帰京の報賽のため稲荷社に参詣。公卿・殿上人少々、社頭に参会す。申刻（午後四時頃）、東山御所（法住寺殿）に入御。中納言藤原実房（21）、本日帰京と聞き、この日再度、参院。上皇に見参《げざん》の後、退出。権右中弁平信範（56）、留守中の日来雑事執奏のため参入。この御幸に供奉の権中納言藤原成親（30）、道中にて重病にかかり、万死一生の体《てい》にて帰京と伝聞。権中納言藤原忠親（37）、使を送り、病気見舞いを成す。信範は晩頭、法住寺殿を退下す。　【顕広王記、愚昧記、山槐記、兵範記】

三月十四日〔天晴る〕

午終りの刻（午後一時前）、後白河上皇、法住寺殿において普賢講を行わる。参入の公卿、内大臣藤原忠雅（44・任大臣後、初めて直衣着用。装身着料、すべて新調。仏前と雖も、御所たるにより剣を解かず）・左衛門督別当藤原隆季（41）・権中納言藤原宗家（29）・五条三位藤原顕広（54）・新三位藤原朝方（33）・参議藤原家通（25）・右大弁藤原実綱（41）ら参入。講終わりて権中納言藤原宗家以下、布施を取る。この後、右大臣藤原兼実（19）・右兵衛督平時忠（38）両人、遅参参会す。　【山槐記】

三月十八日〔天陰る、昏に臨みて時々雨、秉燭《へいそく》の後、大雨。即ち又休《や》む。夜、又降る〕

来る二十一日の後白河上皇日吉社御幸のため、今日、法住寺殿において日吉社御幸定あり。上皇、連々、日吉社御幸あり。しかして、このたび初めて一員儀となす。未刻（午後二時頃）、まず別当藤原隆季参入、ついで左大臣藤原経宗（49）参上。申刻（午後四時頃）、内大臣藤原忠雅参入。任大臣の後、昇殿を聴されず。忠雅慶び申しの日、上皇、熊野詣で御精進屋（上西門院御所）に参籠中。また、その時、東宮に昇殿せず。よって、この日、参殿するもしばらく法住寺殿東対《ひがしのたい》辺に参候す。その後、摂政藤原基房（23）、直衣姿にて参上。夜に入り東宮権大夫藤原邦綱（46）参入。

後白河上皇、密々、他所に御幸あり。内大臣藤原忠雅、還御を相待つの間、夜に入る。この後、忠雅、院ならびに東宮御方への昇殿方を申す。上皇、聴《ゆる》すべしと勅答の後、殿上《てんじょう》に参向。忠雅、拝舞せんとするも暗きにより、その儀省略せらる。

夜に入り、ようやくにして日吉社御幸定を始行す。摂政・左大臣・内大臣・別当権中納言藤原忠親・東宮権大夫邦綱のほか参上の人なし。大臣は院司にあらずと雖も、ただ召さるるなり。　【山槐記】

三月二十日〔天晴る〕

石清水八幡宮臨時祭なり。代始《だいはじめ》、五条殿（六条天皇4）の儀。後白河上皇、七条河原御所の院桟敷に渡御して、行列見物。【山槐記、愚昧記】

三月二十三日〔天晴る〕

法勝寺千僧御読経なり。後白河上皇、御幸あり。女御滋子（26）、始めての行啓なり。午刻（正午頃）、まず女御殿の御車（院常御車、庇袖連子《れんじ》なり）を引き入る。出車《いだしぐるま》三両、かねて御精進屋の釘貫（簡単な柵）前に遣り立つ。ついで、上皇の御車、摂政藤原基房（23）が御簾を褰《かか》げ、上皇、乗車。供奉は摂政基房・左大臣藤原経宗（49）・内大臣藤原忠雅（44）以下、十七人。殿上人は二十四人。やがて法勝寺着御。金堂南面東三間に美麗な打出を飾る。しばらくして惣礼。法会終了、申刻（午後四時頃）、還御。秉燭以前に法住寺殿に入御。この千僧御読経の願趣は、「太上天皇（後白河上皇）玉体安穏、宝寿（六条天皇）長遠、天下泰平」（『兵範記』）なりと。【山槐記、愚昧記、顕広王記、百錬抄、玉葉、兵範記】

三月二十四日

昨夕、法住寺殿北面侍所の鳥屋《とや》辺りに参宿の乞食法師死去せるを発見。二十三日、御幸還御後に見付く（『顕広王記』）、あるいは、二十四日の今朝見付く、とも異説あり。しかし、すでに別当藤原隆季（41）・治部卿藤原光隆（41）・右兵衛督平時忠（38）の三人触穢《しょくえ》せりと。さらに、東宮（憲仁親王7＝東宮御所〔法住寺殿内、北織戸中門内、号御鞠壺〕）、女御滋子ともに法住寺殿内御同宿により、あわせて触穢せり。これにより、院中左右なく、三十日穢となり、参入を停止さる。【山槐記、顕広王記、愚昧記、兵範記】

四月四日〔陰り、夕に臨み雨降る〕

今夜、後白河上皇・東宮憲仁親王、相共に法住寺殿より七条御所に渡御。上皇は下御所、東宮は上御所に入御。御幸はすこぶる密儀なり。【玉葉】

四月八日〔天晴る〕

後白河上皇、七条殿下御所において灌仏会を修せらる。東宮憲仁親王は同上御所において、これを行う。【兵範記】

四月十一日

後白河上皇、方違えのため宇治に御幸。申刻（午後四時頃）、宇治川東岸に着御。上皇ならびに女御殿（平滋子）、同車。御車、乗駕のまま平船《ひらぶね》に舁き居えて渡河。供奉の公卿は東宮権大夫藤原邦綱（46）・参議源資賢（55）・新三位藤原朝方（33）、殿上人は左京大夫藤原定隆（34）・左少将藤原定能（20）・越後前司藤原頼季・前兵庫頭源頼政（64）・右衛門佐藤原経家（19）・少納言高階泰経（38）・皇后宮大進高階信章・大膳大夫藤原済綱ら、前駆として乗船扈従す。院北面武士十余人同じく祗候。夜に入り、上皇・女御殿御同車にて新御堂御所に宿御。この御幸、毎事、左衛門佐平信基（25）の奉行なり。【兵範記】

四月十二日

後白河上皇ならびに女御殿（平滋子26）、新御堂御所において朝供御《あさのくご》了りて還御。【兵範記】

四月十四日〔天晴る〕

後白河上皇、七条殿下御所において普賢講を行わる。中納言藤原実房（21）、参院参会。布施を取りて退出。【愚昧記】

去る月二十三日夜より、法住寺殿、三十日穢あり。後白河上皇、天下混合（触穢）すべからずと仰せ下さるるも、触穢の輩、すでに十の内、八、九に及びその疑いあり。蔵人所、上皇の命をうけて御卜《おんうら》あり。蔵人右衛門権佐藤原経房（25）、陰陽師にこれを問う。【山槐記】

四月二十日

後白河上皇、方違えのため宇治殿に御幸あり。平等院本堂御所をもって本所と定めらる。この御幸、最密の儀なり。関白藤原基房（23）、伏見に新御所造作のことを進言す。【兵範記】

四月二十四日

後白河上皇の法住寺殿、触穢のこと、今日、三十日に満ち了り、解禁なり。【兵範記】

四月二十七日〔天晴る〕

後白河上皇孫姫・斎王僐子《よしこ》内親王（9）、今日斎院御禊なり。もと、去る十五日、中午日を内定せるも、去る月二十三日夜、法住寺殿に参宿の乞食法師の死穢三十日を行わる。この穢、当初は世間に混合せざるの故により、平野社・梅宮等の祭礼を行わる。しかるに、その後、穢気《えき》自然に遍満せるにより、蔵人所において御卜を行わる。不吉の由、申すも、去る二十四日、解禁せり。よって、この御禊を今日、行うに至れり。【山槐記】

四月三十日〔天陰る、巳刻（午前十時頃）以後、甚雨〕

賀茂祭なり。近衛使は後白河上皇の近臣・右少将藤原光能（36）、東宮使は春宮亮平教盛（40）を差遣。甚雨により、使および使供奉《ぐぶ》の諸司、参集解怠《けだい》せり。後白河上皇、密々に修理大夫平頼盛（37）の桟敷に渡御、見物あり。御使の行列を早やかに渡すべく催《うなが》しあり。【山槐記、顕広王記、玉葉】

五月一日〔天晴る〕

賀茂祭使還立《かえりだち》なり。後白河上皇、密々に紫野に御幸、見物あり。内蔵助和気貞経、昨三十日、祭日、落馬負傷するにより、紫野御幸に供奉せず、と。また、来る十九日日吉社御幸の競馬《くらべうま》に備えて、今朝、七条殿御所の新馬場において馬馳《うまはせ》（御馬走・練習）あり、と。参入、広きに及ばず。
【玉葉、山槐記】

五月三日

今朝、後白河上皇、東山新熊野社に参籠あり。
【兵範記】

五月四日〔天陰る、昏に及びて雨〕

明五日端午節供につき、後白河上皇御所法住寺殿の軒に菖蒲を葺《ふ》く。去る年十二月御移徙《わたまし》なり。新築家屋は三ヶ年葺かざるの由、閭巷《りょこう》の訛言あり。しかし、単なる訛伝にして憚からず、と。

権中納言藤原忠親（37）、この日、未刻（午後二時頃）、法勝寺三十講に参会、夕座始の後、退出。鴨河東岸ぞいに七条殿に参上。後白河上皇、昨日より今熊野社参籠。女御殿（平滋子26）御坐あり、面謁。ついで法住寺殿に参向。東宮憲仁親王（7）御坐。祇候の後、退出す。
【山槐記】

五月七日〔天晴る〕

蔵人頭権右中弁平信範（56）、巳刻（午前十時頃）、今熊野社御所に参入。来る五月二十二日最勝講始につき、最勝講講師聴衆闕請の事を奏聞す。御精進参籠中、近侍叶わず、御所門前にて申次に言上か。

今朝、女御殿（滋子）御所七条殿の女房曹司の北面に、人体片足落し置かれたり。犬、死体を喰い、放置したるか。これにより、七条殿御所、五体不具穢《え》出来す。
【兵範記】

五月八日〔雨下る〕

後白河上皇、新熊野社参籠より出御。七条殿触穢につき、来る十九日の日吉社御幸を延引せらる。上皇、七条殿に入御。
【兵範記】

五月十一日

今夕、後白河上皇、七条殿を出御、宇治殿に御幸あり、例の如し。十五日方違えなり。来る十五日、方違えの日数（日限）に相当すると雖も、明日、恒例の供花《くげ》の始行なり。よって、今日に短縮繰り上げ御幸せらる。平等院本堂御所に宿御。
【兵範記】

五月十二日

鶏鳴の刻、後白河上皇、方違え先なる宇治・平等院本所御所を進発、七条殿に還御。

この日より院御所供花なり。上達部《かんだちめ》以下、下北面《げほくめん》の輩、僧綱以下、御願寺の三綱《さんごう》をも合わせて、都合、百三十から百四十人が供奉す。参入の人々、あるいは直衣着装のものもあり。　【兵範記】

五月十七日〔雨下る〕　**平清盛、太政大臣を辞す**

平清盛（50）、太政大臣ならびに兵仗《ひょうじょう》を辞すべく上表す。当然ながら、事前に後白河上皇の叡意を奏聞するか。清盛の内意を奉《う》けた陰陽頭賀茂在憲（66）、上表日時を勘申《かんじん》。家司・安芸守藤原能盛、これを伝覧す。この間、六波羅亭（清盛第）に東宮大夫平重盛（30）・東宮権大夫藤原邦綱（46）・大宰大弐平頼盛（37）・右兵衛督平時忠（38）ら参集、客亭に坐す。家司・能盛、上表文草《しょうひょうもんのそう》を伯耆守平親宗（時忠弟・24）に手交。親宗、閑所においてこれを清書す。申刻（午後四時頃）、清書完了。　【兵範記、山槐記、公卿補任】

五月二十七日〔天晴る〕　**橘逸勢社、炎上**

今夜、三条油小路において火災発生。火許より南は三条に至り、北は油小路の半ばに至る。この間に後白河上皇発願建立の橘逸勢社あり。たちまち火焔に包まれて、社宇炎上す。　【山槐記、百錬抄（五月三十日条）】

五月二十八日〔天晴る〕

早旦、蔵人頭権右中弁平信範（56）、東山御所（七条殿）に参上。摂政藤原基房（23）の上表（第二度）につき奏上す。後白河上皇、これに答えて「御所（東三条亭）程遠し、持参（上表文）すべからず、例に任せ、勅答の沙汰（上表の可否）を致すべし」と。信範、未刻（午後二時頃）、東三条亭に参上、上皇の叡旨を伝う。しかし、予定どおり摂政藤原基房、第二度の上表文を捧呈す。式部大輔藤原永範（62）、上表文を草進。中宮権大進藤原朝雅（能書、朝方弟）がこれを清書す。　【兵範記】

六月六日

今夕、後白河上皇、方違えのため宇治平等院に御幸。この夜は平等院御所に宿御。　【兵範記（六月七日条）】

六月七日〔陰雨〕

今朝、後白河上皇、宇治平等院方違えより七条殿に還御。今日より新熊野社参籠御精進を始め給う。晩頭、御精進屋（法住寺殿内）に入御。参議源資賢（55）・同嫡男右少将源通家（35）・左少将丹後守藤原定能（20）・蔵人右少将下野守藤原光能（36）、前蔵人中務権少輔源延俊・左衛門佐平信基（25）・河内守藤原光範（42）ら、御供に参籠す。　【兵範記】

六月八日〔天晴る〕

蔵人頭権右中弁平信範、後白河上皇の新熊野御精進屋（法住寺殿内）に参上、来る七月三日の法勝寺御八講僧名案、ならびに其の間の条々等、雑事を奏上す。ついで、女御殿（平滋子26＝七条殿下御所）に参向。大盤所に召入れられ、数刻祇候す。この間、女房大和局（若狭局平政子妹）と面談す。ついで、東宮憲仁親王（7）の七条殿上御所に参る。吉日たるにより、東宮の陪膳を勤め、晩頭に至り退出。【兵範記】

六月十二日〔天晴る〕

従二位平時子（42）の御願・西林寺新御堂に大仏師・法橋院慶造立の丈六阿弥陀仏を安置す。蔵人頭権右中弁平信範（56）、後白河上皇の召しにより、これより急ぎ新熊野御精進屋（法住寺殿内）に参上。左衛門佐平信基（信範二男）をもって見参に入る。後白河上皇、仰せていう、「前蔵人中務権少輔源延俊、去る正月二十八日、奇怪事件（六条天皇の法住寺朝覲行幸の際、天皇に供膳せず）により官職ともに解却せり。しかるに彼の者、元召仕う者たるにより、近日、出仕せしむ。いま、還任《げんにん》せしむべく、摂政藤原基房（23）にこの由を申すべし」と。信範は即座に東三条亭内の摂政に、上皇の叡旨を上達す。摂政はこれを了承、帰参して上皇に奏聞す。即日、宣旨発布の手続が進められ、同十二日付により「中務権少輔源朝臣延俊、旧の如く宜しく還任せしむべし」と宣下さる。【兵範記】

六月十四日

祇園社御霊会なり。後白河上皇女御滋子（26）ならびに摂政藤原基房の御前《ごぜん》（御台所、内大臣藤原公教女＝上西門院女房）ら、渡御して神輿巡行を密々に見物す。【愚昧記】

六月十六日〔天晴る〕

後白河上皇、不動堂（法住寺殿御所内、東山寺）供養す。如法不動明王ならびに二童子を安置、如法経の如く清浄の儀なり。導師は公顕法印（58）、真実に供養す。讃衆は十二人（『愚昧記』は十人）。今日、参上の公卿は、内大臣藤原忠雅（44）・大納言源雅通（50）・皇太后宮大夫藤原実定（29）・中宮権大夫源定房（38）・大宮大夫藤原公保（36）・別当藤原隆季（41）・中納言藤原実房（21）・民部卿藤原光忠（53）・権中納言藤原宗家（29）・新権中納言藤原成親（30）・権中納言藤原忠親（37）・治部卿藤原光隆（41）・東宮大夫藤原邦綱（47）・参議藤原成頼（32）・三位左中将藤原兼雅（22）・大宮権大夫藤原俊盛（48）・五条三位藤原顕広（54）・左衛門督藤原成範（33）・大宰大弐平頼盛（37）・新三位藤原朝方（33）・参議平親範（31）・参議藤原家通（25）・右大弁藤原実綱（41）ら二十五人、殿上人済々参入。右大臣藤原兼実（19）は不参。供養願文は文章博士藤原長光（67）の草進。清書は従三位藤原朝方勤む。【愚昧記、玉葉、兵範記、百錬抄、顕広王記】

六月二十三日

延暦寺の所司・三綱、日吉社司等、後白河上皇の七条殿（下御所）に群参して、前天台座主快修（68）の山上（延暦寺）の堂舎を焼き払う事を訴え申す。【百錬抄、兵範記（六月二十日条）】

六月二十六日〔晴〕　**後白河上皇、双六に熱中**

右大臣藤原兼実（19）、東宮（憲仁親王7＝七条殿上御所）に参り、数刻の後、後白河上皇の御所（七条殿下御所）に参上。左少将藤原定能（20）をもって、上皇に見参せんとす。定能、奥の間より帰来して、密談に云う、「只今、後白河上皇は御双陸《すごろく》（双六）の最中なり。片手（相手）は左兵衛尉藤原能盛（安芸守平清盛家司、のち院近臣）なり」と。その後、兼実帰宅す。【玉葉】

六月二十八日〔朝の間、雨灑《そそ》ぐ〕

最勝寺御八講始なり。後白河上皇、同寺に御幸のため、午刻（正午頃）出御。蔵人頭権右中弁平信範（56）、七条殿門外において参会、騎馬にて供奉す。講論了りて後白河上皇還御。【愚昧記、山槐記】

七月二日

故鳥羽法皇御忌日なり。去る夜、上西門院（統子内親王42）・八条院（暲子内親王尼31）・高松院（姝子《よしこ》内親王27・二条天皇后・六条天皇准母）ら鳥羽殿に渡御、御座あり。この日、巳一点（午前九時すぎ）、後白河上皇、鳥羽殿に臨幸あり。未終り（午後三時前）、事了りて各還御。【愚昧記】

七月三日〔天晴る〕

法勝寺御八講始なり。後白河上皇、午刻（正午頃）、御幸。冠直衣《かんむりのうし》を着装、網代車に乗駕。公卿、権大納言平重盛（30）以下十六人、殿上人、左京大夫藤原定隆（34）以下三十余人供奉。夕座了りて僧退出。ついで上皇還御。時に未刻（午後二時頃）なり。【兵範記、愚昧記】

七月七日〔天晴る〕

法勝寺御八講結願日たるにより、後白河上皇、御幸。午刻（正午頃）、法勝寺に着御。摂政藤原基房（23）以下、卿相《けいしょう》、群を成して扈従《こしょう》す。申刻許り（午後四時頃）に講論終了。布施を給い、上皇は還御。【愚昧記、兵範記】

七月十日

後白河上皇、今熊野社に参籠。【兵範記（七月十一日条）】

七月十一日

蔵人頭権右中弁平信範、後白河上皇参籠中の今熊野御所に参入。法勝寺盂蘭盆講の僧参否散状を奏す。ついで、女御殿（滋子26＝七条殿）に参上。【兵範記】

七月十三日

後白河上皇女御滋子（26）近侍の女房ら、苦熱に堪えずして八条泉に向う。それより嵯峨の桂川に向い、涼を求め、黄昏に七条殿に帰参。【愚昧記（七月十一日条も参照）】

七月二十日〔甘雨下る〕

今夜、後白河上皇、七条殿より新造山科殿に移徙。ただし、移徙の作法なし。黄牛《あめうし》も牽かず、地鎮法も行わず。山荘たるの故か。この御所は上皇の院宣により遠江守平信業（信成は誤写・30）が長門守拝任（信業子・業忠8）の功を募り、月来、造営したるものなり。平信業の姉は上皇寵女（坊門局）にして、皇子（のち円恵法親王・16）を出誕していた。この御幸は密々たるにより、公卿・殿上人、前駆・乗車の供奉なし。月卿雲客、参仕に及ばずとの上皇の意をうけ、近習の輩、両三人参仕するのみ。女御滋子もまた渡御せず。御幸の密儀、女御不渡御は、坊門局の介在が潜みたる故か。【吉記、仙洞御移徙部類記上】

閏七月二日

上西門院（後白河上皇同母姉・統子内親王尼42）の「発心地《おこりここち》（瘧病《おこりやみ》）」見舞いのため、後白河上皇、仁和寺殿（法金剛院御所。母待賢門院崩後、伝領さる）に御幸あり。【兵範記】

閏七月十日

蔵人右衛門権佐藤原経房（25）、後白河上皇の院宣をうけ、院御所昇殿を仰せ下す。それらは、右衛門佐平忠度《ただのり》（清盛末弟・24）・左兵衛佐平通盛（清盛弟教盛の子）・左馬権頭平経正（清盛弟経盛の子）・左馬頭平重衡（清盛五男・11）・散位藤原実教（18）・越後守平時実（平時忠一男・17）ら清盛一族の青少年ら六人。【兵範記】

閏七月十四日

後白河上皇、七条殿において普賢講を行わる。午後、上皇の背に二禁《にきみ》（腫物）病み給うこと発覚。即刻、医師・織部正和気貞成（定成・45）を召し、診察せしむ。貞成、今夜を過ぎ灸治あるべきを言上す。【愚昧記、顕広王記】

晩頭、蔵人頭権右中弁平信範（56）、後白河上皇のかぶれの事（気触＝接触性皮膚炎）を伝聞。前太政大臣平清盛（50）以下、人々にわかに七条殿に馳せ参ず。信範、夜に入り生侍《なまさぶらい》（下級侍）をもって院司・伯耆守平親宗（24）に病状を問う。上皇、背中の左方に双六石大の発疹あり、すでに医師が大黄《だいおう》を塗布治療せり、と。

一方、右大臣藤原兼実（19）は、夜中、すでに就寝。或人、にわかに上皇不例、重態と伝う。よって子刻（深更十二時頃）に参院。女房、病悩は二禁（腫物）にして、上皇、すこぶる苦痛の由を伝う。医師は重軽を迷うも、兼実は殊に大事なしと自ら得心す。【兵範記、玉葉】

閏七月十五日

後白河上皇の病悩祈願のため、七条殿末御所の寝殿には、御修法《みしほ》の壇所が設営されている。所々を塞ぐため、参上の公卿は中門廊に着座。左大臣藤原経宗(49)・中宮権大夫藤原定房(38)・東宮大夫平重盛(30)ほか殿上人の多くが参入。巳刻(午前十時頃)、摂政藤原基房(23)が参上。大勢の医師が参院した。主税頭丹波知康・典薬頭丹波重盛・内匠頭丹波重長(32)・施薬院使丹波憲基(46)・織部正惟宗保道らが、寄合って治方を協議する。今日は遍身日により、灸治はせず。【兵範記】

閏七月十六日

後白河上皇、夜間は大黄を付けしにより、今朝は病状が減退せりと、医師らが申す。公卿以下、多くの人々が参会。天下泰平の極みと、安堵の色を示す。【兵範記】

閏七月十九日

後白河上皇、かぶれの御悩平癒さる。七条殿下御所の東対代廊西向簾中に出御。内大臣藤原忠雅(44)を西簀子に召さる。ついで、医師二人(内匠頭丹波重長・織部正和気貞成)を召し、治験の功によって、各一階を叙し、両人を従四位上に昇叙さる。さらに両人に栗毛馬を各一疋賜う。また、和気貞成を召して、女御殿滋子(26)から御衣《みぞ》(蘇芳二倍織物小袿)を右兵衛督平時忠(38)をして伝給せしむ。貞成は再拝して退下す。終って、上皇入御。内大臣忠雅も退出す。

内大臣藤原忠雅退出の後、蔵人頭権右中弁平信範(56)は、内記を里亭に召し、今日の医師二人の叙位の次第を問う。内記の陳述によれば、かぶれの病状については、丹波氏輩四人の中、重長の診察がもっとも適確で、毎事、違うことなし。また、貞成・保道両人の中、貞成の病状説明、治療方法は次第相応なりき。当代、医術としても驚目に価し、後代名医の名を遺すものなり、と。【兵範記】

八月三日

院御所(法住寺殿)において千手御読経結願。請僧は二十四口。巳刻(午前十時頃)過ぎに始行。参会の公卿は東宮大夫平重盛・新三位平宗盛(21)、弘庇座に着座。蔵人頭権右中弁平信範もこれに列座す。後白河上皇・女御殿滋子は簾中の御座。事了りて布施。僧一口ごとに長絹二疋、綿百両、布二十段なり。夜に入り、後白河上皇ならびに女御殿滋子は鳥羽殿に渡御。成菩提院において彼岸念仏会あり。これ恒例年中行事なり。公卿、権中納言藤原宗家(29)・新権中納言藤原成親(30)・左兵衛督藤原成範(33)・右兵衛督平時忠が供奉す。この御幸の行事は、院司・伯耆守平親宗(24)がこれを勤む。【兵範記、愚昧記】

八月十日〔晴〕

成善提院の彼岸念仏会結願。巳刻（午前十時頃）始行、午刻（正午頃）事了りて退出。参仕の公卿は皇后宮大夫藤原実定（29）・大宮大夫藤原公保（36）・東宮大夫平重盛（30）・前権中納言源師仲（53）・従三位藤原顕広（54）・左兵衛督藤原成範（33）・参議藤原家通（25）・右大弁藤原実綱（41）らなり。　【兵範記、愚昧記】

彼岸会結願後、後白河上皇ならびに女御殿滋子（26）、新造伏見御所（伏見殿）に同車移徙。権中納言藤原成親（30）の造進。月来《つきごろ》造営ありて、今日、初めての渡御。ただし、最密儀の渡御にて、公卿・殿上人の供奉、沙汰に及ばず。わずかに左兵衛督藤原成範・右兵衛督平時忠（38）・新参議平宗盛（21）、車をもって参仕。殿上人・近臣五、六輩のみ騎馬にて供奉。三ヶ日の逗留。　【仙洞御移徙部類記上、愚昧記】

八月十三日

後白河上皇ならびに女御殿、伏見殿より七条殿に還御。　【兵範記、顕広王記、愚昧記】

八月十六日〔天晴る〕

月蝕により、後白河上皇、千手観音御読経（僧六口）を、女御殿滋子は薬師御読経（僧十二口）を、それぞれ御祈りとして七条殿に行わる。　【兵範記】

八月二十二日

待賢門院忌日。後白河上皇、仁和寺法金剛院に御幸。　【兵範記】

九月二日

蔵人頭権右中弁平信範（56）、後白河上皇の御気色をうけて、中納言藤原実房（21）に五節舞姫を進献すべく沙汰あり。しかも、来月中旬、上皇の熊野詣で以前に、左右《とこう》を聞し食すべきなり、と。実房は、「進献に故障あり、叡意を奉じがたきを上皇に洩れ申上げらるべし」と答う。　【愚昧記】

九月三日　**平清盛、厳島社参詣**

前大相国平清盛（50）、また安芸国伊築嶋社（伊都岐嶋社）に参詣す。　【顕広王記】

九月十五日〔陰雲〕

右大臣藤原兼実（19）、後白河上皇の七条殿に参上。上皇ならびに女御殿滋子に見参《げざん》せんとす。女御御方より蔵人兵部権少輔平親宗（女御滋子弟・24）出で来て、兼実に言う、「上皇・女御同列の御熊野詣での間、東宮（憲仁親王7）御所に人なし。祗候すべし」と。兼実、申承る由を奉答して、東宮御所（七条殿上御所）に参入す。　【玉葉】

この日、後白河上皇、七条殿より密々に法住寺殿に渡御。午後、熊野御精進屋（法住寺殿内）に入御あり。権大納言平重盛（30）・権中納言藤原光隆（41）以下、殿上人八人御供に候す。

ついで、女御殿滋子（26）、同じく御精進屋に渡御さる。参議右中将平宗盛（21）の宿所なり。院御車に乗駕、七条殿を出御。左京大夫藤原定隆（34）・東宮亮平教盛（40）以下、殿上人十余人が前駆《せんぐ》として供奉す。後白河上皇は西面桟敷において、女御殿行列を見物あり。午後、事了りて蔵人頭権右中弁平信範（56）、後白河上皇の法住寺殿に参上。上皇、熊野御精進屋（法住寺殿内）に未入御。上皇、信範に仰せて云く、「式部大輔藤原永範（62）の儀につき、摂政藤原基房（23）に申して院御所昇殿を聴すべく、院宣を宣下すべし」と。【兵範記】

九月十八日

蔵人頭権右中弁平信範、後白河上皇の熊野御精進屋（法住寺殿内）に参上。上皇、参籠中により、門外において文書を奏達。ついで女御殿御精進屋（宰相中将平宗盛宿所）に参り、伯耆守平親宗（女御殿弟）を申次ぎ、女房に見参す。さらに、七条殿上御所に推参、東宮憲仁親王（7）に見参、御機嫌を奉伺す。【兵範記】

九月十九日

蔵人頭権右中弁平信範、摂政藤原基房の東三条亭に参り、内覧文書を奏達。ついで、後白河上皇の御精進屋（法住寺殿内）に参上、門外において申次《もうしつぎ》の近臣に雑事を執奏す。【兵範記】

九月二十日

蔵人頭権右中弁平信範、後白河上皇御精進屋の門外に参上。ついで、女御殿御所（御精進屋・宰相中将平宗盛宿所）に参り、さらに東宮御所（七条殿上御所）にも参上。【兵範記】

九月二十一日　**後白河上皇・平滋子、熊野詣でに進発**

この夜半、後白河上皇ならびに女御殿、熊野詣でに進発。まず、上皇は歩行。権僧正覚讃（78）を先達として、東宮大夫平重盛（30）・治部卿藤原光隆（41）以下、殿上人七人供奉に候す。北面武士はその人数を不知。右少将下野守藤原光能（36）が御幸の道雑事奉行を勤む。

女御殿は宗盛宿所を御輿に乗駕して進発。まず、権少僧都房覚（66）が先達。ついで参議右中将平宗盛・右兵衛督平時忠（38）・伊予守藤原信隆（42）・伯耆守平親宗（24）ら一族の者が供奉。法住寺殿御精進屋を出御の一行は、七条辺りより西に行き、九条南端の作道《つくりみち》を一直線に南下、鳥羽南の船泊において乗船。淀川の水路を摂津渡辺（大阪市）まで下らる。【兵範記、玉葉、愚昧記、顕広王記】

九月二十七日

五条内裏、焼亡す。【玉葉、愚昧記、兵範記】

十月十一日〔天晴る〕

後白河上皇、熊野より還向。まず入洛直後、稲荷社に参詣、旅中の無事を謝して、例の如く護法送《ごほうおく》りを行わる。上皇、熊野より下向と伝聞の中納言藤原実房（21）は、未刻（午後二時頃）、七条川原御所（七条殿下御所）に参上。やがて還御。実房は女官をして、御所に参仕の旨、女房飛鳥井に告げしむ。【兵範記、愚昧記】

この日、上皇の仰せをうけ院司・東宮大夫平重盛（30）、法印房覚（66）らを近くに召し寄せ、勧賞《けんじょう》の沙汰を通達す。法印房覚（女御殿先達の賞）・権少僧都澄憲（熊野本宮御経供養導師・42）・法橋重覚（後白河上皇先達の権僧正覚讃の譲り）・法橋範意（熊野山別当・僧都湛海69の譲り）。【兵範記】

十月十二日

後白河上皇女御滋子（26）熊野より還向。上皇より一日遅れての入京。奉迎のため行列の前駆《せんぐ》を勤めるべく、殿上人十余人が鳥羽御船津（鳥羽泊）に参向す。【兵範記】

十月十五日〔『兵範記』では〔天晴る〕、『愚昧記』では〔朝の間、陰雲〕〕

後白河上皇、七条殿より法住寺殿に密々の渡御。この日、上皇、十二社（祈雨・止雨の社）奉幣神事、および阿弥陀講を修せらるるためなり。講了るの後、上皇、法住寺殿御馬場屋に馬馳《うまはせ》（競馬）を行わる。別当藤原隆季（41）・権中納言藤原成親（30）・参議源資賢（55）ら、供奉す。上皇、院の随身・右将曹秦兼頼を召し、院下臈《いんのげろう》・右近府生佐伯国方と下毛野友武に栗毛馬に騎乗せしめ、勝負を下命。両人、互いに相競うも勝負を決せず。国方にはその志あるも、友武勝負を好まず、未熟のため甚だ不興なり、と。上皇、北殿（七条殿）に還御。【愚昧記、兵範記】

十月十九日

後白河上皇、蔵人頭権右中弁平信範（56）に仰す。明日の僧事（僧侶の叙任人事）において、熊野詣で先達以下の勧賞を行うべきのこと。すでに熊野山において上皇より仰せらると雖も、例に任せ、僧事において宣下せらるべきのこと（『兵範記』十月十一日条参照）。摂政藤原基房（23）、五節預蔵人右衛門尉菅原良盛に五節舞姫定文を下付す。舞姫進献の人々は、殿上人（太皇太后宮亮平経盛44・出雲守藤原朝時）・左大臣藤原経宗（49）・治部卿藤原光隆（41）に決す。先頃、後白河上皇、熊野詣でより還御。よって、にわかにこの定あり。摂政基房に下命あるも、咳病により参内なく、今日に遅引せり。上皇、後例となすべからず、と。【兵範記】

十月二十一日〔天晴る〕

日吉社御幸の内競馬七番を行う。後白河上皇・女御殿滋子(26)、七条殿より同車、日吉社御幸。前太政大臣平清盛(50)・摂政藤原基房(23)・左大臣藤原経宗(49)・内大臣藤原忠雅(44)以下、供奉。御所南廊に南北に分れて着座。女御殿女房、車三両に分乗、御所に参上す。この日、競馬合図の鼓は刑部卿中宮亮藤原重家(40)、鉦《かね》は少納言高階泰経(38)が勤む。七番、乗尻《のりじり》十四人(左右騎手)、勝分に各纏頭《てんどう》(褒美)あり。無勝負は六番のみ。　【兵範記、愚昧記、顕広王記】

十月二十三日〔天晴る〕

後白河上皇ならびに女御殿滋子、七条殿より法住寺殿に渡御。日吉社御幸の試楽(神楽)および御馬御覧あり。まず御馬を牽引す。神馬二疋、舞人馬十疋、以上、公家《こうけ》御馬なり。乗尻・院番長以下がこれを引く。事了りて神馬以下十二疋、すべてを斎籠せしむ。ついで試楽事あり。舞人退去の後、上皇入御。　【兵範記】

十月二十五日

後白河上皇、日吉社御幸なり。上皇、七条殿より法住寺殿に遷御。まず、御湯殿の儀あり。この日の御幸、法住寺御所において出立儀を行わる。昼御座《ひのおまし》に神宝を安置す。神宝行事は院司・左京大夫藤原定隆(34)なり。左右番御馬二十疋、平文《ひょうもん》の移鞍《うつしぐら》を置き西町庁辺に引き集む。上皇、昼御座に出御、神宝御覧あり。

女御殿滋子は七条殿桟敷において上皇御幸の行列を見物。東宮憲仁親王(7)も密々にこの桟敷に御座。やがて、御幸進発。日吉社参着の後、院判官代藤原経房(25)、贖物《あがもの》を供す。ついで、御幣・神宝・神馬・舞人、社内に参る。上皇、御拝。神宝を供す。神宝行事藤原定隆、金銀幣を持参、大納言源雅通(50)に伝達。東遊《あずまあそび》、雅楽寮の舞楽、神楽あり。ついで、社司以下に賜禄、勧賞あり。その後、経供養、誦経の後、上皇、頓宮《かりみや》御所に還御。　【兵範記、玉葉、愚昧記】

十月二十六日

日吉社御幸、競馬あり。後白河上皇、頓宮御所より出御、馬場御所に御幸。諸衛陣列し、伶人立楽《たちがく》あり。競馬十番、左右の乗尻二十人。六番、左方の乗尻・番長下毛野教助は、鳥羽殿御廄《みまや》の栗毛馬に騎乗。九番、左方乗尻・右近衛番長秦兼平は、安芸守藤原能盛の鹿毛馬を乗用、ともに勝を制す。競馬終了近く、勅使・参議右大弁藤原実綱(41)参入。上皇の御前に召す。権大納言藤原定房(38)、勅使に賜禄《しろく》をとり、藤原実綱、拝舞して退出。上皇、入御。人々退下す。　【兵範記】

十月二十七日

日吉社御幸、相撲事《すまい》あり。舞人・陪従《べいじゅう》の輩、多く京上す。よって公卿以下、日吉社頭より少々、帰洛の者あり。しかるに、後白河上皇逗留、相撲見物あり。 【兵範記】

十月二十八日

午上（正午すぎ）、後白河上皇、日吉社より還御。七条殿に入御す。 【兵範記】

十月二十九日

蔵人頭権右中弁平信範（56）、参院（七条殿）して受領《ずりょう》五節事を奏す。五節舞姫進献は、受領三人、公卿二人が故実なり。上皇、なお伊豆守源仲綱（頼政一男・42）に催すべく、摂政藤原基房（23）と計らい沙汰すべく下命。叡旨をうけた基房も同意。よって、源仲綱に御教書を遣わさる。 【兵範記】

十月三十日

蔵人頭平信範、後白河上皇に伊豆守源仲綱の五節舞姫進献辞退の事を奏上す。

蔵人頭平信範、高倉殿北政所（故摂政藤原基実室・平盛子12）を准后《じゅごう》となすべく、後白河上皇の叡旨あり。信範これを奉行すべく院宣を奉《う》く。今日、これを沙汰す。 【兵範記】

十一月一日〔夜より雨下る〕

巳刻（午前十時頃）、蔵人頭平信範、院御所（七条殿）に参入。伊豆守源仲綱、院の御教書を受くるも五節舞姫進献を固辞の次第を、後白河上皇に奏上す。上皇、「慥かに進献すべき由、重ねて仲綱に申すべし」と。 【兵範記】

十一月三日

後白河上皇の院宣を奉け、高倉殿北政所平盛子の准后御料名字を考勘せる式部大輔藤原永範（62）、名字「専」「盛」の二字の書様を勘申《かんじん》、蔵人頭平信範に進達。信範、これを院御所（七条殿）に持参、右兵衛督平時忠（38）に付し、後白河上皇に進覧す。上皇、これにて議定すべし、と勅答あり。 【兵範記】

十一月五日

後白河上皇、右兵衛督平時忠をして、北政所平盛子の准后の事につき、名字・叙位・上卿（大臣か納言か）・勅書の書式・親族拝賀などの条々を権右中弁平信範に仰せあり。

今夕、後白河上皇ならびに女御殿滋子（26）、仁和寺法金剛院に渡御。明日より理趣三昧（『理趣経』を読誦する勤行）を行わるべきためな

り。【兵範記、愚昧記、玉葉】

十一月十二日〔陰り晴れ、定まらず〕

後白河上皇発願の法金剛院理趣三昧、結願《けちがん》なり。よって公卿、参議源資賢（55）・三位左中将藤原兼雅（22）・左兵衛督藤原成範（33）・新三位藤原朝方（33）・右兵衛督平時忠（38）ら参会す。事了りて、上皇・女御殿滋子（26）同列に、酉始め（午後五時すぎ）、仁和寺を出御、秉燭《へいそく》の後、七条殿に還御。【愚昧記】

十一月十五日

この夜、内裏、大嘗会の童女《わらわ》御覧なり。蔵人頭権右中弁平信範（56）、蔵人頭右中将藤原実家（23）以下、雲客《うんかく》を率いて女御殿滋子の七条殿に参上す。寝殿西庇座に推参するも公卿不在、盃酌の儲《もうけ》もなし。頭中将実家と経範が座上を占め、四位・五位の殿上人四十余人が祗候して着座した。やがて、まず右中将藤原実宗（23）が朗詠を歌い始める。満座がこれに助音（唱和）す。つぎに加賀守藤原基家（36）が今様を歌う。つぎに催馬楽の「万歳楽」。たけなわになるにつれて、装束の肩脱ぎ（袒裼《たんせき》）になり、六位・五位・四位と下﨟の順から舞が始まる。信範も頭中将実家も舞う。さらに、白薄様《しろうすよう》・白拍子の咒曲などの歌曲や乱舞の限りを尽くす。時に晩更に及び明月皎々、白雪紛々と舞う。つぎに、各自が櫛の包みを献ず。この間、後白河上皇は御簾中から宴の会場を窺見して、密儀たりしが、半ば以後は玉体を御簾外に乗り出し、さまざまな仰せあり。上皇の御感斜めならず。【兵範記】

十一月十八日　**平盛子を准三后に**

無位平盛子（故摂政藤原基実北政所・12）を従三位に叙し、ついで准三后の勅書を下さる。さらに本封のほかに封戸《ふご》三百戸を加えしむ。【兵範記、百錬抄】

十一月二十七日〔天陰る〕

摂政藤原基房（23）、初めて春日社に参詣。院唐御車を借用して、これに乗駕す。これは去る月、後白河上皇、日吉御幸の際の新車なり。院年預・大宮権大夫藤原俊盛（48）調進。屋形の上葺ならびに四面のすべてを白生糸で葺き、袖には金銅金物を打ち、下簾《したすだれ》は縫物で飾った、きわめて美艶な御車。院御牛ならびに牛童は後白河上皇から贈られしものなり。後白河上皇は七条殿の桟敷殿に渡御、行列を見物。【兵範記、顕広王記】

十二月一日

この夜、従三位准后平盛子、准后宣下の後、吉日たるにより、初出御として東宮憲仁親王（7）の七条殿東御所に参上す。御車は院御車。昨日、一昨日、摂政藤原基房（23）が後白河上皇より拝借のもの。今日また、平盛子乗用として、ふたたび院より借用。後白河上皇は、この御車の後騎《あとのり》として、摂政藤原基房に扈従《こしょう》せしむべく、蔵人頭平信範（56）を摂政第に通達せしむ。白川殿（押小路殿）を進発した准后平盛子（12）の御車は、二条末より西行、京極より南行。六条末より河原を経て（検非違使、浮橋を架設）、七条末より院御所小路を経て、東宮（七条殿上御所）の東南に到る。門外で御牛を放ち、准后は入御。この間、後白河上皇は七条殿下御所の簾中に御坐《おわしま》す。時に戌刻（午後八時頃）、准后盛子の滞留は子刻（午後十二時頃）に及び、白川殿に還御。【兵範記】

十二月七日

後白河上皇、今夕、仏名会《ぶつみょうえ》を行う。【兵範記】

十二月八日

右大臣藤原兼実（19）、後白河上皇ならびに東宮御所（七条殿）に参上。明日の憲仁親王（7）の読書始《ふみはじめ》の事を奏聞す。「読書始の儀のために、読経せらるべし。御声は程良く微音ならるべし」と。【玉葉】

十二月九日　**東宮憲仁親王、読書始・手習始**

東宮憲仁親王の御所七条殿東御所において、読書始の儀を行わる。後白河上皇ならびに母儀女御殿（滋子26）は密々に西御所より渡御。所用の御書は『御注孝経』（一巻）なり。後白河上皇より調進せらるるもので、別当・左衛門督藤原隆季（41）が沙汰す。外題は上皇の仰せにより右大臣藤原兼実が、昨日、揮毫す。本来、この外題染筆は、能書の公卿が選ばれるしきたりなり。これにつき兼実は、「此の事、昨日、仰せを蒙る所なり。先例、能書に就きて、此の役を勤む。而れども余（兼実）、筆に堪えざるなり。後代の嘲たるべし」と。しかし、当時、若年ながら稀代の能書を謳わる。上皇は、その才により兼実に下命したるもの。

侍読《じどく》は東宮学士藤原永範（62）、尚復《しょうふく》は給料学生《がくしょう》藤原基光が奉仕す。事了りて朝餉間《あさがれいのま》にて手習始の事あり。東宮権大夫藤原邦綱（47）と右兵衛督平時忠（38）が御前に候す。手本は摂政藤原基房献上の「法性寺関白藤原忠通手跡」であった。【兵範記、玉葉、資長卿記】

この日、後白河上皇皇子（12・のち定恵法親王・法印、天王寺別当、母は右衛門尉平信業姉）出家す。【資長卿記、北院御室日次記】

十二月十八日〔風雪〕

早旦、蔵人頭平信範、法住寺殿に参上。後白河上皇に法勝寺大乗会事等を奏上す。上卿《しょうけい》・東宮大夫平重盛（30）、日来、所労に臥し、昨今なお不快なれど、法勝寺大乗会初日たるにつき、所労を相扶け推参。しかし、明日以後は参仕しがたきの由を奏聞す。上皇は、代替として大納言藤原師長（30）に催すべし、と。【兵範記】

十二月二十一日〔天晴る〕

法勝寺大乗会第四日。法華経五巻の日に相当す。よって後白河上皇、御幸あり。公卿、七、八人供奉。午刻（正午頃）、法勝寺に着御。御車を西門外に駐め、御牛を放つ。今日、朝座すでに中間なり。ついで夕座。すなわち、第五巻の儀なり。講師説法、つぎに論議、事了りて僧退下。上皇還御。時に秉燭なり。【兵範記、愚昧記】

十二月二十八日

去る十二月十三日、仁和寺宮覚性法親王（39）、綱所《ごうしょ》（僧綱〔僧正・僧都・律師など〕が出仕し、法務を執行した役所）を賜わる。この条、先例なし。

よって、今日、覚性法親王、初めて院御所（法住寺殿か）に参上。後白河上皇に参賀せらる。網代車《あじろぐるま》（下簾を懸け、男車副六人）に乗駕、前駆十二人（僧綱四口、有職《うしき》四口、房官四口）をはじめ騎馬の行粧を整え、東寺長者法務権僧正禎喜（69）以下、八人の高僧が車に駕し追従す。【愚昧記、兵範記】

この年

後白河上皇の寵女・三条局（浄土寺仁操女・中宮忻子女房）、真禎（のちの広隆寺別当・権大僧都）を出産す。〔興福寺本「僧綱補任」により逆算〕

仁安三年（一一六八）　四十二歳

正月二日〔天晴る〕

早旦、左衛門佐平信基（26）、院御所（東山東殿＝七条殿東御所）に参上、後白河上皇に御薬（屠蘇《とそ》）を供す。了りて退出。未刻（午後二時頃）、院拝礼（同上）あり。摂政藤原基房（24）・左大臣藤原経宗（50）・右大臣藤原兼実（20）以下公卿・殿上人、四位・五位四十人許り参入。【兵範記】

正月六日〔天晴る〕

東宮憲仁親王（8）、法住寺殿に朝覲《ちょうきん》行啓。東宮御所は七条殿東御所（東山東殿・七条河原御所とも）なり。時に後白河上皇も同御所に御座。故に、上皇は東山東殿より法住寺殿に遷御ありて、朝覲の儀を儲けらる。東宮、巳刻（午前十時頃）出御。御車にて御所の北面大路より、川原を経て南行、法住寺西楼門を入御。舞楽・御遊あり（「御遊年表」参照）。事了りて後白河上皇より贈物として琵琶・和琴《わごん》・御馬二疋。時に申斜《さるのなな》め（午後四時半すぎ）なり。東宮は御簾中に入御、法住寺殿に滞留。上皇は「東殿御所」（東廊御所は誤写か）に還御。【兵範記】

正月九日

今朝、後白河上皇、日吉社御幸。公卿多数供奉す。日吉社頓宮《かりみや》御所に宿御。【兵範記】

正月十日

後白河上皇、日吉社より還御。この日、除目の中夜。晩頭、蔵人頭権右中弁平信範（57）、院御所（東山東殿・七条殿東御所）に参上。除目入眼《じゅがん》の事を後白河上皇に執奏、申文目録を進上す。右兵衛督平時忠（39）これを伝奏す。【兵範記】

正月十一日

除目入眼。今夜、後白河上皇、円勝寺の恒例一夜修正会《しゅしょうえ》に御幸。内大臣藤原忠雅（45）以下、公卿十人ばかり参勤す。御幸奉行は右少弁藤原重方（46）。上卿は権中納言藤原宗家（30）なり。

蔵人頭平信範、後白河上皇の召しにより熊野御精進屋に参向。仰せにより女御殿滋子御所（七条殿下御所、東山西殿）に参上。右兵衛督平時

忠（39）祗候中。女御（27）の意をうけ、除目下名《おりな》加任の事など沙汰す。【兵範記】

正月十三日

後白河上皇、熊野御精進屋（法住寺殿内）に入御。今度は毎事省略あり。御供人は権中納言藤原成親（31）・右馬頭藤原親信（本名《もとのな》実清31）・右少将藤原光能（37）・皇后宮大進高階能章・但馬権守藤原光範（43）らが奉仕。下臈五、六人。例の如く権僧正覚讃（79）が先達となる。【兵範記】

正月十七日

蔵人頭平信範（57）、後白河上皇参籠中の熊野御精進屋（法住寺殿内）に参向。門外において右少将藤原光能をもって、雑事を奏上す。【兵範記】

正月十八日〔夜より降雨〕

蔵人頭平信範、昨日の如く熊野御精進屋に参り、上皇に雑事を奏上す。【兵範記】

正月十九日〔天晴る〕　**後白河上皇、熊野御幸に進発**

夜半、後白河上皇、熊野御精進屋（法住寺殿内）を出御、熊野御幸に進発。公卿以下、近習《きんじゅ》の人々、例の如く歩行扈従《こしょう》す。

後白河上皇の沙汰により、姫宮御所（鳥羽法皇皇女頌子《のぶこ》内親王24、母は美福門院女房春日局〔左大臣藤原実能女〕）一条北辺五辻殿を六条天皇（5）の本所となす。よって、同宮の券契《けんけい》（証拠書類）を内裏に奉献。内女房《うちのにょうぼう》、書札を添えて、これを献ず。蔵人頭平信範、後白河上皇の院宣により、これを内覧の上、六条天皇の朝餉間《あさがれいのま》に進達す。【兵範記】

正月三十日〔天晴る〕

後白河上皇、熊野本宮に参着。【兵範記】

二月一日

後白河上皇、熊野本宮の宝殿に奉幣あり。【兵範記】

二月二日

後白河上皇、今日より十ヶ日間、熊野本宮に参籠。【兵範記】

二月九日〔晴〕　**平清盛、寸白を病む**

右大臣藤原兼実（20）、来る十五日、熊野より後白河上皇下向と、伝聞す。

前大相国平清盛（51）、六波羅第にて寸《す》白《ばく》（條虫《さなだむし》による腹痛）を病む。兼実「天下の大事歟」と。【玉葉】

二月十一日〔天晴る〕　**平清盛・時子、出家**

申時（午後四時頃）、前大相国平清盛（51）出家す。良弘阿闍梨（27）、剃除《ていじょ》を勧め、天台座主・僧正明雲（54）、授戒す。法名「清蓮《じょうれん》」。ついで従二位平時子（43）も急に発心、同じく出家す。兼実（20）「猶々、前大相国の所労、天下の大事、只此事に在るなり。此の人夭亡《ようぼう》の後は、弥もって衰弊か」と記す。【兵範記、玉葉】

二月十五日

蔵人頭平信範（57）、女御殿滋子（27）よりの伝聞にて、去る夕、熊野より還京の後白河上皇、和泉国中厩戸辺《うまやどのあたり》（泉南市）に宿御。今日、ただちに入洛、秉燭《へいそく》の刻に及ぶか、と。しかるに申刻（午後四時頃）、上皇すでに入洛。右兵衛督平時忠（39）、上皇の仰せにより馳せ参ず。時に、上皇は六波羅亭に入御。熊野参詣の浄衣も改めず、途次より六波羅に直行。一方、右大臣藤原兼実は、東宮御所に参入、「今日、上皇、下向と聞く。もとは明日の予定と伝聞せしも、にわかの下向。前大相国危急の由、熊野還路に伝わり、密かに六波羅第に御幸あるか」と。【兵範記、玉葉】

蔵人頭平信範、後白河上皇の御使として摂政藤原基房（24）の閑院第に参向。清盛出家により赦令《しゃれい》を行うべき叡旨を伝達せしむ。上皇は熊野御幸帰参の直後なり。よって七条殿御所に還御、委細の旨は、追って沙汰すべし、と。【兵範記】

二月十六日

早旦、後白河上皇、前大相国入道清盛の六波羅亭に御幸。蔵人頭平信範、追参す。伯耆守平親宗（25）をもって見参《げざん》に入る。右兵衛督平時忠、祗候。上皇と入道清盛、東宮憲仁《のりひと》親王（8）受禅の事、急ぎ議定せらる。ついで、平時忠、摂政基房の閑院第に御使として参上。六条天皇（5）譲位と赦令仰せ出しの要件なり。午刻（正午頃）、上皇、七条殿に還御。【兵範記】

この日、後白河上皇の使者・右兵衛督平時忠の入来を受け、摂政基房は、来る十九日の六条天皇譲位の事を議す。亥刻（午後十時頃）、或人、基房の内意をうけて、右大臣藤原兼実にこの旨を告げ送る。【玉葉】

二月十七日〔晴〕

右大臣藤原兼実、東宮（七条殿東御所）に参上、女房に会い、六条天皇譲位の事などを談ず。昨日、にわかに出来の譲位の事なり。後白河上皇、心中ひそかに出家を決断さる。これにより譲位の事を急がしめらるるなり。また、前大相国入道清盛の所悩すでに危急に瀕す。一進一退の病状ながら、清盛夭亡の後は、かならず天下乱るべし。かくの如き急変の事態を前にして、上皇は譲位を急ぐべき思召しなり、と。【玉葉】

二月十九日〔晴〕　**六条天皇譲位、憲仁親王（高倉天皇）受禅**

摂政藤原基房（24）の閑院第を借りて、六条天皇（5）譲位の儀を行わる。辰刻〔午前八時頃〕、右大臣藤原兼実（20）、東宮〔七条御所〕に参入。東宮権大夫藤原邦綱（48）以外、公卿ら未参。憲仁親王（8）、今日、譲位儀に参列のため、摂政基房の閑院第に渡御あるにより、人々、七条殿御所に参集す。やがて後白河上皇、密々に同じ七条殿より渡御あり。人々遅参の折、ようやく未刻〔午後二時頃〕、摂政藤原基房、参仕。東宮、装束を改め、頭髪は総角《あげまき》に結う。やがて上皇は還御。

申刻〔午後四時頃〕、東宮は七条殿御所を出御。後白河上皇、摂政基房に東宮の御車に同車すべきを下命、還御。よって、摂政は御車に候し、閑院第に向けて進発す。摂政基房の閑院第は東三条殿を模して建造、去る十二月十日移徙《いし》の新第なり。今日、この新閑院第において譲位・受禅を行う。新帝〔高倉天皇〕は、種々の儀の後、清涼殿常備の累代御物の相伝を受け、譲位・受禅の儀のすべてを完了す。新帝、即日、この閑院第を内裏として逗留さる。　【兵範記、玉葉】

二月二十六日

晩頭、摂政藤原基房、閑院内裏に参上。高倉天皇、皇太子の砌、後白河上皇から相伝をうけて所用せし剣・平緒・笏〔三腰〕を、御使をして院御所〔七条殿〕に持参するが、後白河上皇、「壺切剣は重宝たるにより、一日と雖も逗留すべからず」と高倉天皇に返献せしむ。　【兵範記】

三月九日〔天陰り、雨下る〕

後白河上皇女御殿〔従三位平滋子27〕、立后兼宣旨の儀あり。蔵人頭平信範（57）、未刻〔午後二時頃〕、勅使として尋常束帯を着装、女御殿御所〔七条西殿、上皇も同宿〕に参向す。　【兵範記】

三月十一日〔夜より深雨〕

今夕、高倉天皇、摂政藤原基房閑院第〔仮皇居〕より大内に行幸。移徙の儀により行幸を行わる。後白河上皇、大宮辻において密々に幸列を見物。また新帝の女官除目をも行わる。典侍《ないしのすけ》四人〔藤原総子〔別当〕＝右京大夫藤原邦綱女・平清子〔中納言〕＝太政大臣入道清盛猶子・藤原忠子〔権中納言〕＝民部卿藤原光忠54女・藤原教子〔督殿〕＝右大弁藤原実綱42女〕、掌侍《ないしのじょう》四人〔高階仲子〔美作〕＝高階泰兼女・高階行子〔播磨〕＝右兵衛督平時忠39猶子・藤原範子〔甲斐〕＝文章博士藤原永範女・藤原能子〔少納言〕＝散位藤原行能女〕にして、すべて従六位なるも、典侍は一様に従五位下に昇叙。掌侍、新任四人のほか、先帝二条天皇より二人〔説子30〔伊予〕・兼子〔弁〕〕継続出仕。　【兵範記、玉葉】

三月十四日　**皇太后呈子、九条院の院号宣下**

後白河上皇、かねてより寵愛の女御滋子の立后につき腹案するところあり、巳刻許り〔午前十時頃〕、蔵人頭平信範が七条殿に参院。上皇より皇太后呈子《しめこ》（38・近衛天皇中宮、このころ落飾して法名清浄観を号す）の院号事につき条々の仰せをうけて退出。平信範（57）はただちに内裏に参上、摂政藤原基房（24）に上皇の御旨を伝う。基房は即刻、公卿の参集を求む。晩頭、仗座に参着した公卿衆は、互いに院号の私案を提出。結局、多数決により九条院の号を決定す。

院号決定と同時に、後白河上皇は女御滋子（27）をその後の皇太后と決し、ただちに新皇太后のための立后準備に着手。夜中ながら法住寺御所に院家司の全員が集合す。立后装束始の儀を行う。院司の中から、左近大夫藤原定隆（35）と蔵人左衛門権佐藤原経房（26）が、議事の執行となり主導。やがて三月二十日には前者は皇太后宮亮、後者は皇太后宮大進の兼任発令をうける。【兵範記】

三月十五日

後白河上皇は七条殿より南御所（法住寺殿）に渡御す。内大臣藤原忠雅（45）以下、十八人の公卿・殿上人が集合。上達部は直衣、殿上人は束帯着装。南御所において女御殿滋子の立后定の事を議す。能書をもって鳴る大納言源雅通（51）がその任にあたり、これまた能書の権中納言藤原忠親（38）が当日の定文を書く。【玉葉】

三月十六日

後白河上皇、法住寺殿において尊勝陀羅尼供養を行わる。導師は東寺一長者・禎喜僧正（70）なり。摂政藤原基房・左大臣藤原経宗（50）以下、多数参仕す。【玉葉】

三月二十日〔天晴る〕　**高倉天皇即位、平滋子を皇太后に**

高倉天皇（8）、大極殿において即位す。ついで、立后を行い、後白河上皇女御平滋子を皇太后となし、摂政藤原基房の内裏直廬において宮司（皇太后宮職）除目あり。大納言源雅通（51）を皇太后宮大夫、参議右中将平宗盛（22）を皇太后宮権大夫、左京大夫藤原定隆（35）を皇太后宮亮、右中将藤原頼実（14）を皇太后宮権亮に補す。大饗あり（「御遊年表」参照）。【兵範記、百錬抄】

三月二十六日〔夜より甚雨、午後、天晴る〕

蔵人頭平信範、内裏に参候中、皇太后滋子より召しあり。皇太后宮大進藤原経房携行の御教書によれば、今日、八社（石清水・賀茂・松尾・平野・稲荷・春日・大原野・吉田各社）奉幣使発遣の事あり。その陪膳を信範に勤仕すべし、と。急ぎ、まず後白河上皇の七条殿東御所に参入。ついで、皇太后宮御所、七条殿西御所に参る。石清水八幡宮使・左少将源有房以下、各社の使参入。皇太后、御座に出御。贖物《あがもの》を供し、信範、中門廊において陪膳を勤む。

この夜、皇太后滋子、内裏に入内す。行啓行事は皇太后宮権大進平親宗（滋子弟・25）および左衛門佐平信基（26）が勤む。刻限に至り、七条殿東御所（上皇御所）東妻に、出車《いだしぐるま》十二両を連《つら》ぬ。皇太后宮はここにて乗輿、女房たちも乗車。門外の乗車、煩ありとて、院御所において乗車となる。後白河上皇は七条殿桟敷に出御、行列を見物。やがて、皇太后の輿は七条殿西楼門を出御。院桟敷前を渡御、鴨川河畔に至る。河水沃溢により、浮橋の渡河不能。よって、輿・出車・女騎馬のすべて、皇太后宮権大夫平宗盛（22）の郎従大勢で河中を渡す。行列は京極末を北上、大路を渡り、朔平・玄輝門に入御。皇太后は弘徽殿を御在所として臨御。【兵範記】

三月二十八日

この夜、皇太后平滋子（27）、入内、輿を寄す。左大臣藤原経宗（50）・内大臣藤原忠雅（45）以下、騎馬にて供奉。行啓雑事は一昨夜の如し。今夜、蔵人頭平信範（57）、御所に宿直。行啓進発以前に、皇太后宮権大夫平宗盛、一昨日の皇太后初入内の勧賞《けんじょう》により、正三位に昇叙、皇太后に慶び申しのため弓場殿上口において拝賀す。【兵範記】

四月二日

蔵人頭平信範、所労にて湯浴のところ、後白河上皇の召しにより、七条殿東御所に参上。明日、石清水八幡宮臨時祭につき、上皇、法住寺殿において見物の意あるを平信範に申下さる。また、祭使・舞人・陪従等、内裏清涼殿における出立の庭座儀の事、早く申行うべきの由、仰せあり。【兵範記（三日条も参照）】

この日、後白河上皇の異母弟（母は石清水八幡宮別当光清法橋女・美濃局）たる鳥羽六宮（鳥羽証金剛院僧・道恵法親王37）、御悩火急なり、と伝えらる。【兵範記】

四月三日

石清水八幡宮臨時祭（高倉天皇即位、代始《だいはじめ》）なり。使は近衛中将藤原実家（24）。代始の庭座の勧盃《けんぱい》、五献ないし七献にも及ばんとす。しかるに、今日、後白河上皇ならびに皇太后滋子、法住寺御所において行列見物あるべきにより、出立刻限につき、しきりに催しの仰せあり。よって忩行すべく、摂政藤原基房（24）、三献に限る。上皇・皇太后宮、南庭に渡御は申斜めの刻（午後四時半すぎ）に至る。【兵範記、愚昧記】

四月八日〔天晴る〕

公家・諸院・宮、灌仏会《かんぶつえ》を行わる。法住寺殿にて後白河上皇の灌仏会あり。中納言藤原実房（22）、これに参会、布施を置き退出す。内裏の灌仏会、摂政藤原基房以下、人々多く参入す。しかして、後白河上皇の渡御を待ち、いたずらに時刻を送る。上皇、この間、今熊野社に参籠中。今熊野御所より渡御あるべしとの告げあり。しばらくして、上皇、灌仏会の座に渡御あり。内裏の灌仏会了りて、山形《やまがた》（灌仏会に際し誕生仏の背後に飾る須弥山《しゅみせん》の作りもの）供奉の諸司が、皇太后宮（法住寺殿）の灌仏会のため参る。摂政藤原基房・内大臣藤原忠雅以

下、公卿・殿上人こぞって参殿。【兵範記、愚昧記】

四月九日〔天晴る〕

六条上皇（新院・５）、土御門東洞院第（右京大夫藤原邦綱48家）より後白河上皇の法住寺殿に御幸。御車は後白河上皇（本院）が進献。殿上人十人ばかり供奉す。中納言藤原実房（22）、「此の齢（五歳）の太上天皇（六条上皇）、古今いまだ聞かざる事か」と、日記に記しとどむ。【愚昧記】

四月十一日〔降雨〕

今朝、後白河上皇、今熊野社参籠より出御。午後、仁和寺喜多院に御幸。左大臣藤原経宗（50）、内大臣藤原忠雅（45）以下、公卿七、八人、殿上人十余人が供奉。今夕、上皇第二皇子守覚法親王（19）、上皇同母弟覚性法親王（40）よりこの喜多院において伝法灌頂を授法せらるるためなり。【兵範記、仁和寺御伝】

四月十三日〔天晴る〕

摂政藤原基房（24）、賀茂詣でなり。行列、未刻（午後二時頃）、四条坊門・東洞院の右大臣藤原兼実（20）第より進発す。基房、この日の乗用として院御車を借用。去る年十二月二十七日の春日詣でに申請乗用の御車なり。車副《くるまぞい》は六人。

後白河上皇は一条高倉の権大納言藤原公保（37）の桟敷において見物あり。右中将藤原実守（22）・左中将藤原定能（21）・宮内少輔平棟範（19）・蔵人頭平信範（57）は、禁中当番により出仕すべしと、この日の供奉を許されず。【兵範記】

四月十四日

稲荷祭。後白河上皇、桟敷前に渡御、祭礼の行列を見物す。この祭礼、一昨日を式（規式）となす。しかるに、当日、皇子守覚法親王の仁和寺灌頂と競合。よって、この祭礼見物のため、今日に延引せしめらる。【兵範記】

四月二十五日

後白河上皇皇子、鳥羽・証金剛院の阿闍梨定恵（鳥羽六宮道恵大僧都弟子・13）、受戒のため南都に下向す。権大僧都覚智（64）以下、僧綱三人、有職僧五、六人、房官等、扈従《こしょう》す。

今日、申刻（午後四時頃）、鳥羽法皇六宮法印大僧都道恵（37）入滅す。去る年以来、不食の御悩（胃癌か）にして、この旬日病状進行、ついに逝去。母は故石清水八幡宮検校大僧都光清女、待賢門院女房美濃殿。故に、道恵は「美濃宮」の称あり。【兵範記】

五月一日〔晴〕
中納言藤原実房（22）、今日より六月に至る二ヶ月、慎みの月たるにより外出禁足。折柄、腹痛併発により加療の要あり。この日、院女房飛鳥井をもって後白河上皇ならびに皇太后滋子（27）の御所（ともに七条殿）への参向停止の旨を奏上せしむ。【愚昧記】

五月十一日　**後白河上皇、日夜、博奕に興ず**
中納言藤原実房の伝聞によれば、近頃院御所（七条殿）は、日夜、博奕《ばくち》（双六《すごろく》）以外には事なき有様という。下﨟が参上して、後白河上皇と博奕に打ち興じ、負けた輩は種々の珍物を献上し、時に勝った者は、珍物を拝領する。左衛門尉某（藤原能盛か）は負けて腹巻鎧《はらまきよろい》を差し出したが、上皇には異体、無用の物にして、即座に庭中に投げ捨てられた、という。【愚昧記】

五月十六日
後白河上皇、法住寺殿にて院供花会《いんのくげえ》を始行す。参仕の公卿は権大納言源定房（39）・同藤原公保（37）・中納言藤原隆季（42）・権中納言藤原兼雅（24）・参議源資賢（56）・散位藤原邦綱（前参議48）・散位藤原成範（左兵衛督34）なり。【達幸故実抄】

五月二十日
法勝寺千僧御読経なり。午刻（正午頃）後白河上皇、七条殿御所を出御。その儀、例の如し。この日の上卿《しょうけい》は権大納言平重盛（31）なれど所労により、権大納言源定房が仮上卿を勤む。参仕の公卿は摂政藤原基房（24）・左大臣藤原経宗（50）・中納言藤原隆季・権中納言藤原兼雅・同忠親（38）・参議源資賢（56）・同藤原家通（26）・同実綱（42）・散三位左兵衛督藤原成範（34）・皇后宮権大夫藤原朝方（34）。殿上人は十人ばかり。「人甚だ乏少なり」と。御仏は五大力明王。仁王般若経（二巻）を千僧各十部の転読供養。惣講師は法印公舜（天台座主・権僧正明雲が本請なるも、去る夕所労により代替）。院司・左少将藤原脩範（26）が願趣「聖朝安穏、院中泰平、国土豊饒、除病延命」を読み上ぐ。【兵範記、愚昧記】

六月三日
後白河上皇、比叡山延暦寺に登山。七ヶ日の参籠。午始め（午前十一時すぎ）、七条殿進発。供奉の人々、中納言藤原隆季・権中納言藤原兼雅・同成親（31）・参議源資賢・左兵衛督藤原成範（34）・大宰大弐平頼盛（38・霍乱《かくらん》〔痢病〕により坂下より引返す）のほか殿上人三十人（『兵範記』は十人）。後白河上皇の山上御所は円融房（房主は座主権僧正明雲54）。御所舗設《ほせつ》、御儲《もうけ》供御《くご》以下の雑事すべて明雲が勤仕、さらに御修法阿闍梨となる。伴僧は八口。【兵範記、愚昧記、百錬抄】

六月八日

後白河上皇、山上（叡山）において、千僧御読経を行う。左衛門督藤原隆季以下、院司の公卿・殿上人はじめ御供の人々、参仕す。座主・権僧正明雲（54）が惣講師を勤む。【兵範記】

六月十日

後白河上皇、未刻（午後二時頃）、山上、延暦寺より還御。奉迎のため公卿以下、坂下に参向、多数が供奉して入洛す。今朝、山上において勧賞《けんじょう》を行わる。法橋二口、阿闍梨五口を根本中堂に寄付さる。【兵範記】

六月十二日

午後、蔵人頭平信範（57）、皇太后（平滋子27）より内々の召しあり。日来、不参、まことに不意の事なり。追って、後白河上皇より、早参すべきの催しあり。晩頭、蔵人左衛門権佐藤原経房（26）から出仕すべきの告知あり、信範請文《うけぶみ》を進む。夜に入り、七条殿に参入。まず皇太后滋子に見参、ついで上皇御所に参入。法勝寺御八講（七月三日）の奉行参仕の事、さらに大内修造により高倉天皇本所を他所に定むるにつき沙汰すべきの下命あり。

今夕、後白河上皇、今熊野御精進屋（法勝寺殿内）に入御。【兵範記】

六月十六日

早旦、蔵人頭平信範、今熊野御所に参上。条々の事を後白河上皇に奏聞す。ついで、上皇の御使として前大相国入道平清盛（51）の六波羅亭に参る。入道より仰合わさるる事あり、帰参して今熊野御所の上皇に奏聞す。ついで、皇太后宮（七条殿御所）に参向、その後、帰宅。【兵範記】

六月十七日

早旦、蔵人頭平信範、今熊野御所に参上。後白河上皇に法勝寺御八講の事を奏上。わけても法勝寺上卿たる権大納言平重盛（31）、持病の脚病、近日倍増するにより、上卿辞任の意志を言上す。上皇は第二大納言藤原師長（31）を候補として内意を尋ぬべく指示。師長、左右《とこう》なく承諾の気色あり。上皇、これにより、速やかに宣下《せんげ》すべく、中宮権大夫源定房（39）に下命す。【兵範記】

六月二十日

蔵人頭平信範、今熊野御所に参上。条々の事、少納言高階泰経（39）をして奏聞せしむ。中の一条、摂政藤原基房（24）、初度上表して摂政を辞せんとの意あり、御気色を伺うに、上表文《じょうひょうもん》の持参不必要との勅答あり。しかるに、藤原基房は、式部大輔藤原永範（63）の草、宮内少輔藤原伊行の清書による上表文を提出。上皇はこれを不許。【兵範記】

六月二十一日
後白河上皇、今朝、今熊野御精進御所（法勝寺殿内）を出御、七条殿御所に還御。【兵範記】

六月二十九日
高倉天皇（8）の母（平滋子27）の両親、すなわち、外祖父（故兵部権大輔正五位下平時信）に正一位左大臣、外祖母（故無位藤原祐子）に正一位を追贈す。【兵範記、百錬抄】

七月一日〔天晴る〕
後白河上皇、密々に七条殿出御、中御門西洞院の権中納言藤原成親（31）泉亭に御幸あり。【兵範記】

七月二日
鳥羽院国忌なり。後白河上皇、仁和寺法金剛院に御幸。上皇姉上西門院（43）、月来《つきごろ》御所となし、この日、御懺法を行わるるの故なり。【兵範記】

七月三日
法勝寺御八講始なり。後白河上皇、これに御幸あり。新上卿・大納言藤原師長（31）参勤す。行事は左少弁長門権守藤原為親なり。【兵範記】

七月五日
巳刻（午前十時頃）、後白河上皇、七条殿より法勝寺に御幸。治部卿藤原光隆（42）以下、公卿五、六人、殿上人二十余人供奉す。【兵範記】

七月九日
今朝、後白河上皇、今熊野社に参籠。蔵人頭平信範（57）、右少将皇太后宮権亮藤原光能（37）をして、条々の事を後白河上皇に奏聞せしめ、午後退出す。【兵範記】

七月十日
今夕、院御所（七条殿）の殿上間において朝覲行幸定を議す。摂政藤原基房（24）・左大臣藤原経宗（50）以下、公卿九人参仕す。院別当・左少将藤原脩範（26）、日時を勘申《かんじん》（行幸日八月四日・法住寺殿）す。後白河上皇、今熊野社参籠中につき、当日議定事項を皇太后宮（平滋子）に啓上す。【兵範記】

七月十四日
今夕、後白河上皇、今熊野社を出御、七条殿御所に還御。【兵範記】

七月十六日

従三位参議平時忠（皇太后滋子兄・39）、去る七月三日の小除目において検非違使別当右衛門督の兼官宣旨をうけ、この日、拝賀を行う。時忠、住居の近隣の、風光明媚を誇りし「海乃橋立亭」（大納言入道藤原光頼45第）を修理・掃除を行い借請《う》く。この新亭で庁始（検非違使庁）の儀を行う。西南子午釣殿廊南、五ヶ間を庁座となす。北第一の間を大理座（別当の執務室）とす。ほかに尉以下の座を設け、硯箱・赤漆唐櫃などを置き装束（部屋調備）を新たにす。時忠は車に乗駕、随身・看督長《かどのおさ》・火長《かちょう》を引率、検非違使別当としての威儀・行粧を整え、慶び申しのために出門す。

まず、前大相国入道清盛（51）の六波羅第。ついで、二品尼平時子（43）の八条第。つぎに後白河上皇の七条殿東御所。中門内中央に立ち、院別当・右少将藤原光能（37）に奏聞、仰《おお》せ詞《ごと》の後、拝舞して退出。つぎは蔵人皇太后宮権大進藤原経房（26）の申次にて皇太后滋子（27・七条殿西御所）に参上。拝舞の後、殿上御前に召され、見参の後、退出。つぎ八条院（暲子内親王尼32）、最後に内裏（高倉天皇8）に拝賀、清涼殿朝餉間《あさがれいのま》に参り、退出。【兵範記】

七月十八日

蔵人頭平信範（57）の二男、左衛門佐平信基（26）、後白河上皇により院判官代に補さる。朝覲行幸近きに在り（八月四日）、院司の補任、「過分の大慶なり、抃悦《べんえつ》の至り、謝する所を知らず」と信範、喜色をあらわす。やがて、信範は七条殿に参上。後白河上皇ならびに皇太后滋子に、信基院司拝命につき謝礼言上。

午後、後白河上皇、摂政藤原基房（24）に使者を送る。前《さきの》天台座主大僧正快修（69）の房人《ぼうにん》百余人、右兵衛尉豊原知光を主謀として蓮華蔵院泉御所（鳥羽殿内）に押入り、執行弁宗《べんそう》法橋（41）の制止も聞かず、堂内に乱入。預承仕《あずかりじょうじ》（雑用を勤む）を凌轢《りょうれき》、防戦の兵士の髻《もとどり》を切る。弁宗は辛くも難を逃る。事件露見の後、下手人を逮捕。後白河上皇、右兵衛尉豊原知光を解官せしむ。【兵範記】

七月二十五日

皇太后滋子、先考贈左大臣平時信の忌日にあたり、東山・十楽院（東山区粟田口三条坊町）において追善供養を営む。等身阿弥陀如来絵像一舗、色紙法華経一部を安置。導師は法印権大僧都公顕（59）が勤む。院御所北面諸大夫十人が衣冠を着し、参向、堂童子を参仕す。【兵範記】

八月二日

今夕、後白河上皇ならびに皇太后滋子、院御車に同車して法住寺殿に渡御。行啓は密儀なり。来る八月四日、高倉天皇の法住寺御所、朝覲

行幸に備えての臨御なり。【兵範記】

八月四日〔天晴る〕

高倉天皇（8）、閑院皇居より後白河上皇の法住寺御所に朝覲行幸。即位以後、上皇・皇太后（母平滋子27）に初めての朝覲なり。右中将藤原実守（22）、主上の総角《あげまき》結髪を奉仕。ついで主上、南殿に出御。右中将平宗盛（22）、御輿の輦戸を開き、御剣・御璽を奉安。主上、乗御、進発。京極通りを南行、河原より法住寺御所楼門を入御、御所西四足門に着御。大納言源雅通（51）、寝殿南階東間砌（皇太后宮御所簾前）に至り、主上臨幸を奏す。

主上入御を合図に楽屋、乱声《らんじょう》を発す。池上に龍頭鷁首《りょうとうげきしゅ》二艘の船を浮かべ、船楽を奏す。主上、寝殿に着御。母屋西間に椅子《いし》を立て、上皇および国母（皇太后平滋子）と対面。ついで公卿座に衝重《ついがさね》を居え勧盃《けんぱい》。舞楽、御遊（「御遊年表」参照）。了りて贈物の儀。後白河上皇より手本、皇太后より笛。ついで、上皇より馬六疋を、院随身・左近衛将曹秦兼頼以下六人が南庭に引く。申刻（午後四時頃）、主上遷御。【兵範記、玉葉】

八月二十三日

正二位大納言源雅通（51）、八月十日任内大臣。同十二日兼右大将。今日、雅通、慶賀を申す。御牛・移馬《うつしうま》は後白河上皇よりこれを遣わす。随身は二人。府生秦兼成と番長中臣親武なり。前者は院下臈の中より、上皇が差遣のもの。慶び申し供奉は一家の人々、蔵人頭右中将藤原実守（22）以下に院殿上人、四位侍従藤原俊光以下十五、六人、諸大夫八人が参仕す。まず、源雅通、後白河上皇の七条殿東御所に参上。別当・右少将藤原光能（37）に慶賀を奏す。ついで、上皇御前に召し、対面。上皇より引出物として御馬一疋を賜い、諸大夫二人がこれを引く。ついで、皇太后御方（平滋子）に慶び申す。【兵範記】

八月二十五日〔天晴る〕

太政大臣藤原忠雅（45）、内裏・院御所・宮御所に任大相国の慶賀を申す。まず、七条殿東御所の後白河上皇に参賀。院司・右少将藤原光能、御所の中門において忠雅の奏上を受く。仰《おお》せ詞《ごと》の後、拝舞。ついで、同御所、七条殿西御所の皇太后に慶び申す。職事・右少将藤原泰通（22）を申次《もうしつぎ》にて事由を奏上。母后たるにより拝舞を行う。ついで、後白河上皇の御前に召され、馬を賜う。【兵範記】

八月二十七日

後白河上皇、日吉社に参詣。上皇、前駆《せんぐ》供奉を指仰せらるるにより、その催し広きに及ばず。したがって、公卿四人、殿上人十人という僅少の行幸なりき。人々は束帯着装。院判官代左衛門佐平信基、参勤。

今日、後白河上皇皇女惇子《あつこ》（12）を内親王とし、斎宮に卜定す。母は故右大臣藤原公能女（忻子《よしこ》妹）、後白河上皇の皇后藤原忻子（35）に近侍、皇后宮女房坊門を号す。左中将藤原頼定（42）、綾小路猪隈家を日来、沙汰し、少納言高階泰経（39）が受領（摂津守）の功を募り、これを借召せしもの。惇子内親王、卜定を機に、皇后忻子御所（日頃同居・三条高倉亭）より、件の左中将藤原頼定亭に渡御のこととなる。御車は院御車、院の随身、左近府生秦頼文が供奉。【兵範記】

八月二十八日

早旦、後白河上皇、日吉社より還御。さらにまた、上皇、熊野御精進屋（法住寺殿内）に入御さる。【兵範記】

九月一日〔天晴る〕

蔵人頭平信範（57）、早旦、皇太后滋子（27・七条殿西御所）に参上、見参に入る。ついで、後白河上皇の熊野御精進屋（法住寺殿内）に参り、門外において条々の事を奏聞す。しかるに上皇は、この時、今熊野社ならびに今日吉社（「日吉社」とあるが「今」を脱すか）に参詣中なり。

このたびの熊野本宮に参るべき御供の人々は、参議源資賢（56）・伊予守藤原信隆（43）・左少将藤原定能（21）・右少将藤原光能（37）・右衛門権佐藤原盛隆・但馬守藤原光憲・土佐守源雅賢（資賢孫・21）ら、それに院北面の下臈七、八人が供奉に加わる。先達はいつもの権僧正覚讃（79）が勤む。いずれも上皇に供して、この今熊野御精進屋に参籠中。【兵範記】

九月二日

蔵人頭平信範、熊野御精進屋（法住寺殿内）に参上。後白河上皇に雑事を奏聞す。その中の一つ、大嘗会悠紀卜食国《うらにあうくに》以下、諸国所課未済の事は上皇仰せ置かるる趣あり、と。【兵範記】

九月四日〔天晴る〕

蔵人頭平信範は検非違使別当平時忠（39）よりの知らせで、後白河上皇の召しの事を承知す。巳刻（午前十時頃）、熊野御精進屋（法住寺殿内）に推参。門外より大嘗会雑事を執奏、上皇からは、近く行わるべき小除目において、大嘗会御禊供奉官を任命すべく下命を受ける。【兵範記】

九月五日

後白河上皇は熊野御精進屋を進発、先達僧の覚讃を先頭に、供人一行とともに洛中から鳥羽の作道《つくりみち》を南下して、鳥羽船泊《ふなどまり》から乗船。淀川を下り、浪速の天王寺に参着。この夜は、天王寺の院御所で宿御。【兵範記】

九月十五日〔夜より降雨、午後、天晴る〕

未刻（午後二時頃）、蔵人頭平信範（57）、皇太后御所（七条殿西御所）に参上。来る二十三日、皇太后入内行啓につき、宮の御旨（滋子の意中）をうけたまわる。ついで参内（閑院）、女房若狭殿（平政子・皇太后滋子の乳母・高倉天皇内女房）をもって、皇太后（27）の御旨を高倉天皇（8）に奏聞せしむ。【兵範記】

九月十七日

後白河上皇、今日、熊野社本宮に参着。奉幣、灯明を捧げらる。【兵範記】

九月二十三日

今夕、皇太后滋子、七条殿西御所を出御、内裏に行啓あり。この行啓の儀、毎事、入内の如し。【兵範記】

十月六日

今日、後白河上皇、熊野より下向。七条殿に還御。蔵人頭平信範、内裏、大嘗会行事所に参勤中にて、七条殿参入あたわず。【兵範記】

十月九日

今夜、故二条天皇中宮藤原育子《むねこ》（23）、御在所高倉殿（大炊御門高倉東）において、落飾遁世あり。去る永万年中、二条天皇崩御以後、この御願ありと雖も、先帝（六条天皇＝新院六条上皇5）在位の時、幼主同輿（育子、准母となる）につき、念願叶わず、遅々として今日に至る。しかして、いま、ここに素懐を遂げらる。戒師は宇治大僧正覚忠（51）、唄師《ばいし》は法印全玄（56）、剃髪は法印道円なり。戒師・唄師に施物あり。法名は真如覚。今日の出家行事は中宮大進藤原光長（25）が執り行う。【兵範記】

十月二十一日〔天霽る〕

大嘗会禊《みそぎ》行幸なり。高倉天皇、去る三月二十日即位。代始《だいはじめ》、最初の大嘗会に天皇が賀茂川の川原に行幸、禊をする儀式を行う。申刻（午後四時頃）、河原頓宮《かりみや》に前陣到来。内裏より皇輿着御の後、種々の儀あり。酉一刻（午後五時すぎ）禊了り、主上、膳幄に還御。秉燭《へいそく》の後、次第の事すべてを了りて、戌刻（午後八時頃）、内裏に還御。

後白河上皇ならびに皇太后滋子、二条南烏丸東新造桟敷において行列見物あり。桟敷は五間四面屋、大宮権大夫藤原俊盛（49）年預《ねんよ》の役となり、これを勤仕す。右大臣藤原兼実（20）、上皇御前の簀子《すのこ》に候す。皇太后宮権大進平親宗（滋子弟・25）、一人、砌頭に祗候。女御代は、太政大臣藤原忠雅（45）の養女として、平徳子（清盛第二女・14）、青糸毛車（貞信公乗用、由緒）に乗駕して行列す。【兵範記、愚昧記】

十一月十三日

後白河上皇ならびに皇太后滋子（27）、同車にて大内大嘗会悠紀《ゆき》・主基《すき》斎場所を歴覧。この内裏大嘗会敷設工事現場は、「見物の男女、尊卑貴賤、済々」（『玉葉』）という賑々しさであった。検非違使別当平時忠（39）、参議右中将平宗盛（22）は直衣着用にて扈従《こしょう》。ほかに院判官代左衛門佐平信基（26）・伯耆守平親宗（25）は衣冠の正装。ついで、北面下臈五、六人が御車の両側に供奉。ほかに女房五車が随従。まず南鳥居を入り、行事所の前庭に御車を停める。前庭に臼二基を立て、御稲を入れ、八《や》乙女《おとめ》が杵をとり、各四人が互いに歌曲を歌いながら稲を舂《つ》く。見物の上下感興、数刻を過ごす。ついで御車を北方に廻し、所々を歴覧。内院・神服殿などを御覧。さらに上皇・皇太后は主基殿・悠紀殿を御覧の上、七条殿に還御。　【玉葉】

十一月十四日

早旦、右大臣藤原兼実（20）、後白河上皇の七条殿御所に参上、条々の雑事を奏上。大極殿縫壇御帳敷物料の唐錦《からにしき》五段（反）が欠乏して、是非に必要。往古は装束司にあり、即位大嘗会ごとに、これを借用してきた。兼実はそれが白川殿（故摂政藤原基実北政所平盛子13）に所在することを探知。後白河上皇にその事由を披陳して、それを需要すべく、具申に参上。上皇の仰下しにより、幸いそれを借献、兼実は早速ながら行事所に下付せり。　【玉葉】

今夕、後白河上皇御所七条殿東御所において、大嘗会の清暑堂（平安宮豊楽院の堂宇の一。焼失後は朝堂院小安殿を代用）御《み》神楽《かぐら》習礼《しゅらい》（予行演習）の事あり。上皇の召しにより月卿雲客が参入。時に皇太后滋子も同じく七条殿西御所に御坐。期に臨み寝殿西南透渡殿に円座を敷き、上皇・皇太后の御座として簾中にて見物。蔵人左衛門権佐藤原経房（26）、公卿以下に告げ、人々いずれも直衣着用にて着座す。ついで御遊具（楽器）を置く。これは故摂政藤原忠実遺愛の品で、白川殿盛子に申請して借用のもの。つぎに事始む（『御遊年表』参照）。深更、事了り、人々退出せり。　【兵範記、愚昧記】

十一月十八日

蔵人頭平信範（57）、後白河上皇の七条殿御所に参上、条々の事を奏す。上皇は、これに応えて「錦等（大嘗会用途か）は大宰大弐平頼盛（38）に進献せしむべし」と。また、大相国入道平清盛（51）および右京大夫藤原邦綱（48）に尋ね探索せしむべきの由、上皇の仰せあり。信範は、それぞれ上皇の叡意を伝達。やがて六波羅亭に参向、平頼盛は赤地錦一段・纐纈《こうけち》一段、使者をもって進上す。藤原邦綱は錦二丈・纐纈一段を進献。禅門清盛からは音沙汰なく、信範は事情を尋問すべし、と。　【兵範記】

十一月二十日〔天陰る〕

後白河上皇、この日、七条殿より蓮華王院参籠のため渡御。

皇太后滋子（27）、七条殿より内裏に入内（弘徽殿）。この日、三箇公事を行わる。大嘗会叙位についで五節舞姫帳台試《ちょうだいのこころみ》あり。内大臣源雅通（51）、左大将藤原師長（31）ら、丞相の位に至り、摂政基房（24）に扈従するを見苦しと忌避退出す。基房、朝威をさげすむ行為としてこれに立腹、胸所労更発を理由に儀式を欠席。皇太后、上皇家司・伯耆守平親宗（25）を御使としてこれを慰謝し、暁天に及びようやくにして帳台に参仕、その儀を行う。　【愚昧記、兵範記】

十一月二十一日

大嘗会殿上淵酔《えんずい》により、蔵人頭平信範（57）参内、左衛門陣に在り。蓮華王院参籠中の後白河上皇、院司・伯耆守平親宗に御教書を携行せしめ、信範を召寄す。昨日の帳台試の一件、ことに皇太后入御の後なるにもかかわらず、内大臣源雅通、左大将皇太后宮大夫藤原師長の所行不遜なりと、上皇、逆鱗。「限りあるの公事を遁《のが》る、無極の罪過《ざいか》たり。早やかに摂政（基房）に触れ、所帯等を解官さるべし」と両名の解官の処置を厳命さる。

未刻（午後二時頃）に始まりし内裏殿上淵酔について、酔余の蔵人頭右中将藤原実守（22）以下、皇太后滋子の弘徽殿に推参。すでに東弘庇間に饗宴の座、設置あり。太政大臣藤原忠雅（45）・右大臣藤原兼実（20）・皇太后宮大夫藤原師長・権中納言藤原成親（31）・新権中納言藤原兼雅（24）・別当平時忠（39）・参議源資賢（56）・皇太后宮権大夫平宗盛（22）・皇太后宮亮藤原定隆（35）らが着座、肴物の折敷《おしき》を居え、勧盃《けんぱい》が始まる。闖入《ちんにゅう》の頭中将藤原実守（22）ら若公卿を交じえて、五献にも及び、宴席が盛り上がる。いつしか、朗詠が歌われ、今様の名手・資賢が今様を歌い始める。すると右少将藤原泰通（22）・同源通能・土佐守源雅賢（資賢孫21）らが助音をつけて、合唱する。やがて、一座が総立ちになり、乱舞二返。ようやくにして宴が果て、公卿以下、退出す。　【兵範記】

十一月二十二日

大嘗会。未明の頃、斎場所より悠紀方標が引き出される。この大嘗宮搬入の行列見物のため、後白河上皇、朱雀門前東辺に御車を立て見物の御幸。　【兵範記】

十一月二十六日

大嘗会終了。早旦、少納言高階泰経（39）が後白河上皇の七条殿に参入。大嘗会日々の次第を執奏する。この奏聞を聞く上皇は、「厳重の神態、天下の大事、無異に了んぬ。神物を供する事等、式の如く違い無し。夜々、御出の主上（高倉天皇8）御睡《ねむり》無く、次第の作法成人に異ならざるの由、聞食し及ぶ。直なる事に非ざるなり。奉行懈怠《けだい》無く、最も感悦に思召す」と。　【兵範記】

十一月二十八日　**平頼盛・保盛父子、解官**

蔵人頭平信範（57）は同蔵人頭右中将藤原実守をもって、後白河上皇から召出しを受く。七条殿御所に参上すると、すぐさま、上皇出御。尾張守平保盛（頼盛一男・19）の五節における行動、最初から一部始終を語るべく、催しを受ける。これは、かねてより父大宰大弐平頼盛（38）の申状を受理、散状（回覧文書）す。上皇は、この儀につき摂政藤原基房（24）の指図に従うべし、と。摂政はさらに左大臣藤原経宗（50）の所に、という次第で、この一件、上皇・摂政・左大臣の間で暗黙裡にその処置を内定したのであった。驚いたことに、左大臣経宗の口から、頼盛ならびに保盛らの見任《げんにん》（現在の官職）を解却《げきゃく》せしむ、という。

この頼盛父子は後白河上皇の逆鱗により、父子合わせて五箇の重職が解官された。㈠五節参入、御覧の儀、奉行・職事を御教書に従わず、すべてさからったこと。㈡高倉天皇代始《だいはじめ》に当り、皇太后宮（平滋子）入内の儀など、五箇度の懈怠。㈢無音の伊津岐嶋社（厳島神社）参詣。義兄入道清盛（51）の諫めにも耳を貸さない。これらは、いずれも後白河上皇の叡慮に背く行為であった。㈣このほか、年来の積悪、たびたび、上皇の勅に違い、大嘗会の際には、任地大宰府の所課一切を無視の行為を示した。のみならず、九州支配の非法が重なり、現地の訴訟もあり。 【兵範記、公卿補任、一代要記】

十一月三十日

早旦、蔵人頭平信範、後白河上皇の七条殿に参入。来月の公事《くじ》の次第を執奏す。ついで、参内。弘徽殿《こきでん》の皇太后滋子（27）に参上。女房に見参、次第・公事を啓達す。 【兵範記】

十二月二日

蔵人頭平信範、参内。内女房・伊予内侍に付して月公事（恒例・臨事）を奏上（高倉天皇）。ついで、弘徽殿に参り皇太后御方に同事を啓達す。今夕、皇太后滋子、法成寺に行啓。摂政藤原基房、御車寄に参候、行啓に扈従す。権大納言藤原定房（39）以下の公卿、供奉。これ、恒例法成寺御八講の五巻日（提婆品・講説・行道あり、女人成仏の経趣）たるによる。 【兵範記】

十二月四日

皇太后滋子、内裏弘徽殿より七条殿還御。 【愚昧記（十二月二日は誤写）】

十二月七日

今夕、後白河上皇、法住寺殿において御仏名会《ごぶつみょうえ》を行う。院別当備後守源雅隆・判官代木工頭藤原親雅（24）、これを奉行す。摂政藤原基房以下、公卿十九人参入。 【兵範記、愚昧記】

ついで、七条殿御所、殿上の間において新年、朝覲行幸定を行う。院別当権大納言藤原定房（39）・中納言藤原隆季（42）以下、着座。右大弁藤原実綱（42）執筆。まず、四位院司に日時を後白河上皇に奏せしむ。上皇、定文《さだめふみ》を御覧の上、返却。これにより行幸定、成立。【兵範記】

十二月二十二日

今日、後白河上皇、法住寺殿における御懺法《ごせんぽう》結願。申時（午後四時頃）、僧、上堂。上皇、出御。公卿十三人、上皇御前座に候す。講了りて布施。十口僧侶、日別に被物《かずけもの》以下、色々の捧物《ほうもち》十五種を施さる。【兵範記、愚昧記】

十二月二十四日　**二十一日伊勢神宮焼亡と、通報あり**

今日、皇太后滋子（27）、七条殿において御仏名会を行う。この日、後白河上皇は法住寺殿に御坐あり。

酉刻（午後六時頃）、伊勢神宮祭主大中臣親隆（64）、書状をもって、去る二十一日大神宮正殿焼失のことを、蔵人頭平信範（57）の許に通報し来る。ただし、御正体《みしょうたい》（神鏡）は猛火の中を取出し、忌屋敷に奉安せり。なお、委細は解状《げじょう》進上、と。信範、天を仰ぎ周章、参院せんとす。折柄、後白河上皇より急使あり、即刻、馳参ず。別当より、「上皇、只今、神宮火事のことを聞き給う。如何なる子細なりや」と。信範は祭主親隆書状の趣を言上、奏状未到と。

上皇、まず御正体安否に懸念、信範より親隆通報を承知、その鬱念を散じ給う。信範はこの後、摂政藤原基房（24）および右大臣藤原兼実（九条殿・20）に言上。その後、皇太后宮御所（七条殿）に参上。折柄、御仏名中間《ちゅうかん》により、ただちに宮（平滋子）に子細を啓上す。

摂政基房、前触れもなく上皇御所（法住寺殿）に参向。信範、扈従す。上皇、摂政に対面なし。上皇、信範を召し、条々事を仰せ下さる。

信範、この日、数度、基房閑院第と上皇御所を往反す。【兵範記】

十二月二十八日

皇太后滋子、太政官官掌の注文により、伊勢大神宮奉幣料として、宮御倉より繧繝《うげん》両面綾、精好絹、手作布（麻）、紅花《べにばな》・紫草以下染料数種等を進献さる。【兵範記】

仁安四年・嘉応元年（一一六九・改元）　四十三歳

正月一日〔朝の間、天晴る。申刻（午後四時頃）に及び、微雪降る〕

院拝礼（法住寺殿）、例の如く行わる（『兵範記』院拝礼なし）。卯刻（午前六時頃）、権大納言藤原実房（23）、参院。昨日、右少将藤原光能（38）消息を送りて、御薬《おくすり》（上皇、屠蘇《とそ》・白散《びゃくさん》を服用の儀）に参上すべく催しあるによる。すでに太政大臣藤原忠雅（46）、右兵衛督藤原兼雅（25）参上、相次ぎ人々多く参候。太政大臣以下、法住寺殿東広御所（号、広御所）の上皇御前に参る。巳刻（午前十時頃）、蔵人頭平信範（58）参上。ついで信範、皇太后宮御方（滋子・法住寺殿・28）に見参《げざん》。皇太后宮御方、打出《うちいで》の飾りなし。典薬寮侍医以下、宮に御薬を供す。申刻（午後四時頃）、右大臣藤原兼実（21）参院。相次ぎ、摂政藤原基房（25）・左大臣藤原経宗（51）・内大臣源雅通（52）、参上。数刻の後、摂政退出、ついで兼実も退下。　【愚昧記、兵範記、玉葉】

正月九日

後白河上皇、熊野御精進屋（法住寺殿内）に入御。先達《せんだつ》は権僧正覚讃（80）・導師宝前法印公顕（60）・道心経法橋増宗。御供の人々は権中納言藤原成親（32）・右馬頭藤原親信（33）・右少将藤原光能（38）・左衛門佐平信基（27）・但馬守藤原光憲・周防守高階信章。このほか、陰陽師安倍季弘（34）・典薬頭丹波重永・史中原章重が供奉《ぐぶ》。

高倉天皇（9）、読書始。内裏清涼殿の昼御座《ひのおまし》の前に書案を立て、兼ねて「五帝本紀」一巻を置く。天皇、引直衣《ひきのうし》を着装。右中弁藤原俊経（57）、参進作法に従い、「五帝本紀」の中の五字を教授す。摂政藤原基房不参。　【兵範記】

正月十二日

伊勢大神宮宮司大中臣有長（54）・禰宜荒木田神主忠良・元満・成長ら上京。去る年炎上の大神宮再建（内院・正殿・東西宝殿・瑞垣・御門）のことを後白河上皇に奏す。折柄、上皇は今熊野御精進屋に参籠中。門外において、近習・右少将藤原光能をもって事由を奏上。上皇は摂政藤原基房をして太政大臣藤原忠雅・左大臣藤原経宗・右大臣藤原兼実・内大臣源雅通・左大将藤原師長（32）を会して、これを議せしむ。　【兵範記】

正月十三日

酉刻（午後六時頃）、皇太后滋子（28）、法住寺殿より七条殿に渡御あるべし、と。しかるに、この日は、高倉天皇（9）、内裏より閑院に行幸ありて、折悪しく、未刻（午後二時頃）に参入すべし、との仰せあり。これよりさき、人々多く参集す。が、結局は秉燭《へいそく》の後に行啓となる。唐御車に乗駕、院庁官六人が轅《ながえ》に副い、布衣着用の車副《くるまぞい》二人が遣手《やりて》となる。院御随身・右近将曹秦兼依（布衣）が御供に候す。内大臣源雅通（52）・左大将皇太后宮大夫藤原師長（32）以下、公卿十余人が騎馬で前駆《せんぐ》を勤める。院殿上人のすべてが供奉。一員も諸衛諸司の官人は供奉に加わらぬ。出車《いだしぐるま》は網代車三両。後白河上皇は参籠中の熊野御精進屋南廊において見物す。その行粧の威儀を正したさまは、行啓の儀ながら、さながら御幸のような有様なり、と。

【兵範記、愚昧記】

正月十四日

早暁、後白河上皇は熊野御精進屋を進発、熊野御幸の途にのぼる。

【兵範記、梁塵秘抄口伝集（巻十）】

二月五日

院御所（七条殿東御所）の殿上間において、皇太后（平滋子）の平野社行啓定のことあり。院司の公卿、左大将皇太后宮大夫藤原師長・皇后宮大夫藤原実定（31）・新権大納言藤原隆季（43）・検非違使別当平時忠（40）・参議平親範（33）が参入、議定せり。定文の清書は執筆として修理大夫藤原成頼（34）がこれを勤む。行啓の日時勘文は陰陽頭賀茂在憲（68）の勘申《かんじん》（三月二十六日を決定）。

【兵範記】

二月七日〔天晴る〕

比叡山延暦寺の横川中堂焼亡す。

巳刻許り（午前十時頃）、皇太后御所（七条殿西御所）において、日吉社行啓によりて十社（石清水・賀茂・松尾・平野・稲荷・春日・大原野・日吉・梅宮・吉田）に奉幣使を発遣さる。五位蔵人皇太后宮権大進藤原光雅（21）が奉行を勤む。

【兵範記】

二月八日

後白河上皇、熊野より還向、石清水八幡宮古津殿（京都府八幡市＝石清水八幡宮内頓宮御所）に宿御。

【兵範記】

二月九日

辰刻（午前八時頃）、後白河上皇、石清水八幡宮内宿御所を進発、七条殿に還幸。

【兵範記】

二月十日

今夕、皇太后滋子、七条殿西御所より南殿御所（法住寺御所）に遷御。明日、日吉社御精進を始むべきによる。御精進屋は法住寺殿内に所

在。扈従、一員なし、密儀なり。ただし、公卿、束帯にて参仕。【愚昧記、兵範記（二月十一日条）】

二月十二日

皇太后宮法住寺御所において、日吉社行啓における舞人・陪従《べいじゅう》装束の分与あり。法住寺御所の西対代東庇の副柱に綱を引渡し、装束を懸け飾る。五位蔵人皇太后宮権大進藤原光雅（21）がこれを検知す。この装束のうち摺袴《すりばかま》は、後白河上皇・上西門院（44）・八条院（33）・高松院（29）・白川殿（14）などより進献のものにして、各美麗を尽す。未刻（午後二時頃）、左大将皇太后宮大夫藤原師長（32）・右衛門督平時忠（40）・皇太后宮権大夫平宗盛（23）ら宮殿上に候す。ついで皇太后滋子（28）、法住寺御所寝殿西面に出御、後白河上皇も同座。装束類の分与を行う。このたびの行啓における神宝以下、舞人・陪従装束、日吉社頭の賜禄、その他雑事万般、隠岐守中原宗家が重任《ちょうにん》の功を募り、これを勤仕せり。【兵範記】

二月十三日〔天霽《は》る〕

皇太后滋子、日吉社行啓なり。後白河上皇、法住寺殿北面方より密々に七条殿桟敷に渡御。蔵人頭平信範（58）もこれに従い、行啓行列を見物す。皇太后は御輿に乗駕。女房按察局（前権大納言按察使藤原公通53女）が同輿。これにより輿中狭少なるも先例遵守のためなり。午終り（午後一時前）、行啓の行列、法住寺殿西門を出御、楼門を出で北行。七条殿桟敷前（上皇見物）を西行、川原より北行、京極末より三条に至り東行。また川原（上下の川原、検非違使、浮橋を架す）を経て粟田口に至る。日吉社の社頭儀は左大将皇太后宮大夫藤原師長ならびに皇太后宮権大進藤原光雅が奉行す。次第の事了りて、皇太后滋子は網代輿《あじろのこし》にて密々に日吉社山内を御宮廻り。別当平時忠（40）・皇太后宮権大夫平宗盛・皇太后宮権大進平親宗（26）・左衛門佐平信基（27）ら近親が扈従《こしょう》す。社毎に白妙幣《しろたえのぬさ》を奉納。今夜、日吉社の供僧・社司に勧賞あり。皇太后、頓宮御所《かりみやごしょ》に宿御。【兵範記、愚昧記】

二月十四日

巳刻（午前十時頃）、皇太后滋子、日吉社より還御。後白河上皇、昨日の如く七条殿桟敷において見物。皇太后、法住寺御所の後において御輿を下り、御車に乗り換えて七条殿内に行啓。時に午刻許り（正午頃）なり。

比叡山延暦寺横河《よかわ》の中堂建立せんとして、去る頃、天台座主明雲（55）、後白河上皇に奏状を捧呈す。今日、上皇より蔵人頭平信範に仰せ下さるる旨によれば、去る冬炎上の伊勢大神宮の再建工事、近日、急速に進捗せざるを得ぬ現状。当然ながら明年、役夫工が指合《さしあ》うこと隠れもなき事実なり。しかし延暦寺の申請も、黙止しがたし。この上は、院中の経営として造立すべく一決。即刻、明雲座主の許に通告

す。【兵範記、愚昧記】

二月二十日

後白河上皇、石清水八幡宮に御幸。供奉の公卿、広きに及ばず。法住寺殿を進発、午刻許り〔正午頃〕、男山の宿院に着御。この夜、上皇、南廊御所に宿御。【兵範記、愚昧記】

二月二十一日

今朝、後白河上皇、石清水八幡宮より還幸。神宮寺北門外にて御車に乗車。巳刻許り〔午前十時頃〕、法住寺殿に小時還御。御幸供奉の公卿は、新大納言源定房(40)・権大納言藤原実房(23)・権中納言藤原成親(32)・検非違使別当平時忠(40)・治部卿藤原光隆(43)・右兵衛督藤原兼雅(25)・参議源資賢(57)・大宰大弐藤原信隆(44)らであった。【愚昧記、兵範記】

二月二十九日〔朝の間、雨下る〕

後白河上皇、出家の暇《いとま》を奉告のため賀茂社御幸。巳刻すぎ〔午前十時すぎ〕に七条殿を出御。午始め〔正午頃〕に下社《しもしゃ》に着御。鳥居外にて御車下車。新大納言源定房(40)、御裾《きょ》に候す。御幣・神宝は式目の如し。また、白妙《しろたえ》幣を奉献。酉刻〔午後六時頃〕、上社《かみしゃ》に参着。次第は下社の如し。寅刻許り〔午前四時頃〕に還御。今日、供奉の公卿は大納言源定房・権大納言藤原隆季(43)・同実房・治部卿藤原光隆・権中納言藤原成親・参議右中将平宗盛(23)・大宰大弐藤原信隆、殿上人十余人。【愚昧記、兵範記、梁塵秘抄口伝集(巻十)】

三月一日〔天晴る〕

後白河上皇、今熊野社三月会のため、今日より御精進屋〔法住寺殿内〕に入御。明後日、今熊野社に参詣。【兵範記】

三月四日

後白河上皇、今熊野社より出御。よって、早旦、蔵人頭平信範(58)、参院〔七条殿〕。石清水八幡宮臨時祭〔来る三月十四日〕および石清水八幡宮・賀茂社行幸定等の事を奏聞す。【兵範記】

三月五日〔天晴る〕

院御所七条殿の殿上間において皇太后滋子(28)の平野社行啓における雑事を定む。参社の公卿はいずれも皇太后宮院司の面々。皇太后大夫藤原隆季(32)・権大納言藤原隆季・同実房・右衛門督平時忠・修理大夫藤原成親・参議平親範(33)が着座した。判官代《ほうがんだい》・五位蔵人皇太后宮権大進藤原光雅(21)、後白河上皇の院宣を奉《う》けて行啓の日時・雑事を定め、皇太后宮大夫師長に言上。修理大夫藤原成親が執筆として定文を清書す。事了りて、上皇に奏上、ついで皇太后宮に啓上す。【兵範記】

三月七日

この夜、後白河上皇、南殿（法住寺殿）に渡御。高野山参詣の御精進（御精進屋入御）のためなり。御所の各門に犬防《いぬふせぎ》を立て、不精進ないしは故障ある人、参入すべからざるの由を下知さる。今日、凶会日たりと雖も、御精進においては憚りなきの旨、陰陽頭賀茂在憲（68）、上皇に奏上す。【兵範記】

三月八日

蔵人頭平信範（58）、法住寺殿に参上。折柄、後白河上皇御精進屋入御のため、自家において行水潔斎して身を清め参入。石清水八幡宮臨時祭（三月十四日）の事を言上す。【兵範記】

三月十三日　**後白河上皇、初めて高野山参詣に進発**

後白河上皇、高野山参詣に進発。上皇、多年の叡念（宿願）により、弘法大師の聖廟に参詣、初度のことなり。およそ、寛治二年〈一〇八八〉二月二十二日の白河上皇（36）、および大治二年〈一一二七〉十月三十日の鳥羽上皇（25）等の初度の例に准行す（後者、『兵範記』の天治二年〈一一二五〉は誤り）。この日、平相国入道清盛（52）は六条面に桟敷を新設して、上皇の行列を見物す。二位尼平時子（44）・右兵衛督藤原兼雅（25）室（平清盛長女・21）ならびに右中将平宗盛（23）ら一族の者、入道桟敷に同座せり。「見物の人々、車を連ね並び置く。道路、市を為す」（『兵範記』）という雑踏であった。もっとも、この御幸行列そのものが、「希代の観」「天下の壮観」（『愚昧記』）たり。行路に従う人々は、右馬頭藤原親信（33）・左少将藤原脩範（27）・左少将藤原定能（22）・右少将藤原隆房（22）・少納言高階泰経（40）・土佐守源雅賢（22）・右兵衛佐藤原季能（17）・左少将藤原基家（38）・蔵人少納言藤原季高・蔵人源範実ら十名。午刻（正午頃）、法住寺殿西門を出御、川原を経て、七条より西行。東洞院より北行。六条より西行。やがて、鳥羽北殿御所に着御。この日、上皇はこの北殿御所で宿御。この行幸は、院別当権大納言藤原隆季（43）ならびに院判官代少納言高階泰経（40）が奉行を勤む。なお、供奉は「以上十人、高野に参るべき人々」（『愚昧記』）と記すが、『兵範記』は太政大臣藤原忠雅（46）に「高野に参らるべし」と注記。『百錬抄』は「太政大臣已下、騎馬供奉。月卿雲客、錦繡を裁たざるはなし」と記録。大相国忠雅の供奉の正否は不明。

【兵範記、愚昧記、吉記、百錬抄、一代要記】

三月十四日〔天晴る〕

後白河上皇、鳥羽殿を発して摂津の天王寺に着御の日なり。今朝、内蔵頭平経盛（46）、勅使として鳥羽殿（後白河上皇、高野山御幸、第一日目宿御）に参入。皇太后滋子（28）の御使をも相兼ぬ。院別当・右兵衛督藤原兼雅これを伝奏、上皇御前に召し賜禄。前庭に下り拝舞の後、退下す。

今夕、左大将皇太后宮大夫藤原師長（32）、皇太后宮（七条殿）において、平野社行啓（三月二十四日）により十社奉幣定を行う。蔵人皇太后宮権大進藤原光雅（21）、定文の執筆を勤む。【兵範記】

三月十五日

後白河上皇、天王寺より高野山政所に着御。この夜、当所に宿御。【兵範記】

三月十六日

後白河上皇、高野山政所より高野山の中院に着御。【兵範記】

三月十七日

後白河上皇、中院より奥院に参御。五位蔵人治部少輔藤原兼光（25）、勅使として今日、高野山奥院に参上。誦経物《ずきょうのもの》（綿三百屯・手作布〔麻〕二百段・誦経文〔内蔵頭平経盛46の署名〕）を相具す。寛治二年〈一〇八八〉、白河上皇、初度高野山御幸においては、蔵人頭左中将源雅俊（25）が勅使となる。また大治二年〈一一二七〉（天治二年とあるは誤り）の鳥羽上皇の初度高野山御幸の際には、蔵人右少将藤原公教（25）が勅使となり参向。このたび、蔵人頭右中将藤原実守（23）に下命さるるも所労により不参。よって大治の例により蔵人治部少輔藤原兼光が参上せり。

奥院登山の先達は、高野山子院大楽院の厳密房寛秀が勤む。奥院において、「理趣三昧」表白の中間、検校禅信を勧賞により、法橋上人位に叙せらる。【兵範記、高野山御幸御出記】

三月十八日

後白河上皇、高野山を進発還途、摂津の天王寺に着御。同寺の院御所に宿御。【兵範記（三月二十日条）】

三月二十日

皇太后滋子（28）、平野社行啓御祈りのため、十社奉幣使を差遣。七条殿西御所の寝殿南面階間の簾中および南庭に斎場を設置。皇太后宮権大進藤原光雅、奉行を勤む。皇太后滋子、入浴、洗髪。ついで南面御座に出御。まず、贖物《あがもの》を供し、つぎに八幡使以下、一々参上、告文《こうもん》を給い、各使退出。さらに、皇太后宮行啓平野社御前の公卿、侍従、前後行列使を定む。

この日、同御所において左大将皇太后宮大夫藤原師長主宰して、陰陽寮勘申《かんじん》による安芸国伊都岐嶋社修造雑事・日事定（すでに後白河上皇沙汰か）をはじめ、賀茂・石清水社行幸舞人・陪従定、さらに内裏春季御読経定など「公事旁《あまね》く多し」（『兵範記』）のすべてを完了す。

未刻（午後二時頃）、後白河上皇、天王寺を発向、入道大相国清盛（52）の福原御所に着御。【兵範記】

三月二十一日〔天晴る・京都〕　**高野山参詣の帰途、後白河上皇、福原・清盛第の千僧供養に参会**

大相国入道清盛（52）、福原御所において千部法華経供養（千僧供養）を行う。すなわち、千口《せんこう》（一千人）の護持僧をして法華経を読誦せしむ。天台座主・明雲僧正（55）を導師として屈請《くっしょう》す。後白河上皇、その斎庭（法会堂場）に臨幸あり。高野山御幸の帰路、福原御幸はこの結縁参会のためなり。【兵範記、百錬抄（三月二十三日条）】

三月二十二日

今夕、皇太后滋子（28）、七条殿より南殿御所（法住寺殿）に。平野社行啓のため、御精進屋に入御なり。この夜、法住寺御所において、平野社頭斎庭で行う神楽の調楽（予行演習）を行う。皇太后宮権大進藤原光雅（21）、五位雅楽大属中原宗家に奉行せしむ。【兵範記】

三月二十三日

今夕、後白河上皇、大相国入道清盛の福原御所より還御。【兵範記（三月二十四日条）】

三月二十四日

蔵人頭平信範（58）、皇太后宮七条殿辺の路上で出会いし同宮女房の告げにより、昨夕の上皇還御のことを知る。よって、早速に法住寺御所に参上、去る十三日高野山御幸以来、上皇不在中の山積の公事を奏聞す。【兵範記】

三月二十五日〔天晴る〕

後白河上皇の召しにより、蔵人頭平信範、まず法住寺御所に参上。小僧事《こそうじ》（石清水八幡宮・賀茂御幸・高野山御幸・福原千僧御読経供養等の勧《けん》賞《じょう》）を行うべきこと。また、明日の皇太后宮平野社行啓社司勧賞の事につき、上皇の下命を受く。ついで、同法住寺御所のうち、皇太后滋子御在所の西対母屋に参向。東西の柱および南面等に打交綱《うちかい》を引き渡し、舞人・陪従《べいじゅう》装束を調え懸け飾る。その様子は去る月、日吉社行啓の時と全く同様の壮観なり。皇太后宮大夫藤原師長（32）・別当平時忠（40）・皇太后宮権大夫平宗盛（23）らが祗候して着座する。この日、行啓雑事奉行は皇太后宮権大進藤原光雅。

ほどなく後白河上皇ならびに皇太后平滋子が寝殿西面簾中に出御。ただちに、舞人参上、舞装束を賜う。ついで陪従装束、蔵人五位橘以政・藤原経親がこれを伝え取り下賜す。【兵範記】

三月二十六日〔天晴る〕

皇太后滋子、法住寺殿を出御、平野社に行啓。まず、行啓に先立ちて蔵人左衛門権佐藤原経房（27）、御扇勅使として皇太后宮（法住寺御所）に参上。この扇は朱色無絵のもの。内蔵頭平経盛（46）の調進。摂政藤原基房（25）・内大臣源雅通（52）以下十五人参仕、輿に寄る。路頭の儀、供奉の次第、去る月、日吉社行啓と同じ。皇太后宮権亮右中将藤原頼実（15）・皇太后宮亮左京大夫藤原定隆（36）・皇太后宮権大夫右宰相中将平宗盛（23）・左大将皇太后宮大夫藤原師長（32）が、皇太后滋子の輿の前駆《せんぐ》を勤む。申刻（午後四時頃）、平野社の社頭に着御。この日の宣命に「皇位（高倉天皇9）万年…母徳（皇太后滋子）千秋…又、太上天皇（後白河上皇）宝算恒久…仙齢長遠…」を祈願す。神事・神楽、公卿以下舞人の賜禄。ついで還御、摂政藤原基房供奉。時に戌刻（午後八時頃）。【兵範記、愚昧記】

三月

後白河上皇、「梁塵秘抄口伝集」を撰ばせる。【梁塵秘抄口伝集（巻十奥書）】

四月七日

今朝、後白河上皇、今熊野社に参籠。巳刻（午前十時頃）、蔵人頭平信範（58）、今熊野御所に参上、昨日の公事等を執奏す。【兵範記】

四月八日

嘉応改元＝「御即位に依るなり」

後白河上皇、今熊野御所に参籠中。蔵人頭平信範、逐電参上、右少将藤原光能（38）をもって奏聞せしむ。上皇、「嘉応の字、吉と聞くの上、群議一同なり、用いらるべし」と勅定あり。

この日、灌仏会なれど当麻都比古社ほか祭礼の使発遣により、公家（高倉天皇）・一院（後白河上皇）・皇后宮（後白河皇后・藤原忻子36）は停止《ちょうじ》。ただし、皇嘉門院（崇徳天皇中宮・藤原聖子48）・上西門院（上皇同母姉・統子内親王尼44）・八条院（上皇異母妹・暲子内親王尼33）・高松院（二条天皇后・姝子内親王尼29）・九条院（近衛天皇中宮・藤原呈子尼39）・太皇太后（近衛天皇后・藤原多子30）はこれを行う。【一代要記、兵範記】

四月十一日

明日、皇太后滋子（28）の院号の事あり。太政大臣藤原忠雅（46）・左大臣藤原経宗（51）・内大臣源雅通（52）以下、予議の旨、上皇に奏せんとす。一昨日、改元群議のついで、人々に尋問。まず内々、奏聞せり。蔵人頭平信範、御使として皇太后宮（七条殿西御所）に内々、院号の事を啓上す。その帰参に今熊野御所に参上せしも、上皇、稲荷社に参詣、御報を奏上すと雖も、重ねて返事を承らずして退出す。【兵範記】

四月十二日〔天晴る〕　**皇太后滋子院号定、建春門院**

この夜、皇太后滋子、明十二日の院号の日を控え、日来御座の北殿（七条殿）より七条南殿（法住寺殿）に行啓す。【成頼卿記（四月十二日条）】

今晩、後白河上皇、今熊野社参籠より七条南殿（法住寺殿）に還御（『成頼卿記』）。この日、閑院皇居の仗座《じょうざ》において、皇太后宮の院号定の儀あり。御在所七条殿（七条末河東也）なるにより「七条院」、ならびに門号による「建春門院」の二案、討議す。上皇、建春門院に許諾の意を示し、諸卿の多く、この門号に傾く。よって、建春門院に一決す。群議了りて太政大臣藤原忠雅（46）・大宮大夫藤原公保（38）ら、法住寺殿に参向。上皇ならびに新女院（滋子28）、法住寺殿の寝殿西面の簾中に出御。ついで、摂政藤原基房（25）・太政大臣忠雅・左大臣藤原経宗（51）・左大将藤原師長（32）・皇后宮大夫藤原実定（31）ら、公卿総勢十七人が新女院御在所の殿上間に移座。院司等を補せらる。別当六人、判官代四人、主典代二人、以下、女院御所の所役がそれぞれに補任さる。　【兵範記、成頼卿記】

四月十九日〔天晴る〕

建春門院殿上始なり。法住寺御所の西邸西廊を殿上（元、院殿上）となす。母屋に大盤三脚を立て、日記辛櫃・主殿司宿雑具等を常備す。女院司・年預左京大夫藤原定隆（36）の調進。随身所・蔵人町・主殿司宿・御蔵小舎人座など各設置。殿上間の板は木工寮に召し、内匠寮造調。

この日、院司を補し、主殿司《とのものつかさ》（姉千鳥・弟千鳥以下、六人雑司女）、御蔵小舎人（六人）を後白河上皇方より召渡さる。女院蔵人、源兼親（和泉守季長男）・藤原国範（宮内卿永範男）二人を補す。主殿司六人に唐装束一襲に檜扇を添えて、一同に給す。これまた、年預左京大夫藤原定隆の調進。ついで、昇殿の人、内蔵頭平経盛（46）以下、三十四人を定む。　【兵範記、成頼卿記】

四月二十日〔夜より雨甚だし〕

午後、斎院（鳥羽上皇皇女・頌子《のぶこ》内親王25）御《ご》禊《けい》御幸。後白河上皇、密々に権大納言藤原公保（38）の一条高倉桟敷に渡御、この行列を見物す。　【兵範記】

四月二十六日〔夜半以後、天晴れ、風吹く〕

高倉天皇（9）、石清水八幡宮行幸。閑院皇居より葱花《そうか》輦《れん》車にて進発。西洞院面より北行、二条大路より西行、朱雀大路南行、羅城門を経て作路《つくりみち》に至り、鳥羽北楼外にて行列を整う。後白河上皇、この鳥羽殿楼中、院司・権大納言藤原実房（23）宿所の桟敷において見物す。淀浮橋を御輿渡御。龍頭鷁首《りょうとうげきしゅ》、橋に副い音楽を発す。橋行事・左衛門尉藤原能盛、郎従を率い岸上に候し、濫行を制止す。晩頭、男山の宿院（頓宮御所）に着御。　【兵範記】

四月二十七日〔天晴る〕

高倉天皇、午刻（正午頃）、石清水八幡宮を発輦、還御。未刻（午後二時頃）、法住寺殿門に着御。院司・権大納言藤原実房、上皇に臨幸の

由を奏す。楽屋より乱声《らんじょう》を発し、皇輿、西中門にて下御。主上、西対代の簾中に入御。主上、簾中より上皇御所（寝殿北面）に渡御、対面。公卿、殿上の饗座《きょうのざ》に着座、ただし盃酌の事なし。主上、朝餉間《あさがれいのま》に還御、朝夕御膳を供す。右少将藤原光能（38）、陪膳を勤む。【兵範記】

四月二十八日〔天晴る〕

法住寺御所において朝覲《ちょうきん》の儀を行わる。高倉天皇（9）、昨二十七日、石清水八幡宮御幸の還路、法住寺殿に入御。寝殿の母屋東一の間を上皇御座（西向）とし、第三の間を高倉天皇の御座（東向）として装束（部屋飾り）を調備す。建春門院（平滋子28）は寝殿南庇の第一・第二の間を御所となす。舞楽・饗宴・御遊（「御遊年表」参照）等、例の如し。御遊は「堂上（殿上人）、堂下（地下人）、糸竹合奏」にて興を尽す。御遊の終り近く、上皇より引出物御馬二疋（近衛将二人、院随身これを引く）を前庭に引き出し、馬寮《めりょう》の官人に引き渡す。ついで、上皇より公卿に賜禄《しろく》。少納言高階泰経（40）奏鈴、御輦を寄せ、高倉天皇、閑院に還御。戌刻（午後八時頃）なり。【兵範記】

五月二十日

法勝寺において千僧御読経を行わる。後白河上皇、法住寺殿より御幸。【兵範記】

五月二十三日〔朝の間、雨下る。午後、天晴る〕

今夕より天台座主・僧正明雲（55）、廿口伴僧を率い、内裏清涼殿において七仏薬師法を勤修《ごんじゅ》す。この仏事に後白河上皇、高松殿より御仏（等身木像）ほか次第物具（荘厳仏具類）を借献さる。五月三十日、結願《けちがん》。【兵範記】

五月二十八日〔陰り晴れ、時々小雨あり〕

法勝寺千僧御読経なり。後白河上皇、車副や牛童・舎人に当色《とうしき》衣を賜う。毎事、晴儀を用う。この日の御幸、左中弁文章博士藤原俊経（61）および右中弁藤原長方（31）が行事を勤仕す。【兵範記、百錬抄、愚昧記】

六月五日〔天晴る〕

建春門院、院号の後、初めて入内御幸あり。蔵人頭平信範（58）、扈従のため馬を相具し、女院御所（法住寺殿・時に上皇と同宿）に参上。秉燭に及び、後白河上皇、寝殿南面に出御。女院、院唐車に乗車、法住寺殿を出御。内裏朔平門《さくへいもん》に牛を留め、玄輝門《げんきもん》に御車を引き入れ、弘徽殿西面に寄す。女院、御壺禰《つぼね》（局）に昇御、高倉天皇と対面。その後、女院、弘徽殿に下御。ついで御車を寄せ還御。時に夜半、法住寺殿において天明となる。【兵範記】

六月七日

後白河上皇、八条院（暲子内親王尼33）に御幸。【後白河院御落飾記（修理大夫藤原成頼34日記）】

六月八日

後白河上皇、法住寺殿にて尊勝陀羅尼供養を行う。寝殿母屋《もや》の中央間・北戸に副い曼陀羅一舗を奉懸。その前に供養法壇を立つ。大阿闍梨は天台座主・僧正明雲（55）、参入して厳修す。午刻（正午頃）、権大納言藤原隆季（43）ほか公卿四、五人参上。上皇、簾中御座に出御、始修す。【兵範記】

六月十二日

後白河上皇、臨時口宣《くぜん》により、異例をもって院随身《いんのずいじん》・左近衛将曹中臣重近を同将監（正六位上）に昇任せしむ。なお、この発令、後例となすべからず、と。【兵範記】

今夕、上皇、今熊野御精進屋（法住寺殿内）に入御。【兵範記（六月十三日条）】

六月十三日

早旦、蔵人頭平信範（58）、法住寺殿に参上。今熊野御精進屋の門外において、法勝寺御八講《みはこう》僧名の事を奏聞す。【兵範記】

六月十四日

今朝、後白河上皇、御精進屋を出御、今熊野社に参籠。【兵範記】

六月十六日

早旦、後白河上皇、今熊野社を出御、法住寺殿に還御。

式部大輔藤原永範（64）、上皇、明日出家による逆修供養の願文の草《そう》を法住寺殿に持参す。【兵範記】

後白河法皇時代　上　43歳〜58歳

嘉応元年（一一六九）〜元暦元年（一一八四）

嘉応元年（一一六九）　四十三歳

六月十七日〔天陰る〕　**後白河上皇出家＝後白河法皇（法名行真）**

後白河上皇、法住寺御所懺法堂において出家の儀あり。この四、五年以来の宿願と雖も、今日に遅引す。宿善の期至り、ここに素懐を遂げらる。院司・修理大夫藤原成頼（34）と右少将藤原光能（38）、行事を勤む。今朝、報書（左中将藤原俊経57草進、皇太后宮権大夫藤原朝方35清書）を作り、院司・権中納言藤原成親（32）より内裏に進献、出家の儀を高倉天皇（9）に奏上す。午刻（正午頃）、前大僧正覚忠（52）・法印公舜・同憲覚・尊覚・公顕（60）ら参上（去る夕より熊野御精進屋廊〔覚忠宿所〕・上御所・近辺に宿す）。未刻（午後二時頃）、後白河上皇、東廊御所より西面御所に渡御、母屋の簾中に御座。太政大臣藤原忠雅（46）・左大臣藤原経宗（51）、上皇の召しにより御前座に着す。前大僧正覚忠が戒師となり、公舜・憲覚が唄師《ばいし》、尊覚・公顕が剃手《そりて》となる。儀が始まると、上皇御拝あり。まず、伊勢大神宮、つぎに石清水八幡宮、鳥羽院陵、つぎに待賢門院御墓、各その方に向い再拝さる。上皇、冠をとり、頭髪の本結《もとゆい》を解かる。剃手、左右の髪を紙捻《こより》で結び、御衣《みぞ》の襟を開く。まず上臈剃手尊覚が左御髪を、ついで下臈剃手公顕が右御髪を剃る。この時、唄師が唄を歌う。了りて左右御髪を檀紙に包み、名札をつける。右少将光能が所作す。御髪は厨子に置く。法皇、簾中に入御、俗服を脱ぎ、袈裟を手に出御。法皇頂に三から五本残した羅髪《らはつ》を、戒師が剃り除く。ついで、法名行真を定む。戒師、法皇に袈裟を授け、法皇左右の手にて、これを拝受。一拝して戒師に返上。かくの所作三度了りて、法皇、袈裟を着御。菩提子《ぼだいし》・水精《すいしょう》（晶）の念珠を右手に召す。戒師が菩薩戒を授け、法名行真を授け申す（日来、案撰せり）。了りて、法皇簾中に入御。戒師、本座にかえり、戒師・唄師・剃手に布施を給う。

ついで、五十日の逆修《ぎゃくしゅ》供養を始行。願文は式部大輔藤原永範（64）の草進、清書は皇后宮権大夫藤原朝方（35）。願文の末尾「嘉応元年六月十七日　仏弟子（諱）敬白」とある諱に後白河法皇、みずから「行真」の二字を染めらる。　【兵範記、後白河院御落飾記、玉葉、百錬抄】

六月二十二日

午後、蔵人頭平信範（58）、法住寺殿に参上。御仏供養は例日の如し。院別当より、後白河法皇逆修初七日に相当の明旦、非常赦を行うべき叡旨あり。摂政藤原基房（25）に申し沙汰すべき由、下命あり。　【兵範記】

六月二十三日
後白河法皇、逆修供養の初七日に当り、非常赦を行わる。囚徒（左獄五十一人、右獄四十二人、検非違使庁百三十四人）合わせて二百二十七人を赦免。さらに流人《るにん》中、僧侶十五人を召還す。【兵範記（六月二十二日条も）、吉記】

六月二十六日
後白河法皇、勘解由次官平親宗（26）をもって比叡山天台座主・僧正明雲（55）に法勝寺権別当を兼ねしむ。【兵範記】

八月七日
後白河法皇、逆修供養、七七日に当る。毎七日御仏経を先々の如く安置。鐘を打ち、僧登壇。法皇、出御。摂政藤原基房（25）以下、公卿着座。ついで御講、始行。法印公顕（60）、導師となる。申刻（午後四時頃）、事了りて布施。導師公顕に下賜の布施は、被物《かずけもの》として単重《ひとえがさね》法服、長絹《ちょうけん》、綿糸、色々布。手洗水瓶、錦《にしきのおうひ》横被、銀香炉ならびに金銅筥、紙以下二十余種もの贄を尽す。【兵範記】

八月八日
今朝、後白河法皇、法住寺殿において御懺法。僧に賜う布施、十余種にも及ぶ。巳刻（午前十時頃）、法皇逆修供養五十日の結願《けちがん》。打鐘を合図に僧参集。摂政藤原基房以下、公卿多く参入。御講始行。等身菩薩像を奉安。導師・澄憲僧都（44）、説法了りて布施。その種、十六〜七にも及び、毎物珍重、善を尽す。太政大臣藤原忠雅（46）、被物を執る。ついで、建春門院滋子（28）も布施十二口を奉加す。参入の上西門院（44）・八条院（33）・高松院（29）、法莚に列座ありと雖も、布施を加えず。【兵範記】

八月二十一日
後白河法皇、斎院卜定《ぼくじょう》につき、鳥羽院姫宮頌子《のぶこ》内親王（母は左大臣藤原実能女春日殿・25）と二条院姫宮（母は大博士中原師元女・11）といずれが正なりや、と。前者は故鳥羽天皇の出家後、法体《ほったい》の子なる故に不当。前例の有無如何か。後者においては憚りなし。ことに上西門院（法皇姉）の猶子にして沙汰あるべきか、と。【兵範記】

八月二十五日〔天晴る〕
彼岸始。早暁より後白河法皇、法住寺殿において不断御念仏を行わる。請僧十二口、法印覚算・房覚・法眼行海・禅寿・律師家寛・法橋兼毫・顕厳・阿闍梨真円・重助・道仁・源猷・隆慶なり。恒例の鳥羽・成菩提院の念仏も行わる。上皇在俗時にはしばしば御幸ありしも、この日は右衛門権佐藤原盛隆を代参せしめ、奉行を勤仕す。【兵範記】

八月二十六日

巳刻〔午前十時頃〕、蔵人頭平信範（58）、法住寺殿に参上。後白河法皇、彼岸念仏中にて、奏事叶わず、空しく退出す。【兵範記】

八月二十九日〔夜より雨止み、卯刻〔午前六時頃〕、天晴る〕

高倉天皇（9）、賀茂社行幸。閑院皇居より御輿にて出御。摂政藤原基房（25）、御車に駕し、主上御輿の後を扈従す。「文武百官、供奉《ぐぶ》常の如し」（『兵範記』）というように、行粧《ぎょうそう》賑々しく京大路を北上しながら、まず賀茂下社に、ついで上社の社参、恒例。後白河法皇ならびに母后建春門院（28）は同列にて、大宮大夫藤原公保（38）の一条高倉桟敷において見物。【兵範記】

九月二日

後白河法皇、法住寺における彼岸御念仏結願す。午刻〔正午頃〕、『金光明経』〔四巻〕の一巻を読誦了りて、啓白《けいびゃく》。つぎに布施。請僧一口別、各二十三種の施物《せもつ》を給す。太政大臣藤原忠雅（46）以下の公卿、蔵人頭平信範に至るまで、各自布施の被物を取る。【兵範記】

九月四日

後白河法皇、蔵人頭平信範を召し、故二条天皇姫君（11）を斎院に卜定せんとして、触れ示す。姫君は二条天皇の長女。母は大博士中原師元女で、二条天皇内女房《うちのにょうぼう》・春日殿と号した。後白河法皇には孫姫となる。法皇の姉・上西門院（44）の猶子となり、同宿。これにより、信範は仁和寺法金剛院御所に上西門院を訪ね、皇后宮亮源師家をして、法皇下達の事由を女院に申さしむ。法住寺殿に帰参して上西門院御報を法皇に奏上す。【兵範記】

九月六日

後白河法皇、今朝、今日吉社相撲会《すまいえ》に見物御幸。【兵範記】

九月七日〔終日、雨甚し〕

後白河法皇、密々に法住寺殿を出御、今熊野社に御幸。今日、同社境内に相撲会あり、これを見物せらる。【兵範記】

九月九日

故二条天皇姫君、初斎院卜定により、後白河法皇、式部大輔藤原永範（64）に名字を勘申《かんじん》せしむ。この日、永範、名字〔僐子《よしこ》〕を法皇に奏上す。かの姫君、斎王卜定《ぼくじょう》の内儀、すでに完了せり。しかるに神事奉仕の姫君、釈家たる法金剛院御所に御坐、憚りあらんか。また、上西門院同宿も同前。すでに、仁和寺女院〔上西門院〕の返事によれば、女院幼少の大治二年〈一一二七〉斎院卜定〔統子内親王2〕の時には、白河法皇（75）の御所に同宿せり。かの時の例に準拠すべきか。されど、このたびの法金剛院御所は、もっとも退避せしむべきことなり。

【兵範記】

九月十七日〔天晴る〕

後白河法皇孫姫僐子女王（11）、初斎王として、内裏一本御書所より東河（賀茂川）に御禊《ごけい》、嵯峨の野宮《ののみや》に入り給う。上卿は左衛門督藤原実国（30）・右中弁藤原長方（31）の両人。行事は蔵人頭権中弁平信範（58）。【兵範記】

九月十八日〔夜より雨甚し、終日、沃の如し〕

後白河法皇・建春門院（28）、同列にて来る十月十五日、熊野御幸に発足の計画あり。今日、法皇の召しにより、蔵人の公卿・殿上人、院参す。召されたる人々は、蔵人頭右中将藤原実守（23）・五位蔵人左衛門権佐藤原経房（27・建春門院判官代）・五位蔵人治部少輔藤原兼光（25）・五位蔵人兵部権大輔藤原光雅（21・建春門院判官代）の四人なり。法皇の仰せによれば、「近時の公事、天下、禁中、分け距てなくすべて公平たるべく、互いに忠節を尽して奉行参勤すべきなり。ましてや熊野詣でにより長期不在の間、いよいよ懈怠《けだい》なきよう、精勤すべきなり」と。【兵範記】

九月二十日

去る十八日より甚雨やまず、霖雨鴻水。賀茂川ほか京洛の河川氾濫、天下人民、煩《わずらい》に及ぶ。法住寺御所においても、賀茂川の水位上昇、渡河不能。昨今、院参の上下、参勤不通となる。よって、後白河法皇、五位蔵人治部少輔藤原兼光をして止雨御祈りを修せしむ。上卿は左衛門督藤原実国（30）、奉行は右中弁藤原長方なり。【兵範記】

九月二十七日

後白河法皇皇女惇子《あつこ》内親王（母は後白河皇后忻子同母妹・13）、初斎宮により東河（賀茂川）に御禊、野宮に入り給う。御禊行列に前駆を勤む公卿、権大納言藤原隆季（43）・中納言藤原宗家（31）・参議源資賢（57）・修理大夫藤原成頼（34）以下、四位四人、五位四人なり。

今夕より閑院禁中、七日の触穢《しょくえ》布告す。叡山座主・権僧正明雲（55）の壇所に五体不具の穢発生。六位蔵人院判官代大学助藤原資綱、その事を知らずして壇所に行きて、飲食の座に臨む。やがて資綱、閑院内裏に参向。法家に尋問のところ、壇所は触穢の甲所、蔵人資綱の身体は乙、禁中は丙穢と、次第に触穢感染せり。しかして、後白河法皇・建春門院、熊野御精進、近日に迫れり。よって参内の人、参院のこと厳禁すべく、仰せ下さる。【兵範記】

十月七日〔天晴る〕

晩頭、太政入道清盛（52）、布衣に狩袴《かりばかま》、それに袈裟をかけ、閑院皇居に参入。別当平時忠（40）・参議右中将平宗盛（23）が扈従《こしょう》、左衛門

佐平信基（27）は入道清盛の御供。朝餉間《あさがれいのま》において高倉天皇（9）に数刻対面、深更退出す。【兵範記】

十月十日

この朝、蔵人頭平信範（58）、後白河法皇の召しにより、法住寺殿に参上。法皇熊野詣で留守の間の院中公事、閑院禁中の公事、法勝寺大乗会の事など条々につき仰せ下さる。【兵範記】

十月十三日

これよりさき、後白河法皇、熊野御精進屋（法住寺殿内）に入御。建春門院（28）もまた、別の御精進屋（同上）に入り給う。

蔵人頭平信範、後白河法皇の召しにより御精進屋に参上。門外において見参に入る。申次の近習により、熊野本宮別当・法印湛快（71）の申請により、弟子法橋範智を法眼に昇叙せしむべし、と。信範、女院御精進屋に参り、この旨を申入る。院宣なきも、世事によるなり。摂政藤原基房（25）の内意をうけ、参内（閑院）、仗座に着座の右兵衛督藤原兼雅（21）に告げ申す。即日、昇叙せしむ。【兵範記】

十月十四日

蔵人頭平信範、法住寺殿内御精進屋に参上。まず、建春門院御方に見参に入る。ついで、後白河法皇御精進屋において、条々の公事を奏す。【兵範記】

十月十五日

鶏鳴の刻、後白河法皇・建春門院、熊野御幸に進発。まず、法皇。先達に僧正覚讃（80）、ついで法皇（徒歩）以下、参議源資賢（57）・右馬頭藤原親信（33）・左少将藤原光能（道事奉行・38）・左衛門佐平信基・右兵衛佐源雅賢（資賢孫・22）、下臈は不注。ついで女院。先達は法印尊覚。女院は御輿に乗駕。女房五人扈従。ついで参議右中将平宗盛（23）・左京大夫藤原定隆（36）・左少将藤原脩範（27）・右衛門権佐藤原盛隆・木工頭藤原親雅（25）・勘解由次官平親宗（女院弟・26）、侍以下は委しく注すこと能わず。

法皇・女院、石清水八幡宮に参詣。ついで古津（木津川と淀川合流地・八幡市）において昼養《ひるやしない》。乗船、淀川を下り、今夕、摂津・天王寺に参着。御所にて宿御。【兵範記】

十月二十日〔天晴る〕

無品《むほん》僐子《よしこ》女王（11）を内親王となし、賀茂斎院に卜定す。この斎王は故二条天皇の皇女。後白河法皇にとっては孫姫となる。この夜、斎王僐子内親王は大炊御門亭より卜定所（右少将藤原泰通23の五条坊門高倉家）に行啓。出御の際に陰陽頭賀茂在憲（68）が奉仕して反閇《へんばい》を行う。養母上西門院（法皇姉・44）の庇御車《ひさしのみくるま》に乗駕、権大納言藤原公保（38）・左衛門督藤原実国（30）・三位右中将藤原実家（25）が扈従。前駆は十余人（いずれも、上西門院近侍の殿上人、衣冠着装）。出車二十輌、女房二十人が供奉す。斎王僐子内親王の賀茂社神殿入御の日時は十一月十九日、戌二点（午後八時頃）と択び申す。【兵範記】

十一月五日

建春門院（28）、熊野行啓より還向、入洛。権大納言藤原実房（23）、稲荷社参詣のため九条川原辺で行列に出会う。実房は車を下り、馬に乗り換え、御幸に供奉。女院、七条殿に還御。後、実房は退出。【愚昧記、兵範記】

十一月十三日

辰刻（午前八時頃）、後白河法皇、熊野より□□殿（虫損にて不明、七条殿か）に還幸。この日、内裏大嘗会の五節参入日（丑の日）なり。法皇、今朝還向の後、熊野御幸御供人中の雲客等、急ぎ大内五節所に参候すべく仰せ下さる。

五節参入の日は清涼殿の南・弓場殿《ゆばどの》（校書殿）において賜宴。後白河法皇の熊野御幸供奉の人々参上の時には、すでに殿上事（宴会）が開始、二献の間であった。やがて三献、朗詠・今様・乱舞のうちに終宴となる。

蔵人頭右中将藤原実守（23）が図り、建春門院東山七条殿に推参す。七条殿において寝殿西南透渡殿《すきわたどの》が饗座《きょうざ》。高麗端《こうらいべり》の畳八枚を敷き、雲客の座とす。ほどなく実守ら若公卿が参着、着座。女院は寝殿簾中に御坐。勧盃を重ねるうちに、参議右中将藤原実家（25）が朗詠（嘉辰令月旬）を発声。皆々、これに唱和。つぎは右少将藤原泰通（23）の今様（「霊山御山」）三反《さんべん》。ついで催馬楽「万歳楽」の乱舞。終ると蔵人頭平信範（58）と頭中将藤原実守が、女院御坐の簾中の前で舞う。やがて、女院の仰せにより献櫛。一同、乱舞のうちに退出。【兵範記】

十一月十六日〔陰り晴れ、定まらず。時に雨、まま灑ぐ〕

早旦、蔵人頭平信範、参院。後白河法皇に雑事を執奏す。法皇、前参議平頼盛（39）の解官を聴《ゆる》し、本座に列し、出仕すべし、と仰せらる。よって、信範、この旨を御教書《みぎょうしょ》をもって頼盛に伝う。十二月三十日還任《げんにん》す。【公卿補任、兵範記】

この夜、大嘗会豊明節会《とよのあかりのせちえ》なり。大内、豊楽殿に高倉天皇（9）・後白河法皇・建春門院より、各自櫛棚を進献架設す。ただし、法皇は出家たるにより、便宜なく櫛の進上はなし。【愚昧記】

十一月十九日

去る年より右大臣藤原兼実（21）の小児（嫡男良通3、母は従三位藤原季行女）、建春門院の猶子として養育さる。この夜、戌刻（午後八時頃）、女院御所（七条殿西御所）の寝殿北面《きたおもて》（密儀により北面を用う）において真菜始《まなはじめ》（食《く》い初め）の儀を行う。陪膳《はいぜん》は正四位下散位源俊光（前侍従）が勤む。かねて左少将藤原定能（兼実室兼子の兄・22）に内定せるも、熊野詣でに女院供奉するにより、俊光、親近せるため拝命。この

日の儀、陪膳以下諸事、女院の沙汰なり。行事は院司・和泉守源季長が勤む。　【玉葉】

十一月二十日

今夜、建春門院（28）、内裏に御幸。亥終り（午後十一時前）、東山七条殿を出御。内大臣源雅通（52）および左大将藤原師長（32）、車寄《くるまよせ》に候す。御車は院御車（檳榔毛《びろうげ》）に乗用。子刻（午前零時頃）着御。参内後、女院は弘徽殿《こきでん》に入御。後白河法皇の院判官代藤原光雅（21）が敷設の装束を奉仕す。この夜、高倉天皇（9）、密々に女院御所に渡御、母子面謁あり。　【愚昧記、兵範記】

十一月二十一日〔天晴る〕

御禊。使は左少将藤原基家（38）。午刻（正午頃）、舞人以下、公卿・侍臣、清涼殿に参会。使の基家遅参、度々、催しを遣わし、未刻（午後二時頃）、参入。高倉天皇、装束を召し、蔵人頭右中将藤原実守（23）、総角《あげまき》結髪を奉仕す。その後出御。関白藤原基房（25）、主上の御裾《きょ》を奉仕、簾中に着御。同時に、建春門院も清涼殿二の間に昇御。二の間南を御所となす。神楽・催馬楽を奏し、乱舞あり。この夜、清涼殿常仕の名器「鈴鹿」（和琴）を舁き出し、陪従《べいじゅう》・式部丞源経仲（地下召人《じげのめしうど》）が弾奏す。この御遊において、「和琴《わごん》相和す」と讃美さる。催馬楽「朝蔵」（朝倉）についで「其駒」が歌わるる時、人長《にんじょう》立ちて舞う。事了りて使以下、退出。ついで公卿以下、退出。時に鶏鳴天明なり。女院は本殿（弘徽殿）に還御。　【兵範記】

十一月二十四日

今夕、建春門院、内裏より還御。夜に入り、内大臣源雅通・左大臣藤原経宗（51）以下、卿相《けいしょう》・侍臣、済々として供奉のため参会。ついで、御車を差し寄す。すべて、去る二十日の御幸に同じ。子刻（午前零時頃）、七条殿御所に着御。　【兵範記】

十一月二十五日〔天晴る〕　**八十嶋祭。祭使は平重盛室・藤原経子**

八十嶋《やそしま》祭使として大納言典侍《ないしのすけ》藤原経子《つねこ》（前大納言平重盛室）を摂津国難波（八十島神はじめ住吉神・大依神を奉祀）に差遣。前権大納言平重盛（32）の六波羅亭より出立。一族の公卿・殿上人二十余人、家僕・諸大夫二十人が前駆に供奉。祭使乗用の御車は建春門院滋子の御車（檳榔毛・実はこれ法皇御車なり）。車副八人、蘇芳狩襖《すおうかりおう》・袴。これらはすべて、典侍経子の調進。

後白河法皇ならびに建春門院は七条殿桟敷において見物あり。祭使・大納言典侍経子の行列は、六波羅より七条殿御所を経て、河原より西行、七条大路に至る。東洞院より北行、六条より西行、朱雀大路より南行、鳥羽に向う。その後は船泊から乗船、淀川を下る。

【兵範記、愚昧記（同十月二十五日条も）】

十二月二日

後白河法皇、七条殿を出御、仁和寺泉殿に御幸。法皇同母弟覚性法親王（41）の病気見舞いのためなり。即日、還御。法皇、法住寺殿蓮華王院に参籠。　【御室相承記、兵範記（十二月十一日条）】

十二月三日〔天晴る〕

権大納言藤原実房（23）、御室覚性法親王、不予と聞き、午刻（正午頃）、仁和寺に参上。しかし、神事を控えたるにより、御所に参らず、門辺において公賢律師を招き出し談話す。便宜の時、見参に入るべく示して退出。　【愚昧記】

十二月十一日〔陰り雨〕

仁和寺宮（覚性法親王）、去る月上旬以後、熱瘡（高熱の腫物）を悩み、近日、大事に及ぶ。去る暁、已に危急の由を京中風聞す。午刻許り（正午頃）、蔵人頭平信範（58）、後白河法皇より召しあり。急ぎ参上。時に蓮華王院参籠中なり。法皇、仰せて云う、「御室覚性法親王、すでに有若亡《ゆうじゃくぼう》（危篤）なり。天下の大事なり。折節歳末に当り、元正《がんしょう》の作法（新年・年賀）に至るまで高倉天皇（9）は中間（公事休暇）なり。極めて嘆き悲しむことなり。もしも、今日明日中にも薨逝の事あらば、公家・院中の次第の儀、いかように取り行うべきや。摂政藤原基房（25）にも申して、よろしく計らうべし」と。　【兵範記】

早旦、権大納言藤原実房に、ある人、仁和寺御室の入滅を告げ来る。すぐに馳参ずべきなるも、神事により不参。ほどなく右大弁藤原実綱（43）が、書状により「蘇生し給へり」と告ぐ。しかし、憑《たの》むところなく、薨去は事実なりき。　【愚昧記】

十二月十二日

去る夜半（昨十一日、酉刻＝午後六時頃）、仁和寺宮の薨去、一定《いちじょう》す（まぎれない）。故鳥羽院第五親王（後白河法皇は第四親王）、母は待賢門院。生年四十一。法皇舎弟、二品入道親王なり。名は本仁《もとひと》。世上の無常、貴賤これ同じ。眼前の悲嘆、上下ほかに異なる。一天の大事、ただ今度にあるか。

早旦、蔵人頭平信範、後白河法皇の院御所に参上。右衛門権佐藤原経房（27）をもって、法皇に見参に入る。法皇は、「凶事はまず外記局の勘文を召し、その文面に随うべし。諸卿合議の上で沙汰すべきなり」と。即刻、摂政藤原基房に法皇の叡旨を奏す。　【兵範記】

十二月十三日

早旦、蔵人頭平信範第に、大外記清原頼業（48）、覚性法親王薨去による勘文《かんもん》を持参。披見の上、問答す。今日、後白河法皇、衰日《すいにち》（陰陽道における悪日）なる故に、奏上をとどむ。

今夜、覚性法親王の葬送なり。その場所は、長尾山林中にして、故法親王の御所の東北方に当る。故仁和寺御室（覚法法親王）の御骨堂に殯《もがり》し奉る（仮葬する）。同時に七日間の中陰法事を行う。やがて、仁和寺の阿闍梨印性（38）が遺骨を首に懸け、高野山に登山。【兵範記】

十二月十六日

後白河法皇、仏名会《ぶつみょうえ》を七条殿において行わる。院司左少将藤原脩範《ながのり》（27）・勘解由次官平親宗（26）および蔵人藤原盛仲（後白河法皇北面）らが奉行した。公卿は摂政藤原基房（25）・内大臣源雅通（52）以下、参入。事了りて殿上において新年朝覲行事定を行う。【兵範記、愚昧記】

十二月十七日

蔵人頭平信範（58）の許に延暦寺所司・日吉社司各三、四人、叡山の大衆《だいしゅ》使となり奏状を持参す。文面によれば、尾張守藤原家教の目代《もくだい》右衛門尉藤原政友、尾張国において美濃国平野荘人を凌轢《りょうれき》せりと。これ延暦寺中堂御油寄人々によって、大衆訴え申す、「尾張国の領主たる権中納言藤原成親（32）を流罪に処し、目代政友を禁獄に仰せつけらるべし」と。この奏状を後白河法皇に捧呈すべく平信範に愁訴に及びたるものなり。信範、所労により出仕不能、法皇に奏聞不可能と辞退せしも、所司・社司ら承引せず、奏状を投入して退散す。【兵範記】

十二月十八日

建春門院（28）、七条殿において仏名会を行わる。太政大臣藤原忠雅（46）以下、公卿・侍臣済々《せいせい》として参仕す。【兵範記】

十二月二十三日　**比叡山大衆、藤原成親流罪を後白河法皇に強訴**

この朝、叡山大衆下山して入京、京極寺に集結、洛中騒動により、後白河法皇、検非違使の武士を院御所の陣に招集す。衆徒の数、雲霞の如し。蔵人頭平信範、所労により籠居せしも、召しにより参院。去る夜の衆徒強訴の一件につき議定あり。公卿等、参集に暇どり、すでに巳刻（午前十時頃）に及ぶ。衆徒、日吉社の神輿を舁き出し、これを先頭に、天台座主明雲（55）以下、僧綱を擁して大内に参入す、と。院御所の陣に集結した検非違使以下の武士も、甲斐なき有様。よって後白河法皇の下命により、蔵人頭平信範は急遽、大内に馳参ず。【兵範記】

十二月二十四日　**藤原成親を解官・配流**

巳刻（午前十時頃）、後白河法皇、検非違使別当平時忠（40）を院御所に召し寄す。法皇仰せて云う、「叡山大衆、神輿六基を捧持して大内に乱入。陣口に神輿を建礼門前に奉留して、すでに分散せり。神罰の怖畏あるにより、すみやかに叡山・日吉社の奏状にまかせ、訴訟二箇条㈠権中納言藤原成親配流、㈡尾張目代藤原政友禁獄）の裁許を行うべし。即刻、摂政藤原基房に申し、宣下すべし」と。

後白河法皇の勅命を奉《う》け、摂政藤原基房（25）は、太政官外記に仰せて、叡山奏状の二箇条の処理に着手す。まず、権中納言藤原成親と尾張目代左衛門尉藤原政友の見任《げんにん》を解却《げきゃく》。成親は除名の上、官符を発し備中国に配流、政友を獄所に下す。流人藤原成親の追使として検非違使志中原章貞が任命を受く。

この間、天台座主明雲（55）以下、僧綱ら建礼門前に参集、衆徒・所司・宮司ら群集して、神輿を奉じて歓喜しながら帰山す。【兵範記】

十二月二十七日

蔵人頭平信範（58）、摂政藤原基房（25）に除目（来る十二月三十日）の筥文《はこぶみ》を献上。早旦、申文《もうしぶみ》を取り調べ、基房第に参上。摂政基房より、後白河法皇、叡山大衆騒動の事、いまなお御気色《みけしき》不快なる由を伝聞す。座主明雲は、大衆を制止することなし。むしろ、大衆に与力《よりき》する由を、法皇聞食し咎めらる。これにより、まず、明雲の内裏護持僧を停止《ちょうじ》すべきである、との摂政の仰せ。信範は、即刻、参内、御教書を成し、明雲に二の間夜居（清涼殿の護持僧）、参勤をとどむべく、状を送達す。【兵範記】

十二月二十八日　**後白河法皇の逆鱗にふれ、平時忠・平信範、解官・配流。代りに流人・藤原成親を召還す**

右大臣藤原兼実（21）に或人来訪、検非違使別当平時忠（40）、後白河法皇の勘気（院勘）を蒙りしことを伝う。兼実は、すぐさま使をもって時忠を訪うに、不在。ついで晩更、またある人の告げ。この夜半ばかり、別当平時忠および蔵人頭平信範ら、配流さる、と。時忠は出雲国、信範は備後国なり。代りて、去る十二月二十四日解官の上、備中国に配流の前権中納言藤原成親（32）を召還さる、と。これを聞いた兼実は、「今日の沙汰、そもそも天魔の所為なり」と憤懣の情を書きとどむ。【玉葉】

一方、にわかに流罪を仰せつけられし平信範、みずからの日記に驚愕の情を書き綴る。晩頭、ある人信範に告げて云く、「流罪の宣旨を蒙る」と。夜に入り権少外記清原祐職《すけもと》と左大史三善章定が来り、一定（まぎれない）の由を示す。別当時忠は出雲国、下官（信範）は備後国に流罪。おのおの官符を成さる。一見した信範は、全くの寝耳に水。かれの日記（『兵範記』）によっても、前日まで内裏・院や摂政家の公事に精勤の誠を尽している。「此の条、存ぜざる罪過なり。未だ諸家（刑部省）の勘文《かんもん》を知らず。子細を聞かず。不審、すでに天を仰ぐものなり」と信範、述懐す。後白河法皇の勘気、一時に募りたること歴然たり。

亥刻許り（午後十時頃）、検非違使中原章貞、六条坊門多田入道（六条蔵人源行綱）旧宅に仮に移居せる信範の許に入来。信範らを相具して桂河辺に寄宿す。ここで、章貞は領送使（検非違使右衛門志一人、同門部二人）と交替、七条朱雀より帰京す。信範は二男左衛門佐信基とともに、播磨某家に留宿す。【兵範記】

十二月二十九日

検非違使領送使より護送中の平信範父子、播磨某家で一宿。降って湧きたる惨事に、伝え聞く親疎上下の人々、この仮宿まで訪ね来る。が、信範は対面せず。息男前左衛門佐信基をして会釈せしむ。その人伝てに聞けば、別当平時忠も昨夜出京。検非違使源康綱に護送され西七条辺に留宿さる、という。

去る夜（十二月二十八日）解官の輩、権中納言右衛門督別当平時忠（40）・蔵人頭権右中弁平信範（58）・左衛門佐信基（27）・越後守平時実（19）・兵部少輔中宮権大進平信国（31）・美作守平時家・刑部大輔平信季・尾張守藤原家教の面々で、大半が平時忠・平信範の一族たり。ここに、尾張守藤原家教の名の見えるところから、この事件の発端は、延暦寺・日吉社の後白河法皇強訴事件に由来するもの。後白河法皇の逆鱗のいかに大なりしか。【兵範記】

この年

後白河上皇の寵女・丹波局（内膳司紀孝資女・江口遊女）、最恵親王（承仁法親王・建久八年〈一一九七〉四月二十七日薨去・29）を出産す。〔『華頂要略』より逆算〕

嘉応二年（一一七〇）　四十四歳

正月一日〔陰り晴れ、屢《しばしば》変ず。時々、小雪〕

後白河法皇、法住寺御所において院拝礼あり。摂政藤原基房（26）以下、中門外に列立す。御所の寝殿階《はし》の間《ま》、法皇出御。この間、打出《うちいで》を飾らず、自余の間は皆、桜衣の打出を飾る。摂政前庭にて練歩《れんぽ》す。太政大臣藤原忠雅（47）は不練。公卿に続き殿上人、内蔵頭平経盛（47）以下三十人許り公卿の後の列立、拝礼あり。ついで、もとの如く、中門外に列立、建春門院（29）に拝礼。　【玉葉、愚昧記】

正月三日〔天晴る〕

高倉天皇（10）、未刻（午後二時頃）、内裏より法住寺殿に朝覲行幸。寝殿母屋《もや》階の間に法皇出御、主上と御拝あり。ついで音楽。まず、左方の楽人、左近将監狛光近（53）、ついで右方、右近将監多忠節（61）により各一反《いっぺん》、振鉾《えんぶ》あり。引続き舞楽。左方、万歳楽・三台・陵王。右方、地久・鳥蘇・納蘇利《なそり》を舞う。万歳楽の演舞につれて勧盃《けんぱい》。ついで御遊（「御遊年表」参照）。参議源資賢（58）、拍子を打ち、公卿の召人《めしうど》、楽を奏す。「今日の御遊、尤も興有り」（右大臣藤原兼実22）と。琵琶は右大臣兼実なり。左大将藤原師長（33）、「琵琶、殊に神妙の由、頻りに感じ申さる。凡そ存ぜざる事なり」（正月九日条）と。戌刻（午後八時頃）、事了りて、退出。天皇、還幸の記載なきも、当夜、内裏還御か。　【玉葉】

正月八日

この夜、亥刻許り（午後十時頃）、後白河法皇、法勝寺修正会に御幸。摂政藤原基房以下、公卿十人許り、列座。呪師《のろんじ》二手あり。　【玉葉】

正月十三日〔天晴る〕

延暦寺の衆徒、下山入洛のため発向の報、後白河法皇の上聞に達す。よって検非違使に下命して、山麓西坂本を警固せしむ。制止に背く者あらば、法にまかせ射禦《しゃぎょ》すべし、と。今夜、参議平頼盛（40）、大相国入道清盛（53）の命により福原に下向。ついで、明日、前権大納言平重盛（33）も下向と。これを伝聞したる右大臣藤原兼実は、叡山衆徒発向の風聞の中に、首都警固のために、専《もは》ら然るべからざる事か、と不安を洩らす。　【百錬抄、玉葉】

正月十七日〔終日、雨甚だし〕

今晩、大相国入道清盛（53）、福原より上洛、入京す。また、藤原成親（33）、正月五日に兼官の右兵衛督検非違使別当を後白河法皇にしきりに辞退す。

【玉葉、公卿補任】

正月十八日〔天晴る〕

蓮華王院修正会《しゅしょうえ》なり。右大臣藤原兼実（22）、後白河法皇の催しにより、戌刻（午後八時頃）、御堂に参向。しかるに、後白河法皇の御幸、すこぶる遅滞せり。亥刻（午後十時頃）に御幸あり。御堂御所（御堂の正面、五ヶ間、縁上に造り出す）に御車を寄す。兼実、推参して御車の御簾を褰《かか》ぐ。法皇、下車、御堂に入御。法会について、呪師《のろんじ》・散楽あり。

【玉葉】

正月二十二日〔天晴る〕

かねて叡山大衆より愁訴ありし、権中納言藤原成親の再配流、流人平時忠（41）・同平信範（59）の召還につき、後白河法皇、院御所において公卿を召して議定せしむ。顧問に備うる人々は、太政大臣藤原忠雅（47）・左大臣藤原経宗（52）・内大臣源雅通（53）・左大将藤原師長（33）・権中納言藤原資長（52）・修理大夫藤原成頼（35）・参議平親範（34）。摂政藤原基房（26）の列座なきは不審。諸卿の申す趣、一に非ず、区々《くく》たり。

【玉葉（正月二十三日条）】

正月二十六日〔天晴る〕

後白河法皇、法住寺殿において尊勝陀羅尼を修せらる。

日頃叡山在住の法眼尊忠、下山して右大臣藤原兼実の九条第に来訪。叡山衆徒、藤原成親配流、平時忠・同信範召還方の意趣、いよいよ熾烈なりと、言談す。

【玉葉】

正月二十七日〔天晴る〕

叡山の僧綱ら、院御所に参入、かねての二ヶ条事（㈠藤原成親配流、㈡平時忠・同信範召還）、なお訴え申す。これにより、後白河法皇、「この事にかぎり裁許すべし。ただし、以後、台山（延暦寺）の訴訟については、一切、聞き入るべからず」と申渡す。僧綱ら、左右《とこう》を申すあたわず、退出せり、と。

【玉葉（正月三十日条）】

正月二十九日〔天晴る〕

右大臣藤原兼実、伝聞す。後白河法皇、熊野参詣のため、来月二十二日より熊野御精進を始めさせ給う。

【玉葉】

正月三十日〔小雪〕

後白河法皇院御所において舎利講を行わる。大宮大夫藤原公保（39）・蔵人頭右中将藤原実守（24）ら参入。【愚昧記】

二月一日〔朝間、雪降る〕

実晴阿闍梨、右大臣藤原兼実第（九条第）に入来。後白河法皇の沙汰により、藤原成親配流の由、すでに叡山に伝達さる、と。また、平時忠（41）・同信範（59）の召還も一決。この旨も、叡山より実晴阿闍梨に告げ送り来るなり、と。ただし、或人の言説によれば、両人召還は誤説なり、と。【玉葉】

二月四日〔時々、雨雪〕

右大臣藤原兼実（22）、皇嘉門院（49）の御所に参入。未刻（午後二時頃）、権中納言藤原邦綱（50）入来。邦綱、兼実に密語す、「世上、なおもって落居せず。成親流さるべきの由、仰せられながら、後白河法皇いまだ宣下せられず。大略、また変儀か。毎事、勿論なり。言うこと莫れ、言うこと莫れ」と。【玉葉】

二月六日〔晴〕　**再び、流人平時忠・平信範を召還、藤原成親を解官**

後白河法皇、天台山の訴えにより、院宣を下して、流人平時忠・同信範を召還すべしと。また、権中納言藤原成親の三職（権中納言・右兵衛督・検非違使別当）を解却《げきゃく》す。【百錬抄、公卿補任】

二月八日〔晴〕

平時忠・同信範ら、入洛す。【玉葉（二月九日条）】

二月十二日〔天晴る〕

申時許り（午後四時頃）、右大臣藤原兼実、院御所（七条殿）に参入。後白河法皇、仰せて云う、「今夜、始めて熊野御精進屋（今熊野社）に入る。よって、取乱しの事ありて、面謁不能」と。ついで、兼実、建春門院御所に参入（御所同居）。【玉葉】

三月十四日

後白河法皇、今熊野社より還御。【玉葉】

三月二十日

後白河法皇ならびに建春門院（29）、鳥羽北殿に御幸。公卿の人々、束帯着用。【兵範記】

三月二十二日〔晴〕

高倉天皇（10）、辰刻（午前八時頃）、閑院皇居より春日社行幸。後白河法皇、鳥羽殿逗留。巳刻許り（午前十時頃）、修理大夫藤原成頼（35）宿所において、法皇、行列見物あり。
【兵範記、玉葉、愚昧記】

三月二十三日
高倉天皇、春日社参詣より還御。後白河法皇、また見物あり。「両日、風雨の難なし。是れ神感あるか」（右大臣藤原兼実22）と。
【玉葉、兵範記】

四月十日〔晴〕
今夜、建春門院（29）、閑院皇居に入内御幸あり。法皇の御車。左大将藤原師長（33）以下、公卿十人許り（直衣着用）、殿上人等（衣冠着用）前駆《せんぐ》として供奉。検非違使大夫尉源為経・召次長《めしつぎのおさ》左近将監中原重近、御車の後に扈従《こしょう》。院司の供奉なし。出車三両、女房供奉、共侍はいずれも衣冠にて供奉す。女院、閑院に入御。御在所は先々の如し。
【兵範記、玉葉】

四月十六日〔夜より雨甚だし〕
摂政藤原基房（26）、後白河法皇の院宣により賀茂社参詣の降雨甚だしと雖も、参詣中止なし。基房、出立猶予の間、行列見物のため後白河法皇、すでに一条室町（『兵範記』は六条殿）の桟敷に渡御。そこで、摂政藤原基房は摂政亭（土御門東洞院、権中納言藤原邦綱家）を楚忽《そこつ》（あわただしく）に出立。時に申《さる》終り刻（午後五時前）、秉燭《へいそく》に及ぶ。行列は法皇桟敷（御簾を巻き、人々列座）の前を通過して、賀茂下社に向う。
【兵範記、愚昧記】

四月十七日〔天晴る〕
賀茂祭なり。路頭行列は、まず先頭から検非違使看督長《かどのおさ》、ついで検非違使。まず、右衛門少志安倍資盛・右衛門志中原基広・正六位上左衛門少尉藤原能盛・同藤原師高・従五位下左衛門少尉平業房・右衛門少尉源為経。この日の近衛使は左近衛少将源有房。後白河法皇は大宮権大夫藤原俊盛（51）の桟敷に出御、見物あり。
【兵範記】

四月十九日〔天晴る〕
後白河法皇、南京（奈良）に下向。明日、東大寺において受戒のためなり。巳刻（午前十時頃）、七条末御所（七条殿東御所）より網代車《あじろぐるま》に乗り出御。午刻（正午頃）、宇治川東岸に参着。船にて渡河、平等院釣殿河岸に着御。法皇、平等院本堂に登壇、礼拝。同北庇に御在所を設置さる。摂政藤原基房、供膳その他設事のため、前日より入御。供膳了りて、摂政、法皇に贈物として、念珠ならびに馬三疋を献上。法皇よりは馬二疋を摂政に下賜。法皇の戒牒は権中納言藤原資長（52）が草進、権中納言藤原忠親（40）、これを清書す。法皇、御車を召し、出御、奈良に進発。

この間、入道大相国平清盛（53）、宇治に到着。法皇と同じく、東大寺にて受戒のためなり。前権大納言平重盛（33）・参議平教盛（43）ら各駕車にて扈従。侍の供三十余人、三方混合警護の行列なり。この内、武士は故平家貞二男筑後守平貞能一人、郎党十騎を引率す。新権中納言源雅頼（44）、宇治成楽院廊において入道清盛に供膳、終りて進発す。

後白河法皇、晩頭に東大寺に臨幸。東大寺西室御在所に着御。別当法印顕恵（55）が法皇御所の雑事を奉仕。入道清盛は東大寺子院・聖教院覚教法橋が自房に宿す。清盛の戒牒は宮内卿藤原永範（65）が草進、皇太后宮権大夫藤原朝方（36）が清書す。【兵範記、玉葉、百錬抄】

四月二十日〔天晴る〕　**後白河法皇・平清盛、東大寺にて受戒**

後白河法皇、東大寺勅符蔵（正倉院）を開扉、宝物（聖武天皇御遺物）を御覧あり。左少弁蔵人左衛門権佐藤原経房（28）、勅使となり大監物および典鎰《てんやく》（ともに中務省、鍵をつかさどる）を引き具して参仕す。珍宝をかねて御所に運び出し、法皇の歴覧に供す。この時、入道大相国清盛もその席に候す。晩頭、事了る。

夜に入り、法皇ならびに入道清盛の受戒あり。法皇、戒壇に登る前に、高倉天皇（10）の勅使、左少将藤原基家（39）参入。院司・左少将藤原隆房（23）、法皇よりの賜禄を伝渡。勅使拝舞して退出。ついで、内蔵寮御誦経使参入。その儀、同前。ついで、後白河法皇、登壇。法皇、布法服を着装、権少僧都勝憲ほかが法服を捧持して御供す。入道大相国清盛（法名清蓮）には宰相源資賢息少僧（賢祐か）が随伴す。法皇の戒師は東寺長者・法務権僧正禎喜（72）が勤む。興福寺少僧都玄縁が奉行を奉仕す。昨十九日、院司・参議藤原成頼（35）および左少将藤原光能（39）が京都より下向、寺家の雑事を沙汰す。法皇、受戒了りて退下の際、大仏殿において誦経《ずきょう》を行わる。導師は権少僧都敏覚。　【兵範記、百錬抄、一代要記（四月二十八日条）】

四月二十一日〔晴〕

後白河法皇、南都より還御。木津より乗船、木津川を舟行、鳥羽殿に着御。この日、帰忌日《きこにち》たるにより、七条殿に還御せずして、法住寺殿御所に入御。

酉刻（午後六時頃）、大相国入道清盛は、南都より宇治に入り、宇治路を通行して入洛、六波羅第に帰参す。清盛の帰京、法皇還御に先行せり。　【玉葉、兵範記】

四月二十三日〔雨降る〕　**故摂政藤原基実息・基通、元服の儀**

この夜、後白河法皇、故摂政藤原基実の若君（基通11）の元服の儀を近衛第（基通祖母第＝故関白忠通室・二品尼源信子）において行う。この日の奉行人は権中納言藤原邦綱（50）・右少将藤原光能（39）・中宮権大進藤原光長（27）の三人。「甚だ多し」という声を聞く、異例なり。この元服の儀、すべて後白河法皇の沙汰なり。寵臣光能の奉行も法皇の仰せにて、「人もって目を側《そば》だつ」という驚目の抜擢なり。理髪は蔵人頭右近衛中将藤原実守（24）、加冠は基通の叔父・右大臣藤原兼実（22）なり。加冠後、いまだ名字《みょうじ》なき若君に異例の正五位下の叙位も、かねてよりの後白河法皇の沙汰なり。右大臣兼実には、この元服の儀について、心中、いくつかの不審不満が残りしものの如し。「今日の加冠の事、必然すべからず。故殿（兄・摂政基実）の深恩、何時報ずべけんや。しかのみならず、院宣（後白河法皇）あるの間、行き向う所なり」と。 【玉葉】

四月二十九日〔天晴る〕

この夜、右大臣藤原兼実、建春門院御所において権中納言藤原邦綱より、大夫藤原基通（11）任侍従のことを伝聞。件の基通は直衣着用して、初出行すべしと雖も、任命遅れ、先ず白川殿（亡父摂政基実北政所平盛子・15）に参上、対面す。権大納言源定房（41）、贈物として御手本を進献。基通は近衛殿に還御。この夜、閑院皇居において小除目あり、正五位下藤原基通、侍従に任ぜらる。右大臣兼実、「何故早くに、侍従に任ぜざるや」と得心せず。 【玉葉、兵範記】

閏四月四日〔朝の間、風烈し。午後、天晴る〕

今夕、新侍従藤原基通、拝賀。まず、参内（閑院）。ついで、白川殿。つぎに後白河法皇の院御所。院判官代勘解由次官平親宗（27）奏し、ついで建春門院（29）。法皇・女院ともに召すにより御前に参る（同御所・同座）。 【兵範記】

閏四月二十三日〔陰り晴れ、定まらず〕

ある人の使者、右大臣藤原兼実の九条第に来訪。来月晦日、嵯峨釈迦堂（清涼寺）において一品経《いっぽんきょう》供養を企図。その結縁《けちえん》を募るため、後白河法皇、執柄《しっぺい》（摂政藤原基房）、三公（左大臣藤原経宗・右大臣藤原兼実・内大臣源雅通）、九卿（公卿）をはじめ、男女貴賤すべて勧進せんと。兼実、これに結縁奉加を諾す。 【玉葉】

閏四月二十八日

後白河法皇第二皇子たる守覚（仁和寺検校、鳥羽勝光明院・仁和寺法金剛院別当・21）に親王宣下、二品《にほん》に叙す。 【仁和寺御伝、仁和寺系図】

五月一日

法勝寺三十講始。後白河法皇、御幸あり。摂政藤原基房（26）扈従。内大臣源雅通（53）以下、公卿・殿上人、済々として参仕す。【兵範記】

五月九日

新日吉社五月会なり。後白河法皇、新日吉社《いまびえしゃ》（今比叡神）において、初めて七番競馬事あり、御幸。【師光年中行事】

五月十日〔晴〕

法勝寺三十講結願なり。午一点（午前十一時すぎ）、後白河法皇、御幸。御車を廊東面に寄す。摂政藤原基房（26）、御簾を褰《かか》げ、法皇、下御。【玉葉】

五月十六日

後白河法皇、流罪の事を行う。「平治の乱」の主謀者・故右衛門督藤原信頼の遺子、前侍従五位下藤原信親（16）、父信頼死罪の時、わずか五歳の幼稚により沙汰なし。成長の後、改めてこの罪科を行い、伊豆国に遠流す。【兵範記】

七月三日

法勝寺御八講始なり。後白河法皇、御幸。【玉葉】

七月二十二日

後白河法皇の七条殿御所において、中務大輔藤原経家（22）と周防守高階信章が、口論喧嘩となる。信章、経家の烏帽子を取り剥ぐ。後白河法皇、両人ともに除籍、ただし、信章は停任《ちょうにん》とす。過怠《かたい》、ことに重きの故なり。事の発端は、去る年六月七日、上皇、八条院（暲子内親王尼・34）に御幸の時のこと。西八条泉殿（女院御所）において、上皇の御遊会あり。例の如く、上皇御前において、各自戯遊の間、ふとしたはずみに、経家が信章の烏帽子を撥落させり。もともと、濫觴は不善のことながら、ついにこのような事件に発展。今日の闘諍《とうじょう》は御所の傍なり。【玉葉】

八月三日

後白河法皇の異母弟・七宮こと天台座主覚快法親王（37）、叡山より下山、初めて院御所（七条殿）に参上せらる。馬二疋を後白河法皇より借用せらるるにつき、右大臣藤原兼実（22）、置鞍を借献す。【玉葉】

八月四日

右大臣藤原兼実、院御所に参上。右少将藤原光能（39）をもって見参に入る。後白河法皇、折柄、念誦の間により、面謁かなわず。ついで、閑院皇居に参内。【玉葉】

八月十三日

後白河法皇、鳥羽殿より還御。鳥羽御幸不明なるも、八月八日、京都、「暴風雷雨あり。惣べて取るに喩える物なし。近年の間、いまだかくの如き大風あらず」（『玉葉』）という惨禍あり、「大風。鳥羽北楼門、顚倒せり」（『百錬抄』）。となると、法皇、その被害査察のため御幸あるか。【百錬抄、玉葉】

八月十九日〔雨降る〕

後白河法皇、仁和寺一切経会に御幸。【玉葉】

九月十一日

後白河法皇、法住寺殿において今日より供花会《くげえ》を始めらる。僧俗の能読の結縁衆、一時各一人、法華経を転読供養。毎年五月と九月にこの法会あり。法皇、年来の勤行なり。【玉葉】

九月二十日　後白河法皇、輪田泊にて宋人見物

鳥羽・城南寺の馬場において五番の競馬あり。後白河法皇、これに御幸、見物あり。事了りて、法皇、大相国入道清盛（53）の摂津・福原山荘（神戸市）に御幸。これ、宋船輪田泊（神戸港）に入津、宋人を叡覧のためなり。わが朝廷において延喜（醍醐天皇）以来、未曾有の椿事なり。右大臣藤原兼実（22）「天魔の所為か」と驚く。【玉葉】

十月十三日

或人、右大臣藤原兼実に語る。明日、建春門院御所において和歌会あり、と。権大納言藤原隆季（44）ならびに前権大納言藤原実定（32）の結構なり。【玉葉】

十月十九日〔晴〕

右大臣藤原兼実、閑院亭御坐の摂政藤原基房（26）の許に参上。退出の後、建春門院御所（七条殿）に祇候す。参入以前、和歌会あり。去る十月十四日延引、今日に及ぶ。卿相侍臣、左右の方人二十人。三十番の歌合なり。歌題は「関路落葉」「水鳥近馴」「臨期違約恋」。皇后宮大夫藤原俊成（57）、判者を勤む。

「法住寺殿歌合」「建春門院北面歌合」の写本、現存。写本には「嘉応二年十月十六日」とあるも、「十月十九日」の誤写。折柄、後白河法皇、熊野御幸により不在。「法住寺殿」の題名は、後世の仮託。北面は、建春門院御所七条殿の北面殿上の意か。

【玉葉、建春門院北面歌合（「法住寺殿歌合」）、玉葉和歌集、帝王編年記】

十月二十四日〔朝の間、小雨。午後、晴る〕
後白河法皇、今夕か、または明旦、熊野御幸より帰洛あるべし、と。【玉葉】

十月二十五日〔天晴る。晩景、雪降る。終日、風烈し〕
今朝、後白河法皇、熊野参籠より還御。今日、高倉天皇（10）元服定あるにより、殊に入洛を急がる。もともと予定は明二十六日の帰洛なるも、一日、繰り上げ急ぎ還幸。申刻（午後四時頃）、院御所七条殿において僉議《せんぎ》を行わる。左大臣藤原経宗（52）・右大臣藤原兼実（22）・内大臣源雅通（53）以下、諸卿参上。【玉葉】

十月三十日〔晴〕
後白河法皇、御使として右少将藤原光能（39）を大相国入道清盛（53）の福原亭に参向せしむ。世人、何事か知らず。十一月三日、光能、福原より帰参す。【玉葉】

十一月二十六日〔天晴る〕
今夜、今熊野社焼亡す。下人の伝聞により右大臣藤原兼実、院御所七条殿に参上。火災は本殿に及ばず、廻廊・僧房ばかり焼失と。兼実、後白河法皇に火事見舞いを言上、即刻、退出す。【玉葉】
しかるに『百錬抄』の編者は、今熊野社のうち法華堂・九体阿弥陀堂、炎上と記す。これらの建造物は正四位下元長門守高階経敏（少納言入道信西の養父）の造進なり、と。【百錬抄】

十二月四日
午後、後白河法皇、法住寺殿の懺法《せんぼう》結願なり。権大納言藤原実房（24）、参会。布施を取るの後、退出。ついで、東寺公祐法眼（37）、灌頂堂において伝法灌頂を行うにより、事了りて北屋（号阿闍梨房）において酒盃・飲食《おんじき》あり、のち散会。
この夜、後白河法皇、七条殿において仏名会あり。同実房、東寺において束帯着装、参院す。【愚昧記】

十二月十四日
藤原基房（26）、太政大臣となる。大饗あり（「御遊年表」参照）。【玉葉】

十二月三十日
除目あり。後白河法皇、明年正月二日、高倉天皇の元服に際し、参議源資賢（58）に上寿人《じょうじゅのひと》を勤めしむるため、格式上、相当の官、必要につき、この日、資賢を権中納言に抜擢す。同参議平宗盛（24）も任権中納言。剰闕九人例となる。廟堂初例にして、希代の事なり、と。【玉葉】

嘉応三年・承安元年（一一七一・改元）　四十五歳

正月一日〔陰り晴れ、定まらず。微雨、まま灑《そそ》ぐ〕

申刻（午後四時頃）を過ぎ、院御所法住寺殿において院拝礼あり。ついで、建春門院（30）の拝礼あり。【玉葉】

正月三日〔辰刻（午前八時頃）以前、雨脚屢《しばしば》降る。巳時（午前十時頃）以後、天漸く晴れんとす〕　**高倉天皇、元服**

大内紫宸殿において高倉天皇（11）の元服の儀あり。加冠は摂政太政大臣藤原基房（27）、理髪は左大臣藤原経宗（53）、能冠（加冠・理髪の補佐役）は内蔵頭藤原親信（35）なり。装束司は蔵人頭左中弁藤原長方（33）。行事は蔵人右衛門権佐藤原光雅（23）と同修理亮高階仲基（29）が勤む。加冠・理髪の儀を了した高倉天皇、御帳中、大床子の御座に着御。ついで祝宴のため御帳中より出御。左大臣経宗および摂政太政大臣基房、御手水《ちょうず》。ついで、天皇、盃を右手にとる。さらに箸をとる。つぎに匕《さじ》（スプーン）で、祭醴（灑水の如し）をすくい、盃にそそぐ。故実の定めにより、儀式が進行する。御帳の後でこの子細を観察していた右大臣藤原兼実（23）は、幼帝高倉天皇の振舞いに「本《もと》よりよくよく御暗誦あり、……御作法、閑かにして、はなはだ神妙なり」と感嘆す。

これよりさき、高倉天皇、母后建春門院の御在所弘徽殿に渡御。拝観礼あり。南殿（紫宸殿）の北庇より長橋を経、黒戸の方に渡御。内侍、剣璽を捧持、摂政藤原基房と職事のほか扈従せず。清涼殿に還御の後、天皇、昼御座《ひのおまし》に出御。摂政藤原基房・左大臣藤原経宗・右大臣藤原兼実・内大臣源雅通以下、第一、二、三の間に列座。各着座の前に衝重《ついがさね》を居《す》え、三献の勧盃あり。この間、殿上召人、参上。御遊あり（「御遊年表」参照）。琵琶は清涼殿の名器「玄上」を右大臣兼実が弾奏す。左大将藤原師長（34）、御遊果てて退出の右大臣兼実に、「玄上、殊に鳴る。これほど鳴る事、いまだ聞かず」としきりに褒誉《ほうよ》す。兼実、「存外の事なり」と喜ぶ。

高倉天皇、加冠・理髪の儀を了して清涼殿に入御。ついで、摂政藤原基房、五位蔵人平親宗（28）を召し、吉時、加冠の儀終了を後白河法皇（法住寺殿に御座）に奏上すべく下命あり。平親宗は即刻、花徳門を出で、法住寺殿に参院す。【玉葉、愚昧記】

正月四日〔晴〕

高倉天皇元服の後宴なり。酉刻（午後六時頃）、天皇、紫宸殿に渡御。この日、儀に参列の右大臣藤原兼実、所労の上、夜陰に及ぶの故に練歩《れんぽ》せず。「堂上（紫宸殿上）、燭暗きの間、望見するあたわず」という状況下に在ったようだ。後白河法皇により選出された上寿人《じょうじゅのひと》・権中納言源資賢（59）は、堂下の列を離れ、南殿東頭より昇殿、采女《うねめ》の盃をうけ、台盤上に置き、主上の方に向かいて寿言《よごと》（祝辞）を奏し、主上とともに群臣、挙盃す。資賢の寿言は、「その声、高く、詞、分明《ぶんみょう》なり」と右大臣兼実（23）の感嘆を呼ぶものであった。やがて御膳を供し、臣下一同に餛飩《こんどん》を賜い、勧盃。やがて、権大納言藤原隆季（45）、ならびに上寿人、権中納言源資賢、声を揚げて唱和す。その声、凛乎《りんこ》たり。さすが、音楽の故伝を聞き、管絃の長たるにふさわしと、人々感嘆す。同時に、周囲の人々、微音をもって、これに助音せり、と。　【愚昧記、玉葉】

正月八日

後白河法皇、法勝寺修正会に御幸。院蔵人、右大臣藤原兼実の三条万里小路第に来りて後白河法皇の催しを伝うるも、兼実、所労を申し不参。　【玉葉】

正月十三日〔天晴る。朝、雪降る〕

高倉天皇（11）、元服後、初の朝覲行幸なり。天皇、内裏を出御、未《ひつじ》終り（午後三時前）、法住寺殿に臨幸。西対代《たいしろ》を高倉天皇の御休所とす。法皇出御、主上渡御、御拝。御休所に還御、装束を改め、重ねて渡御。前大相国藤原忠雅（48）以下、公卿参上、着座。摂政藤原基房（27）、法皇の御気色をとり、楽行事に下知。振鉾《えんぶ》以下、左右三番の舞楽を舞う。ついで勧盃《けんぱい》・衝重《ついがさね》・御膳を供す。やがて御遊（「御遊年表」参照）。この日、右大臣兼実は、琵琶を左大将藤原師長（34）に譲る。左大将しきりに固辞するも、兼実譲る。兼実の言によれば、「予所労あるの上、将軍（師長）、すでに此の道の優長なり。いかでかその会釈《えしゃく》なからんや」と。　【玉葉、愚昧記、御遊抄】

二月二十四日

典薬頭和気定長（22）、右大臣藤原兼実第（三条万里小路第）において、建春門院（30）御不例の気ありと告ぐ。しかして、来月二日、女院御所に参上、灸治を加うべし、と。　【玉葉】

二月二十六日

左中将藤原定能（24、妹兼子は兼実室）、右大臣藤原兼実に慶賀を申す。定能、去る月十八日、任左中将。その慶び申し、後白河法皇の熊野御幸の供奉《ぐぶ》にて、遅引、今日に及べりと。この間、法皇の熊野御幸の記録なきも、この年正月、進発、二月二十三、二十四日頃還御なるか。　【玉葉】

三月一日

後白河法皇皇女前斎宮休子《やすこ》内親王（15・母は高倉三位局）ならびに二条天皇皇女前斎院僐子《よしこ》内親王（13・母は大外記中原師元女春日局）、期せずして二人薨去。右大臣兼実、「今日の中、両人隠れしめ給う。天変不定、あに恐れざらんや」と。【玉葉】

三月二日

今朝、摂政藤原基房（27）、宇治に発向。明日、宇治平等院一切経会、参会のためなり。しかし、この他行、「もっとも奇と為すに足れり」と。昨日、後白河法皇の皇女および孫姫、薨去。折柄、建春門院（30）の御不例中。ことに前斎宮の逝去により法皇悲痛の中の、摂政基房の出京。院中のためには、まことに驚くべき奇狂の行動なりと、右大臣兼実（23）これを非難す。【玉葉】

三月九日

申刻（午後四時頃）、後白河法皇の御輿舁きの法師たちと、右大臣兼実配下の松出納《すいとう》（俗称）が喧嘩に及ぶ。出納男が逃走したので、法師たちは建春門院御所（七条殿）に追い込んだ。そこで、文章生藤原尹明《まさあきら》を後白河法皇の院御所に遣わし、しかるべき近習の侍臣に逢い、子細を奏聞せしむ。下劣の者の訴訟が大事に及ぶことあり、無益の申し条ながら、まず、兼実は会釈《えしゃく》に及んだという次第。【玉葉】

三月二十六日

法勝寺千僧御読経供養行わる。後白河法皇、これに御幸。【玉葉】

四月十二日

検非違使藤原能盛、強盗の張本佐渡先生《せんじょう》光成を捕え、これを相具して、院御所に参入、後白河法皇の叡覧に供す。その後、検非違使別当左衛門督藤原成親（34）の第に連行す。【百錬抄】

四月二十一日

承安改元＝「天体赤気に依るなり」【一代要記】

五月一日

法勝寺三十講始。午刻（正午）、後白河法皇御幸。前太政大臣藤原忠雅（48）、参会す。【禅中記】

五月十一日

今日より後白河法皇、法住寺殿において供花《くげ》供養を始めらる。毎年の仏事にして、五月・九月にこの事あり。僧俗、読経を勤むること、恒の如し。【玉葉】

五月十六日〔天晴れ、晩頭陰る。時々小雨〕
日次《ひなみ》よきにより、右大臣藤原兼実（23）、参内（閑院）す。高倉天皇（11）物忌《ものいみ》により、清涼殿鬼の間において内女房《うちのにょうぼう》に謁し、退出。秉燭《へいそく》に及び院御所に参入。法皇・女院に謁見を申入る。しかるに、後白河法皇、取乱しの事ありて会わず、と。
この日、後白河法皇院御所の蔵人二人、密会姦淫事件により除籍《じょせき》さる、と。後聞く、除籍の儀中止、ただ召籠めらる、と。【玉葉】

五月二十五日
後白河法皇、今日より熊野御精進を始めらる。御精進屋（法住寺殿内）に入御。【玉葉】

五月二十九日
後白河法皇、熊野御幸進発。熊野本宮（南山）において六月会《みなづきえ》あり。法皇、壇越《だんおち》として勧進を致されんがための御幸なり。願文は皇嘉門院判官代・肥後守藤原光経（44）の草進。【玉葉】

六月二十一日
後白河法皇、熊野より下向。【玉葉】

六月二十八日〔天晴る〕
後白河上皇の異母妹・頌子《のぶこ》内親王（27・母は左大臣藤原実能女）、この日、賀茂斎院に卜定《ぼくじょう》さる（卜定所＝中御門京極亭）。右大臣藤原兼実、上卿《しょうけい》を勤む。この朝より潔斎のため、僧尼に会わず。また、自第に服忌者および月水女（月障）の家中に入るを禁止す。【玉葉】

七月五日
後白河法皇、法勝寺御八講に御幸。前権大納言平重盛（34）・権中納言藤原邦綱（51）・治部卿藤原光隆（45）・権中納言源資賢（59）・中納言藤原宗家（33）・権中納言藤原兼雅（27）・検非違使別当藤原成親（34）・右兵衛督平頼盛（41）・参議平教盛（44）・大宰大弐藤原信隆（46）・平信範（60）ら供奉、参会す。【禅中記】

七月七日
法勝寺御八講結願。後白河法皇、午刻（正午）に御幸。ついで御経供養あり。法花経二部（院庁は金泥経、寺家は色紙経を調備す）。【禅中記】

七月十日
後白河法皇、僧十二口を屈請《くっしょう》して百日念仏会を始行さる。
斎院卜定の上卿を勤めし右大臣藤原兼実、事了りて退出。院御所に参上。しかるに近習の者、一切人無し。よって、蔵人一人を尋ね出し、

後白河法皇ならびに建春門院（30）に申し入るも、面謁不能。兼実、心神すこぶる悩乱して退出す。【玉葉】

七月十四日

後白河法皇、七条殿御所において百日御念仏を始行す。【玉葉・十月二十一日結願より逆算】

七月二十六日　平清盛、後白河法皇に羊五頭と麝香鹿一頭を献ず

前大相国入道清盛（54）、輪田泊《わだのとまり》（神戸港）に入津の宋船載の羊五頭ならびに麝香鹿《じゃこうしか》一頭を後白河法皇に進献す。が、この後十一月のころ、貴賤上下に羊病流行し、羊三頭を返却。【百錬抄】

八月十四日

去る六月二十八日、賀茂斎院に卜定、卜定所（中御門京極亭）に入御の頌子内親王（27）、病により退下さる。【帝王編年記】

八月十五日

斎院頌子内親王、崩ず、と。陰陽師《おんみょうじ》、先月来、貴女・親王御慎みあるべきの変、卜占の次第をしばしば上申せり。いま、この凶事に遭う。もっとも恐るべきことなり。しかしながら、或人の言によれば、斎院、蘇生し給う、と。【玉葉】

八月十七日

右大臣藤原兼実（23）、或る人の伝言により、斎院頌子内親王の蘇生は真実なり、と。【玉葉】

九月五日　後白河法皇、故藤原忠通筆の手本に執心

右大臣藤原兼実、所労により去る六月晦日より内裏・院御所に出仕せず。今日、日次《ひなみ》よろしきにつき直衣《のうし》着用、まず、後白河法皇の院御所に参上。蔵人をもって見参に入る。後刻、左中将藤原定能（兼実室兼子兄・24）、法皇の御使として兼実第（三条万里小路第）に入来。口上によれば、「故入道前関白藤原忠通の手本蒐集の意図あり。家中探して進ずべし」と。兼実、これに答えて、「所持しておれども、まともな手本は一切なし。故入道、老後は老眼にて揮毫をせず。また、そのほかに相伝由緒のものもなし。下手《げて》のもの若干、探し出して進献いたしたく。さりながら、多くという訳には参らぬ」と。帰参した定能は、ふたたび院の御意を兼実に伝達。善悪を論ぜず、なるべく数多く進上せよ、と。【玉葉】

九月七日

後白河法皇より献上下命の故入道忠通手本、家司・上総守藤原基輔を使者として、院御所に届く。定能を申次ぎ、手本五巻（手本四巻・大文字一巻）を檀紙《まゆみのかみ》に包み、硯筥の蓋にのせて進上す。定能、基輔に法皇の言葉として「返すがえす、神妙に思食す」と伝達す。【玉葉】

九月十二日〔晴〕

申刻（午後四時頃）、後白河法皇の御使として蔵人右衛門権佐藤原光雅（23）、右大臣兼実第に入来。法皇の意を伝う。斎院再度卜定は神慮に叶わざる恐れあり。しかるに、いま斎院に卜定すべき適任の人なし。旧斎院の人は、運すでに尽きたる人なれば不適。しかも、前例なし。法皇の孫姫二人あり。しかるに父王（以仁王21）、いまだ親王宣下なし。これをなすに如何と。【玉葉】

九月十八日

後白河法皇、今日より院御所において恒例の供花《くげ》を始行さる。【玉葉】

九月二十三日

南都興福寺の衆徒、強訴のため上洛せんとの噂あり。すでに、後白河法皇に奏状を進む。よって、右少弁藤原兼光（27）、摂政藤原基房（27）の使者として南都に下向、制止を加え、上洛を延引す。事の次第は前下野守大江信遠（後白河法皇北面武士、大江信恵法師子）、興福寺領近江国坂田荘（滋賀県長浜市東部）の知行に際して、種々の濫妨をはたらく。興福寺の衆徒、信遠を流刑に処し、さらに興福寺末寺荘園等五十余所を起立すべく、訴訟に及ぶ。【玉葉】

十月六日

後白河法皇の近習《きんじゅう》・右少将藤原定能（24）、右大臣藤原兼実第に入来。来る二十一日、後白河法皇、摂津の入道相国（清盛）福原別荘に御幸あるべし、と。そのため、人々、すでにさまざま結構す、三日間逗留の予定なり、と。【玉葉】

十月八日

後白河法皇の姉・上西門院（46）、法金剛院内に新御堂（持仏堂）を建立。この日、その御堂落慶供養なり。後白河法皇（歩行）ならびに建春門院（30）・八条院（35）・高松院（31）渡御。法皇皇子・守覚法親王（22）、導師を勤む。新御堂は、法金剛院巽《たつみ》角（東南）、池畔に建立の一間四面の小堂。丈六の阿弥陀仏坐像を安置す。【玉葉、禅中記、百錬抄】

十月十四日

後白河法皇異母妹・高松院（母は美福門院・二条天皇皇后・姝子《よしこ》内親王尼31）、白川殿（故摂政藤原基実北政所平盛子16と同居）より後白河法皇御所法住寺殿の百日御念仏会に聴聞のため御幸。女院、当夜より二十二日まで、法住寺御所に宿御。【玉葉（十月二十一日条も参照）】

十月二十一日

後白河法皇、百日御念仏会結願す。前大相国藤原忠雅（48）、左大臣藤原経宗（53）以下、公卿済々として参仕す。ただし、右大臣藤原兼実（23）・内大臣源雅通（54）・左大将藤原師長（34）は不参。この供養に勤仕の僧十口、人別に布施五千具あり。建春門院、別に僧別各五具を加えらる。

今夕、高松院は白川殿に還御。【玉葉】

十月二十二日

鳥羽殿に御幸。明暁、平相国入道清盛（54）の福原別荘に御幸進発、鳥羽泊《とまり》において乗船、淀川流下のためなり。【玉葉】

十月二十三日　**後白河法皇、清盛の福原別業に渡御**

今暁、後白河法皇、鳥羽殿より入道大相国福原別業に渡御。供奉の公卿は前権大納言平重盛（34）・権中納言源資賢（59）・権中納言藤原兼雅（27）・左衛門督別当藤原成親（34）・右衛門督平宗盛（25）・権中納言平時忠（42）の六人。殿上人十人ばかり広きに及ばず。

後白河法皇を迎えた入道前太政大臣清盛は、福原において船遊びの事を興行。室泊《むろのとまり》から遊女を招き、饗宴・御遊の後、賜禄。音楽堪能の源資賢・藤原兼雅・藤原成親らの同行により、絲竹相和《あい》し、格別の興を添えしものならん。【玉葉、百錬抄】

十一月一日

後白河法皇、福原より還御。権中納言藤原兼雅、院御所七条殿にて左中弁藤原長方（33）に福原の事を談ず。【禅中記、百錬抄】

権中納言源雅頼（45）、右大臣藤原兼実に消息を送り、近日、後白河法皇ならびに建春門院（30）、宇治平等院歴覧の御幸ありと伝う。そのため、摂政藤原基房（27）の周辺は、この設営に腐心《ふしん》中なり、と。【玉葉】

十一月三日

後白河法皇、左衛門督検非違使別当藤原成親の五辻第の競馬《くらべうま》見物のため、密々に御幸。【玉葉】

十一月四日

右大臣藤原兼実、或る人より伝聞す。後白河法皇、近日、前権大納言平重盛の六波羅泉亭に御幸あり、と。【玉葉】

十一月九日

閑院皇居において叙位・除目あり。後白河法皇、福原行幸の賞により、藤原能盛を正五位下に叙し、平盛国（59）を左衛門尉（少尉より大尉に）、平貞綱を左兵衛尉に任ず。さらに盛国を検非違使となす。【達幸故実抄、禅中記】

十一月二十四日

参議平信範（60）、後白河法皇御所法住寺殿に参上。卿相《けいしょう》五、六人参入あり。この日、後白河法皇、大嘗会五節舞姫に随伴の童女《わらわめ》・下仕《しもづかえ》等

を御覧あり。これ、毎年の恒例なり。【兵範記】

十一月二十五日

暁天、建春門院（30）、法住寺殿御所を出御、密々に石清水八幡宮に行啓。右衛門督平宗盛（25）・権中納言平時忠（42）・左馬権頭平経正・蔵人勘解由次官平親宗（28）ら、各車駕にて供奉。午上（正午前）に石清水八幡宮の宿院に着御。御車を下りた女院は肩輿《かたこし》に乗り、男山を昇る。女房らもすべて同輿、扈従《こしょう》。宝前において奉幣、ついで経供養。夜に入り舞殿で神楽。通夜。【兵範記】

十一月二十六日

早旦、建春門院は石清水八幡宮宿院出御、入洛。法住寺殿御所に還御。【兵範記】

十一月二十八日

後白河法皇、太相国入道清盛（54）の女・徳子《のりこ》（17）を高倉天皇（11）の女御として入内せしむるに際し、まず、法皇の養子となす。ついで、永久五年〈一一一七〉の待賢門院の例（藤原璋子17・鳥羽上皇15）に准じ、諸事の沙汰をみずから行わんとす。

この日、法皇は来る十二月二日、法住寺殿殿上において女御入内雑事を行うに際して、右大臣藤原兼実（23）の参仕を求む。このため、院宣を発し、近習の蔵人勘解由次官平親宗（28）をして、兼実の家司・修理権大夫藤原頼輔（60）に書状を発し、その出席を催す。兼実は「世間の恐れあるに依り、参るべきの由」、即刻、自筆の領状をもって返答す。

これよりさき、去る八月の頃、左衛門権佐藤原盛隆、後白河法皇の御使として、前太政大臣藤原忠雅（48）・左大臣藤原経宗（53）・左大将藤原師長（34）らの許に、近時の天変凶悪なるを示し、徳政を行うべく議定すべきことを、密かに下知せらる。忠雅・師長は即答せり。左大臣経宗は、書状にしたため、盛隆を介して法皇に進達。おおむね、同意見なり。かくの如きことは、本来、院庁の職事が奉行すべきこと。ただし、事の内容が漏洩なきよう、近習の者をもって、法皇が直々に尋ね仰せられたものか。【玉葉】

十二月二日〔天晴る〕　**後白河法皇、平徳子を猶子となす**

入道大相国（清盛）女子・徳子、今上《きんじょう》高倉天皇に入内のため、後白河法皇、六波羅亭より建春門院御所（法住寺殿）に渡御す。右衛門督平宗盛の車に乗車。宗盛、これに扈従す。右中将平知盛（20）の車を出車《いだしぐるま》となす。【兵範記、百錬抄】

この日、法住寺殿の殿上において、女御入内雑事を定む。参仕の公卿は、摂政藤原基房（27）・左大臣藤原経宗（53）・右大臣藤原兼実（23）・内大臣源雅通（54）・左大将藤原師長（34）・権大納言藤原隆季（45）・同藤原実房（25）・権中納言源資賢（59）ら八人。議定を記した定文の清書は権中納言源雅頼（45）。定文は筥に納め、蔵人頭左中弁藤原長方（33）が後白河法皇に奏覧す。同時に正四位下平徳子（名字徳子は式部大輔藤原永範66択申）を従三位に叙す。徳子は清盛の第三女（二女、早世）なりしが、まず前権大納言平重盛（34）の猶子となし、ついで、このたびの入内に際し、後白河法皇の子とす。その沙汰は毎事殊勝にして、言葉をもっていうべからざる厳重の儀なり、と。【玉葉、兵範記、百錬抄】

十二月四日〔天晴る〕

右大臣藤原兼実（23）、未刻（午後二時頃）、法住寺殿に参上。毎年恒例の院御懺法結願なり。前大相国藤原忠雅（48）以下、人々済々として参入。小時、事始まる。奉行・右少将藤原光能（40）、開始の刻限を公卿座に告ぐ。午刻（正午頃）事了んぬ。【玉葉、兵範記】

十二月六日

今夜、後白河法皇、法住寺殿において仏名会《ぶつみょうえ》を行う。ついで、新年の朝覲行幸定を行う。恒例の行事なり。定文《さだめぶみ》は左大臣藤原経宗（53）執《しゅ》筆《ひつ》のところ、権中納言藤原資長（53）に与奪《よだつ》（指図）して清書せさしむ。【玉葉、兵範記】

十二月九日

昨日、京官除目なり。右大臣藤原兼実出仕せず。兼実、今日、その除目聞書を一見す。後白河法皇寵愛の右近衛少将藤原光能、越階《おっかい》して右近衛中将に昇進す。破格の抜擢に、兼実は「驚くべし、驚くべし。但し、近代の事、左右《とこう》を言うべからず」と、寵幸による法皇の偏執政道にいささか憤懣の色を示す。

今夜、後白河法皇、熊野御精進屋を始めしめ給う。秉燭《へいそく》の後、右大臣藤原兼実第（三条万里小路第）に建春門院蔵人来りて、「明日、女院御所に仏名会あり。参仕すべし」と催す。兼実、申承る由を即答す。【玉葉（十二月八日条も）】

十二月十日

建春門院御所七条殿において仏名会あり。右大臣兼実、亥一点（午後九時すぎ）に参殿。すでに始行、初夜の中間なり。今日、参上の公卿、左大臣藤原経宗以下、十七人なり。【玉葉】

十二月十四日〔天晴る〕　**平徳子、入内**

参議平信範（60）、法住寺殿に参上。時に法住寺御所は徳子入内の設営の最中なり。寝殿の装束（室礼）ならびに所々の舗設等の一切は、永久五年（一一一七）待賢門院入内の例に准ず。右中弁藤原為親が奉行す。建春門院（30）は今朝、七条殿よりこの法住寺御所に渡御。後白河法皇も七条殿に同居なるも、去る九日より熊野御精進屋（法住寺殿内）に入御。刻限に臨み、白地《はくち》（ちょっと）、御精進屋出御、徳子の入内の行列見物のため、七条殿桟敷に渡り給う。

従三位平徳子（17）、ならびに母儀二品時子尼（46）は、今朝、この法住寺御所に参入。平信範（60）は法皇の仰せにより、寝殿装束以下、女房装束の検知。終って午後、退出。

院別当・左大弁藤原長方（33）、仰せにより陰陽頭賀茂在憲（70）に入内の着裳《ちゃくも》の日時を勘申《かんじん》せしむ。本日、未時（午後二時頃）と勘申するにより、刻限に建春門院（30）、御腰を結い（着裳する）、ついで徳子より女院に、銀枝に付けし御手本の贈物を献ず（永久の例）。左少将藤原泰通（25）、勅使として内裏より高倉天皇（11）の御書《おんふみ》（書状）を徳子に持参。

夜に入り、徳子、糸毛御車（後白河法皇御車）に乗り、法住寺殿を出御、内裏に向かう。亥刻（午後十時頃）、先陣、大路に来り渡る。この間、夜景は「明月光朗にして、白沙《はくさ》昼の如し」と。後白河法皇ならびに建春門院は七条殿桟敷において見物。徳子、やがて上東門に入御。朔平門《さくへいもん》において、蔵人右衛門尉高階仲基（29）、徳子に輦車の宣旨を仰す。ついで、輦車（院御車。二条天皇、皇太子の時、貞信公〔藤原忠平〕の輦車を摸造）に乗り移り、登華殿西面に御車を寄せ下御。徳子は弘徽殿《こきでん》を御在所とす。

従三位平徳子の御衣、女房十八人、童女二人、下仕《しもづかえ》二人、半物《はしたもの》・雑仕《ぞうし》等の装束の色目《いろめ》はすべて「永久例」に準拠、華麗を極めたり。

【玉葉、兵範記】

十二月十五日

今晩、後白河法皇、熊野参詣御幸に進発。

【兵範記】

十二月二十一日

晩頭、参議平信範、建春門院御所七条殿に参上。後白河法皇御斗藪《とそう》（修行＝熊野詣で）の間、殿上人以下、結番にて、夙夜、見参に入るべく法皇の仰せ遵守。

【兵範記】

十二月二十六日　**平徳子、高倉天皇の女御となる**

従三位平徳子に女御宣旨《せんじ》を下し、この日より高倉天皇女御となる。高倉天皇（清涼殿）、初めて女御殿（平徳子）の御方（弘徽殿）に渡御、露顕《ところあらわし》（結婚披露）の儀あり。正寧殿西庇の間。天皇渡御の御供人、摂政藤原基房（27）・左大臣藤原経宗（53）・内大臣源雅通（54）・権大納言平重盛（34）・右衛門督平宗盛（25）・権中納言平時忠（42）。右大臣藤原兼実（23）は不出仕。永久は五人、このたびは六人なり。

【玉葉、兵範記】

承安二年（一一七二）　四十六歳

正月一日〔朝夕天陰り、昼間雲晴る。時々小雪ふる〕

建春門院（31）、七条殿において拝礼あり。後白河法皇、熊野行幸にて不在。申刻（午後四時頃）、右大臣藤原兼実（24）、参院。すでに拝礼の舞踏了りて、列に参加不可能。中門外方より殿上に向い、拝礼の儀を了す。摂政藤原基房（28）・左大臣藤原経宗（54）、拝礼直後退出。内大臣源雅通（55）・左大将藤原師長（35）、殿上に着座。内大臣雅通、右大臣兼実に節会に候すや否や尋ぬ。兼実、脚気不快により候さず。よって、両人退出。この間、人々大略退出せり。法皇不在の院拝礼、寂寥たり。【玉葉】

正月六日

後白河法皇、熊野より還御。【玉葉】

正月七日〔陰り晴れ、定まらず〕

内裏紫宸殿において白馬節会《あおうま》。未時（午後二時頃）、右大臣藤原兼実、束帯を着用、まず後白河法皇御所七条殿に参上。新年慶賀。【玉葉】

正月十一日

後白河法皇、七条殿を出御、円勝寺修正会に御幸。【玉葉】

正月十四日〔天晴る〕

諸寺の修正会竟日《きょうじつ》（最終日）なり。後白河法皇も法勝寺に御幸。右大臣藤原兼実、法皇に供奉せんとするも、遅参。途中において幸列に出会う。法皇の法勝寺入御を待ち、寺辺に逗留。御幸、入御の後、二条東門より参入。【玉葉】

正月十九日〔陰り晴れ、定まらず〕

高倉天皇（12）、内裏を出御、法住寺殿に朝覲行幸。未終り（午後三時前）に臨幸。天皇入御、後白河法皇、母屋《もや》の御座に出御、御拝あり。摂政藤原基房、楽行事（左方・左中将藤原基家41、右方・右権中将源通親24）に仰せて舞楽を奏す。万歳楽《まんざいらく》の間に公卿座に衝重《ついがさね》を居え勧盃。終りて御遊（「御遊年表」参照）。ついで法皇より主上に贈物（御本）および御馬二疋を贈らる。高倉天皇還御の記録、見えず。【玉葉】

正月二十一日

蓮華王院修正会なり。後白河法皇、御幸か（記録なし）。【玉葉】

正月二十五日

後白河法皇御所七条殿において昼呪師《のろんじ》あり。法皇・建春門院（平滋子31）、御覧か。【玉葉】

正月二十八日

巳刻（午前十時頃）、後白河法皇、七条殿において尊勝陀羅尼供養を行う。導師は東寺長者法務禎喜《ていき》（74）。請僧《しょうそう》二十口、恒《つね》の如し。摂政藤原基房（28）・右大臣藤原兼実（24）以下、人々参集。殿上人ら、陀羅尼を運上す。【玉葉】

二月二日

左少弁藤原経房（30）、右大臣藤原兼実に示し送る。明日、建春門院新御堂（法住寺殿内・最勝光院）の棟上《むねあげ》なり。後白河法皇御幸につき、兼実参仕すべきや否や、法皇、問わる。折柄、兼実、咳病（風邪）にて、夜中、快方あらば参仕と答う。ただし、騎馬術《すべ》無く、法住寺殿より工事現場（新御堂）まで歩《かちのみ》御幸《ゆき》なり、と。兼実、得心す。当日の服装は公卿は直衣、殿上人は衣冠なり、と。【玉葉】

二月三日

建春門院御願新御堂の棟上なり。右大臣兼実、昨日の催しにより直衣を着用、院御所（法住寺殿）に参上。しばらくして、新御堂に御幸。まず、後白河法皇、御車。ついで建春門院も御車。左大臣藤原経宗（54）、両御車を寄す。両院、各乗車。まず、御車の後を左大臣以下公卿が列行。殿上人はその後に供奉。法住寺殿と新御堂の距離は二町ばかりにして到達。池の西岸に太鼓を立て、舞人多忠節《おおのただよし》がこれを打つ。続いて大工束帯を着用して屋上に昇る。そのつど鼓を打つ。終りて大工・末工ら八十人に賜禄《しろく》。被物《かずけもの》一重・布一結・装束一具・馬一疋から二疋等、種々あり。ついで、法皇・女院還御。人々退出。【玉葉】

この最勝光院の地は、故権中納言藤原顕長（仁安二年〈一一六七〉十月十八日薨・51）の母堂（右大臣源顕房女）の所領なり。【玉葉、百錬抄】

今夜、女御平徳子（18）、大内より後白河法皇御所法住寺殿に退下。来る十日、立后（中宮）による。左大臣藤原経宗以下、卿相多く、供奉のため参内す。女御出御の場所狭少につき、貞観殿北面に輦車を引き入る。女御、弘徽殿より出御、駕車。法住寺殿に至る。

この夜、院御所七条殿の殿上において、立后雑事を定めらる。定文は大宮大夫藤原公保（41）、執筆の予定なるも、権中納言源雅頼（46）に譲る。権大納言藤原実房（26）、定文を後白河法皇に奏聞以前に、脚病窮屈により退出す。立后雑定、事了りて、殿上において饗饌を設けらる。公保、女御殿庁の設営なりと、列座の公卿に告ぐ。【愚昧記】

二月七日

女御平徳子（18）の立后装束（儀場・設営）始により、申刻（午後四時頃）、後白河法皇御所七条殿に公卿参集。按察使権大納言藤原公通（56）・権大納言藤原公保（41）・同藤原実房（26）・治部卿藤原光隆（46）・権中納言源資賢（60）・従三位平信範（61）ら、各直衣着用して、参上。酉刻許り（午後六時頃）、中宮大夫藤原実長（43）遅参、しかも布衣《ほい》にて参入。人々顰蹙《ひんしゅく》す。　【愚昧記】

二月十日　**女御平徳子、高倉天皇の中宮となる**

内裏（去る五日、主上、閑院より遷幸）において立后節会あり。後白河法皇の皇后忻子《よしこ》（39）を皇太后に、中宮育子《むねこ》（二条天皇中宮・27）を皇后に、女御平徳子を高倉天皇（12）の中宮に冊立す。ただちに中宮司除目を行う。執筆は左大臣藤原経宗（54）、清書は権中納言源雅頼（46）が各上卿となり、これを勤む。中宮大夫は権大納言藤原隆季（46）、中宮権大夫は権中納言平時忠（43）、中宮亮は左馬頭平重衡（16）、中宮権亮は右少将平維盛（12）以下、各官を定む。三献の饗の後、御遊（『御遊年表』参照）。事了りて、公卿の賜禄あり。　【玉葉】

二月十一日

今夜、後白河法皇、最勝金剛院（法住寺中）修二月会に御幸。この寺、恒例の式日は二月二十八日なり。しかるに、法皇御幸により、この夜、繰り上げ行わる。また、法住寺御堂においても修二月会あり。右大臣藤原兼実（24）、上達部《かんだちめ》を法皇御幸に供奉《ぐぶ》せしめんとするも、法皇、これを辞退。よって、兼実、姉皇嘉門院（崇徳天皇中宮・51）・摂政藤原基房（28）とともに法性寺の修二月会に参会す。

この日、立后所（中宮平徳子）第二日の儀なり。左大臣藤原経宗・左大将藤原師長（35）以下、公卿・殿上人、済々として法住寺殿に参入す。また、内裏より高倉天皇の御書使として左少将藤原泰経（26）、法住寺御所の中宮徳子の許に艶書（紅薄様に書き、上包あり。永久第三日、この儀あり。今日、日次《ひなみ》宜しきによる）を届く。　【玉葉】

二月十二日（申刻（午後四時頃）以後、雨甚だし）

立后第三日儀なり。節会を行う。未刻（午後二時頃）、新中宮御所（法住寺殿。後白河法皇ならびに建春門院同居）に右大臣藤原兼実、参上。まず、後白河法皇御在所に祗候。権大納言藤原隆季、独り殿上に候す。しばし言談。申刻（午後四時頃）、人々参集。法住寺殿の対代《たいしろ》南面三ヶ間が今日の座なり。盃酌三献、飯・菓子・薯蕷粥《しょよがゆ》（長芋のかゆ）を供せらる。一献の瓶子《へいし》役《やく》たる中宮権亮平維盛、年少ながら作法優美、人々感嘆す、と。賜禄《しろく》の後、散会。各退出。　【玉葉】

二月十七日（朝より雨下る。未半刻許り（午後二時）、暫く休止。夜に入り沃《よく》の如し（豪雨））

新中宮平徳子、閑院内裏に入内。権大納言藤原実房、供奉せんとす。この夜、転輪院（仁和寺の子院）修二月会の由、右少将藤原光能

（41）奉行たるにより、後白河法皇の催しを伝え来り、藤原実房の兄左大弁藤原実綱（46）に同道、かの寺に参向す。事了りて戌刻（午後八時頃）に帰宅す。のち、中宮行啓は甚雨の中を凌ぎての入内。供奉の輩、ことごとく「林家の中」の如く濡れそぼつ、と。【愚昧記】

三月十五日　**後白河法皇、福原千僧供養に御幸**

後白河法皇、入道大相国清盛（55）の摂津・福原亭の千僧持経者供養に御幸。三ヶ日、供養の儀を行わる、と。【百錬抄】

三月十九日

右大臣藤原兼実（24）の許に、ある人、伝え来る。福原千僧供養に後白河法皇御幸。導師・法印公顕（63）、説法、法皇叡感のあまり、かれを僧正（三位相当）に任ぜられんと仰す、と。この事、もし事実ならせば、未曾有の事なり。【玉葉】

三月二十日

後白河法皇、福原より還御。

院御所（七条殿）の殿上にて、建春門院（31）の平野社御幸定を行わる。内大臣源雅通（55）以下、公卿七、八人参入。内大臣雅通に代わって、中宮大夫藤原隆季（46）、執筆となり、参議平親範（36）、定文の清書を勤む。【玉葉】

三月二十二日

去る三月十五日、平相国入道清盛の福原千僧持経者供養に後白河法皇、参会御幸あり。当日、導師を勤めし公顕法印の説法に御感の法皇、勧賞《けんじょう》として僧正に任ぜらる。これを伝聞した公顕の師・公舜法印、越階《おっかい》を悲しむ。たとえ、弟子に非ずとも一門の後進、何事をもって公舜を越ゆべきや、いわんや公顕は公舜の弟子である。みずからも只一日でも僧正に加任せられんことを愁訴す。これを伝聞した摂政藤原基房（28）は、後白河法皇にこの旨を上奏す。時に公顕の上臈の法印十三人あり。これらを超越しての叙任は、言語道断。説法の勧賞により僧正加任の例は、前代未聞なり。【玉葉】

三月二十九日

清水寺供養なり。後白河法皇、院主典代大蔵権大輔中原某を差遣して、この行事を勤めしむ。【百錬抄】

四月八日

灌仏会。大和・当麻寺の使立つ日に相当。後白河法皇、院御所（七条殿）のこれを停む。よって、公家（高倉天皇12）・中宮（平徳子18）・建春門院（平滋子31）・新院（六条上皇9）もこれにならい中止す。しかし八条院（暲子内親王尼36）・高松院（姝子内親王尼32）・皇后宮（藤原育子27）は年中行事として恒例にしたがう。【玉葉】

四月十九日

高倉天皇（12）、方違えのため閑院皇居を出御、後白河法皇の法住寺殿に行幸。【吉記（東大史料稿本）】

四月二十日

後白河法皇、右大臣藤原兼実（24）に法住寺の牡丹の花について下問あり。よって、この日、随身中臣重武を法住寺に遣わし、根を掘りて、移植すべく院近習・左中将藤原定能（兼実室兼子兄・25）を介して、後白河法皇に進献す。【玉葉】

四月二十七日

建春門院（31）、連日の降雨につき、晴雨御祈りのため平野社に御幸、修法《すほう》を行う。顕智法印、にわかに導師を下命さる。前日、甚雨により延引。内大臣源雅通（55）・権中納言平時忠（43）・権右中弁藤原経房（30）ら奉行を勤む。舞人は右中将源通親（24）・右中将藤原頼実（18）・左少将藤原泰通（26）・右少将藤原隆房（25）・右少将平維盛（12）・右少将藤原成経（17）ら十人。供奉の公卿は内大臣源雅通・左大将藤原師長（35）以下二十人。摂政藤原基房（28）は自車に乗り供奉す、と。顕智の修法により法験ありて、たちまち雨晴る。よって勧賞を行わる。請僧《しょうそう》の中、阿闍梨二口・法橋一人の叙任あり。右大臣藤原兼実、これを「甚だ過分なり」と。【玉葉（五月二日条も）、百錬抄】

五月一日〔朝夕雨降る、昼間天晴る〕

後白河法皇、法勝寺法華三十講会（初日）、御幸なり。権大納言藤原隆季（46）以下、卿相十人許り、参仕す。【玉葉】

五月三日

後白河法皇皇女・伊勢斎宮惇子《あつこ》内親王（母藤原公能女・16）、去る四月十日、病悩により従五位下斎宮寮頭源忠重、書状急使をもって後白河法皇に奏聞す。しかるに医師参着あたわず。斎宮、寮頭館を退下せらる。この日子刻（午前零時頃）薨去。なお、薨去日を五日とするもあり（「三」と「五」、誤写の起因あり）。【玉葉（五月七日・十日条）、百錬抄】

五月七日

このころ、後白河法皇、今日吉社《いまひえしゃ》に参籠中。明後九日、同社にて競馬あり。よって、法皇、当日まで参籠を継続さる、と。今日、後白河法皇、法勝寺法華三十講会に御幸せんとするも、雨により延引せらる。【玉葉】

五月九日

今日吉社において競馬興行（恒例行事）予定なるも、後白河法皇、伊勢斎宮惇子内親王薨去により服喪のため、停止《ちょうじ》せらる。【玉葉】

五月十日

後白河法皇、法勝寺法華三十講会に御幸せんとして、期に臨み中止さる。この日、斎宮惇子内親王薨去の事を高倉天皇（12）に薨奏《こうそう》。上卿は権中納言藤原兼雅（28）なり。さらに、今日より斎宮薨去による廃朝《はいちょう》三ヶ日を施行さる。なお、この日、斎宮薨去の子細を後白河法皇に奏上のため、斎宮寮頭源忠重、伊勢より京上す。【玉葉】

五月十二日

後白河法皇、姉上西門院（47）の瘧病《おこりやまい》（悪寒・発熱の病）を仁和寺法金剛院御所に見舞いのため、密々に御幸。【玉葉】

五月十四日

高倉天皇、昨十三日、閑院より内裏に行幸。この日、内裏清涼殿における最勝講第一日なり（天下泰平・国家安穏祈願・五日間）。建春門院（平滋子31）、入内せらる（御在所は弘徽殿）。最勝講初日、参会のためか。【玉葉】

五月十五日〔終日、雨降る。申刻（午後四時頃）、沃の如し〕

内裏清涼殿、最勝講第二日なり。未刻（午後二時頃）、右大臣藤原兼実（24）、束帯を着用、内裏に参上。時に高倉天皇、建春門院御所（弘徽殿）に行幸。女院、御所に宿御。【玉葉】

五月十六日〔雨晴、定まらず〕

内裏最勝講第三日なり。今日より中宮（平徳子18）は清涼殿二の間に、建春門院（平滋子）は夜大殿《よるのおとど》に、白川殿（平盛子17。昨十五日参内）は大盤所《だいばんどころ》を御在所とす。よって、内女房たちは、清涼殿鬼の間を在所とす。最勝講の結願にそなえ参籠のためなり。五月十八日、結願なり。摂政藤原基房（28）・前太相国藤原忠雅（49）以下、人々済々、参仕。【玉葉】

五月二十八日

寅刻（午前四時頃）、後白河法皇の御寵の犬（斑毛犬）、七条殿御所内において夭死《ようし》す。よって院中、触穢《しょくえ》（早穢）の札を立てらる。右大臣藤原兼実の近侍・太皇太后宮大進源行頼（皇嘉門院殿上人）および飛騨守藤原基輔の二人、院中に参上（前者は御読経番、後者は花番）のため、すでに触穢せり。行頼、その犬死骸を院中より出さざるに、再び院参、すでに右大臣兼実、乙穢となる。内裏は丙穢なり。【玉葉（五月二十九日条も）】

六月十四日〔天晴る〕

祇園御霊会なり。行列の馬長《うまおさ》（宮中から引かれる馬に乗る人）は、後白河法皇の沙汰によるもので、その数、例年より多し。法皇、この日、見物あり。桟敷の装束、さまざまの準備整えらる。この日の祭礼のため、後白河法皇、神輿三基および獅子七頭を、去る四日調進して祇園社に奉納さる。 【百錬抄、玉葉】

六月二十一日

後白河法皇、法住寺殿（南殿）の寝殿において、建春門院御祈りの孔雀経法を行わる。東寺長者・法務僧正禎喜（74）、番僧二十口（この内、僧綱四口）を率いて、大阿闍梨を勤む。 【玉葉、孔雀経御修法記（六月十八日条）】

六月二十六日

後白河法皇、法住寺殿における建春門院御祈りの孔雀経法、結願す。本来、昨二十五日が結願日なるも、法皇、御衰日たるにより一日延引す。

この日、小除目あり。法皇の勧賞による僧事あり。孔雀経法による禎喜の賞の譲りとして、東寺の法橋隆暁（太皇太后宮権亮源俊隆子・41）を法眼（五位）に叙す。また、行事の法橋任親に御馬一疋を下賜。 【玉葉、孔雀経御修法】

七月一日

後白河法皇、明日故鳥羽法皇忌日により、鳥羽殿に御幸。 【玉葉】

七月三日

法勝寺御八講初日なり。後白河法皇、これに御幸。 【玉葉】

七月七日

法勝寺御八講結願なり。後白河法皇、御幸は無し。これ法勝寺御八講出仕の南都僧、摂政藤原基房（28）北政所（藤原忠子）男子出産（藤原師家）の参賀に赴く。その身をもって法勝寺御八講を参仕す。法皇、この産穢《さんえ》三十日を忌み給うの故に、触穢《しょくえ》を避けるための停止《ちょうじ》なり。 【玉葉】

七月八日〔小雨ふる〕

摂政藤原基房北政所の産、この日、第七夜なり。建春門院（31）、祝儀として児衣を贈る。このこと、女院の仰せにより、権中納言平時忠（43）、これを調進。贈物《おくりもの》二合のうち、一合には細長《ほそなが》（幼児用狩衣・襟より長い飾紐を垂れる）、一合には綾小衣（小宿衣の如し）を納む。后宮の御産に、かような例は、左大臣藤原道長以来、前例なし、と。前大相国藤原忠雅（北政所父・49）、戯言《ざれごと》に「成人の後に、着せ奉らしむべし。早やかに割き置くべし」と。これを伝聞した右大臣藤原兼実（24）は「はなはだ能治の沙汰（正しい処置）なり」とその応接の機微を

褒《ほ》む。この事情が後白河法皇の叡聞に達す。法皇は平時忠の見識、はなはだ異様なりと、不快の御気色あり、と。　【玉葉】

七月九日　伊豆・奥島に異形者、現わる

伊豆国（奥島）に異形者、出現す。珍重の船（紫檀赤木にて建造）に鬼形《きぎょう》の者（蛮夷の類か）五、六人乗船漂着す。島人耕作の畠等を焼失して逐電、南海を指して逃亡せり。希代の事たるにより伊豆国司記録にとどむ。伊豆守中原宗家（院司主典代）が一件書類にしたため、蔵人右少弁平親宗（29）に付し、後白河法皇に奏上す。　【玉葉、古今著聞集】

七月二十一日

後白河法皇ならびに建春門院（31）、七条殿より新造三条室町御所（三条北、烏丸西、室町東）に移徙《いし》あり。左衛門督検非違使別当藤原成親（35）、丹波守・越後守の重任《ちょうにん》の功を募りて造進す。過差《かさ》を尽して壮麗な造作なり。法皇、この功により勧賞《けんじょう》を行い、正三位成親を、上臈、源資賢（60）・藤原兼雅（28）を超越して従二位に昇叙す。兼雅、権門の人たり。これを越す抜擢を、世間、非難す、と。　【玉葉、百錬抄】

七月二十三日

秉燭の後、高倉天皇（12）、閑院皇居より新造院御所（三条御所）に行幸あり。右大臣藤原兼実（24）、「何事か知らず」と。同御所にはすでに、去る二十一日、後白河法皇・建春門院渡御。この夜、両院に主上を交え、詩歌会ならびに管絃の興あり。　【玉葉】

この日、後白河法皇第二皇子・仁和寺守覚法親王（23）、閑院皇居において北斗法修法《すほう》を行わる。　【仁和寺御伝】

七月二十四日

新造三条御所において雑遊あり。また、北面下臈《ほくめんのげろう》、雑芸を演ず。この日、高倉天皇、閑院に還御。この突如の行幸、右大臣兼実には理解しがたきものあるか。「そもそも、万機の余暇に属《つ》き、一日の臨幸あるの時、先例、かならず専一の事、その事を行わるるものなり。……又、朝覲に非ず、すでに拠る所なきに似たり。此くの如き事、申し行うの人、なきか」（七月二十三日条）、「昨今、無為、無事。はなはだ以て冷然たり。識者（心ある人）、定めて傾奇《けいき》（不思議に思う）するか」（七月二十四日条）と。　【玉葉（七月二十三日条も）、百錬抄】

八月六日

後白河法皇、御没後菩提料として、法住寺殿において、御塔（小塔か）ならびに木像、法花曼陀羅等を供養せらる。よって、俄かに、文《もん》章《じょう》博士藤原長光（72）に願文を草進せしむ。　【玉葉】

八月十日

摂政藤原基房若君（のちの師家、母藤原忠子）の生後五十日産養《うぶやしない》あり。公卿、直衣にて参上、三献の饗宴あり。かねて御遊あるべきにより、

所作の人々を催せらるるも、当座にわかに停止さる。右大臣藤原兼実（24）、後日、伝聞す。天皇の宮達《みやたち》五十日、百日のほか先例なし。しかるにこの結構は朝憲《ちょうけん》をさげすむに似たり、と院御所に口入《くにゅう》のものあり。後白河法皇、これを聞き、蔵人右少弁藤原兼光（28）を召し、条々の勘発《かんぼつ》（落度を責める）を仰せらる。㈠このたびの摂政家の産のこと、すべて過差に過ぎること、㈡すでに先例を破り、汝（兼光）の奉行たること穏便ならず、㈢臣下、五十日産養は未曾有なり、㈣また、今日、竹肉の興（笛とうたごえ＝御遊）を行うこと、はなはだ異様なり、と。兼光、法皇に披陳の言葉なく、ただちに摂政基房（28）に急報し、とりあえず御遊を停止す。　【玉葉】

八月十六日

今夜、後白河法皇、北殿（七条殿）新造小御所に渡御せらる。新造なるも移徙《いし》の儀あらず、ただ常の御幸の如く装い、密儀にて行わる。　【玉葉】

八月二十日

去る十七日、閑院内裏、二の間（清涼殿）ばかりに蚋《ぶよ》群集す。事、はなはだ希代なり。今日、蔵人右少弁藤原兼光を奉行として、俄かに陰陽師《おんみょうじ》を召し、占術せしむ。陰陽頭賀茂在憲（71）・天文博士安倍泰親（63）ら一同、「御薬《おくすり》（御悩《ごのう》）ことに重し、兵革《ひょうがく》（戦乱）の恐れあり、今日中に他所に渡御あるべし」と。よって、高倉天皇（12）、今夜、にわかに新造後白河法皇御所（三条・烏丸＝三条室町殿・三条殿）に遷幸せらる。件の蚋、南殿に集まる、と。　【玉葉、百錬抄】

八月三十日

後白河法皇、今日より念仏会を行わる。　【玉葉】

九月七日

後白河法皇、念仏会結願す。去る三十日よりこれを始行さる。　【玉葉】

九月十日

後白河法皇、伏見殿に御幸。　【惟宗広言（日向守基言子。従五位下散位・後白河法皇近臣・今様名手）集】

九月十七日　**宋国よりの後白河法皇・平清盛への貢納、物議をかもす**

午刻許り（正午頃）、右少弁藤原兼光、右大臣藤原兼実（24）の九条第に来訪。雑事を談ず。大宋国明州刺史より注文（目録）に添えて、後白河法皇ならびに前大相国入道清盛（55）に物色《ぶっしょく》（貢納物）を送る。その注文の一通に「日本国王に賜う」とあり、いま一通には「日本国太政大臣に送る」とあり。この文辞不遜により、ことに「国王に賜う」とあるは「頗る奇怪なり」として、公卿僉議《せんぎ》す。返遣すべきか、留

め置くべきか。結局、事体、返すべからずと一決、返牒に及ぶべからずと議定す、と。【玉葉（九月二十二日条も）】

未時許り（午後二時頃）、高倉天皇（12）、三条室町殿（仮皇居＝院御所＝閑院に蜽群集のため渡御中）において、浴中に、腰の上、背骨の右方二箇所に二禁《にきみ》（腫物＝囲碁石大）発疹せるを発見せり。よって、医師等を召して診察せしむ。【玉葉（九月二十日条）】

九月十八日

今夕、高倉天皇の二禁、小増（やや進行）と医師申す。【玉葉（九月二十日条）】

九月二十日〔雨降る〕

高倉天皇、二禁により御不予。よって、典薬頭丹波重長（37）・同和気定成（50）・施薬院使丹波憲基《のりもと》（51）ら医師三人、召さる。この中、憲基、早参（酉刻＝午後六時頃）、藍の葉に大黄《だいおう》を塗布して患部に貼布す。夜に入り定成参入。藍貼《あいばり》を不可として、大黄を麦門冬《ばくもんどう》（ジャノヒゲの根の漢方薬）に付く。ついで、重長参上。大略、定成に同じ、もっぱら大黄をつけ、藍貼の儀を止む。

この日、参内の右大臣藤原兼実（24）、三人の医師を召して子細を聞く。各自、さしたる大事に及ばざる旨を答う。主上、今朝より二禁の腫れ、いささか減気あり、と。【玉葉】

九月二十六日

右大臣藤原兼実、参内して内女房《うちのにょうぼう》より高倉天皇御不予の病状を伝聞す。去る二十三日、二禁、いささか進行せり。定成しばらく薬を止め、膿気を針により摘出せんとす。しかるに変わらず御薬をつけらる、と。二十四日、少し進行。邪気を疑う。よって、房覚（62）・昌雲（59）・顕智の三僧を招き、相替りて主上を護身せしむ。昨今、ようやく、腫れの進行、止む。定成の針施術には、人々、はなはだ奇となす、と。【玉葉】

九月二十九日

一昨二十七日の夜、高倉天皇の二禁治療のため大黄塗布を中止、鹿角《ろっかく》をつけ、大略、平復に向わる。よって、今日、医師定成・重長を召し、勧賞を行わる。各自、その賞を子息に譲り、加階の事あり。しかるに、憲基一人、この恩賞に漏る。のみならず、昨日、院御所に召喚、後白河法皇の勘発を蒙る、と。事の起りは、高倉天皇二禁の治療をめぐり、定成の讒言に起因するもの。右大臣兼実、この憲基に同情、さしたる懈怠《けだい》なし、と。憲基、長く人の道を断たる。まことに不便《ふびん》（かわいそうなこと）なり、と。【玉葉】

十月四日

高倉天皇（12）、去る一日より、毎日、申刻（午後四時頃）、発熱、御不予。よりて、この一両日、護身（加持）を中止さる。今夕より、後白河法皇弟・仁和寺宮覚性法親王（44）を内裏に招き、孔雀経御修法《みしほ》を行わる。さらにまた、今夜、主上御悩により陰陽師をして御占を行わしめらる。今日、去る九月二十九日に仰せありし勧賞のこと、二禁治験の功により、典薬頭丹波重長・和気定成の子に各一階昇叙あり。上卿は検非違使別当藤原成親（35）、奉行は右少弁平親宗（29）なり。【玉葉】

十月八日〔天晴る〕

建春門院（31）、入内（弘徽殿）あり。去る八月二十日、高倉天皇、閑院皇居の二の間（清涼殿）に蚋《ぶよ》群集するにより、陰陽師の御占にしたがい、後白河法皇新御所（三条殿）に遷幸。これより早く、すでに内裏に遷御、御在所たり。

高倉天皇の御悩平癒。よりて入浴の日次《ひなみ》を医家に問わしむるのところ、来る十一日よろしきか、と言上す。しかし、陰陽師にも勘申《かんじん》せしむ要あり、と。【玉葉】

十月十一日

後白河法皇、園城寺長吏・前大僧正覚忠（55）の解文《げもん》により、異例、親王に准じて覚忠を一身阿闍梨（一身を限って与えられた灌頂阿闍梨）に補せらる。上卿は左大将藤原師長（35）、職事《しきじ》は蔵人右衛門権佐藤原光雅（24）。左大弁藤原実綱（46）、宣旨を奉行す。右大臣藤原兼実（24）、これに対し「希代の珍事にして、上代、いまだかくの如き事あらず」と驚く。この前代未聞の珍事は、来る十五日より法皇以下、仁和寺宮守覚法親王（23）、延暦寺座主七宮覚快法親王（39）、さらにはおよそ僧綱《そうごう》・凡僧《ぼんぞう》一千口を率いて、摂津福原・輪田浜において、千壇阿弥陀経を修し、法華法を行わる。入道大相国清盛（55）、その加持を奉仕。法皇は当千僧供養の大阿闍梨をみずから勤めらる。この事のために、一身阿闍梨の宣下を受け給う。右大臣兼実は「事体、言語の及ぶ所に非ず」と、さらに筆を重ねて追記す。【玉葉、百錬抄、一代要記】

十月十三日

今日、後白河法皇、輪田（福原）千僧経供養に参会のため発向。今暁、法皇の一身阿闍梨の請印《しょういん》あり。【玉葉】

十月十五日　**後白河法皇、福原での千僧供養において大阿闍梨を勤めらる**

今日より、十七日に至る三ヶ日、入道大相国清盛、千壇阿弥陀供養法ならびに四十八壇同護摩・法華法を修す。大阿闍梨後白河法皇、伴侶二十人（園城寺の僧綱・有職僧より選出）を率い、護摩壇は権僧正公顕（本覚院・63）・仁和寺宮守覚法親王・前大僧正覚忠はじめ自余の僧綱ら、済々として参仕。覚忠は一座の宣旨を蒙り、千人の僧侶を請じての千壇行法により、その輪田浜を千僧浜と後世、称すと。

【玉葉、帝王編年記（承安四年とするが、誤記）】

十月十九日

後白河法皇、摂津福原より還御。淀川を遡及、鳥羽船泊にて下船。新修造後の鳥羽南殿に渡御。ただし、移徙《いし》の儀にあらず。【玉葉】

十月二十三日

高倉天皇（12）、稲荷社ならびに祇園社行幸。公卿・殿上人ら、供奉の人なし。よって、後白河法皇、六借《むつかり》（機嫌が悪くなる）給う、と。行事の一員、参議藤原家通、勧賞により正三位に叙せらる。また、祇園社別当顕真（42）、僧都（四位）に任ぜらる。【玉葉】

十月二十七日

後白河法皇、熊野御精進屋（法住寺殿内）に入御。【玉葉】

十一月二十七日

高倉天皇、内裏より閑院に還幸。【百錬抄】

十二月十四日

建春門院（31）、石清水八幡宮に密々の参籠の三日目。右大臣藤原兼実（24）、「近代の事、かくの如し。太《はなは》だ見苦しき事なり」と。【玉葉】

十二月二十日

去る十月二十六日、除目により右少将藤原基通（13）、右中将に任ぜらる。よって、今日、任右中将の拝賀あり。まず、閑院皇居に参内、高倉天皇に拝賀。ついで、後白河法皇の七条殿に参賀。以下、右大臣藤原兼実・皇嘉門院（聖子51）・白川殿（平盛子17）に各拝賀のため参向。しかるに摂政藤原基房（28）の許には参入せず。なお、故摂政藤原基実（基房兄）に宿意存するによるか。【玉葉】

十二月二十七日

藤原基房、摂政を辞して関白となる。【玉葉（十二月二十八日条）】

閏十二月七日

右大臣藤原兼実、四ヶ日の物忌にて、閉門して外人《げにん》の参入を禁ず。夜に入り左少弁藤原兼光（28）来訪（九条第）。兼光、語りて云う、「来る十四日、高倉天皇、法住寺殿に行幸、十七日還御」と。【玉葉】

今夜、閑院皇居にて小除目あり。これ、後白河法皇の殊寵たる近江守藤原実教（23）の近江国を熟国（護国豊熟の国）に相転せしむべきによる除目なり。その相手国として信濃国（信濃守藤原隆雅・前太政大臣藤原忠雅49知行国）と出雲国（出雲守藤原朝時・皇后宮権大夫藤原朝方38知行国。朝時は朝方二男）を撰ばる。奉行は右少弁平親宗（29）なり。容易に一定せざるも藤原実教、信濃守に任ず。これよりさき、去る十

月二十六日、藤原実教、左少将に任じ、近江守を兼ねる。実教、法皇の寵幸、推知すべし。【玉葉、大日本史（国郡司表）】

閏十二月十三日

秉燭の後、左少弁藤原兼光（28）、右大臣兼実第に来訪。雑事を談ず。高倉天皇（12）、法住寺殿逗留中、別に御遊を行わず。ただし、呪師《のろんじ》・鶏合《とりあわせ》等の会のみを行わる、と告ぐ。【玉葉】

閏十二月十四日

今夜、高倉天皇、方違えのため閑院皇居を出御、後白河法皇御所法住寺殿に行幸。来る十七日還御、と。右大臣藤原兼実（24）、参仕せず。【玉葉】

閏十二月十六日

右大臣藤原兼実、未刻（午後二時頃）、法住寺殿に参入。主上（高倉天皇）、院御所に同居なり。只今、鶏闘の事あり、と。兼実、女房らに謁す。高倉天皇、今夜、閑院に還御あるべし、と。【玉葉】

承安三年（一一七三）　四十七歳

正月一日〔天晴る〕

法住寺殿において院拝礼・女院拝礼あり。申刻（午後四時頃）、関白藤原基房（29）以下、法住寺殿の中門外に列立す。後白河法皇に拝礼。申次《もうしつぎ》は左衛門督検非違使別当藤原成親（36）なり。ついで、建春門院（32）に拝礼。申次は権中納言平時忠（44）なり。両院拝礼了りて、しばらく昇殿（両院同居）。関白以下、中門廊あたりを徘徊。退出す。【玉葉、愚昧記】

正月三日〔天晴る〕

権中納言源資賢（61）、右大臣藤原兼実（25）の九条第を訪問。資賢、語りて云う、「明後五日、後白河法皇、宇治殿に渡御あり。ただし、密々事なり」と。【玉葉】

正月四日

摂政藤原基房、宇治に発向。これ、明日、後白河法皇御幸のための御所経営のためか。【玉葉】

正月八日

後白河法皇、法勝寺修正会《しゅしょうえ》始につき御幸。【玉葉】

正月十一日

後白河法皇、円勝寺修正会に臨幸。参仕の人、公卿は大納言源定房（44）・権大納言平重盛（36）・中宮大夫藤原隆季（47）・権大納言藤原実房（27）・新権大納言藤原実国（34）・権中納言源資賢（61）・中納言藤原宗家（35）・検非違使別当藤原成親（36）・中宮権大夫平時忠（44）・右兵衛督平頼盛（43）・参議平教盛（46）・参議藤原家通（31）・参議右中将藤原実守（27）・左大弁藤原実綱（47）・参議藤原頼定（47）・左兵衛督藤原成範（39）以上十六人。以下、殿上人済々。【愚昧記】

正月十三日

高倉天皇（13）、閑院皇居より後白河法皇の法住寺殿に朝覲行幸。御輿を南階上に昇居《かきす》える。参議右中将藤原実守（27）、殿上に参上、剣璽を取る。輿に乗せるの間、公卿退去。騎馬す。幸列、二条より東行、洞院に至る。東大路を南折、四条より東行、京極に至る。南行して川原を経て、法住寺殿に着御。舞楽了りて、御遊あり（「御遊年表」参照）。左中将藤原定能（26）・右少将源雅賢（26）・右少将平維盛（13）、透渡殿《すきわたどの》に候す。竹肉合奏（御遊音楽）、維盛年少の横笛の妙に、人々感嘆す。午刻（正午頃）、臨幸。翌日、還御のところ、今夜、還御なり。　【玉葉、愚昧記】

正月十四日

後白河法皇、法勝寺修正会結願により御幸。　【玉葉、愚昧記】

正月十八日

この夜、蓮華王院修正会あり。後白河法皇・建春門院（32）、法住寺殿より各御車にて渡御。参仕の公卿、法皇の御車の後に歩行供奉。女院の御車の前には召使の炬火をかかげ先行す。法会の後に、呪師《のろんじ》十手あり。公卿、僧に布施を取る。すでに天曙なり。龍伝・毘沙門等了りて、両院還御。　【愚昧記】

正月二十三日

後白河法皇、法住寺殿において恒例の尊勝陀羅尼供養を行わる。午刻（正午頃）より日没の後、事了り、公卿、請僧《しょうそう》に布施を取りて退出す。参仕の公卿は権大納言平重盛（36）以下、十五人なり。　【愚昧記】

正月二十六日

今日より後白河法皇、熊野御精進始（法住寺殿内）を行わる。建春門院、これに参仕せらる。　【玉葉】

正月三十日

後白河法皇、熊野御幸、進発。今日、建春門院御所（七条殿）において昼呪師あり。右大臣藤原兼実（25）、所労不快により参仕せず。大宰大弐藤原重家（46）および兼実弟・正三位左中将藤原兼房（21）、参入。　【玉葉】

二月二十四日

後白河法皇、今夜、熊野御幸より還御、入洛し給う。　【玉葉】

三月十日

後白河法皇の近臣・入道西光法師（左衛門入道・故少納言入道信西乳母子）、宇治木幡の浄妙寺内に御堂を建立供養す。後白河法皇渡御。公卿・殿上人・院北面武士等、済々として参会す。導師は三井寺前大僧正覚忠（56）なり。後白河法皇の院宣により参仕。舞楽あり、諸事、過差をきわむ。右大臣藤原兼実、「弾指《だんし》（つまはじきする）すべきの世なり」と。左少弁藤原兼光（29）、このため「終日、奏事能わず」、一日中、公事渋滞せり、と。　【玉葉（三月十二日条も）、百錬抄】

三月十一日

後白河法皇の近臣・検非違使大江遠業、強盗七人を捕縛、大路を渡す。法皇、桟敷に出御、これを見物す。　【百錬抄】

三月十三日　**宋国に返牒、後白河法皇と入道清盛、贈物を付す**

去る年、宋国より後白河法皇ならびに入道相国清盛（56）に奉献の異国供物に対し、この日、返牒を遣わさる。牒状は宮内卿藤原永範（68）の草進、宰相入道教長（法名観蓮65）が清書す。文言は、もっぱら進物の美麗を褒め、珍重の由を述べるが、一筆、先例に違うべきを追記す。宋朝、この牒状により、定めて思うところあるか。

後白河法皇、答礼の贈物（蒔絵厨子一脚に色革《いろかわ》三十枚を納む。また、手箱一合に砂金百両）、大相国入道清盛は「剣一腰、手箱一合、物具等あり。」をそれぞれ牒状に付す。右大臣藤原兼実（25）、これらの答礼品に対し、「色革、厨子に納む。すこぶるもって荒涼なり。また、武勇の具、境外に出すは、専ら然るべからざる事なり」と、ともに批判的なり。　【玉葉、百錬抄】

三月十五日

後白河法皇、醍醐寺の清滝会に御幸せんとするも、この日、密雨濛々《もうもう》たるにより、臨幸を中止さる。　【醍醐雑事記】

三月二十日

高倉天皇（13）、石清水八幡宮行幸。奉行は右少弁平親宗（30）なり。辰刻（午前八時頃）、閑院を出御。関白藤原基房（29）、乗車供奉す。鳳輿、左衛門陣を出で二条大宮を経て、七条、朱雀大路ならびに鳥羽作道《つくりみち》を通過、鳥羽に至り、北楼において行列を調う。後白河法皇ならびに建春門院（32）、権中納言左衛門督検非違使別当藤原成親（37）の直廬《ちょくろ》において、幸列見物あり。この直廬はもと故権中納言藤原顕頼の直廬にして、参議藤原成頼（38）伝領せり。その後、法皇の仰せにより大理《だいり》（検非違使別当の唐名）藤原成親、これを給わるものなり。法皇、この桟敷に出御せらる。殿上人、衣冠を着装、桟敷の前に参候。幸列、石清水社頭南楼に着御。高倉天皇、下輿さる。行幸、今夜、還御。　【愚昧記、玉葉】

三月二十二日　**入道清盛、宋国の使者に面謁せず**

去る十四日より二十日に至り、入道大相国清盛、福原別業において護摩壇供養を修す。この日、宋国より使者来るも、入道、面謁せず、代理をもってこれを引見す。唐人（宋国使者）、大いに怒りて退帰す。およそ、異朝とわが国は、しきりに親昵をもって通交せり。この非礼、はなはだ甘心せざる事なり、と兼実は日記に残す。

この夜、右大臣藤原兼実（25）、皇嘉門院（52）の法性寺御所に参上。これより早く左中将藤原定能（兼実義兄・26）来訪、語りて云く、「来月、後白河法皇御所において鵯合《ひよどりあわせ》の興あり。公卿・殿上人ならびに北面武士、方を分ちて競う」と。【玉葉】

三月二十四日　後白河法皇、醍醐寺にて法華経を読誦、立派なる声

払暁、後白河法皇、醍醐寺に御幸。西大門より入御。まず三宝院を御拝せんとするも、御供の人々、案内を知らず南大門に廻る。よって座主乗海（58）・源運法眼（62）、南脇門に参向。すでに法皇、下輿、拝殿に参詣。法華経一品を高揚御声にて読誦中なり。ついで釈迦堂に参詣、礼堂に参入。権中納言源資賢（61）・右衛門督平宗盛（27）・左少将藤原実教（24）・内蔵頭右馬頭藤原親信（37）ら同座して、法華経第七・八巻を法皇に和して読誦す。御音声遏雲《あつうん》（飛ぶ雲をとどめるほどに素晴らしい声）にして、視聴の人々、銘肝す。これ希代の勝事たり。法皇出御の後、三昧堂を経て東大門より乗輿、上醍醐に登山。公卿二人、下馬、乗輿。殿上人以下、歩行。山上において拝殿参詣、法皇、念誦あり。下山の後、座主より法皇に引出物あり。弘法大師御筆一巻・理源大師（聖宝）の鈴《れい》・杵《しょ》を蒔絵三衣筥《さんえばこ》に入る。師光入道、これを受け、中納言源資賢に伝供《てんぐ》。資賢、法皇の御座に進覧。法皇御感あり。

ついで、石間寺《いわまでら》（大津市石山内畑町）に参詣。寂静院辺りよりにわかに雷電降雨。石間寺にて御儲《おんもうけ》、供御《くご》あり。法皇、御所大房東端に入御。高麗端三帖を敷き、竹棚一脚、菓子十合を居え、堂前御座、繧繝端《うげんべり》畳を敷き、御宿とす。【玉葉、醍醐雑事記】

三月二十五日

早旦、後白河法皇、近江石山寺に参詣。外見のみにて逗留なし。ついで、大津を経て法住寺殿還御。【醍醐雑事記】

四月八日

後白河法皇、法住寺殿において灌仏会を行わる。公家（閑院・高倉天皇）灌仏なし。出家の院・宮、皆此の事有り。【玉葉】
後白河法皇、この日、今熊野社に参籠、未刻許り（午後二時頃）、権大納言藤原実房（27）、院御所に参向。相つぎ権大納言平重盛（36）・右衛門督平宗盛（27）参入。法皇が今熊野社に御坐《おわしま》すと聞き、奉行の院司・遠江守藤原季能（21）に参入次第の事由を奏聞し退出す。【愚昧記】

四月十二日　後白河法皇御所法住寺北殿、火災

深更、丑刻許り（午前二時頃）、後白河法皇御所七条殿（法住寺殿北殿）、火災あり。右大臣藤原兼実、まず物見に人を遣わす。ついで、所労により籠居中なるも黙止しがたく、病軀を労《いたわ》りつつ、営参す。後白河法皇は今熊野社参籠中なり。建春門院（32）ならびに新院・六条上皇（10）は七条殿に御在所。火災とともに、両院、法住寺殿に渡御。兼実、法住寺御所に参り安否を見舞う。火焔、七条殿御所に及ばず、巽角（東南角）の萱御所のみ焼失と。ついで、権大納言平重盛参入、兼実、院蔵人をもって重盛に申入れ、類焼を防ぐため中廊を破却せしむ。

【玉葉、百錬抄】

四月二十二日

関白藤原基房（29）、賀茂社に参詣す。関白基房、午訖《おわ》り（午後一時前）に大宮亭を出門。申時（午後四時頃）に、賀茂下社に参着。後白河法皇、三条桟敷（院御所三条殿。三条室町殿）において、行列を見物。申刻（午後四時頃）、賀茂下社に到着。東遊《あずまあそび》の舞終りて、陪従《べいじゅう》、列に任せて、風俗歌の遠止女《をとめ》歌（八乙女歌か）を唱う。権中納言源資賢（61）、和琴を弾きながら、これに和して唱う。その声、時に叶い森厳《しんげん》の下社の杜《もり》に響く。その曲、優美にして上下の人々感興に打たる。舞人・陪従が馬場に進み、和琴の弾奏を止めんとする時、資賢は、いささか自家の秘説を唱う。楽人、右近将監多好方・右近将曹多近久は、自演の楽を止めて、耳をそばだつ。これ、まさに神伏《しんぷく》（信伏＝聞く者、感動す）せり。ついで、馬場において御馬を馳せ了りて、賀茂上社に参る。この日、権大納言藤原実房（27）、関白に参仕すべきにもかかわらず、不参。よって、後白河法皇、御不請《ふしょう》により恐懼（出仕を停めて謹慎）せしむ、と。

【玉葉、愚昧記】

四月二十三日

昨日の関白藤原基房の賀茂社（上下社）詣でに、権大納言藤原実房、供奉せず、三条東洞院に物見車を立て見物せり。今日、後白河法皇より、車を連ねざるを咎められ、その由を尋問せらる。実房、子細を奏聞す。

【愚昧記】

四月二十四日

権大納言藤原実房、去る二十二日の賀茂社詣でに供奉せざるにより、後白河法皇、譴責せらると仄聞、門を閉じ、道路、目をもってすべきか（公然と口に出して言うことをはばかり、互いに目くばせをして、不満の気持ちを知らせる）と。後白河法皇の院庁により恐懼御教書を届けらるるも、実房、これに請文を進達せず。これ先例に背く無礼にして、院使、譴責せしむるにより、実房、不承ながら、これを奉ける。同時に、事後対策につき左大臣藤原経宗（女が実房室・55）に相談す。

【愚昧記】

四月二十五日

権大納言藤原実房、法皇の恐懼をうけ家居謹慎中なり。折柄、建春門院（32）より自筆の御札をもって尼御前（実房母・権中納言藤原清隆女）に、種々の恩言あり。ただし、実房、恐懼謹慎中においては、何んの益あらんかと歎く。

【愚昧記】

四月二十九日　**文覚、千石荘を所望すれど許容なく、悪口雑言を吐く**

高尾聖人文覚（35）、院御所に推参、後白河法皇の眼前にて千石荘（未詳）を所望す。しかるに、法皇許容なきにより、種々の悪口を吐く。

ほとんど朝家恥辱の放言なりき。法皇の仰せをうけし北面武士が、ただちに搦捕し侮り辱めて、検非違使庁に引渡せり。これまた、天魔の所為なり、と。【玉葉、百錬抄】

五月二日　後白河法皇、院御所にて鵯合

後白河法皇、院御所（『古今著聞集』・東山仙洞。法住寺殿か七条殿）において公卿・殿上人以下、北面（上下）・僧・入道ら、左右の念人となり、鵯合《ひよどりあわせ》を行わる。参入の人数繁多なり、と。左方は錦幄舎、右方は黒木仮屋を設営。左右、それぞれに風流を尽し、善を尽し美を尽す。ただし、右方は禁制を守り、華美な金銀・錦等の装飾類をさしひかえる。にもかかわらず、甚だ優美の室礼が成立した。臨時祭の舞人の挿頭花《かざしのはな》などを模して飾る。左方は制法を無視して金銀を尽して豪華に飾り立て、その費用は莫大に及ぶ、と。左方の頭人は権大納言平重盛（36）、右方の頭人は権中納言藤原邦綱（53）が主導した。【玉葉、古今著聞集（承安二年五月二日とあり、二年は三年の誤）】

この鵯合の事は、兼日の儀として、かなり事前から準備用意を進め、当日の壮観とせり。「勝負の舞あり」と。つまり、負け方が、各自、そのつど舞楽を演じたという。【百錬抄】

五月三日

後白河法皇院御所の北面（上下北面武士）の人々により鶏（「鵯」の誤記か）合を行う。内々の事なり、と。【玉葉】

五月十六日　文覚、伊豆に配流

高尾上人文覚（35）を「狂気」（『玉葉』四月二十九日条）により伊豆国に配流す。【百錬抄】

六月五日

後白河法皇の熊野御幸にしばしば先達を勤めし法務僧正覚讃（84）、この日、初めて三井寺（園城寺）に入寺す。法務乗用の上白網代庇の牛車は、院御車（御牛は黒斑、牛童は七郎丸）を恩借乗駕。この日の行列を後白河法皇、七条殿桟敷において見物す。

後白河法皇、建春門院御願の新御堂（法住寺内、最勝光院）の新執行《しゅぎょう》として静賢法印（50）の登用を意中。かねて静賢に打診あり。権右中弁藤原経房（31）、去る一日頃、他より伝聞。この夜、院御所参上。静賢に会い、静賢より法皇仰せの旨を聞く。経房、かねて、庶幾するところと答う。【吉記】

六月六日〔朝霽《は》れ、夕に臨み雷雨〕

早旦、権右中弁藤原経房、後白河法皇院御所に参入、三ヶ条の公事を奏上す。しばらくして法皇、新御堂（最勝光院）の工事現地に渡御。経房も追って参仕す。新御堂内の障子絵ならびに所々を巡見の後、還御。経房、しばらく祗候の後、退出す。【吉記】

右大臣藤原兼実（25）、関白藤原基房（29）が新妻として白川殿盛子（入道大相国清盛女・故摂政藤原基実室家・18）を迎えんとするの噂、世間に謳歌するを伝聞。ただし、実否不明なり、と。　【玉葉】

六月七日〔朝晴れ、夕雷雨〕

巳刻（午前十時頃）、権右中弁藤原経房（31）、院御所に参向。御修法延否の事を建春門院（32）に伺う。女院の仰せ、あと七日延引すべし、と。折柄、女院、邪気（物の怪）あり、その退散、いつの日が吉日たるか、と。経房、今日は復日《ふくにち》（凶事が重なる）たるにより、明後日（九日）よろしかるべし、と答う。ただし、陰陽師に御占せしむべきを進言、退出す。　【吉記】

六月九日〔天晴る〕

巳刻（午前十時頃）、後白河法皇の院御所に参入。新御堂（最勝光院）の庭に据えるべき立石料、人夫のこと、御願寺領の荘々の仕役の手配了りたるを奏上す。この上は、院庁の御領の仕役を宛て催せられんと、申請す。

今日、建春門院の邪気（物の怪）、退散せり。御修法《みしほ》を行いたる房覚法印（63）、女院より勧賞《けんじょう》として御衣《みぞ》一領ならびに桑絲五疋を給わる。　【吉記】

六月十日〔天晴る〕　**藤原兼実、高倉天皇に犬一匹献上**

午刻（正午頃）、権右中弁藤原経房、閑院皇居に参内。数刻、言談の後、院御所に参上。建春門院に「七条殿に渡御なれば、御邪気退散の御修法僧の宿所たる南殿（法住寺殿）に渡り給うか」と申す。右中将藤原光能（42）、「いかにとりはからえばよからん」と。「その御幸は今日明日の事に非ず」と女院仰せらる。　【吉記】

右大臣藤原兼実（25）、閑院皇居に参内。近日、高倉天皇（13）、犬を好み給うにより、兼実、犬一匹を献上す。主上、「太《はなは》だ許容有り」（喜ばれる）と。退出の後、後白河法皇御所に参入。　【玉葉】

このころ、後白河法皇女御琮子《たまこ》（29）、不予にて春日亭（一条北辺）に御在所。今夜、権大納言藤原実房（女御琮子弟・27）、陰陽師の此所春日亭を退避すべしとの御占にて、女御に移徙を言上のため参入。即日、三条殿（実房三条第）に渡御あり。　【愚昧記（六月十一日条も）】

今日、後白河法皇の寵臣・右中将藤原光能（42）、三合の年（陰陽道における厄年。大凶のこの年は天災・兵乱ありとす）たるにより、法皇御禱《いの》りのために等身焔魔天像一軀を造立供養す。導師は権僧正公顕（64）。人々、これを奇驚となす、と。　【吉記】

六月十一日〔天晴る〕

早旦、権大納言藤原実房、三条殿に女御琮子の不予を見舞う。御心地《おんここち》（病状）、減なし、と。晩頭、退出す。　【愚昧記】

辰刻（午前八時頃）、権右中弁藤原経房、院御所に参上。まず、建春門院に面謁、ついで、後白河法皇に条々事を奏上。その一条、新御堂内装工事中、壁板に金箔を押すべきにより、大幕入用を奏上す。法皇、これに答えて、西光法師（元左衛門尉入道）に調達せしむべし、と。
後白河法皇、今日より今熊野社御精進を始めらる。夕刻、入御。　【吉記】

六月十二日　**後白河法皇女御琮子、落飾**

払暁、権大納言藤原実房（27）、叡山の実円法眼（実房弟・女御琮子弟・37）の許に消息を送り、下山参入を請う。辰刻（午前八時頃）、七宮覚快法親王（後白河法皇異母弟・40）に参入の後、三条殿（女御琮子御在所）に帰参。午刻（正午頃）、左大弁藤原実綱（実房兄・47）、女御殿面謁のため三条殿に来臨。今日、女御琮子（29）、落飾の儀あり。女御琮子、遁世の志は多年の蓄懐なり。近日、不予により、出家を急ぎ、今日、俄かの儀を行わるるに至る。戒師は七宮（仁和寺覚快法親王）。女房二条殿、女御殿の髪を分け、実円法眼、髪を剃り奉る。【吉記、愚昧記】

六月十三日〔天霽る〕

尼女御琮子、去る夜より病悩少減の兆しあり。これ、出家により心の平安を宿さるるためか。　【愚昧記】

この日、権右中弁藤原経房（31）、鳥羽御堂等（法金剛院・勝光明院・金剛心院・成菩提院・安楽寿院）を巡礼のために参向。新御堂（法住寺殿内、最勝光院）沙汰、奉行のため、寺内荘厳に不審事多きの故なり。炎天の間ながら、たまたま閑暇あるによる。そのつぎ、鳥羽北殿・同南殿を歴覧す。帰路、豊前守源光遠の山荘に立ち寄り、申斜め（午後四時半過ぎ）に帰宅す。

今日、建春門院御祈り五壇法ならびに愛染王六字等法を修せらる。即日、結願す。　【吉記】

六月十四日〔天晴れ、炎暑蒸すが如し〕

祇園御霊会、神輿渡御あり。後白河法皇、参籠中の新熊野御精進屋より白地《はくち》（ちょっと）出御。建春門院（32）とともに三条殿桟敷（院御所）において見物あり。

晩頭、権右中弁藤原経房、真円律師（昨十三日、女院御祈り五壇法ならびに愛染王六字等法、参仕の僧）より建春門院へ進上の品（六字法結縁廿帖ならびに護摩灰一裹）を持参して、女院御所に参入。前者の冊子は、結縁のため女院の左肱《ひじ》に懸け給うべし。しかして、御在所の辺りに安置されんことを。立願成就の後は、返却ありて、当方にて結縁すべし、と。また、後者の護摩灰は、粥に混入して炊き、供御《くご》の際に召し上がられんことを。ただし、その事由を、御知りになる必要はなし。女房はその旨、得心して供御に供すべし、と。よって、結縁廿帖は建春門院に直々、進上。護摩灰は近侍の女房に託して、退出す。　【吉記】

尼女御琮子、三条殿において今夕より御懺法《せんぼう》を修せらる。本来、出家の日より始行すべきに、卒爾により今夕に至る。公親法眼・実円法眼

〔尼女御琮子弟〕および仁和寺阿闍梨実済ら、他僧請じがたきにより、類縁祇候の僧にとどむ。【愚昧記】

六月十五日〔天霽《は》る〕

新熊野社六月会《みなづきえ》なり。後白河法皇、同社参籠中。建春門院（32）、その祭礼を見物のため七条殿より密々に新熊野社に渡御せらる。【吉記】

六月十六日〔天晴る〕

後白河法皇、新熊野社より出御。権右中弁藤原経房（31）、未刻（午後二時頃）、同社に参上、参仕す。【吉記】

六月十七日〔天晴る〕

権右中弁藤原経房、早朝、院御所に参入。後白河法皇に新御堂（建春門院御願、最勝光院）の条々事を奏上す。㈠御堂楼門を立つべき日次事《ひなみのこと》（七月七日）、㈡鐘楼を立つべき日次事（六月二十八日）、㈢熊野山の僧に所課の庭石散状《さんじょう》（人名連記文書）の事、などなり。いずれも、後白河法皇、これを聞《きこ》し食《め》さる。【吉記】

六月十九日〔天晴る〕

権右中弁藤原経房、午刻（正午頃）、院御所に参上。後白河法皇に奏上す。一日《ひとひ》（去る六月十三日）、鳥羽・勝光明院、巡覧のところ、須弥壇前の前机に金銅花瓶を配するを一覧せり。蓮華と茎を金銅にて造り、それに同じく金銅の鳳凰を居《す》えたり。荘厳無比により、この新御堂にもこれを模造如何と。これを聞く法皇は、「もっとも然るべし。すぐさま沙汰して制作すべし」と銅細工に発注方を下命さる。【吉記】

六月二十日〔晴〕

申刻（午後四時頃）、後白河法皇、新御堂巡覧のため渡御。権右中弁藤原経房、これに供奉せず、退出す。【吉記】

六月二十一日〔炎天、殊に霽る。暑気、蒸すが如し〕

後白河法皇、延暦寺の座主権僧正明雲（59）・僧綱法印覚算・実寛・全玄（61）以下、三十人あまりを院御所（七条殿）に召さる。叡山より下山群参す。院御所の西対屋弘庇に高麗端《こうらいべり》を敷き、その座とす。法皇、山門の大衆の蜂起を制止。もしも、蜂起の場合には僧綱ら、その所帯のすべてを停任の上、洛陽（京都）から追放すべき旨を下達せしむ。【吉記、玉葉】

今夕、後白河法皇ならびに建春門院、七条殿御所に在御、法勝寺季御修法《きのみしほ》（薬師法は能性阿闍梨、北斗法は顕舜律師37、導師を勤む）を行わる。この日の布施として、院蔵人、御衣《みぞ》二領を法勝寺に持ち向う。また、沙汰として導師の二僧に名香を送る。【吉記】

六月二十二日〔炎天、高く晴る。旱魃、数日に及ぶ〕

権右中弁藤原経房、後白河法皇の七条殿に参上。新御堂（最勝光院）の堂荘厳用の刺繍幡一流を法皇に進覧す。本様として御覧を経て、経尊法眼、昨日、調進するところなり。縫物（刺繍）美麗の由、法皇の叡感あり。よって、建春門院も御覧の上、同じく満悦の言葉あり。【吉記】

六月二十三日〔晴。夕に臨み小雨濯ぐと雖も、地を湿すに及ばず〕

この朝、権右中弁藤原経房（31）、院御所に参入、新御堂の条々を申入る。㈠供花机・仏布施机・行香机・散花机等、新調か修理か、と。法皇、供養当日、一日だけの所用に修理の要なし、近例によるべし、と。㈡花筥《けこ》（散花）の事。三十枚新調、供養日は蓮華王院より借用すべし、と。㈢御八講《みはこう》御幸の有無。法皇、これに答え、最勝寺は初日。鳥羽は二日。法勝寺は初日と初後日なり、と。さらに、法皇より、御幸の事は院蔵人并びに院庁主典代中原基兼に下知せり、と。【吉記】

六月二十四日〔朝晴る。夕雨、聊か地を湿すに似たり〕

権右中弁藤原経房、七条殿御所に参入。新御堂（最勝光院）内障壁面に奉懸の楽天菩薩（二十五菩薩木像）の支度（見積り）を後白河法皇の叡覧に供す。法皇、これに対し、蓮華王院宝蔵ならびに沙汰の国々の支配たるべきを仰す。【吉記】

六月二十五日

後白河法皇、法住寺殿に法華八講会を修せらる。【吉記】

六月二十六日〔天霽る〕　**興福寺衆徒、多武峯を襲撃**

これよりさき、多武峯（談山神社ほか神宮寺）、興福寺と争い、本寺たる京都・延暦寺の衆徒、興福寺を襲撃せんとす。去る二十一日、興福寺の衆徒、多武峯を攻め南院の坊舎および坂上の在家を焼く。ついで、昨二十五日、大挙して多武峯を襲い、多武峯大職冠御影堂ならびに定恵和尚塔婆を焼失す。

今夜、後白河法皇の院御所において興福寺衆徒の濫行を議定さる。参集の公卿は左大臣藤原経宗（55）・大納言左大将藤原師長（36）・中宮大夫藤原隆季（47）・民部卿平親範（37）ら。【吉記】

六月二十八日〔天晴る〕

建春門院御願の新御堂（最勝光院）の鐘楼棟上なり。行事・権右中弁藤原経房、不参。諸事、計らい行うべき由、院主典代中原景宗に下知す。【吉記】

六月二十九日〔天晴る〕

最勝寺法華八講会、初日なり。巳刻（午前十時頃）、後白河法皇、御幸あり。公卿は権大納言平重盛（36）以下、十人ばかり供奉す。午斜め（午後一時前）、講了りて法皇還御。【吉記】

六月三十日
尼女御琮子（29）、三条殿における六月祓《みなづきはらえ》の行事を出家により停止す。【愚昧記】

七月二日〔朝の間、陰り晴れ定まらず。午後雨降る〕
後白河法皇、故鳥羽院御国忌により鳥羽殿に御幸。八条院（後白河法皇異母妹・37）ならびに高松院（後白河法皇異母妹・二条天皇后姝子《よしこ》内親王・33）は去る夜、御幸あり。【玉葉】

七月三日〔晴〕
法勝寺御八講会、初日なり。巳刻（午前十時頃）、後白河法皇、御幸。供奉の公卿は権中納言藤原邦綱（53）を上首（一座の最上位）とし、公卿の人、殿上人三十人余なり。大臣・大納言、その数ありと雖も晴の御幸たるに一人も供奉せず、もっとも奇怪の事なり。この日の証誠（論議判定の僧）は公顕僧正（64）一人。三論・法相の宗派を論ぜず、興福寺・東大寺を問わず、すべて南都の僧綱《そうごう》・已講《いこう》以下、この八講会には講師・聴衆に招かれず。ただ、北京の延暦寺・園城寺の僧のみなり。興福寺の衆徒、多武峯を焼討ちしたる濫行により、後白河法皇、これを申請けざるためなり。この日の天候、「陰り晴れ定まらず。雨脚、時々灑ぐ」（『吉記』）とも。【玉葉、吉記】

七月七日〔天晴る〕
法勝寺御八講会、結願なり。午刻（正午頃）、すでに後白河法皇、法勝寺に参御。【玉葉】

七月九日〔朝の間、甘雨《かんう》、暫く降る〕
権右中弁藤原経房（31）、この朝、辰刻（午前八時頃）、院御所に参上。新御堂の雑事七ヶ条を後白河法皇に奏上す。その中、新御堂の障子絵に「法花経」（法華経二十八品中の経意絵）・「仏像」（阿弥陀仏ほか諸菩薩の尊像）・「地獄之類」（地獄絵）を画進せらる、と。これにつき可否をただすところ、法皇、「憚るべからず」と勅答あり。【吉記】

七月十二日〔天晴れ、余熱あり〕　**後白河法皇、建春門院御願の新御堂障子絵について下命す**
午刻（正午頃）、権右中弁藤原経房、院御所に参入。折柄、後白河法皇、新御堂工事現場に渡御なり、と。経房、ただちに追参す。新御堂障子絵の事につき奏上す。法皇、仰せられて云う、「新御堂のうち、御所ならびに御堂の本堂左右廊には、法華経二十八品の経意絵を描くべし。別御所においては、建春門院の平野社御幸（承安二年四月二十七日）ならびに後白河法皇の高野山御幸（仁安四年〈一一六九〉三月十三日）の有様を画進すべし。絵師は常磐源二光長に下命すべし」と。これらの障子絵に貼るべき色紙形の土代《どだい》（下書き）を、まず能書の者に書進せしむべく、行事盛綱に仰せ下す。【吉記】

七月十三日〔天晴る〕

権右中弁藤原経房（31）、辰刻（午前八時頃）、院御所に参上、新御堂の事を奏上す。後白河法皇、仰せられて云う。御堂障子絵に描くべき「法花経」（法華経二十八品経意絵）、経典中の要文を勘出して色紙形に書き、その土代（下書き）を進上すべく、観智僧都に下命すべし、と。

【吉記】

七月二十日〔天霽る〕

早朝、権右中弁藤原経房、院御所に参上。新御堂雑事を後白河法皇に執奏す。㈠落慶供養の儀は、崇徳天皇御願の円勝寺（大治三年〈一一二八〉三月十三日）例により遂ぐべきか、㈡供養当日の行幸について、㈢新御堂（最勝光院）の額を書くべき人の事、右大臣藤原兼実（25）に下命すべし、と。㈣願文・呪願文の作者の事、願文は宮内卿藤原永範（68）、呪願文は右大弁文章博士藤原俊経（61）、よろしかるべし、と。㈤御所の殿上廊障子絵の事、本文（漢籍よりの出典）、宮内卿藤原永範・文章博士藤原長光（73）に勘申《かんじん》せしむべし、と。㈥御簾の事。法皇、御聴聞御所においては、錦縁帽額《もこう》を用うべし、と。法眼経尊（58）は幡行事なれば、法橋尊隆（物の上手たるによる）に下命、各、美麗につくり出すべし、と。㈦度々の御願寺供養の文書を蓮華王院宝蔵より択び出して、吟味すべし、と。㈧新御堂建立のため、東山の地形を削掘して東に退け、御堂の空間をとるべきの事、権大納言平重盛（36）に仰せて、早やかに沙汰せしむべし、と。以上、それぞれ後白河法皇の決断あり。

【吉記】

七月二十一日〔雨下る〕

辰刻（午前八時頃）、後白河法皇・建春門院（32）、七条殿出御、左衛門督検非違使別当藤原成親（36）の桂懸亭（西京区桂付近か）に同車にて御幸。この第、近来破損せるにつき、成親、修造を加え御所として造進し、この日、臨幸を仰ぐ。供奉の公卿は中宮権大夫平時忠（44）、殿上人は伊予守内蔵頭藤原親信（37）以下、七、八人参入す。女房出車《いだしぐるま》は三両。

【吉記】

八月十五日

戌刻（午後八時頃）、故二条天皇の皇后藤原育子《むねこ》（28）、法性寺御所（皇嘉門院52〔兼実姉〕同居）において薨去。右大臣藤原兼実、皇后宮は父忠通の養女、血縁なしと雖も、追慕す。十二年の后位、夢の如し。およそ、故摂政殿（藤原基実・享年齢24）をはじめ、一家の道俗、すべて短命。兼実みずからも年来、病痾の身、余命を恐る。生者必滅の理《ことわり》の眼前に顕わるる思いを述懐す。

【玉葉】

八月二十日

後白河法皇、新御堂（建春門院御願、最勝光院）の額ならびに、呪願・願文等を右大臣藤原兼実に清書せしめんとして、或る人（権右中弁藤原経房か）を九条第に遣わして下命す。かかる染筆は、本来、名誉第一のことなれど、兼実、若年謙遜の意ありて、「事実ならば、はなはだ見苦しき事なり。故殿（亡父忠通）は代々の御願寺の額を揮毫の例あり、面目に足ることなれど、我は、現在は無論、後代にまで拙劣の筆を遺すは恥辱を招くことなり。末代の謗難、遁れ難し」と。　【玉葉】

八月二十三日

建春門院新御願寺定の儀を行う。後白河法皇の院御所に左大臣藤原経宗（55）以下、参入す。しかるに、皇后宮育子《むねこ》薨去による服喪により、関白藤原基房（29）ならびに右大臣藤原兼実（25）は、支障ありて不参。この日、参入の公卿は左大臣藤原経宗・左大将藤原師長（36）・中宮大夫藤原隆季（47）・右衛門督平宗盛（27）・中宮権大夫平時忠（44）・民部卿平親範（37）・参議右中将藤原実守（27）・権中納言藤原兼雅（29）ら八人。議定事項は、㈠御渡（法皇・女院の渡御）、㈡高倉天皇の行幸、㈢新御堂の落慶供養、以上三ヶ事。平時忠、この定文を清書。後白河法皇に進覧す。　【玉葉】

八月二十八日

一日《ひとひ》（去る二十三日）の新御堂供養定においては、御堂の名字（寺名）を決せず。来月十日頃定めあるべし。その名字決定の上、寺額揮毫の件、下命あるか。　【玉葉】

九月九日〔雨下る〕　**新御堂の障子絵登場人物の顔貌は、隆信の似絵**

午時許り（正午頃）、後白河法皇の院使として、権右中弁藤原経房（31）、右大臣藤原兼実第（六条坊門大宮第＝兼実室兼子出産の際に産所とした左中将藤原定能第を借用）に来訪。新御願寺額を書進すべき勅命を伝う。円勝寺（鳥羽天皇中宮待賢門院御願）の例を逐う。兼実、不堪《ふかん》により御願の瑕瑾となると、辞退の言を繰り返す。度々、公卿の議定の結果、当代随一の名筆たる教長入道（法名観蓮・65）は、保元の乱の流人故「不吉極まりなし」との理由により、経房、兼実に決着せし次第を、経房、兼実に陳述す。のみならず、兼実染筆は建春門院（32）の御意中なり、と。

この日、右大臣兼実に院使・権右中弁藤原経房、さまざま後白河法皇の仰せを伝う。落慶の新御堂の供養を行うべく、あらかじめ習礼《しゅらい》（予行演習）を来月十五日から十七日の間に内定せり、と。関白藤原基房以下、公卿・殿上人の参仕方、法皇の下命あり。服装は、公卿は直衣、殿上人は衣冠の正装たるべきこと。

このほか、新御堂の御所内にめぐらす障子絵に伴う色紙形も数多し。法文（経典の文句）・本文（漢籍摘出の文句や詩句）のほか、建春門院の女御入内以後における晴の記念行事の絵画化（障子絵制作）が企図せらる。仁安后位の時における平野社行啓（仁安三年〈一一六八〉三月二十日、皇太后宮）ならびに去る年院号（嘉応元年〈一一六九〉四月十二日、「建春門院」）の後の日吉御幸などの行列、各、供奉の大臣以下の人物の群像を描かる。その顔貌は右馬権頭藤原隆信（32）が描く（似絵《にせえ》）。登場人物の絵姿は、絵師光長が画進す。また、後白河法皇の高野山詣で（仁安四年三月十三日）の御幸供奉の人物像を描かる、と。これらの障子絵はいずれも珍重極まりなき美麗なもの、と経房（31）賞讃して退出せり。

院使・藤原経房、退下の後、右大臣兼実（25）述懐す。折柄、兼実は病軀で、これら三ヶ度の御幸のいずれにも供奉の機会を逸す。よって、みずからの面貌（似絵）を後代に遺すことなし。「第一の冥加なり」と。【玉葉】

九月十一日〔暴風大雨なり、又、時々、日景《ひかげ》見ゆ〕

後白河法皇、新御堂の額揮毫につき、右大臣藤原兼実を催さしめ給う。法皇、権右中弁藤原経房をして、兼実の家司・刑部卿藤原頼輔（62）に書状を遣わし、法皇の叡旨を伝う、「額の事、尚、書かしめ給うべし。吉例（忠通・兼実父子入木の名手たるにより、御願寺の額揮毫の名誉）たるの上、（他に）其の人なし、かならず書き進むべし」と。これが、法皇の御気色にして、院御所参上の節、秘かに催しを申されたるところなり、と。にもかかわらず、兼実は、請文《うけぶみ》を奉らず、職事・前上総守藤原基輔を使者として院御所に不堪《ふかん》なるを理由に固辞す。【玉葉】

九月十三日

巳時（午前十時頃）、使者藤原基輔が兼実の九条第に帰来。昨日、院御所において藤原経房に逢い面談せり。すでに院御所においては、右大臣兼実に額揮毫の下命一定《いちじょう》せり、と。この上の辞退は憚りあるべし。教長入道、清書人としての不吉の理由は、建春門院（32）より直々に案内（説明）ありたり。基輔は、只今、早速にも揮毫の用意を致すべし、と兼実に院中の趨勢を言上す。【玉葉】

九月十八日

高倉天皇（13）、後白河法皇の院御所に行幸あるべきのところ、咳気により、来る二十四日に延引。翌二十五日に、院御所において舞御覧あり、と。【玉葉（九月十四日・十五日・十六日条）】

九月二十四日

今夕、高倉天皇、閑院皇居より後白河法皇の法住寺殿に行幸。【百錬抄（九月二十五日条）、玉葉（九月十六日条）】

九月二十五日

高倉天皇、後白河法皇（建春門院、同座か）とともに、法住寺殿において童舞御覧あり。【百錬抄】

九月二十九日

権右中弁藤原経房（31）、後白河法皇の叡旨をうけ右大臣藤原兼実（25）の許に書状をもって最勝光院額の揮毫の催促をす。すでに三ヶ度目なり。兼実も固辞しがたく、染筆を覚悟して、「勿論の事か」と、観念の体《てい》を示す。【玉葉】

十月五日〔天晴る〕

後白河法皇ならびに建春門院（32）、法住寺殿より新御堂御所に移徙《いし》あり。吉時たるにより亥刻（午後十時頃）、まず、法皇の御車出御。ついで女院の御車発車。この夜の渡御、両院各別の御車なり。出家の後たるによる。黄牛《あめうし》二頭、前行。水火童女《すいかのわらわめ》ら、故実にしたがい、移徙の儀あり。関白藤原基房（29）・左大臣藤原経宗（55）以下、公卿殿上座に着座。両院に御前物・五菓等を供し、三献《さんこん》の儀を終え、両院、御所に退御。御寝《ぎょし》成り了んぬ。

右大臣藤原兼実、束帯を着用、秉燭、法住寺殿に参入。兼実、所労により騎馬叶わず、御幸に供奉せず、新御所に参向。御所の体を見廻らんとする時、権右中弁藤原経房、密々に兼実を指入れ、後白河法皇の叡旨を伝う。後白河法皇、御堂の障子色紙形を書進すべきを仰せ下さる、と。兼実、すぐさま不堪の由を奉答す。これより先に、兼実、左大臣藤原経宗と言談のついでに、新御堂額の事を伝達さる。額字は来る十日頃定めらる、と。また、寸法は待賢門院御願の白河・円勝寺（六勝寺の一）の額に準ずべし、と。【玉葉、百錬抄】

十月八日

権右中弁藤原経房、後白河法皇の下命をうけ、去る五日についで、重ねて新御堂の障子色紙形の書進の事を右大臣藤原兼実に伝達す。この日もまた、兼実は承引しがたきの旨、子細の理由を陳述す。【玉葉】

十月九日

権右中弁藤原経房、重ねて後白河法皇の勅語を伝え来る。兼実固辞の御堂障子の色紙形につきては、善悪（筆跡の優劣）を論ずべきに非ず。必ず兼実の揮毫が望ましきとの法皇の御気色なり、と。やがて、ふたたび、院使として前出羽守藤原尹明が兼実第（九条＝刑部卿藤原頼輔直廬）に来訪、寺額はもちろんの事ながら、色紙形につきても、枉げて兼実染筆は建春門院の強いての仰せなり、と。これに応えて兼実は、「およそ異議なき事なり」と、承諾の意を示す。【玉葉】

十月十一日　**藤原兼実、新御堂の色紙形揮毫のため、先蹤を巡検す**

右大臣藤原兼実、後白河法皇ならびに建春門院の下命遁辞しがたく、揮毫方、承引す。色紙形の先蹤を巡検の上、みずからの清書の参考とすべく、宝荘厳院（鳥羽上皇、白河北殿内に長承元年〈一一三二〉十月造立。十三間四面の九体阿弥陀堂。色紙形は勘解由次官〔従五位下〕藤原朝隆

35筆）、歓喜光院（鳥羽上皇皇后美福門院、白河に永治元年（一一四一）二月造立した御堂。色紙形は宮内権大輔（従五位上）藤原定信54筆）、法金剛院（鳥羽上皇中宮待賢門院、仁和寺近隣に大治五年（一一三〇）十月建立した御堂。色紙形は刑部少輔（従五位下）藤原定信43筆）に参る。【玉葉】

十月十二日

新御堂額名定の日なり。しかるに、左大臣藤原経宗（55）、風病参仕不能につき、延引となる。今に名字未定。右大臣藤原兼実（25）、額字揮毫の下命をうけ名字未定については、「堪え難き事なり」と当惑す。【玉葉】

十月十三日

権右中弁藤原経房（31）、右大臣藤原兼実に新御堂額の寸法、仁和寺近隣の法金剛院（待賢門院御願）の寺額に則《のっと》るべく、後白河法皇の御定ありたると告げ来る。【玉葉】

十月十五日　**新御堂は「最勝光院」。願文・呪願文の清書は藤原伊経**

権右中弁藤原経房、後白河法皇の下命をうけ、右大臣藤原兼実に、新御堂供養の願文および呪願文清書すべし、と。兼実、経房の許に使者を送り、しいて他人に御下命あるべきの由、申さしむ。

この夜、新御堂を「最勝光院」と命名す。左大臣藤原経宗（55）・左大将藤原師長（37）・中宮大夫藤原隆季（47）・中宮権大夫平時忠（44）・権中納言藤原成親（36）・同源資賢（61）・民部卿平親範（37）・左大弁藤原実綱（47）・参議右中将藤原実守（27）ら院御所に参上、一同、「最勝光院」に賛成。平親範一人は、「光明心院」を提示す。願文・呪願文の清書は権中納言藤原忠親（43）に下命すべく議定あるも、当人辞退す。よって、藤原伊経を選出す。伊経は宮内少輔伊行の子、重代由緒の出自。しかも能書の聞え高き者なり、と。【玉葉】

十月十六日

検非違使左衛門少尉藤原師高、強盗十人を逮捕し、大路を渡す。後白河法皇、桟敷に出御、この行列を御覧あり。【百錬抄】

十月十七日〔陰り晴れ、定まらず〕

建春門院御願寺たる最勝光院落慶供養の習礼《しゅらい》なり。左大臣藤原経宗以下、公卿十余人参集。中門廊上座を殿上座として装束す。正面北間に高麗端畳二枚を敷き、その北面に屏風を立て廻らして、後白河法皇の御座とす。御堂の東庭に蓋高座二脚を立て、礼盤二脚を居え、導師・呪願の僧の座とす。その東に舞台・楽屋をつくり、大鼓・鉦鼓を立て、舞楽奏楽の用意をす。【玉葉、百錬抄】

未刻（午後二時頃）、法皇、池より御船（殿上人、衣冠を着用、これを棹《さおさ》す。検非違使別当藤原成親、御船に候す）に乗って渡御、北釣殿で下船。発楽についで、供養の儀を習礼す。

権右中弁藤原経房（31）、「新御堂御所の障子絵はいまだ絵師、描進せず。供養終了以後、描写完成の上、進上せしむ」と。また、最勝光院額板、今日、右大臣兼実第に調進し来る、と。左大臣藤原経宗（55）、大外記清原頼業（52）を里亭に召し、建春門院御願、最勝光院供養を御斎会（毎年正月八日より七日間、大極殿において金光明最勝王経を講じ、国家安寧、五穀豊穣を祈願の法会）に准ずべき宣旨の発布方を下命す。【玉葉】

十月十八日

右大臣藤原兼実（25）、建春門院御所七条殿に参上。最勝光院寺額の草を進覧せんがためなり。ついで、中納言藤原宗家（35）ならびに兵部卿平信範（62）参上せり。兼実、両人に額の草を見せる。しばらくして退出。これよりさき、宗家、退去せり。兵部卿信範は兼実に従行、六条坊門大宮亭に来りて、なお額の草を評定（書体・筆致などを意見）せり。【玉葉】

十月二十日　**藤原兼実、最勝光院の額を揮毫**

右大臣藤原兼実、額の揮毫を終え、下家司をして最勝光院行事所（行事は権右中弁藤原経房）に送達せしむ。折柄、権中納言藤原邦綱（53）来訪、額を一覧す。この日、使者の下家司は衣冠着装。額を続紙で覆い、帖紙をもってこれを結び包装の上、長櫃に納む。これ故殿（兼実の父忠通）の例を踏襲す。【玉葉】

十月二十一日〔天晴る〕　**最勝光院、落慶供養**

新御堂供養なり。名は最勝光院、建春門院御願の御堂なり。右大臣兼実、後白河法皇の院宣により額銘を揮毫す。兼実、辰四点（午前九時前）に束帯を着用、新御堂に参入。兼実、紫檀地螺鈿剣、紫淡平緒を結び、菊織物下襲を着用す。公卿はいずれも染装束、晴れを競う。このたびの事、院中の経営にして、華麗過差を極め、すでに先例を超ゆ。兼実、南門より参入、すでに御堂正面に額板、打たれたり。巳三点（午前十時すぎ）、高倉天皇（13）行幸着御。左大臣藤原経宗以下、供奉す。内大臣源雅通（56）、去る年より病により不出仕なれど、今日、勝事たるにより初めて出仕、気力損ぜらる。法皇・建春門院（32）・主上、ともに参会の盛儀なり。法皇、左大臣経宗に供養の儀、始むべきを仰せられ、ここに供養始行さる。発楽、供花、行道ありて、華麗な法会展開す。行事ごとに金鼓を打ち、推移を報ず。導師の表白ありて、主上・法皇・女院の誦経あり、ついで呪願。法会の終りに際して、左大臣経宗、右少弁右衛門権佐平親宗（30）を召し、罪人赦事を仰す。【玉葉】

十月二十六日

後白河法皇ならびに建春門院、日吉社に御幸あり。勧賞を行わる。天台座主・権僧正明雲（59）の譲りとして、法橋円定を法眼に叙せられ

んことを申請す。よって、十二月二十八日、宣下あり。　【天台座主記、華頂要略】

この日、右大臣藤原兼実（25）、「或人」より伝聞。去る二十一日、御堂（最勝光院）供養の日、式部大夫維成、楽屋において大鼓を打ち、御定と称す。これ、実ならず。当今《とうぎん》（高倉天皇13）、いまだ楽所《がくそ》を設置されず。しかるに、故二条院楽所預《がくそあずかり》たる式部大夫維成がこれを打つはなはだ不当なり、と。　【玉葉】

十一月三日

南都の衆徒、興福寺の法印覚興（刑部大輔藤原忠定子）の流罪を許し、かつ七大寺の荘園の還付を訴えんとして、春日社の神輿を奉じて宇治に至る。関白藤原基房（29）、この由を後白河法皇に奏聞す。法皇、この夜、右少弁平親宗を院使として、右大臣兼実の許に対策につき議せしめんとす。来る七日の春日祭遂行の難につき、左右《とこう》を決せしむ。　【玉葉】

十一月六日

後白河法皇、熊野詣で御精進屋（法住寺殿内）に入御。来る十一日、熊野御幸、進発の予定。法皇、南都大衆の訴訟により春日祭停止のことを仰す。　【玉葉（十一月七日条）】

十一月十一日

今暁、上洛の南都の衆徒、分散す。昨日、後白河法皇、御使を南都に送り、別当・前権僧正覚珍（75）以下、僧綱を院御所に召し、衆徒退散せしむべき由を下命あり。これにより、大衆、申す事なく、南都に退帰せり。

今夕、後白河法皇、熊野御幸進発。先達は法務覚讃（84）なり。綱所《ごうしょ》・綱掌四人、鎰取《かぎとり》四人を相具す。綱掌は浄衣の上に赤袈裟を掛け、鎰取は浄衣に冠をかぶり、随行す。　【玉葉、百錬抄】

十一月二十七日

右大臣藤原兼実、後白河法皇より下命の最勝光院障子の色紙《しきし》形《がた》、清書して返進す。　【玉葉】

十二月二日

今夕、後白河法皇、熊野詣でより還幸、入洛。　【玉葉】

十二月七日

未刻許り（午後二時頃）、右大臣藤原兼実、院御所（七条殿）に参入。後白河法皇ならびに建春門院東御方（32）に参候す。退出の後、新御堂（最勝光院）に参拝。人々揮毫の障子色紙形を巡覧す。中でも園城寺前大僧正覚忠（関白藤原忠通息・兼実兄56）の筆跡が殊に神妙なり。

また、御所の障子絵に人々の影《えい》（似絵＝肖像）が描かれている。荒涼（尊大にして）、常に閉扉して秘蔵あり、と。兼実、御所預に密々に開扉すべく請願。御所（女院）の許しをうけ、開扉す。これら障子絵は、後白河法皇の高野御幸、建春門院の平野社行啓、同日吉社行啓の有様を細密精緻に絵師藤原光長が描写せしもの。供奉の公卿以下、総勢すべての人々の面相を写されたり（右馬権頭藤原隆信32描写）。まことに奇特《きどく》というべきものなり。しかるところ、兼実はこれらの御幸にいずれも供奉せず。したがって、その群像の中に全く登場せず。兼実は、心潜かに「第一の冥加《みょうが》なり」と。秉燭に及び九条殿に帰還す。【玉葉】

十二月十三日

亥刻（午後十時頃）、建春門院御所七条殿において仏名会《ぶつみょうえ》あり。参仕の人々、左大臣藤原経宗（55）・右大臣藤原兼実（25）・左大将藤原師長（36）・大納言源定房（44）・権大納言平重盛（36）・権大納言藤原実房（29）・新権大納言藤原実国（34）・検非違使別当藤原成親（36）・治部卿藤原光隆（47）・中納言藤原宗家（35）・権中納言源資賢（61）・右衛門督平宗盛（27）・右兵衛督平頼盛（43）・参議藤原家通（31）・参議右中将藤原実守（27）・左大弁藤原実綱（47）・従三位藤原隆輔（45）なり。【玉葉】

十二月十七日

後白河法皇、七条殿御所において仏名会を行う。亥刻（午後十時頃）、右大臣藤原兼実、束帯を着し、殿上に参着す。これより早く、左大臣藤原経宗以下、院司の納言・参議ら、殿上に集会して、明春の朝覲行幸の事を定めらる。左大臣経宗の与奪《よだつ》（指図すること）により議定、権中納言藤原兼雅（29）、この日の定文を清書す。【玉葉】

十二月二十四日

建春門院持仏堂供養なり。この持仏堂は新御堂最勝光院中に造立。最勝光院の南、子午廊にあり。移徙の時、寝殿に擬せらる。件の屋を道場（持仏堂）に荘厳し、法花曼陀羅を造顕せられたり。関白藤原基房（29）以下、公卿総勢二十一人参仕す。右大臣兼実、午刻（正午頃）、束帯を着用、最勝光院に参上。寺中たるにより帯剣を解き、笏《しゃく》を撤す。参仕の人々、これに同じ。御堂南面座に着す。西をもって上となす。大納言以下の公卿、いずれも東庇に着座す。説法了りて、小時、関白基房退出。ついで左大臣経宗退下。兼実も退出して、建春門院御所七条殿に参向。女院（32）に面謁の後、九条殿に罷り帰る。【玉葉、百錬抄】

十二月二十五日

高倉天皇（13）、閑院皇居より後白河法皇御所法住寺殿に方違えのため行幸。じつは、密々に新造最勝光院、歴覧のためなり。主上、当夜、法住寺殿御所に宿御。【玉葉】

十二月二十六日

高倉天皇、法住寺殿より閑院に還御。【玉葉】

この年

大相国入道清盛（56）、摂津国八部郡の輪田泊《わだのとまり》（いまの神戸港）に、初めて嶋を築く。【清澄寺慈心上人伝、帝王編年記、山槐記】

承安四年（一一七四）　四十八歳

正月一日〔天陰り、時々雨降る〕
巳刻（午前十時頃）、後白河法皇の近臣・右中将藤原光能（43）、今日、天候悪しきにより院拝礼を怠行すべく、法皇御気色を右大臣藤原兼実（26）に告げ来る。しかるに、雨気あり、しばし猶予の間、雨脚、まま降る。午刻（正午頃）、雨止むにより、兼実、束帯を着用、法皇御所法住寺殿に参候。まず、後白河法皇に拝礼せんと、申次《もうしつぎ》・左衛門督藤原成親（37）を介し、西対、簾中において法皇に面謁。これよりさき、権中納言源資賢（62）、これに在り。ついで、同御所内、建春門院（33）御方に、中宮権大夫平時忠（45）を申次として拝謁。この日、関白藤原基房（30）、上首として庭上に練行せず。拝舞は恒の如し。訖《おわ》りて昇殿、上臈三、四人、中門の内方より参殿。降雨により狼藉甚だし。雑人、中門の外に充満、混雑せり。ついで、関白基房以下、次々に退出。閑院皇居（高倉天皇14）に参内す。【玉葉、愚昧記】

正月三日〔晴〕
権大納言藤原実房（28）、年賀拝礼のため、所々に参候す。まず、後白河法皇の法住寺殿に参上。新権大納言藤原実国（35）に会い、しばし言談の後、退出。この以前、参仕の所、五ヶ所。この後、四ヶ所に巡拝。所々、車より乗下の間、心神すでに屈す。元三《がんざん》における公卿の拝礼、きわめて窮屈なり。【愚昧記】

正月十一日〔天晴る〕
高倉天皇、閑院皇居より後白河法皇の法住寺殿に朝覲行幸。天皇、未刻（午後二時頃）、臨幸。中門において下御。法皇出御の後、三衣筥《さんえのはこ》を座右に置く。主上、渡御。法皇、入御。ついで、舞楽、御遊あり（「御遊年表」参照）。今日、参入の公卿、関白藤原基房・左大臣藤原経宗（56）・右大臣藤原兼実以下、総勢二十五人参仕す。【玉葉、顕広王記】

正月十九日
右大臣藤原兼実、去々年七月より脚病により籠居す。この日、始めて出仕、申刻（午後四時頃）、後白河法皇御所法住寺殿に毛車《けぐるま》に乗り参入す。【山槐記（除目部類）】

正月二十三日〔天晴る〕
後白河法皇ならびに建春門院（33）、日吉社御幸。女院、明日、還御。法皇、七ヶ日、参籠し給う、と。左中将藤原定能（兼実室兼子兄・27）、法皇に供奉、参籠す。　【玉葉（二月二日条も）、顕広王記】

二月一日〔天晴る〕　**藤原兼実、八条院御願の蓮華心院の額字揮毫を下命さる**
兵部大輔藤原朝親（皇太后宮権大夫朝方40弟）、八条院（暲子《あきこ》内親王38）の御使として右大臣藤原兼実（26）の九条第に来訪。女院御願の嵯峨辺の小堂（蓮華心院）の額銘を書進すべく下命あり。建春門院御願、新御堂最勝光院額は、再三の仰せにてやむなく書進せしもの。遁避に及びがたく執筆のもの故、異様、見苦しきものなり。よって、兼実の染筆は、きわめて憚りあり。熟慮再考の上、諾否を返答すべしと答う。　【玉葉】

二月六日
今暁鶏鳴、高倉天皇（14）、閑院皇居より後白河法皇の法住寺殿に方違え行幸あり。供奉の公卿は権大納言平重盛（37）以下、済々。昨五日、各殿の装束（設営）の儀あり。室礼用の屏風は蓮華王院御倉より取り出し、飾る。この夜、法住寺殿において鶏合・乱舞・雑遊（『百錬抄』は闘鶏・呪師《のろんじ》・猿楽）あり、と。夕に臨み、高倉天皇・後白河法皇・建春門院、同船、御幸あり。
【玉葉、吉記、顕広王記、百錬抄（二月五日条）】

二月七日〔晴〕
法住寺殿北壺において呪師十手、散楽等あり。医王丸、後白河法皇の仰せにより武者手を走り舞う。高倉天皇、叡覧あり。夜に入り、行幸還御。法住寺殿中門において、御輿に乗駕、閑院皇居に還幸。　【玉葉、吉記、顕広王記】

二月九日〔夕に臨みて雨下る〕
最勝光院の修二会なり。権右中弁藤原経房（32）、申刻（午後四時頃）、彼の院に参仕。寺家のもの堂荘厳を奉仕せり。御堂の南庇の第一の間をもって後白河法皇の御座と成し、同第二の間を建春門院の御座として装束せり。秉燭《へいそく》の頃、法皇ならびに女院、同船にて臨幸あり。法皇は、鈍色《にびいろ》装束を着装。左少将藤原盛頼（権中納言成親37弟）・左少将平時実（権中納言平時忠子・24）・右少弁平親宗（建春門院弟・31）・侍従平時家（権中納言平時忠二男）が御船の棹郎となる。両院、御堂を経て御所に渡御。亥刻（午後十時頃）、事了りて両院還御。　【吉記】
右大臣藤原兼実、この日、八条女院より重ねて蓮華心院額の揮毫方につき仰せあり。重ねて左右遁避すべからざるの旨の仰せあり。ついで、兼実、女院の家司・前皇后宮大進藤原光長（31）の許に額の字様を尋ねに遣わす。　【玉葉】

二月十一日

建春門院御願の最勝光院奉行人たる権右中弁藤原経房（32）、最勝光院供養の時、蓮華王院文庫〔宝蔵〕より取出せし、御書櫃五合ならびに日記十三巻を、本目録を相副えて返納す。その中、鳥羽・勝光明院供養文書につきては、後白河法皇の下命により、これを部類して、新たに目録を付属して収納せり。【吉記】

二月十二日〔夕に臨みて雨気あり〕

建春門院（33）、法住寺殿において陰陽師十人を召して千度御祓を行わる。陪膳は左京大夫藤原脩範（32）・左中将藤原定能（27）・左中将平知盛（23）・左少将藤原泰通（28）・左少将藤原盛頼・左少将平時実（24）らが、これを勤仕す。また供御《くご》は前皇后宮大進藤原光長（31）以下、五人が役供を勤む。各、結番をもって、左右陪膳・役供、各二人、十度これを奉仕せり。申刻〔午後四時頃〕、事了る。【吉記】

二月十五日〔天霽る〕

巳刻〔午前十時頃〕、権右中弁藤原経房、院御所に参入。その直後、大相国入道清盛（57）、参入す。経房、後白河法皇御前に祗候するも、清盛参候につき、文書の奏上を中止、申刻〔午後四時頃〕、退出す。ついで、建春門院御方に参仕。女院仰せにより、来る最勝光院理趣三昧における御所配分につき指示あり。南卯酉廊をもって上西門院（49）の御所となし、北卯酉廊をもって仁和寺御室守覚法親王（25）の御所たるべく、この旨、承知すべし、と。【吉記】

二月十六日〔天陰るも雨下らず〕

今夕、後白河法皇、仁和寺法金剛院より還御〔御幸日、不明〕。【吉記】

二月十七日〔陰り晴れ、定まらず〕

権右中弁藤原経房、雑事六ヶ条を奏聞すべく院御所に参上。その節、後白河法皇、仰せられて云く、「新造蓮華王院御塔奉安の御仏八体として造立に着手せり。しかるに、法金剛院御塔を御覧〔昨十六日〕のところ、中尊一体・脇士四体なり。すこぶる宜しきの様に拝覧す」と。すでに造仏着手後なりと雖も、大僧正公顕（65）に下問あり。「五重塔は心柱ありて八体を安置すべきは常套。三重塔は心柱なきにより五体の安置。しかるに法金剛院は三重塔たるにより、この条、異議に及ぶべし」と経房、奏聞せり。【吉記】

二月十八日〔天霽れ、風烈し〕

午刻〔正午頃〕、権右中弁藤原経房、院御所に参上。後白河法皇、静賢法印（51）に検知せしめし梅樹を、共に行きて最勝光院に植樹すべく下命あり。よって、経房、静賢に相伴して最勝光院に赴き、これを移植。了りて院御所に帰参、しばらくして退出。【吉記】

二月十九日〔天霽る〕

この朝、権右中弁藤原経房（32）、院御所に参入。蓮華王院御塔安置の仏像の事につき奏上す。また、かねて人選下命ありし、最勝光院御所勤番の侍につき、候補を奏上す。法皇、これに対して所望の者あらば、早やかに召仕うべし、と。午斜め（午後一時前）、建春門院（33）、御船にて最勝光院に臨幸あり。経房、かねて御堂に参会、植木の沙汰あり。また、女院より同院理趣三昧僧名の注文を下付さる。夕に臨み、後白河法皇もまた新御堂に渡御。歴覧の後、還御。御堂内の障子絵のことにつき沙汰あり。やがて、両院還御。経房もまた退出す。【吉記】

二月二十一日〔晴〕

建春門院、密々に太秦《うずまさ》の広隆寺に御幸。女院、弟右少弁平親宗（31）の息男夭亡につき軽服《きょうふく》のことあり。しかるに、未だ除服なきは如何。除服は二月二十六日、法住寺殿御持仏堂北面において行わる。　【吉記（二月二十六日条も）】

二月二十二日

右大臣藤原兼実（26）、かねて八条院（38）より下命ありし、「蓮華心院」の寺額、染筆し了る。今日、下家司をもって八条院中、奉行人の許に届けしむ。　【玉葉】

二月二十三日〔天霽る〕

八条院、かねて仁和寺常磐林辺（右京区常盤古御所町・双ヶ丘西南麓）に精舎《しょうじゃ》（蓮華心院）を建立。寺額は右大臣藤原兼実の揮毫。今日、落慶供養あり。後白河法皇院司・中納言藤原宗家（36）および右中弁藤原重方（52）奉行となる。仁和寺守覚法親王（後白河法皇第二皇子・八条院養子・25）導師を勤め、持金剛衆十二人。後白河法皇、兼日、法金剛院御所に宿御。この日、御所より臨幸。高松院（二条院后姝子《よしこ》内親王・34）も御幸、同座。公卿は関白藤原基房（30）・右大臣藤原兼実以下、十余人参仕。御堂の体にして尽善尽美なり。珍重と謂うべし。関白・右大臣、願文を披見す（宮内卿藤原永範69起草・権中納言藤原忠親44清書）。願文清書人は皇太后宮権大夫藤原朝方（40）とも（『吉記』）。後白河法皇、八条院に贈物ありて、御堂を歴覧の後、還御。　【玉葉、吉記、百錬抄】

最勝光院小御堂において理趣三昧を始行さる。未刻（午後二時頃）、建春門院、御船により小御堂に臨幸。中宮権大夫平時忠（45）、これに扈従す。堂荘厳、供養の時に同じ、美麗を尽す。申刻（午後四時頃）、後白河法皇、仁和寺（八条院・蓮華心院供養）より還御。黄昏に及び権右中弁藤原経房、衆僧集会の鐘（鐘楼）を打たしむ。秉燭の後、次第に参集着座す。権少僧都実任（37）・法眼源運（以上、当堂の供僧）、前少僧都勝賢（37）・権律師印性（43）・法橋遍賢・大法師永幸（48）・同覚兼・同仁運（以上、法金剛院供僧。守覚法親王、これを撰出す）ら参仕、ついで御室守覚法親王参入。僧徒、参着につぎ、後白河法皇・建春門院、御座に出御。ついで、上西門院（39）も渡御。公卿は右衛門督平宗盛（28）・中宮権大夫平時忠（45）の両人着座。他の人、その催しなきにより参仕せず。これにより、守覚法親王、供養法を奉仕、理趣三昧始行さる。法親王、啓白《けいびゃく》の御詞「弁泉しきりに沸く」。実任、唄《ばい》の声を調う。勝賢、讃《さん》を勤む。亥刻（午後十時頃）に至り、事了り、三院還御、僧俗、退出す。

僧御所は法住寺殿北対を用う。皆、これ守覚法親王の弟子たるにより、彼の御所を充てらる。勝賢は蓮華王院僧房、源運は最勝光院の近隣に候す。御室守覚法親王は、紀伊二品（法皇乳母・従二位紀伊局＝藤原朝子）堂廊を宿御所となす。上西門院は最勝光院南卯酉廊を御所とす。

【吉記、百錬抄】

二月二十四日〔天霽《は》る〕

理趣三昧第二日なり。後白河法皇・建春門院（33）、最勝光院御所に宿御。午刻（正午頃）、卿相参集、この間、集会の鐘を打たしむ。相つぎ僧徒参入、御室守覚法親王（25）入御。権右中弁藤原経房（32）、総べて参会《さんえ》の事由を奏上、後白河法皇・建春門院、御所より出御。今日、参仕の公卿は前権大納言藤原実定（36）以下九人。【吉記】

二月二十六日〔晴〕

最勝光院小御堂、理趣三昧第四日なり。建春門院、晡時《ほじ》（夕方）、御船にて法住寺殿に臨幸。今日、除服（女院の姑《おば》＝祖父平知信女、去る年秋、逝去。近日、伝聞して着服あり）のためなり。法住寺殿御持仏堂北面に装束（設営）あり。前庭に八足の几を立て陰陽師の座となし、吉時、女院御座に着御。贖物《あがもの》を供し、陪膳・役供等あり。陰陽頭賀茂在憲（73）、御祓を奉仕す。事了りて、贖物を撤し、建春門院、最勝光院御所に還御（御船）。【吉記】

二月二十八日〔天晴る〕

権右中弁藤原経房、巳刻（午前十時頃）、院御所に参上。法勝寺御念仏（三月十日施行）居衆僧名の注文を後白河法皇に進覧、御点（可否）を申請す。寺家の申状により、隔年毎に召さるべきを奏上、この旨、法皇に奏聞す。法皇、これを聞し食す。文末に「□□□北殿」（女院、北殿に御す）とあり、建春門院北殿（七条殿御所）に御在所か。【吉記】

二月二十九日〔天陰り、風烈し〕

巳刻（午前十時頃）、権右中弁藤原経房、後白河法皇御所に参入。法華堂差図《さしず》（建築図面）ならびに仏師の事を奏上す。法皇、「法華堂の事につきては、沙汰すべし。仏師は、追って定むべし」と。また、蓮華王院荘々訴訟の事を奏聞す。午斜め（午後一時前）に至り、理趣三昧の僧徒参集完了によりて、経房、法皇にその旨、事由を奏し、始行す。法皇、渡御なきは、御所に御在所か。八条院（38）・高松院（34）

渡御。各、密儀なり。聴聞のための御幸なり。

今日、理趣第七日なり。所々より捧物進献す。藤原隆季（48）、童《わらわ》装束十具を調進す。この内、二具は上童装束（堅文紗、桜襲《さくらがさね》装束）なり。後白河法皇、この二具の美麗を賞し、給付を禁じ、蓮華王院宝蔵に収納を命ず。高松院は錦横被《おうび》、関白藤原基房（30）、同横被、権中納言藤原邦綱（54）は童装束二十四具、中宮権大夫平時忠（45）は鈍色装束を献ぜらるるなり。

蔵人頭左中弁藤原長方（36）、内裏修理の事を権右中弁藤原経房（32）に申伝うにより、経房、院御所に参入、後白河法皇に委細奏聞す。保元二年〈一一五七〉三月、大内裏造営時における「保元諸国三十ヶ国荘々支配文書」を惟方《これかた》入道（当時、右中将藤原惟方33）の許より尋ね出すの由、言上す。法皇、これに対して、このたびの内裏修理は保元二年新造の例によるべし、と下命あり。しかして、当時の文書なきにより、その旨、奏聞するも、たしかに尋ね出すべし、との厳命なり。よって求め出す。元日に尋捜せらるべきか。法皇、さらに諸国荘々の免否ならびに支配の事、委しく注申すべし、と仰せらる。また、法皇より諸国の宛文一通（保元二年当時の文書）を下賜さる。これは、俊憲入道（当時、刑部大輔・東宮学士藤原俊憲36）後家（未亡人）の許より進上せり、と。【吉記】

二月三十日〔天霽れ、和風習々《しゅうしゅう》たり〕
最勝光院小御堂における理趣三昧結願（二月二十三日、始行）なり。巳刻（午前十時頃）、集会の鐘を打つ。午刻（正午頃）、諸僧ようやく参集。仁和寺御室守覚法親王（25）、参御の後、後白河法皇・建春門院（33）に参集了りたる事由を奏す。これより早く、月卿雲客《げっけいうんかく》等、群参す。関白藤原基房、早参。やがて、両院出御。今日、参仕の公卿、関白藤原基房・右大臣藤原兼実（26）以下、十八人。殿上人三十一人参入す。事了りて布施を賜う。御室守覚法親王、綾被物《かずけもの》五重以下、布施莫大なり。請僧八口には口別に綾被物三重以下、これまた多大なり。これに比し、承仕《じょうじ》（雑用僧）二人は各白布三反、また、鐘突一人は白布二反なり。【吉記】

三月一日〔天霽る〕
巳刻（午前十時頃）、権右中弁藤原経房、院御所に参入。後白河法皇・建春門院、白河に御幸。法塔（新造蓮華王院御塔）歴覧のためなり。白河の帰路、建春門院、物詣であり。太秦《うずまさ》・広隆寺（右京区太秦蜂岡町）および行願寺（寛弘元年〈一〇〇四〉十二月十一日、行円建立供養。右大弁藤原行成33、寺額を書く。中京区行願寺門前町）に御幸。
後白河法皇、今熊野御精進屋に入御。明後日、今熊野社三月会、参御のためなり。【吉記】

三月三日〔晴〕
今熊野社三月会あり。事了りて後、後白河法皇、法住寺殿に還御。【吉記】

三月五日〔晴〕

権右中弁藤原経宗（32）、院御所に参入。大蔵大輔中原宗家を招き、近侍の女房に付して、後白河法皇に申入る。法皇御願の法華堂差図、今に至るも遅々、完成せず。造国司の懈怠《けだい》なり。遅滞の理由あるとしても、延引限りあり。来月八日、礎を居うべき予定なれば、今明日にも沙汰あるべし。中原宗家、侍所に在り。この旨、法皇に奏聞せしむ。宗家、経房の許に帰来し、「法皇、経房具申のこと承知さる。よって、明日件の地に御幸、御覧ありて沙汰あるべく、院宣を下さる」と。【吉記】

三月七日〔晴〕

後白河法皇第四皇子・無品円恵法親王（23）、法皇の仰せにより園城寺長吏・前大僧正覚忠（故関白藤原忠通子・57）の門弟として園城寺に入室、付嘱《ふしょく》（師が弟子に仏法の奥義を伝授、後世に伝えしむ）となる。【吉記】

今夜、高倉天皇（14）、方違えのため閑院皇居より後白河法皇の法住寺殿に行幸。権大納言藤原実房（28）、法皇に事由を奏し、公卿七、八人供奉す。両三日、滞留。【吉記、玉葉】

三月八日〔晴〕

高倉天皇、法住寺殿逗留の間、諸衛警固、例の如し。主上、後白河法皇御在所に渡御。この夕、院近臣、権中納言源資賢（62）・左衛門督検非違使別当藤原成親（37）以下、祗候。今様之会（『吉記』は御遊）あり。右大臣藤原兼実（26）・関白藤原基房（30）、松殿における法華八講会結願《けちがん》に参仕。事了りて九条殿に帰る。その路次たるにより法住寺殿に参上、主上・法皇に面謁するも、今様会には着座せずして退出す。【吉記、玉葉】

三月九日〔晴〕

法勝寺執行・少僧都俊寛（32）、権右中弁藤原経房に書状を送りて、明十日の法勝寺阿弥陀堂念仏会の法皇着装の法服、院中誰人に付して叡覧に供すべきや、問い来る。経房、下臈に付し申入るべき由を即答す。【吉記】

三月十日〔雨下る〕

今夜、高倉天皇、後白河法皇の法住寺殿方違え行幸より、閑院に還宮せらる。

今日、後白河法皇孫皇子（故二条天皇皇子〔母は右馬助源光成女〕、高松院〔二条天皇皇后・姝子内親王34〕猶子）、園城寺前大僧正覚忠の住房において出家す。公卿、前大納言藤原実長（45）・中納言藤原宗家（36）ら四人扈従《こしょう》。侍臣十余人、前駆《せんぐ》を勤め園城寺に参向。左大臣藤原経宗（56）、参会さる（後にこの皇子、狛宮《こまのみや》尊恵法親王〈一一六七－七六〉となる）。【吉記】

三月十三日〔雨降る〕
建春門院女房冷泉局（女院妹）の小童、女院御願寺・最勝光院において出家す。建春門院（33）沙汰により、兵部卿平信範（63）ならびにその息、左馬権頭平信基・少納言平信季、および讃岐守平時実（女院甥）・木工頭藤原親雅（女院叔母子）ら相伴す。【吉記】

三月十四日〔朝、雨降る、昏に臨みて晴る〕
この夜、権右中弁藤原経房（32）の許に静賢法印（51）来る。その談によれば、蓮華王院領常陸国中郡荘（茨城県桜川市岩瀬付近）の下司職藤原経高の濫行の事（この荘園は長寛二年〈一一六四〉、経高より後白河法皇発願の蓮華王院領として寄進）、また同蓮華王院領下総国松岡荘（茨城県下妻市付近）より訴申す常陸国下津真荘（茨城県下妻市付近）の下司職某広幹の濫行の事を、少納言高階泰経（45）を申次として後白河法皇に奏聞す。これにより、法皇は即刻、院庁下文を発して召使一人（藤原有末）を常陸国に下向せしめ、常陸国在庁の公文職たる佐竹冠者昌茂ならびに同男雅楽助大夫義宗らをして、常陸国知行人たる藤原経高を捕えて京上せしむべく下命さる。この両条を執行すべく、院使として静賢法印、来るところなり。
しかるに、三月二十四日、静賢法印によれば、中郡荘下司職藤原経高が許に院御使として下向せしむべき藤原有末、その妻病気により下向せず、と。【吉記（三月二十四日条も）】

三月十六日　**後白河法皇ならびに建春門院、厳島社参詣に出発。清盛合流参仕**
今暁、後白河法皇ならびに建春門院、安芸国伊津岐嶋社参詣の御幸、発向さる。「頗る奇異なり」（神祇伯顕広王80）。先規なく、希代の事たり。航路、風波の路、その難なきに非ず。供奉の上下、奇驚すと雖も、是非に及ばず。御供人、公卿は按察使権中納言源資賢（62）・右衛門督平宗盛（28）、殿上人は左中将平知盛（23）および右中将藤原光能（43）の両名、奉行を勤む。以下、左馬頭平重衡（18）・左少将平時実（24）・左馬権頭平信基・右少将藤原成経（19）、ついで蔵人右少弁平親宗（31）・北面下臈尾張守平信業・式部大夫藤原光忠・長門守平業忠・検非違使平康頼・左衛門尉平信盛・僧西光（左衛門尉藤原師光）ら、供奉。また、顕恵法印、伊津岐嶋社頭における経供養の導師として参仕す。大相国入道清盛（57）は摂津・福原別業に両院以下を迎え、輪田泊《わだのとまり》において乗船、合流参仕。途中、西宮辺（西宮市）において権中納言源資賢および右中弁平親宗、伝馬・人夫を儲けて営送、行列の労苦を助く。右大臣藤原兼実（26）、この両院御幸に対して「件の社、此の七、八年以来、霊験殊勝にして、入道相国（平清盛）の一家、殊にもって信仰せり。仍って、参り給う所なり」と。
【吉記、百錬抄、顕広王記、玉葉】

三月十七日　藤原経房、蓮華王院宝蔵より「後三年合戦絵巻」を借覧

権右中弁藤原経房（32）、侍従藤原家俊を招引、後白河法皇の蓮華王院宝蔵の絵巻を見せんがためなり。この絵、「後三年合戦絵巻」（義家朝臣、陸奥守たるの時、彼の国の住人安倍武衡・家衡らと合戦の絵なり・四巻）なり。静賢法印（51）、先年、後白河法皇の院宣を奉《う》け、始めて絵師をして画進せしむるものなり。彼の法印、このたび御倉（蓮華王院宝蔵）より借出して、徒然《つれづれ》を消さんがために経房の許に送達せしもの。経房は、この好機を把えて藤原家俊に観覧せさせんと誘致したる次第なり。【吉記】

三月二十五日〔雨下る〕

後白河法皇、物詣で（安芸国伊津岐嶋社）につき、右少弁平親宗（31）御供す。蔵人頭左中弁藤原長方（36）・右中弁藤原重方（51）参仕せず。何の故障によるか。【吉記】

三月二十八日

中宮権大夫平時忠（45）、権右中弁藤原経房に書状を送り来る。安芸国伊津岐嶋社に物詣で御幸の後白河法皇・建春門院（33）一行は、風波の難により、二日間、備前国の泊に逗留と。【吉記】

四月九日

後白河法皇ならびに建春門院、安芸国伊津岐嶋御幸より還御。ただし、この日、忌日に相当す。神祇伯顕広王（80）、これに対し、「如何」と忌避の情を洩らす。【顕広王記】

四月十一日

右大臣藤原兼実（26）、皇嘉門院御領荘園に内裏修理の課役を免除されんことを、左少弁藤原兼光（30）を御使として後白河法皇に奏請す。去る二月二十五日、皇嘉門院御所九条殿炎上により、近日、造営せんとする御堂ならびに御所を、当御領の力に任せんとす。もし、内裏の課役を負担するとならば、この御堂・御所の土木の功を終うるあたわざるにより、兼実、姉皇嘉門院（53）に代りて法皇に奏請。【玉葉】

四月十七日

賀茂祭なり。近衛使は左少将藤原実教（25）、随身は左近少曹秦兼任・同秦兼国、引馬は府生秦頼文・同中臣近武なり。中宮使は中宮権大進藤原宗頼なり。この日、斎王を立てず。後白河法皇ならびに建春門院、桟敷において行列見物あり。【顕広王記】

四月二十一日〔晴〕

後白河法皇、法住寺殿東御懺法堂において尊勝陀羅尼供養を行わる。これ、本来は寝殿において始行されるも、明朝、高倉天皇（14）方違えにより法住寺に行幸につき、堂場は荘厳不能、東懺法堂にて行わる。導師は天台座主・権僧正明雲（60）なり。秉燭の後、事了る。【玉葉、顕広王記】

四月二十二日
今夕、方違えのため高倉天皇（14）、閑院皇居より後白河法皇の法住寺殿に行幸。【玉葉】

四月二十三日
今夕、高倉天皇、法住寺殿より閑院皇居に還御。【玉葉】

四月二十九日〔天晴る〕
これよりさき、建春門院（33）、七条殿より閑院内裏に参入、不予となる。右大臣藤原兼実（26）、この由を伝聞、内裏建春門院御在所に参上。右少弁平親宗（31）に申入れ、退出す。【顕広王記】

五月十一日〔晴〕
後白河法皇、日吉社に御幸。今日より十日間の参籠なり。【顕広王記】

五月十九日
権少外記中原清俊、右大臣藤原兼実第に来る。来る二十一日、主上（高倉天皇）、方違えのため後白河法皇御所法住寺殿に行幸あり。参仕すべき下命の伝達あるも、所労により供奉しがたきを申す。【玉葉】

五月二十一日
後白河法皇、日吉社参籠結願によって、還御。【顕広王記】
今夜、高倉天皇、方違えにより閑院より法住寺殿に行幸。【玉葉・顕広王記（五月二十二日条）】

五月二十三日
高倉天皇、法住寺殿行幸より閑院皇居に還御。【玉葉】

五月二十五日
後白河法皇、院御所において供花《くげ》を始行さる。【玉葉（六月三日条）】

五月二十六日
去る二十四日より閑院内裏において最勝講を始行さる。連日、旱天により降雨なし。昨二十五日、最勝講第二日、夕座において、権少僧都澄憲（49）に祈雨を修せしめらる。関白藤原基房（30）、澄憲の座前に着し、仰事あり。右大臣藤原兼実（26）、これに従うも、その詞、聞えず。兼実、不審に堪えず、関白基房に、その旨を問う。関白、「昨日、夕座の説法、神なり妙なり。よって御感（高倉天皇14）の綸旨あるか」と。ついで、左大将藤原師長（37）、兼実にその由を尋ぬ。兼実、関白基房の言を語る。しかるに、関白、ふたたび兼実に語りて、「ただに説法の優美を感ずるに非ず。祈請（降雨）の効験を尊ばるなり」と。当時、炎旱、旬に渉り、民戸愁え有り。よって請雨を祈る。これは最勝講における御願の趣なり。昨日、この趣を祈るにより、言泉湧くが如し。聞く者、心情を動かさざるはなし。晴天より忽ち降雨、故に此の叡感（高倉天皇）あり、と。この日もまた、戌四点（午後九時前）、雨大いに降りたり。これにより、権少僧都澄憲に勧賞《けんじょう》を行うべく、関白基房、終始、主導せるが如し。【玉葉】

五月二十八日〔降雨〕

最勝講第五日、結願《けちがん》日なり。この日、祈雨説法の賞として、権少僧都澄憲（49）を当座において権大僧都（四位）に任ぜらる。この日の僧事は左大臣藤原経宗（56）、上卿となり奉行するも、すべて関白藤原基房の教喩によりこれを行う。上卿左大臣経宗、澄憲を座下に召して、これを伝奏す。澄憲復座に際して、僧都覚長の上座に着す。「道俗衆庶、耳目を驚かさざるはなし。誠に当座の面目、後代の名誉なり。希有の珍事、何事かこれに如《し》かんや。源泉の跡を遂げらる」と、これを褒す人もあればまた、「或人」は「覚長、面色を損う」と覚長に同情する人もあり。しかるところ、この異例の僧事の勧賞に対しては、後白河法皇はすこぶる不興の様子で、「これを許さず」、「執柄（関白藤原基房）これを強《し》う」と、関白基房の強行僧官人事に逆鱗を示したらしい。権少僧都澄憲に超越（任権大僧都）された僧都覚長は、その後、六月十五日に急死したとの風聞が伝わった。が、翌日には、これは「僻事《ひがごと》」（誤伝）なり、と。【玉葉（六月十五・十六日条も）、百錬抄】

六月三日〔天晴る〕

後白河法皇院御所の供花結願す。去る月二十五日より始めらるる所なり。今度、卿相以下、道俗貴賤、あわせて浄衣を着装す。【玉葉】

六月十四日

後白河法皇、これよりさき今熊野社に参籠。この日、祇園社御霊会なり。法皇、今熊野社を出御、三条殿（院御所）に御幸、祭礼の行列を見物あり。【玉葉】

六月十五日

これよりさき、右大臣藤原兼実の弟・従二位左中将藤原兼房（22）の車副《くるまぞい》、皇后宮権大夫藤原朝方（40）に搦め取らる。この事により関白藤原基房、再三、即時釈放すべく下命あり。しかるに、朝方、由緒ある由を称して承引せず。そこで、左中将藤原兼房は中宮大夫藤原隆季

（48）と相議して、朝方の牛童を捕え左兵衛尉藤原行清に預け、これを折檻せしむ。朝方、立腹してこれを後白河法皇に訴え申す。件の牛童は常に牛飼所において、牛を飼い、牛を放っていた。その間に、左中将藤原兼房ならびに中宮大夫藤原隆房差し向けし数多の勇士が、飼所の牛を切り放し、彼の牛童を拉致せり、という。法皇、右中将藤原光能（43）を奉行として、関白藤原基房に申し、左中将藤原兼房に子細を陳述せしめらる。これを聴取した関白は、皇后宮大進平信国をもって、法皇に奏上せしむ。顛末が明らかになるにつれて、朝方の所行は、奇怪のまた奇怪、もともと白物《しろもの》（痴《し》れ者・人を嫌がらせる無法者）と評判の、世間、爪弾きの男である、と。　【玉葉】

六月十九日　建春門院夢想に、藤原兼実揮毫の最勝光院額を都率内院に納付と

左中将藤原定能（兼実義兄・27）、建春門院（33）の御使として、右大臣藤原兼実（26）の第に「法華経第二巻」を書進すべく、料紙を持参す。先頃揮毫の女院御願の最勝光院額、都率内院（弥勒菩薩住所）に納付せられたりと、女院夢想ありしにより、能書兼実に、この法華経書写の下命あり、と。善悪を論ぜず、料紙を指し置き、帰参すべしとの口上。兼実、みずからが入木の道に不堪の由を陳述、かつて写経など一切未経験なりと称す。さらに、所労により服薬療治中なるを事由に、近日、早急には書進しがたく、涼気を待ちて書進せんと、遁避の意を表す。が、使者藤原定能は、遅滞の憚りありと称し、兼実に書進を申し残し、退去す。

従二位左中将藤原兼房（22）の車副の朝方第拘禁事件につき、後白河法皇の院宣あり。兼房拉致の朝方牛童は、即時、兼房より法皇御所に差し出せと。しかるに、兼房の車副は、朝方（40）なおも自第に拘束せり。弾指すべきの世にして、悲しき事なり、と。今日、ふたたび、兼房の車副を進上すべき法皇の院宣、発布せらる。よって、朝方、やむなく車副兄弟を院御所に進む。院御所においては、蔵人頭左中弁藤原長方（36）に、この争いの一件を委ぬ。折柄、長方、近日、瘧病《おこりやまい》（熱病）にて不出仕。よって、院御所から車副兄弟は放免せらる。いずれ長方参上の節、改めて召問すべし、と。右大臣藤原兼実、この処置に対し、「是れ又、奇異なり。争《いか》でか蔵人頭と車副、対問あるべきや」と、その不均衡なる処断に疑義を抱く。件の車副はもと故前権中納言藤原顕長の召抱えなり。召問は、その顕長にあってしかるべし、と。　【玉葉】

六月二十六日

建春門院、不例（病気）。重く悩み給う。ただし、深く秘せらる。これ、近代の作法なり。よりて、女院御所において七仏薬師ならびに五壇法の御修法《みしほ》を加行せらる。　【玉葉】

六月二十九日

後白河法皇、白河・最勝寺（鳥羽天皇御願寺）御八講会に御幸。　【顕広王記】

七月二日

高倉天皇（14）、方違えのため閑院内裏を出御、後白河法皇の法住寺殿御堂御所に行幸。着御の後、法皇、明日の故鳥羽院国忌のため鳥羽殿に御幸。【顕広王記】

七月三日〔晴〕

今暁、後白河法皇、鳥羽殿より還御。この日、法勝寺御八講始なり。後白河法皇、これに御幸。権中納言藤原邦綱（54）以下、上達部《かんだちめ》わずか四、五人供奉せり。人数ははなはだ不足せり。法皇、すこぶる六借《むつかり》（不機嫌）給う、と。【顕広王記、玉葉】

七月五日〔午時許り（正午頃）、雷雨あり〕

法勝寺御八講第三日なり。後白河法皇、またこの寺に御幸なり。【玉葉】

高倉天皇、相撲節会《すまいのせちえ》を行うべく、この日、相撲召仰《めしおおせ》（相撲節会の準備開始）あり。上卿は権中納言源雅頼（48）、奉行人は左中将藤原定能（後白河院庁年預《ねんよ》・27）および右少将藤原隆房（27）の両名。相撲節会は多く七月中旬に行うを恒例とす。しかるに、後白河法皇の保元には上旬（保元三年〈一一五八〉六月二十二日、内取《うちどり》。同二十七日、召合。同二十八日、抜出）に行われたり、と。大内裏における相撲節会、保元三年以後、行われず。じつに、十六年目の年中行事、復活なり。【玉葉、百錬抄】

七月十八日

清水寺如法経供養結願なり。後白河法皇、これに臨幸。同日、法皇御願の蓮華王院五重塔に、心柱の立柱ならびに上棟なり。【北院御室日次記、百錬抄】

七月二十二日

高倉天皇、相撲節会のため閑院より大内裏に行幸、清涼殿に着御。【顕広王記】

七月二十三日

後白河法皇ならびに建春門院（33）、院御所（法住寺殿）寝殿階間《はしのま》の簾中に、出御、左右相撲人を御覧あり。院庁頭《いんのちょうのとう》大石範直、相撲人らを引率す。右相撲人藤井正家（最手《ほて》・号大方五郎）以下七人、左相撲人豊原惟長《これなが》（最手）以下八人、交互に南庭に進み出で、中宮大夫藤原隆季（48）、号令して褐袒《かちかたぬぎ》（相撲人着装の褐衣《かちぎぬ》の上半を脱ぎて筋肉を見せる）、ついで、東向け、南向け、と下命して、体軀を披露する。この相撲人の顔見せが了ると、両院入御。参入の人々も退下す。【玉葉】

七月二十四日〔今日、暴風、雷電あり〕

大夫史小槻隆職（40）、右大臣藤原兼実（26）第に「保元相撲図」（保元三年六月、後白河天皇内裏相撲節会絵巻）を持参す。　【玉葉】

七月二十六日

大内裏にて相撲内取《うちどり》（練習）あり。建春門院（33）、明日、相撲節会《すまいのせちえ》召合《めしあわせ》（本番勝負）観戦のため、七条殿を出御、大内裏に入内（御在所は弘徽殿か）あり。　【顕広王記】

紫宸殿前庭にて相撲節会

七月二十七日〔天陰り、未刻許り（午後二時頃）小雨〕

大内南殿（紫宸殿）前庭にて相撲召合（十七番か）あり。右大臣藤原兼実の自第（九条第）、大内から遼遠につき、前夕、権中納言藤原邦綱（54）の正親町第に宿泊。午一点（午前十一時すぎ）、束帯を着し参内す。化徳門を経て、まず南殿に向う。主上（高倉天皇14）御所、指図の如し。建春門院、すでに南殿に渡御あり。左大臣藤原経宗（56）以下、公卿十人ばかり、着座す。参入の公卿・殿上人は関白藤原基房（30）以下、総勢三十一人なり。この日の召合は全十七番か。次々と取組進行の後、十四番の左右相撲人、出でんとする時、兼実所労に堪え難く、左大臣藤原経宗および左大将藤原師長（37）に会釈して、退出す。去る五月のころより宿痾により久しく公庭に出仕せざるも、相撲節会、近代すでに希代の例なるにより、病軀を相扶け出仕。神心悩乱により早出せり。　【玉葉】

七月二十八日〔天晴る〕

相撲節会、抜出《ぬきいで》（追相撲）なり。大内裏南殿に、巳刻（午前十時頃）以前に上下参集。直後、中宮徳子（20）、南殿に渡御。午始め（正午前）、左大将藤原師長・右大将平重盛（37）参入の後、高倉天皇、出御。三番の取組了りて、左右の楽人、舞楽を奏す。この間、公卿に氷・瓜等を給し、勧盃《けんぱい》あり。右方、猿楽を出し、了りて主上・建春門院、大内裏より七条殿に還幸。　【玉葉、顕広王記】

八月一日

今夕、高倉天皇、後白河法皇の法住寺殿相撲習礼（予行演習）のため内裏より行幸。戌刻（午後八時頃）、権大納言藤原実房（28）、参内す。「此の間、雨降る」、仗座に着す。左大臣藤原経宗以下、人々済々として参入す。今日、右大将平重盛、初めて直衣着用して出仕す。この夜の行幸、雨により中止さる。　【玉葉】

八月二日〔天晴る〕

高倉天皇、仙院（法住寺殿）に行幸。七番の相撲を御覧（母屋御座・装束、朝覲行幸儀の如し）あり。これ、寛治二年〈一〇八八〉七月の白河上皇（36）および嘉保二年〈一〇九五〉七月の同上皇（43）の例を追うものなり。関白藤原基房・左大臣藤原経宗以下、参仕。左大臣、嘉保の例を多く遵行の上、この日の相撲習礼次第を造進す。この日、予定の七番了るの後、後白河法皇、臨時に五番の取組を追加所望さる。

高倉天皇、七番相撲了りたる後、秉燭に及び内裏還御。　【玉葉、吉記、愚昧記、百錬抄】

八月六日

今夜、尊勝寺三昧堂一宇焼失す。失火なり。しかして、同寺執行法橋能円（左少弁藤原顕憲子、大納言平時忠・従二位平時子と同母・35）、後朝（その翌朝）に院御所に参上、火災を執奏するにより、後白河法皇、その怠慢に逆鱗あり、所職を追却すべく下命あり、と。　【顕広王記、吉記】

八月七日

後白河法皇、法住寺殿北面壺庭において相撲御覧ならびに布引《ぬのびき》（左右の相撲人に各自一反の布を配り、各これを縄にないて双方で引き、その力を競う）等の事あり。これ去る八月二日、高倉天皇行幸の日、相撲勝負を決せず、さながら内取《うちどり》（稽古）の如し。よって、この日、密儀により左右十六番の勝負を決せしむ。公卿は検非違使別当藤原成親（37）・按察中納言源資賢（62）・右兵衛督平頼盛（44・この人、近習にあらざるも、たまたま参会。法皇に召さる）ら、法皇の御前に候す。最手《ほて》藤原政家・脇《わき》丸部永貞および守安・尾張遠宗・玉祢真貞・中臣末清ら、法皇の召しにより砌下（殿舎の軒下）に控える。　【玉葉（八月八日条も）、吉記】

八月八日

夕に臨み、後白河法皇、八条院（38）に百日念仏会（去る比より始行せらる）に聴聞参会のため御幸。公卿は按察中納言源資賢以下両三人、殿上人は八、九人が供奉せり。事、広きに及ばず、内々の御幸なり。

八月九日〔陰り晴れ、定まらず〕

この夜、権右中弁藤原経房（32）、夢想ありて後白河法皇ならびに建春門院を見奉る。　【吉記】

後白河法皇、右方の相撲人の召合（本番相撲）を行わる。全十九番の取組あり。最手藤原家直の二男家次を召して相撲せしめんと仰せあるも、所労を称して不参。よって、法皇、父家直を勘発《かんぽつ》（譴責）せらる。

今日、内裏において僧事（僧の任叙）あり。権大僧都房覚（皇后宮亮源信雅子・修験者・64）、建春門院熊野詣で（嘉応元年〈一一六九〉十月十五日から十一月六日）の先達賞として権僧正に任ぜらる。後白河法皇の推挙によるか。　【吉記】

八月十日〔晴〕

早朝、後白河法皇ならびに建春門院（33）、同列にて法住寺殿より七条殿に渡御あり。その後、ほどなく女院還御。　【吉記】

今夜、後白河法皇・建春門院、七条殿に移徙《いし》の御幸。本《もと》の舎屋さして破損なきも、すべて破却。いま東西郭に御在所として入御、新造せらるる所なり。後白河法皇の沙汰として、西光法師がすべてこれを新造進上す。この夜の移徙の儀は、少納言高階泰経（45）が奉行す。戌刻（午後八時頃）、両院御幸。水火の判官代は藤原定長（26）と前相模守藤原有隆なり。御幸の御車に懸けし御牛は黄牛《あめうし》一頭、下野守藤原教隆らがこれを引く。陰陽頭賀茂在憲（73）、反閉《へんばい》（天皇などの出御の際、邪気を閉じて幸を開くための歩行）を奉仕。西北渡殿にて五菓を供し、上達部を殿上にて盃酌、三献を饗す。今夜、参仕の公卿は左大将藤原師長（37）・大納言源定房（45）・右大将平重盛（37）ら十七人なり。

【吉記、百錬抄】

八月十三日〔晴〕　**後白河法皇、蓮華王院宝蔵御書目録の作成を下命**

後白河法皇、かねて権右中弁藤原経房（32）に蓮華王院宝蔵御書目録の作成を下命さる。この日、蓮華王院執行・法印静賢（51）も参会、経房、同宝蔵に参入す。さきに催しを加えし文殿衆大外記清原頼業（53）、文殿事奉行の大外記中原師尚・助教中原師直・主計助中原師茂以下、十余人が参集、各自宝蔵西庇に着座、日隠《ひがくし》を立て、まず御書目録（二条天皇御時、作成）を披見す。

このたびの御書目録作成には後白河法皇の院宣ありて、作成基準の概要、勅命あり。漢家書籍はすべて儒家ないしは他の御倉に在り。この宝蔵にあえて収蔵の必要なし。ただし、証本においては、この限りに非ず。もっぱら、本朝書籍および諸家記（公卿日記）は、集中的に蒐集すべく、能く撰定すべし、と。

文殿衆の毎日出勤は不可能なれば、三番の結番交替参入とすべし、と。この結番表は蓮華王院宝蔵の壁に一枚に掲出すべきを決す。奉行・権右中弁経房、その出欠承知せんがためなり。この日、参集を催すべく、中原師尚に下知、黄昏に至りすべて退出す。　【吉記】

八月十五日〔天陰り、小雨、時々降る〕

未斜め許り（午後二時半すぎ）、後白河法皇ならびに建春門院（33）、法皇姉上西門院（49）の東山殿に御幸。新造七条殿渡御以後、始めての他出御幸なり。両院、同車。公卿は検非違使別当藤原成親（37）・中宮権大夫平時忠（45）・右兵衛督平頼盛（44）・修理大夫藤原信隆（49）・左京大夫藤原脩範（32）、殿上人は八、九人が供奉。出車二両は、左中将藤原定能（27）・右少将藤原成経（19）の両人が進献。

この日、上西門院より法皇に引出物として琵琶（銘・盤渉調）一面を献ぜらる。法皇、七条殿に還御の後、少納言高階泰経を院使として権右中弁藤原経房の許に院宣を送る。この琵琶を蓮華王院宝蔵に納置すべし、と。経房、即座に法皇の仰せを承り、執行・静賢法印にその旨下知す。　【吉記】

八月十六日〔晴〕

権右中弁藤原経房、新七条殿に参入、後白河法皇に条々の事を奏上す。元紀伊守藤原頼憲所蔵文書中の手本（名筆手跡）を蓮華王院宝蔵に収蔵すべきや否や奏聞す。法皇、「その手本を一覧すべし」と。また、宝蔵に日参して御書目録作成の文殿衆に、台盤（慰労の饗）無き事、如何。建春門院、封戸辞退の以後、この事、断絶す、と奏聞す。「年預藤原俊盛に仰すべし」と。

権右中弁経房、しばらく七条殿に祗候の後、急ぎ退下の後、蓮華王院宝蔵に参入。宝蔵御書目録作成に参与の大外記中原師尚《もろひさ》（44）・助教中原広季・右衛門大夫守光以下、八、九人同じく参会、目録を照合の上、記載す。権右中弁経房、これを検知、早退す。【吉記】

八月十八日〔雨下る〕

権右中弁藤原経房（32）、院御所新造七条殿に参入、両条奏聞す。その一条、去る三月十四日、蓮華王院御領常陸国中郡荘下司職・藤原経高濫行の事、院御所に訴訟あり。この頃、件の下司職・藤原経高、ようやくにして上洛せり。後白河法皇、この経高を召籠むべきを院主典代中原政泰に下知さる、と。【吉記】

八月十九日〔晴〕

今夜、後白河法皇ならびに建春門院（33）、新七条殿出御、鳥羽・成善提院に臨幸あり。これ、明日より始行の同寺、彼岸念仏会に御座のためなり。【吉記】

八月二十日〔晴〕

今日より成善提院彼岸会（御懺法）、始行。院近臣・左中将藤原光能（43）、これを奉行す。念仏会のため、僧ならびに殿上人の結番（八月二十日から二十六日）を組まる。法皇および女院、成善提院に臨御。事了りて後白河法皇、還御か。【吉記、顕広王記】

八月二十一日〔天晴る〕

去る八月二日、従四位上右中将藤原基通（15）、高倉天皇（14）の法住寺殿行幸、七番相撲御覧に供奉参勤せし功により、建春門院御給として、従三位に叙せらる。この日、三位中将藤原基通、拝賀す。慶び申しのため行粧に加うる料として、移馬《うつしうま》二疋、御車牛を後白河法皇より右近将監秦兼頼を使者として、近衛殿にこれを進献せしめ給う。まず、閑院内裏に参入、蔵人頭中将藤原実宗（30）を申次として、高倉天皇に拝謁す。ついで、後白河法皇の院御所に参殿。内蔵頭藤原親信（38）を申次として法皇に面謁。ついで建春門院御方に参入、三河守右少将藤原盛頼に申次ぐ。女院、鳥羽殿御在所（成善提院念仏会）か。【吉記】

八月二十二日〔天晴る〕

待賢門院忌日なり。巳刻（午前十時頃）、後白河法皇、七条殿を出御、法金剛院に御幸あり。公卿、治部卿藤原光隆（48）・中納言藤原宗家（36）・按察使中納言源資賢（62）・権中納言藤原兼雅（30）・左兵衛督藤原成範（40）・前長門守藤原隆輔（46）・左京大夫藤原公保（43）、つ

いで殿上人十余人が供奉す。公卿は直衣、殿上人は衣冠、中に束帯着装相交る。法皇、申斜め（午後四時半すぎ）、還御（鳥羽殿か）。
法皇、還御の後、鳥羽殿（御堂）において経供養あり。興福寺の権律師範玄（皇太后宮大進藤原為業〔法名寂然〕の子・38）、導師となり、題名僧六口を率いて、講演す。秉燭の頃、事了る。　【吉記、顕広王記】
この日、権右中弁藤原経房（32）、建春門院御方（鳥羽殿、成菩提院念仏会御在所）に参入。三ヶ条の事を奏上す。
その㈠は女院、逆修御仏経供養、明日、これを始むべきの由、下知の事。その㈡は女院御願、法華堂御仏院号支度の事、その㈢は檜物荘（近江国甲賀郡・蒲生郡の荘園）、金勝寺領を押取りし事なり。　【吉記】

八月二十三日〔晴〕
建春門院（33）、逆修御仏経供養を鳥羽の御堂において始行さる。絵仏師為遠法師が本尊絵像を画進、経は絵師法橋円厳の書写調進。両人に下行の料物は、蓮華王院宝蔵御倉預卜部仲遠に下知せらる。　【吉記】

八月二十五日〔雨下る〕
権右中弁藤原経房、午刻許り（正午頃）、鳥羽殿（成菩提院）に参向。成菩提院念仏会第六日なり。夕に臨みて祗候。殊なる奏事なきにより御前（女院か）に参入せずして退出す。　【吉記】

八月二十六日
鳥羽の成菩提院の彼岸会念仏会結願す。　【吉記（八月二十日条）】

九月一日　**後白河法皇、今様合を興行**
今夜より後白河法皇、法住寺殿御所において今様合《いまようあわせ》を興行せらる。今様堪能の輩三十人（『玉葉』は公卿以下二十余人）を撰定、十五ヶ夜にわたり、毎夜左右一番の今様歌手《うたいて》が雌雄（勝負）を決す。大納言左大将藤原師長（37）と按察使権中納言源資賢（62）が判者となり優劣を定む。この日、手番（十五日間の今様歌手の結番）三十人の名を掲出す。　【玉葉、吉記、百錬抄】
この夜、第一番の今様合あり。左方は前権大納言藤原実定（36）、右方は左衛門督検非違使別当藤原成親（37）。右方の勝。　【玉葉、吉記】

九月二日〔晴〕
今夜の今様合。左方は大納言源定房（45）、右方は権中納言藤原兼雅（30）。この夜は持《じ》（優劣決しがたし、引き分け）。　【吉記】

九月三日〔晴〕
建春門院（33）、日吉社参御。午刻（正午頃）、還御。

仏師院尊、権右中弁藤原経房（32）の許に持参（昨二日）せし建春門院御願の法華堂御仏の光背等の絵様を、この日、院御所に参入、後白河法皇に進覧す。法皇、一覧の後、光背は飛天となすべからず、鏡面を取付くべし、と。申斜め（午後四時半すぎ）に退出。

この夜、経房、ふたたび院御所に帰参。今様合を聴くためなり。今夜の今様合。左方は新権大納言藤原実国（35）、右方は参議藤原家通（32）、右方の勝。ともに興あり。【吉記】

九月四日〔天霽れ、夜に入り雨、屢灑ぐ〕
権右中弁藤原経房、辰刻（午前八時頃）、院御所に参入。さして奏聞の事なし。参議平教盛（47）参会す。蓮華王院領常陸国中郡荘下司職・藤原経高の一件につき示さる。午刻許り（正午頃）、退出。
今夜の今様合。左方は参議左中将藤原実家（30）、右方は左兵衛督藤原成範（40）、持（引分け）。
後白河法皇、今日より三ヶ夜を限り、賀茂下社および上社において神楽を奉納す。五位蔵人検非違使左衛門権佐兼右少弁藤原光雅（26）、法皇の下命により奉行となり、同社に各行き向う。【吉記】

九月五日
今日吉社九月会なり。相撲あり。後白河法皇ならびに建春門院、臨幸あり。
今夜の今様合。左方は蔵人頭右中将藤原実宗（30）、右方は右中将藤原光能（43）、持（引分け）。【吉記】

九月六日〔晴〕
後白河法皇、今日吉社の相撲御覧のため御幸。
権右中弁藤原経房、かねて熊野詣でのため後白河法皇に請暇《せいか》申請中なり。この日、僧証蓮、勅許ある旨の院宣を持ち来る。
今夜の今様合。左方は右少将藤原泰通（28）、右方は備中守源雅賢（判者源資賢孫・27）、右方の勝。左方、少将泰通、負けると雖も優美なり。【吉記】

九月七日〔晴より雨下る〕
権右中弁藤原経房、早朝、院御所に参上、後白河法皇に雑事を奏す。この中、蓮華王院領摂津国温泉荘《いでゆのしょう》（いま「ゆのしょう」。兵庫県美方郡温泉町）下司職平季広が荘内の「十五条三里八坪、字天谷《あまんだん》」の領有をめぐり、今熊野御領八《は》多荘《たのしょう》（「八太荘」とも）の荘官らと争う。下司平季広は、これを院庁に訴訟せり。この朝、その問注記を一覧した法皇は、温泉荘に理分ありと、院庁下文を発すべく下命あり。ついで、経房、蓮華王院宝蔵に参入、文書撰出の後、昏黒に及び退出す。【吉記、高山寺文書（承安四年九月九日、後白河院庁下文案）】

今夜の今様合。左方は右少将藤原隆房（27）、右方は信濃守右少将藤原実教（25）。右方の勝。【吉記】

九月八日〔朝間、小雨〕

辰時（午前八時頃）、権右少弁藤原経房（32）、院御所に参入、蓮華王院領摂津国温泉荘の事など、三ヶ条を後白河法皇に奏上す。申刻（午後四時頃）、退出。蓮華王院宝蔵に参り、御書の沙汰をなす。元紀伊守藤原頼憲文書等を撰定す。また、同文書中、「手本二合」（名筆跡、唐櫃二合分）を季時入道（左京大夫源宗光子）に付し、後白河法皇御所に進上す。法皇より受領の旨、返事あり。昏黒に至り、宝蔵より退出。【吉記】

今夜の今様合。左方は左少将源顕信（42）、右方は宮内卿藤原済綱《なりつな》。左方の勝。人々、これを微笑す。【吉記】

九月九日〔天霽る〕

この夜、今様合。左方は右馬権頭藤原隆信（33）、右方は少納言源師広。右方の勝。【吉記】

九月十日〔晴〕

権右中弁藤原経房、巳刻（午前十時頃）、院御所に参上。奏事了り、建春門院（33）より賢覚の任権僧正の代替として、権少僧都実慶（58）を最勝光院供僧になさんと仰せあり。また、備後守源為行、遠江国所領を最勝光院御堂領となすべく寄進せんとし、その沙汰を法皇に尋ぬべし、と。

建春門院御所退出の経房、急ぎ蓮華王院宝蔵に参入。大外記清原頼業（53）・同中原師尚（44）以下、文殿衆《ふどののしゅう》五、六人が同じく参入して、元紀伊守藤原頼憲文書十六合の文書の撰定を終了す。黄昏に至り、一同退出す。【吉記】

この夜の今様合（歌合）、左方は侍従藤原基宗、右方は右兵衛尉藤原基範。持（引分け）。【吉記】

九月十一日〔終日、雨降る〕

今夜の今様合（歌合）。左方は少納言源師家。右方は侍従源家俊（高倉天皇閑院内裏殿上人）。右方の勝。【吉記】

九月十二日〔雨降る〕

権僧正賢覚、蓮華王院不動堂供僧、終身不可避の由を申す。これにつき、権右中弁藤原経房、巳刻（午前十時頃）、院御所に参入、後白河法皇に奏上す。当初、予定せし得長寿院供僧は賢覚が辞退す。これに対して、法皇は「不動堂、いま改補に及ばず。蓮華王院の寺役は、参勤に限りあり、ひとり専有すべきに非ず。よりて、この権僧正賢覚を改めて補せらるべし」と。

また、備後守源為行の申請をゆるし、ようやくにしてその沙汰あり、と。これにより、源為行、後白河法皇に謁し、遠江国所領につき下問に答う。さらに、法華堂造営造進の仰せあり。

今夜の今様合（歌合）。左方は前伊賀守源雅亮、右方は元美福門院判官代藤原為賢。元十三番なり。しかして、この番を召上げらる。【吉記】

九月十三日　**後白河法皇、今様合後の御遊にて、今様を歌う。上下の群集、満つ**

午刻（正午頃）、権右中弁藤原経房（32）、院御所に参入。蓮華王院領朝日荘（京都府相楽郡精華町西南部付近）の解状・申文の書様の事を奏す。法皇、沙汰あるべし、と。しばらく祗候の後、蓮華王院宝蔵に参る。大外記中原師尚（44）・同中原広季以下、文殿衆《ふどののしゅう》五、六人参入、文書撰定、恒《つね》の如し。前紀伊守藤原頼憲文書、第二文庫撰定完了。経房、熊野詣で不在の間、下知不能につき、文殿衆、宝蔵出仕の停止方を申請す。昏黒に至り、一同退出。

経房、秉燭の後、院御所（法住寺殿）に帰参す。数奇の似《ごと》しと雖も、今夜の御遊の儀に伺候のためなり。

この夜、後白河法皇出御の後、人々参集、例の如し。この夜の今様合。左方は左少将源資時（判者源資賢の二男・14）、右方は散位（前右兵衛尉）藤原盛定。左方の勝。【吉記】

今様合、了りて御遊あり（「御遊年表」参照）。一座の所作人は、左大将藤原師長（箏・37）・新権大納言藤原実国（笛・35）・左衛門督別当藤原成親（笛・37）・按察使権中納言源資賢（拍子・催馬楽を歌う・62）・参議藤原家通（笙・32）・蔵人頭右中将藤原実宗（琵琶・30）・左中将藤原定能（篳篥・27）・右少将源雅賢（付歌・判者源資賢孫・27）・左少将藤原実教（笛・25）。判者・左大将藤原師長、朗詠（「徳是」）、同・按察使資賢（62）これに唱和す。さらに、参議家通もこれに和す。ついで、後白河法皇が簾中御座において今様を歌い給う。御遊の興、これにより幽玄に入る。しかして、ひときわ新境地を得るの故なり。堂上、堂下、上下の群集が満つ。法皇、雑人を追い払うなかれ、と下知す。また、内裏の女房も聴聞に参入。権右中将源通親（26）、唯一人、これに扈従す。【吉記、玉葉】

九月十五日〔天晴る〕

権右中弁藤原経房、今夜、熊野詣で御精進屋に入るため、早朝、院御所（後白河法皇・建春門院両御方）に参入。経房、雑事を奏上。その中、中郡荘藤原経高の結解《けつげ》（決算）を法皇の奏覧に供す。法皇、領家に給うべし、と。また件の藤原経高、沙汰の間、しばらく参議平教盛（47）の許に預け置かる。罪状決断以前たる故により、誡を加うべからず、と。また、建春門院御願、法華堂御仏ならびに造営につきての事など、両院に奏聞す。【吉記】

今日、後白河法皇、今様合、終りの日なり。また、御遊あり。【玉葉】

九月十六日〔天陰る〕

後白河法皇、日吉社に参籠、御幸。【北院御室日次記】

九月十七日〔暁より雨下る〕

後白河法皇、院御所において恒例の供花会《くげえ》を始めらる。五月・九月の両月、式日を定めず、不退の勤行なり。【吉記】

九月二十三日

去る二十一日、権右中弁藤原経房（32）、熊野参詣により京都進発。申刻（午後四時すぎ）、信達宿《しんだちのしゅく》（信達王子・一之瀬王子＝大阪府泉南市信達牧野）の弥勒堂に投宿す。この夜、夢想あり。建春門院（33）の仰せにより、常夏花《とこなつばな》を庭前に植栽す。また、女院出御により出車《いだしぐるま》、出衣《いだしぎぬ》を装束せる五両を門外に立つ。車の簾中に出衣を飾る。予（経房）、これを奉行せりと見て夢醒む。【吉記】

九月二十七日

権右中弁藤原経房、熊野参詣、紀伊路を進む。この日、切目王子《きりめおうじ》（和歌山県日高郡印南町西ノ地）に到達。切目王子社東に、熊野社権別当堪増（45）、宿所を設営、一泊。この夜、吉夢あり。建春門院・大相国入道清盛（57）、現出す。また、右衛門督平宗盛（28）、経房に種々の物を贈り来たる。これひとえに、熊野三所権現の示現か、と。経房、霊感に歓喜す。【吉記】

今日、後白河法皇ならびに建春門院、日吉社に参籠のため御幸。経房、後日、両院御幸を伝聞、日次（『吉記』）に記入す。御幸の儀、密儀なり、と。

【玉葉、吉記、北院御室日次記】

十月四日

建春門院、参籠中（去る九月二十七日より）の日吉社を出御、七条殿に還御。後白河法皇、なお同社逗留。【玉葉】

十月八日

右大臣藤原兼実（26）、先日（去る六月十九日）、建春門院より書写下命をうけ、料紙を賜うところの「法華経第二巻」の書写の功を終え、左中将藤原定能（27）をもって女院御所に進入せしむ。【玉葉】

十月十日

後白河法皇の皇子（母は左大臣源有仁弟浄土寺少僧都仁操女・9）、仁和寺御室守覚法親王（25）の禅室（大聖院）に入室、釈氏の教えを受く。申刻（午後四時頃）、退出。のち、元服、名を尊性。ついで、治承三年〈一一七九〉四月十六日、仁和寺北院において守覚法親王（30）戒師となりて、尊性皇子、出家す（14）。

【玉葉、仁和寺御伝】

この夜、関白藤原基房（30）落胤の小童（12・母は上西門院女房・故内大臣藤原公教女）、来る十一月十日、元服（名・隆忠＝正五位下）を加え嫡子に立てるべく、後白河法皇に謁見のため院御所（七条殿）に参入す。

【玉葉（十一月十日条とも）】

十月十二日
右大臣藤原兼実（26）、院御所（七条殿）に参入。同御所において、前権大納言藤原実定（36）に会い、面談す。後白河法皇、今夜より御精進屋（法住寺殿内）において熊野詣で御精進を始め給う。【玉葉、顕広王記】
今夕、顕広王の娘・香殿（信子女王）、建春門院御所（七条殿）に参入す。【顕広王記】
十月二十九日
右大臣藤原兼実、建春門院御所（七条殿）に参入。ついで、閑院皇居に参内せんとするも、甚雨につき中止。七条殿より退出帰第。【玉葉】
十一月七日
後白河法皇、熊野詣でより還御。今日、忌日なれど、あえて還御さる。【顕広王記】
十一月二十七日
後白河法皇ならびに建春門院（33）、七条殿より法住寺南殿に渡御。【上皇度々御移徙記（「伏見宮記録文書」・宮内庁書陵部蔵）】
十二月一日〔陰り晴れ、定まらず〕
京官除目なり。院宮当年給を任ず。中に前女御琮子《たまこ》（後白河法皇女御・30）の当年給として、宮道《みやじ》式房《のりふさ》を正六位上に叙し、内蔵少允に任ず。「前女御」とせるは、すでに琮子、出家の人となるにより、前字《さきのじ》を加う（承安三年六月十二日出家）。永久四年〈一一一六〉の大間書《おおまがき》に白河法皇女御道子（75）、当時、出家人たるにより、前字を加うる例を慣用せり。【玉葉】
十二月十九日
閑院皇居（高倉天皇14）、仏名会なり。参入の上達部、わずかに五人の参入のみ。これにより、後白河法皇、六借《むつかり》（不機嫌）給う。しかして、不参の公卿・殿上人にその進止の理由を問わる。右大臣藤原兼実、その催しを蒙らざるにより、その勅問も逃る。【玉葉】

承安五年・安元元年（一一七五・改元）　四十九歳

正月一日〔天晴る〕

右大臣藤原兼実（27）、申刻（午後四時頃）、法住寺殿に参上、後白河法皇に拝礼。ついで、建春門院（34）に拝礼。申次《もうしつぎ》は権中納言平時忠（46）なり。参入の公卿、関白藤原基房（31）・左大臣藤原経宗（57）・右大臣藤原兼実・大納言藤原師長（38）・権大納言平重盛（38）・同藤原公保（44）・同藤原隆季（49）・同藤原実国（36）・中納言藤原宗家（37）・権中納言藤原邦綱（55）・同藤原成親（38）・同源資賢（63）・同平宗盛（29）・同平時忠・左中将藤原兼房（23）・参議藤原成範（41）・同平頼盛（45）・同藤原家通（33）・同藤原実綱（49）・散位平経盛（52）・同藤原基家（44）・同藤原俊経（63）・同藤原隆輔（47）・同平信範（64）・同藤原脩範《ながのり》（33）・右中将藤原基通（16）。ただし、藤原基通、出仕せるも参列せず。総勢二十六人なり。　【玉葉、禅中記】

正月四日〔天晴る〕

高倉天皇（15）、閑院皇居より後白河法皇の法住寺殿に朝覲《ちょうきん》行幸。未終り（午後三時前）、天皇臨幸。楽《がく》行事・権右中将源通親（27）、折柄、風吹くにより、狛桙《こまぼこ》、舞いがたく敷手《しきて》に変更せんと、関白藤原基房に問う。されど許容なし。左右、各六番の舞楽あり。左方舞人・多忠節、勧賞《けんじょう》により一階昇進せらる。ついで御遊あり（「御遊年表」参照）。殿上召人《めしゅうと》の中に、笛は高倉天皇吹き給う。「その声、寥亮《りょうりょう》たり」（『百錬抄』）、珍重の所為なり。権大納言従二位藤原実国、主上の笛師たるにより、その功を賞し、この日、勧賞により正二位に叙せらる。右大臣藤原兼実、琵琶を弾く。演奏中に四絃切れたり。みずからこれを結び、続いて弾く。関白藤原基房の子・従五位下隆忠（13）、建春門院御給により勧賞を仰せられ、従四位上に昇叙せらる。御遊の中間に、法皇より高倉天皇に贈物（御本一巻・御書〔毛詩一部二十巻〕・笛等なり）あり。ついで恒の如く御馬二疋を牽かる。　【玉葉、禅中記、百錬抄】

正月八日〔天晴る〕

諸寺修正会始なり。後白河法皇、法勝寺の修正会始に御幸。　【玉葉】

正月十一日〔天晴る〕
今夜、後白河法皇、法勝寺修正会（第四日）に御幸。【玉葉】
正月十四日
後白河法皇、法勝寺修正会（結願）に御幸。【玉葉】
正月二十七日〔昼の間、大風小雪〕
右大臣藤原兼実（27）、晩景に臨み、高松院（故二条院后姝子《よしこ》内親王35）・閑院内裏（高倉天皇15）・七条殿（建春門院34）に参入す。【玉葉】
二月五日〔天晴る〕
今夕、建春門院、閑院内裏に入内。【玉葉】
二月十四日
今夕より建春門院、最勝光院小御堂において、百ヶ日御懺法《ごせんぼう》を始めらる。請僧《しょうそう》は六口なり。【玉葉】
二月十五日〔天晴る〕
最勝光院修二月会なり。戌刻（午後八時頃）、右大臣藤原兼実、直衣《のうし》を着し、半蔀車《はじとみぐるま》に乗り、御堂に参入。この寺の上卿、権中納言平時忠（46）に会う。大導師は権少僧都家寛なり。検校、仁和寺守覚法親王（26）、御堂正面南間に着座。事了りて大導師に左中将藤原定能（28）、被《かずけ》物《もの》を取り、散位藤原光長（32）、布施を取る。ついで、大納言源定房（46）以下、諸僧に布施を取り、各自退出す。【玉葉】
二月二十八日
この夜、右大臣藤原兼実、閑院内裏に参入。小童（嫡男良通9・皇嘉門院猶子）の元服の事につき、建春門院に進達すべき書状を内女房に託す。【玉葉】
三月一日
左中将平知盛（24）、入道大相国平清盛（58）の使者として、右大臣藤原兼実の九条第に額板を持参す。来る三月九日、清盛室・従二位尼平時子（50）発願の光明心院の額板にして、その揮毫を兼実に依頼せんがためなり。【玉葉】
三月四日
右少弁平親宗（建春門院弟・32）、建春門院の御使として、藤原兼実嫡男元服の事につき、子細を問うべく、右大臣兼実第に入来す。【玉葉】
三月六日

皇嘉門院（54）、権右中弁藤原経房（33）をもって、藤原兼実嫡男の元服に際し、「小童（良通）、襁褓《むつき》の昔より、偏に撫育の礼を致す。専ら我が嫡子たり。汝（兼実）の子息に非ず。仍って正下（正五位下）に叙すべきの由を申さんと欲す」と伝達さる。しかるに、夜に入り、後白河法皇の使者として右中弁平親宗、院宣を兼実第に伝う、「一人之大臣（左大臣）の子息に非ざるに、正下に叙すの例、分明ならず、仍って従上（従五位上）に叙せらるべし……」と。つまり、皇嘉門院の愁訴ながらも、法皇は定例により、この小童を従五位上に叙すべきなりと、右大臣兼実（27）に伝達せり。【玉葉】

三月七日〔陰り晴れ、定まらず。夜に入り雨甚だし〕　**藤原兼実嫡男良通、元服**

右大臣藤原兼実の小童（9）、皇嘉門院御所（九条殿）において元服す。この朝、童殿上儀あるべきに、高倉天皇（15）、不予につき停止《ちょうじ》す。右大臣兼実、権中納言源雅頼（49）と相議し、名字を「良通」と定む。理髪は源雅頼が勤む。良通、従五位上に叙せらる。事了りて、右大臣兼実、新冠者良通を伴い、閑院内裏に参内。ついで、院御所に参上。後白河法皇、この間、最勝光院御堂御所に御坐。院司・内蔵頭藤原親信（39）を申次として拝舞。ついで木工頭藤原親雅（31）に付し、拝舞。その後、法皇より御召しありて御堂御所に参上。法皇・女院（34）御一所なり。良通、両院に面謁の後、退下。皇嘉門院御所に帰参。

申刻（午後四時頃）、後白河法皇、小童良通の元服儀を賀し、左近衛府生秦兼宗を御使として、御牛一頭を右大臣兼実に贈る。兼実、閑院内裏直廬の前に引出し、これを覧る。その後、中門外に引出し、日頃召使う牛童・犬小院丸にこれを給し、九条第に召し帰さしむ。兼実、御使秦兼宗に御衣一領（柳色女房衣）を下賜、兼宗、一拝して退出せり。牛童・犬小院丸には布五段を給す。【玉葉】

三月八日

今夜、右大臣藤原兼実、筑前権守菅原良盛をもって、額物（光明心院額）を従二位尼平時子（50）の許に遣わす。【玉葉】

三月九日〔天晴る〕

入道大相国清盛（58）の室・従二位尼時子、発願の光明心院（八条北・壬生東。『百錬抄』は八条朱雀堂）の落慶供養を行う。後白河法皇・建春門院（34）臨幸。中宮徳子（21）・白川殿盛子（20）もおのおの其の法莚に臨む。関白藤原基房（31）・前太政大臣藤原忠雅（52）・左大臣藤原経宗（57）・右大臣藤原兼実以下、公卿総勢二十九人参会す。この日の導師は仁和寺守覚法親王（26）、讃衆二十人を率いて供養の儀を勤む。施主・尼時子より贈物を献ず。後白河法皇には金独鈷・皆水精念珠・銀横被《おうび》、建春門院には手本・筝（和琴か）一張、中宮には手本、白川殿にも同じく手本。これら善美を尽したる錦に包み、折枝に付す。

この日、勧賞ありて導師の譲りとして仁和寺の権大僧都隆海を法印に叙し、仏師院成を法橋に叙す。前太政大臣忠雅以下、導師以下の衆僧

に布施、被物《かずけもの》・裹物《つつみもの》・鈍色《にびいろ》装束等を取る。【玉葉、仁和寺御伝、百錬抄】

三月十日

右大臣藤原兼実（27）、家司・前上総守藤原基輔を使者として右大将平重盛（「左」は誤写・38）の疱瘡の病状を見舞わしむ。小減ありと。重盛、「二品尼の光明心院の額字、殊に神妙なり、一門の人々賞讃せり。ことに、厳親入道大相国清盛、いたく感嘆す」と伝言す。【玉葉】

三月十一日〔終日、雨下る〕

建春門院御所（七条殿）、五体不具触穢《しょくえ》あり。【玉葉（三月十二日条）】

三月十三日〔天陰る〕

後白河法皇、熊野御幸に進発。【玉葉】

四月十五日〔皆既月蝕なり〕

後白河法皇、これより早く熊野御幸より還御か。

肥後国阿蘇社（八条院39知行。大納言源定房領所）の社司ら、去る年より神領を前大僧正覚忠（58）に押領され、覚忠、新たに荘園を立てんとせしにより、愁訴のため上洛して山崎辺に待機せり。去る一日、後白河法皇、院宣を下して追下す。しかるに、社司ら、なおも訴訟せるにより、法皇怒りてこれを責追し、検非違使をして追捕せしむ。右大臣藤原兼実、彼の社の神領を奪い前大僧正覚忠に給うの非法を、未曾有のことと愁嘆す。【玉葉】

四月二十三日

後白河法皇、蓮華王院においてこの日より百日施行《せぎょう》（僧侶や貧民に米や物を施す）を行う。【禅中記（八月五日条）結願より逆算】

四月二十五日

後白河法皇、建春門院（34）とともに最勝光院御所に御坐《おわしま》す。辰時（午前八時頃）、後白河法皇乳母・故紀伊局藤原朝子建立の御堂（清浄光院）炎上す。法住寺殿御所東、墻《かき》を距て隣接せり。件の堂、院御所を去ること、わずかに一、二段の内なり。堂塔、舎屋、地を払いて全焼するも、折柄、風吹かず、余災、外に及ばず。後白河法皇、火事跡に臨御、御覧の後、還御。【玉葉、清獬眼抄（後清録記）、百錬抄】

四月二十七日〔陰り晴れ、定まらず〕

去る七日夜、祭除目《まつりのじもく》（石清水社臨時祭）により、右大臣藤原兼実の嫡男・従五位上良通（9）、侍従に任ぜらる。この日、拝賀を行う。良通、元服の夜に用いた網代車に乗り、牛童・犬小井丸（犬小院丸）に引かせ、行粧をととのえ、まず院御所に参上す。この時、後白河法皇・建春門院、御一所にて最勝光院御所に御坐す。両院に事由を奏し、拝舞。慶び申しを了りて退出す。この日の良通、すべて作法に過失なく、見る者一様に「是れ神なり」と。 【玉葉】

五月十六日

先日、後白河法皇より右大臣藤原兼実（27）に和泉国春木荘（大阪府和泉市春木町付近）の事につき下問あり。この荘園は長寛二年〈一一六四〉、当時、内大臣兼実（16）が亡父前関白忠通の供養のため立荘、春日社に寄進して成立。去る年の七月、この荘園の領所で和泉国司平信兼が、同荘務をめぐり春日社・興福寺と対立し、氏長者宣・御教書の下付をもとめることあり。これは、それに関連の事件か。兼実は、法皇の下問にこたえて、左中将藤原定能（28）に付して事情を奏聞せり。 【玉葉】

五月十七日

去る十四日、皇嘉門院御所（九条殿）ならびに右大臣藤原兼実の九条第の所在する九条近辺（ただし、南川原方）に、犯人遁走せりとの理由により、検非違使乱入して騒擾す。後白河法皇、この日、中務権大輔藤原経家（27）をもって、兼実に濫行の事を問わる。兼実、子細を言上す。法皇、尋沙汰《たずねさた》すべし、と。今夕、また一日《ひとひ》（先日）の如く濫行あり。 【玉葉】

五月十八日

右大臣藤原兼実、昨日の濫行の次第を建春門院御所に言上す。女院（34）、聞き驚かるるの旨、御報あり。 【玉葉】

五月十九日

去る十四日以来、連々の濫行の子細、ならびに九条御領、所々に乱入せしむるの由緒等を記録して注申すべく、建春門院より皇嘉門院（54）に申入らる。よって、右大臣兼実、子細を注し申達す。 【玉葉】

五月二十七日〔雨降る〕

建春門院百日法事懺法《せんぼう》（本尊・普賢菩薩絵像）、結願（二月十四日始行）なり。最勝光院小御堂において、これを行わる。後白河法皇および建春門院、同居なり。午時（正午頃）、右大臣藤原兼実、その御所に参入。これより先、御仏（普賢菩薩御絵像）を供養さる。導師は権僧正公顕（66）、請僧は懺法供養勤仕の僧六口なり。事了りて布施を引かる。左大臣藤原経宗（57）および右大臣兼実これを取る。左大臣経宗、被物を置くの間、両院着御の簾中より女院御衣（杜若縫重・紅単・朽葉色表着）を押し出さる。左大臣経宗、これを取りて導師・公顕権僧正に被物として賜う。御仏供養了りて、公卿・衆僧、復座す。御懺法結願なり。今日、参入の公卿は左大臣経宗・右大臣兼実以下、二十三人なり。殿上人のうち、右少将平維盛（右大将重盛子・15）は衆人の中、「容顔第一」なり、と。今日の請僧六口、口別に南庭において牛車を

給う。この日、懺法結願により、軽犯者を免《ゆる》さる。【玉葉、百錬抄】

去る比より、後白河法皇、蓮華王院において百ヶ日を限り、施行《せぎょう》（毎日、米三十石）あり。ついで、出家の志ある者はおのおの剃髪、男女、すでに百余人に各法衣一領を賜う。【百錬抄】

五月二十八日

今日より後白河法皇、法住寺殿において供《く》花《げ》会《え》を始行。【玉葉】

六月六日〔雨甚だし。洪水〕

後白河法皇御所法住寺殿の供花会、今日結願す。【玉葉】

六月十三日〔天晴る〕

後白河法皇、今熊野社に参籠。【玉葉（六月十七日条）】

六月十六日

後白河法皇、御願の蓮華王院内惣社に、石清水八幡宮以下、延喜《えんぎ》式内《しきない》二十一社を鎮座せしめらる。この外、日前宮《ひのくまみや》（紀伊国）・熱田社（尾張国）・厳島社（安芸国）・気比社（越前国）の本地仏御神体の絵像を図せしむ。ただし、日前宮および熱田社の本地、所見なきにより、ただ鏡面を用いらる。【百錬抄】

六月十七日〔天晴る〕

後白河法皇、これよりさき今熊野社に参籠。その間、法華御八講（五ヶ日）あり、南都北京《ほっけい》（奈良・興福寺、京都・延暦寺）の碩徳（高僧）を請じて供養を行わる。今日、結願により、今暁、今熊野社を出御、直ちに日吉社に参籠、十ヶ日御座あるべきなり。【玉葉】

六月十九日〔天晴る〕

戌刻（午後八時頃）、人、建春門院（34）の病、急なるを告ぐ。後白河法皇、日吉社参籠より一時、退下、還御。人をして病状を問わせらる。建春門院の御悩、重きに非ず、例の如く邪気（物怪《もののけ》）すこぶる発《おこ》る。先々、験者、権僧正房覚（65）・法印顕智・法印昌雲（日吉社別当・62）をして祈請するも減を得ず。ただ、法皇加持の時、平癒し給うことあり。このたびも、また同前なり。よって、外の人、加持に参入するあたわず。また、女院不予を秘するにより、人知らず。よって、右大臣藤原兼実（27）も参仕せず。後白河法皇、日吉社に還り参詣さる。【玉葉】

六月二十二日〔晴〕

右大臣藤原兼実、建春門院不予により、御所（七条殿）に参入。女房に謁し、病状を問い、退出す。【玉葉】

六月二十九日〔朝晴れ、午後、雨下る〕

後白河法皇、最勝寺御八講会初日に当り、御幸あり。【玉葉】

七月七日〔晴〕

後白河法皇、法勝寺御八講会結願に当り、御幸。【玉葉】

七月十一日〔天晴る。申刻（午後四時頃）、小雨あり〕

建春門院（34）、法住寺辺新御所（最勝光院南町。東をもって晴となす）に渡御せらる。右大臣藤原兼実（27）、戌刻（午後八時頃）、新御所に参入。亥刻（午後十時頃）、七条殿出御の両院、渡御。公卿、中門外に列び立つも人多く、所狭し。よりて、左大臣藤原経宗（57）・右大臣藤原兼実・権大納言藤原隆季（49）、中門内、北腋に入る。先ず法皇の御車（前後の御簾を巻く、如何）、門外（東面・南門）において御牛を解く。かねて門内に黄牛《あめうし》一頭を引き立つ。陰陽頭賀茂在憲（74）、反閉《へんばい》を奉仕。御車を寝殿南面に引き入れ、五位判官二人（木工頭藤原親雅・前相模守藤原有隆）、水火を取り前行す。法皇、下車。ついで、建春門院の御車を同所に寄す。右衛門督平宗盛（29）、女院車寄に候す。女院、下車。左大臣藤原経宗以下、殿上・三の間に着座するも、はなはだ狭し。その後、饗座数刻に及び、三献の勧盃《けんぱい》あり。【玉葉】

七月十三日

建春門院、法住寺辺新御所より御行始《ごこうはじめ》。七条殿に還御せらる。【玉葉】

七月十五日

このころ、後白河法皇、今熊野社参籠か。左少弁藤原兼光（31）、御供参籠。【玉葉（七月十七日条所収、七月十六日付・左少弁藤原兼光書状）】

七月二十八日

安元改元＝「疱瘡流行に依るなり」【一代要記】

疱瘡、都鄙に満つ。【玉葉】

八月五日

今日、後白河法皇百日施行（去る四月二十三日開始）の結願により、蓮華王院において「法華経六部」の啓白供養を行う。願文の清書は、藤原教長入道（67）、導師は公顕僧正（66）。ついで免物《ゆるしもの》を行い、獄囚三十三人を赦免す。【禅中記】

八月九日

後白河法皇の若宮（のち承仁法親王7・建春門院猶子、母は内膳司紀孝資女＝江口遊女一臈《いちろう》・のち法皇愛妾丹波局）、着袴《ちゃっこ》の儀を行う。中門（院御

所七条殿）より御前物を供し、西廊において儀礼あり。左中将藤原定能（28）束帯を着装、陪膳を勤む。【禅中記】

八月十一日〔天晴る〕

後白河法皇ならびに建春門院（34）、密々にて相模守平業房の東山浄土寺堂（左京区銀閣寺町）に御幸。法皇は明日還御。女院は今夜、七条殿に還御あり。【山槐記】

八月十二日〔天晴る〕

後白河法皇、昨日、浄土寺堂に一宿の後、今朝、還御。帰路の便により、権中納言藤原忠親（45）の中山堂に臨幸あり。忠親、かねてその旨、下知を受けるも、この日と知らず、驚きの旨を建春門院女房に伝う。その返事、「法皇還幸の道すがらの御覧、法皇、殊に御感あり。少々、見取り図の必要を仰せらる」と。また、後日、按察使中納言源資賢（63）、忠親に語りて云く、「件の日、法皇御供に候す。中山堂の地勢殊勝、仏壇の体、まことに神妙の由を、法皇、西光法師に仰せらる」と。さらに、西光法師、法皇の仰せをうけて、差図（中山堂絵図面）を画き取り、法皇に進上せり。忠親は「蝸舎《かしゃ》（かたつむりのからのように狭い家）の面目なり」と、満悦す。【山槐記】

八月十六日〔晴〕〔『山槐記』には〔天晴る。午後小雨〕〕

後白河法皇の若宮（7）、かねて蔵人右少弁平親宗（32）養育のところ、この日、法皇の意により天台座主・大僧正明雲（61）の許（白川房）に渡御、入室す（後年、天台座主承仁法親王）。若宮、法皇の廂御車に乗り、院御所（七条殿）を出御。新権大納言藤原実国（36）、御所門外において乗車、御車の後に随行す。権中納言藤原忠親（46）・参議右中将藤原実守（29）、扈従す。殿上人十四人、前駆を勤む。養親平親宗は衣冠を着し、騎馬にて御車の後に候し、ついで院の随身・右近将監秦兼頼、その後に供奉す。法皇、七条殿西門腋の桟敷において、行列を見物。この間、所々の見物、四十から五十両の牛車を大路に立つ。若宮の御車、明雲座主房の南門を入る。新権大納言藤原実国は門外にて下車、若宮御車の下簾を巻く。座主明雲、香染装束を着装、寝殿に坐す。若宮と対面の後、御膳を供す。陪膳は権少僧都実修。三献の饗を終え、明雲より若宮に贈物（智証大師手跡・銀箱に収め、松折枝に結ぶ）を献じ、若宮、七条殿に還御。時に小雨、上下笠を擁す。ただし、御車は雨皮《あまかわ》を覆わず。【玉葉、山槐記】

後白河法皇、明年満五十御算につき、公家《こうけ》（高倉天皇15）、賀礼を行わるることに決す。この日、御賀行事所始に当り、陰陽頭賀茂在憲（74）、日時を勘申《かんじん》、院御賀雑事の日時（申刻＝午後四時頃）を奏聞す。未始め刻（午後二時頃）、蔵人左衛門権佐藤原光雅（27）、閑院より中宮大夫藤原隆季（49）の亭（大宮西・四条北・四条面）に赴き、明年の御賀行事を執行すべく、勅命を伝う。【山槐記】

八月十八日

右大臣藤原兼実家、去る月十日、巳刻（午前十時頃）、流産の穢あり、家中丁穢《ていえ》（甲・乙・丙に次ぐ）に当たる。このころ、兼実（27）、伊勢神宮上卿に任ず。兼実、上卿を辞せんとし、この丁穢のことを事由とし、法皇に奏上。後白河法皇、逆鱗あり、と。この由、兼実、宰相阿闍梨実遍（故参議藤原公隆子・43）より伝聞す。「兼実、ひとえに上卿を辞せんとするため、この触穢《しょくえ》の事を言上するなり」と。【玉葉】

八月十九日〔晴れ陰り、定まらず〕

中宮徳子（21）、去る八月より病悩。日を追い、増気あり、しかも温気（発熱）加わるにより、今夕、閑院内裏より権中納言藤原邦綱（55）の土御門亭（正親町東洞院家）に行啓。人々、后（中宮徳子）の病重く、動揺能わざるにより、他所に行幸あるべき由を議定す。この事、未曾有にして主上近侍の小人《しょうじん》（度量狭く、器量なき人・小人物）らの発言なり。これにより、後白河法皇、勅して中宮を皇居より退出せしむ。【玉葉、山槐記（八月二十日条）】

八月二十二日〔申刻（午後四時頃）、雷雨〕

右大臣藤原兼実、酉刻（午後六時頃）、土御門亭に中宮徳子の病状を見舞う。折柄、中宮の母・二品尼平時子（50）、女房をもって兼実参向に為悦《いえつ》の旨を伝えしむ。中宮の不例（病気）、依然同じことなり。中宮権大夫平時忠（46）面謁に出で来、数刻、閑談して退出す。今日、待賢門院忌日なり。後白河法皇、仁和寺の法金剛院に仏事のため御幸。【山槐記】

八月二十三日〔陰り〕

近日、叡山の衆徒、蜂起す、と。事の起りは、鴨御祖社《かものみおや》祝《はふり》・鴨県主祐季《すけすえ》の所領傍（白川辺）に、法成寺久住僧、居住せり。禰宜《ねぎ》祐季、理あるにより、居住僧を追却す。しかして、この所領、延暦寺釈迦堂領と号し、彼の堂衆ここに榉・榊を立つ。しかるに、禰宜祐季は直ちにこれを破棄す。堂衆怒りて、延暦寺悪徒・大法師弁円に訴え、即刻、悪僧十余人を引率して、件の新造宅に行向い、狼藉を致し、舎屋を破壊す。禰宜祐季、折柄、社参中、従者ならびに大工等、悪僧らを搦め取る。禰宜祐季これら捕縛の悪僧を引具し、院御所に参上、後白河法皇に事由を奏上す。法皇、大いに怒りて、悪僧十余人を検非違使に引渡さしむ。

これにより、延暦寺の大衆蜂起、いよいよ熾盛《しじょう》となる。いまだ延暦寺の寺家より訴訟せる以前に、法皇、沙汰して禰宜祐季の社務を停止《ちょうじ》せしめ、悪僧らを搦めたる下手人を延暦寺西塔の院主・実修僧都に引渡さしむ。代りに、大衆の張本・大法師弁円を差し出すべく下命す。しかれば、延暦寺の大衆、いよいよ激怒し、禰宜祐季を配流せられんことを訴う。もしも、裁可なきにおいては、彼の祐季家を焼払うべし、と法皇に迫る。【玉葉、山槐記（八月二十四日条）】

八月二十四日〔天陰り、午後雨ふる。頃之《しばらく》、休止す〕

この夜、閑院皇居において陣定《じんのさだめ》の儀あり。鴨御祖社祝・鴨県主祐季は延暦寺釈迦堂衆僧侶を搦め留め、奏聞を経ずして陵辱《りょうじょく》を行う。これ朝憲に背くの故により、祐季を見任《げんにん》（社務）解却《げきゃく》せらる。また、延暦寺悪徒・大法師弁円（阿闍梨）は、衆僧下知の頭梁たり。悪事、この一事に非ず、すでに十ヶ条の悪逆、彼の一身にあるにより、座主も山門一同、皆存知の事なり。よって、中流国たる信濃に流刑に処せらる。【山槐記】

八月二十六日〔時々雨〕

権中納言藤原忠親（46）、未刻（午後二時頃）、院御所七条殿に参上、後白河法皇に面謁す。【山槐記】

八月二十九日〔午上（正午前）、天晴る。未刻（午後二時頃）、大雨。則ち止む〕

右大臣藤原兼実（27）の嫡男・侍従良通（9）、直衣始によりて院御所ならびに閑院内裏に参候。申刻（午後四時頃）、院御所七条殿に参上。後白河法皇ならびに建春門院（34）、共に良通に面謁を賜う。良通の着装は、直衣・指貫《さしぬき》（浮文亀甲織物）・女郎花単衣（良通、発熱所悩により、生衣《すずし》〔薄物〕を着す）・紅下袴なり。【玉葉】

八月三十日〔天晴れ、申刻（午後四時頃）以後、雨降る。終夜、雨甚だし〕

後白河法皇異母弟・七宮（覚快法親王42）、日野・法界寺に参詣。その便路により、右大臣藤原兼実の九条第に来訪。日野より還向の節、ふたたび来車。巡路たるによる。【玉葉】

九月一日〔雨下る〕

後白河法皇、七条殿御所を出御、鳥羽殿に御幸。明日より成菩提院念仏会を始行さるるにより、参会。【山槐記】

九月三日〔天晴る〕

今日より主上（高倉天皇15）御祈りとして、後白河法皇御所（三条烏丸殿）において、七壇北斗法を修す。その七壇の各僧は、仁和寺守覚法親王（26、伴僧八人）・法印行海（醍醐寺僧・67、伴僧六人）・法印任覚（仁和寺僧・66）・権少僧都仁隆（仁和寺僧・32）・権律師俊隆（仁和寺僧）・法橋寛敏（仁和寺僧・42）・阿闍梨寛顕（仁和寺僧）なり。高倉天皇、近日、閑院皇居に還御なり、と。【山槐記、仁和寺御伝】

九月八日〔陰り晴れ、定まらず。夜に入りて雨下る〕

右大臣藤原兼実（27）、後白河法皇の院御所に参入。ついで、中宮御所土御門亭（権中納言藤原邦綱家）に参上。中宮徳子（21）、日来の不例（病悩）、大事に至り、大略獲麟《かくりん》（臨終）に及ぶ、と。関白藤原基房（31）ほか公卿多く参入。中宮の病魔降伏の験者として顕智法印・実詮

法眼参仕、治験を致す。【玉葉】

九月九日〔雨下る〕

後白河法皇ならびに建春門院（34）、熊野御精進屋（法住寺殿内）に入御。法皇、去る三日に入御のところ、中宮徳子（21）の御悩重き故により、延引。女院はもともと、今日より入御せらるるところなり。【山槐記】

九月十九日〔陰り晴れ、定まらず。夜の月、明らかならず〕

五位蔵人頭左衛門権佐藤原光雅（27）、高倉天皇（15）の綸旨をもって、明年三月における後白河法皇宝算五十御賀の舞人十人（左・右）および楽人（笛・笙・篳篥）十人に下命す。

去る月十七日、明年三月における後白河法皇御賀の童舞二人（左方＝大納言源定房46の子・雅行8。右方＝藤原宗家37の子・定経18）を仰せ付けらる。大納言定房の子・雅行には、右近将監多忠節《ただざだ》（66）の次男・右近将曹景節を童舞師として付せらる。

【山槐記（九月十三日条）。十三日は十九日の誤写】

九月二十三日〔終日、雨甚だし〕

或人の通報により、熊野詣でより還幸途次の建春門院、二禁《にきみ》（腫物）を病み給う、と。右大臣藤原兼実、早速に医師典薬頭和気定成（53）を道中に差遣方を下命す。よりて定成即刻出立、馳せ参る。【玉葉】

閏九月七日〔晴〕

後白河法皇および建春門院、熊野より還向し給う。右大臣藤原兼実、申時許り（午後四時頃）、院御所に参入す。【玉葉】

閏九月八日

中宮徳子、御悩平癒。今日、御祈禱験者の勧賞を行わる。法眼実詮を権少僧都（四位）に任ず。法印顕智は僧正（三位）に任ぜられんと所望するが、叶わず。大いに鼻を突く（鼻突＝主君より叱責される）、つまり後白河法皇の勘気に触れることありし故か。【玉葉】

閏九月十三日

建春門院、日吉社に参詣せらる。この夜、日吉社御所に宿御。【玉葉】

閏九月十四日〔晴〕

未刻（午後二時頃）、建春門院（34）、日吉社より還向あり。【玉葉】

閏九月十五日
月蝕。宿曜師《すくようし》珍賀、刻限を注進す。公家《こうけ》（閑院皇居）、院中（院御所＝後白河法皇）、皇嘉門院等において御祈りを行わる。建春門院（七条殿）ならびに右大臣藤原兼実第（九条殿）、御祈りを行わず。【玉葉】

十月三日〔晴〕
蓮華王院の内、惣社祭なり。この日の祭礼を今年より始行し、年中行事とす。公卿・殿上人および僧綱ら十三人、後白河法皇の別院宣により馬長《うまおさ》（神事に馬に乗る人）を騎進せしめらる。その風流過差《ふりゅうかさ》（贅を尽くして飾り立てる）、言語に絶するものにして、未曾有のことなり。国家の浪費ほかにたとえるものなし。後白河法皇、七条殿桟敷に出御、祭礼の行列を見物。洛中の貴賤すべてが見物す。右大臣藤原兼実（27）は、独り、これを見物せず、と。相撲・神楽の興あり。試楽《しがく》（予行演習）の後宴あり。【玉葉、百錬抄】

十月五日〔晴〕
明年三月の後白河法皇五十御賀における御賀定あり。各行事を決定す。楽所行事は参議左中将藤原実家（31）および蔵人頭右中将藤原実宗（31）、行事の上卿は権大納言藤原隆季（49）、職事は蔵人頭左中弁藤原長方（37）・五位蔵人藤原光雅（27）・六位蔵人右衛門尉藤原尹範・院司藤原隆季ならびに権右中弁藤原経房（33）なり。【玉葉、百錬抄】

十月六日〔晴〕
去る三日、蓮華王院惣社祭の舞楽において、青海波《せいがいは》の垣代《かいしろ》（楽人、楽屋より出で、垣のように並び楽を奏す）の奏楽に際して、笙・笛の吹奏に相違出来、中宮大夫藤原隆季（49）、これを咎む。【玉葉】

十月七日〔晴〕
未刻（午後二時頃）、後白河法皇の寵臣・右馬権頭兼尾張守平信業（38）家（六条北、西洞院西）焼亡す。信業妹、法皇の寵幸をうけ後宮に入る。後年、この地に再建の信業家、法皇の六条殿となり、法皇薨去の在御所となる。【清獬眼抄】

十月十一日〔雨、猶、止まず。申刻（午後四時頃）以後晴る〕
巳刻許り（午前十時頃）、後白河法皇、密々にて大相国入道清盛（58）の摂津・福原別業に御幸。来る十三日、福原における千僧供養に参会のためなり。【玉葉】

十月十四日〔晴〕
中務権少輔藤原季信（備後守季兼子・篳篥相伝）、右大臣藤原兼実（27）の九条第に慶び申す。来る年三月、後白河法皇御賀に篳篥《ひちりき》吹奏の楽人となるにより、昇殿を聴されしためなり。また、少納言平信季も慶び申しのため来訪。これまた、同御賀の鉦鼓を勤むべき楽人に選ばれたるの故、昇殿ありたるによるなり。【玉葉】

十月十五日〔晴〕

後白河法皇、摂津・福原より還御。【玉葉】

十月十六日〔晴〕

来る年三月の後白河法皇五十御賀のため、楽所《がくそ》始を行わる。申刻（午後四時頃）、閑院皇居の中宮御所北廊を楽所となし、舞人・楽人、混合して、その所に参集す。勧盃《けんぱい》の儀なし。雑色《ぞうしき》・左近将監高階業基、盃を持参、折敷に居え、三献の饗あり。了りて座を庇の間に改め、一行着座、楽人、平調の調子を吹奏。左方、万歳楽を二十拍子にて舞う。右方、地久を舞う。高倉天皇（15）、密々に見物あり。深更、中宮徳子（21）の御座所に参入、御遊あり。中宮大夫藤原隆季（49）・中宮権大夫平時忠（46）、上の間に列座す。【玉葉】

十一月六日〔天晴る〕

後白河法皇、大納言左大将藤原師長（38）を内大臣に任ずべく、右中弁藤原経房（33）をもって、蔵人頭左中弁藤原長方（37）に仰せらる。十一月十日、除目なれど、執筆不参により延引。よって、左大将藤原師長、任内大臣兼宣旨あり。この日、後白河法皇の三条烏丸殿御所において、師長の大饗雑事を定む。【玉葉、公卿補任】

十一月十五日〔天晴る〕

左中将藤原定能（28）、右大臣藤原兼実（27）の九条第に来訪。中宮大夫藤原隆季と雅楽大夫豊原時秋の、青海波《せいがいは》垣代《かいしろ》の音曲につきての相論の子細を語る。左大将藤原師長、「時秋説、僻事《ひがごと》にあらず」と。また、按察使中納言源資賢（63）も、「時秋説に左袒す」と。定能は時秋の弟子なり。また、時秋、すでに隆季の師匠たり。弟子、師を危ぶめんとするの道理、冥加なし、と。【玉葉】

十二月四日

後白河法皇乳母・故紀伊二位（二品紀伊局藤原朝子）の御堂（清浄光院と号す）再建供養あり。この御堂、去る四月二十五日に炎上せり。炎上の後、後白河法皇の沙汰として造営せらる。【玉葉、百錬抄、清獬眼抄】

十二月六日〔時々、雨下る〕

右大臣藤原兼実（27）の嫡男・侍従良通（9）、院御所に参上。後白河法皇ならびに建春門院（34）の御前に参入、面謁を賜う。ついで、閑院内裏に参内するも、高倉天皇（15）、風気により見参叶わず、女房の中に召さる。この参院・参内、十二月十日、良通、臨時除目により正五位下に叙せらるる加階にかかわるか。これ、除目の日（十二月八日）に叙せらるるも、注文に洩れたり。よって、今日、臨時、追加として仰せられたり。【玉葉】

十二月十三日

後白河法皇・建春門院、同列にて山科殿に御幸。【仙洞御移徙部類記、上皇度々御移徙記】

十二月十四日

後白河法皇・建春門院、十五日に還御すべき予定のところ、この日の夕方、変更して山科殿より法住寺に還幸す。【禅中記】

十二月十七日

高倉天皇、方違えのため法住寺殿に御幸。関白藤原基房（31）、風気のため不参。戌刻（午後八時頃）、出御、閑院皇居に還御せらる。【禅中記】

十二月十八日

これよりさき、隆季、青海波垣代の音曲につき、後白河法皇に奏状を呈す。これにより法皇、時秋にその次第につき問わる。時秋、両説あり、と奏聞す。法皇、さらに両人の申状を示し、左大夫将監狛光近に正否を下問あり。光近、これにつき時秋の所説不知と奉答す。しかるに、時秋の所説、正当たるべき証拠多々出来するにより、後白河法皇、時秋の説に理ありと御気色あり、と。左中将藤原定能（28）、この日、右大臣兼実第に来訪、この旨を伝う。【玉葉】

十二月二十二日〔天陰るも雨降らず〕

右大臣藤原兼実の嫡男・侍従良通、叙正五位下の後、拝賀を行う。酉刻（午後六時頃）、束帯を着し、まず九条殿に参上、皇嘉門院（54）に慶び申し、ついで父兼実および母兼子（24）に慶び申す（九条第・女院御所隣接）。つぎに院御所（七条殿）に参上、中門に進み、布衣六位をもって申次ぐ。ついで、女院判官代皇太后権亮藤原為頼を申次として、建春門院に慶び申しあり。了りて、法皇・女院御同所の御前に参上、面謁を賜う。【玉葉】

安元二年（一一七六） 五十歳

正月一日〔天晴れ、ただし朝の間、陰る〕

申刻（午後四時頃）、右大臣藤原兼実（28）、院御所法住寺殿に参上。これよりさき左大臣藤原経宗（58）以下、人々多く参入。相ついで関白藤原基房（32）参入。やがて、後白河法皇・建春門院（35）拝礼の儀を行わる。まず、法皇の御方。申次は院別当・権中納言源資賢（64）、その孫・右少将雅賢（29）、兼実の沓を取る。事了りて、つぎに建春門院に拝礼。申次は女院別当・権中納言平時忠（47）、その息・侍従時家、沓を取る。法皇拝礼に際しては関白藤原基房、練歩《れんぽ》せるも、この女院拝礼においては練らず。【玉葉】

正月二日〔天晴る〕

右大臣藤原兼実の九条第に、弁官・殿上人ら、年賀に来る。兼実、蔵人頭右大弁藤原長方（38）にのみ謁す。長方、来る三月の後白河法皇五十御賀の日程等につき談ず。御賀は三月四日、後宴は六日。しかして、その試楽は二月二十一日なり、と。また、その開催場所は、鳥羽南殿を改め、当時御在所たる法住寺殿に変更して行わるべし、と伝う。これ、万人、庶幾する所なりと、兼実、賛意を表す。【玉葉】

正月三日〔天晴る〕

高倉天皇（16）、閑院皇居より後白河法皇の法住寺殿に朝覲《ちょうきん》行幸。内大臣左大将藤原師長（39）・右大将平重盛（39）供奉、申刻（午後四時頃）、臨幸あり。左右大将、中門より入り、左右に分居。主上、鳳輦より下御。左宰相中将藤原実家（32）・蔵人頭右中将藤原実宗（32）、剣璽を捧持、前後に候す。休息所に入御の後、やや久しくして後白河法皇出御、左大臣藤原経宗、三衣箱《さんねのはこ》を置く。御拝了りて法皇入御。関白基房、楽行事に指令、楽屋において微音、楽を奏す。「振桙《えんぶ》」「万歳楽」の間に公卿座に衝重《ついがさね》を配す。勧盃《けんぱい》、御膳を供するうちに、舞楽「地久」を舞い了る。やがて御遊に移行（「御遊年表」参照）。右大臣藤原兼実、琵琶を弾くも絃《いと》切れる。絃を結び続調するも、転手《てんじゅ》折れるにより中断す。また、内大臣藤原師長、箏を弾くも、柱《じゅう》失うにより、これを弾かず。御遊終頭に至り、法皇より主上に贈物（御本）と御馬二疋を進上さる。今日、高倉天皇、笛を吹き給わず、権大納言藤原成親（39）、これに代りて笛を吹く。今日、御拝の間、検非違使、南庭の雑人《ぞうにん》を追い払う。中門を閉め、関白以下の随身・近衛武者ら、悉く払わる。前代未聞の事なり。【玉葉】

正月八日〔天晴る〕

諸寺修正会《しゅしょうえ》始めなり。後白河法皇、法勝寺修正会に御幸。【玉葉】

正月十三日〔天晴る〕

右大臣藤原兼実（28）の嫡男・侍従良通（10）、今年の出仕始なり。直衣を恒の如く着用、前駆二人・殿上人二人・侍三人・童一人（随身・衛府長中臣重武の子、中臣重親）を従え、まず、院御所に参上。院別当・権中納言源資賢（64）、出で来る。後白河法皇に見参《げざん》を伝える。法皇、取乱しの事ありて、面謁あたわずと勅命あり。建春門院（35）は、いささか風気によって、これまた面上不能。【玉葉】

正月十五日〔晴〕

晩頭、右大臣藤原兼実、後白河法皇ならびに建春門院御所に参上。しかるに、女院、この両三日、風気。よって院蔵人に参上の由を申入れ、退出す。【玉葉】

正月十八日〔晴〕

蓮華王院修正会なり。後白河法皇、御幸。【玉葉】

正月二十二日〔陰り晴れ、定まらず。夜に入りて雨下る〕

明日、法皇宮（法住寺北殿＝七条御所）において、来る三月の法皇御賀の舞御覧（初度）あるにより、催しの有無にかかわらず推参すべく、右中弁藤原経房（34）より右大臣藤原兼実に示し送り来る。【玉葉】

正月二十三日〔陰り晴れ、定まらず〕

後白河法皇、日頃、南殿（法住寺殿）に御坐《おわしま》す。先例によれば、御賀あるべきの御所において、御賀舞（稽古）を御覧あるべからず、と。よって、北殿（法住寺北殿＝七条殿）に渡御あり、この御殿において始めて御賀舞楽（総稽古）を御覧あり。右大臣藤原兼実参上。すでに、舞楽、始まりたり。関白藤原基房（32）以下、公卿三十余人参入、南簀子《すのこ》ならびに中門廊等に着座、人々冠直衣、着装して参入す。舞師は左方は左近大夫将曹狛光近（59）、右方は右近大夫多忠節《ただざだ》（67）・右近将曹多近久（53）・同多好方（47）なり。ことに左方の青海波の舞人、右少将平維盛（16）・左少将藤原成宗、「共に以って優美なり。就中、維盛、容貌美麗にして、尤も嘆美するに足れり」と、兼実褒す（「御遊年表」参照）。【玉葉、百錬抄】

二月五日〔朝の間、小雨。巳刻（午前十時頃）以後、陰り晴れ、定まらず。未刻（午後二時頃）天晴る。晩に及びて時々小雪〕

後白河法皇、御賀の舞楽を御覧（第二度）あり。場所は初度に同じく、七条殿なり。右大臣藤原兼実、未刻、直衣を着用して参上。これよりさき、公卿二十余人参候。大納言以上、上達部《かんだちめ》座に着座。中納言以下は中門廊に候す。篳篥（左大将藤原定能29）の吹奏、殊に神妙なり。内大臣藤原師長（39）しきりに感ぜらる、と。

右大臣兼実（28）の随身・番長秦兼平、風のために烏帽子《えぼし》を吹落さる。尾籠《おこ》第一の事なり。故に兼実、面目を失う。ただし、当座の人、誰人の烏帽子なるか知らず。兼実自身も不知。帰第の後、番長兼平の烏帽子と知る。件の男、中門隠方《かくしかた》に在る故に、これを不知。もと異体《いてい》の者なり。左右《とこう》する能わず。件の男、七条殿より逐電し、姿をくらませり。しかるに、退出の際に戻り来る。言語道断のことなり。

去る二十三日およびこの日の舞御覧、「布衣《ほい》舞御覧」（『帝王編年記』）とも称せり。布衣は平服なり、儀礼と成すべきに非ず、練習・稽古というほどのものなるか。しかるに、「装束、おのおの錦繍を裁ち、其の体《てい》、目、暫く捨てず、観者《みるもの》、感泪《かんるい》を拭う」（『帝王編年記』）という盛事なり。【玉葉、帝王編年記】

二月六日〔晴、朝の間、雪降る〕

後白河法皇御賀のため、舞人・楽人ら閑院皇居の楽所《がくそ》において、調楽のことあり。よって、公卿・殿上人の参内の儀を停止さる。【玉葉】

二月十一日〔天晴る〕

後白河法皇御賀のため三社（伊勢大神宮・石清水八幡宮・賀茂社）の奉幣定あり。上卿は中宮大夫藤原隆季（50）なり。今夕、高倉天皇（16）、閑院皇居より三条烏丸殿（院御所）に行幸。これ、御賀試楽のため閑院第修理の故なり。来る十八日、修理完成、還御なり、と。【玉葉】

二月十三日〔天晴る〕

或る人（蔵人頭右大弁藤原長方38か）、右大臣藤原兼実に、後白河法皇御賀の試楽日、琵琶を弾くべし、と告ぐ。後白河法皇の叡慮によるか。【玉葉】

二月十七日

後白河法皇、御賀の由を三社（伊勢大神宮・石清水八幡宮・賀茂社）に奉幣使（上卿・権大納言藤原実国37）を差遣して奉告《ほうこく》せしむ。【顕広王記】

二月十九日〔天晴る〕

未刻（午後二時頃）、蔵人頭右大弁藤原長方（38）、右大臣藤原兼実第に来訪。兼実、忌日《いみび》たるにより逢わず。長方、示して云く、「後白河法皇御賀当日、および試楽日に琵琶を弾くべく、伝達す」と。法皇の叡意をうけたるか。兼実、これに答えて云く、「廃亡すること年久し。一曲たりとも、その曲を記憶せず。このたびの御賀、希代の事たる故に、とうていその役を果し難し」と遁辞。後日、相計らいて返報する旨を答う。【玉葉】

二月二十日〔朝より雨甚だし。晩に及びて晴る〕

雨天により明日の後白河法皇御賀の試楽、延引。しかるに、夜に入り天晴る。晩天に及び、明日、試楽を行わるべく一定せり、と。【玉葉】

二月二十一日〔天晴る〕

後白河法皇五十御賀の試楽なり。皇居、関白藤原基房（32）閑院第（東対屋《たいのや》をもって中殿となす。装束、奥に在り。この第、年来、離宮となす）において行わる。早旦、まず七ヶ寺社（賀茂上・下社、稲荷社、春日社、吉田社、法成寺、六角堂、日野法界寺）において、諷誦《ふじゅ》を修す。午一点（午前十一時すぎ）、右大臣藤原兼実（28）、束帯を着し、参内。これよりさき、関白基房・左大臣藤原経宗（58）・右大臣兼実・内大臣藤原師長（39）以下、公卿十余人参集着座。このころ、殿上舞人・楽人ら、中門の外に群集、さらに召人・楽人・舞人ら、西中門より楽屋に着座す。未四点（午後三時前）、高倉天皇（16）、中殿の大床子に出御着座。楽人、中門外において雅楽乱声《らんじょう》の音《ね》を取り、つぎに乱声三度。殿上の舞人・楽人行列を作《な》して参入。左右の舞楽あり。まず、童舞、小舎人源雅行（大納言定房47子・9）、「胡飲酒《こんじゅ》」を舞う。其の曲絶妙、観者《みるもの》、称美す。ついで、内舎人藤原宗国（中納言宗家38子・11）、「陵王」を舞う。その舞、優美にしてほとんど「胡飲酒」の雅行に過ぐ、と。舞童二人に高倉天皇、勅禄を賜う。殿上舞人・左舞六人・右舞四人、それぞれ舞了んぬ。舞人らに禄を賜う。ついで御遊あり（「御遊年表」参照）。【玉葉】

二月二十三日〔晴〕

後白河法皇御賀につき、諸寺に誦経使《ずきょうし》を差遣せんとするも、蓮華王院の穢気《えき》により、これを延引す。午時（正午頃）、権大納言藤原成親（39）の母（中納言藤原経忠女）、卒去す。舞人ら、類縁の者（『尊卑分脈』には七人計上）多く、服暇《ぶっか》により支障者多し。就中、左少将藤原実教（27）、すでに重服たり（母は中納言藤原経忠女・成親と同母）。これ、法皇御賀にとり殊の外の大事なり。【玉葉】

二月二十四日〔雨降る〕

後白河法皇の院御所七条殿において御賀舞御覧を行わるべき予定なり。法皇、舞人に試楽日と同装束着用、参仕すべきをかねて下命あり。しかるに、雨天により延引となる。【玉葉】

二月二十九日

後白河法皇御賀により、中宮大夫藤原隆季（50）を上卿《しょうけい》となし、諸寺（法勝寺・最勝寺・蓮華王院ほか七大寺）に諷誦使《ふじゅし》を発遣さる。蓮華王院は、このたび初めて加うるところなり。

また、法住寺殿における御賀当日の装束（設営・室礼）を始めらる。今日、高倉天皇（16）、中宮大夫藤原隆季を勅使となし、来月四日、後白河法皇御賀あるべきの由を法皇に言上せしむ。その詞は「来月四日、五十御賀あるに、行幸すべく候」と。勅使を迎えし院御所（七条殿）にては、院司・権中納言藤原兼雅（32）、これを申次ぎ、「仰せの詞、畏り承りおわんぬ」と奉答す。【玉葉】

三月二日〔天晴る〕

今夕、後白河法皇および建春門院（35）、七条殿より南殿（法住寺殿）に御幸、侍臣すべて衣冠を着装、供奉す。これ、明後日（三月四日）、御賀興行のための渡御なり。

今日、左大臣藤原経宗（58）、蔵人右少弁藤原光雅（28）に法皇御賀の式文を消息をもって送り、光雅をして、後白河法皇（七条殿）および高倉天皇（閑院）に持参せしめ、内覧および奏聞せしむ。院御所閑院において、これを返下さる。光雅、これを上卿・中宮大夫藤原隆季（50）に下付す。【玉葉】

三月三日

この両三日、法皇御賀の奉行職事・院司等、法住寺殿装束（室礼）の奉仕に集中せり。今日、院判官代右衛門権佐藤原光長（33）、御賀奉行（院司）たるにより、内昇殿（閑院）を聴さる。【玉葉】

三月四日〔天晴る〕　**後白河法皇五十賀**

公家（高倉天皇16）、後白河法皇五十宝算の御賀を東山御所南殿（法住寺殿）において行わる。今暁、まず中宮徳子（22）、閑院より行啓。ついで天子臨幸あり。早旦、七ヶ社寺（賀茂社・稲荷社・春日社・吉田社・南円堂・法成寺・日野法界寺）に諷誦を修す。

未刻（午後二時頃）、高倉天皇、麹塵御袍《きくじんのごほう》を着装。院司・右中弁藤原経房（34）、後白河法皇にこの旨を告げる。法皇、赤色御袍、平絹《へいけん》（無文様）平袈裟を着用。母屋《もや》より出御。この時、仁和寺守覚法親王（27）、法皇の三衣筥を捧持して、法皇御前に置かる。やがて、法皇、天皇に御膳を供す。移座、法皇・天皇・法親王・関白・左大臣以下、公卿・殿上人着座。舞人・楽人、参入。舞楽・御遊あり（「御遊年表」参照）。参入の公卿は関白藤原基房（32）以下、総勢三十三人なり。不参の人々は権中納言藤原成親（重服・39）・権中納言藤原資長（58）・権中納言藤原忠親（脚病）・大宮権大夫藤原俊盛（57）・皇太后宮大夫藤原俊成（63）・宮内卿藤原永範（71）・散三位平経盛（53）（已上四人、近年晴出仕なし）・大宰大弐藤原重家（所労・49）の八人なり。【玉葉、顕広王記、百錬抄、帝王編年記】

三月五日〔天晴る〕

後白河法皇御賀第二日なり。中釣殿より乗船、男女船三艘を池に浮かべ、船楽を奏す。屋形内と殿上にて竹肉合声（楽器と歌唱）す（「御遊年表」参照)。中殿の東、一、二の間を御所となし、高倉天皇(16)・後白河法皇・建春門院(35)・中宮平徳子(22)が簾中に御坐。ついで、刑部卿藤原頼輔(65)以下、堪能の鞠足《まりあし》九人が蹴鞠《けまり》を行う。この夜、東小寝殿南弘庇において、乗船の所作《しょさ》人《うど》による御遊あり(「御遊年表」参照)。楽器は清涼殿御物の琵琶(銘・玄上)ならびに蓮華王院宝蔵より出庫の琵琶(銘・若御前)・箏(銘・伏見)・琵琶(銘・賢円)などを弾奏す。　【玉葉】

三月六日〔天晴る〕　**御賀後宴、高倉天皇、笛を吹く**

御賀後宴なり。未時(午後二時頃)、高倉天皇、一昨日の如く麹塵御袍《きくじんのごほう》を着装。内大臣藤原師長(39)、遅参によって暫く相待つ。やがて、後白河法皇、出御、簾中に御坐。ついで、主上渡御、沓、糸鞋《しあい》(糸編みのくつ)、通路、すべて一昨日の如し。殿上の伶人、二艘に分乗。御座近く管絃吹奏あり。右大臣藤原兼実(28)、琵琶(銘・玄上)、権中納言藤原兼雅(32)、箏(銘・伏見)を弾き、高倉天皇、笛を吹く。ついで、船楽六艘を池上に浮かぶ。龍頭三艘、鷁首三艘、各左右の舞人・楽人、分乗して奏楽。了りて、楽屋に楽を発し、左右、舞楽あり。舞人に賜禄あり。夜に入り、御遊あり(「御遊年表」参照)。高倉天皇、所作人に交り、笛を吹く。毎度、吹奏あり。公卿に賜禄ありて、つぎに天皇ならびに中宮御方(徳子)より法皇に贈物を捧ぐ。主上より御本、笙・笛。中宮よりは御本。いずれも銀折枝、錦裂をもって筥を包み、美麗に飾る。ついで勧賞《けんじょう》あり。夜半に高倉天皇、閑院に還幸。後白河法皇もまた七条殿に還御あり。この日、勧賞(法皇御給)により無品守覚法親王(27)を二品《にほん》に叙せらる。　【玉葉、百錬抄、顕広王記】

右大臣藤原兼実(琵琶)、召しに応じて座を立たんとする折柄、楽屋の辺りにて騒動出来。楽の調子を中絶、舞人・楽人、ことごとく楽屋辺に群立す。楽屋方より赤衣の男と郎従、随身を追って奔《はし》り来り、釣殿の上に逃る。この釣殿堂上には上西門院・建春門院・中宮付の半《はした》物《もの》(下仕女)が群居。窈窕《ようちょう》の妓女たち、逃げ場を失い、池中に入らんとす。赤衣は検非違使大夫尉大江遠成なり。随身、釣殿および小御堂の南簀子伝いに東方に逃亡せり。やがて、検非違使遠成が随身を搦め取る。たれの随身とも、いまだ知れず。この捕物を見物せし、後白河法皇および関白基房(32)は、驚きのあまり、事情を尋ね仰す事もなし。この狼藉、常篇に絶する、未曾有の事件。賀宴を一時、中絶させる騒動、やや久しくして楽屋暫く静止、その後、楽人調子を吹き、舞楽を開始せり。

この日の騒動の発端は、左中将藤原頼実(22)の随身、楽屋の後の橋を渡らんとする折柄、備中守源雅賢(中納言資賢64孫・29)も橋を渡らんとして、中間に出会う。雅賢、持ちたる弓にて件の随身を池中に突き落とせり。これを見た頼実郎従が報復せんとする折、赤衣の検非違使遠成、郎従に殴りかかる。これにより、遠成が殴った随身を追う、さきの大騒動に発展せしものなり。そもそもの起因は、源雅賢が頼実随身を橋上から池に突き落したる一件に在り。　【玉葉】

三月七日〔雨下る〕
昨日の御賀後宴における騒動により、後白河法皇は、右中将藤原頼実仕うるところの左大臣藤原経宗（58）に処断を一任すべく、院御所北面下﨟《げろう》を御使として遣わさる。また、右中将源雅賢（29）は後白河法皇の勘発《かんぽつ》（落度を責め立てる）を蒙り、籠居を命ぜられたり。雅賢の祖父、中納言源資賢（64）は、昨六日、院司として御賀の推進に功ありたる故に、勧賞《けんじょう》により正二位に叙せられており、吉凶はあざなえる縄の如し、とか。【玉葉】

三月九日〔天陰る〕　**後白河法皇・建春門院、有馬温湯に**
後白河法皇ならびに建春門院（35）、摂津国の有馬温湯（神戸市兵庫区の温泉町）に御幸。二十日頃還御あるべし、と。【顕広王記、玉葉、百錬抄】

三月二十八日
後白河法皇、去る三月四日における御賀舞をふたたび御覧あり。歴代、賀宴以後、童舞を御覧の事あり。「仁平例」（仁平二年〈一一五二〉八月二十八日・鳥羽法皇五十賀）によれば、後日、舞人、襲《かさね》装束を着用、これを御覧ぜたり、と。このたびは、彼是の例により、童舞《わらわまい》ならびに舞人襲装束着装の上、それぞれ舞う。【玉葉、百錬抄】

四月二日〔天晴る〕
後白河法皇、法住寺殿内の持仏堂落慶供養あり。これ密儀による。法住寺殿内の東南山上に九間三面の精舎一宇を建立せり。美作守藤原雅隆（30）の造進なり。本尊として千手観音像を安置、左右に二十八部衆を併立す。経は「千眼千手陀羅尼経」を供養。願文は左大弁藤原俊経（64）の草進、権中納言藤原忠親（46）が清書す。この日、法皇、善根《ぜんこん》のため免物《ゆるしもの》（恩赦）を行わる。【玉葉、吉記、百錬抄】
今日の落慶供養に参仕の人々、公卿は按察使中納言源資賢（64）・権中納言藤原兼雅（29）・検非違使別当平時忠（47）・左兵衛督藤原成範（42）・修理大夫藤原信隆（51）・散三位藤原隆輔（48）・左京大夫藤原脩範《ながのり》（34）、殿上人は左中将藤原定能（29）以下十六人。人々は、いずれも扁舟に棹《さおさ》し泉水より御堂に参候す。【吉記】

四月四日〔天晴る〕
建春門院、日吉社参詣の御幸。【玉葉】

四月八日〔天晴る。午後、陰る〕　**大地震**
未刻（午後二時頃）、大地震あり。四十年以来、此程の地震なし。【玉葉】

四月十二日〔天晴る〕

これより早く、権大納言中宮大夫藤原隆季（50）、後白河法皇の勘責《かんせき》を蒙る（理由不明）。この日に至るも、いまだ免されず、と。　【玉葉】

四月十七日〔朝陰る。属《つ》いで晴る〕

建春門院（35）、新御所において田植あり。後白河法皇および建春門院、去る夜（四月十六日）より臨幸。　【吉記】

四月十九日〔晴〕

今夜、高倉天皇（16）、閑院より方違えのため後白河法皇の法住寺殿に行幸。少納言藤原顕家（24）不参により、右少将源雅賢（29）、行幸に供奉して鈴奏《すずのそう》を勤む。　【吉記、玉葉】

四月二十二日〔朝、雨降る。申刻（午後四時頃）以後、晴〕

賀茂祭なり。祭使は近衛使・左近中将藤原泰通（30）、中宮（徳子）使・中宮大進勘解由次官平基親（26）なり。ともに、御車の牛は院御牛を借用。近衛使は「黒・額白」、中宮使は「黒・下腹白」の牛なり。後白河法皇ならびに建春門院、密々に見物。関白藤原基房（32）もまた見物す。右大臣藤原兼実（28）、見物せず。　【玉葉、吉記】

四月二十六日〔終日、雨甚だし〕

後白河法皇、明日、受戒のため比叡山延暦寺に登山のところ、雨天により延引さる。明朝、御幸すべし、と。　【玉葉、顕広王記】

四月二十七日〔朝小雨、未刻（午後二時頃）、雨脚休《や》むと雖も、雲膚《くもはだ》、なお覆う。夕に臨みて滂沱《ぼうだ》たり〕　**後白河法皇、延暦寺にて受戒**

後白河法皇、天台の戒を受けんがために叡山に御幸。午刻（正午頃）、七条殿を出御。建春門院、行列を見物のため馬場門より桟敷に出御。供奉の公卿は関白藤原基房・左大将藤原師長（39）・右大将平重盛（39）以下、十六人。殿上人四十一人、前駆を勤む。「供奉の人々、花を折らる（美しく着飾る）」（『顕広王記』）と。供奉の公卿・侍臣は七条殿の南殿、または蓮華王院辺りにおいて騎馬す。法皇、鈍色《にびいろ》装束（法服）を着装、御車に乗駕。右京大夫高階泰経（47）、出御の儀をつかさどり御車に近侍す。建春門院、七条殿桟敷において行列を見物す。法皇受戒につき兼日《かねてのひ》の準備および七条殿以後登山までの行事は、右衛門督検非違使別当平時忠（47）が奉行す。この所役、もと中宮大夫藤原隆季（50）に内定せるも、院勘を蒙り平時忠に代替。叡山山上における諸事は按察使中納言源資賢（64）および右中将藤原光能（45）が奉行となり、御幸以前に登山す。後白河法皇、この叡山登山御幸は四ヶ度なり。人々の結構、このたび無双にして、人、壮観となす、と。坂下（叡山山麓）より雨脚滂沱。御輿、雨中を登山、晩頭、円融房（座主明雲自房）に着御。法皇宿御所たり。院判官代安房守藤原定長（28）、法皇の御使となり、天台座主・権僧正明雲（62）に法服を贈る。夜に入り、後白河法皇受戒のため、布法服を着装、戒壇に渡御。僧綱三口、扈従《こしょう》す。ついで、公卿以下、御供に候す。羯磨《かつま》沙弥《しゃみ》（入道太政大臣静海〔平清盛〕・59）ならびに清雲（右大将平重盛子）ら参会のため相従う。戒師は明雲なり。戒牒は青色紙に書写。権中納言藤原資長（58）の草進、権中納言藤原忠親（46）が清書す。度縁宣旨《どえんのせんじ》は閑院内裏より、左中弁藤原重方（54）が七条殿に持参、右中将藤原光能をもって奏上す。受戒の儀了りて、講堂に還御。さらに中堂において前大僧都章実、導師となり、薬師経御読経を始む。ついで灯明を供し、誦経《ずきょう》あり。　【顕広王記、玉葉、吉記、定長卿記、百錬抄】

四月二十八日〔天晴る〕

後白河法皇、叡山の山上諸堂を巡礼さる。まず、円融房を出御、文殊楼に参拝、ついで常行堂・法華堂・四王院・千手堂・無動寺、それぞれにおいて誦経あり。ついで南山房七宮（覚快法親王43）の住房において御膳を供せられ、贈物あり。ついで、宿房・円融房に還御。この夜、法皇、根本中堂に参御、番論義の事あり。この日、奉行の一人、右中将藤原光能（45）、所労により身暇を乞い、下山帰洛す。よって、今日以後の奉行は、安房守藤原定長（28）が勤む。　【吉記】

或る人、右大臣藤原兼実（28）に後白河法皇叡山受戒の事を伝う、「法皇、昨日（四月二十七日）、受戒あるべきところ、当日、登山により明日（二十九日）、受戒の儀を行うべく議定せられたり。しかるに、昨日、申刻（午後四時頃）以前、山上に着御せらるるにより、去る夕（二十七日夜）、受戒の事を行わる。暮に臨みて雨甚だし。これに加えて受戒の儀を倉卒に行わるるにより、万事違乱して、さながら、礼儀なき有様なり」と。　【玉葉】

四月二十九日〔霽《はれ》〕

後白河法皇、円融房の宿御所を出御、西塔尺迦堂に参御。ついで、常行堂・法花堂・宝幢院等を巡礼、それぞれ誦経あり。つぎに本覚院に着御、僧正実修（32）が御膳を供し、贈物あり。ついで横川《よかわ》中堂・法界房砂台堂・常行堂・恵心院・華台院・法花堂を巡礼し、それぞれに誦経あり。やがて、根本中堂に参御、験競《げんくらべ》の竟口（最終口）に臨御せらる。　【吉記】

五月一日〔天霽る〕

後白河法皇、叡山御幸より還御。早旦、根本中堂に参御。まず供花《くげ》の事あり。ついで誦経。この日、薬師経御読経供養、結願す。供養了りて法皇より衆僧に布施を給う。ついで、山上を進発、下山して帰洛。

右大臣藤原兼実、ひそかに還幸行列を見物す。また、法皇還御とありて、奉迎のため中納言藤原邦綱（56）・新参議藤原実宗（32）、それに検非違使別当平時忠（47）は随身・看督長《かどのおさ》・火長《かちょう》等を引率して叡山山頂に赴く。按察使中納言源資賢（64）・権中納言藤原兼雅（32）・左兵衛督藤原成範（42）・右兵衛督平頼盛（46）・左衛門督平宗盛（30）らはいずれも法皇の御車の後に供奉す。殿上人、迎えの公卿、山上に伺候の人々、総勢二十余人が法皇の御供人として入京す。供奉の人々、僕従は装束を改める者、改めぬ者、とりどりなり。京出の日に甚雨のため着換えの衣料持参なき故か。しかるに、馬上童や北面下﨟は、それぞれ花を折り、ほとんど錦繡を着飾って行粧に美麗を添える。法皇の随身・秦兼頼は山上で発病せしにもかかわらず、病軀をもってなお扈従下山せしは、痛々しい限りなりき、と。【吉記】

後白河法皇、叡山より下山、七条殿に還御。今夕より今熊野社御精進を始め給う。【玉葉】

五月十五日〔天晴る〕

後白河法皇御所、供花会あり。午刻（正午頃）、始行す。【玉葉】

五月二十七日

この夜、高倉天皇（16）、閑院皇居より後白河法皇御所法住寺殿に行幸。翌二十八日夕刻、還御。【吉記（五月二十八日条）】

六月八日〔天、猶、旱《ひでり》す。民の愁え殊に切なり〕　**建春門院、腫物（二禁）発症**

昨日（七日）、小童、法住寺殿（『玉葉』は最勝光院池）において浴水（水遊び）のところ、落入りて死去す。今朝、これを発見す。よって、法住寺殿・最勝光院は三十日の触穢（甲穢）たり。ただし、後白河法皇・建春門院御所たる七条殿および今熊野社は別郭（区域外）たるにより不穢。建春門院（35）、腫物《はれもの》発疹、この日始めて発見。【吉記、玉葉】

この夜、讃岐守平時実（26）、右中弁藤原経房（34）に書状を送りて告ぐ、「建春門院、病悩により六借《むつかり》（機嫌がわるい）給う」と。二禁《にきみ》（腫物）二ヶ所発生。受信の経房「心中、度を失う」と。【顕広王記、吉記】

六月九日〔猶、霽る〕

建春門院の二禁（腫物）、治療のため大黄《だいおう》を塗布す。右中弁藤原経房「上下の嘆き、何事かこれに如《し》かんや」と。

今夜より七条殿御所において、女院平癒御祈りのため七仏薬師法を修せらる。叡山座主明雲（62）、伴僧二十口を率いて、勤修す。権右中弁平親宗（33）、これを奉行す。七条殿、穢中の始行、人々巨難を怖る。修法《すほう》の道場荘厳もまた、多くの違失あり、と。【吉記】

六月十日〔晴〕（『玉葉』は〔天陰る〕）

今日より建春門院病悩平癒御祈りとして蓮華王院において千手法の修法を行う。前大僧正覚讃（87）、八口の供僧を請いてこれを修す。ならびに東寺・叡山・三井寺の僧徒各十口をして三十壇御修法をも供す。

最勝光院の穢、後白河法皇・建春門院御所たる七条殿に及ぶ。院参の人、閑院内裏に参内すべからざる由、仰せ下さる。ただし、後白河法皇、参籠中の今熊野社より穢中と雖も退出なし。熊野三社権現本山の例により今熊野社、恒例の六月会は憚りなく挙行さるべし、と。【吉記】

六月十一日〔申刻（午後四時頃）以後、天陰り、時々、雷鳴、小雨〕

一日の触穢、閑院内裏ならびに七条殿に及ぶ、と。これにより、すでに天下一同、触穢たり。件の穢日（去る八日）の早旦、七条殿内壇所に伺候の実寛法印、最勝光院（甲穢）に参向。ついで、七条殿に帰参。これにより、七条殿（乙穢）に感染す。右大臣藤原兼実（28）の家司・右馬権頭藤原基輔、去る九日に参院の後、九条第に帰参す（基輔、丙穢）。故に、兼実第丁穢となる。先例不定なるも、去る年、院参を停止せらるることあり。故に触穢、憚りある由なり、と。【玉葉】

建春門院（35）、二禁（腫物両三所）の病悩。これにより、典薬頭和気定成（54）・定長（27）父子が治療（大黄塗布。或いは御針）に当れり。大事に及ぶべからずも、なお御慎み必要。よって、七仏薬師法をはじめ、種々の祈禱を始行さる。【玉葉】

折柄、今熊野社参籠中の後白河法皇、この日、同社を出御。これを伝聞した右大臣藤原兼実、院参せんとするも、権右中弁平親宗（33）、兼実は神宮上卿たるにより乙穢の七条殿に参上のこと停止せしむ。よって、兼実、参上の意ある旨、法皇に披露を言上、不参。【玉葉、吉記】

六月十三日〔申刻（午後四時頃）に及び、小雨暫く降る〕（『玉葉』は〔申刻、大雨。即ち晴れ了んぬ〕）　**高松院（姝子内親王）、薨去**

今晩、高松院（二条天皇后・36）崩御。御悩の由、日頃その噂なく、夢の如く幻の如し。後に聞く、御不食、近日、痢病なり、と。散三位藤原隆輔（48）、後白河法皇に奏上す。法皇は「これ程の大事、日頃奏聞せざること、奇怪至極なり」と、勘発《かんぼつ》、再三に及ぶと。その直後、前権大納言藤原実長（47）と前相模守藤原有隆に女院没後の事、沙汰すべきを下命あり。後白河法皇、急ぎ今熊野社を出御、七条殿に還御。今熊野社六月会の事、社家に命じて行うべきを仰せらる。女院崩御により服暇《ぶっか》のこと出来、当然のことながら、七条殿触穢の中の今熊野社参籠は、神慮に叶わざらんかと、人々、疑念す、と。【吉記】

この夜、右大臣藤原兼実、建春門院御所七条殿に参入。女院、日来、不予におわし、所々に堅根《かたね》（瘍《よう》・できもの）が発生。さらに、ここ二、三日の間に胸や脇の下に二禁（腫物）が発疹。今夜、灸治あり。人々、多く見舞いに参上。これよりさきに関白藤原基房（32）参入、退出せらる、と。また、左大臣藤原経宗（58）参上、兼実以前に退出。兼実、見舞いの言葉を言上の後、退出。【玉葉】

この日、建春門院の腫物、急に悪化進行せり。よって医師、丹波知康法師・施薬院使丹波憲基（55）・諸陵陰陽頭和気貞説・侍医女博士丹波頼基（41）・采女正和気貞経らが召し集められ、治療の方法につき評定す。憲基・頼基は灸治を勧む。典薬頭和気定成は、日来、灸療治を行うにより、三人同意見なり。知康法師は黙して語らず。貞説・貞経父子は狂言を放つ（意表の施療を進言）。よって陰陽頭賀茂在憲（75）・陰陽師安倍泰親（67）を召して、灸の吉凶を占卜せしむ。ついで、定成が女院の腋の腫物の上、一ヶ所に百草《もぐさ》の灸を据える。一日《ひとひ》、女院御所七条殿の北対縁上に牛が上るという珍事出来。これまた、大事なるの由、陰陽師、占申す、と。【吉記】

六月十六日

この夜、右大臣藤原兼実（28）、後白河法皇御所七条殿に参入。左馬権頭平信基（34）をもって、女院（35）の病状を伺う。「御有様、ただ毎日に同じ事なり」と。今夜より七条殿において、女院御祈りのため五壇法を修せらる。中壇は七宮覚快法親王（43）勤仕さる。この外の祈禱は、日来より種々多様の祈りを続行あり、と。【玉葉】

この両三日、丹波知康法師、女院御所七条殿に参向、建春門院の腫物に灸治を加う。【顕広王記】

六月十七日〔天晴る〕

早旦、右中弁藤原経房（34）、七条殿御所に参上。建春門院、今朝また背に新たな二禁発生を見出さる、と。女院、病悩により封戸《ふご》・年官《ねんかん》爵《しゃく》を辞退さる。この由、蔵人頭右大弁藤原長方（38）をもって関白藤原基房（32）に上申す。関白基房、今後の御悩軽重により、叡慮あるべきを告げ、この件、猶予に及ぶ。また、女院御悩により非常赦《しゃ》を行わるべきの由、沙汰あり。【吉記】

後白河法皇、女院の枕頭に出御、護身の行法を施し給う。この時、建春門院みずから亡父贈左大臣平時信の菩提供養につき託言あり。これを聞き給う法皇、時信墓所を改め、新御堂建立の上、さらに種々の修善を行うべきを下命さる、と。

この日、典薬頭和気定成（54）と諸陵頭和気貞時、女院の灸治の適否につき相論あり。互いに狼藉の言葉を吐く、と。【玉葉】

六月十八日〔天晴る〕

早旦より建春門院御所七条殿において、仏師を召し一日三尺不動明王百体造立供養を始行さる。天台座主・権僧正明雲（62）、御衣木《みそぎ》（用材）を加持す。後白河法皇の寵臣・相模守平業房、沙汰調進するところなり。また、建春門院、御悩重《おも》らせ給うにより、院号・年官・年爵・封戸等を辞せらる。女院別当・右近衛中将藤原頼実（22）を使者として閑院皇居に群書を捧呈。【吉記】

この日、女院御悩により非常大赦を行い、百五十余人を赦《ゆる》さる。さらに流人等悉くを召返さる。なお、拘禁中の十五人（下野守源義朝の党類、常陸国司訴申の父母殺害の能幹。東獄の田楽法師、伊勢神宮神人殺害者。西獄の広田社神官など）も、それぞれ解き放たる。【玉葉、吉記、顕広王記】

六月二十日

七条殿御所における建春門院御悩、祈禱の七仏薬師法、この日、結願す。【達幸故実抄】

六月二十二日

建春門院（35）、御悩急悪化により重ねて祈禱の事を行わる。【顕広王記】

六月二十三日〔天晴れ、子刻（午前零時頃）以後、暴風雷雨〕

巳刻（午前十時頃）、右大臣藤原兼実（28）、後白河法皇御所七条殿に参上。折柄、大納言藤原実房（30）祇候せり。暫く言談す。兼実、閑院内裏に参内、高倉天皇（16）に見参す。まず、内女房に会い、重悩中の母后建春門院御所にいまだに行幸なきは、如何にと問う。女房、答えて云う、「関白藤原基房（32）は行幸あるべしとなれど、前太政大臣藤原忠雅（53）、行幸に反対せしによれり」と。その故は、「天皇、もとこの二禁を病み給うことあり。御見舞いで御対面あらば、御薬事（「病気」を直接にいうのを避けた表現。つまり、伝染の怖れありとの意）あるかと案ずる故に、行幸なし」という。また、「母后御病状もくわしくは天皇に上奏しておらず、重悩の由を御存知なし。よって、天皇は笛の吹奏も止めることなく、折々に吹いて楽しんでおいでになる」と。

女房よりこの説明を伝聞した兼実、「大相国忠雅の思慮、未曾有の事にして、かえりて禁忌あり。もしも、忠雅の言を用うるなれば、女院は長く天皇に会う機会を失す」と、強く弾指す。兼実、ついで申刻（午後四時頃）、女院御所七条殿に参候して九条第に帰る。

右大臣兼実、建春門院の病状を伝聞す。一昨日（去る二十一日）、典薬頭和気定成（54）が診察せし時は、すこぶる宜しきと。腫物の進行、遅滞なりしに、昨日（二十二日）朝は、腫れが進行。巳刻（午前十時頃）、施薬院使丹波憲基（55）および侍医同頼基（41）両人が診察せしに、病状はなはだ昂進せり。よって、今日中にすみやかに灸治の必要あり、という。最初、発疹の腫物の近くに双六石大の腫物が発生。この腫物畏怖すべきものにつき、定成を問責す。定成、即座に承伏。ただちに灸治を行う。原瘡をめぐり、六ヶ所の腫物出来。新たな腫物の中に発疹す。昨日、三ヶ所、今日三ヶ所に灸治を加う。今日はいまだ増気なし、と。【玉葉】

六月二十五日〔天晴る〕

建春門院女房但馬局より神祇伯顕広王（82）の許に女院の腫物萎縮せる旨を示し送る。摂津国広田社より、女院の腫物治癒すべく呪術療法のため釘三本（鉄釘一本・竹釘二本）を女院御所七条殿に進献す。また、同趣により左衛門督平宗盛（30）奉行となり、擣《とう》（『広雅』擣、刺也）五百寸を奉献、女院の御悩平癒を祈請す。【顕広王記】

六月二十七日〔天晴る〕

今日より建春門院、七ヶ日を限り受戒あり。当時、医術で高名の仏厳上人を戒師となす。このこと、かねて女院の要請により、日頃申行うところなり。これは、当然の成り行き、しかし仏厳はやんごとなき名僧なりと雖も、まず、さるべき一宗の長吏などを召さるべきか。【吉記】

六月二十八日〔天晴る〕

申刻許り（午後四時頃）、後白河法皇院庁より庁官某、大般若経二百内第四帙一巻（料紙を副う）を、右大臣藤原兼実（28）の九条第に持参。

これよりさきの二十四日、右中弁藤原経房（34）、奉行となりて、明日の後白河法皇発願による女院御悩平癒のための「一日大般若経書写供養」に、兼実の結縁書写を募るべく来訪、兼実、即座に承諾す。庁官、請文《うけぶみ》を乞うにより、これを書き、家令の署（花押）を加えて手交す。建春門院御悩悪化により、後白河法皇、毎日三時（晨朝《じんじょう》・日中・日没《にちもつ》の三つと初夜・中夜・後夜《ごや》の三つ。六時を二つに分けた昼三時と夜三時）に物気《もののけ》退散調伏《ちょうぶく》のための加持を行わる。法印昌雲（63）は一時、これを勤仕す。今日、建春門院御悩御祈りとして公家（高倉天皇16）、法勝寺において千僧御読経を行わる。惣講師は覚智法印（72）、上卿は権中納言藤原兼雅（32）、これを勤む。【玉葉】

六月二十九日〔天晴る〕

右大臣藤原兼実、昨日、院庁より結縁勧進の一日大般若経を書写了んぬ。能書生をして一筆にこれを書写せしめ、兼実、自筆をもって外題を書す。午一点（午前十一時すぎ）、これを長櫃に納め、下家司《げけいし》・出納《しゅつのう》等をして送文を添えて院庁に送達せしむ。この一日大般若経、この日、院御所において転読供養す。導師は天台座主公顕（67）が勤め、供養を了んぬ。その後、六十口僧をして各一帙ずつ転読供養の上、請僧に布施を給う。【玉葉】

六月三十日

建春門院御悩御祈りの七仏薬師法、三七日に及ぶにより今日結願す。女院御悩、法験により減気し給う、と。この修法の大阿闍梨は権僧正公顕が勤む。勧賞《けんじょう》ありて、法橋二人を任ぜらる。【顕広王記、玉葉】

去る十七日、建春門院みずから託言せらるる贈左大臣平時信菩提料として、後白河法皇の下命により建築に着手せし、十楽院御堂（京都市東山区粟田口三条坊門町）、この日、上棟す。院司・兵部卿平信範（65）ならびに院主典代平盛職、参向してこれを行う。今朝、前大相国入道清盛（59）、福原別業より上洛。かねてこの上棟に臨むべく用意するも、足所労により、今に不参と。

六月祓《みなつきはらえ》なり。後白河法皇、出家以後、これを行うことなし。建春門院御所七条殿において御祓を行わる。陪膳《はいぜん》は左中将藤原光能（45）、役送は判官代源為頼が勤仕。大祓は権右中弁平親宗（33）の参入を待たず、新参議藤原頼定（50）が参勤す。【吉記】

七月一日〔天晴る〕

右大臣藤原兼実、権侍医丹波憲康を九条第に召し、建春門院の療治等につき問う。憲康、昨日、前大相国入道清盛に面謁の際、女院の病状につき、すでに施術の方途なき旨を伝聞す。病源本体の腫物は、すでに大柑子《だいこうじ》大に腫れ上がり、頗る大なり。その他の箇所にも腫物がつぎつぎに発生。このたびは、それを秘せらる。この二十余日間、食物一切御不食。よって気力ならびに腫物の瘡体ともに、およそ存生しがた

き危機か。この両日は急激に減気の由、天下に風聞。されど女院の病状の実情、かくの如し、と。【玉葉】

七月二日〔天晴る〕

少納言平信季、右大臣藤原兼実第に入来。兼実（28）、建春門院（35）の病状を問う。「すでに大略御減気に至る。しかしながら御不食により、御身体、極度に御衰弱におわす。一昨日、女院御祈りの七仏薬師法結願、即日、仁和寺守覚法親王（27）、七条殿の寝殿において不動法の修法を始行さる」と。【玉葉】

七月四日〔天晴る〕

右大臣藤原兼実、後白河法皇御所七条殿に参上。左衛門佐平信基（34）、申次に出、「建春門院、この両三日御減気あり。よって院中安穏なり」と語る。【玉葉】

この日、後白河法皇、二禁《にきみ》（腫物）の発疹に気づかる。【玉葉（七月十七日条）】

七月七日〔天晴る〕

建春門院、腫物、新たな箇所に発生。また肱《ひじ》腫れる、と。ただ、最初に発生の本体の腫物、御減あり。来る九日、蛭飼《ひるかい》（悪血を蛭に吸わせる治療法）を行う予定。ただし、無力にして、施術に方途なき有様。施薬院使丹波憲基（55）、右大臣藤原兼実に書状を送り、「女院、御腫事、はなはだ恐れあり」と。一方、典薬頭和気定成（54）は、大都《たいと》（おおむね）安堵の気色あり。「肱の事、何ぞあながち恐るること有らんや」と、楽観視の体なり。

太政官外記、右大臣藤原兼実の九条第に来訪。明夕（八日夕刻）、高倉天皇（16）、最勝光院に方違え行幸の事を告げ、供奉を催す。この報をうけし兼実、「近日、女院御所に御見舞いの臨幸なし。しかるに他所の行幸、未曾有のことなり」といぶかる。【玉葉】

七月八日〔天晴る〕　**建春門院、薨去**

園城寺長吏・前大僧正覚忠（59）、建春門院御悩御祈りとして尊星王法を修し、今晩、結願す。

午刻許り（正午頃）、下人、右大臣藤原兼実第に建春門院絶入《たえい》るを伝う。兼実、急ぎ参入。院中、すこぶる物忩《ぶっそう》をきわむ。これよりさき、右大将平重盛（39）以下両三人祗候。兼実、右中弁藤原経房（34）をさし招き、女院の安否を尋ぬ。「六借《むつかり》（苦しむ）給うが、いまだ大事に及ばず」と。病床近く覚讃（87）・房覚（66）・昌雲（63）の三僧正が祈禱中。後白河法皇は太く高い声で一心に加持祈禱を続けて御坐《おわしま》す。この間、公卿の参入、つぎつぎと続く。小時にして左大臣藤原経宗（58）・関白藤原基房（32）、また内大臣藤原師長（39）も参入す。五位蔵人藤原兼光（32）、今夜、最勝光院行幸をいかがすべきや否やと関白基房に問う。最勝光院よりも七条殿に行幸あるべきを議す。ただし、この日次《ひなみ》悪しく重日たり。左大臣経宗、日次の事、沙汰に及ばずと断じ、今日、にわかに高倉天皇（16）建春門院御方への行幸を決す。この間、中宮権大夫平時忠（建春門院兄・47）は、女院御所の簾中より出入を繰り返す。時忠、容姿乱れ、その鬢正しからず、月代《さかやき》伸びてはなはだ見苦しく、面色殊に損ず、という有様。時忠の周章の行動、まことに驚奇にして、さながら素狂乱《すきょうらん》の人として人々に映る。院中、物忩にして、加持の声なお止まず。男女走り騒ぐ。右大将重盛（39）、退出。ついで左大臣経宗も退出す。

やがて、右大臣兼実（28）退出、九条第に帰り休息の間、申終り刻（午後五時前）、人走り来りて、「建春門院、只今、崩御」と告ぐ。相次いで少納言平信季よりも、「只今、酉刻（午後六時頃）、女院崩御、一定《いちじょう》なり」と告げ来る。右大臣兼実は直衣を着用、ただちに参上。時に戌刻（午後八時頃）なり。左大臣経宗以下、人々済々として参入。ついで前大相国藤原忠雅（53）・藤原師長らが、女院御所に参集する。関白基房はこれより早く参入、しばらくして退出す。やがて右大臣兼実も退出して、閑院皇居に参入。兼実、女房たちに、高倉天皇の有様を尋ぬ。主上、母后崩御の事を聞くや否や、御衣《みぞ》を引き被り、悲しみを堪えるべく動き給わず。傍でこの様子を見る近臣・女房らは堪えがたき状態なりし、と。兼実、これを伝聞して、「道理の中の道理なり。就中、日頃の御病状を詳しく奏上もせず、ついに行幸なき事、万人に怨言を仰せになり、御涕泣、雨の如しとは、当然なり」と、兼実もまた同情の上、悲涙抑え難し。

この日、閑院皇居において蔵人頭右大弁藤原長方（38）と大外記二人、五位蔵人藤原光雅（28）・同左少弁藤原兼光らが弓場殿《ゆばどの》の辺りで、主上の行幸御対面の事を議定す。かねて、日次の吉凶にかかわらず、女院臨終の場への行幸、即日と定むるも、すでに崩御後のいまは詮なき事なり。よって、今夜は日次宜しからざるにより、万事その沙汰なし。

関白基房（32）によれば、今日は重日、明日は院（法皇）御衰日《すいにち》、明後日は母后崩後の雑事勘文進上の日、よって行幸は明後日以後になるか、と。右大臣兼実、左少弁兼光に、「今度、遂に行幸なきの事は、当時後代、第一の遺恨なり」と密かに示す。さらに言葉を継ぎ「前相国（藤原忠雅）の和讒《わざん》（悪しき助言）に依り、遂に此の恨み有り。小人（忠雅）、朝（朝廷）に在ること、事に於いて此の如し。関白（藤原基房）、内々、行幸有るべきの由を称すると雖も、彼の人（基房）の申出たる事により、強ちに奏請せざるか。不忠と謂うべし、不忠と謂うべし」と、痛恨の思いを伝う。丑刻（午前二時頃）に及び、兼実、退出す。かくして、病悩臨終の母后に、高倉天皇は別離の面謁の機を永遠に失いしものなり。【玉葉】

この日、後白河法皇の二禁診察のため、典薬頭和気定成（54）・施薬院使丹波憲基（55）・侍医丹波頼基（41）らが院御所七条殿に推参。各医師、無為《むい》（さしたることなし）を言上す。定成は用心のために大黄《だいおう》を塗付すべし、と。憲基・頼基父子は鹿角《ろっかく》がよろしかるべし、と。しかるに、その日の中に、腫れが進行。医師および院中祗候の人々の強申により、当夕より鹿角を塗付す。【玉葉（七月十七日条）】

七月十日〔天晴る〕

前建春門院の葬送なり。御喪家中陰の奉行人四人を定めらる。公卿院司は前太政大臣藤原忠雅（53）・別当平時忠（47）・四位別当権右中弁平親宗（33）・五位院判官代木工頭藤原親雅なり。蓮華王院の東に法華三昧堂を造立（今日中に完成）、その地中に穴を掘り、石辛櫃（石棺）を安置、その中に奉籠す。待賢門院（後白河法皇母）の例にならう。この場所は、年来《としごろ》、後白河法皇終焉の際の御料たる地なり。建春門院を奉納せるにより、追って法皇御料を造進の予定なり。【玉葉】

この日、葬送の儀礼なし。高倉天皇（16）の行幸もなし。後白河法皇は法住寺殿より徒歩御幸。公卿は左衛門督平宗盛（30）・別当平時忠・兵部卿平信範（65）、殿上人八人参仕。広きに及ばず、密儀となす。【顕広王記】

七月十一日〔天晴る〕

後白河法皇の二禁、その後、小増ありて腫物は双六石大に腫れ上がりたり。医師憲基および頼基の両名、参上して診察、大事の恐れなしと奏上。しかるに、いま一進一退にして、薬効見分け難し。【玉葉（七月十七日条）】

この夜、右大臣藤原兼実（28）、前建春門院御所（後白河法皇同居）に参入。一切、人なし。女房中に申入れ、ついで閑院皇居に参内。兼実、垂纓《すいえい》の冠を着け参上。内裏において、中納言藤原邦綱（56）、兼実に語る、「主上（高倉天皇）の御愁嘆、日を逐って倍増。一切、御膳を聞《きこ》し食《め》さず」と。兼実、以《もっ》ての外《ほか》の事と驚く。暫く言談の後、退出せり。【玉葉】

七月十二日〔天晴る〕

前建春門院遺令《いりょう》の奏《そう》あり。ついで固関《こげん》（大事の時、関所を固めること）・警固（上卿・左大臣藤原経宗58）ならびに御倚廬《ごいろ》（天皇が母后の喪に服する期間にこもる臨時の仮屋）の事を宣下せらる。また、建春門院近侍の公卿・殿上人・女房らに服喪のため素服を給う。

この日、前建春門院の初七日なり。此度、高倉天皇、御倚廬に渡御。閑院皇居の東対女房屋をそれに定む。本殿上廊北庇、東妻の土間なり。仮の板敷を敷き殿上となす。左中将藤原泰通（30）および右少将藤原隆房（29）が剣璽を捧持、蔵人頭右大弁藤原長方（38）が脂燭《しそく》をとり前行、五位蔵人藤原光雅（28）・同平基親（26）が同じく脂燭をとり、後に候す。関白藤原基房（32）もまた、同じく後に扈従せり。【玉葉】

七月十四日

ふたたび憲基・頼基の両医師を後白河法皇の院御所に召す。典薬頭和気定成は、女院の加療不足につき、崩御後は一切廃置の上、院中の出入りを停止さる。両名の法皇診察また前に同じ。大黄の塗付治療を勧め、大事に至らざる旨を申上ぐ。しかるに、常勤の医師は灸治の事を進言す。灸治は療治と異なり、火熱により苦しきところあれど薬効は確かであり、七十から八十草の艾《もぐさ》を用いるよう勧む。しかし、十五・

十六・十七日は、忌日たるにより、これを憚るべし、と。【玉葉（七月十七日条）】

七月十五日〔天晴る〕

後白河法皇、二禁の御悩により、その御祈りとして東寺西院において、長者・大僧正禎喜《ていき》（78）、今日より孔雀経法を始修す。【玉葉、東宝記】

七月十七日　**六条上皇、崩御**

後白河法皇の二禁、灸治療を始行すべく、諸陵頭和気貞時を召す。貞時、診察の結果、「腫物小物につき、灸治はかえって煩い給うによりその必要なし。日頃の塗付せる薬により、すでにその効能あり。この上、膏薬《こうやく》（ただし、丹波の薬は良くない）を塗付さるれば、かならず三日の中、効験あり」と奏上す。法皇、これにより灸治を中止、膏薬塗付により過半分の瘡が治癒す。丹波憲基・同頼基、ともに甚だ面目を失い退出す。名医の誇り高き両名、不運にも名を折る。代りて、貞時、狂人（風雅人）と雖も、医学稽古の人たるにより、このたび高名を得る。しかして、これより老後の冥加あり、と。【玉葉】

この夜、夜半許りに新院六条上皇（童形《どうぎょう》・13）、中納言藤原邦綱（56）の東山亭において崩御せらる。仁安三年〈一一六八〉七月十八日、五歳で譲位後は後白河法皇御所（法住寺殿か）に在所。しかして、痢病によって、同上東山亭に出御、件の所においてこの事あり。右大臣藤原兼実（28）、夜中、この報を「信受せず」と。【玉葉、百錬抄、顕広王記】

七月十八日

左中将藤原定能（29）、義弟・右大臣藤原兼実の九条第に来訪。後白河法皇の二禁、大略、昨日の病状に同じと語る。早旦、新院六条上皇崩御一定《いちじょう》なりと人伝う。すなわち、使者をもって中納言藤原邦綱の許に哀惜の意を告げしむ。折柄、兼実、風気により不参の由を申す。

およそ、この両月の間に、三院の崩御相つぐ。まず、六月十三日、高松院（二条天皇后・姝子《よしこ》内親王36）、ついで七月八日、建春門院（後白河法皇女御・平滋子35）、さらに昨日、六条上皇（後白河法皇孫・13）なり。古今いまだ有らざる希代の事なり。

しかるに、この後、九月十九日、九条院（近衛天皇后藤原呈子・46）が崩御。よって、「已上、三ヶ月の中、院号四人の崩御、希代の事なり」（『帝王編年記』）と。【玉葉、帝王編年記（九月十九日条）】

七月二十一日〔天晴る〕

建春門院第二七日法事なり。院御所七条殿にてこれあり。【玉葉】

七月二十四日〔天晴る〕

右大臣藤原兼実（28）、未刻（午後二時頃）、鈍色直衣《にびいろのうし》を着用、七条殿（法皇御坐）に参上。今日、後白河法皇、臨時の御仏供養を行わる。これ建春門院崩御中陰の間、初度の仏事なり。堂童子二人（侍従源家俊・少納言平信季）ともに衣冠を着装して花筥《けこ》を分つ。唄《ばい》・散花《さんげ》、恒の如し。僧は皆、鈍色装束、甲袈裟《こうげさ》を着用。導師は権大僧都観智（寵僧第一なり）、宿装束着すこと、恒の如し。説法優美なり。了りて公卿みな起座。布施、長櫃に収め中門の内方に舁《かき》入る。透渡殿《すきわたどの》の東妻において右衛門権佐藤原光長、手長《てなが》（取次ぎ）となり被物《かずけもの》を導師観智の座前に置く。以後、衣冠を着す殿上人・従僧に布施を取る。【玉葉】

七月二十五日

高倉天皇（16）、倚廬《いろ》より本殿（閑院南殿）に還御。戌刻（午後八時頃）、公卿・殿上人・女房ら、一同、素服を除く。【玉葉（七月二十五日条）】

高倉天皇、倚廬入御中、この両三日、背に小二禁（小さな腫物）発疹あり。施薬院使丹波憲基（55）、これを診察して鹿角《ろっかく》を塗付す。この薬効により、今日、ことに御減あり、と。【玉葉】

七月二十七日

後白河法皇、仏事あり。この日、坎日《かんにち》（陰陽道により凶日）たるに、いかなる理由か。もしくは先例、存するか。【顕広王記】

八月六日

建春門院第四七日、七条殿において仏事供養あり。関白藤原基房（32）以下、人々多く七条殿に参集勤仕す。【玉葉】

八月八日〔天晴る〕

後白河法皇、建春門院菩提の奉為《おんため》に臨事の仏事を行わる。本尊は等身阿弥陀仏、脇士に三尺千手観音と地蔵菩薩像を安置。導師は公顕僧正（67）が勤む。説法「珍重なり」（『顕広王記』は「玉を吐く」）と。願文は宮内卿藤原永範（71）の草進、教長入道（法名・観蓮68）清書す。参会の公卿上首は前権大納言藤原実定（38）なり。【玉葉、顕広王記】

八月十一日　**高倉天皇、建春門院菩提のために紺紙金泥経を書写す**

高倉天皇、母后建春門院菩提のために、始めて紺紙金泥法華経（開結具経一部十巻）を閑院皇居の二の間（常御殿）において書写し給う。小野道風筆・色々色紙墨字の経本を手本と成す。天暦（村上天皇）・治暦（後冷泉天皇）の御時は紺綾料紙、長治（堀河天皇）の御時は紺紙を用いらる。このたびは、長治の例を追わるるものなり。【百錬抄】

八月十三日〔終日、雨甚だし。未時許り（午後二時頃）、晴る〕

前建春門院第五七日法事なり。七条殿寝殿の西広廂上板敷を道場として装束。本尊は尺迦《しゃか》三尊像（中央は等身、脇侍は三尺）を安置。金泥五部大乗経・素紙法華経六十部を書写。願文は文章博士藤原光範（51）の草進、権中納言藤原忠親（46）が清書す。導師は澄憲僧都（51）。行事は権中納言藤原兼雅（32）と右京大夫高階泰経（47）が勤む。午時（正午頃）に上下参集、未時（午後二時頃）開始す。説法了りて大納言源定房（47）以下、布施を取る。参入の公卿は関白藤原基房（32）・大納言源定房・右大将平重盛（39）以下、総勢十九人なり。【玉葉】

後白河法皇、普成仏院（今天王寺と号す＝平安京左京七条一坊一町に所在、天台寺院。いま廃寺）の内に多宝塔を建立、今日、落慶供養につき院司および主典代を差遣して奉行せしむ。【百錬抄】

八月十七日〔天晴る〕

公家（高倉天皇16）、前建春門院のために最勝光院において御斎会を修せらる。七僧・百僧なり。導師は南都・山階寺（興福寺）別当法印教縁（78）、呪願は権僧正公顕（67）が勤む。行幸なし。参仕の公卿は、大納言源定房（47）・権大納言藤原隆季（50）・権大納言藤原実房（30）・権大納言藤原実国（37）・中納言藤原宗家（38）・按察使中納言源資賢（64）・権中納言藤原兼雅（32）・権中納言藤原資長（58）・権中納言藤原忠親（46）・参議平教盛（49）・皇太后宮権大夫藤原朝方（42）・参議藤原家通（34）・修理大夫藤原信隆（51）らなり。

【玉葉、顕広王記（八月十八日とす）】

八月二十四日〔天晴る〕

建春門院女房ら、具書法華経（一品経供養）を七条殿において供養す。導師は権大僧都澄憲、「説法優美なり」と。右大臣藤原兼実（28）、結縁のため小捧物を後白河法皇に捧呈す。鈍色《にびいろ》装束十三具、預《あずかり》装束各一具（二人）なり。密々に女房にこの旨を示し、ついで権右中弁平親宗（33）に示し付して進献す。法皇、これを納受、「返々《かえすがえす》、神妙之由」とて兼実に院宣を給う。【玉葉】

八月二十五日〔天晴る〕

建春門院正日《しょうにち》法事なり。曼陀羅供を修す。導師は権僧正公顕、請僧《しょうそう》三十口《こう》なり。その後、法住寺殿内法華堂（建春門院墓所）を供養さる。導師は同人。【玉葉、顕広王記】

高倉天皇、紺紙金泥法華経書写の功（母后建春門院菩提料）を終え、延暦寺に奉納せらる。御衣《みぞ》一重を天台座主明雲（62）に賜う。その外、法服二具・絹二十疋・綿百屯の施物を、蔵人頭右大弁藤原長方（38）をもって送遣せらる。「天暦」（天暦九年〈九五五〉正月四日、村上天皇、故太皇太后藤原穏子のための宸筆法華経供養）の「有相之例」（蔵人頭左大弁藤原有相48）によるものなり。【百錬抄】

八月二十七日〔天晴る〕

建春門院七七日法事（正日＝中陰）おわる。【玉葉、顕広王記】

九月二日〔天晴る。午後、雨降る〕

後白河法皇、今日より恒例の院供花会を法住寺殿において始行さる。【玉葉】

九月十三日〔天陰る。夜に入りて雨下る〕

後白河法皇、摂津・天王寺に御幸。左中将藤原定能（29）・兵部卿平信範（65）ら供奉す。七ヶ日参籠、逆修供養を修せらる。ついで、大和・信貴山に参詣せらる。

高倉天皇（16）、御不予とならる。このため、神祇権大副卜部兼康、神祇官に参籠して平癒を祈る。

【百錬抄、顕広王記、玉葉（九月十九日・十月七日条参照）】

九月十九日

九条院藤原呈子《しめこ》（46）、崩御。【玉葉、百錬抄】

九月二十五日

後白河法皇、大和の信貴山（朝護孫子寺）より還御。【顕広王記】

九月二十七日〔天晴る〕

後白河法皇、中納言藤原邦綱（56）をもって皇嘉門院（崇徳天皇中宮・関白藤原忠通女55）に申さる。「故法性寺禅閤（藤原忠通）、大仏師定《じょう》朝《ちょう》〈法橋・?―一〇五七〉作の仏像を蒐集秘蔵せりと伝聞。すみやかに悉く進上すべし」と。ついで、右大臣藤原兼実（28）の許に所蔵の定朝仏も同様、進献すべし、と下命あり。兼実は当時、定朝古仏（阿弥陀三尊仏）修理のため、仏師院慶、解体せるにより、その修復完了の上にて、進献すべし、と奉答す。【玉葉】

九月二十八日〔天晴る〕

皇嘉門院より三尺阿弥陀仏立像（大仏師定朝作）を、後白河法皇の院御所（七条殿）に中納言藤原邦綱を使として進上す。先日、法皇より尋ね申さるるによってなり。【玉葉】

九月二十九日〔天晴る〕

この夜、左中将藤原定能、右大臣藤原兼実の九条第に来訪。後白河法皇のさきの天王寺および信貴山参詣御幸について語る。法皇、天王寺念仏堂を信貴山に移建の上、天王寺境内に法皇持仏堂を建立せんとの発案あり、と。【玉葉】

十月七日

東寺長者・大僧正禎喜（78）、去る七月十五日より後白河法皇の二禁御悩御祈りとして、東寺西院において孔雀経法を修す。この日、その

十月八日
勧賞《けんじょう》を行わる。法皇、阿闍梨五口を寄せらるるにより、寛日・覚親・能遍・寛香・公基の五人を補せらる。【東宝記】

建春門院法華三昧堂墓所において仏事あり。右大臣藤原兼実（28）の家司・右馬権頭藤原基輔、代参す。【玉葉（十月十日条）】

十月十一日〔天晴る〕
右大臣藤原兼実、灸治を加えんとして施薬院司丹波憲基（55）を召し置くに、日没に至るも不参。人を尋ね遣わすところ、災殃《さいおう》にかかり、不参の由。それは、施薬院領甲斐国飯野牧下司政綱、追年《ついねん》、年貢の未済累積、その故は同荘住人貞重、猛悪にして事々にさからいし故なり。よって、彼の貞重を公家《こうけ》に訴え宣旨を申し下す。右大将平重盛（39）、五位蔵人藤原兼光（32）を奉行として、貞重の身柄を下司政綱に預く。後日、沙汰の時、貞重を召進すべく請文を取り置かる。この一件、去る七月七日のことなり。しかるに、翌八日、貞重頓病により急死せり。しかるところ、この頓死の一件につき、丹波憲基と下司政綱が同心して件の貞重を殺害せりと、院奏に及びし人、出来す。この訴えにより、後白河法皇、彼の丹波憲基を去る九日に院御所に召問して、子細を言上せしむ。退出後、院の左右未決ながら、法皇の御気色はなはだ重険なり。よって、右大臣兼実の九条第に治療参上あたわず、と。さらに、殺人の嫌疑をかけられし丹波憲基の陳情によれば、「不肖の身と雖も、重代の医として、ただ除病延命の術を嗜む。未だ刃傷殺害の道を知らず。蒼天、理を失わず。丹精、更に術無し。憑む所は只、仏神に在り。左右《とこう》を申す能わず」と、悲嘆に暮れし心情を右大臣兼実に吐露す。【玉葉】

十月十三日
今夕、高倉天皇（16）の中宮平徳子（22）、閑院皇居を出御、八条亭に行啓。これ中宮母堂・二位尼平時子（51）所労により、その見舞いのためなり。ただし、これ密儀なり。【顕広王記】

十月十四日〔天晴る〕
右大臣藤原兼実、人伝てに施薬院使丹波憲基の一件を伝聞。憲基、子細を陳述せるに特別な過失なし。しかるに、五位蔵人藤原兼光によれば、後白河法皇の御気色、なお不快なり、と。【玉葉】

十月二十三日〔天晴る〕
今夜、後白河法皇の皇子（11・後の道法法親王。左大臣源有仁弟仁操法印の外孫・仁和寺宮守覚法親王27弟子）、密々に閑院内裏に参上、高倉天皇の猶子となる。皇子、実任僧都（39）の車に乗る。実任僧都以下、扈従す。殿上人少々、陣口（僧侶の出入口）に参着。右少将藤原隆房（29）が皇子を抱き乗車して、閑院の東二棟の御所に参上す。【玉葉、百錬抄】

十月二十九日〔天晴る〕

後白河法皇の皇子（８・後の承仁法親王。遊女〔内膳司紀孝資女・江口遊女＝丹波局〕腹・権右中弁平親宗33養育）、閑院内裏に参上。高倉天皇の猶子となる。これまた密儀なり。そもそも両人（二皇子）同時にこの猶子儀あり。人、これを奇異となす。儲弐《ちょじ》（天子の世継）の器たるを疑う、と。後、右大臣兼実（28）、この皇子の今日の参内延引せり、と伝聞す。【玉葉】

十一月二日〔天晴る〕

今夜、後白河法皇の皇子にして、天台座主・僧正明雲（62）の弟子宮、高倉天皇の猶子となるため閑院内裏に参入。右衛門督平時忠（47）、これに相具す。【玉葉、百錬抄（十一月三日条）】

十一月三日〔天晴る〕

今暁、後白河法皇、山城の笠置寺に参詣御幸。密々事なり。【玉葉、一代要記】

十一月五日〔天晴る〕

後白河法皇、笠置寺より還御。【玉葉】

十一月十二日〔天晴る。昼間陰る〕

この夜、左中将藤原定能（29）、右大臣藤原兼実の九条第に来訪。先日、皇嘉門院（55）より後白河法皇に申さるる事あり。その返事を伝うべく、法皇の使として来るなり。【玉葉】

十一月二十一日〔天陰る〕

巳刻（午前十時頃）、陰陽大允安倍泰茂、右大臣藤原兼実の九条第に来る。兼実、天変の事を問う。泰茂、「去るころ陣星（＝鎮星《ちんせい》、土星の異称。女主の象なり）了宿（＝畢宿）を犯す。これ女主貴女の重慎なり」と。しかして、後白河法皇実姉・上西門院（統子《むねこ》内親王尼・51）、腫物発疹、すでに重悩の由、風聞す。恐るべき世なり。【玉葉】

十一月二十七日〔天晴る〕

この夜、院近臣・左中将藤原定能、右大臣兼実第に来る。嫡男・侍従良通（10）の四品（四位）・少将昇叙につき、後白河法皇の御気色を伺わしむ。その趣意は、四品を許さるれば、そのつぎ近衛将に昇任の時、直ちに中将に任ぜらるべき昇進の方途あり。よって四位侍従より中将に任ぜられし前例を折紙に注付して、定能に手交す。この事、忽事に非ざるも、後のため申置くなり。近代の事、上《かみ》御一人、子細を知られず、遏絶《あつぜつ》（永く続いたものが絶える）の人、はなはだ多きにより、その事を恐れ、あえて天聴に達すべし、と。【玉葉】

十二月四日〔天陰り、雪降る〕

法住寺殿内、故紀伊二位堂（号・清浄光院。故藤原朝子〔後白河法皇乳母・故紀伊二位局〕建立御堂）の再建落慶供養あり。炎上の後、後白河法皇の沙汰により造営さる。　【百錬抄】

十二月五日〔天晴る〕　**後白河法皇、京官除目において院近臣に依怙の沙汰**

閑院皇居において京官除目あり。右大臣藤原兼実（28）の嫡男・正五位下侍従良通（10）、従四位下に叙せらる。後白河法皇の恩寵なり。除目了りて、兼実、蔵人左少弁藤原兼光（32）を招き、良通昇叙の慶奏は、高倉天皇諒闇につき不拝の旨を触れしむ。よって、急ぎ院御所（七条殿）に参上。申次《もうしつぎ》の人なきにより左衛門尉藤原季信をもって女房（丹後局）に見参、後白河法皇に慶奏の旨を伝う。同時に参入の関白藤原基房（32）について、退出す。

この日の京官除目、後白河法皇、院近臣に破格の依怙《えこ》の沙汰あり。近臣、左中将藤原定能（29）および右中将藤原光能（45）、両人ながら蔵人頭に補せられ、衆庶、耳目を驚かさざるはなし。左中将藤原雅長（32）は重代の家の出自。しかも才智あり、年齢四十に近く、位階また上臈《じょうろう》なり。しかるに、定能、院近臣故にこれを超越す。また、左中将平知盛（25）は入道大相国清盛（59）の最愛の息子、当時権勢無双、位階も上臈。しかるに、光能も院近臣故の超越。このほか、位階下臈なりと雖も、権右中将源通親（28）・右中将藤原頼実（22）ら、すでに禁色をゆるされ、共に黒白を弁《わきま》うるの器量人。これらの人々をさしおき両人の抽賞は、まことに希代なり。ひとえに後白河法皇の寵幸故か。また、今度の除書《じょしょ》第一の珍事は、元少納言藤原顕家（24）の異例の任左少将なり。これ男寵にある関白藤原基房、後白河法皇に懇望せし故の抜擢なり。今日の関白基房の院参も、この事によるものか。人もって奇となす、と。　【玉葉】

十二月十六日〔天晴る〕

侍従藤原良通（10）、叙四位の拝賀あり。猶子たるにより皇嘉門院御所九条殿に同居。出立して殿上口に降り立ちて、まず皇嘉門院（55）に慶び申し拝礼。ついで、後白河法皇御所七条殿に参上。殿上口において拝賀。院別当・右中弁藤原経房（34）を申次ぎ、慶び申す。経房、後白河法皇の勅語を伝達、「すべからく謁すべし。しかれども念誦の間により召さず」と。　【玉葉】

十二月十九日〔陰り晴れ、定まらず〕

今日より後白河法皇、歳末御懺法を行わる。　【玉葉】

安元三年・治承元年（一一七七・改元）　五十一歳

正月一日〔天晴る。時々、小雪〕
建春門院崩御による諒闇《りょうあん》のため、院拝礼・朝覲《ちょうきん》行幸など、一切の年賀行事を停む。【玉葉】

正月三日〔晴〕
後白河法皇、七条殿において迎春。この七条殿御所、建春門院崩御にて凶事の所たり。よって、元三《がんざん》の間、法皇、他所に渡御しかるべしと、権大納言藤原隆季（51）奏上すと雖も、承引なし。この七条殿御所、甘心せざるか。これ左大臣藤原経宗（59）の命により進言するところなり。【愚昧記】

正月八日〔天晴る〕
故建春門院御月忌なり。七条殿において御斎会行わるるにより、権大納言藤原実房（31）参入。これよりさき、公卿両三輩参上、以後、相つぎ多く参仕。しばらくして御講始まる。導師は興福寺の権僧正範玄（伊賀守藤原為業息・41）なり。一日経（法華経十巻を一日中に書写完了、供養す）の供養あり。了りて実房、布施を取り退出す。【愚昧記】

正月十六日〔陰り晴れ、定まらず。雪降る〕　**高倉天皇筆金泥法華経、「尤も神妙なり」**
晩景、右大臣藤原兼実（29）、院御所七条殿に参入。蔵人をもって女房に申入る。しかるに、後白河法皇、只今、鶏合《とりあわせ》の最中なり、と。よって兼実、奏事申達あたわず退出。ついで閑院内裏に参内。高倉天皇（17）書写し給う金泥法華経の拝見を申出る。「尤も神妙なり、御筆勢を見るに、天骨（生まれつきの才能）を得、と謂うべし」と兼実、感嘆す。この経、来る八月頃、前建春門院のために宸筆御八講を行わるる料なり。亥刻（午後十時頃）、兼実退出す。【玉葉】

正月二十三日〔天晴る〕
除目中日なり。戌刻（午後八時頃）、蔵人頭右中将藤原光能（46）、後白河法皇の使として右大臣藤原兼実の九条第に入来。ひそかに法皇の勅命を伝う。左大臣藤原経宗ならびに右大臣藤原兼実を超越して、内大臣藤原師長（40）を太政大臣に任ぜんとして、兼実の意中を測らる、

と。【玉葉】

正月二十四日〔天陰り、雨下る〕

後白河法皇、故建春門院服喪の除服あり。来月、熊野詣で御幸あるべし、と。【玉葉】

正月二十六日〔天陰り、夜に入りて小雪〕

後白河法皇、尊勝陀羅尼供養を修せらる。右大臣藤原兼実（29）、不参。催しにより家司を使として恒の如く陀羅尼を進達す。導師は東寺一《いちの》長者・法務禎喜法印（79）なり。参入の公卿・殿上人、皆諒闇装束を着用す。かねて、吉服を着すべきや否や、その沙汰あり、遂に諒闇着たるべき由、仰せ下さる。よって、権大納言藤原実房（31）も諒闇直衣にて参上。いく程を経ずして退出、関白藤原基房（33）の毘沙門講に参向す。【玉葉、愚昧記】

正月二十八日〔晴〕

後白河法皇女御琮子《たまこ》（33）、密々にて日吉社参詣。御供人ら、皆浄衣を着用。権大納言藤原実房および権中納言藤原実綱（51・以上、女御兄弟）は駕輿《がよ》にて参上、修理大夫公兼（実房息）は騎馬にて供奉。申終り（午後五時前）に日吉社の社頭に参着。御宮廻りあり。時に降雨。十禅師社において御経供養あり。この夜、女御一行、同社に宿御。【愚昧記】

正月二十九日〔天晴る〕

卯刻（午前六時頃）、後白河法皇女御琮子、日吉社の宿御所を出御、石山寺に参詣。まず、座主住房（座主＝別当権僧正公祐44・女御琮子兄）に着御、ここで御膳を供御の後、御堂に参御。御経供養、灯明献灯の後、還御。酉刻（午後六時頃）に入洛せらる。【愚昧記】

未刻（午後二時頃）、蔵人頭左中将藤原定能（30）、右大臣藤原兼実第に入来。除目の事を語る、「去る二十四日、除目入眼《じゅげん》の当夜、検非違使別当の発令につき違乱の事あり」と。後白河法皇、当初、平時忠（48）の還任の旨、仰せあり。しかるに、急遽、権中納言藤原忠親（47）に変改さる。この間、職事・清書役・上卿らの失錯あるか。後白河法皇、宸筆にて任人を一紙に注記して、関白藤原基房に手交さる。新任人の名は「忠親」と記さる。これを一覧した関白基房は、その旨を下知。この違失は職事の過誤によるか。その故は、かねて平時忠還任の風聞しきりの中、除目の翌日、院御所北面に候すところの検非違使ら、後白河法皇内々の天気《てけ》（思召し）を察して、まず、藤原忠親第に参向す。しかるに、忠親、僻事《ひがごと》の由を称して検非違使らを追い返す。よって、一同、平時忠第に赴く。時忠、喜悦してかれらに面謁す。しかるに、その直後の改定により、時忠は大いに嘆息す。時忠、当初はさしてこの望みを持つことはなかりしが、たちまち時忠還任《げんにん》の報により一時の高名を得し故に、いまこの藤原忠親替任のこと、時忠にとり堪えがたき恥辱なり、と。【玉葉】

二月一日〔陰り晴れ、定まらず〕

後白河法皇、熊野詣で御幸のため、来る六日より御精進屋（法住寺殿内）に入御と。【玉葉】

二月三日〔陰り晴れ、定まらず。時々、雨降る〕

去る正月二十四日の除目により、前権中納言平宗盛（31）、還任の上、右大将を兼帯す。この日、宗盛、右大将の拝賀を行う。後白河法皇の在御所（北殿・七条殿）、前建春門院崩御の御所として憚りあるにより、この日、法皇、南殿（法住寺殿）に渡御、拝賀の礼儀に備えらる。右大将宗盛の前駆《せんぐ》は殿上人親昵の人々十人、五位蔵人六人は法皇よりこれを差遣、さらに関白藤原基房（33）の許に祇候の人々を釣り出さる。六位二人。扈従の公卿は左中将平知盛（26）が唯一人。番長は元院御所に出仕の中臣近武を下賜、起用せり。【玉葉】

二月五日

中納言藤原邦綱（56）、去る正月二十四日の除目において権大納言に任ぜらる。内裏ならびに院御所拝賀の適否につき、右大臣藤原兼実（29）にこれを質《ただ》す。兼実、「閑院内裏においては拝すべからず。院御所においては、後白河法皇すでに故建春門院服喪の除服了りたれば、拝賀に参上しかるべし。ただし、御所七条殿なれば、凶事たるにより御拝不可」と答う。【玉葉】

二月八日〔天晴る〕

故建春門院御月忌の仏事を七条殿において修す。未刻（午後二時頃）、権大納言藤原実房（31）参仕。了りて布施を取る。【愚昧記】

二月十一日〔天陰る〕

或人、右大臣藤原兼実（29）に、去る月二十四日、後白河法皇、故建春門院服喪のために着せし素服（喪服）の除服に際し、違例の事あり、と。その故は、脱したる素服は切り刻みて川に流すが定例なり。しかるに、法皇、素服着用の時、素服を召さず。これにより、切り流すべき物なし。よって、前太政大臣藤原忠雅（54）にその方途につき、問わる。忠雅、代りに麻御帯を召して、これを切るべし、と奉答す。しかして陰陽頭賀茂在憲（76）は、「着服の時これを召さず、喪明けに急の着用は禁忌あり」と。ついで、法皇、権大納言藤原隆季（51）に問う。隆季は、「たとえ召し給わずとも、素服を求め出して、それを切り給うが可なり。しかしながら、これまた更に禁忌あり」と。よって、賀茂在憲の申状に従いて、日頃着用の黒御帯を切りて、これを川に流されたり、と。これまた新儀なりと、右大臣兼実得心す。【玉葉】

二月十五日〔天晴る〕

権大納言藤原実房、後白河法皇は熊野詣で（進発日不明）により不在にて、院参せず、閑院内裏に参内。小時にして退出。ついで、法住寺殿隣接、故建春門院御願寺・最勝光院の修二会《しゅにえ》に参仕す。法皇不在につき御幸なきにより、公卿布施取りの儀なく、法会始行の後、実房、

早退す。　【愚昧記】

二月十八日〔天晴る〕

去る七日、大納言左大将平重盛（40）を二月十日に内大臣に任ずべく一定《いちじょう》せり。ただし、父入道相国清盛（60）の例により、兼宣旨《けんせんじ》ならびに大饗なし、と決す。しかるに、二月九日現在、右大将重盛、熊野参詣より帰路につくと雖も、いまだ入洛せず。十日当日、重盛不在につき任大臣儀、延引となる。しかるに、この夜に入り、たまたま入洛して、大饗を儲くべき志を重盛強く主張せり。これにより、俄かに任大臣を延引す。その後、来る二十三日に兼宣旨の儀を行わんとす。この儀、ことに関白藤原基房（33）、閑院内裏において強く主張す、と。結局、後白河法皇の裁可を得べく、熊野詣での紀伊国行路に脚力を差遣して、この旨を法皇に奏上。法皇の、左右《とこう》により一定すべし、と議決あり。　【玉葉、愚昧記】

三月五日〔天晴る〕　**藤原師長を太政大臣、平重盛を内大臣に任ず**

任大臣の事あり。内大臣藤原師長（40）をもって太政大臣に任じ、大納言左大将平重盛をもって内大臣に任ず。また、前権大納言藤原実定（39）を還任す。新内大臣平重盛、後白河法皇女御琮子御所・三条室町殿（饗所）において大饗を行う。任大臣儀において内弁《ないべん》を勤めし権大納言藤原実房（31）、尊者《そんじゃ》を勤む。故建春門院諒闇により管絃の事なし。右大臣藤原兼実（29）、この日の日記（『玉葉』）に、「左府（左大臣藤原経宗59）および余（兼実）、下臈（位階下輩の者）に超越せらるる事、すでに三ヶ度、希代の事か」と鬱懐を書き留む。　【玉葉、愚昧記】

三月六日〔晴〕

後白河法皇、これより早く熊野御幸より還御ありたり（入洛日不明）。この日、未刻（午後二時頃）、権大納言藤原実房、内裏の季御読経《きのみどきょう》に参仕せんとして、まず、院御所に参入す。後白河法皇、熊野御幸より還京の後、いまだ参院せざるによるなり。折柄、治部卿藤原光隆（51）参会せり。しばし言談の後、酉刻（午後六時頃）に及び参内す。　【愚昧記】

三月八日〔風烈し〕（『玉葉』は「陰り晴れ、定まらず。風吹く」）

権大納言藤原実房、後白河法皇御所に参上。今日、故建春門院御月忌なり。しばらくして御講始まる。導師は延暦寺の阿闍梨公円（56）なり。院参の人々は権大納言藤原実国（38）・別当藤原忠親（47）・左兵衛督藤原成範（43）・右兵衛督平頼盛（47）・権中納言藤原実綱（51）・按察使前中納言源資賢（65）・参議平教盛（50）・参議藤原家通（35）・参議藤原頼定（51）・正三位藤原基家（46）・左京大夫藤原脩範（35）なり。　【愚昧記】

三月九日〔天晴る〕

新内大臣平重盛（40）、任大臣の慶び申しのため後白河法皇御所に参向す。【愚昧記】

三月十二日〔晴〕

権大納言藤原実房（31）、後白河法皇女御琮子（33）御所三条殿に参向。女御より伝聞す、同法皇女房高倉三位局（大納言藤原季成女）、去る十一日晩方、薨逝す、と。年五十二歳。臨終の儀、はなはだ吉《よし》。十念誤たず、と。貴ぶべし、貴ぶべし。即刻、岳崎《おかざき》堂（岡崎＝円勝寺・最勝寺・法勝寺等所在、中の御堂一宇か）に遺体を移御す、と。これ法眼行仁（60）堂なり。【愚昧記】

三月十四日〔天晴る、夜に入りて小雨〕

今晩、後白河法皇、大相国入道清盛（60）の摂津・福原別業に御幸。福原において千僧供養を行わるるにつき、結縁参会のためなり。来る二十二日還御、入洛、と。【玉葉（三月二十二日条も）、百錬抄（三月十八日条）】

三月十五日　**後白河法皇、清盛の福原千僧供養に結縁参会**

今日より三ヶ日の間、福原において大相国入道千壇供養法（『百錬抄』千僧供養）を行う。この中、百壇は護摩供養なり。その中壇は後白河法皇がみずから修し給う。その他は東寺・天台・真言の高僧ら、各宗の長者以下が参仕。大略、京都に残る人なき総動員により一千人の僧侶参仕せり。前神祇伯入道顕広王（83）は「およそ件の千僧は貴重の事か」（『顕広王記』）と。【百錬抄（三月十八日条）、顕広王記（三月二十日条）、玉葉（三月二十二日条）】

三月十八日

福原における千壇供養法に引続き、三ヶ日にわたり同所において千口持経供養（千僧供養）を行わる。供養法は入道清盛の修する所、持経者供養は後白河法皇の行い給う所なり。これ、故建春門院菩提のためなり。その持経者一千人は、法皇御所の殿上の侍臣以下、北面武者所・主典代・庁官らにこれを宛てられ、参仕せしめらる。【玉葉（三月二十二日条）】

三月二十一日〔天晴る〕

申刻（午後四時頃）、後白河法皇、福原より還御、入洛あり。法皇還御に際し、入道清盛、法皇に引出物等を進献す。いずれも輪田泊に入津の宋商客船載の「唐物等珍重」の品々なり。【玉葉（三月二十二日条も）、愚昧記（三月二十三日条）、顕広王記（三月二十二日条）】

三月二十二日〔天晴る〕

申刻（午後四時頃）、蔵人頭左中将藤原定能（30）、九条第に来訪、右大臣藤原兼実（29）の病疾を見舞う。定能、昨二十一日に法皇、福原より帰京のことを告げる。兼実、福原千僧供養の様子を問い、委細詳しく病状を定能に語る。院御所に帰参の上、法皇に叡聞されんと願うことなり。先日、兼実不出仕につき、虚病を称するや、と後白河法皇より聖訓（法皇の戒め）ありたり。その恐れを遁れんがために、誠意のほどを定能に示したり。　【玉葉】

三月二十四日〔天晴る〕

右馬権頭藤原基輔、参院して蔵人頭右中将藤原光能（46）に、右大臣藤原兼実（29）、所労（脚病）甚だしきにより伊勢神宮の上卿《しょうけい》勤仕しがたき旨を、後白河法皇に奏達す。この由、聞召《きこしめ》す法皇は兼実所労の不便により、大納言藤原実定（39）に上卿代替の事、下命あり。実定、すでに領状す。よって、兼実辞退の事、法皇、御気色不快なることなしと告ぐ。この夜、右中将藤原定能（30）より兼実の許に書状到来。兼実所労の事、法皇の叡聞に達せり。法皇、更に不快の御気色なし、と。　【玉葉】

三月二十八日〔天晴る。夜に入りて雨甚だし。終宵、止まず〕

この夜、蔵人頭右中将藤原定能、右大臣藤原兼実宿所（藤原頼輔の南直廬）に来る。兼実、兵仗《ひょうじょう》を辞せんとして、後白河法皇の御気色を伺うべく申含む。これ、天変重厄、所労等により、去る年より思い萌《きざ》すところ、自然、今日に延引せり。近日、その慎み殊に重きにより、兼実、決意したところなり、と。　【玉葉】

四月五日〔天晴る〕

去る一日、閑院内裏において平座《ひらざ》あり。ついで叙位の儀あり。正二位太政大臣藤原師長（40）を従一位に叙せらる。去る夜（四日）、藤原師長、昇叙拝賀のため、まず後白河法皇御所法住寺殿（南殿）に参上す。ただし、法皇、北殿（七条殿）に在御。師長の拝賀受くべく南殿（法住寺殿）に渡御し給わず。よって、南殿に御在所の儀として拝賀の儀を行い、御馬を賜い、退去す。ついで、閑院に参内、内《うちの》御方（高倉天皇17）に慶び申す。同閑院南庭に渡り、中宮御方（平徳子23）に拝す。　【玉葉（四月一日条）、愚昧記】

今日、権大納言藤原実房（31）の許に、院近臣・右京大夫高階泰経（48）、後白河法皇の仰せをうけて書状により催す。来る八日、法皇御堂供養あり、直衣を着用して参るべしと、内々、御気色を伝え来れり。書状披見の実房は、即刻、参入すべく返事す。法皇、人々を抽きて、実房に催せらるるか、と。　【愚昧記】

四月六日〔天晴る〕

申刻（午後四時頃）、二条東洞院（二条南・高倉西）より出火、太政大臣藤原師長の冷泉東洞院亭（冷泉北・東洞院東。この亭、もと花園左府源有仁亭なり。いま院御所）、まず灰燼に帰す。ついで、その東に隣接の皇太后忻子《よしこ》（後白河天皇皇后・44）の御所、ならびに権中納言藤原実綱（51）の第も炎上。この両三日前には皇嘉門院（崇徳天皇中宮・右大臣藤原兼実29姉・56）九条御所炎上（三月二十七日）。以来、連夜にわたり

強盗の放火により焼亡不断なり。天変頻りなり。【顕広王記、百錬抄】

四月八日〔天晴る〕

後白河法皇御所七条殿内の新御堂供養（『百錬抄』小御堂）あり。これ摂津・天王寺念仏堂を模造建立せらるるものなり。導師は前権僧正公顕（68）、讃衆八人（内二人は僧綱）なり。権大納言藤原実房（31）、束帯着用（院の催しは直衣なり）の上、巳刻（午前十時頃）に参入。すでに人々、御堂の方に在り。しばらくして供養の儀、始行。未刻終り（午後三時前）に事了んぬ。内大臣平重盛（40）以下、布施を取り僧に給う。今日の供養、法皇より別催ありて参入の公卿は、内大臣平重盛・権大納言藤原隆季（51）・同藤原実房（31）・同藤原邦綱（57）・同藤原成親（40）・同藤原実国（38）・前権中納言藤原光隆（51）・中納言藤原宗家（39）・権中納言藤原忠親（47）・同藤原成範（43）・同平頼盛（47）・同源雅頼（51）・前中納言源資賢（65）・参議藤原朝方（43）・同藤原実家（33）・同藤原家通（35）・修理大夫藤原信隆（52）・兵部卿平信範（66）・正三位藤原基家（46）・左京大夫藤原脩範（35）・伊勢祭主大中臣親隆（73）ら二十一人なり。この供養により、法皇、免物《ゆるしもの》（赦免）を行わる。【愚昧記、玉葉、百錬抄】

この日、故建春門院御月忌の仏事、例によって七条殿の寝殿においてこれを行わる。権大納言藤原実房以下、参仕。事了りて布施を取り退出す。

後白河法皇、灌仏会を南殿（法住寺殿）において行わる。左兵衛督藤原成範（43）一人参上、これを勤仕す。上西門院（52）参会の予定なるも、窮屈（疲労）により不参。【愚昧記】

四月九日〔天晴る〕

後白河法皇、七条殿内新御堂（天王寺念仏堂模建）において故建春門院のために一品経供養を行わる。導師は権大僧都澄憲（52）なり。未刻（午後二時頃）、権大納言藤原実房、直衣を着用して院御所七条殿に参入。右兵衛督平頼盛および按察使前中納言源資賢、相率いて参上。人々すでに御堂（新御堂）の方に参集、ほどなく供養始行。申時許り（午後四時頃）事了んぬ。導師・祇園社別当澄憲の説法（弁舌、富楼那《ふるな》〔インド能説僧〕に異ならず）と。【愚昧記、玉葉】

四月十三日〔天晴る〕　**比叡山の衆徒、日吉社の神輿を奉じ、閑院皇居に西光・藤原師高を強訴**

これよりさき、加賀守藤原師高、加賀・白山比咩《しらやまひめ》社の神領の在家を焼払い、かねて大津（日吉七社のうち、白山姫社）神人《じにん》（神主・社家）の貯物（貯蓄米）二千余石を押取る。神人らこれを本山に訴え申す。これにより、比叡山延暦寺の衆徒、加賀守師高ならびにその父西光法師（もと左衛門尉藤原師光）両人を訴訟するも、西光法師、後白河法皇の寵臣たるにより裁訴の事なし。大衆四、五百人叡山を発向し、祇陀林《ぎだりん》寺《じ》（中御門、京極東＝上京区）に到達、叫呼《きょうこ》の声、耳を驚かすばかりなり。やがて、衆徒《しゅと》つぎつぎに参集、二千余人の多勢となり、閑院皇居に押し寄す。伊藤左衛門忠景、大将となり陣頭につきてこれを防禦す。にもかかわらず、衆徒、日吉社の神輿を舁き出して、内裏に乱入せんとして、瓦礫をもって軍兵を打つ。町の辻々には逆毛木《さかもぎ》を立てて、防戦せんとす。町の人々は、戦乱の想いに至るも、大衆、これを撃破して、閑院内裏の門前に進む。院宣により防戦に立つ官軍は、衆徒の舁《か》く神輿を射かけ、その二基に矢を射込みたり。衆徒は、その神輿を二条大路二条町辺（内裏陣口なり）に棄て置き帰山す。衆徒、両三人負傷、一人は死去す。京中の雑人は神輿の周辺に群がり、頭を低れて合掌す。末代と雖も、かかる事態の発生、未曾有の事なり。矢を射る下手人は、たちまち捕縛、禁獄に下さる。日吉祭は延引となる。

【愚昧記、顕広王記、帝王編年記】

四月十四日〔天晴る〕　**高倉天皇・中宮平徳子、法住寺殿に脱出**

寅刻（午前四時頃）、叡山の大衆、兵具を帯び下山、参洛の風声、京都に達す。よって、天曙の後、高倉天皇（17）、閑院内裏より後白河法皇御所法住寺殿に行幸あり。この報、大夫史小槻隆職（43）の書状により承知の右大臣藤原兼実（29）、「たとえ夷狄《いてき》（叡山大衆）、謀叛を致すと雖も、天子、豈、皇居を棄てんや。弾指すべきの世なり」と慨嘆す。また、その臨幸の有様を伝聞するに、直事《ただごと》に非ざる世か、と。まず、供奉の公卿たちの服装の不統一。あるいは直衣、あるいは衣冠と、故実を無視の体なり。高倉天皇は腰輿《たごし》に駕す。関白藤原基房（33）は、この臨幸を知らず、卒爾の告げにより遅参す。また、殿上（清涼殿）の具たる倚子・時簡《ときのふだ》ほかの雑具等を雑役車に積載して運送。およそ禁中、周章の有様、上下の男女（侍臣・女房）奔波の有様は、さながら内裏炎上の時の如し、と。また、中宮徳子（23）の法住寺行啓には、中宮大進平基親（27）唯一人の供奉、という不首尾であった。兼実、この有様に「仏法・王法、滅尽の期、至るか。五濁の世、天魔（大衆）その力を得る。是れ世の理運なり。惣じて言語の及ぶ所に非ず、筆端の尽くべきに非ず。夢か夢に非ざるか。言いて余り有り、嘆きて益無し。左右《とこう》する能わず、左右する能わず」と慷慨す。南殿（法住寺殿）、主上の行幸により、ここを皇居となせり。この夜、閑院皇居の内侍所、法住寺殿に渡御ありたり。また、この日早く、後白河法皇、七条殿より南殿（法住寺殿）に御幸あり。これにより、院ならびに内裏（法住寺殿）の辺り軍兵遍満し、すでに「平治之乱代」に別ならず、と。【愚昧記、玉葉、達幸故実抄、顕広王記（行幸、今夕と）】

昨日（十三日）、大衆、閑院内裏の陣口（二条町辺）に放棄せし日吉社神輿二基につき、祇園社別当澄憲（52）に祇園社に移さしめんとす。しかるに澄憲、これを固辞す。その故は、祇園社神輿は法皇進止《しんじ》として移し奉るべきなり。しかるに、日吉社神輿は、権限外なり、と。よって、後白河法皇、院宣を発して、神輿二基を祇園社に移さしむ。【愚昧記】

四月十五日〔晴〕

午刻（正午頃）、大夫史小槻隆職（43）、右大臣藤原兼実第に入来。兼実（29）、病悩厚きにより面謁せず。人をして叡山衆徒の一件を問わしむ。それによれば、今暁、後白河法皇の院宣を携行の僧綱、登山せんとするも大衆怒りて阻止せるにより、逐電して帰参せり、と。しかるに、後白河法皇、叡山衆徒の訴訟を裁許ありて、天台座主明雲（63）に院宣を下して、訴状の如く加賀守藤原師高およびその父西光法師を配流と決せり、と。また、日吉社神輿を射たる忠景郎ら十人を禁獄の上、徒《ず》（労役）七年に処す、と通達さる。これにより、大衆ようやく和平に及べり。また、今夕、高倉天皇（17）、法住寺殿より閑院皇居に還御。【愚昧記、玉葉】

四月十九日〔天晴る〕　**後白河法皇、故建春門院のために百ヶ日法華八講会を始行す**

後白河法皇、故建春門院のおんために、七条殿内、新造御堂（念仏堂＝天王寺模造）において百ヶ日法華八講会を行わる。ことに公卿の参仕を催されざるにより、伝聞の人々は参るべし、と。よって午時許り（正午頃）権大納言藤原実房（31）、直衣を着して七条殿に参上。やや久しくして始行さる。法皇、まず、御堂（長講堂）に渡御せらるるにより、権右中弁平親宗（34）、参入公卿の着座（堂中）を誘導す。僧座の後南、または廂の間を公卿座とす。大納言源定房（48）、みずから行事を勤むべく、平親宗に事由を申し出で、法皇の許しを得、鐘を打ちて講の開始を告ぐ。

この日の供養、まず朝座は三井寺の法印覚智（73）、講師《こうじ》を勤む。読師は同じく三井寺の大僧都寛智、問者は南都・山階寺（興福寺）の権僧正玄縁。唄師《ばいし》は延暦寺の権大僧都澄憲（52）が勤仕す。ついで散花あり、興福寺の権僧正範玄（41）が勤む。つぎに論説あり。論匠多く、数重なる有様なり。つぎに夕座を始む。講師は玄縁、問者は覚智なり。事了りて布施あり。導師に被物《かずけもの》一重、以下の僧には裹物《つつみもの》各一を取らす。これらのほかに権律師相俊（法相寺）・同弁暁（39・華厳寺）・阿闍梨覚什（32・天台寺）・同公因（三井寺）などを交じえ、およそ請僧は五十人にも及べり。各十人を各五ヶ日あて勤仕せしめ、第五日目にそれぞれ布施を給うべく決せり。結願は七月三十日。【愚昧記、玉葉、百錬抄】

四月二十日〔天晴る〕　**藤原師高を尾張国に配流**

検非違使別当藤原忠親（47）上卿となり、宣旨により加賀守藤原師高の見任《げんにん》を解却《げきゃく》して尾張国に配流す。また、内大臣平重盛（40）の郎従、平利家（字《あざな》、平次）・平家兼（字、平五）・田使俊行（字、難波五郎）・藤原通久（字、加藤太）・藤原成直（字、早尾十郎）・藤原光景（字、新次郎）の六人を日吉社神輿を射たる罪科により禁獄す。これ大衆の訴え申しならざるも、神慮を恐るるにより、解謝《げしゃ》をなすなり。これはまた内大臣平重盛の自発的申請によるものなり。【愚昧記、玉葉】

四月二十二日〔或いは晴れ、或いは陰る〕

夜に入り、蔵人頭右中将藤原定能（30）、右大臣藤原兼実第に来る。故建春門院おんための高倉天皇（17）の法華八講会のこと、関白藤原基房（33）、諒闇を過ぎて行わるべき由を後白河法皇に進言す。法皇もまた同意見なり。しかるに、主上の仰せによれば、「報恩の道、早速をもって先となし、周闋《しゅうけつ》の内にこれを行うべし」と。よって来る七月五日・六日に行うべきの叡慮あり。右大臣兼実、すこぶる感嘆す。また、御八講定文は後白河法皇の意により、右中将藤原定能、書くべし、と。【玉葉】

四月二十三日〔天陰る〕

故建春門院のための百ヶ日法華八講会、第五日（五巻の日）に当たる。朝座の講師は覚什（32）、問者は公因。夕座の講師は公因、問者は覚什。両座了りて布施を給す。各、被物一重、裏物一なり。今日、参仕の公卿は大納言源定房（48）以下、十七人なり。【愚昧記】

四月二十五日〔天晴る〕

故建春門院のための百ヶ日の法華八講会あり。未刻（午後二時頃）、権大納言藤原実房（31）参仕。朝夕の講論を始行さる。事了りて退出、時に酉刻（午後六時頃）なり。今日、参仕の公卿は、権大納言藤原成親（40）・権大納言藤原実房・左兵衛督平頼盛（47）・権中納言藤原実綱（51）・按察使前中納言源資賢（65）・皇后宮権大夫藤原朝方（43）・参議藤原頼定（51）・左京大夫藤原脩範（35）・右中将藤原実宗（33）の九人なり。【愚昧記】

四月二十六日〔天晴る〕

故建春門院百ヶ日の法華八講なり。権大納言藤原実房、七条殿に参入。両座（朝座・夕座）事了りて退出。今日、参仕の人僅少なり。公卿は前治部卿藤原光隆（51）・按察使源資賢（65）・散三位藤原基家（46）・左中将平知盛（26）の四人のみ。【愚昧記】

四月二十八日〔天晴る〕　**京中大火、内裏炎上（太郎焼亡）**

亥刻（午後十時頃）、上方、樋口富小路辺り火事あり。京中人屋多く焼亡。火勢いよいよ盛りて、閑院内裏に類焼及ばんとす。よって、高倉天皇（17）、腰輿《たごし》に乗って正親町東洞院の権大納言藤原邦綱（57）第に行幸。関白藤原基房、騎馬にて供奉。中宮徳子（23）、糸毛車に乗駕、同じく渡御せらる。この夜、焼亡の所々。大内は大極殿以下、八省院一切残らず炎上。会昌門・応天門・朱雀門・神祇官（八神御正躰焼失）・民部省・主計寮・主税寮・式部省・真言院（両界曼陀羅も焼亡）・主水司・大膳職・大学寮（孔子御影、取り出す）・勧学院等なり。また、関白藤原基房の錦小路大宮第以下、公卿十四人の邸第を炎上。このほか二万余家を焼亡、町数二百余町を類焼す。炎上の中間、辻風たびたび吹き来り、希代の災、未曾有の大火たり。後白河法皇、七条殿に在所。この火災により「京中三分の一、灰燼《かいじん》す。世人、日吉神火と称す」（『帝王編年記』）と。また、世人、この火事を「太郎焼亡」（『後清録記』）と号す、という。【玉葉、愚昧記、帝王編年記、百錬抄】

四月二十九日

後白河法皇、七条殿の長講堂における百ヶ日法華八講会。権大納言藤原実房（31）、未刻許り（午後二時頃）、院御所に参勤。この日、論義第三番の初日なり。朝座の講師は公慶法眼、問者は法眼増気。夕座は朝座に代りて増気講師となり、問者公慶、これを勤む。両座の論談了り、布施を取り退出す。権大納言実房以下、公卿五、六人参仕す。　【愚昧記、吉記、百錬抄】

四月三十日〔雨降る〕

七条殿における後白河法皇の御講（百ヶ日法華八講会）あり。朝座の講師は寛弁已講、問者は覚弁（32）已講なり。夕座はこれに代り、講師覚弁、問者寛弁がそれぞれ勤む。　【吉記】

この夜半、仮中宮庁（二条北、油小路西、二条面。北陣北門前の経師法師の家。一日、中宮本庁、炎上せしにより召借）に数人の強盗乱入す。中宮庁守男、喚叫するにより、強盗に切りつけられ三ヶ所（右肩より乳下までを切らる。また、首より打ち切らる。また、背も）に大疵をうける。守男の子、父を背負いて脱出するも、後日、守男は死亡。家主法師の弟子も切臥せらる。強盗、庁納公物《くもつ》を盗取り放火して逃亡す。その際、両三家、放火により炎上。大番の兵士、火事に気づきたるも、強盗乱入は不知と。この夜、二条高倉辺に住む牛童、陣中に火事ありと、右中弁藤原経房（35）に急報せるにより、急ぎ閑院内裏に参入す。近火により高倉天皇（17）も腰輿を用意、避難されんとするも、出御に及ばざりき、と。これらを伝聞の経房は「誠に是れ希代の珍事なり。常篇に絶す。仏神・天道、すでにこの国を棄つるか。近日の次第、すでに魔滅《まめつ》と謂うべきか。ああ悲しきか」と嘆息す。折柄、参内の院近臣・右京大夫高階泰経（48）も、一切始終を伝聞。この夜の大椿事を後白河法皇に奏聞せんと、急ぎ退出、院御所七条殿に帰参す。

また、この夜、内裏の右衛門陣の四足門（油小路南門なり）に矢二本を射立てらる。右大臣藤原兼実（29）はこれを聞き、「天運、尽きんとするか。悲泣して余り有る者なり」と。その折、閑院に参入の蔵人頭右中将藤原光能（46）は、その矢二本を後白河法皇に進覧すべく、即刻、七条殿に持参せり。　【吉記、顕広王記、玉葉（五月一日条）、愚昧記（五月一日条）】

五月一日〔天晴る〕

権大納言藤原実房、閑院内裏に参内。退出の後、院御所七条殿に参入。後白河法皇、百ヶ日法華八講あり。時に朝座の論義の間なり。夕座了りて退去。中門廊において、権中納言藤原実綱（51）・按察使前中納言源資賢（65）・参議右中将藤原実守（31）らと言談す。去る夜、仮中宮庁の強盗放火の一件、諸人驚奇《きょうき》す。後白河法皇もまた大いに驚き給う、と。また、源資賢、右衛門陣に矢射りたる禁忌の事あるにより、主上に暫く閑院皇居を去り他所に渡御あるべきを、法皇に奏上す。

この日、院御所七条殿内に落書ありたり。ただし、普通の落書の体《てい》と異なり、その落書に名を表記せり、と。その状中に多くの事を列記せ

り。二、三ヶ条、凶徒の結構により王法を傾けんとの文辞を記す。しからば、仏法、また何んの憑《たのみ》とならんか、と。　【愚昧記】

五月四日〔天晴る、風駆る（強風）〕

後白河法皇、七条殿御堂において百ヶ日法華八講あり。朝座の講師は法眼空雅、問者は法橋知海なり。夕座は両人相替り、これを勤仕す。両座の講師了り布施を取る。御所の殿上において、実房（31）、実慶法印に謁し、問法。日没後、帰宅す。　【愚昧記】

去る四月、延暦寺末寺たる加賀白山の衆徒、神領を横領せし咎により加賀守藤原師高を訴訟す。本山たる叡山の大衆、日吉社の神輿を奉じて朝廷に強訴。結果、同師高を解官の上、尾張に配流して一件落着せり。その後、山悪僧ならびに白山張本を使庁に責問せしところ、すべて天台座主・法務僧正明雲（63）下知による騒擾なること判明せり。よって、後白河法皇、検非違使庁に下命して使二人を遣わし、明雲を拘引せしむ。また、祈禱のため法皇より明雲に預置きし本尊の仏像も召返さしむ。　【百錬抄、顕広王記】

五月五日〔陰り晴れ、定まらず。微雨、間《まま》降る〕　**後白河法皇、天台座主明雲を見任・解却す**

後白河法皇、七条殿において百ヶ日法華八講あり。午三点（正午すぎ）、権大納言藤原実房、諒闇たるにより束帯を着し、参院。しばらくして、講始行さる。朝座の論義の間、退出す。

今日、後白河法皇の勅命により蔵人頭右中将藤原光能（46）、左少弁藤原兼光（33）を召し、天台座主・法務僧正明雲の見任《げんにん》ならびに所職を解却すべし、と下知す。兼光は閑院皇居に参内、大夫史小槻隆職（43）に宣旨を行うべく仰せ下す。　【愚昧記】

事の子細は、先年（仁安四年〈一一六九〉）、権中納言藤原成親（32）を叡山大衆の訴えにより備中国に配流の一件、さらに右衛門督検非違使別当平時忠（40）の同件奏事不実なるにより、出雲国に配流の一件。その上、このたびの加賀白山衆徒の一件ともども、すべてその背後は明雲下知により大衆強訴に及ぶとの証文出来、その間の経緯、すべて明白になりたる、と。　【愚昧記、顕広王記、玉葉】

五月六日〔天晴る〕

近日、連夜、京中騒動、奔走す。よって、高倉天皇（17）、この夜、閑院皇居より法住寺殿に行幸あらんとす。これを伝聞の後白河法皇は、蔵人頭右中将藤原光能をして権大納言藤原実房に仰せあり。「叡山大衆、下山して参洛の噂、法住寺殿行幸は、しばらくその大衆の動向、推移をたしかめた上で」と。実房は、「今夜の行幸は中止すべし。それよりも、大衆の入京を阻止すべく、まず例によって賀茂川の堤を切り防ぐが先決か」と奉答す。実房、連日連夜の騒動を見聞するにつけ、「是れひとえに、末世の然らしむるか」と慨嘆せり。　【愚昧記】

一昨四日夕、検非違使左衛門尉惟宗信房は後白河法皇の下命をうけて、天台座主・僧正明雲の身柄を留置す。昨五日には、早くも法皇の勅により明雲を見任・職掌停止の宣旨が発せらる。この急変により叡山の衆徒が騒擾す。後白河法皇の異母弟七宮（覚快法親王44）は、かねて延暦寺に在り。明雲を救出せんと悪僧を召集して、法橋陽弁ともども、今日、検非違使に付さる。

【顕広王記】

五月七日

権大納言藤原実房（31）、七宮覚快法親王（44）を天台座主に補すべき兼宣旨を給わる、と聞く。昨日は同宮検非違使に召寄せらると伝聞したばかり。人の世は吉凶糾《あざな》う縄の如し、とか。まさしく、この事なり。明日、七宮（在所、京都里房御所）に参賀すべし、と。

【愚昧記、顕広王記】

五月八日

後白河法皇の院御所七条殿において故建春門院御月忌の法事あり。午終りの刻（午後一時前）、権大納言藤原実房、直衣を着用、参院す。しかるに、御月忌法事は、すでに終り、故女院おんための百ヶ日御八講が始まらんとせり。よって急ぎ御堂に参入。時に朝座の論義中なり。ついで夕座に移行、両座講論了りて、布施を取り退出す。

権大納言藤原実房、七条殿の百ヶ日御八講了りて退出後、七宮（覚快法親王）御所に参上。拝謁の後、しばらくして退出せり。七宮の言。「座主に補すべき内々の仰せありたるも、その後、子細の仰せ事なし。いまだ齢闌《た》けず、天台座主の望みなし。ことに近日は前座主明雲の門徒広く、大衆蜂起は不祥事たるべし。姉上西門院（52）に相談せんとするも、閭巷の雑説をもって申しがたし。しかるに、今日、権中納言藤原実綱（51）奉行によって、補すべき由を告げ来る」と。これらを聞く実房は、「すでに御理運の事なり、この上の固辞は具顕恐れあり。ただ、後白河法皇より沙汰を申さしめ給わざる条は、まことに不審、不快の気なきにしもあらず。なれど、その上の固辞は憚りあり」とて、七宮補座主を受理あらんと申上ぐ。しかるところ、藤原実綱より、本日、日次不快につき来る十一日に延引すべき旨仰せ下さる、と書状をもって示し来る、と。

【愚昧記】

座主明雲（63）が検非違使庁に拘引されし後は、大夫史小槻隆職（43）の見聞によれば「家門、縄をもってこれを結び、房家（住房）一切人なし。井（井戸）蓋を覆い、下部（使用雑人）等、堂上（延暦寺）に昇り立つ」（『玉葉』五月五日条）という有様であった。しかして、今日、七宮御所に来訪の道すがら、前座主明雲房を覗見せし権大納言藤原実房によれば、「皆、門を閉じ、使庁の輩、少々、これに在り。北門前に大幕を引き、大納言源定房（48）の車、門前に在り」との有様なりき、と。

【玉葉、愚昧記】

五月九日〔晴〕

前天台座主明雲の門跡相承の寺々、ならびに寺領没官《もっかん》の事につき、蔵人頭右中将藤原光能（46）宣旨を下し、左少弁藤原兼光（33）に下行せしむ。この日、左大臣藤原経宗（59）、後白河法皇の叡慮により讃岐院（崇徳上皇）ならびに宇治左大臣藤原頼長の鎮魂のための方策を沙汰すべきを、権大納言藤原実房（31）に下知す。これ、近日、天下の悪事連続せるは、彼の人たちの所為（怨霊）なり。よって、彼の事（かれらの怨霊）を鎮められんがためなり。極まりなき大事なり、と。【愚昧記】

五月十日

後白河法皇、七条殿において百ヶ日法華八講。権大納言藤原実房、法勝寺法華三十講結願につき参入。夕座始の後、退出。七条殿に参候。時に朝座の終頭なり。夕座の論義了りて退出す。院参の公卿は、前治部卿藤原光隆（51）・右兵衛督平頼盛（47）・権中納言藤原実綱（51）・按察使前中納言源資賢（65）・参議左中将実家（33）・右大弁藤原長方（39）の六人なり。この中、光隆・頼盛・資賢のほかは、途中より法勝寺に参入す。【愚昧記】

五月十一日〔夜より雨降る〕　**覚快法親王を天台座主に補す**

前座主明雲（63）の罪名を勘申《かんじん》す。その罪科三ヶ事あり。㈠嘉応年中（一一六九―七一）、大衆、宮中に乱入せし事、㈡このたびの衆徒の事、㈢故前座主快修を追払える事、いずれも明雲結構の事なる由を、左大臣藤原経宗（59）申渡す。快修の一件は不問とするも、両度の衆徒乱暴の件は死刑にも匹敵せり。しかるに死罪一等を減じて遠流に処すべし、と。また、所領没官、すでに去る五日、所職を解却《げきゃく》せり。よって、この日、明雲を土佐国に流罪となすべき院宣を、後白河法皇、発布せしむ。【天台座主記、顕広王記、玉葉、百錬抄】

今日、七宮覚快法親王（44）を天台座主に補《ふ》すべき宣命を受け取らる。【玉葉、百錬抄】

五月十二日〔晴〕

後白河法皇、七条殿において百ヶ日法華八講会。権中納言藤原実房、参入。両座の事了りて、退出す。公卿の参入、実房のほか、右兵衛督平頼盛・参議藤原家通（35）・兵部卿平信範（66）なり。【愚昧記】

五月十三日〔天晴る〕　**崇徳上皇・藤原頼長の鎮魂について協議す。叡山衆徒、群起騒擾す**

昨十二日、後白河法皇、蔵人頭右中将藤原光能をもって、讃岐院（崇徳上皇）ならびに左大臣藤原頼長の鎮魂一件につき、左大臣藤原経宗に大外記清原頼業（56）・小外記中原師尚（47）の勘文を下達せしめらる。法皇、去る年、両人及び宮内卿藤原永範（72）らに勘申せしめられたり。よって、大学頭菅原在茂（57）に彼此比較の上、鎮魂方途につき所見を求む。その結果、讃岐院につきては、御願寺成勝寺（白川）に国忌を置かれ、法華八講を行うべし、と。また、讃岐御在所（配所）において追善供養を修すべきこと。また、左大臣藤原頼長は贈官位しかるべきか。しかし、位階最上の太政大臣には、すでにその子師長（40）が任ぜらる。よって贈正一位ないしは准三后の追贈しかるべきも、左府頼長の父・知足院殿（前関白藤原忠実）において、その前例なし。よって、この上は神祠に奉祀が最適か、と。しかし、この一件につきては、しばらく祈請の中に神託あらんか、その院宣に随うべきなり。惣じて、彼の両人、ともかくも追善の供養の営修こそ最適なり、と。

前座主明雲配流一定《いちじょう》たるにより、叡山宗徒、群起騒擾す。この日、大衆、後白河法皇に強訴《ごうそ》のため院御所七条殿に参上せんと、山頂を発向せり。如意峯（左京区東山連峯の主峯）より下山、山科に向い師光法師堂を焼払う。大衆すでに前座主明雲を奪還して帰山せり、と。巷説区々にして一定せず。いずれも虚言か。また、明暁、大衆下山して入洛せん、と。左大臣藤原経宗（59）、人を遣わし閑院内裏の辺を覗見せしむ。使者、帰来して、右少将平維盛（17）は二条堀川直廬に在りて、平穏なり、と。　【愚昧記】

五月十四日〔晴〕

後白河法皇、七条殿において百ヶ日法華八講なり。権大納言藤原実房（31）、参院。時に朝座論義始行の寸前なり。朝座の講師は大僧都観智、問者は権律師覚憲（47）。夕座の講師は大僧都澄憲（52）、問者は権律師弁暁（38）なり。両座了りて布施を給う。実房、西公卿座において、同座の前治部卿藤原光隆（51）および権中納言藤原実綱（51）としばらく言談し、酉刻（午後六時頃）、退出す。

この日、前座主明雲の罪名、すでに勘文を後白河法皇に上奏す。配流せらるべきと勘申す。昨日、宗徒下向の由、叡山（山上）より両三人の僧、告げ申す。これ、明雲配流せらるべきと承り及ぶにより、その事、止め申すべく参洛せり。しかして、いまだ宣下せられず、と聞きて大衆下山をとどむ。もしも、明雲配流、一定すれば、大衆、下京すべし、と。　【愚昧記】

五月十五日〔天陰り、時々、雨下る〕　**延暦寺僧綱ら、後白河法皇院御所に群参**

延暦寺僧綱ら、下山入洛す。京極三条の京極寺（跡、上京区上御霊竪町）に集会す。ついで、後白河法皇の院御所に群参。大衆の使者として申状に折紙を注して、法皇に上奏す。その趣によれば、「前座主明雲、所領を没収され、流罪に処せらるべきを風聞す。当山座主、いまだ配流の例を聞かず。何んぞ況んや明雲は顕密の棟梁たり。また、その手腕により、叡山に堂塔を次々に修造したる功は上古に超えたり。わけても公家《こうけ》の御経の師、後白河法皇御受戒の際の和尚なり。なにとぞ優免せらるべし」と。これに応えて法皇は、配流の一件、裁許することなし、と。　【百錬抄】

未刻（午後二時頃）、権中納言源雅頼（51）、右大臣藤原兼実（29）方に入来。今夕、前建春門院周闋法事定の事あり、閑院皇居に参陣せらるべし、と伝う。公事たるにより、雅頼、束帯を着用して来訪せり。行事弁は右中弁藤原経房（35）なり、と。この時、たまたま前座主の検非違使庁内における動向に話が及ぶ。前座主明雲（63）、この両三日飲食不通。一昨日（去る十三日）より検非違使右衛門尉平兼隆を守護のため加え遣わさる。しかるに、明雲譴責の体《てい》は切り焼くが如し、と。　【玉葉】

この日、後白河法皇、法住寺殿において恒例の供花始あり。権中納言藤原実綱、これに参仕す。　【愚昧記（五月十六日条）】

五月十六日〔晴れ陰り、定まらず。微雨、間《まま》降る〕
未刻許り（午後二時頃）、権大納言藤原実房（31）、関白藤原基房（33）の松殿（中御門南、烏丸東角）に参向。折柄、兄・権中納言藤原実綱参会、やや久しく言談す。明日、叡山衆徒、下山強訴のこと一定なり、と。昨十五日、実綱、院供花により法住寺殿に参上。時に山門僧十余人、同御所に参上、台東南等廂に列座し居たり。蔵人頭右中将藤原光能（46）をもって、前座主明雲（63）配流ならびに没官のこと、停止さるべく後白河法皇に訴え申す。これ衆徒の使者なり。この内奏により、法皇は、先々日、院使を登山せしめて大衆の下山を制止せしめしにかかわらず、いま、大衆使者、参上のこと、奇怪に思召す。のみならず王法を傾けんと企て、さらには仏法を滅せんとする者をこそ、罪科に行わるべきにもかかわらず、ここに至り、何んの慎みもなく誤りて訴え申すことこそ奇怪至極なり、と逆鱗ありて、法皇、この訴えを却下さる。よって、光能、使僧に退出すべし、と語る。
また、実綱は山上の僧二人（道因法師の子・侍従藤原定家の舎兄）より告げ来たりて、明暁衆徒の下京一定せしことを語る。さらに、大衆、明雲を奪取すべく企図する風聞あり、後白河法皇、検非違使右衛門尉平兼隆（和泉守平信兼子）に院宣を下して、守護の厳重を下命さる。大衆、明雲を奪取せんとして責め、もし去り難ければ、ただ明雲の首を切るべし、と申添えらる、と。【愚昧記】

五月十七日〔或いは晴れ、或いは陰《くも》る。夜に入りて雨灑ぐ〕
権大納言藤原実房、かねて下命ありたる讃岐院ならびに宇治左大臣藤原頼長鎮魂の献策、明日進上すべく清書完了せり。讃岐院（崇徳上皇）の事（五ヶ条の事）、左大臣藤原頼長の事（四ヶ条の事）をそれぞれ列記せり。【愚昧記】

五月十九日〔天陰る〕
この夜、前座主明雲、通清をもって、権大納言藤原実房にひそかに示し送る事あり。明日、仗議《じょうぎ》において明雲の罪名議決するに際し、陳弁方を乞い来るなり。実房、折柄、服暇《ぶっか》により仗座不参の旨を応答す。事の内容は、触れ示されざると雖も、皆、周知のことなり。明雲事、法臈久しきにより、すでに菩薩戒和上たり。霊鷲山《りょうじゅせん》の釈迦にも准ずべき尊貴なる人格なり。故に、後白河法皇の受戒の師となり、また高倉天皇（17）にとりては御経の師たり。かような高徳の明雲を罪せらるること不当なり、と。【愚昧記】

五月二十日〔終日、雨甚だし。夜に入るも猶、止まず〕
この日、前座主明雲の罪名の事、仗議あり。右大臣藤原兼実（29）、脚気の堪え難く行歩叶わざれど、病軀を冒して閑院内裏に参内す。仗座に参入の公卿は、太政大臣藤原師長（40）・右大臣藤原兼実・中宮大夫藤原隆季（51）・中納言藤原宗家（39）・権中納言藤原忠親（47）・同藤原成範（43）・同藤原実綱（51）・参議藤原朝方（43）・同藤原実家（33）・同藤原実守（31）・右大弁藤原長方（39）の十一人。しかして今日の公事奉行は太政大臣藤原師長、これ奇異中の奇異たり。また、今日の仗議、藤原師長、上卿を勤むるも毎事未熟にして、諸事存知せざるが如し。この日の上卿・関白藤原基房（33）を経ずして、後白河法皇の院宣により任命さると。これまた、法皇の寵臣・蔵人頭右中将藤原光能（46）の然らしむるところなり。すべて、左右《とこう》なく明雲の流罪を法皇に進言せし人なり。この日、長方・隆季・朝方ら、各申状を捧呈。右大弁長方の申状によれば、「衆徒、訴訟により参陣を企つ。相禦《あいふせ》がるるの間、自然、合戦に及ぶ。偏えに謀反と謂うべからず。しかのみならず、一乗（経典）を公家（高倉天皇）に教え奉り、法皇（後白河）に菩薩戒を授け奉る。還俗、流罪せしむるの条、何様に候べきや。かつは勅定（後白河法皇の裁決）に在るべし」と。この長方申状には、忠親・宗家・隆季・兼実・大相国師長ら左袒せり。隆季申状は「天台戒の和尚、死罪に処するの条、円宗《えんしゅう》（天台宗）の瑕瑾たるか」と。兼実（29）もまた同意見なり。長方申状、「罪科あるべきに似たるか」と。　【玉葉、百錬抄】

今日、左少弁藤原兼光（33）、閑院皇居に参内の右大臣藤原兼実に、故建春門院おんための宸筆御八講（高倉天皇書写・紺紙金泥法華経）の事、来る七月五日より行わるべきに決す、と。後白河法皇、院宣により兼実にその奉行方を下命。また、願文・呪願文ともに兼実清書すべし、と法皇の叡旨を伝う。兼実、吉日をもって参啓すべしと答う。　【玉葉】

五月二十一日（朝の間、天陰る）　**天台座主明雲、伊豆に配流**

右大臣藤原兼実、昨二十日、仗議における定文案（「法家勘申前僧正明雲罪名事」）を右大弁藤原長方より尋ね取る。この夜、明雲（還俗・63）を伊豆国に遠流す。天台座主配流の例なしと雖も、後白河法皇の勅定により決す。上卿は権中納言右衛門督検非違使別当藤原忠親（47）、職事は蔵人頭右中将藤原光能。上卿忠親、右少弁藤原光雅（29）に仰せて流人官符を作成せしむ。明雲、検非違使に護衛されて本房を出で、一切経谷（粟田口から東山を越えて山科盆地に入るところ＝山科区日ノ岡一切経谷町）を経廻す、と。　【愚昧記、顕広王記】

五月二十三日（天晴る）　**叡山大衆二千人、明雲を奪還**

流人・前座主明雲、配所伊豆国に進発下向の途次、叡山の大衆二千人許り、近江国国分寺中路（『愚昧記』粟津・『玉葉』勢多《せた》辺＝ともに大津市）をさえぎり、明雲の身柄を奪取、叡山に登山せり。明雲、しきりに固辞するも、衆徒、これを承知せず、重大なる違勅となりたり。この急報をうけて後白河法皇は逆鱗。即刻、武士を追遣さるるも、空しく帰参せり。後日、僧綱等をもって山門に子細を尋ねらる。大衆、これに答えて「更に（決して）謀反に非ず。顕密の棟梁（前座主明雲）、惜しみて余りあり。今一度、謁見せんがためなり」と。

申刻（午後四時頃）、人伝《ひとづて》に聞く右大臣藤原兼実は、「およそ言語の及ぶ所に非ず。偏えに天魔の所為か。一宗（天台宗）滅亡の時、すでに至る。哀しみて余り有り」と。明雲配所の伊豆国は正四位下源頼政（74）の知行国たり。兼実、去る夜半（二十二日）、頼政に国の兵士を付し護送に加わるべく下命す。山僧の濫行を恐れ、守護の下命をせず、異様の郎徒一両人を遣わす。明雲奪取の一件を知らず。今日、兼実、頼政を召し勘責《かんせき》せしむ、と。　【玉葉、顕広王記、愚昧記、百錬抄】

五月二十四日〔天晴る〕

後白河上皇、左大将平重盛（40）・右大将平宗盛（31）を召し、坂本（叡山登山口）を守護すべく院宣をもって下命す。しかるに、両将、「まず入道大相国清盛（60）に仰せられ、その左右《とこう》に従うべし」と遁れ申す。よって、後白河法皇、御使として左衛門尉平盛隆を福原の清盛の許に馳せ向かわしむ。　【顕広王記】

五月二十五日〔朝の間、天晴る。午後、陰る〕

未刻（午後二時頃）、後白河法皇の御使・左少弁藤原兼光（33）、右大臣藤原兼実第に入来。兼実の家司・肥後守藤原光経をもって、伝えて云う、「故建春門院御菩提のための宸筆御八講（高倉天皇御筆書写）の事、右大臣兼実に奉行せしむべし。かねて又、願文・呪願文の清書も執筆すべし」と。この伝奏《てんそう》を聞いた兼実（29）は、左少弁兼光に逢うべく、招引を促す。脚疾により客亭に出でがたきにより、障子を距てて謁す。兼実、直々に兼光に応答す、「宸筆御八講の奉行につきては、承知す。ただし、願文・呪願文の清書は未熟につき、その任に堪えず」と。もともと、この宸筆御八講の清書役は、親王・大臣の所役慣例なり。よって、後白河法皇の御定、まことに切なるものあり、と兼光陳述す。しかるに、兼実、重ねて能わずと法皇に奏聞すべし、と。　【玉葉】

入道清盛の後白河法皇に対する返事の有無、分明ならずか。しかりと雖も、この日、申刻（午後四時頃）、大相国入道清盛、急ぎ入洛せり。右大臣藤原兼実は、二日後の二十七日夜、清盛入洛せり、と伝聞す。　【顕広王記、玉葉（五月二十七日条・清盛今夜入洛）】

五月二十六日〔天晴る〕

後白河法皇、七条殿において百ヶ日御八講あり。権大納言藤原実房（31）参院、しばらくして始めらる。朝座の講師、長説法の間、心神すでに屈せり。夕座の論義の間に退出す。今日、院参の人々、大納言藤原実定（39）・権大納言藤原実房・左兵衛督藤原成範（43）・按察使前中納言源資賢（65）の四人なり。　【愚昧記】

五月二十七日〔天晴る〕

後白河法皇女御琮子《たまこ》（33）、三条殿御所の高蔵面北門内、西面妻戸において除服のための御祓の儀を行わる。御祓は陰陽師安倍有親、勤仕す。この日、女御の母堂（権中納言藤原清隆女）も同じく除服せらる。ともに車に駕して三条面の外に出で、着除せらる。これに先だち昨二十六日、女御の弟・権大納言藤原実房、忌明けにより閑院内裏に初出仕、除服吉書を奏す。服喪の喪者不明なるも、女御肉親兄弟の逝去

によるか。しかして、去る正月二十八日、女御琮子の日吉社・石山寺参詣御幸以後のことなるか。　【愚昧記】

五月二十八日〔雨降る〕

後白河法皇、七条殿御所において故建春門院のための百ヶ日御八講あり。未刻（午後二時頃）、権大納言藤原実房（31）、参院。やや久しくして権右中弁平親宗（34）、始行を告げる。参仕の公卿は、大納言源定房（48）・権大納言藤原実房・中納言藤原宗家（39）・左兵衛督藤原成範（43）・按察使前中納言源資賢（65）・参議藤原家通（35）・修理大夫藤原信隆（52）・兵部卿平信範（66）・左京大夫藤原脩範（35）・右大弁藤原長方（39）・上卿藤原実綱（51）なり。朝夕両座、事了りて布施を取り、退出す。今日、当五月分、百ヶ日御八講、結願す。よって院蔵人藤原盛仲、上西門院（52）に上聞《じょうぶん》すべく同女院女房に示す。　【愚昧記】

この日、後白河法皇、在洛の延暦寺僧綱等を登山せしめ、院宣により前座主明雲（63）を召進むべく、山上の衆徒に下命さる。また、明雲奪還の謀反の意趣を問わる。しかるに、大衆はこれに対して返事せず。　【愚昧記、顕広王記、玉葉（五月二十九日条）】

この夜、福原別業より馳せ上りたる大相国清盛（60）、院御所に参入。後白河法皇と対面す。前座主明雲の一件なり。大略、東西の坂（叡山、山麓坂本）を固め、天台山（延暦寺）を攻略の議、一定せり。しかして、入道清盛は、この儀、内心悦ばず、と。　【玉葉（五月二十九日条）】

五月二十九日　鹿ヶ谷事件、院近臣多数捕縛さる

昨二十八日、後白河法皇、福原別業より急遽上洛せし大相国入道清盛を院御所に召し、前座主明雲を奪還して山上に籠る故に、延暦寺を攻撃せんと議定了んぬ。しかるに、入道清盛、内心不同意の様子なり、と。これにより、院近習の人々を催して山門を攻むべく、軍兵を集めらる。権大納言藤原成親（40）、好機至れりとて、西光法師（加賀守藤原師高父）ほかを鹿《しし》ヶ谷《たに》に会し、平家打倒の謀議を召集す。密議に加わりし多田蔵人源行綱、途中、変心して、その夜、西八条第の入道清盛に密告す。この夜半、西光法師、まず捕縛さる、これ、深き故あるによる、と。　【保暦間記、顕広王記】

申刻（午後四時頃）より、六波羅の軍兵、洛中に充満す。これにより、人々、市中を上下に馳せ散ず、と。　【顕広王記】

六月一日〔天晴る〕　**平家の軍兵、洛中に満つ**

早旦、衆人、謳歌す。入道大相国清盛、西光法師を搦め取る（二十九日、深更）、と。また、権大納言藤原成親、清盛の八条亭に籠め置かる、と。しかし、衆説、区々にしていずれを信とするか分明ならず。またの説によれば、成親は逮捕にあらず、用所ありとの使者の招きに応じ、そのまま八条亭に行き向い、その場で捕縛さる、と。平家の軍兵、路頭に満ち溢れ、まことに奇異なる事と、人々騒擾す。その結果、権大納言藤原成親は面縛《めんばく》（顔を晒して両手を後に縄で縛り上げる）籠楼（牢屋に召し籠める）さる。また、西光は足枷《あしかせ》をはめて拷問せらる、と。この日、逮捕の院近臣は十二人、内七人は即座に処刑せらる。逮捕者の中に、成親の嫡男・右近衛少将成経（22）も加わる。急を察知した但馬守藤原光憲・律師範玄（41）は失踪せり、と。【顕広王記、愚昧記、玉葉、百錬抄】

この日、武士（平家）、洛中に充満し、禁裏（閑院）に雲集す。ただし、後白河法皇の御所（七条）は寂寞たり。院近臣ら、数多く逮捕さる。

しかるに、七条殿御所においては、なお、恒例の百ヶ日御八講は、事もなげにひっそりと行われたり。【玉葉】

六月二日〔雨下る〕（『愚昧記』では〔朝、微雨〕）　**西光、後白河法皇および院近臣らによる清盛暗殺の謀議を自白**

去る夜半（『顕広王記』『愚昧記』は今暁）、大相国入道清盛（60）は、五条坊門朱雀において西光の首を刎《は》ねしめ、権大納言藤原成親（40）を備前国に配流せしむ。武士両三人がこれを護送す、と。右大臣藤原兼実（29）、或る人より伝聞、深更、入道清盛が西光を牢屋より召出して尋問のところ、入道清盛を暗殺すべく、後白河法皇および院近臣ら謀議の由を自白承伏す、と。また、その謀議に参集の人々の交名《きょうみょう》（名簿）を注申せり。その注申状により、捕搦の人々は、多きに上る、と。また、権大納言藤原成親は備前国配流の護送途次、路上において斬殺せらる。また、川尻（淀川河口辺）において入水自殺せりとも。さらにまた、清盛の嫡男・左大将平重盛（40）、平に申し請《う》く（成親の赦しを乞う）、と。この間、諸説まちまちにして、いずれが実説なりや、判明しがたし。【玉葉、顕広王記、愚昧記】

巳刻（午前十時頃）、権大納言藤原実房（31）、後白河法皇女御琮子（33・実房の姉）の三条殿に参上。未刻許り（午後二時頃）、実房兄・権中納言藤原実綱（51）、参会せり。女御琮子、台盤所に出御、相互言談の後、退出せり。【愚昧記】

六月三日〔朝の間、雨下る〕　**平家の軍勢、京中に満つ**

平家軍勢、京中に満ち、人々騒動す。上下の諸人、皆、怖畏を成す。ただし、後白河法皇の御所七条殿に参入の人なしと伝聞、禅門清盛大いに怒る。よって、昨今、人々、少々参入す。しかしながら、院御所内、上下の人々の形気《けいき》（気色）あるが如く、またなきが如し。一様に色を失い容を損なう。涙にかき暮れる人々もあり、と。叡山の大衆、一昨夕（一日）、垂松《さがりまつ》辺に下山、使者を入道清盛の許に送り、敵（院武者）を討伐せしことを喜悦、もしも下知あらば一方を支うべし、と申し送る。院中の近習の人々、すべて妻子・資財を逃避せしめ、当本人唯一人、無理に院御所に祗候する有様。わずかの間に、事態が大変貌して、まことに悲しきことなり、と。【玉葉】

この夜、亥刻（午後十時頃）、入道清盛の西八条亭に後白河法皇の近習の者（去る五月二十九日夜、鹿ヶ谷・俊寛山荘に平家打倒を謀議せし輩）、すなわち、法勝寺執行俊寛・源基仲法師・山城守中原基兼・検非違使左衛門尉惟宗信房・同平佐行（資行とも）・同平康頼らを前庭に引き据え、入道、殿上よりこれを引見す。各自の本装束を脱がして白衣に改め、本鳥《もとどり》（髻）を切り払い、面縛の上、郎党に預け、おのおの禁固、明暁、首を斬るべく下知す。ただし、上記以外の木工頭平業（「成」は誤）房一人は、後白河法皇より再三にわたり助命嘆願ありしため、放

免さる。この突発事件、さながら夢の如し、と。【玉葉、顕広王記】

同夜、後白河法皇、御教書をもって、上卿・大納言源定房（48）ならびに職事・蔵人頭右中将藤原光能（46）の停任《ちょうにん》の事を行わる、と。山城守中原基兼・検非違使左衛門少尉平佐行・同平康頼・同惟宗信房ら四人の見任《げんにん》（現官）を解却《げきゃく》せしむ。職事・藤原光能に仰せ遣わし、上卿・源定房に執行方を催さしめらるるも、皆、故障を称して従わず。ようやく、四日天曙におよび定房を釣出（誘い出す）して、御教書を行わしむ、と。右大臣藤原兼実（29）、これを伝聞、「我が朝の風、すでに漢家の礼に同じなり」と感懐を述ぶ。【玉葉、愚昧記（六月四日条）】

六月四日〔天晴る〕

院近臣・式部大夫藤原範綱（本名章綱）、再逮捕さる。鹿ヶ谷事件、謀議参加の一人なり。事件発覚後、捕縛さるるも、法皇の請いにより一日、恩免さる。しかして、昨日、召還の人、連座を指申すにより、この日、ふたたび召取られ禁固さる。右大臣藤原兼実、「式部大夫章綱〔院近臣〕、身体すでに損じ了んぬ」と伝聞。〈その後、赦免、建久三年〈一一九二〉三月十三日、後白河法皇崩御の直後、後を追い出家す。法名は観真。葬送の日、御棺の御車に奉仕す（『玉葉』）〉。【顕広王記、玉葉（六月六日条）】

六月五日〔天晴る〕

流人・前天台座主明雲（63）、還着せしめ、諸官、元の如くに復せしむ。法勝寺執行・僧都俊寛を解官す（『玉葉』六月六日の事とす）。事のおこりを尋問するに、事を叡山大衆の謀に寄せ、禅定《ぜんじょう》相国清盛を誅せんと謀議せしによる、と。【顕広王記、玉葉（六月十日条）】

六月六日〔天晴る〕

大相国入道清盛（60）、逮捕せし検非違使左衛門尉平佐行（資行とも）・山城守中原基兼・源基仲法師の三人を赦免す。しかして、検非違使左衛門尉平康頼・式部大夫藤原範綱（本名章綱）・法勝寺執行俊寛僧都は免さず、と。【顕広王記、玉葉（六月七日条）】

六月八日〔天晴る〕

午始め刻（午前十一時すぎ）、後白河法皇七条殿御所の寝殿において、故建春門院御月忌の仏事を行わる。ついで、同七条殿御堂において、故建春門院百ヶ日御八講あり。参仕の公卿、大納言藤原実定（39）・中宮大夫藤原隆季（51）・権大納言藤原実房（31）・中納言藤原宗家（39）・検非違使別当藤原忠親（47）・左兵衛督藤原成範（43）・右兵衛督平頼盛（47）・権中納言藤原実綱（51）・皇太后宮権大夫藤原朝方（43）・参議左中将藤原実家（33）・参議藤原家通（35）・参議右中将藤原実守（31）・修理大夫藤原信隆（52）、以上十三人。【愚昧記】

六月九日〔天晴る〕

後白河法皇御所七条殿の殿上間において、故建春門院御法事雑事を定む。【愚昧記】

六月十日〔晴〕

流人・加賀守藤原師高（去る四月二十日、尾張国に配流）の首、配所より入洛す。今日、右大臣藤原兼実（29）の許に、或人示し送りて云う。西光白状事（『玉葉』去る六月二日条に「入道相国（清盛）を危ぶむべきの由、法皇および近臣等、謀議せしむるの由、承伏す」と記す）、実《まこと》の事なり、と。

【顕広王記、玉葉】

六月十一日〔晴〕

未刻（午後二時頃）、権大納言藤原実房（31）、後白河法皇の七条殿御堂に参入。故建春門院百ヶ日御八講、時に朝座の散花の間なり。ついで、夕座の講あり、事了りて退出す。参仕の公卿は、権大納言藤原実房・権中納言藤原資長（59）・右兵衛督平頼盛（47）・按察使前中納言源資賢（65）・参議藤原頼定（51）・左京大夫藤原脩範（35）の六人なり。

【愚昧記】

六月十二日〔天陰り、雨下る〕

今夕、高倉天皇（17）、閑院皇居より出御、八条院（41）御所たる八条東洞院亭に行幸。暫く御在所の予定（『玉葉』十日条）なりと。供奉の公卿、わずかに三人のみ。この日、道虚日（陰陽道において、出行の忌日）なり。あえて遷御の前例を尋ぬるに、後白河法皇、在位の時、保元二年〈二一五七〉七月六日（六日は道虚日なり）、高松亭より関白藤原忠通の東三条殿に遷御の例あるのみ。また、来る七月五日に予定の故建春門院宸筆御八講を閑院において行うべきか、またはこの八条東洞院皇居において行うべきや否や、未定なり。しかるに、俄かにこの八条院御所への遷幸、人々、いずれも奇異とす。その由緒を知る人なしと。後白河法皇および関白藤原基房（33）ともに甘心せられず。しかして、この八条東洞院女院御所、八月に至るまで、しばらく内裏たるべきの故なり。〈しかるに、この月二十一日の夕、八条殿皇居、陣座の西方に放火、即刻、消火す。嫌疑人は小舎人保貞（『百錬抄』は安利）、放火犯として逮捕さる。〉

【玉葉（六月十・十二・十四日条）、顕広王記、百錬抄、愚昧記】

六月十四日〔天晴る〕

巳刻（午前十時頃）、権大納言藤原実房、後白河法皇の七条殿御堂に参入。しばらくして故建春門院百ヶ日御八講の朝座開講。両座（朝・夕座）了りて布施を取り退出す。参仕の公卿、前治部卿藤原光隆（51）・実房（31）・左兵衛督藤原成範（43）・右兵衛督平頼盛（47）・修理大夫藤原信隆（52）・従三位藤原隆輔（49）・右京大夫藤原脩範（35）・参議右中将藤原実宗（33）の八人。

【愚昧記】

六月十八日〔天晴る〕　**藤原成親の一族、解官ののち配流さる**

鹿ヶ谷事件に主謀連座の権大納言藤原成親（40）・左少将尾張守藤原盛頼（成親弟）・右少将丹波守藤原成経（成親一男22）・越後守藤原親実

〔成親三男10〕ら、成親一族を解官す。【玉葉】

六月十九日

去る三月のころより、右大臣藤原兼実（29）、兵仗を辞すべく上表せんとするも、前天台座主明雲配流ならびに鹿ヶ谷清盛誅伐陰謀事件発覚等、世間物騒により、後白河法皇にいまだ奏上し得ず。その後、義兄・蔵人頭右中将藤原定能（30）をもって、法皇の御気色を奉伺せしむるに勅答なし、と〔昨十八日〕。この十九日の申刻〔午後四時頃〕、右中将定能、兼実第に来訪。今朝、兼実兵仗拝辞の件を法皇に奏聞するも、法皇、分明なる御報なし。ただし、関白藤原基房（33）と談合すべし、と勅報ありたりと告ぐ。【玉葉】

六月二十二日〔晴〕

後白河法皇、故建春門院御法事〔周闋〕を行わる。講師は山階寺〔南都・興福寺〕別当・権僧正教縁（79）、百僧を率いてこれを修す。寝殿および二棟廊を僧座となすとあるにより、法住寺殿にてこれを行うか〔『顕広王記』は蓮華王院とす〕。度者使は左少将源通資（26）、誦経使は左少将藤原実教（28）、右中弁藤原経房（35）この日の行事を勤む。願文の草は左大弁藤原俊経（65）が作進す。清書人、不明。事了りて院殿上〔七条殿殿上間〕において、来る二十六日の公家御正日事〔故建春門院周闋御斎会〕を定め、権右中弁平親宗（34）、定文を執筆す。【愚昧記、顕広王記】

この日、後白河法皇、日吉社の神輿を施入し給う。これ、法皇の近臣・河内守源光近、重ねて遷任の功を募り、法皇に造進す。【百錬抄】

六月二十三日〔天晴る〕

鹿ヶ谷事件連座の丹波守右少将藤原成経（22）、大相国入道清盛の福原御所に拘引護送のため、京都を発向す。入道顕広王（83）、「此事、無慚《むざん》なり」と。【顕広王記】

六月二十六日〔天晴る〕

高倉天皇（17）、八条殿内裏より閑院皇居に行幸。【百錬抄、愚昧記、百錬抄】

公家〔高倉天皇〕、故建春門院周闋御斎会を最勝光院〔『顕広王記』は蓮華王院〕において行う。上卿は権中納言源雅頼（51）・参議藤原朝方（43）・同長方（39）、行事弁は右中弁藤原経房・左少弁藤原兼光（33）が勤仕す。【顕広王記】

六月下旬　**俊寛ら三人、鬼界島に配流**

右少将丹波守藤原成経（22）・法勝寺執行権大僧都俊寛〔法印寛雅子〕・平康頼法師〔元検非違使左衛門尉〕の三人、福原輪田泊を出船。平相国入道清盛（60）、薩摩鬼海嶋《きかいがしま》〔鬼界島〕に配流す。【帝王編年記】

七月三日〔天晴る〕

来る五日、故建春門院のために宸筆（高倉天皇書写）御八講を行わるるに際し、右大臣藤原兼実（29）、後白河法皇の下命により、願文および呪願文の清書を勤む。この夜の深更、五位蔵人頭左少弁藤原兼光（33）、その料紙を持参す。かねて兼実、この料紙として「面白、裏紫、無薄」（表面は白色、紙背は紫染め、砂子・切箔の装飾なき紙）の用意を命ず。しかるに、兼光持参の料紙は「誠にもって異様の物」で、用を成さぬものなり。【玉葉】

七月四日〔天晴る〕

終日、右大臣藤原兼実は、宸筆御八講供養の儀のために、後白河法皇下命の願文および呪願文の清書を行う。料紙は、下付のもの不適につき、兼実、私に調ずる料紙に書写す。【玉葉】

後白河法皇女御琮子《たまこ》（33）、三条殿御所を出御、嵯峨の広隆寺に参詣。ついで、法輪寺に参らる。今日よりこの寺にて誦経の事あり。女御、蒔絵手筥一合に誦経を納め、同寺主に献ず。説法あり、臨終正念を説く。帰路、嵯峨の清涼寺（嵯峨釈迦堂と謂う）に参詣、同寺の宝物を披見して、午刻（正午頃）に三条殿に還御。【愚昧記】

七月五日〔終日、雨降る〕　**高倉天皇、故建春門院のために宸筆御八講を修す**

後白河法皇、七条殿（『顕広王記』は蓮華王院）において故建春門院の御正日により曼陀羅供を行わる。導師は公顕僧正（68）、讃衆は二十人なり。申刻（午後四時頃）、事了んぬ。【玉葉、愚昧記、顕広王記】

ついで、公家《こうけ》（高倉天皇17）、閑院皇居において故建春門院のために宸筆御八講を始修せらる。申刻（午後四時頃）、諸卿ようやく参集、関白藤原基房（33）も参着。東二棟廊（卯酉廊と称す）を堂場となすも、狭隘により西子午廊南三間を加え、東西合わせて五間をもって、これに当てる。このため、数日、修理・改造して堂場の装束をととのえる。この日の願文は宮内卿式部大輔藤原永範（72）草進。右大臣藤原兼実清書す。この草は兼日《かねてのひ》、関白藤原基房および後白河法皇に奏覧す。御八講は今日より四ヶ日、朝夕両座を開講演説す。高倉天皇および中宮徳子（23）出御あり。ただし、後白河法皇は渡御なし。院別当・右少将藤原隆房（30）を誦経使として差遣さる。威儀師の僧、これを受け取り講師に授く。この日、御八講初日たるにより開経・無量義経および法華経第一・第二巻の三巻を披講す。この夜の講説、深更に及び、子刻（午前零時頃）事了んぬ。【百錬抄】

七月七日〔朝暮、雨降る。昼間、暫し止む〕

故建春門院のための宸筆御八講五巻の日なり。院宮より捧物の奉献は恒例。後白河法皇、蔵人頭右中将藤原光能（46）を御捧物使として閑

院皇居の御八講堂場に差遣さる。捧物の宮々は、皇嘉門院（崇徳上皇中宮聖子56）・上西門院（後白河法皇同母姉・統子内親王尼52）・八条院（後白河法皇異母妹・暲子内親王尼41）・太皇太后宮（近衛天皇后多子38）・中宮（高倉天皇中宮徳子23）・前女御藤原朝臣（後白河法皇女御藤原琮子33）・准后従三位平盛子（故関白藤原基実北政所白川殿22）なり。【玉葉、百錬抄】

七月八日〔終日、雨甚だし〕

後白河法皇、故建春門院忌日により七条殿において仏事を行わる。

この日、閑院皇居における四ヶ日間の故建春門院の「聖霊頓証菩提」（『玉葉』七月五日条）のための宸筆御八講結願す。【玉葉、顕広王記、愚昧記】

七月九日〔天陰り、微雨、時々、降る〕　**藤原成親、配所に死す**

鹿ヶ谷事件の主謀、入道大納言藤原成親（40）、備前国の配所において死す。艱難の責苦の中、飲用の水を与えざるにより、枯渇死に至る。【顕広王記】

七月十日

後白河法皇、寵臣たる蔵人頭右中将藤原定能（30）ならびに同藤原光能（46）に禁色をゆるす。【師守記】

七月十七日〔朝の間、晴れ、午後、陰り〕

奈良興福寺の衆徒蜂起す、と。右大臣藤原兼実（29）、いまだこの事、後白河法皇に奏状を進むことなく、内々、近臣・蔵人頭右中将藤原光能に折紙をもって注進す。また、この日、兼実伝聞す、すでに衆徒、後白河法皇第一近臣たる律師範玄（伊賀守藤原為業息・41）の住房を切り払う、と。【玉葉】

七月十八日

故建春門院のための百ヶ日御八講会参仕のため、権大納言藤原実房（31）、七条殿に参向。途中、雷雨に遭い、牛車をひかえて延暦寺三綱寛賢の家門において雨宿り、雨止むの後、参院。朝・夕座の講了りて退出す。【愚昧記】

七月二十日〔晴〕

故建春門院のための百ヶ日法華八講会に参仕のため、権大納言藤原実房、院御所七条殿に参向。時に、朝座の間なり。夕座後、布施を取り退出す。【愚昧記】

七月二十三日〔天晴る〕
故建春門院のための百ヶ日法華八講会なり。権大納言藤原実房（31）、参仕のため七条殿に参入。朝座の講了の後、早退す。【愚昧記】

七月二十五日〔天晴る〕
故建春門院のための百ヶ日法華八講会。朝・夕座、説法了りて布施を取りて散会。出仕の公卿は十九人。大納言源定房（48）・権大納言藤原隆季（51）・同藤原実房・前権中納言藤原光隆（51）・権中納言藤原忠親（47）・同藤原成範（43）・同平頼盛（47）・同源雅頼（51）・同藤原実綱（51）・前中納言源資賢（65）・参議藤原朝方（43）・同藤原実家（33）・同藤原家通（35）・同藤原頼定（51）・同藤原実宗（33）、以上、皆、布衣着用す。【愚昧記】

七月二十七日〔陰り晴れ、定まらず〕
南都・興福寺の衆徒の蜂起やまず。後白河法皇第一の近臣たる範玄律師（41）を配流せらるべく、法皇に奏状を捧呈、訴え申す。その罪状四ヶ条を列記するも、いずれも根拠なき虚言なり、と。【玉葉】

七月二十九日〔天晴る〕　**故讃岐院に崇徳院の院号を、また故藤原頼長に正一位太政大臣を贈る**
巳刻（午前十時頃）、右中弁平親宗（34）、後白河法皇の御使として右大臣藤原兼実（29）の九条亭に入来、兼実、出でて会う。御筆御経（白紙墨書、薄〔金切箔〕なし、香色表紙〔薄あり〕、紫檀軸なり。故建春門院自筆書写半ばにして崩御。よって後白河法皇、書継ぐ）を持参、法皇の下命により外題を書くべく金泥を相具して参る。兼実、即刻に染筆の上、平親宗に付して進上す。【玉葉】
今日、故左大臣藤原頼長に贈位・贈官を行い、正一位太政大臣となす。この事、左大臣藤原経宗（59）、天神（贈一位太政大臣菅原道真）の例を証跡となす、と。また、崇徳上皇の讃岐院を改め崇徳院の院号を贈る。宮内卿式部大輔藤原永範（72）これを撰び申す。上卿は中宮大夫藤原隆季（51）なり。この宣下のこと、「天下静かならず、彼の怨霊有るに依るなり」（『百錬抄』）と。【玉葉、顕広王記、百錬抄】
この日、後白河法皇の異母弟・新座主七宮（覚快法親王44）、延暦寺に登山す。僧綱四人ならびに前駆四十人を従える。諸司等、前駆となり、おのおの「花を折る」（行粧を華美とす）。【顕広王記】

七月三十日〔天晴る〕　**後白河法皇勤修の故建春門院のための百ヶ日法華八講会、結願**
未刻（午後二時頃）すぎに、後白河法皇、勤修せられる所の故建春門院のための百ヶ日法華八講会（去る四月十九日始行）、結願す。法皇御所北殿（七条殿）の新造念仏堂（天王寺模造）においてこの事あり。朝座の講師は律師蔵俊（74）、問者は僧都澄憲（52）、夕座は講師澄憲、問者は蔵俊。夕座において御筆御経（白紙墨書、表紙は香色紙、金薄散らし、紫檀軸。建春門院・後白河法皇両筆）を供養す。講師澄憲の説法は「神なり、また妙なり。衆人、驚きて聞く」と。同蔵俊の答も「またもって珍重」と。事了りて布施を引かる。僧一口ごとに被物《かずけもの》二重、ならびに布施三裹なり。今日、参仕の公卿二十九人。右大臣藤原兼実（29）・大納言源定房（48）・中宮大夫藤原隆季（51）・権大納言藤原実房（31）・同藤原邦綱（57）・同藤原実国（38）・中納言藤原宗家（39）・右大将平宗盛（31）・権中納言藤原兼雅（33）・左衛門督平時忠（48）・権中納言藤原資長（59）・検非違使別当藤原忠親（47）・左兵衛督藤原成範（43）・右兵衛督平頼盛（47）・権中納言源雅頼（51）・同藤原実綱（51）・按察使前中納言源資賢（65）・皇后宮権大夫藤原朝方（43）・参議左中将藤原実家（33）・参議藤原家通（35）・参議右中将藤原実守（31）・参議藤原頼定（51）・修理大夫藤原信隆（52）・正二位藤原基家（46）・従三位藤原隆輔（49）・左京大夫藤原脩範（35）・大宰大弐藤原親信（41）・参議右中将藤原実宗（33）・右大弁藤原長方（39）なり。　【玉葉、愚昧記】

八月四日〔天晴る〕

治承改元＝「大極殿火災に依るなり」　【一代要記、玉葉、愚昧記】

かねて南都興福寺の大衆、範玄律師（41）と対立、去る六月一日頃、奏状をもって範玄律師の五ヶ条の非行を訴訟す。その後、去る七月十六日、大衆、範玄律師の住房を破壊す。これにより、同二十日、範玄方の大衆、興福寺別当・僧正教縁（79）ならびに権別当・僧都信円（25）の房を切らんとして騒擾するも、いまだ果さず。これ以後、寺中、さながら戦場の如し、と。よって、重ねて後白河法皇に奏状を進め、範玄律師を配流せられんと請う。訴状五ヶ条のうち、第一条は興福寺中の別院四ヶ所（一条院・喜多院・唐院・修学房）、いずれも院御領たるを解放さるべきを訴う。法皇、これに応えて、十日以内にその左右《とこう》につき、同寺別当・権別当に回答せん、と。　【顕広王記、玉葉】

八月十日〔天晴る、暁に及びて微雨〕

後白河法皇、諒闇（故建春門院崩御）の後、始めて他行、妹・八条院（暲子内親王尼41）御所六条殿（六条堀川）に御幸あり。公卿十二人、殿上人二十二人供奉す。未刻（午後二時頃）渡御、酉刻（午後六時頃）還御。女院より贈物として「金泥小字経大般若一部」（六百巻）ならびに慈覚大師所用の「独古《とっこ》（＝鈷）」を進献さる。　【玉葉、顕広王記、愚昧別記】

八月十六日

後白河法皇、南都・興福寺大衆の訴状により、範玄律師（41）の見任《げんにん》を解却し、知行の事務を停止せらる。さらに、権別当・僧都信円（25）に元の如くに別院を領掌せしむべく宣下す。これにより、南都の訴訟、すべて裁許せられたり。　【玉葉】

八月十九日　**藤原教長、守覚法親王に「崇徳天皇御本古今和歌集」を書写進上す**

観蓮（藤原教長入道69）、後白河法皇第二皇子・仁和寺御室守覚法親王（28）に「崇徳天皇御本古今和歌集」（二冊・現在「今城切本古今集」と

して分散。奥書部分の断簡により事由明示）を書写進上す。

【（財）三井文庫所蔵古筆手鑑「高窠帖《たかまつじょう》」所収・奥書】

八月二十二日〔天晴る〕

後白河上皇、始めて白河の崇徳天皇御願寺たる成勝寺において、崇徳院菩提のため四ヶ日の法華御八講会を行わる（院庁沙汰）。講師・聴衆各八人なり。

【百錬抄、玉葉（八月二十五日条）】

この日、母待賢門院の国忌に当り、法皇、仁和寺（法金剛院）に御幸あり。

【玉葉】

八月二十五日〔晴〕

院庁（後白河法皇）沙汰として始行の、崇徳院のための法華御八講会、結願す。権中納言藤原資長（59）、成勝寺の上卿たるにより、四ヶ日毎日参入の上、これを行う。しかるところ、崇徳院は明二十六日が国忌なり。去る二十二日よりこれを強行、この日、四日間満願にて結願となる。右大臣藤原兼実（29）、「甚だ不当なり。およそ、毎事、奇異なり」と。

【玉葉】

八月二十八日〔天晴る〕

未刻（午後二時頃）、大外記清原頼業（56）、右大臣藤原兼実の九条亭に来りて雑事を言談す。讃岐院（いま、崇徳院と号す）のために、国忌ならびに山陵を設置すべしとの案、前太政大臣藤原忠雅（54）・左大臣藤原経宗（59）・中宮大夫藤原隆季（51）より発言あり。しかして十陵を定めらるるの後、加増の例なし。何陵を廃して、これを新たに加うべきや、と尋ぬ。太上天皇（崇徳上皇）に国忌を置くは是とするも、山陵設置は尊崇の儀に非ず。よって後白河法皇にこの旨、思慮あるべき由を言上せしむ。よって、山陵の儀はたちまち停止せらる、と。

【玉葉】

九月一日〔天陰り、雨降らず。この日、日蝕なり〕

今日より後白河法皇、恒例の供花《くげ》を法住寺殿に始行せらる。

【玉葉】

九月四日〔天晴る〕

後白河法皇、使者をもって前天台座主・前大僧正覚忠（関白藤原忠通の子・60）の病疾（赤痢病）を白川房に見舞う。ついで、後白河法皇みずから見舞いのために臨幸あり。

【玉葉（九月五日条も）】

九月九日〔天晴る〕

今日より後白河法皇、熊野御精進屋に入御。

【玉葉、顕広王記】

九月十三日〔天陰る〕

後白河法皇、熊野御幸に進発。右大将平宗盛（31）、御幸に供奉の予定なりしが、昨夜、宗盛宅の門の犬防《いぬふせぎ》の内に人首を置かるるを発見。よって五体不具の穢により、にわかに供奉を中止す。【顕広王記、玉葉（九月十四日条）】

十月二日〔天晴る〕
これよりさき、仏厳上人、後白河法皇の詔旨により『十念極楽易往集』（六巻）を撰述す。右大臣藤原兼実（29）、これを「広才の書なり」と評価す。この日、九条第において終日、この書物を披読す。【玉葉】

十月七日〔天晴る〕
今夕、後白河法皇、熊野詣でより還向す。【玉葉】

十月十四日〔天晴る〕
高倉天皇（17）、賀茂社に行幸。大将、供奉なし。左大将は未任（内大臣兼左大将藤原師長40、去る正月二十四日、大将を辞す。ついで、三月五日、太政大臣に任ず。左大将、その後、空任）。右大将平宗盛（31）は、安芸国厳島社に参詣、不在。今日、後白河法皇、一条室町桟敷において行幸の行列を見物あり。院桟敷の前、前権大納言藤原実定（39）・権大納言藤原実房（31）・同藤原実国（38）および中納言一両人、渡行して見物す。【玉葉、顕広王記、愚昧記】

十月十九日〔天晴る〕
蓮華王院惣社の祭礼なり。宝前において「種々の芸業」を法楽す。去る年の如く、後白河法皇、七条殿御所より出御して、これを御覧あり。【玉葉】

十月二十五日〔天晴る〕
前大僧正覚忠（60）、去る十六日、入滅す。その遺志により故僧正覚忠の門跡の事、すべて後白河法皇に進上す。その中に、宇治木幡の証菩提院も含まる、と。右大臣藤原兼実、これにつき「悲しむべし、悲しむべし」と悲嘆す。【玉葉】

十月二十七日〔天晴る〕　**大地震**
丑刻許り（午前二時頃）、大地震あり。保延（保延三年〈一一三七〉七月十五日、大地震、近代比類なし。『百錬抄』）以後、かくの如き地震なし。東大寺大鐘、振り落とされる。また、同じく大仏の頭部螺髪《らほつ》少々落つ、と。【玉葉】

十月二十九日〔天晴る〕
後白河法皇、摂津・天王寺に御幸。【愚昧記（十月二十八日条）】

十一月十一日〔天晴る〕
今夕、後白河法皇、天王寺より還御。
【玉葉、愚昧記（十一月十二日条）】

十一月十八日〔天晴る〕
右大臣藤原兼実（29）、新修造閑院皇居に参内。内女房、密々に語る、「去る十五日の除目において、右少将三人（平時家〔権中納言時忠二男〕・藤原公守〔前権大納言実定二男16〕・藤原顕家〔大宰大弐入道重家二男25〕）、いずれも従四位下に昇叙。これ高倉天皇（17）、甘心せられず。関白藤原基房（33）の懇切（顕家は関白基房の男寵）により、後白河法皇、この叙任につき再三口入《くにゅう》せらるるによる。このたびの除目、始め主上御沙汰たるべく法皇申さるるも、主上固辞により、下名《おりな》の事、暁天に及ぶ」と。また、右大臣兼実長子、正四位下侍従良通（11）の昇叙（従三位）の事、先日、高倉天皇より後白河法皇に口入あり。法皇、もっともしかるべしと御報あり。ただし、関白基房に談合の上、沙汰を行わるべし、と。この件、後白河法皇御気色よろしきに似たるも、真意分明ならず。実は、この事、高倉天皇の叡情より発したる故に、昇叙の事、行うべからざるべき思食しありたるなり。よって、昇叙の沙汰なし。この事、高倉天皇、もっとも遺恨に思食す、と。この経緯を内女房より伝聞の右大臣兼実、いよいよ愁緒《しゅうしょ》を増し、落胆す。当時、除目における後白河法皇の口入、甚大なり。
【玉葉】

十一月二十四日〔天晴る〕
昨二十三日、除目下名あり。この日寅刻（午前四時頃）、大夫史小槻隆職（43）、右大臣藤原兼実の九条亭に下名聞書を送り来る。拝見のところ「右近中将藤原良通」とあり。息男良通、右中将に昇任せり。兼実、「感悦極まりなし」と。午刻（正午頃）、直衣着用（本来、束帯着用すべきなり）の上、後白河法皇の七条殿御所、ならびに高倉天皇の閑院皇居に参上、拝賀せり。そもそも、子の慶賀の時にはその父の拝賀は定例なるによる。この夜、義兄・蔵人頭右中将藤原定能（30）、九条亭に入来。語りて曰く、「任中将の事、偏えに（後白河）法皇の殊恩たり」と。これを伝聞の兼実、「恐るべし、悦ぶべし」と感悦す。
【玉葉】

十二月二日〔天晴る〕
右中将藤原良通、拝賀。仰せにより皇嘉門院（56）御所九条殿より出立、まず最初に後白河法皇参籠の最勝光院（念仏会）に参上。中門内庭において事由を奏し、拝舞。院別当・右中弁藤原経房（35）をもって法皇に慶び申しを奏す。折柄、法皇御時（食事）の間により、御前召しなし、直ちに退出。ついで、閑院皇居に参内、高倉天皇および中宮徳子（23）に拝賀す。
【玉葉】

十二月七日
後白河法皇、院御所における念仏会、結願す。
【玉葉】

十二月十二日〔晴〕
蓮華王院塔供養の習礼《しゅらい》を行わる。楽行事は左中将源通親（29）ならびに右中将藤原頼実（23）なり。左大臣藤原経宗（59）以下、直衣着用にて参上。後白河法皇、御幸あり。【愚昧記、玉葉】

十二月十六日〔天陰る〕
申刻（午後四時頃）、後白河法皇より右大臣藤原兼実（29）の許に御馬一匹を賜う。明日、蓮華王院五重塔落慶供養に騎乗供奉の右中将藤原良通（11）試乗のためなり。これ、密々に蔵人頭右中将藤原定能（30）沙汰する所により送り来るなり。よって、良通試乗の後、返献す。明日、払暁、改めて引き来るべきを仰せらる、と。【玉葉】
この夜、後白河法皇、蓮華王院五重塔落慶供養のため、七条殿を出御、蓮華王院御所に渡御せらる。高倉天皇（17）もまた、今夕、閑院内裏より行幸。千手堂南小御所に入御せらる。また、中宮徳子（23）も同じく行啓あり。御塔仮屋西三ヶ間を中宮御所となし、これに入御。【玉葉（十二月十七日条）】

十二月十七日〔陰り晴れ、定まらず〕
後白河法皇、蓮華王院内、五重之塔婆（千手堂の巽〔東南〕に当り建立）の落慶供養を行い、一日の斎会を設けらる。高倉天皇、辰時（午前八時頃）、御宿御所・千手堂小御所を出御、御塔に遷御。権大納言藤原実房（31）、行幸を見るべく法住寺殿楼辺に行き向う。小時、臨幸あり。供奉の人数、乏少なり。公卿は、権大納言藤原邦綱（57）・検非違使別当藤原忠親（47）・大宰大弐藤原親信（41）・新三位藤原実清（40）・右大将平宗盛（31）・右中将藤原実守（31）・同藤原実宗（33）・左中将平知盛（26）ばかりなり。権大納言実房は神事により不参。ついで、関白藤原基房（33）・太政大臣藤原師長（40）・左大臣藤原経宗（59）・右大臣藤原兼実（29）・内大臣平重盛（40）以下、公卿二十九人参仕、各定めの場所に着座す。乱声《らんじょう》の楽を発し、振鉾《えんぶ》の舞を始め、衆僧入場。つぎに導師・僧正公顕（68）、呪願師・権僧正覚讃（88）を迎え、惣礼の後、両師高座に登り、供養の儀を開始。菩薩・鳥・蝶の装束着装の人々の伝供《てんぐ》により供花《くげ》。ついで散花《さんげ》師の散花。舞台において左右の舞楽演奏。【玉葉、百錬抄】
この日、後白河法皇の姉・上西門院（52）も御幸、千手堂東又庇三ヶ間をもって女院御所に充てらる。事了りて院沙汰として、各種の勧《けん》賞《じょう》あり。大工清原貞時も一階を進められ、仏師康慶ならびに絵仏師頼全とともに法橋（六位）に叙せらる。【顕広王記】

治承二年（一一七八）　五十二歳

正月一日〔陰り晴れ、定まらず。午後、時々、雨降る〕

後白河法皇院拝礼、常の如し。右大臣藤原兼実（30）、灸治盛んに乱れ進退堪え難きにより、院拝礼に参らず。しかるに、兼実、申刻（午後四時頃）、息男・右中将良通（12）と車を連ね、閑院皇居に参内、御所に参る。ついで、院御所に参入。中務権少輔藤原季信をもって、院参の由を女房に申さしむ。しばらくして、良通、後白河法皇の召しにより御前に参る。小時、退去して法皇の勅語を伝う。折柄、上西門院（53）同宿につき、便宜なきにより、法皇、兼実に面謁あたわず、と。よって、兼実・良通ともに退出、皇嘉門院御所九条殿に参入。小饌あり。右中将良通、そのまま御所に留まり、兼実は九条亭に帰宅す。【玉葉】

この日、権中納言検非違使別当藤原忠親（48）、後白河法皇院御所（七条殿）に参候。寝殿打出《うちいで》の飾りなし。故建春門院の諒闇明けたりと雖も、華美を避けらるるためなり。忠親、「事に触れ、懐旧の思い有り」と故女院追慕の感を催せり。関白藤原基房（34）の松殿もまた打出なし。【山槐記】

正月二日〔天晴る〕

大納言左大将藤原実定（40）、任左大将（去る年十二月二十七日）の慶賀を申すため、まず後白河法皇御所七条殿に参入。院判官代安房守藤原定長（30）、法皇の意をうけ左大将実定を法皇御前に召し、透渡殿《すきわたどの》に円座を与え、着座せしむ。法皇、実定に川原毛馬一疋を賜う。北面祇候の前下野守安倍親行・散位源保行、東方よりこの馬を引出す。左大将実定、中門廊東簀子の南端よりはだしにて庭上に下り、手綱を受け取り一拝。右少将藤原公守（実定二男・17）、これをさらに前駆・前伊賀守源雅亮に渡す。左大将実定、ついで院御所に同宿の上西門院御方に拝賀して退出す。【山槐記、玉葉】

この日、関白藤原基房、後白河法皇の御所七条殿に参入。右少将藤原顕家（26）・侍従藤原忠季・検非違使平兼隆供奉す。院御所についで、皇嘉門院御所九条殿、さらに閑院皇居に参内す。【山槐記】

正月四日〔天晴る〕

故建春門院崩御の後、初度の朝覲《ちょうきん》行幸なり。巳終り刻〔午前十一時前〕、検非違使別当藤原忠親（48）、閑院内裏に参入。しばらくして高倉天皇（18）出御、御輿に乗駕。公卿および近衛将官ら、御輿に供奉。別当忠親は騎馬。法住寺殿楼門より主上入御。法住寺殿御所は、寝殿母屋ならびに東南西三面庇のすべてを放出、御簾を巻き、御拝を了う。後に母屋の御簾を下し、後白河法皇、簾中に御坐。御遊あり（「御遊年表」参照）。今日、行幸賞として後白河法皇御給により右大将平宗盛（32）を正二位に叙せらる。宗盛、即刻、慶賀を奏し再拝。ただし舞踏なし。高倉天皇、還御に際し、後白河法皇、贈物として御本ならびに御馬二疋を贈らる。還御の供奉は左大将藤原実定（40）・権大納言藤原邦綱（58）・中納言藤原宗家（40）・右大将平宗盛・権中納言藤原兼雅（34）・左衛門督平時忠（49）・参議右中将藤原実宗（34）・左中将平知盛（27）らなり。右大臣藤原兼実（30）、灸治により参入せず。【玉葉、顕広王記、山槐記】

正月五日〔天晴る〕

叙位の儀あり。亥刻〔午後十時頃〕、蔵人頭皇太后宮権大夫藤原光能（47）、右大臣藤原兼実の九条亭に入来。今日の叙位の儀、執筆を奉仕すべし、と伝う。よって亥刻終り〔午後十一時前〕、兼実、束帯を着用、閑院皇居に参内、御所の方に参上す。高倉天皇出御、近く進むべし、と。天皇、兼実息男・正四位下右中将良通（12）の従四位上、昇叙の件、只今、光能をもって後白河法皇に口入のこと仰せあり。その後、丑刻〔午前二時頃〕、光能、法皇御所より帰参、右中将良通の昇叙の事、法皇すでに許容あり。よって、叙位の儀において沙汰せしむなり、と。兼実、この吉報に「抃舞《べんぶ》（こおどりして喜ぶ）の至り、謝する所を知らず」と。【玉葉】

正月八日〔陰り晴れ、定まらず〕

後白河法皇、来月一日、園城寺御幸に右大臣藤原兼実の息・右中将良通を供奉せしめんとして、右中弁藤原経房（36）をして、兼実の家司・和泉守源季長に書状を送り、兼実に上達せしむ。書札の礼紙には、「装束は布衣、過差に及ばざるも、華美とすべし」と。出京して園城寺参着まで、また還御は来る二月十一日にて、その迎えの供奉につきても心得べし、と。【玉葉】

正月十一日〔天陰る〕

右中弁藤原経房、後白河法皇の御使として、検非違使別当藤原忠親にみずからが園城寺における院御灌頂の奉行たるべきを告げ、法皇、来る十四日より祈禱を始めらる、と伝う。【山槐記】

正月十四日〔天晴る〕

この夜、後白河法皇、法勝寺修正会に御幸。検非違使別当藤原忠親、故障により供奉せず。居宅近辺たるにより、六条河原において行列を密々に見物す。供奉の人々、公卿は権中納言藤原兼雅（34）・右兵衛督藤原成範（44）・皇太后宮大夫藤原朝方（44）・参議右中将藤原実守

（34）・修理大夫藤原信隆（53）・左中将平知盛（27）、殿上人は蔵人頭皇太后宮権大夫藤原光能（47）以下二十人ばかり。北面武士は十四、五人、と。【山槐記】

正月十五日〔天陰り、時々、小雨（雷は誤写）〕

この夜、後白河法皇、最勝寺修正会に御幸。同夜、東寺長老・大僧正禎喜（80）、真言院（去る年四月二十八日、大極殿焼亡の時、同じく焼失。蔵人左少弁藤原兼光〔34〕、受領功により造進するも未完なり）後七日修法《すほう》を行う。事了りて禎喜、関白藤原基房（34）の宿所（閑院南殿）において衲衣《のうえ》・念珠を脱し、私衣を着用、法勝寺修正会に参向。ついで、法皇御幸の最勝寺に参り、暁更に及び真言院に帰参す。【山槐記】

正月十七日〔天晴る〕

右大臣藤原兼実（30）の息男・右中将良通（12）、従四位上に昇叙（去る五日、叙位）の拝賀あり。良通、当時、皇嘉門院御所に同宿。夕方、束帯を着用、唐草蒔絵剣・馬脳《めのう》帯に威儀を正して出立。まず、皇嘉門院（57）、ついで閑院皇居に参内、高倉天皇（18）・中宮徳子（24）に拝賀。つぎに、後白河法皇御所七条殿に参上。申次《もうしつぎ》・伊予守高階泰経（49）に慶び申す。法皇、今夜より来る二月一日、園城寺灌頂のための七条殿萱御所において加行を始行されるにより、良通を御前に召すあたわず、と。良通、退出して兼実の九条亭に参賀。【玉葉（二月七日条も）】

右中弁藤原経房（36）、後白河法皇の勅旨をうけ院宣をもって、検非違使別当藤原忠親（48）の左女牛《さめうし》亭に示し送る。園城寺において法皇、灌頂を受けさせ給うにより、院御所中、潔斎を行わる。よって、御所の近辺および七条河原周辺の穢物を掃除すべく、検非違使庁に下知すべし、と。別当忠親、この院宣により左衛門志中原重成に下知して、即刻、清掃せしむ。【山槐記】

正月二十日

延暦寺の衆徒、蜂起す。叡山の三塔の大衆会合し、延暦寺末寺の荘園の武士を催して糾合す。これ後白河法皇、園城寺において来月十日、前権僧正公顕（69）を大阿闍梨となし、伝法秘密の灌頂を受け給うにより、来る一日、法皇、園城寺内の平等院に御幸あるべし、と。これを妬み、叡山の衆徒ら鬱勃たり。「本来、天台灌頂は、本山たる延暦寺においてこれを行わるべきなり。もしも園城寺にて行わるるなれば、園城寺に戒壇設立あらんか。よって、灌頂当日以前に園城寺を焼打ちすべし」と議定す。

この風聞、後白河法皇の叡聞に達す。叡山衆徒、法皇に奏状を進めざるにより、いまだ子細を仰せられずと雖も、事すでに火急に及ぶか、と。よって、今日、後白河法皇、僧綱以下を延暦寺に登山せしめて、衆徒の騒擾を制止す。法皇、さらに衆徒ら、この制法に従わざる場合においては、延暦寺の僧徒ならびに天台宗の仏法、顕密にかかわらず、永く棄て置き、園城寺の智証大師門徒を重用すべし、と伝達せらる。

しかるに、叡山衆徒の動向を見るにつけ、王化《おうか》は鴻毛の如く軽くして、法皇の制止の勅命に従う気配もなし。これにより、後白河法皇、大相国入道清盛（61）に衆徒鎮圧のため、辰刻許り（午前八時頃）、右大将平宗盛（32）を清盛の摂津・福原亭に遣わして、談合せしめらる。さらに、法皇は院近習人にして灌頂奉行たる右中弁藤原経房（36）をもって、延暦寺の僧綱を召し、衆徒蜂起の原因をたださしむ。あるいは、園城寺に戒壇設立を疑い申すにおいては、全くその儀なきことを明言せしむ。このたびの法皇の灌頂の障碍を致すにおいては、只今、叡山を公家ならびに院の仏事に一切用いざる旨を申渡さる。よって、この旨、早々に登山して衆徒に仰せ含むべし、と。しかるに、大相国入道清盛は発動の意志を示すことなし。これにより、叡山の衆徒いよいよ熾盛《しじょう》なり、と。【玉葉、山槐記】

正月二十一日〔天晴る〕
後白河法皇の使者として、僧綱ら延暦寺に登山。明日、山上にて大衆らと蜂起中止につき合議し、明後日、下山帰参の予定、と。【玉葉】

正月二十二日〔朝、晴。午後、雪降る。忽ち積雪一寸に及ぶ。酉刻（午後六時頃）、天晴る〕
去る二十日、右大将平宗盛、後白河法皇の御使として大相国清盛に談合、対策樹立せしむるため、福原別業に下向。今日、福原より上洛帰参す。叡山に登山の僧綱らも今日、下洛す。延暦寺の大衆、園城寺焼打ちの中止方、承引せず、と。【玉葉】

正月二十三日〔天晴る〕
後白河法皇、法住寺殿において尊勝陀羅尼供養を行わる。導師は天台座主・覚快法親王（法皇弟・45）なり。参仕の公卿は内大臣平重盛（41）・大納言源定房（49）・権大納言藤原邦綱（58）・中納言藤原宗家（40）・権中納言藤原兼雅（34）・左兵衛督藤原成範（44）・右大弁藤原長方（40）・正三位藤原基家（47）・従三位藤原隆輔（50）なり。夕刻、事了りて後白河法皇、七条殿に還御。【山槐記、玉葉】

正月二十五日〔天陰る〕
蔵人頭皇太后宮権大夫藤原光能（47）、後白河法皇の勅命をうけて、来月一日、園城寺における灌頂のため御幸の事、叡山の大衆鬱勃たるにより停止すべきの旨、閑院皇居に参内して、高倉天皇（18）に奏上す。「延暦寺の衆徒、法皇の御灌頂を妨げ奉る。当時、天下に叡山の衆徒、ひとり横暴を極む」と。【山槐記】

正月二十九日〔天晴る〕
昨二十八日、除目入眼《じゅがん》において、正三位平経盛（55）、太皇太后宮大夫に任ぜらる。この職、大夫ならびに権大夫、ともにその闕あり。大夫をのみ任じて、権大夫を任ぜざるは如何。注文に任せて任ずるところなり、と。この日、右大臣藤原兼実（30）、閑院御所に参入。高倉天皇、出御ありて、「経盛、大宮権大夫に任ずべし」と。しかして、既に大夫に任じ終えられたり。これ後白河法皇の勅命により皇太后宮大夫に任ず。しかるに、今朝、なお皇太后宮権大夫たるべし、と沙汰出来す。天皇、右大臣藤原兼実に、この儀いかになすべきや、と。兼実、除目下名の時に「権」の字を加えて、「皇太后宮権大夫」に訂正さるべし、と奏上す。いま、経盛を皇太后宮大夫に任用の事、すこぶる過分なり。当初の注文に従い、皇太后宮権大夫しかるべし、と。【玉葉】

二月七日〔天晴る〕　**後白河法皇、叡山衆徒の蜂起を危惧し、園城寺灌頂を中止す**

後白河法皇、去る月十七日より七条殿より出御、同殿内萱御所において、園城寺灌頂のための加行を行わる。この日、後白河法皇、園城寺における灌頂の停止を決意の上、萱御所より本御所七条殿に還御せらる。夕方、蔵人頭右中将藤原定能（31）、右大臣藤原兼実（30）の九条亭に来りて、この旨、兼実に告ぐ。さらに、「園城寺の僧、法皇の院宣（灌頂中止）の請文《うけぶみ》にさからわず。叡山の衆徒の是非を論ぜず。このたびの法皇御灌頂一定たるにより、叡山の衆徒、園城寺を焼亡すべしとの風聞により、御幸停止に決定せり。よって、法皇、重ねてこの旨を延暦寺に通報さる」と。【玉葉】

二月十五日

故建春門院乳母・女房若狭局（平政子）、嵯峨に御堂を建立。この日、落慶供養を行う。後白河法皇、密々に御幸あり。この若狭局、高倉天皇（18）の「乳母の如く、執権の人なり」（『山槐記』治承三年十二月二日条）と。【百錬抄】

二月二十六日〔天晴る〕

後白河法皇、母待賢門院御願寺たる法金剛院に御幸（理趣三昧を行わるるか）。ついで、同御所において御遊あり。【百錬抄】

二月二十九日〔雨下る〕

後白河法皇、熊野御精進屋に入御。【玉葉】

三月五日〔雨下る〕

今暁、後白河法皇、熊野御精進屋を出御。熊野御幸進発。按察使前中納言源資賢（66）・権中納言藤原兼雅（34）、御供に候す。八条院（42）、去る二日より熊野御精進を始行、明暁、進発あるべしと。路次において後白河法皇と合流、同列の熊野参詣なり。女院に前右馬権頭藤原隆信（37）、供奉す、と。【玉葉（二月二十七日条とも）】

三月六日〔天晴る〕

高倉天皇中宮徳子（24）、日吉行啓を企つ。この日、蔵人頭右中将藤原定能、右大臣藤原兼実の九条亭に来談の砌、中宮行啓において延暦寺僧に勧賞あるべからず、と後白河法皇の制止ありたるを告ぐ。これによりて中宮、行啓を猶予せらる、と。

来る二十二日、高倉天皇（18）、春日社遷宮祭に行幸あり。当日の神楽、袒裼《たんせき》（はだぬぎ）して舞拍子を奉仕するは公卿の定めなり。しかるに、このたび拍子を勤仕すべき中納言藤原宗家（40）服仮《ぶっか》により、権大納言藤原実国（39）に仰せあるも辞退す。また、大納言藤原実定（40）・左中将藤原実家（34）、ともに服仮により、拍子は殿上人やむなしと一定《いちじょう》せり。しかるところ、右少将藤原隆房（31）、この奉仕を望み申す。しかして、拍子の能ある蔵人頭右中将藤原定能（31）・左中将藤原泰通（32）はともに上臈にして、しかも重代の家格なり。しかるに、隆房は非重代の下臈にして、この望み、乱望の甚しき次第なり。隆房の父・権大納言隆季（52）は、これに対して「取るに喩うる物なし」と教訓す、という。この拍子役の事、後白河法皇ならびに関白藤原基房（34）、殿上人やむなき次第にして、蔵人頭右中将定能に拍子を取るべく下命ありたり。隆房の望みは人々、希異となす、と。【玉葉】

三月二十八日〔天晴る〕

後白河法皇、熊野御幸還御、入洛し給う。【玉葉】

四月八日〔天晴る〕

灌仏会なり。しかして、神事に当たるにより公家（高倉天皇18）ならびに中宮御所においては、これを停止せらる。ただし、後白河法皇以下、出家所（皇嘉門院57・上西門院53・八条院42など）においては行わる。よって、右大臣藤原兼実（30）、随身を遣わして、法皇御所以下にそれぞれ布施を進献す。【玉葉】

四月二十一日〔天晴る〕

賀茂祭なり。近衛使・右少将源通資（故内大臣雅通二男・27）、中宮使・中宮少進藤原尹範、馬寮《めりょう》は左馬権助源国行・内蔵助安倍晴光らなり。

後白河法皇、七条殿御所を出御。祭行列、見物あり。右大臣藤原兼実は見物せず。【玉葉】

四月二十九日

昨二十八日、終日甚雨、夜に入るも止まず。今日、辰刻（午前八時頃）以後、天晴る。よりて賀茂川の河水弥増《いやま》し、殆ど渡河、通じがたき有様なり。高倉天皇、後白河法皇御所法住寺殿に行幸。法皇、天皇に謁するを欲せらるるにより、偽りて方違えと称す。河水氾濫により河原の浮橋、破損し、渡河不能。天皇の御輿、進むあたわず。七条河原口に停滞す。近衛司ら、馬を扣《ひか》え、左右に群立、相い争う。群動耳に満つ。大納言藤原実定（40）、随身をして院御所の寵臣・蔵人頭右中将藤原光能（47）を招き、浮橋応急修理につき法皇に奏上せしむ。浮橋、法皇の下命によりほどなく修復す。今夜、洪水を凌ぎての行幸、何故に急がるるか、これ偏狂の至りか、と実定。【玉葉、庭槐抄】

五月一日〔天陰る〕
右大臣藤原兼実（30）、新造九条亭移徙以後、初めての外出なり。この日、直衣を着用、網代車にて、密々に閑院内裏に参内せんとするも、高倉天皇（18）、法住寺殿行幸と伝聞。よりて法住寺殿に参入。すでに行幸成りて、後白河法皇と主上、一所に御坐あり。右大臣兼実面謁の後、小時にして退出、皇嘉門院（57）の御所九条殿に参入す。

後白河法皇、高倉天皇の入御を迎えて、法住寺殿の寝殿母屋において蹴鞠あり。その後、侍臣を召して、同所において蹴鞠を行わしめ、その興を観戦あり。ついで、法住寺殿東御所において雑芸の催しあり。権大納言藤原邦綱（58）・按察中納言源資賢（66）・権中納言藤原兼雅（34）・左衛門督平時忠（49）・大宰大弐藤原親信（42）以下、殿上人五、六人同坐す。後白河法皇は御簾外に出御、横座に着座、高倉天皇は法皇御座の隣に着御。上西門院（53）・八条院（42）もともに同坐。やがて盃酌あり。内女房、箏を弾奏するも、これを押しとどめ、ただひたすらに雑芸をつぎつぎに巡り歌わる。後白河法皇もこれに和して歌い給う。

さきに法住寺殿を退下の右大臣兼実は、後に「殿上人の乱遊あり。同時に白拍子・女童部等参入して、法皇・主上の御前において舞あり」と伝聞す。兼実、「末代の事、是非を云うべからざるか」と不快の感を洩らす。【玉葉、山槐記】

五月二日〔天陰り、雨下る〕
今夕、高倉天皇、法住寺殿より閑院内裏に還御。【玉葉】

五月三日〔天晴る〕
未刻（午後二時頃）、後白河法皇、法勝寺法華三十講に御幸。七条殿出御の後、南下して九条亭に行き、渡橋の上、東洞院を北上、二条を右折、賀茂川を渡り、法勝寺に参着せらる。賀茂川の水勢、猛くして渡河不能。前夜、高倉天皇還御の後、水量増して、六条の末、渡りがたし。もともと、法勝寺御幸の恒例御幸路は、六条末より京極を北上するが常套なり。今日の御幸、賀茂川氾濫により異例の幸路となる。

この日の供奉の公卿は、左大将藤原実定（40）・権大納言藤原邦綱（58）・中納言藤原宗家（40）・権中納言藤原兼雅（34）・左兵衛督藤原成範（44）・皇太后宮大夫藤原朝方（44）・参議左中将藤原実家（34）・左京大夫藤原修範（36）・大宰大弐藤原親信（42）、殿上人十余人が参仕。

申刻（午後四時頃）七条殿に還御。【山槐記】

五月九日〔天晴る〕
この朝、後白河法皇、今熊野社に参籠。

今日、新日吉社小五月会なり。後白河法皇、今熊野社より新日吉社に御幸。新日吉社馬場にて随身《ずいじん》競馬《くらべうま》（五番）行わる。勝方の乗尻（騎

手）に殿上人纏頭《てんどう》（褒美）の衣服あり。生絹《すずし》の衣《きぬ》もあれど多くは練絹《ねりぎぬ》の衣服なり、と。【山槐記】

五月十四日〔陰り晴れ、定まらず〕

後白河法皇の勅定により、今日より供花会を始める。例会の所（法住寺殿）を改め、本の持仏堂（法住寺殿）を壊して新造せらる、と。【山槐記、顕広王記】

五月十五日〔朝の間、小雨。午後、陰り晴れ、定まらず〕

前神祇伯顕広王入道（84）の姫御前（信子女王・号香局）、供花会参仕のため後白河法皇御所法住寺殿に参入す。按察使中納言源資賢（66）、右大臣藤原兼実（30）の九条新亭を訪ね、ついで後白河法皇御所の供花会に参入す。【顕広王記、玉葉】

五月十六日〔天陰り、時々、雨ふる〕

去る十二日より叡山の大衆蜂起す。これ来る二十日、閑院皇居における最勝講始に叡山の僧を召されざるによる意趣なり。その故は、後白河法皇、去る二月に三井寺において灌頂あるべきのところ、延暦寺の衆徒、これを妨ぐにより、山門の僧の最勝講勤仕を停止せらるるの怨恨なり、と。【山槐記】

五月二十日〔天陰る〕（『玉葉』では「天晴る」）

今日より閑院内裏において最勝講を始めらる。蔵人右少弁藤原光雅（30）・大膳亮平時長ら奉行となる。今朝、叡山の衆徒、延暦寺の学徒をこの最勝講に召されざるの憤懣を折紙に注し、所司を遣し参陣せしめて申す旨を訴状として呈す。奉行の一人、藤原光雅は後白河法皇御所に参入して、この訴状を奏覧す。法皇、仰せて云く、「灌頂を抑留の事、奇怪なり」と。その故は、去る二月、法皇、園城寺（三井寺）において前権僧正公顕（69）をもって大阿闍梨となし、灌頂を遂ぐべき予議あり。しかるに山僧ら、「天台灌頂を受け給うには、山門（延暦寺）灌頂たるべし」と強く主張せるにより、期に臨みて停止せらる。この事により、後白河法皇、殊に心中深く鬱結《うっけつ》あり、そのためこのたびの最勝講に叡山を除外せらるるなり、と。【玉葉、山槐記、百錬抄】

五月二十一日〔天陰る〕

後白河法皇御所法住寺殿、新御堂の供花会結願なり。未刻（午後二時頃）、事始まりて申刻（午後四時頃）に終う。前権僧正公顕（69）、導師となる。事了りて導師ならびに各僧に布施を賜う。参仕の公卿は、中宮大夫藤原隆季（52）・権大納言藤原邦綱（58）・同藤原実国（39）・中納言藤原宗家（40）・権中納言藤原兼雅（34）・検非違使別当藤原忠親（48）・左兵衛督藤原成範（44）・右兵衛督平頼盛（48）・皇太后宮大夫藤原朝方（44）・参議左中将藤原実家（34）・参議藤原家通（36）・従三位藤原隆輔（50）・左京大夫藤原修範（36）の十三人。【山槐記、顕広王記】

五月二十九日〔午上（正午前）、雨降り大風、晡時《ほじ》（申刻＝午後四時頃）以後、止む〕
着鈦政《ちゃくだのまつりごと》（鈦はあしかせ。囚人に鈦をつけ、検非違使が笞打《むち》つまねをする行事）なり。検非違使左衛門権佐藤原光長・左衛門尉源季貞・左衛門少志中原清重・右衛門尉源康綱・右衛門少尉中原基広・蔵人源基行・右衛門少志中原明基・右衛門府生安倍久忠ら、これを執行する所なり。後白河法皇院御所の蔵人所衆ら、争いて河尻に下向す。後白河法皇、桟敷屋に渡御して見物せらる。
【山槐記】

六月三日〔陰り晴れ、定まらず〕
昨二日、入道相国清盛（61）、福原より上洛。今日、清盛、後白河法皇に面謁のため院御所七条殿に参入す。中宮徳子（24）の懐妊を疑うによりて、その真実を質《ただ》さんがため、か。これよりさき、去る五月二十四日、左衛門督中宮権大夫平時忠（49）、閑院内裏において検非違使別当藤原忠親（48）に、「中宮御孕事、大略一定たるか。来月（六月）、御着帯あるべきか」と口入す。六月一日、中宮大夫平時忠、佐女《さめ》牛《うし》東洞院第の奥亭に陰陽頭賀茂在憲（77）を召寄せ、中宮着帯日を内々尋問せしところ、今月二十八日が吉事と応答せり、と。
【山槐記】

六月十四日〔天陰る。申刻（午後四時頃）雨〕
祇園社御霊会なり。祭行列、閑院・二条面の殿前を渡御する毎年恒例の行事たるにより、高倉天皇（18）、この喧騒を避けるべく、去る十二日夜、土御門亭（土御門南・東洞院東＝権大納言藤原邦綱第）に渡御せられたり。今日、後白河法皇、その行列見物のため三条殿（三条室町＝院御所）の桟敷に渡御。
【山槐記、顕広王記】

六月十七日
中宮徳子の御産（当五ヶ月）の御祈りのため宣命を下布、中宮亮平重衡（22）を安芸国伊都岐島社（先例なし、今度始なり）に奉幣使として発遣せしむ。衛士二人、幣を捧持す。二十日に出京す、と。
【山槐記】

六月十九日〔天晴る〕　**角合**
巳刻（午前十時頃）、後白河法皇院御所七条殿において角合《つのあわせ》の興あり。左方は中宮大夫藤原隆季（52）以下、公卿・侍臣四十余人、右方は院御所北面下臈ら、同数が参加す。諸荘園に下知して生牛の角数十を切り集めしむ。たまたま持参せしも、下品はこれを棄てしむ。罪業の因縁たり、と。公卿方は角の納物として銀船を権大納言藤原邦綱（58）が調進す。銀海に銀船二千を浮かべ風流となし、その中に角を納む。北面下臈方は厨子一脚の上に手箱二合を据え、これに角を納む。この事、近日稀有なる天下の経営にして、諸人愁嘆す、と。
【玉葉、山槐記、百錬抄】
申刻（午後四時頃）、後白河法皇若宮（真禎12。母は皇太后宮女房三条殿・故仁操僧都女）、東寺長老・東大寺別当・大僧正禎喜（80）の弟子と

なる。中宮徳子の猶子たるにより閑院内裏より大僧正壇所〔三条北・高倉東、故藤原師元朝臣宅。大僧正、護持僧たるにより長日御修法時に此所を住居とす〕に渡御。皇太后宮亮平経正、抱きて〔幼稚に非ず、歩行すべきか〕、南山門南辺にて乗車。壇所の南門より入御、寝殿に入る。左衛門督平時忠（49）以下供奉。人々に御膳を供し、殿上人・前駆に一献あり、暑気により削氷を饗す。了りて、時忠以下、退出。若宮、この壇所に留まる。

六月二十七日〔天晴る〕

今日、関白藤原基房（34）の子・左少将師家（7）、慶賀を申す。これよりさき、去る四月二十六日、師家〔童名不明〕、童殿上を行い、元服を加う。ついで正五位下に叙せられ、禁色・雑袍着装ならびに閑院内裏・院御所の昇殿を聴《ゆる》さる。さらに六月七日、左少将に任ぜらる。この日の拝賀はこの任用の慶び申しなり。師家、関白第松殿を出立、まず後白河法皇の御所七条殿に参入。中門において舞踏あり。院近臣・讃岐守藤原季能の申次により、後白河法皇の御前に召され、初面謁を遂げる。ついで、申刻〔午後四時頃〕、皇嘉門院（57）の御所九条殿に参向。女院より贈物として琵琶〔右大臣九条兼実贈与〕を師家に給う。【山槐記】

六月二十八日〔天陰り、朝の間、小雨〕　**中宮徳子、着帯の儀**

後白河法皇、高倉天皇第二皇女〔範子内親王2。母は左兵衛督藤原成範44女・内女房小督局22。前治部卿藤原光隆52養育、日頃光隆の七条坊城亭に居住〕を賀茂斎院に卜定、蔵人頭皇太后宮権大夫藤原光能（47）、院宣を奉けて右大臣藤原兼実（30）に伝達せり。今夜、斎王範子内親王、卜定所〔前中宮権大夫藤原重頼宅＝中御門南、京極西〕に渡御。【山槐記】

中宮徳子（24）、懐妊当五ヶ月により、閑院内裏中宮御所において、初度着帯の儀あり。右大将平宗盛（32）、その帯を進献す。三井寺憲覚僧正、これを加持す。この日の着帯の儀は中宮大進平基親（28）が奉行す。ついで、後白河法皇・二位尼平時子〔中宮徳子母・53〕・権大納言藤原邦綱（58）・右大将平宗盛・左中将平知盛（27）・権右中弁平親宗（35）らにより諸種の祈禱を始行さる。後白河法皇は日吉社別当・阿闍梨権少僧都実全（38）をして薬師法を供養せしむ。【山槐記、玉葉】

閏六月八日〔陰り晴れ、定まらず〕

後白河法皇御所において、長講会あり、ついで往生講〔念仏法会〕を行わる。太政大臣藤原師長（41）以下、参入。検非違使別当藤原忠親（48）もまた参仕。講了りて管弦の遊あり。【山槐記】

閏六月十日〔天晴る〕

かねて、右大臣藤原兼実の嫡男・良通（12）、兼実の姉・皇嘉門院（57）の猶子たり。従四位上右中将良通の加級の事につき、女院より後白河法皇に口入ありたるなり。去る七日の直物《なおしもの》除目において、良通、正四位下に叙せらる。今日、その良通昇叙につき皇嘉門院より後白河法皇に畏《かしこ》み申す。法皇、院宣をもって女院に返事の旨を伝える。蔵人頭右中将藤原定能（31）、女院御所（九条殿）の帰路、右大臣兼実の九条亭に参入。その旨を披露す。院宣の文面「今より以後と雖も、疎略すべからず」と。【玉葉】

閏六月十一日〔天晴る〕

中宮徳子（24）、懐妊以後六ヶ月、物気《もののけ》により不快なり。よって物気退散せしめんとするも、后宮、禁中においては先例不快なり。中宮、着帯以後の初出御、来月二十八日吉日の沙汰あり。その以前に、主上、他所に臨幸ありて、中宮の物気を払わんとの議あり。これにより、昨十日、高倉天皇（18）、権大納言藤原邦綱（58）の土御門東洞院亭に行幸あるべく一定せり。しかるところ、今朝、それを改定して、今夕、後白河法皇の三条殿（三条北烏丸西院御所）に行幸と決す。供奉の公卿は左大将藤原実定（40）・権大納言藤原実房（32）・同藤原実国（39）・権中納言藤原忠親（48）・同藤原実綱（52）なり。権大納言藤原邦綱は三条殿に直行。【山槐記、顕広王記】

今夜、高倉天皇、閑院より後白河法皇御所三条殿（三条室町殿）に行幸。折柄、中宮徳子、六波羅里亭（大相国入道清盛第）に在りて、邪気を渡さるべく、主上、暫時、内裏を出御、立去り給う。供奉の公卿は、権大納言藤原実房・同藤原邦綱・同藤原実国・権中納言藤原忠親・同藤原実綱なり。蔵人頭右中将藤原光能（47）、剣璽に候す。この日、参議一人も供奉せず、その由、如何と。【庭槐抄】

閏六月十三日〔天晴る〕

右衛門督検非違使別当藤原忠親、去る春、後白河法皇より紫草（根が紫染め原料）の進献下命あり。しかるに、当時、払底して進献不能。いま、ここにようやく出来、献上可能となる。この日早旦、西景（少納言藤原通憲〔のち少納言入道信西〕の家人・因幡守藤原成景。平治の乱に、信西入道とともに出家）に付して、「紫十外居」（紫草根十杯＝外居は容器）を後白河法皇に進上す。法皇これを嘉《よみ》し、「近日、大功（進上のこと）有り、神妙」の由、仰せあり、と。【山槐記】

閏六月十四日〔天晴る〕

後白河法皇、山科殿に御幸。八条院（暲子内親王尼42）を奉迎、饗応あり、ついで御遊を行わる。八条院女房二十人に纏頭《てんとう》として装束各一具を贈らる。【山槐記（閏六月十六日条）】

閏六月十七日〔天晴る〕　**後白河法皇、新制十七ヶ条を下す**

後白河法皇、蔵人頭右中将皇太后宮権大夫藤原光能を奉行として、新制十七ヶ条を下す。【玉葉（七月二十九日条）】

閏六月二十二日〔申刻（午後四時頃）、俄かに雷雨、即ち止む〕

右中将藤原良通（12）、叙正四位下拝賀なり。女院御所（皇嘉門院九条殿）出立は常の如し。まず、皇嘉門院（57）に御拝。ついで右大臣兼実（30）および母儀・従三位藤原兼子（27）に拝す。つぎに後白河法皇御所七条殿に参入。申次は院司・右京大夫高階泰経（49）、法皇の面謁なし。その後、高倉天皇（18）・中宮徳子（24）、さらに関白藤原基房（34）に慶び申して帰宅す。 【玉葉】

閏六月二十四日〔天晴る〕

さき頃、広隆寺の住侶ら、別当・法眼寛敏（少納言入道信西子・45）を追放す。これを伝聞の後白河法皇は、たびたび広隆寺に本の如く和平して寛敏を迎うべきを仰せらる。しかるに、今日、広隆寺の住侶ら、諸司を通じて、寛敏の不可等を訴う。後白河法皇は蔵人右中将藤原光能（47）を奉行人として院宣を発し、なおも寛敏の別当たるべきを仰せ下さる。もしも、この上に、住侶、鬱《うっ》し申さば、かれらを罪科に行うべし、と。 【玉葉】

閏六月二十七日〔陰り晴れ、定まらず〕

今夜、高倉天皇、後白河法皇御所三条烏丸殿より閑院内裏に還幸。当初、十月まで御坐の予定なるも繰り上げ還御なり。日頃、中宮徳子、物気を渡さるるにより、主上、他所に渡御ありしためなり。この夜の供奉公卿は、大納言藤原実定（40）・権大納言中宮大夫藤原隆季（52）・権大納言藤原邦綱（58）のほかに人なし。殿上人は参議右中将藤原実守（32）・同藤原実宗（34）なり。このほか、近衛司員少々が供奉。 【山槐記、庭槐抄】

閏六月二十八日〔陰り晴れ、定まらず。時々、小雨〕

最勝寺御八講始なり。後白河法皇、御幸あり。 【山槐記】

閏六月二十九日〔陰り晴れ、定まらず〕

免物《ゆるしもの》（恩赦）あり。検非違使別当藤原忠親（48）、辰刻（午前八時頃）布衣を着用、後白河法皇御所七条殿に参入。使者をもって右京大夫高階泰経に示し触れ、検非違使右衛門少志中原明基持参の「免物勘文」を法皇御覧のため捧呈す。法皇仰せて、恒例十人許りを許し、殊に軽犯者は免すべし、と。別当忠親、所持の折紙に囚十人を書出し、御覧に供す。右京大夫泰経、法皇御点の囚人を爪点《つまてん》に合わせ、免物の事を沙汰せしむ。泰経、儀事として蔵人勘解由次官平基親（28）に沙汰を下達す。 【山槐記】

七月一日〔天晴る〕

後白河法皇、七条殿を出御。最勝寺御八講に御幸あり。 【山槐記（閏六月二十九日条）】

七月二日

鳥羽法皇御国忌により、後白河法皇、七条殿御所を出御、鳥羽殿に御幸。

【山槐記（閏六月二十九日条）】

七月七日〔天晴る〕

後白河法皇、法勝寺に御幸あり。恒例、法華八講の結願（去る三日、始行）。関白藤原基房（34）もまた参仕す。事了りて、この夜、法皇、明日より始行の最勝光院法華八講会勤行のため、最勝光院御所に臨幸せらる。

【玉葉（七月八日条も）】

七月八日〔天晴る〕

公家（高倉天皇18）、故建春門院のために、最勝光院において法華八講会を行わる。今日、初日なり。去る年、高倉天皇、宸筆金泥法華経をもって、御八講（四ヶ日）を行わる。毎年不退の勤行として、今年の御八講を五ヶ日にわたり修せらる。後白河法皇、去る夜（七日夜）より臨幸、御堂南庇ならびに母屋第一間を御在所として、五ヶ日間、滞留なり。法皇姉・上西門院（53）ならびに法皇異母妹・八条院（42）も渡御、法皇御在所に同坐なり。左衛門督中宮権大夫平時忠（49）、この寺の上卿たり、参仕す。

【玉葉、百錬抄】

七月九日〔天晴る〕

関白藤原基房、最勝光院法華八講会に参仕。後白河法皇、御堂内の御在所に宿御。

【玉葉】

七月十二日〔晴〕

最勝光院御八講、結願なり。後白河法皇、去る七日夜より臨幸、この日まで六日間、御堂御在所に宿御。太政大臣藤原師長（41）・内大臣平重盛（41）・左大将藤原実定（40）以下、公卿済々として参入す。事了りて人々退去。後白河法皇もまた七条殿に還御か。

【玉葉】

七月十六日

今朝、前右大将平宗盛（32）の室、高倉天皇乳母・中納言三位尼（贈左大臣平時信三女。従二位尼平時子・権中納言平時忠・権右中弁平親宗の妹清子33）逝去。去る六月二十日、腫物を煩うも、数日療治を加えず、危急に及ぶ。ついで、去る閏六月十五日、落飾出家す（於八条北高倉新亭）。しかるに、亡室の家兄・中宮権大夫平時忠（49）、服仮《ぶっか》の間にもかかわらず、中宮徳子（24）の御産事を奉行せり。その憚りの有無につき先例を勘申《かんじん》す。後日、この由を後白河法皇に奏聞のところ、法皇、「准拠の例あるにより、これを憚るべからず」と。

【山槐記（閏六月十五日条も）】

七月二十八日〔朝の間、雨下る〕

或る人、右大臣藤原兼実（30）に告ぐ。後白河法皇、この両三ヶ月、肥後守藤原資隆女（八条院女房右衛門佐）を殊寵ありて、七条殿御所に

参住す、と。女房右衛門佐の兄・散位藤原資定は八条院判官代なり。女院出仕は、その縁故によるか。【玉葉、尊卑分脈】

七月三十日
後白河法皇、来月十日、摂津・天王寺に御幸あるべきにより、今日、石清水八幡宮別当・権大僧都慶清（49）の木津山庄（京都府相楽郡木津町＝木津川の津）に方違えの御幸あり。【顕広王記】

八月一日
後白河法皇、方違え御幸ありし石清水八幡宮別当家たる木津山庄より鳥羽殿に還御。【顕広王記】

八月二日〔天晴る〕
今夜、閑院内裏において中宮徳子（24）の御産定あり。秉燭《へいそく》に及びて関白藤原基房（34）・内大臣平重盛（41）・大納言源定房（49）・権大納言藤原邦綱（58）・中宮大夫平時忠（49）・中宮権大夫藤原忠親（48）・右兵衛督平頼盛（48）・参議平教盛（51）公卿八人参着す。まず、御産雑事を定めらる。ついで、「夜々事」（産養《うぶやしない》）を定む。後白河法皇、高倉天皇（18）の父たるにより九夜産養行わるべしと、権大夫忠親、大夫時忠に提案す。大夫時忠、権右中弁平親宗（35）をして、後白河法皇に奏聞す。法皇、人々に申合わさるべし、と。よって、関白基房、前太政大臣藤原忠雅（55）・左大臣藤原経宗（60）に尋ね申す。その結果、三夜産養（中宮徳子）、五夜産養（内大臣平重盛）、七夜産養（高倉天皇）、九夜産養（上西門院・53）と一同議定せり。権大夫忠親起案の九夜、後白河法皇産養主催たるべきが流案となり、上西門院に内定せり。祖父法皇一夜の産養なきは異例、古今未曾有の事たり。ひとえに、後白河法皇を除くの不当につき、忠親問責す。或人、上西門院と従三位左中将平知盛（27）、いかなる理由によりて九夜産養を行わるや、と。【山槐記（御産部類記）】

八月十日〔天晴る〕
後白河法皇、鳥羽殿御精進屋を出立、天王寺御幸あり。【玉葉】

八月二十一日〔晴〕
後白河法皇、天王寺より帰洛す。【玉葉】

八月二十五日〔天晴る〕
右大臣藤原兼実（30）、或人より伝聞す、伊豆国に配流（安元三年〈一一七七〉六月二十一日）の前天台座主明雲（64）、去る閏六月二十九日の大赦により許されて上洛。法皇に帰洛の会釈なく、澄憲僧都（53）の住房に寄宿するにより、後白河法皇、大いに怒る、と。【玉葉】

八月二十六日〔晴〕
右大臣藤原兼実（30）、梅宮社怪異の奏状を蔵人頭右中将藤原定能（31）をもって後白河法皇に上る。また、来る十月二十九日、右中将藤原基通（故摂政基実長子・19）を春日祭使として差遣するにつき、その雑事等、先例に任せ沙汰あるべきの奏状を、蔵人頭右中将定能に付して法皇に捧呈す。【玉葉】
八月二十八日〔天陰り、雨下る〕
蔵人頭右中将藤原定能、右大臣藤原兼実に書状をもって、「右中将藤原基通春日使につきての事、後白河法皇に奏上せり。これにより、法皇、『毎事例に任せて沙汰すべし。すべて権右中弁平親宗（35）に計らい沙汰を進むべし』と仰せあり」と。【玉葉】
九月一日〔晴〕
入道神祇伯顕広王（84）、後白河法皇に扇紙三十枚（紅色二十枚・縹色十枚）を院女房但馬局を取次として進献す。同じく大相国入道清盛（61）にも二十枚を献ず。御使は清遠。おのおの顕広王入道に納受の返事あり。【顕広王記】
九月十一日
後白河法皇、法住寺殿において恒例の供花会を始めらる。【顕広王記】
九月十七日
入道神祇伯顕広王、後白河法皇法住寺殿の供花会に花三千前（前は花を盛る容器）を進献す。【顕広王記】
九月十八日
後白河法皇、供花会結願す。この日の導師は憲覚僧正なり。連日、供花会の導師を勤仕せし澄憲僧都（53）、この日、御気不快の事あるためか、臨時に勤めり。供花会了りて、後白河法皇、鳥羽殿に御幸。【顕広王記】
九月二十日〔晴〕
後白河法皇、鳥羽殿より石清水八幡宮に御幸あり。【顕広王記】
九月二十四日〔晴〕
巳刻（午前十時頃）、蔵人頭皇太后宮権大夫藤原光能（47）、後白河法皇の御使として、右大臣藤原兼実の九条第に来訪。折柄、兼実物忌により籠居せり。物忌堅固たりと雖も、院使たるにより開門、招き入る。ただし、面謁せず。取次の家司によって、法皇の仰せを伝う、「近日、延暦寺学徒、同堂衆と抗争（去る八月初以来）して、数度合戦を企つ。よりて延暦寺、磨滅に及ばんとす。延暦寺の門徒、僧綱以下、公門〔院御所の門〕に参入、愁訴す。その趣によれば、官兵を差遣の上、争乱を制止せられんとなり。しかして、堂衆ら、日吉社に立て籠り、社門に集会せり。官兵派遣とならば、狼藉必定。これを成すに如何と、右大臣兼実に計らい奏すべし」と。【玉葉】

十月四日〔晴〕

さきに延暦寺僧綱らの訴え申しをうけて、後白河法皇は大相国入道清盛（61）に下命して、軍兵を遣わし、延暦寺の学徒を援け、堂衆を討たしむ。この日、叡山の学徒と堂衆、東坂本において合戦に及ぶ。しかるに学徒弱勢にして追い落さる。両方の死者九十三人に及べり。また、学生《がくしょう》の兵士たち、堂衆を攻めんがため大津の在家少々を焼払う。しかるに、堂衆方の勢力、いささかも傾動せず。学徒軍、ことごとく敗走せり。この合戦によりて、延暦寺中の恒例の仏神事のすべてを退転す。【顕広王記、玉葉、百錬抄】

十月五日

右大臣藤原兼実（30）、典薬頭和気定成（56）より後白河法皇姉・上西門院（53）、御悩《ごのう》危急なりと伝聞す。乳上に腫物出来、さらに病状進み、いまは顔が腫れ給う、と。日頃、医師・諸陵頭和気貞時が治療に当るも、すぐに医師・施薬院使丹波憲基および主税頭和気定長（29）の両名をして療治せしめらる、と。【玉葉】

十月七日〔天晴る〕

申刻〔午後四時頃〕、後白河法皇、中宮御産御所〔六波羅泉殿・大相国入道清盛亭〕に密々に御幸あり。中宮徳子（24）の護身修法を行う。入道清盛、布施として金二十両を独鈷《とっこ》形に錦で包み、これを献ず。【山槐記】

十月十一日〔天晴る〕

午後、後白河法皇、六波羅泉殿の中宮御産所に密々に御幸。中宮の護身法として法華経一部を転読す。申斜めの刻〔午後四時半すぎ〕、中宮権大夫藤原忠親（48）、中宮御所に参入。折柄、法皇、「法華経巻第三・薬草喩品第五」を転読、日課として法華経一部を読誦せらる。この間、終始、入道大相国清盛、御前に候す。【山槐記】

十月二十一日〔晴〕

今夕、高倉天皇（18）、方違えのため閑院御所より後白河法皇の法住寺殿〔『顕広王記』は六波羅中宮御在所〕に行幸あり。【玉葉】

十月二十三日〔朝の間、小雨。午後、晴〕

今夕、高倉天皇の行幸、閑院内裏に還御。【玉葉】

十月二十五日〔天晴る〕　**守覚法親王、中宮御産御祈りとして孔雀経法を修す**

後白河法皇、鳥羽殿に御幸。

後白河法皇、皇子守覚法親王（高倉天皇異母兄・29）をして、今夜より中宮御産御祈りとして中宮御産所御所（大相国入道清盛・六波羅泉殿）において、孔雀経法を始行さる。入道清盛（61）、密々に中門南廊にてこれを聴聞す。十一月十二日の皇子降誕は、この孔雀経法の法験《ほうげん》によるところとして、高倉天皇（18）勅書（高倉天皇宸翰書状＝国宝・仁和寺蔵）をもって、守覚法親王に謝意を申送らる。【山槐記（十月二十七日条）、仁和寺伝】

十月二十七日〔天晴る。早旦、時々小雨。但し、笠を擁すに及ばず〕

この朝、中宮御産気あるにより、中宮大夫平時忠（49）、中宮権大夫藤原忠親（48）の許に使者を送り、参入を催す。忠親、急ぎ参上。ただし、産気に非ず、胸苦しきと。宮中（六波羅泉殿）周章し、公卿・侍臣、群参す。この報、鳥羽殿御在所の後白河法皇にも急進す。巳刻（午前十時頃）、入道大相国清盛、六波羅泉殿の西門外宿所より参入、後白河法皇もまた、この早暁、鳥羽殿より還御。ただちに泉殿の西面北門の方より、八葉御車にて入御。中宮御在所においてただちに法華経を読誦せらる。【玉葉、山槐記】

今日、後白河法皇、仏師明円をして中宮御産御祈りとして等身不動明王、および大威徳明王、各一体を造立せしむ。明二十八日、供養あるべし、と。法印覚成（53）、この二体造立のための御衣木《みそぎ》を加持す。この日、後白河法皇、院宣をもって中宮御産御所に権僧正昌運（65）を召し、不動御修法をもって物気を渡し奉らしむ。また、同じく権僧正房覚（68）を召さる。房覚、言上す、「日来、後白河法皇より、皇子降誕を祈請すべしとの勅定により、舎弟僧を宇佐八幡宮に参籠せしめ、一心に祈り奉らしむ。また、房覚みずからは伊勢大神宮ならびに熊野山に二箇度参詣して、皇子降誕を祈りたる効験により、幸いに中宮の懐孕《かいよう》の事あり。このたび、中宮御所において、諸種の御産御祈りの修法を行わるるに当り御召しなきところ、今、にわかに仰せあり」と。中宮大夫平時忠、この由を後白河法皇に奏上。法皇は「熊野権現の御使として房覚参入の上は、すみやかにしかるべき修法を始行せらるべし。ゆめ疎略の儀にあらず」と。この勅定をうけて左大臣藤原経宗（60）は一壇を設置して、房覚に千手法を勤修《ごんじゅ》せしむ。【山槐記】

この日、後白河法皇、右大臣藤原兼実（30）息・右中将良通（12）を、来る二十九日、春日祭近衛使として発遣するにつき、飾馬ならびに牽馬《ひきうま》等を賜う。馬にはそれぞれ鞍を置きたり。良通、これに試騎してそれぞれ返上せり。父兼実、また、唐鞍・引馬鞍等を取寄す。【玉葉】

十月二十八日〔天晴る〕

早旦、後白河法皇下命の仏師明円造立の等身不動明王・同大威徳明王を彫成、中宮御産御所（六波羅泉殿）の寝殿南面に安置す。法印覚成参上、導師となりて供養の儀を行う。中宮権大夫藤原忠親、布施として被物《かずけもの》一領を取る。中宮少進藤原尹範、これを伝供《てんぐ》す。中宮大進平基親（28）、同じく布施として裹物《つつみもの》を取る。【山槐記】

十月二十九日〔天顔、快晴。雲膚《うんぷ》、ことごとく散ず〕

右中将藤原良通（12）、春日祭の使として進発す。父右大臣兼実（30）の九条亭を出発所となす。上達部・殿上人・舞人・陪従・諸大夫の饗を行い、幣帛発遣、各三献の後、肴物を居え、春日祭使・良通、公卿に勧盃《けんぱい》の後、舞人以下、南庭を渡り、行列発進す。まず、院御所（法皇宮）に参向。七条殿南楼より入りて、御所西門において下馬す。行列ことごとく御所の南庭を行道。ついで、後白河法皇、七条殿桟敷に渡御ありて、行列出立を見物あり。【玉葉、顕広王記】

十一月三日〔陰り晴れ、定まらず。未刻（午後二時頃）微雨下《ふ》る。三ヶ日、天晴る。今日、陰り、雨。神徳（春日大明神）なり〕

晩景に及び、右大臣藤原兼実、後白河法皇院御所に参上。権右中弁平親宗（35）をもって、息・右中将良通の春日祭近衛使差遣時における条々事（襱《くとり》の事・武士の事・諸国所課の事・役諸大夫の事等）、ひとえに後白河法皇の沙汰により、無事、神事を勤仕せしこと畏み申す、と奏聞して退去す。九条亭に帰宅の後、後白河法皇の召仰せにより、即刻、御前に推参、龍顔を拝し、法皇より勅語を賜わり、少時にして退出す。【玉葉】

十一月八日〔雨下る〕

後白河法皇、今朝より今熊野社において法華八講会を行わる。恒例の行事たり、と。【玉葉】

十一月十二日〔天晴る〕　**中宮徳子、皇子出産（のちの安徳天皇）**

早旦、寅刻（午前四時頃）、中宮徳子（24）、御産御気（陣痛）あるにより、産所の装束（設営）のため、近臣（左中将平知盛27・中宮亮平重衡22・中宮権亮平維盛18・左少将平清経・侍従平資盛18、指貫《さしぬき》の裾をひざの上でくくる）および宮司・中宮大進平基親（28）は束帯の裾を石帯に挟み、それぞれが周章して活動に構える。卯刻（午前六時頃）に至り、仁和寺座主・二品守覚法親王（29）が右衛門督平頼盛（48）の池亭の七仏薬師法の壇所を降りて、泉殿の中宮産所御所に渡御、寝殿東庇障子の内に入御。ついで、験者として、僧正房覚（68）・法印俊堯（61）・権少僧都実詮（38）・権僧正昌雲（65）の四僧が召しにより参入す。しかるに、験者四人は憚りあるにより、議あり。よって、後白河法皇、権少僧都豪禅（75）を召加うべく下知せられ、母屋の産所、御簾中に五人入りて参仕す。【山槐記】

御産間近きにより、後白河法皇、今朝、七条殿出御の後、中宮御産御在所たる六波羅泉殿、西面北門の方より密々に臨幸あり。法皇、母屋御簾中、御産所に入御後、ただちに加持を始めらる。しかるに、諸僧無音の由をしきりに責め仰せて、音声を発すべきを催せらる。中宮大夫平時忠（49）・中宮亮平重衡（22）および近臣ら、法皇の仰せをうけて母屋南面方に来りて、その旨を加持僧に催す。また、修法諸壇に勤仕の僧のうち能陀羅尼の僧を召加えて読誦せしむるにより、その声、一時に雷鳴の如き大音声となり、加持供養、一段と盛り上がる。やがて公卿以下、挙首群参す。関白藤原基房（34）も参入、寝殿西廊北一間の御簾中に候す。大臣たちはその南間（孔雀経伴僧の詰所）に候す。諸卿、相重なり中門廊三ヶ間に群居す。殿上人等、参入すと雖も堂上にその所狭く、中門の外、庭上に立ち群がるという有様。上下の人々、中宮の出産を今や遅しと待望す。

この日、御産御祈りにより免物《ゆるしもの》あり。蔵人頭皇太后宮権大夫藤原光能（47）、囚徒目録を関白藤原基房に進覧す。関白基房、爪点《つまてん》を合したる十五人の勘文を返却す。ついで、権大夫光能、後白河法皇にこの勘文を奏覧す。法皇、即座に却下して、関白基房に計らい申すべきを下知す。この中、重犯者三人あり。このたびの恩赦、軽囚に限るをもって、結局、十三人を免す。【山槐記、玉葉】

未二点（午後二時前）、中宮徳子（24）、皇子（のち安徳天皇）を出誕す。後白河法皇、関白藤原基房をして、「すでに皇子降誕せり。早やかに此の旨、人々に告げ申すべし」と仰せらる。これにより、堂上の人々、気色はなはだ歓喜せり、と。中宮大夫平時忠室・洞院局（故権中納言藤原顕時女・去る六月産事あるも乳汁出でざる人なり）乳母となり、産所（六波羅泉殿＝入道相国清盛亭）に近侍す。出誕に際し、皇子の臍（長さ六寸に二ヶ所）を練糸で結び、内大臣平重盛（41）、竹刀《あおひえ》をもってこれを切断。洞院局、新皇子を抱きて指先に綿を巻き、口中、舌の血を拭う。血多く口中に入りて、速やかに泣き給わず、と。ついで、洞院局、乳を含ませ奉る。ただし、これは空乳の儀礼。母乳のため乳人（二品尼平時子近侍女房・右近将監平親房妻）参上せり。『顕広王記』は「六波羅亭・池殿（右兵衛督平頼盛亭）」で誕生と記すも、誤認なり。【玉葉、山槐記、顕広王記】

後白河法皇、皇子誕生を喜びて、母屋より産所に来り、熊野権現のご利生に報賽すべく、使者を送るべきや否やにつき、議せしむ。【山槐記】

十一月十四日〔陰り晴れ、定まらず〕

中宮御産御所、皇子第三夜の産養《うぶやしない》の儀（中宮徳子主催）あり。右大臣藤原兼実（30）、まず後白河法皇の院御所に参入。三十ヶ日を限り忌《いみ》籠《ごも》りありと、蔵人をもって法皇に謁せんと申し入る。右少将源資時（18）をもって、法皇仰せらる、「見参すべきの所、咳病を煩うにより、念誦を懈怠せり。よって、面謁あたわず、もっとも遺恨なり。後日、必ず参るべし」と。右少将資時、ひそかに示して云う、「明日、法皇、中宮御所（六波羅泉殿）に御幸あるべし」と。よって、大略、三十日忌籠りの儀は、変改せらるべし、と。兼実、これを伝聞して、「もとより甘心されざる事なり」と。その後、中宮御産所に参る。

この夜、五献の饗あり。三献についで、関白藤原基房、太政大臣藤原師長（41）に朗詠あるべき由を催せらる。よりて、師長、まず、「嘉辰令月」を二反《へん》。この時、助音の人なし。ついで、「徳是」を出す。この時、按察使中納言源資賢（66）・参議藤原家通（36）助音す。ついで、「隆周」「昭王」「穆王」、人々助音して朗詠了る。【玉葉】

十一月十五日〔晴〕

未刻（午後二時頃）、後白河法皇、中宮御所（六波羅泉殿内、御産所御所）に御幸あり。供奉の公卿は直衣、殿上人は衣冠着用す。戌刻（午後八時頃）、中宮大進平基親（28）、右大臣藤原兼実（30）の家司・右馬権頭藤原基輔（院殿上人）の許に書状をもって示す。皇子第五夜産養（明十六日）および第七夜産養（来る十八日）の御遊の座に右大臣兼実祇候すべき由、後白河法皇の御気色なりと伝達し来る。【玉葉】

十一月十六日〔晴〕

中宮御所において皇子第五夜産養の儀あり。この座において朗詠なし。今夜の事、内大臣平重盛（41）の所役なり。御遊あり（「御遊年表」参照）。今暁、入道相国清盛（61）、六波羅泉殿西門外宿所を発進、福原に下向す。【玉葉】

十一月二十七日〔天晴れ、風吹く〕

この夜、亥終り許り（午後十一時前）、後白河法皇、蔵人頭右中将藤原定能（31）の参院を求めらる。急ぎ参入のところ、中宮大夫平時忠（49）、法皇の御前に祇候せり。法皇、新生皇子の立坊（皇太子礼）につき下問あり。二歳・三歳の立坊、ともにその例、不快なり。今年中に立坊の事、遂行せんとするに如何。この件、関白藤原基房（34）に具申の上、沙汰すべしと、御状をもって下命あり、と。【玉葉（十一月二十八日条）】

十一月二十八日〔晴〕

右大臣藤原兼実、新生皇子の立坊につき後白河法皇の勅旨（院宣）を蔵人頭右中将藤原定能より伝聞、閑院皇居に参内、高倉天皇（18）に奏上す。天皇、関白藤原基房に談合すべし、と。兼実、法皇の御状を携帯して松殿関白基房第（中御門南、烏丸東角）に参向、基房に示す。基房、法皇の勅旨をうけ、「二歳・三歳の立坊は、ともに吉《よ》からず。四歳を待つは、すこぶる延怠なり。年内、立坊は卒爾なりとも、遂行不可能にあらず」と。右大臣兼実、帰参、主上にこの旨、奏達す。同時に、後白河法皇御所七条殿に参上、この由を奏聞す。法皇、「早《すみや》かに、年内立坊の事を沙汰すべし」と下命あり。しかも、その奉行職の事、右中将藤原定能に定めらるるか、と。定能、重代の輩、奉行の拝任よろしきか、と法皇に奏上するも、聞き入れられず。法皇は、即刻、去る夜（二十七日夜）の院宣を閑院内裏に携行、主上に奏聞すべし、と重ねて下命あり。

入道相国清盛、一昨夕（二十六日夕刻）、福原別荘よりにわかに上洛す。この新皇子の立坊の事によりてなり。【玉葉】

十一月二十九日〔天晴る〕
右大臣藤原兼実（30）、酉刻（午後六時頃）、院御所に参上。修理権大夫平信基（36）をもって面謁を申入る。しかるに、後白河法皇、折柄、護摩壇修法中にて、対面叶わずと仰せあり。よって、閑院内裏に参内、女房に謁し、戌刻（午後八時頃）退出す。内女房よりの伝聞、新生皇子の親王宣旨の事、来月二日に行わるべし。しかれども、勅別当未定につき、来月五日に行わるべし、と。また、立太子蔵人方奉行に五位蔵人右少弁藤原光雅（30）を任命せらる。彼の家、立坊の事の故実をよく知りたる故なり。【玉葉】

十一月三十日〔晴〕
関白藤原基房（34）および前太政大臣藤原忠雅（55）、後白河法皇御所七条殿に参入。これ立太子の内議のため。ほかに中宮大夫平時忠（49）ならびに奉行職に就任の右少弁藤原光雅も参仕す。【玉葉】

十二月二日〔晴〕
若宮（新生皇子）、髪を剃る。内大臣平重盛（41）、これを奉仕す。しかるに、別に「今月二日、御髪を垂らさる」（『玉葉』十二月七日条）とあるにより、髪の毛先を揃えるの儀か。【玉葉】

十二月三日〔陰り〕
建春門院御願寺・最勝光院内に心柱を建てらる。【百錬抄】

十二月五日〔天晴る〕
中宮御所（六波羅泉殿＝大相国入道清盛亭）をもって、立太子御所たるべく、かねてこれを議定す。しかして、舎屋狭少、帳台を立てがたきにより、他所にて立太子礼挙行の事を議すべし、との意見出来。いまだ一定ならず。【玉葉】
後白河法皇御所七条殿の、仏名会延引せらる。【玉葉】

十二月八日〔晴〕　**若宮、親王宣下、「言仁」**

若宮（1）、親王宣旨を下さる。後白河法皇、日来、最勝光院において念仏会を修し、今日、結願す。その後、申刻（午後四時頃）、法皇、六波羅中宮御産御所に御幸せらる。しかるに、この御幸、何料《なにりょう》（いかなる理由）たるや、右大臣藤原兼実、存知せず。

この日、若宮の名字を権中納言藤原資長（60）、撰び申す。その名字勘文草によれば、「知仁」「言仁《ときひと》」の二案なり。このうち、言仁親王を称す。関白藤原基房、蔵人頭右中将藤原定能（31）に、この名字を清書せしむ。その料紙、檀紙か紙屋紙か議定ありて、御所より檀紙を出さるるにより、定能、これに書す。ただし、裏紙《つつみがみ》および礼紙《らいし》なし。ついで、言仁親王家司・職事を補す。家司は左中将春宮亮平重衡

（22）・内蔵頭右中弁藤原経房（36）・右権少将平資盛（18）、職事は左少将平清経・右少弁藤原光雅・左衛門権佐藤原光長（35）なり。勅別当に右大将平宗盛（32）を補す（『玉葉』十二月十日条）。【玉葉】

十二月九日〔午上（正午前）、天陰りて雪降る。地に積むこと二寸、申刻（午後四時頃）以後、天陰る〕

言仁親王侍始を行わる。勅別当・右大将平宗盛、院御所に参りて「侍名簿」（侍長以下）を賜わる。中宮御所にてこの儀あり、三献の饗あり。事了りて、ついで、立太子定あり。後白河法皇、去る夜よりこの中宮御所に渡御、御坐あり。御所の殿上の間においてこの定あり。ついで、法皇還御。【玉葉（十二月十日条も）】

十二月十一日〔晴〕

後白河法皇院御所（七条殿）において仏名会あり。【玉葉】

十二月十五日〔朝の間、雪降る。午後、天晴る〕 **言仁親王を皇太子とす**

言仁親王（１）、冊命《さくめい》立太子の事あり。奉行職事は蔵人右少弁藤原光雅（30）、院方の奉行職事は権大納言藤原隆季（52）・内蔵頭右中弁藤原経房（36）、東宮職においては中宮大夫平時忠（49）・左衛門権佐藤原光長（35）の両人が親王家司に補せらる。後白河法皇、卯刻（午前六時頃）、七条殿より六波羅第に渡御。中宮徳子（24）・今宮（言仁親王）同居の中宮御産所をもって東宮御所となす。かねて、この立坊の儀、後白河法皇御所・三条烏丸宮を予定して、当日の早旦、法皇晴御幸あるべく風聞あり。しかるに、禅門清盛（61）、六波羅第において行わるべく計らい申す。よって、二棟廊東、第一・二・三の間、三ヶ間の南庇上板敷、釣格子、簀子を敷き、高欄を構え、母屋中間、御帳を立て東宮昼御座《ひのおまし》となす。これ、母屋分、柱を立つるの間、甚だ狭きによる。また、東方廊をもって中宮御所となし、寝殿は両方（東宮・中宮）御所に用いず。さらに、東小寝殿をもって後白河法皇の御所となす。冊命立太子の宣命《せんみょう》使入来、宣命を読む。ついで坊官除目あり。東宮傅は従一位左大臣藤原経宗（60）、東宮学士は従四位上文章博士藤原光範（53）および従五位上宮内権少輔藤原親経（28）を任命。以下、東宮坊の各官を任命す。右大臣藤原兼実（30）、左大臣藤原経宗の東宮傅任命を難じて「面縛の人、傅に任ず。未曾有の事なり」「流刑の者、猶、これを嫌う。況や面縛の人においてをや」と。これは、去る永暦元年〈一一六〇〉二月二十日、権大納言藤原経宗（42）および参議検非違使別当藤原惟方（36）の両名、朝権を専らにするを後白河上皇（34）大いに怒りて、右衛門督平清盛（43）をして捕えしめ、阿波国に配流せし事件を追憶するものなり。【玉葉】

十二月十七日〔朝の間、雪降る。辰刻（午前八時頃）以後、晴る〕

神祇伯仲資王（22）、初めて後白河法皇の院御所北面に参向す。【顕広王記】

十二月二十日〔陰り晴れ、定まらず。雨雪交り降る〕

申刻（午後四時頃）、後白河法皇、七条殿を出御。宇治に方違え御幸せらる。このため、関白藤原基房（34）、一昨日より宇治に向う。法皇御幸のため兼ねて数ヶ月以前より新造御所を経営せり、と風聞す。およそ、その設営莫大の過差たり。今夜、高倉天皇（18）、閑院内裏より後白河法皇御所法住寺殿に方違え行幸あり。【玉葉】

十二月二十一日〔天晴る〕

今暁、高倉天皇、法住寺殿行幸より閑院に還御。後白河法皇もまた、宇治の関白基房の新造御所より七条殿に還御あり。右大臣藤原兼実息・右中将良通（12）、従三位昇叙のこと、皇嘉門院（57）より後白河法皇に懇望せらる。法皇、すこぶる許容の気あり、と。【玉葉】

十二月二十三日〔雪、地に積むこと二寸〕

今夕、後白河法皇御所七条殿において往生講（阿弥陀講）を行わる。毎月十五日恒例の法会なり。太政大臣藤原師長（41）以下、糸竹（管絃）に堪能の輩、法皇の召しにより参入、講後、御遊（管絃・朗詠・今様等）あり（「御遊年表」参照）。ただし、外の人、此の御遊の列に入ること叶わず、と。【玉葉、百錬抄】

十二月二十四日〔天晴る〕　**藤原良通・源頼政、ともに従三位に叙さる**

京官除目なり。右大臣藤原兼実（30）の息・右中将良通、生年十二歳にして従三位に昇叙さる。家例、多く十四歳にて三位に叙せらる。大殿（故関白忠通）以下、故殿（故摂政基実）に至るまで、これ通例なり。しかるところ、余（右大臣兼実＝永暦元年〈一一六〇〉六月二十日叙正三位）、十二歳にして三位に叙せらる。時人、これを早速の昇叙と称す。いま、愚息良通こと、家例を越して、希有の中の希有として、この恩に浴す。去る月、春日祭の近衛使を奉仕せるにより、神徳の霊験か。しかして、後白河法皇、このたび必ず昇叙すべく、高倉天皇に奏せらる、と。高倉天皇もまた、然るべし、と賛同ありたり。これにより、法皇「誠に運の然らしむる所なり」と、満悦さる、と。

今夜、正四位下源頼政（75）、従三位に叙せらる。今日の京官除目中、第一の珍事なり。これ入道相国清盛（61）、後白河法皇に奏請するところなり。その奏状によれば、「源氏、平氏は我が国の堅めなり。しかるに平氏においては、朝恩すでに一族に普《あまね》し。威勢、殆ど四海に満つ。是れ勲功に依るなり。源氏の勇士、多く逆賊に与《くみ》し、併せて殃罰《おうばつ》に当る。頼政独り其の性、正直にして、勇名、世を被うに、いまだ三品に昇らず。すでに七旬に余る。尤も哀憐あり。何に況んや、近日、身重病に沈めり、と。黄泉に赴かざるの前、特に紫綬の恩を授けられんことを」と。いわば、此の一言により従三位に叙す、と。入道清盛の法皇奏請は賢なりと雖も、時人、耳目を驚かさざる者なきかと。【玉葉】

十二月二十五日　**後白河法皇、強盗に窃盗の秘術を尋問す**

強盗主四人（出雲前司藤原朝時（前式部少輔藤原敦綱朝臣男・参議朝方卿猶子）・判官代某（法成寺執行法橋信慶子）・勾当某（肥前権守忠光子・故内大臣藤原宗能家勾当）・源先生某（故源家宗朝臣））を院御所に召し、後白河法皇これを引見せらる。検非違使参らず、件の犯人四人を車に乗せ、御所の廊に引き据え、法皇出御ありて御前に召し据えらる。法皇、彼らに盗犯の秘術等を尋問。甲冑を着用せず、ただ馴水干《すいかん》装束の使庁下部五、六人、車の前後を護衛して院御所に参入。各四人の陳状、はなはだ神妙にして、法皇すこぶる興に入らる、と。数刻、強盗四人を引見の後、晩景に及び本検非違使が許に返還せしめ給う。盗人を車に乗せるの初例なり。法皇龍顔近くに召寄せ、盗人ら、種々窃盗の秘術を演説すること、まことに奇異というべし。人々、強盗群発の基とならんかと称す。　【顕広王記】

十二月二十八日（晴）

三位右中将藤原良通（12）、拝賀なり。今夕、春宮言仁親王（1）、初めて入内（閑院内裏）し給うにより、良通拝賀、急ぎ行うところなり。皇嘉門院（57）の御所九条殿より出立。良通、未刻（午後二時頃）、女院御所に参上す。同刻、後白河法皇より良通拝賀のための御車を引く御牛（黒斑牛）を賜う。院随身・右近将曹秦頼文、法皇の御使として御牛に相具して、皇嘉門院御所に来る。右中将良通、曹司南面においてこの御牛を見る。左衛門府生秦頼文、良通の侍・左馬允豊原奉頼に引渡す。奉頼、牛童遅参の故に、車副に御牛を給う。右中将良通、九条殿西門外において乗車、まず後白河法皇の院御所に参向す。七条殿の西門外で下車、中門より進入。院司・中務権大輔藤原経家（30）に院参の事由を奏す。法皇、拝賀参院の事を聞食す。右中将良通、拝舞を終え殿上に昇殿。後白河法皇、只今、鶏合《とりあわせ》始まるにより、御前召しなし。よって、良通退出す。ついで、東宮（言仁親王）・内裏（高倉天皇18）・中宮徳子（24）・関白藤原基房（34）・八条院（42）にそれぞれ参賀の後、九条亭に帰参す。　【玉葉】

治承三年（一一七九）　五十三歳

正月一日〔天晴る〕
右大臣藤原兼実（31）、卯刻（午前六時頃）、九条亭において四方拝。未刻（午後二時頃）、束帯を着装。息男・従三位右中将良通（13）、皇嘉門院御所（九条殿）曹司《ぞうし》において束帯を着用、父兼実の九条亭に来る。相共に後白河法皇御所七条殿に参上、西対代御簾中に着座。申三点（午後五時前）、関白藤原基房（35）参入、同御簾中に入座す。ついで南庭に降り立ち、一列に並び拝舞を行う。法皇、御座に出御、院拝礼あり。【玉葉】

正月二日〔天晴る〕
高倉天皇（19）、閑院内裏より後白河法皇御所法住寺殿に朝覲《ちょうきん》行幸あり。検非違使別当藤原忠親（49）、行幸供奉により後白河法皇より御馬（大黒）を賜う。内々たるにより舎人に賜禄せず、ただ飼口《かいくち》二人に酒飯を賜い、また馬草等を用意せしむ。右大臣藤原兼実、午刻（正午）、法住寺殿に参上、行幸以前なり。別当忠親、午刻、閑院に参内。公卿らすでに騎馬、進発寸前にて、忠親、押小路西洞院において院下賜の御馬に乗りて供奉す。後白河法皇、七条殿桟敷に出御ありて、行幸の行列を見物。高倉天皇の行幸は未刻（午後二時頃）なり。法住寺殿西面南門に御輿到着。折柄、法皇見物了りて腰輿《たごし》に駕し、北面の方より法住寺殿御所に入御の時なり。やがて天皇の乗輿入御、中門に御輿を安んず。この間、公卿、殿上に昇り、法皇出御。ついで主上渡御。御拝を終えて御休所に還御。秉燭《へいそく》の後、舞楽あり（「御遊年表」参照）。終わりて御遊。公卿・殿上人、糸竹合奏。拍子は按察使中納言源資賢（67）が打つ。この夜、箏は別当藤原忠親の子・侍従藤原兼宗（17）が弾奏す。今度、始めて御遊に会するも、失錯なく神妙の奏楽に諸人感嘆す、と。行幸還御に際して、法皇より主上に贈物（御本）あり、さらに御馬二疋を引かる。ついで、勧賞《けんじょう》を行わる。内大臣平重盛（42）宣下、内記不参により外記に位記の清書方を仰せらる。侍従平清宗（右大将宗盛子・10）・左少将平資盛（内大臣重盛二男・19）・右少将源資時（按察使中納言資賢四男・19）をそれぞれ従四位下に昇叙す。この日、関白藤原基房以下、参仕の公卿二十四人なり。【玉葉（正月三日条も）、山槐記、御遊抄】

正月三日〔天晴る〕

東宮言仁親王（2）、閑院内裏の東対東面北方において戴餅《いただきもちい》の事あり。元日は申日、二日は衰日《すいにち》たるにより、これを忌みて行われず。この日、戌日たるも、陰陽頭賀茂在憲（78）、憚りなしとの勘申《かんじん》により、この儀を行う。件の餅は後白河法皇の進献なり。院庁より近江国領主・院執事別当讃岐守藤原季能（27）、近江国燧餅《ひうちのもちい》を沙汰調進す。硯箱（松鶴蒔絵）の蓋に薄様（紅匂箔散薄様）を敷き、その上に餅三枚を重ぬ。その傍に橘（三成一総）、大根三筋（白薄様にてその尻を包むも、関白藤原基房、薄様を脱せしむ）を折櫃《おりびつ》一合に納む。また、二ヶ日の料たる橘・大根の折櫃とともに、長櫃一合に納める。後白河法皇、東宮亮平重衡（23）を院御所に召寄せ、御使として、仕丁二人に担わせ、重衡相具し、閑院に参内、東宮台盤所に献ぜしむ。東宮、主上の御方に渡御。内女房若狭局（故建春門院乳母・高倉天皇〔当今〕乳母の如し。執権の人なり）、東宮を抱き奉り、東宮亮重衡、餅を捧供して御供につき、女房、東宮御守の御剣を捧げて前行、東対東面北方に渡御。ここにて、戴餅の儀を行わる。【山槐記】

正月四日〔天晴る〕

また東宮（言仁親王2）戴餅の事あり。【山槐記】

正月五日〔天陰り、夜に入りて雨降る〕

未刻許り（午後二時頃）、従四位下行諸陵頭和気貞説死去す。良医なり。去る安元二年〈一一七六〉七月、後白河法皇の腫物（二禁）を治療し奉る医験により、院御所において按察使中納言源資賢、法皇の下命により従四位下に叙すべき由、勅命を受く。しかるに、その後、内記に仰せざるにより、位記の作成を怠りたるままなり、と。【山槐記】

正月八日〔朝の間、晴れ、夕に臨みて陰り、時々、小雨〕

今夜、法勝寺修正会始によりて、後白河法皇、御幸。【山槐記】

正月十日〔陰り晴れ、定まらず。時々、小雪〕

後白河法皇、乳母・故紀伊二品局（藤原朝子）の第十三回遠忌たるにより、密々にて紀二位堂（法住寺殿隣接）に御幸。朝子の遺子、左兵衛督藤原成範（45）・左京大夫藤原脩範（37）も供奉か。

今日、東宮（言仁親王）帯刀給所を宣下す。諸院宮・関白・各大臣より擬帯刀（帯刀〔東宮警衛〕候補者）の御点を注せし所々は、院（後白河法皇）・上西門院（法皇姉・54）・八条院（法皇妹・43）・中宮徳子（東宮母・25）・本宮（東宮・2）・関白藤原基房（35）・太政大臣藤原師長（42）・左大臣藤原経宗（61）・右大臣藤原兼実（31）・内大臣平重盛（42）・東宮大夫平宗盛（33）・東宮権大夫藤原兼雅（35）・二位（中宮母・従二位尼平時子54）、十三所なり。【山槐記】

正月十一日〔天晴る。夜に入り雪降る〕　**平清盛、高倉天皇・中宮徳子・言仁親王に対面**

今朝、入道大相国清盛（62）、後白河法皇に拝謁のため院御所七条殿に参入。夜に入りて、閑院内裏に参内。高倉天皇（19）・中宮徳子（25）・東宮言仁親王（2）に対面あり。御堂関白藤原道長以来、かくの如き事を聞かず。珍重事なり。

この夜、後白河法皇、円勝寺修正会に御幸。権大納言藤原実房（33）・同藤原邦綱（59）・同藤原実国（40）・同平宗盛（33）・中納言藤原宗家（41）・同源資賢（67）・権中納言藤原兼雅（35）・同藤原実綱（53）・参議藤原実家（35）・同藤原実宗（35）・同藤原頼定（53）・左京大夫藤原脩範《ながのり》（37）・大宰大弐藤原親信（43）・従三位藤原実清（42）ら供奉す。　【山槐記】

正月十二日〔去る夜より雪降る。巳刻（午前十時頃）に及びて深さ二、三寸許りに成る。天、猶、陰る。午後、小雨〕

左衛門督平時忠（50）、中宮権大夫藤原忠親（49）に書状をもって示す。後白河法皇、来る二十九日、熊野御精進を始められ、二月五日に進発、三月二日入洛。ついで安芸・伊都岐嶋社に参詣。そのため二月晦日より御精進を始め給う。さらに五月晦日、大和の金峯山に参詣御幸なり。昨日、これら日次、院御所において定めらる、と。　【山槐記】

正月十三日〔天陰り晴れ、定まらず。時々、雪〕

強盗・出雲前司藤原朝時（前式部少輔藤原敦綱男・皇太后宮大夫藤原朝方猶子）ら党類四人を、去る年十二月、検非違使右衛門尉源兼綱、逮捕す。直後、後白河法皇、院御所に召喚、窃盗の秘術を語らしむ（『顕広王記』十二月二十五日条）。去る頃、法皇、獄所に送致すべく、蔵人頭皇太后宮権大夫藤原光能（48）を奉行として仰せ下さる。その後、猶予により、今に至るも投獄せず。しかるところ、勅定・院宣（後白河法皇）および関白藤原基房（35）の催し、しきりなり。蔵人頭藤原光能、検非違使別当藤原忠親に示し来れり。よって、別当忠親の庁屋（三条堀川第、内）において召問すべきを催す。しかるに、新三位源頼政（76）、所労危急たるにより、右衛門尉源兼綱（頼政猶子）、別当の許に来らず。この間、投獄すべく勅定しきりなり。源兼綱、別当忠親門前に来らずとも、直ちに件の党類四人を投獄すべく、右衛門少志中原明基をして源兼綱に仰すところなり。別当忠親、心中いささか存ずる旨あり。　【山槐記】

正月十四日〔天晴る〕

この夜、後白河法皇、法勝寺修正会に御幸。検非違使別当藤原忠親、供奉のため秉燭《へいそく》に至り束帯を着し、法皇御所七条殿に参入。法皇、出御によりて御車を寝殿南階に差入る。按察使中納言源資賢および別当忠親、南庭に列び立つ。参議右中将藤原実守（33）・左京大夫藤原脩範、騎馬にて供奉。権大納言藤原邦綱、法皇乗車の際に車の御簾を奉仕す。寺に着御の際には権大納言藤原隆季（53）が、これに代りて奉仕。　【山槐記、玉葉】

正月十五日〔陰り晴れ、定まらず。この夜、皆既月食なり〕

今夜、閑院内裏、油小路面小門の前において内大臣平重盛（42）の侍二人、前武者所藤原為澄を搦め取る。件の為澄、去る年七月、相模権守源仲賢（八条院蔵人源仲家〔従三位源頼政猶子〕二男）を殺害せしも、逃亡露見せず。仲賢の妻子は重宗法師（権大納言藤原邦綱後見）に嫌疑をかけ相論す。重宗法師は嫌疑の下手人なる者を召進むが、その下手人は承伏《しょうぶく》せず。仲賢の妻子、諸社に祭文を捧げ祈禱せしところ、去る年十二月、亡夫仲賢殺人の犯人の名、為澄を尋捜せり。よって、為澄の所従を捕え、検非違使左衛門少志清原季光に引渡し、尋問せしむるところ、犯行を承伏す。為澄の妻女を捕え、さらに左中将平知盛（28）の郎党たる為澄の子を出頭せしめ、尋問のところ、美濃国に潜居のこと告白す。為澄、美濃国の住人たる由、後白河法皇に奏聞す。かの美濃国は法皇御領なり。よって、同国留守所に下命して、為澄を探索せしめんとす。しかるところ、為澄は去る頃、密々に京上、と。為澄は春宮蔵人平時房（故右衛門大夫時盛二男）に養育せられし男。上洛して平時房に会わんがため、夜毎に出現すと漏聞せり。これを伝聞せし検非違使別当藤原忠親（49）は、蔵人頭皇太后宮権大夫藤原光能（48）を介して、この由を法皇に急ぎ奏上す。法皇は平時房に為澄を院御所に召連れるべく仰せあり。別当藤原忠親はただちに平時房にこの旨、勅命を伝う。しかるに、平時房は内大臣平重盛（42）に上申して、為澄を召取らせしめたり。しかして、翌日（十六日）の夕方、内大臣平重盛は藤原為澄の身柄を検非違使左衛門少志清原季光に引渡す、と。

【山槐記】

正月十九日〔晴〕

除目入眼なり。蔵人頭右中将藤原定能（32）、右中将兼帯にして参議に任ぜらる。また、木工頭兼相模守平業房、左衛門佐（兼相模守）に任ぜらる。さらに、権中納言左衛門督検非違使別当平時忠（50）、三度目の別当に任ず。右大臣藤原兼実（31）、これらの昇任につき異常の感懐を示す。藤原定能は室兼子の兄、兼実義兄たり。これに対しては、「又不次（通例を破ること）の恩、過分の慶びなり」と。平業房に対しては、「人以って耳目を驚かす。言語の及ぶ所に非ず」と。また、平時忠は故建春門院（後白河法皇女御・高倉天皇母）の実兄、当時、執権の人と呼ばれていた。「左衛門督時忠、三度、別当に任ず。物狂いの至りなり。人臣の所行に非ず」と。藤原定能は院別当、平業房はその妻（高階栄子）が法皇の寵愛をうけし後の二品丹後局。いずれも殊たる院寵の人々、当然ながら後白河法皇の勅旨による栄光であった。この平時忠に対しては、同日、検非違使別当を辞した藤原忠親は、「三ヶ度の還補、希代の例なり。二度、猶、例なき者なり」「世以って甘心せざるや」と批判的な態度を示す。

【玉葉、山槐記】

正月二十日〔天晴る〕

昨十九日、除目入眼により、藤原忠親、右衛門督検非違使別当を辞し、嫡男・侍従兼宗（17）の左近衛少将を申任す。よって、藤原兼宗、左近衛少将に任ぜらる。辰刻（午前八時頃）、権中納言藤原忠親（49）、兼宗任少将の畏み申しのため、後白河法皇御所七条殿に参上。近習殿上人未参につき、北面、右馬権頭平業忠をもって申入る。やがて、業忠出で来りて、法皇の勅旨を伝う、「辞官の申任、あながち慶たるべからざるか。しかして申す旨、聞食し了んぬ」と。これ法皇の恩言たるか。忠親、恐悦して退出す。　【山槐記】

正月二十二日〔天陰り、時々小雨。亥刻（午後十時頃）大風〕

午後、後白河法皇御所七条殿の寝殿を道場として尊勝陀羅尼供養あり。導師は仁和寺御室・二品守覚法親王（30）。右中弁藤原経房（37）、行事を勤む。右大臣藤原兼実（31）、出仕せず。去る頃、院主典代、九条亭に来りて催しあるにより、息男・従三位右中将良通（13）、結縁奉加として初めて陀羅尼三百反（美紙に包み、折敷《おしき》に置く）を、家司を使者として進献す。　【山槐記、玉葉】

正月二十三日〔晴〕

新参議右中将藤原定能（32）、拝賀を行う。乗駕用として車を関白藤原基房（35）に申請、牛を後白河法皇に所望す。前駆は式部大夫二人、諸司の助二人を請う。右兵衛権佐源盛定、車を連ねて供奉せり、と。定能、まず院御所に参入、後白河法皇に慶び申す。ついで閑院内裏に参内（高倉天皇19）。つぎに中宮徳子（25）・東宮言仁親王（2）、さらに関白藤原基房・八条院（43）、皇嘉門院（57）、この殿（九条亭＝右大臣藤原兼実）。つぎに母尼上（父中宮亮藤原季行室、内大臣藤原宗能女）と、一日の中に順次、歴訪参賀せり。　【玉葉】

今日、閑院内裏の右近馬場において、春宮帯刀試《たちはきのこころみ》あり。去る年十二月十五日、皇子、言仁親王の命名についで皇太子となる。今年正月十日、春宮帯刀応募のため給所を定めらる。この日、帯刀名簿を各給所より献ぜらる。給所十三ヶ所なり。ただし、後白河法皇は院分帯刀につきて交名《きょうみょう》を給うばかりにして、名簿《みょうぶ》なし。よって春宮大進藤原光長（36）が名簿を書き、これらに加えて帯刀十七人名簿を完成す。帯刀試を行うに際して、光長、騎射《きしゃ》・歩射《ぶしゃ》歴名（交名）を清書す。「春宮坊試擬帯刀騎射交名」は藤原能基以下八人、同「歩射交名」は平兼衡以下九人なり。結果、正六位上平兼衡・同源光経の両名が帯刀長《たちはきのおさ》、正六位上橘康清以下十三人を帯刀として採用。騎射交名中の源則能・藤原高清は不採用。　【山槐記】

この夜、高倉天皇、方違えのため後白河法皇御所法住寺殿（法住寺離宮）に行幸。後白河法皇ならびに上西門院（54）・八条院も各臨幸あり。来る二十六日、還御あるべし。逗留中、様々の御遊（宸遊）あり、と。　【玉葉、山槐記（正月二十六日条も）】

正月二十六日〔天陰る、時々、小雨〕

今夜、高倉天皇、後白河法皇御所法住寺殿（法住寺離宮）より閑院内裏に還御。左大将藤原実定（41）、主上の還幸に供奉のため、夕方、法住寺殿に参上。権大納言藤原実房（33）・同藤原邦綱（59）らと、しばし中門廊を徘徊す。権大納言邦綱は今朝より寝殿において呪師《のろんじ》十六手・散楽などを見物す。後白河法皇・高倉天皇・上西門院・八条院ら御覧あり。右大将平宗盛（33）・按察使中納言源資賢（67）・検非違使別当平時忠（50）・春宮権大夫右兵衛督平知盛（28）・大宰大弐藤原親信（43）ら御前に候す。ようやく戌刻（午後八時頃）に至りて終り、天皇、法住寺殿を出御。公卿、権大納言藤原実房・同藤原邦綱・同藤原実国（40）・右衛門督藤原成範（45）・権中納言藤原実家（35）ら中門より出でて、次第に騎馬、供奉す。左大将藤原実定および右大将平宗盛は中門内より降立つ。関白藤原基房（35）、主上の裾尻に候す。参議左中将藤原定能（32）は璽筥を取りて、前行して御輿に入る。幸列、五条京極の辺りにて雨滂沱たり。左衛門陣より閑院に入御。定能、璽筥を取り、ついで主上、輿より下御。公卿、左大将実定以下、名謁を終え、順次退出す。時に夜半なり。【実定公記、玉葉、山槐記、百錬抄】

正月二十九日〔天晴る〕

後白河法皇、今日より熊野御精進を始め給うにより、御精進屋（法住寺殿内）に入御。【山槐記、玉葉】

二月二日〔天陰り、巳刻（午前十時頃）以後、雨下る〕

検非違使別当に還補の権中納言平時忠（50）、前別当藤原忠親（49）の三条堀川第の侍廊（使庁屋となす）において検非違使庁始の儀を行う。これに先立ちて、平時忠、後白河法皇に奏上のため、参籠中の熊野御精進屋に参向す。ついで、閑院皇居に参内。その間、甚雨。帰亭の後、庁始を行う。この庁屋、前別当藤原忠親が寄宿して、侍廊を庁屋としたもの。新別当平時忠もまた、同所を庁屋と成す。この日、検非違使庁より左衛門少尉中原章貞・同源仲頼・右衛門少尉中原基広・右衛門少志中原明基・同中原重成・右衛門府生紀兼康・同安倍久忠ら参入して庁屋に着座す。この中、安倍久忠遅参せり。別当平時忠、ただちに久忠に勘発《かんぼつ》（失敗を責める）加う。【山槐記】

二月五日〔陰り、のち晴る〕

今暁、後白河法皇、熊野御精進屋を出御。熊野山参詣のため進発。御供の一人、右少将備中守源雅賢（32）供奉す。ついで、途次、石清水八幡宮に参籠あり。【山槐記（二月二十二日条も）、玉葉】

二月二十四日〔晴れ、夜に入り雨下る〕

去る二十二日、東宮（言仁親王２）百日《ももか》の儀あり。右大臣藤原兼実（31）、参内せんとするも、いささか慎むべき事ありて参入せず。蔵人右少弁藤原光雅（31）の許に所労不参を報ず。さらに、権大納言藤原邦綱（59）にも、不参の旨、内々申入る。中納言源資賢より、一昨日の東宮百日の間の事を注し来る。当夜、御遊（「御遊年表」参照）において権大納言藤原実国、初度、拍子を取りしことを知る。ついで、兼実の義兄・参議左中将藤原定能もまた、当夜の行事を委細注し来る。この注記一覧せるに、「御遊拍子実国卿」と見えたり。これに対して、兼実、すこぶる不審の感あり。中納言藤原宗家（41）、なに故に拍子を取らざりしや。この拍子役のこと、後白河法皇、熊野詣で出立以前にすでに宗家拍子を取るべく、しきりに仰せ置かれたる事なり。しかるに、実国（40）は高倉天皇（19）の笛師にして、近臣たるをもってこの拍子役を推望せり。実国は催馬楽において按察使中納言源資賢（67）の弟子なり。師たる資賢の言によれば、実国未練なり。しかるを、当夜の御遊に催馬楽の拍子を取るにおいては、言うも更なり、と。つまり、藤原宗家を拍子役にと一定し置かるるにもかかわらず、実国の推望により、代替せしこと、同座せざるも右大臣藤原兼実、不当なりと難詰す。　【玉葉】

二月二十九日〔天陰る〕

安芸国伊都岐社を官幣二十二社（上七社・中七社・下八社）に加うべく、その可否ならびに祭祀日等を議定すべしと、後白河法皇、右大臣藤原兼実（31）以下、大外記清原頼業《よりなり》（57）・同中原師尚《もろなお》（49）らに勅問す。二月・十一月の上申日《かみのさるのひ》を祭祀にせんとす。　【百錬抄】

蔵人頭右中将源通親（31）をして、安芸国伊都岐社を二十二社に列すべしとの沙汰あり。しかるに、同社の祭日に官幣使差遣の議と定め、二十二社の列を止めらる。　【山槐記】

三月一日〔晴〕

後白河法皇、熊野より還御せらる。　【玉葉】

三月二日

今夜、光物、洛中を飛行す〔流星か〕。　【玉葉、百錬抄】

三月五日〔終日、雨降る。夜に属きて風烈しく、雨休《や》む〕

今夕、高倉天皇、方違えにより後白河法皇御所七条殿（＝北殿）に行幸（この御所、初行幸）あり。折柄、法住寺殿茅葺御倉、三十日間の穢物ありて、法住寺殿触穢《しょくえ》に及ぶ。しかるに、法住寺殿近隣の七条殿は触穢となすべからず。よって、恒例法住寺殿方違え行幸を七条殿臨幸に変更、本儀として行うべく一定す。この旨、検非違使別当平時忠（50）、閑院内裏に参入し来る左大将藤原実定（41）に伝達す。この方違え行幸につき右大臣藤原兼実は、凶会（触穢のこと）と雖も憚りあるべからざるの由、定めあり（行幸一定）と伝聞す。よって、凶会たるにより、行幸日時を陰陽師に勘申せしめざりきと。この故は、康和四年〈一一〇二〉正月七日、堀河天皇、鳥羽南殿行幸の際、凶会により勘文を進めざるの例によるなり。七条殿行幸の供奉公卿は大納言藤原実定・権大納言藤原実房（33）・同藤原邦綱（59）・同藤原実国・検非違使別当平時忠・権中納言藤原成範（45）・同藤原実家（35）・右兵衛督平知盛（28）・参議藤原定能（32）らなり。還御は明後日（七日）なり、と。この日、刑部卿藤原頼輔（68）、権中納言藤原忠親（49）に書状を送りて、明六日、院御所七条殿にて高倉天皇御覧のため蹴鞠会興行につき参上すべし、との下命ありたるを告げ、着装すべき時服《じふく》の故実につき、忠親の指南を受く。

【実定公記（二月五日条、これは誤写、三月五日正当）、玉葉、山槐記、達幸故実抄】

なお、検非違使別当平時忠によれば、来る十日、後白河法皇、安芸国厳嶋社に参詣御幸を予定さるるも、天変による水上の危（瀬戸内海航海）を恐れ給うにより、急遽、御幸を停止さる、と。この旨、勅使を福原別業の大相国入道清盛（62）の許に送りて、伝達せしむ。当時の厳島詣では、すべて福原の輪田泊（いま神戸港）より清盛新造の唐船によった。これにより、来月十五日の高倉天皇の平野社行幸においては、後白河法皇、一条桟敷（権大納言藤原邦綱の一条土御門亭桟敷）において行列見物あるべきこと一定す。後白河法皇の心中、いよいよ快然と晴れ給う、と。　【実定公記（二月五日条、これは誤写、三月五日正当）】

三月六日〔天晴る〕

去る夕（五日夜）、高倉天皇（19）、後白河法皇御所七条殿に方違え行幸。今日、七条殿北壺において御鞠会あり。権中納言藤原忠親（49）、この日、参仕の刑部卿藤原頼輔（68）より委細を書状にて示し送られて承知す。まず、寝殿御簾中に高倉天皇御坐《おわしま》す。侍臣の公卿は内大臣平重盛（42）・按察使中納言源資賢（67）・春宮大夫藤原兼雅（35）・大宰大弐藤原親信（43）・新宰相中将藤原定能（32）、広廂に着座。少時、後白河法皇出御、やがて鞠足《まりあし》（蹴鞠人）らが庭上、懸木《かかりのき》の下に出場す。法皇、庭上に下り立つ。つれて、公卿も動座す。これ不審のことなり。かねて、庭狭きにより法皇御参の時に祗候の輩、下庭すべからざる由、議定しおくも違背なり。鞠足の中、唯一人、殿上人・右少将源雅賢（資賢孫・32）は直衣・冠を着用。名足《めいそく》・藤原頼輔（「此人蹴鞠長也」三日条）は赤帷（鞠水干《まりすいかん》）を着用す。法師の鞠足二人（備後公《きみ》・駿河公）、相交じり、百回余りも蹴上げて、その興尽きず、と。　【山槐記】

三月七日〔晴〕

今夜、高倉天皇、後白河法皇御所七条殿より閑院内裏に還御あり。この夜、入御に際して反閉《へんばい》（陰陽道の呪法）なし。　【玉葉、山槐記】

三月十一日〔陰り晴れ、定まらず〕

今夕、小除目あり。後白河法皇の口入により、権中納言藤原忠親（49）に勅授帯剣を聴す。当時、勅授帯剣人は関白藤原基房（35）・前太政大臣藤原忠雅（56）・太政大臣藤原師長（42）・左大臣藤原経宗（61）・右大臣藤原兼実（31）・内大臣平重盛（42）・左大将藤原実定（41）・大納言源定房（50）・権大納言藤原隆季（53）・同藤原実房（33）・同藤原邦綱（59）・同藤原実国（40）・前右大将平宗盛（33）・中納言藤原宗家（41）・按察使中納言源資賢（67）・春宮大夫藤原兼雅（35）・検非違使別当平時忠（50）なり、これに新授の忠親を加えて総勢十八人なり。

この日、別に侍従藤原忠経（春宮大夫兼雅長子・母は大相国入道清盛女・7）に禁色を聴さる。　【山槐記】

三月十二日〔雨降る〕
権中納言藤原忠親（49）、午刻（正午頃）、直衣を着用、勅授帯剣の慶び申しのため、後白河法皇御所七条殿に参入。権右中弁平親宗（36）に申次ぐ。その後、御所に滞留、夕方に退出。ついで、関白藤原基房（35）の松殿に参上、畏《かしこ》み申す。【山槐記】

三月十五日〔朝の間、霧塞ぐ。巳刻（午前十時頃）以後、晴る〕
高倉天皇（19）、去る二月二十八日誕生の二宮（守貞親王1）御願のため平野社に行幸。左大将藤原実定（41）、この日の行幸上卿を勤む。後白河法皇、七条殿御所より一条町口桟敷（権大納言藤原邦綱一条土御門亭）に出御、行列を見物あり。行列の先頭、舞人十二人先行す。中に後白河法皇の寵人・左衛門佐平業房（丹後局高階栄子夫）、後白河法皇下賜の御馬に騎乗。院御厩舎人忠隆、赤衣上下、款冬《やまぶき》衣を着用、さらに童二人、縹《はなだ》上下、款冬衣を着用、供奉す。未刻（午後二時頃）、平野社の社頭に着御。ついで還御、夕陽西山に沈む前に閑院入御あり。【玉葉、山槐記】

三月十八日〔天陰る〕
大相国入道清盛（62）、安芸国伊都伎嶋社の内侍（巫女をもって内侍と号す）を上洛招引せしめ、八条禅門亭において舞女事（女舞楽）を興行す。内侍ら唐装束を着用、「廻雪の袖を翻えす」と。後白河法皇、七条殿より密々に御幸ありて、これを見物あり。【山槐記、百錬抄】

三月十九日〔天晴れ、時々、雨〕
昨十八日、入道大相国八条亭の伊都伎嶋内侍を、後白河法皇、七条殿御所に召寄せ、舞事を催し、公卿・近習らこれを見物す。【山槐記】

三月二十日〔天晴る〕
今日より後白河法皇、石清水八幡宮に十日間の参籠。この間、『法華経』百部を転読し給う。これまで、十ヶ度参籠、千部転読供養の功を遂げらる。このたびは、その第二度目の善根《ぜんごん》なり。来る二十六日、賀茂社参籠の儀あり。斎月に及ぶ前に、この石清水八幡宮御幸あり。これ密々の儀たり。権中納言藤原忠親、鳥羽南門において御幸の行列を見物す。まず、さきに殿上人、つぎに公卿、按察使中納言源資賢（67）・春宮大夫藤原兼雅（35）・参議左中将藤原定能（32）、つぎに鴨籠二荷、そのつぎ犬二疋を力者《りきしゃ》が引く。続いて後白河法皇の御輿、四面の御簾を捲き上げ、法皇の姿を拝す。御輿の傍に左衛門尉平知康が御剣を捧持して歩行、供奉す。その後に力者二人が経筥を捧持す。さらに北面下﨟十人許りが騎馬にて扈従す。以上、いずれも浄衣を着用せり。【山槐記、玉葉、百錬抄】

三月二十二日〔陰り晴れ、定まらず〕
高倉天皇、閑院内裏より後白河法皇御所七条殿に方違え行幸あり。折柄、去る二十日より後白河法皇、石清水八幡宮に参籠にて不在。行幸

に当りて、陰陽寮として行幸の日時勘文を下さしむるも、凶会（触穢）によりて、陰陽師、これを進献せず。【夕拝借急至要抄】

三月二十三日〔天晴る〕

関白藤原基房（35）の三男・左中将師家（8）、叙正四位下の拝賀の事あり。師家、去る年十二月二十四日夜の除目において従四位下に叙せらる。その後、従四位上を超越して、去る十一日、正四位下に叙せらる。その慶び申しなり。閑院内裏（高倉天皇19）についで、中宮徳子（25）御所に参上。中宮大進平基親（29）取次ぎ、拝を了して中宮御前に祗候。中宮御簾中より祝儀として琵琶（青地錦袋に納む）を賜う。基親、これを取次ぎ、師家供奉の左中将藤原清通（39）に渡し、清通さらに対馬守藤原親光に預く。ついで東宮（言仁親王2）御所、さらに皇嘉門院（58）の九条殿。女院御前に参候。その後、後白河法皇の七条殿に参上す。しかれども、法皇去る二十日より石清水八幡宮参籠につき、御所に不在。【山槐記】

三月二十四日〔天晴る〕

石清水八幡宮臨時祭なり。使は権大納言藤原隆季（53）の子・右少将藤原隆房（32）。隆房、当日、騎乗の御馬（鹿毛）を後白河法皇に申請して借り受く。七条殿陣口において騎馬すべきのところ、法皇の勅定により西面北門にて騎乗せんとす。馬驚きて関白藤原基房の随身・右府生下毛野敦景の従者を踏み倒す。御馬、沛艾《はいがい》（荒れ狂う馬）にて騎用すべからず。しかも、差縄《さしなわ》のすべて泥土に入りて、騎乗しがたし。よって、父大納言隆季、雑色《ぞうしき》に下命して、鞍置替馬（鴾《とき》毛、額髪を切りたる馬）に代替騎乗せしめ、行列進発す。後白河法皇、去る二十日より八幡宮に参籠中、十ヶ日同社に宿御。よって、祭使・右少将藤原隆房、社頭に着到後、速やかに参入すべしと、仰せらると。【玉葉、山槐記】

四月四日〔天晴る〕

後白河法皇、院蔵人を右大臣藤原兼実（31）の九条第に参向せしめ、来る八日の院御所灌仏会の布施ならびに兼実の参入を催す。【玉葉】

四月六日〔陰り晴れ、定まらず〕

後白河法皇、今熊野社御精進屋に入御。【山槐記】

四月八日〔晴〕

後白河法皇御所七条殿、灌仏会を行わる。【玉葉】

四月十一日〔天晴る〕

後白河法皇の愛妾・坊門殿（院近臣の大膳大夫平信業姉）の妹、内女房少将内侍（故入道前宮内少輔平義範女）、高倉天皇の皇子（惟明親王・号三宮）を三条末、白川房（権大僧都澄憲54住房）において出産す。【山槐記】

四月十二日〔陰り晴れ、定まらず。朝の間、小雨〕
後白河法皇皇子・仁和寺若宮（尊性、のち道法法親王・14。母は故左大臣源有仁弟法印仁操女・皇太后宮〔後白河天皇皇后忻子〕女房三条殿）、来る十六日出家するにより、未刻許り（午後二時頃）、中宮徳子（25）より御着衣料（直衣一具・法衣一具）を各長櫃一合に納め、中宮少進藤原尹範、御使として仕丁（退紅着用）これを荷い、檀紙、立文《たてぶみ》の御書を携帯の上、祝儀として進献せしめらる。【山槐記】

四月十六日〔雨下る〕
仁和寺御室守覚法親王（30）の弟子・若宮（母は仁操女・14）、仁和寺北院において出家の儀を行わる。同母弟宮（承仁親王11）、法務・東寺一長者である大僧正禎喜（81）の弟子となり、去る年出家、式のすべてを了せらる。しかるに、この若宮の剃髪は内々、東宮（言仁親王2）の降誕等により、出家を抑留せらる。巳刻（午前十時頃）、御室守覚法親王、若宮同車にて北院に渡御、御所に参向。後白河法皇、仁和寺に臨幸。御車を七条殿小御堂南面に寄せ、法皇乗駕、出御あり。上西門院（54）、七条殿桟敷において見物あり。権大納言藤原邦綱（59）・同藤原宗家（41）・春宮大夫藤原兼雅（35）・検非違使別当平時忠（50）・右衛門督藤原成範（45）・権中納言藤原実綱（53）・皇太后宮大夫藤原朝方（45）・参議右中将藤原実守（33）・同藤原実宗（35）・従三位藤原隆輔（51）・左京大夫藤原脩範（37）・大宰大弐藤原親信（43）・従三位藤原実清（42）・参議左中将藤原定能（32）・蔵人頭右中将源通親（31）・越後守藤原雅澄・右少将藤原隆房（32）・大蔵卿高階泰経（50）・讃岐守藤原季能（27）・治部卿藤原顕信・左少将源有房・権右中弁平親宗（36）・左少将藤原実教（30）・前右兵衛佐藤原光実・右少将平資盛（19）・侍従藤原成家（25）・右兵衛佐藤原基範・安房守藤原定長（31）・右馬頭藤原定輔（17）・右兵衛佐藤原盛実ら公卿・殿上人ら、多数供奉す。法皇御車、仁和寺北院御堂東廊に寄せ、権大納言藤原邦綱、御車の御簾をかかげ、法皇下御。御室守覚法親王、御所の御簾をかかげ、入御の後、若宮に対面。法皇、剃髪御所に渡御、御座に唐錦茵を敷く。ついで、御室守覚法親王ならびに若宮入御着座。御室、戒師となり、阿闍梨成仁、剃刀をもって、若宮の髪を剃る。終って、法名・尊性を付く。御室守覚法親王、法皇に贈物として鑑真和尚所用の如意（三衣《さんね》に包み、銀蓮枝に結ぶ）を贈らる。院司・讃岐守藤原季能これを拝受す。ついで法皇に御膳を供し、申刻（午後四時頃）、法皇、七条殿に還御。雨脚、注ぐが如し。【山槐記】

四月十七日〔晴〕
今夕、右大臣藤原兼実（31）の二男（良経11）、元服を行う。関白藤原基房（35）の猶子となるにより、従五位上に叙すべき由を申入る。申刻（午後四時頃）、奉行、家司・左京権大夫藤原光盛ならびに陰陽頭賀茂在憲（78・所労不参。息・陰陽助賀茂済憲代参）が元服日時勘文を持参、当十七日、酉刻（午後六時頃）と勘申《かんじん》。また、豊前守藤原成光（69）、名字勘文を進め、「良経」「経通」「家実」を提出、良経の名字を採用せり。戌刻（午後八時頃）、中納言藤原宗家（41）・参議左中将藤原定能（32）、今夜、高倉天皇（19）、閑院皇居より後白河法皇御所法住寺殿に御幸供奉につき、束帯着用、九条亭に来臨す。右大臣兼実、病疾により上達部の座に出座、出逢わず。左中将定能、内の出居《でい》に参入、右大臣兼実に、後白河法皇の御気色により良経に禁色を聴《ゆる》すべき趣の由を談ず。しかるに、この件、八月二十六日に至り、禁色昇殿の事、決せり。この夜の元服の儀、理髪は治部卿源顕信（47）、加冠は父右大臣兼実みずからが勤む。【玉葉、公卿補任（文治元年〈一一八五〉条）】

今夜、亥終り刻（午後十一時頃）、高倉天皇、閑院内裏出御、後白河法皇御所法住寺殿に方違え行幸。御輿を寝殿に寄せ、天皇下御。ただし、後白河法皇、臨御なし。暁更に至りて還御。還御の時、左少将藤原兼宗（17）、鈴奏《すずのそう》（初度）を勤む。失誤なきにより、後日、蔵人頭右中将源通親（31）、父権中納言藤原忠親（49）に感嘆の旨を伝う。この暁更還御には関白藤原基房（35）・大納言源定房（50）・検非違使別当平時忠（50）・右衛門督藤原成範（45）・大宰大弐藤原親信（43）ら公卿供奉せり。【山槐記、玉葉】

四月二十一日〔陰り晴れ、定まらず。午刻（正午）、小雨、即ち休止す〕　**賀茂祭の使の行粧、過差の至り**

賀茂祭なり。近衛使は右少将藤原顕家（27）なり。この使任命に当りては、関白藤原基房、偏にその沙汰を致さる、と。顕家は関白基房の男寵を蒙る故なり。前太政大臣藤原忠雅（56）の花山院第より出立。修理・舗設はすべて前大相国忠雅の沙汰たり。近衛使車は五節風流をもって飾る。牛は後白河法皇御牛を借用、牛童また院牛童七郎丸、赤地襖を着飾る。使の右少将藤原顕家は冠に葵葉を懸け、二藍半臂《ふたあいはんぴ》下襲を着用、後白河法皇の御馬（鹿毛）を借用す。唐鞍は関白藤原基房が新調、これに騎乗す。龓《くとり》二人・御厩舎人・居飼《いかい》・馬副八人・随身二人・走童二人・手振十二人……美々しき行粧なり。後白河法皇は、桟敷町に出御して行列を見物あり。近衛使藤原顕家の装束、華美をきわめ、過差の至り。新制により過差を禁止せらるるも、関白基房のすべて結構によるため、時人、傾奇《けいき》せざるはなし。高倉天皇、華麗な過差に対して、関白に不快を抱き給う、と。関白藤原基房は寵愛の右少将藤原顕家の行粧を見物せんがために、西洞院面の桟敷屋において見物あり。件の屋は盲者の所有にして、当日、九間桟敷を新造せし華美を極めたるもの。毎年、貸借の場所にて、その価は麞《のろ》の牙（角）九本という。右衛門権佐藤原光長（36）、この沙汰を致す。料理を容れたる破子《わりご》は使顕家の新調唐鞍にちなみ、それを模したるなり。見物の関白基房の女房のためには、比為奈屋《ひいなや》（雛屋形）の桟敷を新造せり。この桟敷には前大相国藤原忠雅、参着して見物せり、と。【山槐記、玉葉】

四月二十三日〔天晴る〕

後白河法皇、賀茂社に御幸あり。初め下社に参籠、ついで上社に巡拝参籠なり。上・下社に各五日間の参籠。その間『法華経』（開結とも十巻、百部）の転読供養を行わる。十日間の転読供養、百部十ヶ度にて千部に満つものにして大善根なり。法皇、出家以後、今日、初度の法会なり。供奉の公卿は春宮大夫藤原兼雅（35）・検非違使別当平時忠（50）・参議右中将藤原実宗（35）・参議左中将藤原定能（32）の四人、

殿上人は二十人許り。いずれも束帯着用す。　【山槐記、玉葉、百錬抄】

去る二十一日の賀茂祭における使の行粧、華美に過ぎ新制を破るにより、この日、処罰あり。中宮使・蔵人中宮大進平基親（29）、新制を破りて雑色に美衣を着装せしにより、恐懼（朝参出仕停止、家にて謹慎）に処せらる。また馬寮使・上総守藤原為保は、後白河法皇の勘発《かんぼつ》により籠居を命ぜらる。近衛使・右少将藤原顕家（27）、関白藤原基房（35）の後楯により専ら新制を破り、言語を絶する華美を尽せり。東宮使・東宮権亮平維盛（19）は殊たる金銀風流の飾りはなきも、𩎑《くとり》・舎人・馬副・随身・手振・小舎人童八人・雑色八人にいずれも美麗の装束を着用せしむ。しかるに、この両人には咎めの沙汰なし。顕家はひとえに関白基房が出で立たしむるによる。また維盛は権門平家の公達たる権勢の故なり。

この日、後白河法皇、法勝寺執行・法印静憲（少納言入道信西子・56）辞退の替りとして、尊勝寺執行・法眼能円（故皇后宮亮藤原顕憲子・二品尼平時子54の異父弟）を法勝寺上座に補し、執行に任ぜらる。昨二十二日、法皇、大蔵卿高階泰経（50）を使者として八条亭の大相国入道清盛（62）に、この事、仰せ合わさる。　【山槐記】

五月五日〔雨下る〕

後白河法皇、上賀茂社参籠より還御。　【玉葉（五月六日記事は清原頼業記より）】

五月七日〔天陰り、時々雨〕

後白河法皇、方違えのため関白藤原基房の宇治御所に御幸。　【山槐記、玉葉（五月八日条）】

五月八日〔雨下る〕

後白河法皇、宇治より還御。御供の公卿、昨今ともに水干袴を着装す。　【玉葉】

五月二十五日〔陰り微雨、申刻（午後四時頃）以後、大雨〕

公家（高倉天皇19）、法勝寺において千僧御読経供養を行わる。本尊は図絵丈六の十一面観音像を奉懸。『観音経』の転読供養なり。兼日、官庁より権中納言藤原忠親（49）に十巻の書写奉献の催しあり。息左少将兼宗（17）分は三巻なり。忠親、一昨日（二十三日）、後白河法皇の院御所に進献せり。左少将兼宗分はまず蔵人所に触れるも、寺家納受せざるにより、太政官の官掌《かんしょう》国成宅に納付す。午刻（正午頃）、後白河法皇御幸。惣礼・行道の間、雨頗る灑ぐ。大納言藤原実定（41）上首となり、権僧正玄縁、講師を勤む。公家の布施についで、法皇布施あり。申刻（午後四時頃）、法皇還御の時、甚雨、と。　【玉葉、山槐記、百錬抄】

五月二十八日〔時に大雨、すぐ休《や》む。夜に入りて晴る〕

今夜、高倉天皇（19）、閑院内裏より後白河法皇御所七条殿に方違え行幸あり。関白藤原基房（35）、閑路より兼ねて参会す。主上の御輿、七条殿中門に停む。参議右中将藤原実宗（35）、御輿より剣璽を取り出し捧持す。ついで主上下御。関白基房、御裾《きょ》を奉仕す。今夜、供奉の公卿は左大将藤原実定（41）・権大納言藤原実房（33）・同藤原実国（40）・権中納言藤原忠親（49）・右衛門督藤原成範（路上より参会・45）・左兵衛督平頼盛（同・49）・参議右中将藤原実宗・右兵衛督平知盛（28）・参議左中将藤原定能（32）らなり。亥刻（午後十時頃）、地震あり。権中納言忠親、気付かず、と。微震なるか。行幸、明暁方（六月一日）に及びて還御。【山槐記、実定公記、玉葉】

六月三日〔晴〕

後白河法皇、山科新御所に御幸。この地は、もと勧修寺長吏・僧都雅宝（中納言藤原顕頼子・49）の所領なり。故建春門院に進上。勝地にして飛泉あるにより、法皇、去る頃、造営ありて竣工す。【百錬抄、玉葉】

六月六日〔晴〕

後白河法皇、山科新御所より七条殿に還御。【玉葉】

六月十日〔晴〕

去る五日、延暦寺堂衆と学徒、抗争して勝負を決せんとす。天台一宗の磨滅の時すでに至るかと、悲哀切々たり。今日、その山門合戦につき、後白河法皇の御所七条殿において詮議の事あり。【玉葉】

この日、後白河法皇、五十日逆修《ぎゃくしゅ》を始行さる。【百錬抄】

六月十一日〔陰り晴れ、定まらず〕

高階仲行入道（蔵人大夫従五位上、故知足院関白藤原忠実〔応保二年〈一一六二〉六月十八日薨・85〕近習者）、近年、摂津・四天王寺に居住。去る頃、後白河法皇に面謁せんとして上京せり。しかるところ、今日、入滅す。年五十九歳なり。阿波権守高階仲基（37）および蔵人左衛門尉高階仲国（一臈・非検非違使）らの父なり。【山槐記】

六月十四日〔天晴る〕

祇園御霊会なり。申刻（午後四時頃）、神輿渡御あり。後白河法皇、室町桟敷において見物さる。また、関白藤原基房は、密々に三条南、東洞院南小屋に五、六間の桟敷を構築してこれを見物す。関白基房の男寵・右少将藤原顕家（27）、これら桟敷仮設の沙汰を致し、食饌を居える。北政所忠子も右少将顕家の車を召し、同じくこの桟敷に渡御して見物す。【山槐記、玉葉】

六月十七日〔天晴る〕

去る十二日の夕、十五日の祇園臨時祭の神輿巡行の行列を避けるべく、高倉天皇（19）・中宮徳子（25）・東宮言仁親王（2）、権大納言藤原邦綱（59）の土御門第（臨時内裏となる）に行幸啓あり。今夕、東宮のみ、土御門内裏より後白河法皇御所法住寺殿に行啓（初度）。関白藤原基房（35）、参入。大納言藤原実定（41）以下、供奉す。今度の行啓、輦車の仰せなし、と。後白河法皇もまた、今夜、七条殿より法住寺殿に御幸。法住寺殿寝殿をもって、東宮の昼御座《ひのおまし》となす。【玉葉、山槐記】

六月十九日〔晴〕

刑部卿藤原頼輔（68）・民部権少輔藤原宗雅、右大臣藤原兼実（31）の九条亭に来臨、世事を談ず。昨日、関白藤原基房、宇治御所に参向あり。これ、明二十日、後白河法皇、宇治に御幸あり、その経営の指図のためなり、と。【玉葉】

今朝、関白藤原基房、宇治殿に参入。明夕、後白河法皇、方違えのため宇治に御幸。関白基房、その経営（宇治殿の装束・舗設など）のためなり。【山槐記】

六月二十日〔天晴る〕　**平盛子、逝去**

去る十七日、子刻（午前零時頃）、白川殿盛子（故六条摂政藤原基実室・大相国入道清盛62女・24）薨去す。高倉天皇、親王時代に摂政基実亭に御坐、室家盛子が養育。即位ののち准母、ついで准后となる。よって、この日、高倉天皇、御錫紵《しゃくじょ》（服喪《ふくも》して浅黒色の闕腋《けってき》の袍《ほう》を着用）有るべきや否やにつき、蔵人頭右中将源通親（31）をもって、後白河法皇に奏聞せしむ。これに対し、法皇は関白藤原基房ならびに人々と談合すべし、と。しかるに、関白基房は宇治殿に赴きて不在、即議しがたし、と。【山槐記】

六月二十一日〔天晴る〕

入道内大臣平重盛（42）、所悩なお殊に重きにより、今日、後白河法皇、密々にて重盛の小松亭（東山小松谷に所在・現東山王）に臨幸あり。このため、去る夕（二十日）、法皇、宇治殿御幸を延引、来る二十五日に臨幸あるべし、と。〈その後、重盛、七月二十九日逝去す。〉【山槐記、玉葉、公卿補任】

六月二十二日〔陰り晴れ、定まらず。暁に及びて小雨〕

後白河法皇、内々、西景法師（少納言藤原通憲家人・在俗因幡守藤原盛景、後白河法皇近臣）を権中納言藤原忠親（49）の許に遣わして紫草（染料）を召さる。忠親、手許の三十斤を進む。卒爾により、折敷《おしき》三枚に各十斤を積み、紙をもってこれを結び、長櫃一合に納め、進献す。【山槐記】

六月二十四日
今夜、東宮言仁親王（2）、院御所法住寺殿より土御門皇居（権大納言藤原邦綱土御門第）に還御す。　【玉葉】

六月二十八日〔晴〕
最勝寺御八講初日なり。午刻（正午頃）、後白河法皇、御幸。権大納言藤原実房（33）以下供奉す。夜に入りて、法皇、鳥羽南殿に渡御あり。同殿、修理の後、始めて渡御せらるる所なり。今夕、高倉天皇（19）・内侍所ならびに中宮（徳子25）・東宮、土御門殿より閑院に還幸あり。
【玉葉（頼業記による）】

七月一日〔晴〕
去る夜（六月二十八日）、後白河法皇、最勝寺御八講始により御幸。法華八講会に参会の後、この夜、鳥羽南殿に渡御あり。明二日、父帝鳥羽院の国忌法会に御拝のためなり。今日、故鳥羽院御子、上西門院（54）・八条院（43）も鳥羽殿に御幸。　【玉葉】

七月三日〔雨下る〕
後白河法皇、鳥羽南殿より法勝寺に御幸。上西門院ならびに八条院は同じく鳥羽殿より還御せらる。　【玉葉】

七月五日〔天晴る。酉刻（午後六時頃）、雨降る〕
後白河法皇、法勝寺に御幸。　【玉葉】

七月六日〔晴。酉刻（午後六時頃）、雨降る〕
今夜、高倉天皇、方違えのため後白河法皇御所法住寺殿に行幸。秉燭《へいそく》の後、大納言藤原実定（41）・権大納言藤原実房（33）・同藤原実国（40）・権中納言藤原実家（35）・参議藤原実守（33）・右兵衛門督平知盛（28）・左中将藤原定能（32）ら参会。地湿により各、裾尻を懸け、南殿階下に進み、公卿列立。主上出御、輦輿に乗駕。大納言実定、仰せにより輿の綱を執る。出門の後、二条東行、東洞院より南行、七条に至る。七条殿前小路より南行、法住寺殿に行幸成る。主上、下輿に際して、左中将定能、裾を取り、御剣、西対代に入御。暁方に及びて閑院内裏に還御。　【実定公記】

七月七日〔雨下る。夜に入りて晴る〕
後白河法皇、法勝寺に御幸。　【玉葉】

七月十日〔晴。夜に入りて小雷あり〕
今日より後白河法皇、七条殿御所において五十ヶ日逆修供養（八月三十日、結願）を行わる。請僧十口なり。関白藤原基房（35）・太政大臣

藤原師長（42）以下、公卿済々として参入す。右大臣藤原兼実（31）、病疾により不参。【玉葉、百錬抄】

七月十五日〔陰り晴れ、定まらず〕

右大臣藤原兼実、念誦のため籠居。或人、九条亭に来臨。兼実に伝う、「権大納言藤原邦綱（59）、去る比（七月十二日）、大納言を辞するの状を献ぐ。後白河法皇ならびに高倉天皇（19）、勅許あり。左京権大夫藤原光盛、辞状を作る」と。【玉葉、公卿補任】

七月二十三日〔晴〕

後白河法皇逆修供養、第二七日なり。関白藤原基房（35）、七条殿に参会す。【玉葉】

八月八日〔雨下る〕

後白河法皇七条殿における逆修供養、第四七日なり。関白藤原基房および太政大臣藤原師長以下、公卿済々として参入す。【玉葉】

八月九日〔朝の間、小雨。午後、晴る〕

午刻（正午頃）、右大臣藤原兼実の息・従三位右中将良通（13）、後白河法皇御所七条殿に参入。按察使中納言源資賢（67）を通して法皇に見参《げざん》に入らんとす。資賢、奥より戻りて、法皇、面謁すべきと雖も、只今、逆修供養の念誦の間たるにより、後日、改めて参るべきの仰せあり。ついで閑院内裏に参内。主上の御前に参り、絵巻を賜わり、これを披見せり。

この夜、蔵人頭皇太后宮権大夫藤原光能（48）、右大臣藤原兼実の九条亭に来臨。兼実、折柄、所労中により御簾を距てて面謁す。世上の事を談ずる中に、息男良経（11）の侍従ならびに禁色《きんじき》を聴さるべきの事、後白河法皇ならびに高倉天皇に奏上すべきの由、告げらる。【玉葉】

八月十六日〔晴〕

後白河法皇より高倉天皇に進上の内裏御寵の犬、奴犬のため三疋ばかりが咋《く》い殺さる。この閑院内裏の犬死穢により、事体すこぶる不穏にして、奇異となす。【玉葉（八月十七日条）】

八月二十日〔晴〕

右大臣藤原兼実、去る二月以後、湯治ならびに所労のため、籠居して内裏および院御所に出仕せざるところ、後白河法皇身辺につき奏上のことあるにより、按察使中納言源資賢を招く。この日、資賢来り、御簾を距てて面謁す。【玉葉（八月二十七日条も）】

八月二十二日〔雨下る〕

後白河法皇七条殿御所、逆修供養六七日に当るなり。【玉葉】

八月二十五日

かねて藤原良経（11）、禁色のこと内裏ならびに院御所に奏上せり。この日、良経に禁色を聴さるるの宣旨を下さる。ついで、昇殿の事を仰せらる。良経、後白河法皇御所および閑院内裏の昇殿、ともに聴さる。【玉葉】

八月二十七日〔雨下る〕（『実定公記』では〔去る夜より雨降る。暁に臨みて雨脚漸く休《や》み、時々、また灑《そそ》ぐ〕）

右大臣藤原兼実（31）、去る二月以後、湯治ならびに所労のため、数ヶ月九条亭に籠居中なり。折柄、後白河法皇逆修供養、来る三十日、結願なり。また、二十九日は法皇、曼陀羅供養を修せらる、と。兼実の所労、この十日ばかり少減あるにより、院御所七条殿に参入せんとす。しかるに、かの両日ともに都合悪しく、今日、便宜よきにつき、束帯を着用して院御所に参入、着陣す。近習の輩を尋ぬるところ、いずれも退出後なり。よって、侍従源家俊をもって法皇の見参に入るべく、季時法師をもって申入る。ほどなく、法皇より召しありと告ぐるにより、御前に参入す。折柄、法皇は長講会のため、七条殿御所内の御堂の壺禰《つぼね》（＝局《つぼね》。天王寺念仏堂を模す）の内に御坐《おわしま》す。すでに太政大臣藤原師長（42）・按察使中納言源資賢（67）は法皇御前に在り。長講会了りて、兼実、退出す。【玉葉】

今日、高倉天皇（19）、石清水八幡宮行幸なり。後白河法皇・上西門院（54）・八条院（43）・皇太后宮忻子《よしこ》（後白河皇后・46）、三条烏丸殿（法皇御所）桟敷において見物あり。当初、鳥羽院桟敷を一定したるも、雨天により、去る夜、俄かに作道を改め、桟敷を変更す。【実定公記】

八月二十九日〔晴〕

後白河法皇、逆修供養は七々日に当り、曼陀羅供養を行わる。導師は前権僧正公顕（70）、讃衆は十二口（この内、僧綱三口）なり。未刻（午後二時頃）、右大臣藤原兼実は束帯を着用、院御所七条殿に参入。すでに、法会開始。太政大臣藤原師長・左大臣藤原経宗（61）以下、公卿二十余人参着。説法の終頭、関白藤原基房（35）参上、着座あり。夜に入り讃、ついで導師の教化。つぎに行道会。了りて布施、人々退出す。時に戌刻（午後八時頃）に至る。【玉葉】

八月三十日〔晴〕　**藤原兼実、「末葉露大将絵巻」の詞書を清書**

後白河法皇御所七条殿における五十日逆修供養結願（去る六月十日始行）す。よって軽囚《けいしゅう》を免《ゆる》す（免物《ゆるしもの》）。道場を設け、本尊は図絵釈迦三尊像を奉懸。導師は僧都澄憲（54）が勤む。右大臣藤原兼実、未刻（午後二時頃）、七条殿に参入。法会すでに開始せり。関白藤原基房・太政大臣藤原師長以下、公卿数輩、直衣を着用、座に在り。左大臣藤原経宗は不参。導師澄憲僧都、仏功徳を演説す。「説法優妙にして、比類なし」と。太政大臣師長以下、布施を取り、事了る。ついで例時勤行あるも、兼実、その以前に退出、閑院内裏に向う。【玉葉、百錬抄】

今日、右大臣兼実、逆修供養院参に際し、先日、後白河法皇より下命を拝し、預り置く「末葉露《すえばのつゆ》大将絵巻」（第一巻）の詞書の揮毫清書を終うるにより、これを相具して参上、院中の右中弁平親宗（36）に付して法皇に進献す。【玉葉】

九月二日〔雨下る〕

今日より後白河法皇法住寺殿における供花会《くげえ》始行さる。【玉葉】

九月四日〔陰り雨、定まらず。晩に臨みて晴る〕　**藤原兼実、蓮華王院宝蔵の「玄宗皇帝絵巻」借覧**

これよりさき、後白河法皇、蓮華王院宝蔵より故少納言入道信西調進の「玄宗皇帝絵巻」（「長恨歌絵」六巻）出庫、高倉天皇（19）に進覧のため閑院内裏に帯出せり。主上、これを右大臣藤原兼実（31）に一見せしむべく、貸与す。【玉葉】

九月五日〔連日、雨脚。去る夜より天霽《は》れ了んぬ〕

高倉天皇、賀茂社行幸。閑院内裏の清涼殿より南殿に出御、御輿にて、中門より進発。後白河法皇、三条殿桟敷（院御所）において、見物あり。【実定公記】

九月六日〔晴〕

この朝、右大臣藤原兼実、治部大輔藤原季信を使者として、去る四日、借覧の「玄宗皇帝絵六巻」を閑院内裏に返上す。【玉葉】

九月十日〔晴〕

今暁、後白河法皇・上西門院（54）・八条院（43）・皇太后宮忻子《よしこ》（46）ら同列にて、摂津・天王寺に参詣御幸せらる。【玉葉】

九月二十一日〔雨下る〕

後白河法皇ならびに上西門院・八条院、天王寺より出御、還幸あり。【玉葉】

十月二日〔晴〕

蓮花王院惣社祭の試楽あり。恒例の行事なり。この祭礼見物のため、仁和寺御室守覚法親王（30）、昨日より法住寺殿に参宿せらる。【玉葉、山槐記】

十月三日〔晴〕

蓮花王院惣社祭なり。後白河法皇、臨御か。【玉葉】

十月四日〔晴〕

蓮花王院惣社祭の後宴なり。以上、三ヶ日（試楽・祭礼・後宴）は毎年の年中行事なり。【玉葉】

十月五日〔晴れ、陰り〕

右大臣藤原兼実、申刻（午後四時頃）、後白河法皇に拝謁せんと七条殿御所に参上。権右中弁平親宗（36）をもって申入る。しかるに、法皇、咳病気〔風邪〕あるにより、見参叶わず。

この日、右大臣兼実（31）、伝聞す。来る十日、方違えのため高倉天皇（19）、後白河法皇御所法住寺殿に行幸あるべし、と。また、来る十三日より法皇、石清水八幡宮に参籠し給う、と。【玉葉】

十月九日〔陰り、但し、雨降らず〕

京官除目なり。戌刻〔午後八時頃〕、右大臣藤原兼実、束帯を着し、閑院内裏に参内す。只今、関白藤原基房（35）、退出せらる。上下の人々、一切、未参なり、と。兼実、御所方に参り、内女房に謁す。女房、兼実の二男・散位良経（11）の任侍従のこと、高倉天皇より後白河法皇に申され、許容あるにつき、当度の除目において沙汰あるべきを告ぐ。また、長男・良通（13）、正三位に叙せられ、兼実「面目、足るべし」と過分の朝恩を喜ぶ。【玉葉】

十月十日〔天晴る〕

後白河法皇、皇子尊性〔母は故仁操僧都女・仁和寺守覚法親王30弟子・14〕、受戒のため南都東大寺に下向す。尊性、未刻〔午後二時頃〕、下向す。後白河法皇、一条町桟敷において、進発の行列を見物あり。行列は、前駆《せんぐ》として院殿上人十七人が先行す〔もと二十人を催すも、当日、右中将藤原頼実・左少将源有房・左衛門権佐藤原光長、所労にて不参〕。これらは、左中将藤原泰通（33）・越後守藤原雅隆・治部卿源顕信（47）・左少将源通資（28）・右少将藤原顕家（27）・右馬権頭藤原基輔・中宮大進藤原宗頼（26）・侍従藤原成定・侍従藤原実保・侍従源家俊・侍従藤原公衡（22）・侍従坊門信清（21）・右兵衛佐藤原盛定・中務大輔藤原隆実・民部大輔源兼定・左兵衛佐藤原成実・因幡守藤原隆成（35）なり。つぎに房官十人、有職・非職の僧二十人、つぎが皇子尊性の御車。さらに上童四人、侍六人。僧綱、法印権大僧都覚成（54）・法印権大僧都定遍（47）・権大僧都実任（42）・権大僧都算姓・権大僧都仁隆（36）の五人。最後は公卿、権中納言藤原成範（45）・同藤原実家（35）・参議藤原頼定（53）・左京大夫藤原脩範（37）の四人が、それぞれ供奉す。その行列の車馬、路を連ね、見物の人々、垣の如き盛観なり、と。【山槐記、玉葉】

十月十一日〔晴〕

今夜、高倉天皇、方違えのため後白河法皇御所法住寺殿に行幸。明夕、還御あるべし、と。【玉葉、山槐記】

十月十二日〔晴〕

高倉天皇、法住寺殿より閑院内裏に還御。去る夜〔十一日〕の行幸、公卿は只一人の供奉のみ、と。これ「希代の事か」と右大臣藤原兼実、驚く。【玉葉】

十月十三日〔晴〕

今晩、後白河法皇、石清水八幡宮に御幸。参籠十ヶ日、御座あるべし、と。　【玉葉】

十月二十四日〔陰り晴れ、定まらず。時々、小雨〕

日来、石清水八幡宮に参籠の後白河法皇、午刻（正午頃）、入洛。　【玉葉、山槐記】

十月二十五日〔晴〕　**関白藤原基房の息・師家、次々と異例の昇進**

去る八日夜、俄かに叙位を行い、正四位下左中将藤原師家（8）、只一人を従三位に任ず。関白藤原基房（35）の子たるの故に、臨時叙位の儀なり。ついで、翌九日の京官除目の夜、権中納言に任ず。右大臣藤原兼実（31）は「時の執政の息、左右《とこう》なき事と雖も、年齢八歳、古今、例なし。今一両年を経て任ぜらると雖も、なんの怨みか有らんや。但し、今年、春日使を勤むべくして、その事を勤めず。また、明年、上卿を勤むべき為、急ぎ任ぜらるる所なり」と。さらに、二十一日の夜、小除目において、正三位に昇叙す。この破天荒、前代未聞の人事に、人々驚目す。しかして、この日、当の中納言中将藤原師家の拝賀の事あり。師家、慶び申しに参上せし所々は、内（高倉天皇19）・東宮（言仁親王2・閑院）・院（後白河法皇・最勝光院御所）・九条第（右大臣藤原兼実亭）・皇嘉門院（九条殿58）・八条院（暲子内親王尼43・八条殿）・中宮（徳子25・八条殿＝平大相国入道清盛八条第）・前太政大臣（藤原忠雅56・花山亭）などなり。後白河法皇、この日、最勝光院（法住寺殿隣接・故建春門院御願寺）の御所において念仏会を行わる。正三位権中納言右中将藤原師家、御堂の南において下車。最勝光院中門に進み立ち、越前守藤原季能（27）を申次となし、慶び申す。舞踏の後、法皇の御前召しあり。また舞踏す。春宮大夫平宗盛（33）、師家幼少につき扶持す。中門廊を昇り、車寄戸簀子において、右少将藤原顕家（27）、師家の帯剣を解く。御堂たるにより、この儀あり。御前に参り、法皇、面謁を賜う。慣例なるも幼童たるにより御馬を賜わらず。御前を退出、中門廊において、帯剣す。蔵人源仲盛、これを奉仕す。この間、秉燭により松明を挙ぐ。所々の師家の拝儀、偏に成人の如し、観る者感歎す、と。松殿帰還は亥終り刻（午後十一時前）に及ぶ。　【玉葉、山槐記】

今日、権大納言藤原宗家（去る十月九日任・41）もまた拝賀を行う。拝賀の所々は、内（高倉天皇）・東宮御方（言仁親王）・院（後白河法皇・最勝光院御所）・右府（右大臣藤原兼実・九条亭）・皇嘉門院（九条殿）・八条院（八条殿御所）・中宮（八条亭＝大相国入道清盛第）なり。【山槐記】

十月三十日〔晴〕

後白河法皇、来月二日、賀茂社に参籠あらんとするも、延引となる。よって、右大臣藤原兼実の二男・新侍従良経（11）、来る五日、後白河法皇御所七条殿に参殿、法皇に拝賀を遂ぐべし、と。　【玉葉】

十一月一日〔天晴る〕

権中納言左中将藤原師家（関白藤原基房35子・8）、拝賀の後、直衣始《のうしはじめ》の儀を行う。未刻（午後二時頃）、松殿を出る。右少将藤原顕家（関白基房男寵・27）、沓を献ず。門外において乗車、顕家、御車の御簾を褰《かか》ぐ。前皇后宮権大夫藤原長経、抱き奉りて、御車に乗せる。まず、後白河法皇御所に参向。法皇、最勝光院を御所として、密々に所々に御幸ありしため、法皇の還御を相待つ。やや久しくして還御、御堂の南廊東面において、法皇、師家に対面あり。師家、帯剣を解かずして法皇御前に参上。拝賀日（去る十月二十五日）は剣を解き御前に参上。これ、春宮大夫平宗盛（33）の諷諫により、小御堂東弘庇を通過、解剣せりと。しかるに、父関白基房、この事を伝聞、あながちに剣を解く必要なし、と。よりて、いま着剣のまま御前に参入す。中納言師家退出の間、小御堂西南御簾中において女房、呼び止む。この小御堂の南簀子、上西門院（54）・八条院（43）、同宿御所たるにより、参入方を促す。時に秉燭たり。【山槐記】

正二位中納言兼按察使源資賢（67）、去る月九日の京官除目において、権大納言に昇任す。よって、今夜、拝賀を行う。前駆六人に資賢の孫・右少将雅賢（32）、および資賢四男・右少将資時（19）扈従す。この夜、新権大納言源資賢の慶び申し拝賀の所々は不明なるも、右大臣藤原兼実（31）は「今夕、権大納言源資賢卿拝賀云々」（『玉葉』）と記載せるにより、兼実の九条亭参向は明らかなり。また、権中納言藤原忠親（49）も「今夜、按察大納言（資賢）拝賀云々……」と記し、さらに「関白殿（藤原基房）に参らず」（『山槐記』）と記述する。来る十一月十七日、反平家の院近臣三十九人の官職を停められ、翌十八日、関白藤原基房は大宰権帥として配流さる。この事件を予知したる源資賢は、関白基房の松殿拝賀を中止したるなりしか。当然ながら、後白河法皇御所（折柄、最勝光院御所渡御）には拝賀か。【玉葉、山槐記】

十一月三日〔晴〕

右大臣藤原兼実の家司・右京権大夫藤原光盛、兼実二男・侍従良経（11）の拝賀につき、参入所々の申次人の請文を取り集む。その中、院御所の右中弁平親宗（36）の返事は、「後白河法皇、蓮華王院参籠により殿上渡御不能。便宜叶うまじきにつき、重ねて別時の沙汰を申すべし」と。一見せし兼実は、光盛に重ねて言う、「三位中将（良通）元服の時（承安五年（一一七五）三月七日・9）、法皇ならびに建春門院、最勝光院に参籠たり。しかるに良通、その御所に参上、拝賀を遂げ御前に参りたり。ただし、当日、殿上渡御なきにより、昇殿の儀なし。しかるを蔵人、ひそかに殿上の簡に書き入る、と。これ、先例によりてなり。今度もまた、彼の例に相違なく、拝賀の儀行わるべく、親宗朝臣の許に申し入るべし」と。【玉葉】

十一月五日〔陰り、午上（正午前）、小雨。未刻（午後二時頃）以後、止む〕

侍従藤原良経（11）、拝賀。未刻、院随身・左近将曹秦頼文、御使となり後白河法皇より賜わる御牛（黄牛《あめうし》）を引き来る。九条亭南庭において、これを見る。中門下において、侍これを受け取る。頼文に衣一領（薄萌木）を賜い、美作守藤原基輔これを伝給す。牛童（布五段）・飼《かい》口《くち》（布二段）をそれぞれ給す。侍従良経、戌刻（午後八時頃）、装束を着して、まず後白河法皇方に参向す。法皇、蓮華王院参籠なるが、南門より参入、御所辺において、院別当・右中弁平親宗（36）に拝賀の事由を奏す。拝舞の後、御前に参る。良経の伯父・参議左中弁藤原定能（32）、かねて参上。平親宗と両人にて幼少の良経を扶持せり。しばらくして退出。親宗、「褻《け》装束にてまた、参向すべし」と伝う。殿上に渡御なきにより、昇殿の儀なし。蔵人、ただちに殿上簡に書き入る。【玉葉】

十一月八日〔晴〕

正三位右中将藤原良通（右大臣兼実嫡男・13）の拝賀なり。所々の申次の事、家司・右京権大夫藤原光盛、奉行となり、昨日、各所に触れ遣わす。秉燭に束帯を着装、まず、九条殿に参向、皇嘉門院（58）に慶び申し、ついで、後白河法皇御所に参上。法皇、なお蓮華王院に御坐《おわしま》す。右中弁平親宗に申次ぐ。法皇御前に召出さる。参議左中将藤原定能は、すでに法皇御前に参会せり。定能は、良通の母・兼子（28）の兄なり。【玉葉】

十一月十四日〔昼間、天陰り、時々、小雨。晩頭以後、天晴る〕　**入道清盛、武装して入京―治承三年のクーデター**

大内において豊明節会行わる。前権大納言平宗盛（33）、去る十一日、京を首途、安芸厳島社に参詣す。大相国入道清盛（62）、途次よりこれを呼還《かえ》して、軍兵数千騎を率いて、相共に福原より上洛、八条亭に参着す。人々何事なるか知らず。京師の騒動無双なり。右大臣藤原兼実（31）、今夜の出仕、恐るる所なきに非ざるも、公事を勤むるために出仕。心中に深く横災《おうざい》の懸念あるも、幸いに無為たり。しかるに、洛中の人家、資財を東西に運び、誠に物騒の体にして、乱世の至りなり。権中納言藤原忠親（49）、或人の伝聞によれば、故内大臣平重盛（去る七月二十九日没・42）拝領せし越前国を後白河法皇召上げらるるにより、清盛、大いなる怨恨を抱くによる。また、故白川殿（六条摂政藤原基実北政所・清盛第三女）の遺荘園を法皇支配の沙汰ありたるに、清盛不満。また、除目における法皇の口入による非拠《ひきょ》（道理によらないこと）の人事等々、甘心せざる所行の累積により、入道清盛、後白河法皇に対して激昂のあまり、急拠の上洛軍事行動に及ぶ、と。

【山槐記、玉葉】

十一月十五日〔晴〕　**平清盛の奏請により、藤原基房の関白を止め、基通を任ず**

およそ世間の物騒、極まりなし、と。右大臣藤原兼実、実説を聞くことなし。この夜、子刻（午前零時頃）、或る人、伝えて「天下の大事、出来せり」と。しかるに、委細、不分明なり。ついで、寅刻（午前四時頃）、大夫史小槻隆職（45）が書状に子細を注し送り来る。従二位右中将藤原基通（故摂政基実嫡男・20）を内大臣に任じ、関白・氏長者となす。関白藤原基房（35）の関白を止め、その子、師家（8）

の権中納言左中将を止む。この替任人事は、上卿・権中納言源雅頼（53）、職事は中宮権亮源通親（31）、詔書・宣命等、権右中弁藤原兼光（35）がこれを作る。兼実、この状を披見して、「天を仰ぎ、地に伏す。猶もって信受せず。夢か夢に非ざるか。弁存する所なし」と。この事の由来は、後白河法皇、越前国（故入道内大臣〔平重盛〕知行国・春宮権亮維盛19伝領）を収公し、さらに前大舎人頭藤原兼盛（後白河法皇近臣・周防守藤原能盛弟）を白川殿倉預に補せらる。この両事は後白河法皇の過怠なり、と。また、三位中将藤原師家こと、従二位右中将藤原基通を超越して中納言に任ず。幼齢八歳の師家に過分破格の栄典、古今に例なし。これ関白藤原基房の罪科なり。この外、法皇と関白基房、同意して国政を乱さる、入道相国清盛（62）、攀縁《はんえん》（怒る）す、と。この故に、昨夕（十四日）、禅門清盛、数千騎の随兵を率いて入洛の後、天下鼓騒、洛中遽動せり。しかるところ、今日、昏黒に及びて中宮徳子（25）・東宮言仁親王（2）、八条亭（清盛第）に御幸あらんとす。相具して鎮西方に赴くべしとの風聞あり。すでに、両宮の行啓供奉の諸司ならびに出車已下参集、禁中、騒動す、と。

【玉葉、山槐記（十一月十六日条）】

今日、中宮大進平基親（29）、左少将藤原兼宗（17）の許に書状を送り来る。来る十七日、中宮徳子、閑院内裏より八条殿（大相国入道清盛・八条亭）に行啓あるべきにより、如法《にょほう》（まさしく）午刻（正午頃）、閑院御所に出車を献ずべく催す。兼宗、即刻、承知の旨、返報す。これ、入道大相国清盛、天下の政を怨み、中宮徳子を迎え取りて、福原に供奉下向の志あるためなり、と。この不穏なる行動に、天下上下の人々、一様に死灰《しかい》の如く心底暗然とす。【山槐記】

十一月十六日〔晴〕　**僧正明雲、天台座主に還補**

申刻（午後四時頃）、参議左中将藤原定能（32）、右大臣藤原兼実（31）の九条第に来臨。後白河法皇身辺の事を語る。只今は別条なし。ただし、法皇においては世間の沙汰（政務のとりさばき）は停止されたり、と。昨日、法皇、法印静賢（56）を御使として、八条亭の大相国入道清盛の許に差遣して、両度、子細を陳述せしめらる。その後、すこぶる、事、和気に似たり。しかしながら、なお法皇の近臣らを搦め召さるべきこと、世上に謳歌せり。近日巷間の説、縦横無極にして、一定《いちじょう》（決定）を存じがたし、と。しかるにこの関白藤原基房こと、由緒正しき藤原氏の家格に瑕瑾をのこし、関白職に大疵たることまぎれなし。いったい、乱代においては、天子の位も、摂籙《せつろく》の臣も、ともどもはなはだ無益なり。【玉葉】

この日、去る年、後白河法皇の勘気により伊豆国流罪となり、叡山大衆が大津において奪取せし前天台座主僧正明雲（65）を僧正（従三位相当）に還任し、また、天台座主に還補す。本座主覚快法親王（鳥羽天皇七宮・46）は去る十二日辞すべく消息を蔵人頭左中弁藤原経房（37）に提出したるも、五節の間によって奏上せず。今日、重ねて奏聞す。新座主の事、蔵人頭右中将源通親（31）宣下す。【玉葉、山槐記】

十一月十七日〔晴〕　**後白河法皇近臣三十九人、解官。平頼盛も没官さる**

大相国入道清盛（62）の奏請（去る十五日、春宮亮平重衡23、清盛の使者となり内裏に奏す）により、太政大臣藤原師長（42）・按察使権大納言源資賢（67）・春宮大夫藤原兼雅（35）・右衛門督平頼盛（49）以下、検非違使左衛門尉大江遠業・同平扶行・同藤原信盛ら後白河法皇の近臣三十九人を解官す。【玉葉、山槐記、清獬眼抄】

十一月十八日〔天晴る〕　**藤原基房ら院近臣、配流さる**

今夜、大相国入道清盛の奏請沙汰により、前関白藤原基房（従一位・未だ牛車を聴されざる人・35）を大宰権帥に任じ、流人として筑紫国に配流す。検非違使右衛門尉源康綱、関白松殿に参入、八葉車《はちようのくるま》に乗せて引き出す。子終り刻（午前一時前）の事なり。御供、歩行者二十人ばかり随従す。ついで検非違使看督長《かどのおさ》二人、つぎに源康綱、胡簶《やなぐい》を負い、郎等五、六騎を相具す。つぎに車一両（近習者乗車か）・侍五、六人。あるいは浄衣、または水干小袴を着用騎乗す。後白河法皇、院御車副を差遣され、基房、この夜、古河堂（久我荘内の小堂＝京都市伏見区鴨川が桂川に合流する西岸）に一宿す。松殿（基房邸）出立の後、見物の雑人、殿中に乱入す。北対屋の縁に女房一人あり。他女房は大略、昨日、退出せり。毎事、夢の如し、と。

前太政大臣藤原師長、関外（逢坂関の外）に追却さる。追使は検非違使左衛門志中原章貞。師長、尾張国に到りて十二月十一日出家す。後白河法皇の近臣、正二位行前権大納言兼出羽陸奥按察使源資賢（去る月九日、任大納言）・従四位行前右近権少将源雅賢（資賢孫・32）・従四位下行前右近権少将源資時（資賢二男・19。以上、昨十七日解官）ら三人、境内（山城国）を追却。各浄衣・折烏帽子にて騎馬せり。検非違使左衛門志清原季光、追使となり逢坂関方に向う。同じく後白河法皇の寵臣・正五位下行前左衛門佐平業房（十七日解官）は伊豆国に配流。追使は検非違使右衛門志中原重成なり。しかるに、業房、護送途次、路頭にて逃走、所在を失う。翌日（十九日）、仁和寺に逃入るとの風聞により、中原重成、彼所に向うも不在。これら流人ならびに関外追却の罪科は、上卿権大納言藤原実房（33）・蔵人頭左中弁藤原経房（37）、宣旨を奉行す。【山槐記、清獬眼抄、玉葉（十一月二十二日条も）、百錬抄】

十一月十九日〔天晴る、午後、雨降る〕

今夜、小除目あり。去る十八日、後白河法皇の寵臣たりし流人・前左衛門佐平業房、伊豆国配流となるも、追使・検非違使右衛門志中原重成、途次、路頭において取り逃したる責により、解官せらる。このほか、同検非違使左衛門志中原清重、同右衛門府生佐伯久忠の両名も解官せられたり。ともに、去る十八日の流人追捕の失錯によるためか。【山槐記】

十一月二十日〔晴〕（権中納言藤原忠親、〔天陰る〕と記す）　**入道清盛、後白河法皇を鳥羽殿に幽閉、院政停止**

午刻許り〔正午頃〕、右大臣藤原兼実（31）に人伝えて云く、「後白河法皇、鳥羽殿に御幸あり」と。これ、前右衛門督平頼盛〔去る十七日解官・在六波羅〔池殿〕・49〕を伐つため、法皇御所〔七条殿〕近々なれば、難を避くるの故なり、と。ついで、未刻〔午後二時頃〕、人来りて右大臣兼実に伝う、「すでに軍兵、六波羅に寄せ、合戦始まりたり」と。夢か夢に非ざるか、いまだ覚えず。その人、また云う、「頼盛討伐の事、すべて事実にあらず。今日、午刻、大相国入道清盛、福原に下向帰参せり」と。【玉葉、山槐記】

後白河法皇の鳥羽殿渡御は、入道清盛（62）により後白河法皇を幽閉せしむ、尋常の儀に非ざるものなり。権中納言藤原成範（45）・左京大夫藤原脩範（37）・法印静賢（56）および女房両三人のほか、参入を許さず。鳥羽殿の門戸を閉じ、人の通行を禁止の上、平家の武士どもこれを守護し奉る、と。【百錬抄】

今日、入道清盛、福原に帰るため離洛す。この夜、清盛乗船の舟を木津殿〔京都府乙訓郡大山崎町辺か〕の前に留め、河中に伊加利《いかり》〔錨〕を下して一宿す。清盛の子息の武士ら、左右の岸に着陣、炬火《たいまつ》を焚きて宿営す。後白河法皇近習の頸を斬る。停船前の土手に召寄せ、つぎつぎに頸を斬り、死骸を河中に投げ込む、と。頸を斬りたる人々の交名は不明なるも、去る十七日、近臣一斉解官に関与の下人たちか。【山槐記】

十一月二十一日〔天晴る〕

前権大納言藤原邦綱（59）、流人・前関白藤原基房（35）にしきりに出家を勧む、と。この日、夕方、左衛門権佐藤原光長（36）、権中納言藤原忠親（49）の三条堀川亭に来談せり。今日早旦、古河《こが》宿〔京都市伏見区久我〕において関白基房、剃髪。大原聖人〔世に本覚坊と謂う・号蓮覚〕、授戒す。出家とともに進発下向。供人、上下の男女七、八人許り扈従す。その室〔前太政大臣藤原忠雅56女・従三位藤原忠子〕も同心出家、髪を切り基房に献ず。出家の一定を知らしめんがためなり、と。右大臣藤原兼実、これらの事を伝え聞き、悲涙抑え難しと慨嘆す。【山槐記、玉葉（十一月二十二日条）】

今夜、藤原忠親三条第の南方に火事を遠望す。後に聞く、後白河法皇の近臣、さきに解官の検非違使左衛門尉大江遠業、子息らの頸を斬り、みずから自害の上、住宅に放火して焚死《ふんし》せり、と。これ、大相国入道清盛が遠業を召し出さんとす、との急報を探知せし故と。【山槐記、百錬抄、玉葉】

同じく今夜、流人・前関白基房、古河宅を出で、淀渡〔京都市伏見区〕にて乗船、下向す。屋形船に基房乗駕の輿を舁居え乗せしむ。周囲に幌を覆いて、輿を隠蔽す。前皇后宮少進源仲盛は浄衣を着し、監物家重は直垂・小袴、牛童千年丸も随従乗船す。検非違使看督長《かどのおさ》二名、同じくこれに乗る。雑船一艘、武者船一艘が屋形船の後に従う。翌二十二日の巳刻〔午前十時頃〕、寺江〔尼崎市〕を過ぎ、大相国入道の福原に向う、と。【山槐記（十一月二十二日条）】

備前前司源為行（八条院判官代）ならびに上総前司藤原為保（去る十七日解官）、入道相国清盛（62）により頸を斬らる。これ、皆、後白河法皇殊に召使わるる輩なり。また、院庁年預《ねんよ》・大蔵大輔中原宗家、法皇御領目録を注録せる者たるにより、尋問糾明のため、入道相国清盛、これを搦取らしむ。【百錬抄（『山槐記』十一月二十日条参照）】

十一月二十二日〔晴〕

去る十七日、後白河法皇の近臣・右衛門督平頼盛（49）、解官さる。この日、頼盛の所領等、すべて没官《もっかん》さる、と。【玉葉】

ちなみに、これら平頼盛ならびに室家の三十四ヶ所の家領は、五年後の寿永三年〈一一八四〉四月六日、「平家没官領注文」に載せ、公家《こうけ》より下さる。従二位源頼朝、故池禅尼（頼盛母・修理大夫藤原宗兼女）の恩徳に酬ゆべく、頼盛の勅勘を申宥し、元の如く彼家管領として沙汰せしむ。【吾妻鏡（寿永三年四月六日条）】

十一月二十三日〔晴〕

前関白藤原基房（35）、古河宿より淀川を下り、河尻（大阪府東淀川区）に着岸。福原より参向の武士ども輿を相具して参り迎え、これより、大相国入道清盛の福原別業に向う。基房に相伴の人々、少々は随伴せしも、少々は留めらる、と。【玉葉（十一月二十四日条）】

十一月二十四日〔陰り晴れ、定まらず。時々、雨〕

後白河法皇の近習者・西景入道（右衛門尉入道・元少納言入道信西家臣）、楊梅《やまもも》壬生家（『山槐記』の「堂」は「家」の誤写か・京都市下京区）において追捕さる。庫倉には軽物（絹布）なく、米穀・魚類あり。武士ら、ことごとくこれを運び取る、と。【山槐記】

この夜、全玄法印（67）、右大臣藤原兼実（31）の九条亭に参入。兼実、御簾を距てて面謁す。世間の事を談ず。後白河法皇より故白川殿倉預を拝命せし前大舎人頭藤原兼盛（前周防守藤原能盛弟）、大相国入道清盛の下知により手を切らる、と。また、後白河法皇の近臣、前備前守源為行および前上総守藤原為保、斬られて海中に突入れらる、と。【玉葉】

十一月二十五日〔陰り晴れ、定まらず。朝の間、時々、雨〕

後白河法皇第三皇子・高倉宮（以仁王29。母は故高倉三位藤原成子）知行の常興寺（在九条・太政大臣藤原信長〈一〇二二－九四〉建立）を天台座主明雲（65）に付与さる。この高倉宮、もと故天台座主最雲親王（堀河天皇皇子）の弟子にして、件の寺を付属さる。最雲座主入滅の後、元服を加うる以後も、引き続きこの寺を知行。寺領の荘園あり。しかして、当座主明雲もまた、かの最雲親王の弟子たるにより、明法博士の勘状に委ね決せらる。【山槐記】

十一月二十六日〔晴〕

右大臣藤原兼実（31）、前関白藤原基房（35）が福原（大相国入道清盛、摂津・福原別業）より淡路国に護送のため発向せり、と伝聞す。供人は只一人のみ、残りの輩は、いずれも武士が相具して京都に追い上げらる、と。【玉葉】

十一月二十七日〔天晴る〕

南都興福寺（藤氏氏寺）の衆徒蜂起して、藤氏長者・従一位藤原基房（前関白）の大宰権帥配流に対し、氏長者の配流、例なき前代未聞の珍事たるにより、所職を停めらると雖も、帰京を赦さるべきを強訴《ごうそ》す。【山槐記】

十一月二十九日〔晴〕

右大臣藤原兼実、前関白藤原基房が福原より淡路国に護送さる、と伝聞す。が、兼実、この一件、すでに伝聞。【玉葉】

十二月二日〔天晴る〕

後白河法皇近習にして寵人たる前右衛門佐平業房（後白河法皇愛妾丹後局〔従二位高階栄子〕夫）、去る十一月十八日、伊豆国配流を決するも、追使・検非違使右衛門志中原重成の手中を逃れ、京都東山の清水寺寺主法師房内に隠遁せしを、兵衛尉知綱に捕縛され、前右大将平宗盛（33）の亭（八条北・高倉東、『山槐記』治承二年六月二十八日条）に連行の上、拷問を受くと、藤原忠親（49）、伝聞す。【山槐記】

十二月六日〔晴〕

世間の乱（去る十一月十七日、後白河法皇近臣三十九人の解官事件）の後、右大臣藤原兼実、今夕、始めて閑院内裏に参内。内女房若狭局に謁す。密々に伝えて云く、「高倉天皇（19）、去る夏比より譲位の叡念、切々たりと。しかるに、自然、遅怠し、このたびの大乱出来せり。よって、いよいよ退位のこと急ぎ決行せんと発念あり。明春、かならず一定せられん」と。この趣をひそかに右大臣兼実に伝えんとの天気《てけ》あり、と。【玉葉】

十二月九日〔雨降る〕

東宮（言仁親王2）、閑院内裏、東宮御所において垂髪の儀を行わる。内乳母三位局（前大納言藤原邦綱59女）、この儀を奉仕す。来る十四日、東宮御着袴の儀あり。明年二月、高倉天皇譲位あるべきにより、正月の垂髪の事、憚りある故、今日、俄かにこれを行わる、と。【山槐記】

大相国入道清盛（62）、上洛の由、風聞す。しかるも、いまだ一定を聞かず。【玉葉】

十二月十一日〔陰り晴れ、定まらず。時々、小雪〕

去る十一月十七日解官せられし、東宮（言仁親王2）殿上人の多くを除籍せらる。この中、平親能（前右中弁平親宗36子）・少納言高階隆仲（前大蔵卿高階泰経50子）・東宮帯刀大江遠業（検非違使左衛門尉）の子らの名、見ゆ。【山槐記】

前太政大臣藤原師長（42）、去る十一月十七日解官の宣旨を蒙り、京都を追放さる。関外（逢坂関の外）に出で、流浪の果て尾張国に至り、この日、出家す。　【公卿補任、帝王編年記】

十二月十二日〔天晴る〕

今夜、閑院内裏において小除目あり。去る十一月十七日解官の前右中弁平基親（29）の子・近江守平雅俊、および同解官の前春宮大夫藤原兼雅（35）の弟・丹波守行雅、ともに解官せらる。　【山槐記】

十二月十四日〔朝の間陰り、午後晴る〕

前関白藤原基房（35）、淡路国より、備前国に移送さる。備前国は前権大納言藤原邦綱（59）の知行国なり。邦綱より入道清盛（62）に申請して、配所移転の宥《ゆる》しを受けしによる。　【山槐記】

十二月十六日〔天晴る〕　**東宮、入道清盛の八条亭に行啓。清盛、全くの好々爺たり**

今暁、東宮（言仁親王2）、外祖父・入道相国清盛（62）の八条亭（八条坊門南・櫛笥西）に行啓あり。寅刻（午前四時頃）、東宮、閑院西面の東宮御所を出御。糸毛御車に乗駕。八条亭に着御、東門において御車の牛を放ち入御、寝殿南階に御車を寄す。清盛、簾中に坐す。参入の公卿は、関白藤原基通（20）・左大臣皇太子傅藤原経宗（61）・左大将藤原実定（41）・大納言源定房（50）・権大納言藤原実房（33）・同藤原実国（40）・同藤原宗家（41）・検非違使別当平時忠（50）・権中納言藤原忠親（49）・同藤原成範（45）・皇太后宮大夫藤原朝方（45）・右衛門督藤原実家（35）・右兵衛督藤原家通（37）・参議右中将藤原実守（33）・同藤原実宗（35）・春宮権大夫平知盛（28）・従三位藤原実清（42）・新従三位藤原雅長（35）・従三位右中将藤原頼実（25）なり。酉刻（午後六時頃）以前に還御。

東宮還御以前に蔵人頭右中将源通親（31）、高倉天皇（19）の綸旨《りんじ》を含み八条亭に参入、勧賞《けんじょう》の事を申す。前右大将平宗盛（33）の一男・侍従清宗（10）を従四位上、前権大納言藤原邦綱の一男、入道相国清盛の猶子・丹波守平清邦を従五位上に昇叙す。

大相国入道清盛より東宮言仁親王に贈物あり。大宋国より禅門清盛に贈られし『摺本太平御覧』（総数三百巻・本朝未渡来の珍書）なり。この中、三帖を蘇芳村濃《すおうむらご》浮線綾の裂に包み、玉飾りの銀松枝に結び、東宮権大夫平知盛、これを捧持して、御前において東宮大進藤原光長（36）に授く。この日、八条亭の寝殿において検非違使別当平時忠、終日、東宮を抱き奉り扶持す。東宮、禅門清盛を嫌うことなし。東宮、指を口で湿し、明障子に穴を明ける。清盛、すぐに追従して教え、東宮、ふたたび指で穴を明けると。これを見て禅門清盛、落涙して喜び、即座にこの障子を倉底に収納秘蔵すべきを下命す。東宮の行啓に際しては、朝夕ともに、大路の各辻々に武士を配し、厳重を極めたる警固なり。武士の総勢六百騎余と。　【山槐記、玉葉】

治承四年（一一八〇）　五十四歳

正月一日〔晴〕
閑院内裏の五体不具の穢、天下に遍満せるにより、右大臣藤原兼実（32）、私の四方拝を停む。しかるに、閑院内裏においては、先例により四方拝を行わる。人臣において障りあるの時は、これを行わざるが通例なり。後白河法皇、鳥羽殿幽閉につき院拝礼（七条殿）なし。【玉葉】

正月二日〔天晴れ、風吹く〕
東宮言仁親王（3）、戴餅《いただきもちい》の事あり。去る年は長治元年・二年〈一一〇四・一一〇五〉の宗仁親王（鳥羽天皇）の例により、後白河法皇より餅を進献せらる。しかるに、今年、法皇、鳥羽殿幽居につき内蔵寮に仰せて、火切餅《ひきりのもちい》を召し、清涼殿朝餉間《あさがれいのま》に進上せしむ。【玉葉】

正月十日〔天晴る〕
高倉天皇（20）、閑院内裏（去る年十二月二十五日以来、五体不具穢あり）より前権大納言藤原邦綱（60）の五条東洞院亭に行幸あり。去る年十一月、天下大乱の後、早やかに他所に遷幸の沙汰、出来せり。よって、藤原邦綱、この亭をにわかに修造す。土用以前、わずか五、六日の間に大廈《たいか》の功成り、人々奇異となす。よりて遷幸せんとするも、閑院内裏に穢気出来。その後、新年となり去る四日に一定せしも、また延引。新年七日の内に他所遷幸の例なき故により、この日、行幸実現す。右大将藤原良通（14）、初めて供奉す。今夜、まず高倉天皇行幸。つぎに中宮徳子（26）、そのつぎ東宮言仁親王行啓あり。来る二月十六日、閑院還御まで三方は滞留。よって、後白河法皇鳥羽殿幽居につき、朝覲行幸の儀、停止さる。【玉葉】
この五条東洞院皇居は南殿と清涼殿を兼用。東礼御前の座は西をもって上となし、仗座二間という、はなはだ狭少の規模なりし、と。【玉葉（正月二十六日条）】

正月十九日〔天晴る〕
二品尼平時子（55）、二禁《にきみ》（腫物）を患う。これにより大相国入道清盛（63）、摂津・福原別業より見舞いのため上洛。前右大将平宗盛

（34）は、福原に下向す。【玉葉】

正月二十日〔天晴る〕

皇太子言仁親王（3）、御魚味《まな》（御真菜）および着袴の儀あり。五条東洞院殿（前権大納言藤原邦綱第、五条南・東洞院西）の東宮御所殿上間（東宮御在所、坤角子午廊なり）において行わる。三歳の着袴吉例の上、来月、高倉天皇（20）、譲位あるにより、急ぎ行わる。御遊あり（「御遊年表」参照）。【玉葉、皇代略記】

正月二十二日〔天晴る〕

この日、御遊の所作人のうち、篳篥の奏者として、去る年十一月十七日、解官せられし前左近衛権中将藤原定能（33）を当てるべく、先日、高倉天皇勅定により召し出さるべきに、中宮大夫平時忠（51）、これを抑留せしため差し控えらる。ほかに東宮殿上人の中、篳篥に堪能の者なきにより、地下召人《じげ》のうち右兵衛権佐藤原盛定に昇殿を許し吹奏を許容すべく、関白藤原基通（21）、これを執り申すも、地下召人の上臈・左衛門尉藤原季信をさしおき、藤原盛定抜群の沙汰の不当と、主上これの昇殿を許されず。【玉葉】

正月二十三日〔天晴る〕

去る十一月十七日解官の前左近衛権中将藤原定能（33）、右大臣藤原兼実（32）の義兄（兼実室兼子29の兄）たるの縁故により、先日、宥免せられんことを請う。この日、前飛騨守中原有安、兼実の九条亭に来訪、藤原定能出仕すべきの沙汰ありたる由を告ぐ。兼実、悦思少なからず、と。今日、禅門清盛（63）、八条亭を進発、福原別業に下向す。【玉葉】

正月二十四日〔午の上（正午前）晴れ、晩頭、雨下る。夜に入りて甚雨、大風〕

去る年十一月十七日、解官せられ「恐懼」に処せられたる、権中納言藤原兼雅（春宮大夫を止めらる・36）および同平頼盛（右衛門督を止めらる・50）・参議藤原定能（左中将を止めらる）の出仕を聴《ゆる》す。さらに前権中納言源雅頼（54）の本座出仕、また散三位藤原親信（大宰大弐を止めらる・44）朝参を聴さる。【一代要記、公卿補任】

正月二十六日〔陰り晴れ、定まらず。時々、雪灑《そそ》ぐ〕

未刻（午後二時頃）、蔵人左少弁藤原行隆（51）、右大臣藤原兼実の九条亭に来訪。五条堀川（後院町）に皇居を造営せんとして、その可否を尋ぬ。兼実、古来、その先例なき旨を答う。時に後白河法皇、鳥羽殿に幽居につき、法皇御座なき時に公家にて別当を補し、後院の地に皇居を建立するの不当を説く。蔵人行隆、諾して帰参せり。【玉葉】

春除目の初日なり。叙任に当り、まず院宮申文を召す。よりて、皇嘉門院（59）・上西門院（55）・八条院（44）・中宮徳子（26）・春宮坊

〔言仁親王３〕・前女御琮子〔後白河女御・36〕、それぞれ申文を提出の上、当年御給《ごきゅう》により叙位を行わる。しかるに、後白河法皇、鳥羽殿幽居につき、法皇御給なし。右大臣藤原兼実〔32〕、これにつき「尤も憐れむ事なり」と記し留む。【玉葉】

二月五日〔陰り晴れ、定まらず〕

権大納言大宰帥藤原隆季〔54〕および大蔵卿藤原雅隆〔34〕を後院《ごいん》別当に補す。藤原隆季は後白河法皇の執事なり。法皇、城南〔鳥羽殿〕に籠居せらるるの後と雖も、隆季、その器に堪うる故に執事の下命あり、と。法皇執事たる藤原隆季の後院別当たるは憚りあるや否や、かねて内議あるも、憚りなし、と。よって、この日、後院別当に補任せらるるなり。

高倉天皇〔20〕、去る夕〔四日夕刻〕より、咳病〔風邪〕を患い給う。しかし、殊たる御事に非ず。ただし、明日、五条東洞院殿〔内裏＝権大納言藤原邦綱第〕において祈禱を始めらるべし、と。【山槐記】

二月六日〔天晴る〕

宝荘厳院〔鳥羽上皇が白河北殿に付属して、長承元年〈一一三二〉に造営した十三間四面の九体阿弥陀堂＝跡地は左京区聖護院山王町辺〕修二月会なり。東宮大夫藤原忠親〔50〕、先日、蔵人頭右中弁藤原経房〔38〕を奉行として仰せ下さるるにより、この日、参仕す。後白河法皇、城南〔鳥羽殿〕に籠居の後も、所々の修二月会を公家〔高倉天皇〕沙汰として行わる。右中弁藤原経房〔38〕、奉行するところなり。

この夜、高倉天皇の御悩祈願として、陰陽頭賀茂在憲〔79〕を召し、五条殿〔内裏〕において泰山府君祭を奉仕すべく下命す。また、蔵人左兵衛尉源信政を使者として、大膳権大夫安倍泰親〔71〕に鬼気御祭を、また祇園社大別当良円に天神供を奉仕せしむ。これら諸御祈りは蔵人頭右中弁藤原経房・蔵人源信政・出納尚親を奉行として行わしめらる。【山槐記】

二月十六日〔天晴る〕

高倉天皇、五条東洞院〔皇居〕より閑院内裏に還幸あり。これ来る二十一日の退位により、他所において新帝に剣璽を渡さるるの儀を避くべきためなり。中宮徳子〔26〕および東宮言仁親王は、なおこの御所に滞留あり。【玉葉、山槐記（二月二十一日条）】

二月二十日〔晴れ陰り、定まらず〕

先日、尋問せらるる新皇居地の事、五条堀川の地、人々、甘心せず、と。意見を徴せらるる人々は、左大臣藤原経宗〔62〕・右大臣藤原兼実〔32〕・左大将藤原実定〔42〕・大宰帥藤原隆季〔54〕・大納言源定房〔51〕・東宮大夫藤原忠親〔50〕らなり。いずれも同意せざるにより、いまだ一定せず、と。【玉葉】

二月二十一日〔陰り雨下る。酉刻（午後六時頃）以後、雨脚止み、雲の膚《はだえ》、散ず〕　**高倉天皇、言仁親王（安徳天皇）に譲位**

高倉天皇（20）、東宮言仁親王（3）に譲位の事あり。旧主高倉上皇は閑院第、新帝安徳天皇は五条東洞院第に御座あり。よりて各別御所の儀にて譲位の儀を行わる。剣璽、五条東洞院第に渡御。旧主、閑院より出御、五条殿に入御。安徳天皇は直衣を着装、東宮亮平重衡（24）、抱き奉りて出御あり。関白藤原基通（21）、この日、摂政となり、以下、摂政として儀を進む。南階を昇りて（異例）、階東間に候す。まず御剣、ついで御璽をそれぞれ昼御座《ひのおまし》において内侍二人（弁内侍・故筑前守高階泰兼女。備中内侍・前和泉守源季長女）に授く。両内侍これを取り入る。今度の儀、摂政藤原基通、先規にそむく。右大臣藤原兼実（32）、これに対して「如何々々」と不審を残す。

【玉葉、山槐記、吉記、皇代略記】

この夜、譲位内裏（五条殿）の事了りて、摂政藤原基通、院御所閑院に帰参、高倉上皇の院司を補さる。別当は権大納言兼大宰帥藤原隆季（54）・権大納言藤原実国（41）・参議左大弁藤原長方（42）・大蔵卿兼越後守藤原雅隆（34）・左近権中将平重衡（24）・左中弁藤原経房（38）、判官代は宮内少輔藤原棟範・正六位上藤原通業・左衛門少尉藤原為成・左兵衛少将源信政・正六位上源定清・同源通清なり。蔵人はその仁なきにより補せられず。　【山槐記】

二月二十三日〔天陰り、時々、雨下る〕

去る二十一日に譲位の新院高倉上皇、閑院第に御坐す。陣座および床子座等を取り壊さる。車宿・随身所は例の如し。この夕刻、右大臣藤原兼実、新院御所に参向。御所を去る半町ばかりの地点にて網代車より下車す。これ遜譲の意なり。以後、しばらくはこの儀を行う。これ儀例なり。御所に参り、女房に謁す。上皇、風気の御不予、別事なし、と。女房、譲位の日以来、なお唐衣《からぎぬ》着装せり。三ヶ日、着装は故実なり。　【玉葉】

二月二十四日〔天晴る〕

譲位後の高倉上皇、院御所（閑院）の有様。東対屋、西面に御簾を垂れ、西庇間の南、第三間に繧繝端《うげんばし》帖二枚を敷く。これ、もと昼御座の跡にして、上皇、常御座所なり。この外、皆板敷なり。院御方、人なく寂寞たり、と。今日、新院の院司（別当・判官代）を加補さる。別当は権中納言兼左衛門督中宮大夫平時忠（51）・参議右近権中将源通親（32）・皇太后宮亮兼但馬守平経正・右中弁藤原兼光（36）、判官代は勘解由次官藤原定経（23）、さらに御服所の事は平経正これを奉仕す、と。　【山槐記】

二月二十七日〔天陰り、晩に及びて小雨〕（『玉葉』では〔晴〕）

早旦、左少将平時実（30）、権中納言藤原忠親（50）の三条堀川亭に来訪。雑談のついでに、鳥羽殿幽居の後白河法皇御事、去る月下旬のころより飲水病（糖尿病）を病み給う、と。法皇、年来、この病気なし。しかるに、とみに憔悴云うべからず。密々に典薬頭和気定成（58）を召さる。定成、法皇幽閉中なるを禁忌せるにより、参向の可否を前右大将平宗盛（34）に尋ぬるところ、早やかに参上すべしと答う。この間、後白河法皇は絶えず涕泣に打ち沈み、日課として卒都婆（板製）を作らせ給い、今一度、紀州熊野山に参詣せんと、熊野権現に祈誓し給う有様なり、と。【山槐記、皇代略記】

この日、高倉上皇（20）に太上天皇の尊号を上る。また、随身《ずいじん》の事、宣下あり。権大納言藤原実房（34）、奉行を勤む。上皇、日頃容態に殊たることなしと雖も、時々、温気（発熱）ありて、御面、上気して赤らみ給う。よって、沐浴なし。今日、始めて湯を召さる、と。【玉葉、山槐記】

この日、新院（高倉上皇）庁始を行わる。【玉葉】

二月二十八日〔雨下る。夜に入りて風烈し〕

高倉上皇、譲位の後始めて土御門亭（土御門北、東洞院東。前大納言藤原邦綱家）に御幸ありて、初度秉燭《へいそく》の儀あるべきのところ、雨により延引となる。【山槐記】

三月四日〔朝間、晴。午後、雨。休止、定まらず〕

今夜、新院高倉上皇、遜位の後、始めて土御門亭（前権大納言藤原邦綱亭）に初度御幸。この亭、先々、時々、皇居となる所なり。去る月二十八日、御幸せんとするも雨により延引。今夜もまた、甚雨ならずも雨、なお下る。上皇、直衣着用、唐御車（御牛、黒）に乗駕。摂政藤原基通（21）、毛車《けぐるま》に乗り扈従す。上皇出御、しばらくして中宮徳子（26）、唐御車にて行啓。女房、思々《おもいおもい》の衣にて檳榔毛車《びろうげのくるま》五両（各二人乗車）にて供奉。

今日、高倉上皇、始めて烏帽子を被らる。殊儀なし。権大納言兼大宰帥藤原隆季（54）、これを調進す。角蒔絵二口（一口、平礼。一口、立烏帽子、ためて入る）および烏帽子筥一合を進献す。

今夜、摂政藤原基通第（六条北堀川西亭・故美福門院乳母伯耆局（故左大弁藤原実親室）家）において東宮坊官除目あり。東宮傅（左大臣藤原経宗62）・東宮大夫（権中納言藤原忠親50）・東宮権大夫（左衛門督平知盛29）以下、各官を補す。【山槐記、玉葉】

申斜め（午後四時半すぎ）、院御所（閑院）において、高倉上皇、尊号の御報書を上る。勘解由長官藤原俊経（68）、草を進め、安房守藤原定長（32）、御所より下賜の檀紙に、北面においてこれを清書す。新院別当・権大納言藤原隆季、これを上皇に奏覧の後、朴木筥に納め裹みて五条殿内裏に参内す。院判官代・左兵衛尉源信政ならびに主典代・左衛門尉盛俊を相具す。【山槐記】

三月五日〔天陰る。午刻（正午）、雨下る〕

安徳天皇（3）より壺切宝剣を高倉上皇（20）に進献さる。これ、去る治承二年〈一一七八〉十二月十五日、立太子（言仁親王1）の時、後白河法皇より献ぜられしものなり。しかるに、いま法皇、鳥羽殿に籠居のため、やむなく新院高倉上皇に献ぜらるとなり。この御剣は東宮累代の御剣なり。この御剣、赤地錦袋に納めたり。左中弁藤原経房（38）、清涼殿鬼の間（五条殿）において女房よりこれを賜わり、使者となりて院御所閑院に運ぶ。高倉上皇、この日、御所土御門亭において新御車（唐車。摂政藤原基通、去る夜、御幸に際して新調献上）に乗御始を行わる。別当・権大納言大宰権帥藤原隆季（54）、御簾役を奉仕。【山槐記】

三月九日〔天陰り、雨降り、又止み、定まらず〕

高倉上皇の尊号、御報書の勅答（安徳天皇）の事あり。大内記藤原業実、この草を作進。大納言源定房（51）、この清書を院御所（土御門亭＝土御門北・東洞院東、前権大納言藤原邦綱第）に持参す。院司・権大納言藤原実国（41）、これを受理、御前に持参す。使者・大納言源定房に禄なし、また饗座を儲けず、と。【山槐記、皇代略記】

三月十三日〔雨下る〕

午刻（正午）、権中納言藤原忠親（50）、仁和寺御室守覚法親王（31）に面謁のため仁和寺本寺学問所（寝殿坤角、明障子を立て廻らす）に参上、対面す。故御室覚性法親王（後白河法皇同母弟）のため自筆五部大乗経（素紙）を書写、明年、その功を終え、七僧法会を行わんとのことを告げらる。また、新院高倉上皇、来る十七日に安芸・厳嶋御幸につき、禅門清盛（63）よりその後、守覚法親王の参詣を乞い、彼の社において理趣三昧会を行うべく示し送らる、と。これを受けて守覚法親王は、清盛、貴重する彼の社の内侍（巫女）への土産として、参詣人々、珍重の装束を与うるを伝聞。みずからは無骨（作法不知）により内侍一人当りに、染綾二疋を贈らんとす。また、この外、童部装束に至るまで、法親王、藤原忠親に指南を乞わる、と。【山槐記】

三月十六日〔天晴る〕

申終り刻（午後五時前）、権中納言藤原忠親、新院御所土御門殿（前権大納言藤原邦綱亭）に参入。別当・権大納言大宰権帥藤原隆季、明日の伊都伎島御幸延引の旨を告げる。しかし、その理由、分明に答えず。急ぎ退出せり。しかるところ、参議左中将源通親（32）、密語して、延暦・園城・興福寺の衆徒、合力して鳥羽殿籠居の後白河法皇を奪取せんと支度せり、と。去る九日、すでにこの謀議を成すため、その隙を得ざるの間、本寺、延暦寺の衆徒、密告あり。よって、去る夜中（十四日）、京中騒動す。前右大将平宗盛（34）、中宮亮平通盛・但馬守平経正を差遣して、鳥羽の法皇籠居御所を守護せしむ。また、左兵衛督平知盛（29）、直衣を着し、法皇御所に参入、後白河法皇に高倉上皇の伊都伎島御幸延引の次第を奏す。

高倉上皇（20）、明夕（十七日夕刻）、土御門殿（新院御所・前権大納言藤原邦綱第）より八条二品亭（入道大相国清盛室・二品尼平時子55第）に御幸あり、と。権大納言大宰権帥藤原隆季（新院別当・54）によれば、本日、土御門殿を出門ありて八条亭に渡御の沙汰あり。また安芸国より還御後は、しばらくこの八条亭に御幸御坐あるべきを議定せり。しかして、厳島進発は来る二十日頃か、と。この時、中宮徳子（26）、土御門殿に行啓、同座なり。ただし、中宮は明晩、新院御所（土御門殿）より幼帝安徳天皇（3）の内裏（五条殿）に還御あるべし、と。

【山槐記、玉葉（三月十七日条）】

この夜、新院蔵人、御使として金泥御経三巻（法華経寿量品一巻・般若心経一巻、高倉上皇御筆。般若心経一巻、中宮徳子御筆）を右大臣藤原兼実（32）の許に持参す。これ、明日、高倉上皇、厳島御幸に進発、彼の社において御経供養あり。上皇、右大臣兼実に、これら三巻の外題の書進を下命さる。兼実、黙止しがたく、即座に口をすすぎ手を清めて筆を執り、御使に付進せり。戌刻（午後八時頃）に至り、兼実第に人伝《ひとづて》に、明日の厳島御幸延引せり、と。叡山大衆、何事か知らず蜂起せるにより、忽然と延引せられたり。このこと、前右大将平宗盛（34）、福原別業の禅門清盛の許にも急報せられたり、と。

【玉葉】

三月十七日（陰り晴れ、定まらず。暁更に小雨）

鶏鳴の後、中宮徳子、新院御所土御門殿より唐御車にて五条殿（内裏）に入内あり。公卿は権大納言藤原実房（33）・権中納言藤原兼雅（36）・中宮大夫平時忠（51）・中宮権大夫藤原実家（36）・参議右中将藤原実守（34）・新宰相中将兼中宮権亮源通親（32）が供奉す。前夜（十六日）、二品尼平時子より禁裏に宿泊すべく下命ありたる権中納言藤原忠親（50）は、中宮入御の時に列に加わり参内せり。

この日、五条殿内裏において、検非違使別当平時忠、延暦・園城・興福寺衆徒、去る八日に後白河法皇および高倉上皇を奪取せんと密議せしこと、後白河法皇より前右大将平宗盛に告げ給う、と。その後、権大納言大宰権帥藤原隆季、延暦寺の僧徒より書状・証文等ありたる旨を、前右大将平宗盛に告ぐ。延暦寺総大衆はこの議に加入せず、興福寺の恵光房阿闍梨珍慶の結構なり。また、園城寺の衆徒、同じく結構して、謀議に加担す。この風聞の後、叡山の法印実慶（64・密書を後白河法皇に進達か）逐電す。この謀議、後白河法皇ならびに高倉上皇を迎取るべきを結構す、と。しかるに、この実否、知りがたし。「天魔の所為なるか、悲しむべし、悲しむべし」と、権中納言藤原忠親、慨嘆す。

しかるところ、この四、五日、大相国入道清盛（63）、後白河法皇幽閉の鳥羽殿の警固を緩和せり、と。特に免して女房二人（京極局〔入道藤原俊盛女〕・丹後局〔延暦寺僧法印澄雲女、故前左衛門佐平業房妻〕）を法皇近侍祇候のため、鳥羽殿に入らせしむ。

今夕、高倉上皇（20）、土御門殿より八条二品亭（二品尼平時子家、八条坊門南・櫛笥西）に御幸あり。譲位後、第二度なり。今日の厳島御幸進発、延引せり。【山槐記】

三月十八日〔陰り晴れ、定まらず〕

かねて、衆徒、後白河法皇（鳥羽殿幽閉中）を奪取せんとの風聞により、城南・鳥羽殿は京師より遼遠の地にて、急場の防止不可能。よりてこの夜、前右大将平宗盛（34）の指示により、五条南、大宮東の故前備後守源為行（法皇近習者。去る年十一月二十一日、大相国入道清盛に殺さる）宅に遷御せんとす。平宗盛、法皇第一の近臣たる前大膳大夫平信業（43・去る年十一月十七日解官）を渡御御迎えのため鳥羽殿に参入せしむ。平家の武士ら、多勢にて法皇を囲繞し奉る。しかして、まず、六条壬生辺の宅（誰人の宅や不知）に、装束（室礼）をほどこすべく用意せり。法皇、事の子細を知り給わず。法皇の腰輿《たごし》、四墓（四塚＝朱雀大路南東、九条大路、羅城門旧跡辺。南区四ツ塚町）にさしかかる二、三丁のあたりで、前右大将宗盛、急使者を献じ、今日、日次よろしからず、後日、再渡御あるべし、と元の鳥羽殿に還御せしむ。この次第、まことに奇異の事たり。今一両日の間に、なお五条大宮の故為行宅に渡御あるべし、と。【玉葉、山槐記】

三月十九日〔天陰り、辰刻許り（朝八時頃）より小雨。午後、大雨、風加わる〕　**高倉上皇、厳島参詣に出発**

今暁、高倉上皇（20）、八条二品亭（二位尼平時子家）より安芸・伊都岐島に参詣に出発。大相国入道清盛（63）、これを申し行う、と。去る十七日、進発のところ、天下騒擾の事出来により、にわかに延引。今日、淀河舟行にて河尻寺江（淀川下流分岐、神崎川河口部〔河尻〕）に着御。前権大納言藤原邦綱山荘（寺江亭）に入御。明日、摂津・福原亭（入道相国清盛亭）に着御あり、と。公卿、権大納言大宰帥藤原隆季（54）・前権大納言藤原邦綱（60）・権大納言藤原実国（41）・新参議左中将源通親（32）・左中将藤原隆房（33）・右中弁藤原兼光（36）・宮内少輔藤原棟範ら供奉。前右大将平宗盛、供奉に加わるも、禅門清盛の命により福原より帰洛せしめらる。洛中、大衆らの騒動により不慮の事出来に対応せしむるためなり。

今夜、安徳天皇（3）、五条亭（内裏・権大納言藤原邦綱第）より八条院御所（暲子内親王尼44・八条。此の亭、即位後、初度行幸なり）に行幸あるべきに、主上、十七日より御腹気発し、乳も一切飲まず、六借《むつかり》給うにより延引す。【山槐記、玉葉（三月十八日条）、百錬抄、皇代略記】

四月五日〔朝の間、天陰る。巳刻（午前十時頃）以後、晴る〕

この深更、子刻（午前零時頃）、故前上総守藤原為保（去る年十一月十七日解官。大相国入道清盛により福原亭に召籠められ殺さる）の宅（塩小路南、東洞院西）、何者かの放火により焼亡す。他所に延焼せず。【山槐記】

四月六日〔陰り晴れ、定まらず。雷鳴あり〕

高倉上皇（20）、安芸・厳島より還御の予定なるも、延引あるべし。【玉葉】

四月九日〔晴れ陰り〕　**以仁王発せし平家追討の令旨、露見す**

この夜、安徳天皇（3）、来る二十二日、大内紫宸殿において即位礼を行わるるにより、五条東洞院内裏（五条殿・前権大納言藤原邦綱第）より大内に遷幸あり。右大臣藤原兼実（32）の息・右大将良通（14）、夕暮以前に五条内裏に参内す。夜陰と雖も、主上初度の行幸に供奉のため、右大将良通に扈従の舎人・居飼《いかい》らに装束を給う。この夜、安徳天皇、母后中宮徳子（26）と同輿、剣璽を奉安して大内裏に入御。夜に入りて高倉上皇、安芸・厳島より入洛し給う。権中納言藤原忠親（50）、草津（伏見区横大路）に出迎う。未刻（午後二時頃）、八条坊門櫛笥二品亭（二位尼平時子家）に還御。御幸の勧賞《けんじょう》として昇叙あり。従四位上平資盛（20）・正五位下平清邦（14。以上、福原一家賞）、従五位上菅原在経（国司賞・安芸守）・同厳島神主佐伯景弘・同祝師《はふりし》佐伯友之（以上、各一階）、安芸守菅原在経は新院御所の昇殿を聴さる。【玉葉、山槐記】

かねて、大相国入道清盛（63）ならびに前右大将平宗盛（34）、五畿七道を虜掠《りょりゃく》し、さらに後白河法皇を幽閉、法皇近臣の多くを解官、流罪に処すなど、専横の振舞あり。ここに、源三位入道頼政（77）、平相国禅門（清盛）を討滅せんと用意す。しかし、私計略をもって宿意は遂げがたきにより、後白河法皇三宮以仁王（31）に図り、前右兵衛佐源頼朝（34）以下、源氏の一族を催《うなが》し、討伐を企てり。以仁王はみずからを最勝王と称し平家追討の令旨を発し、八条院蔵人源行家によって頼朝・義仲（28）など諸国の源氏に伝えられた。その平家追討の令旨を下さること、露見す。【吾妻鏡】

四月十六日〔陰り晴れ、定まらず。夜に入りて雨下る〕

中宮徳子、密々にて大内（弘徽殿）より高倉上皇御在所の新院御所（八条二品亭・去る九日、安芸伊都伎島より還御）に渡御。行啓の儀に非ざるも、行列は外見如在《じょさい》（そのように見える）、と。【山槐記】

四月十七日〔陰り晴れ、定まらず。未刻（午後二時頃）、雷鳴、甚雨〕

醍醐の辺において禅門清盛を調伏する者あり。その人、誰人なるか知らざるも、世間、しきりに風聞す、と【玉葉】

四月二十二日〔天晴れ、風静かなり〕　**安徳天皇、即位の儀**

安徳天皇、紫宸殿において即位の儀を行わる。大極殿、火災以後、再建せられざるにより、他所において行う。先規によれば、古来、三ヶ度あり、と。陽成天皇（大極殿災により豊楽院）、冷泉天皇（病悩により紫宸殿）、後三条天皇（大極殿・紫宸殿、実無く、官庁（太政官））なり。申刻（午後四時頃）、参議右中将藤原実守、総角《あげまき》（結髪）および装束を奉仕の後、安徳天皇、仁寿殿《じじゅうでん》を出御、内侍二人、剣璽捧持の後に、摂

政藤原基通（21）、主上を抱き奉り、紫宸殿高御座《たかみくら》に御坐。儀了りて天皇、後房に還御。今日、参仕の公卿、摂政藤原基通・右大臣藤原兼実（32）・左大将藤原実定（42）・権大納言藤原実国（41）・検非違使別当平時忠（51）・権中納言藤原忠親（50）・前権中納言源雅頼（54）・参議右中将藤原実守（34）・左兵衛督平知盛（29）なり。　【玉葉、吉記、皇代略記】

右大臣藤原兼実、大内即位儀退出の後、新院御所（八条殿・八条坊門壬生・二品尼平時子家）に参上、女房に謁す。高倉上皇（20）、昨日より灸治（七ヶ所）。典薬頭和気定成（58）参上、治療に当たる、と。　【玉葉】

四月二十七日〔朝の間、晴天。午後、陰り、時々、小雨〕

今夜、中宮徳子（26）、大内（弘徽殿）より新院御所（八条櫛笥二品亭＝二位尼平時子家）に行啓あり。御車は唐車。出車は檳榔毛五両。左少将藤原兼宗（18）・右少将藤原実明（28）・権大納言藤原実房（34）・権中納言藤原兼雅（36）・中宮大夫平時忠（51）・権中納言藤原成範（46）・右衛門督藤原実家（36）・参議右中将藤原実守（34）・左京大夫藤原脩範（38）・東宮権大夫平知盛（29）・参議左中将藤原定能（33）・中宮権亮源通親（32）ら供奉す。　【山槐記】

四月二十九日〔天晴る〕（『山槐記』では〔陰り晴れ、定まらず〕）

申刻（午後四時頃）、上の辺り（三、四条の辺り）、廻飄《つむじかぜ》忽ち起り、屋を発し木を折る。人家多くもって吹き損ず。又同時に雷鳴す。七条高倉辺りに落つ、と。　【玉葉】

午後、雷鳴一両度、其の外、極まりたること非ず。下人いう、「京の方、火、西南の方に見ゆ。煙の如く巽（東南）を指して細く聳ゆ。逝く雲をながめていると、見る間に辺りより辻風、九条に起り、市・人家を渡る」。　【山槐記】

未刻許り（午後二時頃）雹《ひょう》降る。先ず雷鳴両三声の後、霹靂《へきれき》猛烈なり。北方に煙り立揚る。人、焼亡（火事）と称す。是れ飆《つむじかぜ》なり。京中騒動す。木を抜き、沙石を揚ぐ。人家の門戸ならびに車等、皆吹き上ぐ。古老云う、「いまだ此の如き事を聞かず」と。　【明月記】

申刻（午後四時頃）舎殿多く以って顚倒す。黒雲一通、広さ三町許りなり。雲中、種々の雑物を吹上ぐ。諸人、これを驚く。　【皇帝紀抄】

五月十日〔天晴る。夕陰り、夜に入りて又、晴る〕

今暁、入道相国清盛（63）、摂津・福原亭より入洛す。平家の武士（官軍）、洛中に満つ。世間、また物騒、起るか。　【玉葉】

今夜、中宮徳子、高倉上皇御所（八条櫛笥殿＝二位尼平時子家）より大内に入御。　【山槐記】

五月十一日〔天晴る〕

昨暁、上洛の平相国入道清盛、この日、福原亭に下向す。　【玉葉】

五月十三日〔雨降る〕

右大臣藤原兼実（32）、「後白河法皇、鳥羽殿幽所より京中に渡御あり」との風聞を伝え聞く。【玉葉】

五月十四日〔天陰る。朝の間、雨。夜に入りて晴る〕 **後白河法皇、鳥羽殿から八条坊門南烏丸藤原季能亭へ**

戌刻（午後八時頃）、後白河法皇、鳥羽殿（幽所）を出御。八葉御車に乗駕、扈従の車二両（京極局・丹後局乗車）、武士三百騎ばかり、法皇の御車の前後・左右を囲繞し、八条坊門南烏丸西亭（内蔵頭藤原季能28）に渡し奉り、ここを御所となす。この亭、もとは「八条院旧御所」（『明月記』）なり。その後、藤原季能の父・大宮権大夫入道藤原俊盛が伝領（「八条坊門烏丸俊盛入道亭」『百錬抄』）、さらに嫡男季能が相続す。季能室は、大相国入道清盛二男・故越前守平基盛女にして、いずれも平家由縁の亭宅なり。

【玉葉、百錬抄、山槐記、明月記（五月十六日条）】

五月十五日〔天晴る〕 **以仁王の土佐配流を決定、以仁王は園城寺に逃る**

朝廷は会議の後、上卿・権大納言藤原実房（34）および職事・蔵人権右中弁藤原行隆（51）により、以仁王（高倉宮30、母は故高倉三位局。才知才能、上古に恥じず。諸道に達す）を土佐国に配流と決す。かの宮、以仁の名のうち、「仁」は憚りありとの理由により、源姓を冠して源以光と改名すべく沙汰あり。この夜、権中納言藤原忠親（50）の東山亭に下人、高倉宮配流の事を急報せり。戌刻（午後八時頃）、検非違使右衛門大尉源兼綱および右衛門少尉源光長、以仁王の三条北高倉西亭に逮捕に向い、武士ら、同亭を包囲す。女房ら、裸形にて東西に馳走せり。しかるに、以仁王は機先を制し、ひそかに藍摺《あいずり》張りの輿に乗り、供人に御幣を捧持せしめ、物詣での人の如く装いて、園城寺に向い給う、と。あるいは、浄衣を着用、騎馬にて、向い給うとも。乗馬は二人。御供人はおよそ四、五人なり。いまだ、これ一定を知らず。三井寺内、平等院に渡御せらる、と。

【山槐記、皇帝紀抄、百錬抄】

五月十六日〔天晴る〕

権中納言藤原忠親、以仁王、亭内になお御坐《おわ》さず、と伝聞す。武士ども亭内の塗籠《ぬりごめ》を破却し、これを尋ね見るに、全く御坐さず。塗籠中に辛櫃二合あり。一合には鎖錠をかけたり。一合には装束類を入れ得ず、蓋を開きたるままなり。以仁王、園城寺に御坐すと風聞す。同寺の衆徒、以仁王を囲いて出さず。よって配流の宣旨を下すあたわず。

以仁王の若宮（のち北陸宮・16、母は八条院女房・民部少輔藤原忠輔女）は、当時、八条院（後白河法皇異母妹・暲子内親王尼44）の養子。権中納言平頼盛（50）、下命をうけて園城寺に赴き、寺内を探索す。武士、雲霞の如く攻め寄す。数刻、悋惜《りんせき》（物おしみする）し、寺僧、若宮の引渡しを拒む。やがて武士、門内に乱入す。よって、園城寺の僧、若宮を差し出す。若宮に越中大夫重実一人相従う。平頼盛、若宮を相具

し白河に向う。若宮、この地で出家せらる。　【山槐記、明月記】

五月十七日〔陰り晴れ、定まらず〕

摂政藤原基通（21）・大宰帥藤原隆季（54）・前権大納言藤原邦綱（60）・検非違使別当平時忠（51）・新参議右中将源通親（32）ら、高倉上皇御所（八条櫛笥二品亭＝二位尼平時子家）に参入。藤原隆季・同邦綱および平時忠の三人、御所の閑所において高倉宮（以仁王30）の事を議定す。摂政藤原基通、新院御所の寝殿東面の御簾中に候す。右大弁氏院別当藤原兼光（36）を召し、奈良の興福寺別当・僧正玄縁（68）および同権別当・権少僧都蔵俊（77）に書状を遣し、「園城寺の衆徒みだりに勅命に背き以仁王を匿うことならず。また延暦寺の衆徒も園城寺衆徒に同心、同意すべからず」と。今夕、園城寺僧綱十人を召し（三人不参）、本寺（園城寺平等院）に行きて、衆徒に仰すべきを下命す。また叡山の天台座主明雲（66）を召し、山僧の園城寺に同心を禁ぜしむ。　【山槐記】

巳刻許り（午前十時頃）、八条宮（後白河法皇皇子円恵法親王29、母は前大膳大夫平信業姉）、使者をもって前右大将平宗盛（34）・検非違使別当平時忠に、「高倉宮（以仁王）、園城寺内平等院に御坐《おわ》し、出京せらるべく沙汰する所なり」と急報す。よって、別当時忠、御迎えのため内匠助某（実名不明）を園城寺に遣す。一方、右大将宗盛は武士五十騎ばかりを彼の使者に付属す。八条宮の下法師三人を相具し、夕暮れに京師首途す。子刻（午前零時）、園城寺の門前に到達する。寺中に入らず、迎状を示すに、以仁王、日没以前に大衆三十人許りを相率いて、京御所に渡御ありたる、と。以仁王、福原に到り、その後、帰京、さらに、叡山無動寺に引き籠る、と風聞切々なり。

【玉葉（五月十六日条も）】

五月十八日〔雨下る〕

右大臣藤原兼実（32）、みずからの所悩軽からずと雖も、日頃の不出仕、不忠の恐れを謝すため新院御所（八条坊門櫛笥二品亭＝二位尼平時子家）に参上。高倉上皇（20）、小直衣《このうし》・小袴《こばかま》を着装、出御、面謁あり。龍顔憔悴、気力衰退の様子。去る冬以来、御悩、隙なし。重篤ならずと雖も、旬月の間、筋力、極度に疲労し給う、と拝す。　【玉葉】

五月十九日〔雨下る〕

園城寺留守の僧綱、衆徒に高倉宮（以仁王）の事につき子細を示すにより、以仁王を寺より出すべきを承諾せり、と風聞す。よって、この日、八条宮（円恵法親王）、迎えのため有職《うしき》僧二人に房官を相副え、園城寺に推参せしむ。寺に到りて、以仁王在所（園城寺内平等院）に参入、奉迎せんとす。以仁王、色を作《な》して「汝、我を搦めんとするや、決して我に手を懸くべからず」と激怒さる、と。この声に驚き甲冑を着けた武装の悪僧七、八人出で来て、かの有職僧以下、使者を追散す。ほとんど凌礫に及ぶと。よって、八条宮の使者は、空しく帰洛せり。

事態は、園城寺の僧綱の制止と雖も、大衆の力に及びがたし、と。 【玉葉（五月二十日条）】

五月二十一日〔朝の間、天晴れ、午後、雨下る〕

園城寺攻撃のこと一決。武士らに下命、明後日（二十三日）、軍勢の発向を決したり。前右大将平宗盛（34）以下、十一人が大将として攻略の軍勢を進む。権中納言平頼盛（50）・参議平教盛（43）・修理大夫平経盛（57）・左兵衛督平知盛（29）・右中将平維盛（20）・右少将平資盛（20）・左中将平清経（重盛三男）・左中将平重衡（24）・源三位入道頼政（77）らなり。時に、大衆一同は、以仁王（30）を寺外に出さざるを固く議定し了んぬ。また、以仁王みずからも「衆徒、たとえ我を放り此の地において終命すべしと雖も、決して人手に入るべからず」と悲愴の決意を固められたり、と。見る者、感歎せざるはなし。 【玉葉】

五月二十二日〔雨下《ふ》り、時々、天晴る〕　**源頼政、自家に放火し、園城寺に馳せ参ず**

去る夜半（今暁）、源三位入道頼政、自家（近衛南、河原東）に放火、嫡男・伊豆守源仲綱（55）以下五十余騎を引き具し、園城寺に向い、以仁王の膝下に馳せ参ず。みずからが罪を蒙るべきの由を仄聞して、平家追討軍を離脱して逃去る、と。すでに天下の大事たり。 【玉葉、明月記、山槐記、百錬抄】

頼政入道、子息らを率いて園城寺に参籠せりとの報を聞き、その事を尋問せんがため、右大臣藤原兼実（32）、病軀を相扶け新院御所（八条坊門櫛笥二品亭）に参上す。今夕、安徳天皇（3）、この院御所に行幸あるべし。高倉上皇（20）、この御所より八条御所（東第）に渡御なり、と。しかるに、今日、行幸日次よろしからず、滅日《めつにち》なり。今夜を過ぎ明暁よろしき、と。兼実、今夜の行幸に不審を抱く。兼実の参入により、高倉上皇出御。天下の形勢につき仰せ事あり。ついで、女房若狭局に謁するに、天下のため歎息極まりなし。小時にして退出、門下において前権大納言藤原邦綱（60）、兼実に一通の消息を示す。披き見るところ、叡山の大衆三百余人、園城寺の大衆に与力すべきの山僧の消息なり。また、夜に入りて南都の人、兼実に伝う、「奈良の大衆、蜂起して、すでに上洛せんとす。この事、制止あたわず。前将軍平宗盛以下、京中の武士、甚だ恐怖す」と。京師の人々、家財を運搬、女人を逃避せしむ。大略、逃降の支度なり。平家一門の命運、ここに尽期《じんご》の様相見ゆ、と。 【玉葉、明月記】

戌刻（午後八時頃）、安徳天皇、大内より新院御所（八条亭・八条坊門櫛笥二品亭＝二位尼平時子家）に行幸。左大将藤原実定（42）以下、公卿十五人供奉す。摂政藤原基通（21）、乗車して後陣に候す。母后中宮徳子（26）、主上に同輿。幸路の辻々、武士警衛せり。行幸の間、東北方に火事を望見す。入道頼政家なり。頼政逃去る。三井寺参入に際し、その跡を見せざるため、自ら放火、炎上す。八条亭の寝殿の間、狭少にして、階隠間《はしかくしのま》より主上の輿、入れがたし。由来、御所狭甚にして御帳台立て難く、また内侍所御座の所もなき有様なり。鳳輿、西廊

に据置かる。腰輿は大内に返送と。高倉上皇、行幸の前に、八条坊門大宮御所（『園太暦』は八条大宮第）に移御あり。【山槐記】

五月二十三日〔陰り晴れ、定まらず〕

源三位入道頼政（77）の軍兵、園城寺に向う途次、山科における後白河法皇御所山科殿において陣を調うに際し、御所に火を放ちて焼亡す。【山槐記、百錬抄】

申刻（午後四時頃）、大納言源定房（51）、右大臣藤原兼実第に来りて世上の事を談ず。官兵（平家軍勢）、洛中の諸人を率いて福原に下向すべきの由、近日しきりに謳歌す。主上の行幸、および一院（後白河）・新院（高倉）の御幸あり、一人も残さず相具すべし、と。また、南都興福寺の大衆、来る二十六日、入京すべきの由、風聞あり。【玉葉】

五月二十四日〔陰り晴れ、定まらず〕

右大臣藤原兼実（32）に、人伝えていう。南都の大衆、前右大将平宗盛（34）亭（八条北、高倉東）を攻め寄すべし、と。【玉葉】

丑刻許り（午前二時頃）、頼政入道、菩提寿院堂に放火す。去る二十二日夜に、みずからこれを焼きし河原の家の如くに。【山槐記】

五月二十六日〔天晴る。夜に入りて雨下る〕　**以仁王・源三位頼政、宇治にて敗死**

日頃、延暦寺の衆徒、園城寺に同心して、以仁王（30）に助勢せんとの疑いあり。天台座主明雲（66）、叡山に登山してこの事を制止す。よって大衆、一向に承伏せり。この旨を伝聞の以仁王は、頼政入道の導きにより、前夜半、園城寺を脱出して南都に向う。その告げを聞き飛騨守平景家・上総守藤原忠清（伊勢国の住人、平家専一の者なり）ら宇治に発向、これを追撃す。以仁王は宇治橋を渡り、平等院側に逃れ給う。宮方の軍兵、橋板を引き払いて、防戦す。景家、攻め寄せて橋上において合戦す。忠景、追い来りて同勢十余騎、閧《とき》の声を上げながら、馬を宇治川に乗り入る。橋の上方、浅瀬を歩み渡る兵士あり、また、馬筏《うまいかだ》を組み郎党二百余騎が一勢に渡河して、平等院前において合戦す。この戦いにより、景家は頼政入道の首を得、また忠清は大夫尉源兼綱の首を得たり。平等院の廊において自害の者三人あり。その一人、浄衣を着装するも首なし、たれの遺骸や疑いあり。頼政の嫡男・伊豆守源仲綱（55）も死生不詳なり。以仁王は遁れて南都に入り給う、と。しかし、以仁王はこの戦いに、流矢にあたり戦死。やがて、蔵人頭平重衡（24）・左少将平維盛（20）が軍勢を率いて宇治に追い向う。各、城郭を構える前に、すでに雌雄を決せり。忠清らは、頼政入道以下の首級三十余を具して洛中に凱旋せり。午刻（正午）、検非違使左衛門尉源季貞、前右大将平宗盛の使者として、新院御所（八条坊門大宮御所）に参入。検非違使別当平時忠（51）、これを引見す。彼の言上によれば、「頼政入道の党類、すべて誅殺せり。彼《か》の入道頼政・右衛門尉源兼綱ならびにその郎従十余人の首を切り終んぬ。以仁王においては、その首を発見せずと雖も、伐《うち》得たるはまぎれなし」と。しばらくして、平等院執行《しゅぎょう》・法橋良俊（81）、使者を送り来る。平等院の殿上廊内において自殺の遺体三人相残る。その中に、首なき者一人あり。これがもしや以仁王ならん、と疑うものなり、と。右大臣藤原兼実（32）、この事、伝聞して「王化なお地に堕ちず、逆賊ついに禽殺《きんさつ》（捕えて殺すこと）せられ了んぬ。これ、入道相国清盛の運報なり、恐るべし、恐るべし」と。

今夕、入道大相国清盛（63）、福原亭より入洛す。その後、毎事、議定あるべきか。

【山槐記、玉葉、皇帝紀抄】

五月二十七日〔雨下る、巳刻（午前十時頃）、天晴る〕

高倉宮（以仁王30）、乱流の時、姓を賜い源朝臣以光と称さる。「以仁」の「仁」を改め「光」となす。勅命に背き、配流の宣旨を前にして逃脱して園城寺に向う。彼の寺の衆徒、以仁王に同意して謀りて国家を危《あや》めんとす。日頃、興福寺の衆徒、これに同意す。氏院興福寺、摂政藤原基通（21）の制止を聞かず、ついに官軍と宇治合戦に及ぶ。大将源三位頼政入道（77）、宇治平等院内で自刃、その首を取らる。よって、この日、新院御所（高倉上皇、八条坊門大宮亭）の殿上間において、園城寺・興福寺の処置を議定せんとす。折柄、南都の僧已講《いこう》（その名、不明）、院中の摂政基通に申送る。左大弁藤原行隆（51）、殿上にこれを伝う。頼政子二人（名不明）および舎人男、南都の興福寺に逃る。かの舎人の陳述により、以仁王、藍摺《あいずり》水干小袴、生絹《すずし》小袖を着装して逃走の途次、加幡河原（京都府相楽郡山城町大字綺田）において討取らる、と。

【山槐記】

五月二十八日〔天陰り、雨下る〕

高倉上皇（20）、大相国入道清盛の六波羅亭（泉亭）に密々、御幸ありて、頼政入道以下十六人の首を御覧あり。

【百錬抄、山槐記（五月二十六日条）】

五月三十日〔陰り晴れ、定まらず〕

未刻許り（午後二時頃）、権中納言藤原忠親（50）の東山亭に、或る者来りて曰く、「来月三日、安徳天皇・後白河法皇・高倉上皇、福原亭に渡御あり」と。士女、これを遷都と称す。子細、これを知る人なし。洛中、騒動して悲泣す。この渡御の日は、二日ともいう。この福原遷幸の儀、入道清盛の発意により申し行わる、と。侍従藤原定家（19）、これを「前途、又、安否を知らず。悲泣の外、他事なし」と。

【山槐記、明月記】

未刻、前権大納言藤原邦綱（60）、右大臣藤原兼実に告げ送る。来月三日、安徳天皇（3）、大相国入道清盛の福原亭に行幸あるべし、と。上西門院（後白河法皇姉・55）も同じく渡御すべきの由、その聞えあり。仰天の外なし、と。申刻（午後四時頃）、大外記清原頼業（59）、同じくこの由を示し送る。さらにまた、左少弁藤原行隆（51）の知らせによれば、「三日の行幸を忽ち二日に繰り上ぐべし。およそ、言語の及ぶ所にあらず。公卿わずかに両三人、殿上人四、五人御供に候うべし」と。天狗の所為にして、まことに直事《ただごと》にあらず。生きて乱世に合う、かくの如きの事を見る。宿業を悲しむべきなり、と。

今夕、以仁王追討の勲功賞を行わる。従四位上侍従平清宗（前右大将宗盛子・11）を従三位に叙す（源以光〔以仁王〕・頼政法師追捕の賞）。検非違使正六位上藤原景高（飛驒守景家子）は、頼政法師ほか七人の首を切るにより従五位下に昇叙。同じく検非違使正六位上藤原忠綱は、頼政法師の甥の右衛門尉源兼綱以下四人の首を切るにより、従五位下に叙す。このほか、追討軍に加わり勲功ありたる武士に任官あり。

【玉葉、山槐記】

六月一日〔晴〕

午刻（正午頃）、右大臣藤原兼実（32）、高倉上皇（20）の御所（八条坊門大宮）に参入。明暁（二日朝）、福原遷幸（安徳天皇行幸、後白河法皇・高倉上皇御幸）、すでに一定せり、と。兼実、使者をもって入道相国清盛（63）の許（六波羅泉亭）に、福原に参候すべきの可否を問わしむ。清盛、返報して「寄宿所なきにより、忽ちには参るべからず。追って彼の地より案内《あない》を申す」と。福原遷幸の供奉の輩は、ひとえに入道清盛の左右《とこう》するところ、高倉上皇は一切、是非を仰せられず、と。今日、右大臣兼実、院御所において前権大納言藤原邦綱（60）に「謁する」ところ、その顔色、すこぶる怖畏の色あるかに見えたり、と。

【玉葉】

六月二日〔晴〕　**安徳天皇・高倉上皇・後白河法皇、福原遷幸**

卯刻（午前六時頃）、安徳天皇（3）、八条坊門櫛笥殿（二品尼平時子家・もと高倉上皇御所）を進発、入道相国福原別業に行幸。高倉上皇も御幸。後白河法皇（入道清盛により禁囚）も同じく密々に渡御あり。摂政藤原基通（21）以下、ことごとく追従す。南都の大衆、なお蜂起するにより敢えて和平なきため、不慮の恐れあるべきによる俄かの遷幸か。また、頼政入道の余党なお抗戦やまず、その怖畏を防がんがためか。右大臣藤原兼実、「只天魔の謀、朝家を滅するか、悲しむべし、悲しむべし」と。遷幸の行列、八条坊門櫛笥より草津（伏見区）に至る。ここにて淀川乗船、流下す。武士数千騎、二行に相並びて幸路を挟みて護衛す。まず、先頭を入道相国清盛、屋形輿に乗駕して行進す。ついで女車一両（中宮徳子か＝『皇年代略記』は中宮不予により網代御輿と記す）、女房輿二両（二品尼平時子、摂政藤原基通室家平完子《さだこ》）、つぎが鳳輦（乳母・帥典侍藤原領子《むねこ》＝別当平時忠室が、主上を抱きて乗駕）。供奉の人々、公卿は左大将藤原実定（42）・別当平時忠（51）・参議右中将藤原実守（34）・同左中将源通親（32）、ついで近衛司、左中将藤原泰通（34）・右中将藤原隆房（33）、さらに職事、蔵人頭前東宮亮平重衡（24）・蔵人頭左中弁藤原経房（38）らなり。続いて摂政藤原基通、乗車して供奉。ついで内侍所・御竈神。つぎが後白河法皇・高倉上皇の御幸。出車二両が続き、最後に前右大将平宗盛（34）、手輿に駕して扈従す。今夜、淀川の河口、大物《だいもつ》（尼崎市）に着船、寺江頓宮《かりみや》

（前権大納言藤原邦綱別荘）に入御。明暁、御船に乗り替えて福原泊に入津、各上陸して、宿所に向わる。それらは、内裏（安徳天皇・権中納言平頼盛47家）・高倉上皇御所（禅門清盛の別業）・後白河法皇御所（参議平教盛53家）・摂政藤原基通宿所（安楽寺別当・法眼安能47＝安芸守菅原在経弟の住房）なり。参入の輩の多くは宿所なきにより、道路に座すが如し、と。【玉葉、百錬抄、皇帝紀抄】

六月四日

この夜、安徳天皇（3）、福原内裏たる権中納言平頼盛家より、禅門清盛別荘（雪御所）に遷御さる。これ、もと高倉上皇御所たり。居替給うによる。つまり、上皇（20）は平頼盛家に渡御なり。このため、家主・権中納言頼盛、勧賞《けんじょう》により正二位に叙せらる。これ兼実の息・右大将藤原良通（14）を超越せり。右大臣兼実（32）は、「説《い》うべからず、説うべからず。余（兼実）全く苦となさず。物狂いの世、是非を論ずるに足らず。勿論、々々」と慨歎す。【玉葉（六月六日・十四日条）】

六月五日〔天晴る〕

南都の大衆、以仁王の乱以来の収拾策につき、二途（抗戦か和平か）を成案せり、と右大臣藤原兼実伝聞す。定めて和平を択ぶか。なれば、民の慶事たり。【玉葉】

六月七日〔天晴る〕

興福寺の衆徒、かねて以仁王の乱に加勢のため抗争中なるも、和平による解決策を一定せり。よりて園城寺合力の上下の僧侶ならびに大衆二十余人、仰せにしたがい速やかに召し進むべきの下命あり。また、摂政藤原基通（21）、使者を送り衆徒を諭すに際して（『百錬抄』去る月二十五日条）、院雑色の本鳥《もとどり》（髻）を切り、さらには有官の別当を凌礫（侮り恥かしめる）し、はては長者宣を破却せし者どもを搦め出して、注進せしめんと下知す。【玉葉】

六月九日〔天晴る〕

大納言藤原実定（42）・参議右中将源通親（32）・左中弁藤原経房（38）・左少弁藤原行隆（51）・左大史小槻隆職（46）・右大史小槻国宗らを輪田（神戸市）に差遣して、遷都の地を点定せしむ。しかるに地勢狭少にして左京の条里足らず、また右京の地なし、と。【百錬抄】

六月十日〔天晴る〕

興福寺の衆徒、以仁王の乱、和平により、逃亡の残党を少々搦め進む。その中に相《そうの》少納言藤原宗綱も逮捕せられたり。件の男、年来、観相を好む人なり。彼の宮（以仁王）、かならず受国（即位）さるべき相ありと、進言せり。このたびの以仁王の乱逆は、この観相により惹起せるもの、という。【玉葉】

この日、福原内裏において、入道前太政大臣清盛（63）ならびに従二位尼平時子（55）に准三宮の勅を下さる。

【百錬抄】

六月十五日〔天晴る〕

右大臣藤原兼実（32）、所悩を相労わり福原離宮に参上のため、去る十三日、申刻（午後四時頃）、出京。草津より乗船（二舟・前権大納言藤原邦綱所有船・水手《かこ》八人）、女房四人を相具し同乗す。翌十四日、寅刻（午前四時頃）、前権大納言邦綱（60）の寺江山荘に着す。小休息の後、未一点（午後一時すぎ）に乗船、大物（尼崎市）に到る。ここにて、同大納言の高屋形輿を借用、乗駕。供人四人は乗馬の上、戌刻（午後八時頃）、福原に到着す。亥一点（午後九時過ぎ）、前権大納言邦綱の宿所に入る。下車、休息の後、直衣・冠を着装して、高倉上皇御所（権中納言平頼盛家、去る四日渡御。本御所、内裏となりたるにより居替）に参上。時、すでに子刻（午前零時）に及ぶ。上皇（20）、御寝《ぎょし》により見参に入らず。女房に謁し、明日の参内を言上して、退出せり。

この日、巳刻（午前十時頃）、右大臣兼実、参内（安徳天皇内裏＝大相国入道清盛別荘）す。主上（安徳天皇3）、いまだ御寝。女房に謁す。蔵人源兼時をもって蔵人頭左中弁藤原経房（38）を招き、福原遷都にかかわる三ヶ条（一、左京条里不足の事。二、右京平地少なき事。三、大嘗会挙行の事）につき、尋問に答うる子細を示す。

ついで、高倉上皇御所に参上。召しにより参入。この間、別当平時忠（51）参上、上皇御前に頭左中弁経房を召し、和田都（福原）を改め小屋野（昆陽野＝伊丹市）を都となすべく、早やかに木工寮を遣し、其の地を打定む（測量）べし、と下命す。和田京は町数狭少にして、難儀万端、衆人甘心せず、万民苦色あり。小屋野においては、すこぶる便宜あり、と。これを傍聴の兼実、「遷都なきにしかず」と。ついで、女房ら、兼実に語る、「遷都、万人、歎息せざるはなし。或は涙を流す族《やから》あり。ただし、上皇、これの是非を仰せられず」と。また、女房は「相少納言藤原宗綱、拷問厳しき故に、種々の事等を申す」と兼実に伝える。折柄、蔵人左少弁藤原行隆（51）来りて、禅門清盛（63）より上皇に奏すべし、とて「都地を小屋野に改定せり」と伝う。兼実、未刻（午後二時頃）、前権大納言藤原邦綱宿所に帰参す。

【玉葉（六月十三・十四日条も）】

六月十六日〔天晴る＝福原〕

右大臣藤原兼実、前権大納言藤原邦綱宿所にて起床、風病、更発す。浴湯再三度、発汗快然。消息（遷都私見か）をしたため、禅門清盛および前権大納言邦綱ならびに新院（高倉上皇）女房に発信す。

【玉葉】

六月十七日〔天晴る＝福原〕

右大臣兼実宿所に、昨日の消息の返事到来す。おのおの告げ送りて、播州印南野《いなみの》（神戸市西区・明石市・兵庫県加古郡稲美町一帯の丘陵地）をもって京となすべし、と。前権大納言藤原邦綱は、伊都伎嶋社の厳島内侍の託宣により小屋野（伊丹市）に改むべし、と伝え来る。さらに、大夫史小槻隆職（46）も同然、この旨を告げ来る。【玉葉】

六月十八日〔天晴る＝福原〕

右大臣藤原兼実、福原滞留中、風病の気あり。今日、宿所において、只一度、浴湯す。明後日（二十日）、帰洛を企つ。今日、所労により上洛すべく後白河法皇に書状をもって告げる。法皇、参議平教盛（43）の家に幽居。同じ福原の地にありて、院参・面謁のこと、不如意か。【玉葉】

六月十九日〔天晴る＝福原〕

前権大納言藤原邦綱、在宿所の右大臣藤原兼実に告げ送る。昨十八日、左大臣藤原経宗（62）以下、福原近辺参住の公卿等、院御所（高倉上皇＝権中納言平頼盛家）に参会して園城寺僧徒の罪科の趣を尋問。僧綱十七人の見任《げんにん》を解却《げきゃく》の上、所領没官のことを定め、宣下せらるべきを決せり、と。【玉葉】

六月二十日〔天晴る＝福原〕

昨十九日、右大臣藤原兼実、後白河法皇に進達の書状の御返事に「早やかに上洛すべし」との来旨あり。この深夜中に宿所を発足、寅一点（午前三時すぎ）、乗船（大物＝尼崎市）。淀川を遡及《そきゅう》舟行して、申四刻（午後五時前）に淀橋爪（京都市伏見区淀）に着船。乗車して日没以後、九条亭に参着す。上下の供人、福原下向の日に同じなり。

この日、園城寺僧徒罪科の宣旨を下達さる。園城寺の悪僧ら、朝家に違背、謀反を企つのかどにより、門徒僧綱以下、皆ことごとく公請《くじょう》を停止し、見任ならびに綱位を解却す。また、同末寺の荘園および同寺僧の私領等、諸国の宰吏に下命して収公さる。さらに、後白河法皇の皇子・無品円恵法親王（29）、去る月十七日、以仁王園城寺救出の失策により所職天王寺検校職（別当）を停止の宣下を下さる。大夫史小槻隆職、右大臣藤原兼実に宣旨の状を注し送る。【玉葉（六月二十二日条も）】

七月八日〔晴〕

去る年十一月十七日解官の前按察使源資賢（68）・前参議藤原光能（49）ら、勅勘を免《ゆる》さる。【公卿補任】

七月十三日〔晴れ陰り、定まらず〕

今夕、流人・前按察使源資賢、去る比（七月八日）恩免により、丹波国（去る年冬、丹波国に移住）より入京、賀茂辺に宿す。このほか、「遠行之輩」（去る年十一月十七日解官・配流の者）召返さる。また、前参議右兵衛督藤原光能・前大蔵卿高階泰経（51）・前右中弁平親宗（37）ら、去る比（七月八日）、開門すべきの由、仰せ下さる。ただし、参内出仕の事は仰せられず。また、前関白入道藤原基房（在備前国・36）・

前太政大臣入道藤原師長（在尾張国・43）は、この中に入らず。【山槐記、玉葉】

七月十五日〔天晴る〕

建春門院御願・最勝光院において盂蘭盆会あり。先日、福原（高倉上皇20・後白河法皇）より、蔵人頭右中弁藤原経房（38）奉行たるべく仰せ下さる（後白河法皇の意図か）。同じく右少弁源兼忠（21）奉行すべし、と。導師は叡山の僧・法橋実顕（左京大夫藤原顕輔孫・56）が勤む。【山槐記】

七月十六日〔晴〕

大外記清原頼業（59）より右大臣藤原兼実（32）に告げ送りて云う、「福原の地、暫く皇居となすべし。道路を開通し、宅地を人々に給うべし。ただし、広きに及ばず」と。【玉葉】

七月十九日〔晴＝京都・福原〕

この夜、大流星あり。その光り炬火の如し。【百錬抄】

七月二十日〔晴〕

去る頃、大外記清原頼業、右大臣藤原兼実の許に恩免（去る年十一月十七日解官）の人々の歴名を注進す。それによれば、前按察使源資賢・前右少将源雅賢（33）・前右少将美作介源資時（20）・前但馬守源信賢・前右兵衛督藤原光能（49）・前大蔵卿高階泰経（51）・前右衛門佐高階経仲（24）・前権右中弁平親宗（37）らなり。以上、職事の沙汰にあらず、内々に宥免を仰せらる（七月八日付）なり。【玉葉】

七月二十四日

高倉上皇（20）、福原御所（権中納言平頼盛47家）において、御悩殊に重く、食を召し上らず、憔悴、日を逐いて増進す。また、日来、発熱続き、この間、更に高熱ありて、病状憑《たの》みなく重症なり。よって、来る二十八日の厳島御幸も延引せられたり。【玉葉】

七月二十八日〔陰り晴れ、定まらず。未刻（午後二時頃）、雷雨。即ち休《や》む〕

今日より法務大僧正禎喜（82）、高倉上皇（在福原御所）御悩御祈りのため、東寺において孔雀経御修法《みしほ》を修す。

高倉上皇、温気いまだ散ぜず、日を逐い憔悴し給う。日頃の御所（権中納言平頼盛宿所）、悪所たるを陰陽師ら勘申《かんじん》さるるにより、今夜、蔵人頭平重衡（24）の宿所に遷御せらる。【山槐記】

七月二十九日〔晴〕

高倉上皇、御悩により尊号・封戸《ふご》・随身《ずいじん》等を辞せらる。勘解由長官藤原俊経（68）、その報書を草進。安房守藤原定長（32）、これを清書す。

七月三十日〔晴〕

右大臣藤原兼実（32）、今旦より脚病更発す。在福原の前権大納言藤原邦綱（60）、兼実に書状を送りて云く、「高倉上皇、御悩六借《むつかり》給う（病状が回復しない）と雖も、すぐに危急に及ぶにあらず。よって、（兼実に）病を推して御見舞い推参下向の必要なし」と。【玉葉】

八月四日〔晴、風吹く〕

未刻（午後二時頃）、福原より上洛の大外記清原頼業（59）、右大臣藤原兼実第に来訪。種々の事を語るついでに、高倉上皇（20）の夢想の事を告ぐ。故建春門院（上皇の母后）、夢中に新院御所に参り、深く怨心を抱かる、と。その故は、遥かに我（女院）を棄てて、福原の地に遷幸し給う旨なり。これ、遷都不快の凶祥なり。これよりさき、中宮徳子（26）および大宰帥藤原隆季（54）、同じく遷都を忌むべき霊夢あり。これらの霊告を無視して、なお福原に新都を営むこと、「誠にこれ天魔の所為、疑いなきものなり」と。【玉葉】

八月八日〔晴〕

在福原の蔵人頭左中弁藤原経房（38）、京都の右大臣藤原兼実に書札を送り、諸事を伝う。その中の一条。大宰帥藤原隆季、密かに語りて、「遷都のこと、およそ叶うべからざるものを、拠る所なき沙汰かな。今に、その始終明白になるべし」と。この密語、禅門清盛（63）の耳に達し、大いに攀縁《はんえん》（怒る）。隆季、いたく不安を抱く。この遷都の事を始め、近日の事、皆天魔の謀略なり、と。【玉葉】

八月十二日〔晴〕

夜に入りて、高倉上皇の不例により、右大臣藤原兼実が福原に送りし使者・木工允藤原重永、帰参して復命す。禅門清盛、兼実に返報して云く、「新院の御悩、次第に快方に向かうにより、見舞いの下向、一切、必要なし」と。しかるに、前権大納言藤原邦綱、密々に上皇の病状を示す、「高倉上皇の病状、次第に快気というも、全く然らず。大略、一日の中、起居し給うこと、一刻に過ぎず。また、温気も全く散せず、日を追いて衰弱甚しく成り行く」と。この事、外聞に及ぶべからず。よって、去るころ、古京（京都）に還御の儀起りて、大宰帥藤原隆季、別当平時忠（51）相議し、禅門清盛に還都の事を進言す。しかるに、清盛（63）、「老法師（清盛自身）においては御供に参らず」と、還都の儀に不快を示すにより、停止せらる、と。【玉葉】

八月十四日

故建春門院妹・女院近侍の女房（冷泉局）、腫物により逝去す。【山槐記】

八月十七日　**源頼朝、石橋山に挙兵**

伊豆国の流人・源頼朝（34）、伊豆国石橋山に挙兵す。当国及び隣国を虜掠し、叛逆の至り、常篇を絶するにより、坂東大乱なり。

【吾妻鏡、玉葉（九月九日条）、山槐記（九月九日条）】

八月十八日

去る六月、高倉宮（以仁王）の事件により園城寺の僧綱以下、所職を停任ならびに所領を没官せらるるも、今日、恩免ありて見任《げんにん》を復し、寺領を返さる。

【山槐記】

八月二十二日〔雨下る〕

中宮徳子（26）、去る十四日の故建春門院女房冷泉局（中宮の外戚、姨母《いぼ》なり）逝去により、服喪中なるも、今日、除服の事あり。中宮大進藤原宗頼（27）これを奉行す。

【山槐記】

八月二十四日

去る二十日、権中納言藤原忠親（50）、福原新都の高倉上皇（20）の召しにより、京都進発、二十三日未刻（午後二時頃）、福原宿所に参着。検非違使別当平時忠（51）に参否を問えば、明日、参院すべし、と。よって、この日、未刻、直衣を着し、まず参内（安徳天皇3・入道清盛別業・皇居）、ついで新院御所（高倉上皇・蔵人頭平重衡宿所・御所）に参入す。しばらくして別当平時忠、参会。前権中納言源雅頼（54）作図の新皇居差図を披見す。この図面、大内を模すものにして、少々、間数を縮小せるものなり。北方はただ里亭の如し。福原の地形上、狭少止むなき事なり。時忠、難あらば申すべし、と。しかるに、評定に及びがたし。

【山槐記】

九月五日〔天晴る＝京都〕

今夜、前越中守平盛俊福原宅（「盛俊倉」『玉葉』）焼亡す。新院御所（高倉上皇御所＝蔵人頭平重衡宿所）の近隣にして、物騒なり、と。

【山槐記、玉葉（九月九日条）】

源頼朝の挙兵を受けて今日、東国追討使の宣旨を下す。右近衛権少将平維盛（20）・薩摩守平忠度（37）・三河守平知度をして頼朝および与力輩を討伐せしむ。

【山槐記（九月九日条ともに）】

九月七日　**木曾義仲、挙兵**

木曾義仲（28）、源氏再興に呼応して信濃国において挙兵す。

【吾妻鏡】

九月九日〔晴〕

在福原の蔵人左少弁藤原光長（37）、右大臣藤原兼実（32）に諸事を注し送り来る。「新都福原における両度の小火事（去る月二十八日、僧房。去る五日、前越中守平盛俊倉〔「福原宅」『山槐記』〕）。ついで、高倉上皇（20）の病悩、殊に御減あり。天下の幸なり。安芸御幸（厳島社・来る十二日）は延引、十月許りなり。しかし、いまだ定説を聞かず。禅門清盛（63）もまた、来る十二日、安芸厳島に参詣あり」と。

【玉葉（九月十二日条ともに）】

九月十一日〔夜より雨降る〕

禅門清盛、明十二日、芸州厳島社に参詣すべし。また、高倉上皇は、来る二十一、二十二日のころ、同じく厳島社に詣で給う、と。（翌十二日、入道清盛の安芸詣で延引となる。）

【玉葉（九月十二日条ともに）】

九月二十一日〔晴＝京都〕　**高倉上皇、厳島御幸**

高倉上皇、芸州厳島社（安芸国佐伯郡）に参詣御幸（第二度）。施薬院使丹波憲基（59）、御幸に御供す。

【玉葉（九月十九日条ともに）、百錬抄、帝王編年記】

九月二十二日〔天晴る＝京都〕

東国追討使・右少将平維盛（20）、官符を賜い、福原を進発す。

【山槐記】

九月二十三日〔晴〕（『山槐記』では〔天陰る〕）

右大臣藤原兼実（32）、伝聞す、「高倉宮（以仁王）および源頼政入道、去る一日頃、駿河国を経由して奥州に向えり」と彼の国の人、告札あり、と。件の告札、世間に披露すという。奇異にして、奇怪なり。荒唐無稽の流伝なり。かの高倉宮に三宮を称する幼少の人（のち道性・この時11）あり。若《け》し《だ》は、高倉宮を父宮と称するか。あるいは天狗の所為か。虚誕《きょたん》（いつわり）と雖も一旦、かくの如きの披露、未曾有のことなり。これも、禅門清盛の人望の失墜せるにより、事において入道の凶瑞を表わさんとするものか。

【玉葉】

追討使・右少将平維盛、昨日、福原を出立して、今日、京師六波羅（先祖以来の旧宅）に到着す。

【山槐記（九月二十九日条も）】

九月二十九日〔朝の間、陰る〕

今晩、東国追討使・右少将平維盛、六波羅家を発向す。去る二十三日以来、この日まで逗留し居る。

【山槐記、玉葉】

十月二日〔雨下る〕

高倉上皇、昨日、厳島参詣に下向あり、と。あるいは、また僻事《ひがごと》か。右大臣藤原兼実、或る人より伝聞、その実説を知らず。実は去る月二十一日に御幸あり。

【玉葉（九月二十一日条ともに）】

十月六日〔陰り晴れ、定まらず＝京都〕

今旦、高倉上皇（20）、厳島社より福原に還御あり。去る月二十八日、参宮の後、彼の地大地震あり。掃部頭安倍季弘（45）、御供に候す。公家御慎みの由を占申す。また、今日、禅門清盛（63）、厳島社ならびに宇佐宮参詣に発足す。【玉葉（十月九日条とも）、山槐記、帝王編年記】

十月七日〔天晴る＝福原〕

亥終り刻（午後十一時前）、流星の変あり。紀伊国の方に出で、福原の東北山に入る。其の大きさ大土器の如し。北斗（七星）の中を渡る。余輝二丈許り。北斗を挟みて東西に在り。流星、山に入るの後、其の光、消えず。一時に及び曲折す。又、南山の方、其の光、消えずして一道を残すこと長さ五尺許り。伝聞す、掃部頭安倍季弘曰く、「本朝無比の変なり。若《も》しくは是れ天裂と謂うべきか。希代の変なり」と。【山槐記】

十月八日〔晴〕

右大臣藤原兼実（32）、この夜、高倉宮（以仁王）、必定現存せらる、と伝聞す。去る七月、伊豆国に下着さる。当時、甲斐国に御坐《おわ》し、伊豆守源仲綱（55）以下、相具して祗候せり、と。ただし、取るに足らざる虚報なり。およそ、権勢の人（平相国入道清盛）、遷都の事により人望を失うの間、かくの如き浮説流言が流布す。まことに歎かわしき事なり。【玉葉】

十月九日〔天晴る＝福原〕

夜陰に別当平時忠（51）より、在福原宿所の権中納言藤原忠親（50）の許に書状来信。禅門清盛、皇居を新造せんとするに当り、寝殿をもって皇居（昼御座《ひのおまし》）となすべく、賢聖障子《けんじょうのそうじ》を如何にすべきや、その左右を尋ね来る。忠親、これに答えて云く、「この件、打ち任さざる事なり。東三条殿（摂関藤氏相伝、由緒の第宅）の寝殿は、ただ山水を描かるるのみ。代々の聖主の皇居たるの時も、この絵様を変改されず。南殿（皇居正殿＝紫宸殿）を山水図障子に擬せらるるも、別に難なき事。ただし、所詮は御計らい有るべし」と。大入道清盛は対屋をもって清涼殿としての舗設を計画中と伝聞せり。これ、准拠なきに非ず、その左右は入道殿の御心次第なり、と。【山槐記】

十月十三日〔天陰る＝福原〕

今夜、安徳天皇（3）、禅門清盛別業（福原内裏）より方違えにより前右大将平宗盛家に行幸あり。【山槐記】

十月十八日〔晴〕

右中弁藤原兼光（36）、右大臣藤原兼実第に来訪。南都・興福寺の維摩会に福原より上洛、南都に下向。明後日（二十日）、福原に帰参す、と。兼実、面前に召し、世上の事を談ず。兼光、語りて曰く、「去る八月、高倉上皇御病悩平癒御祈りとして御神楽奉納のため、賀茂社に参詣の時、神主賀茂重保より伝聞す。賀茂重保、去るころ宝前において通夜、眠るか眠らざるかの夢うつつの間に、賀茂社の御宝殿震動せり。その時、故法性寺殿（関白藤原忠通）、束帯装束に身を正し、宝殿の傍らに御坐《おわ》す。大歎息して『由なき遷都（福原）によって、かくの如くに宝殿も揺動し給う事かな。殊の外に歎かわしき事かな』と仰せられたと見えて、夢から醒めたり。この事、世にも恐ろしき事かな」と。【玉葉】

十月十九日〔陰り、雨下る〕

ある人、右大臣藤原兼実（32）に語る。高倉宮（以仁王）、誅伐さるるの由、なお疑いあり、と。菅冠者という男、彼の宮に参仕して住吉辺に居住。以仁王、園城寺に渡御の後、寸時参入。武勇の者に非ざるにより退出せんと逃去る。不慮の外、相具して南都に向う途次、伐たれて死ぬ。この男、年は三十余歳。容貌優美にして、和琴を弾き、横笛を吹く。誅伐せらると称する以仁王は、もしや、この男ではないか、と。件の男、以仁王に近侍せること、世人ほとんど知る者なし。また、殺害せらるる由も、また日来、風聞せず。以仁王は、もしや生存か。数ヶ月の間、その生死の消息不分明なり。【玉葉】

十月二十八日〔天晴る〕

蔵人頭左中弁藤原経房（38）、権中納言藤原忠親（50）に告げて曰く、「源頼朝の党、関東より駿河国富士河辺に進出、合戦せり。追討使の官軍（右少将平維盛ら）、敗れて伊勢国に向うの由、風聞す」と。【山槐記】

十月二十九日〔天晴る〕

右大臣藤原兼実、伝聞す。坂東逆賊（源頼朝34）の党類余勢、数万に及ぶ。追討使、尫弱《おうじゃく》極まりなし。誠に我が朝の滅尽の期なり。悲しむべし、悲しむべし、と。【玉葉】

十一月一日〔晴〕

右大臣藤原兼実、伝聞す。追討使・右少将平維盛（20）以下、すべて追い返さる。近江国に進軍せるも、叡山の衆徒防戦すと風聞す。よって、伊勢国に向う。逆党（源頼朝軍）の余勢、幾万騎と知れず。東山道・東海道の諸国、すべて頼朝に与力す。官軍（追討軍）の勢は、もと五千余騎、追落されて今は三、四百騎に過ぎず。いかんとも成しがたし。往昔以来、追討使が勝利を得ず空しく追返さるるの例、未曾有の事なり。一人の悪逆（平相国入道清盛）により、高倉上皇（20）、その余殃《よおう》（悪事のむくいによる災禍）にかかり給う。誠に悲しむべき事なり、と。【玉葉】

十一月二日〔晴＝京都〕

未刻（午後二時頃）、入道相国清盛（63）、厳島社・宇佐宮社参より福原に帰来す。【玉葉】

十一月五日〔晴＝京都〕

右大臣藤原兼実（32）、伝聞す。前右大将平宗盛（34）、福原より京都に還都あるべきの由、禅門清盛に示す。禅門、承引せざるにより、口論に及ぶ。人これを聞きて耳を驚かす、と。

追討軍、富士川対陣よりの後退は、豊前権介藤原忠清の謀略なり。右少将平維盛（20）はあえて引退くべきの心はなかりき。忠清、再三教訓せるにより、士卒の輩、多くこれに同調。軍兵の気力、併せて衰損す。しかも、たまたま残る所の軍兵の過半は逐電せり。事の次第、直事《ただごと》に非ず。今日、勢多（瀬田＝大津市）に到着す。まず、左馬允中原満季を使者として、富士川陣の子細の事情を西八条の禅門清盛に注進せしむ。この注進をうけた清盛、大いに怒る。「追討使をうけし日、生命は君に捧げしもの。たとえ骸《むくろ》を敵軍に曝《さら》すと雖も、恥辱を為すべきに非ず。いまだ追討使の勇士の徒《いたず》らに（わけもなく）帰路に赴くことを聞かず。もしも京洛に入りて、誰に眼を合わすべきや。不覚の恥を家に残し、尾籠《おこ》の名を世に留めんか。早やかに、路より跡を暗まして、ゆめ入京すべからず」と。しかるに、ひそかに追討将軍たちは、入洛せり。右少将平維盛は検非違使左兵衛尉藤原忠綱宅に寄宿す。また、三河守平知度は禅門清盛の八条家に在り、と。【玉葉】

十一月六日〔天晴る〕　**富士川で源頼朝に大敗せし平氏軍、入京す**

或る者、権中納言藤原忠親（50）に告ぐ。追討使・右少将平維盛、今暁、旧都六波羅に入る、と。去る十月十八日、駿河国に到着せり。これに対して、同十九日、頼朝の党、不志河《ふじがわ》（富士川）に着営す。頼朝（34）、維盛に使者を送る。その書状の内容を知らず。維盛、平忠景にその対応を尋ぬ。忠景、これに答えて、「本来、兵法においては使者は斬らざるもの。ただし、これは私合戦の場合のこと。いまは追討使たるにより、返答に及ぶべきに非ず。まず、彼の逆徒の方の子細を問い、しかる後に斬るべし」と。これにより大将維盛、使者を痛問す。使者、軍兵数万ありて、敵対なしがたきを答え、その後に斬首せられたり。官兵わずかに千余騎、さらに合戦に及びがたし。かねてまた、諸国の兵士は内心頼朝に帰伏せり。官兵、互いに恐異心を抱く。平忠景もこれを察し、戦意を失う。

二十日夜半、宿営の傍らの池の水鳥数万羽が、俄かに飛び去る。その羽音、雷鳴の如し。官兵（追討軍）は皆、逆徒の軍兵が急襲したると誤認して、夜中、周章引退く。上下競い走り、宿営の屋形に放火して長持・雑具を焼き、逃走。薩摩守平忠度、三河守平知度も、この事を知らず、追って退帰せり。平忠景は伊勢国に逃れ、右少将維盛は京師に入京す。近江国野路（草津市）にたどり着きし時には、わずか五、六十騎に過ぎず、と。

この日、権中納言藤原忠親（50）の第に、叡山の僧来談す。叡山衆徒、強盛発起して旧都（京都）に還御せしむべきを強訴す。重々の提案、言うべからず、と。座主明雲（66）、仮治井《かじい》（梶井坊＝比叡山東塔南谷）において、東国の乱（源頼朝挙兵）の調伏行法を修す。衆徒これを嘲弄し、一山同心せず、と。【山槐記】

十一月十一日〔晴＝京都〕

入道相国清盛（63）、大嘗会五節の舞を儀礼とする行事を行うために、福原に新造の第（入道相国家・雪御所）を建造す。安徳天皇（3）、入道相国別業（福原内裏）より遷幸あり。この第、以後、福原離宮新造皇居となり、朝儀を行わる。

【玉葉（同月十三日条も）、山槐記（同月二十二日条参照）】

十一月十三日〔天陰る。夕に臨みて時々、小雨〕

旧都（京都）に還御あるべきの由、閭巷《りょこう》謳歌す。定めて訛言なるか。【山槐記】

十一月十五日〔天晴る〕

辰刻（午前八時頃）、右大臣藤原兼実（32）および右大将良通（14）、福原に赴かんとして、九条第を発足す。兼実は烏帽子・狩衣直衣着用。良通は水干袴なり。供人七、八人許り、あるいは車、あるいは馬に乗る。侍五、六人、随身ら、相従う。女房車一両、巳刻（午前十時頃）、淀川にて乗船。十余町棹下すの間、福原より飛脚到来。書札を披見するに、右大将良通、福原下向途中なれども、中止されんことを、と禅門清盛、これを下命せり、と。右大臣兼実、子細不明なるも、やむなく帰京す。【玉葉】

十一月十六日〔晴〕

巳刻（午前十時頃）、右大臣兼実第に福原より重ねて脚力《きゃくりき》到来。昨日、不参の由を示すは、他事に非ず。皇嘉門院（59）の不予ならびに兼実の所労を慮る故の制止なりと。さらに、来る二十五、二十六日に還都あるべし。ただし、五節の舞の儀、新都福原において決行すべし、と。【玉葉】

十一月十九日〔晴〕

右大臣藤原兼実、この日、物忌により籠居。伝聞によれば、福原より京都還都、来る二十六日に福原離宮新造皇居を出門。来月二日入洛あるべき由、仰せ下さる。延暦寺の衆徒、これを大悦す。よって、早速に、種々の御祈り等を始行す、と。【玉葉】

十一月二十一日〔晴〕

未刻（午後二時頃）、福原より右大臣藤原兼実第に使者入来。還都のこと、日取り短縮さる、と。来る二十三日、福原内裏を出門。二十四日、寺江（尼崎市）に到着。二十五日、木津殿（八幡市・木津川・淀川合流地）に着御。ついで、二十六日、入洛と一定せり、と。【玉葉】

十一月二十二日〔陰り、雨下る〕〔天晴る＝福原〕

右大臣藤原兼実（32）、伝聞す、「関東より後白河法皇第三親王（伐《う》たるる宮なり＝以仁王）の令旨と称し、清盛法師を誅伐せんため東海・東山・北陸道等の源氏武士に与力すべく、彼の国々に下達さる。また、三井寺の衆徒にも給う。その令旨の状、前伊豆守源仲綱（55）、これをうける」と。しかるに、兼実、これらいずれも疑詐・偽事と即断す。【玉葉】

還御あるべきにより、今夕、高倉上皇（20）、院御所（蔵人頭平重衡24家）を出門ありて、本皇居（禅門清盛家・雪御所の北）に御幸あり。衰《すい》日《にち》たるにより出門の儀を行わる。【山槐記、吉記】

十一月二十三日〔天晴る＝福原〕

今夕、還都（京都）あるべきにより、安徳天皇（3）、福原皇居（禅門清盛新造家・雪御所）を出御、前権大納言藤原邦綱の宇治新亭（宇治河亭・この福原新都行幸後、新造の華亭。土木いまだ終功せず。神戸市中央区宇治川河口付近か）に行幸。皇后（中宮徳子26）同輿、別当平時忠（51）、遅参により蔵人頭平重衡（24）、御輿に候す。時に小雨降り、その幸路、深泥と化し、落馬の人すでに多し。出門の儀として行幸あり。【山槐記、吉記】

権中納言藤原忠親（50）の三条第に、前太政大臣藤原忠雅（57）の使者入来。東国の逆乱、近江国に及び、福原より還御の日程、延引。今日、前右大将平宗盛（34）、京着。江州の源氏軍討伐のためなりと風聞す。よって、京中、安閑せず、と。忠親、即刻、花山殿（前大相国藤原忠雅第）に参向、雑事を申承る。【山槐記】

十一月二十四日〔天陰る〕〔陰り晴れ、定まらず＝福原〕

右大臣藤原兼実、還都必定なるを伝聞す。昨（二十三日）、出門、今日（二十四日）、寺江着御。明日（二十五日）、木津殿（八幡市）渡御、明後日（二十六日）の早旦、入洛。しかるに、近江国騒動により遷都猶予の由、議ありたるも、なお元の如くに一定せり。後白河法皇ならびに禅門清盛（63）も同じく上洛、一人も福原に残るべからず、と。【玉葉】

卯刻（午前六時頃）、人々、安徳天皇頓宮《かりみや》たる宇治御所に参集す。辰刻（午前八時頃）、出御。中宮徳子、主上の御輿に同輿。供奉の公卿は左大将藤原実定（42）・別当平時忠（51）・参議右中将藤原実守（34）・参議藤原定能（33）。殿上人、近衛左少将源有房・同左少将藤原実教（31）・同左少将平清経・右少将藤原公守（19）のほか文武百僚、供奉なし。ただし、甲冑武士、雲の如く相列ぶ。蔵人頭左中弁藤原経房（38）その後に扈従。続いて中宮権大進藤原光綱・五位蔵人源兼時が随従。前右大将平宗盛（34）は数千の随兵を引き具し、主上御輿の後に従い、一町ばかりを距てて後陣を成す。さらに左兵衛督平知盛（29）が従う。未刻（午後二時頃）、大物《だいもつ》（尼崎市）に着御、御輿を御船に寄せて、主上、乗移り給う。別当平時忠および源有房と平清経が、主上の御船に同船す。【吉記】

高倉上皇（20）は、主上行幸以前に御所（本皇居・清盛別業）を進発。御悩《ごのう》により、乳母別当局（前権大納言藤原邦綱女）が御車に同乗す。公卿は大宰帥藤原隆季（54）・前権大納言藤原邦綱（60）・参議左中将源通親（32）、殿上人は大蔵卿藤原雅隆（34）・左中将藤原泰通（34）・右中将藤原隆房（33）・左少将源通資（29）・刑部少輔藤原時光・安芸守菅原在経らが供奉す。

後白河法皇は参議平教盛家（法皇御在所）を、早旦、輿で進発。左少将平資盛（20）が唯一人、御供に在るばかり。安徳天皇（3）・高倉上皇の幸列に比して、あまりにも寂寥の行粧であった。行幸・御幸の御船は、申斜め刻（午後四時半すぎ）に寺江（尼崎市）に着御。安徳天皇は下船、前権大納言藤原邦綱の寺江亭に入御。高倉上皇も下船の上、法眼□□房を御所として入御あり。しかるに、後白河法皇は河中碇泊の御船をもって宿所とさる。むろん、武士の厳重な警固下たるは言うをまたぬ。蔵人頭左中弁藤原経房（38）もまた、乗船をもって宿とす。【吉記、山槐記】

十一月二十五日〔時雨、時々降り、寒風惨烈なり＝寺江（尼崎市）〕

卯刻（午前六時頃）、蔵人頭左中弁藤原経房（38）、宿船より上陸、高倉上皇の宿御所（法眼□□房）に参上。上皇の御船、出船の後、安徳天皇、御船に乗御。内侍、剣璽を捧持、左少将平清経、これを伝え取りて御船に奉安す。藤原経房、私舟に戻る。今夜、木津殿（八幡市）に着御せんとするも、日暮れて風烈しく、その上、賢所《かしこどころ》（神鏡）奉安の御船、遅々たり。よって、御船を柱下（唐崎＝高槻市）に投錨、この泊で御宿あり。暁更、采女出雲（女嬬第一者なり）、御船に尋ね来りて、朝供御を船中にて上り、陪膳《はいぜん》を勤む。やがて出船、木津殿に進行着御せるも、下船し給わず。【吉記、山槐記】

十一月二十六日〔天霽れ、風閑かなり＝唐崎（高槻市）〕　**福原より京に還都**

蔵人頭左中弁藤原経房、私舟にて高倉上皇の御幸に供奉するも、速度遅々たるにより、遅明《ちめい》（早朝）、唐崎を出航、東淀において下船、騎馬にて陸路を行く。傍岸より上皇の御船を望見するに、高畠（向日市）を遡及す。やがて安徳天皇ならびに高倉上皇の御船、未刻（午後二時頃）、草津（京都市伏見区）に着御。まず高倉上皇の御幸、ついで主上の行幸と議するも、前右大将平宗盛（34）、急ぎ行幸あるべきを再三主張し、御輿を寄せ、安徳天皇を乗御す。

このため、公卿・供奉人は別当平時忠（51）・左大将藤原実定（42）以下、すべて遅参す。右少将藤原公時（24）が唯一参入供奉す。出迎えの公卿は権中納言藤原忠親（50）が鳥羽造路《つくりみち》に参会、右大将藤原良通（14）は七条朱雀大路、権中納言平頼盛（50）が内裏に参会というわずかな有様。しかし、主上御輿の前後は、甲冑の武士が警固、文武百僚、相《あい》整わざるも、かえって壮観となす盛儀行粧なり。幸路は七条東行、大宮北上、六条東行、東洞院北上、しかして五条皇居（前権大納言藤原邦綱家）の東門より入御。見物の雑人、さながら堵墻《としょう》の如し。或いは合掌し、或いは悦気あり。これ、万民の悦び還都に過ぐるなき故なり。

安徳天皇（3）行幸について、夜に入り高倉上皇（20）御幸。御車に乗駕、福原より供奉の者のほか、新権大納言藤原実宗（36）・前大宰大弐藤原親信（44）・従三位藤原実清（八条三位・43）・同藤原雅長（駿河三位・36）が参会す。幸列を整え六波羅平頼盛第（池殿）に入御あり。これ、もとは閑院に御幸すべく沙汰するも、急に変更す。上皇、下車の後、近習の女房の肩に寄り懸りて入御、ただちに御寝《ぎょし》あり。

これよりさき、後白河法皇は御輿にて未刻許り（午後二時頃）、入洛。路の間、武士数十騎が囲繞し奉り、故内大臣平重盛六波羅第（泉殿＝禅門清盛第）に着御。禁囚の警固さながらなり。去る六月二日、俄かに福原亭に遷御、平安京を棄置かる。しかして、天台衆徒の強訴ならびに東国の逆乱により、俄かにまた京都に還都ありたるなり。【吉記、山槐記、玉葉、百錬抄、明月記】

十一月二十八日〔陰り晴れ、定まらず〕

未刻（午後二時頃）、権中納言藤原忠親（50）、高倉上皇の新院御所（六波羅頼盛卿家・号池殿）に参入す。摂政藤原基通（21）・新権大納言藤原宗家（42）・前治部卿藤原光隆（54）・新参議左中将源通親（32）、参入す。ついで、皇居五条殿（安徳天皇）に参内、さらに同殿中宮御所（中宮徳子26）に参候す。権中納言平頼盛（50）、祇候す。しかるに、後白河法皇御所（六波羅泉殿）には入道大相国清盛に憚りて参入なし。【山槐記】

十一月二十九日

昏に臨みて風聞あり。近江国に侵入の賊徒（源頼朝軍勢）、すでに勢多（瀬田＝大津市）を越ゆ。或いは園城寺に立て籠る。京中、騒動すと雖も、官軍（平家軍）いまだ応戦のために発向せず。蔵人頭左中弁藤原経房（38）、この現状を見て「奇たるべし、奇たるべし。悲しむべし、悲しむべし」と慨嘆す。

今日、入道相国清盛（63）、福原より入洛す。【吉記】

十一月三十日〔朝の間、晴。夕に臨みて雨。或る時は降り、或る時は止む〕

未刻（午後二時頃）すぎ、新院御所（高倉上皇・六波羅池殿の西面の間）において、東国逆乱の事を議定す。参入の人々、左大臣藤原経宗（62）・左大将藤原実定（42）・大宰帥藤原隆季（54）・権大納言藤原宗家（42）・左大弁藤原長方（42）なり。右大臣藤原兼実（32）、所労により不参。前権中納言源雅頼（54）は在福原。皇太后宮大夫藤原朝方（46）は仁王会検校により欠儀。権大納言藤原実房（34）・権中納言藤原成範（46）・左京大夫藤原脩範（38）は参入せしも早退。天台座主明雲（66）・前権僧正公顕（71）は特に僉議《せんぎ》に加わる。この日、或人（左大弁藤原長方）、後白河法皇が元の如くに政を執らるべき旨、および備前国配流中の松殿元関白藤原基房（36）を召返さるべきを提議ありたる、と。【山槐記】

蔵人頭左中弁藤原経房（38）、参内（五条皇居＝前権大納言藤原邦綱家）せんとする折柄、高倉上皇（20・六波羅平頼盛池殿御所）より召しあるにより、急ぎ参入。別当平時忠（51）、御前に在り。今明日の中に、安徳天皇（3）、院御所（法住寺殿）に行幸あるべしと、如何。経房、即座に奏上。内侍所、河東（賀茂川の東岸）に渡御の前例なし。ただし、福原行幸は別事なり。しかも、池を距てて精舎《しょうじゃ》（最勝光院など）あり、神事挙行の際は、如何あるべきや、と。今後、この儀、進行せず。【吉記】

十二月三日〔晴〕

右大臣藤原兼実（32）、或人より伝聞す。去る晦日の院殿上定（高倉上皇御所・六波羅池殿の西面の間にて行わる）において、左大弁藤原長方（42）、後白河法皇を宥《ゆる》し奉り、なお備前国配流中の松殿関白入道藤原基房を召還さるべく、再三申す。しかるに、同座の人々、同意せず、と。長方は公人なり。時勢に諛《へつら》わず直言を吐く。感じて余りあり。誠にこの藤原長方こそは諫諍《かんそう》の臣なり。直情の人というべきなり、と。【玉葉】

十二月四日〔天晴る〕

別当平時忠、権中納言藤原忠親（50）に書状をもって告げ来る。後白河法皇ならびに高倉上皇、一所に御座あるべし。また、松殿関白入道藤原基房、備前国より帰洛せしめ給うの由、沙汰あり、と。また、或人の云く。この一件、一昨日（去る十二月二日）に沙汰あり。前権大納言藤原邦綱（60）、松殿赦免の宣旨を告げ送らる、と。【山槐記】

十二月八日〔去る夜、雪積ること一寸許り。陰り晴れ、定まらず〕

今夜、後白河法皇、六波羅泉殿（故内大臣平重盛第）より高倉上皇の御所池殿（権中納言平頼盛第）に遷御、新院高倉上皇と同宿となる。前大宰大弐藤原親信（44）・参議藤原定能（33）・前右少将源資時（20）、免されて御所に参入す。権中納言藤原成範（46）、法皇の執事となる。もと大宰帥藤原隆季（54）執事たりしも、去る年より新院御方（高倉上皇）の執事となるにより、代替人事なり。【山槐記、百錬抄】

十二月九日〔晴〕

参議藤原定能、右大臣藤原兼実に状をもって示し送り来る。後白河法皇と高倉上皇、同宿（新院御所＝権中納言平頼盛第、池殿）なり。よって、人々に参入すべしと法皇の仰せあり、と。その連名の中に参議定能も記載あり。静賢法印（57）、法皇の御教書をもって、院参を催せらる。しかして、その日次を尋ぬるところ、来る十二日が吉なり。来る十一日は廃務たるにより忌日《いみび》なりと、陰陽頭賀茂在憲（79）注申

す。しかるに、右大臣兼実（32）は、廃務の日の院参、別に支障なき旨を言明す、と。　【玉葉】

十二月十日〔朝の間、晴。午後、天陰りて風吹く〕

高倉上皇（20）不例（病悩）、次第に重らせ給い、今においては快方の期待淡く、日を待つが如し。とかく左右《とこう》に及ばず（快方の方途なき）、と。　【玉葉】

十二月十二日〔晴〕

この夜、酉刻（午後六時頃）、参議藤原定能（33）、右大臣兼実第に来訪。後白河法皇御所（平頼盛池殿第・高倉上皇と同宿）に参入の人々は、公卿は前大宰大弐藤原親信と参議藤原定能ばかり。殿上人は前右少将源資時、只一人のみ、と。権中納言藤原成範（46）は執事の院司なり。昨日、院御所に初参。今日また両院（後白河法皇・高倉上皇）に参向。もっぱら事務的な参候なり。他の公卿・殿上人、大相国入道清盛（63）の外聞を畏怖するにより、不参入か。　【玉葉】

十二月十三日〔晴〕

この夜、刑部卿藤原頼輔（69）、右大臣藤原兼実第に入来。数刻談話す。かれの伝聞によれば、後白河法皇の寵臣・前右中弁平親宗（故建春門院弟・37）、関東の源頼朝（34）と音信の由、六波羅に召問せらるべし、と。兼実、さらにこの一件、別より伝聞す。前右中弁平親宗、内事を頼朝に密通せるにより、その従者（字《あざな》、六郎）を召問するのところ、承伏せり、と。かの従者、能書たるにより、親宗に代りて消息の筆を執る者なり。よって、親宗より頼朝に書き送る書状の文面知悉したるなり。　【玉葉】

十二月十四日〔晴〕

叡山の衆徒、結党し勢力を増長。学徒も多く与力す。南都の衆徒の入京を聞きて、延暦寺より西坂本に下山し、南北より六波羅を寄攻めんと図る。これにより禅門清盛および前右大将平宗盛（34）ら気力衰え、郎従また多く逃散せり。残る随兵は鉾《ほこ》を争う心を失う。　【玉葉】

十二月十五日〔天晴る〕

後白河法皇、六波羅池殿御所を出御、中宮御方（中宮徳子26＝主上五条殿皇居に同居）に渡御あり。鈍色《にびいろの》装束を着装し給う。先々（去る八日夜）、新院御所（高倉上皇＝六波羅池殿御所）に渡御の時は、御布御装束を着用し給うに比して、儀礼を尽くさる、か。　【山槐記】

十二月十六日〔陰り晴れ、定まらず〕　**松殿入道関白基房、配所より帰洛す**

今日より後白河法皇、院御所（六波羅池殿御所・高倉上皇と同居）において、先々の如く千日講懺法を行わる。権大僧都澄憲（55）、導師となり懺法衆三人を召さる。去る年十一月以来、断絶するところ。ただし、已講《いこう》公胤（36）、みずからの住房において密々にこれを続修し来る、

と。【山槐記】

右大臣藤原兼実（32）、伝聞す。禅門清盛（63）、天下の政務を前右大将平宗盛（34）にすべて委す、と。【玉葉】

今夜、松殿入道関白基房（36）、赦免により備前国配所より陸路、帰洛あり。母儀三品（従三位源俊子＝中納言源国信女）家（中御門北、油小路東）に入座す。【山槐記】

十二月十七日〔陰り晴れ、定まらず。小雪降る〕

今夜、権中納言藤原忠親（50）、二男侍従忠季を入道関白基房の許に遣わし、帰洛の祝儀を述べさしむ。基房、これに応じて、「母三品俊子儀、風病大事により、ちょっと、此の亭に来訪のところなり。明日は片山（基房の乳母・大弐尼の嵯峨亭）に罷り向うべし。よって、忠親に来訪なきといえども同事なり」と謝す。基房北政所・藤原忠子尼（前大相国藤原忠雅57女）は、昨夜、帰洛の報とともに、即刻、女房二人を伴い、密々に此の亭に移る。また、基房の男寵・前左少将藤原顕家（28）は、基房母儀三品亭の北面方に候す。また、前兵部大輔藤原朝親も参入す。【玉葉、山槐記】

十二月十八日〔陰り晴れ、定まらず〕　**平清盛、後白河法皇に院政再開を奏請**

右大臣藤原兼実、伝聞す。禅門清盛、再三にわたり、後白河法皇に天下の政を知食《しろしめ》すべきの由、奏請す。法皇、初めはこれを辞遁の聞えありと雖も、遂に承諾あり。また、禅門清盛、讃岐・美濃両国を後白河法皇の御分国として献進す、と。

今朝、右大臣藤原兼実、前関白入道基房の許（嵯峨の辺り＝乳母・大弐尼の嵯峨亭）に書状を送り、赦免帰洛の由を悦ぶと伝う。【玉葉】

十二月十九日〔晴〕

右大臣藤原兼実、伝聞す。来年正月二十五日、中宮徳子（26）院号の事、宣下あり。ついで同二十六日、「故摂政藤原基実女・通子（母は摂政藤原忠実女房・六条殿＝左京大夫藤原顕輔女・18）、准后宣旨を蒙り、入内あるべし。中宮院号の後は、上皇宮（六波羅平頼盛池殿・新院御所）に常住せらるべし。安徳天皇（3）同輿に人なきにより、俄かにこの儀出来せり。すなわち、藤原通子を中宮の養子となすべし」と。〈しかるに、中宮徳子の院号（建礼門院）は翌養和元年（一一八一）十一月二十五日に行わる（『玉葉』『吉記』『山槐記』）。また、藤原通子は、翌治承五年二月十七日、准三后となり（『玉葉』『百錬抄』）、さらに同年十一月三日、従三位道子に輦車を聴され、里第に退下す（『吉記』）〉。【玉葉】

今日、高倉上皇（20）病悩御祈りとして、大僧正禎喜（82）、東寺において孔雀経御修法を始行す。上皇、去る年より憔悴、日を逐いて増気せらる。近日、危急におわす、と。【山槐記】

この日、前飛騨守中原有安、右大臣藤原兼実（32）に伝える、「三条宮（高倉宮・以仁王）、坂東において生存、源頼朝に加勢との風説は、きわめて謬説なり。平等院において自害せし三人の中の一人が、三条宮なり。また、同じく生存説の流布せる伊豆守源仲綱も討伐せられしこと、決定なり」と。【玉葉】

十二月二十一日〔晴〕

申刻（午後四時頃）、右大臣藤原兼実の嫡男・右大将良通（14）、新院御所（高倉上皇・六波羅池殿）に参上、女房に謁し、高倉上皇（20）の御悩の安否を問う。逐日、御悩重く増進、今においては起き上がり給うこと能わず、と。ついで、同御所の後白河法皇御方に参る。参議藤原定能（33）をもって見参せるも、御所中間によりて、法皇の御前に罷ること不能。【玉葉】

この日、除目第二日なり。高倉上皇、御悩危急により院御給など推挙の沙汰なし。後白河法皇（一院）もまた、謙譲により御給知食されず。もっぱら摂政藤原基通（21）に計らい行うべし、と一任の下奏あり。また入道大相国清盛（63）も除目の沙汰につき一切の口入なし。かくの如き次第により、この日の除目の沙汰、徒《いたず》らに暁天に及ぶ、と。【山槐記】

十二月二十二日〔陰り晴れ、定まらず。午後、時々、小雨〕

今夜、後白河法皇（一院）、仏名会なり。去る年十一月以後、院中の諸務、行われず。公卿・侍臣悉く参会の催しあり。院別当内蔵頭藤原季能（28）・同判官代安房守藤原定長（32）これを奉行す。六波羅・平頼盛家（池殿）の御所（東中門東方の御所なり。時に高倉上皇新院御所は同所、西方に在り）において、この事あり。参入の公卿は左大将藤原実定（42）・新権大納言藤原宗家（42）・別当平時忠（51）・権中納言藤原成範（46）・皇太后宮大夫藤原朝方（46）・右兵衛督藤原家通（38）・参議藤原頼定（54）・参議右中将藤原実守（34）・従三位右中将藤原頼実（26）・参議藤原定能（33）らなり。この外、参入の人あるが、見及ばざる、と。しかるに、右大臣藤原兼実によれば、この日の参仕は、公卿は左大将藤原実定以下十三人、殿上人二十八人なり、と。【山槐記、達幸故実抄、玉葉、明月記】

十二月二十三日〔晴〕

去る二十一日、藤原通子（18）の伯父・入道前大宰大弐藤原重家（53）、頸の腫物により薨去。服喪のため、来年正月二十五日に予定したる中宮徳子（26）の院号の事および藤原通子の准后宣下の事を延引す。【玉葉（十二月二十一日条も）、山槐記（十二月二十一日条）】

十二月二十四日〔天晴る〕

高倉上皇、新院御所（六波羅・平頼盛家池殿、東中門西方御所）において御仏供養あり。本尊は白檀三尺薬師如来像、厨子に奉安。十二神将は仏師法印院尊が造立。この功により御馬を賜う。去る秋、福原においてこれを造立し始む。上皇執事・大宰帥藤原隆季（54）、これを造進す。上皇、御悩平癒祈願のためなり。近々、上皇の御悩なお重悩せしめ給う。導師は権大僧都澄憲（55）、参入の公卿は大宰帥藤原隆季（54）・別当平時忠（51）・権中納言藤原成範（46）・左京大夫藤原脩範（38）・新参議左中将源通親（32）なり。後白河法皇、同御所内、東方御所より渡御、法会に聴聞あり。 【山槐記】

十二月二十五日〔天晴る〕

南都の凶党を討つために、蔵人頭平重衡（24）大将軍となり、数千の軍兵を率いて発向す。来る二十八日、攻戦すべし、と。今夜、宇治に宿営す。 【山槐記、玉葉】

十二月二十六日〔天陰る。雨、雪降る〕

追討使平重衡、なお宇治に逗留す。雨、雪によって南都に発向せず。 【山槐記】

十二月二十七日〔天晴れ、陰る。昏に陰りて風烈し〕

南都追討使・蔵人頭平重衡、狛《こま》（京都府相楽郡山城町）に宿す。先陣・阿波国住人民部大夫成良の軍兵、泉木津（同相楽郡木津町）に向い、一陣を成して、衆徒と合戦す。矢一、二本を放ち、日暮るるにより戦わず。 【山槐記】

右大臣藤原兼実（32）、ある僧より伝聞す、「三条宮（高倉宮・以仁王）、吉野に隠居せり」と。様々の風説、乱れ飛ぶ。いずれが実説なりや、審《つまびら》かならず。 【玉葉】

十二月二十八日〔陰り晴れ、定まらず〕 **平重衡、南都を焼く**

去る十九日より東大寺別当・大僧正禎喜（82）、高倉上皇御悩御祈りとして東寺において孔雀経法を厳修。この日、結願。さらに、この日、新院御所（六波羅・平頼盛池殿）の寝殿南面西庇に座を儲け、上皇の不予御祈りとして伴僧二十口を率いて、加持を行う。大宰帥藤原隆季・別当平時忠・新参議左中将源通親ら、参仕す。了りて、蔵人左衛門権佐藤原光長（37）、勧賞《けんじょう》の事を仰す。加持僧として勤仕の後白河法皇御子・真禎（母は三条局・14）を法眼和尚位に叙し、仁和寺円教寺の別当となす。

未刻（午後二時頃）、権中納言藤原忠親（50）、南方に煙あるを望見す。もしくは、官兵、南都に放火するか、と。後聞く、官兵、木津を焼き、奈良坂において合戦す。遂に又、興福寺に籠り、合戦。禦《ふせ》ぎ得ずして、衆徒みな退散す。官兵、所々の在家に火を放つ。その間、東大寺・興福寺、灰燼となる。官兵の所為か、悪徒の所為か、分明ならず。この事、正月一日、京中に風聞する所なり。蔵人頭平重衡（24）、南都の衆徒を攻め、放火して東大寺・興福寺を焼失す。炎上は興福寺（堂三十八宇、塔三基）、東大寺（大仏殿ほか十一宇、社殿三宇）。なかんずく、大仏の御首、沸損（火焔により溶解）して見えしめ給わず。恐るべし、恐るべし、と。 【山槐記、吾妻鏡、帝王編年記、皇帝紀抄】

十二月二十九日〔陰り晴れ、定まらず。雪、地面を隠す。寸に及ばず。暁降るか〕

追討使・蔵人頭平重衡、南都より京都に帰参す。凶徒の首四十九を持参す。また、奈幾刀《なぎなた》（薙刀）に法師一人を突き差し、搦取りて持参せり。【山槐記、玉葉】

巳刻（午前十時頃）、右大臣藤原兼実（32）の許に、人急報す。平重衡、南都を征伐して、只今、帰洛せり、と。また、人告げて云う。興福寺・東大寺以下堂宇、房舎地を払いて焼失す。春日御社においては、火難を免る。また、悪徒三百余人、これを梟首《きょうしゅ》せり。その残りは春日山に逃げ籠る、と。七大寺以下の灰燼の事、世のため、藤氏のため、仏法・王法滅尽し了るか。およそ、言語の及ぶ所に非ず、筆端の記すべきに非ず。なおなお、大仏の再造立、いつの世、いつの時や、と慨嘆の言葉を長々と日記に留む。【玉葉】

治承五年・養和元年（一一八一・改元）　五十五歳

正月一日〔晴れ、時々、雪降る〕
天下穢気の疑いあり。加うるに兵乱、ならびに南都七大寺悉く灰燼《かいじん》に変ず。東大寺においては公家の歎き、興福寺にありては藤氏の大事たるにより、後白河法皇および高倉上皇（21）の院拝礼を停めらる。【玉葉】

正月二日〔天晴る〕
侍従藤原定家（20）、高倉上皇御所（六波羅・権中納言平頼盛第池殿）に参上。河原口の辺より武士多く警固し、尋常に異なる。ついで南面を経て同中宮御所（平徳子27）に参入。さらに、同御所内の中門東に所在の後白河法皇御所に参り、北面武士・左兵衛尉大江公朝を招き出し、年賀参上の由を示し告げ、退出す。【明月記】

正月三日〔天晴る〕
右大臣藤原兼実（33）の息・右大将良通（15）、六波羅院御所（後白河法皇・高倉上皇・中宮徳子、三所同居）に年賀参上す。まず上皇御方に参り、女房に謁し、上皇御悩の安否を問う。日を追い衰弱進み給う、と。ついで中宮御所。殿上の辺において女房に謁す。さらに後白河法皇御所に参入。蔵人をもって申入れ、退出す。【玉葉】

正月四日〔天晴る〕
後白河法皇の北面・近習ら、少々の事ありて（委しき事知らず）、解官さる。その歴名は左衛門尉平成宗・同平知親・同平知康ならびに左兵衛尉大江公友（公朝）・同源有義・同源重清・同藤原盛仲の七人なり。【明月記（正月九日条）、玉葉（正月八日条）】

正月七日〔晴〕
近日、後白河法皇第一の近臣者たる左衛門尉平知康ならびに左兵衛尉大江公朝（公友）ら、禅門清盛（64）の指図により捕取せらる。平知康は重ねて禁固さる、と。【玉葉】

正月九日〔晴〕

この夜、施薬院使丹波憲基（60）、右大臣藤原兼実第に入来。高倉上皇（21）の御悩の子細を語る。「顔、時々、腫れ給う。腹もまた腫れて満ち給う。下痢止めんとするも瀉出《しゃしゅつ》し給う。また、高熱体温のため薄衣を好み給い、暑気を厭わる。声、すこぶる変ず。今に至りては、快癒のこと、憑みなき有様。しかし、心神（気分）においては、尋常に異なり給わず」と。【玉葉】

正月十二日〔晴〕

申刻（午後四時頃）、右大臣藤原兼実（33）、高倉上皇の御悩、危急を告げらる。よって、兼実、使者をもって前権大納言藤原邦綱（61）および右中弁藤原兼光（37）に症状を尋ぬ。また、書状をもって女房に問う。数刻後に使者帰来す。「日頃、御無力甚だし。されど、今日は、ことに御辛苦あり。よって、阿証房聖人を招き、御受戒あり。その後、鎮静あり」と。【玉葉】

正月十三日〔晴〕　**高倉上皇崩御の後、中宮徳子を後白河法皇後宮にという話。徳子、拒絶**

高倉上皇の病状悪化と聞き、亥刻（午後十時頃）、右大臣兼実、折柄、脚気不快なるを押して、院御所近辺（院御所＝六波羅・平頼盛池殿・前権大納言藤原邦綱直廬）に車を乗り入れ、邦綱および藤原兼光らを招き出して、上皇の容態を尋ぬ。まず、邦綱出で来りて、上皇の言葉を伝う、「病、至って重し。命、旦暮に迫れり。今一度、（兼実に）面謁せざるは、まことに遺恨なり。脚病を押して参上、甚だ嬉しく思う」と。この詔旨をうけ、兼実は思わずも、涙を両眼に浮べたり。さらに、邦綱によれば、上皇の病状は、一切、快方は覚束《おぼつか》なく、顔や手足が腫れ給う、と。殊に高熱のために熱気を嫌い、火気を遠ざけ、着衣を薄くしてもなお、重くお感じになる。身体が不自由にして、心に叶わぬ、という有様なり。灸治耐え難きにもかかわらず、すでに数十ヶ所の点灸に及べり、と。兼実、危急を察知して、臨終の沙汰を致すべく、有智道心《うちどうしん》の僧を招き、常に往生極楽の至要を演説せしむべきを進言す。しかるに、近臣の男女房は、いずれもこれを忌語として、上皇に申し出る者なし。これ、まことに愚事たり。これらの条々、速やかに申し行うべきを、邦綱に伝言す。【玉葉】

ついで、左中弁藤原兼光、出で来たる。上皇の症状を語るところ、邦綱の発言に同じ。また、兼実の示すところもまた同然。やがて、兼光が密々に言う、「もしも大事出来（上皇崩御）となれば、中宮徳子（27）を後白河法皇の後宮に入侍せしむべく、或る人、和讒《わざん》（密かに助言する）す」と。これを聞く禅門清盛（64）も二品尼時子（56）も承諾の気色あり、と。しかるに、中宮はこの旨を聞き、俄かに落飾出家の事をしきりに主張して、聞き入れられぬ。よって、たちまち、この儀を変更して、厳島内侍腹の女子（禅門清盛女＝世に御子姫君《みこひめぎみ》と号す・18）を代替すべき提案がなされたり。これには日頃から後白河法皇、平にもって辞退ありたるが、この代案は、結局、法皇も妥協の上、事が成就に一定。明十四日に、御子姫君入内の儀を遂ぐべく、一決す。これを伝聞せる右大臣兼実は、「夢か、夢に非ざるか。およそ言語

の及ぶ所に非ず」と不快の念を抱き退出、帰宅す。【玉葉、保暦間記】

正月十四日〔天晴る〕　**高倉上皇、崩御**

高倉上皇（21）、病悩重篤、同所御所たるにより、日来、後白河法皇、しばしば渡御見舞いあり。上皇、そのつど深く喜悦に思食《おぼしめ》し、臥しながら対面し給う。言語は明瞭にして平常の如し。また諮詢《しじゅん》（会話）は互いに懇切なり、と。病床の枕頭には、常に上皇乳母・若狭局が侍り居たり。十三日夜は、聊か御膳を召し寄せ、御寝《ぎょし》の後、御気すこぶる奇事あり。驚きて容態を見るに、事すでに危急、臨終なり。よって、左中将藤原泰通（35）をもって、後白河法皇御所に急報す。法皇、即刻渡御ありて、枕頭にて鉦《かね》を打ち鳴らして念仏ありと雖も、合眼《ごうがん》に及ばずして、崩御せらる。時に丑終り寅始め程（午前三時頃）の事なり。寅刻（午前四時頃）、右大臣藤原兼実（33）の第に、人告げ来る。兼実、営参せんとするも、日頃病魔を持ち、殊に夜前（十三日夜）は上皇御所の門外に参り、風冷相侵し、心神、殊に悩めり。よって、右大将良通（15）を弔問に代参せしむ。支度に手間どり、出立は遅滞して巳刻（午前十時）に及べり。しかして、未刻（午後二時頃）に帰来す。上皇の葬送は今夜、東山の清閑寺小堂（これ六条院御墓所堂）、と。大宰帥藤原隆季（55）ならびに左中弁藤原兼光（37）が奉行を勤む。このころ、庭訓不快（皇太后宮大夫入道俊成・法名は釈阿68＝病中）により、不出仕の侍従藤原定家（20）は、上皇葬送の夜、ひそかに家を出て、雑人の見物衆に交りて、葬輦を拝す。定家「落涙千万行」と。

なお、この葬送の夜、勅使を献ぜざる、これ希代の例なり。【明月記、玉葉（正月十九日条も）、百錬抄、帝王編年記】

正月十七日　**後白河法皇、院政を再開**

高倉上皇の崩御によって、後白河法皇、元の如くに天下万機（院政）を聞食《きこしめ》すべき由、仰せ下さる。【百錬抄、皇年代略記】

正月十九日〔晴れ、庭の雪、頗る積む。但し、昨朝に及ばず〕　**平宗盛、五畿内・伊賀・伊勢・近江・丹波等の惣官となる**

申刻（午後四時頃）、大外記清原頼業（60）、右大臣藤原兼実第に来りて告ぐ、「昨日、後白河法皇の叡旨をうけ、左少弁藤原行隆（52）語りて云く、『前右大将平宗盛（35）をして、五畿内および伊賀・伊勢・近江・丹波等の惣官となすべし。しかして、この事、すでに宣下さるべし』と。彼の国等を惣領すべきこと、今更、左右《とこう》すべからざるも、宣旨の趣旨においては、なお思慮を加うべきこと肝要たり」と。この事、平相国入道清盛（64）、病悩中の高倉上皇に強請か。【玉葉】

正月二十日〔晴〕

右大臣藤原兼実、伝聞す。かねて風聞ありし禅門清盛の少女（18・世に御子姫君と称す。母は厳島内侍）、後白河法皇の後宮に入侍す、と。かかること、思慮の及ぶ所に非ず。爪弾きして余りあり。まことにはかなき世の中なり。それにつけても、今日は故高倉上皇の初七日という

に。【玉葉】

正月二十四日〔晴〕

故高倉上皇の遺詔（遺言）を安徳天皇（4）に奏せらる。大蔵卿藤原雅隆（35）、使者となる。今夜、主上、服喪のため倚廬《いろ》（五条東洞院殿の仮屋）に渡御。【玉葉】

正月二十五日〔夜より雨下る〕

右大臣藤原兼実（33）、伝え聞く、「法印信円（兼実異母弟・29）を山階寺（興福寺）別当に補せらるべし」と。ついで、禅門清盛（64）、権少僧都覚憲（故信西入道五男・51。平治の乱に伊予国に配流）を権別当に補すべく、前権大納言藤原邦綱（61）の許に示し送る、と。【玉葉】

正月三十日〔陰り、雨下る〕　**清盛女・安芸御子姫君、後白河法皇に入内**

去る二十五日、禅門清盛の小女（安芸御子姫君18）、後白河法皇の後宮に入侍す。これは付女の如くにして、冷泉局と号せりと、右大臣藤原兼実、伝聞す。その後、「女房名いまだ決せず。この小女、法皇の御猶子の儀となす」となり。それにつけても、まことに此の儀、弾指すべき事なり。【玉葉】

二月二日〔天晴る〕

後白河法皇、六波羅平頼盛池殿（故上皇・中宮・法皇御所）より最勝光院南御所（故建春門院御所）に渡御せらる。【玉葉】

二月三日〔天晴る〕

或る人、右大臣藤原兼実に伝う、「禅門清盛の小女（安芸御子姫君）、後白河法皇に入侍するにより、種々の事等発生す。天下の災難、奇異の事、ただ近日に在り。漢朝（宋国）本朝（日本）ともに、往古以来、比類なき多難の世なり」と。【玉葉】

二月四日〔雨降る。朝の間、雪下る〕

右大臣藤原兼実、伝聞す、「故高松院（二条天皇后姝子《よしこ》内親王）の荘園ならびに京地等、当時、すべて故建春門院に譲献さる。女院の崩後、自然、高倉上皇伝領せらる。しかして、このたび上皇登霞《とうか》の時、遺詔して中宮徳子（27）に御処分せられたり。この旨、検非違使別当平時忠（52）、後白河法皇に奏上せり。しかるに、この御処分の実否は知り難し。時忠、独断にて行う所か」と。これに対して、法皇、分明の仰せなし。故上皇崩後、中陰（没後四十九日間をいう）たるにより、中宮令旨と称して、平時忠押してみずから奉行せるなり、と。後白河法皇内心、悦び給わず。【玉葉】

二月五日〔天晴る。申刻（午後四時頃）、俄かに陰り小雨。すぐ晴れ了んぬ〕

安徳天皇（4）、倚廬代《いろだい》（服喪仮屋）より本殿（五条東洞院皇居）に還御。ただし、このたび椽宣旨《つるばみのせんじ》を下されず。主上、喪服着装なきの故なり。 【玉葉（二月六日条）】

二月十七日〔天晴る〕

この夜、故摂政藤原基実姫君・従三位藤原通子（19）を准三后となす。通子、母堂（左京大夫藤原顕輔女・関白忠実女房六条殿）の家より摂政藤原基通（通子異母兄・22）の八条家に向い、ともに随従して参内の予定なり。しかるに、摂政、通子を待たずして、ひとり参内す。人々これを奇となす。その後、通子の入内は夜半に及べり。入内の儀は侍従藤原忠良（通子弟・18）が通子乗駕の御車の前駆《せんぐ》を勤む。衣冠六人、供の殿上人は前越前守源宗雅・侍従藤原盛定ら。出車二両、半物《はしたもの》一人、雑仕《ぞうし》二人が行粧を整え、密々に参内せり。しかして、この夜、安徳天皇、権中納言平頼盛（51）の八条室町亭に行幸あり。しかるに、進発は暁更に及ぶ、と。同輿の人（従三位藤原通子）遅参の故なり。行幸は通子の入内を待ちて同輿なり。わが朝、皇位に非ざる人、同輿の例なし。しかして、准后の宣旨を下さるるの後、同輿あるべきの由、過日の沙汰あり。忽ちの立后の宣旨、叶うまじきにより、倉卒の行幸、左右なしがたし、と。しかるに、参内の後に准后の宣旨、下されたり、と右大臣藤原兼実（33）、後で聞く。

この八条亭は、もと故権中納言藤原顕隆家にして、同二男備前守顕能の相伝するところなり。平治のころ、美福門院御所となり、二条天皇在位の間、しばらく皇居（八条殿）となる。その後、八条院（後白河法皇異母妹・暲子《あきこ》内親王尼45）の御所となる。その後、平頼盛、女院に申請して新造するところなり。 【玉葉（二月十八日条も）、百錬抄】

二月二十五日〔天晴る。申刻（午後四時頃）以後、天陰る。雨、雪、まま下る〕

公家《こうけ》（安徳天皇）、最勝光院において故高倉上皇のために御斎会（六七日忌）を行わる。上卿は権中納言藤原兼雅（37）が勤む。後白河法皇、当時、同最勝光院南御所に在所。なれば、この法会に参会か。 【玉葉、明月記】

二月二十七日

前権大納言藤原邦綱（61）、二禁《にきみ》（腫物）を煩う。また、禅門清盛（64）も頭風（頭痛）を病む。 【玉葉】

二月二十八日〔雨降る〕

禅門清盛の頭風（頭痛）、殊のほか増気あり。また、中宮徳子（27）、不例なり、と。 【玉葉】

二月二十九日〔天晴る〕

今旦、右大臣藤原兼実、故高倉上皇の奉為《おんため》に墓所（清閑寺＝下京区清閑寺町）において仏経供養を営む。本尊は阿弥陀三尊絵像一鋪（迎接《ごうしょう》像二幅）を奉懸、色紙法華経一部・素紙経六部。慶智律師を講師となす。夜に入りて後白河法皇御所（最勝光院南御所）に参入、申次の人なきにより、女房に申入れ、女房（法皇側近）に謁す。ついで、高倉院御喪家《そうか》（六波羅平頼盛家・号池殿）に参り、女房（若狭局か）に謁し、御悩および臨終の様子を問う。悲涙抑え難く、心神、屠《ほふ》るが如し。上皇登霞の後、連日、参入の志あるも脚病により往来叶わず、この日、万事をなげうち参上。去る年六月以後、初出仕なり。【玉葉】

閏二月一日〔天晴る〕

この夜、右大臣藤原兼実第に前飛騨守中原有安、参入。その言、「禅門清盛の所労、重悩にして十の中、九はその憑《たの》みなし」と。【玉葉】

閏二月三日〔天晴れ、陰る〕

故高倉上皇、七々日御法事（御正日《しょうにち》）、旧院（六波羅平頼盛池殿・上皇御所）において行わる。六十僧のほかに別に七僧を加え、導師・覚智僧正（77）により法会を催す。参仕の公卿は権大納言藤原実房（35）・同藤原実国（42）・同藤原宗家（43）・権中納言藤原忠親（51）・同実家（37）・同藤原兼雅（37）・参議藤原家通（39）・同藤原頼定（55）・同藤原定能（34）・右中将藤原頼実（27）・従三位藤原実清（44）らなり。事了る。また、毎日、仏事あり。

今夜、中宮徳子（27）、入道大相国清盛（64）の六波羅泉殿に行啓。父清盛入道、病悩重きにより見舞いのためなり。折柄、参入の侍従藤原定家（20）は、右少将藤原公衡（24）と閑所において清談。これ、ただ無常を悲しむ、と。【玉葉、明月記】

閏二月四日〔天陰り、雨降る〕　**平清盛、死去**

前権大納言藤原邦綱（61）、去る夜（三日夜）、六条辺の青侍《あおさぶらい》の家にて出家す。これ、かねての素懐たるの上、所労危急による、と。右大臣藤原兼実、家司・伯耆守藤原基輔を使者として訪問せしむ。邦綱、恐悦の報あり、病疾心配なきにあらず、と。

この夜、兼実、禅門清盛（64）の薨去を伝聞す。ただし、実否知りがたきにより、尋聞すべし、と。【玉葉】

入道太政大臣（平清盛・法名浄海）薨ず。「病悩、僅か六、七日なり」と。天下走り騒ぐ。日頃、所悩あり。身熱、火の如し。世もって、東大寺・興福寺を焼くの現報《げんぽう》なり、と。来る八日、葬礼なり。東方、今様乱舞の声あり。三十人許りの声なり。人を遣わしてこれを見るに、最勝光院（後白河法皇・同院南御所に居住）中に聞ゆ。【百錬抄、一代要記】

閏二月五日〔天晴る〕　**藤原兼実、清盛の遺言と臨終の様を耳にす**

禅門清盛、薨去の事、一定なり。よって、右大臣藤原兼実（33）、家司・伯耆守藤原基輔をもって六波羅の喪家（中宮徳子27・二品尼時子56・前右大将宗盛35ら、一所に居す。泉殿）を弔問せしむ。三人一所につき、同時に各自哀悼の意を述べ、帰参す。

巳刻（午前十時頃）、左大史小槻隆職（47）、兼実第に入来。折柄、念誦の間なるも、世間不審につき、面前に召し雑事を問う。今旦、隆職、参陣のところ、左少弁藤原行隆（52）、密語す。去る夜（四日夜）、法皇宮（最勝光院南御所）に武士群集の由、風聞あり。これ後白河法皇と前右大将平宗盛との間に、変異の心、発したるか。となれば、これ天下衰亡の至りなり。もともと、事の発端は、昨日朝（四日）、病床の禅門清盛、円実法眼（左大臣藤原実能子・43）をもって後白河法皇に奏聞せしむ。清盛、病悩重きにより死期を覚悟して、法皇に遺言の気あり。「愚僧（清盛）早世の後は、万事、宗盛に仰せつけたり。よって、毎事、法皇においては宗盛に仰せ合わせの上、計らい行わるべし」と。しかるに、法皇、これに対して詳らかなる勅答なし。ここに、禅門清盛、危急の病床ながら深く法皇を怨み奉りたる気色あり、と。右大臣兼実、この法眼円実を極度に嫌悪せり。「国家を乱すの濫觴にして、天下の賊なり」と注す。かつて、兼実は、かねてこの法眼円実を「禽獣の如きの者なり、弾指すべし」（『玉葉』承安三年〈一一七三〉八月十三日条）と罵倒したることあり。 【玉葉】

去る夜（四日夜）、戌時（午後八時頃）、入道太政大臣清盛、すでに薨ずの由、侍従藤原定家（20）の許に所々より告げ来る。或る人の云う、清盛、臨終に際して、動熱悶絶（激しく動きまわって熱に苦しむ）の由、巷説なり、と。

後白河法皇鳥羽殿幽閉に近侍せし、女房京極局（高辻亭主＝入道藤原俊成68女。故権大納言藤原成親室）、病により出家す。去る月以来の所労、灸治を加うるも治癒せず。その身腫れ、逐日、増気あり。戒師は阿証房印西。同月二十四日に至り、死去す。

【明月記（閏二月六日・十二日・二十四日条も）】

閏二月六日〔天晴る〕

後白河法皇院御所（最勝光院南御所）の殿上間において、関東乱逆（源頼朝蜂起）の事を詮議す。右大臣藤原兼実、所労不参。摂政藤原基通（22）参上すと雖も、出座せず閑所《かんじょ》に居る。左大臣藤原経宗（63）以下、公卿十人参候す。前右大将平宗盛、後白河法皇に「故入道清盛の所行、意に反すも諫争しがたく、ただ父命を守り罷り過ぐしたり。今においては、万事、院宣に従うべきを誓言す。関東討伐の事、すでに兵糧尽きて無力なり。この上は、反逆を宥行せらるべきか、なお引続き追討せらるべきか、法皇の一決を奉じて進退すべきなり」と。この上は、法皇天下を知食《しろしめ》すべきなり。しかして宗盛、兵馬の権を法皇に返し、暫く隠遁すべきを申す。この両条、ともに然らざれば、反逆宥行の条は、首尾相応せずと。 【玉葉】

去る二月二日、後白河法皇、六波羅池殿御所より最勝光院内、故建春門院御所に渡御あり（『玉葉』）。この院御所において法皇ならびに近臣ら、謀反の事を議定さるると、この日、侍従藤原定家（20）伝聞す。 【明月記、百錬抄】

今夜、故入道大相国清盛の八条坊門第、炎上す。 【百錬抄】

閏二月十四日〔天晴る〕

高倉院御喪家（六波羅平頼盛家・池殿＝故高倉上皇御所）において、故院（高倉上皇）に近侍の女房ら、銀普賢菩薩を鋳造し奉り、女房一品経供養を行う。導師は澄憲僧都（56）、説法優美にして耳を驚かす、と。【玉葉】

閏二月十五日〔天陰る。雨気ありと雖もいまだ降らず〕　**平重衡、源頼朝追討に出立**

追討使・蔵人頭正四位下平重衡（25）、院庁（後白河法皇）下文《くだしぶみ》を相具し、六波羅を発向す。今日は宇治に宿泊。来る十九日、美濃・尾張国の境にまで進撃す。随兵一万余騎なり、と。重喪中陰（父入道清盛薨去）の内たりと雖も、前右大将宗盛（35）の下命により、亡父の追慕、顧みざるか。重衡、武勇に堪えうるの器量の故、追討使に撰ばれたり。右大臣藤原兼実（33）推量するに、重衡は南都に下向して、東大寺・興福寺を炎上、法相・三論宗を滅亡せしめたり。よって、四所明神（春日社）および七堂三宝の冥罰《みょうばつ》を蒙ること必定なり。これにより父清盛を喪いながら、子としての哭泣の礼を忘れて、合戦の場に赴けり。果して、南都焼打の逆罪に報ゆべきや。南都攻撃造意の禅門清盛は、すでにその罰により、非業の悶死を遂げたり。下手人たる重衡において、豈《あに》その殃《わざわい》を免れんや。天然の理《ことわり》は、推して知るべし、と。【玉葉】

閏二月二十日〔天晴る〕

午刻（正午）、蔵人左少弁藤原行隆（52）、後白河法皇（最勝光院南御所に居住）の御使として、右大臣藤原兼実第に来臨。折柄、兼実病疾により出逢わざる旨を、家司・前和泉守源季長をして伝達せしむ。しかるに、大事の用件たるにより、使者行隆、人をもって伝うるを拒み、縁辺に参上を申し入る。よって、兼実、御簾前（長押下、広庇）に招きて、面謁す。東大寺・興福寺の衆徒、謀反により追討せらる。その後、寺領および僧徒領を収公せられたり。これ、厳刑ゆるしがたきにより当然の結果なり。しかるに恒例の仏事等、用途なきにより退転す。過怠なき僧侶この事を悲歎せり。わけても、東大寺大仏は御身完全なれど、御首を焼損す。遠近の見聞の輩、これを見て悲歎のあまり、仮仏殿を急造して大仏の尊像を掩うべしと。寺僧たち結構するも、寺領等没収の只今、経営に無力なり。後白河法皇、この事を伝聞、悲歎少なからずおわす、と。よって、寺領および寺僧の領有地を本の如くに返付せらるべきや。さりとても、無下の返還は宣旨の権威なきに似たり。しかも、悪徒の濫行、向後《きょうこう》、絶ゆべきとも思われず。よって、しばらくは、このままに無沙汰たるべきや。この二つに一つの選択いかになさんや、と法皇、右大臣兼実に分別を求め給う。【玉葉】

閏二月二十三日〔雨下る〕　**藤原邦綱死去、善知識は法然**

未刻許り（午後二時頃）、前権大納言邦綱入道（61）薨去す。臨終の儀、ことに神妙なりと伝聞し、右大臣藤原兼実（33）、悦び思うこと少なからず。臨終に際し、黒谷の法然上人（49）を善知識となす。邦綱出家の時の戒師たり。邦綱は卑賤の出身ながら、その心、広大にして、天下の諸人、貴賤を問わず、その経営の才をもって、身の大事となしたり。よって、衆人、その逝去を惜しまざるはなし。ただし、故禅門清盛、藤氏を滅亡せり。この邦綱、その事に与《くみ》す。故に、神罰を蒙りき、と疑いあり。恐るべきことなり。【玉葉】

閏二月二十四日〔朝の間、雨下る。午後、天晴る〕

右大臣藤原兼実、伝聞す、「六波羅辺り、平家の一族の輩、郎党らを遠ざけて、昨日より集会して内議を企てる」と。人々、その趣を知らず。よりて、世人大いに怖畏を憶う、と。【玉葉】

閏二月二十五日〔天晴る〕　**後白河法皇、鳥羽殿幽閉以後始めて法住寺御所に渡御**

後白河法皇、最勝光院南御所より法住寺御所（法住寺殿）に渡御あり。公卿・侍臣、供奉す。右大臣藤原兼実、「この度の御幸、威儀を整えらるべからず。ただ密々に還御あるべきなり。かくの如き事進言の人なきか」と。兼実、後に聞く、公卿七人・殿上人八人供奉せり、と。去々年の事（治承三年十一月二十日、鳥羽殿幽閉）以後、始めての渡御なり。【玉葉、百錬抄、帝王編年記】

閏二月二十九日〔天晴る〕

前右大将平宗盛（35）、病む。しかして、その事、すこぶる秘せらる、と。【玉葉】

三月一日〔陰〕

白地《ちょっと》、上西門院（法皇姉・56）、仁和寺法金剛院御所（日頃御在所）より後白河法皇御所法住寺殿に渡御、対面あり。【吉記】

三月四日〔天晴る〕

亥刻（午後十時頃）、皇嘉門院御所九条殿、炎上す。女院（60）、幸い余焔を免れし御堂御所に渡御あり。ついで、近隣たるにより右大臣藤原兼実の九条第に移御。後白河法皇、御使（北面下﨟）を遣わして、見舞い給う。【玉葉、百錬抄】

三月六日〔天晴る〕

小除目あり。出雲守藤原朝定（17）、重任す。出雲国は父・権中納言藤原朝方（47）の知行国なり。折柄、国宛《あ》てにより修造中の出雲大社、いまだその功を終えず。朝方、このころ後白河法皇の勘気を蒙り蟄居中なり。朝方、しきりに法皇に音信を捧げ有免を乞いしにより、いま、事において法皇哀憐ありて、この重任に至れり。朝方の誠意、その験《げん》をあらわすか。【玉葉、吉記】

三月九日〔天霙《みぞれふ》る〕

この夜、蔵人頭左中弁藤原経房（39）、八条殿皇居（権中納言平頼盛第）に参内して、左大臣藤原経宗（63）に会い、後白河法皇の仰せをうけて、鴨御祖社《かものみおや》造営（満二十二年により再建）の事を尋ぬ。「先例により社家の営たるべきこと。その上、社家力及ばざるにおいては、公家《こうけ》

より沙汰あるべき事。また、社領のことは裁許あるべし」と答う。　【吉記】

三月十日〔天晴る〕

かねて病悩の伝えある前右大将宗盛（35）、食瘧《しょくか》（腹の病）あり。あるいは、また、然らず、宗盛は天性の「大食之人」（大食漢）たり、と。　【玉葉】

三月十一日〔雨降る〕

午刻（正午）、蔵人頭左中弁藤原経房、後白河法皇の御使として右大臣藤原兼実第に来臨。今年、鴨社遷宮に当れり。しかるに神領等、所々押収され、たびたび訴申すも裁可なし。その上、関東逆乱《げきらん》により関東所在の神領も賊徒（源頼朝）に押領せらる。よって、社家の力にての造営不可能たるにより、他社の例に任せ、成功《じょうごう》（私財を寄付して造寺などをたすけた者に官位を賜ること）に付せられ公家の沙汰により土木を成さるべく、社司解状を進達せしことを、兼実（33）に伝えしむ。　【玉葉】

三月十五日〔天晴る〕　**藤原定家、後白河法皇に初めて面謁**

侍従藤原定家（20）、八条殿皇居（権中納言平頼盛第）に参入す。後白河法皇ならびに八条院（暲子《あきこ》内親王尼45）に初めて面謁のため。女院、日来は鳥羽殿に御坐《おわし》たるが、この日、八条殿に渡御あり。　【明月記（三月二十一日条も）】

三月十六日〔天晴る〕

参議藤原定能（34）、右大臣藤原兼実の九条第に来りて云う、「後白河法皇、来る二十七日、日吉社御幸あるべし、と風聞せり。しかし、いまだ一定にあらず」と。　【玉葉】

三月二十日〔天晴る〕

後白河法皇、来る二十七日、日吉社御幸あり、と。右大臣藤原兼実、「世人、これを請けざるか」と。

この日、蔵人頭左中弁藤原経房、参入の上、昨日、仰せを蒙りし造興福寺国宛ての事、奏聞せんとす。しかるに、上西門院（56）、後白河法皇御所法住寺殿に臨幸中、急事に非ざれば差し控うべく左京大夫藤原脩範（39）称するにより、しばらく祗候して相待つ。やがて空しく退出す、と。　【玉葉、吉記】

三月二十一日〔天晴る〕

酉刻（午後六時頃）、蔵人左少弁藤原行隆（52）、後白河法皇の御使として、右大臣藤原兼実第に来る。兼実（33）、風疾により障子を距てて、これに謁す。東大寺・興福寺・大内裏八省院等三箇の大作事、一時に相遇せり。東国・西国に逆乱《げきらん》あり、加えて水害・干魃の損失、極まりなし。かかる間、秘計及び難し。

㈠来る二十四日、造興福寺除目ならびに同国宛て等を議定さるべし。講堂・南円堂においては、長者（藤氏長者・摂政藤原基通22）の沙汰として造営すべし。金堂以下は公家の沙汰となすべし。諸国に所課を宛つべくも、東国は逆乱により大略、沙汰し難し。残りの国々により、多く八省の造作に宛てらる。よって、然るべきの国なきなり。この条、いかが成すべきや。

㈡南都の僧徒の申請は、大和国を元の如く興福寺に付せらるべし。試みに食堂《じきどう》ならびに築垣等の修築に相励むといえり。この儀、裁許せらるべきや。

この夜、丑刻（午前二時頃）、皇嘉門院御所（右大臣藤原兼実第）、放火により炎上す。一月の中、両度の回禄《かいろく》（火災）、誠に希代の事なり。女院、御所より脱出して御堂御所に渡御あり。兼実の居所、希有にして火難を免る。わずか二十日間に、二度の火災なり。皇嘉門院（60）、存生中、遭火、この夜の火事を加えて七ヶ度なり。毎度、御所内よりの出火なり。去る頃、女院、「兼実家に、狐の怪異あり、ともに火災の占あり」と。果して、この夜、適合せり。兼実、今年、厄の年に当たれり、と。摂政藤原基通、見舞いに参入す。【玉葉、吉記】

三月二十五日〔天晴る〕
この夜、追討使・蔵人頭平重衡（25）、尾張遠征より入京す。【玉葉】

三月二十六日〔天晴れ、未申刻許り（午後二時〜四時頃）、雷鳴小雨あり〕
後白河法皇、明日、日吉社に御幸あらんとするも、天下穢気充満ならびに前右大将平宗盛（35）の制止により延引さる。ただし、今日吉社に参籠あらんと。穢気の疑いあるも、今日吉社においては憚りなき故なりや、如何に。【玉葉】

三月二十七日〔天晴る〕
去る二十四日より春除目始まる。本来、正月に行わるべきに、高倉天皇崩御、入道相国清盛の薨去により、空しく延引せり。この日、右大臣藤原兼実、除目聞書を披見す。院近臣・前大宰大弐藤原親信（45）の嫡男、定輔（19）、周防守に任ぜらる。後白河法皇、今度の除目には口入せらるべからず、と風聞せり。しかるに、定輔、周防の受領を賜わりしは依怙の沙汰か。かくの如きは、法皇、毎事意趣を遂げらるるに似たり、と。【玉葉】
今日、後白河法皇、今日吉社に参籠せらる。公卿は参議藤原定能（34）・前大宰大弐藤原親信および侍臣四、五人、供奉せり。木工頭源師兼、この日の奉行を勤む。もともと、この日吉本社の参詣は、前右大将平宗盛（35）、しきりに中止を申上ぐ。日頃、物詣での御幸、延引の儀なきも、昨日より沙汰ありて、今日吉社参籠に変更せられたり。尾張国の凶徒の首入洛の事、あるいは落書《らくしょ》あるにより、この変改になりたり。しかるに、何故の新社〔今日吉社〕の参籠になりたるや、その可否、いまだ不分明。日吉本社施入のための御幣・神宝は、院判官代・安房守藤原定長（33）が使者として日吉本社の宝前に施入せり、と。【吉記】

この日、尾張国流人・前大相国入道藤原師長（44）、尾張配所より上洛す。去る治承三年〈一一七九〉十一月十八日、解官配流以来の入京なり。右大臣藤原兼実（33）、その入洛の慶びを女房をもって憲親法師〔前皇后宮権大進藤原憲親〕に伝えしむ。師長より恐悦の返報あり。【玉葉】

三月二十九日〔天晴る〕

この夜、春除目下名《おりな》なり。申刻〔午後四時頃〕、蔵人頭左中弁藤原経房（39）、今日吉社参籠中の後白河法皇御在所に参向。鈍色《にびいろ》装束を着装せざるにより、鳥居の中に入らず。参議藤原定能に付して、今夜、下名を行うにつき、法皇の加任の有無を奏聞すべく、所望者目録を折紙に書き、権門ならびにしかるべき御方の申文を添えて進覧す。後白河法皇、目録に合点あり。任人の子細を申上げ、書進すべきや否や執り申すも、強ちにしかるべからず、と御報あり。法皇、目録を御覧の上、開封のまま返し給う。【吉記】

四月一日〔晴〕

右大臣藤原兼実、伝え聞く。去る頃、前右大将平宗盛の許に一通の落書あり。その旨趣は、後白河法皇の日吉社御幸は、山僧と同意の上にて、叡山に登山せんがためなり。叡山の僧綱一両人、ならびに権中納言平頼盛（51）ら、この事に合議せり。すなわち、法皇御幸の隙に前右大将宗盛第〔八条北高倉亭〕に夜討ちに入るべきの旨、謀議せりと、件の落書に書きたり。これにより、平家の家中、警備を固む。かくの如き事、根拠なき輩の所為なり。はなはだ迷惑なり、と。【玉葉】

四月四日〔朝より雨、しばしば注ぐ。夕に臨みて頻りに降る〕

午刻許り〔正午〕、蔵人頭左中弁藤原経房、後白河法皇御所〔法住寺殿〕に参入。左京大夫藤原脩範（39）に条々の事を奏す。中の一条、来る九日、中宮徳子（27）院号の事あり。左京大夫脩範、法皇にこの旨、奏上のところ、蔵人頭経房に沙汰すべきの仰せあり、と。【吉記】

四月五日〔天晴る〕

戌刻〔午後八時頃〕、右大臣藤原兼実、後白河法皇の法住寺殿御所に参入。折柄、行法の間により、対面なきの由、仰せあり。兼実、即刻、退出せり。【玉葉】

四月七日〔天晴る〕

後白河法皇、今熊野社に参籠のため、御精進屋に入御中なり。【吉記】

四月九日〔天晴る〕

右大臣藤原兼実（33）伝え聞く、「天下の人云う。後白河法皇と前右大将平宗盛、内心不和なり。定めてまた、内乱出来《しゅったい》すか」と。【玉葉】
後白河法皇、今熊野社に参籠のため、すでに入御。御供人の一人に左京大夫藤原脩範（39）あり。今日、中宮徳子（27）、院号の事ありたるも延引す。女院号の事、代々、多く院御所において行うこと慣例なり。しかして、後白河法皇、今熊野社に御物籠りしたるにより、御幸退出かなわず、昨日（八日）、俄かに延引のこと仰せ出され中止となる。右大臣藤原兼実、この御幸不可能たるは、何故か。いまだ、その意を得ず、と。【吉記（四月八日条も）、玉葉（四月十日条）】

四月十日〔天晴る〕

卯時（午前六時頃）、蔵人頭左中弁藤原経房（39）、後白河法皇参籠中の今熊野社に参上。左京大夫藤原脩範をもって賀茂社祭（四月十六日）除目ならびに行幸賞（権中納言平頼盛八条亭行幸）の事を奏聞す。脩範、法皇の叡旨を伝えて、祭供奉官および同成功者のほか、任ずべからずとの仰せあり、と。よって、進覧の目録に法皇自筆にて御点を加筆して下し給う。【吉記】

四月十七日〔晴〕

蔵人頭左中弁藤原経房、後白河法皇より蔵人の中にしかるべき者なきにより、院判官代・正六位上源時綱（故憲盛男）を蔵人に補し、また侍従平有盛（故内大臣平重盛四男）に昇殿を聴すべく、この両事を仰せ下さる。よって、経房、摂政藤原基通（22）の六条堀河亭に参入、法皇の叡旨を言上す。摂政基通、「早やかに下知すべし」と応答す。しかるに、この新蔵人源時綱、五月三十日に至り、「女御殿合爵《ごうしゃく》申文」（後白河法皇女御藤原琮子《たまこ》37）により叙爵をうけ、従五位上に昇叙、蔵人を去る。【吉記（五月三十日条も）】

四月二十一日〔天晴る〕

右大臣藤原兼実第に、或る人入来、言談す。昨日、常陸国より上洛の下人あり。四十余日をかけて、北陸道を迂回しつつ入洛を遂ぐ、と。件の者、相語りて云う。鎮守府将軍藤原秀平《ひでひら》（秀衡60）、すでに死去したるの由は実無きなり。源頼朝（35）、秀平（秀衡）の娘を娶るべきの由、相互に約諾を成すと雖も、いまだ、その事を遂げず。関東の諸国、頼朝にそむく者は佐竹の一党（常陸国太田に居城・常陸国奥七郡を領す。常陸介佐竹隆義64）、三千余騎の勢をもって常陸国に引籠り、その名を思うにより（治承四年、平清盛の執奏により五位に叙し、常陸介に任ず）、頼朝に一矢を射るべきの由、平家に忠勤を存ずべし。その外の諸国の将兵は、一切、頼朝に異途なし。よって、禅門清盛薨逝の後は、坂東諸国の武士どもいよいよ一統の団結を固め、上洛軍に加勢して、官軍（平家）の追討使襲来の時には、これに応戦して勇を鼓し追帰したり。その次、なおも追撃のため戦略の支度中なり、と。様々の浮説の飛び交う中において、この下人の説は、すこぶる指南に備うべき大事の情報なり。【玉葉】

四月二十六日〔天霽《は》る〕

前右大将平宗盛（35）、禅門清盛死去以後初めて、後白河法皇御所法住寺殿に参入す。【吉記】

四月三十日〔天晴る〕

後白河法皇院御所（法住寺殿）において、澄憲僧都（56）を講師に招き、十度御講（十波羅蜜講説）を行わる。この講は、悟りの境界に到達するために菩薩が行うべき十種の修行なり。澄憲僧都の説法の中、多く世上不可の説を吐露す、と。【玉葉】

五月二日〔天霽る〕

後白河法皇、陰陽師の御卜により御慎みあるべしとの故により、諸社に神宝として銀剣一振・唐錦一段・御幣紙二帖・白布一段を、院庁官藤原康貞を御使として奉献さる。その諸社は、伊勢神宮（内宮・外宮）・石清水八幡宮・賀茂社（上社・下社）・松尾社・平野社・稲荷社・春日社・住吉社・日吉社（二宮・十禅師）・祇園社・北野社の十一社なり。ただし、住吉社においては、右のほか甲冑一具を奉加さる。【吉記】

五月十四日〔雨降る〕

院司・左京大夫藤原脩範（39）より蔵人頭左中弁藤原経房（39）に書状をもって告げ来る、「後白河法皇御所（南殿＝法住寺殿）に怪異のことあり。去る十一日、小蛇四匹、同所において死せり」と。その場所、子細不明、後日、尋ぬべし。これにより、陰陽師の御卜の趣、ことに重大なり。この兆、病事、ないしは盗賊の事なり、と。【吉記】

五月十五日〔霖雨始めて晴る〕

後白河法皇、院御所（法住寺殿）において供花会《くげえ》を始行さる。侍従藤原定家（20）、参入す。正四位下前参議藤原光能（50）、去る治承三年〈一一七九〉十一月十七日、勅勘により解官後、いまだ還任されざるも、法皇寵臣たるにより、この日、参る。定家、この儀につき「四位前宰相、其の例、太だ稀なり。貞信公（藤原忠平）、多年、出仕し給う」と、所懐を漏らす。【明月記】

五月二十一日〔晴〕

後白河法皇の母后・故待賢門院の旧御所たる仁和寺法金剛院御所、炎上す。当時、名区（名勝の地）なり。法皇の同母姉・上西門院（56）、この御所に在所の間の災難たり。【吉記、百錬抄】

五月二十二日〔天晴る〕

故高倉上皇御所（六波羅平頼盛池殿）において、追善のため五部大乗経供養あり。故上皇の御書料紙（消息・懐紙などの紙背〈白紙〉）を写経料紙に転用せし、反古経《ほごきょう》なり。中宮徳子（27）・摂政藤原基通（22）・右大臣藤原兼実（33）以下、男女の旧臣下ら、これを寄合書きにて書

写す。蔵人頭左中弁藤原経房（39）は『涅槃経』五巻を書進す。【吉記】

五月二十三日〔天晴る〕　**後白河法皇、念誦中と偽称して藤原兼実に面謁せず**

右大臣藤原兼実、後白河法皇御所（法住寺殿）に参上す。しかるに、左中弁平親宗（38）をもって念誦の間たるにより面謁あたわざる由を仰せらる。その実、念誦なし。何故の偽称なりや、如何、いかにと、兼実、不審の思いを抱きて退出す。【玉葉】

五月二十六日〔天晴る〕

右大臣藤原兼実の嫡男・右大将良通（15）、後白河法皇御所法住寺殿、閑院内裏（安徳天皇４）および同内裏中宮（母后徳子27）御方に参上す。良通、この日の装束は例の如く直衣なり。単衣・紅下袴・指貫《さしぬき》を括り籠めて着用す。なお、指貫の裾括りを腹白《はらじろ》（白の括り糸に紫の丸緒を加えて、括り下げる。若年の飾り結び）とす。

この日、小除目あり。去る治承三年十一月十七日解官の高階泰経（52）を伊予守に更任し、同じく解官の上で翌十八日境外追放の源雅賢（34）を右少将に還任す。後白河法皇の口入によるか。このほか、蔵人頭散位平重衡（25）を従三位に叙し、左中将に任ず。【玉葉】

五月二十九日〔晴〕

右大臣藤原兼実の義兄・参議藤原定能（兼実室兼子30の兄・34）、嫡男・右兵衛権佐親能（13）を伴い、後白河法皇御所法住寺殿に参入。その帰途、兼実の九条第に来訪。親能、この日、法皇に初面謁か。【玉葉】

午上刻（正午前）、蔵人頭左中弁藤原経房、後白河法皇御所法住寺殿に参上。伊予守高階泰経に付して、雑事を法皇に奏上す。まず、蔵人頭所望の輩（左中将藤原泰通35・左中弁藤原兼光37・右中弁藤原光雅33）の三人の選決いかがの由を尋ぬ。法皇、その人選につき思食《おぼしめ》し煩わるるにより、遅々として決しがたし、と。ついで蔵人所望のうち、院蔵人（二﨟）の左衛門尉藤原仲職（故摂津守藤原為範男）、片時《へんし》たりと雖も補せられんことを懇望す。法皇、これを補すべき思召しありて、相計らうべし、と。ついで、この事、法皇の勅定あるべし。また、左近将監源雅経（伊賀守源雅亮〔高倉院侍中（蔵人）〕男）、非蔵人《ひくろうど》を望む、と。【吉記】

五月三十日〔天晴る〕

蔵人を補せらる。正六位上左衛門尉菅原在高（非蔵人大業・大学頭菅原在茂男・23）・同左衛門尉藤原仲職の両名、蔵人となすべし、と。藤原仲職はその体異形、また放埒の者なり。しかるに、なぜに院蔵人たるか、と人々風評せり。また、左近将監源雅経は非蔵人に補せられ、昇殿を聴されたり。いずれも、後白河法皇の後盾によるものなり。しかるに、新蔵人（正六位上）藤原仲職、初参の日より「毎事、違失を表す。殆ど物狂いか」という杜撰《ずさん》なる奉公ぶりであったと。【吉記（六月二十二日条も）】

六月五日〔天晴る〕

亥刻（午後十時頃）、皇嘉門院（60）、右大将藤原良通（15）の車を召借乗車して、楊梅壬生辺の家（覚智僧正第を借用）に渡御す。この家、本主業景法師（去る治承三年十一月十七日解官・俗名不明）は凡卑の者たるの上、事に逢いし犯罪者にして憚りありとの議あり。しかるに、当時、女院再三の火難により御所なし。時に仮寓の御所、暑熱の間、耐え難きにより、片時も御坐《おまし》の方途なし。よって、衆難を顧みずまげて渡御の儀を敢行せらる。業景法師、逮捕時にかの家より出立に非ず、下人小屋にて捕縛の上、遠江国に配流なる故、この家、重忌に非ず。また、この家の宝物・家地等、転々たる後にして、本主業景法師の沙汰に及ぶことなし。しかるに、業景法師は後白河法皇の近臣たるの間、赦免帰洛の時、もしくはこの家に帰住あらんか、なればこのたびの渡御、骨無し（不作法）か、との理由により、右大臣藤原兼実（33）、後白河法皇の御気色を内々伺わしむるところ、参議藤原定能（34）をもって、「早やかに渡御すべし」と勅定ありたり。以後、この御所、しばらく壬生殿と称す。その後、八月九日の戌刻（午後八時頃）、女院、この壬生御所を出御、九条の頼輔入道直廬に還御あり。この御幸の儀、最密儀たり。　【玉葉（八月九日条も）】

六月十日〔天晴る〕

今夕、安徳天皇（4）、閑院亭より権中納言平頼盛八条亭（去る頃、皇居）に行幸。来る十四日の祇園御霊会神幸路を避けるためなり。はじめ大内に行幸すべきの沙汰あるも、すでに荒廃す。八条亭よろしかるべし、との前右大将平宗盛（35）の建議により、八条亭一定す。行幸以後、この八条亭内裏において、小任官（小除目）の事あり。右少将平維盛（21）を右中将に昇任す。

この夜、新右中将平維盛をさらに蔵人頭に補す。これ、去る五月二十六日、蔵人頭正四位下平重衡（25）を従三位に叙し、左中将に遷任せる替任人事なり。左中将藤原清通（41）・同藤原泰通（35）以下数輩、この補闕蔵人頭を競望す。時に春宮権亮兼任の平維盛もその一人。後白河法皇、上﨟たる清通・泰通および坊官（東宮職）平維盛ら三人の適否を決しかね、左大臣藤原経宗（63）・右大臣藤原兼実に採可を問わる。両大臣、同音にて坊官の抽賞優先たりとて、平維盛を蔵人頭に推挙、法皇これを決裁す。侍従藤原定家（20）、右大臣兼実の仰せにより、平維盛第（二条堀川直廬＝『愚昧記』）に参向、一定の旨を伝達す。しかるに維盛他行不在につき、障子を距てて女房（維盛室＝故前権大納言藤原成親女）に言上、退出す。件の女房は白河法皇近侍の京極局（定家伯母）の第二女なり。　【吉記、明月記（六月十二日条も）】

六月十一日〔天降る〕

この日ごろ、後白河法皇は今熊野社に参籠中。参仕の人々は権大納言藤原実房（35）・参議右兵衛督藤原家通（39）・右少弁源兼忠（22）らなり。　【吉記】

六月十七日〔天快霽《かいせい》なり〕

午上〈正午前〉、蔵人頭右中弁藤原経房（39）、後白河法皇御所法住寺殿に参上。法皇、すでに今熊野社より出御。院御所、伝奏《てんそう》の人なきにより、〈源〉季時入道をもって見参に入る。少々の事たりとも奏上すべしとの仰せにより、去る十三日、鴨社の神馬、御厩においてにわかに斃れしとの鴨社神人《じにん》解状を奏聞す。【吉記】

六月二十五日〔天晴る〕

蔵人左衛門権佐藤原光長（38）、右大臣藤原兼実（33）の九条第に来臨、後白河法皇の院宣を伝う。法皇の近臣・前参議藤原光能（去る治承三年十一月十七日解官・50）、出仕を許さると雖も、四位の前参議の人の出仕の例、貞信公〈藤原忠平〉の外、絶えてその例なし。事体、甚だ憚りあり。光能、「籠居の間、超越の人々は別としても、昇進後輩の座右に着座するは、怨む所なきに非ずして、本座の宣旨を許されんことを欲す。もしも、この儀、難あらば准参議の宣旨を下され、参議の役を勤仕すべきは如何ならんか」と主張せり。しかるに、この事、前例なき由にて、法皇、甚だ不快と。よろしくこの儀計らい奏上すべく、右大臣兼実に下達ありたり。これにつき、兼実は「准参議の宣下先例なきにより、世上、定めて耳目を驚かすべし。光能に三品を許し召仕わるべきこと、煩いあるべからず。三位に叙するに、猶予の必要なし」と言上す。これにより、後、十二月四日、光能の任参議叙従三位、実現せり。【玉葉】

六月二十七日〔霽《はれ》〕

蔵人頭左中弁藤原経房、午上〈正午前〉、院御所〈法住寺殿〉に参上。右京大夫高階泰経（52）に付して、後白河法皇に条々の事を奏す。中の一条、造興福寺御仏の仏師の選定につき、大仏師法眼明円の申文を携帯、奏上す。去る年十二月、蔵人頭平重衡（24）南都炎上せしにより、その復興のため造寺・造仏の事行わる。興福寺金堂の御仏につきては、すでに院尊に造進の下命ありたり。南都大仏師は実朝を始祖とせるも、永承元年〈一〇四六〉十二月二十四日、興福寺炎上（『扶桑略記』『百錬抄』）、大仏師定朝が造進以来、歴代、その一系が造仏に従事せり。しかるに、その六代たる成朝が、このたびの造仏勤仕に参加せざるの不審につき、明円愁訴せり、と。後白河法皇、この訴申しにより、明円愁訴の趣旨を了承、摂政藤原基通（22）に沙汰すべきを下命さる。摂政基通、この仰せをうけて、左右のすべて法皇の御定に従うと奉答す。蔵人頭経房、なお申条あるも、成朝の参加につきては、摂政基通より沙汰の左右につき一言の発言もなし、と。【吉記】

七月四日〔晴〕

申刻〈午後四時頃〉、右大臣藤原兼実（33）、脚病籠居後、久々にて後白河法皇御所法住寺殿に参上。参議藤原定能（34）をもって見参に入る。召しにより御前に参候。数刻の間、近侍。種々の勅語に与《あず》かる。多くこれ世間の逆乱についてなり。兼実、疎遠の恐れありしが、法皇

天気《てけ》はなはだ快然、心中悦びとなすこと少なからず。ただし、末代の事、いかんとも成し難し。【玉葉】

七月七日〔晴〕

後白河法皇、法勝寺に御幸せんとす。供奉の人々、吉服を着用すべし、と。しかるに、近々、世間静かならず、天変しきりに凶相を現すの上、客星すでに出現せり。かくの如きの間、法皇、ことに恐れ思召すによりて、御幸を停止さる。【玉葉】

七月十二日〔天晴る〕

最勝光院御八講、結願の日なり。後白河法皇、参会のため渡御あり。今年、ことにこの講会を省略し、請僧《しょうそう》十口が互いに問答を成したり。公家御八講において、勤仕の僧、互いに問答を成すの例、聞かざる所なり。また、このたびの御八講会には証誠《しょうじょう》（問答の可否を判定する僧）をも召されず。また、人々、吉服を着装の上、参会せり。これは、後白河法皇、今熊野社御精進屋より急ぎこの最勝光院渡御により、亮闇の服を憚らるるためなりと。これを伝聞したる右大臣藤原兼実、「吉服着用の御八講会参仕は、定めて眼を驚かすか。全く今熊野社御精進の事によるべからざるか」と。【玉葉】

七月十四日〔天晴る〕

養和改元。

改元の詔書は、大内記藤原業実の草進。中務権少輔藤原伊経、清書す。【玉葉】

七月十七日〔天晴る〕

午始め（午前十一時すぎ）、後白河法皇、法住寺殿御所を出御、前右大将平宗盛（35）の六波羅第に密々に御幸あり。法皇は御馬・御牛・御装束ならびに殿上人（平家一族）装束ほか種々の引出物を用意あり。御供は左中弁平親宗（38）と右近権少将平資盛（21）の二人だけ。他人は一切参らず。世人、ひそかに危惧するも、法皇、申刻（午後四時頃）、無事に還御あり、と。【玉葉】

七月十九日〔午後、甚だしき雨、暁に及びて雨脚すこぶる微かなり〕

酉刻（午後六時頃）、右大臣藤原兼実、院御所（法住寺殿）に参上。申次を介して見参に入らんとす。後白河法皇、人を介して仰せ下され、只今、取乱しの事ありて、謁するあたわず。奏上の事あらば、後刻、改めて参上すべし、と。よって、即刻、退出す。【玉葉】

七月二十三日〔朝の間、天晴る。その後、雨〕

故左衛門佐相模守平業房の妻（後白河法皇女房・丹後局、のち法皇愛妾・従二位高階栄子《よしこ》）堂供養を行う。後白河法皇、殿上人らを参仕せしめらる。世人、これを奇異となす、と。【玉葉】

七月二十九日〔陰り晴れ、定まらず〕

申刻（午後四時頃）、右大臣藤原兼実（33）、院御所法住寺殿に参る。しかるに、後白河法皇、兼実に申すべきの事あれど、いま念誦を始むるにより、謁するあたわず、と。よって、兼実、ただちに退下して、九条亭に帰る。【玉葉】

八月一日〔天陰る〕　**源頼朝、後白河法皇に密書「源氏・平氏と相並び召仕わるべし」、平宗盛それを拒絶す**

右大臣藤原兼実、右大将良通（15）・侍従良経（13）を相具し、後白河法皇法住寺殿御所に参入。ついで右大将良通のみを連れ、閑院内裏に参内、夜に入りて九条亭に帰来す。この日、兼実、院御所にて伝聞す。去る頃、源頼朝（35）より密々にて後白河法皇に書状をもって奏上あり。文面によれば、「頼朝においては全く謀反の心なし。ひとえに法皇の御敵を討たんがための挙兵なり。もしも、平家の滅亡を御望みなくば、古昔の如く、源氏・平氏と相並び召仕わるべきなり。関東は源氏の支配なり。海西（西国）は平氏の掌中なり。しかれども、源氏・平氏ともに国宰（国司）においては、朝廷により補さるべきもの。ただ、東西の戦乱を平定するために両氏に仰付けられて、しばらく御試しあるべし。源氏と平氏と、いずれが君主の政治を守り、君命（後白河法皇）に生命を捧ぐることを恐るるか、よろしく両氏のはたらきを御覧あるべし」と。

法皇は、この状の趣を内々、前右大将平宗盛（35）に仰せられたり。宗盛、これに答えて云く、「この儀、もっともなり。ただし、故禅門清盛閉眼の刻、遺言により、『わが子孫たる者は、一人と雖も生き残る者、死骸を頼朝の前に曝《さら》すべからず』と。しかれば、亡父清盛の遺誡、無視すべからざることなり。この事、最も秘事にして、人の全く知らざる事なり」と。この話、兵部少輔藤原尹明が密かに兼実に語るところなり。この男、元は前右大将平宗盛の身辺に祗候の者なり、と。【玉葉】

八月三日〔陰り晴れ、定まらず〕

後白河法皇、清水寺に参詣御幸。勧賞《けんじょう》により寺僧勝朝を法橋（四位相当）に叙し、阿闍梨一口を置くべきを仰下さる。【吉記】

後白河法皇、諸国逆乱の事、逐日熾烈せるにより、保元大乱の時、没官《もっかん》の荘園を伊勢大神宮・石清水八幡宮・賀茂社（上・下社）・日吉社に寄進し、兵禍を祈禱せる例を逐い、沙汰あるべく、蔵人頭左中弁藤原経房（39）に下命し、この可否ならびに新たに春日社・松尾社・平野社・稲荷社・宇佐宮などの加入を左大臣藤原経宗（63）に諮問せしめらる。【吉記、玉葉】

八月四日〔天晴る〕

申刻（午後四時頃）、右大臣藤原兼実（33）の九条第に、蔵人頭左中弁藤原経房（39）、後白河法皇の御使として来訪。兼実、直衣を着装、出でて逢う。経房の口上によれば、「天下乱逆の御祈りとして、諸社に荘園を寄進すべしとの叡旨あり。この事、何様あるべきや、右大臣兼実に諮り給え」と。その何社に奉るべきか、大外記中原師尚に勘申《かんじん》せしむるところ、保元の例につき、伊勢大神宮・石清水八幡宮・賀茂社・日吉社等を注進せり。法皇、今度は春日社を加えんとの叡慮思食しあり。この外に何社を加うべきや。春日社のほかに松尾社・平野社・稲荷社の三社、さらには二十二社以外の社にても加うべき社あらば計らい申すべし、と。これに対して、兼実は保元時の四社のほか春日社・平野社・稲荷社の奉加は、もっとも宜しかるべし、と奏聞せしむ。さらに、住吉社は殊に国家鎮護の神明として、その名異域に聞こえ、とりわけ霊験あらたかなり。これも加入しかるべし、と。院使・蔵人頭左中弁藤原経房、このたびの起案、前右大将平宗盛（35）・静賢法師（58）をもって後白河法皇に奏上せらるるによるもの、と。【玉葉】

今夜、僧事を行わる。清水寺別当勝朝を法橋に叙せらる。昨三日、後白河法皇御幸賞なり。また、後白河法皇の息、八条宮円恵法親王（母は大勝大夫平信業姉・30）の弟子静恵（母は後白河法皇愛妾・丹波局・18）、一身阿闍梨に補せらる。また、阿闍梨一口を蓮華王院に加え置かる。【玉葉、百錬抄】

八月六日〔早旦、雨甚だし。終日、陰る。午後、微雨あり〕

未刻（午後二時頃）、蔵人頭左中弁藤原経房、右大臣藤原兼実（33）の九条第に来臨、後白河法皇の仰せを伝う、「『関東賊徒（源頼朝）、余勢強大にして、いまだ追討を果たさず。京都の官兵をもって攻落すこと至難なり。よって陸奥国住人藤原秀平《ひでひら》（秀衡・60）をもって、彼の国司（陸奥守藤原実雅）の判に任せらるべし』と前右大将平宗盛の提案なり。彼の秀平、すでに陸奥国を大略虜掠せり。国司拝任せしめんとするが如何。また、越後国住人平助成（助職）、宣旨により信濃国攻略に発向せり。しかるに、軍勢少なきにより敗退。全く彼の過怠《かたい》にあらず。志においては不惜身命《ふしゃくしんみょう》、忠節の至り、すこぶる恩賞に当たれり。かつは傍輩の激励ともなるべきにして、その恩賞の法をいかにすべきや。もしも、越後守に加任の時は、遠征の節を遂げし時の勧賞《けんじょう》をいかにすべきものなりや。現状のままにては、大略、敵軍に追帰さるるは必定、進退きわまれり。法皇、叡慮をもって決しがたく、宜しく計らい奏せしむべし」と。この一件、左大臣藤原経宗（63）は、申状をもって各郡司に補せらるべく、官符を賜うべし、と。しかるに、右大臣兼実は秀平を国司に、助成を郡司に補せらるべし、と。経房、その意を尋ぬるに、兼実はさなくば「還りて彼の心に違背せしむべきか」と。これを聞き、経房、甘心の色あり。

ついで、経房、兼実に語りて曰く、「乱逆御祈りとして諸社に田園（荘園）寄進の事は、後白河法皇は甘心せられず。しかるに、前右大将平宗盛の意見たるにより、左右なく寄進に同意せられたるなり。保元四社のほか宇佐宮・春日社・住吉社の三社を加え、東国諸社においては除外の上、院宣を行わる」と。経房、これを言談の後、退出す。

今夕、後白河法皇、鳥羽殿に御幸。鳥羽・成菩提院（九体阿弥陀堂）において、明七日より彼岸会始行さるるによりてなり。【玉葉】

八月十四日〔雨下る〕
鳥羽・成菩提院の彼岸念仏会、結願す。後白河法皇、宿御の鳥羽殿より仁和寺に御幸、理趣三昧会に参会し給う。　【玉葉】

八月十五日〔朝雨、午後晴る〕
去る夜（十四日夜＝於閑院内裏）、除目あり。いずれも後白河法皇口入《くにゅう》により、院宣にて下行さる。この日、左大史小槻隆職（47）、右大臣藤原兼実（33）の九条第に聞書を注進し来る。藤原秀平（秀衡・60）を陸奥守に、前近江守平親房（前右少弁基親31二男）を越前守に、また平助職を越後守に任ず。この事、先日、議定あり。天下の恥辱たり。およそ、前右大将平宗盛（35）ら計略尽き果つ。この除目、平親房の任用、得心ならず。越前守平通盛、国司として追討使となり北国に下向せしも、にわかに他人（平親房）を任ぜらる、不審のことなり、事由、尋ぬべし、と。また、藤原秀衡・平助職の任用、人これを嗟歎す、と。　【吉記、玉葉】

八月二十日〔天晴る〕
右大臣藤原兼実の二男・侍従良経（13）、布衣着用して、後白河法皇御所法住寺殿に参上。御前に召されんとするも、折柄、法皇、双六始まるにより、数刻の間、待機す。しかるに、晩頭に及ぶもなお双六終わらず。よって参議藤原定能（良経伯父・34）、相計らいて退出せしむ。この日の参院には前駆二人（布衣着用）、騎馬にて御車の後に従う。また、侍二人・童一人、それに衛府長下毛野忠武が供奉す。家司・伯耆守藤原基輔および左馬権頭源宗雅も供に在り。　【玉葉】

八月二十九日〔雨下る〕
後白河法皇の皇子・最恵（母は法眼応仁女〔故左大臣源有仁孫女〕・のちの承仁法親王13）、延暦寺座主明雲（67）の弟子なりしが、受戒のため比叡山に登山す。院殿上人二十人が前駆として吉服を着用、善美を尽くす。ただし、紅紫衣ならびに繡織物等は着用せず。ほかに公卿六人の扈従にて華麗を尽くしたる行粧なり。見物の車は京大路を挟みて殷賑たり。右大臣藤原兼実、これに対して「天下乱逆の中、しかも亮闇《りょうあん》（高倉上皇崩御）の間、吉服着用の晴れ、誠に物狂いと言うべきか。弾指すべきの世なり」と忌避の言辞を残す。侍従藤原定家（20）もまた、「是れ故院（高倉上皇）素服の人、忽ち吉服を着す。若しくは思う所あるか。供奉の僧、善を尽くし、美を尽す」と、同様の見解を抱く。　【玉葉、明月記】

九月四日〔天陰る〕
今日より後白河法皇御所法住寺殿（＝院中）、供花会始行す。例年の如し。　【玉葉、明月記】

九月五日〔天晴る〕
後白河法皇の法住寺殿御所、供花会なり。侍従藤原定家（20）、昨四日に引き続き、連日、参仕す。【明月記】

九月六日
後白河法皇、来る十一日、摂津・天王寺に参詣されんとす。しかるに前右大将平宗盛（35）、制止するにより、法皇、中止さる。【玉葉】

越前国水津において、平通盛敗れ、敦賀城に籠る。【百錬抄、玉葉（九月二・十日条）、吉記（九月九・十日条）】

九月九日〔天晴る〕
去る六日、右大臣藤原兼実（33）、熊野権別当湛増（52）が僧兵を結集して坂東に下向、源頼朝に呼応して起てり、と伝聞す。この日、熊野湛増、使人に付けて書札を後白河法皇に進達す。文面によれば、「関東に向かうと雖も、謀反の儀にあらず。公庭（朝廷）のための忠節にして、ゆめ僻事《ひがごと》にあらず」と。しかるに、右大臣兼実は「この申状、不審もっとも多きか」と、湛増の挙兵に疑義を抱く。【玉葉】

九月十八日〔天晴る〕
この夜、戌刻（午後八時頃）、後白河法皇、蔵人頭左中弁藤原経房（39）を右大臣藤原兼実第に遣わし、熊野賊徒のため破損せし伊勢大神宮伊奘宮宝殿の造営、ならびに給料生藤原季光・文章得業生藤原宗業が方略（紀伝道の最終試験）の宣旨申請せるにつき、それぞれ計らい申せしめらる。【玉葉】

九月十九日〔晴〕
閑院皇居の殿舎屋上に白鷺の居る由、五位蔵人左少弁藤原行隆（52）、後白河法皇に奏聞す。故高倉上皇在位の時、たびたび、此の事あり。しかるに、法皇、沙汰に及ばずと仰せあり。【吉記（九月二十・二十一日条）】

九月二十日〔晴〕
晩頭、右大臣藤原兼実、皇嘉門院御所（基輔入道家）に参上。この日中、女院（皇嘉門院・60）より参議藤原定能（34）をもって、女院自筆を染め給う処分状を後白河法皇に進覧せらる。法皇、一覧の後、即刻にこれまた自筆の御報（返事）をしたため、女院に返し給う。右大臣兼実、これを女院の御前で披見す。この後、女院崩御後、この処分状とともに、後白河法皇宸筆の御報（一通）も兼実伝領す。兼実、一紙の識語をしたため、端に続《つぎ》加えて保存す。以後、歴世九条家の重宝として相伝（第二次大戦後、九条家より天理図書館に譲与〔重要文化財〕）。【玉葉（天理図書館蔵）】

九月二十三日〔晴〕

後白河法皇御所法住寺殿において御講を営まる。これより早く後白河法皇、蔵人頭左中弁藤原経房（39）を使いとして、検非違使別当平時忠（52）に代わって誰人を任ずべきや、と摂政藤原基通（22）に計らい申せしむ。経房、午斜め（午後一時前）に摂政藤原基通六条亭に参向、この趣を言上す。摂政基通、「衛府督の中、重代の器量を撰び任ぜらるべし。さらに加任の人あらば異議なく、法皇の勅定に従うべし」と。摂政の意をうけ、経房、院御所に参上。折柄、御所において講会あり、遅々、晡時《ほじ》（夕方）に及ぶ。前右中弁平親宗（38）をもって任官の事を奏聞す。戌終り（午後九時前）に及び、大事両三を記載せし、法皇御書（宸筆）を給う。ほかに折紙（平親宗手跡）を下され、また法皇仰下さるるの事あり。

これらの御書を携行の上、経房、摂政基通第に馳参ず。任人の事を申し、法皇御書中の事は、これを書写して給う。ついで、閑院内裏に参内、小除目あり。後白河法皇御書の両三大事は、参議藤原光能（50）の還任（去る治承三年十一月十七日解官）、任検非違使別当藤原実家（元右衛門督・37）、任右大弁藤原経房（元左中弁）、任左中弁平親宗（元前右中弁・38）にして、いずれも法皇口入叡慮による任事なり。除目了して、蔵人頭藤原経房は、逐電参院の上、法皇に右大弁昇任の慶賀を申す。【吉記】

九月二十四日〔雨降る〕

参議藤原定能（34）、右大臣藤原兼実（33）の九条第を来訪、雑事を談ず。後白河法皇、御所において祭祀を行わる。宝殿に奉懸の神鏡、祭礼の途中において破裂す。よって陰陽師を召し占《うら》を行わるるのところ、重御慎みと占勘せられたりと。これを聞く兼実、「もっとも恐るべし、おそるべし」と。【玉葉】

九月二十五日〔天晴る、時々小雨ふる〕

酉刻（午後六時頃）、右大臣藤原兼実、後白河法皇御所法住寺殿に参上。法皇の召しにより御前に参進、天下の事等を下問あるにより、みずからの所存のほど、すべて奏達せり。宸襟を悩ます恐れありと雖も、奏上せざるは不忠との思いにより、無理にすべて奏聞せり、と。【玉葉】

九月二十七日〔天晴る〕

蔵人頭右大弁藤原経房、任右大弁の慶び申しなり。黄昏に出門、途中において秉燭《へいそく》（日没）となる。まず参院（法住寺殿）、西中門に停立す。蔵人頭（経房）たる者は殿上において参入を告げざるは故実なり。蔵人高階忠兼（束帯着用）に申次ぎ、拝舞の舞踏を例により行う。ついで、法皇御同所（法住寺殿）たるにより上西門院（法皇姉・56）に蔵人をもって申次ぎ、二拝して退出す。

今夕、閑院内裏の陣外（二条西洞院）において、閑院に白鷺居る事により、陰陽頭賀茂在憲（80）をして百怪祭を修祓せしむ。【吉記】

十月二日〔天晴る〕

申刻（午後四時頃）、蔵人頭右大弁藤原経房（39）、右大臣藤原兼実第に、後白河法皇の院宣を伝えんがため入来。折柄、兼実（33）、風病の気あるにより障子を距てて面謁す。法皇、「天下の乱逆、今においては獲麟《かくりん》（世の終末）に及べり。武略の力及び難く、徳政叶わず、別御願による祈禱が必要。よって、伊勢大神宮に安徳天皇（4）の行幸の事、いかがならん」と。折柄、故高倉上皇の亮闇中なり。また、行幸発向とならば、駅家の雑事等、その煩はなはだ多し。しかるべき方途なきや、と。「今こそ天下に太平を招来し、政治を淳素《じゅんそ》（すなおで飾り気ない）に反《かえ》すべきの由、法皇の叡念より起こりたるにより、潔白の御願を立てらるべし」と、兼実心懐を吐露す。経房、これに甘心の色を示す。ついで、もしも後白河法皇みずから参宮とあらば、如何に、と。兼実は、「行幸以上のものはなし。この件につきては、法皇の叡慮に一任すべし。よって、兼実の左右《とこう》すべきに非ず」と答えたり。　【玉葉】

十月三日〔天晴る、晩に及びて雨下る〕

今日、蓮華王院総社祭の試楽を行う。略儀なり。

十月五日〔天晴る〕

蓮華王院総社祭あり。相撲等を奉納興行す。

北陸道の平氏軍を援けるため、平維盛を派遣する。　【玉葉】

右大臣藤原兼実、官位を辞せん（隠遁の思いあり）として、先日、院寵臣・参議藤原定能（34）をして、後白河法皇に奏上せしむべく辞意を表明せり。今日、定能、兼実九条第に来訪。かねて兼実より示付けらる所の趣を、便宜を得るにより法皇に奏達せり、と。法皇勅答して、「近日、天下穏やかならず、忽ちに思立つべからず」と。兼実は、定能に「余、思う所ありて、この由を奏せり」と。「しかるに、法皇の仰せも、また然り」と。　【玉葉】

十月六日〔天陰り、時々、雨下る〕

この日、後白河法皇の愛妾・丹後局（高階栄子）、皇女（のち覲子《あきこ》内親王）を出産す。　【女院小伝】

今日より後白河法皇、蓮華王院に参籠あり。　【玉葉】

十月八日〔天晴る〕

去る月二十四日、搦め取らるる相少納言藤原宗綱法師（故太政大臣藤原伊通甥）、前右大将平宗盛第（八条北・高倉東亭）において糾問せらるるも、「高倉宮（以仁王）の在所知らず、ただし、たしかに生存の由は伝聞せり」と申立つ。その後、身柄を左衛門尉平貞頼（筑前守貞能二

男）に預けられ、ついで備中国に配流さる。【玉葉】

十月九日〔天晴る〕

蔵人頭平重衡（25）の兵火により炎上せし東大寺大仏殿再建のため、東大寺奉加《ほうが》聖人重源（61）上洛して、後白河法皇を始め貴賤を論ぜず、洛中諸家を巡廻して奉加を請う。皇嘉門院（60）は銅十斤を奉加し給う。他所は銭一千貫文、または黄金六両を奉加せるもあり、と。【玉葉】

十月十一日〔陰り晴れ、定まらず〕　**後白河法皇、『般若心経』一千巻を柿葉に書写供養す**

後白河法皇の寵臣・右近権少将平資盛（21）の夢想により、後白河法皇、法住寺殿において『般若心経』を柿葉《こけらよう》〔板屋根に葺く、檜・槙などを削り剝いだ薄い板片〕に一千巻書写供養せしめ、俵十二俵に納めて、東海・西海に沈めて、逆乱平定を祈らる。【百錬抄】

十月十四日〔天晴る。暁に及びて少し陰る〕　**後白河法皇、八万四千基小塔供養を発願**

後白河法皇、来月十八日、八万四千基小塔の造立供養（『法華経』の全文字数にちなむ）を発願し給う。よって、結縁奉加を募らる。この日巳刻（午前十時頃）、院蔵人、右大臣藤原兼実（33）の九条第に来訪、法皇の叡旨をうけて催しを加う。供養すべく五百基分の結縁造進方を兼実に請わせ給う。一基の塔は高さ五寸なり。塔芯に宝篋印陀羅尼一反（一紙に書写）を奉籠すべく、指示あり。【玉葉】

十月十九日〔天晴る〕

右大臣藤原兼実、近時、摂津守橘以政を家司に補す。以政、摂津国松山荘（兵庫県三田市内）を後白河法皇御領として寄進すべく、主兼実に意を表明す。この日、兼実、家司・和泉守源季長を使者として、院近臣・左中弁平親宗（38）の許に、この意を伝え、法皇に奏聞せしめんとす。【玉葉（十月七日条も）】

十月二十日〔天晴る〕

来月十八日を卜し、後白河法皇発願の八万四千基小塔供養の事、この日、院庁より皇嘉門院の女院庁に、院宮家廻文《かいぶん》一紙を回付し来たりて、女院結縁分として五百基造進を催せらる。【玉葉】

十一月二日〔雨降る。但し、夜に入りて雨止む〕

皇嘉門院本御所（九条殿）、度々、炎上の難あり。よって其所を改め、九条以南、本御所の東南、更に吉土を卜して、新造せらるる所なり。去る八月十日棟上、落成。この日、新造御所に渡御なり。作事奉行は女院司・前皇太后宮大進源季広なり。この度、亥刻（午後十時頃）、右大将藤原良通（15）の半蔀車に女院（皇嘉門院・60）乗駕し給う。頼輔入道家の仮御所にて程近きにより、人々歩行にて騎馬の儀なし。右大将良通は直衣着用、御車の後に在りて供奉。御所、いまだ半作にて軽々たり。公卿は右大将良通の外、不参。今夜、宿仕の予定なりしも衰日《すいにち》により宿さず。右大臣藤原兼実、穢気により不参。摂政藤原基通（22）、参るべきのところ、密儀たるにより、中止さる。所々の饗膳・碁手紙・女房衝重《ついがさね》など無し。万事、省略の体にて、形の如く出来すると雖も、渡御の儀の形式を整うるに過ぎず。また女房も打衣・表着など正装せず、ただ狩衣・濃袴《こきのはかま》ばかりなり。女院、この夜一宿さる。【玉葉、吉記】

十一月三日〔陰り晴れ、定まらず。寒気殊に甚だし〕

払暁、皇嘉門院（60）、新御所より頼輔入道仮御所に還御。半作《はんさく》たるにより、急ぎ造り畢るべく督促ありて、一宿の後、すなわち還御なり。【玉葉、吉記（十一月二日条）】

十一月五日〔天晴る〕

右大臣藤原兼実（33）、かねて舎弟・法眼慈円（27）の法印昇任の事を後白河法皇に懇望せり。しかるに去る三日、許されざるにより、この日早旦、書状を院近臣・大蔵卿高階泰経（52）に申送り、所望の子細を詳述す。泰経、兼実の書状を持参、法皇の御気色を伺い、勅許を得たり。よって、この旨、兼実に伝うべく、申一点（午後三時すぎ）、九条第に来訪。穢気により縁辺において面謁。慈円法印の事、法皇勅許ありたりと。兼実、恐悦極まりなし。この夜、左中弁平親宗（38）・大蔵卿高階泰経、法眼慈円の法印に昇叙の旨を右大臣藤原兼実に告げ来る。【玉葉】

十一月六日〔天陰り、雨下る〕

早旦、右大臣藤原兼実、法住寺殿に参上。院近臣・大蔵卿高階泰経に付けて舎弟慈円の法印昇叙の恩寵につき、後白河法皇に慶び申しせんとす。泰経、すでに法皇勅許ありたるにより、ことさらに畏み申しするの要なし、と。また、法皇に拝謁せんとするも、今夕、今熊野御精進屋入御のため、取乱しの事ありて叶わずとのことにより、兼実、退出す。今夕、僧事ありて法眼慈円、法印に昇叙せらる。【玉葉、吉記】

また、後白河法皇、叡山祈願所阿字不動堂に阿闍梨二口（僧乗遍・泰真）を寄せ置かる、と。

この日、後白河法皇異母弟・無品覚快法親王（鳥羽院第七皇子・48。母は八幡別当法印紀光清女・宮仕え美濃局）、日頃脚病を煩うにより薨去す。後白河法皇、今熊野御精進のため、御精進屋（法住寺殿内）に入御。しかるに覚快法親王薨去の報により、法住寺殿に還御あり。この事、かねてより支度あるべき事なり。【吉記】

十一月十日〔天晴る〕

今晩、皇太后宮大夫入道俊成（法名釈阿・68）、初めて院御所法住寺殿に参上す。後白河法皇の龍顔咫尺《りょうがんしせき》（間近に拝謁）、数刻に及び、歓談あり。法皇、俊成入道に「常に参るべし」と勅語を賜う。【明月記】

十一月十二日〔霽《はれ》〕

夕に臨みて蔵人頭右大弁藤原経房（39）、閑院内裏に参内す。後白河法皇、蔵人左衛門尉菅原在高（22）を遣わして、寵臣・周防守藤原定輔（従三位藤原親信45一男・19。母は官女阿古丸）に内裏の昇殿を聴すべく沙汰の旨、仰下さる。【吉記】

十一月十四日〔天晴る〕

侍従藤原定家（20）、厳父俊成入道に供して、法住寺殿に参上。俊成、後白河法皇の御前に参候す。【明月記】

十一月二十日〔天霽る〕

後白河法皇、法住寺殿御所より蓮華王院に渡御あり。この日、蓮華王院中尊の前を道場となし、小塔供養あり。日頃、八万四千基小塔供養の儀、沙汰ありと雖も、その儀をたちまち変改せらる。大儀たるを略儀をもってこれを遂行せらるるによるなり。前権僧正公顕（72）、宿《とのい》装束《しょうぞく》を着用、導師を勤め、真言供養を勤修《ごんじゅ》せり。題名僧なし。蓮華王院中尊前の内陣に公卿座を敷設す。前按察使権大納言源資賢（69）・権中納言藤原兼雅（37）・同平頼盛（51）・同藤原成範（47）・同藤原朝方（47）・参議藤原定能（34）・新参議藤原光能（50）・左京大夫藤原脩範（39）・従三位藤原実清（44）ほか近習殿上人ら十人余りが参仕せり。導師・前権僧正公顕の被物《かずけもの》は、襲装束一重ならびに裹物、大蔵卿高階泰経（52）が奉行となり賜禄す。【吉記】

申刻（午後四時頃）、右大臣藤原兼実（33）、皇嘉門院御所（新御所・九条以南、当本御所東南）に参上す。兼実、女院御所に在るとにより、蔵人頭右大弁藤原経房、後白河法皇の御使として追来る。来る二十五日、中宮徳子（27）、院号の事あり。その号、仗議により決すべしと雖も、事前に法皇、右大臣兼実に諮り給う。兼実、奉答して云く、「宮城門を用いらるるなれば、安嘉門よろしかるべし。また、近例（建春門院）により内裏門を用いらるるなれば、建礼門いかがか」と。あるいはまた、「中宮里第・六波羅は五条大路の末に相当するにより、五条院と号す、もっとも宜しかるべし」と。【玉葉】

十一月二十二日〔天霽る〕

権僧正実寛（74）、叡山無動寺の検校《けんぎょう》に補すべく宣下あり。この由来は、はじめ天台座主行玄が今月六日に薨去した七宮（後白河法皇弟・覚快法親王）に譲与、七宮から法印慈円（右大臣藤原兼実弟）に譲るべく、定め置かる。その後、七宮は僧正全玄に譲らる。その時以来、実寛は鬱を成す。しかるに全玄は門跡中の上﨟をもって補すべきを主張。去る夏、その沙汰あるも、実寛、裁可を蒙らず。全玄より、この職、七宮に還補されたり。ここにおいて、実寛、後白河法皇に愁訴して、ついに補さるるに至れり、と。翌二十三日、右大臣兼実、この実寛の無動寺検校補任の事を伝聞す。兼実、これに対して「本願の起請」にそむき、「相承の道理」を忘るるを鬱憤して、次第の道理を立て、後白河法皇に奏聞せしむ。これにより、法皇の仰せが兼実に届けられたり。「全く理によりこれを補するの儀に非ず、ただ実寛は全玄に超越せらるるを愁え申す。この事、朕（法皇）ならびに実寛は怖畏の思いを成す。実寛は朕の縁座（しばしば、法皇の任事法会を勤む）により、この怨思あり。その遺恨を謝せしむとしても、このたびの補任は、実寛に別思ありて補するところなり。この後は、慈円法印の外、誰人もこの議、競い申すことなく、その事情については異議あるべからず」と、法皇の叡慮を右大臣兼実に伝えたり。

【吉記、玉葉（十一月二十三日条）】

十一月二十四日〔天晴る〕

右大臣藤原兼実（33）、二男侍従良経（13）に少将を望むこと、参議藤原定能（34）をして、後白河法皇に奏上せしむ。しかるに幼少の故をもって、これを許さずとの返事あり。兼実、この勅定に「勿論なり、勿論なり」と得心す。

【玉葉】

十一月二十五日〔雨下る〕　**中宮平徳子、建礼門院と号す**

中宮徳子（27）の院号を定めて、建礼門院と号す。左大臣藤原経宗（63）・左大将藤原実定（43）・権大納言藤原実国（42）・権中納言藤原忠親（51）・同藤原朝方（47）・検非違使別当藤原実家（37）・参議右中将藤原実守（35）・参議藤原定能（34）・参議左近権中将源通親（33）・新参議藤原光能（50）ら十人の公卿が閑院皇居の陣に参入、議定せり。人々、多く建礼門院に定め申すの上、いささか内議あるにより、法皇、建礼門院たるべきの由仰せありて一定せり。この日、後白河法皇、院号定めのため、申刻許り（午後四時頃）、密々にて中宮御所（六波羅泉殿）に臨幸あり。法皇、前越前守平通盛を召し、建礼門院院司交名を下し給う。別当は左衛門督平時忠（52）・権中納言藤原忠親ら六人。元中宮亮前越前守平通盛は五位別当にして異例のことなり。よって蔵人頭右大弁藤原経房（39）は「甘心せざる事」と注付す。

【吉記、玉葉、参議定長卿記（山丞記）】

十一月二十六日〔天晴る〕

右大臣藤原兼実、後白河法皇に申入るべき事あり、と。しかるに、「子細は記さず」として、不明。去る二十四日、二男侍従良経の少将昇進を歎願せるも、法皇許されざるにつき、再度、参議藤原定能（兼実義兄）にこの一件を申し入るか。

この日、法皇、建礼門院御所（六波羅泉殿）に渡御なり。

【玉葉】

夕刻、後白河法皇、建礼門院御所（元中宮御所＝六波羅泉殿）より八条院（法皇異母妹・暲子内親王尼45御所）に渡御、一宿せらる。

【吉記（十一月二十七日条）】

十一月二十七日〔雪降る〕

秉燭の後、後白河法皇、八条院〔去る夕臨幸〕より法住寺殿に還御せらる。【吉記】

十一月三十日〔天陰る〕

後白河法皇、密々に嵯峨・広隆寺、法輪寺第に臨幸あり。当時、広隆寺別当法眼寛敏〔信西入道子・48〕、「年来長病」〔『吉記』養和二年正月十九日条〕により、法皇、見舞い給うか。【吉記】

十二月一日〔天晴る〕

建礼門院殿上始の儀を女院御所〔六波羅泉殿〕において行わる。申斜め〔午後四時半すぎ〕、後白河法皇、密々に臨幸あり。殿上を聴さるる殿上人は、法皇みずから御点を加え清撰さる。その殿上人は大蔵卿藤原雅隆（35）・大蔵卿高階泰経（52）・内蔵頭藤原季能（29）・左中将源有房・同源通資（30）・皇太后宮亮但馬守平経正・左中将平時実（31）・右中将源雅賢（34）・左中将藤原実教（32）・左中弁平親宗（38）・右少将藤原公時（25）・左少将藤原公守（20）・右中弁藤原兼光（37）・権右中弁藤原光雅（33）・左少将藤原基宗（27）・右少将藤原実明（29）・蔵人左少弁藤原行隆（52）・蔵人左衛門権佐藤原光長（38）・右衛門権佐藤原親雅（37）・左少将藤原実保・侍従藤原成家〔定家の兄・27〕・右少将藤原基範・安房守藤原定長（33）・右少将藤原公衡（24）・侍従平有盛・周防守藤原定輔（19）ら二十七人なり。【明月記、玉葉、参議定長卿記】

十二月四日〔天晴る〕　**皇嘉門院、薨去**

皇嘉門院（60）、かねて病臥中、この日、申刻〔午後四時頃〕、病悩急変、危急に及び、大略、臨終の刻至る。眼精、すこぶる変わらせ給う。善知識として枕頭に侍す大原聖人〔本覚房蓮覚〕、念仏を勧む。女院、声出でず微音に唱えしめ給う。その後、一進一退。丑刻〔五日・午前二時頃〕に至り、汗出ず〔日頃、一切、発汗なし〕。寅刻〔午前四時頃〕に遂に崩御。心神、安穏にして、手に五色旗〔幡〕を取り、心に九品の望みをかけ、安然として入滅し給う。

皇嘉門院臨終と伝聞の後白河法皇は、自筆の女房文〔仮名消息〕をもって、病いを訪い申さる。女院、病床にて返事、分明に申し給う。その返事の中に、ただ猶子たる右大将藤原良通（15）の外に、思い置く事なし、と。哀憐の思い切なるものあり。傍らで聞く者、一様に涙を拭う。【玉葉】

十二月五日〔天晴れ、風吹く〕

早暁寅刻〔午前四時頃〕、皇嘉門院閉眼とともに、右大臣藤原兼実（33）、急ぎ権中納言藤原兼雅（37）に付して、女院薨去により兼実ならびに右大将良通、父子ともども悲泣籠居の旨を後白河法皇に奏聞せしむ。この報を聞き給う法皇、殊に驚歎し給う、と。【玉葉】

十二月十三日〔天晴る〕　**後白河法皇、法住寺殿内新造御所に移徙**

今夜、後白河法皇、法住寺殿内新造御所（同殿乾・新殿）に移徙あり。同所の八条院（暲子内親王尼・45）も同じく渡御。大納言源定房（52）以下、供奉す。供奉の人、吉服を着用。侍従藤原定家（20）も吉服束帯を着装して参殿、参仕す。陰陽頭賀茂在憲（80）反閉《へんばい》を勤む。法皇・女院、法住寺南殿より御出、幾程の距離にあらざるも、なお騎馬にて供奉。両御車とも西四脚門より新造御所に入御。供奉人、列び立つ。庭狭小にして人数立ち得ず。西門の中に崔嵬《さいかい》（山がごつごつと険しいこと）の急坂あり（東山、山麓）、南庭の南に桟敷の造立あり。その北庇をもって殿上間となし、その前に屛あり。屛の外が寝殿の南庭なり。中門廊の西に大いなる坂あり。法皇・女院ともに入御あり。よって、侍従藤原定家、退出す。【明月記、上皇御移徙記、玉葉】

十二月十六日〔天晴る〕

今夜、建礼門院（27）もまた、女院御所（六波羅泉殿）を出御、院号定め以後、初めて閑院内裏に御幸あり。【玉葉】

今夜、後白河法皇御所法住寺殿において仏名会を修せらる。【玉葉】

十二月十九日〔天晴る〕

入道俊成（68）、法住寺殿新御所に参上。数刻に及び、後白河法皇に見参す。【明月記】

十二月二十九日

追儺《ついな》についで小除目あり。去る十月十二日、従四位上右少将平資盛（21）、少将を辞す（『公卿補任』）。このころ、資盛、散位平重衡（25）とともに、北陸追討に従軍せり。何故の辞任か、分明ならず。しかるに、この日、正四位下右近衛権中将に昇任す。後白河法皇寵幸たるにより、その口入によるか。【玉葉（養和二年正月一日条）】

養和二年・寿永元年（一一八二・改元）　五十六歳

正月一日〔晴〕
皇嘉門院崩御の諒闇により、院拝礼その他一切の節会を停めらる。右大臣藤原兼実（34）も喪家の内たるにより、鏡を見ず、薬（屠蘇・白散《びゃくさん》）を服せず。【玉葉】

正月十日〔天晴る〕
御室守覚法親王（33）、父帝後白河法皇に謁せんとして、法住寺新御所に参向。六条川原において、乗駕の御車の車軸、故なくして折損す。御車転倒により恥辱かぎりなし、また怪異なり。この事故によって、御室より陰陽頭安倍泰親（73）の二男・大舎人頭業俊を召し、御占《うら》を行わしむ。【養和二年記（安倍泰親日条）】

正月十八日〔天霽る〕
この夜、蓮華王院修正会《しゅしょうえ》なり。後白河法皇、御幸。八条院（暲子内親王尼46）も同居たるにより密々に渡御、御幸の儀なし。着座の公卿は権大納言源資賢（70）以下、二十人に及ぶ。多く直衣を着用、中に束帯着装の人もあり。初夜了りて呪師《のろんじ》六手あり。最初に乙宮太郎丸が出演、以下、相つぐ。近年、呪師の演者皆夭亡せり。しかるべき上手の者、諸芸道において、かくの如き現状なり。ついで、例の如く散楽《さんがく》あり。木工寮の侍以下、演者三人のみ。了りて装束を賜う。ただし、下衆散楽の者には装束給せず。導師の布施は例の如し。天曙に及び後白河法皇ならびに八条女院、法住寺殿新御所に還御。近隣により、公卿はいずれも歩行なり。【吉記、達幸故実抄】

正月二十五日〔天快晴なり〕
大膳権大夫安倍季弘、天文木火の変を奏上のため、法住寺殿に参上す。後白河法皇、御前に召し、物語あり。また、御占を申上ぐ。その時、御前には他人参候せず、と。【養和二年記】

二月一日〔天晴る〕
大膳権大夫安倍季弘、法住寺殿御所に参上す。木火の奏を進覧のためなり。戌刻（午後八時頃）、木星・火星、一尺許りの間に出現す。

二月二日〔天晴る〕

後白河法皇、法住寺殿において尊勝陀羅尼供を修せらる。【養和二年記】

戌刻〔午後八時頃〕、大膳権大夫安倍季弘、法住寺殿御所に参上。父大膳大輔泰親（73）の位階一級を進められんことを所望する申文ほか、『進士方略』などを進上のためなり。この夜、同じ戌刻に木・火星、一尺三寸所に出現せり〔火星は寅方〔東北東〕、木星は申方〔西南西〕なり〕。【玉葉】

二月三日〔天快晴なり〕

大膳権大夫安倍季弘、法住寺殿御所に参上。今日より後白河法皇御所中、三十日触穢なり。門前に闖入《ちんにゅう》せし大法師〔乞食法師〕、御所内にて餓死したるを、今朝、見付けたるによるなり。ただし、昨日よりこの遺体放置されたるか、と疑う。【養和二年記、玉葉】

二月四日〔天晴る〕

権大納言藤原兼雅（38）、右大臣藤原兼実（34）の九条第に来りて示して言う、「大納言の闕《けつ》あるにより、その補欠除目あり。兼雅、望みなきにより、兼実の嫡男・右大将良通（16）を任ぜらるべく、後白河法皇に吹挙せり。摂政藤原基通（23）も同心、法皇に奏上せらる」と。兼実、この伝言を聞き「芳志の至り、本懐すでに足る者か」と喜悦す。【玉葉】

二月八日〔天霽る〕

皇嘉門院非蔵人源俊長〔土佐守源俊兼曾孫＝高松院蔵人源清俊男〕は民部大輔源兼定の乳母子たり。俊長の舎弟俊親および源兼定の侍らを一味に誘引、去る年十二月、故前加賀守藤原師高後家の家に強盗として押入る。その後、追捕の網がしぼられ、まず民部大輔兼定の雑色男を逮捕、その自白により源俊長が張本と指申さる。一味の侍一人は自害す。当時、未曾有の事件として世上騒然たり。すでに源俊長、検非違使左衛門少尉藤原信盛沙汰として召出されたり。この日、廷尉藤原信盛、件の蔵人俊長を院御所法住寺殿に連行、庭中に引据え、後白河法皇、これを御覧ありたり。【吉記（二月九日条）】

二月九日〔天晴る〕

故皇嘉門院領最勝金剛院領は、生前、女院の猶子たりし、右大臣藤原兼実の長子・右大将良通に相伝すべく処分状をしたため、さらに後白河法皇の御覧を経て、法皇自筆の報書により認知せられたり。しかるところ、入道関白藤原基房（38）が、その相伝に異を唱え、後白河法皇に訴え申しに及ぶ。この日、申刻〔午後四時頃〕、蔵人頭右大弁平親宗（39）が、法皇の御使として右大臣兼実第に来臨す。折柄、院穢に触れるにより、親宗を南面の縁に招き、親宗は片尻をかけ、兼実は簾中長押上に在り、距てて面謁す。親宗、法皇の使者の趣を言上す。これ入道関白基房、最勝金剛院事を法皇に訴え申さる、と。この最勝金剛院領相伝につきては、皇嘉門院自筆の仮名消息ならびに女院御領の荘々目録を、兼実、保有。右大将良通相伝の次第の子細を、院使平親宗に披瀝せり。まことに、未曾有の事なり。この期に及びて左右《とこう》の方途なし。事の道理（理非）については、青空を仰ぐのみなり。もともと、さかしらにその最勝金剛院領を執り申すにあらず。故女院のためにも、かかる訴訟の沙汰が起るなど、悲歎の限りなり、と。【玉葉】

二月十日〔天晴る〕

蔵人頭右大弁平親宗（39）、右大臣藤原兼実（34）の許に、後白河法皇の院宣を進達し来る。その趣によれば、故皇嘉門院領最勝金剛院領を少々、入道関白基房（松殿・38）に分与すべし、と。これを受理せし兼実、なおも故女院より相伝の次第を陳述せり。【玉葉】

二月十一日〔天晴る〕

後白河法皇の召しにより、故皇嘉門院処分状案を院御所に進覧す。まことに、かかること女院没後の恥辱なり。言いて余りあり。それにつけても、入道関白基房の訴えは、なおなお未曾有の非法なり。この最勝金剛院領の事は女院存生の時、後白河法皇に申置かれし事、その時の法皇の勅報の趣等々、すべて分明の事なり。件の証書一括、法皇に進覧せしところ、法皇は即座に記憶を想起の上、理に屈伏せられし御気色ありありと露呈せられたり。もともと、入道関白基房の訴えを真に受けて、下命あること自体、まことに奇怪の気というもの。なまじっか生き永らえて、かくの如き非法の振舞いを見ることは、まことに悲しい限り、と。【玉葉】

二月十六日〔陰り晴れ、定まらず〕

右大臣藤原兼実、入道関白基房はなおも最勝金剛院領の一件を後白河法皇に愁訴さると伝聞す。この事、故皇嘉門院のおんためには、没後の瑕瑾か。女院他界の今となっては、左右すべき方途のないこと、明白なり。【玉葉】

二月十七日〔天陰る〕

これよりさき、後白河法皇、法金剛院（母待賢門院御願寺）彼岸会につき御幸。この日、蔵人頭左大弁藤原経房（40）、閑院内裏より退出、法金剛院に参入す。途中において、左京大夫藤原脩範（40）、只今、施米を施行中なりと、示さる。彼岸会中、毎日行わるるところなり。ついで、院御所（後白河法皇御宿所）に参着す。以前は御所において懺法《せんぼう》を行われしが、只今は理趣三昧堂なり。公卿は参議藤原光能（51）が一人、着座ありたり。しばらくして権中納言藤原兼雅（38）・民部卿藤原成範（48）・前大宰大弐藤原親信（46）らが御所より参入、法皇御前に列座参仕す。【吉記】

最勝金剛院領の一件の事、入道関白基房（38）は、散三位藤原顕家（基房男寵・30）をして蔵人頭右大弁平親宗（39）に訴え申さしむと、兼実、伝聞せり。よって、使者を親宗の許に遣わして相尋ぬるところ、事すでに実正なり、と。【玉葉】

二月十八日〔微雨下る〕

右大臣藤原兼実（34）、午刻（正午頃）、法性寺御堂に参詣。故皇嘉門院のおんために仏経供養を営む。仏は如意輪絵像、故女院が平生、みずから図写さるる仏画にして、いまだ供養を遂げず。今日、吉日たるにより、この供養を遂げるものなり。経は蛤貝に写経せるものなり。故女院は、平日、折々に貝覆《かいおおい》（貝合せ）の遊戯を好み給うにより、故女院の滅罪のため貝合せの出貝《だしがい》に、「真実之妙文」（『法華経』一部）を書写す。これ、先例多く存するの故に、その故智に倣うものなり。導師は覚智僧正、この仏経供養、卒爾に発願せるものにして兼日の沙汰なし。よって、女院御所に留置の僧三人を請僧《しょうそう》となす。まず、はじめに四種供養（飲食・衣服・臥具・医薬）あり、ついで舎利講を行う。つぎに、故女院の女房三位局が仏経供養を行いたり。【玉葉】

二月二十一日〔天晴る〕

女御藤原琮子（後白河法皇女御・38）の三条高倉第、放火により焼亡す。京中、尋常の家、残る所わずか両三ばかりの内なり。惜しむべし、惜しむべし、と。【吉記、百錬抄】

二月二十三日〔天晴る〕

大膳権大夫安倍季弘、法住寺殿に参上。天体、木火の変を後白河法皇に言上のため、勘文本文を懐中して奏覧す。法皇、御覧の後、橡《つるばみ》法衣を着装、出御し給い、季弘言上の次第を聞食し給う、と。【養和二年記】

二月二十五日〔雨降る〕

仁和寺宮守覚法親王（33）の五部大乗経供養の事、雨天により延引。来る二十九日に施行と一定す。

源義仲（30）追討のために、平教盛（55）を北陸道に派遣す。【吉記】

二月二十九日〔雨降る〕

仁和寺宮守覚法親王、故五宮（後白河法皇同母弟・覚性法親王）のために五部大乗経を供養し給う。去る二十五日、雨により延引、今日、降雨と雖も遂行さる。後白河法皇、早旦、法金剛院御所を出御、仁和寺法親王房（守覚法親王）に御幸。供奉の公卿は参議藤原定能（35）・同藤原光能（51）・左京大夫藤原脩範（40）・前大宰大弐藤原親信（46）・従三位藤原実清（45）・皇太后宮大夫藤原朝方（48）の六人。この朝方、舐鼻《しび》（神妙な顔つき）して伝達、法皇の御簾の許に召され、面目を施せしが、まことに不当の者なり。殿上人は十余人、各自、束帯を着用して御幸に供奉す。法会の奉行は右中弁藤原兼光（38）なり。京中より左大将藤原実定（44）・大納言源定房（53）・権大納言藤原実房（36）・同藤原宗家（44）・権中納言藤原忠親（52）・別当藤原実家（38）らが参列す。導師は澄憲僧都（57）。説法の妙、尊卑渇仰せり。請僧二十口。講師・読師以下四十八僧に布施を給う。錦被物《かずけもの》以下、いずれも尽善尽美にして驚目心肝のものなり、と。近代の布施物はかえって功徳に非ず、国家の産を傾くるものにして、現当二世の益なし。ついで後白河法皇より守覚法親王に布施あり。大納言源定房がこれを伝《てん》供《ぐ》す。終って法親王より後白河法皇に贈物（弘法大師筆御本）あり。錦裂に包み銀松枝に付く。左大将藤原実定がこれを請け取り、伊予守高階泰経（53）が参進、これをうけて院主典代に手渡す。ついで、蔵人兵部権少輔藤原定長（34）が法皇の下命により勧賞《けんじょう》を仰せて、仁和寺別当権大僧都実任（左大将藤原実定兄・45）を法印となす。この間、法皇に御膳を供し、了りて法金剛院に還御、さらに法住寺殿御所に密儀をもって還御せらる。　【吉記、権中納言藤原朝方記、玉葉、一代要記】

三月一日〔天晴る〕

申刻（午後四時頃）、蔵人頭右大弁平親宗（39）、今朝の招引により右大臣藤原兼実（34）の九条第に来訪。折柄、兼実、入浴中にて、暫くして汗乾きて後、御簾を距てて面謁す。権大納言源資賢（70）大納言を辞するの由、風聞せるにより、年端若く決して急ぐに非ざるも、右大将を帯びし権中納言良通（兼実長子・16）が、亜相《あしょう》（大納言の唐名）の闕を空しく過すことなからしむべし、と兼実心懐を吐露せり。しかるに、法皇の御気色は権中納言藤原兼雅（38）を意中せられたり、と。よって、兼実、枉《ま》げて右大将良通を権大納言に任ぜられんことを法皇に奏上すべく親宗に申入る。これに答えて親宗は「法皇、天気《てけ》悪しきに非ざるも、何分にも良通幼若なる由を仰せらる」と。兼雅はかねてより任大納言を望まざる旨を早くより広言。右大将良通の拝任をもって、わが身（兼雅）の大望たりと兼実に会釈せり、と。しかるに、兼雅はみずからが中納言の筆頭、しかも院近臣たる自負をほのめかしながら、下臈（良通）に超越さるべからず。敢て右大将良通を超えぬ理由は、向後、諸人の濫望を制せんがためなり、と。兼実、この兼雅の意を親昵の本意として、平親宗に右大将良通の任大納言の事を法皇に奏達せしむ。ただし、事前に兼雅に談合の上、奏聞すべく相含めり、と。

この日、右大臣兼実は来談の頭弁平親宗に、入道基房（38）の訴訟（故皇嘉門院領最勝金剛院領処分状の沙汰をめぐる訴状）につき、相尋ぬ。親宗、この一件につき、右大臣兼実陳述の子細を後白河法皇に申入るべく口を開きしに、いまだ言葉も終らざるに、法皇が勅して、「此の事、元より能く聞食すところなり。只今は、入道基房の訴状に対して沙汰に及ぶべからず」と。この言により、兼実、入道基房の訴状の旨、法皇、許容なきと知り、まことに神妙なり、と安堵す。もともと、親宗（此人）は入道基房の申状をもって、理非分明の由を承知しおると聞き居たり。しかれば、親宗に面謁の時、条々の道理を立て、詳しく説明しおきたり。しばらくは、疑殆の気色（入道基房の主張正しきか、と）あるやに見受けたり。しかし兼実の条理を委しく聞くの後、全く得心したりと見ゆ。所詮、入道基房の訴訟の状は、ひとえに故皇嘉門院のためには瑕瑾たること必定なり。よって、かかる事、たとえ前例ありと雖も、沙汰せず、法皇において止められたるなり。今後、この一件につきては、当時・後代、たとえ一人が承知していても、決して口外すべきではなし、と兼実、親宗に重ねて訓戒せり。親宗は十分に納得して、少時、退出。院御所に帰参せり。【玉葉】

三月四日〔天晴る〕

大膳権大夫安倍季弘、父大膳大夫泰親（73）の位階一級の進級（五位・上下）を上申すべく、申文を後白河法皇に進達せんがために、法住寺殿に参上す。【養和二年記】

三月五日〔天晴る〕

今日より後白河法皇の今熊野社参詣のための御精進始なり。修祓《しゅばつ》のため大膳大輔安倍泰親、法住寺殿内御精進屋に参上す。孫・鶴大夫安倍孝重を相具す。【養和二年記】

三月六日〔天晴る〕

大膳権大夫安倍季弘、法住寺殿内今熊野御精進屋より一時出でて、法住寺殿御所に参上す。【養和二年記】

右大臣藤原兼実（34）の二男・侍従良経（14）、去る年十二月四日、右少将に昇任す。よって、明七日、院御所法住寺殿に良経を拝賀せしめんとす。しかるに、後白河法皇、明暁、今熊野社に参詣し給うにより、慶び申しを延引す。【玉葉】

三月七日〔天陰り雨下る〕

後白河法皇、今熊野社に参詣。ついで、今日より今日吉社に参籠し給う。よって、大膳権大夫安倍季弘、未刻許り（午後二時頃）、御精進屋を退出して今日吉社に参向、御祓いを勤行す。法皇に供奉の公卿は権中納言藤原兼雅（38）・参議藤原定能（35）・同藤原光能（51）・前大宰大弐藤原親信（46）ら。今日吉社社頭において十座仁王講を始行さるるにより、権律師珪猷大法師・同守禅・同恵珠・同証遍・同公胤（已上、三会の已講《いこう》なり）および覚什・千慶・長覚・昌円・雅円ら請僧となり勤修《ごんじゅ》す。大膳権大夫安倍季弘に随従して御精進屋に参籠中の安倍鶴大夫（季弘子・孝重）も季弘とともに退出、みずからは院御所北面に参上す。【吉記、養和二年記】

三月八日〔陰り〕

右大臣藤原兼実、去る月、権中納言藤原兼雅（38）より後白河法皇に吹挙せりと内聞せし右大将良通（16）の大納言所望の事、除目始まるにより、その可否を蔵人頭右大弁平親宗（39）の許に問い遣わす。親宗、「この事、昨日、初めて伝聞、驚けり。後白河法皇の御気色、悪しからざるにより、只今これより参奏すべし」と答申す。この夜、兼雅、兼実に書札を送りて「右大将良通殿、大納言御所望の事、若しや御沙汰あるかと覚え候なり。一切承り及ぶことなく、放念なされしかと思えり」と。【玉葉】

三月九日〔天晴る〕　**後白河法皇側近、藤原定能・藤原光能・高階泰経、還任す**

昨八日、除目入眼あり。未刻（午後二時頃）、右大臣兼実（34）、除目聞書を見る。権中納言藤原兼雅（38）、権大納言に任ず。また、参議藤原実守（36）、権中納言に任ぜられたり。参議の任用なし。参議藤原定能（35）、左近権中将を兼任、同藤原光能（51）、左兵衛督を兼ね、伊与守高階泰経（53）、大蔵卿に各還任す。これら三人の還任により、去る治承三年（一一七九）十一月十七日解官の人々、去る冬・今春除目により、過半還補され了んぬか。

右大臣兼実、嫡男右大将良通（16）の大納言所望の事につき、述懐す。「先例を案ずるに、すでに理運十二分なり。しかしながら、年少なるが故に、急ぐ必要なき旨を所存せしも、権中納言兼雅より強引に示旨あり。よって、平素の親昵本意の発露と喜び、兼雅の書状に誘発されて、後白河法皇に任大納言の事を奏達せり。しかるに、法皇、勅許なし。ところが、望まずと称せし兼雅が権大納言に任ぜられたり、まことに皮相の次第。今に至りては、兼雅の心中図りがたし」と。【玉葉】

かねて、院御所に捧呈せし申文の勅奏により、父大膳大夫安倍泰親（73）は一階を進級、正五位下に昇叙さる。また、子息・鶴大夫孝重は右京亮（従五位下）に任ぜらる。大膳権大夫安倍季弘は父子両人の慶び申しのため、今夜、後白河法皇の法住寺殿に参入す。【養和二年記】

三月十二日〔天晴る〕

午刻許り（正午頃）、蔵人頭右大弁平親宗（39）、後白河法皇の御使として前右大将平宗盛（36）の八条北高倉東亭に参向す。何事の用所なるや知れず。宗盛、人をして親宗に言わしむ、「天下の乱れ、法皇の御政の不当等、ひとえに汝（親宗）の所為なり。故禅門清盛は遺恨ありし時は、即刻に奏対せられたり。しかるに、宗盛においては尋常を存ぜんがため、万事にわたり、見て見ぬ態度に終始せり。よって、時には面目を損うこともあり、すこぶる怨みに思うこともあり」と。これを聞く親宗は、困惑のあまり、急ぎ退出して、家門を閉じて閉居せり。これを伝聞せし右大臣藤原兼実は、「天下の乱れの出来か。すべて、左右しがたき事態なり」と慨歎す。【玉葉】

三月十三日〔朝雨ふる〕

午後、参議左大弁藤原経房（40）、後白河法皇女御琮子《たまこ》（38）の御所（左大臣藤原経房第〔大炊御門富小路亭〕東町）に参上す。去る二月二十一日、同女御御所（三条高倉殿）放火により焼亡以後、いまだ参上せざるにより、見参して女房に謁す。【吉記】

三月十五日〔天霽《は》る〕

後白河法皇、新日吉社（今日吉社）に参籠中なり。今日、院武者所の武士、宿願により、新日吉社において競馬《くらべうま》（五番）ならびに流鏑馬《やぶさめ》（六番）の競技を行う。後白河法皇、宿御所より出御、馬場においてこれを御覧あり。ほとんど乱遊に及ぶ、と。【吉記】

三月十七日〔終日、甚雨なり〕

後白河法皇、五位蔵人左少弁藤原行隆（53）を奉行として院宣を下し、近日、諸国の各荘園に検非違使庁の使者を差遣して、兵粮米を重ねて苛責徴収の沙汰をせしめ給う。上下の人々、色を失うことなり、と。【吉記】

三月十九日〔天陰る。晩に及びて少し晴る〕

去る年十二月四日、右大臣藤原兼実（34）の二男・侍従藤原良経（14）、右少将に昇任す。この日、右少将良経、拝賀を行う。束帯を着用、唐草蒔絵錺太刀《かざたち》、紫緂《だん》平緒を着装す。摂政藤原基通（23）、笏を賜い、これを持ちて新調の車に乗駕、出立す。まず、後白河法皇の御所法住寺殿に参上。申次の人なし。兼日、大蔵卿高階泰経（53）に慶び申し参入の事を語りてあるも、近日、病により出仕せず、と。よって、執事院司・民部卿藤原成範（48）をもって拝賀の旨を言上せり。しかるところ、院御所、折柄、中間《ちゆうげん》（時の間）によって後白河法皇の召しなく、右少将良経、拝謁叶わず。【玉葉】

今日、大膳大夫安倍泰親（73）、正五位下に昇叙の拝賀のため、法住寺殿御所に参上す。蔵人源邦業（邦長は誤写）をもって申入れ、舞踏ありて、退出す。【養和二年記】

三月二十日〔晴〕

後白河法皇の寵臣・正二位前権大納言源資賢（70）、出家す。仁和寺の法印権大僧都兼毫（丹波守藤原為忠子・64）戒師となる。現世栄望、過分の人なり。【吉記】

三月二十二日〔天霽る〕

院近臣・蔵人兵部権少輔藤原定長（34）、蔵人頭右大弁平親宗（39）後白河法皇の逆鱗に触ると、参議左大弁藤原経房（40）に告げ来たる。事由、明らかならず。【吉記】

三月二十三日〔天霽る〕

叡山の僧・前権少僧都顕真（52）、聖朝安穏、天下泰平を祈請するため、叡山の門徒を競合して三七日間法華経一万部の転読供養を勧進す。この善根《ぜんごん》、後白河法皇の叡聞に達し、請僧七口の中に結縁のため列し給う。今日より潔斎を致され、如法経（法華経）転読を行わせ給う。

顕真勧進状を回付して、公卿諸家に結縁を募り、多くの奉加《ほうが》を得たり、と。【吉記】

三月二十六日〔陰り晴れ、定まらず。昼夜小雨ふる〕

午後、参議左大弁藤原経房（40）、法住寺殿御所に参上。人々に謁するの間、空しく日暮る。権右中弁藤原行隆（53）、参入す。この人、院宣をうけ諸国の荘々に兵粮米の沙汰を行う。この事、万民の愁え、また一天の費《つい》え、ただこの事にありと、経房痛憤す。【吉記】

四月十四日〔天晴る〕

延暦寺の僧・前権少僧都顕真、貴賤上下を勧進して、去る月十五日より三七日間の一心御精進の如法経転読供養を行う。後白河法皇も人数に列し給う。よって、今日、結願す。同時に叡山の山頂、天台三塔法華堂において、金泥如法一日経（法華経一部十巻を一日で書写す）の書写を完了。後白河法皇、臨幸の上、即日、日吉社において供養が行わる。舞楽あり、希代の大善根にして、上下参会の人々、随喜の涙を流して法悦す、と。【百錬抄（四月十五日条）】

四月十五日〔朝の間、大雨大風あり〕

早朝、謬説風聞により、洛中騒動す。昨日、後白河法皇、日吉社供養の後、登山あり、山僧ら、ただちに法皇を拉致せり、と。よって蔵人頭平重衡（26）、軍勢を率いて叡山山麓の坂下に馳向うに、僻事たること判明。法皇は日吉社宿殿に御在所。よって重衡迎え奉りて、法皇俄かに還御あり、と。【玉葉、百錬抄】

四月十九日

去る十五日、叡山の衆徒、後白河法皇を拉致せりとの浮言は、全玄僧正（70）、前右大将平宗盛（36）に造意《ぞうい》を告げるの由、風聞せり。これにより山僧ら、大鬱して件の全玄僧正を追放せんとす。右大臣藤原兼実（34）、この風聞を伝聞して、はなはだ由なき事か、と慨嘆す。【玉葉】

四月二十一日〔天陰る〕

賀茂祭なり。祭使は左少将平有盛（故内大臣重盛子）なり。後白河法皇、桟敷に出御ありて、行列を見物あり。【玉葉】

五月十五日

この夜、後白河法皇、今熊野社参籠より出御あり。【玉葉（五月十六日条）】

五月十六日〔天陰る〕

右大臣藤原兼実第、去る月二十六日より五体不具穢ありて服喪せり。この日、兼実、始めて出仕。橡染《つるばみぞめ》直衣、着用。重服冠、黒沓等の服飾にて、他人の車に乗駕して法住寺殿に参上す。申次《もうしつぎ》を介して、後白河法皇、去る夜（十五日）今熊野社より出御、窮屈（疲労）なるによ

り面謁せず、と仰せあり。よって、同居たる八条院（46）に会釈して退下す。【玉葉】

五月十八日

後白河法皇、法住寺殿において今日より恒例の供花会を始行さる。

五月二十二日〔天晴る〕

蔵人左少弁藤原光長（39）、右大臣藤原兼実（34）の九条第に来訪。疾疫流行により改元を行うべし、との後白河法皇の仰せを伝え、兼実に諮る。兼実、これに答えて、「改元により災を除くべきかは存ぜず。そのためには、御祈りを行わるべきか。その上の事は、法皇の御定《ごじょう》に在るべし」と。【玉葉】

五月二十七日〔雨下る〕

寿永改元。

左大将藤原実定（44）、上卿《しょうけい》となる。式部大輔藤原俊経（70）、「寿永」を択ぶ。疾疫流行に依る。右大臣藤原兼実、「改元、全く物の用に叶うべからず」と。【玉葉】

六月十一日

後白河法皇、今比叡社（今日吉社・新日吉社）参籠より出御。ついで今熊野社に参詣せんとし給うも、夢想告による御卜、不快とあるにより、今熊野社社参を中止せらる。【玉葉】

六月十四日〔朝、天霽れ、夕に陰る〕

祇園御霊会なり。後白河法皇、法住寺殿を出御、三条上東洞院の新造桟敷に渡御ありて、神幸の行列を御覧あり。行粧、風流過差にして時勢を憚からざるか、と。【吉記】

六月二十一日〔天霽る〕　**天下の擾乱は、故藤原頼長の怨霊の所為なり**

蔵人頭左中弁藤原経房（40）の第に興福寺已講証遍（大納言源師頼子・44）入来、来談せり。「当節における天下擾乱、全く他事に非ず。これひとえに故左大臣藤原頼長の怨霊の所為なり。故崇徳上皇・故入道関白藤原忠実の怨霊もこれに相加わる。後白河法皇においては、度々その殃難《おうなん》に逢い給うと雖も、御行業（仏道修行）古昔に超え給うにより、寿命長遠にあらせらる。故二条天皇・故六条上皇・故高倉上皇ら三代帝王、相ついで早世し給えり。さらに、故建春門院・故摂政藤原基実も相ついで泉下に帰せらる。皆これ、故頼長の亡霊の然らしむるところなり。近年、連々夢想ありて、その証左顕然たり。この事、上下その由を承知するも、いまだその沙汰なきなり。北野天満宮（菅原道真）の例によって祖神建立、しかるべし」と。経房、これに答えて云く、「先年その沙汰ありて、故崇徳上皇のためには法華八講を修し、故藤原頼長には官位を贈られたり。その時に神祠建立の沙汰あるべかりき」と。この証遍已講の言談、さして才覚の人に非ず、また宿老にても非ず。しかれども、連々の申し条、すこぶる傾聴すべき、か。【吉記】

六月二十五日〔天晴る〕

酉刻許り（午後六時頃）、右大臣藤原兼実（34）、後白河法皇御所法住寺殿に参上。参議左中将藤原定能（35）をもって謁せんとするも、八条院（46）の病悩見舞いのため御在所に渡御により、対面あたわず。当時、女院も法住寺殿に同居。よって右大臣兼実も八条院御方に参り、女房に見参す。三位局に出逢い、少時、言談の上、退出せり。【玉葉】

六月二十六日〔天晴る〕

後白河法皇異母妹・八条院（暲子内親王尼）、法住寺殿御所に同居。この日、瘧病《おこりやまい》を煩い給う、と。【玉葉】

六月二十七日〔天陰り、午上（正午前）小雨あり〕

後白河法皇、皇子たる園城寺宮静恵法親王（19。母は元遊女・女房丹波局。無品円恵法親王31弟子。故斎院善子内親王女房・宣旨局、養育す。その後、乳母なし）を五辻斎院（鳥羽院皇女・頌子《のぶこ》内親王38）の猶子となす。この日、斎院御所北面において対面あり。斎院、贈物として法親王に手本（小野道風手跡一巻）を赤地錦につつみ、銀松枝に結びて贈らる。【吉記】

七月一日〔天晴る〕

法住寺殿新御所に同居の八条院の瘧病、この両三日、毎日、発作を起し給う。しかるに験者《げんざ》を召さずして、陰陽師の占卜をもっぱら憑みとす。さらに請僧の上、修法・加持も不快に思召し給う、と。後白河法皇、今朝、推して御在所に渡御。祈禱護持、申刻（午後四時頃）、三部満ち給うにより、すでに効験の至り歴然たり。よって法皇は法住寺殿御所に還御せらる。女院ほどなく平癒あり。この効験を謝し、女院は院司・大宰大弐藤原実清（45）を御使として、慈恵僧正遺愛の五鈷（『吉記』は剣）を贈物として後白河法皇に献じ給う。【玉葉、吉記】

七月二日〔天晴る〕

鳥羽院国忌なり。また、免物《ゆるしもの》あり。これ毎年、不退の行事なり。安楽寿院における忌辰に法皇参列のため、鳥羽殿に御幸。しかるに事煩あるにより、密々の御幸なり。蔵人兵部権少輔藤原定長（34）奉行を勤む。検非違使別当藤原実家（38）、法皇に供奉す。【玉葉、吉記】

七月三日〔天霽る〕

法勝寺御八講始なり。午刻（正午）、後白河法皇、鳥羽殿より御幸あり。供奉の公卿は権中納言藤原朝方（48）・新権中納言藤原実守（36）・

参議右中将藤原実宗（38）・参議左中将藤原定能（35）・同源通親（34）・右兵衛督藤原光能（51）・右京大夫藤原基家（51）・右近権中将藤原頼実（28）・前大宰大弐藤原親信（46）・大宰大弐藤原実清（45）・左近権中将平重衡（26）、殿上人は中務権大輔藤原経家（34）・右中将藤原隆房（35）・内蔵頭藤原季能（30）以下二十人余り。検非違使は左衛門尉源季貞・左衛門少尉藤原信盛・左衛門尉平知康の三人、北面の下﨟は肥前守源康綱以下五、六人が供奉、はなはだ人なき有様なり。摂政藤原基通（23）が扈従、前駆十四人、内舎人《うどねり》・随身を相具さる。法勝寺において講演の間、法皇は摂政基通を御簾中に召入らる。右大臣藤原兼実（34）これを見て、この事につき法皇の叡慮に得心せず。先々の慣例によれば、院近習の人、御座の辺に祗候するが先例なり。たとえ、天下執柄の身と雖も、摂政基通はいまだ法皇御所における功はなし。もしくは、これ追従《ついしょう》（へつらいおもねる）か。抑留の謂《いい》か。後に法皇と摂政基通の仲、男寵に発展す。この日の行為、その兆しか。

【吉記、玉葉】

法勝寺御八講始に御幸の後白河法皇、夕座の時に及びて権大納言藤原実房（36）、行事として参入、法皇の法住寺殿還御に供奉す。今夕より、後白河法皇、法住寺殿北御所において孔雀経法を始行さる。前大僧正禎喜（84）、阿闍梨として修法を勤仕す。このたび、僧前（僧に供する食膳）の料は諸国の用途を宛てられずして、もっぱら、院沙汰とせり。この日の大阿闍梨は前大僧正禎喜、奉行は大蔵卿高階泰経（53）なり。伴僧二十人を勤仕せしめ、同十一日結願す。

【吉記、孔雀経御修法記】

七月六日〔天晴る〕

蔵人兵部権少輔藤原定長（34）、後白河法皇の御使として右大臣藤原兼実の九条第に来訪。兼実、御簾前に招きて面謁す。法皇、来る十月二十一日、大嘗会御禊の同輿（安徳天皇5、および母后中宮徳子28）のための御輿につき、また前斎宮亮子内親王（36）の立后（安徳天皇准母たるにより尊称皇后）は、今月は叶い難くも、来る八月は近例なきにより、如何とすべきか、右大臣兼実に諮り給う。

【玉葉】

七月七日〔天霽れ、夕に雷いささか鳴る〕

法勝寺御八講結願なり。午刻（正午）、後白河法皇、御幸あり。供奉の公卿は権大納言藤原実房（36）・検非違使別当藤原実家（38）・新参議左中将藤原定能（35）・参議左中将源通親（34）・右兵衛督藤原光能（51）・右京大夫藤原基家（51）・左京大夫藤原脩範（40）・前大宰大弐藤原親信（46）・大宰大弐藤原実清（45）・左近権中将平重衡（26）・右中将平維盛（22）・刑部卿藤原頼輔（霜鬢《そうびん》を撫で、始めて供奉す・71）ら、殿上人は蔵人頭左中将藤原泰通（36）以下、二十人余り供奉す。北面の下﨟は左衛門尉源季貞以下十余人が供奉。左大臣藤原経宗（64）・新権大納言藤原兼雅（38）・右近権中将藤原頼実（28）は、御幸に供奉せずして、法勝寺において参会す。事了りて法皇、今熊野社に還御あり。

【玉葉（七月八日条も）、吉記】

七月八日〔天晴る〕

これよりさき、後白河法皇、今熊野社に参籠中なり。この日、故建春門院国忌。最勝光院内、御堂において法会を修せらる。例年の事なり。しかして、この日、最勝光院御八講会、初日なるにより、後白河法皇、今熊野社より出御。法住寺殿において日中時の孔雀経法に逢い給うにより、これに参仕の後、未刻（午後二時頃）、最勝光院御堂に臨幸、国忌法会に参仕。人々、これを傾奇《けいき》せしも、この方途、例年の慣例なり、と。この日、朝座の講師は法眼雅縁（45）、問者は権律師道顕（48）なり。事了りて御経供養の布施あり。左衛門督平時忠（53）・中納言藤原忠親（52）、被物《かずけもの》を取り、侍臣ら、裹物《つつみもの》を取る。これ院庁および寺家（法勝寺）両方の布施なり。ついで、左衛門督時忠、北廊の座に着き弁を召し鐘を打たしめ、夕座を始む。講師は道顕、問者を雅縁が勤め、朝座と交替せり。【玉葉、吉記】

七月九日〔天霽る。夕に臨みて雷雨、滂沱たり。終夜、雨降る〕

最勝光院御八講（第二日）は、朝座の講師は権律師弁暁（44）、夕座は権律師行舜（23）。互いに朝夕の問者を交替せり。公卿は左衛門督平時忠・左京大夫藤原脩範（40）・前駿河守藤原雅長（38）ら参仕す。後白河法皇、法住寺殿より船にて渡御あり。【吉記】

七月十日〔天霽る〕

後白河法皇の寵僧、叡山無動寺検校・権僧正実寛（75）、蓮華王院御所において入滅す。病危急となりしにより、病軀を扶け乗車せしめて浄土寺辺りの自房に向いたるに、途中において逝去せり、と風聞す。右大臣藤原兼実（34）は翌十一日の早旦、入滅と伝聞。これにより、舎弟慈円法印（28）の無動寺検校職後任のこと、今において異議なしと即断す。よって、後白河法皇に急ぎ奏上すべく、書状をしたため、院中の大蔵卿高階泰経（53）に送付す。【吉記、玉葉（七月十一日条、養和元年十一月二十三日条も参照）】

右大臣藤原兼実、かねて所帯の右大臣を辞退せんとす。よって、参議左中将藤原定能（35）に付して後白河法皇に奏上。この日、定能より告げ来るところによれば、重ねて法皇に奏聞のところ、法皇において兼実の処遇に意中ありと、よってこの辞任のこと許されず。しかるに、兼実、この事、得心せず。兼実、近日、任大臣の除目あるべし、と風聞せり。この期に至りては、その除目の後に上表して辞せんと決意す。【玉葉】

七月十一日〔天霽る〕

後白河法皇御所法住寺殿における孔雀経法結願なり。昨日は衰日《すいにち》に当るにより、今日に延引さる、と。参仕の公卿は左衛門督平時忠（53）・検非違使別当藤原実家（38）・参議右中将藤原実宗（38）・参議左中将源通親（34）・右兵衛督藤原光能（51）・左京大夫藤原脩範（40）・刑部卿藤原頼輔（71）らなり。後白河法皇、日中時の修法中に参会せらる。導師以下の請僧に、公卿以下の者、布施を取る。法皇、導師に御馬（葦毛）を賜う。ついで勧賞ありて、法眼真禎（後白河法皇皇子・16。母は三条局）を権大僧都に任じ給う。この日、恩赦ありて免者《ゆるしもの》は八人。【吉記】

七月十二日〔天晴る〕

無動寺検校・権僧正実寛死去に伴う後任に、慈円法印（28）、補任せられんことを奏上せし右大臣藤原兼実（34）に、大蔵卿高階泰経（53）、後白河法皇の叡旨を示し送る。法皇、「いつ、なるやう（五常の道＝仁・義・礼・智・信）なれば、程なく沙汰すべし」と。しかし、兼実、この裁決に得心せず。なぜに、その補任の発令を渋滞に及ばるるか、と。【玉葉】

七月十三日〔晴〕

このころ、後白河法皇、今熊野社に参籠中なり。前斎宮亮子内親王（36）の立后日を定めんとして、議定《ぎじょう》あり。蔵人兵部少輔藤原定長（34）、八月十四日なりと示す。また、陰陽師・大膳大夫安倍泰親（73）は後白河法皇に供奉（修祓）して今熊野社に参籠中に、八月二十六日も日次よろしと奏上す。その節、八月立后の例は、光明皇后の外、これなしと勘申《かんじん》せり。【愚昧記】

七月十四日〔天晴る〕

後白河法皇の寵臣・大膳大夫平信業（45）、病により遁世（出家）す。信業は兵衛尉信重の息男。武者所を経て滝口・衛府・検非違使廷尉・馬助・馬権頭・受領を歴任す。病悩更発により発意の出家なり。栄光過分の然らしむる結果なり。世移り、時変るの時と雖も、いまだ災難に逢わず。その生涯は無為にして、天下第一の幸人なり。ひとえにこれ後白河法皇の恩寵、人に過ぐる者なり、と。【吉記（七月十五日条）】

七月十六日〔天晴る〕

参議左中将藤原定能（35）、右大臣藤原兼実第に来訪す。かねて奏上の右大臣辞退の事、定能、後白河法皇に覆奏に及ぶも、勅報（法皇の返事）、なお許し給わず、と。これを伝聞せし兼実、これをなすに如何と。方途に迷う。【玉葉】

七月二十日〔雨下る〕　**藤原良通の番長・秦兼重、殺害さる**

この夜、右大将藤原良通（16）、除服（故皇嘉門院崩御、服喪）の後、始めて出仕す。まず、後白河法皇御所法住寺殿、ついで建礼門院御所六波羅泉殿、さらに閑院皇居（安徳天皇）に歴参す。右大将良通に扈従の番長・秦兼重（元松殿関白藤原基房下﨟）、大将第（九条殿）退出の後、装束を改め私宅に帰らんとして、八条高倉辺において殺害さる。人の怨恨なきにより、人違いにより殺さるるか、と。この秦兼重は容貌醜に非ず、また揚馬《あげうま》・競馬《くらべうま》等にその骨《こつ》を得る勇士なり。秦兼弘の弟、兼清の子たるにより、舎人中の英華なり。この災難、歎きて余りあり。今年、右大将良通は重厄年に相当す。この難、若しくは是れ、良通にとりて重きを転じて軽きを受くるか、と。【玉葉】

七月二十四日〔天陰り、雨下る〕

右大臣藤原兼実（34）、摂津国、後白河法皇の御沙汰となる由、伝聞す。よって国内の荘園の停廃あり。摂津国の産出米は六万石に及べり。この国には一所の家領が多くその中に在り。たとえば、生島荘（尼崎市）・東富松荘（尼崎市）・松山荘（兵庫県三田市）・倉垣荘（大阪府豊能郡能勢町）などは兼実支配の荘園なり。　【玉葉、阿部猛・佐藤和彦編『日本荘園大辞典』参照】

七月二十五日〔天晴る〕

右大臣藤原兼実、去る二十日夜の番長・秦兼重急死により、その補充に困却して、当時、近衛舎人らの子細を知悉せる前右馬権頭藤原隆信（41）に代替の候補を求む。隆信、後白河法皇院御所北面に候す府生・秦頼文の末子など五人を推挙す。しかるに、この日、後白河法皇の裁許にて、季時法師奉行となり、法皇御教書を下行し、下毛野敦助の男子・助廉を推挙し来る。秦兼重死去の日、権大納言藤原兼雅（38）を介して、右大将藤原良通（16）に召仕われたく所望の由。兼実の家司・伯耆守藤原基輔、院御教書とともに件の下毛野助廉を引見せしに、「天下第一之悪男」（容貌醜悪）なり。よって、兼実、法皇の推挙たるにもかかわらず、召仕う意志なし。　【玉葉（七月二十三日条も）】

七月二十八日〔天晴る〕

この夜、権大納言藤原兼雅、右大臣藤原兼実の九条亭に来臨。兼雅によれば、右大将良通の近衛舎人候補なる下毛野助廉の事、後白河法皇に奏聞せし、と。法皇、これを聞食し、辞退道理の由、天気あり。よって、兼実所望の輩につきては、よくよく勘案の上、追って推挙すべし、と勅報ありたるを伝う。　【玉葉】

七月二十九日〔朝陰り、午後晴る〕

巳刻許り（午前十時頃）、後白河法皇、八条院に渡御せらる。ついで、法金剛院上西門院御所に御幸あり。　【愚昧記（七月三十日条も）】

巳刻、院中の大蔵卿高階泰経（53）、後白河法皇の下命により、兼実の家司・伊予守源季長に書状を送り来る。文面によれば、無動寺検校の事、法印慈円（28）の沙汰たるべく宣下せらると。これ、法皇の恩寵たり。兼実、この事につき、「尤も神妙なり。実に悦思きわまりなし。全く自身（兼実）の慶びに劣らず」と。よって、即座に、返書をしたため、法皇に畏み申すの由、披露ありたく、と示し遣わす。また、同時に、法印慈円に告知す。　【玉葉】

七月三十日〔天霽る〕

後白河法皇、法金剛院上西門院御所より嵯峨（行先不明）に臨幸あり、密儀なり、と。　【吉記】

八月二日〔天霽る〕

法勝寺御八講なり。後白河法皇、御幸。摂政藤原基通（23）参仕す。　【吉記】

未刻（午後二時頃）、右衛門権佐藤原親雅（38）、後白河法皇の御使として右大臣藤原兼実（34）の九条第に来訪。「前斎宮亮子内親王（母は従三位藤原成子〔高倉三位局〕・36）の立后につき、件の斎宮、野宮より退出の時（保元三年〈一一五八〉十二月・12）群行《ぐんこう》なきにより、この度の帰京の儀、難波祓《なにわのはらえ》なし。后位を備えらるるの時、かの祓を行われざるを如何なすべきや」と、法皇、右大臣兼実に諮り給う。兼実、これに答えて、「斎宮退下の後、すでに十余年（実際は二十四年）を経過、この期に及び難波祓を行うこと、物議に叶わず。解斎《げさい》祓は仏事に従う際に必要。しかるに、この前斎宮亮子内親王、すでにこの数年の間に、たびたび仏事を修せられたり。ゆえに、いまここに祓を行う必要なし」と。後白河法皇、この可否につき左大臣藤原経宗（64）・右大臣藤原兼実・左大将藤原実定（44）・権中納言藤原忠親（52）・同藤原長方（44）の五人に下問ありたり。修祓の必要なしの意志表示は、左大臣経宗と権中納言長方、権中納言忠親は必要あり。左大将実定はいまだ返事なし、と。【玉葉】

八月四日〔天霽る〕

この夜、後白河法皇第一皇女・前斎宮亮子内親王、立后のため兼宣旨《けんせんじ》を賜う。時に法皇と同宿、法住寺殿新御所（東山新御所）に居住。この新御所においてこの儀、行わる。公卿、権大納言藤原実房（36）・同藤原実国（43）・左衛門督平時忠（53）・民部卿藤原成範（48）・権中納言藤原朝方（48）・検非違使別当藤原実家（38）・新権中納言藤原実守（36）・参議右中将藤原実宗（38）・参議左中将藤原定能（35）ら、参上す。勅使・蔵人頭左中将藤原泰通（36）、閑院内裏より宣旨を携行して来臨せり。法皇の近臣・大蔵卿高階泰経（53）これを申次ぐ。ついで、勅使藤原泰通、参上、着座す。権大納言藤原実房、禄を取りて、勅使泰通に給う。勅使、庭上に降り立ちて再拝す。この儀了りて、後白河法皇御所の殿上間において、立后雑事定を行う。【吉記、愚昧記】

八月十二日〔午後、雨降る〕

今夕、前斎宮亮子内親王、法住寺殿新御所（後白河法皇同宿）より東山南殿（法住寺殿）に行啓あり。これ来る十四日、立后によるものなり。御車は法皇御料車を用いらる。院殿上人、大蔵卿高階泰経（53）・伯耆守藤原基輔・周防守藤原定輔（20）・右衛門権佐藤原親雅（38）・侍従藤原成定（30）・蔵人兵部権少輔藤原定長（34）・前右衛門佐高階経仲（26）・下野守藤原範光（29）ら前駆《せんぐ》となる。権大納言藤原実房（36）、車寄に祗候す。御所の装束（設営）は勘解由次官藤原定経（25）なり。この日、上西門院（57）も同じく渡御せらる。【吉記、玉葉】

権大納言藤原兼雅（38）、右大将藤原良通（16）の随身・秦兼重死去に伴う替任番長の事につき、右大臣兼実に示し送り来る。その後、補充の候補につき後白河法皇に重ねて奏聞のところ、府生秦兼継・府生中臣武友は共に法皇秘蔵の随身《ずいじん》。よって下毛野敦景の次男敦次を下し遣わすべきの由、法皇の御気色あり、と。これまた、右大臣兼実、かならずしも本意に非ざるも、さきに下毛野敦助の子助廉を仰せ下され

たるにもかかわらず辞退せしを、法皇、許容あり。そこで、この下毛野敦次の推挙を悦びとなす旨を奉答す。【玉葉】

八月十三日〔天晴る〕

右大将藤原良通（16）の番長後任の事、権大納言藤原兼雅（38）、右大臣兼実（34）の書状奉答の旨を後白河法皇に奏上せり。よって、法皇は下毛野敦景に右大将良通の番長たるべきを召仰せらる、と。しかるに、件の下毛野敦景・敦次父子は、折柄、河内国に下国せるにより、その在所にこの旨、仰せ遣わさる、と。【玉葉】

八月十四日〔朝の間、陰り晴れ、定まらず。未刻（午後二時頃）以後、雨降る〕　**亮子内親王、安徳天皇の冊命皇后となる**

前斎宮無品亮子内親王（後白河第一皇女・36）、冊命《さくみょう》皇后（詔勅をもって皇后に命ず）の事あり。当今《とうぎん》（安徳天皇）准母の儀により皇后となす。しかるに、未だ入内せず、天皇に謁見なし。午刻（正午頃）、左大弁藤原経房（40）、閑院皇居の東礼に檳榔毛の車に駕して参内。尊称皇后の宣命をつくる。ついで、皇后宮職の除目を行う。正二位権大納言藤原実房（36）、皇后宮大夫となり、以下、十二人の任命あり。事了りて皇后亮子内親王、皇后宮御所（後白河法皇御所東山南殿西礼＝法住寺殿）に退下。公卿は本御所（法住寺殿新御所）より参向、あるいは閑院内裏より率参す。宮司（皇后宮職）ら、皇后宮御所の西中門下において慶び申し、舞踏あり。ついで、冊命勅使・左近中将源通資（31）参上せり。寝殿西向妻戸前に勅使座を設け、着座の上、冊命を啓す。皇后宮大夫藤原実房、禄（白大袿一領）を取り、勅使に給う。勅使通資、禄を肩にかけ、中門東腋の庭上に降り、舞踏して退出す。ついで、寝殿皇后宮御在所に装束を行う。調度を運び、大床子・円座・師子形（一双）・倚子一脚等を配す。この間、御髪を理《ととの》う。高倉天皇乳母・典侍藤原綱子（故権大納言藤原邦綱女）が奉仕す。つぎに装束、着装。白織物唐衣・白羅裳・蘇芳織物表着・濃張袴《はりばかま》・扇、着付け終わりて、皇后、倚子に着御。この時、後白河法皇ならびに上西門院（57）、同座す、と。やがて饗宴、さらに御遊あり（「御遊年表」参照）。【吉記】

この日、立后儀式に右大将藤原良通、閑院内裏に参入すべきのところ、後白河法皇下賜の新番長・下毛野敦次、河内国に在りて、参会せず。また仮番長を立てんとするも、近衛本府に適任者なし。よって、右大将良通、空しく九条南宅に籠居したり。番長参会の時に出仕すべき以外に方途なし。よって、明後日（十六日）出仕すべく支度したり。【玉葉】

八月十五日〔天陰る〕

立后第二日の儀を皇后宮（東山南殿＝法住寺殿）において行う。摂政藤原基通（23）不参。この日の上首は大納言源定房（53）なり。後白河法皇は法住寺新御所より密々に渡御あり。三献の酒宴についで御遊あり（「御遊年表」参照）。所作人《しょさにん》は拍子（権大納言藤原宗家44）・笛（権大納言藤原実国43）・笙（左兵衛督藤原光能51）・篳篥（右兵衛権佐藤原盛定＝地下召人）・和琴（権中納言藤原実家38）・琵琶（宰相右中将藤原実宗

38)・箏（右中将平資盛22）・付歌《つけうた》（右中将源雅賢35）なり。【玉葉】

八月十六日〔天陰り、雨下る〕

立后第三日なり。申刻（午後四時頃）、右大将藤原良通（16）、新皇后宮（法住寺殿）に参上。三献の饗あり。新番長・下毛野敦次参入、右大将の御供にて皇后亮子内親王（36）の御出に参仕す。生年十九歳、容貌は過失なし。ただし前番長・故秦兼重には及ばず。また、すこぶる馬術に長ず。【玉葉】

八月十七日〔天晴る〕

この夜、後白河法皇、明十八日、鳥羽・成菩提院（鳥羽泉殿＝九体阿弥陀堂）の彼岸会始により、法住寺新御所より鳥羽殿に御幸。【玉葉（八月十八日条）】

八月二十四日〔天陰る〕

右大臣藤原兼実（34）、念珠十連（銀筥に納む）を後白河法皇に追従のため進献す。法皇、参議左中将藤原定能（35）を介して御感の叡旨あり。【玉葉】

八月二十五日〔雨降る〕

鳥羽・成菩提院の念仏会結願なり。公卿五、六人参入、相ついで漸次《ぜんじ》参集す。午刻（正午）、十二口の僧徒、皆参仕。よって法会を始行す。後白河法皇、御座の簾中より散花《さんげ》を出し給う。右中将源雅賢（35）・左少将藤原実教（33）・周防守藤原定輔（20）、法皇の召しにより御簾下に進みて散花の華籠《けこ》を取り、これを僧徒に伝供《てんぐ》す。巻数《かんず》満ち了りて僧着座す。中の一人、結願の導師を勤め、念仏会を了す。ついで公卿、布施を取る。勤仕の僧、口別に被物《かずけもの》一重、裹物《つつみもの》一、長絹一裹、桐華一結（八条院46、布施を加え給う）、直垂《ひたたれ》一領を給うなり。参仕の公卿は大納言源定房（53）・左衛門督平時忠（53）・按察使中納言平頼盛（52）・権中納言藤原朝方（48）・参議右中将藤原実宗（38）・参議左中将藤原定能（35）・同源通親（34）・右兵衛督藤原光能（51）・右近権中将藤原頼実（28）・前大宰大弐藤原親信（46）・大宰大弐藤原実清（45）・刑部卿藤原頼輔（71）なり。頼輔、夏と雖も冬扇（檜扇）を持つ。異例なるも宿老につき、かくの如きか。後白河法皇、去る十七日、鳥羽殿に御幸。この日、成菩提院彼岸会結願後も、なお鳥羽殿に宿《しゅく》し給うか。【吉記、達幸故実抄、玉葉】

八月二十七日〔天晴る〕

後白河法皇、鳥羽殿より石清水八幡宮に御参。勧賞《けんじょう》ありて少別当道清（14）を法眼（五位）に叙せらる。【玉葉】

八月二十九日〔天晴る〕

この夜、後白河法皇の寵臣・平信業法師（45）死去す。【玉葉（九月一日条）】

九月一日〔天陰り、雨下る〕

明日（二日）、後白河法皇、賀茂社に参詣御幸せんとす。しかるに一昨日（八月二十九日）の夜、寵臣・平信業法師死去せり。その事を哭かるるにより、参詣を停止さる。【玉葉】

九月四日〔天晴る。午後、降る〕

後白河法皇、今熊野社に参籠あり。【玉葉】

九月五日〔小雨、時々、雨降る〕

後白河法皇、今日吉社に参籠。この日、閑院内裏において大嘗会御禊定あり。蔵人兵部大輔藤原定長（34）、この奉行たり。しかるに、定長、今日吉社参籠の御供を仰せ付けらる。【吉記】

九月十二日〔天陰り、雨気有り。然れども降らず〕

右大臣藤原兼実（34）の息男、右大将良通（16）・右少将良経（14）、同車して後白河法皇御所（法住寺殿新御所）ならびに閑院内裏に参入す。右大将良通の車、古弊により右少将良経の車を所用す。院御所において、両人、後白河法皇の御前に召され、面謁を賜う。【玉葉】

後白河法皇、今日より蓮華王院において三十壇千手供を始行さる。蔵人兵部大輔藤原定長、これを奉行す。【吉記】

九月十三日〔天晴る〕

摂津・天王寺の一乗会（法華会）なり。後白河法皇、布施を送るべく、院司・木工頭平棟範（33）を参向せしむ。【吉記】

九月十四日〔天晴る〕

後白河法皇、賀茂社に御幸。巳刻（午前十時頃）、法住寺殿新御所を出御。神宝辛櫃《からびつ》一合を仕丁が荷《にな》い、行幸の先頭を進む。ついで神馬二疋（鹿毛・黒駮《くろぶち》、御厩舎人、褐衣《かつい》を着し、これを引く）、行事は院庁官右衛門府生紀守康、束帯着用して参仕。殿上人は、蔵人頭右大弁平親宗（39）以下十人許り。公卿は、権大納言藤原実国（43）以下十一人。つぎに検非違使左衛門尉源季貞・同平盛綱、さらに北面下臈十余人、続いて院庁官・随身らが供奉す。まず下社に参着。中門東廊を法皇御所となし、翠簾《すいれん》を懸け渡す。ついで、神楽、御遊あり（「御遊年表」参照）。楽に堪能の月卿雲客、法皇の召しに応じて簾中に候す。楚忽《そこつ》の儀により賀茂下社、御遊の具をかねて常備せざるにより、禰宜賀茂祐季が尋ね調進す。権大納言藤原実国（笛・43）・同藤原兼雅（箏・38）・参議右中将藤原実宗（琵琶・38）・右権中将平資盛（箏・22）・右中将源雅賢（和琴・35）らが弦管を調べて吹奏せり。この御遊の間、権中納言藤原朝方（48）、前大宰大弐藤原親信（46）が法皇の召しにより簾中に祗候。その外の卿相は西廊座に着座せり。下社において日没となり、ついで賀茂上社に参詣あり、細殿《ほそどの》・進物所において法皇以下に御膳を供す。【吉記】

九月十五日〔甚しき雨なり〕

後白河法皇、今日より南殿（法住寺殿）において、供花会を始行さる。この南殿、皇后宮（前斎宮亮子内親王36）御所たりと雖も、恒例により行わる。しかるに、左大弁藤原経房（40）、なおこの儀、不当の事なりと思考す。【吉記】

九月十七日〔雨なお同じ。昼方より霽《は》る〕

去る四日、臨時除目において前権大納言兼右大将平宗盛（36）、権大納言に還任さる。これ、内大臣に任ず（来る十月三日）べきの料なり。よって、この日、慶び申しを行う。諸大夫六人前駆となり、従三位左近権中将平重衡（26）扈従す。閑院内裏・後白河法皇法住寺殿新御所・皇后宮御所（亮子内親王・法住寺殿）・摂政藤原基通（23）五条殿・建礼門院御所（徳子28・六波羅泉殿）に参上す。後白河法皇法住寺殿新御所は蔵人頭兵部大輔藤原定長（34）を申次《もうしつぎ》とす。法皇の召しにより新権大納言平宗盛、御前に参候す。【玉葉（九月四日条）、吉記】

九月二十六日〔天晴る〕

この朝、参議左中将藤原定能（35）の眼前において、大蔵卿高階泰経（53）、後白河法皇に盾を突き、法皇の勘気を蒙り、院勘恐懼に処せられ、私宅籠居を命ぜらる。【玉葉、吉記】

九月二十八日〔天晴る〕

大蔵卿高階泰経、後白河法皇の逆鱗に触れ、籠居中なるも、この日、恩免あり。もしくは軽犯たるの故か。召出しにより、今日出仕す。ただし、いまだ法皇御前に罷り出ずるあたわず、と。【玉葉、吉記】

十月三日〔天晴る〕　**平宗盛を内大臣に、藤原良通を権大納言に任ず**

蓮華王院総社祭により、後白河法皇、法住寺殿新御所より蓮華王院に渡御、御坐あり。参議左中将藤原定能、御供に候す。

十月四日〔天晴る〕

権大納言平宗盛（36）を内大臣に任じ、右大臣藤原兼実（34）の嫡男・権中納言良通（16）を権大納言に任ず。【玉葉】

この夜、兼実、嫡男・権中納言良通の任権大納言の慶事を恐み悦び申すため、院御所に参上す。折柄、後白河法皇、法住寺殿新御所において愛染明王法護摩時に逢い給うにより、兼実に面謁あたわざるの旨、仰せあり。よって、兼実、即刻に退出す。【玉葉】

十月六日

今日より後白河法皇御所（法住寺殿新御所）、穢気《えげ》あり、と。【玉葉】

十月九日

新内大臣宗盛、後白河法皇に拝賀を申さんとするも、院御所穢中につき来る十三日に延引す、と。【玉葉】

十月十三日〔天晴る〕

内大臣平宗盛、後白河法皇に拝賀す。また、皇后宮亮子内親王（36）、法住寺殿御所を出御、大内飛香舎《ひぎょうしゃ》に入内あり。しかるに、皇后宮、直ちに退出ありて、皇后宮御所（法住寺殿）に還御。内大臣平宗盛の慶び申しを請くるによる、か。内大臣平宗盛、院御所拝賀の行粧は、扈従の公卿十二人殿上人十五人に及び、華美を極めたり。このうち、右近権中将藤原頼実（28）も扈従に加わりたり。右大臣藤原兼実（34）、これを忌避して、「弾指すべし、弾指すべし」と激情を吐露す。【玉葉】

十月十四日〔陰り晴れ、定まらず〕

去る四日、始行の後白河法皇御所の愛染明王法の護摩延行あり。この行法勤仕のため、法琳寺別当・実厳阿闍梨、院中に祗候せり。【玉葉】

十月十七日〔天晴る〕

去る九日、群盗、勘解由次官藤原惟基宅に入り、惟基（入道惟方58二男）負傷し、同十一日に死去せり。この日、検非違使左衛門尉平盛綱、惟基殺害の犯人を搦取りて、後白河法皇御所の門前に連行す。法皇、この犯人を御覧あり。彼の犯人を召取るの者に、賞あるべきを仰せ下さる。八条院侍二﨟某（実名不明）の功なり、と。【百錬抄】

十月十八日〔天陰る。然れども雨降らず〕

右大将藤原良通（16）、任権大納言の拝賀を行う。秉燭《へいそく》に及びて新権大納言良通、装束を着装。まず父右大臣兼実、および母藤原兼子（31）に慶び申す。ついで皇后宮（亮子内親王＝法住寺殿）に参上、つぎに同宿たる上西門院（57＝法住寺殿）に慶びを申し上ぐ。つぎに後白河法皇御所（法住寺殿新御所）に参入。折柄、法皇、長講中によって、御前召しなし。つぎ建礼門院（平徳子28＝六波羅泉殿）、さらに摂政藤原基通（23）の五条殿に参向す。引出物の馬を賜い、扈従の殿上人・右少弁源兼忠（22）受取りて、五位上﨟前駆に渡し、さらに随身に伝供す。これ、慣例なり。ついで、閑院内裏に参内。召しにより朝餉間《あさがれいのま》に参上、安徳天皇（5）御寝《ぎょし》により、内女房に謁し、退出す。帰路、右大臣藤原兼実の九条第に寄る。【玉葉】

十月二十一日〔天陰る〕

大嘗会御禊《ごけい》行幸なり。未刻（午後二時頃）、安徳天皇、鳳輦《ほうれん》に乗駕、大内を出御、鴨川三条末、北辺に行幸。日没の後、頓宮《かりみや》に着御。後白河法皇、二条烏丸南畔の桟敷に出御ありて、御幸の行列を見物。左大臣藤原経宗（64）・権大納言藤原兼雅（38）・権中納言藤原朝方（48）・同平知盛（31）、衣冠を着装して、法皇桟敷に祇候す。左大臣の外、三人の公卿、行幸に供奉せずして、桟敷に祇候のこと、未曾有の事なり。また、この桟敷には上西門院（57）・八条院（46）・建礼門院（28）も同座、見物あり。御禊の次第、事了りて、亥刻（午後十時頃）、行幸大内に還宮。　【玉葉】

十一月七日

後白河法皇、今熊野社御精進屋に入御中なり。御供の中に陰陽頭安倍泰親（73）・参議左中将藤原定能（35）らあり。　【玉葉】

十一月十五日〔天晴る〕

月食なり。明暁（十六日）、寅刻（午前四時頃）、虧《か》け始め、辰刻の末（午前九時前）に復す。然して今日の月たるによって、望蝕をなす。　【玉葉、御遊抄】

今日、後白河法皇の院御所（法住寺殿新御所）において、清暑堂（大内裏豊楽院《ぶらくいん》の後房）の御神楽拍子合を行う（「御遊年表」参照）。権大納言藤原実国（43）・権中納言藤原実家（38）が各本末の拍子を取る。

十一月十七日〔天晴る〕

権右中弁藤原行隆（53）、後白河法皇の御使として右大臣藤原兼実（34）の九条第に入来。伊勢大神宮の禰宜《ねぎ》ら、東国（源頼朝）に同意する由の文書出現、風聞流布せり。この文書の記載事実ならば、罪科に行うべきや否や、法皇、兼実に諮り給う。兼実、文書は証拠不十分につき、嫌疑の者を尋ね、所犯の実にしたがい、沙汰あるべし、と奏聞せしむ。　【玉葉】

十一月十八日〔天晴る〕

去る十五日の後白河法皇御所についで、この夜、摂政藤原基通（23）第五条殿において清暑堂御神楽の拍子合を行う（「御遊年表」参照）。　【玉葉（十一月十九日条）】

十一月二十一日　後白河法皇、文覚愁訴する神護寺興隆のため、荘園寄進を裁許

後白河法皇、蓮華王院に御幸。文覚、御堂の内陣に進参。神護寺興隆のため寺領として荘園の寄進方を愁訴す。法皇、これを裁許あるべき由を仰せ下さる。これにより文覚、流涙感悦して罷り出ず、と。〈翌寿永二年十月十八日、紀伊国挊田《かせだ》荘（和歌山県伊都郡かつらぎ町付近）を寄進、以後、累年、寄進のこと行わる。〉　【神護寺旧記・文覚四十五箇条起請文】

十一月二十六日〔天晴る〕

八省院《はっしょういん》（豊楽院）未造につき、露台《ろだい》（内裏の紫宸殿と仁寿殿の間をつなぐ屋根のない大床）において、清暑堂の神楽を行う。この日の所作人は拍子（本拍子・権大納言藤原実国43、末拍子・権中納言藤原実家38）・付歌（右中将源雅賢35、前右少将源資時22）・笛（蔵人頭左中将藤原泰通

36）・篳篥（参議左中将藤原定能35）・和琴（権中納言藤原忠親52）、事了りて御遊あり（「御遊年表」参照）。この時、笙（参議右兵衛督藤原家通40）・箏（権大納言藤原兼雅38）・琵琶（参議右中将藤原実宗38）相加わりて糸竹合奏す。　【玉葉】

十二月四日

後白河法皇愛妾・丹後局、浄土寺堂供養す。　【百錬抄】

十二月十三日〔陰り晴れ、定まらず〕

去る七日、秋除目あり。十日の夜、除目下名《おりな》を行わる。左大弁藤原経房（40）執筆を勤む。この日、噂あり。去る夏、国司除目の執筆を同じく左大弁経房奉仕せし折、その際、経房みずからの兼国《けんごく》、近江権守に任ぜり（三月八日）。その事、後白河法皇、知食《しろしめ》さず、と。執筆経房、謀計の由、沙汰あり。よって、このたびの叙位、加級の恩に漏れたり。その事、摂政藤原基通（23）の自失のためにして、執筆経房の枉惑《おうわく》（欺きまどわす）に非ざるの由、称さると。　【玉葉】

十二月十五日

後白河法皇の皇子・仁和寺御室守覚法親王（33）、仁和寺観音院において初度の結縁灌頂を行わる。後白河法皇ならびに八条院（46）、これに御幸あり。　【仁和寺御伝】

十二月十九日〔天晴る〕

蔵人頭右大弁平親宗（38）、後白河法皇の御使として右大臣藤原兼実（34）の許に、院宣を伝う。書札をもって兼実の家司・前左馬助源国行の許に示し来たる。去る四日、浄土寺に新堂供養ありたる、後白河法皇女房の堂宇（浄金剛院）に寺額の必要あり、と。よって右大臣兼実にその書進の下命あり。兼実、即座に了承の由を奏上せしむ。件の女房は法皇の愛物にして、その名は丹後局なり（「丹波」とあるは「丹後」の誤謬）。　【玉葉】

後白河法皇、今日より七ヶ日、清水寺に密々の参籠あり。　【玉葉（十二月二十日条）】

十二月二十日〔天晴る〕

右大臣藤原兼実の二男・良経（14）、去る十一月十七日、左中将に任ず。よって、拝賀を行う。兼日《かねてのひ》、兵部省および近衛本府に告げ、慶び申すべき所々に、家司・和泉守源季長を申次として触れしめおく。申刻（午後四時頃）、束帯を着装。葦手蒔絵剣、瑪瑙石帯《せきたい》、故摂政藤原忠通遺愛の笏《しゃく》を持す。酉刻（午後六時頃）、後白河法皇の御所（法住寺殿新御所）に参上。判官代・前右衛門佐高階経仲に申次ぐ。しかるに、法皇、昨日より七ヶ日、清水寺に参籠。年内、日次なきにより、今日、如在《じょさい》（不在承知）の礼により参入するところなり。ついで、上西門院（57）・八条院（46）・皇后宮亮子内親王（36）に拝賀慶び申す。これら女院・皇后宮、いずれも八条院御方に同居なり。ついで建礼門院（28）に参上す。ついで摂政藤原基通（23）の五条殿に参向。官奏により閑院内裏参内、と。よって、閑院内裏に参内、右少将藤原顕家（30）を申次として、安徳天皇（5）の御前に参進。ついで、摂政基通の御前に参り、面謁す。【玉葉】

寿永二年（一一八三）　五十七歳

正月一日〔陰り晴れ、定まらず〕

後白河法皇御所法住寺殿において院拝礼あり。右大臣藤原兼実（35）、去る夜より肩を病むにより、不参。右大将良通（17）、父兼実第に直衣にて参向、申刻（午後四時頃）、束帯に着替えて法住寺殿に参上。院拝礼、摂政藤原基通（24）・左大臣藤原経宗（65）・内大臣平宗盛（37）以下、公卿済々として参上す。

去る三十日、閑院内裏、追儺《ついな》についで除目・僧事あり。今旦、大夫史小槻隆職（49）、その聞書を右大臣藤原兼実第に注送す。帥入道藤原隆季（57）、所領備後国を収公せらる。隆季、もと後白河法皇の寵臣たるに、勘気を蒙り、法皇御気色不快の人たり。さるにても、もっとも哀れなり。【玉葉】

正月三日〔天晴る〕

造東大寺長官・権右中弁藤原行隆（54）、右大臣藤原兼実第に来臨。東大寺大仏鋳造（去る治承四年〈一一八〇〉十二月二十八日、戦火により溶損せし頭部）の事を諮る。去る年、大嘗会の年たるにより延引せるも、今年は遂ぐべし、と。この儀、後白河法皇臨幸すべき旨、奏聞、然るべき御気色あり。法皇に覆奏の後、一定すべし、と。【玉葉】

正月十一日〔天晴る〕

検非違使左衛門尉平知康、群盗を逮捕し、院御所（法住寺殿新御所）に連行、後白河法皇の御覧に供するの後、検非違使別当藤原実宗（39）亭に拘引す。【百錬抄】

この夜、後白河法皇、円勝寺の修正会《しゅしょうえ》に御幸。右大将藤原良通供奉するも、院御所参上、頗る遅参せり。法皇出門せんとし給うに間に合いて、参会す。内大臣平宗盛もともに騎馬にて供奉す。この日の御幸、法皇の上臈随身ら、行粧の装束に打金（鍍金の飾金具）をつけ、錦の裂を裁ちて、過差の至りを尽す。さながら花見の御幸の如し。いまだ、寺詣での御幸にかかる華美を聞かざる所なり。【玉葉】

正月十五日〔天晴る〕

後白河法皇・上西門院（58）、日吉社に御幸。右大弁平親宗（40）、陰陽師・大膳大夫安部泰親（74）らも法皇の供奉に加わる。権中納言藤原実守（37）は上西門院に御供す。【玉葉（正月十六日条も）】

正月十八日〔雨下る〕

この夜、蓮華王院修正会竟なり。後白河法皇、これに御幸あり。右大将藤原良通（17）、供奉のため院御所に参入。公卿済々として、法皇の御車の後に徒歩にて供奉す。右大将良通、法皇の還御（法住寺殿新御所）に供奉、宿に参候す。【玉葉】

正月十九日〔陰り晴れ、定まらず〕

右大臣藤原兼実（35）、先日、五位蔵人右衛門権佐藤原定長（35）を九条第に招き、舎弟・左近権中将兼房（31）の権中納言昇任につき、後白河法皇に奏請せしむ。この日、その返事の趣を承るに、法皇の叡慮、分明の事なしと雖も、悪しき感触に非ず、と。【玉葉】

この日、始めて故高倉院のために、最勝光院において法華八講会を始修せらる。爾後、これを永式の年中行事となせり。後白河法皇の御幸、記録に洩るるも、法住寺殿隣接の寺院なるにより、参会あるか。〈ついで、二十二日、結願す。左大将藤原実定（45）以下、公卿十余人参入せるも、法皇御幸なし。〉【玉葉（正月二十二日条も）、年中行事抄、師光年中行事】

正月二十七日〔天晴る〕

右大臣藤原兼実の二男・正五位下左中将良経（15）、去る正月七日の加叙において従四位下に昇叙（近衛府労）せられたるの拝賀を行う。かねて左少弁藤原光長（40）を奉行として拝賀参上の所々に触れしめおきたり。酉刻（午後六時頃）、九条第を出立、光長申次により、まず、院御所に参上。後白河法皇ならびに皇后宮亮子内親王（37）、法住寺殿新御所に同居たり。しかるに、この日、同御所において明春の朝覲行幸定の議定ありたるにより、簡に付くあたわず。よって、後日、書入るべし、とて退出す。【玉葉】

正月二十八日

巳刻許り（午前十時頃）、後白河法皇、石清水八幡宮に参詣御幸。供奉の人々、束帯を着装すと雖も、この御幸、最密の儀なり。【玉葉】

二月一日〔天霽る〕

白河宮（後白河法皇皇子・承仁親王15、母は丹波局・右大弁平親宗40養育）、五辻斎院（鳥羽院皇女・頌子《のぶこ》内親王39）の御所に渡御。御一宿あり。前斎院より親王に贈物として御経一筥（大和守源兼行手跡、法華経一部）を奉らる。【吉記】

二月四日〔陰り晴れ、定まらず〕

後白河法皇、賀茂社御幸。恒例により下社より上社に巡拝。行列次第は、まず前掃、つぎに御幣持三人、ついで神宝辛櫃一合、神馬二疋、つぎ院庁官二人（為職・守康）。ついで、殿上人、宮内卿藤原経家（35）・大蔵卿高階泰経（54）・左中将源通資（32）・右中将源雅賢（36）・内蔵頭藤原季能（31）・左少将藤原実教（34）・伯耆守藤原基輔・右京権大夫藤原隆信（42）・蔵人右衛門権佐藤原定長（35）。つぎに公卿、権大納言藤原兼雅（39）・民部卿藤原成範（49）・中納言藤原朝方（49）・左中将参議藤原定能（36）・左中将参議源通親（35）・右中将藤原頼実（29）らが供奉す。続いて法皇の御車、車副は白張《しらはり》を着用。車の後を廷尉三人（大夫尉平知康・同藤原長綱・同肥前守源康綱）以下、院北面下﨟七、八人供奉す。御遊あり（「御遊年表」参照）。【吉記】

二月五日〔天霽る〕

後白河法皇、賀茂上社参詣。鐘鳴《しょうめい》（日没）の後、祇園社・稲荷社に参詣し給う。ついで、翌朝、卯刻（午前六時頃）、法住寺殿内、今熊野御精進屋に還御あり。【吉記】

二月六日〔天霽る〕

後白河法皇、南殿（法住寺殿）において尊勝陀羅尼供養を行わる。よって左大弁藤原経房（41）、午刻（正午頃）に南殿に参入す。経房、遅参せしと思いの外、僧俗参集すと雖も、いまだ供養の儀、始まらず。後白河法皇、昨日より今熊野御精進屋に御座あるにより、始行せず。しばらくして、法皇、密儀により御精進屋より南殿荘厳道場に臨幸あり。衆僧、すでに法住寺殿寝殿の南面に、例の如く着座せり。導師は延暦寺座主・大僧正明雲（69）がこれを勤め、請僧三十口なり。この日の奉行は、院判官代前常陸守高階経仲（27）が勤仕す。【吉記】

二月九日〔天霽る〕

去る正月二十二日、中納言藤原忠親（53）、権大納言に任ず。この日、各所に慶び申しを行う。まず、後白河法皇の御所（法住寺殿新御所）に参上、五位蔵人右衛門権佐藤原定長（35）を申次《もうしつぎ》として、拝賀を奏す。また、同御所同居たるにより上西門院（58）に前駆・蔵人藤原孝範をもって慶び申しの旨、啓上せしむ。また、同居たるにより、蔵人定長の諷諫にしたがい、皇后宮亮子内親王（37）に皇后宮大進藤原親雅（39）をもって啓上せしむ。以下、八条院（47）ならびに建礼門院（29）の御所にそれぞれ参入、慶賀を申す。【吉記】

この日、入道太政大臣藤原師長（法名・理覚46）、東山妙音堂（新日吉社辺＝『一代要記』）を供養す。寝殿をもって荘厳道場と成し、伎楽を法楽施入す。後白河法皇、法住寺殿新御所より密々に件の堂に御幸あり。新日吉社施入の所領五ヶ所を寄進せらる。この堂宇をもって後白河法皇祈禱所となすべし、と。【百錬抄】

後白河法皇、今日より七七日をもって結願の逆修供養を修せらる。法皇、微少の御願たりと雖も、叡念（法皇）深甚の発露たり、と。左大弁藤原経房、午斜め（午後一時前）に法住寺殿新御所に参上。しばらくして法皇、出御あり。長講堂の請僧八人（いずれも凡僧）、着座す。参仕の公卿は大納言藤原実定（45）以下二十人。導師は前権大僧都澄憲（58）、半時ばかり遅参せるも、参入の後、法会を始行。説法二時に及び、聴聞の人々、感涙に溺れざるはなきなり。院近臣・大蔵卿高階泰経（54）、これを奉行す。【吉記】

二月十日〔朝晴れ、夕べ陰る〕

後白河法皇、逆修供養第二日なり。導師は覚什已講。参仕の公卿は民部卿藤原成範（49）・権中納言藤原朝方（49）・皇后宮権大夫藤原実守（37）・参議左中将藤原定能（36）・同源通親（35）・右中将藤原頼実（29）・左権中将平重衡（27）・右権中将平維盛（23）・刑部卿藤原頼輔（72）・新参議左中将藤原泰通（37）らなり。【吉記】

二月十五日〔雨降る〕

早旦、左大弁藤原経房（41）、後白河法皇御所に参上。時に法華懺法中なり。他の公卿は未参。ついで、御講（毎日分）あり。参議左中将藤原定能（36）・左京大夫藤原修範（41）・大宰大弐藤原実清（46）ら参入。導師は覚什已講、布施は日頃の如し。事了りて、今日、後白河法皇、逆修供養、三七日なり。寝殿道場に千手観音画像一舗を奉懸。法華経八部（開結具経）の転読。導師は公胤已講。大納言源定房（54）以下、公卿十九人参上す。

この夜、最勝光院修二月会なり。当寺上卿・権大納言平時忠（54）のほか、左兵衛督藤原光能（52）・皇后宮権大夫藤原実守（37）・参議左中将源通親（35）・左大弁藤原経房（41）・右権中将平維盛（23）・右大弁平親宗（40）ら参仕す。しばらくして、後白河法皇、密々に臨幸ありて、供養の儀を始めらる。事了りて布施あり。大導師公胤の被物《かずけもの》は宮内卿藤原経家（35）、裹物《つつみもの》は蔵人左衛門権佐藤原親雅（39）が取る。検校・仁和寺宮守覚法親王（34）の布施は、最勝光院上卿・権大納言平時忠が取り、御所の前において渡さる。自余の僧綱以下の布施は、院侍臣が次第にこれを取る。僧綱、凡僧の区別なく紙裹なり。この日の奉行は右中弁藤原光雅（35）なり。【吉記】

二月十七日〔天晴る〕

今夕、皇后宮亮子内親王（37）、法住寺殿新御所（後白河法皇同居）より閑院内裏に入内あり。これ、来る二十一日、安徳天皇（6）、後白河法皇御所法住寺殿に朝覲《ちょうきん》行幸につき、同輿のためなり。【吉記】

二月十九日〔終日、雨降る〕

午後、後白河法皇御所において法皇逆修供養あり。導師は公胤已講なり。参入の公卿は内大臣平宗盛（37）・新権大納言藤原忠親（53）・皇后宮大夫藤原実房（37）・権大納言藤原兼雅（39）・同平時忠（54）・権中納言藤原朝方（49）・検非違使別当藤原実家（39）・左兵衛督藤原光能（52）・皇后宮権大夫藤原実守（37）・新権中納言藤原実宗（39）・参議左中将藤原定能（36）・同源通親（35）・左大弁藤原経房（41）・右中将藤原頼実（29）・前大宰大弐藤原親信（47）・左権中将平重衡（27）らなり。新参議左中将藤原泰通（37）は事了りて参上。折柄、天台座主明雲僧正（69）、院御所に参入。法皇、御所に召入れられて法話を聴聞さる。　【吉記】

二月二十一日〔朝の間、雨甚だし。巳刻（午前十時頃）以後、天晴る〕　**安徳天皇、初めて後白河法皇御所に朝覲行幸**

安徳天皇（6）、始めての朝覲行幸なり。正月は忌月により、この儀中止。この朝、降雨、参仕の人々疑いをもちて遅参す。未刻（午後二時頃）、閑院皇居を出御。主上、皇后宮（亮子内親王37）同輿なり。路次、雨を避けての逗留により、申終り刻（午後五時前）に至りて法住寺殿に幸す。後白河法皇、主上入御を迎えて、御所桟敷において行列を見物あり。右大臣藤原兼実（35）は右大将良通（17）・左中将良経（15）の両息を供奉、午刻（正午頃）に閑院に参内、以後、漸次、人々参内す。摂政藤原基通（24）は未刻（午後二時頃）参入。左中将良経は院の居飼《いかい》および御厩舎人を引き具す。院御馬を申請するも、御馬異様により、良経の私馬を乗用す。事了りて勧賞《けんじょう》を行わる。まず、院司の賞として叙位あり。中納言藤原成範（49）・前権中納言源雅頼（57）・権中納言藤原朝方（49）を正二位に、参議左兵衛督藤原光能（52）を正三位に、皇后宮亮大蔵卿高階泰経（54）・非参議平通盛を従三位に、右少将藤原公時（27）・左少将藤原公守（22）を正四位下に、右兵衛尉藤原基範を従四位上に、前相模守藤原有隆を正五位下に叙す。皇后宮（亮子内親王）の賞として右少将藤原公衡を従四位上、さらに八条院（暲子《あきこ》内親王47）の賞として平能宗（内大臣平宗盛二男）を従五位上に叙す。また、摂政藤原基通家家司として平経清を正五位下に叙す。さらに、摂政基通室・平完子（平清盛女）を従三位に、それぞれ叙せられたり。この日、安徳天皇、閑院内裏還御に際して、後白河法皇より贈物（手本・箏）を献ぜらる。また、母后建礼門院（29）より同じく箏を進献あり。さらに法皇は皇后宮（亮子内親王）に琵琶を贈らる。御遊あり（「御遊年表」参照）。　【玉葉、吉記、百錬抄】

二月二十三日〔天霽《は》る〕

早旦、左大弁藤原経房（41）、後白河法皇御所に参上。折柄、法皇、懺法《せんぽう》中なり。よって経房、独り座に候す。しばらくして退出。御講の時に参入せず。ついで、後白河法皇の逆修供養あり。導師は公胤已講なり。皇后宮大夫藤原実房（37）以下、公卿十余人、参仕す、と。今夜、去る二十一日の朝覲行幸における院別当の賞として、従三位に叙せられし院別当・大蔵卿高階泰経（54）、慶賀を申す。摂政藤原基通に御車の恩借を請うも無しとの由にて、皇后宮大夫藤原実房の車に乗駕して、慶び申しに赴く。常陸前司高階経仲（27）が扈従、民部大夫某および五位二人、前駆を勤む。記録なしと雖も、後白河法皇御所に参上せるは当然。　【吉記】

二月二十四日〔天霽る〕

未刻（午後二時頃）、後白河法皇の逆修供養五七日の仏事により講演あり。導師は覚什已講。僧徒はいずれも甲袈裟《こうげさ》を着用、毎七日に同じ。布施もまた例の如し、ただし口別に唐錦一段を副えらる。参仕の公卿は左大将藤原実定（45）・大納言源定房（54）・皇后宮大夫藤原実房（37）・権大納言藤原宗家（45）・同藤原兼雅（39）・民部卿藤原成範（49）・按察使中納言平頼盛（53）・検非違使別当藤原実家（39）・左兵衛督藤原光能（52）・前権中納言源雅頼（57）・皇后宮権大夫藤原実守（37）・新権中納言平知盛（32）・同藤原家通（41）・参議左中将藤原定能（36）・同源通親（35）・左大弁藤原経房（41）・右中将藤原頼実（29）・左京大夫藤原脩範（41）・駿河三位藤原雅長（39）・大宰大弐藤原実清（46）・大蔵卿高階泰経（今日、直衣着用、初出仕・54）・新参議右中将平資盛（23）・右大弁平親宗（40）らなり。大蔵卿高階泰経、公卿に昇ると雖も、院別当たるにより、なおこの日の奉行を勤む。【吉記】

二月二十六日〔天霽る〕

午前、後白河法皇御所において御仏供養あり。導師は覚什已講。参仕の公卿は民部卿藤原成範（49）・参議左中将源通親（35）・刑部卿藤原頼輔（72）・左大弁藤原経房（41）・新参議左中将藤原泰通（37）らなり。布施、例の如し。今日、同御所において後白河法皇逆修供養、六七日仏事なり。導師は公胤已講が勤む。公卿、左大将藤原実定（45）以下、二十人ばかり参仕す。導師公胤の説法、優美なり、と。【吉記】

二月二十七日〔天陰る〕

右大将藤原良通（17）、後白河法皇逆修供養に法住寺殿新御所に参仕。晩に及びて右大臣兼実第に帰参す。【玉葉】

後白河法皇の寵臣・従三位参議左兵衛督丹波権守藤原光能（52）、病により所職を辞す。代りに前淡路守藤原知光を左少将に申し任ず。後白河法皇の恩寵によってなり。光能、病悩危急に瀕し、出家後、ただちに死去。【一代要記、公卿補任、尊卑分脈】

二月二十八日〔雨下る〕

未斜め刻（午後二時半すぎ）、後白河法皇、逆修供養に曼陀羅供を修せらる。導師は公顕僧正（74）、本請僧に非ざる讃衆八口が勤仕す。左大臣藤原経宗（65）以下、公卿三十人（『吉記』には二十六人と）が参仕。右大将良通は半蔀車《はじとみぐるま》で参入。随身は上臈、着冠す。左大将藤原実定（45）は網代車に乗駕、随身《ずいじん》は布衣にて扈従。公卿は直衣、侍臣は衣冠にて参入す。奉行は参議大蔵卿高階泰経が勤む。開始に先立ち、右中弁藤原光雅（35）・大蔵卿泰経、公卿たるにより代官として諸卿を召し、参入の公卿、左大臣藤原経宗・大納言源定房以下二十六人を着座に導く。寝殿道場に両界曼陀羅各一舗を奉懸、金泥法華経一部、素紙法華経八部を奉安す。【玉葉、吉記】

この日、後白河法皇御所内に五体不具穢ありて、触穢《しょくえ》発生す。【玉葉】

二月二十九日〔天晴る〕
後白河法皇、逆修供養、三七日に当るにより巻莚せらるるの日（結願）なり。毎日の御仏供養、今朝了る。左大弁藤原経房（41）、午刻（正午）に参入。月卿雲客、群参す。人々、いずれも布衣着用、日頃の如し。しかるに、右大将藤原良通（17）は直衣にて網代車に参駕参入す。ただし、移馬《うつしうま》を引かず。未刻（午後二時頃）、御仏供養、開始。釈迦如来一鋪および炎摩天曼陀羅一鋪を奉懸。ほかに図絵阿弥陀如来像五十体。模写法華経八部（開結具経）、ほか素紙法華経二十一部（逆修供養二十一日間に宛てる）を奉安す。導師は権大僧都澄憲（58）、請僧八口、事了りて布施を給う。参仕の公卿は左大臣藤原経宗（65）が上座、総勢三十三人。よって、法皇、左大臣経宗を簾中に召され、着座せしむ。この間、左大将藤原実定（45）以下、布施を取る。この布施はすべて、法皇、御蔵（蓮華王院宝蔵）の浄財を施さる、と。誠に御功徳なり。後白河法皇、この三七日間（二十一日）における所作（作善《さぜん》）は法華経三百八部、百万遍念仏三度にわたる。この外、行法等、注記にいとまなし。昨日より院御所触穢、この日参入の公卿三十三人のすべて穢気に触る、と。【玉葉、吉記】
今日、後白河法皇、逆修結願により、作善のため軽囚の免者《ゆるしもの》あり。検非違使別当藤原実家（39）、直衣着用により参陣せず。院御所に候しながら、官人を召し、この叡旨を下知す。この処置、前例あるの由、称して行う。後日、別当歴任の権大納言平時忠（54）、「鳥羽院御悩危急の時、此事あり」と。しかるに、左大弁藤原経房は「甚だ謂われなし」と。この事、尋ね知るべし、と別当藤原実家の軽挙に疑義を抱く。【吉記】

二月　藤原俊成『千載和歌集』撰進
この月、後白河法皇、入道藤原俊成（法名釈阿・70）に下命して『千載和歌集』（二十巻）を撰進せしめ給う。【拾芥抄、千載和歌集（奥書）】

三月一日〔天晴る〕
右大臣藤原兼実（35）、伝聞す、「後白河法皇、一昨日（二月二十八日）より御不予の事（病悩）あり。しかるに、いまだ披露に及ばず」と。この報、院近臣・参議左中将藤原定能（36）からか。【玉葉】

三月二日〔天晴る〕
後白河法皇の御不予、別事なし。【玉葉】

三月三日〔天晴る〕
右大臣藤原兼実、伝聞、「後白河法皇の病悩、なお不快におわす。よって験者《げんざ》として令名高き叡山の昌雲僧正（故参議藤原光能弟）を招きて、今日より邪気を移すべく修《す》法《ほう》を行わる」と。法皇、健康にして、年来かくの如き事なきにより、人々すこぶる驚騒の気あり。しかるに、その実、別事におわさず（大事ならず）、と。院御所の触穢の事、二、三日後に穢物を取り出すにより、あと六日の触穢延引となる。【玉葉】

三月五日〔天晴る〕

右大臣藤原兼実（35）、右大将良通（17）を後白河法皇御所に参向せしむ。法皇御不予の見舞いのためなり。【玉葉】

三月十一日〔天晴る〕

この夜、右大臣藤原兼実、冠直衣を着し、右大将良通の網代車（兼実の車故障）に乗駕、後白河法皇御所に参上。法皇御不予の見舞いのためなり。参議左中将藤原定能（36）をもって法皇に謁せんとす。法皇、仰せて曰く、「逆修供養を修するの間、殊に連日の念誦により風病（風邪）を更発せり。只今、小湯治をせんとするにより、面謁あたわず」と。【玉葉】

三月十三日〔天晴る〕

後白河法皇、法勝寺において千僧御読経供養を行わる。経は『観音経』なり。権大納言藤原兼雅（39）以下、公卿参入、惣礼あり。法皇、御幸あるべく日頃風聞するも、その儀なし。【一代要記、百錬抄】

三月十四日〔天晴る〕

右大臣藤原兼実第に後白河法皇の使者として、蔵人宮内権少輔藤原親経（33）入来。かねて伊勢大神宮に公卿勅使を発遣すべく詮議あり。伊勢国到達のための諸国駅家雑事等につき、事煩を省くため平家公卿をもって勅使となすべく、すでに議定せり。これ、前内大臣平宗盛（37）、扶持の事、了承するによれり。しかるに、陰陽寮の卜定に合わず、また宗盛辞退などにより、以後、自然に遅引に及べり。この勅使発遣の沙汰、去る年十一月に起りたるに、懈怠《けだい》により空しく今に及べり。その後、法皇、発遣のこと忩《いそ》がるるも、神宝調進に日限間に合わず、あるいはまた、平宗盛、追討使の事などにより連々、無為に月を送り、法皇、すこぶる不快とさる。よって、たとい不法たりと雖も、三月中に忩ぎ立つべき叡慮あり。しかるに、今度、平家公卿の中、按察使中納言平頼盛（53）・権中納言平教盛（56）・同平知盛（32）の三人は、いずれも厳に勅使参向を固辞せり。残る参議修理大夫平経盛（60）、その仁たるも不快例あり。よって、法皇、他人に勅使を定むべきか。また、駅家雑事をいかがなすべきや、とこれらの条々、右大臣兼実に諮り給う。【玉葉】

三月十七日

吉日たるにより、右大臣藤原兼実、故皇嘉門院処分状を奈良興福寺別当・大僧正信円（兼実異母弟・31）ならびに左中将藤原兼房（兼実同母弟・31）の許に送る。各、兼実の書状を副えたり。故女院より信円僧正に譲与二所の荘園は、一所は備前国通生荘（倉敷市児島通生付近）、一所は越前国今泉荘（福井市今泉町付近）。また左中将兼房に譲与の二所の荘園は、一所は但馬国上立衣荘（未詳）、一所は石見国益田荘（益田市）

なり。【玉葉】

三月十八日〔天晴る〕

右大臣藤原兼実（35）、院近臣・蔵人右衛門権佐藤原定長（35）を自第に招き、故皇嘉門院処分の御領等につき、後白河法皇に奏上せしむ。【玉葉】

四月三日〔天晴る〕

参議左中将藤原定能（36）、右大臣藤原兼実の九条第に来臨。密かに語りて云う、「兼実、右大臣職を嫡男・右大将良通（17）に譲るべきの由、世間謳歌し、すでに一定《いちじょう》の由をあまねく申す」と。もしも、この事、後白河法皇において許容あらば、まことに大望なり、と兼実思考す。しかるに、去る年、右大臣辞退の事を法皇に奏聞せるも、許されず。むしろ、ほとんど法皇の逆鱗に触るる有様なりき。かような次第にて、右大臣職の譲与の如きは、叶うべくもなきことなり。よって、法皇に申出ることもなく、今日に至れり。しかるに、世間の推す如く、右大将良通は、丞相（大臣）の器量として、まさに仁に当れるか。今熟慮するに、時期尚早、年齢幼少にして、今一両年の猶予が必要ならんか、と。それにつけても、右大臣兼実は今年重厄に当れり。よって、この件、謙譲すべきが自然の数なり、と。【玉葉】

四月十日

昨九日、賀茂祭小除目あり。この日、右大臣藤原兼実、除目聞書を披見す。耳目を驚かすべき異例の叙任の事あり、先々を超過す。まず、前皇嘉門院判官代源兼親（前和泉守源季長子）を中務少輔（従五位上）に任ぜらる。この事、右大臣兼実、推挙すべく再三申出ありたるも、不当により執申さず。しかるところ、後白河法皇の寵妾・丹後局（寵臣故平成房〔業房〕妻）法皇に奏達せしにより、法皇の勅旨あるなり。また豊後守藤原宗長（刑部卿藤原頼輔72孫・前豊後守頼経子・20）、近日、後白河法皇の寵臣たるにより、左少将に任ず（『公卿補任』は右少将、この年十一月六日、春日祭使に左少将〔『玉葉』〕）。兼実、これにつき、未曾有の事なり、弾指すべし、と。【玉葉】

四月十九日

後白河法皇、新熊野社に参籠。この夜、乱遊あり、御供の公卿・殿上人、田楽の興を尽す。【百錬抄】

四月二十日

かねて後白河法皇叡慮ありたる、伊勢大神宮に差遣の公卿勅使を定めらる。上卿は権大納言藤原宗家（45）、奉行は五位蔵人宮内権少輔藤原親経（33）、また行事弁は右中弁藤原光雅（35）が勤む。閑院内裏に大内記藤原光輔を召し、宣命の趣を仰す。勅使は参議左中将源通親（35）に一定、この日、内裏の殿上に参候、仰せを承る。宸筆宣命は文章博士藤原光範（58）が草進を下命さる。【玉葉】

四月二十二日
去る五日、任大臣事あり。大納言左大将藤原実定（45）、内大臣に任ず。よって、その闕《けつ》により任官あり。中納言平頼盛（53）、権大納言に昇任す。ゆえに、この日、新権大納言頼盛、後白河法皇に拝賀す。【玉葉】

四月二十六日〔晴〕
伊勢大神宮公卿勅使・参議左中将源通親、進発す。摂政藤原基通（24）、安徳天皇（6）幼帝たるにより宸筆宣命を代りて清書す。御願の意趣は「今年は御厄、ならびに近日変異あり。さらに東北国に乱逆ありて追討使発遣等の事あり」と。〈五月四日、公卿勅使帰参す。〉【玉葉（五月四日条も）】

五月三日
後白河法皇、七壇北斗供（連壇）を法琳寺別当・阿闍梨大法師実厳をして修せしめ、息災・延命を祈る。【巻数集（『続群書類従』巻八二九）】

五月十五日
後白河法皇、法住寺殿において供花会始行あり。例の如し、と。【玉葉】

五月二十一日
後白河法皇御所（法住寺殿新御所）において、北陸路木曾義仲軍に戦勝のための五壇法征討御祈りを行わる。【玉葉】

五月二十九日
今夕より三ヶ夜、兵革（関東逆徒征討）御祈りのため、内侍所神楽を行わる（「御遊年表」参照）。殿上召人は、本拍子（右中将源雅賢36）、末拍子（前左兵衛佐藤原盛定）、笛（右中将藤原実教34）、和琴（前右兵衛佐藤原隆雅）、笙（右少将藤原成定31）、篳篥（右少将藤原親能15）なり。【御神楽部類、心記、玉葉】

六月二日〔雨降る〕
午後、左大弁藤原経房（41）、後白河法皇御所（法住寺殿新御所）に参上。同居の上西門院（法皇姉・58）、折柄、御不予なり。昨今、快気に御坐《おわ》すとありしかども、只今、また病悩発し給うと、女房の談なり。
後白河法皇、内々の沙汰として討伐（東国乱逆）御祈りのため、諸社に神宝として御剣を奉献せらる。蔵人右衛門権佐藤原定長（35）談ず。【吉記】

六月三日〔天晴る〕

後白河法皇、日吉社に臨幸。密儀たるにより輿に乗駕しての御幸なり。公卿、権大納言藤原兼雅（39）以下七、八人、いずれも浄衣を着用、供奉す。五位蔵人右衛門権佐藤原定長（35）、奉行となる。

この日、追討御祈りにより、後白河法皇、十社奉幣使を発遣せらる。上卿は権大納言平時忠（54）、内弁は左中弁藤原兼光（39）が参仕す。伊勢大神宮・石清水八幡宮・賀茂社（上下）・松尾社・平野社は公卿使者となる。春日社・住吉社・日吉社・祇園社・北野社は殿上人使者。奉幣使発遣日時定の定文は、左京大夫藤原脩範（41）、これを清書す。この奉行は蔵人右衛門権佐藤原定長に一定ありしも、後白河法皇御供に日吉社参詣のため、蔵人宮内権少輔藤原親経（33）に代替せらる。【吉記】

六月五日〔暁更、雷雨あり〕　**去る五月、平維盛の大軍が木曾義仲・源行家に大敗（砺波山合戦）の報、京に伝わる**

早旦、後白河法皇、日吉社より院御所（法住寺殿新御所）に還御あり。去る五月二十一日より後白河法皇、院御所において始修の征討御祈り五壇法、今日、結願す。【吉記】

今日、故皇嘉門院月忌により、右大臣藤原兼実（35）、法性寺御堂に参詣。前飛騨守中原有安、入来して北陸出征の官軍敗亡（去る五月十一日、越中国砺波《となみ》山合戦において、木曾冠者義仲・十郎蔵人源行家に惨敗す）の子細を語る。征討軍四万余騎の軍勢が威風堂々と進発したるにもかかわらず、甲冑を帯びる武士、わずかに四、五騎が生き残るばかり。その外、過半は死傷せり。その残りの兵士は物具《もののぐ》（武器・武具）を捨てて山林の中に逃走す。前陣に進軍して奮戦の軍兵は、ほとんどが戦死せり。前越中守平盛俊・飛騨守藤原景家・八条院判官代右馬允藤原忠経（この三人、平家第一の勇士なり）は、甲冑を脱ぎ捨て、おのおの小帷子《こかたびら》姿の前を結び、髻《もとどり》（本鳥）を引きくたして（ざんばら髪）逃走し、希有に存命せしも僕従一人も伴わざりき。およそ、この戦役、ただ事に非ず。まことに、天命の攻略を蒙りたるが如し、と。敵軍（義仲・行家軍）はわずか五千騎足らずの小勢なり。彼の三人の郎従や平家の大将軍・右近衛権中将平維盛（23）ら、互いに己の権勢を相争うあまりに、この敗績あり、と伝う。

今日、後白河法皇より右大臣藤原兼実に参院すべく召しあり。北陸出征官軍（平家）敗績の対策を講ずべき議定のためなり。しかるに、兼実、病を称して不参。重患に非ずと雖も、倜人《ちゆうじん》（おろかな人）の集りの中に出仕不必要と判断せし故なり、と。【玉葉】

六月六日〔朝、雨下る。午後から晴る〕

後白河法皇、北陸路逆賊（源氏軍）の追討の謀を、重臣五人（左大臣藤原経宗65・右大臣藤原兼実35・内大臣藤原実定45・大納言藤原実房37・権中納言藤原長方45）に諮問さる。今日、北陸において敗軍の兵、多く入洛せり。院別当・大蔵卿高階泰経（54）、後白河法皇御使として右大臣兼実の九条第に入来。兼実、病中ながら面謁す。法皇の仰せによれば、「北陸征討官軍ら、敗績して無為に帰洛せり。この上は如何なる戦略を行うべきや」と。その方途につき建策を求めらる。兼実、「この期に及《ご》びて百千（出兵）の事、叶うべからず。ただ天下落居の期来らば、徳化を施さるべく、法皇みずからの叡念を心中に発して、御立願の上、神仏に起請あるべし。これをおいて、今ほかに手段はなし」と奉答す。【百錬抄、玉葉、吉記】

後白河法皇、東国逆賊追討御祈りのため、延暦寺において千僧御読経を行うべく、左大弁藤原経房（41）に奉行すべきの下命あり、と。【吉記】

六月七日

後白河法皇、今日より今熊野社御精進を始めらる。また、この日、天下安堵御祈りのため、一日の中に一搩手半《いっちゃくしゅはん》（一搩手は中指と栂指を張った長さ。一搩手半は、さらにその半分を加えた長さ）の不動明王・四天王（持国天・増長天・広目天・多門天王）の画像の造立供養（画進）を行う。導師は前僧正公顕（74）なり。【吉記】

六月九日

院別当・大蔵卿高階泰経（54）、去る六日に奉答せし関東・北陸乱逆の兵革を鎮圧すべき右大臣藤原兼実（35）の申状を注送すべく、下命を伝え来る。よって、兼実、即刻に、㈠重ねて追討の事、㈡仁恵《じんけい》を施さるべきの事、㈢神事御祈りの事、㈣仏事御祈りの事、㈤御願（法皇の）を立てらるべきの事等、条々を後白河法皇に奏達せり。【玉葉】

六月十一日

後白河法皇、延暦寺において千僧御読経（薬師経、転読）を行い、賊徒降伏ならびに天下安穏御祈りを行わる。院司・左中弁藤原兼光（39）、法皇の下命により登山して奉行を勤む。用途は諸国に宛てらる。この日、山上において喧嘩の事ありて、院庁官および召使ら、搦留めらる。また、延暦寺根本中堂において薬師法一壇を始修せしめらる。さらに九壇を供養さる。これ、北陸賊徒討伐の祈請のためなり。【吉記、百錬抄】

これよりさき（六月十日）、木曾冠者義仲、進みて越中国府に入り、ついで延暦寺に牒して僧徒を誘い、入洛のための道を開かしむ。よって、北陸路、源氏軍勢、威を振う、と。【保暦間記】

六月十二日〔天霽る〕

後白河法皇、蔵人右衛門権佐藤原定長（35）を奉行として、近江国野《の》海《うみ》山（能美山＝滋賀県伊香郡余呉町椿坂）を守護せしむべく、当国の荘々の兵士を招集せしめ、さらに院御所北面の武士ら、堪否《かんぷ》を論ぜずして東海道に下遣わすべく、一人も漏らすべからざる旨を沙汰せしめらる。また、前内大臣平宗盛（37）の上官ないしは五位の者の区別なく、征討軍に加勢すべく催さしめらる。【吉記】

六月十五日〔時々、雨降る〕

祇園臨時祭なり。後白河法皇、十列（報賽のため十頭の馬によって行われる競馬）を進献せらる。けだし、これ恒例の祈願なり。

この日、後白河法皇、新熊野社において六月会《みなづきえ》を行わる。すでに恒例の祭事なり。法会は例年のとおり修せらる。事了りて十七番の相撲あり。ついで、舞楽。左方は万歳楽・地久・龍王、右方は散手《さんじゅ》・貴徳・納曾利《なっそり》、各三番なり。参入の公卿は権大納言藤原兼雅（39）・中納言藤原朝方（49）・新中納言平教盛（56）・参議左中将藤原定能（36）・前大宰大弐藤原親信（47）・大宰大弐藤原実清（46）・大蔵卿高階泰経（54）・右大弁平親宗（40）、殿上人は左少将藤原実教（34）以下、五、六人なり。

去る十二日夕、十四日の祇園社御霊会の神輿渡御の路を避けるため、安徳天皇（6）、閑院皇居より大内に行幸あり。これよりさき、皇后宮（亮子内親王37）、大内に入御。今夕、安徳天皇、皇后宮と同輿にて閑院皇居に還御あり。閑院東門より入御、公卿並立つ中に皇輿入御。まず、皇后宮下御、ついで主上下御。しばらくして、皇后宮還御。出車《いだしぐるま》は檳榔毛《びろうげ》三両なり。やがて、皇后宮、法住寺殿新御所（後白河法皇同居）に着御あり。時に暁鐘報ずるの刻なり、と。この皇后宮還御、前内大臣平宗盛（37）、世間物忩につきしばし閑院内裏滞留を進言せるも、支度なきの上、いささか違例の事おわすとして、法皇新御所に還御あり、と。【吉記】

六月十六日〔夜に入りて雨降る。近日、連々の事なり〕

後白河法皇、今熊野社を出御、法住寺殿新御所に還御。【吉記】

六月十七日〔朝、雨降る〕

夕刻、左大弁藤原経房（41）、後白河法皇院御所（法住寺殿新御所）に参上。折柄、参院の大宰大弐藤原実清に謁す。夜路、閑院内裏に参内せり。【吉記】

六月十八日〔天陰るも雨降らず〕

後白河法皇、恒例により清水寺に臨幸あり。扈従の公卿は中納言藤原朝方（49）・新中納言平教盛（56）・参議左中将藤原定能（36）・右大弁平親宗（40）らなり。今日、後白河法皇、十社（石清水八幡宮・賀茂社〔上・下社〕・平野社・松尾社・稲荷社・住吉社・日吉社・吉田社・北野社）において、逆徒（源氏軍勢）降伏御祈りのため、百座仁王経供養を行わる。各社における行事として院司をそれぞれ差遣さる。これら講説用途は院主典代・院庁官が沙汰を進む。【吉記】

六月二十一日〔去る夜より雨降る。午上（正午前）から晴る〕

後白河法皇、関東・北陸賊徒御祈りのため、山陵使を立てらる。上卿は権大納言平時忠（54）、行事は右少弁源兼忠（23）なり。まず、勅使および参拝の日時を定めらる。これら山陵および使は、柏原陵〔桓武天皇〕（新権中納言藤原頼実29）、円宗寺〔後三条院〕（参議左中将源通親35）、鳥羽・成菩提院〔白河院〕（正三位藤原雅長39）、安楽寿院〔鳥羽院〕（同上）、清閑寺〔高倉院〕（右大弁平親宗40）などなり。【吉記】

六月二十二日〔昼並びに夕べ、両度、雷あり〕

後白河法皇、御不食、増し給い、心神なお違例なり。今においては連々、御不予の気ありと。院別当・大蔵卿高階泰経（54）、歎息の気あり。また、上西門院（法皇姉・58）、邪気なお不快の間、祈禱により物怪《もののけ》（死霊・生霊・妖怪）を寄坐《よりまし》に渡さる。また、法皇と同居（法住寺殿新御所）の皇后宮亮子内親王（37）もいささか御不予なり。かように、彼是、静謐ならざる事なり。

伊勢大神宮より銀剣を後白河法皇に進献す。事の子細は蔵人右衛門権佐藤原定長（35）によれば、伊勢大神宮祭主大中臣親俊、夢想の告げを注進せり、と。親俊、神宮に参拝、庭上に平伏し居る所に、祖父親定ならびに父親章（いずれも故人）が、神殿の堂上、左右に在り。おもむろに、親定が神託を伝う、「われは天宮に向わせ給う。後白河法皇の事は、荒祭宮に申付くところなり。御剣を法皇に献上せんとす。当伊勢神宮の事は大蔵卿高階泰経が沙汰を申すべきなり」と。この後、夢醒めたり。翌朝、内宮一禰宜・渡会《わたらい》成長、御剣（拵《こしら》えは虎蒔絵）を持ち来る。この御剣を法皇に献上すべきの夢想あり。よって、宝殿より取出すところなり。件の御剣を伝供《てんぐ》して、急ぎ上洛、後白河法皇の法住寺殿新御所に参入す、と。【吉記、百錬抄】

六月二十八日

後白河法皇、石清水八幡宮に参詣御幸。一宿の後、明日還御あるべし、と。五位蔵人右衛門権佐藤原定長も供奉の一人なり。【玉葉、吉記】

七月一日〔天晴る〕

後白河法皇、今日、賀茂社に御幸。通夜（賀茂上社か）あり。この夜、閑院内裏において僧事あり。来る三日より始行の法勝寺御八講会に証誠《しょうじょう》を勤仕するにより、前権大僧都澄憲（58）を法印に、山階寺（興福寺）権別当覚憲（53）を権大僧都に任ぜらる。両人、兄弟なり。

【玉葉、吉記（七月二日・三日条）】

七月二日〔天晴る〕

巳刻（午前十時頃）、右大弁平親宗、後白河法皇御使として右大臣藤原兼実（35）の九条第に来臨。兼実、折柄、物忌《ものいみ》たりと雖も勅使たるにより呼び入れ、疾厚きにより御簾を距てて謁す。親宗、法皇の叡旨を伝う。賊徒（木曾義仲軍勢）入洛の風聞あり、その事、実なれば安徳天皇（6）、閑院皇居より院御所（法住寺殿）に行幸あるべきか。その時、内侍所は京外（賀茂川の東岸ゆえ）の条、いかがすべきや。かねて、平家武士警固により仙洞御所（法住寺殿）騒然たるか。賊徒乱入により、たとえ主上に害心なくも、守護武士（平家）と乱闘狼藉に及

ぶこと必定、仙洞御所、戦場となるべし、この条、いかがなすべきや、と諮問せしめらる。【玉葉】

今日、鳥羽院御国忌なり。後白河法皇、昨日、賀茂社に参詣御幸。通夜半ば、夜半に社頭を出御ありて、今旦、直ちに鳥羽殿に御幸。当夜、鳥羽殿に入御。八条院（47）も渡御あり。この日の法会、御堂（安楽寿院）に非ずして、御所においてこれを行わる。導師は新法印澄憲（宿装束を着用・58）、題名僧は十九口（鈍色《にびいろ》甲袈裟を着用）、着座す。未刻（午後二時頃）、法皇出御あり。参仕の公卿は権大納言藤原宗家（45）・前権中納言源雅頼（57）・検非違使別当藤原実家（39）・参議左中将源通親（35）・左大弁藤原経房（41）・大宰大弐藤原実清（46）・刑部卿藤原頼輔（72）・大蔵卿高階泰経（54）・右大弁平親宗（40）、殿上人は侍従藤原定家（22）・民部少輔藤原知資（以上、衣冠着用）。公卿は別当実家および両弁藤原経房・平親宗の三人、束帯を着用、ほかの人々、いずれも直衣。法会、御堂に非ず御所堂廊たるにより笏《しゃく》を持たず。事了りて導師以下に布施あり。導師は被物《かずけもの》一重および布施一裹、題名僧は一裹、凡僧は裹物なり。この日、恒例により免物《ゆるしもの》あり。【玉葉、吉記】

七月三日〔天晴る〕

昨二日、後白河法皇、鳥羽院御国忌、事了りて当日即刻、還御か。同参会の八条院（47）、この日早旦、仁和寺御所（法金剛院御所）に渡御せらる。午上（正午前）、左大弁藤原経房、後白河法皇御所（法住寺新御所）に参上す。【玉葉、吉記】

七月五日〔晴〕

これより早く、後白河法皇、院御所において賊徒（木曾義仲軍勢）花洛《からく》乱入の風聞急なるにより、推問使を派遣して和親すべきの議を諮らる。病疾により九条第に籠居の右大臣藤原兼実（35）の許に、参議左中将藤原定能（36）来りて、この由、兼実に語る。しかして、いまだ一定せず、と。【玉葉】

七月六日〔天晴る〕

後白河法皇、新熊野御精進屋に入御あり。【吉記（七月七日条）】

七月七日〔天晴る。余熱蒸すが如し〕

去る三日より始行の法勝寺御八講会、今日、結願日なり。この朝、法皇、新熊野御精進屋より、常御所（法住寺殿新御所）に、白地《はくち》（一時的に）出御あり。辰刻（午前八時頃）、左大弁藤原経房、御所南殿に参入。朝景にて参入の人少なく、参議左中将源通親（35）一人、早参。修理大夫藤原親信（47）在御所の方に参上。摂政藤原基通（24）、相次いで参入。法皇、中門内にて乗車、その時、摂政基通、御簾を奉仕す。西北門を出御、法勝寺に到達、阿弥陀堂北門より入御、御車を御所東面に寄せ、法皇下御あり。しかるに、摂政基通の参否を問い給うにより、暫く下御し給わず。やがて阿弥陀堂内に入御、簾中に着座あり。証義は法印澄憲、講師は権大僧都覚憲なり。講演の間、摂政基通、法皇同座、簾中に候す。事了りて、未刻（午後二時頃）、常御所（法住寺殿新御所）の南殿に還御。摂政基通も扈従す。常供奉人はみな新熊野御精進屋に参入す。　【吉記】

七月八日〔天晴る。夜に入りて雷鳴〕

最勝光院御八講、初日なり。左大弁藤原経房（41）、午刻（正午頃）、同院に参入す。僧徒、遅参して集会せず。後白河法皇、衆僧集会の模様をたびたび尋ね仰さる。未斜め（午後三時前）、法皇、御船にて新熊野社より最勝光院に臨幸あり。御幸、密儀にして、権大納言平時忠（54）以下、公卿両三人船より下りて北廊北砌より閑所に入る。参仕の公卿は、権大納言藤原宗家（45）・権大納言平時忠・同藤原忠親（53）・右京大夫藤原基家（52）・参議左中将源通親（35）・左大弁藤原経房・正三位藤原雅長（39）らなり。ついで講演始まり、その儀、例の如し。朝座の講師は慶智、問者は実顕、夕座の講師は公胤、問者は静厳。布施は寺家・院庁より各被物《かずけもの》一重、裹物《つつみもの》一を僧に給い、事了り人々退出せり。後白河法皇は今熊野社に還御か。この最勝光院御八講会、来る十二日に結願なり。　【吉記（七月十二日条も）、玉葉】

今日、平家の公卿十人（前内大臣平宗盛37・権大納言平時忠54・按察使権大納言平頼盛53・中納言平教盛56・権中納言平知盛32・参議修理大夫平経盛60・左近衛権中将平重衡27・右近衛権中将平維盛23・散三位平通盛・右中将平資盛23か）、連署の起請をもって比叡山の衆徒中に送り、藤氏の興福寺に准じて延暦寺を平家の氏寺として帰敬《ききょう》すべきを誓う。また藤氏の春日社に准じ日吉社をもって氏社となすべく決す。これ密事たり、と。左大弁藤原経房、この状を聞きて悲涙抑え難し。かねて平家の氏社たる平野社を棄てて、新たに氏社を用うること、神慮の恐れある事ならんか、と。　【百錬抄、吉記（七月十二日条）】

七月九日〔天霽る〕

未刻許り（午後二時頃）、後白河法皇院御所（法住寺殿新御所）において、諸社訴事を議定せらる。御所の東南廊（当時、この所、公卿座に用いらるる所なり）に、人々、参集着座す。ただし、法皇不在、今熊野社参籠中。参入の公卿は広きに及ばずして、民部卿藤原成範（49）・前権中納言源雅頼（57）・左大弁藤原経房（41）・大蔵卿高階泰経（54）・右大弁平親宗（40）・蔵人頭左中弁藤原兼光（39）・蔵人右衛門権佐藤原定長（35）らなり。　【吉記、百錬抄】

金峯山・多武峯の衆徒、すでに蜂起す。故源三位入道頼政の余党、この中に混在せり、と。摂政藤原基通（24）、この旨、後白河法皇に奏聞す。　【吉記】

七月十日〔晴〕

後白河法皇、最勝光院御八講以後、初めての他行、祇園社に御幸あり。密儀により、同社において経供養あり。導師は法印澄憲（58）なり。

七月十四日〔雨降る〕　【吉記】

後白河法皇、今熊野社より法住寺殿新御所に還御。

七月十六日〔天陰り、雨降らず〕　**故崇徳上皇自筆の血書五部大乗経、成勝寺に施入**　【吉記】

後白河法皇の同母兄・故崇徳上皇、讃岐国配所において自筆の血書五部大乗経を書写。この経の奥書に「理世、後生の料に非ず、天下を滅亡すべし」の趣旨を注記せられたり。この経巻、仁和寺華厳院の元性法印（崇徳上皇第二皇子）の許に留置さる。故崇徳院の怨霊を得道せしめ、経巻の奥書の旨を慰謝せんがため、右大弁平親宗（40）をもって左大弁藤原光長（40）に仰せて白河の成勝寺（崇徳天皇御願寺、保延五年〈一一三九〉十月二十六日落慶供養）において供養すべく、建議あり。ただし、予議の必要あり。開題供養（経を供養する）以前に、その宿願を果し成勝寺に施入さる。況んや供養の後においてをや。よくよく沙汰あるべき事なり、と。【吉記】

七月十八日〔小雨降る〕

上西門院（後白河法皇同母姉・58）、法皇御所（法住寺殿新御所、同宿）より法金剛院の御所辺に御幸あり。怖畏を成さしめ給うか。まことに、しかるべし。近日、京中および京外、人々、家財を東に運び、西に運び、右往左往、周章せり。まことに、これ故崇徳院の怨霊の所為か、と。【吉記】

七月十九日〔天霽れ、余熱、蒸すが如し〕

午後、後白河法皇院御所（法住寺殿新御所）の公卿座（御所・東南廊）において諸社訴事を先度（去る七月九日）の如く議定す。参入の公卿は民部卿藤原成範（49）・前権中納言源雅頼（57）・中納言藤原朝方（49・追って加えらる）・左大弁藤原経房（41）・大蔵卿高階泰経（54）・右大弁平親宗（40）・蔵人頭左中弁藤原兼光（39）・蔵人右衛門権佐藤原定長（35）らなり。石清水八幡宮以下、多々の社よりの訴事を、蔵人定長これを読上ぐ。さらにまた、定趣を書く。定長一身にては遅々に及ぶの故に、しばらくして蔵人頭弁兼光、これを読み、定長これを書く。夕刻に及びて事了りて分散す。【吉記】

七月二十一日〔晴〕

午刻許り（正午頃）、追討使、多原（滋賀県彦根市）の方に発向せり。新従三位右中将平資盛（23）、大将軍となり、舎弟・備中守平師盛ならびに筑前守惟宗貞俊以下、家の子を相従う。大将平資盛の雑色《ぞうしき》、追討宣旨を頸にかけ、肥後守平貞能を相伴する都盧《とろ》（すべて）三千余騎の軍勢なり。しかして、右大臣藤原兼実の家僕、密々に見物し、その実数を計上せるところによれば、「其勢千八十余騎」なり、と。日頃、追討使は七、八千騎ないしは、万騎に及ぶも、現在の勢はわずか千騎なり。有名、無実の風聞、これをもって察すべし、と。後白河法皇もまた、密々にこの追討軍の出立を見物あり。宇治を経て江州に赴く。大将平資盛は水干小袴を着用して、弓箭を帯す、と。【玉葉、吉記】
今夜、後白河法皇、常御所（法住寺殿新御所）より法住寺殿に臨幸あり。事火急の時、安徳天皇（6）の行幸あるべきの故なり。法皇、主上奉迎のための装束（室礼）下見のためなるか。【玉葉】

七月二十二日〔陰り晴れ、定まらず〕　**木曾義仲軍、総持院に入り、比叡山を占拠す**

夜半（二十二日暁更）、源氏方人《かたうど》（木曾義仲軍）、すでに東坂本（大津市）に至り、叡山に登って、総持院をもって城郭となし、衆徒ら源氏に同心、山上騒動す、と風聞す。よって住山の僧綱らおのおの逃げ下る、と。この朝、後白河法皇、院宣（院別当・大蔵卿高階泰経奉ず）を発して、公卿らを南殿（法住寺殿）に参仕せしめらる。右大臣藤原兼実（35）、疾により不参。参入の公卿は内大臣藤原実定（45）・皇后宮大夫藤原実房（37）・権大納言藤原宗家（45）・同平時忠（54）・同藤原忠親（53）・民部卿藤原成範（49）・中納言藤原朝方（49）・検非違使別当藤原実家（39）・権中納言藤原長方（45）・参議左中将源通親（35）・左大弁藤原経房（41）・右大弁平親宗（40）らなり。未刻（午後二時頃）、人々参集の後、蔵人右衛門権佐藤原定長（35）、内大臣実定の後に口を開く。「賊徒進入によりて、避難のため安徳天皇、閑院皇居より院御所法住寺殿に行幸あるべきに、如何」と。今日は復日《ふくにち》なり、何日たるべきや。また賢所《かしこどころ》、京外（賀茂川の東岸、法住寺殿は洛外）に渡御の前例なし、これ憚りあるべきや否や、と行幸の可否を議定す。しかして、復日を延引して明後二十四日、臨幸あるべし、と一定す。なお、後白河法皇と同宿の皇后宮亮子内親王（37）は、ひとり院御所（法住寺殿新御所）に留御なり。【吉記、玉葉、百錬抄】

七月二十三日〔時々、小雨あり〕

今旦、世間物忩により後白河法皇、法住寺御所（新御所＝常御所）に渡御あり。【玉葉】
ついで、天台座主・大僧正明雲（69）、下洛して院御所（法住寺殿新御所）に参向す。源氏凶徒ら、近江国に入り、ついで比叡山に登山、山上を占拠せり、と。もしも、衆徒と合戦に及ぶならば、異儀なく天台の仏法破滅に至ること必定なり。この上は、早急に後白河法皇より両者和平すべく仰せ下さるべき旨、衆徒ら座主明雲をもって法皇に奏上せしめんとす。【吉記】

七月二十四日〔天晴る。昼間、暴風雷鳴す〕

午始め許り（正午前）、左大弁藤原経房、院御所に参上す。折柄、院中所在の右大弁平親宗をもって、後白河法皇、仰合わさるべき事あるにより、人々を召さる、と。すでに、左大臣藤原経宗（65）・内大臣藤原実定・皇后宮大夫藤原実房を召さる。右大弁親宗、院庁下文を推問使に携行せしめ、賊徒（木曾冠者義仲）に遣わすべきにつき、院御所において議定あり。【吉記、玉葉】

此の一両日、江州進攻の源氏武士、台嶽《たいがく》（比叡山）に登り、今夜、下山して洛中を夜討ちすべき由の風聞あり。よって、暁天（二十五日早朝）に及びて、安徳天皇（6）閑院内裏より法住寺殿（法住寺御所）に行幸ありたり。内侍所も同じく渡御。公卿、権大納言平時忠（54）・新権中納言藤原頼実（29）・参議左中将源通親（35）・新参議左中将藤原泰通（37）ら、供奉す。【玉葉、吉記、百錬抄】

七月二十五日〔天晴る〕　**安徳天皇を奉じ、六波羅に火を放って平家都落ち。後白河法皇は、比叡山に登山**

寅刻（午前四時頃）、後白河法皇、法住寺殿を出御、何方と知れず逐電、密幸し給うとの風聞あり。院中の男女、これを知らず。一同、度を失う、と。半信半疑のうち、辰刻（午前八時頃）に及びて定説を聞く。法皇逐電の報に接したる右大臣藤原兼実（35）は、「この事、日頃より万人、庶幾する所なり。しかるに、いま俄かの法皇の逐電、支度なき事というべきか。子細は追って尋聞すべし」と。ついで、卯刻（午前六時頃）、その風聞、真相たること判明せり。【吉記、玉葉、百錬抄（七月二十四日条）、一代要記】

辰刻（午前八時頃）、左大弁藤原経房（41）の勘解由小路亭の南方に火災発生。奇怪と思い下人に尋ねしむるに、六波羅辺、前内大臣平宗盛（37）以下、平家の人々の家々、炎上中なり、と。経房、奇驚の間、ついで法住寺殿に臨御中の安徳天皇を、平家の人々、御車に乗せ奉り、車の轅《ながえ》を南に向け、海西に赴きたる。事の殊勝、まことに未曾有と言うべし。洛北、大原の辻ならびに河合辺（左京区、高野川と賀茂川合流地点）を守護せる左馬頭平行盛已下の武士たちが洛中に引返し、騒動混乱せり、と。同時に、右大臣藤原兼実の避難の最勝金剛院（いまの東福寺の地か）には、この日、巳刻（午前十時頃）、平家の武士たちが法住寺殿に御坐の安徳天皇・建礼門院（29）を具し奉り、淀地方に発向せり。鎮西（九州）に籠居すべき計画なり、と。この朝、前内大臣平宗盛（37）以下一人も残らず、六波羅・西八条等の舎屋は一所も残さず放火、焼亡して灰燼に帰し、一時に煙炎、天に満つ有様なり、と。その中に権大納言平頼盛（53）は一人、一族と別れ洛中に留まる。【吉記、玉葉、一代要記、帝王編年記】

安徳天皇の法住寺殿行幸をうけて、後白河法皇は二十五日の未明、院御所（法住寺殿新御所）をこっそりと出御、新熊野社・新日吉社に参詣を偽装さる。ついで御輿を儲けさせそれに乗駕して、洛北鞍馬路を経て叡山に登山して横川《よかわ》に渡御ありたり。御供は右馬頭源資時（23）と左衛門尉平知康の二人、このほか人なし。叡山の山頂において権僧正俊堯・法印尊澄《そうちょう》が早参、出迎えて谷々を巡拝の後、東塔円融房・座主僧正明雲（69）の許に着御さる。後白河法皇、比叡山登山の事は、やがて或る人により最勝金剛院に避難の右大臣藤原兼実の許にも通報あり。人々、いまだ誰一人も参候せず、と。しばらく、法皇登山の報は秘されたり。平氏ら、すべて落居の後、ようやくにして参議左中将藤原定能（36）が登山せり。右大臣兼実は、山上のこの左中将定能に、みずから登山参入の可否を尋ね遣わす。しかるに、これよりさき前関白入道藤原基房（39）は右少将藤原顕家（基房男寵・31）唯一人を御供に登山、尊澄法印を手引きに後白河法皇の御所円融房に早参せり。

相つぎ中納言藤原朝方（49）・前大宰大弐藤原親信（47）・右大弁平親宗（40）らが叡山に登山、法皇御所に歴参す。夕に臨みて新従三位右中将平資盛（23）、異母兄・右中将平維盛（23）および舎弟・備中守平師盛らを引率、さらに家人・肥後守平貞能、八百余騎の軍兵を引き具して山崎辺（京都府乙訓郡大山崎町）より引き帰りて、蓮華王院に入住す。平貞能は一矢を射るべく意気込み、源氏軍を相迎え合戦すべしと勇み立つ。しかるに、平家の前内大臣平宗盛（37）以下、安徳天皇（6）および剣璽・賢所を奉具して鎮西に赴かんと出京したるに、供奉の臣下なし。よって、しかるべき公卿・宰相を虜にして具せんとの風聞流布せるにより、人々の怖畏かぎりなし。忽ち計略の方途なく、運を天に任さん、と。　【吉記、玉葉】

七月二十六日〔天晴る〕　**山上の後白河法皇御所、武士・軍馬が群を成す**

公卿、叡山に登山、後白河法皇御所（円融房）に祗候す。辰刻（午前八時頃）、右大臣藤原兼実（35）、避難先、最勝金剛院より法性寺に帰参す。昨二十五日、法皇に近侍の参議左中将藤原定能（36）に、登山祗候の旨、申送りたるにより、巳刻（午前十時頃）、山上の定能より書札を送り来る。「御参の事、奏聞し了んぬ。早やかに御参あるべし」と。さらに、入道関白藤原基房（39）も既に登山参入せり、と伝う。よって、右大臣兼実、烏帽子・直衣を着装、前駆《せんぐ》・供人ら八人、侍四、五人を具して未刻（午後二時頃）に発進、九条第より牛三頭に車を引かせ、申終り（午後五時前）に西坂本に到達す。酉刻（午後六時頃）に至りて、無動寺法印慈円（29）手配の手輿ならびに輿舁《こしかき》到来せり。即刻、輿に乗り、西坂より叡山に登る。供人は坂口五、六町ばかり騎馬、以後は下馬歩行。戌刻（午後八時頃）、東塔南谷の青蓮房に到着。無動寺より院主・法印慈円が入来。この房、今日、吉曜たるにより、伝領後、初めて移渡せり、と。小談休息の後、法皇御所（円融房）に参る。右大臣兼実、手輿に乗る。前駆松明《たいまつ》をとりて先導す。左中将藤原定能をもって見参に入る。召しにより法皇御前に参り、しばらく祗候。兼実、剣璽および源氏入京の事などを法皇に奏聞せり。後白河法皇、「西海に引率されんとするにより、密行して山上に御坐なり」と。兼実、法皇に、㈠神璽紛失の事（去る治承四年〈一一八〇〉の比、盗取せらるとの風聞）、および㈡三条宮（以仁王）存否の事、を問い奉る。法皇、「両事ともに存知せず。璽失わず。三条宮生存せず、風聞か」と答えらる。兼実、小時にして退出せり、と。

公卿ら登山の由、その告あるにより、左大弁藤原経房（41）もまた、同じく未刻（午後二時頃）、勘解由小路亭を出で登山す。西坂より肩輿に駕す。禅師坂辺において下山途中の前右馬助源経業に行き会う。後白河法皇、山上において、八条院御所（暲子内親王尼47）の辺、物忩の由を聞食すにつき、法皇の御使として、八条女院の許に参上の旨、口上せり。山上は武士・軍馬等、群を成す。叡山開闢以後、かかる騒擾を聞かざる所なり。物持院を構えて城となす。江州より侵入の源氏軍、登山して構築する所なり。左大弁経房、直ちに法皇御所（円融房）に参上。人々、祗候せり。庭上には主典代・随身ら、控え居たり。射山《しゃざん》（後白河法皇）に謁せんとして、左衛門尉平知康をもって見参に入る。しばらくして宿所尊澄法印房に退下す。この日、登山の公卿は、右大臣藤原兼実・左大弁藤原経房のほかに権大納言藤原兼雅（39）・大蔵卿高階泰経（54）らなり。 【玉葉、吉記】

七月二十七日〔天晴る〕　**後白河法皇、下山、帰洛**

京洛より初参上の公卿は、皇太后宮大夫藤原実房（37）・検非違使別当藤原実家（39）・新権中納言藤原家通（41）らなり。法皇御所（円融房）に参上、法皇の還御、遅々たるにより、洛中の物忩休《や》むべからず、と奏上す。山上の僧房に宿御の右大臣藤原兼実（35）、この朝、風病発動により、法皇御所に参候せず。参議左中将藤原定能（36）、兼実宿房に来訪。ついで蔵人右衛門権佐藤原定長（35）、後白河法皇御使として入来。法皇の叡旨によれば、「鎮西に安徳天皇（6）を奉具して逃走の前内大臣平宗盛（37）以下、平家の軍勢追討の事、内々仰せ下すと雖も、なお証文を下付すべし。この文書、宣旨たるや、もしくは院庁下文たるべきや。いずれが当否ならん」と、右大臣兼実に諮り給う。 【玉葉、吉記】

この日、後白河法皇、山上円融房御所において陰陽権助賀茂済憲および大舎人頭安倍業俊をして、下山還御の日時を勘申《かんじん》せしめらる。「今日（二十七日）は帰忌日《きこにち》、明日（二十八日）は復日《ふくにち》、明後日（二十九日）は衰日《すいにち》、晦日に至らば、はなはだ懈怠《けだい》なり」と。陰陽師ら御卜を行うの結果、御所に直接還御に非ざれば、支障なき旨、奏上せり。よって、今日の還御、吉なりと。これにより、法皇、俄かに今日、還御の事を仰せ出さる。未刻（午後二時頃）に及びて還御の事、一定《いちじょう》せり。公卿は浄衣を着用、前行す。源氏武士一名（山本冠者源義経息男＝錦部冠者源義高）が前行せり。叡山の悪僧・恵光房阿闍梨珍慶（錦直垂・腹巻を着用。万人、目をそばだつ、と）は、法皇乗駕の御輿の前を警固す。常祗候の法皇侍臣らは、浄衣・例狩衣等を着用して扈従。それらの人々、皇后宮大夫藤原実房・検非違使別当藤原実家・新権中納言藤原家通・左大弁藤原経房・蔵人頭右大弁平親宗（40）らは、いずれも輿に乗駕して法皇御輿の後に従う。法皇は帰忌日たるにより法住寺殿新御所に還らず、蓮華王院に着御あり。今日の御幸、本来は尋常の儀たるべきに、卒爾たるによりその儀なし。御車乗駕たるべきに、略儀の御輿にての京中入御は、甚だ見苦しき儀なり。法皇先発出御の後、右大臣兼実、ひとり下洛、戌刻（午後八時頃）、法性寺に到る。これまた帰忌日たるにより、同寺僧房に一宿す。 【玉葉、吉記、一代要記、百錬抄】

七月二十八日〔天晴る〕　**木曾義仲・源行家、入京。後白河法皇、両人に平家追討を命ず**

午上（正午前）、左大弁藤原経房（41）、後白河法皇の蓮華王院御所に参入。このころ、諸卿、南御所（法住寺殿）の殿上廊に参集。左大臣藤原経宗（65）・内大臣藤原実定（45）・権大納言藤原忠親（53）・民部卿藤原成範（49）・右兵衛督藤原家通（41）・検非違使別当藤原実家（39）・権中納言藤原長方（45）・権中納言藤原実宗（39）・新参議左中将藤原泰通（37）・参議左中将源通親（35）ら参入す。まず、左大臣藤

原経宗、口を開かる。「京中の神社・仏閣、狼藉はなはだし、これに如何様の沙汰を行うべきや。また、前内大臣平宗盛〔37〕、忽ちに謀叛を巧みにして海西に赴く。ことに幼主〔安徳天皇4〕を奉具して、神鏡ならびに剣璽〔三種神器〕等、累代の御物を取り奉る。よって、早やかに主上の還宮あるべきを前中納言平時忠〔54〕に仰せ遣わすべきなり」と。ついで、内大臣実定〔45〕は、「平家征伐は緩怠《かんたい》あるべからず。ただし、神鏡以下、三種神器は朝廷大事たるにより、木曾義仲・源行家に下命して奪還すべく下命の要あり」と。平家討伐、神器奉還につき諸社御祈り、院御所における亀兆《きちょう》御卜等の議定あり。ただし、南殿〔法住寺殿〕は、法皇叡山出御の後、未還御につき、暫く行うべきに非ず。よって法住寺殿新御所を適宜とせり、と。また、前権大納言平頼盛〔53〕の帰仁《きじん》は寛宥あるべし。頼盛、故入道相国清盛の生前中、度々不快の事ありと雖も、このたびは殊たる造意に非ず、ただ一族のためばかりなり、と。この日、以上の条々、議定ありたり。

【吉記、百錬抄】

今日、申斜め〔午後四時半すぎ〕、木曾冠者義仲〔31〕・十郎蔵人源行家〔40余〕、南北〔義仲は北〔瀬田〕、行家は南〔宇治〕〕より総勢六万騎を率いて入京せり。後白河法皇、両名を蓮華王院御所に召寄せ、引見の上、平家追討の事を下命あり。検非違使別当藤原実家〔39〕、同御所の殿上縁において、法皇の叡旨を伝達す。彼の両人、地に跪《ひざまず》きてこの勅命を拝承す。御所たるにより、この儀礼あり。両人、院御所〔蓮華王院内〕参入の時、相並びて前後の差異なく進入せり。争権の意趣を示したりと覚ゆ。退出の時、蔵人頭左中弁藤原兼光〔39〕、京中の狼藉を停止すべきの由を下知す。この両人の容飾を見るに、夢か夢に非ざるか。万人注目、筆に尽しがたき武骨の者たり、と。

【玉葉、吉記、百錬抄、帝王編年一代要記】

このころ、上西門院〔後白河法皇姉・58〕ならびに皇后宮亮子内親王〔後白河法皇皇女・37〕はともに後白河法皇同居たりしに、法住寺殿新御所を退去、仁和寺法金剛院御所に同座なり。左大弁藤原経房〔41〕、参上、両御方に見参、夜に入り退出す。

【吉記】

この日、後白河法皇、院庁官康貞を御使として、関東に下向せしめ、前左兵衛佐源頼朝〔37〕を京都に召さる。

【一代要記、帝王編年記】

七月二十九日〔天晴る〕

申刻〔午後四時頃〕、右大臣藤原兼実〔35〕、息男・右大将良通〔17〕を相伴して後白河法皇に謁せんと、蓮華王院御所に参上。蔵人右衛門権佐藤原定長〔35〕をもって申入る。法皇、暫く相待つように、と仰す。数刻の後、左中将藤原定能〔兼実義兄・36〕出で来て、「法皇、御念誦を始めらる。早やかに退出すべし」と。よって、兼実・良通父子、退下して九条亭に帰参す。

【玉葉】

七月三十日〔天晴る〕　**木曾義仲、京中守護となる**

後白河法皇、大事を議定せらるるに当たり、左大臣藤原経宗〔65〕・右大臣藤原兼実〔35〕・内大臣藤原実定〔45〕・皇后宮大夫藤原実房

（37）・権大納言藤原忠親（53）・権中納言藤原長方（45）を蓮華王院に召さる。議定所は蓮華王院（御堂）の南廊東面座に定めらる。風吹くにより御簾を垂る。この日の議定は、㈠源頼朝・同義仲（31）・同行家に勧賞《けんじょう》を行わるべき事、㈡関東北陸荘園に使を送るべき事、㈢京中の狼藉、制止すべき事など。一同、異議有るべからず、と。

また、後白河法皇、蓮華王院御所に陰陽寮の官人を召し、西海遷座の三種宝物の事を占卜せしめ給う。民部卿藤原成範（49）、法皇の下命により、これを奉行す。法皇出家の後、官御卜を行わること如何の由、先日、議定あり、と。この日、後白河法皇、院宣をもって叡山山上に籠居の摂政藤原基通（24）を京中五条亭に帰住せしめ給う。摂政基通、数日、山上に在り、人これを奇と為す。この日、木曾冠者義仲、後白河法皇の院宣を奉じて京中守護となり、九重（内裏）内ならびに此の外所々を支配せしむ。【吉記、玉葉、百錬抄】

民部卿藤原成範、後白河法皇の院宣を奉け、西海に脱出の権大納言平時忠（54）の許に神器奉還の事を仰せ遣わす。また、内々、平家の家人・肥後守平貞能の許にも同伴につき仰せ遣わさるるの子細有り、と。【吉記】

八月二日〔天晴る〕

右大臣藤原兼実（35）、摂政藤原基通にまつわる二ヶ条の由緒ありと伝聞す。

㈠去る月二十日頃、前内大臣平宗盛（37）および左近権中将平重衡（27）、密議を企て、後白河法皇を西海に遷幸せしめんとす。その際、摂政藤原基通をも法皇に供奉せしめんとす。この評定を耳にするにより、後白河法皇女房冷泉局（故前権大納言藤原邦綱愛妾）をもって、法皇に密告せしむるにより、事前に法皇叡山に遁避さるるを得たり。よって、彼の女房のこの勲功を報わるべし。

㈡後白河法皇、かねて摂政藤原基通を男寵せんとして艶気せらる。その法皇の愛念を遂ぐべき媒《なかだち》を成せしにより、件の女房を抽賞《ちゅうしょう》せらるべし、と。この事、秘事たりと雖も、希異の珍事にして子孫たちに知らしめんがため、日記に記し置く所なり、と。

兼実、さらに伝聞せり。入道関白藤原基房（39）、折柄、瘧《おこり》病中なるも、病を押して後白河法皇院御所（法住寺殿新御所）北対に参宿せり。基房、息男・前権中納言藤原師家（12）を摂政に任用されんとして、その所望の次第を一書にしたため、後白河法皇に捧呈す。しかるに、法皇、これを許さず、と。【玉葉】

八月三日〔天陰る〕

後白河法皇、午刻（正午頃）、蔵人頭左中弁藤原兼光（39）を右大臣藤原兼実の九条第に遣わし、「平家公卿解官の手続きにつき、法皇勅（主上、西海遷幸不在）とすべきか、または内々に仰せらるべきか、大外記清原頼業（62）および同中原師尚に問う。頼業は宣奉勅と記載すべきにて法皇の字を記すべからずと奏す。また、師尚は内々、外記に仰せて、追って宣旨を成さるべし、と。この両大外記のいずれにしたがうべきや」と。兼実（35）、これに答えて、「中原師尚の申状の穏便なるも、なお宣旨ありて、法皇勅と記載すべし」と奉答せり。【玉葉】

八月五日〔天晴る〕　**新たな天皇候補に、故高倉上皇第四親王（後鳥羽）**

平家、安徳天皇（6）を奉具して西海退去の際、清涼殿の重宝たる琵琶名器「玄上」を紛失し去る。この日、或る女、路頭にて琵琶を見付け、検非違使左衛門尉平知康の家に来りて、これを売却せんとす。奇しみて琵琶を見る中に、件の女人、姿を晦《くらま》す。知康、「玄上」一定《いちじょう》の由を検見し、即刻、右大臣藤原兼実の九条第に持参せり。ついで法皇御所に奉献す。【一代要記（八月六日の事なり、と）、玉葉】

この日、後白河法皇、新主を立つべく、故高倉上皇の遺児たる第三親王（のち惟明親王5。母は宮内少輔平義範女〔大膳大夫平信業妹〕）と第四親王（のち尊成親王4。母は修理大夫藤原信隆女〔内女房典侍殖子〕）を接見し給う。しかるところ、第三親王は法皇を面嫌いなされしため、疾々《はやばや》と出し給えり。第四親王は馴付きて法皇の膝の上に寄られたるにより、この皇子（後鳥羽天皇）に定めらる、と。【玉葉、保暦間記】

八月六日　**平家一門二百余人を解官**

右大臣藤原兼実、後白河法皇法住寺殿新御所に参上。参議右中将藤原定能（36）をもって申入る。法皇、蔵人頭左中弁藤原兼光（39）をもって仰せ下さる。立王の事（新天皇即位）を思食《おぼしめ》し煩い給う。安徳天皇の還御を待ち奉るべきや、または剣璽なしと雖も、新天皇を即位させるべきや、御卜を行わしめらる。官寮においては、安徳天皇の還御を待つべし、と奏上せり。しかるに、法皇、なお思召すにより重ねて官寮に卜申せしむにより、神祇官二人、陰陽寮八人が、各申状を上申、吉凶半々たり。「この上、いかように沙汰すべきや」、法皇、右大臣兼実に下問あり。兼実、新主を立つべきを奏上す。

この日、後白河法皇、前内大臣平宗盛（37）を除名し、平家の党類、権大納言平頼盛（53）より諸司三分に至るまで、一族二百余人を解官せらる。権大納言平時忠（54）はその中に入らず。これ、主上（安徳天皇）の還御あるべきの由を申さるる故なり。しかるに、この処置、右大臣藤原兼実は「朝務の尫弱《おうじゃく》、これをもって察すべし。憐れむべし、憐れむべし」と鬱憤の情を洩らす。【玉葉（八月九日条）、百錬抄】

八月十日〔天晴る〕

後白河法皇、法住寺殿西対代南庇座において、左大臣藤原経宗（65）・内大臣藤原実定（45）ならびに右大臣藤原兼実（35）を会して、新主践祚（後鳥羽天皇4）の事を議せしむ。しかるに、右大臣兼実、所労により参入遅滞、申刻（午後四時頃）に及ぶ。その座に加わると雖も、その以前に大略議定了れり。その時、蔵人頭左中弁藤原兼光、議定の旨を法皇に奏聞のため法皇御所に参りて不在。よって、左・内大臣、議定の趣をほぼ右大臣兼実に語り伝う。

この日、法住寺殿の殿上において除目を行わる。しかるに、俄かに延引、勧賞《けんじょう》ばかりを行わる。法皇、木曾冠者義仲（31）を従五位下左馬頭兼越後守に任じ、十郎蔵人源行家を同じく従五位下備後守に任ぜらる。践祚以前の除目の挙行、人々これを傾《かたぶ》け申せり、と。除目聞書は左大弁藤原経房（41）が清書、これを大納言藤原実房（37）が外記に下す。ただし、除目の儀にあらず、と。【玉葉、百錬抄】

この日、旧主安徳天皇（6）の清涼殿重代宝物たる、紛失の名笛「鈴鹿」の筥、出現す。【百錬抄】

八月十二日〔雨下る〕　**藤原兼実、乱世の様相を憂い、後白河法皇を非難す。「嬰児の如き無防備、禽獣の如き貪慾なり」**

去る十日における除目、後白河法皇の勧賞に不服の備後守源行家、厚賞に非ずと称し、忿怨す。これ、木曾義仲の賞に比し、あまりにも懸隔の故なり。よって、自家の門を閉じ備後守を辞退す。この勧賞、義仲・行家共に悦ばず、義仲もまた伊予国司を辞退す、と。

【玉葉、一代要記（八月十一日条）、帝王編年記】

一昨日（八月十日）の夜、かねて左衛門督平時忠（54）の許（備前国小島＝岡山県倉敷市）に遣わせし、後白河法皇の御教書の返札到来せり。時忠の書状によれば、「京中静謐落居の後、剣璽以下の宝物等返還あるべし、と前内大臣平宗盛（37）に仰せらるべきか」と。事体、すこぶる嘲哢の気に似て、信用しがたし、と。また、肥後守平貞能の御教書（後白河法皇）の請文には「能き様に計らい沙汰すべし」と送り来れり、と。安徳天皇・母后建礼門院（29）を奉具せし平家一族は、船百余艘の船団にて備前国小島に在り。およそ、天下の形勢は、「三国志」の如き様相なり。西の平家、東の頼朝、中国（京師）には既に剣璽なし。よって政道、ひとえに暴虎の尫弱せるに似たり。まことに憑みなき世相なり。平家の征伐はなはだ遅引、後白河法皇の近臣たちは、一様に心を闕国《けっこく》（国司が欠けたままの国）や荘園等の探索に集中し、また、後白河法皇もこの欲に貪着《とんじゃく》せらるる有様。天下の亡弊に気づかず、国家の傾危を顧みることなし。さながら嬰児の如き無防備、禽獣の如き貪慾なり。悲しむべき乱世なり、と。【玉葉】

八月十四日

後白河法皇、右大臣藤原兼実（35）を召さる。しかるに、病疾により不参を奉答す。よって、夜に入り院使として院別当・大蔵卿高階泰経（54）入来す。兼実、御簾を距てて面謁す。法皇の叡旨によれば、新主践祚につき、故高倉上皇の親王二人（一人義範女腹＝惟明親王5・一人信隆女腹＝尊成親王〔後鳥羽天皇〕4）のいずれをと思食し煩わせらるるところに、大事出来せり。左馬頭木曾義仲より、故三条宮（以仁王）の息（北陸王・19）を新主に立つべきを奏上せり。よって後白河法皇は権僧正俊堯（木曾義仲と親昵。神祇伯源顕仲息・66）を義仲の許に遣わし、継体《よつぎ》守文（武力によらず君主の先祖の残した制度・法則を守る）を先とすべき旨を伝えしむ。故高倉院に宮両人あるの今日、その王胤をさしおき、孫王（以仁王の子）を用うべき非法を諭さしめらる。しかるに、義仲重ねて、北陸宮（以仁王遺子）を推挙せるにつき、後白河法皇、大蔵卿高階泰経をもって右大臣兼実にこの議を諮らしめ給う。兼実は、ひとえに法皇の叡慮に任せ奉り、御占により事を行わるべ

し、と奏聞。泰経、この旨を体して退出せり。【玉葉】

八月十六日

今夕、後白河法皇、院御所（法住寺殿新御所）殿上の間において受領除目を行わる。上卿は民部卿藤原成範（49）、清書の儀なし。参議右大弁平親宗（40）、除目聞書を清書す。木曾義仲（31）を伊予守に任じ、源行家を備前守に任ず。また権大納言平時忠（54）を解官す。この日の任人の体、ほとんど物狂いと謂うべし。悲しむべし、悲しむべし、と（右大臣藤原兼実）。その外、三十余ヶ国、新たに国司を任ぜらる。

【玉葉、百錬抄、帝王編年記、公卿補任】

八月十七日

法印慈円（右大臣藤原兼実弟・29）、右大臣兼実（35）の九条第に来臨。或る人の説を伝う。かねて入道関白藤原基房（39）、子息・前権大納言師家（12）を摂政にせんとの野望あり。この入道基房、後白河法皇に奏上して、「東宮傅《ふ》を歴任の人を、摂政に任ぜざるなり」と。去る仁安元年〈一一六六〉十月十日、右大臣たりし兼実（18）、東宮憲仁親王（のち高倉天皇6）の東宮傅（皇太子傅）となりたるにより、兼実摂政就任の機先を制したる、か。奇しむべし、奇しむべし、と。【玉葉】

八月十八日〔終日、雨降る〕

後白河法皇院御所において、平家遷御の神鏡・剣璽等につき諸道の勘文の間事、ならびに雑事等の議定あり。右大臣藤原兼実、前日（十七日）、蔵人頭左中弁藤原兼光（39）、書札をもって参院の催しあるも、疾により不参を報ず。この日の日記に「今日の議定の趣、追ってこれを尋ね記すべし、定めて異議なきか」と記す。参入の公卿は、左大臣藤原経宗（65）・皇后宮大夫藤原実房（37）・権大納言藤原忠親（53）・民部卿藤原成範（49）・前権中納言源雅頼（57）・権中納言藤原長方（45）・参議左中将源通親（35）・参議右大弁平親宗（40）の八人なり。

【玉葉（八月十九日条も）】

この日、静賢法印（60）、人をもって右大臣藤原兼実の許に、「伊予守木曾義仲、立王事、なおも鬱《うっ》し申す」と伝え来る。この事、まず最初に故高倉上皇の両親王を候補として、占卜せしむるところ、官寮ともに兄宮（母は宮内少輔平義範女・5）をもって吉となす由、占申す。その後、女房丹波局（後白河法皇愛物遊君・いま六条殿と号す）の夢想に、「弟宮（母は修理大夫藤原信隆女・4）、行幸ありて松枝を持ち給うの由を見る」と。彼女は即刻、法皇にこれを奏す。よって、法皇は卜筮《ぼくぜい》にそむき四宮（弟宮）を立つべく心中に覚悟し給う。しかるに、またも義仲が北陸宮（以仁王遺子・19）を推挙したり。後白河法皇は入道関白藤原基房・摂政藤原基通（24）・左大臣藤原経宗・右大臣藤原兼実の四人を召集せられ、三人参入（右大臣兼実、病により不参）す。三人議定、北陸宮しかるべからずと一定す。しかるに、義仲の意見無視しがたきにより、占卜に及ぶべし、と。入道関白基房は一向、御占に及ばず、議定の子細を義仲に仰せらるべし、と。右大臣兼実、法皇の勅定を奉ずべし、と。よって、折中《せっちゅう》をとりて御占を行う。結果、第一は四宮（尊成親王4＝女房丹波局の夢想の事による）、第二は三宮（惟明親王5）、第三は北陸宮（以仁王子・19）と占卜せらる。官寮ともに第一を最吉と奏上す。しかるに、なおも義仲（31）、北陸戦勝（官軍〔平家軍〕を壊滅）の大功は北陸宮の力にありとて、黙止せず。源氏軍の郎従らと申合せの上、左右《とこう》を申す、と。

この日、右大臣藤原兼実（35）、摂政藤原基通（24）が後白河法皇より男寵の鍾愛せらるるとの噂を伝聞す。両者の関係、昨今の事にあらず。法皇、法住寺殿新御所より叡山に逃去以前、すでに五、六日前より密かに女房冷泉局（故権大納言藤原邦綱愛物・故白川殿平盛子〔故関白藤原基実北政所〕女房）をもって媒《なかだち》となし、去る七月法勝寺御八講のころ、艶気ありて、七月二十日頃男寵本意を遂げらる。法皇の摂政基通に対する志浅からず、君臣合体の儀、この両者の関係をもって至極となすべきか。古来、かくの如き蹤跡《しょうせき》（前例）なし。末代の事、みな珍事にして勝事《しょうし》（奇怪なこと）。ただ法皇の摂政基通に対する愛念より起りたるものなり、と。【玉葉】

八月十九日〔陰り晴れ、定まらず〕

蔵人頭左中弁藤原兼光（39）、後白河法皇の院宣を奉じて、右大臣藤原兼実に新主名字の可否を問わる。式部大輔藤原俊経（71）、下命をうけて「永仁」「尊成」の二案を撰び申す。その勘文を添えて、右大臣兼実に諮る。兼実、これに答えて、近代多く「仁」字を用いらると雖も、中古以往は必ずしも然《さ》ならず。「尊」字は後三条天皇（名、尊仁）、「成」字は村上天皇（名、成明）において、両字ともに二代の諱なり。「永」字は殊たる難なし、この上は、後白河法皇の聖断あるべし、と奉答す。【玉葉】

八月二十日〔天晴る〕　**尊成親王（後鳥羽天皇）、剣璽を伝えずして践祚**

秉燭（夕方）、後白河法皇詔により立皇の事（後鳥羽天皇践祚）あり。刻限に及び、人々、法住寺殿に参院す。酉刻（午後六時頃）、右大将藤原良通（17）も束帯を着装、参院す。法住寺殿西中門廊をもって公卿座となし、二行に並びて着座す。時に新主名字定の儀あり。左大臣藤原経宗（65）・皇后宮大夫藤原実房（37）・左大弁藤原経房（41）は「尊成」を、また、右大将藤原良通・権中納言藤原実宗（39）・同藤原長方（45）・参議左中将源通親（35）は「永仁」を宜しとす。蔵人頭左中弁藤原兼光、人々の申状を聞きて、後白河法皇の御所に参上、これらの旨を奏上す。よって法皇、みずから「尊成」の名字を裁可ありて、尊成親王に一定す。これよりさき、若宮（尊成親王4）、法皇御所（法住寺殿新御所）において、密々に着袴のことあり。皇后宮大夫藤原実房、腰を結ぶ。ついで、秉燭以後、閑院皇居に渡御あり。その後、数刻を経て子刻終り（午前一時前）に至り、新主上（後鳥羽天皇）出御、摂政藤原基通、御前に着し、践祚の儀を始行せらる。法皇の詔をうけ、大内記藤原光輔を召し、伝国《でんこく》宣命を作らしむ。剣璽を伝えざる践祚の例、このたび始めてなり。前主（安徳天皇6）洛城（京都）を出

でし後、今日に至り、王位空しきこと二十六ヶ日なり。【玉葉、百錬抄、帝王編年記】

八月二十七日

右大臣藤原兼実（35）、仮名書状を八条院（暲子《あきこ》内親王尼47）に献ぐ。みずからの右大臣職を嫡男・右大将良通（17）に譲与すべきの旨、後白河法皇に奏聞せられんことを嘆願の趣意なり。【玉葉】

八月二十八日〔天晴る〕

申刻（午後四時頃）、右大臣藤原兼実の九条第に、院別当・式部権少輔藤原範季、後白河法皇の御使として入来。法皇、伊勢大神宮に公卿勅使を発遣せんとして、条々御不審の事を兼実に計らい奏せしめんがためなり。【玉葉】

八月三十日〔天晴る〕

後白河法皇、出家以後、始めて伊勢大神宮に公卿勅使を発遣せんとす。明後日（九月二日）、勅使進発に当たり、明日（九月一日）はその前斎、今夜より潔斎のため、みずから御精進屋に入御。【玉葉】

九月五日〔雨下る〕

去る月二十七日、前右兵衛権佐源頼朝（37）、関東より上洛の風聞あり。伊予守木曾義仲（31）、後白河法皇御領以下を押領の事、日々に倍増。京中の万人、存命するあたわず、緇素《しそ》貴賤、涙を拭わざる者なし。憑む所は頼朝の上洛に在り。かかる世相において、わが朝の滅亡、すでにその時至る、と。しかるに、後白河法皇、国家の乱亡を知らずして、近日、大造作（蓮華王院内、北斗堂建立）を始めらる。院中の近臣上下の者ども、歎息きわまりなき有様なり、と。まことに仏法・王法、滅尽《めつじん》の秋《とき》なり。【玉葉（十一月十日条も）】

九月六日〔天晴る〕

後白河法皇、今日より法住寺殿において供花会を始行さる。本来、昨日より行われんとするも、伊勢大神宮差遣の公卿勅使・左京大夫藤原脩範（41）、参着の日たるにより、たちまち延引さる、と。

入道関白藤原基房（39）、右少将藤原顕家（31）を使となし、備前守源行家の許に、去る七月二十四日、後白河法皇逐電、叡山登山の時の模様を示し送らしむ。

もともと、摂籙《せつろく》職（摂政）は家嫡（長男）に非ざれば二男に及ぶと雖も、いまだ三男に及ぶの例はなし。しかるに、法性寺入道関白藤原忠通の三男たる兼実が仁に当ると世間謳歌のこと、はなはだ不当なり。よって、兼実、みずから後白河法皇に奏上の旨も同前なり、と。この風説、日来、伝聞せるも信用せざるところ、今日、また定説を聞き、驚奇少からず。いったい、天子の位、摂政の運は、すべて人力の及ぶ所にあらず。世間の風聞、これを結構するところ、まことに軽々たり。遠祖たる藤原忠平、兼家、道長が三男以下にもかかわらず摂政に任ぜられている例は棄て置くというのか。後白河法皇は黒白を弁ぜず、源氏（木曾義仲・源行家）はその是非も知らず、ただ一言の狂惑をもって万機の巨務（摂政）をすべしめんとす。これ謀計の至りにして、冥罰、即刻に応報するものなり。いまいましき（弾指）かぎりなり。それにつけても、余（兼実）は乱世時における摂政など好む所にあらず、と。【玉葉】

九月九日〔天晴る〕

後白河法皇、五位蔵人宮内権少輔藤原親経（33）を使者として、右大臣藤原兼実（35）に院宣を伝達す。去る七月十七日、伊勢大神宮に奇代の怪異の事あり。これ、先朝（安徳天皇６）の御時の事なり。当今《とうぎん》（後鳥羽天皇４）の沙汰により修祓の要ありや否や、諮り給う。【玉葉】

九月十五日〔天晴る〕

後白河法皇、日吉社に御幸あり。去る七月二十四日登山（平家都落ちの日）の時、御願の旨ありて、日吉社の神位を増し奉らしむるためなり。また、御幸の勧賞《けんじょう》として僧侶官賞あり。当時、大比叡神（西本宮）は正二位、小比叡神（東本宮）は従五位上なり（『延喜式』貞観元年〈八五九〉）。この神階を、さらに進められんとの思召しなり。【百錬抄】

九月十九日〔陰り晴れ、定まらず〕　**後白河法皇、木曾義仲に平家追討を命ず**

後白河法皇、五位蔵人宮内権少輔藤原親経（33）を右大臣藤原兼実（35）の許に遣わし、後鳥羽天皇即位の事を問わしめ給う。この日、後白河法皇、左馬頭木曾義仲（31）を院御所に招き、御前に召して、「天下静謐ならず。また平氏放逸せるにより、毎事不便なり。よりて西海に行向いて討伐すべし」と。義仲、勅命をうけ、「明日、早天、発向すべし」と奉答。よりて、後白河法皇、手ずから御剣を取りて、義仲、これを拝領、退出せり。【玉葉（九月二十一日条も）】

北陸宮（故三条宮以仁王の子・19）、当時、加賀国に在り。後白河法皇、これを招き迎えらる。今日、園城寺に到着。明日、入洛あるべし。【百錬抄（九月十八日条。北陸宮の年齢「六歳」は誤謬）】

九月二十日〔天晴る〕

夜に入りて、右大臣藤原兼実、人伝てに聞く。左馬頭木曾義仲、今日、にわかに逐電、行方を知れず、と。郎従ども大いに騒ぐ。また、後白河法皇の御所内も上下の人々、物騒す。義仲、下向に際し、まず石清水八幡宮に詣り、西国の平家討伐のため播磨国に下向す。【玉葉（九月二十一日条も）、一代要記】

九月二十二日〔天晴る〕
八条院（後白河法皇異母妹・47）、不例なり、よって、右大臣藤原兼実（35）、家司・安芸守藤原基輔を使となし、安否を女房に問わしむ。病状、同前たり、と。【玉葉】

九月二十三日〔陰り晴れ、定まらず〕
右大臣藤原兼実、人伝てに聞く。備前守源行家を平家追討使に遣わすべきの由、後白河法皇より再三にわたり、左馬頭木曾義仲（31）に仰せらると雖も、義仲、左右《とこう》を申さずして、俄かに逃げ下る。行家を籠めんがためなり、と。【玉葉】

九月二十五日〔雨下る〕
前右兵衛権佐源頼朝（37）、文覚上人をもって左馬頭木曾義仲らを勘発《かんぽつ》（譴責）せしむ、と。これ、平家追討の懈怠ならびに京中を狼藉により損消を与えたるによる。よって、件の文覚上人をして、後白河法皇に釈明せしむ、と。【玉葉】

九月二十六日〔雨下る〕
或る人、右大臣藤原兼実に進言す、「後白河法皇、天下の政務の沙汰乱れしにより、惘然《ぼうぜん》（茫然）とせしめ給う」と。【玉葉】

九月二十七日〔雨下る〕
去る月二十七日、右大臣藤原兼実、八条院を介して、右大臣を辞して嫡男・右大将良通（17）に譲与すべく、後白河法皇へ奏聞方、懇請せり。この日、女院よりその回答あり。かの右大臣職譲りの事、重ねて法皇に申すところ、「兼実の所労、危急ならずんば、あながち忩ぐべからざる事なり。無下に辞遁の要なし。世に人もなきようなり」と諭し給う、と。これにより、兼実、重ねて八条女院に子細を言上せり。【玉葉】

十月一日〔天陰り雨下る。昼間、天晴れ、晩に及びて風吹く〕
後白河法皇、去る七月二十八日、院庁官を御使として関東に下向せしめ、前左兵衛佐源頼朝を京都に召さるることあり。しかるに、頼朝、上洛せず。その後、この庁官康貞、いくたびか法皇の御使として、関東に下向の事あり。先日、同じく法皇御使として頼朝の許に遣わせられし庁官康貞、この両三日以前（九月二十八日頃か）に、京都に帰参せり。庁官、上洛に際して頼朝より巨多の引出物を贈与さる、と。頼朝、庁官に付して折紙に三ヶ条の要目をしたため、後白河法皇に進上す。【玉葉】

十月二日〔朝の間、天陰り、午後、雲晴る〕　**源頼朝より後白河法皇へ、三ヶ条の折紙**
院庁官が携行せし折紙の三ヶ条の事、或る人（院近臣）、右大臣藤原兼実に示し来たる。

㈠平家押領する所の神社・仏寺領、たしかに本の如く本社・本寺に返付すべきの由、後白河法皇において宣旨を下さるべし。平家滅亡の事、仏神の加護たるの故なり。

㈡院・宮・諸家領、同じく平氏多く虜掠《りょりゃく》せり。これまた、本の如く本主に返付せしめて、人怨を休めらるべし。

㈢帰降参来の武士ら、それぞれその罪を宥《ゆる》し、かならず斬罪を行う事のなきように。頼朝、その昔（平治の乱・時に13）勅勘の身たりと雖も、身命を全うする（助命）により、今、君御敵（後白河法皇の仇敵＝平家）を討伐の任に当れり。今また落参の輩の中に、かような運命の者なきに非ずや。よって、頼朝は、往昔のわが身をもってそれを思い、たとえ敵軍たりと雖も、帰降の輩においては罪科を寛宥して、命を助けるべし。

この三ヶ条を折紙に列記せり。これら条々の頼朝申状、左馬頭木曾義仲らと異なる憐憫の情、切々たるものなり。　【玉葉】

十月四日〔陰り晴れ、定まらず〕

この夜、大夫史小槻隆職（49）、右大臣藤原兼実（35）の九条第に入来。密々に源頼朝より後白河法皇に進上の源平合戦注文ならびに折紙（三ヶ条列記の申状）等を持参、兼実に披見す。院庁官康貞の持参するところと。件の折紙、先日、或る人より伝聞の条々に寸毫も違わず。しかしながら後代のため日記（『玉葉』）に文を書写し置きたり。　【玉葉】

十月五日〔天陰る〕

この夜、院近臣・按察使入道源資賢（71）、右大臣藤原兼実の九条第に来臨せり。兼実、蒜《ひる》慎み中たるにより、御簾を距てて謁す。世間の風説等を談ず。その中に、兼実の身につき、種々の讒言を後白河法皇に上聞する輩ありと、聞き及ぶ。兼実、資賢入道の厚意を謝し、後刻、謝状を送る。　【玉葉】

十月六日

関東の源頼朝（37）より院別当・大蔵卿高階泰経（54）の許に、飛脚をもって書札が送達せらる。文面によれば、左馬頭木曾義仲（31）ら頼朝を討伐すべく結構せり、と。　【玉葉（十月八日条）】

十月七日〔天晴る。晩に及びて小雨あり〕

関白藤原忠通建立の最勝金剛院領、右大臣藤原兼実その領家職たる伊賀国四ヶ荘（浅宇田荘〔上野市守田・八幡町付近〕・大内荘〔上野市大内・上之荘・笠部付近〕・音羽荘〔三重県阿山町音羽付近〕ほか）を、伊賀守山下兵衛尉義経、後白河法皇に院奏を経て停廃せり。よって右大臣兼実、院別当・大蔵卿高階泰経をもって院奏を経んがため、兼実家司・中務少輔源兼親をもって書状を示し送らしむ。大蔵卿泰経、ただ

ちに返事を送る。大略、勿論の事か。　【玉葉】

十月八日〔天晴る〕

後白河法皇、石清水八幡宮に御幸。諸卿以下、束帯を着装、供奉せり、と。　【玉葉】

十月九日〔天晴る〕

後白河法皇近侍の法印静賢（静憲とも・60）、右大臣藤原兼実（35）の九条第に入来、世間の事を談ず。源頼朝（37）、後白河法皇に使者として山名三郎義範（三郎先生《せんじょう》義広・新田義重嫡男）を進達して、忽ちに上洛しがたき旨を報ぜしむ。その理由、

㈠陸奥守藤原秀衡《ひでひら》（秀平・62）および常陸介源（佐竹四郎）隆義（66）ら、頼朝上洛の留守に乱入すべし。

㈡数万の軍勢を引率しての入洛、京中大混乱に及ぶべし。

この二事により上洛延引、と。およそ頼朝の人物は威勢厳粛にしてその性格は強烈、成敗分明にして理非断決の人なり、と。使者義範はまた、「左馬頭木曾義仲ら平家討伐を遂げず、朝家を乱す。まことに奇怪千万の所行たり。しかるに彼等に即刻の勲功の行賞、はなはだ謂《いわ》れなき事なり」と。これらの申状等、いちいちその理あり。

右大臣兼実、別の伝聞によれば、左馬頭木曾義仲（31）、播磨国に在り、と。もしも源頼朝が上洛すれば、たちまち北陸方に逃走すべし。もし頼朝の上洛なきにおいては、平家を討つべきの由、軍備を整えいる、と。

今日、小除目あり。後白河法皇、源頼朝を本位に復し、従五位下右兵衛権佐に任じ給う。　【玉葉】

十月十三日〔天晴る。夜に入りて雨下る。深更、大雨なり〕

大夫史小槻隆職（49）、右大臣藤原兼実第に来訪、世上の事を談ず。院の庁官兼太政官史生泰貞、先日、後白河法皇の御使として、関東の源頼朝の許に下向。しかして去る比（九月二十七日か）に帰洛せり。しかるに、重ねて法皇の御使として坂東に赴くべし、と。この男、小槻隆職の家に来りて、頼朝の子細（人物評価）を語る。隆職、その伝聞を右大臣兼実に語るも、兼実筆記の遑《いとま》なし、と。　【玉葉】

後白河法皇、賀茂社に御幸。この夜、境内御所に一宿なり。　【親経卿記（十月十四日条）】

十月十四日〔天晴る〕

後白河法皇、賀茂社より直ちに祇園社に御幸。この夜、御宿なり。　【親経卿記】

十月十六日〔雨下る〕

昨日、木曾義仲、入京す。その軍勢ははなはだ少なし、と。今日、義仲、後白河法皇御所に参入。法皇より条々の仰せを承る。義仲もまた、

種々、言上せり、と。【玉葉】

十月十八日〔午刻（正午）、雨下る〕

去る八月六日、権大納言平頼盛（53）、解官さる。平氏の一族、すべて西国に赴くと雖も、独り洛中に留まる。この日、頼盛、逐電して、ひそかに関東（源頼朝を頼る）に逃げ下る。京中、また鼓騒せり、と。【玉葉（十月二十日条）、百錬抄（十月二十日条）】

十月二十一日〔天晴る〕

後白河法皇、左馬頭木曾義仲（31）に上野・信濃二国を賜い、北陸を虜掠（かすめとる）すべからざるの由を、義仲の許に仰せ遣わさる。同時に関東の頼朝（37）の許にも件の両国を義仲に賜うべきにより、義仲と和平すべきの由を仰せ下さる、と。この使者、さきの院庁官泰貞なりしか。この一件、ある下臈の申状により、義仲知音《ちいん》の権僧正俊堯（66）、後白河法皇に訴え申さんと、院御所に参上す。時に法皇、御所の持仏堂に御座あり。俊堯僧正、この事を法皇に奏上す。法皇、これを「善し」と称し、僧正の諫言に従い、たちまち、この両国下給の綸旨（院宣）を下さる、と。しかるに、この一件を伝聞せし右大臣藤原兼実（35）、「この条、一切叶うべからず。国家滅亡の結願、ただこの事にあり」と、弾指す。【玉葉（十月二十三日条）】

十月二十四日〔天陰る〕

先日、源頼朝、院使・院庁官泰貞の帰洛に際し、後白河法皇に捧呈せし折紙記載の三ヶ条、法皇、そのいずれも許容なきにより、「天下は君（法皇）の乱れさせ給うにこそ」とて攀縁《はんえん》（立腹する）す。しかして、再下向の院使・泰貞の通路（東海道）を塞ぎ、通行を禁止す。さらに美濃国以東の諸国を虜掠せんとす、と。これを伝聞の右大臣藤原兼実、「実説を知らず」と。【玉葉】

十月二十七日〔天晴る〕

来月、後白河法皇、南都春日社に御幸あるべし、と。宇治殿において法皇御休息と聞き、摂政藤原基通（24）、饗膳以下の雑事を指図す。【玉葉】

十月二十八日〔天晴る〕

源頼朝、去る十九日に相模を出国。来る十一月朔頃、入京すべし、と。これ一定の説として右大臣藤原兼実、伝聞す。一方、左馬頭木曾義仲、去る二十六日〔或いは二十八日、すなわち今日なり〕、播磨国を出立、来月四、五日頃に入洛。頼朝と雌雄を決せんとす、と。この噂により、後白河法皇御所内以下、天下の人々、あわただしく動揺す、と。【玉葉】

十月二十九日〔天晴る〕

前権中納言源雅頼(57)、右大臣藤原兼実第に来臨。世上の事を談ず。去る比、摂政藤原基通(24)よりひそかに伝聞せし事を兼実(35)に伝う、「後白河法皇、右大将藤原良通(17)を大臣に任ずべきの指示あり。さらに、法皇、この事、違うべからず、と。基通、しきりにこれを望み申すも、松殿入道関白基房(39)が、かねてより嫡男・権大納言師家(12)の任大臣の事を切望しており、定めて怨まるべし。公意において、如何ならんか。しかるに、その左右の沙汰は、いずれも後白河法皇の叡慮に在るべし」と。【玉葉】

閏十月二日〔天晴る〕

午刻(正午頃)、右中弁藤原光雅(35)、後白河法皇の御使として右大臣藤原兼実の九条第に入来す。折柄、兼実、念誦の間につき客亭に出ずるあたわず、広庇の御簾前に召し、面謁す。光雅、法皇の叡旨を伝う。天下の乱逆、連々、了る時なし。これひとえに崇徳院怨霊のなせる禍なるの由、世間謳歌する所なり。よって神祠を白河・成勝寺(崇徳天皇御願寺・六勝寺の五番寺)中に建立すべきの叡慮あり。よって、法皇、彼の寺の行事・左中弁藤原兼光(39)にその沙汰を仰せらるるのところ、なお思惟ありて、去るころ占卜せしめらる。しかるところ占趣はなはだ不快の由を申すにより、改葬あるべきを重ねて占申せしめらるるところ、最吉の由、勘申す。よって、この趣旨により新たに山陵を設置すべく、故崇徳院の息・元性法印(崇徳天皇第二皇子・母は三河守源師経女)に仰せてその沙汰として遂行せしめんとし、法皇、右大臣兼実の委しき思量の奏上を求めらる。後白河法皇、また左中弁藤原兼光を右大臣兼実第に使者として遣わし、大外記清原頼業(62)の具申を容れて改元(乱逆による)せんとして、兼実に計らい申すべきの由、勅定あり。【玉葉】

閏十月六日〔天晴る〕

右大臣藤原兼実、伝え聞く、「源頼朝、上洛成りがたし。播磨国に在る左馬頭木曾義仲、今両三日の間に帰洛すべし。これにより、定めて洛中、また滅亡すべし」と。【玉葉】

閏十月八日

後白河法皇、蓮華王院に御坐《おまし》あり。早旦、蔵人宮内権少輔藤原親経(33)、参上す。蔵人右衛門権佐藤原定長(35)、後白河法皇の勅定を伝う。後鳥羽天皇(4)の即位につきての人々の申状を大略奏上し了んぬ。即位礼挙行の場として紫宸殿を使用の支障なき人々の具申を了承さる、と。【親経卿記】

閏十月十三日〔天晴る〕　**かねて源頼朝申請の、東海道・東山道(北陸道は不許)の荘園・国領を本に復するを承認**

この夜、大夫史小槻隆職(49)、右大臣藤原兼実第に来りて、世間の事を談ず。平氏、讃岐国に集結す、と。ある説により、女房船に主上(安徳天皇6）ならびに剣璽を奉具して、伊予国に御坐あり。ただし、実説不分明なり、と。

また、去る比、後白河法皇、院庁官泰貞を重ねて源頼朝（37）の許に下向せしめらる。仰せの趣、殊たる事に非ざるも、木曾義仲（31）と和平せしめられんとす。かねて、源頼朝、東海道・東山道・北陸道の荘園・国領を本の如くに頼朝に領知すべきの由、後白河法皇に宣下せらるべきの旨を申請ありたり。よって、法皇、頼朝の申請に任せて宣旨を下さる。しかるに、北陸道においては、義仲を畏恐してその宣旨を成されず。頼朝、その処置を聞かば、定めて欝を結ぶか、はなはだ不便《ふびん》の事なり、と。この事、大夫史小槻隆職（49）、不審に堪えず、院別当・大蔵卿高階泰経（54）に尋問す。頼朝の勢力は恐るべきなれど、関東遠境に在り。義仲は当時、京中に在り。よって義仲の当罰をこそ恐るべきなり。よって不当と雖も北陸道を除かるるゆえんなり、と。右大臣兼実（35）、これに答えて、「天子の政というものは、このようなものなりや。小人ばかりが、法皇の近臣として跋扈《ばっこ》せり。かかるによりて、天下の乱れ止む期なきか」と。　【玉葉】

閏十月十四日〔天晴る〕

申刻（午後四時頃）、右大臣藤原兼実第に急報を告げ来る。平氏の軍兵、はなはだ強勢なり。前陣の官兵（木曾義仲軍）、つぎつぎに敗北せり。よって、大将・左馬頭木曾義仲は播磨国より備中国に移陣せる由、風聞あり。したがって、後白河法皇は御使を義仲陣に申送り、上洛なきよう制止せらる。義仲、使者に了承の旨を奉答す。しかるに、勅に反して軍馬の首を回らして上洛すべく発足せり。しかも、事急にして、今夕ないしは明朝には入洛の由、昨日夕（十三日）、院御所に飛脚、到来せり。この報により後白河法皇御所内の男女、上下の人々の周章狼狽は極まりなき有様。さながら戦場に居るが如き状況なり。やがて、この報は京中に漏聞せり。京中の人屋は、昨夜から今朝にかけて、人々は家財（雑物）を東に西に運搬して逃げまどい、妻子を辺土に避難させ、万人、生色を失う有様にして、天下の騒動、云うべからざる大混乱に陥りたり、と。右大臣兼実、この報の伝聞遅く、使いを院近臣・木工頭藤原範季の許に送りて、実否を確かむるに、事はすでに真実なり。しかも、後白河法皇はすでに逐電ありたるの由、世人、疑念を抱きたる故に、右大臣兼実、憂慮のあまり、この夜、一睡もせず。しかるに、法皇逐電の事、なしと判明。ようやくにして天曙となりたり。　【玉葉】

閏十月十五日〔夜より甚雨、終日止まず〕　**木曾義仲、西国の平氏に敗れ、帰京す**

左馬頭木曾義仲、後白河法皇の勅に違背、甚少の軍勢を率いて入京す。　【玉葉、一代要記】

閏十月十六日〔雨下る〕

備中国より小軍を引率して帰京の左馬頭木曾義仲、院御所に参上、後白河法皇より条々の仰せを蒙り、またみずからも種々、奏上せり。時に寵僧・法印静賢（60）、法皇の側近に在りて、一部始終を伝聞す。義仲、法皇に戦況の次第を申して云う、「平家、一旦は勝に乗ずと雖も、始終、御不審に及び給う必要なし。鎮西の軍勢、平家に加担すべからざるの旨、すでに下知せり。また、山陰道の武士ら、すべて備中国に参戦集結するにより、恐るるに足らず。また、頼朝の弟・九郎（源義経25・「実名を知らず」）大将軍となり、数万の軍兵を率いて上洛の由を聞及ぶ。その噂を伝聞せるにより、急ぎ上洛する所なり。もし、その事、一定《いちじょう》たらば東海道を下向して邀撃《ようげき》せん。また、その情報、不実たらばこの限りに非ず。今両三日の中に、その左右を仰せらるべし」と。【玉葉（閏十月十七日条も）】

また、或る人、右大臣兼実（35）に語る、「頼朝の郎従、多く陸奥守藤原秀衡（秀平）の許を頼りて離反す。秀衡は、頼朝の士卒、頼朝に対して異心を抱けるを察知せり。よって、備中国に拠るところの木曾義仲に密書を送りて、計略を模索す。秀衡と義仲、互いに東西より頼朝を挟撃せんとす。この通報を受信せし義仲、平家の戦力を知らずして、迷いて急遽、帰洛す」と。しかるに、右大臣兼実、この伝聞の実否を知りがたく、半信半疑の体なり。【玉葉】

閏十月十八日〔雨のち晴〕

この夜、院近臣・木工頭藤原範季、右大臣藤原兼実第に入来。世上の事を談ず。平氏の軍団、四国に在り。しかのみならず、後白河法皇、関東の源頼朝（37）を頼み、彼により木曾義仲（31）を殺さんとさる、と義仲僻推《へきすい》（邪推）をなす。これは義仲に密告せし人あるによる、と。よって、義仲、法皇を怨み奉る。しかも、法皇がこれにより逐電もやあらんと疑い、敗績の官軍（義仲軍勢）を棄てて、心中大いに迷いて上洛する所なり。大将木曾義仲の上洛により、平氏追討は成しがたき状況となれり。よって、平氏を討伐すべく、かつは義仲の意趣を協《かな》えんがため、後白河法皇みずから叡慮を起し給い、西国に動座あるべし。そのためには、まず法皇、播磨国に臨幸あるべし。しからば、その伝えにより南海（四国・紀伊）および西国等の住人、一様になびき集うべし。それを機に、鎮西（九州）の軍勢を発して、一気に平氏を誅伐し、しかる後に京都に還御あるべきなり。現況において、この外に他の計略なし、と。この旨を院別当・大蔵卿高階泰経（54）に示すところ、泰経、即座に同意の上、甘心せり。また、院に近侍の静賢法印（60）にも示すところ、静賢もまた服膺《ふくよう》せり。しかして、この案、いまだ後白河法皇の上聞に達せず、と。

右大臣兼実、この提案の一部始終を聞き、もしも後白河法皇、西海に臨幸あらば、ひとえに法皇、義仲に釣魚同然に扱われ、頼朝は違背すること必定。よって、引続き義仲に平氏を追討せしめ、頼朝の許には別使者をもって、法皇の子細を仰せ遣わせらるること肝要。法皇の西海下向の如きは、王者の器量にあらず。範季らの討議、まさに小人の謀というべし。悲しむべき末世なり、と。【玉葉】

閏十月十九日〔天晴る〕

右大臣藤原兼実、或る人より、「来る二十六日後白河法皇、御遠行あるべし。これ、左馬頭木曾義仲、法皇以下主たる公卿らを引き具し、北陸に向うべし」と伝聞。後白河法皇、今日より三ヶ日、今比叡社（今日吉社）に参籠せんとして入御あり。しかるに天下物騒により、たちまちにして院御所に還御。院御所中の近臣、周章きわまりなし。何事なるや不明、と。【玉葉】

閏十月二十日〔天晴る〕　**木曾義仲、源頼朝と不仲、後白河法皇に対しても疑心暗鬼**

静賢法印（60）、後白河法皇の御使として左馬頭木曾義仲（31）の家に行きて、法皇の叡旨を伝う、「義仲、心底を明かさざるにより、本心いかなるや」と。法皇、義仲身の暇を告げずして関東下向の噂を聞き、大いに驚き給う所なり。これに対して、義仲、法皇を怨み奉ること二ヶ条あり、と。

㈠法皇、密々に源頼朝を上洛せしめんとせらるること不可の旨、言上すと雖も御承引なく、なおも上洛を促さること。

㈡東海道・東山道・北陸道の国々に院宣を下されたり、と聞く。この趣に背く輩は、頼朝の命に随い討伐すべしとなされしこと。

これら二ヶ条は義仲生涯の遺恨なり。よって義仲の東国下向の決意は、頼朝上洛を邀撃《ようげき》して一矢を射るべき所存なりと陳述す。しかして、頼朝みずからは上らざるも、数万の精兵に号令して進発せり。義仲の下向はこの上洛軍勢を防がんがためなり。ゆめ驚き給うべからず、と。しかも、義仲の所存は、後白河法皇を奉具して戦場に臨むべく議し申さんと、静賢法印に答えたり。

この義仲の申状を聞いた静賢は、院御所に帰参、即刻、義仲陳述の条々を法皇に奏上せんとするも、法皇、折柄、行法（仏事修行）の間につき、あたわず。しかるの間、義仲より重ねて静賢法印の許（院御所滞留）に使者を送り来る。義仲言上の法皇の関東御幸につき、即刻、法皇に執奏せらるべし、と。この件につきては、昨日、備前守源行家以下、一族の源氏武士ども義仲宅に会合して議定せり。しかるに、法皇の戦場臨幸につきては、行家・光長らの主将、強く反意を示す。もしも、義仲、この儀強行に及ぶなれば違背すべしと執論に及び、この儀遂げず。のみならず、行家は事の始終を密かに法皇の天聴に達せり、と。よって、義仲、院御所に参上、ひたすらに無実の旨を陳弁す。しかるに、この事、義仲の詐偽にて、恐るべき企てなり。義仲、また法皇に申請の一事あり。頼朝を討つべく、一行の証文（院宣）を賜わらんと懇請せり。この一書を東国の郎従どもに見せ、義仲みずからの勢威を誇示せんとするも、すでに大事にして、俄かに左右するあたわず、と。

この日、右大臣藤原兼実（35）、伝聞す。平氏の党類、九国（九州）を進発して四国（平氏軍団本営）に加勢す。このため、はなはだ兵力の弱き官軍（木曾義仲軍）、このたび敗績により、平氏加勢を得て、軍勢甚だ強盛となる。よって、現状においては簡単に平氏を進伐すること叶いがたき有様。しかし、義仲は虚勢を張って、はなはだ安平の由を称す。これまた、義仲の偽言なり。かような時勢において、天下の滅亡は、今月か来月かという、危機に瀕するものなり、と。【玉葉】

閏十月二十一日〔雨降る〕

木曾義仲（31）、昨二十日、院使・静賢法印（60）を介して後白河法皇に所望の両条により、源頼朝（37）を討つべき御教書ないしは宣旨を下し賜わらんとせしも、法皇、これを許さず。奉行人を勘発《かんぽつ》（責めたてる）するも、ともに許さず。これにより、義仲はさらに攀縁《はんえん》（怒ること）す、という。この次第を伝聞の右大臣藤原兼実（35）は、「義仲申請の両条、はなはだ不当なり。法皇の許容なきは、至極もっともなり」と。

このころ、平氏の軍団、すでに四国（讃岐屋島）より備前国に来襲す。およそ美作国（岡山県）以西、すべて平氏に靡き了んぬ。その勢力、ほとんど播磨国（兵庫県）にも及ぶ、と。それにより、もしや木曾義仲、平氏と同意するか、との風説あり。また、右京大夫藤原基家（52）、逐電せり、と。基家、平家一門より離脱して東国へ下向せし前按察権大納言平頼盛（53）の女を娶り、当時、正五位下侍従保家（17）の父たり。義仲、頼朝に接近せる基家に意趣あり、基家、恐れて何方にか隠居す、と。【玉葉】

閏十月二十二日〔天晴る〕

この夜、木曾義仲、後白河法皇御所に参上す。静賢法印および院別当・大蔵卿高階泰経（54）らをもって、法皇に伝奏《てんそう》せんがためなり。その申状によれば、

㈠後白河法皇を奪取して北陸に引籠らんとの風聞あり。これ、もっての外の無実にして、恐懼きわまりなき事なり。この事、相伴うところの源氏（備前守源行家を指す）らが、秘かに法皇に執奏せるところにして、かえすがえす、恐れ多き事なり。早やかに証人の口より御聴取あらんことを。

㈡今、平氏追討使なし。このこと、もっとも不安の一事なり。この際、三郎先生源義広（美濃守源義範）をして討伐させんと欲す。

㈢平氏の入洛を恐るるにより、院御所中の僧俗の人々、また洛中の貴賤の者ども、家の資材を運び、妻子を隠匿し、はなはだ穏便に非ず。早やかに法皇の御制止あるべし。

この三ヶ条につき義仲、院奏せり、と。これに答えて、静賢法印・大蔵卿泰経は、法皇を奪取せんとの報は、全く源氏（備前守源行家）の執奏に非ず。ただただ、世間の風評によって、法皇の耳に達せり。しかれども、この風聞、法皇、全く信用なく、沙汰のかぎりに非ず。つぎに源義広の追討使任命のこと、しきりに言上するも、源頼朝が意趣を存ずる者か、と。ついで、静賢法印、義仲に云う、「げにも、法皇を奉具するが如きは、必然すべからず。事理《じり》なく、またその要もなき事なり」と。ただ、申請ことごとく法皇不許たるにより、義仲忿怒、北陸に逃籠せんとするか。

また、東海道・東山道・北陸道の各国に下されし宣旨の趣、蔵人右衛門権佐藤原定長（35）、法皇の宣をうけて、蔵人頭左中弁藤原兼光（39）宣下す。兼光、この宣旨の文面の一部を改め直す。義仲（31）、改作以前の宣旨により異議を申立つるか。その由を義仲に兼光、通告せるにより、やや久しくして義仲退出せり、と。　【玉葉（閏十月二十三日条）】

閏十月二十三日〔天晴る〕

早旦、右大臣藤原兼実（35）の許に、人来りて急報す。今夕か明朝か、後白河法皇、南都に御幸あるべし、と。これ、乱逆を避けて吉野山に引籠り給わんとの意図か。ただし、いまだ一定せず、と。しかして、夜に入り参議左中将藤原定能（36）、右大臣兼実第に来臨。世上ならびに院御所内の事を談ず。後白河法皇の南都臨幸の事、いまだ聞き及ばず、と。　【玉葉】

閏十月二十四日〔天晴る〕

木曾義仲、重ねて後白河法皇に、源義広（美濃守源義範）を平氏追討使に任命されんことを申請す。しかも、備後国を彼の義広に下賜の上、その国の軍勢与力をもって平氏を討伐すべし、と。法皇、かねて彼の源義広、虚弱の由を聞食され、不適任と勅定さるるにより、左右を仰せられず。しかし、なお、件の源義広よろしかるべしと奏上せんとするにより、異議に及ぶべからず、と。　【玉葉】

この夜、奈良興福寺の法務・信円権僧正（兼実異母弟・31）より右大臣藤原兼実の許に書札来信す。「後白河法皇、密々に召さるるにより、明日、白地《はくち》（ただちに）、上洛すべし」と。〈よって、明二十五日の夕方、入洛せり。ついで、二十七、二十八日の両日、院御所に参上するも、法皇、殊たる仰せなし。定めし大和国の兵士らを催して、平氏の襲撃ありし場合の用意あるべし、との叡慮か。〉

【玉葉（閏十月二十五・二十九日条も）】

閏十月二十六日〔天晴る〕

後白河法皇、院宣を発して、なお左馬頭木曾義仲に平氏を討伐せしむ。義仲、なまじいに（詮方なく）領状を法皇に捧呈す。また、義仲、南都・興福寺の衆徒《しゅと》に下知して、頼朝を討つべく関東に下向するにつき従軍すべく慫慂《しょうよう》するも、衆徒承引せず、と。　【玉葉】

閏十月二十七日〔天晴る〕

このころ、左馬頭木曾義仲と備前守源行家、不和出来す。それは、義仲、関東に遠征下向せんとして、行家に相伴方を相触るるも、行家辞遁。日来、すこぶる不快の上、この両三日、ことに嗷々《ごうごう》たり。しかるに、行家、来月朔日、平氏討伐のため西国に進発せんとす。義仲、その戦功を行家に独占されんことを嫉《ねた》みて、関東同行の下向を誘引せり。行家は、かねてより源頼朝と立会う（合戦する）べからずと、内々、配下の武士と議定せしむ、と。

この日、備前守源行家、密々にて院御所に推参す。右大臣藤原兼実（35）もまた、法皇に謁せんとして参上す。しかるに、後白河法皇、行家と双六《すごろく》に打興じ給うにより、見参《げざん》に入ると雖も、面謁叶わず、空しく退出す。【玉葉】

十一月一日〔天陰る。時々、小雨ふる。但し、衣を湿すに及ばず〕

木曾義仲（31）および源行家ら、平氏討伐のため西国に首途すべきと雖も、後白河法皇御衰日たるにより、たちまち延引せらる。来る八日に進発すべく変更さる。【玉葉】

十一月二日〔天晴る〕

右大臣藤原兼実、伝聞す。源頼朝（37）、去る月五日、鎌倉城を進発、京上す。途次、旅館に宿し、前権大納言平頼盛（53）に出向いて三ヶ夜に及び入洛につき議定す。頼盛、頼朝軍団の在洛中における兵士の糧食および軍馬の馬草等の賄いがたきを説明するにより、頼朝、忽ち上洛を停止して、鎌倉本城に帰参す。その代替として九郎御曹司（誰人なるや、尋問すべし＝頼朝弟・義経25）、五千余騎の軍勢を率いて出立、すでに上洛中なり、と。【玉葉（十一月三日条も）】

今日、左馬頭木曾義仲、院御所に参上せり、と。【玉葉】

十一月三日〔天晴る〕

後白河法皇、来る十日、蓮華王院内に新造の北斗堂落慶供養を行わるべし、と。【玉葉】

十一月四日〔天晴る〕

源頼朝、上洛せんとして途次より中止、鎌倉に帰参。その代官として九郎義経、入京に一決。義経一行、今日、布《ふ》和関《わのせき》（不破関＝岐阜県不破郡関ヶ原町松尾）に到達す。九郎義経、この地より後白河法皇に兄頼朝の代官として上洛の旨、事由を申状にしたため奏上せり。法皇の御定《ごじょう》に従い参洛せんとす。木曾義仲・源行家ら、義経の入洛を阻止せんと防戦するにおいては、法に任せ合戦をも辞さず。然らざれば、無事入洛すべく、義仲・行家らに下知あらん事を、と申請す。また、平氏、讃岐国に在ること一定なり、と。【玉葉】

この日、左大弁藤原経房（41）も、平氏の船団、讃岐八嶋（屋島＝香川県高松市）に碇泊中なり、と伝聞す。加えて、九州の軍勢菊池一族以下、平氏追討のため文字関《もじのせき》（福岡市門司区）に出陣せり、と。また、安芸国志芳荘（東広島市志和町）よりの脚力の通報によれば、平氏の一族は去る十月二十日、鎮西に逐出さるること一定なり。また、出家の人も数多くあり。哀しむべし、かなしむべし、と。【吉記】

十一月五日〔天晴る〕

来る八日、備前守源行家、平氏討伐のため鎮西下向の事、一定せり。しかるに、左馬頭木曾義仲、下向せず。上洛せる頼朝の軍兵（九郎義

経軍勢）を邀撃《ようげき》、雌雄《しゆう》を決すべし、と待機す、と。【玉葉】

十一月六日〔天晴る〕

平氏都落ちに際し、去る八月六日に解官せられし前権大納言平頼盛（53）、一門の西国下向に随従せずして在洛せるも、去る十月十八日、突如、逐電。京中、また鼓騒せり。その後、行方杳《よう》として知れず。しかるに、この日、前権中納言源雅頼（57）、修行者の説として平頼盛、すでに鎌倉城に下向せり、と右大臣藤原兼実（35）に伝う。伝聞によれば、平頼盛、大宮権亮藤原能保（37）の導きにより、鎌倉来着に際して唐綾直垂を着用、立烏帽子を被りたり。侍二人、子息（長男・前中宮亮保盛34、二男・前紀伊守為盛、三男・前佐渡守仲盛、四男・前武蔵守知重、五男・前讃岐介光盛12）ら皆悉く同行せり。いずれも腰刀・剣等を持たず、と。源頼朝（37）、白糸葛水干を着装、立烏帽子をいただき対面す。頼朝の背後に郎従五十人ばかり群居したり、と。【玉葉（十月二十日条も）】

十一月七日〔天陰る。晩に及びて雨下る〕

近時、木曾義仲（31）、征伐されんとするの風聞ありて、義仲ことに用心を致し、ために鬱念あるの由を、右大臣藤原兼実伝聞す。兼実、この風聞を後白河法皇に奏聞す。よって、後白河法皇、院中警固の武士に義仲を加え給わず。一方、備前守源行家以下、兵士ことごとく院御所警衛のため宿直を勤仕せるも、義仲一人漏るるにより、奇と成すの上、さらに義仲に中言（告げ口）の者あり、と。

備前守源行家、平氏討伐のため明夕（八日夕刻）かならず西国に下向進発す、と。また、頼朝代官・九郎義経（25）ら、今日、近江国に到着す。その軍勢わずか五、六百騎なり。合戦の儀に非ず、上洛儀礼として後白河法皇に頼朝より献上の進物を進めんがための使者なり。ついで、斎院次官中原親能（41）および頼朝弟・九郎義経ら、上洛す。【玉葉】

十一月八日〔天霽れ、初雪紛々《ふんぷん》たり〕

備前守源行家、平氏追討のため西国に進発す。行家父子、車に駕して発向す。今夜、鳥羽に宿す。追討使の乗駕車の例、何時の事なるやと疑う者あり。また、軍勢進発の時の降雪、源氏のため吉事なり、と。行家従軍の軍勢三百余騎（『玉葉』は二百七十余騎）なるも、右大臣藤原兼実は「太だ少たり、如何々々」と劣勢を憂慮す。左大弁藤原経房（41）は「三千騎に及ぶべし」とその精兵に憑みたり。【玉葉、吉記】

今日、左馬頭木曾義仲、すでに近江国に進発す。さながら戦乱に逢着するが如し。後白河法皇の御所中以下、京都の諸人、すべて鼓騒せり。平家が主上（安徳天皇6）とともに護持せる神鏡・剣璽等、無事に京中に奉還せんこと、朝家第一の大事たり。しかるに、君臣ともにこの沙汰無し。よって、右大臣藤原兼実、この無事奉還につき、親昵の縁なきもひそかに備前守源行家に申し含めんがため、或る僧を召してこの始末につき伝達せしむ。【玉葉】

十一月十日〔天陰る。午後、雨下る〕
後白河法皇、蓮華王院内、北斗堂の落慶供養を行わる。権中納言藤原頼実（29）以下、公卿五、六人、直衣を着用参仕す。殿上人は束帯を着装せり。【玉葉、百錬抄】
源頼朝（37）より後白河法皇に進献の供物、九郎義経（25）、運上してすでに近江国に到着す。しかるに、九郎義経は、なお近江（大津市）に停留せり。後白河法皇、澄憲法印（58）を御使として木曾義仲（31）の陣中に差遣さる。源頼朝の使者（九郎義経ら）の入京に鬱存すべからざる旨を諭さしめ給う。これを受けて義仲、不承不承ながら、一応、了承す。頼朝の使者、軍勢少数につき防戦するまでもなきこと、と言上せり、と。【玉葉】

十一月十二日〔天晴る〕
讃岐国屋島の陣中より、前越前守平資盛（23）、使者を検非違使左衛門尉平知康の許に送り来る。書札の文面によれば、後白河法皇に離別して以来、悲歎かぎりなし。今一度華洛（京都）に帰来して、もう一度、法皇の龍顔に見《まみ》え奉らんと欲す、と。これを伝え聞く人々は、もしや資盛が神鏡・剣璽を捧持して京に返還せんとするか、と。【玉葉】

十一月十三日〔雨下る〕
後白河法皇の御使として、関東に下向せし院庁官康貞（泰貞に同じか）、一昨日（十一日）上洛す。この頃、閭巷《りょこう》（街中）の風説によれば、陸奥守藤原秀衡（秀平）頼朝を追討すべきの由、後白河法皇の院宣を奉けたり、と。義仲、この事により藤原秀衡にその実否を確かむ。よって秀衡、件の証文（院宣）を院庁官康貞に託して、これを義仲に進覧せんとす。ただし、この事、定めて浮説ならんか、と。【玉葉】

十一月十四日〔天晴る〕
申刻（午後四時頃）、兼実家司・蔵人頭左中弁藤原兼光（39）、後白河法皇の御使にて右大臣藤原兼実（35）の第に入来す。法皇の仰せによれば、神鏡・神璽、城外（京都の外）に在ること、吾が朝の最大の大事たり。よって、試しに讃岐国屋島に籠居せる平氏の許に御使を送り、勅命により返還せしむるは如何に、と。公卿ら、議奏してかねてよりその沙汰ありと雖も、自然、旬月を送り、今日に至れり。しかるに、去る九月のころ、前内大臣平宗盛（37）、後白河法皇に書状を捧呈することありき。文面によれば、「宗盛、全く法皇に違背すべきの意図なし。事態図らずも出来、周章の間、旧主（安徳天皇6）においては、当時の戦乱を遁避すべく、余儀なくも塵外の土を踏ませ給う（京都を脱出）に至りたり。しかるに、この上の事は、ひとえに法皇の勅定に任すべしと心得たり」と。右大臣兼実、この宗盛書状の如くば、平氏いよいよ和親の儀を表すと見えたり、よって彼の三神（三種神器）、ほどなく京都に迎え奉るべし、と思惟す。法皇、この儀につき摂政藤原基通（24）・左大臣藤原経宗（65）・右大臣藤原兼実（35）に議定せしめ給う。しかして、平氏に御使を差遣すべきに議定一決せり。しかるに、摂政基通は、御使に法皇御手跡をもって建礼門院（平徳子29）に献ぜらるべきか、これにより女院の疑殆を避け得べきか、と。左大臣経宗は、御使は二人たるべきと。右大臣兼実は、両条しかるべし。しかるに、その使者、器量の公卿を撰ぶべし、と。【玉葉】

十一月十五日〔天霽る〕

或る人、左大弁藤原経房（41）に示し送る。去る十二日、後白河法皇の近習者・北面の下臈たる左衛門尉平知康、伊勢大神宮の託宣を称す。しかし、近日、件の男、物狂の噂ありて、信受しがたし、と。【吉記】

十一月十六日〔陰り晴れ、定まらず。今暁、地震あり〕

今旦、参議左中将藤原定能（兼実義兄・36）の室、女子平産す。よって、右大臣藤原兼実、悦びの由を示送る。今日、兼実、院御所に参上せんとし、定能にその旨、告ぐ。しかるところ、定能、直ちに返書を告げ送る。定能、産穢せず、法住寺殿内直廬に在り。ただし、院中産婦の夫、三ヶ日忌籠《いみこもり》のため参院せず、と。

今夜、後白河法皇、法住寺新御所より南殿（法住寺殿）に臨幸あり。乱逆御用心の体、日来に万倍せるためなり。院中、警固の武士、群を成す、と。よって、今日の院御所出仕は指合《さしあい》すべきか。これにより、兼実、不参。

今夕、所々に堭《こう》（外堀）を掘り、釘抜（柵）を構えて防備とす。別段の沙汰、と。この事、天狗の所為か。かえって、偏えに禍を招かるるなり、と右大臣兼実、すこぶる危惧す。【玉葉、吉記（十一月十七日条）】

十一月十七日〔雨下る〕

早旦、右大臣藤原兼実第に、人、告げ来る。院御所、武士群集し、京中騒動せり、と。何事か知らず。しばらくして、また、急報あり。木曾義仲、院御所を急襲すべきの由、院中に風聞あり。また、後白河法皇より義仲を討つべき由、義仲家に伝う。両方、偽詐をもって告ぐる者あるか。かくのごとき浮説によって、京中鼓騒せり。もしも勅命（後白河法皇）にそむくの者あらば、罪の軽重に随い、罰科を行わるは例なり。木曾義仲こと、忽ちに国家を危うくし奉る理はなし。ただ法皇において城を構え兵士を集め、民衆の恐怖心を煽らるるのこと、もっぱら、至愚の政治というべきなり。これも院中の小人（近臣）の稚計より出ずるなり。果してこのたびの乱逆（義仲）の起りたるは、王事（法皇の政治）の軽きに起ることなり。是非を論ずるに足らず、悲しき事なり。午後に及びて、いささか事態、落居せり。

午後、摂政藤原基通（24）、院御所に召さるるにより参入す。後白河法皇、摂政に今夜、院御所に宿泊せらるべし、と。これ、摂政藤原基通、法皇の御愛物（男寵）たるにより、ことに法皇の召しに応じたるなり。他の公卿や近習は、両三人のほか、院中に参入の人なし。爪弾

きすべき事なり。権中納言藤原長方（45）一人参入せしも、法皇の所業に対して悲泣のあまり、御所を退出せり、と。【玉葉】

この日、後白河法皇、院主典代大江景宗を使者として木曾義仲（31）の家に遣わさる。御状の文面によれば、「義仲、法皇に謀叛のこと、無実ならば、早やかに法皇の勅命を受けて、西国に赴き平氏を討伐すべし。たとえ、院宣にそむくとも、頼朝の使（九郎義経25）の入京を防ぐべきに拘泥することなく、みずからが早やかに西国に下向すべし。洛中に在りながら、ややもすれば法皇の耳底を驚かせ奉り、諸人を騒がしむるは、はなはだ不当の行為なり。なおも西国に下向せず、いたずらに中夏《ちゅうか》（京都）に逗留あらば、風聞の説、真実として信用さるべし。よくよく思量して、義仲自身の進退を決すべし」と。【玉葉、百錬抄（十一月十八日条）】

この夜、後白河法皇と同居の八条院（47）、法住寺殿新御所より八条殿（八条東洞院）に還御あり。明暁、木曾義仲、来襲の疑いあるによるなり。また、日頃、院御所に御座の高倉宮（号北陸宮・19）も女房一、二人が具し奉り、何方へか逐電さる。さらにまた、同じく法皇御所に同座の上西門院（後白河法皇姉・58）および皇后宮亮子内親王（同法皇皇女・37）も密々にて双輪寺の辺りに渡御あり。木曾義仲、その軍勢、いくばくならずと雖も、武勇の者なり。京中の征伐、古来、聞かざるも、もしも不慮の恐れあらば、後悔なきに非ず。院御所の近習たち、いずれも小人にして、ついにこの大事に至る。後白河法皇の有識の士を見抜かれざるの致す所なり。日本国の有無、ここに一時に決すべき危機なり、と。【玉葉、吉記（十一月十八日条）】

十一月十八日〔天晴る〕

早旦、右大臣藤原兼実（35）、右大将良通（17）を同伴、院御所に参上せんとす。折柄、院別当・大蔵卿高階泰経（54）、後白河法皇の奉行として、院参を催すために来臨す。よって、兼実、相共に法住寺殿に参上す。時に辰刻（午前八時頃）なり。法皇、泰経をもって、世上物騒は逐日倍増、さらに浮説流言の横行せるを仰せ下さる。御所の警固、法を過ぎ厳重なり。木曾義仲、法皇の意に背き、平氏討伐のための西海下向はせず。さらに頼朝代官（九郎義経）の入京を阻止せるは、法皇に敵対せんとの意図あるを疑い給う、と。義仲これに対して報奏して、「法皇に立合うの意なし。これにより再三の起請を書き進めり。さらに、いまこれらの事情につき尋ね下さるること、生涯の慶びなり」と。

義仲、法皇の院宣をうけて平氏討伐のため西国に下向せんとせしところ、頼朝代官（九郎義経ら）、数万の軍勢を引率して入京せんとするにより、一矢射るべきの気概あり。もしも彼の頼朝代官、入京なきにおいては、直ちに西国に進発せん、と。よって、法皇において頼朝代官の上洛の処置、如何ように仰せあらんか、と義仲、質したり。その上、かかる騒動によりて、後鳥羽天皇（4）、閑院皇居より避難のため、後白河法皇御所法住寺殿に行幸あるべきや否や、これらの条々、計らい申すべきや、と。これに答えて、右大臣兼実、まず院御所の警固、法に過ぎ厳重をきわめる理由を質す。「義仲に敵対するための対策としては、あまりにも見苦しき事にて、王者（後白河法皇）の行いに非ず、もしも犯過あらば、その軽重により、刑罰を加えらるべきことこそ至当なり」と。しかるに、兼実、伝聞の義仲の申状、まことに穏便なりと。いたずらに軽挙盲動なきよう法皇に諫言すべく奏上す。ことに、「洛中咫尺の間において、君に敵対のごとき行為は、当時、後代とも に朝《ちょう》の恥辱、国の瑕瑾にして、これ以上の悪事なし。もしも義仲において勅命に違反すべき所行あらば、その時にこそ法に照らして科断を行わるべきなり。ことに、法住寺殿行幸の事など、あろうべからず」と。これにより大蔵卿泰経、法皇に奏聞すべく、御座所の御前に参入せり。その後、人々、多く参集。左大臣藤原経宗（65）以下、大略残る人なく公卿参上す。やがて、未刻（午後二時頃）に及びて、参議左中将藤原定能（36）、来り告ぐ、「只今、御車をもって後鳥羽天皇（４）、密々に行幸成らせ給う。しかるに、後白河法皇、この事、知り給わず」と。しばらくして蔵人右衛門権佐藤原定長（35）来りて、右大臣兼実（35）に問う、「思いがけざる行幸なり、この法住寺殿をもって皇居と成すべきや、はたまた、なお閑院をもって皇居となすべきや、計らい申されたし」と。兼実、これを受けて、「この法住寺殿を皇居となさば、行幸のことはなはだ奇なり。よって、殿上以下の事、閑院に在るべきなり」と。左大臣藤原経宗も兼実と同意見なり。この日、左大臣経宗以下の公卿、すべて法住寺殿の上達部《かんだちめ》の座に着座せり。兼実、早く参り、同殿の寝殿東北廊間に着《ちゃく》せるにより、あえて上達部の座に移座せず。申刻（午後四時頃）に及びて、法皇御前に祗候す。法皇、格別に尋問の事なきにより、大蔵卿泰経（54）に耳打ちして退出せり。【玉葉】

摂政藤原基通（24）、後白河法皇男色の愛念により、今夜より法住寺殿御所に参宿せらる。また、後白河法皇の皇子ら仁和寺宮守覚法親王（34）・八条宮円恵法親王（32）・鳥羽宮定恵法親王（28）は、いずれも皆、日頃より法住寺殿御所に参住せられたり。【玉葉、吉記、帝王編年記】

この日、平常、法住寺殿新御所に同居の上西門院（法皇姉・58）ならびに皇后宮亮子内親王（法皇皇女・37）は、密々に他所（嵯峨の双輪寺辺）に避難のため渡御あり。【吉記】

十一月十九日（天陰る。時々、小雨） **木曾義仲、後白河法皇御所法住寺殿を急襲。円恵法親王・明雲ら死す（法住寺合戦）**

早旦、右大臣藤原兼実の九条第に人来りて急報す。左馬頭木曾義仲（31）、すでに法皇宮（後白河法皇・法住寺南殿）を襲撃せんとす、と。兼実、これを信受せざるにより、しばらく無音にて過ぐす。しかるに刻限を経て家司・伯耆守藤原基輔をもって参院せしめ、子細を尋ねしむ。午刻（正午頃）に帰来して、「すでに参上の由、その風聞ありと雖も、いまだその事実なし。院御所、警固の軍勢僅少たり、見る者、興違《きょうい》（脅威）の色あり」と。【玉葉】

しかる中に、木曾義仲の軍兵、三手に分れて院御所（法住寺南殿）を襲撃せんとの風聞あり。右大臣兼実、半信半疑のところ、すでに事実なり。兼実の九条第、大路のほとりたるにより、右大将良通（17）の居所に避難す。幾程を経ざる中に、黒煙天に昇り広がる。これ義仲の軍兵どもが河原の在家に放火して焼払いたる噴煙なり。また、前後二度ばかり軍兵たちの鬨《とき》の声を聞く。時に未刻（午後二時頃）なり。義仲、軍兵を率いて院御所に攻め寄せ、火を放つ。官軍ことごとく敗績す。後白河法皇、輿に駕し、法住寺殿の北門を出御、新日吉社辺の妙音堂（前太政大臣藤原師長家）に渡御ありたり。義仲の兵、これを見付けて乱入、公卿・殿上人、各逃去す。園城寺円恵法親王（後白河法皇皇子・32）・天台座主明雲大僧正（69）・越前守藤原信行・近江守高階重章・主水正清原近業ら、武士のほか公卿・侍臣ら、弓矢に射られて死傷せる者十余人あり、と。後白河法皇は河原において義仲の軍兵によって車に駕せられ、五条東洞院の摂政藤原基通（24）亭に護送さる。公卿、修理大夫藤原親信（47）、殿上人四、五人が供奉す。後鳥羽天皇（4）は、法住寺殿より大宰大弐藤原実清（46）が奉具して避難すというも、いまだ在所が知れず。しかるに、これは主上母儀・藤原殖子《たねこ》（27）の七条亭に遷御と判明せり。【玉葉、吉記、百錬抄、一代要記】

この日、後白河法皇臨時御所五条殿（摂政藤原基通第）に参入の公卿は、権大納言藤原兼雅（39）・権中納言藤原兼房（31）・民部卿藤原成範（49）・前権大納言源雅頼（57）・中納言藤原朝方（49）・権中納言藤原頼実（29）・左京大夫藤原脩範（41）・修理大夫藤原親信（47）・参議左中将藤原定能（36）・同源通親（35）・大宰大弐藤原実清（46）・刑部卿藤原頼輔（72）・大蔵卿高階泰経（54）・治部卿源顕信（51）・新従三位藤原季能（31）・新参議左中将藤原泰通（37）・右大弁平親宗（40）十七人、殿上人は蔵人頭左中弁藤原兼光（39）以下、交名不知と。右大臣兼実（35）、義仲の法住寺殿乱入、放火炎上の噂を伝聞して、夢か夢に非ざるか、魂魄退散して万事不覚なり、と。およそ漢家（中国）・本朝（日本）の歴史上、天下の乱逆、その数多しと雖も、このたびのごとき戦乱はなし。義仲はこれ天の不徳の君（後白河法皇）を戒むるの使なり、と述懐せり。摂政藤原基通は、後白河法皇と法住寺殿御所に同宿なるも、合戦の始まる以前にひそかに脱出して、宇治の方に逃走せり、と。右大臣兼実は、当夜は避難せし右大将良通第に宿泊せり。【玉葉、百錬抄】

十一月二十日〔天晴る〕

後鳥羽天皇、母后藤原殖子の七条亭より、密々に閑院皇居に還御あり。入道関白藤原基房（39）、木曾義仲（31）が迎えに寄り、去る夜（十九日）より五条亭（摂政藤原基通五条殿＝後白河法皇同居）に参宿す。前斎院頌子《のぶこ》内親王（後白河法皇異母妹・39）の仰せにより、上西門院（後白河法皇同母姉・58）・皇后宮亮子内親王（後白河法皇皇女・37）ら、申刻（午後四時頃）、同車にて避難先の双林寺より五辻御所に渡御あり。ひとえに略儀なり。皇后宮大夫藤原実房（37）・右京大夫藤原光雅（35）・左少将藤原基宗（29）ら扈従す。御堂御所をもって御所となす。権中納言藤原兼雅（39）、日野の方に逃向う。また、後白河法皇の近習、右中将播磨守源雅賢（36）・右馬頭源資時（23）はともに木曾義仲の武士に搦取られ、拘禁されたり、と。【吉記、玉葉】

左京大夫藤原脩範（41）、醍醐寺において出家す、と。昨十九日、後白河法皇仮御所五条殿に参上。脩範、元より出家の志あり、心秘かに法皇に暇を告ぐるの意あるか。この時に当たりて素懐を遂ぐ。随喜感歎すべき善根《ぜんごん》なり。故信西入道の末子にして、母は後白河法皇乳母・紀伊二位局（藤原朝子）なり。これを伝聞の人、いずれも称美せり、と。【吉記、百錬抄】

今日、後白河法皇の近侍・静賢法印（60）を院御所（臨時御所五条殿）に召すにより、右大臣藤原兼実（35）、参上、見参に入る。静賢によれば、木曾義仲（31）、内々に示し送りて、世間、政務の事、すべて松殿入道関白藤原基房（39）に申合せて万事の沙汰を行うべし、と。基房、ひそかに木曾義仲に取入り迎合するか。静賢法印、すこぶる不満の意を兼実に洩らす、と。【玉葉（十一月二十一日条）】

十一月二十一日〔天晴る〕　**木曾義仲の強請口入にて、藤原基房の息・十二歳の師家を摂政・内大臣に**

去る十九日に法住寺殿内にて討死の伯耆守源光長以下官軍の首級百十一（百余）を、五条河原に懸け渡し、人目に晒す。左馬頭木曾義仲、これを検知す。軍兵ども軍呼（関の声）三度を絶叫す、と。【吉記、百錬抄（十一月二十日条）】

参議左中将藤原定能（36）、後白河法皇臨時御所五条殿に参上す。修理大夫藤原親信（47）、相替りて退出す。

申刻（午後四時頃）、摂政藤原基通（24）、去る十九日に法住寺殿を脱出して逃走せし奈良（叔父・興福寺別当僧正信円31房）より、前駆《せんぐ》六人、供人七、八人を揃え、済々威光の風情にて帰京せり、と。右大臣藤原兼実、これを聞きて甘心せず。むしろ、忍びて密々に入京すべきなり、と。兼実、この日、密々に神仏に祈請せり。このたびの木曾義仲の法住寺襲撃直後に善政を行わば、兼実自身においては、義仲、その仁として景仰すべきにもかかわらず、この松殿入道関白基房に依怙《えこ》すること、その渦中に介入すべからず、また義仲に順《したが》うべからざるの事を、仏神に祈請せり。義仲・入道関白基房の所行、言うべからず、と。【玉葉】

後白河法皇、院北面の下﨟・左衛門尉大江公朝（公友）を伊勢国に在陣の頼朝代官（九郎義経25・斎院次官中原親能）の許に差遣して、木曾義仲の乱逆次第（法住寺殿襲撃炎上）を通報せしめらる。飛脚の鎌倉よりの帰来を待ち、命に随い、九郎義経らの入京を待たるる、と。当時、九郎義経の軍勢はわずか五百騎、その外、伊勢国の源氏らを多く相従え、さらには和泉守平信兼同じく合力せり、と。

【玉葉（十二月一日条）、保暦間記（十一月二十一日条）】

今夜、入道関白藤原基房の子・権大納言藤原師家（12）を内大臣に任じ、摂政となす。上卿・権中納言藤原頼実（29）が奉行を勤む。同じく氏長者となし、その宣下の詔書を大外記中原師尚が花山院亭（前太政大臣藤原忠雅60亭。忠雅女が師家生母なり）に持参す。この夜、深更に及び蔵人頭左中将藤原隆房（36）、内大臣藤原実定（45）の第に参向、しばしの間、内大臣を退避さるべしと触れ申す。時に天下の庶勢、入道関白基房に在り、この基房の沙汰により大臣借用すべきの由なり。この例、いまだ聞かざるも、摂政藤原基通の上表の儀なく、推して藤原師家を摂政に任ず。入道関白基房、万機を摂行せり、乱世の政、人々の耳目を驚かすものなり。しかして、前摂政の今度の罪科何事にての解官なりや、人知らず。この摂政交替人事、入道関白藤原基房、木曾義仲が後白河法皇に強請口入して実現したるものなり。

【吉記、帝王編年記】

十一月二十二日〔天晴る〕

早旦、大夫史小槻隆職（49）、右大臣藤原兼実（35）に告げ送る。「権大納言藤原師家（12）を内大臣に任じ、摂政たるべきの由、後白河法皇、仰せ下さる。昨夜、丑刻（二十二日、午前二時頃）のことなり」と。よって右大臣兼実、新摂政第（花山院亭・太政大臣藤原忠雅60第同居）に参上。公卿・殿上人ら済々として参入す。前摂政藤原基通居所（五条殿＝後白河法皇仮御所）の近々たるにより、栄枯はなはだ掲焉《けちえん》たり、と。右大臣兼実も、かねて心底に任摂政の意なきにしも非ざるに、「余（兼実）、今度の事（摂政代替）を免るるは、第一の吉慶なり」と述懐。【玉葉、帝王編年記、百錬抄（十一月二十一日条）】

右大臣藤原兼実、伝聞す。天台座主・明雲大僧正（69）、合戦の日、法住寺殿において切り殺さる、と。また、後白河法皇の皇子・八条宮円恵法親王（32）は華山寺の辺において伐ち取らる、と。また、権中納言藤原頼実（29）、法住寺殿より逃れ、直垂・折烏帽子姿なるを木曾義仲の軍兵に見とがめられ、卿相と知らずしてあわや首を斬られんとせしところ、みずからその名を称するも、衣装の体、尋常の人にあらず、貴種を偽称せる者と疑われ、首を打落さんと沙汰するところ、見知りの下男、実説なるを称して、一命を免がる。武士が連行して父左大臣藤原経宗（65）の許に送り届けたり。左大臣経宗は憂喜相半ばの間にして、欣喜して武士に褒美を与えたり、と。このたびの法住寺殿の乱は、その詮は、ただ明雲・円恵を誅死せしむるに在りたり。貴種の高僧のかかる遭難は前代未聞にして、仏法のため希代の瑕瑾たり。悲しむべし。人の運報、測り難し。また、前摂政藤原基通（24）、去る七月の乱（平氏都落ち）に、当然ながらその職を去るべきところ、後白河法皇、男色の艶気により、動揺なきを得たり。しかるに、今度、何の過怠により、所職（摂政）を年少の藤原師家に奪わるるか、と。右大臣藤原兼実、入道関白基房（39）の許に書札を送りて、その子師家の吉慶を賀す。基房もまた、直ちに欣然本意の由を報札し来たる。また、兼実は使者をもって、義仲（31）の許にも書札を送る。これ当面の危害を遁るるためなり。同時にまた、この日、右大臣兼実、前摂政藤原基通の許にも書札を送りて、心懐を述べたり。【玉葉】

十一月二十三日〔天晴る〕

去る二十一日夜の権大納言藤原師家の任内大臣に併せての摂政就任は、天下に復権の「入道関白殿（基房）の御沙汰なり」という趨勢の中、「乱世の政、驚くべき事か」（『吉記』）と人々の耳目を驚かせるべき椿事であった。内大臣兼左大将藤原実定（45）の突如の任替も、人々に不審を抱かせた。右大臣藤原兼実もまたその一人。この日、その任替に意外の事実を伝聞す。「内大臣実定こと、解官に非ず。借官なり」と。およそ、闕官には三種の慣例あり。いわゆる、死闕・転任・辞退なり。しかるに、このたびの借官措置は、当今《とうぎん》（後鳥羽天皇４・幼帝なるため、後白河法皇か）および禅門（入道関白基房）の計略により敢行されしもの、と。【玉葉】

十一月二十四日〔雨・雪降り、夕に臨みて霽《は》る〕
後白河法皇、木曾義仲の乱により法住寺殿炎上し、去る十九日、前摂政藤原基通（24）の五条東洞院亭（五条殿）に渡御、この亭を臨時の院御所に定め給う。この日、この五条殿御所に殿上の間を設置さるべき由、沙汰あり。法皇の召しにより権大納言藤原忠親（53）および権中納言藤原朝方（49）、五条殿に参上す。【吉記】

十一月二十五日〔陰り晴れ、定まらず。夜に入りて小雨ふる〕
後白河法皇御所五条殿の殿上において議定の事あり。㈠天台座主の事（全玄・昌雲・俊堯の中より選出）、㈡平家没官領を一向、木曾義仲（31）に賜い、京中の狼藉を停止せしむべきの事、㈢大臣（新任内大臣藤原師家12）を転任さるべきの事、㈣崇徳院および宇治左府（故左大臣藤原頼長）の怨霊鎮魂を沙汰すべき事等なり。【百錬抄】
参議左中将藤原定能（36）、院御所五条殿より退出、右大臣藤原兼実（35）の九条第に来臨。兼実、面謁す。後白河法皇、木曾義仲の圧力によって、「禁閉」（『帝王編年記』）の身となり、男寵の摂政藤原基通（24）の代替などにも、殊に御歎息の気なきか、と。【玉葉、帝王編年記】

十一月二十六日〔天霽れ、風烈し〕
午刻（正午）、左大弁藤原経房（41）、後白河法皇御所五条殿に参上す。近習の人以外、公卿・殿上人いまだ参入せざると。しかるに、経房、存する旨ありて推参、蔵人頭左中将藤原隆房（36）・同左中弁藤原兼光（39）・蔵人右衛門権佐藤原定長（35）に会う。ついで、同殿同宿の入道関白藤原基房（39）に三河守右少将藤原顕家（31）を申次として謁す。今日、上西門院（58）・前斎院頌子内親王（39）・皇后宮亮子内親王（37）、御堂御所より同宿のため五辻宮（前斎院頌子内親王御所）に各御輿をもって渡御せらる。【吉記】

十一月二十七日
右大臣藤原兼実、左馬権頭源宗雅より伝聞す。前摂政藤原基通の所領のすべてを、木曾義仲、伝領せられんことを望む。しかして、これら万事は入道松殿関白藤原基房が沙汰を致すところなり、と。【玉葉】

十一月二十八日〔天霽る〕
安芸国志芳荘（東広島市志和町付近）より脚力到来、平氏の前陣、室泊辺（兵庫県揖保郡御津町室津）に着船す、と。これを伝聞せし右大臣藤原兼実、「実否知らず」と。この日、後白河法皇、院庁に勅定して下文を発し、前内大臣平宗盛（37）以下の党類を追討せしむ。左大弁藤原経房（41）の勘解由小路亭に下文到来、経房加判の上、院庁に返戻す。【吉記】

この日、兼実の家司、木工頭藤原範季・左少弁藤原光長（40）ら右大臣藤原兼実第に入来、世上の事等を語る。左馬頭木曾義仲（31）、前摂政藤原基通（24）の家領等違乱なく義仲に領知せられんことを本所に示達せり。しかる間、新摂政藤原師家（12）、ことごとくすべての荘園の預所職に対して下文を発し、摂政領八十余所を義仲に賜う、と。右大臣兼実、この事を聞き及びて「狂乱の世なり」と慨歎す。【玉葉】

入道関白藤原基房（39）、子息・摂政兼内大臣藤原師家（12）の任大臣における借官の次第につき、世間に批判あるにより、右少将藤原顕家（基房男寵・31）を使者として、前内大臣藤原実定（45）に事情陳述せしむ、と。これを伝聞せし右大臣藤原兼実（35）、「奇異のまた奇異なり。更に言語の及ぶ所に非ざるか」と。【吉記（十二月二日条）、玉葉】

十一月二十九日〔天晴る〕　後白河法皇近臣四十四人、解官さる

参議左中将藤原定能（36）、後白河法皇御所五条殿より退出、帰参の途次、右大臣藤原兼実第に入来。木曾義仲、法皇に強請して院近臣文武四十四人の解官を行う、と。殊に権大納言藤原兼雅（39）、すこぶる恐れをなし、兼実の嫡男・右大将良通（17）の女房（室家・兼雅女か）に書状を送り、身の危懼を告ぐ。兼雅、「解官の中に入らざるも、所領を没官せられ、出仕を停止せらる」と。今度の逢難は、すべて射山《しゃざん》（法皇）の近習の輩なり。左大弁藤原経房、「是非を知らず、嗟嘆、悲しきかな、悲しきかな」と悲嘆す。解官の人々は、中納言藤原朝方（49）・参議左京大夫讃岐権守藤原基家（52）・大宰大弐藤原実清（46）・大蔵卿高階泰経（54）・参議右大弁平親宗（40）・右中将播磨守源雅賢（36）・右馬頭源資時（23）・肥前守源康綱・伊豆守源光遠・兵庫頭藤原章綱・越中守平親家・出雲守藤原朝経・壱岐守平知親・能登守高階隆経・左衛門尉平知康・若狭守源政家・備中守源資定・左衛門尉中原知親・左衛門少尉藤原信盛・左衛門尉橘貞康・左衛門尉源清忠・左衛門尉清原信貞・左衛門尉藤原資定・左衛門尉藤原信景・左衛門尉卜部康仲・右衛門尉源季国・左衛門尉藤原友実・右衛門尉安部資成・左兵衛尉藤原時成・左兵衛尉藤原定経・左兵衛尉藤原実久・左兵衛尉平重貞・左兵衛尉藤原家兼・右兵衛尉大江基兼・右兵衛尉平盛茂・左兵衛尉藤原基重・左馬允藤原重能・左馬允藤原道貞・左馬允藤原基景・左馬允藤原遠明・左馬允中原親仲・左馬允中原親盛・左馬允平盛久。ついで解職は官掌紀頼兼（その故を知らず）。出仕を止めらるるは権大納言藤原兼雅。兼雅は所領を取り召され、さらに右京大夫藤原基家は解官についで、同家人ともども所領を没収せらる。【玉葉、吉記、百錬抄（十一月二十八日条）】

今日、後白河法皇、五位蔵人宮内権少輔藤原親経（33）を使者として右大臣藤原兼実に、後鳥羽天皇（4）の即位の儀を議せしめらる。また、同儀につき左大弁藤原経房には蔵人親経、院宣を送りてその議を諮る。当初、即位は来月二十二日遂行と一定せしも、今年の穢気過ぎ

残日少なきにより、遂行しがたき故なり、と。この儀、左大臣藤原経宗（65）・権大納言藤原忠親（53）・権中納言藤原長方（45）は、いずれも即位延引を上申す。しかるに入道関白藤原基房（39）は、歳内の遂行を主張す。右大臣藤原兼実、院宣により延引しかるべし、と奏聞せり。【玉葉、吉記】

十二月一日〔天霽る〕

後白河法皇、左馬頭木曾義仲（31）を院御厩別当に仰せらる。しかして、丹後国を賜い知行す。【吉記、保暦間記（十一月二十一日条）】

今日、新摂政藤原師家（12）、花山院亭（前太政大臣藤原忠雅60家・師家母は忠雅女）において吉書始ならびに摂政事始を行う。【吉記】

去る十一月十九日の木曾義仲、後白河法皇御所法住寺殿襲撃大乱の以後、源氏武士に召籠められし、院近臣、前大宰大弐藤原実清（46）・右中将播磨守源雅賢（36）・右馬頭源資時（23）の三人を免さる（去る十一月二十九日解官）。【吉記（十二月三日条）】

十二月二日〔天晴る〕

右大臣藤原兼実（35）、伝聞す。木曾義仲、当時、播磨国室泊に在陣（船団）の平氏の許（前内大臣平宗盛37）に使者を送りて、和親を乞えり、と。さらに、去る月二十九日、備前守源行家、平氏と合戦し、行家軍たちまちにして敗績。軍兵多く討取られ、行家、即座に上洛を企つ、と。さらにまた、多田蔵人行綱、城内に引き籠り、木曾義仲に抗し、軍兵どもに義仲の命に従うべからず、と下知す。【玉葉】

木曾義仲、前摂政（藤原基通24）の家領（高陽院《かやのいん》〔関白藤原忠実女・鳥羽天皇后藤原泰子〕領・京極殿〔関白藤原師実〕領以下、相伝の所領数多の一所御荘（本領たる名字の地）以下、荘園八十五ヶ所（『玉葉』は八十六ヶ所）を入道関白藤原基房の口入により、後白河法皇より給付さる。もと藤氏長者領でなく、所々の家領につき押籠め（拘禁）の沙汰ありたる領地もあり、と。【吉記、玉葉（十二月三日条）】

後白河法皇、平家没官領を木曾義仲に惣領せしむべく、院庁の下文を下達せしめらる。【百錬抄】

十二月三日〔天晴る〕

木曾義仲、後白河法皇御所五条殿に参上して、法皇に奏上す。頼朝代官（九郎義経25・斎院次官中原親能）、日頃伊勢国に在陣せり。よって、義仲、郎従らを遣わし合戦を挑み、これを追い落す。その中、宗徒《むねと》（主将）一人を生虜《いけどり》せり、と。【玉葉（十二月四日条）】

十二月四日〔天晴る〕

参議左中将藤原定能（36）、後白河法皇院御所より退出、右大臣藤原兼実第に来る。定能によれば、院御所（五条殿）の警固、木曾義仲、日頃に倍し、女車の出入りにまでも厳しく検知を加うる有様なり、と。【玉葉】

十二月五日〔天晴る〕

右大臣藤原兼実（35）、伝聞す、「平氏の船団なお播磨国室泊に碇船《ていはく》せり。南海（紀伊）・山陽（西国）両道の軍勢、大略、平氏に同和せり。また、源頼朝、平氏と同意せんと画策す。平氏、室泊よりひそかに後白河法皇に書札を送達して、許しを請う。また、木曾義仲、使者を平氏の陣に送りて和睦せんとするも、平氏これを承引せず」と。源氏と平氏の虚々実々の異相をうかがう。【玉葉】

後白河法皇、木曾義仲（31）に平家領を相領せしむべく、院庁に令して下文を発せらる。この日、左大弁藤原経房（41）の勘解由小路亭に後白河法皇の使者持参、経房、加判して渡与す。【吉記】

十二月七日〔天霽るるも、風烈し〕

後白河法皇、五条殿御所より前権大納言平頼盛（鎌倉下向中・53）の八条旧亭に臨幸あるべきの由、沙汰するも延引す。しかして、来る十日、石清水八幡宮に御幸あるべし、と。これ義仲の申し行う所なり。しかるに、世間、これを疑うか。【玉葉（十二月八日条）】

この夜、院御所五条殿に参仕の参議左中将藤原定能（36）、右大臣藤原兼実（35）の第に告げ送る。来る十日、木曾義仲、後白河法皇を奉具して石清水八幡宮辺に発向。彼の地より平氏討伐のため、西国に下向せんと企つ、と。また、兼実の家司・木工頭藤原範季も同趣の書状を送り来る。しかして、この発企およそ不成功にして、左右《とこう》すべからざる事なり。あるいはまた、明日、法皇御幸あるべしとも伝聞せり。しかして、いずれもが謬説ならんか。【玉葉】

十二月八日〔天晴る〕

この頃、後白河法皇御所五条殿（前摂政藤原基通第）、怪異しきりに現わる。よって、法皇、八条院（前権中納言平頼盛八条亭）に遷御せられんとするも、木曾義仲、これを承知せざるにより、急に石清水八幡宮に御幸の儀出来せり。この怪異を忌避さるること、有若亡《ゆうじゃくぼう》（有名無実）のことなり。この期に及びて法皇の御身、何によりて惜しく思食さるべきや。弾指（非難）すべきことなり。来る十日の法皇御幸の事、この日の夜に至るも、いまだ一定せず。たとえ御幸あると雖も、後白河法皇の外、他人供奉すべからず。まして、後鳥羽天皇（4）の行幸もあるべからず。入道関白藤原基房（39）以下の諸卿、洛中に留まりて、万事の公事に専念すべし。京都を損亡せざらんがために、法皇の御幸を申行うべきの由、義仲これを主張せり、と。また、日来、延暦寺の衆徒蜂起せり。衆徒ら訴訟や遺恨などありたるも、近日はこれを知らざること見ざることと放任せるにより、蜂起熾盛《しじょう》せり。この夜、亥刻（午後十時頃）に及び、右大臣藤原兼実第に人の告げ来る。明日、延暦寺を攻むべし、と。兼実、これを伝聞して、まことに台嶽（天台山延暦寺）の仏法滅尽の期至ると悟る。悲しむべし、かなしむべし、と。【玉葉、吉記】

この日、左大臣藤原経宗（65）ならびに権大納言藤原忠親（53）、後白河法皇御所五条殿に参入す。法皇、中納言藤原成範（49）をもって、左大臣経宗に下問あり。木曾義仲（31）、平氏討伐のため西国に下向せんとす。しかるに法皇の在京、不審なきに非ず。折柄、延暦寺の衆徒騒動せるにより、法皇を奉具して下向せんという、と。この事の是非につき、法皇御卜を行わせしめらるるところ、御幸不快と占申せり。左大臣経宗、これに対して、「御卜の如何にかかわらず、義仲の申すところ然るべし、早やかに御幸あるべし」と奏聞す。また、法皇、近侍の静賢法印（60）をもって、藤原忠親に下問あり。忠親の申状、左大臣経宗に同じ、と。ただし、ひそかに申す、「平氏と和平の儀、木曾義仲に仰せらるべし。しかるに、この儀、すでに義仲、固く請けざるの意志を外相（顔面）に表わす。よって、法皇よりこの儀、仰下さるること及ばず」と。しかるところ、権中納言藤原長方（45）、使者をもって義仲に伝え、「穢中の石清水八幡宮御幸は如何ならん。たとい御参社なしと雖も、なお神慮怖畏あり。よって、御幸の事、しかるべからず」と諫言せり。これによって、義仲、法皇御幸の事を延引す。しかし、穢以後においては、御幸に供奉せり、と申添う。これを伝聞せし右大臣藤原兼実（35）、「長方、賢名の士なり」と感嘆す。　【玉葉（十二月九日条）】

左大臣藤原経宗、後白河法皇の召しにより参院（五条殿）す。法皇、石清水八幡宮御幸につき下問あり。穢中の御幸、憚りの有無につきてなり。左大臣経宗、社頭に非ず里房においての神拝なれば、御幸しかるべし、と奏上せり、と。

新摂政・内大臣藤原師家（12）、新任拝賀の儀を行う。これよりさき、新摂政師家、随身《ずいじん》・兵仗《ひょうじょう》を賜い、牛車の宣旨を受け、さらに従二位に加階さる。よって、この日、師家母の里第・花山院（前太政大臣藤原忠雅60第）より出立す。これに先だち、後白河法皇、師家乗駕の御車の御牛を遣わさる。左近将曹中臣近武、御使として院御所（五条殿）に参向、法皇御前に召寄せられ、女装束一具を賜う。蔵人宮内権少輔藤原親経（33）これを取り伝供《てんぐ》す。花山院亭を発向の藤原師家、まず、法皇御所五条殿に参上す。右中弁藤原光雅（35）、これを申次ぐ。法皇より御馬を贈らる。夜に入り人なきにより、前左馬助藤原季佐および散位藤原家輔がこれを引く。　【吉記】

十二月十日〔天晴る〕　**木曾義仲、強引に俊堯を天台座主に補す**　**（「木曾座主」）**

後白河法皇御所五条殿、怪異あるの故により、六条西洞院なる左馬権守平業忠宅に遷御さる。以後、この御所、六条殿と称す。　【吉記、保暦間記】

後白河法皇、源頼朝を追討すべきの由、木曾義仲の申請により宣旨を改めて院庁の下文を成し下さる、と。　【吉記、百錬抄】

この夜、臨時除目および僧事あり。入道関白藤原基房（39）、沙汰を申すにより、善政相交るの由、世間称美せり、と。この除目において木曾義仲、左馬頭を辞退す。また、僧事を行い、権僧正俊堯（神祇伯源顕仲子・66）を天台座主に補す。この時の候補は第一は権僧正昌雲

（後白河法皇寵臣故左兵衛督藤原光能52弟）、第二は権僧正全玄（少納言藤原実明子・71）なりき。俊堯においては世間許さず。また延暦寺においても用いざるも、木曾義仲、殊に引級《いんぎゅう》、執り申すにより、左右なく補せらる。世人、これを「木曾座主」と号す、と。【玉葉、吉記、帝王編年記】

十二月十三日〔天霽る〕（『玉葉』では「陰り晴れ、定まらず。時々、風吹く」）

後白河法皇同母姉・上西門院（58）および同皇女・皇后宮亮子内親王（37）、五辻斎院御所より前右京大夫藤原基家（52）の持明院亭に遷御せらる。去る十月、家主藤原基家の母堂、同亭内御堂において逝去、しかも家主基家は去る十一月二十八日、木曾義仲より後白河法皇に強請、勅勘の人たり。よって憚りあるべしとの意見あるも、亭の郭内に杭をもって境界となし、他に御所なきにより、押して移御ありたり。この日、五辻斎院頌子《のぶこ》内親王（39）より上西門院に、色紙法華経一部（沈軸）を納めたる蒔絵経筥一合（蓋に蓮池、内に普賢菩薩像を蒔絵す）ならびに菩提樹念珠一連を、また皇后宮には錦袋に納めたる琵琶一面を贈物として進献せらる。【吉記】

右大臣藤原兼実（35）、この日、伝聞す、「室泊に碇泊中の平氏の軍勢、来る二十日ないしは、明春、一挙に入洛す。また、木曾義仲、平家と和平の事、一定《いちじょう》せり」とも。【玉葉】

十二月十五日〔雨降り、風寒し〕　**後白河法皇、藤原秀衡に源頼朝追討の院庁下文を発給す**

後白河法皇、鎮守府将軍・陸奥守藤原秀衡（62）に院庁下文を発給せしめ、早やかに前左馬頭木曾義仲（31）と合力の上、陸奥・出羽両国の軍兵を率いて前右兵衛佐源頼朝（37）を追討せしめんとさる。左大弁藤原経房（41）、この下文に加判して返献せり。【吉記】

十二月十六日〔天霽る。夜に入りて小雨ふる〕

摂政内大臣藤原師家（12）、直衣始の儀により閑院内裏（後鳥羽天皇4）に参内す。よって後白河法皇、慶賀のため檳榔毛御車を給う。新摂政師家、直衣着用につき、帯剣せず。摂関家伝世の名剣「小狐丸」は御車に納めて参内せり。【吉記】

十二月十七日〔天霽る〕

後白河法皇、六条殿御所において歳末御懺法《せんぼう》の結願なり。五位蔵人右衛門権佐藤原定長（35）、これを奉行す。参入の公卿は権大納言藤原忠親（53）・民部卿藤原成範（49）・参議左中将藤原定能（36）・同源通親（35）・左大弁藤原経房（41）・蔵人頭左中将源通資（32）、殿上人は別に法皇より催せられずと雖も、弾正大弼高階資泰・右中将藤原実教（34）以下、十余人参仕せり。この日、勤仕の僧に口別、被物《かずけもの》二重、綿一結、貲布《さよみ》二結等の布施あり。いずれも木曾義仲の調進なり。【吉記】

十二月十九日〔天霽る。夜に入りて小雨ふる〕

左大弁藤原経房（41）、源頼朝逝去の由を風聞せり。後日、この噂無実なり、と。頼朝、病に臥すと雖も、すでに減気（快癒）せり、と。【吉記】

十二月二十三日〔天陰る。時々、小雨ふる〕

左大弁藤原経房の許に、或る人、示し送る。平氏追討のため、木曾義仲（31）、西海に発向せんとす。後白河法皇（六条殿御座）も同じく西海に臨幸あるべし、と。一昨日（二十一日）、義仲、この旨を法皇に奏上するも、承引なし。しかして、なお、法皇臨幸のこと一定の気配ありて、いまだ是非を弁ぜず。天下の至極なり。悲しむべし、哀れむべし、と。【吉記】

十二月二十六日〔天晴る〕

後白河法皇、院宣をもって蔵人宮内権少輔藤原親経（33）を右大臣藤原兼実（35）の第に遣わし、崇徳院神祠を建立すべき場所を具申せしめらる。兼実、これに答えて、「御占不快により神祠を止め、改葬すべきの由を聞く。しかるに今の勅定と相違せるは如何。もしも、一定の地なくんば、両三所の地を相定め、しかる後、御占によって決せらるべきか」と奏上せしむ。【玉葉】

十二月二十七日

後白河法皇、来る正月十三日、天王寺に御幸あるべし、と。この事、修理大夫藤原親信（47）および左馬権頭平業忠、木曾義仲に追従《ついしょう》せんがために申すところなり、と。【玉葉】

十二月二十九日〔天霽る〕

後白河法皇、院司・式部権少輔藤原範季を奉行として、春日河原（保元の乱戦場）に崇徳院ならびに宇治左府（故左大臣藤原頼長）のおんために仁祠を建立すべき事始の儀を修せらる。明年正月十三日に棟上、同十七日に遷宮を挙行せんとす。【吉記、百錬抄（『吉記』援用）】

寿永三年・元暦元年（一一八四・改元）　五十八歳

正月一日〔陰り〕

後白河法皇御所六条殿、狭小にして舗設及びがたく、御所の体《てい》しからざるにより、院拝礼を停止さる。ただし、右大臣藤原兼実（36）の嫡男・右大将藤原良通（18）は、未刻（午後二時頃）、参院、ついで閑院内裏に参内す。【玉葉、保暦間記】

正月四日〔陰り晴れ、定まらず〕　**後白河法皇、藤原良経に犬三匹を預く**

右大臣兼実の二男・左中将藤原良経（16）、後白河法皇より犬三匹を預かる。参議左中将藤原定能（37）、引き具して兼実第に来る。この事、はなはだ奇異なり。しかして、返上叶わず。法皇の所行、今に始まることに非ずして云々すべからずと、兼実、いささか迷惑の体なり。【玉葉】

正月九日

右大臣藤原兼実、伝聞せり。伊予守木曾義仲（32）と平氏、和平のこと成立、すでに一定なり、と。この一件、去る年の秋以来、連々、人々謳歌するも、さまざまの異説ありて、忽ちにしてここに和平一定す。これ、去る年の暮れ（月迫る比）、義仲一尺の鏡面を鋳造し、八幡大菩薩（或る説、熊野三所権現）を御正体《みしょうだい》として顕造し奉る。その裏面に、義仲の起請の次第を仮名文にて鋳造して丹心を顕わし、平氏の陣中に送りたるにより、ここに和親、成立せり、と。【玉葉】

この日、西国武士（平氏）、摂津国福原の辺り（大相国入道清盛別業、一時、都移りの都市）に攻め来る。【百錬抄】

正月十日　**木曾義仲、征夷大将軍となる**

この夜、右大臣藤原兼実の許に、人告げる。明暁（十一日朝）、木曾義仲、後白河法皇を具し奉りて、北陸路に発向すること決定せり。公卿、数多、供奉すべし、と。これ、浮説に非ずと、世間風聞す。【玉葉】

今日、後白河法皇、伊予守木曾義仲に対し、先規に随い征夷大将軍（『玉葉』は征東大将軍）を兼ねしめ、鎮守府において宣下せらる。この征夷大将軍は、桓武天皇の延暦十六年〈七九七〉十一月五日、按察使・陸奥守坂上田村麿（40）、朱雀天皇の天慶《てんぎょう》三年〈九四〇〉正月十九日、参議右衛門督藤原忠文（68）、高倉天皇の安元二年〈一一七六〉三月三十日、陸奥守藤原範季（47）以降、皇家二十二代、歳暦二四五年に及び絶えてこの職に補せらるるの例なし。義仲、希代の朝恩なり。【吾妻鏡、百錬抄、帝王編年記、玉葉（正月十五日条）】

正月十一日〔朝の間、雨下る。午後、天晴る〕

今暁、木曾義仲（32）、物の告げあるにより、たちまちにして北陸路下向を停止す。また来る十三日、平氏入京すべしと聞くにより、後白河法皇の身柄を平氏に預け、近江国に下向すべし、と。

この日、判官代・木工頭藤原範季（55）、後白河法皇の使として、右大臣藤原兼実第に来訪、崇徳院仏祠の建立地候補につき、下問あり。兼実（36）、まず先例を尋ね、しかる後に沙汰あるべし、と奏上す。【玉葉】

正月十二日〔朝の間、雨下る〕　**義仲と平氏の和平の儀、白紙に**

平氏、この両三日以前に京中の木曾義仲に書札を送りて、義仲の真意を質す。「再三の起請の丹心により和平の儀を存ぜしところ、なお後白河法皇を具し奉りて北陸路に発向せんとの意図あるを伝聞。すでに謀叛の儀たり。同意の儀を解約すべき用意あり」と。よって、義仲、北陸下向のことを急ぎ停止、義仲第一の郎従（字《あざな》、楯《たて》と号す）を今夕ないし明旦に遣わすべし、と。自然、法皇御所警固の義仲配下の兵士を退去せしむ。【玉葉】

正月十四日〔天晴る〕

申刻（午後四時頃）、右大臣藤原兼実に人伝えて云う。明後日（十六日）、伊予守木曾義仲、後白河法皇を具し奉りて近江国に出向すべし。この事、すでに一定せり、と。【玉葉】

正月十五日〔天晴る〕

後白河法皇、すでに一定せし、木曾義仲随伴にての近江国御幸を停止さる。法皇、赤痢病にかかり給うによる。よって、義仲、独り発向す、と。あるいはまた、発向すべからず、と。義仲自身、発否に迷いたり。

この日、大夫史小槻隆職（50）、右大臣藤原兼実第に来たりて語る。木曾義仲、征東大将軍（征夷大将軍か）たるべきの由、宣旨を下さる、と。後鳥羽天皇（5）、幼帝につき、後白河法皇の口入《くにゅう》たるか。【玉葉】

正月十六日〔雨下る〕

去る夜より京中鼓騒す。木曾義仲、近江国に先発せしむる軍兵、すべて退却帰洛せり。源頼朝（38）の使者たる敵勢数万騎にも及び、とうてい敵対しがたきによるなり。しかるところ、今日、後白河法皇を具し奉りて、義仲、勢多《せた》（大津市瀬田町）に発向すべし、と風聞せるも、

忽ち変改中止せり。近江にはただ軍兵を差遣わし、義仲みずからは元の如く院御所（六条殿）を警固すべく、祗候せり。【玉葉】

正月十九日

昨今、天下すこぶる物騒たり。備前守源行家は木曾義仲（32）に叛き、河内石川城（大阪府羽曳野市）に拠る。この日、義仲は樋口次郎兼光を発向せしめ、これを襲撃、源行家・義資は戦わずして脱出す（『吾妻鏡』正月二十一日条）。このころ、東軍（源頼朝軍）、勢多《せた》（大津市瀬田町）および田原地（宇治田原市）に来着せり。義仲、家臣の美濃守源義広（号三郎先生《せんじょう》）を大将軍となし、宇治に在陣せしめ、田原地の軍勢の進入を防がしむ。勢多は今井四郎兼平をして防備せしめたり。【玉葉、保暦間記、一代要記、吾妻鏡】

正月二十日〔天晴る〕　**源範頼・義経の軍勢、入京。木曾義仲、敗死**

東軍（蒲冠者源範頼・頼朝舎弟）すでに勢多に参着布陣、いまだ勢多橋を西地に渡らず。しかるに、田原の軍勢（九郎義経26・大将）は、すでに宇治に入り、大将軍三郎先生美濃守源義広、応戦するも打ち取られて、軍兵ども東西南北に退散せり。東軍一番手は、加千波羅《かじはら》平三（梶原平三景時）なりき。勝ちに乗じて東軍は大和大路より入京、六条の末に進撃せり。木曾義仲の軍勢、もともといくばくならず、勢多・田原と軍兵を二手に分ち、さらに源行家討伐のために河内に出陣せしむ等、軍勢を区々《まちまち》に分ち、義仲独り在京（後白河法皇御所六条殿警固）の間に、九郎義経軍の入京の殃《わざわい》に遭いたり。

木曾義仲、まず院御所に参上、避難御幸せんとして、輿を寄せんとする所に、敵軍（九郎義経軍）、すでに襲来す。よって、義仲は後白河法皇を棄て奉りて、周章対戦せしも、配下の軍勢、わずかに三十から四十騎にて、敵対に及ばず、一矢を射込むこと叶わずして退却せり。途中、長坂（宇治市）の方にさしかかり、更に勢多の手（今井四郎兼平軍）に加入すべく、東の方をさして逃げのびるの間、東軍のために阿波津《あわづ》（粟津＝大津市）の野辺において、伐ち取られ了んぬ。義仲、時に三十一歳なり。義仲、かねて京中脱出の際には、家々を焼き払いて北陸道に落つべく支度（計画）せり。しかるに、一家も焼かず、一人も殺損せずして、義仲独り梟首《きょうしゅ》されたり。義仲、天下を執るの後、六十日。平治の乱における右衛門督別当藤原信頼の前蹤《せんしょう》に比べて、なおその晩《おそ》きを思う、と藤原兼実（36）述懐す。

その後、九郎義経の軍兵が相ついで、後白河法皇の院御所六条殿の辺りに群参す。後白河法皇および祗候の輩（院近臣）は、虎口を免れたり。げにも仏法三宝の冥助なり、と。卿相ら相次いで参院せしも、六条殿の門内に入られず。入道関白藤原基房（40）、寵臣・右少将藤原顕家（32）を使者となし、両度にわたり後白河法皇に書状を奉呈せしも、法皇よりその応答なし。また、新摂政（兼実は「甘摂政」と侮蔑）藤原師家（入道関白基房子・13）、件の藤原顕家の車に乗りて院参せしも、追い返さる、と。また、右大臣藤原兼実は風病により、院御所に参入あたわず。また、右大将良通（18）も病悩により参上せず。後白河法皇、御所の中門連子窓より覗見して、九郎義経に院御所の守護に

当るべしと仰せられたり、と。　【玉葉、百錬抄、吾妻鏡、帝王編年記、保暦間記】

正月二十一日〔天晴る〕　**乱世における、藤原兼実の強き意志。「仏天の知見照覧あるべし」**

右大臣藤原兼実（36）、風病に加えて物忌《ものいみ》により、昨日に引続き自第に籠居す。或る人来臨ありて、秘かに兼実に諫言す、「新摂政藤原師家（13）を安堵（承認）すべからず、代りて（兼実）出馬すべし」と。これに対して、兼実、毅然として答う、「当節の如き末世における作法・進退につきては、慎重なるべし。天が国家を見捨てぬ限り、政道の治乱はひとえに君（君主）たる方の力量如何に在り。しかるに、我が君（後白河法皇）の治世においては、乱亡を停止すべからざる憂慮の現状なり。かかる危機に、不肖の者、枢機に在らば、恐らくは必ず後昆《こうこん》に後悔を残すこと必定なり。微臣（兼実）国政において身命を惜しまず奉公の事、仏天の知見照覧あるべし。しかれば、もしも時運あらば、天は士（兼実）を見捨つことあらじ。運なくば、一時の浮栄を望む所にあらず。かような次第ゆえに、伊勢大神宮・春日大明神に至誠の奉仕し来る所なり。よって、この期に及びて兼実みずからが一言の上聞に達する所なきは、かくの如き事由なり」と。これを聞き終りし諫人は、「甚だ強き意志なり」と感服して退出せり。

夜に入りて、院司・蔵人右衛門権佐藤原定長（36）が後白河法皇の奉行となり、明日、院御所（六条殿）において議定の事あるにより、参入すべしと召しあるを告げ来る。折柄、兼実は風病につき参上しがたきを申す。事は矯飾《きょうしょく》にあらず、その子細を奏上せしむ。

この夜、或る人、兼実に伝えて云う、「前摂政藤原基通（25）を元の如くに摂政ならびに藤氏長者に還補すべきの由、すでに一定せらる」と。前摂政基通は、かねてより後白河法皇の愛婦《あいふ》（男寵）なり。この還任人事、当然の結果なり。これにより、右大臣兼実、いよいよもって、ゆめゆめ言葉（兼実自身が摂政適任者たる旨）を発するあたわず、と覚悟せり。　【玉葉】

この夜、源九郎義経（26）、院御所六条殿に参候、木曾義仲の首を獲りたるの由、後白河法皇に奏聞す。　【吾妻鏡】

正月二十二日〔天晴る〕　**藤原基通、摂政。藤原実定は内大臣に還任**

今朝、右大臣藤原兼実、風病いささか減気するにより、病軀を冒して無理に後白河法皇御所六条殿に参上す。蔵人藤原定長を奉行として、昨日、法皇尋問の五箇条につき、所見を上奏す。その条々は、

㈠左右《とこう》なく平氏を討伐せらるべきのところ、三種神器、彼の平氏の手中に在り。この奉還につき如何なりや。
㈡誅伐せられし木曾義仲の首級、京大路を渡さるべきや否や。
㈢木曾義仲を討伐せし源頼朝の抽賞《ちゅうしょう》、如何すべきや。
㈣源頼朝、鎌倉より上洛すべきや否や。

㈤法皇御所（法住寺殿焼亡）の事、如何すべきや。この中、㈤につきては、兼実（36）、「早々に他所に渡御あるべし。その所は八条院御所（前権大納言平頼盛54第）の外、然るべきの家なきか」と上奏す。

右大臣兼実退出の後、摂政・内大臣、おのおの元の如くに仰せ下されたり、と。すなわち、摂政は藤原基通（25）、また内大臣は師家が借官せし藤原実定（46）にそれぞれ還任し、しかも実定は左大将も元の如くに還補せらる。【玉葉、公卿補任】

この夜、右大臣藤原兼実、私案す。「去る年十一月十九日（木曾義仲、法住寺殿急襲焼打事件）以後、公家において行わるる所の叙位・除目・詔勅・宣命・宣旨・官符・昇殿の可否・侍中（蔵人）任用などのすべてを、用うべからざるの旨、宣旨を下さるる必要あり。その故は、逆賊（木曾義仲）が朝務を執り、時人はひとえにその権勢に媚び、当時、所任の官をその身に帯せり。よって謀反の者たりと雖も、人なおこれに帰伏せり。この事、甚だ奇怪なり。今より以後は、賊臣に阿諛《あゆ》の輩においては、後昆厳粛たらしめんがためなり。今度の乱（法住寺殿襲撃）は、君臣ともに幼稚（後鳥羽天皇5・摂政藤原師家13）にして、いまだ成人の器量に及ばず。ましてや後白河法皇においては、禁固の身同然にして、一切、政事の沙汰に及び給わず。ただ木曾義仲一人の裁量駆使の政務なりき。豈、木曾義仲の下知をもって、もっぱら、竹帛の証拠（後世の歴史にのこす）に備うべけんや。この事、法皇御自身、よく御存知ある所なり。しかるに、一切、その事に勅定なし。また臣下（兼実）も進言することなし」と。【玉葉】

正月二十四日〔天晴る〕

九郎義経（26）、去る二十日、近江国粟津野（大津市）において木曾義仲の首を斬り、この日、梟首す。義経、義仲の首を相具し、六条河原において検非違使に渡す。その後、大路を渡し（二十六日・『帝王編年記』『保暦間記』）、東獄門樹に懸く。見る者、堵《と》の如し、と。【百錬抄、帝王編年記、保暦間記】

正月二十六日〔天晴る〕

去る夜より、街中、平氏入洛の由を謳歌す。右大臣藤原兼実、これを信受せず。果して、虚言なり。或る人、兼実に告げ来る。平氏追討の議を中止すべく、静賢法印（61）を後白河法皇の使者として平氏の船団に子細を伝達せしめんとす、と。兼実、元より同感庶幾する所なり。これ、全く平氏を引級（引き入れる・荷担する）するに非ず。神鏡・剣・璽（三種神器）の安全を思うの故なり、と。【玉葉】

正月二十七日

右大臣藤原兼実（36）、女房兼子（33）と相共に息男・右大将良通（18）の南宅に行き向う。ついで、この宅に院司・参議左中将藤原定能

（兼実室兼子兄・37）、入来。世間の事を語る。「後白河法皇の御使（静賢法印）差遣の事、中止、なお、引続き平氏討伐を続行すべし。法皇の近習卿相たる権中納言藤原朝方（50）・修理大夫藤原親信（48）・参議平親宗（41）らが、中傷讒言せるによる」と。これ、小人の近臣、法皇の側近に侍して、政道を誤らしむる結果なり。国家の擾乱《じょうらん》、ひとえに彼等の浅慮に発するものなり。兼実、深く嘆息せり。この夜、兼実（36）、良通の南宅より九条第に帰宅す。ついで、五位蔵人藤原定長（36）、奉行となりて後白河法皇の勅定を伝達す。院御所（六条殿）警固のため源氏の武士（九郎義経麾下）を寄宿すべく、院中、兼実の直廬をと、家屋の指名ありたり。兼実、即刻、承諾の由を言上す。遁避あたわざる事なり。末代の事、言うべき言葉なし。【玉葉】

正月二十八日〔天晴る〕

去る二十二日に還任の摂政藤原基通（25）、拝賀を行う。記録なしと雖も、後白河法皇御所六条殿に参上は当然か。【百錬抄】

後白河法皇、木曾義仲の強行により天台座主に就きたる権僧正俊堯（67）を罷め、前権僧正全玄（72）を代替せらる。吉日をもって宣下すべし、と。よって、来る二月三日に座主に任ぜらる。【玉葉（正月二十九日条）、天台座主記】

正月二十九日〔天晴る〕

平氏追討使に任命の九郎義経（26）、去る二十六日に出門、すでに西国に下向す。しかるに、後白河法皇、なおも静賢法印（61）を使節として平氏軍陣に参向すべく、仰せあり。静賢、これを辞退す。その故は、法皇の使者を差遣さるるは、平氏畏懼《いく》の心をもって、三神（神鏡・剣・璽）を安穏に京洛に返還せしめんがため。しかるに、勇者（追討使・九郎義経）を先発せしめらるるの事、武力をもって平氏を制せんとする企ての上なれば、なんぞ尋常の御使に及ばんや。道理叶わずして、使節差遣の意味なし、と。これは右大臣藤原兼実第に入来の権大納言藤原宗家（46）より伝聞せしもの、兼実この道理を合点す。近日の後白河法皇の政道、さながら掌を反すが如し、と。【玉葉】

二月二日〔天晴る〕

右大臣藤原兼実、伝聞す。伯耆国美徳山（三徳山＝鳥取県東伯郡三朝町）に、後白河法皇の御子と称する元服以前の二十歳の少年あり、と。この子は入道資隆の外孫にして、幼稚のころ九条院（近衛天皇中宮藤原呈子）に養育されしが、女院薨後、外祖父資隆入道の家に戻る。が、十五歳の時に無音逐電、やがて大和国に到り、二川冠者（未詳）に随従せり。その時には権中納言藤原成親の子とす。その後、伯耆の大山《だいせん》に移動、やがて同美徳山に移住す。なお藤原成親の子と自称す。しかるに、平氏の都落ちの後は、その実を顕わし、後白河法皇の御子と称す。すでに、伯耆国の半国を伐取り、彼の国の武勇者たる海陸業成（未詳）を従えていた。しかるに、小鴨基康はこれに従わず。やがて、美作国をも侵略せり。昨日、後白河法皇に見参に入るため、はるばる京都に使者を送り、平氏追討の事を奏上せしむ。法皇、使者の趣を聞し食し、源氏（九郎義経）と協力して平氏を打つべし、と。

この夜、七条室町の東西より出火して、周辺十余町を延焼して焼亡す。後白河法皇御所六条殿は近隣たりと雖も、奇しくも火難を免がる。八条院（法皇皇女・暲子《あきこ》内親王尼48）も法皇御所に同宿なりき。右大臣藤原兼実（36）、使者を進め、不参の恐懼を法皇ならびに女院に謝す。

京都より下向の平氏追討使（源氏軍）、進軍を中止して、しばらく大江山（丹後・丹波の境。京都府加佐郡大江町）辺に逗留せり、と。平氏の勢、尫弱《おうじゃく》に非ず、しかも鎮西の武士、少々味方するにより、兵力増大す。下向の武士（頼朝代官として上洛の土肥二郎実平・斎院次官中原親能42ら）、殊に合戦を好まざるためなり。彼の武士ら後白河法皇が御使を下向せしめ、平氏を誘引せらるる儀に対し、はなはだ甘心申すによってなり。しかるに、後白河法皇の近臣小人（権中納言藤原朝方50・修理大夫藤原親信48・参議平親宗41）らは、左少弁藤原光長（40）や北面下﨟らに下知して、異口同音に平氏追討の儀を勧め申す、と。もともと、この御使差遣による平氏懐柔策と追討使による攻撃の二面作戦は、後白河法皇の素懐なり。【玉葉】

二月三日〔天晴る〕

備前守源行家、その軍勢わずか七十から八十騎の劣勢ながら、後白河法皇の召しにより入洛す。【玉葉】

二月四日〔雨下る〕

前権中納言源雅頼（58）、右大臣藤原兼実に示し送る。平氏、主上（安徳天皇7）を奉具して、福原（大相国入道清盛別業所在）に来着す、と。これ、頼朝の代官として上京、平氏追討使となりし、斎院次官中原親能（頼朝の近習者、雅頼卿門人）の報告か。【玉葉】

二月六日〔天晴る〕

或る人（院近習）、右大臣藤原兼実に告げて云う。平氏、一の谷（神戸市須磨区）に引き退き、伊南野《いなみの》（加古川市）に赴く、と。その軍勢は二万騎なり。官軍（源氏軍）はわずか二、三千騎に過ぎず。加勢せらるべく院宣を下されんことを後白河法皇に奏上す。【玉葉】

二月八日〔天晴る〕　**一の谷の合戦。源義経、平氏を敗る**

未明、右大臣藤原兼実第に式部権少輔藤原範季（55）の使の男、走り来たりて云う、「平氏追討使の源氏勢・梶原平三景時の許より、この夜半、飛脚をもって、『平氏、皆ことごとく伐ち取り了んぬ』と注進し来れり」と。その後、午刻（正午頃）、院中の参議左中将藤原定能（37）、兼実第に来訪、源平合戦の子細を語る。すでに、後白河法皇、戦況の次第、奏聞により知悉さるるか。一番情報は、九郎義経（26）より告げ来る。義経、搦手《からめて》に在りて、まず、丹波城を攻略、ついで一の谷を攻め落す、と。ついで、加羽《かば》冠者（蒲冠者源範頼〔頼朝弟・幼少時、式部権少輔藤原範季の子として養育〕）より通報あり。かれは大手に布陣、浜辺より福原を攻略。辰時（午前八時頃）より巳刻（午前十時頃）に至り、ほとんど一時にも及ばざる間に攻落せり。また、蔵人大夫多田行綱は山方より攻め寄せ、山手を攻略す。よって、一の谷に籠城中の者、一人残さず伐取らる、と。また平氏の軍船四十から五十艘は島辺に碇泊中なるも、廻船し得ず、火を放ちて焼亡しおわる、と。これらの中に、前内大臣平宗盛（38）ら混在せしか。しかるに伐取らる輩の交名《きょうみょう》、いまだ注進せざるにより、戦死者未詳。さらに剣璽・内侍所（三種神器）の安否も不明なり。【玉葉】

二月九日〔天晴る〕

南都・興福寺の大僧正信円（兼実異母弟・32）、後白河法皇に対面のため上洛す。途中において平氏討たるるの由を伝聞す。まず、法性寺の堂廊（昨日、上洛の通知あるにより開扉せり）、そして、右大臣藤原兼実（36）第に来訪。ここより、院御所六条殿に参上せんとす。当夜は母堂（中納言源国信女）の許に寄宿、明朝、奈良に下向す、と。

今日、一の谷で捕虜となりし前従三位左中将平重衡（28）、護送入京せり。褐直垂《かちのひたたれ》・小袴を着用、頼朝郎従宗徒《むねと》の者たる土肥二郎実平の許に禁固さる。【玉葉】

二月十日〔天晴る〕

この夜、後白河法皇の使として、蔵人右衛門権佐藤原定長（36）、右大臣藤原兼実の第に入来。後白河法皇の院宣を伝う。法皇、平氏の首は京大路を渡さざる思召しなり、と。しかるに九郎義経・加羽（蒲）冠者範頼ら、木曾義仲の首を渡さるるに、平氏の首を渡さざること、その謂れなき事と鬱し申す、と。法皇、これにつき右大臣藤原兼実の意見を徴せらる。「その罪科においては、義仲と平氏と斉しからず。しかし、平氏は安徳天皇（7）の外戚に当れり。また卿相に昇任の者、あるいは法皇近臣なる者もあり。たとえ、誅伐さると雖も、首を大路に渡すは不義なり。近例にては、平治の乱における右衛門督藤原信頼の首は渡さざる所なり。その上、神璽・宝剣はいまだ残存の平氏の掌中に在り。もしも、首を大路に渡すこと知らば、怨心を抱きて、神器の安否、望みがたし」と兼実、法皇の叡慮に同調す。また、使者定長によれば、左大臣藤原経宗（66）・内大臣藤原実定（46）・権大納言藤原忠親（54）らいずれも渡すべからざるの意見、一同す、と。【玉葉】

二月十一日〔雨降る〕

この夜、後白河法皇御所（六条殿）において、平氏誅罰の議定あり。すでに人々、多く参入せり。右大臣藤原兼実、所労により遅参す。当時、八条院（暲子内親王尼48）同宿なり。蔵人右衛門権佐藤原定長をもって、後白河法皇に見参に入らんとするも、折柄、彼岸会の念仏中によって隙なく、面謁あたわず、と。平氏の首を大路に渡すべきの是非、なおも義経・範頼ら鬱し申すにより、法皇、渡すべきを勅定ありたり、と。兼実もまた、やむなく了承の由を言上、退下。ついで、同殿の女院（八条院）御所に参上、女房に謁し、退出す。

この日、右大臣藤原兼実（36）、伝聞す。後白河法皇、入道関白藤原基房（40）に対して、すこぶる御気色不快なり、と。ひそかに仰せらるるによれば、去る年七月、木曾義仲の法住寺殿襲撃焼打の乱の後、入道関白基房が鎌倉の頼朝の許に、息男師家を摂政に推挙すべく依頼の事、申し送りたり。しかるに、頼朝は武門においては口入すべからず、と答えたり、と。さらに、法皇の仰せによれば、去る年七月、当時、摂政交替の儀起りし時、入道関白は僅か十二歳（実年齢は十三歳）の正三位権大納言師家を推挙せり。入道関白は摂政職がもしも右大臣兼実（入道関白基房弟）の家に渡らば、永く兼実家に留りて、我が家（入道関白基房家）の恥辱を雪《すす》ぐこと不可能たり。なれば、摂政藤原基通（25）を改任さるる必要なし、と入道関白基房、後白河法皇に反論せり。

入道関白基房、法皇に申状を上《たてまつ》りたるにより、一時、摂政の動揺は停止されたり。ところが、基房は更に法皇に奏上して、摂政家の所領のうち、一所の荘々を分賜せられんことを強請す。これをうけて法皇は、摂政・氏長者（藤原基通）の改易なきにおいて、何故に所領違乱（分賜）に及ぶ必要のありや、と入道関白基房に答え給う。しかるに、この義仲乱逆の時に際して、幼年十二歳の摂政（藤原師家）を補し、木曾義仲に摂関家領数百の荘園を領せしむ。この事、法皇において摂政家領をむやみと分けがたきを下達せるに違背して、一所を違えずすべて義仲押領の事となれり。これらの事の次第、はなはだ鬱し申せり、と法皇。また、去る冬、義仲、法皇の西国御幸を申し行うの時、入道関白基房、兵部大輔藤原隆憲を使者となし、しきりに御幸を勧め申したり。この事、爾来、心底に沈み忘れがたし、と法皇。

かような二大禍根により、後白河法皇は入道関白藤原基房に深き不快の情を抱かる、と。右大臣兼実、この事、たしかなる説をもって伝聞せり。

このころ、源平の合戦、優劣こもごもに京に注進せられたり。あるいは、平氏の軍勢入洛す、とも。右大臣藤原兼実も、その戦況の一部始終を伝聞して知悉せり。この日もまた、洛中の者、平氏の許に書札を遣わし、音信を通ずる人、大勢ありと聞く。王侯卿相・被官・貴賤上下、およそ洛人にして残る輩なき有様、ことに後白河法皇の近臣、はなはだ多し、という。兼実、この事を聞くと雖も、あえて驚かず。一切、この恐れなき故なり。【玉葉】

二月十三日〔雨降る。午後、頗る晴る〕

一の谷合戦において討取り斬る所の平氏の首級十（前越前守平通盛卿・前薩摩守平忠度41・前但馬守平経正・前能登守平教経25・前従五位平敦盛16・前備中守平師盛・前武蔵守平知章16・前若狭守平経俊・前従五位平業盛・前越中守平盛俊）を上洛せしめ、源九郎義経（26）の六条室町亭に聚《あつ》め、しかる後に八条河原に持向う。検非違使左衛門少尉源仲頼以下の武士、これを請取る。おのおの長槍の刃先に首を差し貫き、赤簡（平某の由、注記す）を付して、京大路を渡す。その中、公卿の頭は渡すべからずと議定すれど、武士（九郎義経・蒲冠者範頼）なお鬱し申

す。よって前従三位平通盛の首級も同列に渡され、獄門の樹に懸けらる。観る者、市を成す、と。【玉葉、吾妻鏡、一代要記】

二月十六日〔天晴る〕

院近臣・前権中納言源雅頼（58）、右大臣藤原兼実（36）第に来談す。後白河法皇、上洛在京中の斎院次官中原親能（源雅頼の門人・42）を使として東国（鎌倉）に下向せしめ、正四位下散位源頼朝（38）を来る四月に上洛せしめんとさる。しかして、法皇、もし頼朝、上洛せずんば、みずから東国に臨幸すべし、と伝えしめらる、と。これを伝聞せし兼実、この事、ほとんど物狂いに似たり、左右すべからず、と。【玉葉】

二月十九日〔天晴る〕

院司・権大納言藤原宗家（46）、右大臣藤原兼実第に来談す。「一の谷合戦に敗亡の平氏、讃岐八島（香川県高松市＝屋島）に帰住せり。その軍勢三千騎許りなり。大路を渡されし首級の中に前能登守平教経（25）の首、一定《いちじょう》現存せり。また、前右中将平維盛（24）は三十艘許りの軍船を相率いて南海（紀伊国）を指して逃走せり」と。さらにまた、前右中将平資盛（24）および前肥後守平貞能らは、豊後国住人の源氏勢の軍兵に生虜《いけどり》にさる、と。この説、日頃風聞するも、人信受せず。しかし、事はすでに実説なり。【玉葉】

これよりさき、院司・蔵人右衛門権佐藤原定長（36）、後白河法皇の勅定を奉け、捕虜となりし前左近衛権中将平重衡（28）を推問せんがため、幽囚舎たる故中御門中納言家成の八条堀川堂に赴く。鎌倉武士土肥次郎実平、定長の車に同車。件の堂に来会、弘庇において重衡を究問す。口状《こうじょう》の条々は、これを注進す、と。【吾妻鏡】

また、右大臣兼実第に入来の権大納言宗家の示談によれば、生虜せらるる平重衡、日々万事の尋問の中において、右大臣兼実が天下の政道を執るべしと平氏議定せり、と。よりて兼実より平氏の陣中に申入るべき事あらば、重衡において音信を通ずべき方途あり、如何と。これを伝聞せし右大臣兼実、その事、一切無用、ただ、人無きによるものならん。【玉葉】

この日、僧事ありて後白河法皇第六皇子・法印定恵法親王（29）を天王寺別当に補す。【玉葉（二月二十一日条）】

二月二十日〔天陰る〕

この夜、右大臣藤原兼実、院御所（六条殿）に参上。蔵人右衛門権佐藤原定長をもって申入れ、後白河法皇の御前に参仕す。法皇、種々の勅語あり。去る月二十一日、鎌倉の頼朝の許に差遣せし飛脚帰参す。頼朝、平氏追討の勲功の勧賞《けんじょう》の事、法皇の叡慮に一任。しかして、過分の事、一切欲せざる由を申し来る、と。やや久しくして、兼実、法皇と同居の八条院（暲子内親王尼48）の御方に参上、女房に謁して、深更に退出せり。【玉葉】

二月二十九日〔晴〕

九郎義経（26）をして平氏を追討せしむべく、来月一日、西国に発向のこと、院御所において議定ありたるも、たちまち延引す。右大臣藤原兼実（36）、この理由を知らずして、或る人の告げ来る。後白河法皇の仰せをうけて生虜平重衡（28）が前内大臣平宗盛（38）の軍陣に遣わせし使者、この両三日に帰参せり。前内府宗盛は、後白河法皇の仰せの趣、「畏まりて承り了んぬ」と述べ、三ヶ宝物（剣璽・内侍所＝三種神器）および主上（安徳天皇7）・女院（建礼門院30）・八条殿（八条二位尼平時子59）においては、法皇の仰せの如く入洛せらるべく、沙汰を致す、と誓言せり。ただし、宗盛においては、帰洛、参入するあたわず。願わくば、宗盛には讃岐国を賜わり安堵せらるべきを願望す、と。前右衛門督平清宗（宗盛嫡男・15）を、三種神器、安徳天皇・建礼門院・八条前二品尼時子らの御供として入洛せしむべし、と奉答せり、と。この事、実なり。これによって、法皇、追討使・九郎義経の発向を猶予せしめらる。【玉葉】

二月三十日〔晴〕

院司・参議左中将藤原定能（37）、右大臣藤原兼実第に入来、世上の事を談ず。平氏、和親すべきの由を後白河法皇の御所に注進し来れり、と。また、来る四月、後白河法皇、白河御所（押小路殿＝金剛勝院御所）に渡御せらるべし、と。【玉葉】

三月一日〔雨ふる〕

右大臣藤原兼実（36）、昨二月三十日、院司・蔵人右衛門権佐藤原定長（36）を召致するにより、この日、入来す。定長、語りて云う、「生虜平重衡が平氏の陣所に差遣せし、使者・左衛門尉藤原重国、帰参せり」と。前内大臣平宗盛よりの返事は、「重衡申状の趣、大略承知。和親の事においては、乞い願うところなり。しかして、和議成立の上は、源平相並びて公家・院御所において召仕わるべきか。しかし、この儀、源頼朝（38）においては承諾すべからざるの難治なり。ただし、この儀においては、再度、別御使の下向（平氏の軍陣）の時、子細を承り、平氏の所存を申上ぐべし」と。

蔵人右衛門権佐藤原定長、さらに言葉をついで、右大臣兼実に談ず。「後白河法皇、院御所の新造を庶幾せられんとの儀あり。しかるに、この儀、急場に進展すべき儀に非ず。かつまた、この儀、摂政藤原基通（25）、法皇を諫め申さる、と。もっとも、現況においては、この摂政基通の中止策は上計《じょうけい》（すぐれたはかりごと）なり」と賛同せり。【玉葉】

三月十日〔朝の間、雨降る〕

この夜、右大臣藤原兼実、院御所（六条殿）に参上。蔵人右衛門権佐藤原定長をもって見参に入る。召しにより後白河法皇の御前に参向、拝謁小時にして退下す。ついで、同宿の八条院（暲子内親王尼48）の御方に参じ、これまたしばらくして退出せり。

今日、源頼朝（38）の申請により、梶原平三景時、平重衡（28）を東国（鎌倉）に護送下向す。【玉葉、吾妻鏡】

三月十一日

後白河法皇、日吉社に参籠あり。【華頂要略】

三月十三日〔天晴る〕

摂政藤原基通（25）、右大臣藤原兼実の許に書札を送りて面謁を求む、「閑院内裏において参会せんか」と。兼実、「十六から十七日に参内すべし」と答う。しかるに、当今《とうぎん》（後鳥羽天皇5）即位後、兼実はいまだ不出仕。いま忽ちの出仕、人定めて奇異となすならん。よって、「後白河法皇院御所（六条殿）の参会、よろしきか」と。再度、摂政藤原基通の許に書札をもって尋ぬ。【玉葉】

三月十六日〔天晴る〕　**かつて信西が語りし、後白河法皇評**

巳刻（午前十時頃）、大外記清原頼業（63）、右大臣藤原兼実の第に入来。文談《ぶんだん》に刻を移す。その節、頼業語りて云う、「先年（平治元年〈一一五九〉の頃。「平治の乱」、同年十二月九日起る）、前少納言藤原通憲法師（信西・54）、頼業（38）に語りて云く、『当今《とうぎん》（後白河法皇＝当時、上皇・33）、和漢の間、比類少き暗主（暗君＝愚かな君主）なり。謀叛の臣（右衛門督藤原信頼27）、傍らに在るも一切、覚悟の心なし。人、これを悟らせ奉ると雖も、なおもって覚り給わず。此の如きの愚昧、古今いまだ見ず、聞かざるものなり。ただし、その徳二つあり。叡心（後白河上皇）果し遂げんと欲する事あらば、敢て人の制法に拘らず、必ずこれを遂ぐ。この条、賢主（英邁なる君主）においては大失たり。いま愚暗の余り、これをもって徳となす。つぎに、一度聞き置く所の事は、殊に忘却なく、月日遷《うつ》ると雖も心底に忘れ給わず。つまり、記憶力抜群の性質。この両事は、後白河法皇の仁徳たり』」と。【玉葉】

三月十八日〔雨下る〕

この夜、後白河法皇、方違えにより白川押小路殿（美福門院御願、金剛勝院の御所）に御幸あり。参議左中将藤原定能（37）、御供に参る。【玉葉（三月十九日条）】

三月十九日〔天晴る〕

早旦、藤原定能、後白河法皇の方違え先、押小路殿に一宿の後、退出して右大臣藤原兼実第に来訪。言談の後、また押小路殿に馳参ず。この日、法皇の六条殿還御に供奉す。【玉葉】

三月二十日〔天晴る〕

後白河法皇、六条殿御所において千部法華経転読供養を始行さる。導師は公顕僧正（75）。この日、御読経会開白《かいびゃく》（初日）なり。【玉葉】

三月二十三日〔天晴る〕

かねて源頼朝（38）、右大臣藤原兼実（36）を摂政・藤氏長者に推さんとする本意のありしこと、後白河法皇の叡聞に達したり。よって、去る十一日、頼朝の本意を質すべく、院北面・左衛門尉大江公朝を御使として鎌倉に下向せしめ給う。摂政藤原基通（25）の替任など、法皇の叡念に耐え難きところなり。しかるに、頼朝の本意は、兼実就任の懇望歴然たり。

しかるところ、頼朝奏院の状を携行の脚力、去る十九日に入京せり。安芸介中原広元（前明経博士広季子・37）、この頼朝奏上の状を執筆、大蔵卿高階泰経（55）に付して、後白河法皇に進覧せり。法皇は、二十一日に、頼朝に宛て返事を、「忩ぎ左右《とこう》すべし」と申し送らる。この事、然るべからざる旨を通達せしめらるるか、と。

かような往復の間に、この日、蔵人右衛門権佐藤原光長（41）より、右大臣藤原兼実の許に、前明経《みょうぎょう》博士中原広季（広元父）入来せり。広元より告げ来る所なり、との口上。源頼朝、条々の事を後白河法皇に奏状をもって奏聞せり。その中に、右大臣藤原兼実を摂政・藤氏長者となすべく吹挙《すいきょ》すとの一条あり。中原広季、その頼朝奏状の正文を兼実に御覧あるべし、と進覧のための来訪なり。

しかるに、法皇は頼朝奏状を一覧時において、遏絶《あつぜつ》（拒絶する）の心、すでに切なり。さらに摂政藤原基通を引級《いんぎゅう》（弁護する）のことは、かねてよりの贔屓《ひいき》（男寵）久しきによるところなり。よって、この上、頼朝、この儀につき強《あなが》ちに執申すこと不可能なり。この一件、ついに黙止すべきか、と。

当時、洛中の貴賤上下、道俗男女、挙げて右大臣兼実の吉慶の事（任摂政）を謳歌するは、ほとんど度を越す。この事、嗚呼《おこ》（思慮なきこと）にして、また尾籠《おこ》（愚か）なり。この上は、ただ仏神を仰ぎ奉るのみ、と兼実諦観せり。只今の乱世において、兼実、心中にいよいよ庶幾《しょき》せざるなり、と。　【玉葉】

三月二十八日〔天晴る〕
昨二十七日、除目入眼《じゅげん》あり。今日、未刻（午後二時頃）、右大臣藤原兼実、送達せらるる除目聞書を一覧す。大除目たるべし、とかねて謳歌せるも、全く別事なし。頼朝申状によりて珍事等なし、と。この日、従五位下源頼朝、正四位下に叙せらる。若《も》しくは是《こ》れ、彼の所望なるか。あるいは、他薦により行われたるか。しかし、同じことならば直官に任ぜらるべきに。
この頼朝の任叙は「天慶《てんぎょう》秀郷、六位より四位に叙せらるるの例なり」（『百錬抄』）と。天慶三年〈九四〇〉正月、朝廷は坂東を虜掠せる平将門を追伐するため、藤原秀郷を下野掾・下野押領使に任じ、将門を追討せしめた。その功により、同年三月、秀郷を六位から一挙に従四位下に任じた。この注記は、その次第を言うもの。
【玉葉、百錬抄（三月二十七日条）、将門記、吾妻鏡（四月十日条）】

三月二十九日〔天下る〕

参議左中将藤原定能（37）、右大臣藤原兼実（36）第に入来。或る人の説を伝う。入道関白藤原基房（40）ならびに摂政藤原基通（25）の許より、それぞれ使者を源頼朝（38）の許に送られり。あるいは、貨物（贈答品）を送り、あるいは陳状送達あり、と。去る摂政交替事件における穏当処置の謝意か。右大臣兼実は、ひたすら仏神に奉仕あるのみ。【玉葉】

四月一日〔天晴る〕（『吉記』は朝雨、昼霽《は》る）

或る人、右大臣藤原兼実第に入来、告げて云う。前権大納言平頼盛（54）の後見の侍・史大夫中原清業、これよりさき頼盛の密命を帯びて関東に下向。去る月二十八日、鎌倉より上洛す。源頼朝、件の男をもって、右大臣藤原兼実を摂政に任ぜらるべく、後白河法皇に奏上せしむ、と。しかるに、これを伝聞せる兼実は、およそこの事、一切存知せず、不詳々々と。【玉葉】

院司・式部権少輔藤原範季（55）、参議藤原経房（42）亭に入来。崇徳院御霊社建立の議につき、毎事、いまだ定まらず。まず御正体、何物を用いらるべきやの由、議定あり。まず、崇徳院女房兵衛佐局（法勝寺執行信縁法印女・崇徳天皇皇子重仁親王母）にこの事、尋ねらる。女房、申して云く、「崇徳上皇、年来の御持仏普賢菩薩像ならびに御鏡、見在《げんざい》せり。また、日夜、御使用の木御枕をもって仏像を造立すべく、左大臣藤原経宗（66）に仰せ合わさるるの処、これ木御枕以外の御衣木《みそぎ》により如意輪観音菩薩・普賢菩薩の二体を造進すべきなり」と。これに対し、右大臣兼実、二体の造仏は謂れなきことを主張。如意輪観音菩薩像の一体はよしとなれど、今一体の造仏の代りに如法経一部を書写奉安して、その勤行を修すべきか、と。また、新造崇徳社の社司につきては卜部氏の輩、互いに所望せしもいまだその事、一定せず。ほかにまた、僧官を新補せらるべし、と。新殿造立のための材木、津々に集積すべく下命あり。社殿の寸法（規模）は稲荷社に模すべし。しかして、この建立奉行には院司の上卿・民部卿藤原成範（50）なり、と。しかるところ、別当入道（前権大納言法師藤原隆季58）の主張あり。「散位の人（前中納言正二位藤原成範）、憚りあり。成範はかつては敵人（少納言入道信西）の子なり。この際、閑院一族（太政大臣藤原公季〔仁義公〕の末裔）の者、奉行至当なり。その中においても、大納言藤原実房（38）こそ当仁たるか」と。この条、内々の事たるも右大臣兼実、後白河法皇に奏聞せり。しかるに、法皇、分明の勅定なし。兼実、法皇の叡慮、もっとも然るべし、と。この入道隆季、「素より院の御気色不快の人」（『玉葉』寿永二年正月一日条）たるにより、その発言に法皇、不快の故なるか。【吉記】

四月二日〔天晴る〕

後白河法皇、日吉社に御幸あり。【玉葉】

四月五日〔雨下る〕

今日より後白河法皇御所六条殿に五体不具穢あり。よって、後白河法皇、今熊野御精進を延引せらる。【玉葉（四月六日条）、吉記（四月六日条）】

四月七日〔天晴る〕

右大臣藤原兼実（36）第に前権中納言源雅頼（58）来りて、世上の事を談ず。鎌倉に逗留中の前権大納言平頼盛（54）の後見・史大夫中原清業、去んぬるころ、雅頼家（頼朝の腹心、斎院次官中原親能（42）は雅頼門人にして、当時、雅頼は鎌倉に親昵の人なり）に来りて言談せり、と。頼朝（38）、右大臣兼実の摂政就任の事、強く考えて推挙す、と伝言せり。頼朝、後白河法皇に奏聞決意の当日、まず、鶴岡八幡宮の宝前において祭事を行わしめ、みずからもよく祈念の後、安芸介中原広元（37）に下命して、奏状を清書せしめたり、と。【玉葉】

四月八日〔天晴る〕

後白河法皇御所六条殿において灌仏会あり。公卿は権中納言藤原頼実（30）・参議左中将源通親（36）らが参入。五位判官代某は不参。夕刻に至りて右少弁平基親（34）参上。法皇、基親の遅参に逆鱗あり。これ民部卿藤原成範（50）、基親に沙汰なきの故なり。【玉葉】

四月九日〔天晴る〕

後白河法皇、結構の崇徳院社造営の上卿・民部卿藤原成範は、保元合戦の際の讎敵《しゅうてき》信西入道の子なり。故に、人々、不審を抱くにより、院別当・大蔵卿高階泰経（55）、この由を後白河法皇に奏聞す。これにより、法皇、直ちに皇后宮大夫藤原実房（38）に替任せしめらる。もっとも、当然の結果なり。院中の事たりと雖も、散位の奉行（前中納言藤原成範）たるは穏便ならず、況んや敵人の子たるにおいてをや。また、この崇徳社、来る十五日の遷宮の予定なるも、当日、加茂祭日なり、甘心せざる事か、と。【吉記】

四月十一日〔大雨、洪水〕

或る人、右大臣藤原兼実に告げ来る。前内大臣平宗盛（38）、讃岐国八島（高松市屋島）において死去す、と。去る三月十七日、発病、同二十四日入没。ただし、深く秘して平氏の郎従にも知らせず。実否未詳のところ、後に至りて謬説と判明す、と。【玉葉】

四月十二日〔天晴る〕

後白河法皇の使者として、院主典代織部正大江某、右大臣藤原兼実第に入来。来る十六日、後白河法皇、白川押小路殿（金剛勝院御所）に御幸あり、と。移徙の儀たるにより右大将良通（18）に供奉すべきを催せらる。兼実、参入すべき由を即答す。【玉葉】

四月十四日〔天晴る〕

右大臣藤原兼実、後白河法皇御所六条殿に参上。蔵人右衛門権佐藤原定長（36）をもって、見参に入る。法皇、「只今、白川押小路殿より帰来、窮屈きわまりなし。急ぎの奏上の事ありや」と。兼実（36）、これに答えて、「所労のため久しく出仕せず、小康によりようやくにして参入せり」と。さらに、兼実、定長に秘かに語るに、「明後日、白川押小路殿渡御、と。所労籠居の身たるにより、参入するあたわず、恐れ申し候なり」と。定長、法皇御前に罷りて、右大臣藤原兼実の伝言を奏上す。定長、戻り来りて、法皇の仰せ、「後日に謁すべし」。また、押小路殿渡御の儀、「全く僧々《そうぞう》しき（忩々の当字か＝さわがしくする）体の事にあらず」と仰せあり、と。【玉葉】

四月十五日〔天晴る。夜に入りて雨下る〕

加茂祭なり。近衛使は左少将藤原隆保（故入道前権大納言隆季二男・35）なり。しかるに、後白河法皇、御所より桟敷に出御ありての見物なし。天下違乱（源氏の平氏追討）により、世情冷然たるに由来するか。【玉葉】

今日、春日河原（白河北殿跡・左京区聖護院）に崇徳上皇・宇治左大臣藤原頼長を霊神となし崇むるために仁祠《じんし》を建立、遷宮を行わる。この地、もと保元合戦の時の戦場となりし白河殿北殿御所の跡地なり。当時、上西門院（後白河法皇姉・59）の領たりしを、このたび後白河法皇申請せられて、これを建立せらるるところなり。院司、権大納言藤原兼雅（40）・式部権少輔藤原範季（55）が奉行となり、遷宮の儀を執り行う。神祇大副卜部兼友を社司に補し、遷宮祭祀を行わしめらる。また僧官は故左京大夫入道藤原教長の遺子、延暦寺の僧玄長を別当に補す。【吉記、百錬抄】

もともと、事の由来は故入道藤原教長（崇徳上皇寵女兵衛佐〔法勝寺執行信縁法印女・崇徳天皇皇子重仁親王母〕の猶子）が天下擾乱（安元三年〈一一七七〉六月、鹿ヶ谷陰謀事件）の後、彼の崇徳上皇・左大臣藤原頼長の怨霊を神霊として祀り慰謝すべく、故前参議藤原光能の蔵人頭在任時（治承三年〈一一七九〉十月十日辞任）、人々に談合せしことにより発企さる。その後、蔵人藤原行隆（55）が奉行となり、この儀が再燃す。ついで、右少弁藤原光雅（36）・左少弁藤原光長（41）らが相ついで奉行す。これらは、いずれも蔵人方、官方と相つぎ建議ありたり。このたびは、ひとえに後白河法皇の沙汰（天皇知《しろ》し食《め》さず、院中の沙汰なり）として、前記、式部権大輔藤原範季の奉行により、ようやくにして神祠建立、遷宮の運びとなりたるなり。【吉記、百錬抄】

四月十六日〔去る夕より雨降る。午上（正午前）、甚雨。午後、天晴る〕

元暦改元＝「兵革に依るなり」【玉葉、吉記、一代要記、百錬抄】

今夜、戌終り刻（午後九時前）に後白河法皇、白川押小路殿（金剛勝院御所。鴨河東、押小路末）修造成りて、六条殿御所より移徙の儀を行わる。この御所、もとは鳥羽法皇の仙洞御所なり。鳥羽法皇崩御後、高松院（二条天皇皇后姝子《よしこ》内親王〔鳥羽法皇皇女・母は美福門院〕）が伝領、ついで高松院より建春門院（後白河法皇女御・平滋子）・高倉上皇（後白河法皇皇子・母は建春門院）に献上の後、上皇崩御後、なお議定ありて後白河法皇に進献さる。法皇、法住寺殿の外、他に御所なきにより、このたび修造を加え渡御ありたり。
この夜、閑院内裏における改元定に公卿ら多く参上せり。右大将藤原良通（右大臣兼実嫡男・18）も改元儀より申刻（午後四時頃）に退出、夕刻、後白河法皇御所六条殿に参入、御幸に供奉す。加茂川の河水甚だ深きにより、法皇、御車をもって渡御。諸人いずれも車に乗駕して渡河、供奉せり。院別当・宮内卿藤原経家（36）および左中将源雅賢（37）、御幸の先頭、松明を取りて左右に従す。水火の判官代は民部権大輔藤原為頼（椋《はぞう》の水を持ちて南に立つ）、左京権大輔藤原光綱（42・脂燭《しそく》を持ちて北に立つ）の両人が奉仕す。ついで黄牛《あめうし》一頭、中門より先行、行列すこぶる相違せり。ついで陰陽頭賀茂宣憲、反閉《へんばい》を奉仕す。ついで、後白河法皇乗駕の御車、押小路殿に入御、摂政藤原基通（25）、御簾をかかげ、法皇下御。ついで、諸卿、殿上の饗座に着座す。つぎに五菓、陪膳《はいぜん》を供し、三献の献盃を了りて、移徙の儀をすべて了んぬ。人々、退出。子刻（午前零時頃）、右大将良通、帰宅せり。この渡御、家主の女院（八条院暲子内親王尼48。後白河法皇、この押小路殿伝領後、皇女女院を一時居住せしめらるるか）より移徙の贈物として玉帯を法皇に献ぜらる。【玉葉、吉記】
今夜、この押小路殿参入の公卿は、すべて二十人なり。摂政藤原基通（25）・大納言藤原実房（38）・権大納言藤原兼雅（40）・同藤原忠親（54）・同藤原良通（18）・権中納言藤原家通（42）・同藤原実守（38）・同藤原頼実（30）・前中納言藤原成範（50）・修理大夫藤原親信（48）・参議左中将藤原定能（37）・同源通親（36）・左大弁藤原経房（42）・左中将藤原泰通（38）・右兵衛督藤原隆房（37）・右大弁藤原兼光（40）・散三位藤原実清（47）・大蔵卿高階泰経（55）・治部卿源顕信（52）・右京大夫藤原季能（32）。【吉記】

四月十九日〔天晴る〕

朝、八条院、八条殿（八条北烏丸東）より歓喜光院御所（生母美福門院御所。崩後、伝領か。左京区岡崎、平安神宮所在地）に御幸す。ついで、酉刻（午後六時頃）、後白河法皇も押小路殿より同御所に渡御あり。法皇は押小路殿移徙後、御行始めなり。権大納言藤原兼雅以下、諸卿供奉す。この夜、八条院より後白河法皇に贈物として笙・箏など楽器の進献あり。【玉葉】

四月二十二日〔陰り晴れ、定まらず。時々、少雨ふる〕

新造の崇徳院神殿の下に蛇七匹出現す。その中の一匹は白蛇なり。この旨を伝聞せし院司・式部権少輔藤原範季（55）、後白河法皇の渡御の御所・歓喜光院に参上、法皇に奏聞せんとするも、折柄、御所、中間にて奏達不能につき退出す。当夜、この藤原範季、夢を見る。彼の崇徳社宝殿の内に、その姿体定かならざるも、平服の人あり。見れば宇治左大臣頼長公、夏衣冠を着用、御坐《おまし》あり。世上の事を談ぜらるるも、不便の体に見ゆ。この夢の記、藤原範季委しく注記せり、と。【吉記（四月二十五日条）】

四月二十四日〔天晴る〕

未一点（午後一時すぎ）、右大将藤原良通（18）、石清水臨時祭につき上首たるにより、閑院内裏に参内。ついで後白河法皇の渡御先、歓喜光院御所（八条院同宿）に参入、戌刻（午後八時頃）、帰来す。

右大臣藤原兼実（36）第に大夫史小槻隆職（50）来りて、密々の事等を語る。その中の大事。「鎌倉の源頼朝（38）、余の事（右大臣兼実の摂政任用の事）を申せり。頼朝、かねてより深き意趣によりて、七ヶ日鶴岡八幡宮に参籠して祈請の後、宝前において折敷《おしき》に自筆をもってしたため、進上して兼実の摂政任用成就をひたすらに祈れり。これ、ひとえに天下の政道安泰を思う故、大事たるにより急告せんとして参上せり」と。【玉葉】

四月二十六日〔終日、雨降る〕

今夜より、後白河法皇、今熊野御精進を始めらるるにより、歓喜光院御所出御あるため、八条院（48）もまた、八条殿に還御せらる。【玉葉】

崇徳院を奉祀（崇徳社）せらるるにより、後白河法皇、白河法皇（鳥羽・成菩提院）・鳥羽法皇（鳥羽・安楽寿院）・待賢門院（仁和寺・法金剛院）の三陵に宸筆の御書を携行せしめ、奉幣使の公卿として、参議左中将源通親（36）・参議左中弁藤原経房（42）・参議右中弁藤原兼光（40）をそれぞれ、差遣せしめらる。【吉記】

四月二十七日〔雨下る〕

後白河法皇、今熊野社御精進屋より下達せしめ、蔵人左衛門権佐藤原親雅（40）を右大臣藤原兼実の第に遣わして、「伊勢大神宮修造につき、大宮司大中臣祐成、工功成りがたきにより、他人を改補すべきや、あるいは、また重任《ちょうにん》の勅により施工せしむべきや」、兼実に諮り給う。兼実、これに答えて、「重任は不可なり。大宮司祐成を尋問の上、非力なれば他人を補して修造せしめらるべし」と。もしくは、「祐成、年来、精勤にして懈怠なきにより、近例に任せ重任あるべきか。しばらく祐成に打ち任さるべきか」と。【玉葉】

四月二十八日〔雨下る〕

右大臣藤原兼実、伝聞す。荒聖人聞覚《もんがく》（＝文覚46）および院北面・左衛門尉大江公朝ら、一昨日の夕刻、鎌倉より入洛す。今日、件の文覚、院御所押小路殿に参上、頼朝の密命を帯びて余の事（右大臣兼実、任摂政の事）をなおも後白河法皇に奏上せり、と。実にもこれ神明の加護《げ》によるものか。あるいはまた、不祥《ふしょう》（災難）の根元なるか。いまだ、是非善悪不明なり。固く辞遁すべきが賢策なるか、兼実思えり。しかるに、去る三月二十八日の暁、右大臣兼実の家司・前皇太后宮大進源季広の夢想によれば、下官（兼実）、束帯を着装して家の南庭に佇立せり。折柄、日輪、東方より飛来せり。突嗟に兼実束帯の袖にてこれを受けたり、と。また、今暁、兼実の北政所藤原兼子（33）、吉夢を見る。また、家人・式部丞藤原資博も最吉夢を見る。「大織冠藤原鎌足公がわれ（兼実）を御加護あるの由なり」と。【玉葉】

四月二十九日〔晴〕

法印慈円（30）、右大臣藤原兼実（36）第に入来。阿闍梨解文の事により、後白河法皇、六借《むつかり》（立腹）給う、と。また、今日、坂東の荒聖人聞覚（＝文覚46）、後白河法皇の押小路殿御所に参上。広座において種々の荒言を吐きたり、と。【玉葉】

五月三日〔晴〕　平頼盛、鎌倉に下向

前権大納言平頼盛（54）、後白河法皇の恩免によりて鎌倉に下向す。【百錬抄】

五月十九日　後白河法皇、文覚の申請により、丹波国吉富荘を神護寺に寄進す

後白河法皇、文覚（46）の申請に任せて、同院の法華堂領たる丹波国吉富荘（船井郡・桑田郡の荘園。京都府船井郡八木町・園部町・北桑田郡京北町・亀岡市の一部）を神護寺に寄進せらる。この吉富荘は承安四年〈一一七四〉に、後白河法皇の近臣にして、当時、丹波知行国主たりし権中納言藤原成親（37）が、所領の宇都郷に周辺の神吉・八代・志摩・刑部等の郷を加えて、後白河法皇の法華堂に寄進して立荘せしもの。【文覚四十五箇条起請文（神護寺蔵）】

この頃、すでに前権大納言平頼盛、鎌倉に参着、停留せり。この日、源頼朝（38）、平頼盛ならびに右兵衛督藤原能保（38）らを相伴して、鎌倉海浜を逍遙す。由比浜より乗船、杜戸《もりと》（森戸・神奈川県三浦市葉山町）の岸に上陸。森戸大明神の神域にて小笠懸《こかさがけ》の興を行い、平頼盛を歓待す。【吾妻鏡】

五月二十一日

源頼朝、後白河法皇の近臣・大蔵卿高階泰経（55）に書状を送り、前権大納言平頼盛ならびに同息男らの本官を還任せらるべく、法皇に計らい奏聞すべきの趣を伝う。この書状は右筆・大夫属入道義信が清書して、雑色鶴太郎が携行、上洛して院御所（押小路殿）に送達す。【吾妻鏡】

六月一日

源頼朝、前権大納言平頼盛を招請す。近日、頼盛、帰洛するによりその餞別のためなり。右兵衛督藤原能保（38）・前右少将平時家（前権大納言時忠二男・上総国に配流さるるも、上総介平広常、聟となす。頼朝、京洛の客を愛するにより、広常、頼朝に推挙して、鎌倉に初参。寿永元年正月二十三日より、頼朝、時家を憐愍して側近に侍せしむ）、頼朝の御前に在り、まず三献に始まり数巡の饗あり。頼朝、頼盛相互いに世上の雑事を談ず。小山小四郎朝政・三浦介義澄・結城七郎朝光・畠山次郎重忠ら九人の近臣武士を召して御前の簀子《すのこ》に候せしむ。これらの人々、いずれも京都に馴るるの輩なり。ついで、頼朝より頼盛に引出物あり。まず金作剣一腰、これは平時家が伝供《てんぐ》す。つぎに砂金一嚢、安芸

介中原広元（37）がこれを役す。さらに鞍馬十疋を引かる。ついで、頼朝、頼盛扈従の従者にも引出物を賜わらんとして、まず、弥平左衛門尉平宗清（左衛門尉平季宗男）を召す。宗清は頼盛の生母・池禅尼（修理大夫藤原宗兼女・刑部卿平忠盛後室）の侍なり。平治の乱において、頼朝の助命を嘆願せしにより、頼朝、爾来、頼盛に深く恩謝せり。時に宗清、その助命に働きありて、頼朝、頼盛鎌倉下着の最初より宗清の在否を尋ねたり。頼盛、折柄、宗清病中たるにより、遅参下向と伝う。しかるに、宗清は頼盛の言に背き、頼朝の面前に参向を恥辱として、平家零落の今において、まず、屋嶋内府（前内大臣平宗盛）の許に参るべし、とて讃岐屋島の平家陣中に馳参ぜり、と。【吾妻鏡】

六月五日

前権大納言平頼盛（54）、鎌倉を辞去して、帰洛の途につく。逗留中、頼朝（38）は連日、頼盛を饗して「竹葉《ちくよう》（酒）、宴酔を勧め、塩梅、鼎味《ていみ》を調う（料理の馳走を尽す）」（『吾妻鏡』）。さらに、頼朝、餞別の品々は、金銀、数を尽し、錦繡、色を重ね、豪華を極む、という。後白河法皇は、さきの頼朝の奏状により、この日、閑院内裏に小除目を行い、前権大納言平頼盛・子息前侍従平光盛（13）を還任し、蒲冠者源範頼を参河守に、源広綱を駿河守に、武田義信を武蔵守に任ず。【吾妻鏡（六月二十日条も）、公卿補任】

六月十三日〔晴。午後、雨下る〕

祇園社御霊会のため、閑院内裏の近辺、神幸通路にあたり喧騒たるにより、それを避くべく、後鳥羽天皇（5）、後白河法皇御所押小路亭に行幸す。【玉葉（六月一日条）】

六月十六日〔晴〕　**平頼盛、鎌倉より上洛**

後白河法皇、日吉社に参詣御幸あり。この夜、同社の御所に一宿の儀、と。【玉葉】

この夜、権大納言平頼盛、鎌倉より上洛。院御所押小路殿に参上、後白河法皇は日吉社参籠にて、面謁能わず。明十七日の夜、院近臣・権右中弁藤原光長（41）、右大臣藤原兼実（36）第において、「去る夜、頼盛卿に謁す」と伝う。【玉葉（六月十七日条）】

六月十七日〔陰り晴れ、定まらず〕　**後白河法皇、蒔絵師真戸の家に臨幸、戯言に引出物進献を仰せらる**

この夜、権右中弁藤原光長、右大臣藤原兼実を来訪。後白河法皇の近況を伝う。法皇、去る頃、手輿に乗駕して蒔絵師真戸の家に臨幸あり。戸内に入りて打板の上背に坐して、菱縄調備の様子を見物す。やがて還御に際して、戯言《ざれごと》に引出物を進献すべく仰せらる。蒔絵丸（蒔絵師）、家貧しくして即時にその物なし。法皇は還御。その後、蒔絵丸は、勅定の旨を守り、後日、美麗の蒔絵手筥を目の上に捧持して、引出物を持参と口上して、院御所押小路殿に参入す。折柄、北面に祇候の周防入道藤原能盛がこれを見付けて、ひそかに追払う。往昔、陽成院、花山院の狂行ありと雖も、かかる如き事態を聞かず。後白河法皇の軽々狂乱の所行は、勝計《しょうけい》（あげて数える）すべきに非ず

とも、このたびの如き奇行はなし。まことに、法皇の運の尽き給うか。敢て言うべからず、と、右大臣兼実、慨歎せり。【玉葉】

六月十九日〔晴〕　**後白河法皇、藤原兼実に対して不快の御気色。「我が至誠は仏神の知る所」と兼実**

大夫史小槻隆職（50）、右大臣兼実第に来訪。後白河法皇、兼実（36）に対し御気色不快の由あり、と伝聞す。この件、前太政大臣入道藤原基房（40）、和泉守高階仲基（42）に語り、仲基はまた、小槻隆職に伝言せり、と。これを伝え聞く兼実は、「余において法皇に天気《てけ》不快の言辞を呈したることなし。先世の宿業か。いつの日か、兼実、みずからの至誠は仏神の判断し給うべき所なるか」と述懐す。【玉葉】

六月二十四日〔天晴る〕

午刻（正午）、蔵人頭左中弁藤原光雅（36）、後白河法皇の御使として院宣を携行して、三種宝物（平氏都落ちに奉安せり）の未帰還においての即位挙行の可否およびその日次などにつき諮るべく、右大臣藤原兼実第に入来。摂政藤原基通（25）、腰所労不快につき参入不能。後白河法皇、左大臣藤原経宗（66）・右大臣兼実のほか、皇后宮大夫藤原実房（38）・権大納言藤原忠親（54）・権中納言藤原長方（46）らをして、押小路殿内、摂政基通の直廬において議定せしめらる。当初、来る七月十七日、即位式を行わんとするも、先例、三代の吉例（桓武・白河・堀河天皇）ありと雖も、一度の不快（崇徳院）に加えて、六条上皇、安元二年〈一一七六〉七月十七日崩御たるにより、忌避すべく、延引に一定す。【玉葉、定長卿記】

六月二十五日〔晴〕

故高倉上皇近侍の女房若狭局、嵯峨の辺りに一宇の御堂を建立。落慶供養を行わる。後白河法皇、この法莚に御幸あり。【玉葉】

六月二十八日〔晴〕

蔵人頭左中弁藤原光雅（36）、後白河法皇の御使として、右大臣藤原兼実第に入来す。折柄、兼実、疾病たるにより面謁せず。去る二十四日においても同然。即位式の延否につき、兼実の意を徴せらる。兼実、すでに延引を奏せるにつき、法皇もしかるべし、と叡慮に叶いたる、と。しかるに、一議によれば、即位大祀等を今に遂行なきは、西走せし平氏ら、定めて嘲笑を成し、かえっていよいよその力を得べし。しかも、剣璽の帰来は甚だ不定《ふじょう》なり。よって、この期に及びては、早やかに即位を行うべきにつき、兼実に諮らしむ、と。この日、右大臣兼実のほか左大臣藤原経宗以下卿相に意見を徴せらるること、去る二十四日に同じ。【玉葉、定長卿記】

七月一日〔晴〕

この夜、後白河法皇、明二日、父帝鳥羽法皇の国忌たるにより鳥羽故院（安楽寿院）に御幸あり。権大納言藤原忠親（54）は六月二十九日の御幸と伝聞せり。しかるに当日は「晩に及びて大雨、即ち晴れ了んぬ」（『玉葉』）という天候ゆえ、御幸成り難く、誤伝か。

七月二日〔陰り晴れ、定まらず〕　【玉葉（七月二日条）、山槐記（七月二日条）】

鳥羽・安楽寿院において故鳥羽法皇の国忌法会を行わる。後白河法皇、参会のため御幸あり。導師は法印澄憲（59）。参仕の公卿は前権中納言源雅頼（58）・修理大夫藤原親信（48）・参議左中将藤原定能（37）・同源通親（36）・左大弁藤原経房（42）・新参議左中将藤原泰通（38）・大宰大弐藤原実清（47）・右兵衛督藤原隆房（37）らなり。事了りて、法皇、八条女院（48）の八条殿（八条北・烏丸東）に還御。

この日、百日御読経結願なり。法皇、この法莚に参会。この百日御読経会の導師は阿闍梨裕範。事了りて纏頭《てんどう》（布施）ありて勤仕の僧に単重装束を贈る。公卿は民部卿藤原成範（50）・前権中納言源雅頼・権中納言藤原朝方（50）・左大弁藤原経房・新参議左中将藤原泰通・刑部卿藤原頼輔（73）・右京大夫藤原季能（32）・従三位平親宗（41）ら参入す。　【玉葉、山槐記】

鳥羽院国忌により、免物《ゆるしもの》（罪人赦免）行わる。上卿は権中納言藤原実宗（40）が奉行す。　【山槐記】

右大臣藤原兼実（36）、後鳥羽天皇（5）の即位礼延否の事につき、人々の申状の結果を摂政藤原基通（25）に尋ぬ。皇后宮大夫藤原実房（38）・権大納言藤原忠親（54）・権中納言藤原長方（46）の三人は、摂政基通に申状を提出せり。左大臣藤原経宗（66）および右大臣兼実は、蔵人頭右中弁藤原光雅（36）が別紙に注して、持参す。これらの申状によれば、実房は即位式を早やかに行わるべし、と。剣璽（先帝安徳天皇とともに平氏捧持）の有無を重視せず。忠親・長方は剣璽の帰来を待ちて即位礼あるべきの由を申す。また、左大臣経宗は、剣璽を待たずして、早急に即位を行わるべし。その上、法皇の近臣、ことに大蔵卿高階泰経（55）の如き小人らは、挙《こぞ》って即位あるべきを申す、と。よって、これら申状の裁決により、即位の儀、執り行わるべきに一定す。しかして、来る五日、後鳥羽天皇は閑院内裏より大内に遷幸あるべし、と。　【玉葉】

七月三日〔晴〕

今朝より右大将藤原良通（18）、病気あり。よって来る五日の行幸、供奉参内の事、不可能たるにより、右大臣藤原兼実、書札をもって摂政藤原基通に触れ知らす。また、右大将良通より蔵人頭右中弁藤原光雅に、その旨告ぐ。また、兼実職事《しきじ》・前左馬助源国行をもって参院（押小路殿）せしめ、便宜《びんぎ》の時、蔵人右衛門権佐藤原定長（36）をして後白河法皇に披露せしむ。これ後鳥羽天皇、初度行幸遷御の礼たるによる故なり。左大将藤原実定（46）は故障なきにより、当然ながら参仕すべし。しかして、所悩やむなきにより、良通参入せず。もっとも恐れある事か。　【玉葉】

七月五日〔天晴る〕

平家の軍兵、強大の聞こえあるにより、この夜、後白河法皇、押小路殿よりにわかに故大膳大夫入道平信業の六条宅（一時、法皇渡御ありて御所となる。六条殿）に御幸あり。人々、意外なり、と。【山槐記（七月六日条）】

この日、後鳥羽天皇（5）、大内に遷幸せらる。来る二十八日、即位大礼を行わるるにより遷御なり。剣璽なきの行幸の例、今度初例なり。希代の珍事と謂うべきか。【玉葉】

七月六日〔天晴る〕

これよりさき、後白河法皇、西海の平氏軍団中に和平ならびに三種宝物の返還を催さしむるため、書札を送達携行すべく、院召使を派遣せらる。しかるに、件の召使、平氏の軍兵のため顔面に印（刀疵か焼印）せられて、かろうじて帰洛せり。また、鎌蔵《かまくら》（鎌倉）の雑色十余人斬首せらる、と。左大弁藤原経房（42）、この事を権大納言藤原忠親（54）に示し送る。【山槐記】

七月七日〔天晴る〕

法勝寺御八講会結願なり。後白河法皇、御幸あり。【山槐記】

七月八日〔晴〕

最勝光院御八講会なり。奉行は右中弁藤原行隆（55）。しかるに、進行泥々《どろどろ》（遅滞）たり。後白河法皇の御幸、忽ちにして停止さる。よって法皇近臣の殿上人、堂童子勤仕すべきに、闕如となる。よって、預りの法師、代りて行道散花《さんげ》の花筥《けこ》を取る。【玉葉】

七月九日〔晴〕

大外記清原頼業（63）、右大臣藤原兼実（36）の九条第に来訪。去る月二十九日、即位日時定ありて、今月二十六日と定められたるを告ぐ。しかるところ、今月二十六日は摂政藤原基通（25）忌日たるにより、蔵人頭右大弁藤原光雅（36）をもって閑院内裏の陣座に祗候の左大臣藤原経宗（66）に問わしむるところ、経宗、憚りなき由を申すにより、来る二十六日、即位を行わるる事に一定せり、と。

この時、頼業、多くを語る。その中に故俊憲入道（信西入道子・元蔵人頭右中弁）が、かつて密かに頼業に語りしと云う、「此の君（これ今の法皇なり＝後白河法皇）は偏えに晋の恵帝なり。八王《はちおう》の執権にあえて相違せず」と。これは、西晋の恵帝（司馬衷〈二五九―三〇六〉武帝の次子・字は正度、諡は恵。在位十七年、東海王・越により毒殺さる）の時、皇族・諸侯王が互いに殺し合った混戦のこと（晋書・巻第四＝八王の乱、永平元年〈二九一〉から始まって、前後八人の司馬姓の諸侯王が、十六年の長きにわたって戦った）。これを聞く兼実は、「頼業の語るところ、さながら掌を指すが如く適中せり。誠に、これ聖人（故俊憲入道に擬すか）の格言なり」と。【玉葉】

七月十六日〔朝の間、雨ふる〕

大内の摂政藤原基通直廬において、後鳥羽天皇（５）即位礼のために着装の礼服御覧の儀あり。摂政藤原基通（25）、まず、後白河法皇の御所押小路殿に参上、この儀を上奏す。ついで、大内に参内。右中弁藤原行隆（55）ならびに右少弁平基親（34）の両名、内蔵寮に行き向いて、礼服（童帝装束）を取り出す。蔵人左衛門権佐藤原親雅（40）・蔵人右衛門権佐藤原定長（36）、摂政基通の御前において取り出す。一覧の後、辛櫃に納め返進す。【山槐記】

七月二十四日〔晴〕

院司・参議左中将藤原定能（37）、右大臣藤原兼実第に来臨。従四位上左中将良経（16）の正四位下昇叙の事を後白河法皇に奏上せしことを伝う。これを伝聞せし兼実（36）、この事成就しがたきを感知す。定能、「法皇の右大臣兼実に対する御気色の体を計るための奏上なり。しかして、この奏聞、無益《むやく》なり」と。法皇の兼実に対する御気色不快の条、もはや疑いなきところか。今夜、即位叙位の儀あり。

この日、右大臣藤原兼実、光明院領地十五戸主（六条坊門、東洞院）を後白河法皇に進献す。その状は院司・権右中弁藤原光長（41）に下命して先例を尋ねしめ、これを清書せしむ。その後、家令をして署（花押）を加えしむるの状なり。この事の起りは、故興福寺法印仁澄（京極関白藤原師実息）がこの光明院を知行せし時、仁澄の乳母子・式部大夫藤原敦親が件の地を伝得して、住居を造作して居住せり。その後、兼実が伝領の後も、敦親なおも居住を続け居たり。さらに、敦親その地を私領と称し、後白河法皇に進上す。法皇、その地に御幸、歴覧の後、女房丹後局（法皇愛妾・高階栄子）に賜い、すでに丹後局はその地に家屋を造作せしむ。しかして、その相伝文書が摂政藤原基通の許に保存せりと存知の法皇は、女房冷泉局（平時忠・同時子の妹・同滋子〔建春門院〕の姉、建春門院女房、はじめ故権大納言藤原邦綱愛妾。この女房、法皇と摂政基通との交媾《こうこう》（男色）の媒《なかだち》をせり）をもって、その文書の所在確認をせしめらる。その結果、件の地は右大臣家領（兼実所領）たること実正なり。しかるに、その文書のなき由を奏上す、と。この次第を件の女房冷泉局、密々に余（兼実）に告げたり。ただし、院宣に非ず。よって、右大臣兼実は、冷泉局をもって、「彼の光明院領の地は、敦親私領と称するは論外なり。もしも、法皇において必要とあらば進上いたすべし」と奉答す。ただし、文書においては、故前権大納言藤原邦綱が沙汰を与《あずか》るべしと申しながら、そのまま空しく歳月を経て、いまその在所不明。しかしながら、その証拠たる相伝文書の有無にかかわらず、伝領の次第は顕然たり。よって、この地に関し異議なきものなり。敦親が私領と称する申状は、慮外千万なり。この地が光明院領（堂領）たるにより、不便《ふびん》と思召さると雖も、なおも必要とありて進献し得るならば、兼実にとって悦びとなすところ。よって、躊躇なく、ここに法皇に進献したる次第なり、と。【玉葉】

七月二十五日〔天晴る〕

昨二十四日の夜、即位（後鳥羽天皇5）の叙位あり。この日、右大臣藤原兼実（36）、届けられたる除目聞書を披見す。正三位権中納言藤原実宗（40）、院御給《ごきゅう》によりて従二位に叙せらる。正三位権中納言藤原隆忠（22）を超ゆ。造興福寺長官・正四位下参議右大弁藤原兼光（40）、参議右兵衛督藤原隆房（37）を超えて従三位に叙せらる。過分の朝恩なり。隆房は後白河法皇第一の近臣・大蔵卿高階泰経（55）の聟なり。また、兼光は法皇無双の寵女丹後局の聟なり。その権勢を論ずるに、泰経はなお丹後局に及ばざるか。さらに従三位右中将藤原忠良（摂政基通25弟・21）は正三位に叙さる。しかるに、兼実の二男・従四位上左中将良経（16）については、法皇、正四位下を許し給わず。年少ゆえにして昇叙なきは勿論なり、と兼実得心す。　【玉葉、定長卿記（七月二十四日条）】

七月二十六日〔晴〕

去る二十四日の即位叙位、正四位下参議右兵衛督藤原隆房、藤原兼光に超越せられし事、岳父たる院寵臣・大蔵卿高階泰経、後白河法皇に泣きて愁訴す。これを受け法皇、ただちに隆房を従三位に追叙し、しかも、藤原兼光の上位に在るべきの由、さらに仰せ下さる、と。近年における朝務の軽々《けいけい》たること、この一事をもって推察すべきなり。元より何の過怠《かたい》ありて、隆房、兼光に超越せらるべき事やらん。もしも過失あって越えらるれば、改めて追叙の必要はなきに。ともあれ、これらの輩、たちまちにして三品（従三位）に叙せらるる事自体、人々の耳目を驚かすべきことなり。とかく大事小事にかかわらず弾指すべき世の中なりと、兼実、述懐す。　【玉葉】

七月二十八日〔晴〕　**後鳥羽天皇、剣璽の帰来なきままに即位**

この日は帰忌日《きこにち》なり。しかるに、後鳥羽天皇（5）の即位の事、治暦四年〈一〇六八〉四月十九日の後三条天皇（35）の例により、大内の太政官政庁において行わる。そもそも、平氏奪出の剣璽の帰来を相待たずしての即位遂行の可否につき、かねて後白河法皇、人々に問わるるところなり。摂政藤原基通（25）・左大臣藤原経宗（66）ら、剣璽を備えずして天子の位を践《ふ》むこと、異域（中国）においてその例ありと雖も、わが朝においては先蹤なき由を申す。しかるに、後白河法皇の叡慮ならびに識者等の議奏により、天意を知らず、神慮を測らずして、即位礼を強行せらるるところなり。ただ道路目《どうろめ》をもってする（見てみぬふりをする）のみ、と。　【玉葉】

七月二十九日〔晴〕（『玉葉』では、「昼の間、天頗る陰り、微雨下りて、即ち止み了んぬ」）

蔵人右衛門権佐藤原定長（36）、後白河法皇御所押小路殿に参上。法皇、昨日、大内の太政官庁における即位式に擬侍従《ぎじじゅう》を勤むべき蔵人源盛定、不参による朝儀の懈怠《けだい》につき、殊に沙汰あるべきの由、摂政藤原基通に申し下さる、と。　【定長卿記】

この日、後白河法皇の御気色により、来る八月二日、大内の太政官庁にて即位式挙行（治暦四年〈一〇六八〉四月、後三条天皇の例による）せらるる後鳥羽天皇、里内裏・閑院に還幸あるべきにつき、右大将藤原良通（18）に供奉すべく御教書を発せらる。　【玉葉（八月一日条）】

八月一日〔晴〕

未刻（午後二時頃）、蔵人頭左中将源通資（33）、右大将藤原良通の許に書札を送り来る。昨日、後白河法皇の御気色によりしたためられし御教書を封入せり。明二日、後鳥羽天皇（5）、大内より里内裏閑院に還幸せらるるにつき、右大将良通に威儀を整え、供奉すべしとの下命なり。しかるところ、良通、右足に恙《つつが》ありて騎馬するあたわざるにより、その旨を言上せり。件の源通資、去る年、右大将良通に書札を送り来るに、上所（宛名）に「謹上　右大将殿」と書きたり。書札の礼節を忘るるにより、その書札を返戻せり。しかるに、今度は上所に「進上」の字を書きたり。すでに道理に屈伏したるか。

この日、右大臣藤原兼実（36）、伝聞す。去る月二十八日の即位式における右方の殿上侍従（擬侍従）を奉仕すべき五位蔵人右兵衛権佐源盛定、かねて預状を提出しながら、前日（二十七日）に懈怠して、ついに不参。後白河法皇、これに対して六借《むつかり》（立腹）給う。よって、その懈怠の罪をいかが処置すべきやと、摂政藤原基通（25）に仰せあり。摂政基通は、早やかに法皇の勅定あるべし、と奏上す。よって、院中において人非人《にんぴにん》（人の数に入らぬ者＝小人）らが集合して、評定の結果、贖銅《しょくどう》の刑を科すべきか、と一定せり。しかるに、兼実の考慮によれば、源盛定はその身、雲客（殿上人）たるにより、除籍のほか、他の罪過を科すべき必要なし、と。君（後白河法皇）、暗愚にして小事に迷い給う。いわんや重事においてをや。当節における国家の敗乱も、むべなるかな、と慨嘆せり。　【玉葉】

この夜、後白河法皇寵臣・按察入道源資賢（72）の家（二条南、高倉東）に強盗乱入す、と。　【山槐記】

八月六日〔朝の間、天晴る〕　**源義経、左衛門少尉に任ぜらるるも、鎌倉の頼朝、不快**

女叙位について、後白河法皇の仰せをうけて、右衛門督検非違使別当藤原実家（40）上卿となり、源義経（26）を左衛門少尉（従五位下）に任じ、検非違使の宣旨を下さる。　【玉葉、山槐記、吾妻鏡（八月十七日条）】

この日、右大臣藤原兼実、陰陽大允安部泰茂を召して天変の事を問う。その占卜によれば、「後白河法皇の御慎み殊に重し。金星、歳星と相犯すにより、かならず白衣の会（天子の葬儀＝暗に法皇の崩御を指す）あるべし」と。ついで、この泰茂に天文道占卜の談を聞くに、その才能もっとも高く、まことに貴ぶべき偉才たり、と。

午刻（正午）、右大臣藤原兼実第に前権中納言源雅頼（58）入来、数刻、言談に及ぶ。かねてより大蔵卿高階泰経（55）、後白河法皇に推挙し源頼朝（38）を権中納言（正三位）に任ぜんとして、鎌倉に秘かに通報ありたり。しかるに、頼朝、これを辞退すべく、源雅頼に書状をもって通達し来る。よって、推挙の高階泰経を介して、法皇にこの旨、奏上せられんと告げたり。定めて頼朝にとりて不快の事あるか、恐

れをなすと。【玉葉】

八月八日

参河守源範頼（蒲冠者）、平氏追討のため西海に向けて鎌倉を進発す。扈従の輩一千余騎。土佐房昌俊ら従う。源頼朝（38）、稲瀬河辺に桟敷を構え、出陣を見物す。【吾妻鏡】

八月十日〔天晴る〕

明日より彼岸会、鳥羽・成菩提院（九体阿弥陀堂）念仏会の始行に参会のため、今夜、後白河法皇、鳥羽殿（北殿）に御幸あり。【山槐記】

八月十一日〔晴〕

後白河法皇ならびに八条院（48）、鳥羽殿（北殿）に渡御あり。今日より恒例の成菩提院念仏会始行によるなり。【玉葉】

八月十七日〔晴〕

鳥羽の成菩提院念仏会、結願せり。後白河法皇ならびに八条院、還御あり。八条院、いささか不予の事あり、と。この念仏会、恒例、始行より結願まで八日間なり。権大納言藤原忠親（54）は、明十八日を結願として記録す。このたびの念仏会は去る十一日に始行。とすれば、十八日に結願正当なり。右大臣藤原兼実（36）、今日十七日を結願と記すは、誤認か。【玉葉、山槐記（八月十八日条）】

右大臣藤原兼実、伝聞す（院司・参議左中将藤原定能37よりか）。源頼朝、すでに鎌倉を進発して上洛の途に就き、伊豆国に逗留せり。今秋中に入京の予定なり、と。兼実、これを聞きて甚だ甘心せず。多勢の軍兵、従軍せるにより、京中の騒乱予測され、天下滅亡に至らんか、と憂慮す。【玉葉】

今日、在京の源義経（26）の使者、鎌倉に参着す。申して云く、「去る六日、左衛門少尉に任じ、検非違使の宣旨を蒙る」と。これ、義経の所望の限りに非ずと雖も、後白河法皇、度々の勲功を黙止し難きによって、自然、朝恩をなすの由、仰せ下さるるの間、固辞するあたわず、と。しかるに、この事、すこぶる源頼朝の気色に違う。参河守源範頼・武蔵守平義信らの受領（国司）の事は、頼朝の意中より起りて挙申せられたる所なり。しかし、この義経においては、かねて内々、頼朝において異議あり、左右《とこう》なく聴《ゆる》されざるところなり。このたびの勧賞《けんじょう》の任叙、義経より所望せしかとの疑心を抱かるるにより、頼朝の意に背くこと、今度に限らず、と。これによって、頼朝、立腹のあまり、平家追討使たるべきこと、しばらく猶予あり、と。【吾妻鏡】

八月十八日〔陰り晴れ、定まらず〕（『玉葉』では〔晴〕）

鳥羽・成菩提院念仏会、結願なり。権大納言藤原兼雅（37）・同平頼盛（54）・民部卿藤原成範（50）・前権中納言源雅頼（58）・前中納言藤

原朝方（50）・右衛門督藤原家通（42）・権中納言藤原実宗（40）・修理大夫藤原親信（48）・参議左中将藤原定能（37）・同源通親（36）・新参議左中将藤原泰通（38）・左大弁藤原経房（42）・右大弁藤原兼光（40）・大宰大弐藤原実清（46）・治部卿源顕信（52）ら参入す。事了りて後白河法皇、鳥羽より月例参詣のため入洛、清水寺に御幸あり。

【山槐記】

この日、大外記清原頼業（63）、右大臣藤原兼実（36）の九条第に入来。御簾前に召して雑事を談ず。

㈠左大臣藤原経宗（66）、後白河法皇に意見して云う、「法皇御領のうち京地等を伊勢大神宮以下の宗廟・霊社等に分献せらるべし」と。これを聞きし兼実、「この事、奇異の中の奇異なり。言談の及ぶところに非ず。華洛（京都）の中を割付して神社に施入するなど、前聖代に前例なき事なり。国の衰微、朝廷の陵夷《りょうい》（衰える）、かくの如き政道より起こるものなり。左大臣経宗は、当時朝廷の宿老、国の重臣なり。しかるに、かかる智慮の賤を顕わす、弾指すべき所なり」と。

㈡五位蔵人藤原定長（36）、法皇の奉行として頼業に下達せり、「日吉社において如法仁王会を行われんとする所に、児女子の説に、先例、如法仁王会を行わるる時、かならず君（天皇・法皇）のため不快の事、起これり。よりて後白河法皇、過去両三年の吉凶を勘申《かんじん》すべし」と。この事、言うに足らざる俗説なり。愚暗の世（後白河法皇の治世を諷刺す）、吉を還って凶となし、善また悪に似るか、と。

㈢保元の乱における賊徒たりし故左馬頭源義朝の首、今に及びて囚獄に在り。後白河法皇、この罪を免《ゆる》すべく、その事を勘申せしむるため、院近臣・大蔵卿高階泰経（55）に下命せらる、と。往昔の従五位下但馬権守橘逸勢ら、この例あり。よって彼の源義朝、本位に復すべく法皇より仰せ下さるべしと奏上す、と。

この三ヶ条、珍事たるにより兼実、注記するところなり。

また、右大臣藤原兼実、或る人の説を伝聞せり。文覚上人（46）、坂東より上洛。在獄の故左馬頭源義朝の首を受け取り鎌倉に下向す、と。この事、後白河法皇、義朝の遺子たる頼朝（38）のために免赦せらるるところなり。

【玉葉】

八月二十日〔晴〕

後白河法皇、八条院（暲子内親王48）御悩により見舞いのため、押小路殿内（法皇同居）、女院御在所に渡御。明後日（二十二日）、還御あるべし、と。右大臣藤原兼実、この夜、押小路殿院御所に参上せるも、右の事情により法皇不在。よって八条女院御方（押小路殿内・女院御在所）に参上、申入るの後、即時退出す。

【玉葉（九月一日条も）】

今日、右大臣藤原兼実の九条第に、陰陽大允安倍泰茂ならびに天文博士安部広元（37）の両人来訪せり。八条院御悩による御卜ならびに天体異変の事を語る。女院の御悩の病状はかばかしからず。よって祈禱のため御祭を行う事よろしからんと言上せり。しかして、どの陰陽師

に仰せらるべきや、と女院に伺う。八条女院、天文博士安倍広元よからんと仰せありて、広元を召さる、と。【玉葉】

源頼朝（38）、義経（26）の破格の昇叙に対して不服の意あり。この日、安芸介中原広元および掃部頭安倍季弘（木曾義仲調伏の祈師）の官職を停廃すべきことを、京都（参議左大弁藤原経房42を介して、後白河法皇）に申達す。【吾妻鏡】

八月二十一日〔晴〕（『山槐記』では〔陰り晴れ、定まらず〕）

今日より八条院御在所（押小路殿内、法皇同居）において、八条院（48）御悩により、天文博士安倍広元（＝広基37）をもって天曹地府祭《てんそうちふさい》（三ヶ夜）を修祓せしめらる。その用途として地一戸主を広元に賜うべく、政所申文を奉呈して申請せり、と。【玉葉（九月一日条も）】

この日、院司・参議左中将藤原定能（37）、源頼朝より後白河法皇院御所に到達せし飛脚の書状により、源頼朝、鎌倉城を進発、上洛の途に上りたる由を、右大臣藤原兼実（36）に伝う。鎌倉城を進発せし頼朝、木瀬川辺（黄瀬川＝伊豆と駿河の間なり。沼津市）に来着、逗留中なり。この地より、院御所に飛脚を進発せしめて、法皇に言上せり、「すでに上洛のため木瀬川宿まで到達せり。ひきはりても（引張・むりに急がされても）急ぎ上洛なしがたし。まず蒲冠者参河守源範頼をして、多くの軍勢を引率の上、参洛せしむる所なり。ただし、一日も京都に逗留することなく、直ちに四国（平氏軍団在陣）に向うべく、範頼に申し含め、ゆめ京都を騒擾せしむべからずと下知せり」と。

さらにまた、頼朝、荒聖人文覚（46）を上洛させ、後白河法皇に言上せしむ。当時、摂政藤原基通（25）、平妻（故大相国入道清盛第五女・従三位平完子《さだこ》・当時八歳の男子所生せり）を棄置き（離別）、洛中に留めしむ。あえて過怠なきの上、法皇もまた、この事承知の上、別段、異議を挟まるる事なし、と。かねて又、関白入道藤原基房（40）はもっとも顧問に備うべきの人なり。よって、この基房を介して、荘園少々分けてしかるべき国の一国なりと文覚に分与賜わらんことを、と申す。これにつきて、ある説によれば、文覚すこぶる不請の気あり、と。しかして、頼朝、文覚に獄中に在る亡父義朝の首を取りて来るべく下命せらる、と。【玉葉】

左大弁藤原経房（42）、権大納言藤原忠親（54）に示し送りて云う、「故左馬頭源義朝の首、去る頃、頼朝、申し賜わる」と。件の首、保元の乱〈一一五六〉以後、今に至るまで囚獄に存置せられたり、と。【山槐記】

八月二十三日〔晴、夜に入りて雨下る〕

右大臣藤原兼実、伝聞す。摂政藤原基通、源頼朝の聟となるべし。これ後白河法皇の仰せなり、と。よって、頼朝上洛の時に新妻（頼朝女＝大姫君〔故清水冠者源義高室〕か）を迎えんがため、五条亭（摂政基通第・五条殿＝五条南、東洞院西）を修理して移住せらるべし、と。【玉葉】

八月二十四日〔雨降る〕

これよりさき七月八日、平家郎等《ろうどう》、出羽守平信兼の子三人（兼衡・信衡・兼時）、伊賀国において兵革を起して結構し、源氏軍と戦う。やがて城中を脱出して京中に隠遁せりとの報、鎌倉に至る。頼朝（38）、安達新三郎清経を飛脚となし、九郎義経（26）に下命してかれら三人を誅戮せしめんとす（八月三日）。ついで、八月十日夜、出羽守平信兼ならびに息男・左衛門尉兼衡に解官の宣旨を下さる。この時、検非違使左衛門少尉源義経、すでに信兼男三人を追捕し、義経の六条宿所（六条堀川宅）に拘引す。しかるに、件の三人は自殺あるいは切殺さる。これにより殺害穢事おこれり。義経の家人ども多く諸家に入る。また、蔵人左衛門権佐藤原親雅（40）宅にも来る。親雅もまた閑院内裏に参内す。この一事に非ずして、後白河法皇御所押小路殿に参入の人、摂政藤原基通（25）の五条殿に参向。という次第にて、閑院内裏および院御所を含め諸所に穢気すでに広く、天下に遍満に及べり、と。

【山槐記（七月八日・八月十日・十二日・二十七日・九月三日条）、百錬抄（八月十日条）、吾妻鏡（八月三日条）】

かねて、明二十五日、後白河法皇、日吉社御幸を予定せられたり。しかるに、この殺害触穢の事、すでに混合の疑いあるにより、摂政基通、参院してこの事を法皇に奏上、忽ち御幸延引せらる。　【山槐記（八月二十七日条）】

八月二十七日〔陰り晴れ、定まらず〕

権中納言藤原定能（37）、右大臣藤原兼実（36）第に入来。かねて、後白河法皇姉・上西門院（統子内親王尼59）、発心地《おこりここち》（瘧《おこり》・わらわやみ）を煩い給うところ、昨日、平癒せり、と。よって、後白河法皇、験者として女院の病悩を祈り落し奉りし叡山の昌雲（法皇寵臣・故左兵衛督藤原光能弟）を大僧正（三位相当）に任ぜしむ。　【玉葉】

八月二十八日〔陰り晴れ、定まらず〕

後白河法皇、弘法大師自筆と伝える「金泥両界曼陀羅」を高野山金剛峯寺より召下し、平氏没官後、後白河法皇領たる福井荘（兵庫県姫路市）を付属して、神護寺に寄進せらる。　【文覚四十五箇条起請文】

この曼陀羅は、もと淳仁天皇御願として空海建立の神護寺根本曼陀羅たり。その後、神護寺退転の後、仁和寺に移渡、さらに後白河法皇が伝得、蓮華王院宝蔵に納置す。寿永年中、件の福井荘を付して高野山に施入さる。しかるに、文覚聖人、所伝の由来を法皇に愁訴して、当神護寺に迎え取るべく再三の訴申しの結果、後白河法皇が承諾して、ここに再施入が叶えられたり。　【神護寺旧記】

八月三十日

丹波国一宮出雲社は蓮華王院領なり。後白河法皇、近臣たる周防入道藤原能盛に預け給いて、知行せしめられたり。しかるに玉井四郎資重が自ら地頭を称す。法皇、年来、この事を聞し食さず。彼の玉井四郎資重、法皇の下文と詐称して濫行に及ぶ、と。よって、院司・蔵人右衛門権佐藤原定長（36）、後白河法皇の叡旨を奉じて院宣を右兵衛権佐源頼朝（38）に下して、資重の濫行を停止せしめらる。この院宣、

来る九月二十日に至りて鎌倉に到来す。　【吾妻鏡（九月二十日条）】

九月一日〔陰り晴れ、定まらず〕

この夜、右大臣藤原兼実（36）、八条院（48）御悩を見舞うために、後白河法皇御所押小路殿（八条院、法皇同居）に参上す。まず、法皇御方に見参に入る。右少将源資時（24）出で来りて、法皇、労事によって面謁叶わず、と。よって八条院御方（押小路殿内、女院御所）に参り、女房に謁して、病状を聞きて退出せり。　【玉葉】

九月二日〔晴〕

後白河法皇御所押小路殿に同宿の八条院御悩たるにより、施薬院使丹波頼基（49）、参勤して灸治を加う。　【玉葉】

九月八日〔陰り晴れ、定まらず〕

今朝、典薬頭和気定成（62）、権大納言藤原忠親（54）の三条亭に来たりて告ぐ。このところ、後白河法皇、五木湯（薬湯。桑・槐《えんじゅ》・桃・穀《こうぞ》・柳の五木を煮沸して服用・洗用とす。脚気《かっけ》に効能あり。『倭名類聚抄』「薬名類、湯薬」）を浴し給う、と。しかるに、不食・憔悴、目を驚かすばかりなり。この湯治の間、終夜、双六《すごろく》に打ち興じ給う。故に治療の効験なく、極めて不便《ふびん》（気の毒）なり。よって典薬頭定成より種々、諫言を申上ぐるにもかかわらず、なお逆鱗あり。よって、定成、ただ仰せ言に任せ、一切、言上せず、と。

蔵人右衛門権佐藤原光長（41）、右大臣藤原兼実の九条第に来たりて、雑事を談ず。来る十七日、日吉社において如法仁王会を行わるべき事が中心なり。この法会、後白河法皇の沙汰として厳修《ごんしゅ》、法皇も同社に御幸なり。　【山槐記】

この日、後白河法皇の近臣・蔵人右衛門権佐藤原定長（36）、権大納言藤原忠親（54）の三条第に入来。大嘗会御禊行幸見物のため、院桟敷を造進すべく、三位入道藤原俊盛（65）に沙汰を仰せしむ、と。この事、恒例なり。当時、皇居閑院たりと雖も、御禊の間、後鳥羽天皇（5）、大内に行幸あり。閑院の西北築垣に沿いて民屋あり。この北築垣を壊して院桟敷を急造す。すでに先例あることなり。この事、後白河法皇に奏上するところ、すでに叡慮に叶えり、と。　【山槐記（九月九日条）】

九月十一日〔深雨〕

後白河法皇、醍醐菩提寺（塔頭《たっちゅう》）に御幸。ついで、故春日局（美福門院女房・五辻斎院頌子《のぶこ》内親王母）の山荘を法皇の寵女・丹後局（36?）に伝領せんがため御覧の御幸。権大納言藤原兼雅（40）・権中納言藤原朝方（50）・参議平親宗（41）以下、女房四人・殿上人三人、北面武士七、八人が供奉。のち、三宝院において供御《くご》。引出物として円心筆不動尊仏画三幅対を進上す。　【醍醐雑事記】

九月十二日〔晴〕

早旦、右大臣藤原兼実（36）、仏厳房（聖心）を招請して、みずからの所労の体を見せしむ。この僧、善く人の死相を見る霊験者たるによる。しかるに、病重しと雖も、恐るることなし、と判定せり。【玉葉】

九月十三日〔陰り〕

右大臣藤原兼実、病により上表して右大臣を辞せんと、内々、後白河法皇にその旨を奏上す。しかして、嫡男・右大将良通（18）を右大臣に任ぜられんことを、同時に奏聞す。しかるに、法皇、分明の勅答なし。【玉葉】

九月十四日〔晴〕

この夜、右大臣兼実、物気つきたるにより邪気を渡さんがため、猷勝阿闍梨を招き不動供を修す。兼実、温気散ぜずと雖も、発汗しきりなり。やがて、院司・参議左中将藤原定能（37）入来。兼実より法皇に奏上の旨につき、後白河法皇の御気色の趣意を語る。ついで、院司・蔵人右衛門権佐藤原定長（36）より書状到来す。文面によれば、かねて兼実奏聞の趣につき、「法皇、天許あるに似たり」と告ぐ。しかるに、兼実は、ただちに内心、これを信ぜず。兼実は、「法皇の御心を知るの故なり」と、ひそかに述懐を日記に書き留む。一方、決意せる右大臣上表の事につきては、家司・権右中弁藤原光長（41）をして、準備を進めしむ。【玉葉】

九月十五日〔晴〕

後白河法皇、来る十七日より日吉社において如法仁王経会を行うべく、今日より日吉社参籠のため、押小路殿出御ありて日吉社に御幸。供奉の輩、すべて浄衣を着装せり。上西門院（法皇姉・59）も同じく御幸。南中門の東腋の一の間を法皇御自行護摩所となし、その東二の間を上西門院御所となし、宿御。【玉葉、山槐記（九月十七・二十日条）】

九月十七日〔天晴る〕

後白河法皇、日吉社大宮において如法仁王経会を「国家の費《ついえ》」により行わる。まず、大宮宝殿の東南西に百仏画像を奉懸。正面の間に五大力二絵像を懸け奉る。その前に香花を供え、花机の上には百色花を供し、法会道場を荘厳さる。講師は法印澄憲（59）、天台座主・前権僧正全玄（72）が検校を勤む。午刻（正午）に事始りて申刻（午後四時頃）に事了れり。大衆は日吉社の中門に在りて内に入れず。道俗男女、また群れを成して結縁す、と。参仕の公卿は権大納言藤原兼雅（40）・権大納言平頼盛（54）・民部卿藤原成範（院執事・50）・大宰大弐藤原親信（48）・参議左中将藤原定能（37）・左大弁藤原経房（42）・新参議左中将藤原泰通（38）・右兵衛督藤原隆房（37）・大蔵卿高階泰経（55）・従三位平親宗（41）らなり。【山槐記、玉葉】

九月十八日〔晴〕（『山槐記』は「陰り晴れ、定まらず」と記す）

右大臣藤原兼実（36）、年来の脚病、近日、増気あるにより、上表して右大臣および兵仗《ひょうじょう》を辞せんとす。蔵人宮内権少輔藤原親経（34）が上表文を草進、刑部卿藤原頼輔（73）が清書を奉仕。上表文の閑院内裏携行の使者は、右近権少将藤原親能（参議左中将藤原定能子・16）なり。九条第においてこの儀あり。右大将藤原良通（18）・刑部卿藤原頼輔のほかは招かず。しかも兼実、脚病重きにより簾中上表儀はすべて、右大将良通が代行す。上表文は花足《けそく》なき新調の表函に納め、藤原親能が内裏に参進す。病疾の上表たるにより勅答なし、また上表文の返給もなし、これ先例の如し。【玉葉、山槐記】

この夜、大除目あり。兼実は、みずからの上表により、嫡男・右大将良通に任右大臣を鶴望せるも、この除目に任大臣の事なし。後日、兼実、この上表の儀につき蔵人藤原親経（34）に相尋ぬるところ、のち二十一日に至り、親経、書状をもって兼実に返事す。「右府（右大臣兼実）の御表、別儀候わず。最も密儀にして、沙汰に及ばされず候き」と。つまり、後白河法皇（後鳥羽天皇5）聴《ゆる》し給わざるにより、この上表、不許なり、と。【玉葉】

九月十九日〔晴〕

昨夜（十八日夜）、閑院内裏にて大除目あり。この日の早旦、右大臣藤原兼実第に除目聞書、送達せらる。兼実、この聞書を披見して、非理・無道、勝計すべからざるを感知せり。まず、前権中納言藤原朝方（50・「朝家に其の要なき人なり」）が還任により権中納言。さらに、参議左中将藤原定能（兼実北政所兼子33兄・37）および参議左大弁藤原経房（42）は、ともに任権中納言。その闕一人（藤原実守38、病により辞退）なり。よって、その代替一人を任用せらるべきにもかかわらず、上記、二人を任ぜらる。よって、権中納言十人の列座にして、近代不吉の例なり。定能、道理あり（第二の参議左中将にして、修理大夫藤原親信48を超越）と雖も、強ちに忩ぎ任ぜられずとも何の愁か有らん。経房は年歯《としは》いまだ至らず、参議の労はなはだ浅く（昨年十一月十七日、任参議）、この早速の恩、朝家の為になんの要ありや。ひとえに、後白河法皇の近臣・藤原定長（36）一人の弁官御用（右少弁）によって、定長の兄・右中弁藤原光長（41）と相並び、三事（蔵人・右少弁・右衛門権左）兼帯という、任官失理の難を顧みざる破格の任用なり。「日月、一物のためにその明を秘せず。天子一人のためにその法を枉げず」（『呂氏春秋』）という、朝廷鉄則の大意に背けり。また、検非違使源義経（26）、従五位下に昇叙せらる。彼此ともども、後白河法皇の院近臣重用の除目なり。【玉葉】

九月二十日〔陰り晴れ、定まらず〕

去る十八日の夜、除目あり。第三中納言・右衛門督藤原家通（42）、別当藤原実家（40）の辞退の替りとして、左衛門督検非違使別当に任ぜらる。

この日、畏み申すために参院す。後白河法皇、去る十五日より日吉社参籠のため彼の社に参り、院御所（南中門の東腋一間）にて法皇に面謁、慶び申す。【山槐記】

九月二十四日〔陰り晴れ、定まらず〕

平家、讃岐国屋嶋を起ちて、去る月、鎮西に入るの由、風聞す。船七百余艘あり、と。安徳天皇（7）を、二位尼平時子（59）・前内大臣平宗盛（38）ら、護身し奉る。【山槐記】

九月二十六日〔天陰り、夜雨ふる〕

閑院内裏において僧事を行わる。去る十七日、後白河法皇、日吉社において如法仁王会を修し給う。上西門院（59）もまた御幸あり。女院、この仁王会の賞として天台座主・前権僧正全玄（72）を権法務に、また、同じく別当昌雲（当日、不参）の賞の譲りとして、左大臣藤原経宗（66）の息・経源を法眼（五位）に任ぜらる。さらに、講師を勤仕せし隆兼の賞として、広厳院（隆兼の先師・已講珍兼建立）に阿闍梨二口を置かる。【山槐記】

九月二十八日〔陰り晴れ、定まらず〕

去る十八日夜の除目において権中納言に任ぜられし藤原経房（42）、勘解由次官藤原定経（27）を供に具して、後白河法皇御所押小路殿に参上。定経を申次として法皇に慶び申す。【山槐記】

九月二十九日〔陰り晴れ、定まらず〕

新権中納言藤原経房、昨日の慶び申しに引続き、この日、初めて直衣を着用、網代車に乗駕して、後白河法皇御所押小路殿に参上す。【山槐記】

十月十一日　**源義経、後白河法皇・後鳥羽天皇に昇殿す**

左衛門少尉正六位上源義経（26）、去る月十八日の除目において従五位下に叙せらる。しかるに叙留（検非違使、元の如し）せり。この日、院御所（後白河法皇御所押小路殿）ならびに内裏（閑院・後鳥羽天皇5）に昇殿を聴さる。午刻（正午頃）、六条宿所（六条堀河宅）において白《しろの》襖《おう》束帯を着用、八葉車に乗駕して、後白河法皇・後鳥羽天皇の殿上に参る。扈従は衛府官人三人、供侍二十人、各騎馬にて参上。院・内裏に参入、ともに庭上において舞踏。しかる後に、剣笏を撥して昇殿す。【吾妻鏡（十月二十四日条）、大夫尉義経畏申記】

十月十九日〔晴〕

この夜、新権中納言藤原定能（37）、拝賀のため、右大臣藤原兼実（36）九条第に来り申す。職事・中務少輔藤原兼親、衣冠に身を正して対応に出で行く。折柄、兼実、病により就寝せり。定能退出せんとするを呼び止めて、兼実臥内に招き入れ謁す。新権中納言定能のこの日の行粧、前駆《せんぐ》六人〔諸大夫のみ。兼実、これを弾指せり〕、定能の子・右近権少将親能（16）唯一人、その供人となる、と。慶び申しとして、まことに荒涼たり。記録なしと雖も、この以前に、定能、後白河法皇御所押小路殿に参賀せるは疑いなき、か。【玉葉】

十月二十七日〔晴〕

院司・蔵人頭右大弁藤原光雅（36）、後白河法皇の御使にて右大臣藤原兼実（36）第に来臨。今年の五節童女《ごせちのわらわ》御覧《ごらん》〔来る十一月十八日〕、童女装束調進方の勤仕の人なきにより、右大臣兼実息・右大将良通（18）に相構えて調進方勤仕すべきを催せらる。しかるに、兼実、調進用途の計略なきの子細を申して、これを辞遁す。しかるに夜に入りて、家司・刑部卿藤原基輔の許に書状をもって、重ねてなお秘計を廻《めぐら》して勤仕すべきの旨、法皇より仰せあり。兼実、これもまた術なきの由を言上す。【玉葉】

十月二十八日〔晴〕

新権中納言藤原定能（37）、右大臣藤原兼実第に入来。来る十一月二十日、大嘗会巳日節会《みのひのせちえ》における大内・清暑堂神楽において末拍子を奉仕すべく、後白河法皇の下命を受くる由を語る。その子・右近権少将親能（16）は所作人として篳篥を吹奏すべし、と。父子一座の役を勤仕すること、珍重至極の事なり。定能の父・故非参議季行は散三位としてこの役を奉仕、本拍子は当時、故権大納言右大将藤原公能なりき（平治元年〈一一五九〉十一月二十五日）。このたび、定能、納言の官に在任、同役を勤仕すと雖も、官位においてすでに高位なり。また、このたびの本拍子は内大臣藤原実定（46）にして、公能の子なり。当時における公能は権大納言右大将なり。この実定は内大臣左大将なり。本拍子・末拍子ともに父の芸を継承せるも、その官はともに父よりも高位なり。定能、自愛に足れりとの発言は、感興至極。その談話の旨は、まことに当然なり。【玉葉】

十月三十日〔晴〕

早旦、右大臣藤原兼実、後白河法皇の近臣・蔵人右中弁藤原定長（36）を九条第に招き、右大将良通の五節童女舞御覧に着用の装束調進の勤仕を辞退せる恐れを法皇に謝罪すべく、奏上の取次ぎを依頼す。【玉葉】

十一月一日〔晴〕

蔵人右中弁藤原定長、後白河法皇の御使として右大臣兼実第に入来。法皇、なおも右大将良通に五節童女御覧における童女装束の調進勤仕の事を責めらる、と。しかるに、勤仕拝命の領状を申すあたわず。ただ、ひたすらに恐歎の趣を奏上す。勤仕のための計略に、その力なく、かつまた、良通相応の実力なきによるためなり。【玉葉】

この日より、後白河法皇、不快にて不食なり。以後、いよいよ病状増進せらる、と。【吉記（十一月七日条）】

十一月二日〔晴〕

右大臣藤原兼実（36）、これよりさき右大将良通（18）に催しありし五節童女装束の調進につき、辞退せんとして八条院（法皇皇女・48）に愁訴す。かつて永久三年〈一一一五〉兼実の厳父・故内大臣忠通の五節舞姫進献に際し、その童女装束を白河法皇調賜せられし吉例を具申して、法皇に奏聞方、申し入る事あり。この日、八条院より後白河法皇の叡慮の旨を右大臣兼実に伝達仰せ下されたり。「法皇、右大臣兼実の陳述せる永久の例、黙止しがたし。しかるに、いま院中にその物なく、かつまた指合《さしあい》の事あるにつき、たとえ一具なりとも右大将良通の調進を望む。よって、童女装束の色目を急ぎ注進すべし、との叡慮なり」。後白河法皇において調賜のこと懇望するは、いまの事態、法皇逆鱗を誘発するにも似て、女院よりも申し出でがたし、との仰せあり。

この日、右大臣藤原兼実第に前権中納言源雅頼（58）来臨、世上の事を談ず。その節、雅頼宅に小僧（東国に伝達の者＝斎院次官中原親能42）、入来して語る。摂政藤原基通（25）の側近より余（兼実）の事につき源頼朝（38）に讒言せり。兼実、これにより、先日、後白河法皇に奏聞の大事、黙止を決す。兼実、この伝聞を耳にして悲しみに堪えず。かねて兼実の摂政就任につき頼朝の推挙ありしこと、兼実みずからは好む所にあらず。されどその風聞に遺恨を抱きての摂政基通側近一派の讒言は、いささかの痛事に非ず。ただ、わが月輪《つきのわ》家の前途、あるいは国家の重事等が、田夫《でんぷ》野《や》叟《そう》の軽挙なる口の端にかかる事は、悲しみて余りあり。【玉葉】

十一月三日〔晴〕

八条院（48）より右大臣藤原兼実に仰せらる。「かねて、兼実辞遁せし、大嘗会五節童女御覧（来る十一月十八日）における童女装束調進の儀、後白河法皇において二具（童女二人着用の装束。太皇太后宮大進源行頼女（右大将良通近侍女房）・左馬助源正綱女（右大臣兼実近侍女房））ながら調賜すべし」との叡慮の旨を、右大臣兼実に伝え給う。兼実、直ちに八条院に畏み申すの由を言上す。【玉葉（十一月十六日条も）】

十一月五日〔初雪下る〕

仁和寺観音院において、守覚法親王（35）、灌頂を行わる。後白河法皇、この日、御幸あるべく兼ねてより沙汰あるも、去る一日より御不快により灸治ありて、御幸を中止す。【吉記】

十一月六日〔晴〕

右大臣藤原兼実、伝聞す。後白河法皇、御悩不快なり。御不食、増気せらる、と。【玉葉】

十一月七日〔晴〕

後白河法皇御所の辺り、いささか物忩の気あり。権大納言平頼盛（54）以下の人々、多く祇候せり、と。しかるに、御所辺の事、殊たる事に非ず。後白河法皇、去る朔日より御不快により御不食なり。しかして、昨今、いよいよ病状、進行し給う容態なり。天下の歎き、これに過ぎたるはなし。今日、仁和寺御室・守覚法親王（法皇皇子・35）、見舞いのため、参上せらる、と。【吉記】

十一月十二日〔陰り晴れ、定まらず〕

仁和寺御室・守覚法親王、後白河法皇御所押小路殿に参上せらる。晩頭、権中納言藤原経房（42）もまた、院御所に参上。指せる事なきにより逐電、閑院皇居に参内す。【吉記】

十一月十三日〔晴〕

後白河法皇御所押小路殿（二棟廊）において清暑堂神楽の拍子合あり（「御遊年表」参照）。蔵人右少弁藤原定長（36）、これを奉行す。所作人は拍子（内大臣藤原実定46＝本拍子。権中納言藤原定能37＝末拍子）・筝（権大納言藤原兼雅40）・笙（検非違使別当藤原家通42）・琵琶（権中納言藤原実宗40）・笛（参議左中将藤原泰通38）・和琴（右中将源雅賢37）・篳篥（左少将藤原親能16）・付歌（蔵人頭左中将源通資33・右中将藤原実教35・前丹波守藤原盛定）・地下召人《じげめしゅうど》は左近将監多《おおの》好方（55）らが奉仕す。【吉記】

十一月十八日〔晴〕

践祚大嘗祭なり。まず、五節童女御覧の儀あり。右大将良通（18）、この儀を勤仕す。巳刻（午前十時頃）、後白河法皇より童女装束二具（十一月三日条参照）を賜う。永久以後、家例（内大臣藤原忠通例）なり。面目栄耀、足るべし。院御使は院別当・宮内卿藤原経家（36）なり。右大将良通、客亭に出でて、院御使を迎う。左京権大夫藤原光綱（42）も出で、御使に相逢う。御使経家、法皇仰せの事由を申して装束を置く。ついで、光綱、御使経家に禄（女装束〔裳唐衣・濃袴〕）を取りてこれを進献す。【玉葉】

十一月十九日〔天霽《は》る〕

今日より三七日（三ヶ日は誤写）を限り、後白河法皇、押小路殿（寝殿南面）において、逆修供養を始行さる。迎接《ごうしょう》阿弥陀三尊仏絵像一舗を奉懸。願文は式部大輔藤原俊経の草進、清書は権中納言藤原朝方（50）。導師は澄憲僧都（59）が勤仕す。参入の公卿は大納言源定房（55）・権大納言藤原兼雅（40）・同藤原忠親（54）・民部卿藤原成範（50）・権中納言藤原朝方（50）・検非違使別当藤原家通（42）・権中納言藤原実宗（40）・同藤原定能（37）・参議左中将源通親（36）・新参議左中将藤原泰通（38）らなり。法皇、この度の逆修供養の御願は殊なる思召しあるにより、万事を顧みず忩ぎ行わる。去る一日頃にその沙汰出来せり、と。【吉記】

十一月二十日〔天晴る〕

大嘗会巳日節会なり。続く豊楽院《ぶらくいん》後房における清暑堂神楽あり（「御遊年表」参照）。所作人は去る十三日における後白河法皇御所押小路殿の拍子会に大略同じ。しかるに本拍子の内大臣藤原実定（46）の所労辞退により、末拍子の権中納言藤原定能（37）が昇格してこれをとる。よって、末拍子に笛の新参議左中将藤原泰通（38）が代替。笛は右中将藤原実教（35）がこれを勤仕す。事了りて衝重《ついがさね》・湯漬による勧盃《けんぱい》あり、饗宴了りて所作人に禄を給いて各退出す。　【吉記、玉葉】

十一月二十一日〔天霽る〕

未刻始め（午後一時頃）を過ぎて、後白河法皇御所押小路殿において法皇逆修供養の講演始まる。導師は弁暁法師（律師）。参入の公卿は権大納言藤原兼雅（40）・同平頼盛（54）・民部卿藤原成範（50）・権中納言藤原朝方（50）・同藤原定能（37）・同藤原経房（42）・参議左中将源通親（36）らなり。

去る十七日、大嘗会叙位、近江守藤原為季（経房養子）の譲りにより正三位に昇叙の権中納言藤原経房、この夜、大内に参内、位記を給い、のち舞踏、昇殿の後、直ちに退出して、後白河法皇御所押小路殿に参入。蔵人に付して慶び申し、舞踏了りて退出す。　【吉記】

十一月二十二日〔天晴る〕

今朝、後白河法皇、まず、三七日逆修供養の毎日供養あり。園城寺の公胤律師が導師を勤仕す。公卿は民部卿藤原成範・権中納言藤原朝方・大蔵卿高階泰経（55）が参仕す。ついで、後白河法皇の逆修供養を、この日、初七日に擬せられ、地蔵菩薩像を一軀彫進し奉安、御仏供養を修せらる。興福寺の範玄僧都（故伊賀守藤原為業子・48）、導師を勤む。公卿、大納言源定房（55）・権大納言藤原兼雅（40）・同平頼盛（54）・権中納言藤原朝方（50）・同藤原経房（42）・参議左中将源通親（36）・参議平親宗（41）・大蔵卿高階泰経（55）・治部卿源顕信（52）ら参仕す。　【吉記】

十一月二十九日〔晴〕

右大臣藤原兼実（36）の九条第、去る二十二日より五体不具穢気あり。この日、穢の限り過ぎるにより、早旦に九条第に参向。兼実息・右大将良通（18）、後白河法皇御所押小路殿における法皇逆修毎日供養に参仕のため、参院す。ついで、午刻（正午）、右大臣兼実もまた法皇御所に参上す。やがて九条第に退下、夜に入りて兼実、法性寺御所に帰参せり。　【玉葉】

十二月六日〔夜より雪降る〕

未明、戸を開き雪を見る。地に積もること五、六寸。この五、六年、未だ此の如きの雪有らず。雪は豊年の瑞なり。明年、天下治まるべきの祥なりと、右大臣兼実。

この日、後白河法皇御所押小路殿において、法皇逆修曼陀羅供養。右大将良通、束帯を着装して院御所に参仕す。導師は東寺長者法務定遍

権僧正（52）、讃衆は八口なり。良通、夜に入りて帰宅せり。【玉葉】

十二月七日〔晴〕

近日、群盗の恐れ連夜絶えず、と。去るころ、後白河法皇御所押小路殿に放火の事あり。しかるに、発覚早期につき、直ちに火を消して難なし、と。【玉葉】

十二月九日〔晴〕

後白河法皇、逆修供養結願す。右大将藤原良通（18）、直衣を着用、半蔀車《はじとみぐるま》に乗駕して、院御所押小路殿に参上。大納言藤原定房（55）以下、公卿済々として参仕せり、と。右大将良通、夜に入りて帰宅せり。結願導師は弁暁律師なり。【玉葉】

十二月十日〔晴〕

権中納言藤原定能（37）、右大臣藤原兼実（36）の九条第に来臨、世間の事を談ず。後白河法皇、明後日（来る十二日）、日吉社参詣の御幸あり、と。しかるに兼実、軽服《きょうぶく》（軽い喪）の事により供奉参入しがたきを申す。定能、ついで来る十六日、摂政藤原基通（25）の春日詣で扈従公卿の事を語る。後白河法皇より、この摂政春日社参に供奉すべく、殊に火急の沙汰あり。出京、供奉せざる輩においては、譴責を加うべしとの厳重の沙汰にて、公卿ことごとく春日社頭に供奉すべし、と。【玉葉】

十二月十二日〔晴〕

今旦、後白河法皇、日吉社に参詣御幸。【玉葉】

十二月十六日〔晴〕

摂政藤原基通、春日社に参詣。五条東洞院第を出立、衣冠を着用、出衣《いだしぎぬ》あり。唐車に乗駕。扈従の公卿十人、各衣冠を着し、檳榔毛車に駕し供奉す。殿上人・院司など総勢四十余人が供奉せり。この舞人十人、いずれも近衛舎人より選ばる。しかして、その中五人は後白河法皇近侍の舎人なり。かつ院御馬および舎人《とねり》を貸与せしめ、法皇、この摂政春日参詣に異常の加担を致さる。後白河法皇みずからは、権大納言平頼盛（54）の八条亭の桟敷において、摂政基通の春日詣での行粧の見物あり。【玉葉、百錬抄】

十二月十八日〔晴〕

今夜、後白河法皇、近臣・右少弁藤原定長（36）をもって、右大臣藤原兼実に仰せ下さる。梅宮社務・権預卜部仲遠をもって執行せしむべく下達の勅定あり。これ禰宜元忠、不快の事ありたる替任なり。【玉葉】

十二月二十日〔陰り〕

京官除目なり。一夜の儀として執り行わる。権大納言平頼盛（54）、大納言を辞し申す。代わりに男・正五位下讃岐介光盛（13）を近衛司に任ぜられんことを申し、右少将に任ぜらる。また、右大臣藤原兼実（36）の嫡男・右大将良通（18）の昇進のこと、散々、風聞すと雖も勝計すべからず。しかるに、或る人の言によれば、大納言藤原実房（38）を左大将にせられんとの風評あり、と。後白河法皇は文簿（記録簿）に暗く、先例を御存知なし。よって、もしも単に上﨟なるの故をもって、実房を左大将に抜擢とあらば、まことに兼実家にとりて愁いとなすべき大事なり。そこで、右大臣兼実は、直ちに事の子細を法皇に奏聞に及びたり。しかるに法皇は分明の勅報なし。【玉葉】

十二月二十二日〔陰り〕

後白河法皇御所押小路殿において仏名会あり。よって、右大将藤原良通、院御所に参上。まず、八条院（法皇皇女・48、法皇同居）に参進、女房に謁す。ついで、法皇御所に推参、立ちて行香《ぎょうこう》（法会で、参会の僧たちに香を配る役目）を勤仕す。事了りて僧に禄を取り、帰宅す。【玉葉】

後白河法皇時代　下　59歳〜66歳・崩御

元暦二年（一一八五）〜建久三年（一一九二）

元暦二年・文治元年（一一八五・改元）　五十九歳

正月一日〔天晴れ、寒気、猶、旧年の如し〕
元旦。後白河法皇御所白川押小路殿、拝礼を行わる。摂政藤原基通（26）、参院。大納言三人（権大納言藤原忠親55・前権大納言平頼盛55・逸名）・中納言十人（権中納言藤原兼房33・民部卿藤原成範51・左衛門督藤原実家41・検非違使別当藤原家通43・権中納言藤原実宗41・同藤原隆忠23・左兵衛督藤原頼実31・権中納言藤原定能38・同藤原経房43ほか）・参議五人（左中将源通親37・左中将藤原泰通39・平親宗42・右兵衛督藤原隆房38・左大弁藤原兼光41）・散三位一人（治部卿源顕信53）・殿上人（省略）ら、中門外に列立して拝賀を行う。摂政基通遅参により、院拝礼遅引せり。また、庭短きにより参議、後列に立つ。【吉記】

正月三日〔天霽る〕
午斜め（午後一時前）、権中納言藤原経房（43）、後白河法皇院御所押小路殿に参上。八条院（暲子《あきこ》内親王尼49）・前斎院式子《のりこ》内親王（法皇皇女・37）ともに同宿。年賀のためなり。いずれも女房に見参に入りて退出せり。【吉記】

正月五日〔晴〕
後白河法皇、御行始により上西門院御所（法皇同母姉60・持明院殿）に御幸あり。午刻（正午）、権中納言藤原経房参院せんとする所に、右少弁藤原定長（37）より書状あり、御幸参仕の事を催す。にわかの儀により直衣着用のまま参入。黄昏に至りて押小路殿出御あり。公卿は権中納言藤原朝方（51）・参議左中将源通親（37）・参議平親宗（42）、殿上人は蔵人頭右中将源雅賢（38）ら十人許り供奉す。北面下﨟は検非違使左衛門尉藤原知親・左衛門尉藤原頼家のほか供奉の者なし。亥刻（午後十時頃）に押小路殿に還御。
今日より院御所押小路殿において天変御祈りの北斗護摩壇を修せらる。天台座主・権僧正全玄（73）、これを勤修《ごんじゅ》す。【吉記】

正月六日〔天霽る〕
今夜、閑院内裏において叙位儀あり。後白河法皇の寵臣・藤原親能（17）ならびに平業忠、従四位下に叙せらる。法皇の口入によるか。
夜に入りて摂政藤原基通、右大臣藤原兼実（37）二男・左中将良経（17）を三品（従三位）に叙せらるる旨、沙汰（後白河法皇）ありたるの由伝聞せりと、兼実に書札をもって報ず。また夜半に至り〔叙位儀終了〕、右少弁藤原定長（37）よりも同旨を告げ来る。【吉記】

正月七日〔天陰る、申刻（午後四時頃）以後、雨降る〕

右大将藤原良通（19）、白馬奏《あおうまのそう》により閑院内裏に参内。その前に、後白河法皇御所押小路殿に参入せしむ。右大臣藤原兼実（37）の使として、左中将良経の従三位昇叙の事、畏み申しの由を法皇に奏上せしむ。【玉葉】

正月八日〔陰り晴れ、定まらず〕

この夜、皇后宮亮子内親王（39）、法勝寺修正会に行啓あり。公卿は皇后宮大夫藤原実房（39）・左兵衛督藤原頼実（31）・権中納言藤原経房（43）・左大弁藤原兼光（41）、殿上人は左中将藤原公時（29）以下、皇后宮司ら、相交《まじ》り十人ばかり束帯を着装して供奉す。出車は網代車三両なり。また、後白河法皇も押小路殿を出御、御幸あり。西大門より入御後、公卿着座、時に初夜始の間なり。呪師《のろんじ》六手あり、ついで散楽例の如くありて、皇后・法皇ともに還御せらる。法皇御幸に供奉の人々、前権大納言平頼盛（55）は早退、権中納言藤原実宗（41）・同藤原定能（38）・参議左中将源通親（37）・新参議左中将藤原泰通（39）・参議平親宗（42）・治部卿源顕信（53）らなり。【吉記】

正月十日　源義経、平氏追討のため西国に発向

左衛門少尉検非違使源義経（27）、後白河法皇の院宣を奉じて、平氏追討のため西国に発向す。【吉記、百錬抄】

正月十三日〔天陰る〕

この夜、後白河法皇の催しにより僧事あり。仁和寺御室守覚法親王〔法皇皇子・36〕の弟子・尊性〔法皇皇子・母は左大臣源有仁弟の仁操法印女・20〕、法親王宣旨を蒙りて二品に叙せられ、道法法親王と号す。【玉葉、吉記】

正月十四日〔天晴る〕

御斎会《ごさいえ》竟《おわ》るにより、右大将藤原良通、大内太政官庁に参入。この日、最勝光院〔故建春門院御願寺〕御八講始、後白河法皇、御幸あり。右大将良通、まず先にこれに供奉、ついで官庁に参る。左兵衛督藤原頼実（31）も最勝光院に参仕、了りて官庁に参上、御斎会饗饌の座に加わる。最勝光院御八講始、この日をもって以後の例日となす。【吉記、玉葉、師光年中行事】

正月十九日〔天晴る〕　**文覚、「四十五箇条の起請文」を定める。後白河法皇に、勅筆跋語と手印を請う**

後白河法皇、日吉社御幸の予定なりしに、去る十六日、法印実宴〔左大臣藤原実能子〕、日吉社頭において殺害せらるるにより、穢気ならざるも、日吉社満山の大事たるにより、御幸延引さる。しかし、法皇発願の経供養の沙汰につきては、法皇の御願を遂げらるべし、と。

この日、神護寺の勧進僧文覚（47）、四十五箇条の起請文を定め、寺僧万代の規範となす。この起請文、権大納言藤原忠親（55）、清書の筆

を執り、巻末に後白河法皇の勅筆跋語と手印の押捺を請う。　【吉記、文覚四十五箇条起請文（神護寺蔵）、神護寺旧記】

正月二十日〔天霽る〕

去る十八日、除目始なり。翌十九日、除目中夜にして左大弁藤原兼光（41）、執筆《しゅひつ》を勤む。この日、権中納言藤原経房（43）、後白河法皇御所押小路殿に参上。法皇、除目任人の事等、早々沙汰あり、経房、この勅定を承りて閑院内裏に早参のため、退出せり。【吉記】

正月二十一日〔天陰り、時々、小雪ふる〕

正四位下左中将藤原良経（17）、去る六日、叙位の儀において従三位に叙せらる。この日、申酉（午後四時から同六時頃）吉時たるにより、拝賀を行う。兄右大将良通（19）の檳榔毛車を借用、前駆八人供奉して、巡拝す。まず、九条第に右中弁藤原光長（42）を申次として父右大臣兼実（37）および母従三位藤原兼子（34）に、ついで院御所押小路殿に参上、伯耆守藤原基輔を申次として後白河法皇に慶び申す。ついで皇后亮子内親王（39）・上西門院（60）・八条院（49）にそれぞれ拝賀す。法皇以下同上三方、いずれも押小路殿に四所御同居なり。摂政藤原基通（五条東洞院第・26）、さらに閑院内裏に参内、召しにより後鳥羽天皇（6）に朝餉間《あさがれいのま》において拝謁す。【吉記、玉葉】

正月二十七日〔天晴れ、風静かなり〕

このころ、後白河法皇、新日吉社に参籠中なり。去る二十日、除目入眼に当たりて勘解由次官・皇后宮権大進藤原定経（28）、五位蔵人（侍中）に補せらる。ついで、二十二日、禁色を聴さる。よって、この日、慶び申す。装束を着せんとして、主上（後鳥羽天皇）の御衣を申請すと雖も寸法相叶わざるにより、権中納言藤原経房の下襲を借用す。しかるに、肖物《まがえもの》として人々、これを諷諫す。車は権中納言藤原朝方（51）が、牛に引かせて乗用すべしと貸与せり。牛童は柳上下黄衣を着用の閉丸、雑色六人、右兵衛尉橘頼広ら共に在り。まず、後白河法皇の許に参上。時に法皇、新日吉社に参籠。神社参籠なるにより慶賀参上不可なるも、前例いずれも京御所に准ずるにより、参上、慶び申し、右少弁藤原定長（37）申次ぐ。ついで、法皇御所押小路殿に参上、上西門院・皇后亮子内親王（いずれも法皇同居）にも慶び申す。【吉記】

二月六日〔天陰り、雨下る〕

春日祭なり。雨天なるも、神事例の如く行わる。行事弁は右中弁藤原光長、これを勤仕す。春日社近衛使は左少将藤原親能（17）なり。後白河法皇寵愛により、この登用、法皇の口入によるか。【玉葉】

二月十日〔天晴る〕

来る二十四日、後白河法皇御所押小路殿において尊勝陀羅尼供養を行わるるにより、院判官代・右少弁藤原定長（37）、院庁下文を発して、題名衆の一人として権律師実厳の参仕を屈請《くっしょう》す。【巻数集】

二月十六日
右大臣藤原兼実（37）、伝え聞く。大蔵卿高階泰経（56）、後白河法皇の御使として摂津国渡辺（大阪市東区）に行向う、と。これ、平氏追討使・左衛門少尉源義経（27）の西国発向を制止のためなり。京中残留武士なきにより、法皇、警備不用心のための懸念によるなり。しかるに、義経、京都引返しを承引せずして、解纜の上、軍船にて阿波国に渡航せり、と。この高階泰経、すでに公卿たるに、かかる小事のためみずから即刻に義経の後を追うための発向など、すこぶる軽挙にして、はなはだ見苦しき所行なり。【玉葉（二月二十七日条も）】

二月十七日
右大臣藤原兼実第に、後白河法皇の勅定をうけて院主典代某、入来。院御所における尊勝陀羅尼講に左中将藤原良経（17）の参仕方を催せらる。【玉葉】

二月二十八日〔天晴る〕
後白河法皇、押小路殿御所出御ありて、伏見殿に方違え御幸あり。右大臣藤原兼実、辰刻（午前八時頃）、左中将良経を相伴して日野薬師に参詣、民部卿入道藤原資長（67）の日野山荘において小遊あり。所作了りて資長入道の饗応を受け、未刻（午後二時頃）、帰洛す。院近臣・権中納言藤原定能（38）、法皇の伏見殿御幸につき、帰路、兼実が御幸の行列に逢い奉るか、用意あるべしと告げ送る。よって、兼実、帰路を変更して、瓦坂（「交坂」は誤写・東山区）の方より蓮華王院南大路を通り、河原に出で、九条第に帰宅す。【玉葉】

二月二十九日〔天晴る〕
後白河法皇、南都大仏殿の後に山を築き、このたび一宇の堂を建立せんとさる。しかるところ、東大寺勧進僧・重源上人（65）、彼の山妨げたるにより壊退さるべく愁訴す。よって、この日、法皇、蔵人宮内権少輔藤原親経（35）を御使として、右大臣藤原兼実・左大臣藤原経宗（67）・内大臣藤原実定（47）にその可否を尋ねしめらる。兼実は、このたび大仏殿復興は、重源の力あるにより、上人の申条《もうしじょう》は尊重すべき要あり。彼の上人を召問の上、条理に叶いなば、壊さるべし、と奏聞す。左大臣経宗は、御卜を行い決せらるべし、と。ただし、この説、兼実は甘心せず。内大臣実定は、即刻に壊退さるべし、とそれぞれ奏上す。【玉葉】

三月四日〔天晴る〕
平氏追討使・左衛門少尉源義経より後白河法皇に状を上りて、戦況を報ず。去る月十六日、摂津国渡辺（大物浦《だいもつのうら》＝尼崎市）を解纜（出船）して、翌十七日、阿波国に着岸。さらに翌十八日、屋島（高松市）に攻め寄せ凶党（平氏）を追い落す。しかるに、いまだ平氏を伐取ること叶わず、と。大夫史小槻隆職（51）、その報により平氏追討の戦況を、右大臣藤原兼実に注し送る。【玉葉】

三月十六日〔天晴る〕
右大臣藤原兼実（37）、伝え聞く。平家の軍船、讃岐国塩飽庄（香川県丸亀市＝摂関家領）に碇泊中なり。源義経（27）、襲攻せるにより、合戦に及ばずして引退き、安芸国厳島（伊津伎嶋社）に到着す。その時、平家の軍船は百艘ばかりなり、と。厳島神主佐伯景弘、乗船するか。平家捧持の神鏡・剣・璽（三種神器）の京都帰来のこと、公家《こうけ》（後鳥羽天皇6）格別の祈禱を行われず。兼実、この事をひたすら願望するにより、近日、諸種祈禱を行わんと欲す。また、心中の丹心を仏神は必ず照覧あるべし、と兼実、心に深く誓う。【玉葉】

三月十九日〔天晴る〕
東大寺勧進聖人重源（65）、東大寺指図目録等を持参して、上洛、右大臣藤原兼実第に来臨せり。後白河法皇懸案の大仏後山を壊退すべき事について、重源の方策を伝えんがためなり。重源は、まずその後山、小分を壊して大仏の背を鋳造開始せんとなり。兼実、この提案を聞き、至極もっともなりと得心す。【玉葉】

三月二十一日〔天晴る〕
来る二十六日、無縁聖人善妙、賀茂下社において一日大般若経書写供養を行わんとす。しかるに、書手不足により、善妙、後白河法皇に奉《ほう》加《が》を願い出る。よって、法皇、院主典代（大江景宗）を御使として右大臣藤原兼実の許に遣わし、右大将良通（19）に催して、来る二十五日夕までに書手五人を召進むべく催せらる。兼実、即刻、これを申承るも、事体きわめて見苦しき事か、と。【玉葉】

三月二十四日〔天晴る〕　**壇の浦にて平氏滅亡。安徳天皇、崩御**
後白河法皇の御使として蔵人頭右大弁藤原光雅（37）、右大臣藤原兼実第に来訪。折柄、兼実、灸治により障屏具を距てて面謁す。法皇、平氏追討および神鏡・剣璽の京都返還方につき、伊勢大神宮に御祈りを行うべく、公卿勅使を差遣されんとす。しかるに、神宝調進ほかの諸用途、さらには伊勢国に至る路次の国々の駅家の雑事等、不如意につき計略あらんかと兼実に諮問せしめ給う。光雅このほか、法皇の勅定として諸社奉幣、読経、神楽等につきても兼実に下問あり。【玉葉】
この日、長門国壇の浦（下関市）の海上において平氏追討使・左衛門少尉源義経、平氏の軍船団と合戦、午正刻（正午）より晡時（申刻＝午後四時頃）に及ぶ。外祖母二位尼平時子（60）、宝剣（三種神器の一）を取り、前主安徳天皇（8）を抱きて入水、海底に没して崩御。前内大臣平宗盛（39）・前右衛門督清宗（16）父子、前権大納言平時忠（56）・讃岐守左少将平時実（35）父子、二位僧都全真（平時忠甥・清盛猶子）・法勝寺執行能円（平時忠・平時子同母）・前内蔵頭平信基ら生虜《いけどり》となる。前中納言平教盛（58）・前権中納言平知盛（34）・前能登守平教経ら自害す。前左馬頭平行盛・右少将平有盛（重盛子）ら刎頸《ふんけい》者八百五十人に及ぶ、と。帝の母・建礼門院（平徳子31）ほか近侍の女房ら、源氏の武士により海中より引き上げられ助命。また、今上（後鳥羽天皇6）の兄若宮（守貞親王7）も浮上助命さる。
【玉葉（四月四日条）、百錬抄、帝王編年記、吾妻鏡、醍醐雑事記】

三月二十五日

右大臣藤原兼実（37）、昨日、院御使として入来せし蔵人頭右大弁藤原光雅（37）に、平氏追討ならびに神鏡・剣璽帰来のための御祈りにつき私見を別紙に委しく注して送達し、後白河法皇に進覧す。【玉葉】

三月二十六日〔天晴る〕

無縁聖人善妙、賀茂社において一日大般若経書写供養を行う。後白河法皇、結縁のため捧物を進めらる。【百錬抄】

右大弁藤原定長（37）、後白河法皇の院宣を奉《う》け、来る二十二日の摂政藤原基通（26）の賀茂詣でに、右大将藤原良通（19）扈従として随従すべきを催す。しかるに、良通、所労の由を申す。【玉葉】

この日、後白河法皇、七観音（革堂・河崎・吉田寺・清水寺・六波羅蜜寺・六角堂・蓮華王院）に参詣し給う。【玉葉（三月二十七日条）】

三月二十七日〔天晴る〕

右大臣藤原兼実、伝え聞く。平氏、長門国において討伐せらる、と。九郎義経（左衛門少尉・27）の功なり。ただし、実否いまだ聞かざるにより、これを尋ぬべし、と。【玉葉】

三月二十八日

右大臣藤原兼実、年来の脚病増気により、上表して右大臣職を辞せんとす。よって、去る年九月十八日、上表文を捧呈せるも、後白河法皇、これを聴《ゆる》し給わず。去る冬、蔵人宮内権少輔藤原親経（35）、この上表文を退け下して追って沙汰あるべし、と告げ送る。兼実、その後、右少弁藤原定長にふたたび付託して、しばらく返戻《へんれい》なきように、と預け置きたり。しかるに、去る比、或る人の言によれば、件の上表文はすでに兼実の許に返し給うと、後白河法皇知《しろ》し食し給う、という。よって、兼実、この日、定長を自第に招き、この一件の正否を問責す。定長、「この上表文につきては法皇に奏聞したるように記憶す。ただし、なお院辺の事情を確むべし」と答う。また、定長、「摂政藤原基通の去る二十二日の賀茂詣での行列扈従の公卿につき、法皇よりすべての公卿に催しあり。しかるに、扈従すべしと領状を奉りたる公卿、九人に過ぎず、辞退の人々、多し。その中においても大納言藤原実房（39）・左衛門督藤原実家（41）・権中納言藤原隆忠（23）ら、不参の由につきては、殊に法皇は機嫌斜めならず、仰せあり」と。また、兼実の嫡男・右大将良通の所労不参につきては、種々の仰せありて、不満を仰せらる、と。よって、右大臣兼実、所労の上、出立すべきの力なく、一切、身体不如意につき詮方なかりしなり、と奉答、上奏せしむ。

また、右少弁藤原定長、平氏追伐され了んぬ、と伝聞す。これ佐々木三郎盛綱（35）と申す武士の説なり、と。しかし、院宣を奉《う》けて追討使として下向せる左衛門少尉源義経（27）よりは、いまだ飛脚使の進達なし。不審なお残れり、と。【玉葉】

三月二十九日〔天晴る〕

後白河法皇の近臣・権中納言藤原定能（38）、右大臣藤原兼実（37）第に入来。平氏、討伐せらるとの事を語る。昨日、右少弁藤原定長（37）の語るところと同じなりき。【玉葉】

四月三日〔天晴る〕

この夜、西国長門国に出陣中の左衛門少尉源義経、書札を相副え、後白河法皇に飛脚を進達、到着せり。去る三月二十四日、長門国団（壇）の浦における海上合戦により平氏を誅伐せし詳報なり。【玉葉（四月四日条）】

四月四日〔雨下る〕

早旦、右大臣藤原兼実に人告げ来る。長門国において平氏ら、誅伐され了んぬ、と。未刻（午後二時頃）、院御所より院司・大蔵卿高階泰経（56）を奉行として、源義経、平家を伐ち了んぬの由を、言上し来る。これにより法皇、仰せ合さるべき事あるにより、院御所に参入すべきの由、仰せ下さる。右大臣兼実、折柄、灸治中につき、今両三日、治療の後、参上すべき旨を奉答す。相ついで蔵人頭右大弁藤原光雅（37）来臨す。兼実、灸治により衣服着装あたわざるにより、障子を距てて面謁す。光雅、後白河法皇の院宣を兼実に示す。長門国団（壇）の浦において、午正（正午）より晡時（午後四時頃）に及ぶ合戦の結果、平氏に圧勝せり。伐取・生虜《いけどり》、その数を知らず、と。その中、前内大臣平宗盛（39）・嫡男右衛門督清宗（16）・前権大納言平時忠（56）・全真僧都（時忠甥）ら、生虜さる。また、宝物（神器）等、奪還して御座の由を申上ぐ。ただし、旧主安徳天皇（8）の行方、分明ならず、と。源義経より後白河法皇に飛脚便をもって御報に及びし次第はかくの如し。よって、法皇、この上の事、どのように対処すべきや、と右大臣兼実に下問あり。

㈠まず、生虜の者どもをいかに処遇すべきや。

㈡三種宝物、京都帰来の一件、いかようにすべきや。

この両条、ことに兼実において計らい申すべし、と。右大臣兼実、後白河法皇の諮問をうけて、まず、生虜の処遇の一件、短慮に及ぶ必要なき旨を答え、法皇の叡慮に従うべし、と奉答。また、三種宝物帰来の事、戦場（長門国）より帰洛の道中においては、すべて武士（源義経）の沙汰たるべし。公家《こうけ》（朝廷）の介入は不必要。かならず三神（三種神器）のすべてを捧持して帰洛の上、その後、始めて天聴に達すべし。まず、その来着の所は鳥羽御所〔鳥羽殿〕よろしかるべし。その奉告をうけ後白河法皇が鳥羽御所に渡御ありて、剣璽・神鏡を迎え取り奉り、公家〔後鳥羽天皇6〕に告げ申され、宝物迎え取るため車駕臨幸を促して内裏に還幸あるべきが、次第もっとも穏当なりと兼実奉答す。しかるに、蔵人頭右大弁藤原光雅（37）、義経の発したる脚力の申状不分明なるにより、平氏追討の事は信ずるも、三種宝物のすべて帰洛の事につきては不審あり、と右大臣兼実（37）に私《ひそ》かに示す。事実、宝剣は海底に沈没、探索し得ず。【玉葉】

左兵衛少尉源義経（27）、壇の浦合戦の戦勝を、飛脚便をもって後白河法皇の許に通報す。さらに、源兵衛尉弘綱をもって「傷死生虜之交《きょう》名《みょう》」を法皇に捧呈す。【吾妻鏡】

四月五日〔天晴る〕

後白河法皇、日吉社に御幸。平氏討伐の戦勝奉告のためか。【華頂要略】

四月八日〔天晴る〕

この夜、院御所より蔵人頭右大弁藤原光雅をもって、右大臣藤原兼実の許に書札を送り来る。去る四日の西国戦場より神鏡・神璽、帰御の間の事につきての処置、兼実言上の趣旨、後白河法皇の叡慮に叶うにより、子細を注申すべきの由、法皇より下命あり。【玉葉】

四月二十日〔天、猶陰る〕

賀茂祭なり。近衛使は右少将源雅行（18）、皇后宮使は皇后宮大進藤原家実〔摂政基通26一男・7〕なり。後白河法皇、この出立の行列を桟敷において見物あり。午刻〔正午頃〕、蔵人頭左中将源通資（34）、法皇の御使として右大臣兼実第に来臨。神鏡等、すでに昨夜〔十九日〕、摂津国渡辺〔大阪市〕に着御の由、源義経、路次より飛脚をもって法皇に注進あり。よって、その御入洛の日次を陰陽家に勘申《かんじん》せしむるところ、明二十一日か来る二十五日、吉日たり、と。法皇、二十五日に延引せんとして、兼実に諮り給う。また、建礼門院（31）ならびに前内大臣平宗盛（39）を相具すにより、かの人々の沙汰を如何すべきや、と。兼実、「これに答えて、日次の吉凶を論ぜず、早速に諸司に入御あるべし。その後において奉安の日を択ばるべし」と。また、生虜の人々につきては、すべて後白河法皇の叡念にあるべきにして、左右《とこう》の沙汰を計らい申すべきに非ず、と。【玉葉】

四月二十一日〔陰り晴れ、定まらず〕　**神鏡・神璽の入洛、建礼門院・平宗盛の対処について、公卿の議定**

この夜、後白河法皇御所押小路殿において璽・鏡の入御につきて、公卿の議定あり。申刻許り〔午後四時頃〕、蔵人頭左中将源通資、院の催しにより右大臣兼実に参入すべきの書札を送り来る。夕刻、兼実、直衣冠を着装して参入す。左大臣藤原経宗（67）以下、公卿十余人、いずれも束帯なり。兼実、昨年上表せしも、その上表文、今に返し給わず。また病により灸治を加えて爛《ただ》れ、朝服を着装あたわず、よって仗議《じょうぎ》に参入しがたきを告げ申すも、左大臣藤原経宗、全く憚りあらざるを称す。よって、兼実（37）、別座に候す。この日の議定により、内裏の内侍所に在る辛櫃を鳥羽殿に運び、神剣（実際にはなし）を奉納し、しばらく武士をもって守護せしめ、吉日を待ちて閑院皇居に入御せしむべし。大内はしかるべからず。南殿において受取り、その後、内侍所に遷幸、その後、神楽を行うべし、と。後白河法皇、この議定の場に大蔵卿高階泰経（56）をもって、建礼門院（31）の処遇につき、問わしめ給う。その御所は京中か城外か。法皇、御存知なく、武士の家に留置せらるるか、と案じ給う。これにつき、右大臣兼実、「武士に付けらるること一切なし。古来、女房の罪科は前代未聞なり。よって、然るべき片山里に御座あるべきか」と申す。また、前内大臣平宗盛（39）の事、如何と。これにつき、源義経（27）、申して云う、「相具して入京すべきや、河陽《かよう》の辺（大山崎市）に留置すべきや。また、死生の間のこと、鎌倉の頼朝（39）に私信を申し送れども、その飛脚、いまだ戻らず。進退ここにきわまる。いかが計らい申すべきや」と。兼実、退出にあたり八条院御方（49・法皇同居）に参り、深更に退出す。【玉葉】

四月二十二日〔天晴る〕　**摂政藤原基通の賀茂詣でを、禽獣の所為と万人批判す**

摂政藤原基通（26）、賀茂詣でなり。別の院宣により右大将藤原良通（19）、供奉す。後白河法皇、桟敷においてこの行列を見物さる。しかるに、今日の賀茂詣で、万人歎息して、殆んど禽獣に異らざる所為と批判す。㈠天下の飢餓、㈡神鏡帰来の沙汰、他事なき折節、大営（摂政基通の賀茂詣での華美なる行粧による多大の出費）、㈢天下穢気充満して、その畏怖多大なり、㈣旧主安徳天皇・二品尼平時子の入水、崩御につき、心中に哀傷の思い無きや。恩を知らざれば、さながら禽獣なり。万人、弾指せり。摂政基通、一日の栄華を発せんがために、四ヶ条の世間の謗難を冒しての神拝は、果して神慮に叶うべきや否や。始終の事態、見るべき事か。【玉葉】

四月二十五日〔天晴る〕　**神鏡・神璽入洛、大内に奉安す**

神鏡・神璽、入洛。権右中弁源兼忠（25）、行事となる。淀川を遡及して草津（京都市伏見区）に着船の予定なり。酉初め（午後五時すぎ）、高畠橋下方に、御船（二瓦《ふたつがわら》〔三棟〕河舟、古弊船）着船す。船の中程に御簾を懸隔てて神殿となす。船中に典侍女房一人坐す。内侍所命婦（讃岐采女）ほか女官、船中に乗り移りて、賢所《かしこどころ》（神鏡）を大蔵省の辛櫃に移す。ついで左中将藤原泰通（39）、参入して神璽を取りて同辛櫃に納む。女官ら、船中よりこれらを舁出す。駕《か》輿丁《よちょう》、賢所を担い、衛士、神璽を担う。まず行列の先頭は蔵人頭左中将源通資（34）、車に乗りて先行す。ついで、行事・権右中弁源兼忠、深沓《ふかぐつ》を着して前を行く。ついで参議上卿・次将、ついで賢所（神鏡）の辛櫃、続いて神璽の辛櫃、さらに蔵人右衛門権佐藤原定長（37）がそれぞれ供奉。行事・弁源兼忠は始終、歩行せり。鳥羽作道《つくりみち》より羅城門に至り、朱雀大路より北上。六条朱雀において後白河法皇、御車に駕乗して、行列を見物あり。行列は待賢門院より太政官東門に入御、朝所（大内）に

奉安す。　【玉葉】

四月二十六日〔天晴る〕　**平宗盛・清宗父子ら捕虜、入洛**

前内大臣平宗盛（39）・前右衛門督平清宗（16）父子ならびに前権大納言平時忠（56）以下、源義経（27）の武士に護送されて入京す。すべて三輌の車に乗駕。車の簾を上げ物見の窓を開きて、いずれも浄衣を着用、車内に坐す。清宗は父宗盛と同車。前内蔵頭平信基（43）、負傷せるにより、大路を渡されず。前左衛門尉源季貞・摂津判官盛澄（以上、降人）以下、生虜の武士は騎馬せしめ、御車の後に随従。源氏武士ら、これらを囲繞す。入京後、直ちに宗盛・清宗は源義経の六条室町亭に留置す。風聞によれば、この父子、源義経相具して、来月四日、鎌倉頼朝の許に赴くべし、と。この日、平氏生虜入京の体《てい》を見物のため、後白河法皇、密々に御車に駕して、六条坊城に車を立て、前《まえ》簾《すだれ》の内より御覧あり。ほか、都人士女、見る者、堵《と》の如し、と。　【玉葉、醍醐雑事記、吾妻鏡、百錬抄、帝王編年記】

この日、後白河法皇、院司・大蔵卿高階泰経（56）をもって右大臣藤原兼実（37）に、明日の建礼門院（31）の入洛につきその儀を如何すべきや、と下問あり。兼実、これに答えて、「更に威儀に及ぶべからず。然るべきの人、一人に仰せ付け、内々にその沙汰あるべし」と。【玉葉】

四月二十七日〔天晴る〕　**源頼朝を従二位に叙す**

平氏追討の賞により、前右兵衛権佐正四位下源頼朝（39）を従二位に叙す。ついで、左衛門少尉従五位下源義経（27）を院御厩司（別当に補せらる。いずれも後白河法皇の口入による。　【玉葉、吾妻鏡、百錬抄】

四月二十八日〔天晴る〕

建礼門院、戦場長門国より上洛。ただちに吉田辺（律師実憲坊＝武者所左衛門尉藤原実信子・駿河房）に渡御せらる。また、若宮（主上後鳥羽天皇兄・守貞親王7）は去る二十五日、源義経らが相具し入洛。草津（京都市伏見区）の船津（泊）に御坐《おわ》す。後白河法皇の下命により侍従藤原信清（27）が院御車を相具して参向、これを奉迎し、七条坊門亭（母・高倉院典侍藤原殖子29家）に入御。【吾妻鏡、百錬抄（四月二十五日条）】

五月一日〔天陰り、小雨、まま下る〕　**建礼門院、落飾す**

法勝寺三十講始なり。後白河法皇、押小路殿を出御ありて、法勝寺に御幸。公卿、権中納言藤原定能（38）・同源通親（37）・同藤原経房（43）・参議藤原基家（54）・左大弁藤原兼光（41）、殿上人、内蔵頭藤原雅隆（39）・宮内卿藤原経家（37）以下、十有余人供奉。例の如く阿弥陀堂小門より入御。演義者、大僧都範玄（49）・法眼童玄・権律師静厳・弁暁・覚弁・公胤・信宗・大法師覚什・貞覚・顕忠らなり。事了りて法皇還御。　【玉葉、吉記】

今日、建礼門院落飾、遁世あり。戒師は大原聖人本成房（湛豪）なり。　【吉記、吾妻鏡】

五月二日

院近臣・権中納言藤原定能（38）、右大臣藤原兼実第に来臨。摂政藤原基通（26）辺の噂にて、右大臣兼実（37）、諸事を平氏に通達せると讒《ざん》する者あり、と。定能、その事につき後白河法皇に奏上すべきの由を申し来るなり。よって、兼実、まず物語の体《てい》にて申すべきの由を定能に相含めおきたり。【玉葉】

五月三日〔天晴る。午後、時々、雨下る〕

午刻（正午）、蔵人頭右大弁藤原光雅（37）、後白河法皇の御使として右大臣藤原兼実第に入来。兼実、直衣を着し謁す。法皇、二ヶ条の事を諮問さる。

㈠前権大納言平時忠（56）、法皇に申状を呈し、「神鏡の安全は時忠の功なり。たとえ重科ありと雖も、この功に免じて流刑を赦され、京都に安堵せられんことを欲す。しかして剃首染衣の上、深山に隠居すべし」と。この申状の旨趣により、時忠に寛宥の可否につき計らい奏すべし。

㈡前内大臣平宗盛（39）の罪科につき、いまだ除名宣旨下されざるも、配流の官符を載せらるる時において、左遷の条、いかがなすべきや。大臣の配流は通例、大宰権帥が定例なり。しかるに、今度は関東に下さる。東西の参差《しんし》ありて、左遷あたわず。納言以下の例に准じて、権守に左遷すべきや。その可否、また計らい奏上すべし、と。【玉葉】

五月五日

従二位源頼朝（39）、壇の浦海上合戦の際、海底に投ぜられし宝剣の探索方につき、後白河法皇の意をうけ、在九州の参河守源範頼に下知すべく、雑色を飛脚として発遣せしむ。【吾妻鏡】

五月六日〔天晴る〕

後白河法皇、今熊野社に参籠中なり。昨夜、大蔵卿高階泰経（56）、後白河法皇の御教書を権中納言藤原経房（43）に送りて、法皇、召し寄せらるるにより、参入す。条々の事、法皇より仰せ合わさる。

㈠前内大臣平宗盛の処置につき、関東（鎌倉・源頼朝）に申請すべきの事、

㈡前権大納言平時忠、神鏡を護持、無事、入京せしむる功により、罪科を宥《ゆる》さるべきや否やの事、などなり。この外、細々の事あれど、この両人の事につきては、源頼朝に歎願すべく仰せあり。かかること、跼蹐《きょくせき》きわまりなき事なり、と。【吉記】

今日、平家追討の事を報賽するため、二十二社に勅使を奉幣使として差遣し、宣命を捧げらる。神鏡・神璽は安穏に帰座あるも、凶党（平

家）、宝剣を海底に投ぜしため、この無事出来を祈謝せらる。御使は、石清水八幡宮は権中納言源通親（37）、賀茂社は新参議藤原雅長（41）、松尾社は治部卿源顕信（53）、平野社は右京大夫藤原季能（33）、稲荷社は摂津守橘以政、春日社は前伊予守藤原隆親、自余は諸大夫たること、例の如し。【吉記、玉葉】

五月七日〔天陰る〕（『玉葉』は〔天晴る〕）　**平宗盛・清宗父子ら、鎌倉に護送**

早旦、左衛門少尉源義経（27）、前内大臣平宗盛（39・張藍摺輿《はりあいずりのこし》に乗す）ならびに前右衛門督平清宗（16・騎馬）父子、および生虜の輩十余人を連行して、鎌倉に下向す。この時、左馬頭藤原能保（39・頼朝同母妹を室とす）も同じく随行せり。【吉記、玉葉、帝王編年記】

五月十日〔陰り晴れ、定まらず〕

宇佐宮より解文を摂政藤原基通（26）に進達せるにより、右衛門権佐藤原棟範を御使として、後白河法皇御所押小路殿に参上せしむ。これ宇佐宮黄金御正体ならびに流記《るき》文書（資財帳）等、参河守源範頼配下の武士ら横領せるにより、その濫行を訴うるためなり。【吉記】

五月十一日〔天晴る〕

今日より後白河法皇法住寺殿において院供花を始めらる。毎年例事なり。昨日、従二位源頼朝（39）より申状を進達し来るにより、この日、午上（正午前）、権中納言藤原経房（43）、法皇御所押小路殿に参上、大蔵卿高階泰経（56）に付して後白河法皇に奏達す。その時、法皇、「源氏の武士、管国（九州）において狼藉ある由、所々より訴訟あり。早やかに三河守源範頼を九州より召上《めしのぼ》すべく、源頼朝の許に注進して沙汰せしむべし」と勅定あり。【玉葉、吉記】

五月十二日〔天晴る〕

後白河法皇御所法住寺殿において三尺地蔵菩薩像供養を行わる。これ叡山横河《よかわ》・源信僧都の本尊なり。胎内に種々の奉籠物あり。この中に建春門院の御扇あり。それらの子細は願文（草は入道式部大輔藤原俊経73、清書は権中納言藤原朝方51）に記載せり。「法華経」（一部十巻）を副えて供養さる。法印澄憲（60）、導師を勤む。説法の妙、富楼那《ふるな》に異ならずと讃嘆さる。題名僧なし。参仕の公卿は前権大納言藤原兼雅（41）・民部卿藤原成範（51）・権中納言藤原朝方（51）・同藤原経房（43）・参議平親宗（42）ら着座す。事了りて導師澄憲法印に布施を給う。被物《かずけもの》三重・裹物《つつみもの》一・布二結・錦横被《おうひ》一などなり。ついで、権中納言藤原経房、同法住寺殿の供花を勤仕、晡時《ほじ》（午後四時頃）退出す。【吉記】

五月十四日〔天晴る〕

右大臣藤原兼実（37）、伝え聞く。六月、後白河法皇、日吉社に御幸ありて、競馬を興行さる、と。【玉葉】

五月十六日

前内大臣平宗盛父子、鎌倉に入る。観る者、堵墻《としょう》の如し、と。宗盛（39）は輿に乗り、息男・前右衛門督清宗（16）は騎馬。家人、元左衛門尉平則清（範清）・元右衛門尉入道平盛国（73）・元左衛門尉源季貞ら七人以下、騎馬にて相従う。若宮大路を経て横大路に到る。やがて営中（幕府領）に招き入れ、宗盛父子、西対に入り、居所となす。【吾妻鏡】

五月十七日〔天陰り、夕べに臨みて、時々、小雨あり〕

後白河法皇、密幸あり。渡御先不明。今日、閑院内裏において臨時除目あり。しかるに、法皇不在により、任人の事遅々たり。【吉記】

五月二十日〔天晴る〕　**平時忠・時実父子ら配流さる**

去る三月二十四日、長門国壇の浦海上合戦において生虜となりし平家方の僧俗九人、この日、流罪に処せらる。上卿《しょうけい》は権中納言源通親（37）なり。前権大納言平時忠（56）を能登国、讃岐守左中将平時実（時忠一男・35）を周防国、前内蔵頭平信基（兵部卿信範二男）を備後国、前兵部少輔藤原尹明を出雲国、前大僧都良弘を阿波国、前僧都全真を安芸国、前律師忠快を伊豆国、法眼能円を備中国、熊野別当行命は常陸国へそれぞれ配流の宣下あり。【玉葉、百錬抄、吾妻鏡（六月二日条）】

五月二十一日〔天晴る〕

後白河法皇御所押小路殿、穢気あり。権中納言藤原定能（38）、この日、右大臣藤原兼実（37）第に来るも、乙穢（感染の度を甲から丙とす）を憚りて家内に上らず。【玉葉】

五月二十九日〔雨降る〕

後白河法皇、嵯峨に御幸。清水寺聖人、嵯峨において一日五部大乗経を供養するにより、結縁のため参会せらる。前権大納言藤原兼雅（41）・権中納言藤原朝方（51）・修理大夫藤原親信（49）・参議平親宗（42）・大蔵卿高階泰経（56）ら御供に参る。【吉記】

六月八日

後白河法皇、来る十日、除目により右大臣藤原兼実に一国を給うべく、院宣をもって権中納言藤原定能をして伝え来る。法皇より示さるるは伊賀・甲斐・上野の三国中の一国にして、いずれも然るべき闕国《けっこく》に非ず。皆、吏務あたわざる国々なり。よって、このたびの朝恩、この法皇の仰せをもって満足につき、後闕を期すべし、と兼実、辞退す。【玉葉】

六月九日

このころ、後白河法皇、今熊野社に参籠中なり。権中納言藤原定能、御供にて参籠せしも、妻女の産により、この日、退出せり。よって、右大臣藤原兼実、院司・大蔵卿高階泰経の許に、昨日の彼の三国辞退の由を申送る。もしも、法皇の叡聞に入らずして、推任せらるるを恐

るるによるなり。【玉葉】

六月十日

除目なり。後白河法皇の口入により、右大臣藤原兼実（37）和泉国を給う。この一国、もと前権大納言源資賢（いま入道・73）辞退、棄置かるるの国なり。しかるに、いま法皇により加給せらる。左右《とこう》を申す能わず、と。また、兼実弟・正二位権大納言兼房（33）、出羽国を給う。この国、京を離るる遼遠の境にして当要に備えずと雖も、一州を拝領するの仁たり。大蔵卿高階泰経（56）、後白河法皇に勧め申しての余慶なり。まことに善政というべし、と。【玉葉】

六月十六日〔天晴る〕

後白河法皇、来る二十日、日吉社御幸によりて右大将藤原良通（19）の供奉を申付けらる。しかるに、良通、丙穢に依りて社頭に参りがたき旨、法皇に奉答す。よって、法皇、路頭の間のみの供奉を下命さる。【玉葉】

六月二十日〔天晴る〕

後白河法皇、内大臣藤原実定（47）以下、公卿供奉の上、さらに衛府官人十人の舞人および競馬乗尻（院随身・左近将曹中臣近武以下二十人）らを相率いて日吉社に参詣し給う。舞人の一人、左少将藤原親能（権中納言定能38子・17）は、法皇の寵愛により供奉の雑色八人（当色着装）を法皇より給い行粧を加えたり。この日吉社御幸、御出家の後、一員をも召具せらるるの例なきにより、六府の官人、供奉せず。しかるに、右大将藤原良通一人、供奉す。良通、丙穢に触るるにより日吉社の社頭に参らず、粟田口（京都市東山区）の辺より家に帰る。よって、この御幸の供奉の儀、すこぶる他人に異なり異例なり、と。【玉葉】

この夜、法皇、日吉社境内、御所に宿御。子刻（午前零時頃）、突如地震あり。「治承之例」（治承三年〈一一七九〉十一月七日夜の大地震）に異らず。【玉葉、百錬抄】

六月二十一日〔天晴る〕　**平宗盛・清宗父子、斬首さる**

後白河法皇、日吉社御所にて一夜を明し給う。この日、宝前において片舞《かたまい》（東遊・求子舞《もとめごまい》）なし。また、舞人ら舞人装束を着装せず。近衛次将、右少将藤原公時（29・左方）・右少将藤原実明（33・右方）、競馬奏をとり、十番の競馬あり。この夜も後白河法皇、日吉社御所に宿御。【玉葉、一代要記、百錬抄】

卯刻（午前六時頃）、源義経（27）一行、近江国篠原宿（滋賀県野洲郡野洲町）に到着。直後、右馬允橘公長をして前内大臣平宗盛（39）の首を斬らしむ。ついで、野路口（草津市）に至り、前右衛門督平清宗（16）の首を堀弥太郎景光をして斬らしむ。この間、京都大原・本性上人、宗盛父子の善知識となり各其の場に来臨。宗盛・清宗ともに上人の教化に帰依して、たちまち怨念を翻して欣求《ごんぐ》浄土の志を住せり、と。この斬首の地につきては、『百錬抄』は父子ともに「近江国勢田辺」（滋賀県瀬田市）とし、『醍醐雑事記』は「大津」（滋賀県大津市）と記す。また、前権左中将平重衡（29）は今日、花洛《からく》（京都）に召し入れらる。【吾妻鏡、百錬抄、醍醐雑事記】

六月二十二日〔天晴る〕

後白河法皇、日吉社より押小路殿に還御。地震連々、止まず。【一代要記】

院別当・大蔵卿高階泰経（56）、後白河法皇の命により右大臣藤原兼実（37）に院宣を伝えて云う。平家の生虜、前内大臣平宗盛（39）ならびにその息・前右衛門督清宗、および前権左中将平重衡、鎌倉に下向、頼朝引見の後、源義経相具して参洛の途に上る。義経、途次より後白河法皇に書札を捧呈、三人の処置につき院沙汰を仰ぐ。「かれら生きながらの入洛は無骨なり、近江辺において、その首を梟首《きょうしゅ》（さらし首にする）の上、検非違使庁に引き渡すべきや。または、その首を棄て置くべきや、院宣に随うべし」と、頼朝（39）の意趣を受け、如何あるべきやと義経言上する所なり。ただし、平重衡においては南都炎上の張本たるにより、南都に移送の上、衆徒に引渡すべき所存なり、と。この院宣を披見して兼実は、大蔵卿高階泰経に、「この院宣の趣につきては、左右すべて後白河法皇の御一存の勅定にあり」と奉答す。しかるに、平宗盛父子、刎頸《ふんけい》はこの前日たりしこと、二十一日条に掲ぐ。【玉葉、吉記】

六月二十三日〔天晴る〕　**平重衡、斬首さる**

前日、鎌倉より護送入洛せし前権左中将平重衡、南都の衆徒の申請により、東大寺に遣わさる。去る治承四年〈一一八〇〉十二月、重衡、南都合戦の時、法華寺鳥居前にて指揮せし所たるにより、この日、ここにて首を斬らる、と。しかるに、『醍醐雑事記』は「奈良坂」にて刎頸と記す。さらに、右大臣藤原兼実は、重衡の首、泉木津辺（京都府相楽郡木津町）においてこれを斬り、奈良坂（奈良市東北部）に懸けらる、と伝え聞く。【吾妻鏡、百錬抄、醍醐雑事記、玉葉】

前内大臣平宗盛ならびに前右衛門督平清宗の首、源義経の家人が、六条河原に持ち向う。検非違使、左衛門少尉平知康・左衛門少尉中原章貞・左衛門少尉藤原信盛・左衛門少尉大江公朝・左衛門大志中原明基・左衛門府生大江経広・右衛門府生紀兼康ら、その所に赴き、この首を請取り、獄門前の樹に懸く。後白河法皇、左大臣藤原経宗（67）申行うにより、三条東洞院において見物あり。還御の後、彼の首、梟首すべきや否や、と左大臣藤原経宗・右大臣藤原兼実（37）・内大臣藤原実定に尋ねらる、と。これよりさき、後白河法皇、前内大臣平宗盛の首、大路を渡さるるの異例を案じて、誠に希代の珍事（天平宝字八年〈七六四〉九月の正一位藤原恵美朝臣押勝（59）の反乱事件以来）たるにより、これを中止せしむべく、大蔵卿高階泰経をして内々に三丞相《しょうじょう》（三大臣）に仰合せしめられたり。しかるに、この法皇の叡慮は無に終

りたるなり。【玉葉、吉記、吾妻鏡、百錬抄】

六月二十四日〔天晴る〕

後白河法皇の御使として院蔵人、右大臣藤原兼実（37）第に来りて、八万四千塔造立（小塔）供奉の結縁を催す。【玉葉】

六月三十日〔雨下る〕

昨二十九日夜、閑院内裏において小除目あり。この日、右大臣藤原兼実、進達されし除目聞書を見るに、平氏追討に勲功ありし左衛門少尉源義経（27）に恩賞なし。兼実、これに不審を抱く。「定めて深き由緒あるか。凡夫（兼実）これを覚り得ず」と。暗に後白河法皇と源頼朝（39）の密約ありたるか、と心中推測するか。【玉葉】

七月一日〔時々、雨降る〕

後白河法皇、鳥羽殿に御幸あらんとせらるるも、雨止まざるにより中止を決せらる。しかるに夕に臨みて、法皇、密かに鳥羽殿に御幸あり。【吉記】

七月二日〔天晴る〕（『玉葉』は〔陰り晴れ、定まらず〕）

鳥羽院遠忌なり。後白河法皇、昨夜、鳥羽殿に御幸、宿御。刻限に及び安楽寿院にて国忌法会を始行。公卿、前権中納言源雅頼（59）・権中納言藤原朝方（51）・同藤原定能（38）・同源通親（37）以下七人参入す。事了りて後白河法皇、方違えのため故賀茂社神主鴨重忠宅に臨幸、ついで行願寺（一条北辺堂・一条革堂《こうどう》・寛弘元年〈一〇〇四〉十二月一日、行円の落慶供養）に参詣あり。【吉記】

この日、国忌たるにより、例により免物《ゆるしもの》あり。後日、当日免されし者は軽犯者四十一人の中十九人なりと、検非違使別当藤原家通（43）、権大納言藤原忠親（55）に示し送る、と。【山槐記】

後白河法皇、蔵人頭右大弁藤原光雅（37）に大外記清原頼業（64）・同中原師尚（55）を副えて右大臣藤原兼実第に参向せしめ、先朝安徳天皇御事（諡号・葬祭）につき諮問す。しかるに、兼実、所労術《すべ》なきにより、改めて意趣言上の由を答え、退出せしむ。【玉葉】

七月三日〔陰り晴れ、定まらず〕

法勝寺御八講始なり。後白河法皇御幸あり。【山槐記】

後白河法皇、長門・壇の浦の源平合戦において入水、海底に没して崩御の故安徳天皇の御事につきては、かねて大外記清原頼業・同中原師尚に勘申《かんじん》せしめらる。両外記、和漢の例を検証の上、追尊の儀あるべきを奏上せり。昨二日、兼実第入来の節には、すでにその勘文を所持披見せしめたり。よって、この日、兼実はみずからの所見を書状にしたため蔵人頭右大弁藤原光雅（37）の許に示し送り、後白河法皇献策に備う。まず、兼実は両外記の勘申に協調す。「先帝の御事、追尊の儀、しかるべし。追尊の儀、行われざる場合はただ淡路帝を称するに止《とど》む。が、逆賊の党類（前内大臣平宗盛一族）に伴われて宮城を出でらるるも、幼稚の叡念を察し、幼齢服親の先主（安徳天皇）の非命を傷《いた》み、慈仁の礼を施すべきか。追号修善、然るべし」と。さらに中原師尚建策の、長門国に一堂を建立、先帝以下、戦場終命の士卒の霊を弔い、永代作善を置かるる事の枢要に賛意を示す。さらにまた、歴朝崩御の例に准じて、廃朝錫紵《しゃくじょ》（天皇が二親等以内の親族の喪に服する時に着る闕腋《けってき》の袍）の事行わるべからず、と述べる。　【玉葉】

七月七日〔天晴る〕

後白河法皇、法勝寺御八講に御幸。右大将藤原良通（19）に供奉の催しあり。辰刻（午前八時頃）、白川御所（押小路殿）に参入のところ、法勝寺門外に参会の上、御幸を待機すべし、と。これ、御幸を殊のほか忩《いそ》がるる故なり。講了りて右大将良通、還御に供奉して帰宅す。【玉葉】

七月九日〔天晴る〕（『山槐記』は〔陰り晴れ、定まらず〕と記す）　**京都大地震。以後、余震長く続く**

午刻（正午頃）、大地震あり。五十年已来、いまだ覚えず、と。後白河法皇、この時、今熊野社に参籠中なり。しかして、この地震を恐るにより、急ぎ出御せられ、押小路殿、穢気あるにより六条殿に還御せらる。この地震、殊の外にして、法勝寺九重塔は重々垂木以上、皆地に落ち、毎層柱・扉・連子窓等、残らず、と。阿弥陀堂・金堂・東西廻廊・鐘楼、常行堂の廻廊・南大門の西門三宇・北門一宇、いずれも皆顚倒せり、と。得長寿院（千体正観音像・鳥羽院御願）も、法成寺内の廻廊もまた皆顚倒、という大惨事たり。右大臣藤原兼実（37）、所労により参入不能につき、左馬助源国行をして法皇御所（六条殿・八条院49同居）に代参せしむ。後白河法皇は、庭に降り立ち給い、急造の竹屋を構え庭中に御坐ある有様。八条女院は御車を庭中に引き出し、乗駕し給う。この押小路殿の破損殊に甚だしく、大略寝殿傾危に及び、御所として用を成さず、北対屋に地震鎮静の後に入御の有様なり、という。　【玉葉、山槐記、吉記】

一方、閑院内裏も西透廊《すきろう》が顚倒。後鳥羽天皇（6）は、地震の直後、まず腰輿《たごし》に駕して庭中に御坐。ついで、鳳輦に駕して池の中島に御坐ありたり。その後、また南庭に幄舎を打ち立て、そこを御在所として渡御せらる。やがて摂政藤原基通（26）、召しにより参上、庭中に大床子を供して、終日、主上に供奉す、と。　【玉葉、山槐記】

この日の大地震、前々に過ぐるものなり。洛中城外（京都市内および洛外）の堂塔、舎屋ことごとく顚倒し、処々の築垣等、一木も残さず。その後、猶、連々、止まず。四十余日に及ぶ。　【一代要記】

京都大地震の報、十九日になって鎌倉に達す。「地震やや久し。京都、去る九日の午刻（正午頃）、大地震なり。得長寿院・蓮華王院・最勝光院以下の仏閣、或いは顚倒、或いは破損せり。又、閑院御殿（後鳥羽天皇、皇居）の棟折れ、釜殿以下、屋々、少々顚倒す、占文《うらぶみ》の推す所、其の慎み軽からず、と。しかるに、左衛門少尉源義経（27）の六条室町亭は、門・垣と云い家屋と云い、聊かも頽傾無し」と。不思議と謂うべきか。【吾妻鏡（七月十九日条）】

七月十日〔陰り晴れ、定まらず〕

猶、地震数十度、常時の如し。大、或いは小動、其の隙なし。毎度、音有り、終夜、同じく動く。【吉記】

今日、後白河法皇の叡旨をうけて仁和寺御室守覚法親王（法皇皇子・36）、六条殿（法皇地震避難御所）において地震御祈りのため一字金輪御修法《みしほ》を勤仕さる。伴侶八口なり。【仁和寺御伝】

七月十一日〔天霽る〕

猶、地動くこと数十度、毎度、声あり。終夜同じき。権中納言藤原経房（43）、後白河法皇の六条殿に参上。法皇、仮儲御所に御坐あり。参上の人々、事態驚歎の外、他事なしと愁傷す。【吉記】

今日、後白河法皇、院宣をもって蔵人頭右大弁藤原光雅（37）をして右大臣藤原兼実の家司・太皇太后宮亮源季長に書札を送り、㈠地震事、㈡皇居事（閑院皇居地震被害対策）につき、右大臣兼実（37）に相計らうべき旨を下命さる。【玉葉】

七月十二日〔天晴る。地震、猶、度々あり〕（『山槐記』は「地震廿余度」と記す）

最勝光院御八講結願なり。権中納言藤原経房、午刻（正午頃）に参入するも、地震頻発せるにより、朝間、早く勤修《ごんじゅ》し了んぬ。法皇、御幸なし。北釣殿廊顚倒、同二階廊半倒、進物所屋も顚倒、その他、所々舎屋みな傾危、眼前に滅亡の惨状を呈す、と。ついで、経房、法皇御所押小路殿の八条院（法皇妹・49）に参上。寝殿以下の御所、皆ことごとく傾倚し、また内装も併せて破損す。大地震発生の当時は女院ならびに前斎院式子《のりこ》内親王（法皇皇女・37）ともに同居、北対前庭に脱出、打屋を仮設して御坐ありたり。ついで経房、後白河法皇の六条殿に参上す。折柄、内大臣藤原実定（47）参入、右少弁藤原定長（37）と打合せの事あり。ついで、大蔵卿高階泰経（56）、経房に法皇の仰せを伝う、「豊後国はもと源頼朝申請の一国たり。しかるに、このたび返上を申出ず」と。よって、早やかに豊後守藤原季光をして知行すべきの由を、在鎮西の頼朝舎弟・三河守源範頼に下命すべし、と伝言す。暫く祇候の間、日没に至り退出す。ついで、後白河法皇、押小路殿において東寺長者・僧正定遍（53）に下命して明日より孔雀経法を行わしむべく沙汰あり。しかして、同御所穢中につき憚りあるにより延引すべし、と再度の変更方の下命あり。また、地震により所々の築垣がすべて倒壊せるにより、京中に群盗横行せり。後白河法皇、左衛門少尉源義経に下命して、警戒せしむ。

後白河法皇、このたびの地震事、ことに御歎息あり、と。権中納言藤原経房、もっとも然るべし、と惻隠の情を洩らす。世人の評によれば、後白河法皇、神社御幸巡拝のところ、まず日吉社御幸あり。じつは、この事恐れあるの由、人々は心配し、遂にこのたびの大災害発生す、と。したがって、御占《うら》も神の祟りと顕現せり、と。人の口は、全く由なき事か。法皇はさらに仰せらる、「日吉社の社参は、このたびは平氏追討の御願のためなり。両社（石清水八幡宮・賀茂社）に至りては、いまあらたに思い立つ事なり。たとえ一身（法皇）の科により、神の祟りありと雖も、代々の御願以下、一時の魔滅、万人の愁歎、何んぞこれ程（地震）に及ばんや、もっとも恐れある事」と。【吉記】

今日、右大臣藤原兼実（37）、家司・太皇太后宮亮源季長が受理せし院宣書札を一覧の後、みずから㈠地震事、㈡皇居事、につき請文状をしたため、蔵人頭右大弁藤原光雅（37）に進達、後白河法皇の上聞に達せんとす。

㈠地震事につきては、御祈りの事を外記勘文《かんもん》に随い計らい行わるべし。しかるに、平氏追討の後、国土困窮の中の地震による舎屋の顚倒、彼此ともに人力の労疲や御祈りの用途の煩費ながら、秘計を廻らし、聖主、民の救済を先となし、しかる後、力を神に致さるべし。民和して神福を降すの道理なり。よって、改元の事も遵行せらるべし。また、天平の例にしたがい官使を差遣の上、神社・仏寺・山陵等の検知を行わるべきこと須要なり。

㈡皇居事、御所たる閑院内裏、外郭の跡なく倒壊に至りては、一日たりと雖もいかでか皇居とせんや。この上は、大内に遷御の事、異議に及ぶべからざる事なり。そもそも、天地の災異は武力をもって鎮定成らず、威勢をもって屈服しがたき事なり。仏神の利益に非ずんば、人力の及ぶ所に非ず。よって、政道の要を議定せらるべし。

この状、右大臣兼実、差出所の位署を略して「兼実」と記すのみ。私信の形式を踏まえながらも、末尾に「謹みて鄙懐《ひかい》（兼実の心情）を抽《ぬき》んで、上聞（後白河法皇に奏上）件の如し」と結び、法皇諮問の両条に奉答せしものなり。【玉葉】

七月十三日〔天晴る。地震数度、但し昨日に減ずと雖も、動揺の勢、増す。戌刻（午後八時頃）、大動なり〕

陰陽大允安倍泰茂、右大臣藤原兼実に地震勘申の事を示し来る。咎徴《きゅうちょう》（天のとがめのしるし）空しからざるか。占卜によれば、後白河法皇ならびに摂政藤原基通（26）、「御慎みあるべし」と。【山槐記、玉葉】

七月十四日〔天晴る。地震、昨日の如し〕

戌刻（午後八時頃）、大動す。【山槐記】

或る人、右大臣藤原兼実に伝う。隆憲法印、三条宮（以仁王）現存のこと必定と語れり、と。【玉葉】

七月十五日〔陰り晴れ、定まらず。申刻許り（午後四時頃）、雨屢々下る。大地震度々に及びて休《や》まず。すでに七ヶ日に及ぶ〕

後白河法皇、今日地震の時、本殿（六条殿）より出御、庭上の仮屋に渡御せらる。地震止むの後、還御ありたり。近々、然るべきの院・

宮・諸家、すべて庭前に、或いは仮屋を立て、或いは幔を引き、地震の避難所に用いらる、と。

今夜、後白河法皇、六条殿において属星祭を行い、天文博士安倍業俊（47）をして勤修《ごんじゅ》せしめらる。他の陰陽師は、今日、憚りある由を傾《かたぶ》け申して参入せず、と。

今日、田原辺（京都府綴喜郡宇治田原町）に住いする一人の老翁が、弥勒菩薩の使者と称し、天文博士安倍業俊が許に至る。ついで、後白河法皇御所六条殿に参入す。夢想の告げを語りて云く、「弥勒菩薩、請取らしめ給うの間、釈迦如来、すこぶる請用あり。よって、このたびの地震の事、天下においては全く別事有るべからず。法皇御所は一条富小路が吉相なり」と。かくのごとき童謡《わざうた》、全く信ずべきに非ざるも、この夢想は吉祥の表われなるか。　【吉記】

後白河法皇御所六条殿、地震により人二人圧死せるにより、今日より触穢。　【醍醐雑事記】

神護寺文覚上人（47）、関東潤色（鎌倉幕府のとりなし）によって、後白河法皇に奏上のための使者を得て、去る正月十九日（二十五日は誤）に縁起状（文覚四十五箇条起請文）を捧呈（国宝・神護寺蔵）。法皇の手印を申し下すの後、神護寺の寺領を寄付あらんと、京師近国において荘園の割付を法皇に申請煩わすの由、その風聞、鎌倉に達す。従二位源頼朝（39）、これを伝え聞き驚き入る。釈門の人（文覚上人）、なにゆえに邪狂を現わすや、と不快を示す。よって、早やかに、かかる濫吹《らんすい》を停止《ちょうじ》せしむべく、下知を加う。そのため、頼朝、幕府の公事奉行人たる筑後権守藤原俊兼をして、これを奉行せしむ。　【吾妻鏡】

七月十六日〔陰り晴れ、定まらず〕

地震五、六度あり。　【山槐記】

七月十七日〔陰り晴れ、定まらず。地震四、五度〕

閑院（当時の皇居）、御殿の棟折れる。釜殿屋、顚倒せり。　【山槐記】

七月十八日〔陰り晴れ、定まらず〕

地震四、五度なり。　【山槐記】

七月十九日〔陰り晴れ、定まらず〕

地震五、六度、勢い昨日に過ぐ。　【山槐記】

七月二十日〔陰り晴れ。地震四、五度なり〕

蔵人宮内権少輔藤原親経（35）、後白河法皇の院宣をもって右大臣藤原兼実（37）に、東大寺大仏殿開眼の事、来月二十八日と伝え来る。

しかして、当二十八日は下吉日たるにより時難あり。しかるに彼の大仏（毘盧遮那仏）は天平勝宝初度開眼（同四年〈七五二〉四月、僧正菩提僊那開眼）の際、下吉日に相当せり。よって、その憚りの有無につき、後白河法皇、兼実に諮問し給う。兼実、即刻に請文を法皇に捧呈。「下吉日において初度開眼に同じなりとも、日時、方角等、上古（奈良時代）においては、あながち避忌の習いなし。近代、かならずしも、古昔の風に准ずべきに非ず。南都東大寺の大仏はわが朝第一の大仏たるにより、下吉日を択ぶにつきては、なお思慮ありて慎重を期すべき要あり。この趣により、公卿の議奏を経らるべし」と。しかして、兼実は独り思案するに、件の大仏は今はわずかに御体を鋳造したるにすぎず、いまだ治営（仕上げの土を加うること）に及ばず、かつまた滅金を押さず（鍍金を加えない）、いわば未完成なり。かような状態にての開眼の儀は、すこぶる大事たり。しかる中において忩ぎ開眼供養を挙行されんとする、法皇の真の叡慮を図りがたし、と。【玉葉】

七月二十一日〔陰り晴れ、定まらず〕

地震四、五度なり。【山槐記】

七月二十二日〔天霽る〕

暁、地震。辰刻（午前八時頃）、大動あり。又、小動ありて、六度に及びて了る。【吉記】

地震七、八度。今朝大動有り。但し初度に及ばず。又、其の程なし。【山槐記】

七月二十三日〔天晴る〕

この夜、家司・前越後守源宗雅、右大臣藤原兼実（37）の居所、法性寺堂廊（地震以後、仮住所）に入来。三条宮（以仁王）の現存の噂を語る。また、後白河法皇より御使を差献の上、迎えるべく、政所をもって通達さる。この風聞、すでに同様の趣旨を近日、市井にて謳歌する所なり。もしも、この事、真実なれば天下の大幸と謂うべきなり。【玉葉】

七月二十五日〔天晴る〕

後白河法皇第三皇子・以仁王（高倉宮＝治承四年〈一一八〇〉五月二十六日薨去・30）生存の御事、いささか風聞あり。ただし、信受しがたき事か。宮を号する者、三井寺（園城寺）に坐す、と。説うべからざる事なり。【吉記】

七月二十七日〔天晴る〕

地中、鳴ると雖も震動に及ばず。昨日に至り、連日、同じからず。或いは両三度、或いは四、五度、また、その大小同じからず。連々、断えず。【玉葉】

七月二十八日〔天晴る〕
又、地震。【玉葉】

七月二十九日〔天霽る。地震四、五度〕
以仁王（高倉宮）、一定《いちじょう》（たしかに）三井寺に御坐の由、風聞す。未曾有の事なり。地震、猶、止まず。【山槐記、吉記】

八月一日〔天晴る〕　**仏厳上人、天下の乱れは後白河法皇の非法にありと夢想**
このころ、後白河法皇、六条殿御所に仏厳上人（聖心）を請じて壇所を設け、祈禱を勤修せしめらる。この仏厳上人、去る夜、夢想の事あり。赤衣の人、夢中に現じて、法皇御所壇所において勤仕の仏厳上人の傍らに来りて云う、「今度の大地震、衆生の罪業深重によって天神地祇、瞋《いか》りを成さるるなり。源平の乱により死亡の人、国に満つ。これすなわち、各々の業障によりその罪を報ゆるなり。しかるに、その帰する所は君（後白河法皇）に在り。法皇の非法乱行、不徳無道、勝計すべからず。かつまた、罪なき輩、平家の縁坐たるの故をもって、多く配流の罪を蒙る。ここにおいて、法皇、慈仁を施されずんば、天下叶うべからず。汝ら（仏厳上人）、修する所の御祈り、また凡そ衆僧の御祈り等、効験量りがたし。悲しむべし、かなしむべし」と。
この夢を見了りたる仏厳上人、ただちに後白河法皇に注進したり。しかし、夢想の法皇における非法乱行により天下治まらずとのこと、ならびに余（仏厳上人）正路を開く等の事は、秘して奏上せず。その故は君臣ともに隔心ありて、正夢をもって奏聞すと雖も、天下の人（公卿・殿上人たち）信用せずして、讒により偽夢詐言に処せられんことを恐るるか。自他ともに、恐れありて益なきの故なり、と。
また、両三日の後の夢に、帝釈天の御使といえる者、一人出現す。ただし、その姿体、見えず。「汝（仏厳上人）ならびに衆僧の修する所の祈禱の功力により、後白河法皇の御寿命においては、このたび延寿を叶えたり。ただし、天下の禍乱においては、この祈禱の力をもって叶えがたし。よって、明日、日中時に結願の御祈りを行うべきなり」と。この夢もまた、即刻、後白河法皇に奏聞す。しかるに、禍乱止めがたしとの由は、時議に叶わざるにより法皇には奏上せず。結局、夢想の告げにより結願の御祈りを了したり、と。【玉葉、吾妻鏡（七月二十九日条）】

八月三日〔天晴る〕
巳刻（午前十時頃）、右中弁藤原光長（42）、院御所に権中納言藤原経房（43）ならびに右少弁藤原定長（37）が告げ送りしことと称して、右大臣藤原兼実（37）に申す、「長門国壇の浦の源平合戦に沈没せし宝剣（三種神器の一）、海底より求め出したり。ただし、いまだ飛脚の進達なし。しかるに、この一件、定説の由」と。兼実、この事を聞き、思わず不覚の涙数行下る。先帝安徳天皇もまた在世の由の風聞もあり。この時に当り、また霊剣の出来、直《ただ》なる事に非ざるか。

この夜、兼実（37）に人伝えて云う、「三条宮（以仁王）御坐の由は謬説なり」と。【玉葉】

八月四日〔陰り晴れ、定まらず〕

早旦、右大臣藤原兼実の家司・木工頭藤原範季（56）、兼実第に来りて三条宮（以仁王）の一件を語る。この事、或る寺僧の説を雅縁僧都（権中納言源通親弟・興福寺僧）伝聞、雅縁これを権大僧都澄憲（信西入道子・60）に語る。澄憲、事の真偽を確かめず、大蔵卿高階泰経（56）をもって後白河法皇の叡聞に達す。法皇、悦び給い音信を通ぜんとしてその由来を問う。澄憲、雅縁に尋ぬるに、舌を反し詞を改め、知らずと答う。当初、たしかなる証文ありたりと申すにより、その条々を尋問するに、件の証文なし。よって、本体の寺僧を搦め取りて子細を問責す。当初より渡世の方法として詐偽を構える所なりと自白す。重ねて証文を尋ぬるところ、件の証文の一書を提出す。件の僧、一文不通（文字を知らず）の者にして、他人に頼み備筆せし所なり、と。じつに言語道断の事なり。また、雅縁においては尾籠《おこ》の者たり。澄憲はかつて後白河法皇の寵臣たりし故通憲法師の子なり。彼はただ弁辞を顕わすのみに非ずして、政理に熟達の人なり。しかるにこのたびの一件にかぎり、もっぱら思慮を欠けり、というべきか。右大臣兼実、あまりにも急ぎて不意に披露したるにより、事、重大に至る。今、一重、隠遁の意あるかと愚考す、と。しかるに、いまなお真偽決しがたし。誠にこれ天地の殃《わざわい》きわまれり。ついで、右大臣兼実の許に大外記清原頼業（64）入来す。三条宮の一件を語る。これ民部卿藤原成範（51）および蔵人頭右大弁藤原光雅（37）より伝聞なり、と。この説、昨日の風聞により虚誕《きょたん》（事実に非ざるを大げさに云う）なり、と。【玉葉】

八月六日〔天陰る〕

右大臣藤原兼実、三条宮（以仁王）出現の一件につき伝聞す。これ覚親内供《ないぐ》（故権大納言藤原成親子）の弟子・小僧（上野房と号す。また心月房とも）、事を構え出したる事なり、と。子細、なお尋問すべくも、この事、疑いあり。【玉葉】

八月七日

三条宮の一件、風聞によれば、事の発端は雅縁・澄憲、両人の思慮なき所に発するものなり。興福寺の雅縁僧都、上洛してその過誤の経緯を披陳すべきにもかかわらず、黙然として南都に籠居せしこと、問題の一なり。しかも、張本人たる雅縁は伊勢大神宮参詣に発足せり、と。この事、はなはだもって奇となすものなり。【玉葉（八月八日条）】

八月八日〔陰り晴れ、定まらず〕

地震三ヶ度、夜に入りて其の勢、猛し。雷鳴あり。【山槐記】

八月九日
家司・木工頭藤原範季、右大臣兼実（37）に来談す。竹園（三条宮＝以仁王）の一件、小僧上野房の結構せし詐偽事件なり、と。かれの許に残されたる証文と称する手跡（三条宮）の中の仮名は蔵人左衛門権佐藤原親雅（41）の筆、つまり小僧が代筆を依頼せしものなり。また消息（手紙）などは俊寛僧都の許に在り。これは小僧の執筆なり、と。【玉葉】

八月十三日
去る十日の夕、醍醐寺座主勝賢（48）、権僧正（三位相当）に補せらる。この日、勝賢、下山して後白河法皇御所六条殿に参上す。【醍醐雑事記】

八月十四日〔陰り晴れ、定まらず〕
文治改元。去る月九日の大地震以後、今に止まず。よって「地震に依り」元号を改む。【玉葉、吉記、山槐記】
前斎院式子《のりこ》内親王（後白河法皇二女・37）准后宣下の後、初めて後白河法皇御所六条殿（六条北、西洞院西）に渡御あり。しばらくして法皇の御車（物見の上に庇あり。袖は網代なり）を借用乗駕のため、御所（八条北、烏丸東、東洞院西）に差し寄せらる。車副、当色《とうしき》装束を賜わらず。出車三両。公卿、権大納言藤原忠親（55）・権中納言藤原実宗（41）・左兵衛督藤原頼実（31）・参議平親宗（42）が扈従す。殿上人十余人が前駆を勤む。左近衛将曹中臣近武（黄《き》木賊《とくさ》上下、帯剣・立烏帽子、着装）御車（前斎院）の後に供奉せり。六条殿に着御、出車は院御所六条面の築垣外に留置く。前斎院乗駕の御車は東門より進入、寝殿南階下に寄す。式子内親王、下御の後、権大納言忠親、東山第に帰る。【山槐記】

八月十六日〔天晴る〕
今夜、小除目あり。従二位源頼朝（39）、後白河法皇に上申するにより行われたる除目なり。受領六ヶ国（当時、皆これ関東御分国なり）、皆、源氏の武士をもって任用さる。これら任人は伊豆守山名義範・相模守大内惟義・上総介足利義兼・信濃守加々美遠光（43）・越後守安田義資・伊予守源義経（27）なり。義経の官職の事、以前は頼朝、しきりに傾け申す（非難する）も、このたびの伊予守につきては、去る四月のころ、内々、院司・大蔵卿高階泰経（56）を介して、法皇に吹挙しおきたり。しかるに、不義の一件露見せしも、今更、申止めることなく、ひとえに後白河法皇の勅定に任せられたり。このたびの任用、公卿にとっては異例にして、いずれも道路《どうろ》目をもってす（目くばせをして、恨みの気持ちを知らせ合う）。左右《とこう》すべからず、と。ことに源義経の伊予守は左衛門少尉の兼帯にして未曾有のことなり。法皇の恩寵によること歴然たり。【玉葉、吾妻鏡（八月二十九日条）、山槐記】

八月十九日〔天晴る。今日、地震せず。ただし、声あり、他方震う事か〕

今夜より仁和寺御室守覚法親王（36）、大阿闍梨となり、後白河法皇御所六条殿において、地震変異御祈りのため孔雀経法を勤修《ごんじゅ》せらる。伴僧は権僧正勝賢（48）以下二十口なり。勝賢、院宣により参仕、二十人伴僧の中、上番僧綱となる。しかるに、僧正の身として伴僧たるは未曾有の事なり。奉行は院司・右少弁藤原定長（37）が勤む。
【山槐記、仁和寺御伝、孔雀経御修法記、醍醐雑事記】

八月二十三日〔天晴る〕

後白河法皇、六条殿において木造五輪一万基小塔を供養さる。去る夏より上下の諸人および諸国に課して、平家追罰の間の罪障を消滅せんがため、後白河法皇の発願により、八万四千基（八万四千の煩悩を滅するための善根）を勧進の一部なり。五輪小塔の地輪裏面に、各結縁者の名字を記載して結願の赤心を表わす。六条殿の長講堂仏前ならびに前庭に棚を立て渡して、この五輪小塔の一万基を奉安せり。公卿は権大納言藤原忠親（55）・民部卿藤原成範（51）・権中納言藤原朝方（51）・検非違使別当藤原家通（43）・権中納言藤原実宗（41）・同源通親（37）・大蔵卿高階泰経（56）ら参入。前権大納言藤原兼雅（41）参入して簾中に候す。未刻（午後二時頃）に至りて事始まる。よって、権大納言忠親以下公卿一同、堂中に着座す。導師は前僧正公顕（76）なり。題名僧三人（いずれも公顕弟子）勤仕す。御経は一日経（一日のうちに経を書写すること。この場合は、『法華経』一部十巻か）。願文・諷誦文あり。公顕僧正の説法の後、供養あり。法事了りて布施を賜う。導師は被物《かずけもの》一重、裹物《つつみもの》一、題名僧は各一裹。説法の間に地震あり。　【山槐記】

八月二十六日〔天晴る〕

去る月九日より地震、今日に至るまで四十七日間、一日も休まず。或いは四、五度、或いは両三度、或いは大動、或いは小動、皆毎度、声あり。今日、結願の時間の振動、大に非ず、小に非ず。

今月十九日より院御所六条殿（六条北、西洞院西）において大阿闍梨・仁和寺守覚法親王、孔雀経法を修せらる。六条殿の寝殿南面をもって道場となす。今日、結願なり。公卿、前権大納言藤原兼雅（41）・民部卿藤原成範（51）・右衛門督藤原家通（43）・権中納言藤原実宗（41）・同藤原定能（38）・同源通親（37）・同藤原経房（43）・参議平親宗（42）・左中将源通資（34）、殿上人は宮内卿藤原季経（55）以下二十人許り参入。未刻（午後二時頃）、始行せられ、日中時に事了る。右少弁藤原定長（37）、束帯を着用、この日の法会の奉行を勤む。前権大納言藤原兼雅、大阿闍梨守覚法親王の布施として被物一具を取らる。同じく宮内卿藤原季経、裹物一を取りて伝供《てんぐ》す。権大納言藤原忠親以下、殿上人ら、伴僧の布施を取る。ついで、御馬二疋（黒毛・葦毛）を引き出す。大阿闍梨御房官二人、中門西の砌《みぎり》辺に出でて、各御馬を取り受けて退出す。行事・右少弁藤原定長、後白河法皇の仰せの旨を受け、大阿闍梨守覚法親王に伝う。法親王、法皇の御前に参上、対面の後、東門より退出し給う。　【山槐記】

八月二十七日〔天晴る、地震一度〕

明日、東大寺大仏開眼供養により、後白河法皇・八条院（49）以下、洛中の緇素貴賤《しそきせん》、南都に下向す。後白河法皇、辰刻（午前八時頃）、六条殿を出御。途次、宇治・平等院（宇治殿）において、摂政藤原基通（26）儲《もうけ》の事（昼供御）あり。午刻（正午頃）、御船三艘に分船（御船・公卿船・殿上人船）して宇治に着御。この日、法皇に供奉の公卿は前権大納言藤原兼雅（41）・民部卿藤原成範（51）・権中納言藤原朝方（51）・左兵衛督藤原頼実（31）・権中納言藤原定能（38）・同藤原経房（43）・修理大夫藤原親信（49）・参議平親宗（42）・大蔵卿高階泰経（56）、殿上人は蔵人頭右中将源雅賢（38）以下十余人、いずれも浄衣を着用せり。宇治に入御の後、供御膳あり。前権大納言藤原兼雅、後白河法皇の陪膳に供す。了りて摂政藤原基通より法皇に贈物として琵琶一面を進献す。摂政基通の異母弟・右中将藤原忠良（22）がこれを取る。また、引出物として馬二疋を贈る。一疋は栗毛、背に黄鏡鞍《かがみくら》（名物）を置き、右少将藤原公時（29）・府生下毛野師武がこれを引く。他の一疋は河原毛《かわらげ》、右少将源雅行（18）・随身下毛野武盛が引き出す。ついで、後白河法皇より答礼として摂政基通に御馬（葦毛）一疋を給う。右兵衛佐藤原顕兼・左近将曹中臣近武がこれを引く。贈物の贈答を了りて、法皇、宇治殿を出御、申刻（午後四時頃）、東大寺に着御。まず大仏殿に参り、新修造の大仏を礼拝し給う。ついで、宿所（正倉院前にこれを造る。竹柱を立て、松葉を葺く。興福寺設営す）に着御。

【山槐記、玉葉（八月二十八日条）】

八月二十八日〔朝より雨気有り。午の後（午後）、大雨〕　**東大寺金銅盧舎那仏開眼供養、後白河法皇、天平筆をもって自ら開眼**

大雨、法会（東大寺大仏開眼供養）の威儀を妨ぐるか。尤も遺恨なり。是の如き半作《はんさく》の供養・中間の開眼、大仏の照見、本願（後白河法皇）の叡念に叶わざるか。但し、開眼の儀了りて此の雨あり。還って又、効験と謂うべきか。今日の雨、両般の疑い相兼ぬるものなり。【玉葉】

午刻（正午頃）、後白河法皇、御所より歩行にて大仏殿に臨御。法皇、大仏の仮階を昇り、開眼せしめ給う。行道の間、大雨降る。万人、堤防（雨よけ）を忘る。雨により法会、行われざらんかと思わるるに、権少僧都弁暁（開帳師定遍の譲り）の勧めにより、始行さる。この日の奉行は左大臣藤原経宗（67）なり。また、今日の大納言行事は法皇の仰せにより皇后宮大夫藤原実房（39）が下命さるるも、去る八日、母堂の逝去。所労の後、南都遠行の参会叶いがたしとの理由にて遁辞。よりて権大納言藤原宗家（47）が勤仕す。当日の東大寺大仏殿は、京中ならびに諸国参詣の人々で寺中に隙なく満つ。堂中に仮設の仮屋の平張、女房や乗車・乗輿が満ち溢れ、大仏に近寄り難し。近江国より参詣の男、大仏の相好を拝せんとするも、盲目にも非ざるに遠望も叶わずと、悲泣して立帰るという有様、奇異なる事なり。大仏の仮屋は、御後山の小松を切り、松葉をもって葺きたり。大仏は面相ばかり滅金を塗る（金銅をほどこす）。相好、はなはだ微妙におわす。【山槐記】

参入の公卿は、左大臣藤原経宗（宿所は東大寺東南。手輿に乗り中門跡に至る・67）・前権大納言藤原兼雅（41）・民部卿藤原成範（51）・権中納言藤原朝方（51）・同藤原実宗（41）・同藤原定能（38）・左兵衛督藤原頼実（31）・新権中納言藤原経房（43）・修理大夫藤原親信（49）・参議平親宗（42）・左大弁藤原兼光（41）・大蔵卿高階泰経（56）・右京大夫藤原季能（33）なり。刻限に臨みて、法皇、宿所を出御ありて、東大寺に御幸。

東大寺の大仏殿前に蓋高座を設け、その南に下りて院御所（三間一面、西に妻庇あり、屋に似せて松葉を葺く）あり。三面廻廊跡に仮屋を立て衆僧（千僧）の座となす（七大寺これを造る）。院御所の南庭、東西相対して子午の末に仮屋を作り、行事・左大臣藤原経宗以下、公卿の座とす。大仏殿の前に龍頭《りょうとう》一本を立て、幡を懸く。これ天平供養物の唯一の遺品なり。この朝、正倉院より天平開眼筆（長さ一尺許り）を出庫、後白河法皇手ずから開眼せられんことを、重源上人（65）懇請す。左大臣藤原経宗、天平僧正菩提に代る法皇の格式の相違ならびに地震発生の危険を思い、反対す。しかるに、法皇、みずから開眼の筆を加えんとの叡慮を示さる。よって、院近習の下﨟・兵庫頭藤原範綱、同上総守藤原為康（為保）ならびに右少弁藤原定長（37）が各自、大仏の現場実験の結果、安全を確認す。三人ともに、各自、恐れなき由を申す。大仏の前に板を渡し、棚を構え、足場を仮設。後白河法皇、法服を着装して、昇り給う。左少将藤原親能（法皇寵愛・17）、法皇の手を引き、右中将藤原実教（36）が御剣を持ちて後に従う。殿上人・唐人ら、供奉して昇り、御仏面の前、板敷の上に供奉。左兵衛藤原頼実、法皇の三衣筥《さんえのはこ》を捧持するも、服薬の由を称し、昇らず、戸外の地上に在り。後白河法皇、天平筆をもって開眼し給う。寸法を廻らし、法の如く御眼に墨を入れ給う。壇上を降り給う時、人々、なお恐れを抱くも、無事、地上に着御。開帳師・東大寺別当法務権僧正定遍（53）、遅参す。ついで神呪《じんしゅ》を満たす。法皇、下御の後、参入。事了りて、法皇、宿所（正倉院前、仮御所）に入御。やがて、歩行にて大仏殿に参御。寄綱ありて人々、参入す。道俗、誦経の中に、紙捻《こより》帯などをつなぎて、数丈これを引く。

【山槐記、玉葉（八月二十九日・三十日条）、一代要記、百錬抄】

八月二十九日〔天陰る。地震二度〕（『玉葉』は「天晴る」）

朝より暮に至り、上下の緇素、つぎつぎと帰洛せり。未刻（午後二時頃）、八条院（49）還御あり。この朝、後白河法皇、南都・東大寺の宿所（正倉院前、仮御所）を出御、まず大仏殿に参向、礼拝。その後、進発、巳刻（午前十時頃）、宇治に着御。摂政藤原基通（26）儲《もうけ》の宇治殿にて御昼供膳の後、宇治川乗船遊覧あり。法皇御船には摂政基通・前権大納言藤原兼雅・権中納言藤原定能・右中将藤原実教・左少将藤原親能ら同船。公卿船（権中納言藤原朝方以下、乗船。民部卿藤原成範見えず）、別にあり。勝景歴覧の後、法皇以下、下御。ついで、平等院経蔵の宝物御覧の後、還御。法皇、日没の後、六条殿に着御。

【山槐記、玉葉】

八月三十日　源頼朝、父義朝の首を黄瀬川に奉迎

かねて従二位源頼朝（39）、鎌倉に亡父・左馬頭源義朝の廟所を建立せんとして、この旨、後白河法皇に伺奏することありき。法皇、また頼朝の勲功に加えて孝心の篤きに叡感のあまり、去る十二日、刑官に仰せて東獄門辺において、故義朝の首を尋出さしめ、頼朝に賜う。義朝の家臣・鎌田二郎兵衛尉正清の首も共に相具して、法皇、左衛門少尉大江公朝を勅使として、鎌倉に送達せしむ。今日、その勅使鎌倉に到達せり。頼朝、黄瀬川辺（沼津市）に参向して奉迎す。遺骨は文覚上人の門弟の僧が頸に懸け道中せり。頼朝はみずからこれを請取り、鎌倉に帰参。着装の練色水干《ねりいろすいかん》の装束を改め、素服（黒色）を着用、服喪す、と。【吾妻鏡】

法性寺座主・法印慈円（31）、自房（粟田口房、地震後、未修造により法性寺堂に借渡せらる）において童舞会あり。右大臣藤原兼実（37）の小童（去る二十七日、慈円に入室、弟子となる。のち良尋〔法性寺座主〕・4）も密々、輿に駕して近々たるにより見物のため、行き向う。引出物として手本一巻を伝得して帰来す。この日、舞台の左右に松樹三本を立て、舞童の賜禄として錦横被《おうび》・袈裟等を懸け飾る。後白河法皇・八条院（49）・摂政藤原基通（26）以下、人々結縁のためこれを贈り給う。【玉葉】

九月二日〔陰り晴れ、定まらず。夜に入りて雨、しばらくして止む。子刻（午前零時頃）、地震あり。中動なり〕

今日より後白河法皇、法住寺殿において供花会始行す。【山槐記】

九月十八日〔天陰り、申刻（午後四時頃）以後、雨下る〕

これよりさき、去る治承四年〈一一八〇〉八月、源頼朝、伊豆に挙兵以後、連年、東国に乱逆起り、東国の領等、源氏武士の狼藉《ろうぜき》に任せたり。今日、後白河法皇、従二位源頼朝に御教書を発して、東国の領等、すべて領家の進止《しんじ》に随うべく、大蔵卿高階泰経（56）をして奉書を鎌倉に下さしめ給う。【玉葉】

九月二十三日〔天晴る。未刻（午後二時頃）地震二度〕

醍醐寺座主・僧正勝賢（48）、僧正の賀《よろこ》び申しなり。御車の前に実信法眼、乗車して前駆。ついで、前駆八人、中童子二人、大童子六人、政所法師八人にて行粧を整う。まず、後白河法皇御所六条殿に参入。ついで仁和寺宮守覚法親王（36）に参賀す。僧正勝賢、鹿杖《かせつえ》を持たず、と。【醍醐雑事記】

九月二十六日〔雨下る〕

従二位源頼朝の弟、蒲冠者こと三河守源範頼、鎮西より入洛す。翌二十七日、範頼、後白河法皇御所六条殿に参上（『吾妻鏡』に二十七日、西海より入洛とあるによる）、鎮西において尋ね取る仙洞の重宝御剣「鵜丸」を法皇に進上す。この御剣、平氏の党類、寿永二年〈一一八三〉七月、城外（都落ち）の刻、左近衛権中将平清経（重盛三男）、法住寺殿より御剣二腰（吠丸・鵜丸）を取り去りし中の、その随一なり。三河守範頼、この鵜丸一腰のほか唐錦十端・唐綾絹羅等百十端・唐墨十挺・茶碗具二十・唐莚五十枚・米千石・牛十頭等を法皇に進献す。
【玉葉、吾妻鏡（十月二十日条）】

十月三日〔天晴る〕

或る人、右大臣藤原兼実（37）に告げて云う、「叡山の法務・大僧正昌雲（後白河法皇寵臣・故左兵衛督藤原光能の弟）、後白河法皇を怨み奉りて大原に隠退す。よって、上西門院（法皇姉・60）も同じくこれに随いて御籠居あり」と。世人、傾奇するところなり。この理由不明。昌雲は験者として知名の僧。去る年八月二十七日、上西門院、発心地《おこりここち》（おこりやまい）を病み給う折に、昌雲僧正祈り落して、女院平癒、その功験により大僧正に任ぜられたることあり。よって、この昌雲大僧正、上西門院の護持僧なり。【玉葉（元暦元年〈一一八四〉八月二十七日条も）】

十月五日〔天晴る〕

蔵人宮内権少輔藤原親経（35）、後白河法皇の御使として、右大臣藤原兼実第に来臨。法皇の仰せなる由にて、右大将良通（19）をして伊勢大神宮の事（斎宮用途の徴用など）を掌行せしむべし、と伝達せり。兼実、勅定なりと雖も、年少のゆえ奉行に堪え難きの旨を奉答せしむ。いったい、院中、たれの発案たりしや。説《い》うべからざる事なり。二十歳未満の者が、かくの如き重事を奉行する事、古来、未曾有の事なり、と。【玉葉】

十月十三日〔天晴る〕　**源義経、頼朝への反意を、後白河法皇に奏聞す**

兼実の家司・太皇太后宮亮源季長、右大臣藤原兼実第に来りて、伊予守源義経（27）ならびに前備前守源行家、同心して鎌倉に反く旨（去る十一日、義経、後白河法皇に奏聞す）を言談す。日頃、内議あるも、昨今すでに露顕なり、と。頼朝（39）、義経の平氏討伐の勲功を失し、かえって遏絶《あつぜつ》（とどめほろぼす）の気あり。これに対し、義経、心中深く怨みを結ぶ。また、鎌倉辺の郎従の親族ら、頼朝のために生涯を失い、宿意を抱くの輩、日増しに相積り、義経・行家の許に内通せり。加えて、頼朝、後白河法皇の叡慮にそむく事、はなはだ多し、と。よって、事の形勢をうかがう義経は、今日、ひそかに院参して事趣を法皇に奏上す。法皇もまた許容の色ありて、たちまち、この大事に及ぶ、と。また、陸奥守藤原秀衡（64）も義経に与力す、と。【玉葉（十月十一日条も）、吾妻鏡】

慶俊律師（備前守源行家子）、右大臣兼実第に来りて、慈円法印（31）、法性寺座主を辞任したき由を申す、と。よって、院司・大蔵卿高階泰経（56）に付して後白河法皇に奏上せり。しかるに、その左右の仰せなきところ、今日、書札をもって不許の仰せあり。その趣旨は、本寺（地震による法性寺被害の修造）、他人による施工叶いがたし、なお慈円において計らい沙汰すべし、と。件の慶俊律師の父・源行家、今旦、近江国に発向せり。その軍勢、いくばくならざるも後白河法皇、甲冑を調達し下賜し給う、と。これらの事の次第、夢の如く、幻の如し、と。【玉葉】

十月十四日〔雨下る〕

院主典代・織部正大江景信、右大臣藤原兼実第の門外に来る。昨十三日、亥刻（午後十時頃）、兼実第南庭に小死人あり、右大将良通（19）、これを見付く。三十日穢中たるにより、門に入るを忌む。後白河法皇、明十五日、石清水八幡宮御幸に供奉せしめ、かつ所役等あるにより、兼実（37）息両人・兄右大将良通および弟左中将良経（17）を院司に補すべき下命を伝達す。使者の主典代に兼実、穢中なるにより賜禄せず。穢の限り以後に再来すべく申渡す。〈のち十二月十日、この院主典代大江景信、日次よろしきにより兼実第に入来す。よって、右大将良通、被物一重（重練単《ひとえ》）を禄として授く。〉【玉葉（十二月十日条も）】

十月十五日〔天晴る〕

後白河法皇、競馬を相具し石清水八幡宮に参詣御幸あり。右大臣藤原兼実、この行列を見物せず。右大将良通・左中将良経、ひそかに見物す。右大将良通の随身番長・下毛野厚次、乗尻（騎手）の中に入る。この日の競馬、院番長秦頼武と合わすも、持《じ》（引き分け）となる。法皇、この夜、八幡宿御所に宿御。【玉葉（十月十六日条も）、百錬抄】

後白河法皇、院宣を従二位源頼朝（39）に下して、伊勢斎宮用途を進納すべきこと、および伊勢大神宮領、伊雑神戸・鈴母御厨・沼田御牧・員部神戸・田公御厨等、所々散在の武士ども故なくして押領せしこと、大神宮より訴訟あり、よって尋問の上、成敗すべきことを下達さる。この両条、別紙の院宣にしたため、本日、鎌倉に到来す、と。【吾妻鏡】

十月十六日〔天晴る〕

後白河法皇、今朝、石清水八幡宮より還御。ただし、今日、帰忌日たるにより、八条院御所（八条北、烏丸東）に方違え御幸、明日（十七日）、六条殿に還御あるべし、と。【玉葉】

十月十七日〔天晴る〕　**源行家、頼朝に反く。義経も同調**

早朝、大蔵卿高階泰経（56）、後白河法皇の御使として右大臣藤原兼実第に入来。しかるに、兼実第、小死人の穢中につき門内に入らず、家司・太皇太后宮亮源季長、応接して伝え申す。去る十一日、源義経（27）、後白河法皇に奏聞の条々を申す、と。前備前守源行家、すでに源頼朝（39）に反く。義経制止するも聞き入れず、これを如何すべきやと法皇の勅定を請う。法皇、必ず制止すべし、と。去る十一日についで、十三日に義経ふたたび奏聞す。「行家の謀反、制止するも承引せず。よって、やむなく義経も行家に同意せざるを得ざるに至る。

義経、頼朝代官として勲功により朝恩に浴し伊予国を賜う。しかるに、頼朝、同国地頭を鎌倉において発令、国務遂行あたわず。また、平家没官《もっかん》の所々二十ヶ所、頼朝より分賜さるるも、このたび勲功の任伊予守の後、すべて取返し、所従らに与う。のみならず、頼朝、義経を誅すべきとの告げを伝聞す。よって、墨俣《すのまた》辺（岐阜県墨俣町）に発向して、一箭を頼朝軍勢に射て、死生を決すべき所存なり」と。この義経奏上を聞いて法皇は驚き、なおも前備前守行家を制止すべし、と仰せらる。その後、法皇この件につき無音なり。

しかるところ、去る夜（十六日）、義経、重ねて院参の上、なおも行家に同意し了んぬ、と言上せり。義経、この期に及びては頼朝追討の宣旨を賜わらんと懇請す。もしも勅許なくんば、身の暇（京都警備の任務）を給わり、鎮西に赴かんと、なり。その義経の決意の色をうかがうに、この上は後鳥羽天皇（6）・後白河法皇以下、臣下上官のすべてを相具して下向せんとの意気込みなり。すでに、これ殊勝の大事なり。大蔵卿高階泰経（56）、この事により、後白河法皇の勅定をうけ、すでに左大臣藤原経宗（67）・内大臣藤原実定（47）を院参すべく遣わし召さる、と。右大臣藤原兼実（37）病中により、大蔵卿泰経を参向せしめて、兼実の思量するところ計らい奏すべし、と勅命を下達せらる。兼実、「追討宣旨を下さるるは、罪、八虐を犯し、国家に敵を為せし者に対してなり。頼朝に重科有れば異議には及ばぬが、指せる罪科無ければ、天下乱逆の恐れあり。宜しく聖断在るべし」と答う。このたび源義経の奏聞なれど、頼朝に過怠全くなく、追討の条、法皇、思食し寄らず。しかれども、義経の結構の趣、勿論と謂うべく、件の宣旨給すべきの由、内々の天気《てけ》（法皇の叡慮）あり。かつて、頼朝追討の両度不意の宣旨にも、頼朝、更に怨みを抱かず、と。よって今度も同様なるか、と思念あるも、法皇、宣旨の下達に躊躇の色あり。　【玉葉、百錬抄】

しかるところ、右大臣藤原兼実の許に人告げて云く、「武士、法皇宮（後白河法皇御所六条殿）を打ち囲む」と。院中、神心、度を失い、三宝を念じ奉るの外、他なし。堅く門戸（六条殿の諸門）を閉じて動静を待つ間、院御所襲撃の報、僻事《ひがごと》なり、と。頼朝の郎従の中、小玉党（武蔵国住人）三十騎ばかり（『吾妻鏡』は土佐房昌俊、頼朝の厳命により水尾谷十郎以下六十余騎軍士）が源義経家（院御所近辺なり＝六条室町亭＝六条堀川）に寄せ攻む。折柄、義経は壮士らを引き具し、西河辺を逍遙の間なり。残留の家人、少なし。佐藤四郎兵衛尉忠信、門戸を開き懸出で責戦う。この時、前備前守源行家、これを聞きて馳向い共に防戦し、件の小玉党を追散す。その後、直ちに義経、院御所に参上、追散せしにより無為《ぶい》（無事平穏）の由を奏上す。　【玉葉、吾妻鏡、百錬抄】

十月十八日〔天晴る〕　**後白河法皇、源頼朝追討の宣旨を下す**

右大臣藤原兼実、後白河法皇が源頼朝（39）追討の宣旨を下さるることを伝聞す。現在のところ、朝廷を警護する者は源義経の他になし。まずは義経申請のままに、と宣旨を下さる、と。　【玉葉、百錬抄（十月十七日条）、吾妻鏡】

十月十九日〔天晴る〕

早朝、大夫史小槻隆職(51)、右大臣藤原兼実(37)の許に頼朝追討の宣旨を注送し来る。その状の本文は、「文治元年十月十八日宣旨、従二位源頼朝卿、偏えに武威を耀かせ、已に朝憲を忽諸《こつしょ》(おろそかにする)す。宜しく前備前守源朝臣行家、左衛門少尉同朝臣義経等、彼卿を追討すべし。蔵人頭右大弁兼皇后宮亮藤原光雅奉る。上卿左大臣(藤原経宗)者《てえり》。」兼実、この日、一昨日(十七日)の院御所六条殿における頼朝追討宣旨下布の実情を伝聞す。まず、内大臣藤原実定(47)、院御所に参上す。直ちに追討事を仰合さる。内大臣、これに答えて、「この事、一身(内大臣)に定め申し難し。左大臣藤原経宗(67)の参上を待たるべし」と。左大臣経宗、参入。「この追討の事、異議に及ぶべからず。早々に宣旨を下さるべし」と。その故は、当時、在京の武士は源義経(27)只一人なり。彼の申状(源義経)にそむかば、もし京中に大事出来の時、誰人か敵対(応戦)すべきや、他に人なし。しからば、義経の申請に任せ、沙汰(追討宣旨発布)あるべし。更に公卿会議による議定に及ぶべからず、と。内大臣藤原実定もこれに同意せり。折柄、院参の権中納言藤原経房(43)、この事を聞き、すこぶる傾奇《けいき》せり、と。

【玉葉、吾妻鏡(十月十八日条)】

十月二十一日〔天晴る〕

後白河法皇御護御剣、去る寿永二年(一一八三)七月、平氏都落ちの際、法住寺殿にて紛失す。去るころ、左衛門少尉大江公朝、これを求得して後白河法皇に献上せり、と。この風聞、鎌倉に達し、従二位源頼朝(39)、書をもって大江公朝に感状を発す。この御剣、元は頼朝の亡父・左馬頭源義朝遺愛の太刀にして、後白河法皇に献上のもの。「吠丸」と号し、鞘に鳩蒔絵を施せる重宝なり。ふたたび朝家(後白河法皇)の御護に帰したること、源家の眉目たるにより、頼朝、このたび感状を与うるの儀に至る、と。

【吾妻鏡】

去る十七日、左衛門少尉源義経(27)、院奏の際に、主上(後鳥羽天皇6)・後白河法皇以下を鎮西に奉具せんとの気色を示す。しかるに、法皇、鎮西臨幸の儀をすべて許容なし。よって、前備前守源行家ならびに源義経、たちまちにして、この儀を撤回す、と。

【玉葉】

十月二十二日

頼朝追討の宣旨をうけたる源行家・義経ら、軍勢を整えるべく武士らを狩り集むと雖も、多く承引せず、と。

【玉葉】

十月二十三日

右大臣藤原兼実第に人来りて云う、「近江国の武士ら、左衛門少尉源義経が鎌倉の従二位頼朝を追討せんとするに与《くみ》せずして、多く陸奥国に引き退く」と。

【玉葉】

十月二十五日〔天晴る〕

大蔵卿高階泰経（56）、後白河法皇の御使として右大臣藤原兼実第に入来。兼実第もまた院中もともに穢中たるにより、障子を距てて面謁す。泰経、法皇の院宣を伝えて云う、「去る十八日、法皇、頼朝追討の宣旨を余儀なくも源行家・同義経（27）に下したるに叡慮後悔の色あるによってか、使者を鎌倉頼朝（39）に送り子細（宣旨発布）を披陳すべきかと、右大臣兼実（37）に計らい奏せしめらる。隠密裡に頼朝に使者を送りても、義経ら伝聞の恐れあり。よって事前に行家・義経両将に通告して、しばらく狼藉を止めさせ、しかる後に顕露の使者を送るべし、と。その際、法皇の密語を含め、頼朝に披陳の詞を伝達せんとするのは如何。右大臣兼実において計らい奏すべし」と。頼朝追討の宣旨、下され了んぬ。この期に及びての和平の儀、頼朝において、勅使を受くべき道理なし。勅使を送るも送らざるも、頼朝の忿怒歴然たり。去る十七日の法皇下問に兼実意中を奏上せり。いまにおいて愚意（兼実）及びがたし、と。しかるに、院使・高階泰経は、なおも早やかに鎌倉に使者差遣すべし、これぞ上計なり、と左大臣経宗（67）の言を申し残して帰参す。今日、大蔵卿泰経、兼実に密語していう、「法皇は天下を知《しろ》し食《め》すべからず。法皇の治政、保元以後、乱逆連々たり。今より以後も絶ゆる事なし。よって玉体（後白河法皇）を全うするためには、枉《ま》げて政務の座を下り給うべし」と。兼実、これに応じて、「法皇の代りに、治世の君、何人ありや」と。泰経、これに答えて「臣下において議奏すべきなり」と。兼実、「この事、すべて叶うべからず。法皇の御力をもって天下を直さるべし」と。【玉葉】

十月二十六日

右大臣藤原兼実の許に人告げて云う、「明暁、行家・義経、鎮西に引退の事、一定せり。その際、後白河法皇以下、直ちに引率し奉るべし」と。右大将良通（19）の身辺の輩、おのおのこの由を称す。兼実もまた、この渦中に在り。この事、信受しがたきと雖も、女房藤原兼子（兼実室・34）ら、同宿せり。なお、怖畏なきに非ざるにより、今夜、法性寺近隣の光明院に隠居せしめたり。【玉葉】

十月二十八日

早朝、右大臣藤原兼実、息男・右大将良通を相伴して光明院に行向い、女房兼子に会って帰る。今日、女房兼子らを、密々に賀茂・雲林院辺に遣わす。閭巷《りょこう》、日を逐いて騒擾倍増せり。なおも後白河法皇を具して、源義経ら西海に赴くべしとの風聞、あまねく謳歌の故なり。【玉葉】

十月二十九日

右大臣藤原兼実、伝え聞く。源義経、なおも後白河法皇を奉具して西海に赴かんとせりと、風聞しきりなり。法皇、これにより宸襟を悩まし給い、大蔵卿高階泰経をもって兼実に尋問あり。よって誓状を提出せしめて、義経にその中止方を諍《いさ》め申す、と。【玉葉】

十月三十日〔天晴る〕

源義経ら、明暁、西国下向のこと決定せり、と。風聞によれば、摂津国武士太田太郎以下、城郭を構築して、源義経・同行家ら、もし西海に赴かば、射殺せんとして待機せり、と。義経の所従《しょじゅう》・紀伊権守兼資を西国航行の軍船調備のため、大物《だいもつ》（尼崎市）あたりに差遣のところ、件の太田の軍勢に打殺さる。かくの如きにより、義経ら、にわかに行先を変更して北陸に引退すべし、と。去る夜、後白河法皇、他所に臨幸の儀あり。この事を聞きて摂政藤原基通（26）、左右なく逐電して跡を晦《くら》ます。その間、異母弟・右中将忠良（22）を道路に棄置き遁走せり。しかして、後白河法皇の御幸は嘘の由なり、と。【玉葉】

十一月一日〔天晴る〕

今暁、左衛門少尉源義経（27）、鎮西下向の事、延引せり。噂によれば、路次狼藉たるにより西海を変更して、北陸の方に赴くべし、と。この夜、院近臣・権中納言藤原定能（38）、得業《とくごう》玄秀を使となし、右大臣藤原兼実（37）の第に告げ来る。源義経ら後白河法皇奉具の事、中止の旨、再三言上せり。よって、この上、強ちに疑殆（疑いあやぶむ）なきにもかかわらず、なおもしやと院中において、今日、その危惧を噂す。或いはまた、遷都あるべし、と風評する輩あり、と。【玉葉】

十一月二日〔天晴る〕

未刻許り（午後二時頃）、右少弁藤原定長（37）、後白河法皇の御使として、右大臣藤原兼実第に入来。兼実第、穢中につき、定長、縁端に片尻を懸け、面謁す。院宣を仰せて曰く、「義経、明暁、鎮西発向に際し、法皇に申請の旨ありて、申状を捧呈せり。『義経、法皇の御動座を企図すと、院中祇候の近臣ら発向の用意を致さるると聞き及ぶも、義経の郎従ども先途を遂げがたきにより、義経内心、いささかも後白河法皇の叡慮にそむく意図なし。この上は、山陽・西海諸国の公物、すべて義経の沙汰として調庸・租税・年貢・雑物等、たしかに沙汰進上すべきの由、仰せ下されたく。かつまた、豊後国武士らを法皇御所に召寄せられ、義経・行家らを殊に扶持すべく下命あらんことを。この両条、法皇において仰せ下さるべし』と義経申請するにより、裁否のほど右大臣兼実において計らい奏上すべし」と。兼実、これに答えて、すでに義経・行家には源頼朝追討の宣旨を下さるる上、かかる細々の事、あらためて議定に及ぶべきに非ず。今は只、義経の申請に任せ、その沙汰ありて、即刻、洛陽（京都）より出向せしむべし、と。この夜、後白河法皇、義経の申請する所に従い、院宣を賜う。【玉葉】

十一月三日〔天晴る〕　**源行家・義経、西海に発向。鎌倉の頼朝、後白河法皇に対し「忿怒」の風聞**

辰刻（午前八時頃）、前備前守源行家ならびに伊予守兼左衛門尉源義経（院御所殿上の侍臣たり）ら、院御所に身の暇を申して西海に発向す。これ、則ち指せる過怠なくして頼朝（39）のために誅伐さるるにより、その害を逃れんとしての下向なり。始め、行家・義経ら推して頼朝討伐の宣旨を申請けたるも、事の発端、後白河法皇の叡慮より起りたるに非ず。この風聞あまねく流布せるにより、近国の武士、将帥《しょうすい》の下知に従わず。かえって義経らを謀反の者とす。その上、後白河法皇以下近臣らを引率して鎮西に向わんと披露せるにより、いよいよ人望を失い、その配下の軍勢、日増しに減少、義経に与力の軍兵なし。よって、京都において寄上る関東武士に応戦叶わず。この理由によって西国に下向するなり。院御所以下、諸公卿および京中の上下ことごとく安穏となる。このたびの義経らの所行は、まことに義士とも謂うべき機敏の処置なり。なお、京中に残留の武士ども、少々、義経を追討すべく、下向したり、と。【玉葉】

この日、後白河法皇、女房冷泉局を院御所六条殿に召されて仰せらる。「今日、摂政藤原基通（26）の五条亭（五条南、東洞院西）に参向の上、摂政基通に言上せしめらる。世間の事、今においては帝王（後白河法皇を指す）と雖も、執柄（摂政藤原基通）と雖も、決して恥辱を遁るべからず。今度の怖畏（義経、法皇を西海に奉具せんとす）、つらつら次第を案ずるに、ひとえに朕（後白河法皇）の運報の尽くる所なり。その上、鎌倉の頼朝（39）、法皇に対し忿怒の色をなすとの風聞あり。摂政の辺の事（藤原基通在任）、これに不承なること、かねてより風聞せる所なり。しかして右大臣（藤原兼実37）辺の事、ことに賢相（有能なる大臣）たるの由、かねてより頼朝、庶幾せる所なり。去る年のころから、再三、頼朝より右大臣兼実の摂政補任のこと吹挙あるも、朕（法皇）の抑留により、頼朝、その意を遂げず。このたび、定めてこの一件（右大臣兼実の摂政任用）を重ねて具申し来る所ならんか。今においては、朕の力及ばざる所なり（頼朝の要請、拒否）。よって、頼朝よりその事申す以前に、右大臣兼実に天下の政道を行わしむることこそ、もっとも穏便なりと叡慮す。ただこれは、法皇よりの使者とは申さず、ただに摂政基通の気色を伺うべく告ぐべし」と。よって冷泉局、摂政第に馳向い、法皇の勅語の趣を言上するに、摂政基通の気色甚だ不請にして、むしろ、使者の女房冷泉局を問責する有様。勅定に対しての返報はなく、只、院御所に参上の上、承わるべし、とのみ示さる。女房冷泉局、当日帰参せず、翌日（四日）に院参の上、この旨、後白河法皇に奏上。その後は、沙汰なし、と。これ、前飛騨守中原有安の説なり。中原有安よりこの一部始終を伝聞の右大臣兼実は、後白河法皇の叡慮、仰せもっともにして、理致に叶うものと感知す。しかし、摂政職の如きは天運のしからしむる所なり。ただ、かかる乱れたる代において朝の柄を執ること、はなはだ甘心せず。後白河法皇、摂政藤原基通と、もっとも相似たる君臣なり（暗に、兼実、法皇の基通に対する男寵を諷刺せり）。疎遠不得心の愚翁（兼実みずからを卑称す）、はなはだ其の器（摂政）に足らず。時議に叶わず、と。【玉葉（十一月十四日条）】

十一月四日〔天晴る〕

今日もまた、京都残留の武士ら、義経を追跡して下向す、と。右大臣藤原兼実、聞く所によれば、昨日、河尻辺（淀川河口・大阪市）において、摂州武士・太田太郎の軍勢、義経の武士と合戦す。義経、勝利を収め打破りて通過す、と。【玉葉】

十一月五日〔天晴る〕

右大臣藤原兼実、今日、西国下向の源義経ら、室の津（兵庫県揖保郡御津町室津）において乗船す、と伝聞せり。【玉葉】

十一月八日〔天陰り、午後、雨降る〕

右大臣藤原兼実（37）、伝え聞く。西国下向のため京都を進発の源義経（27）・同行家は、淀川を舟行、去る五日、乗船せんとして大物辺《だいもつ》（尼崎市）に一宿す。この義経らを追行の武士もまた、近辺の在家に寄宿せり。この武士は豊島《てしま》冠者（豊島郡住人源氏）、ならびに木工頭藤原範季（56）の子・皇后宮大進範資。大将軍なり。範資、儒家の出自なるも、その性、勇士の血筋を受く。頼朝の舎弟・三河守蒲冠者範頼と親昵なり。よって、在京の範頼の郎従を催具して、義経を追い、大物辺に参着せり。いまだ、合戦に及ばざるに、夜半より大風吹き来る。折柄、出船の義経らの乗船、風波の難に遭いて損亡、一艘も全きを得ずして、大半の船は海中に沈没せり。しかるに、義経・行家は小舟一艘に乗り、和歌浦（和歌山市）を指して逃去す、と。件の藤原範資、今日、上洛して談説するところにより、これが実説なり。【玉葉】

この日、後白河法皇、源義経謀反（法皇を奪取、西海に赴かんとす）御祈りとして、天台座主全玄（73）をして、桂林坊において四天王法を修せらる。ついで、同月十九日の夜、僧事を行い全玄の同賞譲りとして、弟子・小弁を法印（四位相当）に叙す。

【華頂要略、玉葉（十一月二十日条）】

十一月九日〔午後、天晴る〕

右大臣藤原兼実、伝え聞く所によれば、後白河法皇、鎌倉の従二位源頼朝（39）の許に御使を差遣すべく、秘かにその議定あり、と。その密議に加わりたるは、大宰権帥藤原経房（43）・右中弁藤原光長（42）・右少弁藤原定長（37）・法印澄憲（60）らなり。その謀を廻らし、沙汰を廻らすと雖も、人知れず最密事なり。この密議の使者として若宮別当丸（鶴岡八幡宮別当玄雲＝頼朝近臣、日来、在京なり）が七日、法皇の御書を携帯して鎌倉に発遣せらる。これ、後白河法皇、天下の政を知《しろ》し食すべからざる由、頼朝に伝えらるる御書なり。

【玉葉（十一月十四・十八日条も）】

十一月十日〔天陰る〕

右大臣藤原兼実、今日、物忌たるにより自第に籠居。夜に入り木工頭藤原範季、入来せり。その息・皇后宮大進範資、大将軍となり、源義経党類を追戦（摂津国大物辺）せしこと、愚父（父範季）、一切存知せざる旨、誓言を立て、争いて陳述す。また、さき頃、後白河法皇、頼朝追討宣旨を下さるるに際し、右大臣兼実の申状、道理を存せりと、世人謳歌のさまを兼実に伝う。【玉葉】

十一月十二日〔天晴る〕

この夜、右中弁藤原光長、右大臣兼実第に参上、申事等あり。去る三日の早暁、西国に下向せし、義経・行家などを召捕るべき院宣の下さるることを伝え、ついで兼実の家司・和泉守藤原行輔（安芸守基輔子）に後白河法皇の御教書を携行せしむ。文面によれば、「源義経・同行家、反逆を企みて西海に赴くの間、大物浜において逆風に逢い、漂没の風聞ありと雖も、亡命の条、狐疑《こぎ》あるにつき、有勢武勇の輩に仰せて山林・川沢を探捜してその身を召進むべし」と。この御教書は諸国に下達せられたり。兼実、これを聞きて件の両将（義経・行家）、昨日は頼朝を討伐すべきの宣旨を蒙り、今日はこの院宣を受く。世間の転変、朝務の軽忽《きょうこつ》、これをもって察すべし、と歎息せり。【玉葉】

十一月十四日〔天晴る〕

去る十三日、関東武士（頼朝配下の軍勢）、多勢にて入洛す。去る月二十日、鎌倉に下着せし三河守源範頼（頼朝弟）、大将軍となり再上洛すべしとの風評あり。この日の朝、兼実家司・木工頭藤原範季（56）、右大臣藤原兼実第に入来、語りて云う、「入洛の関東武士らの気色（将卒の意気）、大いに恐れあり。大略、天下大乱に及ぶべし。よって、後白河法皇御辺の事も、極めて不吉の様相たり」と。頼朝の代官・梶原平三景時、播磨国（後白河法皇分国）に下向、荘園政所の小目代男を追出し、倉々に施封、掠略せり、と。

【玉葉（十一月十三日条も）、吾妻鏡（十月二十日条も）】

右大臣藤原兼実（37）、伝え聞く。後白河法皇皇子・三条宮（以仁王）の息（二男・のち大僧正真性）、北陸に御座ありて、一昨日（十二日）入洛さる、と。生年十九歳にして元服を加うと雖も、いまだ名字なし。後白河法皇にとりて孫君なり。これ源頼朝（39）の沙汰にて上洛の事あり。【玉葉】

十一月十五日

これよりさき、大蔵卿高階泰経（56）、源義経（27）に与党す。この風聞、すでに鎌倉の頼朝の耳に達せり。よって、陳弁のため書状をしたため、使者をして頼朝に進達せんがために下向せしむ。その使者、この日、鎌倉に参着す。使者、刑を怖るるにより、直接、営中（幕府）に参らず、まず左馬頭藤原能保（39）の亭に参上。書状を頼朝に献ぜられんことを請う。また、一通は能保に手渡す。使者の口上によれば、「義経らの事、全く微臣（高階泰経）の結構に非ず。ただ、武威（義経）を怖れ、後白河法皇に伝奏するばかりなり。しかるに、何様、遠聞（鎌倉通報）に及ぶや。世上の浮説により、鑽せざるよう（非難もあれこれ深く切りこまないで）、宥し申さるべし」、と。左馬頭能保は使者を相具し、子細を頼朝に進達す。ついで、高階泰経の書状を披覧、筑後権守藤原俊兼に読ましむ。文面によれば、「行家・義経ら、謀叛の事、ひとえに天魔の所為たるか。宣下なくんば、院御所に参上、自戮すべきの由、義経言上せるにつき、当面の難を避くべく、一旦、勅許あるに似たれど、法皇の叡慮、義経らに与《くみ》し給う所に非ず、と。これが、院宣発布の真相にして、法皇の天気《てけ》なり」、と言上せり。よって、従二位源頼朝は、大蔵卿高階泰経に返報を投ぜらる。この頼朝返札は『吾妻鏡』十一月二十六日条に収録す。【吾妻鏡】

十一月十六日〔天晴る〕

権中納言藤原定能（38）、右大臣藤原兼実（37）第に来る。後白河法皇、明後日（十八日）、石清水八幡宮に参詣御幸あり、と。また、日吉社御幸もあるべし、と告ぐ。【玉葉】

十一月十八日〔天晴る〕

この夜、権中納言藤原定能、右大臣藤原兼実第に入来。ついで、前飛騨守中原有安も来る。有安、舞人・右近将曹多《おおの》近久（62）より伝聞の談話を語る。この近久は左大臣藤原経宗（67）・内大臣藤原実定（47）の近習なり。「日本第一の京童」の称あり。また、楽道秘事の達者として聞こえあり。近久によれば、院司・大蔵卿高階泰経（56）、然るべき人々を語らい、入道関白藤原基房（41）、天下の政を執行すべく結構せり。この禅門相国基房と前大納言入道源資賢（73）同心にて画策の由、と。去る七日（実は八日朝）、後白河法皇の御使として鎌倉若宮別当玄雲（頼朝専一の者、彼の本国・相州の八幡今宮の別当なり。よって、この号あり）、法皇より頼朝（39）に天下の政、知し食すべからざる旨、仰せ遣わさるる事あり。その直後、高階泰経、件の結構を企む、と。これを伝聞の兼実は、かくの如きことひとえに春日大明神の御謀なり、人力の及ぶ所に非ず。かかる所説、注付（『玉葉』に）すべからざる事なり。就中、下劣の輩（舞人・多近久）の言、聞入るべくもなき事ながら、しかして後代の記憶のために記し置く所なり。この事、伝聞の次第、すでに実説たり、と。【玉葉】

十一月十九日〔天晴る〕

この夜、僧事あり。源義経・同行家ら、後白河法皇を奪取して西国下向を企むとの風聞により、かれら追討御祈りのための祈禱を行わる。よって、その御祈り、効験ありたるにより、この僧事を行わる（君〔法皇〕を動かし奉らず、無為にして退散す。よって御祈りの験《げん》と為すなり）。任人は法印永弁（天台座主全玄、四天王寺法賞譲り）・大僧都延杲（同御祈り、五壇法賞）・権少僧都覚鏡（同賞）・法眼宗遍（同法、僧正定遍賞譲り）・権律師俊遍（同法、法印俊澄賞譲り）・同寛経（同法、法印兼毫賞譲り）。また、園城寺大宝院に阿闍梨二口を置くべし（同御祈り、法印真円の金剛童子法賞）。以上が追討御祈りの賞なり。ついで、筥崎宮検校道清（後白河法皇、去る月十五日、石清水八幡宮御幸賞。別当慶清譲り）の新補あり。いずれも後白河法皇の口入なり。【玉葉（十一月二十日条）】

十一月二十三日〔天晴る〕

右大臣藤原兼実、伝え聞く。大蔵卿高階泰経の結構の趣（入道関白藤原基房をもって、天下を執らしむるの由）、摂政藤原基通（26）の耳に達し、大いに歎息す。よって女房をもって、後白河法皇に奏上せしむ、「天下の事、知し食すべからざる由、人々結構す。決して御承引なく、従前どおり御沙汰あるべき様に」と。法皇は摂政基通に返事を賜い、「政道の座を下りて遁世すべき事、更に人の勧めに依るに非ず。朕

（法皇）みずから発案する所なり。世の運と云い、身の運と云い、いまさらに執着はなし。この期に臨みては、ひたすらに往生の大事を思うばかりなり。災殃《さいおう》（わざわい）にかかわらざることをこそ、ひたすら願う所なり。朕（法皇）が政道を退くにおいても、摂政（藤原基通）の運にかかわる所に非ず」と答え給う、と。さらに法皇は、「摂政、年少にして政事に熟さざるとの人口、塞ぎがたきか。摂政就任の当初は、ことに右大臣兼実（37）と親昵にして、政務違失の事なし。近年、両者すこぶる疎遠にして、もっとも心許なし。今後、万事を示し合わせ沙汰あるべきものを、と願う所なり」とも。【玉葉】

十一月二十四日（天晴る）

大夫史小槻隆職（51）、右大臣藤原兼実第に入来。後白河法皇下付の頼朝追討の院宣宣下の事、頼朝（39）すこぶる忿怒の気ある由、鎌倉より上洛の武士、申達す、と。また、兼実、伝え聞く所によれば、今日、頼朝妻（平政子29）の父・北条四郎時政（48）、軍勢一千騎を率いて入洛す。近国等、時政の支配下たるべし、と閭巷謳歌す、と。【玉葉】

十一月二十六日（天晴る）　**源頼朝追討宣旨に関し、頼朝、後白河法皇を〝大天狗〟と呼ぶ**

辰刻（午前八時頃）、大夫史小槻隆職、右大臣兼実第に入来。昨日、或る鎌倉武士、隆職に語り示すとて、その談話を言上す、「頼朝追討の宣旨下行にかかわりし人々を損亡（処断）すべし」と。議奏の人、重科に非ず。まして、奉行の弁官・史官は事務上の手続きにかかわる者なり。近代の事、聊事によりて追捕に及ぶ、この事、きわめて恐れあり。ついで、小槻隆職、重大珍事を語る。昨夜（二十五日夜）、鎌倉より院御所に大蔵卿高階泰経（56）宛の書札を使者進達せり。院御所において相尋ぬるところ、泰経、御所に祗候せず、不在なる由を使者に告ぐ。使者大いに怒りて、その文筥を中門廊に投げ捨てて逐電せり。よって、右少弁藤原定長（37）、件の文筥を拾い上げ、開きてその書札の趣を後白河法皇に奏聞す。院中の人、たれもこの事を知らず、と。【玉葉】

午刻（正午）、右少弁定長、後白河法皇の御使にて、右大臣兼実第に来臨。御簾前に召して面謁す。定長は懐中より書札一通を取り出して、兼実に示す。従二位源頼朝申状なり。法皇の仰せによれば、「泰経に子細を召問して、陳状をとり頼朝に送達すべきや、または左右なく彼の泰経を罪科に行うべきや否や」と。よって、兼実は頼朝の書札を披見す。立文の表書に「大蔵卿殿御返事」とあるも、その下に署名（頼朝）なし。その状の文面によれば、「行家・義経謀叛の事、天魔の所為となすの由、仰せ下さるる（法皇より）も、甚だ謂れなき事なり。天魔は仏法のため妨げを成し、人倫においては煩いを致すものなり。頼朝、数多の朝敵を降伏し、世務の任を奉け、君（法皇）に対し奉る忠を、なんぞ忽ち反逆の罪に変ぜらる。今、ここに指せる叡慮（法皇の意志）に非ざるの院宣（頼朝追討）を下さるるや。行家と云い、義経と云い、召取らざるの間、諸国衰弊し、人民滅亡せんか。日本第一の大天狗《だいてんぐ》は、更に他の者に非ず候や（この大天狗こそ暗に法皇なりと諷刺す)。仍って言上、件の如し」とありたり。一読し了りたる兼実は、右少弁定長に、「泰経の披陳状を返信するは普通の儀なれども、一切沙汰なし。また、恐れ有りや否やにつきても推知しがたし。すべては、後白河法皇の勅定に在り。この事においては、他人の計らいに及ぶべからず。ひとえに法皇の叡慮のままに行わるべし」と兼実奉答す。【玉葉、吾妻鏡(十一月十五日条)参照】

十一月二十九日〔陰り晴れ、定まらず〕

右大臣藤原兼実(37)、伝え聞く。昨日、後白河法皇は、先日(二十六日)、兼実に仰せ遣わさるる趣(頼朝嫌疑の大蔵卿高階泰経の処置)につき、重ねて摂政藤原基通(26)に通達さる。今度は、法皇、直々に勅定をもって仰せらる。しかるに基通、なおもこの事、承引の気なし、と。【玉葉】

源頼朝(39)、日本国総追捕使・総地頭に任ぜられ、兵粮米を徴する事を許される。【玉葉、吾妻鏡】

十一月三十日〔陰り晴れ、定まらず〕

今夜、右中弁藤原光長(42)、右大臣藤原兼実第に入来、いささか告示の事あり。関東の所知、青侍《あおざぶらい》(長尾三郎光景)に仰せ付け、上洛せしめらる。当時、従二位源頼朝、駿河国に在陣。頼朝辺の事情を上申せり、と。大蔵卿高階泰経(56)、入道源資賢(73)らと謀りて、入道関白藤原基房(41)が政道を執るべく結構せしこと。さらにまた、後白河法皇、天下を知し食すべからざること御決意の様など、すでに頼朝承知の由なり、と。これを伝聞せし兼実、「この事、まことに不都合なり。前車覆轍《ふくてつ》の誡めを顧みるべし」と自戒す。【玉葉】

十二月三日〔天晴る〕

右大臣藤原兼実、伝え聞く。大蔵卿高階泰経、来る七日、関東に下向すべし、と。これ搦め召さるるの儀に非ず。みずから進みて陳謝のため行き向うなり。ただし、これ内儀(頼朝の意中)を聞き、自発的に首途(出発)するところか。泰経、ついに遁れ得べからざると覚悟の故なり、と覚ゆ。また、侍従藤原能成(義経同腹弟・大蔵卿藤原長成子・23)は今朝、保田子男(遠江守源義定子・越後守義資)を相具して関東に下向せり。なお、人々、多く損亡(処断)さるべしとの風聞、しきりなり、と。【玉葉】

十二月四日〔天晴る〕

これより以前、院北面・左衛門少尉大江公朝、後白河法皇の御使として鎌倉に下向せり。申刻(午後四時頃)、大外記清原頼業(64)、右大臣藤原兼実第に入来。大江公朝が帰洛し、頼朝の返札を持参して、法皇御所六条殿に参上。よって、院中すこぶる安堵の色あり、頼朝の状の文面「和顔(やわらいだ顔)の趣」ある故なり、と。頼業、兼実に語るところなり。この大江公朝、去る八月三十日、故左馬頭源義朝の首、東獄門辺に捜し出し、後白河法皇の勅使として頼朝の許に送達せしことあり。また、平家都落ちに際し紛失の法皇御護御剣「吠丸」を探求、法皇に進献せし功により、頼朝より感状を受けしことあり。

【玉葉、吾妻鏡（八月三十日・十月十九日条）参照】

十二月六日　**源頼朝、議奏の公卿を定めて藤原兼実を内覧とすべき旨、奏達す**

従二位源頼朝（39）、このたび行家・義経に同意の後白河法皇侍臣ならびに北面の輩、罪科に行わるべきの由、交名《きょうみょう》を折紙に列記して、大宰権帥権中納言藤原経房（43）の許に進達す。また、朝廷の政務をその議奏によって行わるべき公卿を沙汰さるべし。さらに右大臣藤原兼実（37）、関東に引級《いんぎゅう》（ひいき）すとの風聞あり、と。いつしか法皇の耳にも達したるか。よって、兼実の中丹《ちゅうたん》（偽りなき心）を露わすために、頼朝より法皇に一通の書を献ぜらる。この事、前因幡守中原広元（38）・筑後権守藤原俊兼・判官代藤原邦通ら、この間の事を沙汰せり。

【吾妻鏡】

この日、近江・美濃の源氏武士、源義経（27）を討つために西国に下向せり。

【百錬抄】

十二月八日〔天晴る〕

右大臣藤原兼実、或る人より伝え聞く。後白河法皇近臣、大蔵卿高階泰経（56）・参議平親宗（42）の所領、源頼朝の許より目録注進すべきの由、在京の頼朝代官・北条四郎時政（48）の許に下命あり、と。泰経・親宗両人の損亡（罪科）決定か。

【玉葉】

十二月九日〔雪降る〕

後白河法皇御所六条殿において仏名会を行わる予定なりき。去る五日、院中より右大臣藤原兼実息男、右大将良通（19）・左中将良経（17）、参仕すべきの催しあり。しかるに、来る十五日に延引せらる。院主典代景信、右大臣兼実第に来りて、良通・良経に、その旨を告ぐ。

【玉葉（十二月五日条）】

十二月十一日〔天晴る〕

この夜、従二位源頼朝の許より、使者・筑前介源兼能をして大宰帥権中納言藤原経房の家（勘解由小路南、万里小路東）に一書を送達す。後白河法皇、頼朝追討宣旨を下さるる事、頼朝なおも鬱し申す（うらみを抱く）、と。

【玉葉（十二月十二日条）】

十二月十四日〔夜より雪降る。但し、寸に及ばず〕

或る人、右大臣藤原兼実に伝えて云う、「従二位源頼朝、後白河法皇に貢物（国絹八十疋・白布十段・馬引物具二十具）を進献せり。その物、軽微にして、ほとんど法皇を軽慢《きょうまん》するが如き所為なり」と。さらにまた、法皇、北面下臈五人（左衛門少尉平知康・同藤原信盛・同藤原信実・同藤原時成・兵庫頭藤原章綱か）を追却せらる。ただし、かくの如き事、多く謬説たり。よって尋ね問うべし、と。その後、頼朝進物というは、陸奥守藤原秀衡（秀平64）の進上する所なり、と判明。

【玉葉】

十二月十五日
後白河法皇御所六条殿、仏名会あり。右大将藤原良通（19）、六条殿に参入、院司に補されし慶びを申す。右少弁藤原定長（37）、申次をなす。進みて御所の中門に立ちて事由を申す。定長、法皇聞し食さるるの由、伝達す。拝舞の後、殿上に候す。人々、参集、前権大納言藤原兼雅（41）、上首となる。
この日、権中納言藤原定能（38）、右大臣藤原兼実第に来談。後白河法皇、北面武士の輩に勘当を下されしこと、在京の鎌倉武士、土肥次郎実平・北条四郎時政（48）らの申状によるものなり、と。しかし、法皇、ほどなくこれを免除さる。兼実（37）、これを勿論の事か、という。【玉葉】

十二月十七日　源頼朝の求めにより、義経に味方して頼朝追討の院宣に関与した高階泰経ら五人を解任す
右中弁藤原光長（42）、右大臣藤原兼実第に入来、語りて云く、「去る夜（十六日）、権中納言藤原経房（43）に面謁の上、世上の事を談話す。その中に、後白河法皇、天下を知し食すべからざるの様（政務を退く）、内々、御気色あり。この事を従二位源頼朝に通達せんがため、法皇御使として関東に下向すべき由、勅定あり。経房、再三、辞退するも許容なし。この使者の役、人々に談合して決すべしとの仰せなるも、他人一切、その仁（使者）に適任の人なし。よって議定に及ばざるにより、経房、下向せざるを得ず。よって来る正月十六日、首途たるべし」と。【玉葉】
この日、行家・義経（27）に同意して、頼朝追討の宣旨発布にかかわり、関東よりその主謀と目されたる大蔵卿兼備後権守高階泰経（56）・右馬頭高階経仲（泰経長男・29）・侍従藤原能成（義経同腹弟・母は常盤・23）・越前守高階隆経（泰経子?）・少内記中原信康（伊予守義経の右筆）の五人を解任す。左大臣藤原経宗（67）、大外記中原師尚に下知して宣旨を下さしむ。この状を源頼朝に進献すべく、北条四郎時政の使者、携帯して鎌倉に下向。十二月二十九日、参着。【玉葉（十二月十八日条）、吾妻鏡（十二月二十九日条）、公卿補任】

十二月二十三日〔天晴る。時々、小雪ふる〕
大外記清原頼業（64）、右大臣兼実に書状を申送る。明日、左大臣藤原経宗、上表して左大臣を辞せんとす、と。この経宗、年来、職を避くの心なき人なり。しかるに、突如、この儀、出来せり。その理由は、いかに。もしくは頼朝追討の宣旨を奉行せしにより、源頼朝、怨恨を抱けりと風聞あり、それを怖畏して、辞せんとするか。事、はなはだ周章に似たり。この期を難なく過ぎても、なお辞退せんとの意志のありや、なしや。しかるに、この上表事、聴されず。【玉葉、公卿補任】

十二月二十七日〔天晴る〕

去る十二月六日、源行家・同義経に同意せし侍臣・北面輩らの事、つぶさに関東に通達せらる。従二位源頼朝（39）は、右大臣藤原兼実（37）・内大臣藤原実定（47）以下、総勢十人の卿相を議奏の公卿と定め、右大臣兼実に内覧を命じ、新たなる任官、さらに行家・義経の与党たる参議平親宗（42）・大蔵卿高階泰経（56）ら十二人の罪科を申行わるべく、交名を折紙に注して大宰権帥権中納言藤原経房（43）に送遣。後白河法皇に奏上すべく、頼朝書札ならびに折紙等、この日到達す。

午刻（正午頃）、右中弁藤原光長（42）、これら一括を右大臣藤原兼実第に持参す。光長の口上を聞き、文書を一覧した兼実は、夢の如く、幻の如き珍事に仰天す。兼実、経房を呼ぶ。夜に入りて参上。頼朝の申状に「天下の草創（幕府創立）なり。政道の淵源を究め尽すべし」とあるを重視、乱を鎮め治を致すことに同調せるも、両人（摂政基通・右大臣兼実）の内覧は禍乱の源なり、と兼実はみずからの内覧を固辞す。よって、頼朝の院奏の折紙の条々、奉行宣下の事、後白河法皇より上卿に仰せあって、熟慮の上に宣下せらるべしと奏聞す。しかるに、法皇は頼朝申状には二人内覧とこそ見たれ、とて不審に及ぶべからず、と。　【玉葉、吾妻鏡（十二月六日条）】

十二月二十八日〔天晴る〕　**源頼朝の上奏により、右大臣藤原兼実、内覧の宣旨を蒙る**

院参して自らの所存を奏上せんと、右大臣藤原兼実、卯刻（午前六時頃）、烏帽子・直衣を着用して、院御所六条殿に参入す。かねて権中納言藤原定能（38）、参会すべく打合せするも遅参せり。やがて修理大夫藤原親信（49）参入す。親信をもって後白河法皇に見参せんとするも、奥に隠れて出で来らず。よって、法皇愛妾・丹後局（近日の朝務、彼女の唇吻《くちさき》〔口入〕に在り・高階栄子37?）に面謁すべく、前駆《せんぐ》を勤めし中務少輔源兼親（丹後局の有縁者）をもって相触るるも、便宜なしと称して謁せず。おそらく法皇の制止によるものか。数刻にして権中納言定能、参入し来る。よって、この定能をもって兼実参入の由を報ぜしむるも、法皇より左右の仰せなし。むしろ、蔵人右少弁藤原定長（37）の参否を問わる、と。定長未参の由を定能奏上、法皇はその定長参上を遣わし召さる。この間、右大臣兼実は自らの所思を、便宜の間に法皇の叡聞に達せんとして定能に示す。小時にして定長参入、直ちに法皇御前に参上せり。勅語を伝えるに、「頼朝の許より申す所の事、一事違乱無く沙汰を致さしむべし」と。兼実は、「頼朝追討の宣旨は後白河法皇の叡慮に非ず、本意に非ざる由。また、兼実の関東密通の疑い、恐れ申すの趣旨。さらに法皇、内に権臣（頼朝）の媚を求め、外に謙退の詞を表わすかの由、叡慮疑心の事を深く恥じ思う故により、一刻も早く、法皇に面謁の上、これらの疑念を解かん」との心情切々たり。しかし、定長を介して兼実の奏請、往反三、四回繰り返すも、法皇より分明なる勅答なし。むしろ、法皇において逆鱗の天気《てけ》なり。やがて定能出で来りて、定長、兼実の示す所の条々を法皇に奏せんとするも、兼実の儀、奏上すべからざる由仰せあり。果ては、兼実を追立て、退去せしめらる、と。これにより、右大臣兼実の怖畏、いよいよ募り左右すべからず。やむなく、同居の八条院（49）御方に参上、女房に謁して退下す。

この夜、蔵人宮内権少輔藤原親経（35）、後白河法皇の御使として右大臣藤原兼実第に入来、院宣を伝う。「頼朝申状による任官・解官等の事、摂政藤原基通（26）に仰せらるるの所、摂政において下知すべからずと申す。よって、汝（兼実）においてきっと奉行すべし」との仰せなり。兼実、この奉行下命に得心せず。去る年、上表の後、いまだその上表文返下なし。前官の者（兼実）、公事を奉行するあたわず。執政の儀により下知を加うべきか、と。今朝、参院の上、所思を述べんとするも、法皇において奏上を固辞ありて、いまだ分明の仰せを承らず、退出せり。頼朝申状に対する宣旨を下さる以前に雑事奉行は理解しがたし。たとえ宣旨ありても、吉書を見る以前の宣旨発布は先例なき事なり、と院宣の趣を返奏す。

兼実（37）、この日、院御所六条殿において、後白河法皇愛妾・丹後局に面謁を請いしこと、廉恥《れんち》を忘るるが如き所為にて、深く思慮する所なり、と自第において沈思反省す。その故は、去る治承三年（一一七九）十一月、大相国入道清盛の強請により、関白を替え、法皇の近臣三十九人を解官。院政を停止、後白河法皇を鳥羽殿に幽閉し、武権ひとえに君威（法皇の院政）を奪い、専横をもって朝務を行う。これによって天下の貴賤、ただ清盛の権力を恐れ、君命（後白河法皇）を粛《つつし》まず、朝威地に墜ちたり。しかるに小臣（兼実）、独り権臣（清盛）に媚びず、朝憲をさげすまず、これをもって徳となし、仏神の感応を仰ぎたり。しかるところ、このたびも讒臣（権中納言大宰権帥藤原経房43）の一言により、奸邪諸佞《かんじゃしょねい》の輩に類せらる。進みて恐れあり、退きて恥あり。情《こころ》有る人、定めてこの案を察せんか、と心中混迷せり。【玉葉】

この日、従二位源頼朝（39）の上奏をうけ、勅して右大臣藤原兼実に文書を内覧せしめ給う。翌文治二年正月九日、兼実、これを請ける。
【公卿補任、玉葉（文治二年正月九日条）、百錬抄、皇帝紀】

十二月二十九日　議奏公卿十人を置く

午刻（正午）、蔵人宮内権少輔藤原親経（35）、昨夜に引続き、右大臣藤原兼実第に来る。後白河法皇の御使として院宣を伝える。頼朝の申入れによる任官・解官等の人事、ぜひに執行すべし。親経の伝えることその謂れあり。ただ、法皇の叡慮により決せずして、公卿仰せ合わさるべし。関東より任人の注進あるに、参議の闕につきてはその人を任ぜず。正四位下蔵人頭右中将源雅賢（38）は解却の内に入らざるにより、雅賢を参議に任ぜんとす、その進退いかに、よろしく計らい奏すべし、と。

この夜、任官・解官等の事、行わる。上卿は検非違使別当藤原家通（43）、執筆は参議藤原雅長（41）、蔵人宮内権少輔藤原親経がこれを宣下す。まず、右大臣兼実以下十人を議奏とす。任人は参議源雅賢以下十七人なり。解官の事、仰せあり。参議平親宗（42）・右大弁藤原光雅（37）・刑部卿藤原頼経・左馬権頭平業忠・大夫史小槻隆職（51）・兵庫頭藤原章綱・左衛門少尉平知康・同藤原信盛・同藤原信実・同藤原時成の十人なり。このうち、刑部卿藤原頼経・右馬権頭平業忠および左衛門少尉平知康は、その志ひとえに伊予守源義経（27）の腹心たり。
【玉葉、吉記、吾妻鏡（十一月十日条）】

十二月三十日〔終日、雪下る〕

右大臣藤原兼実（37）、昨夜の臨時除目の聞書を披見す。蔵人頭右中将源雅賢（38）、参議に任ぜらる。これ祖父（前大納言入道源資賢73）の懇望の上、権中納言大宰権帥藤原経房（43）の唇吻（口入）なり。はなはだ異様の事なり。経房は当時の卿相の中、すこぶる大人たるの由、年来、これを存知す。此の事により頗る彼の心操を察知せり。少事たりと雖も、彼の心底を顕わすものなり。

今日、関東より飛脚来着。右中弁藤原光長（42）の許に宛てたる書状なり。光長、昨二十九日の臨時除目により、蔵人頭左中弁たり。その状によれば大蔵卿高階泰経（56）・刑部卿藤原頼経両人は、行家・義経に同意の者なり。よって早やかに遠流に処せらるべし。泰経は伊豆国、頼経は安房国なり。右大臣兼実、この件、権中納言藤原経房に付すべく、蔵人頭左中弁藤原光長に下知し了んぬ。よって、光長は直ちに書状をもって経房にその旨を申し送る。経房の返札は「申請に任せ、早やかに沙汰あるべし」と。この経房書状を関東に申送るべく、右大臣兼実、光長に仰す。

また、去る二十七日、源頼朝（39）より任官・下官等の事、後白河法皇に院奏せし事の返事案、この日、蔵人頭左中弁藤原光長、右大臣藤原兼実に書進せり。よって兼実、少々、取捨加筆の上、光長に返戻す。法皇の披見を経て明暁、鎌倉に返遣すべし、と。

この日、右大臣藤原兼実、権中納言藤原定能（38）を自第に招致す。後白河法皇の兼実に対する逆鱗につき、鎮撫の事を示し合わす。談合の果て、法皇寵愛の定能息・左少将親能（17）をもって法皇に言上せしむべく、申し含めたり。これ、木曾義仲の時、入道関白藤原基房、朝務を執りたる例に准じ、兼実より極めて訴えなきなり。蒼天、頂にあるが如き明澄の心境にして、みずからは更に過怠《かたい》なきなり、と。

【玉葉】

文治二年（一一八六）　六十歳

正月一日〔晴。昨日の雪、終夜止まず。今朝、前庭を望むに、尺に満てり。これ豊年の瑞なり〕
後白河法皇御所六条殿、庭砂湿るにより拝礼を行われず。明後日、行わるべし、と。　【玉葉、百錬抄】

正月二日〔天晴る。時々、風雪あり〕
院近臣・権中納言藤原定能（39）、その子息・左少将藤原親能（18）を相具して、年賀のため右大臣藤原兼実第に来る。兼実（38）、面謁す。今日、欠日《けつにち》（継続の行事が特に行われない日）たるにより法皇拝礼なし。　【玉葉】

正月三日〔天晴る〕
院拝礼あるべき由、かねがね風聞あるも、なお不定の議あるべし、と権中納言藤原定能、昨日（二日）、右大臣兼実に密かに語る。よって、兼実、今朝、嫡男・右大将良通（20）をして院執事・前権大納言藤原兼雅（42）に定否を聞かしむ。兼雅、大略中止の由を示す。右大将良通の番長、病を称して参入せざるにより、良通外出せず。　【玉葉】

正月九日〔天晴る〕　**藤原兼実、内覧宣旨後初めて吉書を見る**
右大臣藤原兼実、去る年十二月六日付の頼朝折紙状による後白河法皇への奏上吹挙によって、内覧宣旨を下さる。この日、始めて吉書を見る所なり。この日の儀、家司・蔵人頭左中弁藤原光長（43）、宿病の脚気《かっけ》治癒せず、同家司・伊予守源季長、奉行せり。　【玉葉】

正月十七日〔天晴る〕
午刻（正午）、蔵人右中弁源兼忠（26）、後白河法皇の御使として右大臣藤原兼実第に入来。「前左中将平時実（前権大納言時忠子・36）、去る年二月の平家滅亡の時、長門・壇ノ浦合戦において、父時忠とともに生虜《いけどり》となり参洛す。時実、所労により罪科として、周防国に配流に処せらる（五月二十日）。しかるに、配所に赴かず、賊徒行家・義経に伴われて西海に赴くのところ、大物浦《だいもつのうら》（尼崎市）の沖合にて逆風に遭い、行家・義経ら退散す（十一月六日）。この時、時実、またしても生虜となり、鎌倉に送致せらる。しかるに、従二位源頼朝は後白河法皇の勅定により沙汰すべきと、件の時実を書状を付して京都に召し進めたり。よって、この時実の処置いかように成すべきや、あるいは摂政

藤原基通（27）に罪科を定めしめ、計らい行うべし。法皇においては、その罪科の軽重や成敗、一切関知せず」と。【玉葉】

正月十九日〔天陰る〕

後白河法皇、伏見御所に渡御あり。しばらくの間、ここを御所となすべし、と。右大臣藤原兼実（38）、法皇は忿怒のあまり、この御所に隠居せしめ給う、と伝聞す。去る冬十二月六日、頼朝折紙の状を法皇に上奏、摂政藤原基通の内覧を外し、右大臣兼実に内覧の下命方を注進したるに逆鱗なり。その故は、摂政基通近侍の女房（左衛門権佐平棟範37の従女）、源頼朝（40）の縁人たるにより、彼女の告げ送るところに由来せり、と。【玉葉】

正月二十一日〔天晴る〕

閑院内裏において政始《まつりごとはじめ》を行う。了りて前左中将平時実（36）の流人罪状を議す。よって、右大臣藤原兼実、罪名を勘申《かんじん》すべきの由を下知す。左少弁藤原定長（昨年十二月二十九日、右少弁より転任・38）、転任後、右大臣兼実第に初めて入来、吉書を申す。兼実、風病によって面謁せず。番職事・中務少輔源兼親をして応接せしむ。定長退出の後、兼親を御簾前に召し、後白河法皇の天気《てけ》の趣（昨年十二月六日、源頼朝、折紙上奏状を進達の一件）を問うに、殊に逆鱗の儀なし。しかるに、内々、御歎息ありて、数日、伏見御所に経廻《けいかい》（滞留）あるべきの由、風聞す。よって、兼親、その期間を定長に問いたるに、いまだその日程、承り定めず、と。【玉葉（正月二十二日条も）】

後白河法皇、今年宝算六十になり給うにより、従二位源頼朝、御賀を行わるべき御料にと、上絹《じょうぎぬ》三百疋、国絹《くにぎぬ》五百疋、麞《のろ》牙等のほかに斑《まだら》幔《まく》六十帖を、京上して院御所六条殿に進献す。【吾妻鏡】

正月二十二日〔天晴る〕

前左少将平時実、罪科重畳たるにより遠流相当なりと一決す。かつまた、後白河法皇に罪名勘文進上の時においては、遠流の国々を注し立ての上、奏聞すべしと、右大臣兼実下知す。しかるに、先日、法皇、この平時実の儀、一切、奏上に及ばずと忌避せらる。よって、今度の罪名勘申《かんじん》の奏上においてなお忌避の事あらば、兼実一存の私計により沙汰すべく、心秘かに決す。【玉葉】

正月二十三日〔天陰り、晩に及びて雨下る〕

早旦、蔵人頭右中弁源兼忠（26）、明法博士中原明基が勘申の流人時実罪名勘文を、右大臣藤原兼実第に持参す。院奏のための上卿、いずれも故障を申すにより、兼実、件の源兼忠を後白河法皇渡御の伏見御所に遣わし、奏上せしむ。法家の勘文、かくの如し、「死一等を減じ、遠流に処せらるること至当。ただ、その国は東西いずれにすべきか、法皇の勅定に随うべし」と。しかるに、法皇、これにつきては、宜しきにしたがい行うべし、と仰せあり。よって、のち同二十五日、時実の配流、周防国を改め上総の国にとの官符を下さる。

正月二十八日〔陰り晴れ、定まらず〕　【玉葉、吾妻鏡（二月七日条）】

前権大納言藤原兼雅（42）、右大臣藤原兼実（38）第に来臨。兼雅の伝える所によれば、去るころ、鎌倉の源頼朝（40）より後白河法皇に飛脚到来せり。よって、今朝、法皇より返事を仰せ遣わさる、と。頼朝の申条は、

㈠先日、法皇の御使として大宰権帥権中納言藤原経房（44）を下向せしむべく示し送らるるも、同卿、下向無用なり。

㈡法皇に甘苔六百帖を進献の事。

㈢去る冬（十二月六日折紙状）、頼朝より法皇に奏聞の条々（解官・任官）の事、愚案（頼朝）を奏上せるも、所詮は法皇勅定に在るべき事。

㈣義経謀反の間、頼朝追討宣旨発布の事、叡慮（法皇の意志）より起りたるに非ざるの由、承知仕るべき事。

等の四ヶ条の趣旨列記せり。

後白河法皇、今日、伏見御所より六条殿に還御あり。明日、嵯峨（女房若狭局宅）に御幸あるべし、と。　【玉葉】

正月二十九日〔晴〕

右大臣藤原兼実、伝え聞く。先日、頼朝より飛脚をもって後白河法皇に奏上せること、昨二十八日、頼朝に返書あり。その中、前大蔵卿高階泰経（57）の事、過怠なきこと殊に弁明の叡旨を仰せ遣わさる、と。また、解官せし院北面下﨟五人（左衛門少尉平知康ら）につきては糸惜《いとお》しく思食すの由を仰せありて、憐憫を乞わるるの叡慮なり、と。　【玉葉】

二月一日〔晴〕

後白河法皇、伏見御所に臨幸あり。　【玉葉】

二月二日〔晴〕

大蔵卿藤原宗頼（33）、院昇殿の事を後白河法皇に上申す。宗頼は故入道大納言藤原光頼鍾愛の小子なり。高野宰相入道藤原成頼（正三位参議・法名智成・51）の養嗣子となり、同家の文書を相伝、口伝を受け、彼の家を継承せり。才幹優長にして心操穏便なり。しかして射山（後白河法皇）の疎遠により、度々の顕官にも洩る。よって従四位に叙しながら一職も帯びず。さながら、棄て置く人の如し。これを惜しみて、頼朝、万人の中より推挙し、高階泰経の代替として大蔵卿に申し任ず（去る年十二月二十七日）。よって、この日、法皇、院宣を下して、宗頼の院昇殿を聴す。　【玉葉（正月二十七日条も）】

二月三日〔天晴る〕　**後白河法皇、熊野御幸を発起す。諸費用は源頼朝に下命**

後白河法皇、退位後この六、七年、多年恒例の熊野詣で中絶し給う。連々、参詣を思食し立つも、天下騒擾により自然遂げ給わず。遺恨の極みにて、朝暮、歎き思食さるる所なり。これまで、すでに二十八度の熊野御幸あり。よって三十度に満たさせまほしき心願により、今春、積年の叡念を果たし給わんとす。しかるに熊野山、物資欠乏につき、米など少々、調達せしむべく、在京の頼朝代官・北条四郎時政（49）をして、従二位源頼朝（40）に下達方の下命あり。よって、左少弁藤原定長（38）、後白河法皇の勅命をうけて院宣奉書を大宰権帥権中納言藤原経房（44）に送り、即日、執達せしむ。【吾妻鏡（二月九日条）】

二月五日〔雨下る〕

今旦、権中納言藤原定能（39）、右大臣藤原兼実（38）第に入来。今日、巳刻許り（午前十時頃）、鎌倉より飛脚到来す。去る年十二月六日、頼朝、後白河法皇に折紙状をもって奏上せし条々の中、右大臣兼実に内覧宣旨を下さるべきを申請せり。よって、兼実、頼朝に送る返報に幼主（後鳥羽天皇7）の時に内覧の例なきの趣を、詳しく注し遣わす。しかるに、この飛脚便にはその返事なし。ただ、摂政長者（頼朝、兼実を吹挙す）の事は、置文をもって御社（春日社）において決せらるべく、後白河法皇に奏上せり、と申し来る。これ、希代の珍事にして、兼実一身において是非するあたわざる事なり。【玉葉】

二月六日〔天晴る〕

後白河法皇、伏見御所に御坐あり。蔵人勘解由次官皇后宮権大進藤原定経（29）、父卿（大宰権帥権中納言経房）の使として、伏見御所に参向。鎌倉申状（去る月二十八日、法皇より頼朝への返札に対し、昨五日、巳刻〔午前十時頃〕、飛脚にて返報あり）を法皇に奏聞のためなり。【玉葉】

二月七日〔天晴る〕

後白河法皇、密々に石清水八幡宮に御幸あり。権中納言藤原朝方（52）、供奉に加わる。伏見御所より進発か。【石清水八幡宮略補任（『石清水八幡宮記録』三一）、玉葉（二月五日条）】

二月九日

京都の北条時政より鎌倉に飛脚到来す。後白河法皇より頼朝に下さるる院宣を持参せり。左少弁藤原定長の奉書をもって、法皇、今春の熊野詣でにつき、熊野権現三山の供米《くまい》の沙汰を頼朝に仰せ付けらるるものなり。去る二月三日、大宰権帥藤原経房より北条時政の家に院宣到達。当日中に請文を執り進むべき厳命たるにより、即日、時政、頼朝の許に急進したり。【吾妻鏡】

二月十日〔天晴る〕

右大臣兼実、今夕、家侍をもって使となし、鎌倉の頼朝に返札（二月五日到着せし飛脚の返信）を遣わす。家司・蔵人頭右中弁藤原光長

（43）の奉書なり。文面の趣は、「君臣（後白河法皇と右大臣兼実）の合体、天下を正道に導くなり。内覧宣旨なしと雖も、何ぞ臣忠（兼実の法皇に対する忠節）を尽くさざらんや。上下がそむき離れれば、国を治むること叶いがたし。例なきの所職（摂政に非ざる者が内覧の宣旨を受くること）、公私、詮なきの故なり。兼実の生涯の運報は、ただ春日大明神の神慮に任せ奉る以外になきなり」と。　【玉葉】

二月十二日〔天晴る〕

源頼朝より後白河法皇に進献の献上品（上絹《じょうぎぬ》三百疋・国絹《くにぎぬ》五百疋・幔《まん》三十帖）、越前介源兼能を使者として、法皇御所六条殿に搬入す。これ、後白河法皇六十賀奉祝の料として奉献の品々なり。ついで、源兼能、頼朝の旨をうけ種々の事を法皇に奏聞す。

【玉葉、吾妻鏡（正月二十一日条）参照】

二月十三日〔陰り晴れ、定まらず。夜に入りて雨下る〕

今日、後白河法皇、日吉社より還御せらる、と。右大臣藤原兼実（38）、前権大納言藤原兼雅（42）より伝え聞く。　【玉葉】

二月十四日〔夜より雨下る〕

近日、後鳥羽天皇（7）、御手習の事あり。しかるに手本なきにより摂政藤原基通（27）に尋ねらるるに、基通、本なき由を奉答す。よって、内女房をもって、右大臣藤原兼実に所持なきや、もしくは揮毫して進上すべく下命あり。兼実、「手本等は召しによりすべて皆、後白河法皇に進上せり。その外、一切所持せず。書進のことも叶うべからず。早やかに摂政基通に尋ね召さるべし。さなくば、後白河法皇に申さるべし」と奏上す。　【玉葉】

二月二十日〔天晴る〕

未刻許り（午後二時頃）、蔵人頭左中弁藤原光長、右大臣藤原兼実第に入来。条々の事を申す。その中の一条。来る二十五日、後白河法皇、灌頂加行のため、摂津・天王寺に臨幸あるべきところ、俄かに延引となる。これ、法皇の布施料として布絹等、源頼朝に進献せしむべく召遣わさるるの間、鎌倉よりの到来を待ちて、御幸を遂げらるべし、と。しかるに、未着につき、大宰権帥権中納言藤原経房（44）の沙汰として、在京の北条四郎時政（49）に件の用途を尋ね召すも進上せず。弾指すべき事なり。　【玉葉】

二月二十四日〔晴〕

蔵人頭左中弁藤原光長、後白河法皇の御使として右大臣藤原兼実第に入来、目録持参の上、条々の事を諮《はか》る。その中の一条。従五位上左馬頭藤原能保（室は頼朝同母妹・40）を衛府督（従四位下相当）に任ぜらるべく、頼朝（40）より大宰権帥権中納言藤原経房につけて後白河法皇に奏上す。しかし、法皇は院宣をもって、「今は闕なく、何ゆえに新補を行わるべきや」と下問し給う、と。兼実、「みずから左右《とこう》しがたきにより、法皇の御定次第なり。また、この儀、摂政藤原基通（27）に申すべし」と奉答す。光長（43）、すでに摂政に申したり。頼朝の奏上につきては、法皇と同旨なり、と答う。

また、対馬守藤原親光還任の事、関東頼朝（40）より法皇に奏請せり、と。かの対馬守親光こと、去る治承三年〈一一七九〉正月二十二日の除目において、成功《じょうごう》により当国守に任ぜられ、すなわち任国に赴きたり。しかるに、平家の乱に遭い、その乱行を恐るるにより、高麗国に越え渡りて逃亡潜居。その後、平氏滅亡の由を聞きて、帰朝、対馬に在国せり。史大夫中原清業、巡年《じゅんねん》により対馬守を拝任す。よって藤原親光、はるばる鎌倉に攀《よ》じ向かい、この由を頼朝に愁訴す。頼朝、親光の陳述を聞き、平氏に従わざるの意趣を感じ、親光の所望にまかせ、還任せしむべく後白河法皇に奏聞するところなり。しかるに、新対馬守中原清業もまた、指せる過怠なし。この上の事、いかがなすべきや、人々に問われ善処あらんことを、と。右大臣兼実、光長の申し条を聞きて、所詮、この事は法皇の勅定により決せらるべし、と答う。　【玉葉】

二月二十五日〔夜より甚雨ふる。午後、天晴る〕

八条院（後白河法皇妹・50）、父帝鳥羽法皇ならびに母后美福門院の冥福を祈るために、仁和寺常磐御堂（蓮華心院）において御筆金字大般若供養（六百巻の中、当時、二百巻書写完了）を行わる。後白河法皇、結縁のため御幸あり。参入の公卿は権大納言藤原宗家（48）・前権大納言藤原兼雅（42）・右大将藤原良通（20）・前権中納言源雅頼（60）・権中納言藤原定能（39）・右京大夫藤原季能（34）・参議左中将源通資（35）。大蔵卿藤原宗頼（33）、行事を勤む。導師は法印澄憲（61）、請僧《しょうそう》六口なり。この日、女院書写完了の二百巻分を供養せらる。【玉葉】

右の残る四百巻は、書写にしたがい題名を開き、石清水八幡宮の宝前において、院司・行丹後守藤原長経を御使として差遣、白妙御幣を捧持して、来る四月二日に供養を遂げ給う。　【「石清水八幡宮寺告文部類」巻第六（「田中家文書」）】

二月二十六日〔晴〕

関東（源頼朝）より右大臣藤原兼実（38）に書札到来す。除目の事（来る三十日、県召除目《あがためしのじもく》）、ひとえに下官（右大臣兼実）の主導により行うべし、と注進し来れり。兼実、すこぶる当惑、不祥《ふしょう》（災難）この事に在り。この頼朝の申状により射山《しゃざん》（後白河法皇）・周公（中国・周時代、武王・成王を補佐し、天下を平定した周公旦。摂政藤原基通を指す）、いよいよ成敗《せいばい》（政道の沙汰）せらるべからず。およそ、兼実の堪えがたき第一の次第なり、と。

この日、また大宰権帥権中納言藤原経房（44）、密々に右大臣兼実に頼朝申状を注送し来る。文面によれば、頼朝なお兼実を摂政になすべき吹挙の趣なり。頼朝、洛中の有様を知らず。この事、下官（兼実）の不祥、左右するあたわず、と。　【玉葉】

二月二十七日〔天晴る〕
後白河法皇、仁和寺法金剛院に御幸。同院御所に宿御。
【玉葉（二月二十九日条）】

二月二十九日〔晴〕
後白河法皇、仁和寺法金剛院御所に起居あり。かねて、右大臣藤原兼実（38）、頼朝（40）の書札の旨につき、左少弁藤原定長（38）をもって、後白河法皇に奏上するところあり。この日、申の終り（午後五時前）、蔵人頭左中弁藤原光長（43）、後白河法皇の御返事を仰ぐべく仁和寺法金剛院御所に来る。法皇の勅報によれば、「朕（法皇）、天下を知し食《しろしめ》すべからず。叙位・除目の事もまた、自然、成敗するあたわざる事、今始めて申す事に非ず。此の両三年来、しきりに摂政藤原基通（27）に仰すと雖も、一切、承引せず。よって、不当・非理の事、定めて多し。天下の乱れ、かくの如きの故なり。この際、あえて心を摂政基通に置く必要はなし。関東の申状により、引入れこそ肝要なり。今夏の除目の事は、すべて汝（兼実）の沙汰たるべし」と。
【玉葉】

三月一日〔天晴る〕
後白河法皇、今熊野社に参籠あり。左少弁藤原定長、今熊野参籠の御供に候す。
【玉葉（三月二日条）】

三月四日〔天晴る〕
今熊野社参籠中の後白河法皇、昨三日、六条殿に還御か。この朝、巳刻（午前十時頃）、法皇御使として蔵人頭右中弁源兼忠（26）、右大臣藤原兼実第に入来。法皇の仰せを伝う。仁和寺守覚法親王（法皇第二皇子・37）、牛車の宣旨を蒙りたき旨、法皇に申さる。法皇、相計らい、かつまた前例を勘申《かんじん》の上、沙汰致すべきを仰せらる、と。右大臣兼実、「前例を問うに及ばず、早やかに仰せ下さるべし。なお、摂政藤原基通に申して、下知さるべし。件の守覚法親王、年齢いまだ至らず、また指せる天皇護持僧に非ざるにより、内裏参内の要もなし。しかるに、法親王みずからの所望において、今更、惜しまるべからざる上に、すでに後白河法皇において勅定切なるにおいて、前例を問うべき必要なし」と、奏聞せしむ。
酉刻（午後六時頃）、蔵人頭左中弁藤原光長来たり、院御所より目録に注して条々の事を右大臣兼実に申す。その中に、源平合戦の時、長門・壇ノ浦海底に沈没せし、宝剣探求の事あり。厳島神主・前安芸守佐伯景弘、その探求使としての書状、ならびに太政官注申の旨等を内覧す。ついで、兼実、求捜開始に際して、長門国に奉幣使を立て、事前にその事を法皇に奏上すべきを下知す。
亥刻（午後十時頃）、蔵人頭左少弁藤原光長、院御所（六条殿）より右大臣藤原兼実の第に示し送りて云う、「左中弁藤原定長（今熊野社参籠の御供）、病により出仕せざるにより、万事、右大臣兼実より奏達の公事、法皇に奏聞叶わず。よって、女房右衛門佐をもって、形の如く

申入るばかり」と。　【玉葉】

三月六日〔天晴る〕

後白河法皇皇子・仁和寺宮守覚法親王（母は高倉三位局〔大納言藤原季成女〕・37）に牛車の宣下あり。　【玉葉、仁和寺御伝、華頂要略】

三月十日〔天晴る〕

人の伝えによれば、関東頼朝（40）より、重ねて右大臣藤原兼実（38）の摂籙《せつろく》吹挙の事を後白河法皇に奏上せり、と。　【玉葉】

三月十一日〔天晴る〕

早旦、院司・左少弁藤原定長（38）、右大臣兼実の家司・蔵人頭左中弁藤原光長（43）の許に兼実の摂政・氏長者宣下の事、今日、後白河法皇より仰せ下さるべき事ありと告ぐ。兼実、これを聞き、驚き思うこと限りなし。午刻（正午頃）に至りて、右中弁源兼忠（26）、父前権中納言源雅頼（60）同道にて、法皇御使として兼実第に来臨。産穢に触るるにより縁辺に居る。兼実、簾中においてこれに謁す。右中弁兼忠、法皇の仰せにより摂政・藤氏長者の宣下につき、案内を申入るべき旨を伝う。夜に入りて左少弁定長、右大臣兼実に院宣を伝え来る。兼実、摂政・氏長者宣下の内報につき法皇に奉答の旨、聞し食されて、「兼実の意趣、はなはだ神妙なり」と嘉賞し給い、あえて逆鱗のことなし、と。定長、この度の慶事、春日大明神の御計らいとして、神慮によるものと兼実に言上す。これをうけて、兼実も仏神の冥助、紅涙眼に満つと感悦せり。　【玉葉】

三月十二日〔天晴る〕　**藤原兼実、摂政・藤氏長者となる**

早旦、右中弁源兼忠、右大臣藤原兼実第に来る。今日の兼実に摂政詔書宣下につき条々の事、相含めたり。ついで、兼実、後白河法皇の六条殿に参上。この朝、法皇よりの院宣は、

㈠長者の事。このこと、宣旨を下すか、然らざるか、太政官の外記に申合せの上、沙汰に及ぶべし、

㈡一座（摂政）の事。これは、早やかに宣下すべし、

と。よって、この日、摂政藤原基通（27）の摂政・藤氏長者を停めて、従一位右大臣藤原兼実を摂政・藤氏長者となす。詔書は大内記菅原長守が清書す。　【玉葉、吉記、公卿補任】

この日、後白河法皇御所六条殿において尊勝陀羅尼供養を行わる。右大将藤原良通（20）、奉仕す。事了りて日没の刻に帰宅す。　【玉葉】

三月十三日〔陰り、午後、甚雨あり〕

新摂政藤原兼実の許に、院随身・左番長秦頼武入来す。後白河法皇より召し賜る所なり。兼実の所望なり。　【玉葉】

三月十五日〔晴〕

このたび、藤原兼実（38）、摂政・藤氏長者となりたるにつき、後白河法皇、随身・左近衛番長秦兼次（27）を兼実に下賜せんとして、蔵人頭左中弁藤原光長（43）をもって仰せ下さるるも、兼実これを辞退せり（十四日）。しかるに、この日、申刻（午後四時頃）、秦兼次、右少弁藤原定長（38）の封書を携帯して兼実第に入来す。よって、兼実これを謁見す。折柄、右中弁源兼忠（26）来会せるにより、兼忠をもって賜禄の女房御衣《みぞ》一領を兼次に給う。兼次、これを肩に引き掛け退出せり。件の秦兼次は、後白河法皇殊に「御糸惜《いとおし》之者（寵愛）」たり。また院の舎人中においては屈強の名、聞え高き者にして、しかも容貌美麗を謳わる、と。よって初参たりしも兼実、殊に饗応する所なり。

【玉葉（三月十四日条も）】

三月十六日〔雨降る〕

新摂政藤原兼実、摂政詔《みことのり》（去る十二日、宣下せらるるの氏長者、同じく下さる）ならびに兵仗の勅（随身を賜い、牛車を聴さるるの宣下なり。勅により左右近衛府生各一人、近衛各四人、兵仗随身となす）の宣旨を下さる。未刻（午後二時頃）、後白河法皇より兼実拝賀乗用御車のため御牛（黄牛《あめうし》）を賜う。左近衛府生秦兼平、法皇御使として九条第に相具し来る。中門より牽《ひき》入る。兼実、これを一覧して中門外の厩に引出し、案主これを受取る。兼実、御使秦兼平に賜禄。御衣（薄萌木色の女房装束）一領を蔵人頭左中弁藤原光長、伝え取りて兼平に給う。兼平、庭中に進み出でて再拝して退出せり。

戌刻（午後八時頃）、兼実、束帯を着し、中門外において乗車、院御所六条殿に参上。その路順、富小路唐橋高倉八条、東洞院六条、西洞院等の大路を経て御所東門に到る。乗車に際して右大将良通（20）、御簾をかかぐ。下車の際、右大将良通および左中将良経（18）、車下に寄り下る。兼実、車前簾をみずから巻き上げ下車。左中将良経、沓を献ぐ。前駆・職事右馬助源国行、笠を取る。兼実の前駆を勤めし使別当・内蔵頭藤原経家、兼実参上の事由を奏す。拝舞了りて、法皇の召しにより殿上に上りて、御所寝殿東庇簾中（二棟廊南広円座辺）に候す。御簾前に灯火を挙ぐるも、法皇、簾中に御坐なし、不審。しかるに、法皇、寵愛の丹後局（浄土寺二位）をして面謁せしめ給う。ついで引出物として御馬一疋を引かる。右大将良通、馬の手綱を取りて殿上人・左少将藤原親能（18）に伝う。親能は前駆源国行にこの綱を手交す。ついで、兼実、六条殿同居の八条院（50）御方に参入。簾中に進み、茵《しとね》座を設けらるるも、兼実、茵の端に候して、女院に面謁。女房、兼実に賜物として琵琶一面（錦袋に入る）賜う。兼実これを受取りて、左中将良経に給う。良経、左中将親能を招きこれを渡す。親能、前駆・中将少輔源兼親に賜い、法皇より賜う御馬ならびにこの女院下賜の琵琶をたずさえ、九条亭に帰参せしむ。

ついで、兼実、閑院内裏に参内。かねて後鳥羽天皇（7）、直衣を着装、昼御座《ひのおまし》に出御あり。甚雨により、しかも深更なるにより略儀なり。

兼実（38）、退出、九条亭に帰参。ただちに客亭座に着御す。右大将良通（20）・権中納言藤原定能（39）・左京大夫藤原清通（46）・三位左中将良経（18）ら着座す。ここにおいて券辛櫃《からびつ》・印櫃《いんびつ》・朱器台盤御覧儀を行う。この朱器御覧奉行は職事・散位源兼時が勤む。深更に及び、事了りて兼実内寝《ないしん》に入り、解脱。長い一日の晴儀を終えたり。【玉葉、愚管抄】

三月十八日〔天晴る〕

後白河法皇の御使として、蔵人頭左中弁藤原光長（43）、摂政藤原兼実の九条第に入来せり。法皇、去る年十二月二十九日、源頼朝の上申により遠流《おんる》に処せし前大蔵卿高階泰経（伊豆国・57）および前刑部卿藤原頼経（安房国・刑部卿頼輔男）の流罪を免さるべく、法皇自筆の消息二通を相副え、関東に仰せ遣わさる、と。この書状に就きて原免せざるべきや、かつまた、計らい奏せしむべく仰せあり。摂政兼実、即座に法皇の叡慮に同調。法皇においてもしも猶予あらば、兼実より子細を頼朝（40）に申遣わさん。しかるに法皇の叡念深きにより、試みに法皇の旨趣を達すべく、奏聞。よって、光長、直ちに六条殿に帰参せり。【玉葉】

三月二十一日

後白河法皇より摂政兼実に下賜ありし、元院左番長・右府生秦兼次、布衣《ほい》（白襖上下《しろのおう》・薄色衣・黄単衣）を着し、兼実第に入来せり。兼実、ただちに前に召しこれを引見せしに、「近代第一の若者」なり。心中、法皇の吹挙恩寵に深く感じたり。【玉葉】

後白河法皇、灌頂につきその用途の事、従二位源頼朝に沙汰進めしめらる。頼朝、仰下さるるの旨を拝し、今日、筑後権守藤原俊兼を奉行として、領国に宛行《あてが》わしめ、現米《げんまい》一千石（駿河・上総両国分）・白布一千反・国絹一百疋（散在の御領国分）を進献す。【吾妻鏡】

三月二十三日

この夜、右大弁藤原行隆（57）、造東大寺長官を兼ねるにより、摂政藤原兼実第に入来。後白河法皇の仰せのままに、周防国を東大寺に付し、東大寺再建の材木調進を負担せしめらる。よって、同国ひとえに東大寺勧進聖人重源（66）の沙汰となるべきを一定せらる。しかし、法皇、周防国司を存すること、もとの如くならしめ給う。よって院庁の下文をもって下知すべし、と件の案文を進覧す。一覧せし摂政兼実、なおこの件、宣旨を下さるべし、と奏上す。【玉葉】

三月二十六日

後白河法皇、伏見御所に御幸あり。二夜宿御ありて、来る二十八日に還御あるべきところ、新摂政藤原兼実、直衣始《のうしはじめ》により六条殿参上につき、俄かに、この日、還御となる。【玉葉（三月二十八日条）】

三月二十八日〔天晴る〕　**藤原兼実、直衣始。後白河法皇、双六に夢中にして拝謁なし**

摂政藤原兼実（38）、摂政就任後の直衣始の儀を行う。日次なきにより、自然、遅引せり。申刻（午後四時頃）、直衣（綾薄色、指貫《さしぬき》。出衣《いだしぎぬ》なし、帯剣せず。年齢、漸く闌《た》けるの故なり）を着用、出門す。毛車に乗車、車副は六人、白張平礼《しらはりひれ》を着用せしむ。右大将良通（20）および左中将良経（18）、ともに各毛車に乗りて供奉す。まず、後白河法皇御所六条殿に参上。中門より入りて上達部座に候し、権中納言藤原定能（39）をもって見参に入るも、久しく座に帰り来らず。「法皇、只今、御双陸《すごろく》（双六）の興たるの間なり。しかるに、一定、御対面あるべし」と。一昨日、伏見殿に御幸あるも、今日、摂政直衣始により院参たるにつき、予定を変更、当日、俄かに還御。昨夜、法皇、御髪を剃らしめ給い、兼実に対面のため理容整備の叡念ありと存知す、と女房語れり。しかるところ、いま御所中間にて暫く遅々に及べり。兼実、御所中間たるを承知、早やかに退出すべく、かならずしも見参に非ずと心得たり。しかるに、御前召しありたるにより、すでに参入後、一時を経たり。時に日、西山に入らんとして夜漏《やろう》に及ばんとす。その時、定能、奥より走り出でて、重ねて法皇の御気色を取るのところ、兼日、せめて候されんか、と勅定ありたる由を告ぐ。よって兼実、六条殿を退出。ついで閑院内裏に参内。後鳥羽天皇（7）、引直衣《ひきのうし》を着御、朝餉間《あさがれいのま》にて拝謁、小時にして宿所（西子午廊）に退下、兼実、直衣を束帯に改めて、ふたたび上達部座に出でて吉書を見る。右大将良通・左中将良経、直衣たるにより出座叶わず、食膳を終えて九条亭に帰参。摂政兼実は直廬に入りて宿仕す。【玉葉】

三月二十九日〔天晴る〕

巳刻（午前十時頃）、摂政藤原兼実、昨日、参院せしも拝謁叶わざるにより、この日、改めて六条殿に参上す。午刻（正午頃）、退出。前駆八人、いずれも衣冠、着用。毛車は昨日の如し。供の殿上人は少納言藤原頼房、唯一人なり。【玉葉】

去る年、頼朝の訴えにより伊豆国遠流に処せられし前大蔵卿高階泰経（57）ら、後白河法皇ことに歎息ありて、秘計の沙汰により因幡前司中原広元（39）の許に再三、専使を送り、流刑を赦されんことを懇請さる。よって広元、芳情を廻らして遠流を申し止め、かつは従二位頼朝（40）の厳命を取りて院御所に返報せり。【吾妻鏡】

四月二日〔雨下る〕

摂政藤原兼実、後白河法皇より下賜さるる随身・左番長右府生秦兼次、兼実随身として勤番せり。今日、召寄せ、馬を賜う。まず、前に召し騎乗せしむ。法皇より遣わさるる者として殊に饗応のためこれを賜うなり。兼次の乗馬の姿、まことに優美なり、と。

院近臣・権中納言藤原定能（39）、摂政兼実第に入来。やや久しく言談せり。一日《ひとひ》（去る二十八日）、院御所に出仕（摂政兼実、直衣始）せしに、法皇、御前に召しなかりし事を語る。【玉葉（三月二十四日条も）】

前大蔵卿高階泰経（57）・前刑部卿藤原頼経ら流刑の官符を下さるること誤りなきを自認し、両人しきりに陳謝す。ことに高階泰経、帰京を免されんことを京都（院御所）に陳状すべきの由、また、北面の輩、朝恩（後白河法皇寵幸による恩顧）を誇りて驕逸《きょういつ》の思あり、殊に誡めを加え、召仕わるべきの由、源頼朝（40）、大宰権帥権中納言藤原経房（44）に書状を送りて、法皇の奏聞に入るべく奏上せり。

【吾妻鏡三月二十九日・四月一日条も】

四月六日〔陰り〕

未刻（午後二時頃）、摂政藤原兼実（38）、直衣を着し、毛車に乗車、後白河法皇御所六条殿に参上す。前駆は衣冠、随身は褐衣《かちぎぬ》・冠なり。初任の節、先例多くかくの如き行粧なり。いまだ、網代車に乗始めざるにより、毛車なり。御所に到達、上達部座に候し、左少弁藤原定長（38）をもって、法皇に見参に入らんとせしも、法皇この一両日中、咳病の気あるにより面謁あたわず。よって、兼実、今日除目の任人目録に愚点を加え、この定めにより行うべきを重ねて奏聞す。

【玉葉】

四月七日〔夜に入りて雨気あり。午上（正午前）、まま雨灑ぐ。晩に及びて天晴れ、月明るし〕

後白河法皇、今熊野社に御坐あり。参籠入御の日は不明。

【玉葉】

源頼朝、後白河法皇御灌頂の用途を進献すべく、筑後権守藤原俊兼を奉行として、管国《かんこく》に下知す。すでに駿河・上総両国分の米は海路、御使の雑色をして京都運上のため出国せり。この外、絹布等においては陸路より相具せしむ。

【吾妻鏡（三月二十一日条も）】

四月九日

後白河法皇、なお今熊野社に参籠なり。五位蔵人左衛門権佐藤原親雅（42）および同蔵人右少弁藤原親経（36）、摂政藤原兼実第に来りて、条々の事を申す。その中、前右衛門少尉藤原宗行、権中納言藤原朝方（52）家において起した殺害事件によって見任《げんにん》を解却《げきゃく》し、罪状に任せ科断に処すべき由、検非違使別当藤原家通（44）に仰すべく、後白河法皇の院宣あり（正月二十三日）。この日、右少弁親経、藤原宗行罪名勘文を持参するも、法皇、今熊野社参籠により奏達に憚りあり。よって、来る十四日、六条殿還御の後、奏上すべきを下知す。

【玉葉（正月二十三日条も）】

四月二十二日

後白河法皇、院宣を下して（左少弁藤原定長、奉る）平氏一族滅亡の怨霊を宥《なだ》めんがため、高野山大塔において弔の法事を施行せしめ給う。

【高野山文書（勅書綸旨院宣類聚）、高野春秋】

四月二十三日〔天晴る〕

後白河法皇、東寺（教王護国寺）の仏舎利十粒を奏請し給う。

【東寺文書（「仏舎利勘計記」）、東京大学史料編纂所蔵本（東寺写本）】

四月二十八日〔雨降る〕

藤原兼実（38）、摂政就任後、閑院内裏近辺たるにより、始めて冷泉万里小路家に女房藤原兼子（35）を相具して移渡す。この家、右兵衛督藤原隆房（39）より借召し、日来、修理を加うるに、去る年の大地震の後、破損殊に甚だし。よって、殆ど新造の如く、舎屋・築地・舗設等のすべてを家中の男共に下命して造作完了せり。【玉葉】

四月三十日〔雨〕

南都辺の青女房《あおにょうぼう》、神託ありて、多く未来の事を演説せり。その託言、ほぼ符号の証あり。類縁ありて、近日、摂政藤原兼実の九条第に起居せり。一昨日、地震の後、件の女、託宣を告げて云う、「後白河法皇、重き御悩あり。六月十五日から十六日の間に云々の事あり。また八月二十一日から二十三日のころ、決定《けつじょう》、大事あるべし。しかして、法皇、御命の危急に及ぶべし」と。信用しがたき事なれど、後日、思し合わすために申し置く所なり。また、件の女、常に云う、「依託の神明は一、二社に限らず。本体とは天魔の託す所なり」と。およそ時々、託宣する所の神明、大いに歎息の事あり。後白河法皇の叡悟、不定なり。事にしたがい、変改ありて、御心静かならず。かくの如きの間、天下の逆乱絶えず。げに悲しき事なりと、神明もまた御歎きあり、と。この事、信伏しがたきも、奇異の事たるにより記し置く所なり。【玉葉】

五月四日〔陰り晴れ、定まらず〕

後白河法皇、今熊野社に参籠御坐あり。摂政藤原兼実、蔵人頭左中弁藤原光長（43）をして、昨日（三日）参院（今熊野社）せしむるも、申入れずして退出せり。しかるに今日、所労により出仕せざるにより、人々の請文を返上し来る。よって、兼実、蔵人右少弁藤原親経（36）に付けて今熊野社に参上せしむ。しかるに、今熊野社の御所中間によりて、子細を法皇に達するを得ず。わずかに申入ると雖も、法皇御成敗の勅語なし。ただ、計らい沙汰すべしと仰せあり、と。【玉葉】

五月五日〔晴〕

近日、京都において世上訛言あり。前摂政藤原基通（27）、源義行（義経、改名・28）および同行家に与《くみ》して、新摂政藤原兼実を夜襲して打たんとす、と。兼実、この噂に恐れを成し、申刻（午後四時頃）、新居冷泉万里小路家より参内（閑院内裏）、朝餉間《あさがれいのま》にて、後鳥羽天皇（7）に拝謁の後、小時にして九条第に帰参す。女房藤原兼子・右大将良通（20）・左中将良経（18）は、かねて兼実より冷泉家に経廻《けいがい》（滞在すること）すべしと言いしが、この日、秉燭（日没）の後、冷泉家より九条第に帰来す。人口安からず、怖畏の気ありて九条第に帰参せり。倉卒にして威儀を整える暇なく、方違えと称して、各人の車・出車、家司・職事の車などに仮乗して、進発。御供の侍、ほかに武勇の輩少々を相具す。路頭の狼藉を恐るる故なり。

摂政兼実（38）、この朝、家司・安芸権守藤原経泰を大宰権帥藤原経房（44）の許に遣わし、世間物騒（摂政兼実襲撃）を対策せしむ。【玉葉】

五月六日〔雨下る、晩に及びて止む〕

摂政藤原兼実、蔵人頭左中弁藤原光長（43）をもって、後白河法皇に世上物騒の事を奏上せしむ。光長帰来して、法皇の仰せを伝う、「京中の山々、寺々くまなく、検非違使庁に下命して、源義行・同行家の党を尋ね捜さるべし。また、この旨、関東、頼朝に仰せ遣わすべし」と。【玉葉】

五月九日

かねて、後白河法皇、前大蔵卿高階泰経（57）・前刑部卿藤原頼経らの罪科を免さるべく、再三に源頼朝に懇請ありたり。しかるに頼朝（40）の心中なお推知しがたく、去る三月の頼朝書状を奏聞のところ、御不審を散じ、殊に北面の輩、各誡め仰せの上、召仕わるべしとの文面により、法皇の叡慮決然たり。よって、左少弁藤原定長（38）、去る四月二十六日、書札をもって、頼朝に奉答す。この状、本日、鎌倉に到達せり。よって左馬頭藤原能保（40）、職事奉書を頼朝に進達せり。【吾妻鏡】

五月十日〔天陰り、雨降る〕

権中納言藤原定能（39）、後白河法皇の御使として、摂政藤原兼実の九条第に来り、条々の事を仰す。

(一)義行（源義経、改名・28）および行家ら、射山（後白河法皇）ならびに前摂政（藤原基通27）の家中に隠居せりとの風評ありて、探求すべし。

(二)摂政兼実、夜打ちを恐れ、新亭・冷泉万里小路家より九条亭に帰参せり。法皇、ことにこの二条につき兼実に相尋ね沙汰すべし。

(三)前摂政藤原基通相伝の一所所領（摂政家領）を、兼実、押領を企むと聞こえあり。これ、もっとも不当の事なり。

兼実は、これら返事を申上ぐるも、仰せの次第、是非を左右すべからず。よって、定能、法皇御所六条殿に帰参せり。後刻、定能改めて書札をもって兼実に示す。前摂政基通の夜打ちすべしと騒擾するところは、法皇聞し食さるるも無実なり、と。しかるに兼実は、この珍事に夢か幻かと驚き、なまじいに生きてかかる事を聞く悲しさ、と愁歎せり。【玉葉】

五月十一日〔雨降る〕

巳刻（午前十時頃）、左馬頭藤原能保、摂政兼実第に来りて云う、「昨日、後白河法皇の召しにより、六条殿に参上。寵女丹後局をもって、仰せ下されて云う、『前摂政藤原基通は、法皇が殊に糸惜《いとお》しく思し食す（寵愛＝男色）人なり。万人、虚言（摂政兼実第夜打ちのこと）を流布せり。まことに不便《ふびん》(気の毒)なり。恥がましきことなきように沙汰を致すべし。毎事、見放すことなく注意を怠ることなきように』と伝言せられたり」と。やや久しくして退去せり。【玉葉】

五月十二日　**源行家、和泉国において誅せらる**

かねて前伊予守源義行(義経、改名・28)の与党・前備前守源行家、和泉国在庁官人・日向権守清実の許に隠居せるの密告によりて、北条時政代官・平六傔仗《けんじょう》時貞行きて、清実の小木郷宅を囲み、国人の協力によりこれを搦め捕えたり。翌十三日、行家の子・検非違使左衛門権少尉源光家も、ともに誅せられたり。

後日、左馬頭藤原能保(40)の書状、鎌倉に到来。前備前守源行家誅戮《ちゅうりく》の事、左少弁藤原定長(38)をもって後白河法皇に奏聞せしところ、法皇これに勅定なく、摂政藤原兼実(38)に申すべく仰せ下されたり。兼実もまた、これに対して知らざるの由を返答し、書状を能保に返献す、と。【玉葉(五月十五日条)、吾妻鏡(五月二十五日条)】

五月十四日

後白河法皇御使として左衛門尉大江公朝、京都より鎌倉に参着す。後白河法皇の院宣等を携帯せり。八田右衛門尉知家宿所をもって、大江公朝、滞留中の旅館となす。【吾妻鏡】

五月十六日〔晴〕

和泉国において誅伐せられし前備前守源行家の首、入洛す。これよりさき、左馬頭藤原能保、使を摂政藤原兼実の許に進達す。行家の首、大路を渡し、しかる後に検非違使庁に引渡すべきや否や、と。兼実、この事につきては後白河法皇に奏上、仰せにしたがうべし、と答う。また、行家の所従、駿河二郎も同じく搦取らる、と。【玉葉】

五月二十日〔天晴る〕

蔵人左衛門権佐藤原親雅(42)、後白河法皇の御使として摂政藤原兼実の九条第に来る。後鳥羽天皇(7)の方違え行幸の渡御先につき諮る。先日、左大臣藤原経宗(68)の第(大炊御門北・富小路西)を召さるべきも、家主経宗、日頃二禁《にきみ》(腫物)を煩い、昨今倍増せり。灸治を加え蓮根にて冷やすなど加療するも快癒なし。かような折柄、行幸を迎うるため経宗立避くあたわず、と。よって、方角に禁忌なき所を陰陽頭賀茂宣憲に勘申《かんじん》せしむるところ、鳥羽殿および冷泉殿(冷泉万里小路亭＝右兵衛督藤原隆房家・摂政兼実借家)、その忌みなし。されど、鳥羽殿は大地震の後、傾危により片時《へんし》と雖も安全ならず。また、冷泉殿は築垣の覆い未完、また門檜皮《ひわだ》葺かず、見苦しき現状なり、と。左大臣経宗はすでに申状をもって行幸うけがたき事由を法皇に奏上せり。冷泉殿も建築未完事情により叶いがたく、故権大納言藤原邦綱の正親町東洞院亭いかがあらんと、摂政兼実奉答す。しかるに、夜に入り親雅、後白河法皇の院宣を伝え来る。冷泉殿の板棟門、憚りなし、と。つまり後白河法皇の勅定により冷泉殿に方違え行幸と一定す。【玉葉】

五月二十一日〔天晴る〕

後鳥羽天皇（7）、閑院内裏より冷泉万里小路亭（この家、右兵衛督藤原隆房宅なり。内裏近辺たるにより、摂政藤原兼実、借り預る）に方違え行幸あり。しかるに、兼実（38）、物忌堅固により供奉せず。幼主の御時、摂政供奉せざるは、先例はなはだ多し。この旨、昨日、後白河法皇に奏聞、勅許を得たり。冷泉殿、行幸卒爾たるにより、毎事の設営、不如意たり。【玉葉】

五月二十五日〔天晴る〕

在京の左馬頭藤原能保（40）・平六傔仗時貞および常陸房昌明らの飛脚、前備前守源行家の首を持参して、鎌倉に到着す。この使者を営中に召して、頼朝（40）、事の次第を尋問す。【吾妻鏡】

このころ後白河法皇、伏見殿に御幸ありて御坐《おわしま》す。今朝、蔵人頭左中弁藤原光長（43）、法皇の召しにより参上、終日、祗候す。僧事の沙汰あり、申定め了りて退出。夜に入りて摂政藤原兼実の九条亭に推参、法皇御定の僧事定文を披覧す。その中に三井寺実慶（佐渡守源朝俊子）の任僧正の事あり。兼実、これを非拠《ひきょ》として、法皇に子細を奏上して申し停む。法皇、定めて逆鱗あるか、と兼実後悔するも、その進言、忠によるものと自認す。【玉葉】

五月二十七日〔天晴る〕

昨二十六日、巳刻（午前十時頃）、摂政藤原兼実、右大将良通（20）を伴い、新調網代車に同乗して参内。最勝講第三日に参会のためなり。御所に参り、小時にして宿所に下る。朝・夕両座の事了りて宿所。午刻（正午頃）、宿所にて直衣を着用、御所に参上す。折柄、蔵人頭左中弁藤原光長、参上して摂政兼実に申す。実慶任僧正の事、左少弁藤原定長（38）、兼実の申状をもって後白河法皇に奏聞せしに、あえて逆鱗なく、然るべく計らう由、勅定ありて、任僧正の事、止め給う、と。今日、僧事を行わる。【玉葉】

五月二十八日〔朝の間、雨降る。午後、止む〕

最勝講結願なり。事了りて衆僧退下。ついで、公卿、下臈より順次退出す。摂政藤原兼実、御所の方に参上。蔵人頭左中弁藤原光長来りて申す。除目（臨時除目・当二十八日、行わる）任人の事、後白河法皇に奏上す。左少弁藤原定長の返事、只今到来せり。法皇、任人のことすべて了承ありたる由にて、報状あり。【玉葉】

六月一日〔晴〕

後白河法皇、姉・上西門院（61）の御悩御見舞いのため仁和寺に渡御あり。当夜は同御所（法金剛院か）に宿御。この夜、蔵人頭左中弁藤原光長（43）、摂政藤原兼実（38）の九条第に入来。条々の事を言上の間に、或る人より、九郎義行（源義経28）、鞍馬に在りと伝聞す、と。当然ながら、この報、後白河法皇の叡聞にも達せり。

【玉葉（六月二日条）】

六月二日〔天陰り、申刻（午後四時頃）以後、大雨下る〕

申刻、蔵人右少弁藤原親経（36）、後白河法皇の御使（この時、法皇、仁和寺御所に御坐）となり、摂政藤原兼実の九条第に入来。兼実、物忌堅きにより謁せず。家司・中務少輔藤原兼親、これに応接し、兼親の口上をもって、法皇御使の旨を伝聞す。九郎義行（源義経28）、洛北・鞍馬寺に隠居せりとの報、左馬頭藤原能保（40）の言上によって判明せり、と。鞍馬寺僧円豪、比叡山西塔院主・法印実詮の許に告げ送る（五月二十九日）。実詮、左馬頭能保に即刻、通告。能保、院御所（六条殿）に参上、後白河法皇に奏聞す。法皇、これを聞き給い、左右なく武士を差遣すれば、兵乱により鞍馬寺魔滅に至らんか、と。よって鞍馬寺別当（入道関白基房42の息禅師）に下命して搦め進めしむべし、と叡慮あり。このため、法皇、別当の父・入道関白基房に仰せ含めて、九郎義行の身柄を招致せしめんとして、蔵人親経を仁和寺菩提院（基房隠居所）に遣わさる。しかるに、親経は一手にては前途を遂げがたし（目的到達かなわじ）と危惧せり。親経は法皇の叡旨を入道関白基房に子細言上す。一方、左馬頭能保に使者を送り、密々にこの沙汰不当ゆえに、即刻義行を逮捕すべし、と。やがて、深更に及びて親経、入道関白基房の返事書状を兼実に届く。「別当の力、叶わず、この上は武士をもって攻略あるべし。早やかに、この旨、後白河法皇に奏上あらんことを」と。よって、兼実、明旦、この書状を法皇に進達すべしと、答えたり。

【玉葉】

六月四日〔雨下る〕

正二位前権大納言平頼盛（56）、逝去。

【公卿補任】

午刻（正午頃）、右少弁藤原親経、後白河法皇の御使として、摂政藤原兼実の冷泉亭に来る。物忌籠居中なるによりて門外にて口上。左馬頭藤原能保、院御所に参入して、源義行（義経）の情報を伝う。鞍馬寺別当の密告により、官兵攻め寄すべきと察知して、義行すでに行方を眩ます。この上は、宣旨を諸国に下して、義行追捕の事を下知すべし、と。また、同寺の住侶の一人、土佐君という僧は義行知音の者なり。よって、鞍馬寺に命じて彼の土佐君を召出して、義行こと鞍馬山を避くるや否やの事、密々に訊問すべく、能保に下命せられんことを、兼実、これを法皇に具申せしむ。

【玉葉】

六月五日〔雨下り、未刻（午後二時頃）、少し晴る〕

蔵人頭左中弁藤原光長（43）、法皇御所六条殿に参上。申刻（午後四時頃）、摂政藤原兼実（38）の九条第に帰来して告ぐ、「後白河法皇、女房丹後局宅（浄土寺家）に御幸あり。よって公事奏達し得ず。明日、院御所六条殿に参り奏上すべし」と。 【玉葉】

六月六日〔天晴る〕

蔵人頭左中弁藤原光長、院御所に参上。数ヶ条の事を奏す。その中に前伊予守源義行（義経）を討つべき宣旨を下されんことを、後白河法皇に奏上す。法皇、早やかに宣下すべきの勅許あり。よって、光長仰せを奉じて宣旨を発布、五畿七道の国々の国守に義行を搦め進むべく下知せり。もしも殊功あらば恩賞あるべし、とも付記す。

摂政兼実伝え聞く、「まず義行の母（九条院雑仕常磐）および妹（未詳）らを搦め取り、義行在所を問責するに、石蔵《いわくら》（洛北岩倉）に潜居せりと白状す。よって武士を差遣せしむるに、義行すでに逐電せり。よって房主の僧を捕得す」と。 【玉葉】

六月七日〔大風、甚雨〕

今夜より後白河法皇、今熊野社御精進を始めらる。御精進屋は法住寺殿内にあり。 【玉葉】

六月八日〔陰り晴れ、定まらず〕

去る年五月十日、豊後国の武士、宇佐宮を破りて神宝を奪取せる事件あり。その後、神宝奉送、勅使発遣などのことあり。しかるに、今年五月六日、大宰府、解文を上りてこの件の狼藉を奏上せり。昨七日、蔵人右少弁藤原親経（36）、宇佐宮濫行による官外記の勘例三巻を持参して、その事を摂政藤原兼実に言上す。大事たるにより、兼実、御簾前に召し、勘文等を披見し返却、早やかに上卿に給いて後白河法皇に奏上すべく仰す。

この日、蔵人頭左中弁藤原光長・大蔵卿藤原宗頼（33）・蔵人親経ら、摂政兼実の許に来りて条々の雑事を申す。中に親経、昨日、参院せしも、左小弁藤原定長（38）退出の故に、奏上あたわず、と。よって、摂政兼実「今旦、六条殿に参上、後白河法皇に宇佐宮濫行の事を奏聞す。法皇、これに対してよき様に計らい沙汰すべし、と仰せあり」と。 【玉葉（六月七日条も）】

六月十日〔雨下る〕

蔵人頭左中弁藤原光長、摂政藤原兼実第に入来。よって、条々の事を後白河法皇（今熊野社参籠中）に奏上せしむべく伝言せり。中に長門国の海底に沈没せし宝剣の事につき、宝剣求使・厳島神主佐伯景弘より霊夢ありたりと注進し来るにより、なお一層の御祈禱あるべきの由を法皇に注進せしめんとす。また、前伊予守源義行（義経28）追討の宣旨の事等なり。光長、夜に入り兼実第に帰来せり。法皇に奏聞すべく今熊野社に参上せしも、折柄、御所中間《ちゅうげん》（物事が終らない）にて申入るあたわず。よって、摂政兼実、追討宣旨の事は左大臣藤原経宗

（68）に下知せり、と。【玉葉】

六月十一日〔天晴る〕

摂政藤原兼実（38）、蔵人左衛門権佐藤原親雅（42）を九条第に召し、伊勢大神宮祭主大中臣能隆をして、本宮に参籠して宝剣の事、殊に祈請せしめんとす。佐伯景弘の注進により霊夢・霊瑞ありたる由にて、怱《いそ》ぎ内裏に帰座のこと、丹精を致して祈念すべく、仰せ含むべしと下知せり。【玉葉】

六月十二日〔雨下る〕

蔵人頭左中弁藤原光長（43）、院御所より摂政藤原兼実の第に来りて云う、「前伊予守源義行（義経28）の在所、密告により大和国宇多郡辺（奈良県宇陀郡）なること闡明《せんめい》せり。よって北条時政代官・平六傔仗時貞、これを聞き、行きてひそかに搦め遣わさんとす」と。

また、蔵人藤原親雅（42）来るにより、摂政兼実、宝剣御祈りの事につき七社（もしくは九社）に奉幣使を差遣すべく、事由を申し、陰陽師をして日次を勘申《かんじん》すべく下知す。【玉葉】

六月十三日〔朝天晴る、晩雨降る〕

北条時政の代官・時貞丸（平六傔仗）、蔵人頭左中弁藤原光長の許に来りて、重ねて源義行、大和国宇多郡に在所せること一定なりと告ぐ。【玉葉】

六月十六日〔天晴る〕

摂政藤原兼実出仕以前に、蔵人頭左中弁藤原光長・蔵人左衛門権佐藤原親経（36）ら来りて条々の事を申す。中に光長進むる文書の中に、宝剣求使・厳島神主佐伯景弘注申の霊夢・霊瑞などの解状あり。孔雀経法を行い宝剣探求出現の由、夢想あり、と。【玉葉】

六月十八日〔天晴る〕

摂政藤原兼実、所労により一両日、出仕せず。このころ、冷泉家に起居せり。蔵人頭左中弁藤原光長の許より条々事を申し来る。かねて源義行を大和国宇多郡辺に隠し置きし、多武峯の悪僧龍諦房、この両三日の間、召出さしめらる。よって、義行隠匿の旨を左馬頭藤原能保（40）をして糾明せしめんとするに、能保、左右《とこう》を申さず、と。よって、摂政藤原兼実、その間の事情につき相尋ぬべく仰せ遣わせり。【玉葉】

六月二十一日

鎌倉の従二位源頼朝（40）、京都に申遣わすの事あり。大宰帥権中納言藤原経房（44）をもって後白河法皇に奏聞すべく、書状を院近臣・左衛門少尉大江公朝の帰路の便宜（鎌倉より帰洛）に付託す。また、頼朝、因幡守中原広元（39）を使節として後白河法皇御所に上洛せし

む。【吾妻鏡】

六月二十六日〔晴〕

宝剣（長門国壇の浦海底沈没）を探求、帰座を祈るため、十二社に奉幣使を差遣せらる。上卿は権大納言藤原忠親（56）なり。十二社は伊勢大神宮・石清水八幡宮・賀茂社（上・下社）・松尾社・平野社・稲荷社・春日社・大原野社・石上神宮・住吉社・広田社・日吉社なり。このほか鹿島宮・香取宮・熱田宮に官符を賜わる。【玉葉】

七月三日〔晴。夜に入りて雨下る〕　**源頼朝から後白河法皇への申状、「兼実の摂政就任、頼朝の引級に非ず、ひとえに天下、法皇のため」と**

院御所において後白河法皇・女房丹後局（法皇寵女）・冷泉局（故権大納言藤原邦綱愛妾・前摂政藤原基通女房）、三人同居の上、種々の評定あり、と。女房冷泉局、この事、前飛騨守中原有安をもって摂政藤原兼実（38）に告げしむ。去るころ検非違使左衛門少尉大江公朝（後白河法皇近臣・下《げ》北面《ほくめん》武士）、法皇の御使として関東に下向、この両三日に帰洛せり。頼朝（40）より法皇への申状を、公朝、進達せり。文面によれば、万事の政道は、法皇の統《す》べ給う所なり、と書く。ついで、摂籙（摂政兼実）改任の事あり。頼朝の状によれば、この事（兼実、摂政就任のこと）、全く頼朝の懇望にあらず、また引級《いんぎゅう》（ひいきする）の思いあるに非ず。衆口、その仁（摂政たるの）、彼の人（兼実）に在り。前摂政（藤原基通27）、一切、万機を行わざる由、世上謳歌せり。これにより、ひとえに天下のため、法皇のためを思うが故に、兼実摂政吹挙の事を申出たるなり。よって、天許（法皇勅許）あり。今、法皇より仰せ下さるる旨（兼実、この趣を知らずと記すも、法皇、摂政代替のことを頼朝に口入さるるか）、左右あたわず。この是非は、ただ後白河法皇の叡念に在り、と。

また、前摂政藤原基通伝領の所領につき、高陽院《かやのいん》領（関白藤原忠実女・泰子＝鳥羽天皇后）を前摂政基通相伝の所領とし、京極殿領（関白藤原師実）においては、殿下（摂政兼実）の相伝となすがよろしきか、と頼朝、この状をもって後白河法皇の叡聞に達せり、と。これらの趣をもって、法皇・丹後局・冷泉局の三者において、終日、評定あり。法皇、御書をもって前摂政基通に両三反の往復書状を取り交わさる。評定の末、後白河法皇、宸筆を数枚の御状に染めて、明暁、これら所領の相伝配分につき頼朝に飛脚を遣わされて叡旨を仰せらる。その状の内容については人知らず。しかれども、大略、所領の事なるべし。すべては前長者藤原基通に付せらるべき所存か。兼実、これを推察せるも驚かず。ただ春日大明神の御計らいを仰ぐ所なり。人力の及ぶ所に非ず。心中の思う所、すべては上天（神）定めて照鑑《しょうかん》あらんか、と。【玉葉】

七月七日〔晴〕

申刻（午後四時頃）、摂政藤原兼実、直衣を着し網代車にて後白河法皇御所（左大臣藤原経宗68の大炊御門富小路亭）に、右大将良通（20）を相具し同車して参入す。上達部座に着し、左少弁藤原定長（38）をもって、法皇に見参に入る。しかるに、法皇、仰せて云く、「風気により謁せず。奏上の事、あるや」と。兼実、これに答えて、「殊に奏すべき事なし、久しく院御所に参入せざるにより、参りたる由を奏聞す」。また、兼実（38）、定長に問う、「朝覲《ちょうきん》行幸（後鳥羽天皇7）ならびに御賀（法皇六十賀）等、たびたび事由を後白河法皇に奏上せるに、今に分明の仰せなし。もしも卒爾にこれらの沙汰あらば、準備かなわず、これをなすに如何」と。定長、法皇の御気色を取るべし、として奥殿に入る。小時にして帰来、法皇の叡慮を伝達す。「両事ながら、かならず行うべし、あながち固辞に及ばず」と。朝覲行幸においては、法皇、行幸のこと承諾あり。なるべく早く行わるべし、と。御賀の事、只今、天下衰弊により、定めて人の煩いあり、しかも今年は御慎みの年なり。よって、かくの如きは強行しかるべからず、人々に諮問の上、決すべしと勅定あり、と。摂政兼実、承るの由を申して退出す。【玉葉】

七月八日〔天陰る〕

摂政藤原兼実、蔵人勘解由次官藤原定経（29）を召し、昨日の後白河法皇の院宣により、法皇六十賀を行わるべきや否やにつき、左大臣藤原経宗（68）・内大臣藤原実定（48）・権大納言藤原忠親（56）・大宰権帥権中納言藤原経房（44）に可否を問わしむ。【玉葉】

在京の左馬頭藤原能保（40）より源頼朝（40）に歎願の事ありて、消息、鎌倉に到達す。「後白河法皇の近臣・院御所の北面に候す前左衛門尉周防入道藤原能盛ならびに院庁官北面下臈・大夫尉橘定康の所知（領有して知行する土地＝領地）を、源氏武士ども濫妨せしにより、早やかなる停止方、頼朝より仰せ下さるべし」と。【吾妻鏡】

七月九日〔陰り晴れ、定まらず〕

後鳥羽天皇（7）、方違えのため閑院内裏より大内に行幸あり。摂政藤原兼実、出仕以前に後白河法皇六十賀、挙行の可否を問いたる人々の申状、来申せり。大略、御賀あるべからざるの趣を申す。しかるに内大臣藤原実定の申状未到。その申状を待ちて後白河法皇に奏上すべし、と。【玉葉】

七月十一日〔晴〕

この夜、法皇御賀の可否につき、内大臣藤原実定、申状を蔵人勘解由次官藤原定経をもって摂政藤原兼実の許に進達せり。よって、兼実、人々の申状を取り集め、後白河法皇に奏覧すべく下知す。【玉葉】

七月十二日〔午上（正午前）、天晴る。未刻（午後二時頃）以後、天陰る。雨時々降る〕

前因幡守中原広元（39）、源頼朝の使者として上洛。大宰権帥権中納言藤原経房の勘解由小路亭に参向、条々の事を示す、と。【玉葉】

七月十四日〔天晴る〕

今朝、関東より上洛の前因幡守中原広元（39）、蔵人頭左中弁藤原光長（43）の家に到りて、条々の事を示し伝える。光長、これを摂政藤原兼実（38）に上申す。その中の一つ。去るころ、後白河法皇御使として鎌倉に下向せし、検非違使左衛門少尉大江公朝、兼実について様々の悪言を吐く、と。「兼実ひとえに後白河法皇を蔑爾《べつじ》（かろんじてなきが如くにする）して、己が威を振う。院御領を停廃し、院近習者を解官せり。この所行、左右する能わず」と、誣告《ぶこく》せり。これにより、後白河法皇、心痛の余り、頭を剃らず、手足の爪を切らず。寝食、また通ぜず、と。持仏堂中に閉籠し、日夜、修行の業をもって、悪道を廻向《えこう》すべし、とひたすらに念願あり。積る所、尊下（源頼朝40）のために甚だ要なきことなりと、弁説を構えてこれを称せり、と。頼朝、すこぶる驚奇すと雖も、言辞誇大により、かえって不信用の気色あり。よって、この真偽をたださんがために、俄かに中原広元を差し上せし、と。兼実、この事を聞き、全く苦となさず。心底、法皇に奉公の志不変たるにより、仏神定めて照鑑《しょうかん》あらんか、と無実の思いに深く沈む。【玉葉】

七月十五日〔晴〕

この夜、大宰権帥権中納言藤原経房（44）、兼実の職事・安芸権守藤原経泰をもって告げ示す事あり。関東（源頼朝）より前摂政家（藤原基通27）の家領分与せらるべきの子細を申し来る。この事により後白河法皇、逆鱗の趣あり。【玉葉】

七月十七日〔晴〕

大宰権帥権中納言藤原経房、前安房守藤原有経をもって示す事あり。昨日、頼朝の使者・前因幡守中原広元を院御所に召され、後白河法皇より条々の返事を仰せらる。前摂政藤原基通家領の件につき法皇逆鱗の儀につきては、忽ちに変じて平に乞い請わせしめ給う、と。「朕（後白河法皇）、今生において思量の事は、ただこの一事にあり」と仰せらる、と。また、或る人、摂政兼実に伝う、「昨朝、法皇の召しにより中原広元、院御所に参上。女房丹後局、これを謁見し、種々、後白河法皇の勅語を伝う。その実、法皇、丹後局の傍らに御坐ありて、終始、教訓（教えて伝言する）せしめ給う」と。その中には、余（摂政藤原兼実）、法皇に不忠の由、ほぼその趣の言辞あり、と。【玉葉】

七月二十日

宝剣探索御祈りのため七社に奉幣さる。この日、勅使を長門国に差遣の上、祈謝して捜索せしめらる。勅使は神祇大佑卜部兼衡ならびに大蔵少輔安倍泰茂なり。前安芸守・厳島神主佐伯景弘は、去るころ、長門国に下向す。景弘、平家御座船に同船、合戦の時、長門国に在るにより、宝剣沈没の場所を存知すとの故なり、と。【百錬抄】

七月二十一日〔雷鳴大雨。即ち晴れ了んぬ〕
後白河法皇、日吉社に参詣、しばらく参籠あり。【玉葉】

七月二十四日〔晴〕
後白河法皇、なお日吉社に参籠中なり。
申刻（午後四時頃）、蔵人左衛門権佐藤原親雅（42）、摂政藤原兼実（38）の冷泉亭に来たりて、条々の事を申す。宝剣探求御祈りの事、仁和寺宮守覚法親王（37）の許に参上、申上ぐ、と。まず他法を修せられ、もしも法験なき時は、重ねて孔雀経法を行わるべきかの由、申さる、と。摂政兼実、これを聞きて、後白河法皇に奏聞すべき旨を下知す。【玉葉】
後白河法皇御願として平家怨霊を宥《なだ》められんがために、高野山に大塔を建立せんと発願あり。去る五月一日より厳密の仏事を行い、その供料所として備後国太田荘（広島県世羅郡世羅町・甲山町付近）を寄せ、その寄進状に後白河法皇、御手印（朱色）を加え、この日、寄進し給う。【吾妻鏡】

七月二十七日〔申刻（午後四時頃）雷雨、即ち晴る〕
摂政藤原兼実、初度上表して摂政を辞せんとす。蔵人頭右中弁源兼忠（26）、上表文（右少弁藤原親経36草進、中務権少輔藤原伊経清書）を後白河法皇御所六条殿に持参。院判官代藤原為頼、これを法皇に奏聞す。数刻を経て寅刻（翌二十八日・午前四時頃）、法皇の勅使として権中納言藤原定能（39）来臨、表の筥《ひょう》を持参、法皇、上表文を却下せしめ給う。
この日、後白河法皇、浄土寺辺（左京区銀閣寺町）の堂において、故左衛門権佐相模守平業房（法皇愛妾丹後局亡夫）追善の御仏供養を行わる。女房丹後局、法皇に同車、臨幸あり。公卿ら、数人、布施を取るため参仕す。権中納言藤原定能、法皇に供奉してこの法会の座に参るにより、摂政兼実の上表の儀に不参。【玉葉】

七月三十日〔晴〕
源頼朝（40）の使節として上洛の前因幡守中原広元（39）、昨日、関東に下向せり。後白河法皇の頼朝あての数十枚の書状、清書遅々たるの間、広元の進発に間に合わず、と。【玉葉】

閏七月二日〔晴〕
蔵人頭左中弁藤原光長（43）、摂政藤原兼実の冷泉第に参上す。光長、兼実に密かに語りて云う、「今日、院御所に参入のところ、弟・左少弁藤原定長（38）に、密勅（後白河法皇）を伝えて云う、『汝（定長）の兄・光長は学問の聞えあり、また、すこぶる人望を得たり。しかるに、摂政（藤原兼実）辺の近習につき、朕（後白河法皇）が事、蔑爾（七月十四日条、参照）せり。就中、太上法皇（後白河法皇）、天下の政道を行わるべからざる由、摂政（藤原兼実）の沙汰として、関東（源頼朝40）に示し送る。その事、ひとえに、光長が奉行せり』とのこと、法皇の叡聞に達す。よって、件の事、法皇、深く怨み思召す、と。定長が申すには、『この事、内々に法皇に尋ねるべきか』と。もしも、兼実において、その意あらば、法皇に奏上する所なり」と。

これを伝聞せし摂政兼実（38）、「この事、左右すべからず。すでに、兼実こと朝敵に処せらるるか。これ、極《ごく》内密の事なり。よって光長、ほぼ陳じ申す」と。 【玉葉】

閏七月三日〔晴〕

摂政藤原兼実、この夜、左少弁藤原定長（38）を冷泉第に招く。条々の子細を奏聞せしむ。「昨日、蔵人頭左中弁藤原光長示す所のこと熟慮するに、この便（定長）をもって、専ら思緒を述ぶべし。心懐のすべてを後白河法皇に奏達すべし。所詮、この浮説は、まげて真偽のほどをただざるべきなり。およそ、法皇の御信用なくば、なぜに摂政の地位に留まらんや。法皇の天気《てけ》、なお和顔なくば、兼実においては安穏休退をもっぱら願う所なり。兼実身にとり一塵の過怠なし。しかるに、隠徳むなしく、ほとんど謀反の罪にも類す。これまた、兼実前世の宿業《すくごう》なり。この期に及びて左右弁辞を申すあたわず。もし、法皇においてこの条、天許あらば、早速にも法皇の御気色を承りて、関東（源頼朝）に通達せんとす。兼実私において申遣わさざるは、まず後白河法皇の勅免を乞わんとするものなり」と。これを聞く左少弁藤原定長は信伏の色あり。ただし、この男（定長）は前摂政藤原基通（27）の方人（味方）なり。たとえ、黒腹の思いありとも、もっぱら、白日の誡めに任すものなり。 【玉葉】

閏七月六日〔晴〕

申刻（午後四時頃）、左少弁藤原定長、摂政藤原兼実の冷泉第に来る。先日（去る三日夜）、定長に示し付く事、後白河法皇の勅報の趣を示すための入来なり。兼実、御簾前に召して、これに謁す。定長云く、「昨朝（五日朝）、便宜を得るにより、後白河法皇に委細の次第を奏達せり。しかし、指せる御返事はなし。ただ、法皇、内々に仰せらる。この事は、内密に蔵人頭左中弁光長の事をこそ仰せられしが、以ての外の大事にて有ものを、危く仰せ出されにける。法皇、尤も御後悔なり。かくまで驚き申さるる、以ての外の大事なり。何様に御返事を仰せらるべきとも、思食されず。しかし、法皇、御気色においては、あながちに悪からず。もしも、御不快ならば左右なく逆鱗ありて、一切聞し食されざるに、心閑かに一部始終を委しく聞し食されたり。摂政兼実の申条、大略、至極の道理と叡慮し給えり。また、女房丹後局にも、この事、委しく語り聞かせたり。近日、ひとえにかの女房の最たり。よって、後日のため聞かしめ置くなり」と。

今日、左少弁藤原定長（38）、大宰権帥権中納言藤原経房（44）の勘解由小路亭に参向、この事を逐一伝う。彼の卿も、「摂政兼実の奏聞の趣、道理の極みなり。その上は、いかにか法皇の御返答もあるべきや。大略、法皇、理につまらせ給いて、勅答なきか」と。【玉葉】

閏七月十四日〔午未両刻（正午から午後二時頃）、雨下る。申時（午後四時頃）以後、止む〕

これよりさき（去る七月三十日）、前伊予守源義行（義経28）、山（台山辺＝比叡山）の悪僧の許に潜居せりと風聞す。今日、後白河法皇より蔵人頭右中弁源兼忠（26）をもって摂政藤原兼実（38）に仰せ下されて曰く、「義行、山門（比叡山）に隠籠せるにつき、本寺（延暦寺）を滅亡せしめず、無為に悪徒らを召し取る事、計らい沙汰せしむべし」と勅命あり。しかるに摂政兼実、一身において計らい申しがたきにより、「人々に問わるべきか。または本寺に懸け沙汰あるべきか」の由を申す。【玉葉】

閏七月十五日〔天陰り雨降る〕

巳刻（午前十時頃）、左少弁藤原定長、後白河法皇の御使として摂政藤原兼実の冷泉第に来り、法皇の仰せを伝える、「前摂政藤原基通（27）、日頃門戸を閉じて出仕を止む。この事、源頼朝（40）、然るべからずと、法皇に言上せしむ。しかりと雖も、なお基通、恐れを成して蟄居せり。また、忽ちの出仕は、人の噂に不安あり。さりとて、何時までも猶予は黙止しがたし。この際、密々に院御所に参上ありて、次第に門戸を開かるべきの由、法皇より基通に召仰せんと思慮せり、如何。汝（定長）、是非を申すべからずと雖も、摂政兼実に仰せ合してこの儀善処あるべし」と。兼実もかねて、この儀につき、口入はかえって恐れあり、と荏苒《じんぜん》、日を送る。しかるに、いま法皇の叡慮しかるべきなり。出仕の事、早やかに法皇より仰せ下さるべし、と奉答す。ついで、前摂政基通と兼実との間において隔心あるべからず、と、法皇、兼実を慰諭し給うにより、兼実、更に異論を存すべからざる旨、左少弁定長をもって奏上せしむ。【玉葉】

閏七月十六日〔晴〕

後白河法皇御所六条殿の殿上間において公卿僉議《せんぎ》あり。前伊予守源義行（義経）、比叡山に逃隠《とういん》の由、風聞あり。これ悪僧三人、義行に同意の故なり。よって、延暦寺座主・前権僧正全玄（74）に院宣を下して、源義行および件の悪僧らを搦め進むべく、仰せ下さる。【玉葉】

閏七月十九日〔晴〕

昨日（十八日）、摂政藤原兼実、後鳥羽天皇（7）に、御不例の事ありと伝え聞く。よって、酉刻（午後六時頃）、閑院内裏に参内す。去る十三日より腹痛の気おわす、と。しかして、翌十四日、祈《き》年穀《ねんこく》奉幣の日、御拝の後、御湯殿あり、その後、温気（発熱）出来、ついで申刻（午後四時頃）、ことに熱上昇し給う、と。今日、巳刻（午前十時頃）、蔵人勘解由次官藤原定経（29）、摂政兼実第に入来。主上御悩の由を後白河法皇に奏上すべく定経に伝う。【玉葉】

閏七月二十日〔晴〕

後白河法皇、伏見御所に渡御。しばらく経廻（滞留）あるべし、と。【玉葉】

閏七月二十一日〔晴〕

申刻（午後四時頃）、天台座主全玄（74）、摂政藤原兼実（38）の冷泉第に使者を送りて、源義行（義経28）に加担せし悪僧中教を搦め取りたる旨、注進す。よって兼実、誠に山上（比叡山延暦寺）天下の大慶なり、即刻、伏見御所御坐の後白河法皇に奏上すべき由を答え了る。悪僧中教の身柄、左馬頭藤原能保忩《いそ》ぎ預るべく下命せり。しかるところ、全玄座主よりの返札によれば、すでに伏見殿に申達のところ、早やかに殿下（摂政兼実）に申して沙汰あるべし、と院宣ありたる、と。【玉葉】

閏七月二十二日〔晴〕

後白河法皇、伏見御所に御坐。【玉葉】

閏七月二十三日〔晴〕

後白河法皇、伏見御所に御坐。【玉葉】

閏七月二十四日〔天陰る。夜に入りて微雨下る〕

この日もまた、後白河法皇、伏見御所に御坐あり。蔵人右少弁藤原親経（36）、摂政藤原兼実第に来りて、条々の事を申す。今旦、親経、伏見御所に参上すと雖も、御所中間たるにより伝奏の人なし。よって万事、法皇に申達あたわず、と。これを聞く兼実、左右《とこう》するあたわず、左右するあたわず、と。【玉葉】

閏七月二十九日〔天陰る。微雨下る〕

後白河法皇、御忌事により賀茂辺に出御、御一宿あり、と。ただし、これ児女の説なり。【玉葉（八月十日条）】

八月一日〔雨下る〕

この夜、後白河法皇、八条院御所（八条院暲子内親王尼50。八条北、烏丸東の御所）に御幸あり。【玉葉（八月二日条）】

この日、元甲斐守藤原宗隆（故入道権中納言藤原長方一男・母は少納言入道信西女・21）に、後白河法皇、院宣をもって院御所の昇殿を聴さる。よって、摂政藤原兼実仰せ下すべきの由、仰せ了んぬ。【玉葉】

八月二日〔天陰る。夜に入りて雨下る〕

未刻（午後二時頃）、摂政藤原兼実、後白河法皇に面謁せんとて八条院御所（昨夜、此の亭に御幸）に参上。権中納言藤原定能（39）以下、参候の人々、庭上に降り居たり。左少弁藤原定長（38）をもって見参に入る。法皇、仰せられて、「申す事ありや、如何」と。兼実（38）、奉答して「全く奏上の事なし。只、参入する所なり」と。法皇、重ねて「先ず指合いの事等あるにより、見参せず。尤も遺恨なり。今日は面謁すべしと思うも、無下に打ち解けたれば、見参せず」と仰せらる、と。定長よりこの勅語を伝え聞く兼実、法皇の叡慮知れず、と不得心なり。 【玉葉】

八月四日

源頼朝（40）の使節として比企藤内朝宗、上洛す。これ、後白河法皇熊野詣で路用御物等を頼朝より法皇に進上貢進のためなり。日頃、頼朝、これらの料物、諸荘園に宛て召され置くものなり。 【吾妻鏡】

八月六日〔午上（正午前）、雨下る。晡時《ほじ》（午後四時頃）に及びて天晴る〕

蔵人勘解由次官・皇后宮権大進藤原定経（29）、後白河法皇院御所六条殿に参上。摂政藤原兼実の冷泉亭に帰来して云う、「後鳥羽天皇（7）、法皇御所への朝覲行幸の事、今年は法皇、御物詣での指合いあるにより、明春に延期すべしと仰せあり」と。 【玉葉】

八月八日〔晴れ、晩に及びて陰る〕

後白河法皇、鳥羽殿に御坐あり（六条殿より渡御の日は不明）。摂政藤原兼実、第二度上表（明九日）せんとす。しかるに上表文の勅答使、各故障を称して人なし。よって、蔵人勘解由次官藤原定経、右少将藤原忠季（権大納言藤原忠親56二男・入道関白藤原基房42室〔入道大相国忠雅63女〕、幼少より養いて子となす）を任用すべく入道関白基房に催送すべきを示す。本意（かねての希望）たり。夜に入りて、蔵人定経、兼実第に入来。勅答使、進奉の者なきを、明旦、鳥羽殿に参上、後白河法皇に奏聞せん、と申す。ついで、深更、ふたたび定経より告げて、左少将藤原基宗（参議基家55男・32）領状せり、と。 【玉葉】

後白河法皇、鳥羽殿に御坐あり。 【玉葉（八月八日条）】

八月九日〔晴れ、申刻（午後四時頃）以後、天陰る〕

この日、摂政藤原兼実、第二度の上表なり。上表文の作者は初度（去る七月二十七日）と同じく右少弁藤原親経（36）、清書は中務権少輔藤原伊経なり。上表文、内裏への使は右少将藤原忠季（権大納言忠親二男）、勅答使は左少将藤原基宗なり。使・右少将忠季、兼実の冷泉亭に参入。忠季、兼実より上表筥を取り、中門廊戸を出る。兼実、上表文に自署を加うるを忘失したるに気付き、忠季を召返して、筥を開き硯筥の筆を取りて署名を加え、元の如くに巻きて筥に納む。この時、摂政兼実、忠季に勅答の事、忩ぎ行うべき由を蔵人勘解由次官藤原定経に示すべしと、ひそかに下知す。忠季、上表筥を捧持して閑院内裏に参内す。小時にして大内記菅原長守、勅答の草を持参、兼実一見してこれを返す。その後、権中納言藤原定能（39）、束帯に改めて来臨。ついで、勅使・左少将藤原基宗（32）、勅答筥を持参して来臨。冷泉亭の寝殿南庇五ヶ間を勅使所として装束せり。母屋に御簾を垂れ、それに副って四尺屏風を立て、南階の間に当りて龍鬢《りゅうびん》地舗二枚を敷き、その上に椅子を立つ。この椅子、平素は十一朱器御倉に収蔵す。一条左大臣源雅信の厩椅子（雅信女倫子は摂政藤原道長室）にして一家秘蔵の物なり。勅使基宗、この椅子に着す。しかし、その実、これに着さず、その辺りを徘徊し、勅答筥を拝受の儀礼を行う。了りて勅使に大袿一重を賜禄す。ついで、勅使、退去。上表の儀をすべて了んぬ。

右大将藤原良通（兼実嫡男・20）の番長秦兼景（左近将曹兼任子）、後白河法皇に申請、許可ありて召使うことにせり。しかして、いまだ初参し来らず。来る十四日に冷泉第に入来すべき由、告げあり。【玉葉】

八月十日〔晴〕

蔵人右少弁藤原親経（36）および蔵人勘解由次官藤原定経（29）、摂政藤原兼実（38）の冷泉第に入来、条々の事を申す。後白河法皇、明暁（十一日早朝）、摂津・天王寺に御幸あり。来る十四日、石清水八幡宮の放生会なるも、八月中、遠所において夜宿・物詣で等、その例多きとの大外記清原頼業（65）の勘申により忌事の沙汰なく、進発せらる、と。ただし、閏七月晦日、賀茂辺に宿御、これまた児女の説なり。

摂政藤原兼実、法印慈円（兼実同母弟・32）を宇治・平等院執印・別当に補せんとす。よって、この日、密々に後白河法皇（在鳥羽殿）に奏聞す。法皇勅定ありて、「左右、只、汝の意（兼実の意中）に在るべし」（八月十五日条）と。兼実、これらの子細を関東（源頼朝40）に通達せしむ。【玉葉（八月十五日条も）】

八月十一日〔晴〕

後白河法皇、今暁、鳥羽殿を進発、天王寺に参詣し給う。【玉葉（八月八日条も）】

八月十三日〔晴〕

後白河法皇、摂津・天王寺に御幸（『玉葉』去る十一日暁、進発）。三七日の参籠たり。法皇、天王寺において逆修供養ならびに万灯会を修せらるべし、と。【百錬抄】

八月十九日〔晴〕

申刻（午後四時頃）、蔵人勘解由次官藤原定経、後白河法皇（在天王寺）の御使として、鎌倉・源頼朝の書札等を持参して摂政藤原兼実の九条第（法性寺）に来る。折柄、念誦中なるも大事たるにより面謁す。頼朝の申状によれば、㈠諸国に功を付けらるるの中、諸寺および大内等の修造につきては、頼朝の知行国を充行《あてが》わるべきこと、㈡荘園記録所を設置さるべきこと、㈢皇后宮亮藤原光雅（38）昇進のこと等を、後白河法皇に上申せり。大宰権帥権中納言藤原経房（44）奉書の院宣によれば、「件の条々（㈠から㈢）、摂政殿（兼実）に忩《いそ》ぎ計らい沙汰すべし」とあり。これを一覧せし兼実、すべては法皇、天王寺より還御の後に申し定むべし、と答う。【玉葉】

八月二十六日〔晴〕

後白河法皇、天王寺に参籠中なり。左少弁藤原定長（38）、法皇の独り近習たるにより、一切の公事を奉行せず。法皇側近に侍座せり。【玉葉】

九月一日〔晴〕

大宰権帥権中納言藤原経房、前安房守藤原有経をもって摂政藤原兼実（38）の冷泉亭に告げ来る。筑紫国大宰府の安楽寺別当の事、なお三井寺法眼全珍（菅原道真末裔・従五位下菅原為恒子）をもって補せらるべく、源頼朝（40）の吹挙したる所なり、と。よって、摂政兼実、天王寺御所に参籠中の後白河法皇に申達せしむ。【玉葉】

九月三日〔晴〕

夜に入りて後白河法皇、天王寺より入洛、六条殿に着御ありたり。【玉葉】

九月五日〔雨降る〕

初斎宮卜定《ぼくじょう》の儀、建議あり。故高倉上皇三女・潔子内親王（8）を卜定せんとし、この日、蔵人右少弁藤原親経（36）、初斎宮の事を院御所六条殿に参上、奏聞のところ、後白河法皇、只、計らい沙汰すべしと勅定ありたり。この由、摂政兼実に申す。しかるに、法皇、御風気《ふうき》により、この儀の左右を御成敗（裁決すること）あたわず、と。兼実、直ちに重ねて法皇に奏上すべし、と親経に仰せ下す。近日、政務の事、摂政兼実、自ら専らにするに及ばず差控えたり。危きこと虎の尾を踏むの故なり。【玉葉】

九月六日〔陰り晴れ、定まらず〕

蔵人右少弁藤原親経、摂政藤原兼実に来りて申す。今旦、重ねて六条殿に参上。後白河法皇に初斎院の事、奏聞すると雖も、昨日に引続き御風気不予たるにより、一切、御成敗なし。ただ、ひたすら摂政において計らい沙汰あるべし、と。よって、兼実、親経を御簾前に召し寄せ、明朝、なお子細を参奏すべく下命せり。〈翌三年にいたり斎宮潔子内親王、卜定せられ、その九月十八日、伊勢大神宮に群行《ぐんこう》ありたり（『百錬抄』『玉葉』など）。〉【玉葉】

九月七日〔天晴る〕

未刻（午後二時頃）、蔵人左少弁藤原親経、摂政藤原兼実の九条第に来る。初斎宮（潔子内親王卜定）の事につきて、後白河法皇の返事を持参す。その御状に、法皇の御悩（御風気）不快の由、詳しく報ぜられたり。初斎宮の事、事闕くべからざるの由、仰せありて、兼実に計らい沙汰すべき下命あり。その他、細々の仰せ言あるも、御不予中にして、勅報に術《すべ》なき有様なり。よって、親経を使者として法皇に書状をもって、御悩の事、驚き承るの子細を奏上す。親経、ふたたび帰来して、後白河法皇の勅報を示す。文面の趣、委細を尽せるにより、兼実、悦びとなす。【玉葉】

九月八日〔晴〕

このころ、世間に咳疾流行す。後白河法皇もまた、御風気不予なり。よって、世間病事、祈禱により平癒あらしめんとして、今夜より院御所六条殿において、叡山の阿闍梨・法印実慶（右兵衛督藤原公行男）に不動供の修法《すほう》を始めさせ給う。【玉葉（九月十七日条も）】

九月九日〔晴〕

摂政藤原兼実（38）、内蔵頭藤原経家（38）をもって、後白河法皇の御悩を見舞わしむ。昨今、同じ病状なり、と。院中の近習或る人、兼実、法皇の御悩平癒祈禱を勤行せしこと、法皇しきりに悦気あり、と。この伝えを聞き、兼実もまた喜悦す。【玉葉】

九月十三日〔晴〕

摂政藤原兼実、去る月二十五日、法性寺御堂における不断念仏（一万反《べん》）結願につき、九条第に帰参。ついで、冷泉亭に帰らんとするも、右大将藤原良通（20）所労なお不快により帰参を延引せり。しかるに、今日、兼実一家、冷泉亭に帰渡せり。兼実一人、まず院御所六条殿に参上するが、後白河法皇の近習者なきにより、見参を申入れずして退出。ついで閑院内裏に参内、朝餉間《あさがれいのま》に参上、後鳥羽天皇（7）に拝謁、退下して冷泉亭に帰参。すでに女房藤原兼子（35）および右大将良通ら帰参せり。【玉葉】

九月十八日〔晴〕

この夜、摂政藤原兼実、院近臣・左少弁藤原定長（38）を冷泉亭に召す。条々の事を後白河法皇に奏上せしむ。その中の一条、大臣を嫡男・右大将良通に譲与あるべく法皇に奏上、しかも歳の内に実現せられん事を懇請せり。〈よって、来る十月二十日に良通に任大臣兼宣旨を賜う。ついで同二十九日に大納言第六位より内大臣に任ぜらる。〉【玉葉、公卿補任】

九月二十日〔晴〕

摂政藤原兼実、昨今、物忌により冷泉亭に籠居せり。この夜、左大弁藤原定長、後白河法皇御使として来臨。物忌たりと雖も勅使たるにより、これに謁す。定長、法皇の院宣を伝えて云う、「このたびの御悩（法皇、御風気）、叡山の僧正昌雲（法皇寵臣故参議藤原光能の弟）の祈禱の霊験により平癒を得たり。よって優賞せらるべし。律師か法眼位を付与せんとす、如何に」と。兼実、かならず恩賞あるべきの由を奏上す。また、先日、右大将良通に大臣を給わらんこと奏上のところ、法皇「左右なき事にこそ、さて大納言次第に闕せんずるか」と仰せあ

り、この上は早急に、内々、その任叙の用意あるべしと兼実に伝言す。これを聞き、兼実大いに悦ぶ。重ねて奏上す。【玉葉】

九月二十一日〔晴〕

後白河法皇、今日より熊野詣でのため熊野御精進を始められんとするも、院御所六条殿、七ヶ日の穢気たるにより延引し給う。【玉葉】

九月二十三日〔晴〕

後白河法皇、今朝、左大臣藤原経宗（68）の大炊御門御所に渡御あり。しばらく、同所に経廻《けいがい》（滞留）あるべし、と。【玉葉】

九月二十七日〔晴〕　**後白河法皇六十賀に、後鳥羽天皇、諷誦を修せらるべし、と兼実**

この夜、院御所（左大臣経宗第・大炊御門御所）より蔵人勘解由次官藤原定経（29）、摂政藤原兼実（38）の冷泉亭に来る。先日、兼実より奏聞せる所の右大将良通（20）の大臣叙任のこと、後白河法皇に奏上、勅許ありたるを伝う。法皇「尤も然るべし、早やかに譲与（内大臣）すべし」と仰せありたり、と。兼実、悦び少なからず、殊に畏《かしこま》り申すの旨、法皇に披露奏上すべく定経に仰せ付く。ついで、定経に条々の事を示し、法皇に奏上すべく下命す。法皇、熊野詣でのため熊野山に下向以前に摂政上表事を行うべきにより、兼宣旨の発布方を申請す。もしも、日次なきにおいては、熊野より還御入洛以前にても可なり。この事、かねて申置くべきなり、と。

摂政兼実、この日、蔵人定経をもって、後白河法皇六十賀につき公家（後鳥羽天皇7）諷誦《ふじゅ》を修せらるべきの事（延長四年〈九二六〉九月二十八日、宇多法皇例）を奏上せしむ。【玉葉】

九月二十九日〔晴〕

戌刻（午後八時頃）、摂政藤原兼実、直衣を着し冷泉亭より後白河法皇御所六条殿に参上。左少弁藤原定長（38）をもって見参に入る。小時にして帰来、法皇召しの由を告ぐ。よって即刻、法皇御前に参る。法皇、持仏堂に御坐し、中の妻戸を開きて拝謁を賜う。法皇、しばしば兼実に勅語を賜い、やがて兼実退下す。定長を招き、後刻、条々の事を法皇に奏聞すべきを云い置きて退出す。その時、定長、語りて云く、「右大将良通の任大臣（内大臣）の事、ならびに法皇熊野詣での事、摂政兼実の上表および兼宣旨の事など、すべて聞《きこ》し食《め》さる」と。よって、兼実、来月十七日か二十日に行わるべきを希望して、定長に示す。【玉葉】

九月三十日〔晴〕

法印静賢（63）ならびに叡山の僧性観ら、摂政藤原兼実の冷泉亭に来る。伝聞によれば、去る頃、後白河法皇、前摂政藤原基通（27）の近衛室町亭に御幸あり、種々の密勅を基通に語り給う、と。このたびの熊野御幸は、ひとえに基通のために祈誓の故の参詣なり、と仰せあり。基通、関東の頼朝（40）の上申により、去る三月十二日、摂政ならびに藤氏長者を停められし事の復任を祈るためなるか。【玉葉】

十月一日〔陰り。雲、四（方）を掩う。時雨、まま灑ぐ〕

この夜、摂政藤原兼実（38）、蔵人勘解由次官藤原定経（29）を冷泉亭に招く。後白河法皇に奏聞すべき条々の事を仰せ含めしむ。【玉葉】

十月二日〔天晴る〕

昨一日に引き続き、摂政藤原兼実、物忌により冷泉亭に籠居せり。蔵人右少弁藤原親経（36）、門外に来りて（物忌による）、条々の事を申す。初斎宮の間の事につき、親経、すこぶる後白河法皇の逆鱗に触れり、と言う。その事、親経に殊たる過怠なし。これにつき、摂政兼実、左少弁藤原定長（38）をして法皇に弁護せしむ。この事、親経殊に悦び申し、感涙を拭う、と。【玉葉】

十月三日

後白河法皇、鳥羽殿に御坐あり。熊野詣で御精進屋（在鳥羽）に入御あるか。この朝、摂政藤原兼実、蔵人左衛門権佐藤原親雅（42）をして条々の事を法皇に奏聞せんがため、鳥羽殿に参向せしむ。【玉葉】

十月四日〔天晴る〕

蔵人右少弁藤原親経ならびに蔵人勘解由次官藤原定経ら、摂政兼実の冷泉亭に入来。明暁、後白河法皇、鳥羽殿内の熊野御精進屋を出立し給うにより、今日、鳥羽殿に参上、万事を奏上すべきを伝う。奏上の条々の事、別紙目録に連記あり。【玉葉】

十月五日〔天晴る〕　**後白河法皇、七年ぶりに二十九度目の熊野御幸へ**

今暁、後白河法皇、鳥羽殿内、熊野御精進屋を出御ありて、熊野御幸に進発。【玉葉（十月四日条）】

夜に入りて蔵人左衛門権佐藤原親雅、摂政藤原兼実の冷泉亭に来る。後白河法皇御所鳥羽殿（熊野御精進屋に入御）に参向せしめ、条々の事を奏上せしめたる返事の報告なり。その中の一条、侍従源通宗（権中納言通親38一男・19）の禁色《きんじき》の事、内大臣藤原実定（48）の息・公継（12）に仰せ下さるる時、同時に沙汰あるべし、との後白河法皇の勅定を伝う。【玉葉】

十月十一日〔天晴る〕

今夕、小除目あり。かねて後白河法皇の沙汰ありし権中納言源通親の嫡男・侍従源通宗に禁色の聴しなし。よって、通親、摂政藤原兼実に面謁を求め、参入せんとするも、兼実、今朝物忌にて籠居。明後日（十三日）なれば宜しかるべし、と答う。【玉葉】

十月十三日〔天晴る〕

夜に入りて権中納言源通親、摂政兼実の九条第に入来。兼実、烏帽子・直衣を着用して謁す。しばらくの間、対話せり。通親の息男・侍従通宗の禁色の間の事なり。先日、後白河法皇よりこの儀につき仰せ下さるる所あり。しかるに、兼実、法皇に申状を呈し、宣旨中止となりたり、と世間謳歌すと、伝聞あり。通親（38）、大略その事を示すための入来か。されど、兼実自身においては更に抑留の意なし、ただ理の致す所を申す。これによって、即時の仰せ下しはされず。通親、兼実に謁談の節には、その子細を語らず、ただその望みの尤も切なる趣を語る。兼実もまた、子細をあらまし述ぶるにとどめたり。後年の通親・兼実の不仲の遠因の一、ここにあるか。【玉葉】

十月十七日〔天晴る〕

摂政藤原兼実（38）、第三度の上表なり。巳刻（午前十時頃）、九条第より右大将良通（20）と網代車に同車、冷泉家（今日、寝殿南廂・車宿・四足棟門・渡廊等、修造の功を終えたり）に渡り向う。上表の儀、この家にて行わる。上表文の清書役たる中務権少輔藤原伊経、すでに早参せり。しかるに表文の作者たる蔵人右少弁藤原親経（36）、遅参。再三、使をもって催すと雖も、なお遅々たり。申終り（午後五時前）に参入。表の使は左少将藤原兼宗（24）、勅使は右少将藤原成定（34）なり。【玉葉】

十月二十五日〔晴れ陰り、定まらず〕

夜に入りて後白河法皇、熊野より還御あり。即時、八条院御所（八条北、烏丸東）に入御、御宿泊。【玉葉（十月二十六日条）】

十月二十六日〔陰り晴れ、定まらず〕

今朝、大炊御門御所（左大臣藤原経宗68亭）に渡御あり。午刻（正午頃）、摂政藤原兼実、この大炊御門御所に参上。左少弁藤原定長（38）をもって見参を申入る。只今、法皇、御湯殿に下り給わんとせらるるにより、面謁せずと仰せあり。よって、兼実、法皇無事に熊野参詣を遂げ給うを殊に悦び申し上ぐる由を、定長を通じて奏上せり。これを受けて法皇、さらに明日か明後日、参上すべし、毎事を聴聞すべし、と勅報あり。よって、条々の事、内々、定長に示し、明後日、改めて参上すべし、と伝えて退下す。【玉葉】

この日、仁和寺御室・守覚法親王（37）、仁和寺観音院において結縁灌頂を行わる。後白河法皇ならびに八条院（50）、御幸あり。【東寺長者補任】

十月二十八日〔天晴る〕

酉刻（午後六時頃）、摂政藤原兼実、院御所六条殿に参上せんとす。折柄、左少弁藤原定長（38）、後白河法皇の御使として入来。木工頭藤原範季の罪科の間の事なり。源頼朝（40）の許より、件の範季、源義行（義経28）に同意の報あり、奇怪の由、頼朝より大宰権帥権中納言藤原経房（44）の許に示し送りたる、と。これ、在京の北条兵衛尉（時政49か）より鎌倉に通報せるにより、頼朝、直ちに雑色鶴次郎を使者として、三日間（鎌倉→京都）の行程により上洛せしむ（『吾妻鏡』）。殊に法皇に奏聞の趣に非ずとも、事体、黙止しがたきにより、院御所に召問せらる。しかるところ、源義行に同意たるは無実なり。義行の所従《しょじゅう》・堀弥太郎景光（去る九月二十日、比企藤内朝宗に搦め取らる）とは、一両度、謁せり。よって、その科なしと雖も、景光に謁しながら搦め進めざるは、すでに過怠なり。よって、即座にその罪を行うべきや。はたまた、関東の申状を待ちて、その沙汰を致すべきや否や、摂政藤原兼実の裁可を、と。かねてまた、源義行は院宣によって夜打を企てる旨、聞き及べり。この事、すでに摂政兼実に言上せり、と範季申す、とも。この儀いかにと、院中の尋問あり。

これに対して兼実（38）は、院宣によりて、源義行夜打を企つとのこと、木工頭範季の申状、全く承り及ばざる事なり。若しくは、範季謬言を後白河法皇に奏上せしか、と。さらにまた、罪科につきての件、賊徒（義行）の縁者（堀弥太郎景光）に諷しながら、その身柄を搦め進めず、法皇にも奏聞に達せざること、その罪、遁れがたし。ましてや頼朝の素意においてをや。よって、この際、その罪科により関東に仰せ遣わさるるが、もっとも宜しきか、と奉答せり。【玉葉】

十月二十九日　藤原良通、内大臣に任ぜらる

内大臣藤原実定（48）を右大臣に、藤原兼実の一男・良通（20）、内大臣に任ぜらる。大饗あり（「御遊年表」参照）。【公卿補任、玉葉】

十一月二日〔天陰る。時々、小雨あり〕

去る十月二十九日、内大臣に任ぜられたる藤原良通、この日、拝賀を行う。秉燭に及ぶの後、新内大臣・右大将良通、束帯を着用、蒔絵螺鈿剣、紺地平緒、有文帯を着装、故関白藤原忠通所用の笏《しゃく》を持ちて出立。まず、皇后宮亮子内親王（40）の御所（良通、近隣により便宜に随う）に参上。ついで、後白河法皇の六条殿（六条西洞院御所）、内蔵頭藤原経家（38）に申次ぎ、舞踏の後、法皇の召しにより御前に参り、贈物として御馬一匹を賜いて退出。ついで、八条院（50）に参上。女房、贈物として和琴を持来る。内大臣良通、これを取り右少将藤原伊輔に渡し、退出す。【玉葉】

十一月五日

源頼朝（40）、前伊予守義行（義経28）をいまだに探求なしえざるにより、いささか焦慮不快の念あり。よって、書札を大宰権帥権中納言藤原経房（44）の許に送達せしむ。「義行、今に出で来らず。これ、定めし公卿・侍臣ら、皆、鎌倉を悪《にく》みて、京中の諸人、いずれも義行に同意結構せるの故か」と。就中《なかんずく》、木工頭藤原範季が義行に同意の事、頼朝、すこぶる憤存せる所なり、と。また、中宮大夫属入道善信（三善康信46）の建言によれば、「義行は『能行』、能く隠るるの意味なり。よって、今に発見せざるなり。かくの如きこと、字訓を思うべし。同音を憚るべし。これにより、なお旧名の義経たるべく、摂政藤原兼実に申請、旧名に戻さるべし」と。【吾妻鏡、百錬抄（十一月一日条）】

十一月十日〔天晴る〕

このころ、後鳥羽天皇（7）の御書始の儀、挙行につき、後白河法皇、沙汰あり。この日、蔵人右少弁藤原親経（36）、法皇の意をうけ、摂政藤原兼実の冷泉亭に来りて、御書始の事等について申す事あり。【玉葉】

十一月十一日〔陰り晴れ、定まらず〕

蔵人右少弁藤原親経（36）、摂政兼実（38）第に来たりて、後鳥羽天皇（7）の御書始の儀につき申す事あり。【玉葉】

十一月十三日〔雨降る。夜に入り子刻（午前零時頃）大風〕

この夕、後白河法皇、六条殿御所より押小路殿（白川・金剛勝院御所）に渡御せらる。去る年の地震以後、修理せらるる所、竣工せしによる。御移徙の儀に非ず。供奉は公卿は直衣、殿上人は衣冠を着用せり。摂政藤原兼実、扈従の催しなしと雖も、参入せんとす。しかるに堅固の物忌たり。よって、覆推《ふくすい》（くり返し推考する）を加えしところ、出行不快なり、と。よって参仕せず。左少弁藤原定長（38）にこの旨、法皇に奏上せしむ。やがて定長、御返事を伝う。法皇、兼実の本意を了承の御気色ありて、「物忌を破るべからず、決して参るべからず」と勅定あり、と。【玉葉】

十一月十四日〔天晴る〕

これよりさき、後白河法皇の勅定をうけ、陰陽師賀茂宣憲・安倍季弘（51）・賀茂在宣らをして、後鳥羽天皇の御書始の日次を勘申《かんじん》せしむ。この日、蔵人右少弁藤原親経、摂政藤原兼実の冷泉亭に来りて云う。御書始の日次につき重ねて陰陽師に問いたるところ、十二月一日甲戌を勘申せり。「天暦聖主」（東宮成明親王〈村上天皇〉、天慶七年〈九四四〉十二月一日御書始・19）ならびに「延久聖主」（東宮貞仁親王〈白河天皇〉、延久四年〈一〇七二〉十二月一日御書始・20）の前例ある由を申す、と。かねて後白河法皇、院宣をもって後鳥羽天皇の御書始を忩《いそ》ぎ行うべきの由、仰せあり。よって、摂政兼実、件の日（十二月一日）宜しかるべきと答え、改めて法皇に奏聞すべきを下知す。【玉葉】

十一月十六日〔雨降る〕

これよりさき、源頼朝（40）、義行（義経28）の事につき、後白河法皇に申状を進達、院御所に届きたり。この日、左少弁藤原定長、法皇の御使として摂政藤原兼実第に来る。定長、頼朝の書札を手交、法皇の勅語「朝《ちょう》の大事たるにより、宜しき様に計らい沙汰すべし」と。頼朝の申状によれば、「義行が事、南北二京（奈良・京都）に在々所々、多く彼の男（義行）に与力す、と。今においては、二、三万騎の武士を差進め、山々寺々を探求すべきなり。しかるに、多勢の武士差遣は、定めて大事に至らんか。よって、まず、公家《こうけ》（朝廷）の沙汰として義行を召取らるべし。その後、重ねての仰せにしたがい、関東より武士を差し上すべきなり」と。【玉葉】

十一月十八日〔天晴る〕

後白河法皇渡御の押小路殿の殿上間において、公卿僉議を行わる。摂政藤原兼実、晩頭、直衣を着し院御所に参上す。すでに諸公卿、殿上に祗候在りたり。兼実、左少弁藤原定長を招き、見参に入る。定長、帰り来りて法皇の仰せを伝う、「義行（義経）を召出すべきの間の事

〔探索逮捕〕、細々と相議し、参集の公卿たちの意見を徴すべし」と。よって、兼実（38）は奉行職事・蔵人右少弁藤原親経（29）を召して、諸卿に仰せしむ、「義行西走の後、所々に隠れ籠るの由、風聞あり。後白河法皇、上聞に達するごとにその沙汰ありと雖も、今に至り尋ね出されず。一人の逃隠により、万人の愁歎たり。何かの奇謀をめぐらして、義行を召出すべし」。ついで、頼朝（40）より法皇に上申の書状の旨を披露の上、これらの条々につき委しく定め申すべきを下達す。その後、出座の公卿、相ついで定む。一座の中において下臈の者より言上すること、例の如し。条々、一同せず。その中で、前伊予守源義行を称すべきや、あるいは、ただ源義行とすべきや否や、も不同せり。しかるに、摂政兼実、「すでに除目の者に官号を加うる必要なし」と私案を示す。この日の議定は、㈠義行を召取るべきの間の事、㈡神社、仏寺の司を召して義行召取りのための御祈りを行うべき事、なり。　【玉葉、吾妻鏡（十一月二十九日条）】

十一月二十四日

逃亡中の源義行改名の件につきて、左大弁藤原兼光（42）、兼実考案するところの名「義顕」、もっとも宜しきと申す。　【玉葉】

十一月二十五日　逃亡中の源義経の名を義行から義顕に改め、探索の宣旨を下さる

源義顕（義経→義行→義顕と改名・28）、隠身の間、捜索の上、搦め出すべきの宣旨を下さる。上卿は左大臣藤原経宗（68）なり。
【玉葉、愚管抄（宣旨日付、十一月二十六日）、法隆寺東院縁起（宣旨日付、十一月十九日）】

十一月三十日〔天陰る〕

賀茂臨時祭なり。祭使は内蔵頭藤原経家（38）なり。高倉天皇御時に一度勤仕、当今《とうぎん》（後鳥羽天皇）においては未役なり。奉行職事は蔵人左衛門権佐藤原親雅（42）・蔵人左兵衛尉橘業長（舞人を勤仕）などなり。摂政藤原兼実、巳刻（午前十時頃）、直衣を着し、閑院内裏に参内す。親雅、兼実の許に参入して云く、「今日、四位殿上人、一切不参なり。よって、祭使進発における庭中の重盃は、多く近衛将を用いらるる所なり。因幡守藤原隆保（37）の外、参仕の領状なし。各人に七、八度催しを加うるも承引なし」と。兼実、この旨、後白河法皇の院御所六条殿に注進の上、別御定により苛責せらるべきを訴えしむ。蔵人親雅、参院、申刻（午後四時頃）、内裏に帰参す。法皇、これに対して、「所労を申すの輩、早やかに実検の使を遣わし、なおも不参の者は除籍すべし」と。兼実、法皇の御定にしたがい沙汰すべきの由を奉答す。　【玉葉】

十二月一日〔天晴る〕

後鳥羽天皇（7）、閑院内裏において御書始の儀を行わる。「御注孝経」を授く。侍読は左大弁藤原兼光（42）、尚復は文章博士藤原光輔が勤む。兼光、この功により十二月十五日、弁官十七ヶ年に及ぶ労を併せて権中納言に任ぜらる。　【玉葉、百錬抄】

十二月十日〔天晴る〕

摂政藤原兼実（38）、天下の政、淳素《じゅんそ》（古代中国の堯・舜の治世の理想）に反《かえ》すべき趣あるにより、院近臣・左少弁藤原定長（38）を招きて、後白河法皇の叡聞に達せしむ。この事、嗚呼《おこ》（ふとどきなこと）の第一なり。しかるに、この諫言、身命をもって天下に代うべき決意にて、仏神にまず祈った上での奏上なり。よって法皇の叡慮に逆らうを忘れ、なまじいに天聴（法皇）に達す。伊勢大神宮、春日大明神の神慮に任せ奉るものなり、と。【玉葉】

十二月十三日〔陰り晴れ、定まらず〕　**藤原兼実の諫言に対し、後白河法皇、兼実への信頼を明言**

この夜、左少弁藤原定長、摂政兼実の冷泉亭に入来。後白河法皇に、天下に徳化を施さるべく諫言せし事につき、法皇の御返事なり。法皇は「（兼実）仰すところ、はなはだ慇懃《いんぎん》なり。申す所、みな然るべし。摂政就任の初め、いささか心事ありたり。しかるに、その後、次第に子細を聞くに、誠に汝（兼実）に過失なし。また、その後も万機（政務）におきて私心なし。（法皇）有難く思し食す所なり。ひとえに奉公の志ありと覚ゆ。今より以後も一向に（兼実に）相憑む所なり。申請の如く諸卿を召し、仰せ含めて公事を行うべし。今年、すでに歳暮たるにより残日なし。明春三ヶ日以後、これらの沙汰あるべし。朕（法皇）、年来、心を政途に留めず。只、近臣に委任し来れり。よって、大略、有若亡《ゆうじゃくぼう》（あれどもなきが如し）の有様。今、兼実は理国の政を申し行わんとのこと、深く庶幾する所なり。この事、伊勢大神宮・熊野三社権現の知見あるべき所なり。今後は隔心なく、一向に政道を委任する所なり」と。

摂政兼実、この勅命を定長より伝聞、手足の措くところを知らず、仰天して悦ぶ。最初にこの事を奏達の時、法皇の逆鱗を蒙り、ほとんど乱刑に及ばんと危惧ありたり。今の仰せ、直事に非ず。社稷《しゃしょく》の志、天意神慮に答うるものか、と歓喜の涙数行下れり。【玉葉】

十二月十七日〔雪降る〕

この夜、後白河法皇御所六条殿において仏名会あり。【玉葉】

十二月十九日

明二十日、公卿勅使として大納言藤原実房（40）、伊勢大神宮に奉幣（源義顕〔義経28〕討伐御祈り）発遣するに先立ち、この日、蔵人頭右中弁源兼忠（26）、宸筆の宣命を後白河法皇に申請す（後鳥羽天皇幼帝たるによる）。法皇、自筆をもって返事を賜う。【玉葉】

十二月二十七日

去る九月二十七日、後白河法皇六十賀のため、延長四年〈九二六〉九月二十八日、宇多法皇御息所藤原褒子、法皇六十賀を行われし前例により、摂政藤原兼実、蔵人勘解由次官藤原定経（29）をもって、六十御賀（後白河法皇）、公家（後鳥羽天皇7）諷誦を修せらるべきの事を奏上せしむ。この日、諸寺の諷誦完了につき、さらに諸寺において出家せし度者《どしゃ》（僧・尼）のために度縁《どえん》（度牒）を公布さる。よって、右中将藤原実教（37）を諸寺御誦経度縁使として差遣す。

【玉葉（七月七日・同八日・九月二十七日条）、新儀式（巻四）】

十二月二十八日

後白河法皇御所六条殿における懺法供養、結願す（開始の日、不明）。

【玉葉】

文治三年（一一八七）　六十一歳

正月一日〔朝の間、雪降る。僅かに寸に及ぶ。午後雪止み、天、猶陰る〕

後白河法皇、押小路殿において拝礼あり。この朝、悪天候により院拝礼の有無につき、家司・大蔵卿藤原宗頼、御教書をもってこれを書き遣わし、院中の権右中弁藤原定長（39）の許に問いに遣わす。晴儀を用いらるべく返報あり。摂政藤原兼実（39）、家拝礼について、車に乗り、内大臣良通（21）以下公卿らを相引き、法皇御所押小路殿に参上。ついで閑院内裏に参上、殿上倚子の下に着座。後鳥羽天皇（8）、引直衣《ひきのうし》を着御、歯固めあり。内大臣良通、勅定により陪膳を勤仕す。その後、主上、装束を着御、出座、拝礼あり。【玉葉】

正月八日〔雪降る〕

後白河法皇、法勝寺修正会に御幸。摂政藤原兼実、戌刻（午後八時頃）、直衣を着し、半蔀車《はじとみぐるま》に乗りて白川殿（押小路殿）に参上。法皇、兼実の参入を待ってから、即刻、出御。摂政兼実、法皇御車の御簾を褰《かか》げ、御乗車の後、御車の後に扈従す。内大臣良通以下、騎馬にて供奉す。法勝寺西廻廊北面に御車を寄せ、法皇の御車の御簾を、兼実また褰げ、法皇下御。この夜、兼実、あらかじめ権右小弁藤原定長に触れ仰せて、呪師《のろんじ》六手を演ぜしめ、了りて法皇、還御。兼実も供奉、押小路殿入御の後、退出、冷泉亭に帰参せり。時、鶏鳴に及ぶ。【玉葉】

正月九日〔晴〕

蔵人頭右中将藤原実教（38）、後白河法皇の御使として、摂政藤原兼実の冷泉亭に院宣を持参せり。右京権大夫藤原隆信（46）に院御所昇殿を許すべし、と。よって兼実、法皇の仰せ下さるるにしたがい、隆信に仰すべし、と奉答す。隆信は院近臣たり、是非を申すあたわず。その上、祖父為忠は雲客《うんかく》（殿上人。為忠は正四位下丹後守）たり。また、隆信は二条院ならびに先帝（高倉院）、二朝の侍臣なり。よってこの恩あり。なぜに可となさざらんや。【玉葉】

正月十四日〔天晴る〕

夜に入りて、摂政藤原兼実直衣を着装、内大臣良通騎馬にて供奉、共に後白河法皇御所押小路殿に参上す。路次において、法皇の法勝寺修正会御幸の行列に出会う。よって一町手前で御車を立てて、幸列の通過を待つ。兼実、法皇の御車を追い閑路より参入。西門の外で下車、法皇御車の通過を地上にて待機、御車の後に参入して、御簾を褰げ、法皇下車。去る八日の如く仏前の座に着す。法会を了りて、呪師一手を完了の後、兼実は法成寺に参入。法皇、ついで最勝寺に御幸、内大臣良通を留めて供奉せしむ。【玉葉】

正月十六日〔天晴る〕

後白河法皇、石清水八幡宮に御幸あり。【玉葉】

正月十八日〔雨下る〕

後白河法皇、押小路殿出御ありて、法住寺殿南殿内、蓮華王院修正会《しゅしょうえ》に御幸あり。摂政藤原兼実（39）および内大臣良通（21）、所労により参仕せず。【玉葉】

正月十九日〔天晴る。夜に入りて雨下り、雷鳴あり〕

後白河法皇、賀茂社に御幸あり。【百錬抄】

正月二十日〔雨下る〕

夜に入りて摂政藤原兼実、院御所押小路殿に参上。後白河法皇に除目（県召除目、二十一日から二十四日）の任人の事および東大寺院宣の趣を奏聞す。法皇、頗る不許の御気色あるも、兼実、恐れながら破り立て（無視する）、子細を奏上す。よって、法皇、得心、沙汰あるべきを仰せ下さる。兼実、悦びとなすこと少なからず。【玉葉】

正月二十四日〔天晴る〕

後白河法皇、天王寺に御幸。この夜、同寺御所に宿御あり。【玉葉】

正月二十五日

後白河法皇、天王寺に参籠。この夜も宿御。【玉葉（正月二十四日条）、一代要記（正月二十六日条）】

正月二十六日

後白河法皇、天王寺において舎利会を行わしめ給い、当夜、万灯会の事あり。この夜も宿御あり。【一代要記】

正月二十七日

後白河法皇、天王寺より還御。【一代要記】

正月二十九日〔雨下る〕

去る二十三日、摂政藤原兼実の二男・正三位右中将良経（19）、従二位に昇叙す。よって、この日、拝賀を申す。まず、父兼実および母従二位藤原兼子（36）に拝し（冷泉亭）、ついで、「所々」に参る。まず、後白河法皇押小路殿に参上、ついで閑院内裏（後鳥羽天皇8）以下、宮御所に参入す。行粧は前駆五位八人、供の殿上人は侍従藤原定家（26）・少納言藤原頼房・散位藤原忠行（22）なり。随身は白狩袴を着して供奉せり。【玉葉】

二月一日〔天晴る〕

後白河法皇、六条殿において尊勝陀羅尼供養を行わる。早旦、摂政藤原兼実（39）および内大臣良通（21）・右中将良経（19）ら、随身を使者として陀羅尼を進献す。ついで、未刻（午後二時頃）、兼実、庇車に乗用、内大臣良通は半蔀車《はじとみぐるま》に乗りて相伴の上、六条殿に参仕す。導師は前権僧正公顕（78）、請僧三十口を率いて、御経の題を揚げ了んぬ。『仁和寺御伝』は、導師を守覚法親王（38）参勤と記す。

【玉葉、仁和寺御伝】

この夜、権右中弁藤原定長（39）、後白河法皇御使として摂政藤原兼実の冷泉万里小路亭に来る。「法皇、源義顕（義経29）追討の事、今一度、議定あるべきの由、仰せ下さる」と。よって、兼実、「院殿上において公卿僉議を行うべし」と奉答す。これに対し、定長は「院僉議は叶うべからず。明日以後、十六日に至り、次第指合い御所不定（法皇、御在所不定）。さらに一日の休閑の隙なし。よって、摂政直廬《ちょくろ》において議定あるべし、と法皇仰せ下さる」と。しかるに、事、重事たるにより、重ねて法皇に奏上すべし、とて院御所に帰参せり。【玉葉】

二月二日〔陰り晴れ、定まらず〕

右少弁藤原親経（37）、摂政藤原兼実の冷泉亭に入来。後白河法皇より、源義顕の件につき諮《はか》るべき事あるにより院参すべし、と。よって、兼実、早やかに六条殿に参上。申次ぐも、奥に入ったままで、如何あらんとする所に蔵人左中弁源兼忠（27）出で来りて、法皇の仰せ、条々の事を申す。

また、この夜、後白河法皇、鳥羽南殿修造完成により、始めて六条殿より渡御あり。しかし、この御幸、密々の儀なり。さらに移徙《いし》の礼に非ず。供奉の公卿は直衣、殿上人は衣冠を着装す。日没後、摂政兼実は内大臣良通を相伴、各車にて鳥羽南殿に参入す。小時にして、法皇出御あり。兼実、法皇御車の御簾に参る、例の如し。行列は、前駆についで法皇御車、その後に北面の武士。摂政兼実はその後に扈従す。幸路は六条大宮、七条朱雀、造道《つくりみち》等を経て、鳥羽南殿西門より法皇御車入御。兼実は中門外の方より昇殿、透廊南簀子を経て、御車の御簾に参る。院司・左京大夫藤原経家（39）一人参仕、御車の轅《ながえ》に打板《うちいた》を懸け、法皇、その上を渡りて下御。兼実、階間《はしのま》の御簾を褰《かか》げ、法皇入御あり。小時ありて、兼実、内大臣良通を相具し、退出す。今度は同車、夜中、洛中（冷泉亭）まで遼遠なるによる。内大臣良通の随身、車の傍に在りて進まず退かず、歩む、これ故実なり。このたびの鳥羽南殿の修造、諸国に宛てらる。寝殿以下の屋四宇は、伊予国の所

課として兼実、密々にこれを営進す。諸国の神社・仏閣の修造をさしおき、これを優先す。天下の衰弊、かくの如きか。【玉葉】

二月三日〔雨降る〕

権大納言藤原兼雅（43）、内大臣藤原良通（21）の許（父兼実39同居＝冷泉亭）に書状をもって示し送る。鳥羽南殿の寝殿の作事以下、装束（室内の飾りつけ）、調度等のこと、いずれも花麗《かれい》無双の由、後白河法皇、再三、叡感ありたる、と。【玉葉】

二月四日〔天晴る〕

鳥羽南殿の後白河法皇、蔵人右少弁藤原親経（37）を使者として、摂政藤原兼実（冷泉亭）に院宣を伝えしめ給う、「源義顕（義経29）の事、議定においては汝（兼実）の直廬において、人々（公卿）に問わるべし」と。叡旨、然るべきにより、兼実は、一昨日の叡問の事、この院宣により議定すべき旨を使者親経に付して奏聞せしむ。

この夜、蔵人右衛門権佐藤原定経（30）、後白河法皇の叡旨を受けて、条々の事を摂政兼実に伝う。源頼朝（41）、申状を法皇に進達して、禁中の事（㈠内裏の修造、㈡禁裏の雑事）、法皇より沙汰なきを愁訴し、計らい仰せ下さるべきを申請せり。法皇、この事につき摂政兼実に「何様《いかよう》に頼朝に返事すべきや」と諮らる。兼実、聊か存旨あるにより、よく相計らいて法皇より仰せ下さるべし、と奉答。なお、明朝、六条殿に参上、奏聞すべし、と。【玉葉】

二月五日〔天晴る〕

早朝、蔵人右衛門権佐藤原定経、摂政兼実第に来訪。これより鳥羽へ参向の旨を伝う。未刻（午後二時頃）、帰り来りて、後白河法皇の院宣を伝う。頼朝への返報につき、法皇、「兼実の申す所、しかるべし。この趣をもって、頼朝に仰せ遣わすべし」と裁可あり。定経、さらに記録荘園券契所の寄人《よりうど》（職員＝庶務や執筆。古法に通じた者が選ばる）は、法皇により合点を付されたる輩を召さるべし、と。延久元年〈一〇六九〉閏二月十一日、後三条天皇初設置の際は五人なり。法皇は更に三人を加うべき勅定あり。これに答えて、兼実は後白河法皇の保元元年〈一一五六〉十月二十日の記録所設置における十二人の例により、新たに合点を加うべく上卿・右大将藤原実房（41）に下命、一定の後、法皇に奏聞しかるべし、と定経に仰せてこの旨、奏上せしむ。

この度の鳥羽南殿の修造経営の事、摂政兼実の知行国たる伊予国の経費莫大の由、後白河法皇、しきりに叡感ありと、人々、兼実に告げ示したり。【玉葉】

二月六日〔天晴る〕

摂政藤原兼実、この日、伝え聞く、「一昨日（四日）、園城寺の衆徒・僧綱ら会合、様々の僉議あり。この議定の事、所詮、摂政兼実発願の祈禱の事、勤仕すべからず」と。しかるに、僧綱らは多く一同せず、未定にて退散せり、と。よって、来る十八・十九日の頃、園城寺の僧綱ら六条殿に参上、後白河法皇にこの旨、奏上せんとす、と。【玉葉】

二月七日〔天陰る〕

摂政藤原兼実（39）、院近臣の権右中弁藤原定長（39）を招き、昨日伝聞せし園城寺衆徒の一件を後白河法皇に奏聞せしむ。また、僧隆雲を召し寄せ、園城寺の衆徒に雷同することなく、延暦寺の衆徒に蜂起すべからざるの由を下知す。【玉葉】

二月八日〔天陰り、雨下る〕

なお後白河法皇、鳥羽南殿に御坐あり。権右中弁藤原定長、祗候せり。この夜、摂政藤原兼実、直廬（閑院内裏内）において後白河法皇の院宣の趣により源義顕（義経29）の事を議定す。参入の公卿は右大将藤原実房（41）・権大納言藤原忠親（57）・新権大納言藤原実家（43）・検非違使別当藤原頼実（33）・権中納言源通親（39）・大宰権帥権中納言藤原経房（45）・新権中納言藤原兼光（43）・新参議藤原雅長（43）らにして、内々の議定なり。この夜の議定は、「義顕を召出さるべき間の条々の事」にて、㈠御祈りの事、㈡捜し求めらるべき事、であった。参集の人々の評定は、更《あらた》めて最初の如く定め申すに非ずして、人々、思い思いに詞を交したり。最後に摂政兼実、蔵人右少弁藤原親経（37）を召し、例記目録を書かしむ。大略一同なり。【玉葉】

二月九日〔朝陰り、巳刻（午前十時頃）以後、天晴る〕

この夜、内大臣藤原良通（21）、摂政兼実の冷泉亭において、始めて作文会《さくもんえ》を行う。披講の前に後白河法皇の使として権右中弁藤原定長、院宣を持参し伝う。兼実、これに謁す。条々の事あり。中に、去る七日、法皇に奏上せし園城寺衆徒のこと、許容なき旨を仰せらる。その他、備後国少領の事、伊予国造興福寺雑事、支配の荘々の事（法皇、裁可あり）など。また、鳥羽南殿の修造の兼実の経営に対し、懇志の至り、と後白河法皇、悦び思食す、と。【玉葉】

二月十日〔天晴る。時々、雨下る〕

今朝、左中弁源兼忠（27）、仁和寺（後白河法皇、これより早く、愛孫道性の病危急により、鳥羽南殿より仁和寺法金剛院御所に渡御か）より帰来の後、摂政藤原兼実第に来たりて、法皇仰せの条々の事を告ぐ。中の一条に、後白河法皇の愛孫（故三条宮〔以仁王〕三男・仁和寺宮道性）の入滅（十日、入滅）、と。この宮、八条院（法皇異母妹・51）の猶子たり。生年十八、究竟《くっきょう》の法器の人なり、と。去る年より病悩、ついにこの日薨去なり。これを聞く兼実、惜しむべし、惜しむべし、と。【玉葉】

二月十一日〔天晴る〕

亥刻（午後十時頃）に至りて、蔵人右少弁藤原親経（37）、摂政藤原兼実第に来る。昨日、源義顕の事、去る八日夜、摂政直廬において議定せし事につき、後白河法皇に参奏せるを告げ、その時の法皇仰せの旨の条々を語る。聞き了りて、兼実（39）、すべて法皇の御定にしたがい、沙汰すべし、と奏聞せしむ。【玉葉】

二月十四日〔天晴る〕

申刻（午後四時頃）、摂政藤原兼実、冷泉亭より網代車にて仁和寺（後白河法皇御坐の法金剛院御所か）に参上。前駆は衣冠、随身は布衣着用なるも褻《け》の出仕（法皇愛孫・仁和寺宮道性入滅による）なり。仁和寺に直参せんとするも、この日、後白河法皇嵯峨に御幸と伝聞、やむなく兼実は八条院（法皇異母妹・51）渡御中の仁和寺南院（御堂別房・后宮亮子内親王41に進献せらるる房舎）に参る。女院猶子たる仁和寺宮道性（十日、入滅）弔慰のために使者をもって申入れたり。今日、日次《ひなみ》よろしからざるも、日を忌まずして、女院御坐の南院にて近侍の女房に謁し、子細を申入る。女院、悲歎かぎりなし、と。

夜に入りて、後白河法皇、嵯峨より法金剛院御所に還御あり。摂政兼実、すぐに参入、権右中弁藤原定長（39）をもって申入る。法皇の召しにより、御前に参進す。折柄、法皇、理趣三昧聴聞中なり。壺禰《つぼね》の中に御坐あり。兼実、しばらく松容《しょうよう》（あせらず、ゆったり）として祗候す。ほぼ雑事を法皇に奏上、理趣三昧の未終り（午後三時前）の前に退出す。条々の事を権右中弁藤原定長に仰せ付けて、帰参す。帰路、閑院内裏に参内、後鳥羽天皇（8）を見舞う。【玉葉】

二月十五日

摂政藤原兼実、大和・多武峯（談山神社）怪異により、陰陽師賀茂在宣をして占わしむ。蔵人左中弁源兼忠（27）、兼実第に来る。昨日（十四日）の占形《うらかた》（その趣、殊に不快たり）を見せ、後白河法皇にこの旨、奏上すべし、と下知す。また、ほかに条々の事を奏聞せしむるために申す。源兼忠、直ちに仁和寺法金剛院御所（後白河法皇、御坐）に参上、晩に及びて帰参せり。この日、仁和寺理趣三昧、結願す。よって、今夜、後白河法皇、最勝光院修二月会の法会に御参のため、まず六条殿に還御。明日はふたたび鳥羽北殿に御渡り（移徙の儀にあらず）あるべし、と。【玉葉】

二月十六日〔天陰る。夜に入りて雨下る〕

後白河法皇、鳥羽北殿に渡御あり。

美濃権守中原親能（45）、源頼朝（41）の下命を受け上洛使節として鎌倉を進発、貢馬《こうば》十疋を相具す。これ来月上旬のころ、後白河法皇、熊野詣であるべきにより、その道中用途として頼朝より法皇に貢進の料なり。【玉葉、仙洞御移徙部類記目録（『山槐記』所収）、吾妻鏡】

二月十七日〔天陰り、朝の間、小雨あり〕

院御所より蔵人右衛門権佐藤原定経（30）、摂政藤原兼実第に来る。記録荘園券契所の寄人のうち弁官のこと、延久・保元の記録所、ともに蔵人弁を任用、執権となされたり。よって、このたびもまた、後白河法皇、蔵人右少弁藤原親経（37）に仰せ下さるるが宜しかるべし、と勅定あり。この仰せの旨をうけ、兼実（39）、法皇の叡慮に仰せ下さるべし、と奉答す。【玉葉】

二月十九日〔天晴る〕

摂政藤原兼実、故父・前太政大臣忠通ならびに故姉・皇嘉門院が毎月連続厳修の仏経供養、舎利講、この七、八年中絶せるを、この日、九条堂に復興せり。兼実、堂中に在るの間、蔵人右少弁藤原親経、後白河法皇の御使として院宣を伝う、「法皇寵愛の女房丹後局（法皇の愛妾・故平業房妻・卑賤者なれども寵愛無双、中国の李夫人・楊貴妃をいかんせんか）を三品（従三位）に叙すべき後白河法皇の思食しなり。早やかに宣下せらるべし」と。ついで、蔵人親経、密語して云う、「重ねて法皇に奏上に及ばず。ただ、早やかに宣下せらるべし。これ権右中弁藤原定長（39）の申す所なり」と。よって、兼実、「早やかに宣下あらん、左右するあたわず」と奉答せり。【玉葉】

二月二十日〔天陰り、時々、小雨あり〕　**丹後局、高階栄子と称して三品に叙さる**

蔵人右少弁藤原親経、昨日についで摂政兼実第に来訪。丹後局三品叙位の事、昨日、宣下の儀を行われたる由を告ぐ。上卿は権中納言藤原兼光（43）が勤め奉行せり。かの女房、名字を「栄子《よしこ》」に定む、と。よって高階氏の出自たるにより、この日をかぎり高階栄子を称す。【玉葉】

二月二十四日〔天晴る〕

秉燭《へいそく》、摂政藤原兼実、直衣を着用して、六条殿に参上。後白河法皇の召しにより御前に参入。折柄の長講を陪席して聴聞す。数刻に及ぶ。事了りて法皇、雑事を仰せらる。その後、退出して兼実、九条堂修二会に参会す。【玉葉】

二月二十五日〔天晴る〕

摂政藤原兼実、冷泉亭において定例の尊勝陀羅尼供養を行う。事了りて布施を取るの後、蔵人勘解由次官藤原宗隆（22）、後白河法皇の御使として冷泉亭に入来。条々の事を申す。ことに、次回の除目において侍従藤原信清（29）を少将に任ずべき事、また権中納言藤原泰通（41）に勅授帯剣を許すべし、と。これに対して、兼実、所存を申す。よって、信清は三月一日、任右少将、泰通は五月二十五日、勅授帯剣の許しあり。【玉葉、公卿補任】

二月二十六日〔天晴る〕

明日、閑院内裏において御書所作文始を行わるるに当たり、後白河法皇より「孝文本紀一巻」を進献せらる。蔵人右少弁藤原親経（37）、院御使として摂政藤原兼実第に入来。親経、触穢により、門外よりこれを進上せんとす。兼実（39）、蔵人勘解由次官藤原宗隆（22）を召して、これを賜わらしむ。明日、式部大輔藤原光範（62）、御読に出仕すべきの故なり。【玉葉】

二月二十七日〔天陰り、夜に入りて甚雨〕

閑院内裏において今上《きんじょう》初度の御書所作文の事あり。はじめ南殿乾廊南面において行うべきに、甚雨、雨脚止まざるにより南殿艮の子午廊（御所接近の建物）において行わる。先例により後鳥羽天皇（８）出御あり。文人は殿上人にして式部大輔藤原光範以下、十三人なり。この日、後白河法皇、日吉社に御幸あり。権右中弁藤原定長（39）、御幸供奉のため、御書所作文始の文人に加えられたるも不参なり。【玉葉】

二月二十八日〔天晴る〕　**記録所を置く**

始めて記録所（記録荘園券契所）を置かる。閑院内裏の中門南内侍所南廊をもって、その所となす。権右中弁藤原定長と蔵人右少弁藤原親経を執権（勾当）と成し、寄人《よりうど》十二人を任命、いずれも参入す。ただし、親経は触穢により不出仕。奉行の職事は蔵人右衛門権佐藤原定経（30）なり。【玉葉】

二月二十九日〔天晴る〕

酉刻（午後六時頃）、摂政藤原兼実、六条殿に参上。権右中弁藤原定長をもって見参に入る。後白河法皇の召しにより御前に参入。小時にして退出。ついで、閑院内裏に参内。摂政直廬において伊勢大神宮臨時祭定めの儀を行う。蔵人頭右中将藤原実教（38）、執筆を奉仕す。件の人、一切漢字を知らずしてこの役を勤む、と兼実いぶかる。よって、人をして定文を清書せしめ懐中す。期に臨みて実教書きたる如くに、これを取替うるためなり。

今上、石清水八幡宮初度行幸のこと、円融院始めて八幡宮行幸以後、七代吉例として三月を大略、式月とせられたり。しかるに、来る三月、後白河法皇御物詣で（熊野御幸の予定）たるにより、行幸の事、いまだ一定せず。よって四月よろしかるべしと、兼実、法皇の眼前で奏上。しかるに、法皇、なおも三月よろしき由を仰せらる。【玉葉】

二月三十日〔陰り晴れ、定まらず〕

早旦、摂政藤原兼実、権右中弁藤原定長を招き、主上の八幡行幸なお延引せらるべきの状を奏す。去る年、行幸延引の時、代々の吉例（円融院始めて八幡行幸以後、七代みな三月を用いられ、大略、式月の如し）により、今春三月に遂行せらるべきに定め仰せらる、と。しかるに、一定せしその三月に後白河法皇の熊野詣であるべきの由、風聞。よって、兼実、物詣での間の行幸、すこぶるその謂れなきにより、二月に縮めらるるか、または四月に延引ありて、法皇御定に従うべしと奏聞す。しかるところ、「吉例、限りあり。全く朕（法皇）の物詣でにかかわりなく、三月に行わるべし」と、法皇の勅定再三に及ぶ。よって陰陽師をして日時を勘申《かんじん》せしめらる。しかして、法皇、御斗藪《とそう》（修行）の間、後鳥羽天皇（8）の初度晴れの行幸を、法皇、見物の御志あるか。また、法皇、禁中のこと眼中になきにより、中間の物詣でを企図のこと傾奇せりと天下の謳歌あり、と去る夜（二十九日）、院参の際に権右中弁藤原定長（39）、兼実（39）に語りたり。よって、この際、思慮を廻らせ重ねて法皇に奏請する所なり、と。

未刻（午後二時頃）、大宰権帥権中納言藤原経房（45）、後白河法皇の御使として摂政藤原兼実の冷泉亭に入来す。兼実、これに面謁す。経房、召しにより参院のところ、女房丹後局（今三位局）をもって仰せらる。「前摂政藤原基通（28）、出仕すべきの由、申すにより、関東、源頼朝（41）に触れ仰せらるるところ、頼朝、しかるべし、と同調せり。しかるに、その後、自然遅滞して今に出仕の事なし。しかるところ、兵仗を賜わりたき由を前摂政基通より申し出でらる。この恩許の可否につき如何、計らい奏すべし」と。経房は「私において是非するあたわず。摂政藤原兼実に仰せらるべし」と。法皇、「汝（経房）早やかに摂政第に行き向い、仰せ聞こゆべし」と。よって、ここに参入の次第なりと披陳せり。これに対して兼実、先日、前摂政基通出仕の沙汰の時、権右中弁藤原定長をもって仰合わせらるる時に同じく、然るべし、と言上す。なお、兵仗の事は左右すべて法皇の御定あるのみ。兼実において、いささかの鬱し申す事なし。早やかに兵仗の事も法皇より仰せ下さるべし、と奉答す。　【玉葉】

三月一日〔天陰り、晩に及びて雨下る。夜に入りて殊に甚し〕　**前摂政藤原基通に随身・兵仗を賜う**

朝の間、摂政藤原兼実、法皇御所六条殿に参上。蔵人頭右中将藤原実教（38）をもって見参に入る。やがて権右中弁藤原定長出で来りて、後白河法皇の叡旨を伝う。只今、念誦の間、謁するあたわず、と。退出して巳刻（午前十時頃）、冷泉亭に帰参す。晩頭、摂政兼実（直衣）、内大臣良通（装束・21）ともに閑院内裏に参内す。亥刻（午後十時頃）、除目の直物《なおしもの》の事あり。これよりさき、勅書ありて前摂政藤原基通、随身・兵仗を賜う。内大臣良通、これを奉行す。この日、後白河法皇、鳥羽殿に御幸あるか。　【玉葉】

三月二日〔雨下る〕

摂政藤原兼実、昨一日夜の除目直物の事につき意見あるにより、蔵人右少弁藤原親経（37）を鳥羽殿に遣わし、後白河法皇に条々の事を奏聞せしむ。まず、法皇より左大臣藤原経宗（69）以下二十二人に治世の意見を求むべき御教書の状に対して、神妙なる由を仰せらる。ついで、意見を召さるべき人々の一覧を御覧じ、公卿の外、官の外記を召さるるは尤もながら、諸道の官人においては然るべからず、と。また仏法興隆の事、諸宗に問わるるの条、尤もしかるべし、と。　【玉葉（三月三日条）】

三月四日〔天晴る〕　**後白河法皇、諸卿・官人に治世の意見（意見封事）奏上を発令（奏上は五月二十三日）**

後白河法皇の叡慮により、乱逆の世に治世を見出すべく、公卿・遁世修道の公卿等所々に、右少弁藤原親経（37）御教書を発遣し、意見（直言）を奏上せしむ。この状、一昨日（二日）、右少弁親経、草を摂政兼実（39）に進覧せり。文辞に時議に叶わざる詞等ありて、法皇仰せの旨趣によって改め直さしむ。よって、この状、もっとも神妙なるか。意見を召さるる人々は、左大臣藤原経宗（69）・右大臣藤原実定（49）・内大臣藤原良通（辞してこれを申さず・21）・右大将藤原実房（41）・権大納言藤原宗家（49）・同藤原忠親（57）・新権大納言藤原実家（43）・前権中納言源雅頼（61）・按察使権中納言藤原朝方（院宣によって入る、奇異々々・53）・権中納言源通親（39）・大宰権帥権中納言藤原経房（46）・新権中納言藤原兼光（43）・新参議藤原雅長（43）・右大弁藤原光長（44）・大外記清原頼業（66）・同中原師尚（57）・大夫史小槻広房・前大相国入道藤原忠雅（64）・同藤原師長（50）・前権中納言入道藤原資長（法名如寂・69）・前権中納言入道藤原長方（49）・入道式部大輔藤原俊経（法名隆心・75）らなり。

【玉葉】

三月六日

摂政藤原兼実、後白河法皇の叡旨を奉じ、閑院内裏の直廬に諸宗の僧侶を召し、源義顕（義経）追討のため御祈りを修せしむる事等を議す。奉行の職事は蔵人右少弁藤原親経なり。参入の僧綱は天台座主全玄（75）・三井寺長吏僧正公顕（78）・醍醐寺座主権僧正勝賢（50）・叡山の法印澄憲（62・別に召加えらる）の四人。このほか、東寺長者法務権僧正俊証（82）を召すも病を称して参らず、と。法皇の仰せらるる事は、㈠諸宗御祈りの事、㈡御修法の事、㈢懺悔法の事、㈣仏法興隆の事など。事了りて摂政兼実、退出して冷泉亭に帰来。ついで、院中より蔵人右衛門権佐藤原定経（30）・蔵人勘解由次官藤原宗隆（22）入来、法皇の仰せにより条々の事を申す。兼実はまた、当日、諸宗僧侶に議定の事を後白河法皇に奏聞せしむ。帰来の後、法皇の返事を示し送り来る。

【玉葉】

後白河法皇、院宣を源頼朝（41）に下し、伊豆国遠流の前大蔵卿高階泰経（58）の出仕の事、勅許あるべきの趣を伝えしめ給う。この日、京都より院宣、鎌倉に到来す。この件、たびたび法皇より仰せ下さるるの上、頼朝の鬱憤もようやく休まるにより、泰経の帰京を免すべく、内々、取り決めたるも、なお予儀（躊躇する）あり。帰京と同時に法皇昵近の奉公の事は、しばらく勅許なきようにと、頼朝より条件を付して奏上せり。

【吾妻鏡（四月十九日条）】

この日、高野山金剛峯寺に後白河法皇の院宣到来す。東寺長者・法務権僧正俊証（元仁和寺心蓮院二世・82）、これを受けて同寺検校の許に伝達せり。院宣の趣は、保元以来戦死の輩の追修作善ならびに源義顕（義経）追罰の祈誠を致すべし、と。

【高野春秋】

三月十二日〔天晴る〕

左少弁藤原親雅（43）、院使として摂政藤原兼実（39）の冷泉亭に来る。左馬頭藤原能保（41）、院御所に参入して云く、「逮捕せし義顕（義経29）の縁者ら、放免すべからず。また、源氏武士らの許に無期限に召置くべからず。来る十四日、内舎人《うどねり》朝定、坂東（鎌倉）に下向するにつき、この者に付して下し遣わすが、宜しきや如何に」と。摂政兼実、返答して云く、「この条、日来、たびたび能保に申す所なり。当然ながら頼朝（41）の許に護送すべきなり。ただし、いま、後白河法皇は御坐なし（鳥羽北殿渡御中）、この件、御制止あるまじき事ながら、御幸御不在の隙に下し遣わすは如何か。これは、法皇還御を待って事由を奏上して勅定を待つべきなり。よって、この件はとりあえず、大宰権帥権中納言藤原経房（45）に示し合わさるべし」と。【玉葉】

三月十五日〔天晴る〕

蔵人右衛門権佐藤原定経（30）、神祇大輔卜部兼友を帯同して摂政藤原兼実の冷泉亭に入来す。長門国海底に沈没の宝剣探求御卜の事を尋問のためなり。兼友、来る六月以前に出来（出現）すべきの由、去る年占い申す。よって、この日、件の卜形を持参す。この事、人々に仰せ合わさんとす。よって定経に各行向うべきの由、召仰す。しかれども、兼実、重ねて思慮を加え、後白河法皇、鳥羽北殿より還御の時、これらの事由を奏上の後、人々に問うべきなり、と。法皇の叡慮を承らずして自由の沙汰、恐れあるにより、法皇六条殿に還御を待つべきの由、更にこれを召仰す。【玉葉】

三月二十七日〔天晴る〕

夜に入りて、摂政藤原兼実の九条亭（去る二十一日、夏節《かせつ》に違うにより、冷泉亭より密々に九条第に移る）に人告げて云う、「後白河法皇、去る二十二日より御不予の事あり。大略、瘧病《わらわやみ》（高熱病）の如し、と。今朝、六条殿に御帰洛のところ、昨日（二十六日）、大事、発《おこ》らせ給う。しかし、今日は無為（病状の進展なし）たり」と。折柄、夜漏《やろう》（深夜）に及ぶにより、兼実、参上せず。即刻、側近に候せし少納言藤原頼房を使者として鳥羽に進献して、法皇御悩の実否を問い奉る。【玉葉】

三月二十八日〔天晴る〕　**後白河法皇、不予、発熱あり**

午刻（正午）、摂政藤原兼実、内大臣良通（21）を相伴いて鳥羽北殿（勝光明院御所）に参上す。西面門より参入、権右中弁藤原定長（39）を招きて見参に入る。蔵人頭右中将藤原実教（38）をもって、法皇の仰せを伝う。只今、発熱により対面あたわず、と。実教、布衣を着用、上括りの緒を結び居たり。「今の蔵人頭、軽々たり」と、兼実これを蔑視す。ついで、定長帰り来りて、法皇の御悩の次第を語る、「瘧病については疑いあり。ただし、今日、祈療の沙汰なし」と。ついで権中納言藤原定能（40）出で来りて、病状を語るに、定長の言に同じ。

「御発熱の際に、御膚すこぶるかぶれさせ給う」と。施薬院使丹波頼基（52）、これを診察して、「若しくは疱瘡か」と。これを聞く摂政兼実は、「疱瘡の習い、発疹が出整わざる以前、温気（体熱）散ずることなし。しかして、病体、瘧病に似ず。医家の申すところ、はなはだ疑いあり。この上は、典薬頭和気定成を召して、診せらるべし」と。定長・定能両人、これを諾すにより、即刻、和気定成を召しに遣わす。兼実、しばらく祗候せしが、南風しきりに扇り、神心殊悩たるにより、申刻（午後四時頃）、退出。しばらく九条第に休息、日没以後に至り冷泉亭に帰参す。

三月二十九日〔天晴る〕

夜に入り、鳥羽より権右中弁藤原定長（39）、「後白河法皇御悩御祈りとして鳥羽・勝光明院御所において、御修法《みしほ》三壇を始行さるることに一定せり。その中の一壇を摂政兼実の沙汰として営為せらるべし」と示し送り来る。兼実（39）、これを応諾了承せり。【玉葉】

今夜より鳥羽北殿・勝光明院御所において後白河法皇病悩御祈りとして御修法を始めらる。摂政藤原兼実、薬師法の一壇を沙汰進めしむ。しかれども、今夜、いまだ始行せず。法皇、鳥羽北殿に病臥し給う。【玉葉】

この日、叡山の法印慈円（33）、後白河法皇御悩御祈りとして、日吉社大宮彼岸所において薬師法を修す。【華頂要略】

四月一日〔天晴る〕

巳刻（午前十時頃）、摂政藤原兼実、直衣を着して鳥羽北殿に後白河法皇の御悩御見舞いに参上。この御所、勝光明院の郭内に在り、御所、各別なるも、西面門に「勝光明院」の額を打ちたり。今日、平野祭により御禊の神事、摂政兼実の奉仕なり。車駕を門外に停め、権右中弁藤原定長を招き出す。神事たるにより寺中に入るあたわざるを申す。北門はすこぶる狼藉たるも雑人を払退け、定長の指示により北面門より参入。未刻（午後二時頃）、権大納言藤原兼雅（43）出で来りて、法皇の発熱を告ぐ、「御験者・昌雲大僧正、今朝より法皇の御物気を渡さるる（加持）も、験《げん》なし。いま、宿所に退下中なり」と。ついで、定長来りて同趣の事を語る。権中納言藤原定能（40）も兼実に、「法皇の御悩、邪気たること疑いなし」と、密かに語る。加えていささか眼病ある旨を、女房、恐れながらに申す。また、兼雅、法皇寝所たる御所より帰来、法皇の思召しをうけて、日吉社に神馬奉献せんとさるるが如何、と。兼実、即座に早々に進献あらんことを言上して退出す。

今日、後白河法皇御悩御祈りの事、鳥羽北殿において種々修せらる。昨日は日次、宜しからざるにより、今暁より始行さる。

㈠一日等身不動尊供。これは摂政兼実の沙汰として行う。今暁、摂政兼実、家司・左京権大夫藤原光綱（45）を使者として沙汰進めしむ。

㈡一日大般若経転読。これは大宰権帥権中納言藤原経房（45）の沙汰なり。

㈢孔雀経御読経。これ仁和寺の沙汰。

㈣薬師経御読経・千手経御読経。これ主上（後鳥羽天皇8）の御沙汰なり。
これらの修法、今暁より始めらるべきを摂政兼実（39）望むも、法皇の仰せにより今夕より始行に繰り下げらる。兼実、甘心せず。かくの如き違乱により邪気発《おこ》らしめ給うか、と。【玉葉】

源頼朝（41）、京都に御亭（上洛時における宿館）を建設せんとの企てありと、日来、沙汰あり。しかし、当時、然るべき地なきにより、後白河法皇より闕所を給うべきの旨、大宰権帥権中納言藤原経房（45）を介して頼朝の許に申達せらる。しかるところ、山科の沢殿領（京都市山科区大宅御所田町＝いま大宅沢）に便宜地あるにより、これを所望す、と。【吾妻鏡】

四月二日

源頼朝、後白河法皇御不予の事を伝聞、使者差遣数度に及ぶも、いまだ平癒の由を聞かざるにより、鶴岡・勝長寿院・箱根山・走湯《はしりゆ》山ならびに相模国中の寺々の供僧を動員して、百部大般若経転読供養を勤行せしめ、法皇の御不予、玉体不安を祈禱せしむ。来る四月十五日、二七ヶ日を歴て結願す。【吾妻鏡（四月十七日条も）】

四月三日〔天晴る〕

摂政藤原兼実、鳥羽北殿に後白河法皇の御悩見舞いに参上せんとするも、俄かに胸所労ならびに痢病の気あり。よって侍従藤原定家（26）をもって使者として参入せしめ、この事由を申さしむ。未刻の後、小時にして（午後二時すぎ）定家、鳥羽より帰来。法皇の仰せを伝う、「無為に平癒す。もっとも悦びとなす。汝（兼実）の所労、もっとも不便《ふびん》に思う。よくよく相労《いたわ》るべし」と。

未刻（午後二時頃）、鳥羽より蔵人頭左中弁源兼忠（27）、摂政藤原兼実の冷泉亭に来りて、法皇の仰せを伝う、「後白河法皇の御発心地《おこりここち》（邪気）、すでに落居し給う」と。これ験者・大僧正昌雲（少納言藤原忠成三男）の霊験を優賞さるるにより、牛車を聴さんとし給う。よって、摂政兼実に早やかに宣旨を下すべく勅定ありたり。【玉葉】

この日、後白河法皇の御悩、平減たるにより、摂政藤原兼実、蔵人右少弁藤原親経（37）を鳥羽に差遣して、非常赦を法皇に奏聞せしむ。法皇勅許あり。しかるに、この事、先蹤《せんじょう》なしと雖も、兼実、この条においては勿論なりとて行う。また、前内大臣平宗盛謀反党類および前伊予守源義顕（義経29）党類は赦限に非ず、と。【玉葉、赦事詔書事（宮内庁書陵部本）】

摂政藤原兼実、後白河法皇の御邪気、御減の由を伝聞せるにより、院北面の左馬助源国行を鳥羽に差遣して、権右中弁藤原定長（39）に内々、これを賀し申す。国行、夜に入りて帰来す。その伝言によれば、「定長、密語して、法皇、申刻（午後四時頃）、更発ありたり」と。しかるに、法皇の仰せには平癒の由、返事ありたり。兼実、これを聞きて尤も奇疑たり。更発の事をなぜに秘し給うか、と。【玉葉】

四月五日〔天晴る〕

摂政藤原兼実（39）、内大臣良通（21）を相伴、同車して鳥羽北殿に参上。未刻（午後二時頃）、参着。西面門より参入す。やがて御所の方より権中納言藤原定能（40）来りて、法皇の容態を語る、「今日、玉体振え給う。去る朔日（四月一日）よりも甚だし」と。ついで権右少弁藤原定長（39）来りて同趣の病状を伝う。よって見参に入るべく、定長に仰す。しばらくして帰来、女房（丹後局か）ならびに権大納言藤原兼雅（43）、内々申す、と。法皇、この御所につき験者の進言のこと、兼実に計らい申すべし、と仰せあり。験者・昌雲大僧正によれば、この鳥羽北殿御所は魔所たるにより、しかるべき他所に渡御あるべし、と奏聞せり、と。また、法皇このたびの御悩の事、その濫觴は熊野御幸の砌、熊野山において憑き給へり、と。よって今熊野社の夏衆《げしゅう》僧数人を召して、加持せしめらるべきか。または、験者・実詮法印をして祈禱せしむべきか、いずれを執るべきや、と。よって摂政兼実は御占を行わるるが先決と奏上して、帰参せり。さらに、兼実は思案をめぐらし、「蓮華王院において今熊野社の夏衆をもって加持あらば、きっとその功験あらんか。この事、卜筮《ぼくぜい》に及ばず。明日は御衰日たるにより、明後日（七日）の早旦、蓮華王院御堂に御参あるべし」と右大将実房（41）に示す。実房、即座にこの儀、善しと称す。よって、権右中弁藤原定長を招きて、この旨を法皇に奏上せしむ。定長、帰来して云う、「兼実の仰せを奏上せんとするも、かくの如き事を聞し食さず、ただ早やかに御占を行わる。御占の結果、京御所等（六条殿など）は甚だ不快なり。この御所（鳥羽北殿）、咎なし、と占い申す。かような次第にて、蓮華王院の事、奏上の機なく、明朝、改めて奏聞すべし。さるにても、法皇の御定にしたがうべしと、女房（丹後局か）示すところなり」と。兼実、窮屈全くに術なきにより（献策がいれられざるにより）退却しおわんぬ。時に申刻（午後四時頃）なり。【玉葉】

四月七日〔天晴る〕

巳刻（午前十時頃）、摂政藤原兼実、内大臣良通を相伴、各別の車に駕して鳥羽北殿に後白河法皇の御悩を見舞う。今日の験者は実詮法印なり。未始め（午後一時すぎ）発《おこ》り給うも、すでに平静に戻り給う。去る三日の申刻（午後四時頃）発り給い、すぐに収まらせ給う。人々、御平癒と安堵のところ、申終り（午後五時前）にまた発作、しかし、大事に及ばず。法皇、自ら「法華経」を転読し給う。よって兼実、御所を退出して帰洛、冷泉亭に帰参す。その後、権大納言藤原兼雅・権中納言藤原定能・蔵人頭右中将藤原実教（38）・権右中弁藤原定長ら、各たびたび兼実の冷泉亭に来りて法皇の病状を告ぐ。【玉葉】

四月八日〔天陰る。申刻（午後四時頃）以後、雨降る〕

早朝、鳥羽より権右中弁藤原定長、摂政藤原兼実の許に告げ送る。後白河法皇、昨日、日没以後、また発作あり。ただ、先々の如し、と。よって中務少輔藤原兼親を使者として見舞いに参上せしむ。帰来して、「巳刻（午前十時頃）に醒めしめ給う」と。晩に及びて鳥羽より御使として大蔵卿藤原宗頼（34）、摂政兼実の冷泉亭に入来。「鳥羽殿、怪異の事あり。蟻群集し、また釜鳴る」と。よって御占を行わるるところ、鳥羽殿御所を逃避あるべきを至当と占申し、その渡御先として大炊御門殿（左大臣藤原経宗69家）、憚りなき旨を申す、と。或る人は、また八条院（暲子内親王51尼御所。八条北、烏丸東）に渡御しかるべし、と。　【玉葉】

四月九日（午上（正午前）天晴る、申刻（午後四時頃）以後雨下る）　**後白河法皇、病中にも双六に興ず**

朝、後白河法皇、鳥羽北殿より大炊御門殿に渡御あり。昨日（八日）・一昨日（七日）、鳥羽殿怪異あり。御占を行わるるところ、立避《さ》らしむべきの由、占申す。大炊御門殿も同じく怪異あり。しかして節気相替るの上、事さして重きに非ず。また御占の趣、すこぶる宜しきに随い、俄かに議ありて、今朝、遷御さるる所なり。

この日、摂政藤原兼実（39）、内大臣良通（21）を相伴して、大炊御門殿に参上。権中納言藤原定能（40）をもって申入る。また、権右中弁藤原定長（39）をもって、賀茂社・石清水八幡宮両社行幸延引の状を奏上せしむ。法皇、これに対し相計らうべきを仰せられ、延引の事、承認せらる。しかるところ、未初め（午後一時すぎ）に法皇、発作あり。権大納言藤原兼雅（43）、出で来りて摂政兼実にこれを告ぐ。験者・昌雲大僧正、祈禱を始む。寝殿の西妻辺に五壇法壇所を設く。同実詮法印、大炊御門殿に参入すと雖も、数刻、召し（祈禱修法）に応ぜず。たまたま、法皇の召しにより実詮法印、「般若心経」四、五巻を転読中に、法皇、また発作あり。兼実、聞く所によれば、法皇、今朝、双陸《すごろく》の興あり、と。まことに物狂いの事たるか。

また、法皇、近々、往生要集談義あり。法印澄憲（62）以下、五人の学生《がくしょう》がその事に参仕せり、と。法皇、この年来、かつて法文の行方を知らず日月を過ごさる。しかるに、かような義理論義（源信『往生要集』）のような仏法深遠なる内典に御執心とは。とまれ、いまこの御悩の時（病中）に臨みて、忽然とこの談義を行わるること、まことに奇異と謂うべきなり。むしろ、この事こそ物の怪といわずして、何あらんや、と。　【玉葉（四月十三日条も）】

今夜より後白河法皇御悩御祈りとして、前摂政藤原基通（28）の沙汰により、大炊御門殿において五壇法を始修さる。よって、摂政藤原兼実も大法一壇（尊星王法）を始修すべきの由を、法皇に奏上す。しかるに、勤仕せしむべき阿闍梨なし。公顕僧正（78）は病悩中なり、法印真円はまた、他の御修法（一字金輪供）に参仕せり。この外にしかるべきの僧なし。よって、しばらく相待つべきの由、法皇の仰せあり。

申刻（午後四時頃）、摂政兼実、内蔵頭藤原経家（39）をもって大炊御門殿に参向せしめ、法皇の有様を問い奉らしむ。帰来して云う、「今日もまた御発作あり、先々以上に御振え殊に甚だし。その間、物狂いの双陸に打ち興ぜしめ給う」と。これを聞き及ぶ万人、病中における法皇の奇矯《ききょう》に興を違えり、と。ついで、兼実重ねて奏聞す、「明後日（十一日）には熊野の験者を召さるべし。また、怨霊排除のため崇徳院廟を殊に祈り申さるべし」と。しかるに、女房三位丹後局、「只今、奏達あたわず。御減の時に法皇に申入るべし」と申す。【玉葉】

四月十日〔天晴る〕

申刻（午後四時頃）、権右中弁藤原定長（39）、院御使として摂政藤原兼実（39）の冷泉亭に入来。「後白河法皇の御悩、逐日、増気あり。玉体尩弱《おうじゃく》なり。法皇、叡慮あるに諸社修造の事、近年、沙汰途絶せり。かくの如き神罰による身の徴たるか。よって、この件、申し沙汰すべし」と。摂政兼実、勅定承り了んぬ、と奏上せり。なお、所思あるも直奏しがたきにより、仁和寺宮守覚法親王（38）に奏達すべし、と申含めり。夜に入りて、定長、書状をもって摂政兼実に告げ送る。返事を奏聞せしところ、法皇より「また申す事やありつる」と。これ、法皇、事の外に甘心の気あり。兼実の忠言無私の致す所なりと自認す。

この日、摂政兼実、蔵人右衛門権佐藤原定経（30）を召し、使として大宰権帥権中納言藤原経房（45）に下知す。諸社修造事を命じて、後白河法皇の病悩平癒を祈らしむ。【玉葉】

四月十一日〔天晴る〕

午刻（正午頃）、摂政藤原兼実、内蔵頭藤原季経（57）をもって大炊御門殿に参上せしめ、後白河法皇の御悩を問い奉る。未刻（午後二時頃）、帰来して、今日すでに発作あり、と。権中納言藤原定能（40）も同旨を告げ来る。ただし、「御容態、すこぶる宜しくおわします」と。今日、後白河法皇御悩により非常赦を行い、流人（神社の訴えに触れし輩ならびに平氏・源義顕縁者の外、合わせて八人）を召返さる。今朝、蔵人右少弁藤原親経（37）をもって法皇に奏聞せしむ。【玉葉】

四月十三日〔天晴る〕

午刻（正午頃）、摂政藤原兼実、後白河法皇御所大炊御門殿に参上。未終り（午後三時前）に及びて御寝所に祗候、発作なきにより退出。酉終り（午後七時前）、冷泉亭に人告げ来る、「法皇、大略御平復か。しきりに自らの御病状を御尋ねあり」と。やがて秉燭の程に仁和寺宮守覚法親王参入、権大納言藤原兼雅（43）をもって、「只今の如く、已に御平復なり」と仰せ下さる。ついで、験者に勧賞を行うべきの事を仰せ下さる、「法橋は宜しかるべし。律師はしかるべからず候か。また纏頭《てんどう》の御馬賜うべし」と。法皇、今日の御減はひとえに熊野験者・行宗の祈請による熊野権現の神恩なり、と。【玉葉】

四月十四日〔天晴る〕

賀茂祭なり。行列進発に際して閑院内裏において引馬《ひきうま》・飾馬《かざりうま》御覧の事あり。引馬の韁《くとり》は左近府生秦兼仲、飾馬の韁は左近将監下毛野厚助・府生中臣武友なり。引馬・飾馬ともに、韁各一人にて引くべし、と。その故は、番長、烏帽子の者たるにより主上御前に参上あたわず、と。よって、この旨下毛野厚助に仰す。厚助、例なしと称し、承引せず。これら争論の結果、厚助、腹立ちにて逐電退出せり。よって、次第、左右《とこう》あたわざるにより、蔵人右少弁藤原親経（37）、院御所大炊御門殿近々たるにより参上、後白河法皇にこの由を奏聞す。法皇、これに対し、返すがえす奇怪なり、左近将監下毛野厚助にきっときっと帰参すべきを召仰す、と。

やがて、賀茂祭の行列、進発。主上（後鳥羽天皇8）、西子午廊（近日、摂政兼実の直廬にして公卿の休所）において、進発の模様を見物あり。摂政兼実（39）および女房藤原兼子（36）ならびに内大臣良通（21）・同女房ら、交り居りて密々に見物す。ついで、摂政兼実、内大臣良通を同車、後白河法皇御所大炊御門殿に参上。権右中弁藤原定長（39）をして見参に入り、昨日の後白河法皇の御悩平癒を賀し奉る。この日、重ねての院御所参入なり。【玉葉】

四月十五日〔天晴る〕

午刻（正午頃）、蔵人頭右中将藤原実教（38）、後白河法皇の院宣を伝えるため摂政藤原兼実の冷泉亭門外に来る。兼実、折柄、物忌たるによる。昨十四日、賀茂祭の餝馬御覧の際の一件により、後白河法皇、下毛野厚助が事を返すがえす奇怪に思召され、永く召仕うべからずと、仰せられて追却せらる。よって、摂政兼実、厚助の身柄を検非違使庁に渡すべきを下知す。ついで、後白河法皇の勅定をうけ、摂政兼実、蔵人頭右中将藤原実教に仰せて、験者の賞として熊野験者・行宗を律師に任ずべきを宣下せしむ。【玉葉】

四月十七日〔天晴る〕

この夜、後白河法皇愛寵の左少将藤原親能（権中納言定能子・兼実甥・19）、故権大納言藤原邦綱の女（愛妾冷泉局腹）を娶る。摂政藤原兼実、申請により内々、この女に濃袴《こきのはかま》を祝儀として遣わす。

この日、後白河法皇、御悩の後始めて、大炊御門殿御湯殿に御湯を浴し給う、と。【玉葉】

源頼朝（41）、後白河法皇の御不予により、鎌倉はじめ相模国中の諸寺において百部大般若経転読供養を勤仕せしむること、去る十五日、二七ヶ日を歴て結願す。よって、巻数《かんず》を仙洞御所鳥羽北殿に進献せしむ。今日、頼朝の使者として大和守藤原重弘、これを帯同して上洛のため進発す。【吾妻鏡】

四月十九日〔天晴る〕

去る三月四日、後白河法皇、院宣をもって諸卿ほか諸道の官人に治世の意見を求めらる。この日、蔵人右少弁藤原親経（37）、右大将藤原実房（41）・権大納言藤原忠親（57）らの意見を摂政藤原兼実の許に持参す。各、封を加え名二字を書く。兼実、これを保留す。諸卿すべて進上の後、法皇に奏聞すべきの故なり。兼実、封を開きてこれを披見す。各、法の指すところを上申す、と見ゆ。右大将実房の申状は、すこぶる尫弱《おうじゃく》か。忠親はいささか申す旨等あり。また、大外記清原頼業（66）は、これに先立ちて密々に意見書を持参せり。兼実、これを開き見て、和漢の才、まことに博覧と謂うべし、と感嘆せり。

四月二十日〔甚雨〕

酉刻（午後六時頃）、摂政藤原兼実（39）、院御所大炊御門殿に参上。権中納言藤原定能（40）をもって見参に入り、後白河法皇に面謁す。即刻にして退出、冷泉亭に帰参。ついで、内大臣良通（21）を車後に乗せ、九条の堂の舎利講に参会す。この夜、九条第に宿す。【玉葉】

四月二十一日〔天陰り、時々雨下る〕

今夜、蔵人右少弁藤原親経（37）、大夫史小槻広房の意見を摂政藤原兼実の冷泉亭に持参す。封を加え、名の両字（広房）を書す。【玉葉】

四月二十二日〔陰り晴れ、定まらず〕

後白河法皇、大和金峰山に智蓮房阿闍梨を差遣、御正体を山上金峯山寺に奉懸、供養を行わしむ。【金峯山秘密伝】

大炊御門殿寝殿における後白河法皇御悩御祈りとして所修の薬師法、結願す。法皇の仰せにより勤仕の僧に被物《かずけもの》・布施等を沙汰す。【玉葉】

四月二十三日〔天晴る〕　**先帝に安徳天皇の称号**

先朝の諡号の勅を下して、安徳天皇と称す。上卿は権大納言藤原実家（43）なり。【玉葉（文治二年十一月十八日条も）、百錬抄、皇代略記、皇代記】

四月二十四日〔陰り晴れ、定まらず〕

晩頭、摂政藤原兼実の冷泉亭に権右中弁藤原定長（39）来る。兼実、これに謁す。後白河法皇よりの伝言あり。ついで、語りて云う、「源頼朝（41）、上洛料宿所の建築用地を申請せり。左少将藤原親能（19）をもって法皇に上申、山科の沢殿（法皇御所）辺を指し申す、と。しかし、法皇これを許し給わず」と。事の次第、不明なり。ここに、具さなる理由、記し尽しがたし。

今夕、左大臣藤原経宗（69）の意見書、摂政藤原兼実の冷泉亭に到来す。兼実、開封して披見するに、武士の濫行の事、委しくこれに注申せり。万人、源頼朝に憚りてこれを申さず。元老の臣、率直に発言すべきか。【玉葉】

四月二十五日〔天晴る〕

摂政藤原兼実の家司・大蔵卿藤原宗頼（34）、弁官を所望するにつき、兼実、仮名書きの書状をもって後白河法皇に所望の旨を上申す。しかるところ、法皇、御筆を染めて仰せ下さるる旨あり。よって、家司・右馬権頭藤原兼親を使者として返事を法皇に進上す。平親宗（44）の左大弁還任のこと、ならびに源雅賢（40）に右中将を兼任せしむる事につきての兼実愚意の奏聞なり。親宗の事は何事かあらんや。左大弁の還任、別条なし。元蔵人頭右大弁藤原光雅（39）の事、哀憐ありと雖も、従三位の昇叙至当。しかるに雅賢の羽林《うりん》（右中将）は、もっぱら行わるべからず。かくの如きの非拠（実力のなきに、高き位にいること）を中止せざらば、天下の安全を期しがたき由、申し止むべく奏上す。この事、法皇の天気《てけ》にさからう憚りありと雖も、心中に忠を存する故に、あえて諫言するところなり。【玉葉】

四月二十六日

この夜、後鳥羽天皇（8）、方違えにより後白河法皇御所白川押小路殿に行幸あり。摂政藤原兼実（39）および内大臣良通（21）、物忌籠居により不参。右大将藤原実房（41）以下、公卿十人供奉。近衛司、済々たり。ただし、還御の供奉人は僅か両三人なり、と。右大将は供奉か。しかるに還御に参らざるは不忠というべし。還御の刻限、路頭において天曙なり、と。

権右中弁藤原定長（39）、後白河法皇御使として摂政藤原兼実の冷泉亭に入来。「拾遺和歌抄」一部（上下二冊）の折紙（草子料紙）を相具して下し給い、書写進上すべし、と。兼実、本来不堪《ふかん》の道、しかも日を逐いて手跡は荒蕪《こうぶ》（粗雑）して、思うに任せず。しかるに返上は恐れ多く、やむなく預留せり。子細は言上し了んぬ。あるいは、この際、返上すべきか。【玉葉】

四月二十九日〔天晴る〕

未刻（午後二時頃）、摂政藤原兼実、後白河法皇より御書を賜わる。弁官の事を仰せらる。大弁新任（左大弁藤原行隆58、去る三月十七日薨、その代替）につき参議平親宗（44）・権中納言藤原兼光（43）のいずれかを任用せんとするに、計らい奏すべし、と。後白河法皇の叡慮は親宗を任ずべきか。左右《とこう》を申すも、法皇の御定に在り。元蔵人頭右大弁藤原光雅（39）を任ぜらるるは善政たり。また、親宗が事は法皇ことに糸惜《いとおしみ》（寵愛）あり。巨難（非難の的となる）たるべからざるの由を申す。法皇の御意に叶わんがためなり。このこと媚《こ》び諂《へつら》うに似ると雖も、また、殊に大事に及ぶことなき故に奏上せり。

ついで、後白河法皇の御使として右馬権頭藤原兼親、摂政兼実の許に入来。参議源雅賢（40）の右中将兼任の事、兼実、雅賢の非拠の子細を先日（二十五日）言上せり。よって法皇、この兼任につきては勅許なし、と。兼親、この一件を通達すべく法皇の勅定を伝えたり。兼実、これを聞き、この条、愚諫を容れらるるを恐れ申すと、兼親をして奏聞せしむ。【玉葉】

四月三十日〔天晴る〕

巳刻（午前十時頃）、権右中弁藤原定長（39）、院御使として摂政藤原兼実の許に来る。後白河法皇の仰せを告げて云く、「修理大夫藤原親信（51）、息男・左少将定輔（25）の少将を辞せさせ、修理大夫を譲られんことを望み申す。また権中納言源通親（39）の嫡男・正五位下通宗（20）に禁色を聴すべきか。この両条如何」。これに対して兼実、「未曾有の例たりと雖も何事の有らんや。また、通宗の禁色、浅位と雖も例なきに非ず。左右、御定に在るべし」と奏答す。【玉葉】

五月一日〔天晴る〕

後白河法皇、去る四月二十四日、院宣（権右中弁藤原定長、奉）を下し、院司・左衛門権佐平棟範（38）を使者として高野山に差遣。去る晦日許りに参着。この日を期して長日不断両界供養法を、根本大塔において始行せしめ、起請五ヶ条を下して勤修《ごんじゅ》の法規を定め給う。【宝簡集（高野山文書）】

五月二日〔終日、天陰る。雨気ありと雖も降らず〕

後白河法皇、大炊御門殿において田楽御覧あり。【玉葉】

五月三日〔天晴る〕

巳刻（午前十時頃）、権右中弁藤原定長（39）、後白河法皇の御使として、摂政藤原兼実（39）の冷泉亭に来る。「天下魔縁、競い起る（悪魔が正法修行を邪魔する）の由、顕然の上、また夢告あり。世間に謳歌あり。この儀、何様に沙汰あるべきや、計らい申すべし。また、毎家、不動尊を安置すべきの由、申す人あり、如何」と。兼実、これに対し、「かくの如きことを払わんがため、諸宗に仰せて御祈禱あり。その上、諸卿の意見を召され、彼の趣にしたがい徳化を施さるれば、善神の擁護空しからず。自然、魔縁競うべからず。しかれば則ち、邪気をふせぐの計、徳政に過ぐべからず。また、毎家、不動尊を安置すべきの事、『安鎮法儀軌』の中に見ゆる由、ほのかに承る所なり。よって、この際、宣旨を下さるべきが、もっとも宜しかるべし」と奏上せり。【玉葉】

五月四日〔雨降る〕

臨時小除目なり。権右中弁藤原定長、摂政藤原兼実の冷泉亭に、後白河法皇の御書を持ち来る。御書を披見するのところ、左大弁なお平親宗（44）を任ずべきの思食しなり。藤原光雅（39）、従三位に昇叙せしむること如何か、と御下問あり。兼実、然るべし、と定長に上申せしむ。いったい、理においては光雅を左大弁に任ぜらるべきなり。しかれども、このたび法皇、親宗が事にはことに歎き思食さるる所なり。よって、法皇に媚び諂うは承知の上で、然るべしの由を言上せり。これ、尤も不忠と自責の念に堪えぬところなり。ただし、源雅賢（40）の左中将兼帯を法皇仰せ下さるるも、雅賢人材の非拠を校量する時、親宗と同日の論に非ず。よって親宗の左大弁任用は巨難に非ざるなり。しかるに雅賢の左中将兼帯は一切、叶いがたきの由を、先日、法皇に奏上せしところなり。定長、小時にしてまた来る。法皇御所大炊御門殿と摂政兼実の冷泉亭、至近なるによる。この度は法皇の御書携行なし。除目における他の雑任においては、摂政兼実に適宜、計らいあるべし、と。従三位・右大弁の一件は、先刻の御書の趣、委細承り了んぬと奏上す。

摂政兼実、伝え聞く。去る月晦日（四月三十日）、源義顕（義経29）、美作国（岡山県）の山寺において斬り殺さる、と。その次第は、義顕、南都を逃去して美州山寺に移住す。しかして近辺の寺僧、秘かに義顕潜居の旨を関東に告達す。頼朝専一の郎従たる加藤太光員（のち加藤左衛門尉大夫光員）および弟・加藤次（のち左衛門少尉加藤景廉）、件の山寺の僧と知音たるによりこれを告げたり。件の加藤次この知らせに疑いを抱き、自らは上洛せずして、郎従五人（その中の一人、義顕を見知る者あり）を差遣、件の案内僧をもって山寺に入りて義顕の首を斬る。その首、美作より昨日（五月三日）入洛、今日、関東に馳せ下さる、と。この事、もし事実ならば天下の悦びなり。後白河法皇、諸宗をして義顕追討の事を祈禱せしめらる。また、密宗（真言宗）に仰せて秘法を修せしめらる。この時、醍醐寺座主・僧正勝賢（50）、仏母《ぶつも》仏《ぶつ》眼法《げんぽう》を修し、この修法中の事件なり。また、余（兼実）は法橋観性（右衛門権佐藤原顕能子・延暦寺僧）を招き同じく仏眼法を厳修《ごんじゅ》中、前備前守源行家誅伐せらる。いま、この修法中に義顕、殺戮せらる。仏法の霊効、まことに顕然たり。行家・義顕誅伐により、天下の静謐ようやくにして憑みあるを見出すに至れり。ただ、恨むらくは、君臣（後白河法皇および院近臣）共に、聖哲（知力・徳行ともにすぐれ、事理に通じる人）の器（人材）に非ざるは、悲しきかぎりなり、と。　【玉葉】

五月六日〔雨下る〕

この日、後白河法皇、摂津の四天王寺において持経者千僧供養を行わる。　【興福寺略年代記】

五月七日〔天陰り、細雨下る〕

かねて後白河法皇、諸公卿ほかに政道反素（もとにかえす）の意見を求め給いしを、今日、蔵人右少弁藤原親経（37）、摂政藤原兼実（39）の冷泉亭に、父・式部大輔入道俊経（法名隆心・75）の意見書を持参す。　【玉葉】

五月八日〔雨下る〕

天下病流行につき御祈りのため尊勝陀羅尼を満行すべく、この日、後白河法皇、院宣を下して、その陀羅尼の日数・遍数の事を申し定むべきを摂政藤原兼実に仰せらる。　【玉葉】

今朝、蔵人勘解由次官藤原宗隆（22）、後白河法皇の御使として仁和寺宮守覚法親王（38）の許に参り、尊勝陀羅尼の事を申す。宮、法皇の御定に随うべきの由を申さる。近日、仁和寺山内に病患発起して、一山の満寺、この尊勝陀羅尼の呪文を唱和せしむるの間、病事、たちまち平癒せりとの由、風聞す。よって、法皇、この沙汰を行い給う。　【玉葉】

五月九日〔午上（正午前）、天晴る。夜に入りて雨下る〕

今日吉社小五月会なり。競馬《くらべうま》あり。後白河法皇、御幸。　【玉葉、飾抄】

五月十日〔朝の間、天晴る。午後、雨降る〕

今日より院供花会《くげえ》始まる。法住寺南殿において恒例。

蔵人勘解由次官藤原宗隆（22）、摂政藤原兼実（39）の許に入来。かねて後白河法皇の勅定たる尊勝陀羅尼ならびに不動尊安置の事につき、外記勘中《かんじん》の事を申す。兼実、この事、つぶさに子細を法皇に奏上せしむ。

晩頭、蔵人頭左中弁源兼忠（27）、内女房の使者となりて、摂政藤原兼実の許に来る。「蔵人藤原親資（対馬守親光子・去る四月二十六日、蔵人新補）、内裏において放言あり。女房ならびに権中納言源通親（39）ら、各訴え申す」と。事体穏便ならざるにより、早やかに後白河法皇に奏聞あらんことを、と上申す。【玉葉】

五月十一日　**後鳥羽天皇初めての自筆詔、藤原兼実の許に届く**

蔵人頭左中弁源兼忠、摂政藤原兼実の冷泉亭に来る。後白河法皇の院宣を伝えて云う、「蔵人藤原親資事、もっとも奇怪なり。当人に相尋ね沙汰に及ぶべし」と。よって、兼実、ただちに閑院内裏に参内、親資奇怪の所行につき人々に問う。帰来して親資に問責するに、大略、遁れ申すことなし。さしたる過失に非ずと称すも、内裏参候の医師・陰陽師どもの娘（女房）らに対する放言は、蔵人たるものとして、はなはだ見苦しき事なりと、女房ごとに申せり。親資、すでに観念して承伏か、と。よって、摂政兼実、事の次第を後白河法皇に奏上す、「この事、未曾有の椿事なり。親資召問の申状は、かくの如し。この上は科断（罪を裁くこと）いかように行わるべきや。もしくは除籍がしかるべきか」と。兼実、蔵人兼忠をしてこの旨を奏聞せしむ。法皇、これにより「実《げ》にも除籍こそは候わめ」と仰せあり、と。兼実、今一度、一定除籍すべきかの由を奏せしめ、法皇の勅定を給い、早やかに閑院内裏に参上して殿上の籍を削るべきを奏聞す。晩に及びて、除籍の事、了りしを摂政兼実に伝え来る。よって、蔵人藤原親資、新任以来、わずか十六日の在任にして罷免さる。

この日、蔵人頭左中弁源兼忠、後鳥羽天皇（８）の御書（自筆か）を持参、摂政藤原兼実許に来る。始めてかかる事あり。主上、御手習あるべきにより手本を進献すべき由なり。よって兼実、この請文を書く。幼帝のために仮名で書き、奥に月日・判署（兼実の自署・花押）を書く。兼忠を御簾前に召し、この請文を賜い、閑院内裏に進上せしむ。兼実、折柄、物忌籠居中たりと雖も、すでに度々に及び、あながち禁ぜざるの上、後鳥羽天皇、初度の手ずからの詔なり。主上に敬信の誠を致すため物忌の禁を破り、みずから兼忠に謁し、請文を付託す。主上、幼稚と雖も、いかでか人臣の礼を疎んずべけんや。【玉葉】

五月十二日

巳刻（午前十時頃）、権右中弁藤原定長（39）、後白河法皇の御使として摂政兼実の冷泉亭に入来す。兼実、折柄の物忌を破りて、これに面謁す。法皇の仰せによれば、「延暦寺の悪僧、叡山麓、坂下において日吉社の神人を殺害す。事の次第、未曾有の濫行なり。早やかに摂政兼実に尋ね沙汰すべし」と。日吉社禰宜《ねぎ》・祝部《はふりべ》成仲に書札ならびに折紙を副え下さる。じつは、これ密々に座主・前権僧正全玄(75)に告ぐべき状なり。定長曰く、「下手人は根本中堂執行《しゅぎょう》増運の弟子と、山の座主、注進する所なり」と。よって、兼実、早やかに職事に仰せて張本《ちょうぼん》を召進むべし、と下知す。【玉葉】

五月十三日

この夜、蔵人頭左中弁源兼忠(27)、法皇の御使にて摂政藤原兼実(39)の冷泉亭に来る。兼実、昨日(十二日)、後白河法皇より賜うところの日吉社禰宜・祝部成仲宛の御状を示す。この状、じつは天台座主・全玄僧正に披見を仰せらるるものなり。よって、子細を仰せ含めんがため、御教書案を持参せしめらる。よって兼実、一覧の果てに少々、改め直す。明朝、院参の上、かくの如く仰せ下さるべきか、の由を奏聞す、と兼忠に伝う。【玉葉】

五月十五日〔天晴る。晩頭、小雨ふる〕

摂政藤原兼実の冷泉亭に、甲斐守藤原長兼入来す。兼実、始めて御前に召し引見す。その器量を見るためなり。長兼は、前権中納言入道藤原長方(49)の二男、去る春、初めて内大臣良通(21)の許に参入せし男なり。父入道長方はかねて後白河法皇より求められし、政道意見書をいまだに進達せず。この事、兼実すこぶる鬱念の趣ありと、甲斐守長兼をもって父入道に伝えしむ。【玉葉】

頼朝(41)の使者として百部大般若経転読の巻数《かんず》を進献のため上洛の大和守藤原重弘、今日、鎌倉に参着す。「後白河法皇御悩の事、すでに本復せしめ給う。この事により去る月三日、非常赦を行わる。ただし、前伊予守源義顕(義経29)ならびに縁坐の衆は除く」の由、これを申す。【吾妻鏡】

後白河法皇、院宣を源頼朝に下して、斎宮(故高倉上皇皇女・潔子内親王8)群行(来る九月十八日)の用途を調進せしむ。これを奉《う》けて頼朝、諸御家人に宛て、三善康信、奉行を拝命す。【玉葉(五月十七日条も)、吾妻鏡(七月二日条)】

五月十七日〔陰り晴れ、定まらず〕

蔵人勘解由次官藤原宗隆(22)、後白河法皇御定の不動尊安置ならびに尊勝陀羅尼呪行等の宣旨案を持参、摂政藤原兼実に披見を請う。兼実、一覧の後、理を尽さざるによって、子細を下知して案を訂正せしむ。【玉葉】

五月二十三日〔天晴る〕

摂政藤原兼実、かねて後白河法皇御定の公卿以下の意見封事を蔵人右少弁藤原親経(37)をもって院御所に参上させ、法皇に奏上す。公卿十四通を一結びとす。参議右大弁藤原光長(44)のほか、みな檀紙に書く。同じ紙をもって礼紙《らいし》となし、中央で結び片くくりとす。また、大外記清原頼業・同中原師尚ならびに大夫史小槻広房の三通は例の紙をもって礼紙となし、同じく中を結び同然とす。このたびの意見封事は天下の事を興行せんがため、後白河法皇の院宣によってこれを召さる。よって、内裏の仗議および殿上の定に及ぶべからず。すべからく院御所において評定あるべきを、兼実請う。蔵人親経、兼実の上申の旨を後白河法皇に奏聞す。しばらく後に法皇御座を退下帰来せし親経、法皇の御定を伝う、「この意見書のすべてを披き見るあたわず。また、各人の意見の子細を目録に取るに及ばず。その中に、沙汰あるべき事、また、しばらく行わるべからざる事など、委細、注文に列記して奏覧すべし。少々の事につきては口頭にて申すべし。朕が身（法皇自身）、無才と雖も、故法性寺入道（藤原忠通）より示さるる事、ならびに通憲法師（故少納言入道信西）が申せし事、すべて耳底に留めたり。なに故に、万が一を補わざらんや」と仰せらると。摂政兼実、この御定の趣の事を聞き、兼実の具申、法皇のお気に召したかと、為悦少なからず。

この日、摂政兼実（39）、意見書一括を冷泉亭に持ち帰り、しばらく留め置く。明日、蔵人右少弁親経（37）に手交、法皇下命の目録を取らしむ、と。 【玉葉】

五月二十四日〔終日、天陰るも雨下らず〕

未刻（午後二時頃）、摂政藤原兼実、右少将藤原兼良（兼実弟権大納言兼房35の子、兼実の猶子とす、21）を相伴す。かくの如き時に、相具されんことを兼房より懇請あるによる。院御所に到達、権右中弁藤原定長（39）をもって見参に入る。しかるところ、後白河法皇、所労余気ありなお不快にて、見参（面謁）せず。しかれども、法皇より兼実に仰せらるる事あるにつき、今日より両三日を過ぎて参入すべし、と。【玉葉】

五月二十七日〔天晴る〕

午刻（正午頃）、摂政藤原兼実、束帯を着用。まず院御所に参上せんとするところ、権右中弁藤原定長、後白河法皇の御使として入来。この日の僧事につきての事なり。僧侶の任人三十人、中には非拠《ひきょ》の僧、一に非ず。よって、兼実、所存の条々を申す。定長、帰参す。ついで、摂政藤原兼実、相次いで院御所に参上。僧事につきて法皇と一両度、問答を行う。これにより法皇譲歩し給い、任人少々を停めらると雖も、なお、耳目を驚かす異例の任人あり。ついで、兼実、閑院内裏に参内。今夜、内裏直廬に宿す。

この夜、蔵人右少弁藤原親経来りて、条々の事を申す。しかる後、兼実、先日（去る二十三日）、法皇御所より持帰りし諸公卿ほかの意見書を親経に手交す。法皇御定による意見目録を集録せしめんがためなり。 【玉葉】

五月二十九日〔天晴る〕

造東大寺司除目を行わる。造東大寺司長官藤原行隆（58）、去る三月十七日死去。その代替として後白河法皇の口入により、権右中弁藤原

定長（39）、造東大寺司長官を兼務す。【玉葉、弁官補任】

この日、後白河法皇、嵯峨に御幸あり。【玉葉】

六月三日

去々年、平氏討滅の時、長門国の海上において、宝剣（三種神器の一）紛失す。探求せらると雖も、今に出で来らず。なお祈禱をこらすべく、厳嶋神主・前安芸守佐伯景弘に仰せて、海人（海女）をもってこれを探索す。景弘、このため海人の粮米を申請す。よって、源頼朝（41）、早やかに西海地頭らに下知すべく、後白河法皇に院宣の宣下を申達せり。今日、その院宣到来、賦課せらるべく沙汰あり。【吾妻鏡】

六月四日〔天陰る〕

蔵人右少弁藤原親経（37）、行幸の間の事を申す。来る十四日、祇園御霊会たるにより、閑院内裏より他所に行幸あるべし。よって十三日より十四日に至り、後白河法皇御所押小路殿に渡御あるべし。しかれども賢所《かしこどころ》は京外（賀茂川東）に出御成り難しにより、この事、すでに難治たり。これをなすに如何。奏すべしとの議定、一定す。よって、院宣に云く、「七日より法皇、今熊野社に参籠あり。よって、大炊御門御所、指合わず。早やかに彼の御所（大炊御門殿）に臨幸しかるべし」と。

酉刻（午後六時頃）、摂政兼実（39）、閑院内裏より院御所（大炊御門殿）に参上す。権右中弁藤原定長をもって見参に入る。召さるるにより御前に推参。かねての公卿らの意見書につき奏上。しばらくして退下、冷泉亭に帰参す。【玉葉】

六月七日〔天晴る〕

後白河法皇、今熊野社に参籠し給う。【玉葉（六月四日条）】

夜に入りて、蔵人右衛門権佐藤原定経（30）、摂政藤原兼実の冷泉亭に来る。後白河法皇の院宣を伝えて云く、「来る二十四日、皇后宮亮子内親王（41）、院号（殷富門院）宣下の事あるべし。蔵人方の奉行は定経、また皇后宮職方の奉行は左少弁皇后宮大進藤原親雅（43）に仰せらる」と。兼実、「これもっとも然るべし、早速に宣下すべし」と。【玉葉】

六月十一日〔天晴る〕

蔵人右衛門権佐藤原定経、摂政藤原兼実が許に後白河法皇の院宣を伝え来る、「長門海底に沈没の宝剣探求御祈禱僧の事、仁和寺宮守覚法親王（38）、仁和寺の僧をもって請定せらるべく、これを下達すべし」と。仁和寺宮に対し、職事・奉行の権限及ばず、事円滑に行われ難きにより、兼実、法皇の院宣を守覚法親王に下されんことを奏上す。【玉葉】

六月十二日〔天晴る〕

後鳥羽天皇（８）、方違えのため閑院内裏より法皇御所大炊御門亭に行幸あり。後白河法皇、今熊野社に参籠のため、大炊御門亭指合いの事なきによる。明後日（十四日）、祇園社御霊会、閑院内裏の大路は神幸通路たるにより、避け給うべきなり。賢所（神鏡奉安）、同じく渡御あり。かねて議せられし白川押小路殿は京外にて、内侍所（賢所）、京外に渡御の例なく、臨幸を変更せられしためなり。【玉葉】

六月十四日

祇園御霊会なり。夜に入りて、後鳥羽天皇、後白河法皇御所大炊御門亭より閑院内裏に還御あり。【玉葉】

六月十五日〔天晴る〕

蔵人右衛門権佐藤原定経、摂政藤原兼実（39）の冷泉亭に来る。兼実、宝剣御祈りの事を仰せ下す。この事、泥《でい》の如し（てきぱきと事が進行しない）。力及ばず。【玉葉】

六月十七日〔天晴る〕

摂政藤原兼実、蔵人右衛門権佐藤原定経をもって、宝剣探求御祈りにつき条々の事を後白河法皇に奏上せしむ。しかるに、この事、法皇の御心（叡慮）に入らず。また、兼実奏上の建議、天下の人、嘲哢せり、と。一身（兼実）の奔営（思慮をめぐらして励みしこと）、はなはだ異様なり。所詮は叶うべからざる事なるか。とすれば、兼実進言の沙汰、成りがたきか。【玉葉】

六月十九日〔天晴る〕

後鳥羽天皇、閑院内裏において髪曾木《かみそぎ》（誕生以来、伸ばしていた髪〔置髪〕の毛を切り揃える）の儀を行わる。内大臣藤原良通（21）、この儀に参列のため参内す。日頃所労に籠居せしも、近日、いささか小減あり。まず、後白河法皇の大炊御門亭に参入。権右少弁藤原定長（39）をもって申入れ、法皇に謁す。ついで内裏に参内。夜に入りて冷泉亭に帰来す。【玉葉】

六月二十日〔未申刻許り（午後二時から四時頃）、雨下り、即ち止む〕

酉刻（午後六時頃）、摂政藤原兼実、院御所大炊御門亭に参入。後白河法皇の召しにより御前に参る。やや久しく祗候す。ついで、内裏に参内、亥刻（午後十時頃）に退出す。【玉葉】

六月二十一日

因幡守中原広元（40）、源頼朝（41）の使節として上洛す。大宰権帥権中納言藤原経房（45）、かねて大納言を望み申す事あり。その事、吹挙に預りたき由、日頃、内々に頼朝に懇請したり。この卿、頼朝と膠漆《こうしつ》の知音たり。よって、左右なく後白河法皇に奏達せらるべしと雖も、上﨟の公卿、数あり、京都（朝廷）の形勢に随いて、よくよく折をみて法皇に奏試すべしと、頼朝言う。【吾妻鏡】

六月二十三日〔天晴る〕

摂政藤原兼実（39）、蔵人右衛門権佐藤原親経（37）を冷泉亭に召す。かねて後白河法皇御定の政道意見封事のこと、諸卿ほかの意見書まとまり、法皇の勅定により、兼実、親経に目録を取るべく下命しおきたり。親経、忩忙の間、その功、終え難し、と。この日、兼実、この目録を取り、部類すべきの由を仰せて親経に返付す。

今日、仁和寺宮守覚法親王（38）、摂政藤原兼実の許に使者を送りて、かねて法皇の院宣により下達ありし、「宝剣御祈りの僧・静雅（延暦寺僧都・大納言源雅親子）、領状せり」と。よって、兼実、人数注文をもって奉行職事に下付すべきの由を答う。【玉葉】

六月二十六日

後白河法皇、日吉社に御幸あり。明後日（二十八日）、御下向（還御）あるべし、と。【玉葉】

六月二十八日〔天晴る〕　**亮子内親王、女院号の事あり（殷富門院）**

皇后宮亮子内親王（後白河法皇第一女・当今《とうぎん》〔後鳥羽天皇8〕国母・41）の院号の事あり。申刻（午後四時頃）、摂政藤原兼実、束帯を着用、閑院内裏に参内す。蔵人右衛門権佐藤原定経（30）をもって諸卿に院号を定むべきの旨を仰せしむ。この間、兼実、朝餉間《あさがれいのま》に祗候す。やや久しくして、定経、人々定むる案として、宣陽門・殷富門・宜秋門・東二条院を取りまとめ提案す。宣陽門の名が大途（多勢）たり。よって、兼実、定経をして大炊御門殿に御坐の後白河法皇にその女院号の各由来を記して奏上せしむ、「所存の旨、状の如し、この上は法皇御定に在るべし」と。しばらくして、蔵人定経、大炊御門殿より帰来して、法皇の叡旨を伝う、「此の如き事、一切、案内を知らず。ただ、左右、相計らい言上すべし」と。よって、兼実、重ねて法皇の御気色を取らんとするも、すでに夜漏に及び、なおも法皇、分明の御成敗（決定）なきにより、兼実の私案（殷富門院）により、この女院号を決定す。皇后宮職を停止、職員も進《じょう》・属《さかん》を停め、判官代・主典代と成す。ついで、摂政兼実、後白河法皇御所大炊御門亭（法皇・新女院同居）に参入。女院御方の殿上間（二棟廊南面）に着座す。この座において院司を補す。院司は、公卿、右大将藤原実房（前皇后宮大夫41）・権大納言藤原実家（前皇后宮権大夫43）・従三位藤原光雅（前皇后宮亮39）。四位別当、左中将藤原公衡（30）・権右中弁藤原定長（39）。判官代、右衛門権佐藤原定経（前皇后宮権大進）・右衛門尉藤原家実・左衛門尉藤原光重。主典代、大江景宗なり。【玉葉】

七月一日〔天晴る。夜に入りて大風〕

明日、鳥羽法皇忌日たるにより、近年の定例にしたがい、免物《ゆるしもの》（罪囚の赦免）あり。今夕、後白河法皇、鳥羽・安楽寿院に御幸のため、その以前に赦免の人名を摂政藤原兼実、白川押小路殿に奏上す。法皇、囚人二十人に御点を付せらる。先々は法皇、爪点《つまてん》を印せられしも、今度は墨点加付さる。今夜、後白河法皇・八条院（51）、同列にて鳥羽の安楽寿院（鳥羽法皇御廟）に御幸あり。　【玉葉（七月二日条も）】

七月三日〔天晴る〕

法勝寺御八講始なり。去る年は常行堂で行わるるも、今年は講堂において修せらる。後白河法皇、これに御幸あり。巳刻（午前十時頃）、摂政藤原兼実（39）、所労気味を押して院御所白川押小路殿に参上、供奉せんとす。権中納言藤原定能（40）をもって見参に入る。小時にして権右中弁藤原定長（39）、法皇の御使として出で来りて、「その所労の由を聞し食し、強ちに参入の事、もっとも不便《ふびん》に思う」と勅語を賜う。装束（準備）終りて法皇出御。公卿ら庭上に降り立つの間、法皇、しばらく中門に佇立し給う。御車をさし入れ、兼実、御簾を褰《かか》げ、法皇乗車。人々、騎馬の後、発車。兼実も乗車、北面男共の後に供奉して進発す。法勝寺の西門より法皇入御。朝夕両座、常の如く厳修《ごんじゅ》さる。朝座の講師は法印覚憲（57）、夕座は勝詮権少僧都が勤仕す。事了りて還御。その時、法皇、九重塔を御覧あり。この塔、先年の地震において傾危せり。その後、修造の事なし。しかるに寺家の沙汰として奈良の大工をもって直さしむるところ、今暁に至りて無為にその功を終えたり。摂政兼実、法皇還御に際し、帯剣して乗車。押小路殿に供奉せんとするも、心神不快なるにより、退出して冷泉亭に帰参す。　【玉葉】

七月七日〔天晴る〕

今朝、後白河法皇、法勝寺御八講会、五巻の日たるにより法勝寺に御幸あり。事了りて白川押小路殿に還御。　【玉葉】

七月十七日〔天晴る〕

宝剣御祈りにより長門国に、神祇官使・大祐卜部兼衡、陰陽師・大蔵少輔安倍泰茂、僧（仁和寺）阿闍梨練性ならびに御祈り奉幣勅使・厳島神主佐伯景弘ら、進発下向す。路次雑事として下向順路の国々に、毎国米二十石、および海人（海中潜水の上、宝剣探求のため）粮米等をそれぞれ調進を催し了えたり。佐伯景弘、壇の浦合戦の時、長門国の海上、平家の軍船に在りて、宝剣沈没の所を存知す、という。

【玉葉（七月十・十六・二十日条）、百錬抄（七月二十日条）】

七月十八日〔天晴る〕

蔵人右衛門権佐藤原定経（30）、後白河法皇の御使にて摂政藤原兼実の冷泉亭に入来。法皇仰せられて云く、「来る二十八日、天王寺に参詣すべし。八月二十二日、灌頂を受くべし。その間、彼の寺に滞留せん。よって一事以上すべて政務は計らい沙汰すべし」と。ついで、兼実、白川押小路殿に参上、仰せの趣、拝承すべきの由、奏上す。この外、若干、他事等を奏聞す。　【玉葉】

七月十九日

源頼朝（41）の許に在京の右兵衛督藤原能保（41）の消息到来す。去る七月一日の後白河法皇の院宣（右兵衛督藤原能保宛）を副えたり。前大蔵卿高階泰経（58）、去る年、源義顕（義経）に与《くみ》せし罪過により伊豆国に配流となる。法皇よりたびたび赦免あるべき旨、源頼朝に懇請さるるも、頼朝の返事、分明ならざるにより、法皇、猶予ありたり。しかるに、近日、泰経、殊に歎き申すにより、またまた院宣を下されたり。泰経、もともと法皇の近臣にて、昵近（出仕）を聴《ゆる》さるべく、後白河法皇、仰せ下されしなり。【吾妻鏡】

七月二十日〔時々、雨降る〕

宝剣御祈りのため七社（伊勢大神宮・石清水八幡宮・賀茂社・松尾社・平野社・春日社・石上神宮）に奉幣使を発遣さる。【玉葉】

七月二十五日〔天晴る〕

この夜、後鳥羽天皇（8）、方違えにより閑院内裏より後白河法皇御所大炊御門殿（法皇は白川押小路殿に御坐）に行幸せらる。秉燭の後、摂政藤原兼実（39）、束帯を着して参内、供奉す。大炊御門殿入御の後、兼実、陣中たるにより帰参。ついで、報鐘（暁）の後、御所に参内。内蔵頭藤原経家（39）遅参により、女房、密々にて主上の総角《あげまき》の結髪を奉仕、権中納言源通親（39）、装束着装を奉仕して、出御。閑院内裏還御の後、摂政兼実退出して冷泉亭に帰参。【玉葉】

七月二十六日〔天晴る〕

殷富門院（後白河法皇第一皇女・前后宮亮子内親王41）、院号後初の入内の儀あり。摂政藤原兼実、後白河法皇の御気色により御幸供奉のため参入す。まず、法皇御所六条殿に参上。法皇の御前に召さる。今日、女院御幸に参仕の事、法皇すこぶる叡感あり。しばらくして殿上間に退下す。権右中弁藤原定長（39）をもって、条々の事を法皇に奏上せしむ。法皇、灌頂の間、天王寺御幸に扈従すべし、と奏聞せしむ。これまた、勅答の趣、御意に叶えり。ついで、同六条殿内、女院（殷富門院）御方に参入。女院は法皇の唐車に乗駕、供奉の公卿は右大将藤原実房（41）以下十余人、殿上人二十人許りなり。閑院内裏に女院入御、殿上西子午廊北三ヶ間を女院御座所となす。院司の賞ありて、しばらくして還御。

今日の御幸に摂政たる兼実の供奉は、異例の事なり。よって、兼実、その事由を記しとどむ、「今日の参上、案内《あない》（事情）を知らざる人、定めて疑難を致すか。待賢門院（藤原璋子）・美福門院（藤原得子）・建春門院（平滋子）ら、兼実にとりて疎遠の上、いずれもその品位みな卑なり。よって、一族（藤氏一族＝摂関家）の輩、ことに供奉せざるなり。二条大宮（白河院第三皇女・鳥羽院准母・令子《よしこ》内親王）行啓の時、摂政関白藤原忠実（兼実祖父）は常に供奉あり。彼（二条大宮）は白河法皇の御孫（兼実の誤認）なり。是は後白河法皇の御嫡女にして、貴重殊に甚だし。彼も国母、是も国母なり。よって、兼実、時儀を量りて参入せり。故にこのたび後白河法皇の叡感あり。故摂政関白藤原忠通、常に仰せて云く、『姫宮には慶時など必ず参るべし』と。今の八条院（後白河法皇異母妹・51）なり。これ、故鳥羽法皇、殊に貴重さるるの故なり。かような次第により、近代卑賤の幸女の例に比すべからざるものなり」と。【玉葉】

七月二十七日〔天晴る〕
後白河法皇、天王寺御幸のため種々の御定示さんと、摂政藤原兼実（39）を召さる。しかるに兼実不参により、家司・右馬権頭藤原兼親を院御所六条殿に使者として差遣す。天王寺の間の事、拝承いたすべきところ、昨日の殷富門院（41）初入内の御幸に供奉の後、所労更発して参入せず、恐れ入り奉ると陳謝す。【玉葉】

七月二十八日〔天晴る〕
摂津の四天王寺に御幸あり。明日より灌頂御加行あるべきにより、三七日参籠（二十一日間）のためなり。公卿・侍臣、行粧に従う者、広きに及ばず、と。【玉葉】

八月一日〔陰り晴れ、定まらず〕
かねて後白河法皇、諸卿提出の意見書の目録作成の勅定あり。摂政兼実、蔵人右少弁佐藤原親経（37）をして作成方を下知す。この日、その目録、一見を加えんがために冷泉亭に持参せしむ。【玉葉】

八月三日〔雨下る〕
後白河法皇の皇女・覲子《あきこ》内親王（母は従三位丹後局〔高階栄子〕・7）、着袴の儀を行わる。【女院小伝】

八月四日〔天晴る〕
晩頭、蔵人勘解由次官藤原宗隆（22）、摂政藤原兼実の許に来りて、条々の事を申す。兼実、「大内における御書所の作文《さくもん》、後白河法皇の還御（法皇、天王寺参籠中）を待ちて沙汰あるべし。今、後鳥羽天皇（8）、いささか御不予の聞えあるにより、しばらく停止さるべし」と。【玉葉】

八月十一日〔天晴る〕
今夜、後鳥羽天皇、方違えのため閑院内裏より大内に行幸あり。ただし、賢所《かしこどころ》は閑院に留御。明夕、法皇御所大炊御門殿（大炊御門北、富小路西、左大臣藤原経宗69第）に渡御あるべきによってなり。【玉葉】

八月十二日〔天晴る〕
後鳥羽天皇（8）、閑院内裏修造のため、今暁、法皇御所大炊御門殿に遷幸あり。よって、しばらく皇居となるべし、と。【玉葉】

八月十九日〔天晴る〕
摂政藤原兼実（39）、摂津・天王寺に参籠中の後白河法皇に参向拝謁を予定するも、脚病不快によりて不参。【玉葉（八月二十日条）】

八月二十一日〔天晴る〕
摂政藤原兼実、氏長者（昨年三月十二日、摂政ならびに氏長者となる）となりて以後、始めて宇治・平等院に参詣す。先例、多く当日帰洛すと雖も、明日（二十二日）、後白河法皇、天王寺において灌頂あるにより、この宇治殿に一宿す。【玉葉】

八月二十二日〔天晴る〕　**後白河法皇、摂津・天王寺において灌頂を受く**
摂政藤原兼実、宇治より摂津・天王寺に参詣。今夜、天王寺に参籠中の後白河法皇、この日、母待賢門院の国忌に当れども、結縁のため灌頂を受け給う。灌頂の師（阿闍梨）は権僧正公顕（78）なり。兼実、平等院の釣殿より乗船。近習の輩、五、六人御船に候す。大蔵卿藤原宗頼（34）、破子《わりご》（弁当）を進む。終日、淀川を泛遊《はんゆう》して、窪津（渡辺＝大阪市東区天満橋付近）に上陸。兼実、網代車にて内大臣良通（21）と同車、天王寺に向い西鳥居の外で下車、宿所（西門北腋、念仏所が兼実宿所）に向う。大蔵卿宗頼をもって後白河法皇の許に参着を告げる。後白河法皇、「今夜は参るべからず、明日、参入すべし」と。法皇、すでに今夜、灌頂堂に入御。【玉葉、一代要記、歴代編年集成、皇代暦、伝法灌頂日記】

八月二十三日〔天晴る〕
大阿闍梨公顕僧正（78）に布施を賜い、勧賞を行わる。公顕を権僧正から大僧正・法務に任じ給う。また、後白河法皇、贈物として銀香炉（透袋に入れ、銀枝に付く）を大僧正公顕に賜う。秉燭以後、摂政兼実、烏帽子・直衣を着用、念仏堂に参る。召しにより後白河法皇の御前に参る。小時にして退出。法皇、権大納言藤原兼雅（43）をもって、兼実の京都よりの参入の由を悦び仰せらる。兼実、この勅語に畏入るの由を申して退下。渡辺において乗船。月の出を待ちて解纜《かいらん》す。【玉葉】

八月二十四日〔天晴る〕
摂政藤原兼実、天王寺より淀川を上り帰京を急ぐ。船中において天曙。河上の興、先日（二十二日）に増して甚だし。申刻（午後四時）、淀の渡し（京都市伏見区淀本町）に到着。かねて内大臣良通用意の網代車に兼実・良通同車して、戌終り（午後九時前）に冷泉亭に帰参す。今日、後白河法皇、天王寺において舎利会を行わる。【玉葉】

八月二十五日〔天陰る〕

後白河法皇、天王寺より還御、入洛し給う。【玉葉】

八月三十日〔天晴る〕

晩頭、摂政藤原兼実（39）、内裏（大炊御門殿）についで院御所六条殿に参上、後白河法皇に拝謁。ついで八条院（法皇異母妹・暲子《あきこ》内親王尼51）に参入、亥刻（午後十時頃）、冷泉亭に帰参す。【玉葉】

九月五日〔雨降る〕

後白河法皇、日吉社より還御。御幸の日次、不明。

この月、斎宮潔子内親王（後鳥羽天皇姉・9）、嵯峨野宮より出御、伊勢大神宮に群行の当月なり。群行に際しては近江・伊勢国司に下命して、近江国（勢多・甲賀・垂水）・伊勢国（鈴鹿・壱志）の駅家に頓宮《かりみや》を造営の上、供給用たる雑物を儲備せしむ。しかるに、このたび、群行駅家の雑事闕如につき不便を申し立てり。権右中弁藤原定長（39）、殊に歎息、後白河法皇にこの由を奏聞せんとす。左少弁藤原親雅（43）・権右中弁藤原定長、院御所六条殿に参向す。夜に入りて親雅・定長の両人、帰来して摂政兼実に言上す。後白河法皇、近江国の駅家の事、驚き聞し食す。「群行を延引の上、殊に御沙汰あるべし。前摂政藤原基通（28）ならびに山宮（無品承仁親王19・後白河法皇御子・母は遊女丹波局）らの領、おのおの所領等に宛てずと雖も、別の忠勤あるにより、近江国群行駅家のため権門領において一事の所課を勤めらるべきを勅定あり」と。【玉葉（九月八日条も）】

九月六日〔天晴る〕

今比叡社（今日吉社）九月会なり。早旦、後白河法皇、同社に渡御あり。【玉葉】

九月八日〔天晴る〕

これよりさき、元暦元年（一一八四）、大神《おおが》姓臼杵氏の一族で豊後国緒方荘を本貫《ほんがん》とする豪族、惟方惟栄の軍勢が、宇佐神宮（大分県宇佐市）に乱入、社殿・堂宇などを焼打ちす。文治二年七月二日には再建工事を進めて、宇佐宮仮殿遷宮を行い、廃朝五日を決せり。権右中弁平基親（37）を勅使として参向せしめ、ついで官使を差遣す。その後も引続き再建工事を進捗す。このたび、宇佐使差遣の儀あるも、各辞退して一定せず。

蔵人右少弁藤原親経（37）、摂政藤原兼実の許に来りて、条々の事を申す。その一条、蔵人勘解由次官藤原宗隆（22）が宇佐使を辞退、讃岐守源隆保勤仕のこと領状せり。よって、右兵衛督藤原能保（41）、隆保の院御所昇殿を推挙。後白河法皇、即座にこれを勅許あり、と。

隆保の従兄・仁和寺法印隆暁（56）は能保の猶子。また、去る年六月二十八日、当時、讃岐守能保は治部少輔隆保に讃岐守を譲任せし由縁あり。当時、院御所には八十余人の侍臣あり。一人として宇佐使を催出せられず。この讃岐守源隆保、これを勤仕すべく使節辞任を申出ず。この事により新昇殿の事、出来せり。もっとも不便《ふびん》なり。しかして権門（能保）の推挙、法皇、直ちに許容あり。愚身（兼実）の抑留、豈、事の要に叶わんや。よってただ道路目をもってする（見て見ぬふりをする）以外になき事なり。【玉葉】

九月十二日〔朝の間、天陰る。巳刻（午前十時頃）以後、天晴る〕

蔵人勘解由次官藤原宗隆、摂政藤原兼実（39）に来りて、斎宮潔子内親王（9）、伊勢群行の装束（設営）のことを申す。宗隆、左少弁藤原親雅（43）より群行の用途ならびに駅家雑事、さらに近江国権門領減省の宛文により、所々なお承引せざるにより、後白河法皇、逆鱗し給うことを告ぐ。兼実、これを聞き、まことに神妙なり、と。

この日、大宰権帥権中納言藤原経房（45）、源頼朝（41）の使者・紀伊権守波多野有経をもって頼朝に送達すべき書状を、摂政兼実、一覧す。文面により、前大蔵卿高階泰経（58）・前刑部卿藤原頼経・前木工頭藤原範季（58）らについて後白河法皇の赦免要請あるも、なお頼朝、鬱し申す様子あり、と。【玉葉】

九月十四日〔天晴る〕

この頃、後白河法皇、供花会始行あり。摂政藤原兼実、官奏あるにより、未刻（午後二時頃）、直衣を着用、参院（供花御所＝法住寺南殿）。権右中弁藤原定長（39）をもって見参に入る。斎宮潔子内親王の群行につきて、後白河法皇に奏上の事あり、内々、定長に示しおきたり。右中将藤原実教（38）をもって召しあり。神事の間の推参は憚りありと雖も、子細を奏上のため参上。群行当日における主上（後鳥羽天皇8）の作法などにつき、法皇に問い奉る。【玉葉】

九月十五日〔天晴る〕

院御所六条殿において、後白河法皇、権右中弁藤原定長とともに、「後三条院御記」（草子二十帖・目録一巻・故刑部卿藤原範兼添状・蒔絵小手筥に収む）の斎宮群行の間の事、披見。蓋を開きたるまま、留置せらる。この夜、六条殿に窃盗罷り入りて、故前下野守源義朝より後白河法皇に進献の鵜丸の御太刀を盗取せらる。しかるに、この「後三条院御記」の草子本は盗難をまぬがれたり、と。

【玉葉（九月十六日条）、「石清水八幡宮記録」（仏像目録）】

九月十九日〔天晴る〕

この夜、後白河法皇御使として権右中弁藤原定長、摂政藤原兼実の冷泉亭に入来。かねて法皇、洛中群盗の蜂起ならびに散在の武士の狼藉につき、たびたび頼朝（41）にその成敗方を仰せ下さるる所あり。頼朝、この院宣を受け、早やかに沙汰すべき旨を奏上せり。定長の使いの趣、法皇より仰せ遣わさるる院宣に対する返事（去る八月十九日・同二十七日付、頼朝の消息。九月十五日に到来す）なり。これより早く、頼朝、院宣をうけて、群盗等鎮圧のため千葉介平常胤（70）・下河辺荘司行平を上洛せしめ、八月十九日付書状を大宰権帥権中納言藤原経房（45）に付し、当日、両人の鎌倉出立の餞別の儀を行うことあり。定長（39）、なお言葉を継ぎて、今朝、後白河法皇、種々の仰せ事あり、法皇、御気色ことによく御坐《おわしま》す、と。摂政兼実（39）、これを伝聞、為悦少なからず。

【玉葉、吾妻鏡（八月十九日条）】

九月二十日　藤原俊成、『千載和歌集』を撰進

皇太后宮大夫入道藤原俊成（法名釈阿・74）、後白河法皇の院宣（寿永二年〈一一八三〉二月、従三位右中将平資盛23奉）を奉け、近古以来（一条天皇御宇、永延以後〈元年・九八七〉）の歌を撰びて『千載和歌集』（上下二冊）を六条殿御所に奏進す。【拾芥抄、明月記、八雲御抄、伏見宮御記録】

この日、後白河法皇、熊野詣でのため、熊野山の僧供米として一千石、ならびに軽物少々の用途を源頼朝に寄進せしむるため、大宰権帥権中納言藤原経房（45）をして下達せしめ給う。

【吾妻鏡（十月三日条）】

九月二十三日〔天陰る〕

未刻（午後二時頃）、摂政藤原兼実、院御所六条殿に参上。後白河法皇の召しにより御前に参進。諸国の吏対捍済物《たいかんさいもつ》の事ならびに衛府諸司三分等、員数を減ぜらるべき由、つぶさに奏聞す。法皇叡慮、甘心の気あり。兼実、為悦少なからず。退出して八条院に参向。女院（51）いささか御不予の事あり、と。

【玉葉】

九月二十四日〔時々、雨下る〕

後白河法皇、伊勢大神宮内宮の遷宮につき、院宣をもって役夫工の上卿に権中納言源通親（39）を補せんとするも、辞退す。

【玉葉】

九月二十七日〔天晴る〕

未刻（午後二時頃）、蔵人右衛門権佐藤原定経（30）、摂政藤原兼実の許に来りて、宝剣探求使のうち神祇官の神祇大祐卜部兼衡、長門国より上洛して宝剣御在所の卜形《うらかた》を奏上す。以後五十日の内、および来る九月・十二月・明年六月節中、庚辛日に出現すべし、と。また、陰陽寮によれば、宝剣いまだ王府に帰坐なし。よって海人を潜水せしめ索捜せしも更に発見せず。もしは龍宮に納められたか。はたまた他州（外国）に流失せしか、議定あり。八月二十五日、亀卜のところ、龍宮に納らず、他州に流れず、海底投入の在所五町内より、かならず出来給うべし。大蔵少輔安倍泰茂の卜定なり、と。さらに、勅使・厳島神主佐伯景弘の申状によれば、「宝剣探求の御祈り、次第に各始行せり。よって、事においては、その憑みあり」と上申す。摂政藤原兼実、これらの条々を聞き、悦びと為す。「神霊、この国を棄て給わず。

宝剣かならず出現あらん。この由、後白河法皇に奏聞すべし」と。　【玉葉】

九月二十八日〔雨下る〕

午刻（正午頃）、蔵人右衛門権佐藤原定経（30）、院御所六条殿に参上、かねて進覧の意見書目録（諸卿提出の意見書の日を注加せるもの）を下し給う。夜に入りて退出、摂政藤原兼実（39）の冷泉亭に入来《じゅらい》。法皇、「天下の事、偏に委ね附し申す。本意は只かくの如き事にあり。意見書取りまとめ提出の沙汰の事、ことに悦び申す。なお、よくよく申すべし」と、再三、勅定あり、と。　【玉葉】

九月二十九日〔天晴る〕

申刻（午後四時頃）、権右中弁藤原定長（39）、後白河法皇の御使として摂政藤原兼実の冷泉亭に来る。折柄、兼実、髪を梳《けず》りたるにより、しばらく謁せず。ほどなく結髪了りたるにより、御簾前に召して面謁す。定長、頼朝（41）の申状を持参、一覧すべく差し出す。法皇、この文面に対して如何ように沙汰すべきや、兼実に諮問の上、計らい奏すべし、と。

件の申状は奥州平泉館の前陸奥守入道藤原秀衡（66）に使者を遣わし、東大寺大仏の滅金料（鍍金）の砂金を秀衡法師より調進せしむべく下知せしものなり。この事、去る四月に頼朝より秀衡法師に申し送りたる書状なり。

㈠前山城守中原基兼（元後白河法皇の近臣、北面の下臈にして、凶悪の人なり）秀衡の許に在り（先年〔治承三年〈一一七九〉十一月〕、平相国入道清盛、院近臣らを誡むるの内、基兼は其の随一たり、奥州に配流され了んぬ。其の後、秀衡に属し、今に彼の国に経廻《けいかい》するなり）。而して、上洛の志ありと雖も、秀衡召禁の間、素意を遂げざるの由、歎き申す所なり。元より召仕わるる者たり。而るに平氏の乱逆によって殃《わざわい》に遭う。もっとも召上げらる（赦免）べきなり。

㈡兼ねてまた陸奥の貢金、年を追いて減少せり。大仏（東大寺）の滅金（鍍金用）巨多、罷り入るか。三万両計り（一一二五キロ、約一トン余＝大熊一頭分の体重）進献すべく下命すべきなり。

よって、源頼朝、件の両条につき別々の御教書を法皇より賜わり、奥州秀衡の許に下達せんと欲す。これにより、大宰権帥権中納言藤原経房（45）、頼朝の申請によって御教書（㈠基兼の事、㈡砂金の事、㈢度々追討の間〔源義顕＝義経29〕、殊功なき事等）を頼朝の許に遣わす。頼朝は件の御教書に自らの書状を添え、雑色《ぞうしき》沢六郎宗家を使者として秀衡の許に遣わしむ。秀衡法師は即刻、請文（頼朝返事）を雑色沢六郎宗家に手交、鎌倉に進達せり。頼朝は、件の請文を雑色沢六郎宗家に携帯せしめて、上洛の上、大宰権帥権中納言藤原経房に送遣す。使者、昨日（二十八日）到来す。経房宛の頼朝の申状によれば、「秀衡法師、後白河法皇の院宣を重んぜず、ことに恐色なし。また、仰せ下さるる両条ともに承諾せず。すこぶる奇怪なり」。よって、使男沢六郎に召問せしところ、「この上は別の御使を差遣の上で貢金等を召さるべきか」と答う。また、秀衡申状によれば、「基兼につきては、殊に憐愍《れんびん》を加え、全く召誡の事なし。京上（赦免）すべきの沙汰なきにより、忽ち上洛せしめず。更に拘留の儀に非ず」と（召進むべきの由を申さず）。また、「貢金の事、三万両の下命は、はなはだ過分なり。先例、源広定は千金に過ぎず。就中、近年、商人多く境内（奥州）に入り、砂金を売買せるにより、大略は掘り尽したり。よって、とうていこの尨大な貢金の事、叶うべからず。今後、求得（産出）にしたがい、その分を進上すべきなり」と。

これらの事情を聞く摂政兼実（39）は、「改めて御使を遣わさるるの条、異儀なし。頼朝（41）よりの返事の趣、至極、尤もなる理由なり。御使の派遣は、先例多く公人（公家〔朝廷〕、貢金沙汰として小舎人を遣わさる。院御所においては御馬使として御厩舎人ら、これなり）を遣わし、彼の先跡（前例）に遵《したが》うべきか。あるいはまた、院庁官の如きを遣わさるべきか。折柄、因幡前司中原広元（40）、在京につき、大宰権帥権中納言藤原経房（45）と内々、談合の上で議定せらるるも一案か、と。　【玉葉】

十月一日

後白河法皇、天王寺において灌頂を受け賜うにより、かねてその用途の事、源頼朝に進献方の催しあり。しかるに、当時、頼朝、他事計会《けいかい》により未献のまま、時を失せり。法皇、去る八月二十二日、灌頂の儀、遂げしめ給い了んぬ。しかるに、頼朝、調備せし貢物、留置のこと黙止しがたきにより、この日、雑色六人をもって、京都へ運送せしむ。解文によれば、その進上の品々は、㈠紺絹（百部）、㈡上品絹（百切）、㈢国絹（百疋）、㈣藍摺（百端）、㈤色革（百枚）の五種なり。　【吾妻鏡】

十月二日〔朝の間、小雨あり〕

早旦、摂政藤原兼実、九条堂に参向す。夜に入りて冷泉亭に帰参す。かねて明旦、東大寺大仏聖人（重源67）来訪の告げあり。よって、この夜、権右中弁藤原定長（39）をして、この旨、後白河法皇に奏聞せしむ。法皇、「能き様、（重源に）口入すべし」と勅定あり。　【玉葉】

十月三日〔天晴る〕

早旦、摂政兼実の冷泉亭に東大寺大仏聖人（重源）入来、兼実、これに謁す。重源、語りて云く、「去今両年、大仏殿再建料として柱百三十余本を杣山《そまやま》（周防国）において切倒し了る。しかして、津出し（佐波川、河口）の人夫の功に困却せるにより、この助力を後白河法皇に奏上すべく上洛せり。また、大仏御身の滅金（鍍金）料の金は、すべて三千両にて荘厳可能」と。兼実これを聞き、為悦少なからず、と。　【玉葉】

去る月二十日、後白河法皇、鎌倉の頼朝に院宣を下し給う。大宰権帥権中納言藤原経房、これを奉る。中の一条に、法皇熊野詣でにつき、前々の如く御僧供米一千石ならびに軽物少々の調進方、下命あり。この院宣、本日、鎌倉に到達す。頼朝、不日、請文を進上すべし、と。　【吾妻鏡】

十月四日〔天晴る〕
巳刻（午前十時頃）、権右中弁藤原定長(39)、摂政藤原兼実(39)の冷泉亭に後白河法皇の御使として入来。去る比（九月十五日夜）、窃盗、六条殿御所に入りて、種々の御物を盗犯せり。その中に、法皇御護剣（鵜丸の御太刀）あり。日頃尋ね沙汰せらるるところ、去る夜（十月三日）、検非違使左衛門少尉藤原信盛、犯人を搦取る、と。ついで、兼実、東大寺大仏聖人重源(67)の陳述の条々、定長より後白河法皇に奏聞せしむ。【玉葉】

十月五日〔天晴る〕
申刻（午後四時頃）、摂政藤原兼実、直衣を着し、内大臣良通(21)を相伴、大炊御門殿に参内。まず、六条殿に参上。良通も同行。後白河法皇の召しにより、兼実一人、御前に推参。少々の事を執奏して退下す。【玉葉】

十月七日〔陰り晴れ、定まらず。晩に及びて雨、まま灑ぐ〕
この夜、院御所六条殿の殿上間において朝覲行幸（来る十一月七日）雑事を定める。参入の公卿は、奥座に摂政藤原兼実・権大納言藤原実家(43)・権中納言藤原定能(40)・同源通親(39)・修理大夫藤原親信(51)ら、端座は内大臣良通(21)・権大納言藤原兼雅（院執事43）・権中納言藤原実宗(43)・大宰権帥権中納言藤原経房(45)・権中納言藤原兼光(43)・参議平親宗(44)らなり。権右中弁藤原定長(39)、朝覲行幸の時、殷富門院(41)入御あるべきや否やにつき、摂政兼実に問う。兼実、これに答えて、「女院は法皇御女にして、当今《とうぎん》（後鳥羽天皇8）の母儀の礼あり。よって渡御ありて同居あるべし」と。ついで、小除目・叙位・僧事を行わる。同定長、「僧・陰陽師ら、賞を蒙らば、御物（鵜丸の御太刀）を盗みし犯人を搦取りたる検非違使（左衛門少尉藤原信盛）、もっとも此の撰に漏るべからざるなり」と申す。よって摂政兼実、この由を奏聞。その後、時刻を移して冷泉亭に帰参す。【玉葉】

十月十日〔陰り晴れ、定まらず〕
未刻許り（午後二時頃）、摂政藤原兼実の冷泉亭に、院女房告げ来る。後白河法皇、去る夜（九日）より頭に小腫物、発疹し給う。医師、大《だい》黄《おう》を塗布し奉る、と。権中納言藤原定能、同趣を告げ示す。よって、兼実、急いで六条殿に営参す。時に申斜め（午後四時半すぎ）なり。定能をもって見参に入る。「只今、御薬、塗布中なり。腫物の増減いまだ分明ならず」と。定能によれば「典薬頭和気定成(65)・施薬院使丹波頼基(52)・医博士和気貞繁らの診察にて、殊たる事なしと申す。しかし、法皇御大事により、重ねて療治を奉仕すべし」と。よって、更に大黄を付け奉る。しかるに、法皇、すこぶる冷ゆる由、仰せあり。もしや、これは熱気、熾盛《しじょう》せざるか、と。
この日、権右中弁藤原定長、法皇の御使として摂政藤原兼実の許に入来。兼実、条々の事を申す。かねて源頼朝(41)、院宣を奉けて閑院内裏修造の事、営進せり。ようやくにして修造完成す。また、斎宮潔子内親王（９）群行の用途等下命ありたり。閑院修造は莫大の功なり。若しや勧賞《けんじょう》あるべきや如何、と。また、斎宮潔子内親王群行用途合期進納につき、頼朝知行国の中、一両国などの重任の功を充てらるべきか、と。大宰権帥権中納言藤原経房（45）、後白河法皇に計らい申す所なり。また、新勝院の事〔頼朝より示すところなり〕、同じく後白河法皇の御気色を仰ぐべき由、示す。【玉葉】

十月十一日〔天晴る〕

摂政藤原兼実（39）、今朝、書札をもって法皇腫物御悩の事を尋ね奉るところ、無為〔変りなき〕の由、医師ら申す、と。【玉葉】

十月十二日〔天晴る〕

巳刻〔午前十時頃〕、大地震あり。去る年七月の震に及ばずと雖も、其の外は第一の大動なり。天変しきりに至る。其の上、この震あり。恐れて猶、恐るべし。

夜に入りて権右中弁藤原定長（39）、後白河法皇の御使にて摂政藤原兼実の冷泉亭に入来。閑院修造の竣工につき頼朝（41）に勧賞の事、ならびに斎宮群行用途につき知行国重任の事につきてなり。「毎事、摂政兼実の所存の旨、分明に申すべきなり。さかしく左右を仰せらるべからざるは勿論、直接に法皇に奏聞すべし」と。また、頼朝申すという新勝院の事、一切、法皇において御覚悟なし、と。【玉葉】

十月十五日〔天晴る〕

後白河法皇、伏見殿に渡御あり。両三日、経廻《けいかい》〔滞留〕あるべし、と。【玉葉】

十月十八日〔天晴る〕

後白河法皇、白地《はくち》〔にわかに〕、伏見殿より出京あり。この夜は六条殿に宿御か。【玉葉（十月十九日条）】

十月十九日〔天晴る〕

後白河法皇、洛中より伏見殿に帰入。しばらく同殿に経廻あり、と。【玉葉】

十月二十九日　**藤原秀衡、卒去す**

前陸奥守藤原秀衡入道（66）、陸奥国平泉館において卒去す。日頃、重病にて恃《たの》み少きにより、前伊予守源義顕〔義経29〕を大将軍として国務せしむべきの由、男泰衡（33）以下に遺言す、と。【吾妻鏡】

十一月五日〔雨下る〕

後白河法皇、鳥羽殿に御坐あり。六条殿より御幸の日は不明なるも、前四日、蔵人右衛門権佐藤原定経（30）、除目の事につき、法皇御使

として摂政藤原兼実の冷泉亭に入来す。よって、同四日の午後、法皇、鳥羽殿に御幸か。　【玉葉】

十一月七日〔天晴る〕

後鳥羽天皇（8）、最前（初度）の石清水八幡宮行幸なり。巳刻（午前十時頃）、摂政藤原兼実（39）、内大臣良通（21）・左中将良経（19）を相伴、大炊御門殿に参内。陣内たるにより車馬を用いず、南面門より入り、直ちに御所の方に参る。蔵人頭右中将藤原実教（38）のほか、一有情《うじょう》も（一人も）いまだ参入せず。懈怠の甚だしきこと、言いて余りあり。主上、御輿に乗御ありて行幸進発、戌終り（午後九時前）に石清水八幡宮宿院に着御あり。　【玉葉、百錬抄】

十一月八日〔天陰るも雨下らず〕

後鳥羽天皇、還幸のついでに、鳥羽南殿において後白河法皇に朝覲行幸。石清水八幡宮における神事、舞人・陪従《べいじゅう》による神楽の奏舞を了りて、主上の御輿を寄せ、鳥羽殿に向け行幸進発。時に巳終り（午前十一時前）なり。ついで、鳥羽南殿南面四足門より入御、中門に御輿を舁《か》き居《す》え、主上、下御。寝殿北面が主上の御所。寝殿南庇東に御簾を距てて、後白河法皇御座あり、法皇出御。主上、御座の東頭より入御、敷物の上に昇座、御揖《ゆう》の後、二拝、笏《しゃく》を置きて舞踏あり。ついで、一拝、二拝を了りて一揖、左廻して帰御。八歳少年の主上、作法神妙なり、と。法皇入御。

主上、重ねて渡御。法皇出御、摂政兼実・右大臣良通以下、着座。権中納言藤原定能（40）以下、透渡殿《すきわたどの》に着座す。楽屋において乱声《らんじょう》を発し、舞楽・振桙《えんぶ》を舞い始む。この間、公卿に衝重《ついがさね》を居える。やがて勧盃あり、左右の舞人、舞を奏す（左方＝万歳楽・賀殿《かてん》・龍王、右方＝地久・長保楽・納蘇利《なそり》）。ついで御遊あり（「御遊年表」参照）。左衛門督藤原隆房（40）は笙、左少将藤原親能（定能子・19）は篳篥を奏す。糸竹合奏、双調《そうじょう》・平調《ひょうじょう》の調子にて催馬楽を演奏。ついで、右大臣藤原実定（49）以下、贈物（御本・銀枝に付く）をとりて、主上より法皇に献上。法皇よりは主上に送物（直衣御装束一具・絹七十疋・綿七百両を太鼓の形に作りて、これを納む）あり。事了りて後鳥羽天皇、大炊御門殿に還御。　【玉葉、百錬抄（十一月七日条）】

十一月十三日

閑院内裏修造成りて、後鳥羽天皇、大炊御門殿より遷幸あり。摂政藤原兼実、この日の行幸の賞ならびに他事等により、まず院御所六条殿に参上するも、法皇、前摂政藤原基通（28）の近衛室町亭における乱遊により、今夜、還御なし、と。よって空しく退出して、直ちに閑院に参内。蔵人右衛門権佐藤原定経（30）を尋ぬるに、定経もまた法皇不在により奏達叶わずして退出、いま重ねて参内せり、と。さるほどに、閑院御装束行事たる院司・内蔵頭藤原経家（39）、閑院御装束（御所内の室礼）完了せしを告ぐ。よって、主上の行幸あり。その儀、例の如し。主上、閑院着御の後、しばらく装束も改め給わず。内侍所（賢所）入御の時、壺庭の畳の上に下御、ついで昇殿あり。やがて、蔵人右衛門権佐藤原定経、前摂政基通の近衛室町亭（後白河法皇御坐）より帰来、法皇の院宣を伝う。よって、摂政兼実、勅定の趣に任せて造宮賞（閑院修造勧賞）を仰せ下す。閑院修造の賞は武蔵国重任（武蔵守大内義信〔号平賀冠者〕）なり。頼朝（41）、正二位に叙すべきの由、かねて沙汰あり。しかして、賞あるべからざるの由を申すにより、仰せ下されず。およそ閑院修造の体、莫大なりと雖も、法皇より多くの事につき仰せ下さるる事あり。また竣工後の舗設調度なども、不法ことにはなはだし、と。なお、行幸行事の賞の事、蔵人定経をもって法皇より仰せ下さるる旨、なおたしかならざるにより、書状をもって、尋ね申すべし。また、今夜の閑院還幸の様子につきては、消息を書きて、明朝、随身をもって法皇に進達すべし、と。【玉葉】

十一月十四日〔天陰るも雨下らず〕

後鳥羽天皇（8）、初度の賀茂社行幸なり。巳刻（午前十時頃）の後、摂政藤原兼実（39）、束帯を着装、左中将良経（19）を相伴して閑院新装内裏に参内。内大臣良通（21）はこの両三日、目病風痺《めやみふうひ》により不快にて供奉せず。午始め（午前十一時すぎ）に主上出御せられんとするも、後白河法皇、幸列見物のため桟敷にいまだ渡御なし。未刻（午後二時頃）、法皇、桟敷に出御せらるるにより、主上、南殿を出御。しかるに、法皇の出御遅滞。主上の御輿を路頭に逗留。随身・従者を遣わし見せしむ。ようやくにして只今、法皇、桟敷（一条南・室町東）に渡御あり、と。前陣を促すと雖も、途中、数刻を経るにより、桟敷前にて申斜め（午後四時半すぎ）に及びたり。古今未曾有の事なり。下社に到着は申終り（午後五時前）に至る。社頭の儀ようやくにして了りたるは亥刻終り（午後十一時前）なり。ついで上社に渡御。摂政兼実、蔵人右衛門権佐藤原定経（30）を召し、社司の賞事を仰す。神主賀茂重保（追って申請すべし）、自余の上・下社の社司は社家に任じ、皆一階を進む。

この夜、後白河法皇、方違えのため賀茂上社辺に渡御あり。折柄、後鳥羽天皇、賀茂下社より同上社に行幸なり。よって、幸路、後白河法皇の方違え御幸の以前に幸路通過の要あり、と。【玉葉】

十一月十七日

五節御前試みなり。この夜、公卿・殿上人、打揃って殷富門院（法皇第一皇女・41）の御殿（大炊御門富小路御所）に参上して淵酔《えんずい》あり。この事、先日、蔵人頭右中将藤原実教（38）、院宣をもって問わる。摂政藤原兼実、「院号の後の淵酔は先例に見えざるか。ただし、かくの如き事は、当時の御定によるべし。定法あるべからず」と答えたり。よってこの事あり。後白河法皇、すこぶる御興あり。よって行わる所なり。【玉葉（十一月二十七日条も）】

十一月二十七日〔天晴る〕
高倉天皇第二皇子（後鳥羽天皇と同母〔藤原殖子《たねこ》〕兄・守貞親王9）、殷富門院（41）の大炊御門富小路御所において着袴の儀あり。後白河法皇臨幸ありと雖も、密々の儀なり。この儀、偏に女院御沙汰なり。摂政藤原兼実（39）、下袴の腰結《こしゆい》を奉仕するため、戌刻（午後八時頃）、直衣を着し、庇車に乗りて参入す。今日の儀、偏に右大臣藤原実定（49）の議定なり。しかして公卿の饌ならびに御遊なし。【玉葉】

十二月二日〔天晴る〕
申刻（午後四時頃）、摂政藤原兼実、束帯を着用、毛車に乗りて院御所六条殿に参上。後白河法皇の召しにより御前に推参す。数刻の間、勅語に預《あずか》る。また、兼実も巨細の事ども奏聞す。龍顔《りょうがん》に咫尺《しせき》、法皇の天気《てけ》、殊に快然。退下の後、権右中弁藤原定長（39）をもって、さらに条々の事を奏せしむ。一々の勅報、分明にして、為悦少なからず。【玉葉】
この日、源頼朝（41）、飛脚を京都に進発せしむ。行程七ヶ日を定める。これ来る十一日、後白河法皇熊野参詣につき、砂金を貢献するためなり。【吾妻鏡】

十二月四日〔天晴る〕
京官除目一夜の儀（閑院内裏）なり。執筆《しゅひつ》・参議左大弁平親宗（44）、清書を勤む。奉行職事は蔵人右衛門権佐藤原定経（30）なり。この故は、蔵人頭右中将藤原実教（38）は文書を執らず（漢字を知らざる人）、蔵人頭左中弁源兼忠（27）は神今食《じんごんじき》の斎により参内すべからず。よって五位職事をもって奉行となすなり、と。申刻（午後四時頃）、権右中弁藤原定長、後白河法皇御使として参入。法皇、宸筆をもって任人を注し下さる。【玉葉】

十二月六日〔天晴る〕
後白河法皇御所六条殿、仏名会なり。よって内大臣藤原良通（21）参上。右大臣藤原実定以下、公卿済々として参入の後、二時《ふたとき》許りを経て始行せらる。これ、御所の壺に巫女らを召して、里神楽《さとかぐら》の事あり。また、陽剣の遊あり、と。この事、物情を知るの人、かつて名字（その遊興）を知らざる事なり。今日、始めて摂政兼実、これを聞く。法皇宮（六条殿）においてこの事有り。物怪《もののけ》と謂うべきか。悲しむべし、悲しむべし。【玉葉】

十二月七日〔天晴る〕
後白河法皇、熊野御精進屋に入御。夜に入りて鳥羽殿の御精進屋に御幸あり。【玉葉】

十二月八日〔天晴る〕

除目下名《おりな》なり。下名始行に先立ちて、摂政藤原兼実（39）、条々の事を後白河法皇に奏聞せんとす。よって蔵人右衛門権佐藤原定経（30）をもって任人一覧を折紙に注し、加封の上、鳥羽殿御精進屋に参籠中の後白河法皇に進上せしむ。また、昨日、法皇より下命の権中納言藤原隆忠（25）の任左衛門督（藤原家通辞退、ついで死去による代替）の事、秘事たるにより、兼実書札を書き副え、定経に携行せしむ。秉燭、定経、鳥羽より帰来す。法皇、「摂政兼実の定めに任すべし」と。さらに、定経の面前において御筆を執り、折紙に加注の上、定経に下し給う、と。なお、この除目において摂政兼実の家司・故藤原基輔の息少男、行輔を兵衛佐に申任すべく後白河法皇に懇請す。むろん、非拠《ひきょ》たるべからざるも、過分の朝恩により、任叙のこと叶えられたり。それにつきても生年十四歳は早速なり。【玉葉】

十二月十一日〔天晴る〕

この夜、後白河法皇、鳥羽御精進屋を進発、熊野御幸あり。【玉葉】

文治四年（一一八八）　六十二歳

正月一日〔晴。晩に及びて細雨まま灑ぐ〕

後白河法皇、熊野御幸にて六条殿に御坐なきにより、院拝礼中止。

【玉葉（去る年十二月十一日・今年正月六日条）】

正月六日

閑院内裏において叙位の儀あり。秉燭の後、後白河法皇、熊野御幸より還御、入洛あり。兼実（40）、内裏の公卿休所において叙位所望の輩の申文を撰び、その目録を注記す。その後、この目録に別の委細目録を相副え、蔵人右衛門権佐藤原定経（31）をもって法皇に奏覧す。

【玉葉】

正月七日〔晴〕　**源通親、藤原兼実二男・良経の正二位加階を難ず**

加階（加叙）の事、後白河法皇に奏聞のため早参すべく、摂政藤原兼実、蔵人右衛門権佐藤原定経を召し仰するところ、申刻（午後四時頃）、冷泉亭に参入す。勘発《かんぼつ》（おちどを責める）を加うと雖も益なし。末代の人、泥《でい》の如き（ぐずぐずして、はかどらない）をもって先となす。万事、ただ催促の煩いあり。しかしながら、定経をもって奏聞せしむ。ついで、定経、権中納言源通親（40）の消息状を兼実に内覧す。文面によれば、「下﨟の乱階、愁辞あり。所職、正二位を許さる」と。これ、昨日の兼実の二男・正二位左中将良経（20）の加階を訴うるものか。よって、兼実、蔵人定経をもって、通親の申状を法皇に奏上す。兼実の口上、「通親の申状、言うに足らざる事なり。これを是非するあたわずと雖も、末世の人、此の例を積習せば、天下の乱れ絶ゆべからず。向後《きょうこう》のため子細を通親に仰せ知らさるべきか。返すがえす奇怪の事なり。そもそも、彼の通親、従二位に叙するの事、ひとえに愚臣（兼実）の啓吻（法皇に口入）によるものなり。人にして恩を知らざらば、何んぞ禽獣に異ならんや。かくの如きの誡なくんば、濫望濫訴、常に天聴（法皇）を驚かせ奉るか。身（兼実）のため論ずるにあらず、世のため申す所なり。」

戌刻（午後八時頃）に至りて、定経、六条殿より帰来す。折柄、御所中間にて、毎事の奏達あたわず。わずかに通親消息状の事のみを奏上す、と。法皇、「これは驚き入りたり。大略、物狂いの条々、勘発を加うべき所なり。返すがえす、通親の所行、奇怪なり」と、思召し給う、と。加叙の事、今朝、兼実、消息をもって奏聞せし条々、もっとも神妙なり。加叙の儀の定めに任せ、仰せ下すべし、と。

今日、白馬《あおうま》節会なり。藤原良経、参内して叙列に立ちて拝舞す。堂上に昇らずして直ちに退出。ついで後白河法皇御所六条殿、八条院御所（八条北、烏丸東）、殷富門院御所（大炊御門、富小路）に節会の儀の慶《よろこ》び申しに参上す。【玉葉】

正月八日

この夜、法勝寺修正会始によって、後白河法皇、臨幸あり。摂政藤原兼実（40）、供奉のため、戌刻（午後八時頃）、直衣を着用、半蔀車にて六条殿に参上す。かねて内大臣良通（22）以下、公卿済々として参候す。小時にして法皇出御あり。兼実、御車の前簾を褰《かか》ぐ。即ち、法皇乗車。兼実、御車の後に供奉。二条より東に折れて、まず参入。法皇の御車、大炊御門を廻る間に参会す。入御の後、御座の御簾を下し給い、兼実、着座す。呪師《のろんじ》一手の間に、兼実、内大臣良通を相具し中座（この事、さきに権右中弁藤原定長40に触れ知らす）して、法成寺修正会に赴く。【玉葉】

正月九日

或る人、摂政藤原兼実に告げて云う。去る年九、十月の頃、源義顕（義経30）、奥州に在り。前陸奥守入道藤原秀衡、隠してこれを置く。即ち十月二十九日、秀衡死去の刻、兄弟の和融をなす〔兄（国衡）は他腹の嫡男なり。弟（泰衡）は当腹（民部少輔藤原基成女）の太郎（長男）なり〕。他腹の嫡男（国衡）をもって当時の妻（基成女）を娶らしむ、と。各、異心あるべからざるの由、祭文《さいもん》（誓紙）を書かしめ了んぬ。又、義顕も同じく祭文を書かしむ。義顕をもって、主君となし、両人（国衡・泰衡）、給仕すべきの由、遺言あり。よって、三人一味、頼朝を襲うべきの籌策《ちゅうさく》を廻らす、と。【玉葉】

正月十四日〔天晴る〕

この夜、後白河法皇、法勝寺ならびに最勝寺の修正会に御幸あり。よって摂政藤原兼実、供奉のため戌刻（午後八時頃）、法皇御所六条殿に参上す。しかるに、御幸すでに進発、よって、直ちに法勝寺に参入す。法会に参仕、還御を待ちて供奉せんとするも、兼実、風病更発により早退して、法成寺御堂に参る。内大臣良通、法皇の最勝寺御幸に供奉の後、御堂に参入、父兼実・母従二位兼子（37）・弟左中将良経（20）らと同座す。

今日、後白河法皇の院宣により僧事を中止す。【玉葉】

正月十五日〔晴〕

酉刻（午後六時頃）、摂政藤原兼実、六条殿に参上す。権中納言藤原定能（41）をもって見参に入る。後白河法皇の召しにより御前に参入。

小時にして退出せり。法皇、明暁、日吉社に参籠あり、と。【玉葉】

正月十六日

今暁より後白河法皇、日吉社に参籠し給う。【玉葉】

正月二十四日

今夜、除目下名の儀あり。従五位下中務権少輔藤原教成（12）大切（貴重）たるにより、正五位下右兵衛佐源顕兼（入道三位宗雅男）を従四位下に昇叙し、その官をして教成に譲らしめ、教成を従五位上右兵衛佐に任ず。教成は後白河法皇愛物・従三位丹後局の子、法皇寵臣・故左衛門佐平業房一男。当時、蔵人頭右中将藤原実教（39）の猶子なり。この叙位、当然ながら後白河法皇の口入によるなり。【山槐記（除目部類）、公卿補任】

正月二十六日〔晴〕

明二十七日、摂政藤原兼実（40）、氏長者となり始めて氏社たる南都・春日社に参詣するにより、この日、後白河法皇よりその行粧のため、御牛二頭・御馬二十疋を賜う。権右中弁藤原定長（40）、法皇御使として兼実の冷泉亭に引き来る。兼実、使者定長を南簀子に召してこれに謁見す。まず御馬を随身をして南庭に引かしめて、見る。ついで定長畏まり、賜領せし事を申す。よって女房御衣《みぞ》一領を賜禄す。定長、これを取りて左肩にかけて中門の内の方より庭上に降り、一拝して退出せり。【玉葉（翌二十七日条も）】

正月二十七日〔天晴る〕

摂政藤原兼実、氏長者となり始めて春日社に参詣す。兼実、未明に浴湯、卯刻（午前六時頃）、衣冠を着装す。内大臣良通（22）・左中将良経（20）も同じく衣冠を着す。辰刻（午前八時頃）、公卿以下ようやく参集す。後白河法皇、六条殿桟敷に出御、行列を見物あり。よって、兼実、まず、法皇桟敷に渡御や否やを人を遣りて見せしむ。巳一刻（午前九時すぎ）、法皇、すでに桟敷に渡御あり、と。幣持・神宝長櫃四合・神馬一疋・舞人十人、……と行列、整列す。摂政兼実、東中門より出で、門外にて乗車（後白河法皇の唐御車を申請、恩借）す。行列の路程は、万里小路、二条、高倉、一条、油小路、中御門、東洞院、七条、万里小路、八条、河原、富小路を経て九条口に至る。後白河法皇の桟敷前通過のため、六条の横道数町を迂回す。よって、京中ほとんど七十丁に及ぶ。日景《ひかげ》すでに高く上りて、午斜め（午後一時前）に及べり。ようやく、亥刻（午後十時頃）に南都・佐保殿（奈良市）に到達せり。【玉葉】

正月三十日〔陰り晴れ、定まらず。時々、小雨〕

昨二十九日、摂政藤原兼実、春日社参詣より帰参。戌刻（午後八時頃）、宇治に到着。内大臣良通・左中将良経を相待ち、船にて東岸に着す。

車に乗りて亥刻終り（午後十一時前）に九条第に入り、浴湯の後、一寝す。この日、午刻（正午頃）、兼実、内大臣良通を相伴、密々にて冷泉亭に帰る。夜に入りて、兼実、院御所六条殿に御礼のため参上。左衛門権佐藤原盛隆をもって、春日詣での間、法皇の御沙汰、毎事丁寧を尽し、すでに先例を超過せる次第、兼実殊に畏み申すの由を申入る。しかるに、時に後白河法皇、御行法の間につき、対面あたわざるの旨、仰せあり。よって、即刻、退出す。　【玉葉】

二月一日

午刻許り（正午頃）、内裏女房、摂政藤原兼実（40）に書状をもって、後鳥羽天皇（9）玉体御不予の旨を伝え来る。昨今増気あり、咳、反吐《へど》あり、と。兼実、馳せ参ぜんとするも風気不快により、職事・左少弁平棟範（39）を閑院内裏に召遣わす。棟範、戻りて女房の語を伝うるは、さきの女房の書状に同じ。兼実、「陰陽師を召し、蔵人所において御占を行わるべし。その結果次第により、御祈りの祭を行い、さらに清涼殿二の間において仁王講を修せらるべし」と上申す。また後白河法皇にもこの由を奏聞せしむ。棟範帰来して、法皇の院宣を伝う、「陰陽師の御占形、重きに非ざるか。ただし、祭等は明日、行うべし」と。

夜に入り、院近臣たる検非違使左衛門大志中原清重、後白河法皇の御使として兼実亭に入来す。折柄、兼実、所労不快なるも、院御使たるにより御簾前に召して謁す。法皇、内裏（後鳥羽天皇）の御不予、聞し食し驚き給う。御祈り以下、殊に兼実に申し沙汰すべし。また、容態、委しく申すべし、と。よって、子細の様子を逐一、奏上す。かくの如き下臈の推参、たとえ法皇の御使と雖も必ずしも引見に及ぶべからず。しかれども、白河・鳥羽院の御時、北面の下臈をもって御使を賜わりしことあり。知足院関白忠実、法性寺関白忠通は、毎度、御前に召し給う。彼の例を思い、今日、謁するところなり。果して、深更に及び、兼実、疾いよいよ重く、終夜、悩乱せり。　【玉葉】

二月三日〔陰り晴れ、定まらず〕

後白河法皇、六条殿において尊勝陀羅尼供養を行わる。摂政藤原兼実、所労により不参。また、この日、祈年祭の前斎なり。よって、兼実、致斎《ちさい》に当るにより、法皇御所に陀羅尼を進上せず。しかるに内大臣良通（22）および左中将良経（20）は、各陀羅尼を進納す。午刻（正午頃）、内大臣良通、院御所六条殿に参上す。

左少弁平棟範、後白河法皇の御使にて摂政藤原兼実の冷泉亭に来る。法皇、「右兵衛佐藤原教成（故相模守平業房子・従三位丹後局腹・参議藤原実教39猶子・12）に昇殿を聴すべし。今日、拝賀申すべし。只今、即刻に」と急ぎ仰せ下さる、と。追って、左衛門権佐藤原盛隆奉行により、摂政兼実に申さるべし。よって、いま早やかにこの旨、事前に仰せらる、と。兼実、これを聞き驚く。天変（後鳥羽天皇御不予）により、数壇（泰山府君・鬼気・招魂・土公《どこう》・呪詛）の御祈りを始めらるる所なり。しかるに、かくの如き非拠の勅定あり。ただ、御祈りを略され、すこぶる執着の思召し、いかがあらん、と。兼実、つらつら考うるに、かかる邪の政道が果たして天意に叶うべきものなるか、と疑心暗鬼の思いなり。【玉葉】

二月四日〔陰り晴れ、定まらず〕

左少弁平棟範（39）、摂政藤原兼実（40）の冷泉亭に入来。公家（後鳥羽天皇9）の御薬の事（病気）につきて言上す。種々の治療ありと雖も、いまだ効験なし。よって修法を始行せんとせらるるも、その用途の工面なし、と。兼実、「後白河法皇にこの旨、奏聞すべし」と仰せ付く。棟範、この旨をうけて院御所に参上。法皇、院宣によって「右兵衛督藤原能保（42）に仰せ下すべし」と勅定あり。【玉葉】

二月五日〔晴〕

摂政藤原兼実、主上御不予の事を、書状をもって内女房に問う。その返札によれば、「昨日より御増気あり。しかも御湿気（体熱）上昇、ことに六借《むつかり》（機嫌悪しきこと）給う」と。ついで、左少弁平棟範（39）、来りて後白河法皇の仰せの趣を示す。よって、同人をもって、後鳥羽天皇の病状を法皇に奏聞せしむ。法皇、これを聞きて驚き少なからず。即刻、祈禱のこと、棟範をもって右兵衛督藤原能保の沙汰を仰せ下すべし、と。よって、棟範、能保に院宣を伝えるのところ、「今夜は叶うべからず。御修法《みしほ》の事、来る八日より始行すべし」と奉答す。明日（六日）、明後日（七日）は日次よろしからざるによる、と。【玉葉】

二月八日〔晴〕

従二位権大納言藤原兼房（36）、同母兄・摂政兼実に書札を送りて、源義顕（義経30）、奥州に在りと告ぐ。かねて兼房、法師昌尊を出羽国に派遣せり。昌尊、出羽国を出立、上洛せんとするところ、義顕（義経）の軍兵と合戦に及ぶ。応戦の昌尊法師、希有に命を逃れて鎌倉に来着。事の子細を頼朝（42）に言上のところ、頼朝、「国司（出羽守藤原保房〔父は左衛門佐藤原家房、母は少納言藤原通憲女〕なり）に申して、国司より後白河法皇に奏聞すべし」と。兼房、昌尊申状を受理したるも、疑義を挟み、申状携行の脚力を召問するに、「昌尊書状に適合せり」と。兼実、義顕が奥州に出現の旨を後白河法皇に奏聞のため、権右中弁藤原定長（40）を召すも、所労を称して冷泉亭に来らず。よって大宰権帥藤原経房（46）に触るるも病中と。しかる間、深更に及び、院奏なしがたきにより、明日、左衛門権佐藤原盛隆を使として法皇に奏上せんとす。【玉葉】

二月九日〔晴〕

摂政兼実、左衛門権佐藤原盛隆を召し、院御所に参上せしめ、昨日、権大納言藤原兼房より示送るところの在奥州の源義顕の事を後白河法皇に奏聞す。夜に入り帰来す。法皇、「この事、いかで信用なからんや。ただし、返事はただそれ（兼実）より、直かに言上すべきなり」

と。この法皇の勅定を聞き、兼実は、「この事すでに大事たり。いかで私に（摂政兼実において）返事を申すべきや。この上は、急ぎ法皇において議定ありて、別の御使を差遣あるべし。そのこと、宣旨にあれ、院宣にあれ、いずれにても宜しきかと思考す」と。【玉葉】

二月十一日〔晴。晩に及びて雨下る〕

摂政藤原兼実（40）、九条第より冷泉亭に帰参。酉刻（午後六時頃）、風病後、初出仕。閑院内裏に参内、龍顔（後鳥羽天皇9）を拝す。御悩すでに平癒、為悦少なからず。ついで秉燭以後、院御所六条殿に参上。左衛門権佐藤原盛隆をもって見参に入る。義顕（義経30）の事を仰せ出さるるにより、子細を申す。よって、法皇、召しあり、直ちに御前に参候。後鳥羽天皇御風気、無為（無事におさまる）の由、ならびに義顕、奥州に籠居せりとの報を奏上す。これにつき、法皇の勅定あり、兼実奉りて殿上の間に退出す。権大納言藤原兼雅（44）・大宰権帥藤原経房（46）らと、この事につきほぼ議定せり。ついで盛隆を召し、左大臣藤原経宗（70）・右大臣藤原実定（50）・右大将藤原実房（42）・権大納言忠親（58）の各亭に遣わし、義顕の事、宣旨を成すべきや、または院宣を成し追討すべきや、勅定の旨の左右を決せしめんとす。ついで、摂政兼実、盛隆をして法皇に覆奏の旨を問わしめんとす。しかるに、法皇の御所、中間《ちゅうげん》につき、今夜、奏聞あたわず。よって兼実、退出す。【玉葉】

二月十二日〔晴。晩に及びて小雨あり〕

未刻（午後二時頃）、閑院内裏の内女房より摂政藤原兼実に告げ来る。後鳥羽天皇、また温気を発し給う。日来より六借おわします、と。よって、兼実、急ぎ参内す。宮中、物忌により御前に参入あたわず。二の間の方に参候、女房を招き主上の動静を問う、「日来は発熱ある時と雖も、御寝《ぎょし》なし。しかるに今日は終日、御寝あり」と。兼実、参内以前に蔵人左衛門権佐平棟範（39）を召し、主上のために御占を行わしめ、さらに護身吉凶等を占い申すべきを下知す。小時にして棟範、参内して占形を持参す。兼実披見のところ、御占、さして重からず。また護身も宜《よろ》し、と。明後日より主上御不予御祈りのため、千手法の御修法を、叡山の僧正実慶（右兵衛督藤原公行子）行うべきを、蔵人棟範に示す。【玉葉】

この夜深更に及びて、後白河法皇より御使をもって摂政藤原兼実に、後鳥羽天皇の御悩の事を問わせ給う。【玉葉】

九郎義経（30）、出羽国に潜居の由、出羽守藤原保房、鎌倉の頼朝（42）に言上通報せり、と。【百錬抄】

二月十三日〔晴〕

午刻（正午頃）、左衛門権佐藤原盛隆、後白河法皇の御使として摂政藤原兼実の冷泉亭に来る。「奥州に逃亡の源義顕追討の宣旨の事、公卿一同計らい申す。よってその議定により追討の沙汰仰せ下すべし」と。ただし、去る夜（十二日夜）、右兵衛督藤原能保（42）、兼実に申す旨あり。頼朝（42）の使者として刑部丞小野盛綱、頼朝の書状を持参、上洛す。文面によれば、「義顕（義経30）、奥州に在ることすでに事実なり。ただし、頼朝、亡母（熱田大宮司藤原季範女）追善のため五重塔を造営中。今年、重厄により殺生禁断せり。義顕追討使を拝命して私の宿意を遂ぐべきと雖も、今年においては、一切、この追討使の任を沙汰しがたし。しかしながら、もしも義顕が来襲の場合においては、この限りに非ず。しかし、それも只今すぐに思い及ぶべきに非ず。したがって、一応は天下安平なり。よって公家（朝廷）より直接に秀平《ひでひら》法師（藤原秀衡＝十月二十九日逝去了んぬ）の子息（泰衡）に下達して、彼の義顕を召し進めらるべし。かつ、この事、彼の子息ら（国衡・泰衡）義顕に与《くみ》する由、風聞す。その真偽を顕わさんためなり。ただし、頼朝、ことさらに後白河法皇に奏達あたわず。只、内々に能保において相計らうべし」と。【玉葉】

二月十四日〔晴〕

この朝、蔵人左衛門権佐平棟範（39）、院御所六条殿に源義顕追討宣旨を持参、後白河法皇に奏覧す。法皇、一覧の後、早やかに下すべきの由を仰せらる。また、大宰権帥藤原経房（46）、法皇に奏上、「宣旨使は院使一人にて宜しかるべきに、奥州に差遣せらるるは両人よろしかるべし、その次第を法皇より棟範に仰せらる」と。この事、巳刻（午前十時頃）、棟範、摂政藤原兼実（40）に来談せり。兼実、棟範に「左大臣藤原経宗（70）亭に行向い、早やかに宣旨を下さるべし」と。【玉葉】

二月十七日〔雨降る〕

午刻（正午頃）、左衛門権佐藤原盛隆、摂政藤原兼実亭に来りて、後白河法皇の院宣を伝える。同時に頼朝申状による消息二通を兼実に披見す。その中の一通は、義顕を召進むべき由を秀衡法師子息（泰衡）に仰せらるべき宣旨。改名（義顕）しかるべからず、本名（義経）に反戻さるべし、と。兼実これを是とし、早やかに宣旨記載の義顕名を摺改むべきを下知す。しかるに、泰衡は義顕に同意、すでに謀叛者なり。謀叛者たる泰衡が追討使に名を載せらるるの当否につき、議定すべきの由ありて、盛隆に再度院奏せしむ。すでに下さるる宣旨の召返しは禁忌に渉《わた》り、在京の武士より異論もあらんか、と。よって兼実、棟範を院御所に帰参せしめ、法皇に奏聞せしむ。法皇、仰せらる、「謀叛者をもって追討使に載せらるるの条、まことに然るべからず。頼朝申状の如く、まず院庁の下文に載せ、下達すべし」と。よって、摂政兼実、この儀、なお右兵衛督藤原能保に仰せ合わさるべし、と。【玉葉】

二月十八日〔晴〕

早旦、摂政藤原兼実、直衣を着用、六条殿に参上。近習の人々、いまだ参仕せず。前右馬権頭藤原隆信（47）をもって申入る。折柄、女房（従三位丹後局＝高階栄子）出で来りて相逢う。しかるに、義顕追討の事、女房をもって奏上すべき事に非ざるにより、しばらく左衛門権佐藤原盛隆の参入を相待つ。小時にして参入せり。兼実、盛隆をもって後白河法皇に奏上せしむ、「源義顕追討の宣旨、召返さるるの事、御思慮あるべし」と。しかるところ、法皇、名字書き改めて宣下の思食しの様子なり。宣旨・院宣、両方ながら下さるるが、もっともよろしきか。よって、宣旨を書き直して下さるべく、今日、議定あるべし。権大納言藤原兼雅（44）・大宰権帥権中納言藤原経房（46）・権中納言藤原兼光（44）ら、よくよく予議あるべし。この事、法皇に奏聞せしむ。法皇、「申す所、然るべし。その趣、人々、議定すべし」と勅語を賜う。 【玉葉】

二月二十日〔晴〕 **藤原兼実嫡男・良通、頓死す**

子刻（午前零時頃）後、小時にして正二位内大臣左大将藤原良通（22）、頓死す。終焉の体、罪業の人に非ざるか、面貌端正、仰ぎてこれに臥す。是れ善人の人相なり、と。仏厳上人（聖心）、来りて云う、「天上に生まるるか」と。 【玉葉（二月十九日条）】

巳刻（午前十時頃）、摂政藤原兼実（40）、家司・伊予守源季長を使者となし、後白河法皇に、嫡男良通死去につき穢に触るべきの由を奏上す。この事、権中納言藤原定能（41）・大宰権帥権中納言藤原経房・叡山の法印慈円（34）らの教訓にしたがいての事なり。兼実、良通の死により前後不覚となり、この事に想起及ばざりき、と。 【玉葉】

二月二十一日〔晴〕 **藤原泰衡に、源義経追討の宣旨下さる**

後白河法皇、義経（本名に復す）追討の宣旨を下さる、と。去る十八日、院御所六条殿においてその趣を定め仰せらる。同十九日、蔵人左衛門権佐平棟範（39）、その宣旨を九条堂に持来りて、摂政藤原兼実に披見す。兼実、一覧の後、改め直さしむる所あり。今日、重ねて平棟範、持来る。よって、左大臣藤原経宗（70）に宣下せしむ。兼実、神心いまだ安堵せず。 【玉葉】

二月二十六日

権中納言藤原兼光、上卿となり源義経追討の宣旨に官符・請印の事を行う。また、後白河法皇、同じく義経追討の院庁下文を下し給う。

この日、後白河法皇の旧寵臣・入道大納言源資賢（76）入滅す。法皇、少年期より資賢に就きて、今様など郢曲《えいきょく》を習い給う。

【玉葉、公卿補任】

三月二日

後白河法皇、今日より今熊野社に参籠し給う。出御の日、不明。 【玉葉】

三月十一日

後白河法皇、醍醐清滝会に御幸あり。女房・三位丹後局ほか、権中納言藤原定能（41）・参議藤原親信（52）・同平親宗（44）以下、殿上人・北面衆が供奉す。辰刻（午前八時頃）には、三宝院に着御。導師は増覚已《い》講《こう》、呪願は覚鏡権少僧都（醍醐寺別当）が勤む。請僧三十人、事了りて公卿・殿上人が布施を取る。【桜会類聚（清滝会御幸日条）】

三月二十日

後白河法皇、世間静謐ならざるにより、その御祈りとして、院御所六条殿において楊柳観音像ならびに般若心経等を供養せらる。右大臣藤原実定（50）以下、公卿・殿上人ら、参入す。【一代要記】

三月二十九日

これよりさき、院北面の武士・散位藤原資定（前式部大夫・夙《しゅく》夜《や》冠《か》者《じゃ》と号す）、近江国住人・三上盛数を左兵衛尉に任ずべしと詐称して、偽書（謀書）を除目の聞書に加筆す。これ、その任料を貪《むさぼ》らんと企つ故なり。この事発覚して、後白河法皇、たびたび摂政藤原兼実（40）に罪名勘《かん》申《じん》の事を仰せあり。兼実、左大臣藤原経宗（70）をして大外記中原師尚（58）に下知して罪名を勘申せしむ。よって、淡路国に流罪と決し、来る四月五日に配流さる。【玉葉（四月五日条も）】

四月六日

後白河法皇、今日より今熊野社に参籠あり。閑院内裏の穢、公卿・殿上人ら、院御所と往反するにより六条殿に混合触《しょく》穢《え》の疑いあり。摂政藤原兼実、この日の法皇参籠に危惧の念を抱く。【玉葉】

四月九日

今暁、摂政藤原兼実、最吉の夢を見る。「三五日の中（十五日間）、後白河法皇の御心、聖化（帝王の徳化）に帰すべし。天下の政、淳《じゅん》素《そ》（徳政、理想の政治）に反《かえ》るべし」と。兼実、この夢を深く感じ、悦ぶ。【玉葉】

四月十三日　**後白河法皇御所六条殿、焼亡す**

平旦《へいたん》（夜明け）に後白河法皇御所六条殿（六条北・西洞院）出火ありて、忽ちにして焼亡せり。長講堂も炎上。ただし、本尊は取り出し奉る。宝蔵及び御倉は災火を遁る。巳刻（午前十時頃）、検非違使右衛門少尉中原明基以下、来りて御所の中門外に列び立つ。いずれも布衣を着用、胡《やな》籙《ぐい》・狩《かり》胡籙を負い、手に弓を持つ。摂政藤原兼実、家司・兵部大輔藤原能季をして今熊野社参籠中の後白河法皇に、御所焼亡の事を奏上せしむ。白川押小路殿を院御所となす。

【玉葉、百錬抄、園太暦（文和二年〈一三五三〉二月五日条）、吾妻鏡（四月二十日条）、伏見宮御記録（仙洞御移徙部類記所収『山槐記』記載）】

四月十六日

院御所六条殿炎上ならびに内大臣藤原良通（22）薨去の喪により、今日、宴座・穏座《おんざ》（ともに饗宴）を停止さる。【玉葉】

四月十九日

賀茂祭なり。近衛使は左近衛中将源通宗（権中納言通親40の子・21）なり。今年、新制により近衛使の車、櫳《くとり》（口取）ならびに供奉の廷尉・下部らの装束、金銀錦繍の風流《ふりゅう》を停止さる。後白河法皇、白川押小路殿を出御、桟敷において行列の見物あり。【玉葉】

四月二十日

酉刻（午後六時頃）、式部大夫中原親能（46）の飛脚、京都より鎌倉に参着す。去る十三日、後白河法皇御所六条殿焼亡のことを知る。宝蔵ならびに御倉、災火を遁るるも、長講堂は炎上せり。しかるに、本尊は取り出す、と。【吾妻鏡】

四月二十一日

従二位源頼朝（42）、六条殿火事の通報ことに驚き、この日、鎌田新藤次俊長を使者として上洛せしむ。書状を右兵衛督藤原能保（42）の許に送り、後白河法皇の御意を伺奏の上、事後の処置につき下命あるべきを申さしむ。【吾妻鏡】

四月二十二日（晴） **藤原俊成、『千載和歌集』奏覧本捧呈。本文は俊成、外題は藤原伊経の筆**

巳刻（午前十時頃）、入道釈阿（前皇后宮大夫入道藤原俊成75）、五条第の自亭を出で、後白河法皇御所押小路殿（院御所六条殿炎上せし故、去る二十日、急遽渡御）に参上す。勅撰集（『千載和歌集』寿永二年〈一一八三〉院宣）の奏覧本捧呈のためなり。本文は入道釈阿、日頃、自筆書写を精励せり。料紙は白色紙（唐紙）、紫檀地螺鈿軸（貝にて鶴丸文様）、羅表紙（うすぎぬの表紙）、紈《しろぎぬ》紐により装丁したる巻子本（二十巻か）。外題は中務少輔藤原伊経の染筆。蒔絵の筥に納む。入道釈阿の新歌一首、法皇宸筆を染め給いて葦手蒔絵につくる筥なり。未斜め（午後二時半すぎ）に法皇の御前に進覧。法皇、叡感ありて、葦手の歌を自ら読ませ給う。また、蒔絵の土代《どだい》となりし神筆（後白河法皇宸筆）の一紙は、法皇の座辺に留め給う、と。この時、俊成の子・定家（27）は正五位下侍従に在任、摂政藤原兼実（40）に近侍せり。【明月記】

四月二十四日

この夜、後白河法皇の院宣をうけ、権右中弁藤原定長（40）、奉書をもって入道釈阿の許に、「勅撰集（『千載和歌集』）の奏覧本を一覧の後、撰者（入道俊成）自詠の入集、乏少の由にて、なお三十から四十首を入集すべし」と、下命あり。よって、俊成入道、撰進すべきの由を返事す。【明月記】

四月二十八日（天晴る）

後白河法皇、これより早く白川押小路殿より鳥羽殿に御幸あり（日次、不明）。この日、石清水八幡宮臨時祭なり。去る月二十二日、延引せ

り。近衛使は右少将藤原成経（33）。後白河法皇、石清水八幡宮臨時祭の行列を鳥羽殿において見物あり。【玉葉】

五月三日〔晴〕

五位蔵人勘解由次官藤原宗隆（23）、摂政藤原兼実（40）亭に入来。条々の事を申す。伊都岐島社神宝奉納につき、後白河法皇、院宣をもって早やかに衛仕《えじ》を差遣して施入すべきを仰せ下さる、と。去んぬる頃、大神宝を奉納せんとして下向せしむるところ、神主（佐伯景弘か）、鬱旨ありてこれを受取らず。よって、再度下向せしためしあり。まことに煩いありて、謂れなき事なり。このたびも、衛仕許りが捧持して安芸に下向、これまた院宣の携行のみ、と。【玉葉】

五月十二日

今日より後白河法皇、恒例の供花会を始修す。御所白川押小路殿において行わる。【玉葉】

五月二十一日〔陰り晴れ、定まらず〕

去る十四日、故内大臣良通喪の除服あり。今日戌刻（午後八時頃）、摂政藤原兼実、喪事以後、初めて後白河法皇御所（押小路殿）に参上す。直衣（吉服）を着用、網代車に乗り、前駆七、八人、衣冠着装。殿上人三人、供奉行粧。権中納言藤原定能（41）をもって見参に入り、法皇の召しにより御前に参進、しばしの後、退出。ついで閑院内裏に参内。内女房ら、兼実の顔を見て、悲哀に堪えざる顔色を示す。兼実もまた落涙を禁じ得ず。思わず袖をもって顔を覆う。【玉葉】

六月九日

炎上せし後白河法皇御所六条殿の作事（再建）、頼朝（42）、営作の功を致さんと法皇に上申す。法皇、思いがけざる頼朝の造進意図を悦び給う。六条殿再建成るとすれば、本の如くに長講堂もその沙汰ありや。また、御堂（長講堂）の傍らに褻御所《けのごしょ》も沙汰あるべきなり。この旨、大宰権帥権中納言藤原経房（46）奉行の後白河法皇の御教書、去る五月二十日、鎌倉に到来せり。【吾妻鏡】

六月十六日〔雨下る〕　**後白河法皇、藤原兼雅の五条亭を御所とす**

後白河法皇、御所六条殿炎上の後、白川押小路殿に渡御あり。この日、法皇、権大納言藤原兼雅（44）の五条亭に渡御、すなわち、御所となし給うためなり。営々（修造・装束＝室礼）莫大なるか。渡御当日、兼雅、女房装束・牛馬・鴨等、多くこれを儲け、過差《かさ》を尽す、と。【玉葉】

六月十九日〔天晴る〕

後白河法皇、新渡御の御所（権大納言藤原兼雅五条亭・五条北、堀川四分一家＝五条殿）にて、御遊・酒宴等を行わる（「御遊年表」参照）。入道大相国藤原忠雅（法名理覚・65）・右大臣藤原実定（50）ら召寄せられ、この座に列す。実定、今日、始めて法皇の召しに応じて参入す。実定、宴席において乱舞せり。天下の希異かくの如きか。【玉葉】

六月二十五日〔陰り晴れ、定まらず〕

後白河法皇、今日より日吉社参籠のため御幸あり。【玉葉】

六月二十七日

六条殿の作事のこと、六条面の築垣一町、門等を遠江国の所役をもって造進すべく、後白河法皇、権右中弁藤原定長（40）に仰せて遠江守安田（源）義定（55）に御教書を下す。【吾妻鏡（七月十一日条）】

六月三十日〔天晴る〕

後白河法皇、日吉社に参籠中なり。この日、大内において一代一度大仁王会を行わる。権右中弁藤原定長、行事弁たるにもかかわらず、法皇御供にて日吉社参籠により懈怠《けだい》不参。【玉葉】

今朝、後白河法皇、日吉社参籠より五条殿に還御。この日、同殿において仁王会を行わる。参議左中将源通資（37）一人参入、これを行う。ついで殷富門院（法皇第一皇女・42）および権中納言藤原実宗（44）、参行す。しかるに行香《ぎょうごう》なし。今朝の還御に供奉の権右中弁藤原定長、一代一度大仁王会の行事弁たるに、大内に不参は何故なるか。【姉言記（権中納言藤原兼光記）】

この日、摂政藤原兼実（40）、伝え聞く。後白河法皇、去る四月十三日早暁炎上の六条殿、再建の工を起さる、と。【玉葉】

七月一日〔天晴る〕

権右中弁藤原定長、後白河法皇の御使として、摂政藤原兼実の冷泉亭に入来。新造の東大寺鎮守八幡別宮の御神体像の事について、諮問あり。ついで、六条殿修造につき、兼実に西対屋一宇造進の事、下命あり。兼実、承知の旨、即答す。ただし、煩い申すに非ざるも、合期の勤め、叶いがたきにより、いささか延引せらるべき旨を奏上。兼実、このたびの六条殿の作事、然るべからざるの旨、条々の子細を申す。法皇の叡慮に違うと雖も、ひとえに臣下としての忠を存する故なり、と。夜に入りて、定長、法皇の御使として再度、兼実亭に入来。六条殿御所の修造につき伊予国（摂政兼実所領）の所課を、対屋を改め南面築垣一町（門二宇のうち、棟門一宇、築垣の下門一宇）に宛てるべきとの法皇の仰せを伝う。また、兼実の邸宅なきを哀れみ、大炊御門殿を下賜、それに居住すべし、と。兼実、両条、畏り入るの旨、奏聞。作事下命につきては、猶予あるべきを奏上せず。【玉葉】

明二日、父帝・故鳥羽法皇御国忌たるにより、この夜、八条院（52）、鳥羽殿に御幸あり。【玉葉（七月二日条）】

七月二日〔天晴る〕
故鳥羽法皇御国忌なり。今旦、後白河法皇、五条殿出御、同じく鳥羽殿に御幸あり。恒例により免物《ゆるしもの》あり、囚人二十三人を赦免せらる。【玉葉】

七月三日〔天晴る〕
法勝寺御八講会により、後白河法皇、鳥羽殿より御幸あり。【玉葉】

七月五日〔天晴る〕
後白河法皇、法勝寺御八講に御幸あり。また、この日、宮内卿藤原季経（58）、摂政藤原兼実（40）の冷泉亭に入来。この夜、法皇御所五条殿において乱舞・濫吹《らんすい》の事あるを語る。【玉葉】

七月七日〔晩に及びて暴雨あり。夜に入りて止む〕
後白河法皇、また法勝寺の御八講に御幸あり。右大将藤原実房（42）以下、公卿済々として供奉す。【玉葉】

七月十一日
去る月二十七日下されし、六条殿作事の後白河法皇の御教書（遠江守安田〔源〕義定宛）、今日、鎌倉に到来す。よって頼朝（42）、知行の国役は式部大夫中原親能（46）を奉行とし、大工国時をもって造進せしむべき事を一定せり。【吾妻鏡】

七月十二日〔雨降る〕
摂政藤原兼実、院御所五条殿に参上。奏聞せんとするに、後白河法皇いささか風気により申達あたわず、と権右中弁藤原定長（40）申す。よって、明日、なお奏聞すべし。しかるに、もしもこの事、法皇の沙汰なくんば、今年の放生会、違例なれど中止の決定やむなし、と奏聞せしめ、退出。終夜、甚雨なり。【玉葉】

七月十三日〔天晴る〕
後白河法皇御不予（風気）、なお不快に御坐《おわしま》す、と。よって、摂政藤原兼実、家司・兵部権大輔藤原能季を使者として、押小路殿に安否を問うため遣わす。賀茂川の河水氾濫せるも、洪水を凌ぎて推参せしむ。法皇の御悩《ごのう》自若（病変なし）たり。近日の頓病、老少尊卑にかかわりなし。権大納言藤原兼雅（44）・権中納言藤原定能（41）ら、近侍の輩十余人、いずれも同時の病悩により病臥中なり。【玉葉】

八月四日
これよりさき、京中に群盗発生す。まず二月五日の夜、右少将藤原信清（30）の家に押入る。ついで、六月五日、検非違使別当藤原隆房（41）、群盗捕縛の事を宣下せらるるも、全く施行せず、これは如何。兼実、子細を注し、早やかに後白河法皇に奏聞すべし、と下知す。六月八日、左兵衛尉北条時定（44）、強盗を搦め捕る。七月一日、別当隆房、摂政兼実の冷泉亭に来りて群盗の事を示す。さらに、七月十三日、別当隆房、検非違使左衛門府生大江経広が強盗を搦め捕りしことを、左少弁平棟範（39）を介して摂政兼実に諮り、法皇に奏上すべき由を伝えしむ。このころ、群盗の正体、ようやく判明せり。叡山領飯室谷の竹林房の住侶・来光坊永実の同宿の千光房七郎を号する僧、悪徒・浪人らを招率して夜討ち以下の悪行をなすと風聞ありたり。よって後白河法皇に奏聞して、延暦寺の法印円良に仰せて、彼の千光房七郎を捕進せしむ。この日、円良、彼の僧を進むべく請文を法皇に捧呈す。　【玉葉（各月日条）、吾妻鏡（八月十七日条）】

この日、摂政藤原兼実（40）、後白河法皇より大炊御門殿（もと故権大納言藤原成親家、ついで左大臣藤原経宗70亭。当時、後白河法皇御所なり）を借し賜うにより、女房（従三位藤原兼子37）・姫君（藤原任子《とうこ》16）を相伴して移渡す。法皇、渡御の後、数屋を造加し給う。兼実、内大臣良通（22）逝去の後、冷泉亭に帰るあたわずして、旧九条小屋（九条第）に住む。法皇、この事を痛みて彼大炊御門殿を借し賜う所なり。まことに、過分なり。去る月中旬の頃、権右中弁藤原定長（40）をもって、この由、仰せあり、移住せんとす。しかし、連々、悪日たり。今日の外、宜しき日なきにより、吉曜を撰ばず、移渡を決行す。日次《ひなみ》なく、懈怠の由をかねて法皇に奏聞。寅刻（午前四時頃）、九条第を出立。五条高倉辺りにて天曙となり、上下、松明《たいまつ》を消す。白昼の出行となり、はなはだ見苦し。　【玉葉】

八月十四日

摂政藤原兼実、檀越《だんおつ》となり、法橋観性、摂津・天王寺（同寺西門は極楽の東門に相当、当時、院・女院・貴族の信仰を集む）において如法経十種供養を行うべく発企す。兼実の女房（従三位藤原兼子）、今日より如法経前方便を始む。よって、女房兼子、早旦、大炊御門殿より九条堂に参向。兼実もひそかに相具し同行。夜に入り大炊御門殿に帰参す。　【玉葉】

八月十五日

後白河法皇、如法経十種供養の発願あり。白川押小路御所において前方便を始行し給う。　【玉葉】

八月二十日

後白河法皇、今暁より白川殿（白川押小路御所）において如法経供養の加行あり。六時懺法《せんぼう》を始行さる。夜に入り、後白河法皇の仰せあるによりて、摂政兼実、押小路殿に参入。同御所の寝殿に舗設の道場東庇簾中に着座、聴聞す。また、兼実も今日より如法経の前方便を開始す。　【玉葉】

八月二十三日

この夜もまた摂政藤原兼実、白川押小路殿に参上、後白河法皇の如法経懺法を聴聞す。先日の如く法皇寵女・従三位丹後局、左少将藤原親

能（20）をもって示さるる事あり。小時にして退出、大炊御門殿に帰参す。【玉葉】

八月二十七日〔天晴る〕

後白河法皇御所六条殿炎上により、再建の棟上を行う予定なるも、この両三日以前に沙汰ありて延引す。その理由は、六条面、西洞院面、大路に突出の差図（建築図面）に対し、世人傾《かたぶ》け申す（不服）こと、法皇の叡聞に達するにより、変改のためなり。よって、来る十月十八日に棟上施工、と。【吉記（十月十八日条も）】

八月三十日

摂政藤原兼実（40）檀越《だんおち》たる法橋観性発願の如法経につき九条堂において如法五種行の事、三七日（二十一日）満願す。十種供養を行う日なり。導師は法印澄憲（63）なり。写経は草筆・石墨を用いずと雖も、ほかの行法は、すべて法の如く清浄を尽したり。よって堂中には上人に非ざるの輩は一人も入るべからず。法性寺座主慈円（兼実同母弟・34）入来。説法聴聞、また写経に分写の功を加えらる。この人、日頃不退如法経に精進の人たるにより書写に加入せらる。ついで十種供養。兼実・室兼子（37）以下、祇候の男女、疎遠に非ざる十人が、十種供養の捧物十種を納め導師に給う。

この夜、摂政兼実、後白河法皇御所五条殿に参上。また如法経懺法を聴聞す。法皇、兼実に仰せらる、「今夜、朕（法皇）、不当と雖も調声（唱歌）を巡勤すべし。よって参勤すべきや如何」と。兼実、畏り承る由を奏上す。しかるに兼実参入の以前、初夜の行法の間に法皇の調声行われたり。よって兼実、これを聴くあたわず。兼実、左中将藤原親能（20）を介して、今夜の無礼の次第、恐畏申すの由を奏聞す。法皇よりもまた種々の仰せあり。【玉葉】

九月十日

摂政藤原兼実、後白河法皇の如法経料として写経具ならびに装束等を調進、権右中弁藤原定長（40）をもって五条殿御所に進献す。法皇より御感悦あり、と。兼実、結縁の思いにより浄心を発す。【玉葉】

九月十一日

後白河法皇発願の如法経、筆立《ふでたて》（書写開始）なり。書写は結縁衆を集めて一日経書写なり。よって、法性寺座主慈円、俄かに書手に召加えらる。早筆の妙技あるによる。また法橋観性（右衛門権佐藤原顕能子）も同じく書手に参加す。【玉葉】

九月十二日〔晴〕

後白河法皇、押小路殿において如法経十種供養を行わる。右大将藤原実房（42）以下、公卿済々として参仕す。導師は法印澄憲、天童《てんどう》十八人、十種具足を伝供《てんぐ》す。摂政藤原兼実、去る五日より大炊御門殿において密々の神斎を行うにより不参。神事中における仏事の参仕、前例を検索せしもいまだ検得せざるによる。 【玉葉、門葉記】

九月十三日

後白河法皇、昨日、押小路殿において供養せし如法経を相具して叡山に登らる。先達は源空上人（号両界堂上人・或いは号穀料断上人・56）、奉行は権右中弁藤原定長（40）なり。横川の如法堂（円仁〈七九四―八六四〉の根本如法経奉安＝首楞厳院《しゅりょうごんいん》）に入堂ありて施入せらる。事了りて下山、夜に入り白川押小路殿に還御。 【玉葉、門葉記抄華頂要略（九月十五日は十三日の誤）】

九月十四日（晴）

巳刻（午前十時頃）、摂政藤原兼実（40）、閑院内裏に参内す。後鳥羽天皇（9）、物忌により、御前に参入せず。二の間において女房に謁す。ここに蔵人左衛門権佐平棟範（39）来りて、条々の事を申す。その中に頼朝（42）の請文《うけぶみ》あり。去る三月二十二日、奥州平泉の藤原泰衡の許に差遣の官使（官史生国光および院庁官景弘）、泰衡請文ならびに両府申状（宣旨・院庁下文）の返状を持参す。この状、頼朝は、左右《とこう》の事、すべて後白河法皇の勅定あるべし、と。頼朝の請文等、すべて大宰権帥権中納言藤原経房（46）の許に進達せり。経房、参院して後白河法皇に奏聞す。しかして、法皇、これらすべて奉行人（左少弁平棟範）に下付すべしと勅定あり。よって、経房より平棟範に手交さるるにつき、兼実、今日、早やかに後白河法皇に奏聞すべし、と。

明後十六日、檀越たる法橋観性発願の天王寺施入の如法経十種供養施行。摂政藤原兼実、天王寺下向のため、未刻（午後二時頃）、大炊御門殿より、まず九条堂に向い、その後、南家（九条第）に行く。明暁進発の行具を調備のためなり。結縁にて、後白河法皇・八条院（52）も同じく明暁、御下向なるべし。また、兼実調備の如法経は、平等院執行《しゅぎょう》・法印慈円（兼実同母弟・34）が奉具して下向す。行路、同船すべきにより、御経は法の如く丑刻（午前二時頃）、京を下るべきにつき、船津（京都市伏見区柿の木浜町＝船泊）において待機すべき由を示さる。よって、万事の準備用意は夜中に整う所なり。 【玉葉】

九月十五日（夜より雨、少し降る。ただし、事の妨げに及ばず）

摂政藤原兼実、法橋観性発願の如法経十種供養に結縁のため天王寺に下向。この事、兼実においては必ずしも然るべからず。わが身、摂政たるにより、万機の繁務、一日たりと雖も空しくすべからず。しかれども先例を検するに、摂政の遠所の物詣で、当寺（天王寺）、他寺、その例、すでに多し。のみならず、この如法経の事、法橋観性発願以来、紙麻《しま》（紙の原素材、麻）を植える事より始めて、紙造りを終えて写経に至るまで、始終、兼実が口入《くにゅう》せり。さらに願主の聖人（法橋観性）発願の意趣を撰述以来、兼実、深く認識せり。また、兼実と弟の法印慈円（34）は両人合力して、この発願の檀越となる。しかし、これは密々にして人知らず。世間の機嫌をひたすらに忌みて、両人、結縁の志を固め来る所なり。先日、これらの始終を後白河法皇に奏上、すでに法皇も天許ありたり。その後、世人、多く天許の事を難ずる者、続出せり。よって、重ねてこの様子をも法皇に奏す。しかるところ、法皇は結縁のため天王寺に下向すべく、仰せあり。人々の謗難をもかえりみず、仏の知見（加護）を仰ぐものなり。

兼実（40）、寅刻（午前四時頃）、烏帽子・直衣を着装、網代車に乗りて九条第を進発す。やがて天曙となる。鳥羽南楼辺および草津（京都市伏見区）辺は、河水浅きにより船を着けがたし。よって魚市《うおいち》において乗船。すでに後白河法皇以下の御船、着船せり。その後、八条院（52）・法皇、乗船。御経奉安の御船、入津。晩頭、渡部（大渡＝大阪市天王寺区）に着す。船より下りて各、車にて天王寺辺の堂に到着す。法皇、すでに宿所に入御あり。兼実、西門外北念仏所（去る年、参詣の時、兼実宿所）に入宿す。兼実、家司・太皇太后宮亮源季長をもって法皇宿御所に参入せしめ、明日、見参に入るべきを上申せしむ。

この夜、権中納言藤原兼光（44）、兼実宿所に来りて云う、「上下結縁の衆、何千万と知れず。寺辺の人家、数を尽す。然りと雖も、なお人多く、家少なし。空しく道路に宿する者多し」と。兼実、云う、「人々の善心、これをもって知るべし。貴ぶべし。ただし、これ仮名虚仮《けみょうこけ》の善心なるか。多くはこれ、人真似の熊野詣でか。しかるに、これは経王（法華経）の功用にして、上人（法橋観性）の信力なり。自然、すでに国土を動揺するものなり」と。【玉葉】

九月十六日〔晴〕　**天王寺にて法橋観性勧進の如法経十種供養あり**

四天王寺において法橋観性勧進の如法経十種供養の事あり。後白河法皇、随喜の叡念を動かし給う。また、八条院も結縁の志により十種供養の儀を調進し給う、と。京都の道俗貴賤、大勢大挙して結縁のためこの天王寺に参集せり。よって京中に残る人々は僅少なり。摂政藤原兼実はまた、万機の政務をさしおき、一乗の善縁（法華経の善功徳）を結び得たりと、法莚列座に大歓喜す。この日、京都より下向、参入の人々、まず、太政大臣入道藤原忠雅（法名理覚・65）、ついで公卿は権大納言藤原兼雅（44）・按察使権中納言藤原朝方（54）・右衛門督藤原頼実（34）・権中納言藤原定能（41）・同源通親（法皇御供人にあらず、結縁のため参会・40）・大宰権帥権中納言藤原経房（46）・新権中納言藤原兼光（44）・参議藤原親信（52）、殿上人は蔵人頭右中将藤原実教（39）以下、扈従す。【玉葉、吉記】

十月二日〔時雨、まま灑ぐ〕

かねて正四位下参議右大弁造興福寺長官近江権守藤原光長（45）、自らを従三位に昇叙、息男・和泉守長房をもって右衛門権佐に任ぜられんことを申す。これ、正五位下蔵人左衛門権佐平棟範（39）の左衛門権佐を藤原長房に相転されん事を申請するものなり。摂政藤原兼実

（40）、この相転を可として、この夜、権右中弁藤原定長（40）を大炊御門亭に召す。光長・棟範相転の件につき、後白河法皇の御気色（勅許）をとるべし、と。【玉葉】

十月四日〔陰り晴れ、定まらず。小雨ふる〕

晩に及びて権右中弁藤原定長、摂政藤原兼実の大炊御門亭に来る。後白河法皇の院宣を携行。文面によれば、「右大弁藤原光長と蔵人左衛門権佐平棟範との相転の事、何事の理由によるや。この事につき早やかに恩許（法皇の）をもって沙汰すべし」と仰せ下さる。【玉葉】

十月五日〔晴〕

摂政藤原兼実、昨日、蔵人頭左中弁源兼忠（28）を召すにより、早旦、大炊御門亭に参入す。ついで陰陽頭賀茂宣憲も入来す。大内外記庁（外記局＝内裏の建春門外に所在）修造すべく、その沙汰あり。その場所、賀茂宣憲占卜するに、後白河法皇御所押小路殿よろしかるべし、と。よって、源兼忠、院御所五条殿に参向。この由、法皇に奏上す。法皇、「もしも有べくは、（法皇が）早やかに白川御所（押小路殿）に臨幸あるべし」と。【玉葉】

十月十二日

宣旨を下して前民部少輔藤原基成ならびに泰衡（故陸奥守入道藤原秀衡の子）に、前伊予守源義経（30）を捕進せしむ。正文《しょうもん》は官史生《かんししょう》が奥州に持向う。この後、十月二十五日に宣旨の案文、鎌倉に到達す。【吾妻鏡（十月二十五日条）】

十月十四日

秋除目（京官除目）なり。正四位下蔵人頭右中将藤原実教、参議に任ぜらる。右中将は元の如く兼任、珍重たるべし、と。この実教、従三位丹後局（法皇愛妾）の子・従五位上右兵衛佐藤原教成（12）の養父たり。この新任の事、丹後局を通じ後白河法皇の吹挙か。また、前左馬権頭平業忠（文治元年十二月六日、源行家・同義経に加担したる院近臣の一人として、源頼朝の申請により解官）、大膳大夫藤原家綱の職を奪取して、正五位上大膳大夫に新任す。かつて業忠の父・故信業、藤原済綱の大膳大夫の官を奪取す。このたび、済綱の子・大膳大夫家綱の同官を、業忠奪取せり。これ宿業の然らしむる所と世人弾指するも、平信業の姉（坊門局）、後白河法皇の愛妾たるにより、この新任も法皇の口入なるか。また、法皇の近臣・従四位下権右中弁藤原定長、左中弁に任じ、同日、蔵人頭に補せらる。いずれも後白河法皇の口入なるべし。【山槐記（除目部類）】

十月十六日

後白河法皇、熊野詣でにより御精進屋に入御。【玉葉（十月四日条）】

十月十八日
後白河法皇御所六条殿、上棟を行わる。【吉記（八月二十七日条）】

十月二十日
後白河法皇、熊野詣で御幸、進発せらる。途次、石清水八幡宮に参詣、始めて長日供花《くげ》（十二時不断供花＝夏衆《げしゅう》二十四人勤仕）を山内・神宮寺（護国寺）に置かせ給う。時に社務は法印成清。供料所として法皇は備中国水内庄（岡山県総社市・後白河院領）を施入さる。【玉葉（十月四日条）、石清水八幡宮記録、護国寺供養記】

十月二十六日
去る十八日、後白河法皇御所六条殿の上棟を了えたるにより、関東分の所課を勤仕の者、事終らば鎌倉に下向すべし、と。よって、その由を奉行・左中弁藤原定長（40）に申すべく、在京の式部大夫中原親能（46）の許に頼朝（42）仰せ遣わす。【吾妻鏡】

十二月四日
今夜、後白河法皇御所六条殿修造成り、明日、移徙の儀あるにつき、陰陽師・大舎人頭安倍業俊（用途、土佐国）ならびに主計頭安倍資元（用途、出雲国）をして、同殿において大土公御祭二座を修祓せしむ。【山丞記（参議藤原定長日記・「伏見宮御記録・仙洞御移徙部類記」所収）】

十二月五日
今夜、後白河法皇御所五条殿（五条北、川西・右大将藤原兼雅家）において六条殿（六条北、西洞院西・故大膳大夫平信業宅）御移徙定（今月十九日酉刻〔午後六時頃〕）を行う。参入の公卿は右大将藤原兼雅（44）・権大納言藤原忠親（58）・按察使権大納言藤原朝方（54）・右衛門督藤原頼実（34）・権中納言藤原定能（41）・同源通親（40）・大宰権帥権中納言藤原経房（46）・検非違使別当藤原隆房（41）・左大弁平親宗（45）ら束帯を着用、参仕す。移徙雑事は宮内卿藤原季経（58）および右中弁藤原親経（38）、殿上装束（六条殿舗設）は内蔵頭藤原経家（40）以下六人が、それぞれ奉行を勤むる事を定む。【山槐記、山丞記（同前）、吉大記（権中納言藤原経房記・同前）】
この日、新造六条殿において八湯経の転読供養を行う。延暦寺尊長阿闍梨（権中納言藤原能保子）が勤仕す。【山丞記（同前）】

十二月九日〔朝の間、天陰る。其後、雲晴る〕
去る夕、初めて雪降る。今朝、僅かに地に積む。今年の冬天、甚だ和暖なり。昨日、始めて寒気あり。
この夜、六条殿新御所において、天台座主・前権僧正全玄（76）、大阿闍梨となり十六口の伴僧を率いて安鎮法を勤修《ごんじゅ》す。寝殿の母屋庇南面の五ヶ間を壇所となし、中央の間に大壇を立て、其の東の間に護摩壇、その東面に十二天・聖天の壇を立つ。始修に際して万歳楽・地久

の音楽を奏す。【山丞記（同前）、吉大記（同前）、華頂要略】

十二月十日〔晴〕

陰陽師に仰せて新六条殿の各種祭事を行わしむ。まず、火鎮は陰陽頭賀茂宣憲が、伊予国の雑事沙汰によりこれを勤む。井霊御祭も同宣憲が石見国の雑事沙汰により行う。七十二星は因幡国の沙汰、西嶽真人鎮は越前国の沙汰により、大膳権大夫安倍季弘（53）がこれを勤む。【山丞記（同前）、吉大記（同前）】

十二月十一日

今夜、六条新御所（六条殿）において四方（北方・東方・南方・西方）防解火災御祭を陰陽師四人が、各国所当の雑事沙汰により勤仕す。【山丞記（同前）】

後白河法皇、院庁下文を陸奥守藤原成実ならびに出羽守藤原保房に下して、前民部少輔藤原基成および故藤原秀衡法師子息・泰衡に源義経（30）を召進むべき事を下知せしを両国に告示し、違失なきを下命す。去る十月十二日の宣旨に相副え院庁の下文《くだしぶみ》を、官史生守康、携帯して奥州に下向せしむ。この日、守康、鎌倉に参着せるにより、武者所の武士・八田右衛門尉知家の宅に召入れ、食禄を賜い、下文を披見す。【吾妻鏡】

十二月十二日〔晴〕

左中弁藤原定長（40）、後白河法皇御所五条殿に参上。法皇に条々の事を奏聞す。新六条殿作事の内、従二位源頼朝（42）所課の屋々の置物（餝物）注文を式部大夫中原親能（46）注進、大宰権帥権中納言藤原経房（46）、これを法皇に奏上す。よって、左中弁藤原定長、これを伝奏せり。

この日、頼朝の使者として上洛中の因幡前司中原広元（41）の使者、鎌倉に下向す。「去る三日、広元、熊野参詣に進発せんとして御精進中、後白河法皇の使者入来。閑院内裏ならびに六条殿修造以下、万事にわたり勤節の奉公、まことに神妙なりと御感の仰せあり。広元、歓喜の涙、抑えがたし。これひとえに従二位源頼朝の陰徳の致す所なりと、法皇、感悦の状を送り来たる」と。【山丞記（同前）、吾妻鏡】

十二月十三日

新六条殿の安鎮法、正鎮なり。舞楽あり、万歳楽（左方）・地久（右方）を奏す。行道会の行路は、全玄の申状により沙汰すべき由、下知あり。しかして、大阿闍梨全玄以下の衆僧十六口、行道す。南階に仮屋を立つ。仰せをうけて若狭守藤原範綱がこれを造進す。【吉大記（同前）、山丞記（同前）】

十二月十六日

今暁、新六条殿、安鎮御修法結願す。事了りて布施あり。大阿闍梨を勤仕の天台座主・僧正全玄（76）には、被物《かずけもの》を右少将藤原伊輔（束帯着用）が取り、裹物《つつみもの》は河内守藤原清長（衣冠着用）が取る。伴僧は一口別に一裹なり。大阿闍梨全玄の御衣《みぞ》は、院蔵人右少将源有雅（13）をもって、院御所五条殿に進上せしむ。七ヶ日の間、御所の壇所に奉安するためなり。また、安鎮法の本尊は、六条殿の寝殿梁上に櫃を打付け、その中に大阿闍梨全玄打付く。【山丞記（同前）、吉大記（同前）】

この日、新六条殿の装束始（舗設開始）なり。左中弁藤原定長（40）、定文の人数に加入せざるも奉行たるにより参上す。院司宮内卿藤原季経（58）・内蔵頭藤原経家（40）・修理大夫藤原定輔（26）・備前守藤原仲経・木工頭藤原為頼・勘解由次官平親国・摂津守藤原行房ら参入。寝殿南面、母屋御簾、一間懸け始む。また繧繝縁《うげんべり》畳一枚等なり。諸司の官人、これを役す。事了りて、人々退出せり。

新六条殿長講堂の鎮壇法を修せらる。法務大僧正公顕（79）、参上勤仕す。対馬守中原清業、雑事を沙汰す。事了りて後白河法皇の布施あり。被物一重・裹物一、公顕僧正の本房に送達すべく中原清業に下知す。

今夜、新六条殿において陰陽師を召し、大歳八神祭（図書頭賀茂在宣、勤レ之）・井霊御祭（天文博士安倍広基、勤レ之）・小御所井霊祭（賀茂在宣、勤レ之）を行わる。【山丞記（同前）】

十二月十九日〔天晴る〕　**後白河法皇、新造六条殿に移徙**

今暁、六条新御所において図書頭賀茂在宣、石鎮・炭鎮を勤修す。用途は参河国の所課として調進せり。去る十六日、祭物不法につき今日に延及せり。早旦、左中弁藤原定長、六条殿に参向、屋々の舗設を巡検の上、ついで五条殿に参上、後白河法皇に条々の事を奏上す。法皇、仰せられて云う、「従二位頼朝所課の屋々の事、式部大夫中原親能（46）、殊に丁寧の沙汰を致すにより、鞍を置きたる御馬一匹を下賜さるべし」と。【山丞記（同前）】

ついで、左中弁藤原定長、法皇御所五条殿より新六条殿に帰参。すでに大宰権帥権中納言藤原経房（46）・新参議藤原実教（39）・但馬守藤原範能ら参会、所々を検知せり。寝殿は右大将藤原兼雅（44）の造進。御厨子《みずし》以下、ことごとく御物を配置す。法皇御服二領、御剣等を奉安せり。二棟は右兵衛督藤原能保（42）の沙汰、これまた御厨子以下の物、配置す。褻御所《けのごしょ》及び従三位丹後局の居所、ともに従二位頼朝（42）の沙汰なり。長講堂は対馬守中原清業、持仏堂御所は前河内守源光遠、殿上は権中納言源通親（40）、弘御所《ひろごしょ》は新参議右中将藤原実教、屋々所課にしたがい輪奐《りんかん》の美を尽し、様々の美麗な調度家具を配す。また塗籠《ぬりごめ》には頼朝の沙汰として、上品絹五百疋、紺絹百疋、糸綿二千両などを納めたり。【山丞記（同前）、吉大記（同前）】

この日、新造長講堂供養のための願文を、新権中納言藤原兼光（44）草進す。後白河法皇の御前において読み申す。左中弁藤原定長（40）、清書は誰人なるやの由、申上ぐ。法皇、相計らうべし、と仰せらる。しかるに、定長、なお勅定あるべきを言上す。よって法皇、権大納言藤原忠親（58）に仰すべく勅定あり。よって定長、願文の草に折紙（院宣）を相副え、忠親の中山亭（近年居住）に遣わす。【山丞記（同前）】

酉刻（午後六時頃）、後白河法皇は五条殿（右大将藤原兼雅家）を出御。御車にて東門を出で、五条東行、南折、東洞院南行、西折、六条西行、六条殿東の四足門に到着。御車の牛を放ち、庁官八人（布衣《ほい》、平礼《ひれ》を着用）、御車を六条殿内に引入る。入御に先立ちて陰陽頭賀茂宣憲の祭事あり、故実に則りさまざまの移徙の儀あり。一夜の儀なり。右大臣藤原実定（50）、御車寄に候し、法皇下車。寝殿北面の御座に入御。同殿において法皇に五菓を供し、右衛門督藤原頼実（34）陪膳《はいぜん》に候す。ついで、吉書奏。人々、着座の後、勧盃《けんぱい》の事あり。第一献、宮内卿藤原季経（58）、盃を持参。第二献、左大弁平親宗（45）持盃。第三献、権中納言藤原定能（41）持盃。この時、侍従藤原定家（27）、瓶子を献ぐ。事了りて、公卿以下退出す。ついで、蔵人散位藤原家実（27）の催しにより、左中弁藤原定長（40）、閑院内裏に参内。勧賞を仰せられ、従四位上左中将藤原兼宗（権大納言忠親58一男・兼雅の猶子）、右大将藤原兼雅（44）の新六条殿御幸賞の譲りにより、正四位下に叙せらる。

今夜の後白河法皇渡御、一夜の儀なり。当夜、参仕の公卿は右大臣藤原実定（50）・権大納言藤原宗家（50）・右大将藤原兼雅・権大納言藤原兼房（36）・按察《あぜち》権大納言藤原朝方（54）・新権大納言藤原実家（44）・権中納言藤原実宗（44）・右衛門督藤原頼実（34）・権中納言藤原定能・同源通親（40）・新権中納言藤原基家（57）・大宰権帥藤原経房（46）・新権中納言藤原兼光（44）・参議藤原親信（52）・従二位左中将藤原良経（20）・参議藤原雅長（44）・左大弁平親宗（遅参）・検非違使別当藤原隆房（41）・従三位左中将藤原家房（22）・従三位藤原雅隆（42）・大宮権大夫藤原光雅（40）・右兵衛督藤原能保（42）・新参議左中将藤原実教（39）・参議源兼忠（28）、殿上人は蔵人頭左中将藤原公時（32）以下三十余人供奉す。

この夜、後白河法皇、新六条殿に着御の際、右大臣藤原実定、御車の御簾を褰《かか》げ、法皇下御の後、実定、寝殿の御簾を褰げざるにより、法皇、自ら御簾を褰げ入御。実定、無礼を悔まるるの由、と。　【山丞記（同前）、吉大記（同前）、山槐記、玉葉（十二月二十二日条も）】

十二月二十一日

後白河法皇、去る二十日、日《ひ》次《なみ》よろしからざるにより、この日、秉燭以後、八条院（52）の八条殿御所（八条北・烏丸東）に御行始の御幸あり。新六条殿御所に御移徙後、他出御行始なり。法皇御車、六条殿の東門を出御。六条東行、東洞院南行、八条に至り北に折れ西面門より入御。門外において御牛を放ち、御車を中門廊西面妻戸に寄せ、右大将藤原兼雅、御車の御簾に候し、法皇入御。しばしありて北面御所において御膳を供す。右衛門督藤原頼実（34）、陪膳を勤む。左中弁藤原定長（40）、かねて法皇の御気色をとり陪膳役人を定め置きたるため、右中将藤原実明（故前権大納言公通二男）・左少将藤原範能（入道左京大夫修範二男）・左少将藤原親能（権中納言定能41一男・20）、供奉す。この間、女院の院司・権大納言藤原宗家（50）より女院の贈物（笙、銘・於幾《おきな》那丸。錦をもって包み、玉を結び飾りとす）を法皇に贈る。法皇御手水《ちょうず》の後、出御、六条殿に還御あり。今日、供奉の公卿は右大将藤原兼雅・按察使権大納言藤原長方（54）・権中納言藤原実宗（44）・右衛門督藤原頼実（34）・権中納言藤原定能（41）・同源通親（40）・新権中納言藤原基家（57）・大宰権帥権中納言藤原経房（46）・従二位参議藤原親信（52）・参議藤原雅長（44）・治部卿源顕信（56）・従三位藤原雅隆（42）・右兵衛督藤原能保（42）・参議左中将源通資らなり。殿上人は蔵人頭左中将藤原公時（32）以下、済々として供奉せり。還御の後、左衛門尉藤原基康をもって女院の贈物を進入す。大蔵卿藤原宗頼（35）によれば、件の笙（銘・於幾那丸）は鳥羽院御物の由、子細を注されたり、と。【山丞記（同前）、吉大記（同前）、玉葉（十二月十九日条も）】

今夜、後白河法皇、八条殿より六条殿還御の後、六条殿内、萱小御所に渡御なり。中務大輔藤原成季、一向これを相営むなり。【吉大記（同前）】

十二月三十日

在京の式部大夫中原親能（46）、鎌倉の従二位源頼朝（42）の許に書状を申送り、到達す。後白河法皇御所六条殿造営につき、頼朝所課の屋々の事、丁寧の勤めを致して落成の旨、法皇、殊のほかの御感悦あり。この書状を披見せし頼朝、「公私の眉目《びもく》なり」とはなはだ喜悦す。【吾妻鏡】

文治五年（一一八九）　六十三歳

正月一日〔陰り晴れ、定まらず〕

後白河法皇御所新六条殿において院拝礼あり。摂政藤原兼実（41）、今年は出仕せず。兼実二男・正二位左中将良経（21）、六条殿に参上。前駆六人・御供の殿上人三人なり。院拝礼の申次は権中納言定能（42）なり。夜に入りて良経、兼実の大炊御門亭に帰来す。今日の院拝礼、公卿殿上より庭上に降り立つの後、右大臣藤原実定（51）参入、練り始む。練り様、太《はなは》だ閑にして法（故実）に過ぎたり。参議以下、右大臣の後に列す、と。【玉葉】

正月三日〔晴〕

左中将藤原良経、閑院内裏（後鳥羽天皇10）、六条殿（後白河法皇）、八条院（法皇異母妹・暲子内親王尼53、八条北・烏丸東）に参賀のため参上す。【玉葉】

正月四日〔陰り晴れ、定まらず〕

夜に入りて摂政藤原兼実、直衣を着用、網代車に乗りて、まず、閑院内裏に参内。最も密々の儀なり。ついで、六条殿に参入。後白河法皇御前に参り、年賀を言上。その後、公卿座の辺りに祗候。左中弁藤原定長（41）をもって、条々の事を申す。【玉葉】

正月七日〔陰り、小雪降る〕

未刻（午後二時頃）、左中弁藤原定長、後白河法皇の御使として摂政藤原兼実の大炊御門亭に入来。法皇の御定により仰せ下すの由、仰せあり。【玉葉】

正月十日〔晴〕

晩に及びて蔵人頭左中将藤原公時（33）、摂政藤原兼実の大炊御門亭に来る。後白河法皇の院宣として、後鳥羽天皇（10）の方違え行幸停止の事を告げる。兼実、日記に子細を記さず。【玉葉】

正月十一日〔晴〕

蔵人頭左中弁藤原定長（41）、後白河法皇の御使として摂政藤原兼実亭に入来。法皇の仰せを伝う。御斎会竟日（来る十四日）における僧事を停止するにつき、その事、承知すべし、と。また、定長、条々の事を申す。【玉葉】

正月十三日〔晴〕

左兵衛尉北条時定（45）、摂政藤原兼実亭に参上。当時、京中横行の群盗の首領・千光房七郎を搦取り了んぬ。しかるところ、千光房所持の消息に、九郎義経、京都に還り来りて潜居せり、と記す。兼実（41）、この消息を一覧して、まことに不可思議の事なり、と。【玉葉】晩に及びて京都の右兵衛督藤原能保（43）の使者（小舎人荒四郎と号す）、鎌倉に到着。去る五日の叙位除書を送達し来るなり。従二位源頼朝（43）を正二位に昇叙せらる、と。後白河法皇の吹挙なるか。【吾妻鏡、公卿補任】

正月十四日〔雨降る〕

御斎会の竟《おわ》りなり。蔵人頭左中弁藤原定長、摂政兼実亭に入来、条々の事を申す。かねて後白河法皇の御定により、この日、僧事なし。【玉葉】

正月十六日〔陰り、微雨下る〕

後白河法皇御所六条殿において昼呪師《のろんじ》あり。御所中間たるにより、後白河法皇、摂政藤原兼実に明日参上すべきの由、御定あり。これをうけ、蔵人頭左中弁藤原定長、今日は院参なきように、と兼実の許に告げ来る。【玉葉】

正月十八日

今夜、閑院皇居の陣座《じんのざ》において除目入眼あり。去る五日、従四位上左少将藤原親能（21）、後白河法皇の当年御給により正四位下に昇叙。よって、右少将藤原実保・右少将藤原成定（36）・右少将藤原伊輔（37）を超越して第一の少将たり。しかるに、この日、左近衛中将に任ぜらる。親能の父・権中納言藤原定能（42）は、後白河法皇近臣たり。親能は法皇寵臣にして、この任用、法皇の口入によるか。【山槐記（除目部類）】

正月二十日〔晴〕

後白河法皇、今日より日吉社に参籠し給う。天台座主・前権僧正全玄（77）、御修法《みしほ》に参仕す。この日、勧賞《けんじょう》あり。座主全玄の譲りにより阿闍梨全親をもって権律師に任ず。当夜、日吉社の社頭において御遊あり。権中納言藤原定能、拍子を勤む。【玉葉、華頂要略、御遊抄】

正月二十八日

後白河法皇、石清水八幡宮に御幸。同夜、宝前において法楽御遊あり（「御遊年表」参照）。所作人は拍子（権中納言藤原定能42）、笙（内蔵頭藤原経家41）、笛（参議右中将藤原実教40・蔵人頭左中将藤原公時33）、琵琶（検非違使別当権中納言藤原隆房42・修理大夫藤原定輔27）、箏（権大納言右大将藤原兼雅45）等なり。【玉葉、仲資王記、御遊抄】

二月三日〔晴〕

後白河法皇、稲荷社に御幸あり。【仲資王記】

二月五日

後白河法皇、加茂社に御幸あり。上社の橋殿において法楽の御遊を行わる（「御遊年表」参照）。所作人は拍子（権中納言藤原定能42）、笙（権中納言藤原隆房42）、笛（参議右中将藤原実教40・内蔵頭藤原経家41・左少将藤原隆保40）、篳篥（拍子をとる＝左少将藤原親能21・定能子）、琵琶（権中納言藤原実宗45・修理大夫藤原定輔27）、箏（権大納言右大将藤原兼雅45）等なり。【仲資王記、御遊抄】

二月十一日〔晴〕

後白河法皇、この頃病悩にかかり給う。今日、法皇御悩御祈りのため三条西洞院新御所において、法印慈円（35）、不動法を修す。【華頂要略（門主伝）】

二月十七日　**後白河法皇、院宣を下し、源頼朝に大内を修造せしむ**

後白河法皇、院宣（蔵人左中弁藤原定長41奉る）を正二位源頼朝（43）に下して、大内（閑院）の殿舎・門・廻廊・築垣等破壊につき、修造せしむ。この院宣、大宰権帥権中納言藤原経房（47）所労により、発信遅引し、三月十一日、鎌倉に到達す。頼朝、法皇の命を奉ず。【玉葉（二月二日条）、吾妻鏡（二月十二日・三月十一日・同十三日条も）】

二月二十二日　**後白河法皇、摂津・天王寺に百ヶ日参籠**

後白河法皇、多年宿願の百ヶ日参籠、仏事勤修《ごんじゅ》のため、摂津・天王寺に御幸。参着後、天王寺聖霊会叡覧あり。この御幸により、法皇、朝務を抛げらるるに非ずして、かつは摂政藤原兼実（41）に申し、かつは兼実より奏聞せしめらるるなり。【仲資王記、一代要記、吾妻鏡（三月二十日条）、天王寺誌】

源頼朝、雑色・出雲浜四郎時次を御使として大宰権帥権中納言藤原経房の許に遣わし、奥州住人藤原泰衡（35）を追討せんことを申請、あわせて前伊予守源義顕（この時、すでに本名の義経に改名・31）の与党の者を罰せられんことを後白河法皇に奏聞せしむ。

㈠前刑部卿藤原頼経、義顕（義経）に同意の臣なり。解官追放さるべく先度言上す。しかしながら、法皇の勅勘の号ありと雖も、今に在京と。これにより鬱訴《うっそ》相貽《のこ》す事なり。

(二)按察使権大納言藤原朝方（55）・左少将藤原宗長（頼経子・26）・侍従出雲守藤原朝経（朝方子）・出雲目代右兵衛尉政綱・前右兵衛尉為孝ら、同じく義顕（義経）に同意の科《とが》により、解任の事。

(三)叡山の山僧ら、兵具を帯びて義顕（義経）に同意、結構の至り、法皇より御誡あるべく、先日、言上せり。すでに宣下畢んぬと勅答ありと雖も、今なお弓箭・太刀・刀等を携え、山上に繁昌の旨、風聞ある事。

なお、後白河法皇の夢想により平家縁坐の流人（僧良弘・阿波国、僧全真・安芸国、僧能円・備中国、僧行命・常陸国、前左中将平時実39・周防国、前内蔵頭平信基47・備後国＝寿永四年（一一八五）五月二十日配流）を召返すべく、法皇より勅定あるべし、と。【吾妻鏡（二月十二日条も）】

この日、後白河法皇、院宣を下して京都の東寺（教王護国寺）を修造せしめらる。【一代要記】

三月八日

去る夜（七日）、蔵人頭左中弁藤原定長（41）、後白河法皇の天王寺参籠に祗候中なるも、上洛のため出立。この日、帰洛せり。関東の頼朝（43）より前刑部卿藤原頼経配流の事を催し申せり（二月二十二日消息＝同二十七日、京着）。直ちに法皇に奏聞せしにより、忩《いそ》ぎ申し沙汰すべく、定長を使者として摂政藤原兼実（41）に勅定を伝達す。【玉葉】

この日、源頼朝、鎌倉に到来せし陸奥国藤原泰平（泰衡）の請文（義経、奥州に在るの由、承伏の状）により、直ちに京上、後白河法皇（在天王寺＝大宰権帥権中納言藤原経房47か右兵衛督藤原能保43を介して）に進達す。【百錬抄】

三月十日

去る月二十二日の頼朝の消息、同二十七日に京到来。これを、大宰権帥権中納言藤原経房、折柄、天王寺参籠中の後白河法皇に祗候の蔵人頭左中弁藤原定長に回付、法皇の進覧に供す。定長、去る七日に法皇の返事を携帯帰洛せるにつき、経房、条々、勅裁ある旨を奉書（三月十日付）にしたたむ、「前刑部卿藤原頼経、前伊予守源義経に同意せるにより伊豆国に配流す。頼経の子・左少将藤原宗長（26）もまた解官せらる。これ、去る正月十三日、左兵衛尉北条時定（45）、叡山飯室谷竹林房において千光房七郎（悪徒浪人）を搦取りたる節に、義経京都に還りたる由の消息を所持せり。その消息中に、前刑部卿藤原頼経の一家、義経に同意せる由、記載ありたり。よって、罪過、頼経にも及び、伊豆国配流の事、決す。朝廷のため不忠の輩たりしにより、この沙汰当然なり」と。この状、三月二十日に鎌倉に到達す。

【玉葉（正月十三日条）、吾妻鏡（三月二十日条）】

三月十一日　**源義経に味方せし科により、藤原頼経、伊豆国に配流**

流人の事を行わる。頼朝（43）の申請により、後白河法皇勅裁の上、摂政藤原兼実（41）に申し沙汰せしめらるるによる。前刑部卿藤原頼経、伊豆国に配流す、と。【玉葉】

三月十七日

天王寺参籠中の後白河法皇、陰陽師・大膳権大夫安倍季弘（54）に彗星《すいせい》の事を召問のために、天王寺に下向せしめ給う。今日、季弘、天王寺より帰洛す。天文奏を持参して、法皇に進覧せり。しかるに、季弘、「彗星」を「彗気」と記す、と。これを伝聞せし摂政兼実、「彗星なれば彗星とこそ奏上すべし。また異気なれば妖気とも客気ともこそ奏上すべきなり。「彗」字を置きながら「星」字を改め、「気」字を載す。かかるさかしら、古は未見なり、この奏いかに」と。蔵人頭左中弁藤原定長（41）、兼実の大炊御門亭に参入せるにより、定長をもって季弘に問わしむ。季弘の申状、根拠なし、まことに不審のかぎりなり。【玉葉】

三月二十日

摂政藤原兼実、春日社怪異により物忌籠居せり。夜に入りて職事・権大納言藤原家実（来る二十五日、伊勢大神宮奉幣勅使・28）、兼実の大炊御門亭の門外に来る。明暁、天王寺（後白河法皇参籠中）に下向、条々の事を法皇に奏上せんという。よって、摂政兼実、宸筆宣命の事につき、消息を書きて法皇に進覧を付託す。

かねて、後白河法皇、院宣をもって奥州の民部少輔藤原基成（衣河館《ころもがわのたち》居住、基成女は泰衡妻）ならびに陸奥押領使藤原泰衡（35）に源義顕（義経31）追捕の事を下命あり。去る三月九日（『百錬抄』には八日）、藤原基成および藤原泰衡の請文、頼朝の許に到来せり。折柄、後白河法皇、去る月二十二日に摂津・天王寺に御幸、仏事勤修のため参籠中。右の請文を頼朝より天王寺の法皇に進覧せり。叡覧の後、法皇、早やかに義経を召進すべく重ねて仰せあり。天王寺よりわざわざ京都の摂政藤原兼実に下命の上、義経の召進方を促さる。【玉葉、吾妻鏡】

三月二十一日（雨下る）

東大寺の寺家、「勅符倉（正倉院）、湿損殊に甚だし、忩ぎ検知せられんことを」と言上し来る。よって、後白河法皇の近臣・造東大寺長官藤原定長をして勅符倉を開扉のため、大監物小槻有頼および太政官の小弁（左右小弁）・左大史小槻広房らを相具し、今日、東大寺に下向せしむ。【玉葉】

三月二十三日（晴）

巳刻（午前十時頃）、職事・権大納言藤原家実、天王寺より帰来す。後白河法皇の返事あり。宸筆宣命の事、聞し食さる、と。ついで、同二十五日、伊勢大神宮公卿勅使となりし実家、進発す。大神宮に奉幣、宸筆宣命を捧げ、天下の静謐を祈らしめ給う。

【玉葉、仲資王記（三月二十五日条）】

四月三日

戌刻（午後八時頃）、法皇御供で参籠中の権中納言藤原定能（42）、天王寺より上洛、法皇の院宣を摂政藤原兼実（41）に伝える（大炊御門亭）。兼実の女・任子《とうこ》（17）の後鳥羽天皇（10）に入内の事を聞し食し給う。この事、異議に及ぶべからず、早やかに沙汰を致すべし、と。また、法皇より宸筆の勅報（自筆の書状）あり。文面は全く同趣なり。兼実、歓喜の思い、千廻万廻なり。

この夜、公卿勅使・権大納言藤原家実（28）、伊勢より入洛す。

【玉葉】

四月四日

去る夜、公卿勅使・権大納言藤原家実、入洛す。外宮正殿御戸、渋堅にして開けられざるに、このたび無為に開かる、と。この事、まことに希代の事なり。よって、摂政兼実、使者を天王寺参籠中の後白河法皇に申送る。また、法皇より兼実の女・任子の入内につき宸筆勅報を拝受せしことを畏み申す。夜に入りて、使者、天王寺より帰来す。按察使権大納言藤原朝方（55）、源行家（義顕の誤記か）に同意せるにより解任せられんことを、源頼朝（43）、法皇に申請す。この事を使者に伝えて、兼実にその沙汰を仰せ下さる。

【玉葉】

四月五日

按察使権大納言藤原朝方の一家主従、源義顕（義経）に同意せるにより、関東（源頼朝）の命にて、朝方の家人《けにん》・出雲国目代右兵衛尉政綱、関東武士たる北条平六左衛門尉時定（45）に引渡さる。

【仲資王記】

四月六日

卯刻（午前六時頃）、蔵人頭左中弁藤原定長（41）、後白河法皇の御使として摂政藤原兼実の大炊御門亭に入来。頼朝、重ねて権大納言藤原朝方解官の事を申し来る、と。件の消息、去る夜半（五日）、大宰権帥権中納言藤原経房（47）の許より定長に回付されたり。よって、定長、急ぎ天王寺に下向、法皇に奏聞す。只今の帰洛、先ずは、その頼朝消息を兼実に内覧するところなり。淀川の船泊より大炊御門亭に直行せしなり、と。兼実、一覧の後、存ずる旨あり、と定長に返答せり。

【玉葉】

四月九日

蔵人頭左中弁藤原定長、天王寺より帰り来り、摂政藤原兼実の大炊御門亭に入来。法皇の仰せを伝う、「権大納言藤原朝方の諸職を解くべし。かつまた、領国（出雲国）を停止すべし。兼実をして沙汰すべし」と。この事、ひとえに朝方の不満を帯《お》ぶるの然らしむるところなり。恐るべき事なり。

【玉葉】

四月十三日

小除目（臨時）あり。按察使権大納言藤原朝方（55）・同子息侍従兼出雲守朝経・右兵衛尉政綱ら、源頼朝（43）より後白河法皇に訴え申しの旨により解官さる。これらの人々、源義顕（義経）に同意せるにより、頼朝立腹す。【百錬抄、仲資王記、吾妻鏡（四月十九日条）】

閏四月一日

右兵衛督藤原能保（43）の使者、鎌倉に参着。条々の事を頼朝に上申す。その中に、能保、後白河法皇の勅定により院御厩司を仰付けらる、と。この職、元は前按察使権大納言藤原朝方の奉行なり。しかるに、朝方、頼朝の不快により官職を改めらる。能保、正二位頼朝の縁者たるにより、頼朝の内意も伺わずしてこれを領状せり。しかるに、頼朝の耳に達し、後日の疑心を恐れて辞し申す、と言上す。【吾妻鏡】

閏四月四日

頼朝、右兵衛督藤原能保に返事を献ず。院御厩司の事、後白河法皇の勅定たる上は辞し申すべからず。ことに美津御牧（美豆牧・京都市伏見区淀美豆町）は伝聞によれば御厩管領地なり。後代のため、このたび拝命を受くべきが至当なり、と。よって能保の使者、鎌倉を発足、帰洛の途につく。ついで、院御厩司の事、頼朝の宥免あるにつき、能保、後白河法皇に就任方、領状せり。【吾妻鏡（六月二十四日条も）】

閏四月八日

臨時除目あり。前出雲守藤原朝経を還任す。【仲資王記、百錬抄】

閏四月十五日

かねて、後白河法皇、夢想により平家縁座の流人等を赦さるべきを源頼朝に仰せ下さる。よって、頼朝、法皇の勅定によって召還さるべきを奏聞せることあり（去る二月二十二日）。これにより、この日、権中納言源通親（41）・参議左大弁平親宗（46）・少納言藤原重綱（「重継」は誤）・左少弁藤原定経（32）ら閑院内裏に参陣、奉行の職事宮内大輔藤原家実（28）の参仕により、流人召還を議す。召返さるる人々は、前内蔵頭平信基（備後国）・前左中将平時実（時忠二男・39。城外に及ばず＝配流なし）・前兵部少輔藤原尹明入道（出雲国）・前式部大夫藤原資定（淡路国）・前僧都全真（安芸国）・前法眼能円（法勝寺前上座。備中国）・前法眼行命（熊野前別当。常陸国）らなり。【吾妻鏡（五月十七日条）、公卿補任】

閏四月三十日　**源義経、藤原泰衡に襲撃されて敗死**

藤原泰衡（35）、後白河法皇の勅定（院宣）および正二位源頼朝の下命により前伊予守源義顕（義経31）を襲撃す。義経、時に前陸奥守民部少輔藤原基成（平治の乱の主謀右衛門督藤原信頼は異母弟）の衣河館《ころもがわのたち》に居住せり。泰衡、兵数百騎を引具して合戦す。義経の家人防戦すと雖も敗績《はいせき》す。義経、持仏堂内に入り、まず妻女（22）および女児（4）を殺害し、ついで自殺す、と。【吾妻鏡、百錬抄（六月一日条）】

五月三日〔雨降る〕

明日、後白河法皇、摂津・天王寺において行い給う千部法華経供養に、摂政藤原兼実（41）参会のため、天王寺に下向す。辰刻（午前八時頃）、大炊御門亭を出門。巳刻（午前十時頃）、草津（伏見区横大路）において乗船。酉刻（午後六時頃）、淀川の河口、窪津（大阪市東区）に到着。秉燭《へいそく》のころ、天王寺西門に参り、まず、宿所（西門北腋・念仏堂）に参着。兵部大輔藤原能季をもって、後白河法皇御所（灌頂堂）に天王寺参入の由を申上せしむ。折柄、法皇御行法につき、明日、参上すべしとの仰せあり。よって、今夜、兼実、参入せず。【玉葉】

五月四日〔天陰り＝天王寺〕

後白河法皇、天王寺において百日参籠結願日たるにより、千部法華千口持経者供養（千僧供養）を行わる。去る二月二十二日より天王寺に参籠、自ら千部法華経を転読、毎日、三時護摩を修し、その他、種々の行業を勤修《ごんじゅ》、今日、そのすべてを結願に相当せるにより、この大善（千僧供養）を行わるるところなり。今日の法会は右大将藤原兼雅（45）が奉行人を勤む。灌頂堂を道場と成す。惣講師は大僧正公顕（80）、読師は法印兼智なり。巳刻（午前十時頃）、摂政藤原兼実、宿所を出で灌頂堂に参上。法皇、御座に出御、院別当・蔵人頭左中弁藤原定長（41）、鐘打ちに仰せて法会始行を合図す。天王寺舞人ら左右乱声《らんじょう》を発して、振鉾《えんぶ》を舞い、奏楽のうちに法会進行す。ついで、舎利御輿・聖徳太子の御輿を迎え、宝塔の東庭に立つ。舎利奉迎の際、後白河法皇、庭上に下御、列参し給う。法印実任、平素の左少将藤原親能（21）に代りて、法皇の鼻広《びこう》（先端を高く作った浅沓《あさぐつ》）を献ず。以後、法会次第により進行す。ついで、左右の楽所より舞楽を奏す。安摩・二舞についで蘇合を舞進む間、摂政兼実、所労発するにより宿所に退下、一寝す。晩頭、左中弁藤原定長、後白河法皇の御使として来り、兼実下洛参入の悦びを申す。夜に入りて法皇御所に参上。七ヶ日御講、結願の日にて法印範玄説法せり。左中弁定長をもって申入る。兼実、法皇の召しにより御簾前に参る。仏後、別に畳一枚を敷きて座を与え給う。説法了りて西門に退下、しばらく念仏（西門の海は極楽の東門に通ず）の後、退出の亥刻（午後十時頃）、窪津に至り、兼実、遅き食膳に着く。丑刻許り（午前二時頃）、乗船、解纜、淀川を遡及して帰洛す。【玉葉、仲資王記】

五月五日

亥刻（午後十時頃）、摂政藤原兼実の船、大渡（淀津＝伏見区淀本町）に着岸。船中にて冠直衣を着装、乗輿にて鳥羽に到り、網代車に乗り移り、入洛。翌日申刻（午後四時頃）、閑院内裏に直行、参内す。天王寺法会の日に後白河法皇、非常赦を行うべき勅定ありたるにより、非常赦詔書ならびに流人召返し等につき議せんがためなり。しかるに秉燭に及ぶも上卿・権中納言藤原兼光（45）帰洛せざるにより、明日、

行うべきを下命して退出、兼実、大炊御門亭に帰宅せり。【玉葉】

五月六日

後白河法皇、天王寺より入洛、六条殿に還御。【仲資王記】

晩頭、摂政藤原兼実（41）、参内す。清涼殿鬼の間において非常赦詔書の御書を清書、「四日」の日付を記載す。これ、後白河法皇、法会日（天王寺千僧供養）に赦の仰せを勅定の故なり。この後、召還流人の官符発布の事を行う。【玉葉】

五月十日

後白河法皇、日吉社に御幸あり。【仲資王記】

五月十四日

去る閏四月八日、正二位非参議左中将藤原良経（摂政兼実二男・21）、権中納言に昇任す。よって、この日、拝賀を行う。後白河法皇より御牛を賜う。院随身・左近将監中臣近武、相具して摂政兼実の大炊御門亭に送達せり。兼実の家司・宮内卿藤原季経（59）、随身近武に禄を給す。八条院（53）・殷富門院（43）よりも、それぞれ送物を賜う。【玉葉】

今日より後白河法皇、供花会を始行せらる。【仲資王記】

五月二十二日

上西門院（後白河法皇姉・64）、御不予の事あり。この日、後白河法皇、見舞いのため彼の院（六条殿＝楊梅・油小路）に遷幸あり。法皇の六条殿を下る隣接の御所なり。【仲資王記、経房卿記（吉部秘訓抄・八月二十五日条）】

申刻（午後四時頃）、奥州の飛脚（藤原泰衡使者）、鎌倉に参着。去る月晦日、民部少輔藤原基成館において前伊予守源義経を誅し了るの旨、注進せり。義経の首は追って進むべし、と。頼朝（43）、即刻、この事由を後白河法皇に奏聞のため、京都に消息（大宰権帥権中納言藤原経房宛）を飛脚をもって急報せしむ。【吾妻鏡】

五月二十六日（晴）

上西門院の病悩、六借《むつかり》給う（病状はかばかしからず）。後白河法皇、危急を感知、もしや喪に遭うべきやとの発言の由、世間に風聞す。よって、摂政藤原兼実、「恐れながら御発言御慎みあるべし」と諫言し奉る。【玉葉】

五月二十九日

大内の季御《きのみ》読経《どきょう》結願（去る二十六日、初日）なり。摂政藤原兼実、参会のため直衣を着して参内す。しかるに公卿ら遅参、よって、兼実、事の始まりを待たず退出して、後白河法皇の六条殿に参上す。蔵人頭左中弁藤原定長（41）をもって申入るるも、上西門院（64）、御不予芳しからざる容態により、見舞いのため渡御にて謁せず、との仰せあり。兼実退出す。

今日、右兵衛督藤原能保（43）、摂政藤原兼実（41）に告げ送る。九郎義経（31）、藤原泰衡のために誅滅せらる、と。義経誅死の報、鎌倉より注進直後の事か。これを伝聞の兼実、「天下の悦び何事かこれに如《し》かんや。まことに仏神の冥助なり。そもそも、頼朝の利運なるべし。この朗報、言語の及ぶ所にあらざるなり」と。【玉葉】

六月二日〔晴〕

方違えのため、後鳥羽天皇（10）閑院内裏より鳥羽南殿に行幸あり。ただし、京外たるにより内侍所（神鏡）は渡御なし。摂政藤原兼実、車に乗りて参会す。後白河法皇もまた密々に渡御あり。【玉葉】

六月三日〔晴〕

暁天、後鳥羽天皇および後白河法皇、ともに還御。摂政藤原兼実、還御に供奉、その後、退出す。【玉葉】

六月五日

検非違使左衛門少尉大江公朝、後白河法皇の御使として鎌倉に参着す。前因幡守中原広元（42）に相触れるにより、広元、まず大江公朝を自亭に招請の上、幕府に参りてこの旨を言上せり。【吾妻鏡】

六月六日

早旦、院御使・左衛門少尉大江公朝、鶴岡八幡宮御塔供養に当り、後白河法皇よりの御馬以下の品々を相具し下向せる旨を申す。大江公朝は白襖《しろのおう》の平礼《ひれ》を着用、帯剣。頼朝（43）の御所に参向す。法皇より進上の御馬（葦毛馬、白伏輪鞍・金獅子丸打物の泥障《あおう》を付す）を御厩舎人武廉（赤色上下を着す）、南門に引き立て、駿河守源広綱これを請取る。また錦被物二重（一重は赤地紅裏、一重は青地単）ならびに法皇寵女・従三位丹後局（高階栄子）よりの進物扇二十本（銀筥に納む）、大江公朝、これを取りて新田蔵人義兼・里見冠者義成らに授く。その後、大江公朝、腰剣を撤して、頼朝御所の寝殿南面に参り、頼朝に対面す。【吾妻鏡】

六月七日

源頼朝、奥州（藤原泰衡）に飛脚を差遣し、義経の首、左右《とこう》なく鎌倉に持参すべからず。しばらく途中に逗留せしむべく下知す。【吾妻鏡】

六月八日

この夜、頼朝より京都に進上せしめたる飛脚、鎌倉に帰参す。大宰権帥権中納言藤原経房（47）の返報到来せり。文面によれば、「源義経

誅罰の事、後白河法皇、殊に悦び給う。義経滅亡により国中、定めて静謐ならん」と。【吾妻鏡】

六月九日〔晴〕

後白河法皇、今熊野社に参籠あり。【玉葉】

六月十三日

陸奥国藤原泰衡の使者・新田冠者高平、前伊予守源義経の首を鎌倉の腰越浦に持参、泰衡言伝の事由を言上す。この申次により頼朝（43）、その首実検のため和田太郎義盛・梶原平三景時らを腰越に差遣す。各、甲冑直垂を着し、甲冑の所従二十騎を相具す。義経の首級は黒漆櫃に納め、美酒に浸し保存せり。新田高平の僕従二人がこの首櫃を荷ないたり。これを観る群衆、いずれも義経の非運に双涙を拭い、両袖を湿らせりという。【吾妻鏡】

六月十四日

祇園御霊会なり。後白河法皇、神輿神幸の行列を新造桟敷において見物あるべきのところ、上西門院（64）御不予危急により、忽ちにして停止せらる。この桟敷は、右大将藤原兼雅（45）、日来、造営せるものなり。当日、法皇渡御あるにつき、御物ならびに女房装束等を装束（飾りつく）せるも、御幸中止により、撤却の上、収納せられたり。【玉葉】

七月一日

後白河法皇、源義経に与《くみ》せし罪科により頼朝の怒りに触れた前大蔵卿高階泰経（60）を赦されんことを、仰せ遣わさる。義経こと、すでに奥州平泉、衣河館《ころもがわのたち》において敗北（殺さる）の上は、高階泰経を許さるべきの由、法皇、大宰権帥権中納言藤原経房（47）に御教書をもって仰せ下さる。よって、経房、その御教書を頼朝に回付す。この法皇御教書、大宰権帥経房より、七月九日に鎌倉に到来す。【吾妻鏡（七月九日条）】

七月十日

大納言藤原実房（43）、右大臣に任ぜらる。この夜、拝賀のため後白河法皇御所六条殿に参上。中門に立ちて備前守藤原仲経、事由を奏し、拝舞を了える。ついで、法皇より召しありて、右大臣実房、車寄戸より昇殿、中門廊を経て参上。透渡殿の円座に着座。御馬を引き給う。実房、座を起ちて中門より降り、砌の外に進み、笏を腰に差し、御馬の綱を取り一拝、五位蔵人源成定、進み来りて手綱を取る。ついで、中門外に退出、六条堀川亭に帰参。この夜、同亭において右大臣家の大饗あり。饗宴についで糸竹の興あり（「御遊年表」参照）。【愚昧記、玉葉】

七月十二日

源頼朝の消息、飛脚に託して京都に進発す。奥州の藤原泰衡を追討すべきの由、さきに後白河法皇に言上せり。定めて追討の宣旨、成し下さるべき存案にて、既に現に軍士を催集の上、数日を送れり。しかるに、いまに宣旨なし。宣旨は官使に下され下達さるれば遅留すべし。この上は、右兵衛督藤原能保（43）に仰せ下され、能保の飛脚をもって宣旨を下し給わるべく、奏聞せしむ、と。【吾妻鏡】

七月十六日

京都の右兵衛督藤原能保の使者・左兵衛尉後藤基清、ならびに先日、鎌倉より上洛せしむ飛脚ら、鎌倉に参着す。基清の口上によれば、奥州藤原泰衡の追討宣旨の事、摂政藤原兼実（41）以下公卿ら、たびたび沙汰を致されたり。しかるに、すでに義経誅殺の上は、改めて追討の儀に及ばず。この上、宣旨を下すこと、天下の大事たり。よって、今年、宣旨の発布は猶予あるべき旨、去る七月七日、通告せられたり。頼朝（43）より泰衡追討の旨趣の子細を後白河法皇に申達すべく、大宰権帥藤原経房（47）に下知せるに、この期に及びて何様の理由により宣旨を申請せるや、如何と。

頼朝、この申し条を聞き、たちまち鬱憤あり。すでに鎌倉に奥州追討の軍士を集結せしめ、若干の出費嵩《かさ》みたり。今においては、必ず軍勢を奥州平泉攻略のため発向せしむべし、と。【吾妻鏡】

七月十九日　源頼朝、藤原泰衡追討のため、鎌倉を進発

巳刻（午前十時頃）、源頼朝、宣旨ならびに院宣を待たずして、奥州の陸奥押領使藤原泰衡（35）追討のため、軍勢一千騎を相具して、鎌倉を進発す。頼朝は馬前に弓袋差《ゆぶくろさし》・旗差を先駆にて、甲冑に威儀を固めたり。供輩は平賀冠者こと武蔵守大内義信以下百四十七人の重臣・家人が従う。中に頼朝寵愛の左近将監大友能直（18）の名あり。初陣なり。【吾妻鏡】

七月二十日　上西門院、薨去

上西門院（後白河法皇姉・64）、六条院御所（楊梅・油小路）において崩御。よって後白河法皇、御喪に遭い給う、と。【百錬抄、仲資王記、皇代暦】

七月二十一日

昨日崩御の上西門院、葬送なり。仁和寺の法金剛院辺において火葬す。権大納言藤原実家（45）・前権中納言藤原基家（58）・右大弁入道藤原重方（67）ら、行事を勤む。【仲資王記】

八月一日

源頼朝の鬱陶により後白河法皇の勅勘を蒙りし、前大蔵卿高階泰経（60）ならびに前木工頭藤原範季（60）、宥免の沙汰ありて院御所の出仕を許さる。【吾妻鏡（十一月三日条）】

八月四日〔晴〕

この夜、摂政藤原兼実（41）の家司・蔵人頭大蔵卿藤原宗頼（36）、閑院内裏より帰来して、後鳥羽天皇（10）、今朝よりいささか御不予の様子を摂政兼実に言上す。少し温気あるの上、咳気たり、と。よって、兼実、明旦、後白河法皇に奏上すべきの由を下知す。しかれども、同六日に至り主上の御不予減退、温気快復せらる、と。　【玉葉（八月五日・六日条も）】

八月六日〔晴〕

後白河法皇、姉上西門院薨去を挙《こ》哀《あい》（納棺後、棺側にあって哭泣する礼）のこと礼に過ぎさせ給う。人々、法皇の痛恨の情の深きを感嘆す。上西門院、かつて法皇の養母（保元二年〈一一五七〉准母）たりしにより着服あり。しかも服喪のため門戸を閉し、格子を下ろして、すでに旬日を経過せり。よって奏事停滞、天下の大事たるにより、今より以後、格子を上げ門戸を開かるべく、摂政藤原兼実、諫言せり。　【玉葉】

八月八日〔雨下る〕

中納言藤原定能（42）、消息をもって摂政藤原兼実に院宣を仰せ伝う。去る六日の兼実の奏聞をうけて、早やかに開門あるべきの由、伝達し給う。　【玉葉】

八月十五日

来る二十九日、伊勢大神宮外宮、上棟にあたり、造宮使・従四位下行神祇少副大中臣為定、三ヶ月故障。それにつき、人々の申状を後白河法皇に捧呈す。為定猶子・従五位下行神祇権少祐大中臣有能を造大神宮使に補すべきの由、下命ありて、翌十六日、宣下あり。　【玉葉（八月十六日条も）】

八月十八日

摂政藤原兼実、右大弁藤原定長（41）を大炊御門亭に招き、後白河法皇に条々の奏事を奏聞せしむ。その中に、源頼朝（43）、奥州藤原泰衡の追討御祈りを行わしむるの事あり。　【玉葉】

八月二十二日〔晴〕

摂政藤原兼実、この日、南都に下向、興福寺南円堂（不空羂索観音像）を拝礼、さらに興福寺・東大寺の造寺を検知せんがためなり。この儀、兼実、去る夏、病悩により空しく過したり。ついで、去る月、上西門院崩御につき、後白河法皇の悲哀、法に過ぐるにより、法皇の心中を想い、下向成りがたく、延怠せり。よって、諸種の事情が重なり、自然、南都下向、遅引に及び今日に至る、と。　【玉葉】

八月二十四日〔天晴る〕

夜に入りて摂政藤原兼実（41）、後白河法皇御所六条殿に参上。上西門院崩御による喪穢以後、始めての参入なり。右大弁藤原定長（41）をもって見参《げざん》に入る。折柄、後白河法皇、従三位丹後局（高階栄子）の私家（浄土寺）に渡御あり。よって、定長、数刻以後、帰来して法皇の返事を示す。この陰（夜中）以後、見参すべし、と。しかるに、兼実、当時、寸暇なきにより、ついで閑院内裏に参内す。後鳥羽天皇（10）、いまだ御寝《ぎょし》以前により拝謁、小時にして大炊御門亭に帰参す。【玉葉】

九月三日

かねて源頼朝（43）の鬱陶により後白河法皇の勅勘を蒙りたる、前権大納言藤原朝方（55）の本座（復官）を聴《ゆる》し、その子・前出雲守藤原朝経に法皇御所六条殿ならびに閑院内裏の昇殿を聴す。【吾妻鏡（十一月三日条・「九月一日」とあるも、『公卿補任』による）、公卿補任】

九月八日

源頼朝、奥州遠征の陣中、陣岡（一関市）において安達新三郎を飛脚として上洛せしむ。藤原泰衡（35）との合戦の次第を主計允《かずえのじょう》二階堂行政が消息を清書、大宰権帥権中納言藤原経房（47）に宛て、後白河法皇に奏聞せんとす。文中に今月三日、藤原泰衡を討取る旨あり。その首級を京進すべきなれど、遼遠の上、さしたる貴人にてもなく、かつ源氏にとりては相伝の家人たるにより、進上せず、と。〈十月十日の夜陰におよび、飛脚、京着す。摂政藤原兼実、この夜、右兵衛督藤原能保（43）より、泰衡、頼朝により誅伐せらるとの報を伝聞す。兼実、これを聞き、秘かに「天下の慶」と感知す。『仲資王記』は十月十一日酉刻（午後六時頃）、奥州の飛脚、京に参着す、と。〉

【吾妻鏡、仲資王記（十月十一日条）、玉葉（十月十日条）】

九月九日　義経追討の宣旨、ようやく頼朝に届く

源頼朝、去る七月十九日、奥州藤原泰衡を討伐のため、宣旨・院宣を待たずして、鎌倉を進発せり。この日、陸奥国斯波郡陣岡（一関市紫波町）に在陣。夜に入りて京都より右兵衛督藤原能保（43）の使者が頼朝陣所に参着す。去る七月十九日の口宣（藤原泰衡を追討すべしの宣旨）に後白河法皇の院宣を副え下されたり。後白河法皇、一旦は制止を仰せらるるも、重ねて計らい申すべきの勅定あり。頼朝の申請、もっとも然るべし、と。使者の言によれば、この宣旨、七月二十四日、蔵人宮内大輔藤原家実（28）、大宰権帥権中納言藤原経房に送達、同二十六日、経房より源頼朝に下達すべく、同二十八日に京都を発足せり、と。途中、四十四日間を費して遅引甚だしく、この日、ようやくにして頼朝に進達するを得たり。【吾妻鏡】

九月十日

後白河法皇、恒例の供花会を始行さる。六条殿においてか。ついで、同十五日、供花に参仕の遊女らの給物料として、蘇芳綾二疋、裏二切、紅袴等を調進す。また、後白河法皇領・新保荘（富山市針原・新保・堀・高島付近）に所課の絹・綿等も同じく貢進せり、と。

【仲資王記（九月十五日条も）】

九月二十日

後白河法皇、天王寺に御幸あり。三七日（二十一日間）の逆修《ぎゃくしゅ》供養の事を行わる。

【仲資王記】

十月六日

後白河法皇、天王寺における三七日逆修供養結願す。神祇伯仲資王（33）、参仕の僧八口（八人）の布施として、小袖八領（平褁二筥に入る）を京より送達す。後白河法皇、殊に御感ありて八口の僧に、これを給し給う。また、内外近習の人々も、布施を天王寺に示し送らる、と。

【仲資王記】

十月十六日

後白河法皇、天王寺より京都に還御。途次、権中納言源通親（41）の山荘・久我亭（京都市伏見区久我）御覧のため入御あり。通親より種々の進物を法皇に献上す。これを伝聞する人々、可となさず。まことに弾指すべき事なり。今夜、法皇、この久我亭に宿御。明日、六条殿に還御すべし、と。

【玉葉】

十月十七日

午刻（正午頃）、後白河法皇、権中納言源通親の山荘・久我亭を出御、入洛の上、六条殿に還御。よって、摂政藤原兼実（41）の家司・蔵人頭大蔵卿藤原宗頼（36）、法皇御所六条殿に参向、法皇に院奏すべく、条々の事を申す。今夜、後鳥羽天皇（10）、方違えのため、後白河法皇御所白河押小路殿に行幸せらる。

【玉葉】

十月十八日

蔵人頭右中将藤原成経（34）、後白河法皇の御使として摂政藤原兼実の九条亭（大炊御門亭修造につき移徙）に来り、「奥州藤原泰衡を誅伐せし功により、源頼朝（43）の行賞の事いかがすべきや」と、兼実に沙汰を問わる。兼実、子細を申す。夜に入り、成経、再度、兼実亭に来りて、頼朝の行賞のことを問わる。よって、兼実、「法皇より大宰権帥権中納言藤原経房（47）を召仰せらるべし、人々に諮らるべからず」と奉答す。

この夜、参議藤原定長（41）、摂政兼実の招きにより、九条亭に来訪。条々の事を後白河法皇に奏聞せしめんがためなり。

【玉葉】

十月二十一日

この夜、参議藤原定長(41)、後白河法皇の御使として摂政藤原兼実(41)の九条亭に来臨す。法皇、奥州の間の事〈頼朝より大宰権帥権中納言藤原経房に通報せし、藤原泰衡誅伐以下、一人を漏らさず召取りたる事〉を摂政兼実に伝達せしめらる。【玉葉】

十月二十二日

摂政藤原兼実の家司・蔵人頭大蔵卿藤原宗頼(36)、後白河法皇の御使にて兼実の九条亭〈大炊御門亭、修復中〉に来りて、法皇の仰せ事、条々を伝達せり。故高倉上皇二宮〈母は典侍藤原殖子《たねこ》33。のち守貞親王11〉の元服の儀、今年は行うべからず、中止すべき由、勅定あり。【玉葉】

十月二十四日　源頼朝、奥州遠征より鎌倉に帰着

申刻〈午後四時頃〉、源頼朝、奥州遠征より鎌倉に帰着。直ちに営中に入る。いまだ温坐〈安心して坐ること〉せざるに、前因幡守中原広元(42)を召し、消息を大宰権帥権中納言藤原経房ならびに右兵衛督藤原能保(43)に書き送らしめ、後白河法皇に奥州の戦勝の次第および鎌倉帰参の旨を上奏せしむ。【吾妻鏡】

後白河法皇、源頼朝(43)の奥州藤原泰衡討伐の事、聞し食さるるにより、大宰権帥権中納言藤原経房(47)、仰せを奉りて御感の院宣を正二位源頼朝に下し給う。ついで、勧賞《けんじょう》あるべき仰せあり。在京の北条四郎時政(52)、これを申預り、牧六郎政親に託し飛脚として、十一月二日、鎌倉に到達せり。【吾妻鏡(十一月二日条)】

十月二十六日〔雨下る〕

摂政藤原兼実の家司・蔵人頭大蔵卿藤原宗頼、院御所より後白河法皇の院宣を兼実の許〈九条亭〉に持参す。二宮〈守貞親王〉の元服の儀ならびに同二宮・三宮〈母は故大膳大夫平信業妹。のち惟明親王11〉、さらに女宮〈母は高階栄子《よしこ》(丹後局)・覲子《あきこ》内親王9〉の親王宣旨の事につきてなり。元服は来る十二月九日、しかるべし。干支、白河天皇元服の日の干支に叶うべきにより、挙行あるべし、と。去る二十二日、後白河法皇、行うべからずとありたるに、今日の急変、いかに。【玉葉】

十月二十八日

明暁〈二十九日朝〉の後鳥羽天皇(10)初度春日社行幸に、摂政藤原兼実ならびに権大納言藤原良経(21)供奉のため、この夜、閑院内裏に参内す。まず、院御所六条殿に参入。法皇の召しにより御前に参り、数刻、法皇の勅語を賜う。ついで、亥刻〈午後十時頃〉に及びて閑院に参内す。

今日、摂政兼実（41）、後白河法皇の御牛・御馬（鹿毛）を春日御幸供奉の料に借預る。御馬は兼実の車の後に相具すためなり。ただし、院御厩舎人は不用。御牛は南都に牛車を引かせて行き向うためなり。これよりさき、京出の御牛（京都進発の時の御牛）は、先日、法皇より下賜あり。これは永く兼実に拝領のものなり。　【玉葉】

十月二十九日〔天晴る〕

当今《とうぎん》（後鳥羽天皇10）、初度の南都・春日社の行幸なり。摂政藤原兼実（41）、未明、束帯を着装、閑院内裏に参内す。時に主上、御湯殿了りて朝の御膳なり。ついで内蔵頭藤原経家を召し、主上の総角《あげまき》（結髪）を奉仕せしむ。御髪ようやく長く伸び給うにより付髪を加えず。ついで、黄櫨《こうろ》染《ぜん》御袍を着装、終りて神宝御覧の事あり。後白河法皇、行幸の行列見物のため桟敷（三条北・室町西）に渡御の後、主上出御あり。摂政藤原兼実、笏《しゃく》を差して、主上の黄櫨染御袍の御裾に候す。蔵人頭大蔵卿藤原宗頼（36・兼実家司）、兼実の裾に候す。剣璽の内侍、前後に候すこと、常の如し。時に辰刻（午前八時頃）なり。行幸、春日社社頭に着御は亥刻（午後十時頃）なり。主上、着到殿（春日社）に入御。女房陪膳により御湯漬を形の如く供御。ついで、主上に摂政藤原兼実、御手本を進献す。主上、当夜、着到殿に宿御。摂政兼実は北鳥居外（着到殿の乾角）に黒木をもって急造の宿所（五間面屋）に入りて宿す。　【玉葉、仲資王記】

十月三十日〔天晴る〕

後鳥羽天皇、南都・春日社より還御。未一点（午後一時すぎ）、主上の御輿を寄せ、参議右中将藤原公時（33）、剣璽を役す。主上、御輿に乗御。摂政藤原兼実、鳥居外において乗車。申刻（午後四時頃）、頓宮《かりみや》（石清水八幡宮の下院）に着御、御膳を供す。陪膳は権中納言源通親（41）なり。後鳥羽天皇、今夜、方違えにより後白河法皇御所押小路殿（白川殿）に還御、明暁、閑院内裏に還幸せらる、と。　【玉葉】

十一月三日

後白河法皇、日吉社に御幸。　【仲資王記】

十一月六日

去る三日、京都より源頼朝（43）に後白河法皇御感の院宣到来。勧賞の事、仰せ下さるるも、頼朝固辞す。五日、返事を申すべき条々につき、その沙汰を議す。ついで、この六日、右兵衛督藤原能保（43）の飛脚、帰洛するにつき、大宰権帥権中納言藤原経房（47）に進上の書状に、頼朝の勧賞辞し申すべくしたため託す。なお、御家人のうち勲功ありたる者につきては追って注申すべく、後白河法皇に奏聞ありたき旨、記載せり。　【吾妻鏡】

十一月七日

源頼朝（43）、奥州合戦の勲功により勧賞を行わんとの後白河法皇の院宣ありたりと雖も、固辞すべく、前因幡守中原広元（42）を上洛せしめんと決す。【吾妻鏡】

十一月八日

頼朝の使節として前因幡守中原広元、上洛のため鎌倉を出発す。後白河法皇に献ぜんがため綿一千両を携帯。また、頼朝、京都において公卿方に贈らんがため鞍馬十疋を用意す。【吾妻鏡】

十一月十五日〔天晴れ、終日風烈し〕

摂政藤原兼実（41）の大炊亭において、兼実女子（17）の入内（後鳥羽天皇10の女御として）雑事を定む。この日早旦、女子、入内の事を祈るため、密々に大原野社に参詣す。酉刻（午後六時頃）、公卿ら、大炊亭に参集。権中納言藤原兼光（45）、名字勘文を持参、五ヶ名を檀紙一枚（懸紙あり）に書く。「典子・立子・任子・位子・諦子」の名、その出典たる本文を別紙に書す。ついで、名字評定あり。右大弁藤原定長（41）、「任子《とうこ》」を用いらるべきを発語す。中納言藤原定能（42）及び大宰権帥権中納言藤原経房（47）は「位子」、参議藤原雅長（45）は「立子」宜しかるべし、と。一同、「任子」に群議一定す。ついで、勅使・蔵人頭左中将藤原成経（34）入来、兼実女子・藤原任子を従三位に叙す。勅使に女装束一具を賜禄、勅使退下。ついで、従三位藤原任子方の家司職事を任命す。

摂政藤原兼実、事了りて拝賀のために内裏・院御所に参向せんとす。折柄、この日、京官除目下名《おりな》たるにより、五位蔵人宮内大輔藤原家実（28）、後白河法皇の御使として下名任人歴名を兼実の許に持参す。兼実、これに謁し、法皇の仰せを承る。ついで、摂政兼実、大炊亭中門の門外にて乗車、閑院内裏に従三位藤原任子の拝賀を申すべく参内す。蔵人頭右中将藤原成経に付し事由を奏し、拝舞。清涼殿小板敷より昇殿、後鳥羽天皇の御前に参上、しばし退出。公卿ら多く留まるも、中納言藤原定能・参議藤原雅長ら、兼実に相伴退出せり。その後、兼実、女子任子の叙位につき拝賀のため法皇御所六条殿に参上。中納言藤原定能をもって見参に入るも、後白河法皇、念誦の間により、即刻、退出せり。【玉葉】

十一月十九日

故高倉上皇の若宮二人（二宮守貞11、三宮惟明11）、親王宣旨を下さる。後白河法皇の院宣によるものなり。この名字は、いずれも式部大輔藤原光範（64）これを撰ぶ。すこぶる難あり、と。親族拝賀あり。摂政藤原兼実、この日、病疾により参入せず。

【玉葉（十月二十六日条も参照）、仲資王記、吉部秘訓抄】

十一月二十四日〔晴〕

大内において豊明節会《とよのあかりのせちえ》あり。秉燭以前、摂政藤原兼実（41）、束帯を着装、まず六条殿に参上。後白河法皇に拝謁す。退出の間、右大弁藤原定長（41）、条々の法皇勅語を伝達せり。頼朝（43）、奥州討伐勲功により、国々を賜わらんとするも固辞す。この事につき、兼実、所存の旨を奏上せり。「恐れありと雖も、愚忠の故なり」と。定長、これに服膺《ふくよう》の気色あり。【玉葉】

十一月二十五日

この夜、右大弁藤原定長、摂政藤原兼実の大炊亭に入来。昨日、兼実より後白河法皇に奏聞の子細につき、叡慮を伝う、「兼実の申す所、然るべし。腹心を開き、繊芥（細事）を漏らさず、御感至極なり。よって、奏上の如く、頼朝に仰せ遣わすべし」と。【玉葉】

十一月二十七日

故高倉上皇若宮、二宮守貞親王（11）ならびに三宮惟明親王（11）の侍始の儀を、後白河法皇御所六条殿において行わる。摂政藤原兼実、参入せず。この事、かねて兼実に告げ示す人なき上、兼実もまた参入の要なきにより欠儀せり。【玉葉】

十二月一日〔天晴る〕

後白河法皇の御使として右大弁藤原定長をもって、摂政藤原兼実に、去る二十一日の夜の五節淵酔《えんずい》、ならびに昨二十九日の賀茂臨時祭のこと、夜《や》漏《ろう》（深更にして鶏鳴時に近し）に入りたるの故を尋問せらる。これ、兼実の家司・大蔵卿藤原宗頼（36）の懈怠なり、尋問の上、沙汰すべし、と。宗頼、遅参により遁るる所なし、天性すこぶる緩怠なり。加えて、定長らの讒口《ざんこう》のために、この法皇御沙汰あり、と。【玉葉】

今日、五位蔵人右少弁藤原定経（32）、院御所より摂政兼実の許に入来。後白河法皇姫宮（母は従三位丹後局・9）、来る五日、親王宣下せらるるにつき名字勘申《かんじん》のことありて、式部大輔藤原光範（64）、「媅子・覲子・祺子」の字を選べり。これにより兼実の意見を問わる。兼実、左大臣藤原実定（51）・権中納言藤原兼光（45）・大外記中原師尚（59）らに尋ぬべきを仰せ下す。【玉葉】

十二月二日〔天晴る〕

昨日、後白河法皇、院宣をもって摂政藤原兼実の家司・大蔵卿藤原宗頼の五節淵酔ならびに賀茂臨時祭の懈怠譴責ありしこと、摂政兼実、宗頼を召問したる事由につき、蔵人宮内大輔藤原家実（28）をもって後白河法皇に奏上せしむ。【玉葉】

十二月三日〔天晴る〕

未刻（午後二時頃）、摂政藤原兼実、大内修造工事の体を権大納言良経（21）を相伴して巡検す。内裏より退出、大炊亭に帰参の後、院御所より蔵人宮内大輔藤原家実来りて、昨日奏聞する所の家司・大蔵卿藤原宗頼の一件につき、後白河法皇よりの返事を仰せ下さる。法皇、今度の懈怠は将来を誡め、特に恐懼（謹慎処置）に及ぶことなし、と。

十二月四日〔天晴る〕　【玉葉】

左少弁藤原定経（32）、摂政藤原兼実（41）の大炊亭に来る。後白河法皇の姫宮（9）の御名「覲子《あきこ》」よろしきの由、左大臣藤原実定（51）・権中納言藤原兼光（45）・大外記中原師尚ら申す、と。よって、兼実もまた、もっとも然るべし、と奏答せり。

後鳥羽天皇（10）、明春三日、元服の儀を行わるるにつき、伊勢大神宮に奉幣使を差遣さる。上卿は右大臣藤原実房（43）、行事弁は左中弁藤原親雅（45）なり。物忌たるにより、主上、清涼殿において伊勢大神宮御拝あり。摂政藤原兼実、風病を労わるため参内せず。

家司・蔵人大蔵卿藤原宗頼（36）、摂政兼実の許に入来、主上元服の間の事を申す。当日の御遊召人につきては、追って沙汰すべしとの後白河法皇の院宣を伝う。さらに、御遊に演奏の管絃御物の「玄上」（琵琶）・「鈴鹿」（笛）ともに破損せり。また、笛箱、先年、乱逆の後、紛失せり。これらの対策につき、兼実に事由を奏すべく後白河法皇院宣あり。

この日、天台座主全玄（77）、牛車の宣旨を申請す。これ年老いて、すでに八旬《はちじゅん》に余り、身すでに法務・大僧正・護持僧となる。このたびの元服御祈りの御修法《みしほ》、勤仕すべきのところ、加持の役、叶うべからず。牛車を聴され参勤せんと欲す、と。申す所、哀憐あり、今生の余執は只この一事ばかりなり。よって、許容さるるも巨難あるべからざるか。

明日、後白河法皇の姫宮、親王ならびに准后の宣旨を下さるるの儀、閑院内裏の陣において行わる。よって摂政藤原兼実に参候すべきの由、尋ね申さるる旨、法皇より院宣あり。よって、兼実、参上すべし、と答う。しかるに、兼実、心中においてその要なき事と雖も、法皇に追従のための参上なり。　【玉葉】

十二月五日〔天晴る〕

後白河法皇女宮（母は従三位丹後局・9）、閑院内裏の陣において、親王ならびに准后宣旨を下さる。摂政藤原兼実、未刻（午後二時頃）、直衣を着し、庇車に乗り参内す。権大納言良経（21）、束帯を着装、兼実に随伴す。申刻（午後四時頃）、右大臣藤原実房（43）、今日の儀の上卿により、着陣す。姫宮、いまだ院御所六条殿に参上なし。右衛門督源通親（41）、密々、姫宮の御供儀たり。勅別当に補せらるるなり。通親、家に帰りて装束を改め陣に参る。万事、懈怠なり。陣において親王宣下の儀あり。一紙に「覲子」の名字を書き、親王と為すべき由、ついで年号月日を書く。

事了りたるは日没以後秉燭以前なり。摂政兼実、権大納言良経を相伴して院御所六条殿に参上。兼実、直衣たるにより六条南門より入りて西渡殿辺に候す。良経は東方に廻りて公卿座に着す。権右中弁平棟範（40）をもって見参に入る。しばし、相待つべし、と。よって、兼実、内裏における姫宮今日儀の次第のあらましを申す。平棟範、又来る。「後白河法皇、風病たるにより浴殿に御坐《おわしま》す。見参のために罷り上るも、なお御不快なり。さして奏事なきや否や、如何に」と仰せあり。よって、全く申入るべき奏事なき由を奉答す。ついで、勅使・蔵人頭右中将藤原成経（34）、院御所に参入。今日の親王ならびに准后宣下の事、法皇に奏聞あり。ついで三献の饗あり、賜禄の後、勅使、退出せり。

【玉葉】

十二月六日〔天晴る〕

摂政藤原兼実（41）、太政大臣兼宣旨《けんせんじ》の儀、大炊亭において行わる。奉行職事・大舎人頭高階仲資、装束（設営）を奉仕す。兼実二男・権大納言藤原良経（21）、後白河法皇の勅定により、この日の勅使を拝任す。午刻（正午頃）、院の主典代《しゅてんだい》中原景能、大炊亭に来りて、権大納言良経を召し、院御所参上を促す。申刻（午後四時頃）、良経、束帯を着し、院御所六条殿に参上。戌刻（午後八時頃）、勅使・権大納言良経、帰来。兼実の座前に来りて、後白河法皇の勅語（太政大臣に成り給うべし。日時を撰び申すべし）を伝う。兼実、これに対し返事「身不肖たりと雖も、事限りあり。止めんとするあたわず、畏り承り了んぬ」と奏上す。ついで、参議藤原雅長（45）、禄（女装束一具）を取りて勅使良経に賜う。良経、笏を置きて左手に禄を取り、右手に笏を取り、退出して、六条殿に帰参す。

【玉葉】

十二月八日

蔵人頭大蔵卿藤原宗頼（36）、院御所より摂政藤原兼実の大炊亭に来りて、明正月三日、主上元服の間の事を申す。その中、延暦寺座主全玄（77）、牛車宣旨申請の事、後白河法皇勅許あり、と伝う。

【玉葉】

十二月九日

後白河法皇、東寺修造のため、初め長門国の功を充《あ》てんとし給うに、忽ちには叶わざるにより、播磨国の功を代替せしめ給う。当時、東寺長者は権僧正俊証（84）なり。よって、御使・播磨国目代対馬前司中原清業、勅使・河内守藤原清長（右大弁定長子・19）、文覚上人（51）の三人を任命さる。

【玉葉、東寺長者補任（十二月二十四日）】

今日、准后観子内親王（後白河法皇姫宮・9）の侍始あり。摂政藤原兼実、不参。

【玉葉】

十二月十日〔天晴る〕

摂政藤原兼実、後白河法皇に申請して借得せし『法曹事類草』（十四合）を院御所に返上せんとして、右大弁藤原定長（41）の許に送遣す。

【玉葉】

十二月十四日〔雨降る〕　**藤原兼実、太政大臣に任ぜらる**

摂政兼実（41）、太政大臣に任ぜらる。よって、兼実の大炊御門亭において大饗を行うべく堂上堂下の設営を完備す。未刻（午後二時頃）、左衛門督藤原定能（42）、直衣を着して来臨、近辺において束帯に改む。申終り（午後五時前）、兼実、束帯を着装、慶び申しのため閑院内裏に参内す。中門を出で、東四足門の外にて乗車。大納言藤原兼房（兼実弟・37）門下において来会。権大納言藤原良経（21）・左衛門督藤原定能・参議藤原雅長（45）ら、車を連ね扈従す。殿上人、左中将藤原親能（21）・右中将藤原忠季・左少将藤原定家（28）・右少将藤原高通（21）らも、同じく車を連ねて参内す。前駆は四位以下二十人、随身の官人はいずれも束帯着装、番長以下、垂袴《たればかま》・壺胡簶《つぼやなぐい》なり。閑院到着の後、弓場殿《ゆばどの》に、蔵人頭右中将藤原成経（34）出向、気色により御所に参上。兼実、拝舞訖《おわ》りて昇殿。後鳥羽天皇（10）、物忌により御前に召されず。御拝の間、大納言兼房ならびに権大納言良経、庭上に在り。右衛門陣より出でて三条坊門富小路において、兼実乗車。ここにおいて、前駆の家司・前摂津守橘以政、落馬、冠を脱するにより留まり了んぬ。

ついで、法皇御所六条殿に参上。東中門に進み立つ。左衛門督藤原定能および権大納言良経相伴、扈従す。院別当・修理大夫藤原定輔（27）を申次ぎ、慶び申しの事を奏上、拝舞了る。後白河法皇、召しの由を告ぐるにより中門の外より昇殿、車寄戸より参入、御前に参上。法皇、寝殿東面妻戸の御簾中に御坐あり。左右に燭を挙ぐ。透渡殿《すきわたどの》に円座一枚を敷かる。兼実、円座の辺りに候す。両方より御馬一疋を引出され、これを賜う。ついで、六条殿御同居の殷富門院御方（法皇女・43）に慶び申す。重喪により拝を行わず退出。大炊亭に帰参す。

この夜、大饗あり。尊者は右大臣藤原実房（43）。饗宴において御遊あり（「御遊年表」参照）。拍子は左衛門督藤原定能がとり、付歌は、その子・左中将親能なり。　【玉葉】

文治六年・建久元年（一一九〇・改元）　六十四歳

正月一日〔陰り晴れ、定まらず〕

後白河法皇、六条殿において院拝礼あり。【玉葉、愚昧別記】

正月三日〔天晴る〕　**後鳥羽天皇、元服**

後鳥羽天皇（11）、元服の儀を行わる。加冠は摂政太政大臣藤原兼実（42）、理髪は左大臣藤原実定（52）、能冠《のうかん》は内蔵頭藤原範能なり。職事《しきじ》・五位蔵人宮内大輔藤原家実（29）の懈怠により、晩に及びて、事、始む。東拝の間、日入りて、加冠の礼、掌燈《しょうとう》以後なり（「御遊年表」参照）。

今日、旧臘十二月三十日に左大将を兼任せし権大納言藤原良経（22）の拝賀あり。閑院内裏ならびに後白河法皇の六条殿に参上す。【玉葉】

源頼朝（44）、大曾根（安達）九郎藤次時長を飛脚として上洛せしむ。これ、鷲羽一櫃、後白河法皇に進献のためなり。去る年、進上すべきところ、奥州より遅到のため、今日に至れり。【吾妻鏡】

正月五日〔天晴る〕

後鳥羽天皇、元服後宴あり。上寿《じょうじゅ》人は権中納言藤原親信（54）なり。内弁は左大臣藤原実定が勤む。摂政太政大臣藤原兼実、上寿の礼了りて退出せり。【玉葉】

正月七日〔天晴る〕

白馬節会《あおうまのせちえ》なり。公卿、賀表を上《たてまつ》る。摂政太政大臣藤原兼実、巳刻（午前十時頃）、閑院内裏に参内、直廬に入る。未刻（午後二時頃）、直廬を出でて後鳥羽天皇御前に参上。申刻（午後四時頃）、殿上において賀表に署（実名）を加筆す。ついで、南殿に主上渡御、兼実も扈従す。この夜、節会了りて、摂政兼実、六条殿に参入、後白河法皇の御前に参り、拝謁す。【玉葉】

正月八日

大内、御斎会始なり。後白河法皇、御幸あり。【玉葉】

正月十一日〔午上（正午前）、雨降る。午後、猶、天陰る。夜に入り風静かにして、月明らかなり〕　**藤原兼実女・任子、入内**

この夜、摂政太政大臣藤原兼実（42）の長女・従三位任子《とうこ》（18）、青糸毛車に乗りて大内の藤壺（飛香舎《ひぎょうしゃ》）に入内す。ついで夜御殿に入御。

【玉葉】

正月十四日

大内の御斎会、終日なり。後白河法皇、御幸あり。

【玉葉（正月八日条）】

正月十六日

従三位藤原任子入内につき御書の使あり。ついで主上渡御。露顕《ところあらわし》の儀、女御の宣下、後朝《きぬぎぬ》の御事、三日夜餅《みかよのもちい》の儀あり。さらに、女御司侍始を行う。

【玉葉】

正月二十七日〔天晴る〕

後鳥羽天皇（11）、元服の後、始めて朝覲《ちょうきん》の礼あり。摂政太政大臣藤原兼実、巳刻（午前十時頃）、束帯を着用、御所（閑院内裏）に参内す。時に主上、御鬟いまだ召さず。また内侍も髪上（頭上に結い上げる）せず。女房らの懈怠、言いて余りあり。やがて右衛門督源通親（42）参上、主上の御鬟ならびに装束を奉仕す。午刻（正午頃）、主上、南殿に出御あり。ついで申始め刻（午後三時すぎ）、御輿を寄せ、剣璽を奉安、葦戸を閉じ、御輿を舁出す。承明・建礼・待賢門より出で、やがて院御所（六条殿）東四足門下（六条北、西洞院西）に至る。後白河法皇、六条堀川桟敷に出御、御幸の行列を見物あり。御輿、院御所の中門内に舁据え、主上、下御。摂政太政大臣兼実、笏を腰に差し御裾を取る。左中将藤原公時（34）、御剣を取り主上の後に候し、昇殿せらる。

ついで御拝の事あり、法皇出御。主上、御休所より出御、儀式あり。つぎに権右中弁平棟範（41）をして法皇の御気色を伺い、楽を始む。秉燭に及び衝重《ついがさね》を居え勧盃の事あり。つぎに御遊（「御遊年表」参照）。拍子は左衛門督藤原定能（43）が取る。篳篥は定能二男・右衛門権佐藤原資能（18）、この日、初奏なり。この所作人たるにより、今日、昇殿を聴さる。この日の贈物は御箏なり。左大将藤原良経（22）これを取る。また御馬二疋なり。先例、元服後の初度朝覲行幸には御馬六疋なり、二疋たるは如何。

【玉葉、愚昧別記】

二月二日

源頼朝（44）、貢馬《こうば》二十疋を京都に送進。右兵衛督藤原能保（44）に解文を付して、権中納言藤原経房（48）をして後白河法皇に奉献せしむ。この貢馬、三月五日、京着。後白河法皇、貢馬の数多きに加え、殊に事のついでに申されし赤鹿毛の馬の混じたるを悦び給い、右大弁藤原定長（42）、院宣を権中納言藤原経房に下し、頼朝に謝意を申さる。よって、三月十四日、右兵衛督藤原能保の書状にこの院宣を付して、

鎌倉に到達す。　【吾妻鏡（三月十四日条）】

二月十一日

後白河法皇、去る月二十二日、院宣を源頼朝（44）に賜い、大内修造の功を褒し給う。よって、勧賞を行うべきの由仰せありて、所望を言上すべき沙汰あり。しかるに、頼朝、法皇の叡感を蒙りしこと、すなわち勧賞なり、と請文を上りてこれを辞し奉る。【吾妻鏡】

二月十六日

後白河法皇、文覚上人建立の高尾・神護寺の金堂に常灯をかかぐるにより、法皇、神護寺に御幸。この夜、法皇、内陣に入御。みずから火《ひ》燧《うち》を打ちて点火し給う。九枝の光りをかかげ、三会の暁に継ぎ給う。この夜、金堂正面、平岡八幡宝前（鳴滝西北、梅が畑に鎮坐）、弘法大師御影堂の三ヶ所に点火あり。法皇、仙洞院（文治四年〈一一八八〉造立）に宿御。【一代要記、神護寺略記、神護寺文書】

三月二日〔天晴る〕

この夜、蔵人勘解由次官平親国（26）、後白河法皇の御使として、摂政太政大臣藤原兼実（42）の大炊亭に入来。来る十六日、石清水八幡宮臨時祭における近衛使闕如の事につき、法皇、兼実に計らい奏すべきの由、勅定あり。よって、兼実、所存の旨を具《つぶ》さに申す。左中将藤原家経（内大臣兼雅46二男・17）、もっとも其の仁なりと推挙す。しかるに、当日の使は左少将藤原実保（故権大納言公保一男）が勤仕す。【玉葉（三月十六日条も）】

三月四日〔天晴る〕

院御所より権右中弁平棟範（41）、摂政太政大臣藤原兼実の大炊亭に来る。去る二日、蔵人勘解由次官平親国をして後白河法皇に奏聞せしめんとせる石清水八幡宮臨時祭の近衛使の人選のこと、院御所中間たるにより、いまだ法皇に奏達する能わず、と。【玉葉】

三月五日〔天晴る〕

後白河法皇、鳥羽殿に御坐あり。熊野詣でのため鳥羽殿御精進屋に入御ありたるか。この日、摂政太政大臣藤原兼実、右馬権頭源兼親を鳥羽に遣わして、叡山の悪徒実命の恩免を後白河法皇に申請す。兼親、鳥羽殿に参向、法皇に申入る。法皇の仰せによれば、実命、重科の者たりと雖も、度々の申請の旨、黙止しがたきにより、免し給う、と。【玉葉】

三月七日〔天晴る〕

後白河法皇、熊野に参詣のため、鳥羽殿より進発せらる。【玉葉】

三月十八日〔天陰るも、雨ふらず〕

この夜、後鳥羽天皇（11）、方違え行幸により白川押小路内裏（これ、後白河法皇御所）に渡御。摂政太政大臣藤原兼実（42）ほか公卿四人供奉す。暁鐘以後、閑院内裏に還御あり。還御に際して公卿の供奉は只一人なり。兼実は供奉、不敵不敵と。還御後、退出、大炊亭に帰参。【玉葉】

三月二十五日〔天晴る〕

院御所六条殿において、後白河法皇、尊勝陀羅尼供養を修せらる。導師として仁和寺道法法親王（法皇第八皇子・25）、参勤す。【仁和寺御伝】

四月七日〔天晴る〕

後白河法皇、今日、熊野より御下向。まず、今熊野社に落居し給う。よって、摂政太政大臣藤原兼実、家司・蔵人頭大蔵卿藤原宗頼（37）を参上せしめ、条々の事を奏聞す。【玉葉】

四月八日

夜に入りて摂政太政大臣藤原兼実、六条殿に参上。しかるに、後白河法皇、すでに御寝《ぎょし》により見参に入らず。すなわち、閑院内裏に参内、直廬において宿す。この夜、後鳥羽天皇（11）の御前において、密々に詩会あり。左大将藤原良経（22）・右衛門督源通親（42）以下、近習の人、五、六人参会す。【玉葉】

四月十日〔天晴る〕

摂政太政大臣藤原兼実、初度の上表により太政大臣を辞せんとす。寛治三年（一〇八九）、摂政太政大臣藤原師実（48）以来、多く三月をもって初度の表を献るが恒例なり。しかして、このたびは後白河法皇の熊野詣でたるの間、空しく月日を過したり。上表文の草進は式部大輔藤原光範（65）、清書は中務少輔藤原伊経なり。【玉葉】

四月十一日〔天晴る〕

建久改元。文章博士藤原光範、これを撰び申す。地震により改元す。【玉葉、押小路記録、行類記】

四月十四日

後鳥羽天皇女御・藤原任子（18）、立后兼宣旨なり。参議右中将藤原成経（35）、勅使として摂政太政大臣藤原兼実の大炊亭に来臨。勅使賜禄、兼実みずからこれを取る。左衛門督藤原定能（43）、それを伝供《てんぐ》す。【玉葉】

四月十五日

摂政太政大臣藤原兼実（42）、太政大臣辞申の第二度上表なり。上表使は右中将藤原兼良（大納言兼房38一男・兼実甥・24）、勅答使は左少将藤原高通（左京大夫清通子・22）なり。【玉葉】

四月十六日

未刻（午後二時頃）、伊勢大神宮祭主大中臣能隆、大神宮内宮心柱顚倒の事を内々、摂政太政大臣藤原兼実に告げ送る。よって、兼実、右中弁平棟範（41）をもって、伊勢大神宮内宮役夫工事についでこの事を後白河法皇に奏上せしむ。【玉葉】

四月十九日　藤原兼実、太政大臣を辞す

摂政太政大臣藤原兼実、太政大臣辞申の第三度上表文を上る。上表使は右中将藤原忠季なり。上表文の草に不義の詞（自謙の句なり）あり。兼実、当日の行事にして家司たる右衛門権佐藤原長房（23）をして、作者（文章博士藤原光範65）に仰せて、改直せしむ。この上表文、受理せられ、兼実、太政大臣を罷む。【玉葉、公卿補任】

四月二十日

京都勤番の鎌倉武士・佐々木左衛門尉定綱（49）の飛脚、鎌倉に到達す。申して云う、「去る十三日亥刻（午後十時頃）、右兵衛督藤原能保（44）の室（正二位源頼朝44の姉・46）、難産により卒去す」と。頼朝、殊のほか歎息せり。能保は大宰権帥権中納言藤原経房（48）と共に、鎌倉と後白河法皇を結ぶ重要なる人物なり。【吾妻鏡、玉葉（四月十四日条）】

四月二十一日（天晴る）

後白河法皇、御室道法法親王（25）を招き、六条殿において愛染明王法を始修せしめらる。同二十七日、結願す。【仁和寺御伝、御室相承記】

四月二十六日（天晴る）　**女御藤原任子、中宮（冊命立后）**

後鳥羽天皇女御・藤原任子（18）の冊命《さくめい》立后の事あり。今朝、女御の父・摂政藤原兼実、蔵人左京権大夫藤原光綱（48）を召し、宮司土代（中宮職除目の下書＝中宮大夫正二位藤原兼房38以下、権大夫・亮・権亮・大進・権大進・少進・権少進・大属・少属・権少属等十一人の名簿土代なり）を加封して、後白河法皇に奏上せしむ。兼実、内裏に祗候の間、光綱帰来す。伝奏《てんそう》・右大弁藤原定長（42）、法皇の仰せを伝え、早やかに任命すべきの由、と。御遊あり（「御遊年表」参照）。【玉葉】

この日、後白河法皇、六条院（郁芳門院御所・女院崩御後に御堂に改築）の修理ならびに荘々よりの年貢、貢納方につき、源頼朝に院宣（右大弁藤原定長奉）を下し給う。六条院は白河法皇の創建にして、崇重《すうちょう》、年久しくして、近年荒廃。住侶、止住の便を失い、その地（京都市下京区大津町・塗師屋町・万寿寺町あたり一帯）、牛馬の栖《すみか》となる。よって後白河法皇、修造の事、発念あり。折柄、権中納言藤原経房、熊野参詣にて不在、右大弁藤原定長、頼朝に院宣を上啓する所なり。この院宣、五月十三日、鎌倉に到達す。

【吾妻鏡（五月十三日条）】

五月三日〔天晴る〕

後白河法皇、今日より今熊野社御精進を始めらる。御精進屋は恒例により法住寺南殿内に所在か。

【玉葉】

五月六日

摂政藤原兼実（42）の家司・蔵人頭大蔵卿中宮亮藤原宗頼（37）、後白河法皇御供により今熊野社に参籠せり。この日、法皇の御使として兼実の大炊亭に入来、条々の事を仰せあり。

【玉葉】

五月二十三日

源頼朝（44）、来月、後白河法皇寵女・従三位丹後局が台嶺（天台宗山頂＝比叡山延暦寺）において仏事を修すべき由を伝聞するにより、この日、使者を京都に差上し、砂金・帖絹等を送り遣わす。これ、日吉社において六月十一日行わる五部大乗経供養のためなり。

【吾妻鏡（六月二十二日条も）】

六月九日

去る年八月、源頼朝、奥州平泉の藤原泰衡討伐のため陸奥国に入る。その時、皇胤の姫宮と称する女性、出現す。尋問のところ、生母は九条院（近衛天皇中宮・藤原呈子）の官女（雑仕・常盤）なり、と。この常盤、左馬頭源義朝の妾となり、今若丸（全成）・乙若丸（円成）・牛若丸（源義経）を生む。平治の乱後、平清盛の寵愛を受け、女子（左大臣藤原兼雅家女房・廊御方）を出生。その後、大蔵卿藤原長成の後妻となる。この落胤姫宮は母常盤につき箏の妙技を習得す。母常盤の縁により、後白河法皇、この芸を聞し食さんがために、しばらく法皇御所に止住す。後日、不慮の事ありて奥州に下向す。法皇落胤を疑う者ありと雖も、入道肥後守藤原資隆母（肥後守高階基実女＝堀河院内侍肥後）、姫宮のために落胤たるを弁護し、また、奥州の住人一同、その皇胤たるを信ず、と。頼朝、これを知り、皇胤たらば、田舎の居住恐れありと、京都に身柄を送進せしめて、検非違使、左衛門少尉大江公朝に事の子細を申す、と。この日、院御所において審議せるに、この姫宮、宮人と称するも無実（事実無根）なり。全く皇胤に非ざるにより在京叶わず、返遣せしむべしと、後白河法皇の御気色。参議右大弁藤原定長（42）、頼朝に院宣を下し、六月二十三日に鎌倉に到達す、と。頼朝、後白河法皇の院宣をうけ、直ちに請文を右大弁藤原定長に送達す。「頼朝、もとよりこの姫宮の事、信受せざるも、実否を承るために召進むるところなり。いま、後白河法皇の御定に任せ、関東に下さるとのこと、今年、右兵衛督藤原能保（44）の妻室（頼朝姉）の喪中につき、殺罪禁忌なり。よって、彼の女の顔に疵でも印して追放すべきか。さもなくば、阿波国に佐々木中務丞経高居住するにつき、彼の者に預け置くべきか。よって、関東へ召返さるべきを、子細言上し、御指示あらんことを」と返報せり。【吾妻鏡（六月二十三日条）】

六月十一日

後白河法皇寵女・従三位丹後局、宿願により日吉社において、法印澄憲（65）を導師として、五部大乗経を供養す。源頼朝（44）、前もって法会の料を助成す。【吾妻鏡（六月二十二日条）】

六月二十二日

在京の佐々木左衛門尉定綱（49）、後白河法皇の寵女・従三位丹後局の消息を鎌倉に執り進め、この日、到来す。文面によれば、去る十一日、日吉社壇（日吉大社）において、法印澄憲を導師として五部大乗経供養を遂ぐ。これ偏えに正二位頼朝の助成により宿願を果せり、とあり。【吾妻鏡】

七月五日

未刻（午後二時頃）、摂政藤原兼実（42）の大炊御門第の艮《うしとら》（東北）の角、槐樹の上に落雷あり。雨降らずして、雷只一声なり。すこぶる奇異となす。【百錬抄】

七月八日

後白河法皇、発心地《おこりここち》（瘧《おこり》やまい）を病み給う。午上（正午前）、権中納言藤原経房（48）、六条殿に参上。摂政藤原兼実以下、群卿済々として参入せられたり。酉刻（午後六時頃）に至り、鎮静し給う。僧都行宗、終日、加持を修す。やがて、御落居あり。よって、剣一腰（紺地錦袋に納む）を纏頭《てんどう》として僧都行宗に給う。行宗、褻《け》御所の南庇の間に祇候、これを受く。また、法皇の勅定により験者・法眼行兼にも勧賞の事を仰せらる。【吉部秘訓抄（経房記）】

七月十二日

源頼朝、来る十月に上洛のため、六波羅の地に宿所を建築すべく、法橋昌寛を作事奉行として鎌倉より差し上す。【吾妻鏡】

七月二十三日

後白河法皇、日吉社に参詣御幸あり。【玉葉】

七月二十七日

源頼朝、かねてより京都宿所の地を後白河法皇に申請せり。しかるに、その地、いまだ治定せず。今年、頼朝、上洛すべきにより、ことに急ぎ申す。作事奉行人（昌寛）、すでに材木等を用意せり。よって、頼朝より権中納言藤原経房にあて、法皇に行程五ヶ日の飛脚を鎌倉より発足せしむ。文面によれば、東路之辺（東山の地）にかなりの広域の地を求め、家人の屋形など群立せんとして、法皇の恩給を申請せり。【吾妻鏡】

八月九日

かねて頼朝（44）より後白河法皇に申請中の京の地所のこと、この日、左少弁左衛門権佐藤原家実（改名、資実29）、右大弁藤原定長（42）に執り進む所の院宣の奉書（八月三日付）、鎌倉に到達す。文面によれば、「二位卿頼朝の宿所の事、故権大納言藤原邦綱の東山の旧居を用うべし。件の近辺はすでに後白河法皇御領たるにより、空地多し。相計らいて寄宿すべし」と。【吾妻鏡】

八月十一日

後白河法皇、御悩あり。【愚昧記】

八月十四日〔雨下る〕

伊勢大神宮の内宮仮殿遷宮の奉告のため、勅使（権大納言藤原頼実36）を発遣せしめらる。宸筆宣命は式部大輔藤原光範（65）草進。かつ、神宝御覧の事あり。このころ、後白河法皇、天王寺御幸あり。蔵人頭右中将藤原成経（35）、天王寺に供奉のため参内せず。よって、宣命は摂政藤原兼実（42）清書す。【玉葉】

八月十五日〔雨下る〕

石清水八幡宮放生会なり。上卿は参議左中将源通資（39）、行事は左中弁藤原親雅（45）なり。後白河法皇、内々、御幸ありて見物せらる。これ、恒例の如し。【玉葉、石清水八幡宮記録（皇代記・下）】

八月二十一日〔天晴る〕

後白河法皇、嵯峨（清涼寺）に御幸。十ヶ日、参籠ありて、その間、法華御八講を修せらる。【一代要記】

この日、摂政藤原兼実の家司・大蔵卿藤原宗頼（37）、祇園社の所司、申し来ることを、兼実に言上す。昨二十日、辰刻（午前八時頃）より今日に至り、灰毛の雌犬宝前に現われ、棕櫚《しゅろ》木を数反《へん》回り、門を出で諸神社を廻りて大門内方に帰り入る。人、これに餌を与うるも喰わず。清浄に調えし餌はこれを食す。まことに奇異の事なり。よって、兼実、准拠の例を問わしめ、また、後白河法皇にこの事、奏聞すべく、宗頼に下命す。【玉葉】

八月二十二日〔雨下る〕

巳刻（午前十時頃）、摂政藤原兼実、大炊亭を出でて、密々に宇治に向う。来る十月、後白河法皇、宇治御幸あるにより、件の御所の事、検知のためなり。兼実、宇治に向う途次、九条辺において、家司・大蔵卿藤原宗頼（37）に行き逢う。宗頼、院御所退下の途次なり。ここ路上において、後白河法皇の院宣等を兼実に伝う。【玉葉】

八月二十八日

かねて院庁官・右馬少允藤原康貞、宿意を抱くにより、民部卿藤原経房（48）ならびに参議右大弁藤原定長（42）を源頼朝（44）に訴え申す、「経房は希有の讒臣にして、彼のために諸人損亡せらる。右大弁定長は元大蔵卿高階泰経（61）に同意の凶臣なり」と。参河守源範頼、これを執り申す。しかるに、頼朝、この進言を承引せず。「両人ともに良臣の聞え高き上に、関東の事、連々、伝奏（後白河法皇に）の間、いまだその不可なるを知らず。ゆめゆめ、この事、口外すべからず」と、頼朝、参河守範頼をたしなむ、と。【吾妻鏡】

九月四日〔天晴る〕

蔵人宮内大輔藤原家実（29）、後鳥羽天皇（11）の御笛師の事を摂政藤原兼実（42）に来談す。後白河法皇、院宣をもって、参議右中将藤原実教（41）に仰すべし、と。また、右衛門権佐中宮大進藤原長房（23）、兼実第に来りて、来る十月の後白河法皇宇治御幸の間の事を告ぐ。【玉葉】

九月十日〔雨下る〕

後白河法皇、天王寺に御幸。参籠ありて、来る二十一日に還幸あるべし、と。【一代要記】

九月十六日〔天晴る〕

摂政藤原兼実、家司・伊予守源季長および中宮大進藤原長房を宇治に遣わし、後白河法皇御幸につき設営の検知を加えしむ。【玉葉（九月十七日条）】

九月十七日〔天晴る〕

摂政藤原兼実の家司・中宮大進藤原長房、兼実の大炊亭に入来。昨日、宇治に赴き後白河法皇の宇治御幸について検知せし事を言上す。【玉葉】

去る月二十七日の後白河法皇院宣（右大弁藤原定長奉）、民部卿藤原経房の執り進めにより、この日、鎌倉に到来す。日吉社千僧（十月一日供養）の料、経ならびに装束の事、調進せしめんがためのものなり。【吾妻鏡】

九月二十日〔天晴る〕

かねて源頼朝、京都の地所物色中のところ、故池大納言平頼盛（文治元年〈一一八五〉五月二十九日、東大寺において出家、法名・重蓮。翌文治二年六月二日逝去）の六波羅池殿《いけどの》の旧跡に治定せり、と。よって、作事を始むと、奉行・法橋昌寛これを申す。【吾妻鏡】

九月二十一日
後白河法皇、天王寺より還幸あり。
【一代要記（九月十日条）】

九月二十四日〔天晴る〕
この夜、摂政藤原兼実（42）、家司・蔵人中宮大進藤原長房（23）を大炊亭に召す。後白河法皇宇治御幸の御儲《もうけ》につき、日来は桟敷屋をもって御所となすも、このたびは本堂御所をもって御在所と成し、装束（設営）・御儲（饗応）を成すべき旨を下知す。
【玉葉】

九月二十七日
これよりさき、美濃国内地頭・前佐渡守山田重隆、公領を妨げ、召使菊松・犬丸公文ら乱暴を致す。また遠江国双侶荘地頭板垣三郎兼信、違勅以下、積悪の事あり。さらに高田四郎重家、謀反の企て等ありて、七月三十日、流人の官符を下さる。しかるに、山田重隆（常陸国に配流）、板垣兼信（隠岐国に配流）、高田重家（土佐国に配流）各人、いまだ配所に赴かず。よって、後白河法皇、右大弁藤原定長（42）を奉行として、正二位源頼朝（44）の上洛以前にたしかに配所に追い下すべく、太政官庁ならびに検非違使庁に仰せ下さしめらる。この下知をうけ、使庁は「いまだ上卿を承らず、遠国配流の犯人、使庁沙汰を致さず」。また、官は「相尋ぬべし」と奉答す。深更に及びて摂政藤原兼実の大炊亭に返事到来す。この日、後白河法皇、日吉社御幸あり。参籠のため、日吉社御所に宿御。よって、兼実、明暁、後白河法皇に進達せんとす。
【玉葉、吾妻鏡（四月四日・八月十三日・九月十三日条）】

九月二十八日〔天晴る〕
巳刻（午前十時頃）、摂政藤原兼実の大炊亭に、重ねて後白河法皇の院宣、到来す。関東武士流人三人の事、急ぎ沙汰の上、配所へ送致すべし。件の流人ら、配所に出立の後、源頼朝、参洛すべし、と。今日、摂政兼実、大夫史小槻広房ならびに左衛門府領送使、奉行史らを大炊亭に召集、流人ら処置の子細を問う。件の流罪のこと、去る七月晦日、宣下さる。しかるに領送使ら、今日に至るもいまだ進発せず。大略、奉行職事、これを通告せず。また、太政官庁も懈怠せり。これまた近代の流例なり。よって、各部に申状を召し、取集めの上、後白河法皇に進献す。また、検非違使別当藤原隆房（43）の許、ならびに検非違使庁の使に遣わすべく、兼実、下知せり。
【玉葉】

九月二十九日〔天晴る〕
後白河法皇より仰せ下さる。流人の宣旨、検非違使庁領送使に遣わすべし、と。よって、摂政藤原兼実、宣下し了る。明後日（十月一日）、後白河法皇、日吉社において千僧供養を営み給う。その千僧料として、今日、摂政藤原兼実、法華経五十部、僧装束五十具、経机五十前を日吉社に進献す。また中宮藤原任子（18）、法華経二十部・経机二十前を寄進さる。各庁官・下家司これを副え進む。

また左大将藤原良経（22）も催しにより、法華経三部・袈裟一帖を結縁のため献ず。【玉葉】

九月三十日〔天晴る〕

後鳥羽天皇（11）、後白河法皇御所押小路殿（白川）に方違え行幸。左大将藤原良経、所労の後、初めて供奉す。明暁、閑院内裏に還御。【玉葉】

十月一日〔天晴る〕

後白河法皇、日吉社において千僧供養を行わる。惣礼ありて、右大臣藤原兼雅（46）、上首となる。よって、この日、権中納言源通親（42）、上卿となり仗座において非常赦あり。ついで、日吉社御幸の賞あり。【玉葉、百錬抄、華頂要略】

この日、閑院皇居において後鳥羽天皇、読書始の儀を行う。御本は『五帝本紀』なり。左中弁修理右宮城使藤原親経（40）、読師として初参す。【玉葉】

十月二日〔雨降る。晩に及びて止む〕

後白河法皇、日吉社より出御、六条殿に還御。蔵人左衛門権佐藤原家実（29）、摂政藤原兼実（42）の許に日吉御幸賞事を注送す。この事、かねて仰せ合わさるる事なし、説うべからず、と。【玉葉】

この日、後白河法皇の皇子・梶井宮法印権大僧都承仁（母は江口遊女〔丹波局〕・22）、天台座主・権僧正顕真（60）の賞の譲りとして親王宣旨を下さる。【玉葉、華頂要略】

十月三日〔天晴る〕　**源頼朝、鎌倉を進発、京都に向う**

東大寺棟上げの事により、佐保山陵（聖武天皇御陵）使を発遣せらる。この事、後白河法皇の沙汰と雖も、法皇の申請により公家《こうけ》（後鳥羽天皇）よりこの使者を発遣せらる。この旨趣、告文に記載す。上卿は内大臣藤原兼房（38）、勅使は参議右中将藤原公時（34）なり。【玉葉】

この日、正二位源頼朝（44）、鎌倉を進発、京都に向う。【吾妻鏡】

十月四日〔天晴る〕

摂政藤原兼実の家司・蔵人頭大蔵卿藤原宗頼（37）、後白河法皇御所六条殿に参上。兼実下知の条々の事を申す。各、御返事あり。ことに、平野社・大原野社行幸の事、必ず行わるべきの由、法皇より仰せあり。よって、平野社の後鳥羽天皇行幸は十一月二十七日に行われたり。

【玉葉（十一月二十七日条も）】

十月十三日

摂政藤原兼実（42）の家司・大蔵卿藤原宗頼（37）、参院の後、帰り来りて院宣を伝う。流人の一件につき、右少史大江久（尚）友・官掌職直・検非違使左衛門少志安倍資兼ら、慥かに解任すべし、との仰せあり。また流人配流の領送使を速やかに、慥かに差遣すべし、と。これらの懈怠につき、後白河法皇、逆鱗に及ぶ。しかし、いまだ法皇の真実の叡慮はかりがたし、と。【玉葉】

十月十四日

右中弁修理右京城使藤原親経（40）、「東大寺上棟次第正本」を後白河法皇に奏覧のところ、摂政藤原兼実に見すべき由、仰せあり。よって、この日、親経、兼実の大炊亭にこれを持参す。兼実、一覧の後、院御所に返戻せしむ。【玉葉】

十月十七日〔晴、時雨《しぐれ》、まま灑ぐ。衣を湿すに及ばず〕

後白河法皇、東大寺上棟事（来る十九日、この事あり）により、南都に下向し給う。宇治・平等院において摂政藤原兼実、昼御儲の事あり。巳刻（午前十時頃）、臨幸あり。供奉の上下はいずれも浄衣着装す。本堂北廂をもって御所となし、御装束（設営）の儀を行う。東第二の間に龍鬢《りゅうびん》畳二枚、その上に唐錦の茵《しとね》を敷き、御座となす。御膳を供し、須臾《しゅゆ》にして還御（南都進発）せらる。摂政兼実より贈物・引出物等を献上す。後白河法皇よりは兼実に御馬一疋を賜う。【玉葉】

十月十八日〔晴〕

後白河法皇、南都の東大寺内、東南院を院御所として入御あり。摂政藤原兼実、巳刻（午前十時頃）、宇治・小川亭を進発、申刻（午後四時頃）、佐保殿に到着す。右馬権頭源兼親をもって、法皇に見参に入るべく院近臣に触れさしむ。しかるに後白河法皇、今日は奏事等申すべからずとて、面謁なし。【玉葉】

十月十九日〔天陰るも雨ふらず〕　**後白河法皇、東大寺上棟に御幸**

摂政兼実、辰刻（午前八時頃）、春日社に参上、金銀幣を献ず。春日社より後白河法皇御宿御所・東南院に参上。法皇の仰せにより、先に東大寺に参入。相ついで法皇、東大寺に御幸せらる。未刻（午後二時頃）、上棟の儀行わる。法皇以下、綱に付き、棟木を引き給う。ついで御拝あり。了りて東大寺法務権僧正俊証（85）ならびに大工らに勧賞《けんじょう》あり。また、今日、大赦あり。摂政兼実、事了りて興福寺に参詣、戌刻（午後八時頃）、宇治に発向す。後白河法皇は東南院に宿御。【玉葉、百錬抄】

十月二十日〔天晴る〕

申刻（午後四時頃）、後白河法皇、宇治に着御。平等院本堂の北廂に御装束の御所に入御せらる。御儲は先日（十七日）の如し。ただし、引

出物はなし。御膳を供し、了りて六条殿に還御。　【玉葉】

十月二十二日〔天晴る〕

後鳥羽天皇（11）、閑院内裏において始めて御笛吹奏の儀あり。後白河法皇の院宣により、参議右中将藤原実教（41）師匠となる。主上（後鳥羽）、引直衣を着装、昼御座《ひのおまし》においてこの儀を行わる。摂政藤原兼実（42）、風病により不参。これ、寛治三年〈一〇八九〉正月、堀河天皇（11）の御笛始において、摂政太政大臣藤原師実（48）不参の例あり、と。　【玉葉（十月四日条も）】

十一月一日〔天晴る〕

閑院内裏、摂政直廬において新制議定の事あり。よって、摂政藤原兼実、まず六条殿に参上。権右中弁平棟範（41）をもって見参に入る。召しにより後白河法皇御前に参り、議定の新制の事を奏聞す。　【玉葉】

十一月四日〔天晴る〕

午刻（正午頃）、摂政藤原兼実、六条殿に参上。折柄、後白河法皇、入浴中たるにより御前に参入せず。右大臣藤原兼雅（46）に謁す。また、右少弁藤原家実（29）をもって新制議定の事を奏上せしむ。法皇より条々、仰せ下さるる事あり。兼実、京上中の源頼朝（44）上洛の後に授官あるべき由を法皇に奏上す。法皇、人々に問い、しかるべく授官すべし、と。これに対して、兼実、「広く問う必要なく、右大臣藤原兼雅および民部卿藤原経房（48）の両人にてよろしかるべし」と奉答す。

今日、摂政藤原兼実の家司・蔵人頭大蔵卿中宮亮藤原宗頼（37）、いかなる理由か、一切の過事なきにもかかわらず、後白河法皇の鼻突き（勘当を受ける）、以後、参院すべからず、との仰せあり。

今日、右大臣藤原兼雅、摂政藤原兼実に示す事あり。従三位丹後局出生の姫宮（覲子《あきこ》内親王10）に院号あるべきの由、すでに母儀たる丹後局は存知せり。しかるに、後白河法皇に奏聞のこと憚りあるにより、摂政兼実より法皇に発言すべし、と。兼実もまた、すこぶるその恐れあり。その故は、中宮任子（兼実長女・18）の后位を妨げらるることにも成り兼ねるか。右大臣兼雅は、即座に「全く然るべからず。彼の丹後局の本意は、ただ院号宣下に在るのみ」と。よって、兼雅はこの件、摂政兼実の消息をもって、法皇に内々、触れ遣わさるべきなり、と。兼実、この提案、然るべからずと雖も、天下のためすこぶる穏便の沙汰なりと理解す。姫宮院号のこと、すでに世上の評判、よって、人々その心愚鈍にして、中宮に同情せるのところ、右大臣兼雅の消息による奏聞の案、まことに天の冥助たり。同時に、これ中宮任子の御運の至りなり。よって、翌五日、急ぎ消息をしたため、法皇に事の次第を示し遣わすことに決せり。後白河法皇は、公卿において相計らい院号宣下の事を披露すべし、と勅定ありたり。兼実、後日のためこの事を日記（『玉葉』）に記し置きたり。　【玉葉】

十一月五日〔天晴る〕

摂政藤原兼実（42）、閑院内裏に祗候中、申刻（午後四時頃）、下方（南方）に火災発生、院御所六条殿の近隣なり。よって、兼実、急ぎ見舞いのため営参す。この兼実の俊敏の参上に、後白河法皇、感じ仰せらる、と。件の火事は佐女牛《さめうし》・西洞院の地なり。

今日、摂政藤原兼実、右大臣兼右大将藤原兼雅（46）に触れ遣わし、正二位源頼朝（44）入洛の上は、右大将に任ずべきを下知。更に兼雅の兼官拝辞を惜しむべからず、と示す。【玉葉】

十一月六日〔雨下る〕

摂政藤原兼実、蔵人右少弁左衛門権佐藤原家実（29）をもって、家司・蔵人頭大蔵卿中宮亮藤原宗頼（37）の後白河法皇鼻突きの件につき、法皇寵女・従三位丹後局に慰謝せられんことを示さしむ。よって、宗頼、今日より出仕の許しあり。しかるに、法皇御前に参入の事は、いまだ定まらず、と。摂政兼実、そのついでに、丹後局に「世上の浮言等は信ずべからざるの由」を伝言せしむ。【玉葉】

十一月七日〔天晴る。時々、風吹く〕　**源頼朝、入洛**

正二位源頼朝、入洛す。頼朝の装束は折烏帽子、紺青水干、黄袙《あこめ》、夏毛行縢《むかばき》を着装、甲冑は着けず。黒馬に騎乗、染羽野矢を帯ぶ。後白河法皇は御車を三条河原に立て見物。洛中の諸人もまた大路に出でて見物せり。摂政藤原兼実は日中の騎馬入洛に対し、いささか存念あるにより、これを見物せず。申刻（午後四時頃）、六波羅新造亭（故権大納言平頼盛池亭旧跡）に到着す。【玉葉、吾妻鏡、北条九代記、百錬抄】

十一月八日

右少弁藤原家実、後白河法皇の勅定により奉行となり、摂政藤原兼実の大炊亭に来たり、入洛の正二位源頼朝の恩賞の事につき諮る。兼実、所存の旨を申し、右大将に任ぜらるべし、と奉答す。しかるに、すぐには沙汰なし。右大臣兼右大将藤原兼雅、右大将譲与を避くべき由を主張せるによる、と。されど、兼雅、この儀、思い返すか。【玉葉】

十一月九日〔天霽る〕　**源頼朝、後白河法皇・後鳥羽天皇に対面。頼朝、権大納言に任ぜらる**

源頼朝、院御所（六条殿）ならびに閑院内裏に初参。御家人、京中の辻々を警固す。民部卿藤原経房（48）を介して、直衣着用を聴さるべきを奏上、後白河法皇、これを勅許あり。蔵人左京権大夫藤原光綱（48）、これを奉けて頼朝の許に伝達す。【吾妻鏡】

この日申刻（午後四時頃）、源頼朝、六波羅新亭を出発、直衣を着し網代車（大八葉文）に乗駕、まず仙洞（六条殿）に参上。中門廊より昇殿。これよりさきに、申次として民部卿藤原経房、奥座に候す。後白河法皇、浄衣を着御、常御所に出御。南面広廂縁に畳を敷き、頼朝の座と成す。経房引導して、頼朝、その座に着す。後白河法皇、頼朝に種々の勅語を賜い、時を移さる。勅語、理世（世を治める）の沙汰に及び、他人、この座に候さず。昏黒に及びて法皇退出。頼朝、しばし着座。経房、後日、改めて参入すべき法皇の勅定を伝え、頼朝退出す。ついで頼朝、閑院内裏に参内。後鳥羽天皇（11）、昼御座《ひのおまし》に出御。頼朝、召しあり、西簀子に円座一枚を賜い、これに着座す。摂政藤原兼実、長押上に候し、小時ありて主上入御。ついで鬼の間に移座。摂政兼実、頼朝に初対面、謁談に時を過し、子一刻（午後十一時すぎ）に退出す。　【玉葉、吾妻鏡】

これまで、勲功の賞により、後白河法皇、頼朝を権大納言に任ぜられんとして、民部卿藤原経房をして院宣を伝えしむるも、頼朝、これを固辞す。しかるに、この夜、閑院において臨時の小除目を行い、押して頼朝を権大納言に任じ、同時に勅旨により帯剣を許す。

【玉葉、公卿補任、吾妻鏡、百錬抄】

十一月十三日〔晴〕

新大納言源頼朝（44）、民部卿藤原経房（48）ならびに左大弁藤原定長（42）に付して、砂金八百両・鷲羽二櫃・御馬百疋を後白河法皇に進献す。このほか、新蹄（馬）十疋を後鳥羽天皇に献上す。　【吾妻鏡】

十一月十六日〔雨下る〕

源頼朝、前大和守藤原重弘を使者として、後白河法皇六条殿において、法皇寵女・従三位丹後局に、鶴丸蒔絵辛櫃二合に桑絲二百疋・紺絹百疋を贈る。　【吾妻鏡】

十一月十九日〔雨降る〕（『吾妻鏡』では〔雨下る。夕に臨みて休止す〕）

昨夜の豊明宴会に、大内の豊楽殿に装束せし風流棚を、後白河法皇御所六条殿ならびに殷富門院（44）および姫宮（母は丹後局。覲子《あきこ》内親王10）御所に進献、さらに五節櫛等を進上す。内裏（後鳥羽天皇）・中宮藤原任子（18）・八条院（法皇妹・54）・七条院（故高倉天皇妃・34）には、去る夜、これを進献せり。　【玉葉】

未刻（午後二時頃）、新大納言源頼朝、直衣を着用、後白河法皇御所六条殿に参上。左兵衛督藤原能保（44）参会す。頼朝、後白河法皇に対面、数刻に及ぶ。　【吾妻鏡】

十一月二十二日〔雪、飛ぶ『吾妻鏡』〕

夜に入りて民部卿藤原経房、後白河法皇の御使として摂政藤原兼実（42）の大炊御門亭に入来す。源頼朝、大将に任ぜらるべきの事、辞し申す、と。しかるに兼実、なお任ぜらるべきの由を経房に申す。　【玉葉】

この夜、後白河法皇、院宣（権中納言藤原経房奉）をもって、正二位権大納言源頼朝を右大将に任ずべき旨を頼朝の六波羅新亭に下達せし

む。頼朝、権中納言民部卿藤原経房をもって摂政藤原兼実（42）に申合わせ、その意をうけて請文を捧呈す。【吾妻鏡】

十一月二十三日〔小雪ふる〕

源頼朝（44）、六条殿に参上、終日、後白河法皇の御前に祗候、拝謁、言談に時を移す。頼朝、長絹百疋・錦千疋・絹三十端を閑院内裏の台盤所（内女房）に進献す。【吾妻鏡】

十一月二十四日〔霽《はれ》。夜に入りて雨降る〕　**源頼朝、右大将に任ぜらる**

右大臣藤原兼雅（46）、兼帯の右大将の辞状を上る。今夜、大納言源頼朝を右大将に任ずべき院宣（権中納言藤原経房奉）を下さる。頼朝、請文の中に「辞退の志はこれ多し、所望の儀はこれなし。何様、奏せしむべきや」と。夜に入りて除目を行わる。右少弁藤原家実（29）、宣下す。上卿は検非違使別当源通親（42）、執筆は参議右中将藤原公継（前左大臣実定男・16）なり。頼朝のほか任人なし。【吾妻鏡、玉葉、公卿補任】

十一月二十六日〔晴〕

右大将源頼朝の任大将に伴い、後白河法皇、番長以下の随身を自ら定め仰せらる。院随身の中より左近衛府生秦兼平（「当世容儀之者」なり『玉葉』）を番長となし、同随身播磨貞弘を随身の一座として付属せしめらる。また、頼朝の拝賀につきては、まず院御所を先となすべく仰せ下さる。この事、右大臣藤原兼雅、法皇の勅をうけ計らい申さる、と。【吾妻鏡】

十一月二十九日

この夜、右大将源頼朝、後白河法皇御所六条殿に参上。布衣の侍、三浦介義澄（64）・梶原左衛門尉景季（29）・佐々木三郎盛綱（40）ら近侍の十二人、おのおの狩衣の下に腹巻（小型の鎧）を着装して供奉す。【吾妻鏡】

十一月三十日〔日中は天霽るるも、夜に入りて雨下る〕

後白河法皇、右大将源頼朝の任大将拝賀のための行粧として、毛車並びに廂車および装束（束帯・直衣）、随身・舎人以下の装束等、すべて法皇より調備の上、検非違使則清を勅使として下し遣わさる。舎人・居飼装束等は、法皇の下命により右大臣藤原兼雅が沙汰す。【吾妻鏡】

十二月一日〔晴〕

右大将源頼朝、任大将拝賀のため、仙洞（六条殿＝六条北、西洞院西）および内裏（閑院）に拝賀す。まず、主税頭賀茂在宣、院宣により後白河法皇御所六条殿に参上の刻限を占卜す。よって申一刻（午後三時すぎ）と決し、行粧を整え参入。中門において慶び申し、内蔵頭藤原定輔（28）を申次となし、後白河法皇の召しにより透渡殿に参進。面謁を賜い、御馬を賜るべきなれど、内々、子細を申され、この儀を略す。ついで、秉燭以前に閑院内裏に参内。蔵人頭右中将藤原実明（40）の召しにより昼御座の前に参上、主上（後鳥羽天皇11）に拝謁す。中宮任子（18）、御拝の用意あるも参上せず。摂政藤原兼実も同じく拝賀を略す。【吾妻鏡、玉葉】

十二月二日〔晴〕

右大将源頼朝（44）、直衣始なり。今日の上下の装束は、すべて後白河法皇より調え下さるるところなり。袍《ほう》は藤丸薄色、堅文《かたもん》の織物なり。奴袴《ぬばかま》の裾に薄色紅梅の厚物の袿《うちき》を出し、野剣《のだち》（紫革装束）を佩き、手に笏を持ちて檳榔毛車に乗駕す。前駆六人、随兵八人が供奉して、まず院御所に参上。右中弁平棟範（41）の召しにより、後白河法皇御前に進入、面謁す。昨日、拝賀の節、直垂着装の太刀持ちの武士の姓名を御尋ねあり。頼朝、奏上のところ、無官たるは然るべからずとして、勅定により兵衛尉の官を賜う。ついで、閑院内裏に参内す。【吾妻鏡】

十二月四日　**源頼朝、権大納言・右大将を辞す**

右大将源頼朝、両職（権大納言・右大将）を辞すべく辞状（筥に納む）を捧呈す。右少将藤原保家（24）、使となりこれを院御所に携行す。蔵人頭右中将藤原実明（40）、これを請取り、後白河法皇に進覧す。法皇、頼朝に慰留の勅定あり。頼朝、これに応ぜず。頼朝、法皇より賜わりし随身に還禄を贈る。番長秦兼平に馬三疋のほか、色々布百段。近衛官人五人に各馬一疋のほか、色々布三十段なり。前掃部頭中原親能（48）、これを奉行せり。【公卿補任、吾妻鏡】

十二月五日

右中弁平棟範（41）、後白河法皇の御使として摂政藤原兼実（42）の大炊御門亭に来りて、来る二十二日、二宮・守貞親王（故高倉天皇第二皇子・12）御書始の事、挙行を告ぐ。よって、左大将藤原良経（22）、当日、文人として参列すべし、と。この御書始の儀は、保延三年〈一一三七〉十二月二十五日、後白河法皇（当時、雅仁親王11）の時の御書始の例によるべきなり、と。

かねて後白河法皇に勅勘を蒙りし蔵人頭大蔵卿中宮亮藤原宗頼（37）、今日、始めて六条殿に参上。法皇に奏事を免さる。【玉葉】

十二月七日〔雨下る〕

前右大将源頼朝の関東下向、近々につき、院御所の従三位丹後局、餞物（はなむけ）等を送らる。中に扇百本あり。これは、後白河法皇の内々の御気色により、この儀あり、と。【吾妻鏡】

十二月八日〔天晴る〕

前右大将源頼朝、半蔀《はじとみ》車に乗りて、後白河法皇御所六条殿に参入す。この事、故実に違反す、いかなる事か。大将辞退以前に乗駕すべきなり。この事、頼朝に教訓の人（故実を教える）、有りて無きが如し、か。本来、前大納言または前大将が半蔀車に乗駕して御所出仕の事は、いまだ聞かざる所なり。しかるに、この日の乗駕は法皇の院宣によるものなり、と。

【玉葉、吾妻鏡（十二月九日条）】

十二月十日〔天晴る〕

前右大将源頼朝（44）、六波羅留守役の事を定む。左兵衛督藤原能保（44）の一男・従四位下左馬頭高能をこれに任じ、六波羅新亭（頼朝上洛に際し新造）に居せしむ。【吾妻鏡】

十二月十一日〔天晴る〕

前右大将源頼朝、後白河法皇御所六条殿に参上。数刻、法皇の御前に祗候す。後白河法皇、頼朝の勲功を賞し、源氏重代の鬚切《ひげきり》の太刀を下賜さる、と。この太刀、平治の乱の砌、尾張国の或御堂の天井に隠し置かれたるを平清盛召上げ、後に後白河法皇に献上せしものなり。ついで、頼朝、閑院内裏に参内す。都合、数刻祗候せり、と。【吾妻鏡、保暦間記】

十二月十二日〔小雪ふる〕

後白河法皇より前右大将源頼朝に勲功賞として大功田を賜うべき事につき、摂政藤原兼実（42）に諮問せらる。これ、先日、兼実より法皇に申出ずる所なり。よって、この日、子細を奏聞す。また、公事の用途、闕如により、法皇より頼朝に下命あるにつき、家人のうち成功《じょうごう》の者二十五人の交名《きょうみょう》を進達せり。【玉葉】

十二月十三日

後白河法皇、蔵人頭大蔵卿中宮亮藤原宗頼（37）をもって、源頼朝に大功田百町を下賜すべきの由を、摂政藤原兼実に伝達す。また、勲功の賞として頼朝の家人十人の成功を募り、衛庁（左右兵衛尉ならびに左右衛門尉）を挙任すべしと伝えらる。これ、度々の勲功により、二十人を挙申すべく法皇より仰下さるるところ、頼朝、しきりに辞申すも、法皇の勅命再往たるにより、やむなく頼朝十人を了承す。ただし、今日、日次よろしからざるにより、明十四日、これを行わるべし、と兼実奉答せり。頼朝は、明日、下向。よって、早旦、大功田の事、早やかに宣下すべし、と仰す。また、衛門府庁官の除目につきては、明日、大原野社御幸の還幸以後に行わるべき旨を後白河法皇に奏聞せしむ。【玉葉、吾妻鏡（十二月十一日条）】

源頼朝、上洛中の乗用として、後白河法皇より檳榔毛車三両を下賜せられたり。その中、一両を六波羅新亭に留置。二両を主計允《かずえのじょう》二階堂行政、奉行として関東に送致せしむ。左衛門尉佐々木定綱（49）、これを請取り、近江国疋夫《ひっぷ》をもって、鎌倉に配送す。【吾妻鏡】

十二月十四日〔天霽る〕　**源頼朝、鎌倉への帰途につく**

前右大将源頼朝、関東下向のため京都を進発す。前後随兵以下供奉人ら、入洛時に同じ。ただし、駿河守源広綱（源三位頼政孫・故伊豆守仲綱男）、今暁、逐電す。家人ら、これを知らず、仰天す。〈この後、翌建久二年六月二十四日、遁世の後、上醍醐の辺に在りと、文覚上人、伝聞せり。〉
【吾妻鏡、玉葉（十二月十三日条）、一代要記、百錬抄】

十二月二十二日
この夜、前摂政藤原基通（31）の一男・家実（12）、後白河法皇の六条殿において元服の儀を行う。正五位下に叙せらる。禁中（六条殿）において法皇より装束を賜い、これを改着す。東北対の妻（側面）、一の間を儀場と成す。法皇御前に召し、勅禄を賜う。公卿三人、殿上人十人が扈従せり。加冠は右大臣藤原兼雅（46）、理髪は蔵人頭右中将藤原実明（40）が奉仕す。
【玉葉、公卿補任】

十二月二十五日
摂政藤原兼実（42）の許に後白河法皇より御書を賜う。新大夫（正五位下）藤原家実を右少将に任じ、仰せ下すべき旨の御定あり。よって、この日、臨時除目により右少将に任ぜらる。また、右小弁藤原家実（29）、同名たるの故、たちまち召され、その名を「資実」と改名せしめらる。この除目の上卿は中納言藤原定能（43）が勤む。
【玉葉】

十二月二十六日〔天晴る〕
この夜、高倉院第二親王（守貞親王12）、後白河法皇の六条殿において御書始の儀あり。今日の奉行人は権大納言藤原実宗（46）。御書は『御注孝経』（唯表紙、白色紙）なり。前宮内少輔藤原伊経が新写、外題は当日、摂政藤原兼実が金泥で書写す。三献の饗の後、御遊（「御遊年表」参照）について詩莚あり。献題は左中弁藤原親経（40）なり。左大将藤原良経（22）、文人に入りて上首となる。奉行人・権大納言藤原実宗、詩莚に交じらず。戌刻（午後八時頃）、万事了んぬ。
【玉葉、御遊抄、後京極摂政別記】

十二月二十七日〔雨下る〕
後白河法皇、正月の朝覲行幸の停止を摂政藤原兼実に下達せしめ給う。
【玉葉】

十二月二十八日〔天晴る〕
摂政藤原兼実、六条殿に参上。後白河法皇の御前に参入、散三位高階泰経（61）ならびに右少弁藤原資実をもって、条々の事を奏聞、退出す。
【玉葉】

十二月二十九日
酉刻（午後六時頃）、前右大将源頼朝（44）、鎌倉に下着す。『吾妻鏡』の道中行程を算出すれば、全十六日間なり。
【吾妻鏡】

建久二年（一一九一）　六十五歳

正月一日〔晴れ、時々、雨降る〕

後白河法皇、院拝礼あり。摂政藤原兼実（43）、後白河法皇御所六条殿に参上。摂政兼実以下、南庭に列び立つ。参議以下、後列に立ち、さらに殿上人（四位）、参議の後に立つ。人多きにより、五位の殿上人、その後に立ちて、拝礼の列、四重なり。法皇、出御ありて拝礼あり。舞踏、例の如し。ついで、摂政兼実、列前を経て退下、中門の内より殿上に昇りて公卿座に着す。人々、次第に退下す。右大臣藤原兼雅（47）・内大臣藤原兼房（兼実弟・39）、来りて公卿座に着す。しばらくして、摂政兼実、退出して閑院内裏（後鳥羽天皇12）に参内す。【玉葉】

正月三日〔天晴る。午後、雨降る〕

左大将藤原良経（23）、所々に参賀す。まず、八条院（法皇妹・55）、ついで後白河法皇の六条殿、そして、閑院内裏なり。【玉葉】

正月四日〔雨降る。午後、晴〕

後白河法皇より摂政藤原兼実に、仰せ下されて云う、「叙位、なお五日に行うべし。式日の事、日次によるべからず」と。この事、はなはだ謂れなき事なり。五日・六日、ともに日次、不快の時、式日により五日を用いらる。今年は六日、難なく、五日は凶会なり。先例、かくの如きの時は、必ず延行せらる。しかるに、いま法皇の仰せは不審なり。先例を勘《かんが》え、子細を言上すと雖も、なお延引すべからず、と。いまだ、その心計《しんけい》を得ず。【玉葉】

正月八日〔天晴る〕

諸寺の修正会始なり。左大将藤原良経、大内の御斎会始に参仕。ついで、後白河法皇の法勝寺修正会始に供奉せんとして大内より六条殿に参上。しかるに、法皇、寸白《すばく》（神経痛）により、たちまちにして御幸を停止さる。よって、良経、法性寺の修正会始に参り、呪師《のろんじ》三手の後、退出せり。【玉葉】

正月十日〔天晴る〕

今朝、摂政藤原兼実、使者をもって後白河法皇の御悩を訪い申す。法皇すでに御悩無為にわたらせらる。よって、明日、法勝寺の修正会に

御幸あるべし、と。　【玉葉】

正月十一日〔陰り晴れ、定まらず〕

後白河法皇、まず白川押小路殿に御幸あり。ついで、今夜、法勝寺の修正会に御幸せらる。摂政藤原兼実（43）、所労により供奉参入せず。左大将藤原良経（23）は法勝寺の御幸に供奉。それより法成寺の修正会に参る、と。　【玉葉】

正月十四日〔陰り晴れ、定まらず〕

今夜、左大将藤原良経、院御所六条殿に参上。後白河法皇、法勝寺修正会に御幸、良経供奉了りて、その後、法成寺修正会に参入す。【玉葉】

正月十六日

後白河法皇、石清水八幡宮に御幸。勧賞あり。別当成清（63）の賞として、少別当幸清（15）を法眼（五位相当）に叙し給う。法橋（六位）を経ずして、特例なり。　【玉葉（正月十五日条）、石清水八幡宮記録】

正月十八日

この夜、蓮華王院修正会なり。摂政藤原兼実、閑院内裏の直廬より六条殿に参入。後白河法皇の蓮華王院御幸に供奉のためなり。六条殿西面の閑所に御車を寄せらる。兼実、法皇御車の御簾を褰《かか》ぐ。御車、西面門を出ず。兼実、南面門において、法皇御車の通過を待ちて乗車。法皇御車、蓮華王院南門より入御、御車を御所南面に寄す。法皇、御所に入御。法呪師、鎮法等あり、例の如し。中納言藤原定能（44）、来りて後白河法皇より召すの由を告ぐ。法皇、兼実の所労の由を聞し食して、定めて兼実、寒風により病むならんと、火桶に火を生ぜらる。初夜の導師以後、呪師五手を了る。ついで大導師（延暦寺・法眼実顕＝蔵人中宮少進藤原景時子）の所作了る。公卿以下、布施を取る。ついで龍天・毘沙門鬼等、例の如し。ついで検校・三井寺僧正実慶（75）、牛王《ごおう》を取りて後白河法皇に授け奉る。ついで、法皇、還御。摂政兼実、御車の御簾を褰ぐ。時に寅終り（午前五時前）なり。兼実、六条殿に供奉せず、直ちに九条亭に還向す。明日の蓮華王院講演に参上のためなり。　【玉葉】

正月二十日

後白河法皇、日吉社に御幸。一宿の後、明二十一日、還幸せらる、と。　【玉葉】

正月二十一日

この夜、摂政藤原兼実、九条亭より後白河法皇御所六条殿に参入す。法皇、仰せらる、「今日、日吉社の物詣で了んぬ。帰来の後、只今始めて、自行（御加行）をす。奏事あらば、加行後に謁すべく、よってしばらく相待つべし。また、殊なることなくば、後日、参入すべし」

と。更に中入るべき事なきにより、「後日、参上すべし」と退下せり。よって散位高階泰経（62）に謁し、条々の事を拝伺の上、退出。ついで八条院（法皇妹・暲子《あきこ》内親王尼55）に参り（八条院御所＝八条北烏丸東）、即ち閑院内裏に参内、直廬に宿す。【玉葉】

正月二十六日

摂政藤原兼実（43）閑院内裏に参内の前、蔵人頭右中将藤原実明（41）が後白河法皇の御使として大炊御門亭に来る。明日、後鳥羽天皇（12）、六条殿に方違え行幸あるべし、と告ぐ。兼実、この事初耳にして、この仰せ得心せず。この行幸、法皇より催せらるるか、奇思少なからず。【玉葉】

正月二十七日〔天晴る〕

後鳥羽天皇、方違えとして法皇宮（六条殿）に臨幸あり。その実、方違えにあらず。心閑かに龍顔《りょうがん》（主上）に謁せんがため、法皇より行幸を望まる。よって、摂政藤原兼実、事の由を奏上して実現せし行幸なり、と。閑院内裏、東門に輦輿《れんよ》を舁寄せ、主上、乗駕し給う。やがて六条殿に着御、輦輿を中門に舁居《かきす》う。左中将藤原実教（42）、輦戸を開きて御璽を取りて前行。ついで、主上、輿より下御。蔵人頭右中将実明、主上の草鞋を献ず。右中将藤原公時（35）、御剣を取りてこれに従う。その後に摂政兼実随いて、主上の御裾を取る。中門・透渡殿・寝殿東簀子を経て、寝殿の東面北際の妻戸より入御。内侍二人、ここに候して剣璽を受く。主上、しばらく装束を脱がず。少時にして、後白河法皇、鈍色《にびいろ》の装束を着装、従三位丹後局を従えて渡御あり。法皇、摂政兼実を御前に召さる。兼実、しばらく祗候して退出。内裏に帰参、直廬に入る。【玉葉】

正月二十八日

この日、帰忌日《きこにち》たるにより、後鳥羽天皇、六条殿より閑院内裏への還幸中止。明暁（二十九日早朝）、還御と決す。今日、院御所六条殿において北面下﨟ら、雑芸を奏すべし。これ、後白河法皇、摂政藤原兼実に見せんがための結構なり、と。しかるに、兼実、今日より頓病（脚気か邪気か）にて、一切、起居するあたわず。全く身体を動かし得ず。よって、この旨、院御所の女房（丹後局）の許に通報す。また、蔵人左衛門権佐藤原資実（30）に伝達せり。返すがえす、遺恨少なからず。兼実の疾、寸歩の退下も叶わず、只、閑院内裏、直廬に平臥して種々の療治を加えり。よって、左大将藤原良経（23）、院御所に参入す。しかるに、御所の雑芸の座に召されず。これ、父兼実の不参により、法皇御不快の故なるか。【玉葉（翌二十九日条も）】

正月二十九日

寅刻（午前四時頃）、後鳥羽天皇、六条殿より閑院内裏に還幸あり。【玉葉】

二月三日〔天晴る〕
従三位丹後局、浄土寺辺の堂において、始めて逆修法華五十講を供養す。後白河法皇、これに渡御あり。公卿は中納言藤原定能（44）以下十人、結縁のため参仕す。【玉葉】

二月五日
縣召除目《あがためしのじもく》の下名《おりな》なり。早旦、蔵人頭大蔵卿藤原宗頼（38）、院御所六条殿に参上。申刻（午後四時頃）、後白河法皇の御書を持って、摂政兼実（43）の大炊亭に帰参す。よって下名任人は法皇仰せ下さるるの趣に任せ、別紙に注して進覧せり。法皇より摂政兼実に御書の返事を賜い、深更に及びて大炊亭に帰り来る。【玉葉】

二月七日〔天晴る〕
禁裏（閑院内裏）の南殿北壺において昼呪師の興行あり。夜に入りても未だ事訖らず。摂政藤原兼実、この夜、内裏より後白河法皇御所六条殿（「七条殿」は誤写か）に参上。法皇の召しにより御前に参り、数刻に及びて雑事を申す。また、法皇の勅定もあり。やや久しくして大炊亭に退出す。【玉葉】

二月九日〔天晴る〕
後白河法皇、従三位丹後局の浄土寺辺りの堂に渡御あり。丹後局、逆修法華五十講の初七日の供養なり。この日の講師は弁暁僧都（53）。公卿、権大納言藤原頼実（37）以下十一人、参仕せり。摂政藤原兼実、この事態に、弾指すべし、弾指すべし、と不快の念を抱く。今夜、法皇、同所に宿御あり。【玉葉】

二月十一日〔天晴る〕
後白河法皇の院御所六条殿において尊勝陀羅尼供養あり。参仕の公卿、上首は権大納言藤原実宗（47）なり。摂政藤原兼実、所労により参入せず。よって左大将良経（23）、半蔀車に乗駕して参仕せり。夜に入りて大炊亭に帰来。殊なる事なし、と。【玉葉】

二月十七日〔雨降る〕
三井寺宮（後白河法皇皇子・法印大僧都静恵28）を宣命をもって無品親王に叙す。【玉葉（二月十八日条）、初例抄、華頂要略】

二月十八日〔天晴る〕
秉燭、摂政藤原兼実、左大将良経を相伴、同車にて閑院内裏に参内。後鳥羽天皇（12）、中宮任子（19）御方に御坐《おわしま》す。兼実、御前に参入、小時にして院御所六条殿に参上。中納言藤原定能（44）をもって見参に入る。召しにより後白河法皇の御前に参る。昨十七日、主上ならびに中宮、大内に方違え臨幸あるべきところ、甚雨便宜なきにより中止。しかるところ、陰陽師ら、大内に魔縁乱入の由、夢告ありて、清涼殿・藤壺において仁王講を修し、さらに宅鎮祭を行うべし、と。この日、方違え行幸ならびに方忌みの間の事につき、摂政兼実、後白河法皇に奏聞せり。その後、便宜の所に散三位高階泰経（62）を招き、任大臣事を奏上せしめ、後日、法皇の返事を来り示すべきを申して退出す。【玉葉】

二月十九日〔天晴る〕

蔵人頭大蔵卿中宮亮藤原宗頼（38）、摂政藤原兼実（43）の大炊亭に来る。当時、稀代の霊宝たる左近衛府生家宝の舞楽面（抜頭《ばとう》面形＝面裏銘曰、延暦廿一年七月一日右相撲司造ㇾ之）ならびに太政官外記庁（外記局・内裏の建春門外）保管の天神御筆（菅原道真書跡）を、後白河法皇の仰せにより進上すべし、と。よって、摂政兼実は各、その旨、下知すべきの由を仰せ下す。【玉葉、楽家録（巻四一）、台記】

二月二十日〔天晴る〕

夜に入りて蔵人頭大蔵卿中宮亮藤原宗頼、摂政藤原兼実第に入来。昨日、下命ありたる左近衛府生家宝の舞楽面（馬頭守直物〔抜頭面。保持すべきねうちもの〕）ならびに外記局の「天神御筆」をそれぞれ院御所六条殿に持参し、すべて御所に収納せられたる旨を報ず。この「天神御筆」、「誠に希代の表示」たるにより文箱に納め、治承の比、蓮華王院宝蔵に留め置かれたるも、非礼の沙汰ありて外記局に返納されたり。今また、重ねてこれを召さる。神慮恐れあり、もっとも以って由々しきものなり、と。【玉葉、吉部秘訓抄】

二月二十一日

後白河法皇、法住寺殿（寿永二年〈一一八三〉十一月十九日、左馬頭木曾義仲の乱に炎上）の造営を、源頼朝（45）に下命せらる。この日、頼朝、諸国に所課を下知して、工事に着手す。【吾妻鏡】

二月二十九日〔天晴る〕

これよりさき、後白河法皇、彼岸理趣三昧を修すべく仁和寺法金剛院に御幸（日時、不明）、御坐あり。この日、明日の従三位丹後局の逆修所（浄土寺）に逆修法華五十講（四七日）供養に参会のため、仁和寺より御幸あり。【玉葉（三月一日条）】

三月一日〔陰り晴れ、定まらず〕

去る月二十五日の大内における季御読経《きのみどきょう》の初度は、各公卿一両人の参仕にすぎず、寂寥たり。しかるに故相模守平業房の旧妻（丹後局）の仏事に、導師は延暦寺の律師聖覚（大僧都澄憲子・25）。公卿、権大納言藤原頼実（37）以下十四人参仕す。まさしく弾指すべきの世なり。ただし、これ臣の不忠に非ず、君（後白河法皇）の私曲《しきょく》なり。言うこと莫れ、言うこと莫れ。

しかして、浄土寺の逆修法事より後白河法皇、今日また直ちに今熊野御精進屋に入御あり。いまだ、六条殿に還御なし。よって、摂政藤原兼実（43）、散三位高階泰経（62）の家（高辻猪隈宅）に行向いて法皇の行動の子細を尋ぬ。泰経、明日・明後日は参院せざるも、子細においては承知せり、と申す。【玉葉】

三月十日

散三位高階泰経、摂政藤原兼実に後白河法皇の仰せを伝えて云う、「内大臣藤原兼房（兼実同母弟・39）を太政大臣に転任すべし。年齢いまだ至らず、必然すべからずと雖も、御要（なくてはならない）により、推してこの職を命ぜんとす。もしくは、後の嘲りあるか」と。摂政兼実、去る二月、大納言藤原忠親（61）を内大臣に任ずべく、高階泰経に付して子細を後白河法皇に奏聞、奏請の如く仰す。太政大臣の職、近代棄置くが如き官たるにより、さしたる才漢（才幹の当て字＝能力）なく、しかも労積なきも、先公（亡父関白忠通）の旧労をもって、兼実も推挙する所なり（『玉葉』三月二十八日条）、と。【玉葉】

三月二十五日〔天晴る〕

このころ、後白河法皇、熊野御幸のため鳥羽殿御精進屋に参籠中なるか。昨日、鳥羽より法皇、摂政藤原兼実に仰せ下さるる事（除目任人）あり。今日、兼実、蔵人頭大蔵卿中宮亮藤原宗頼（38）に書札を付して、法皇に返事を進達すべく、鳥羽に発足せしむ。【玉葉】

三月二十六日

蔵人頭藤原宗頼、昨日、鳥羽に使いせしにより、後白河法皇の御書を摂政藤原兼実の大炊亭に持参せり。その状を披見するに、中納言藤原忠良（28）を権大納言に、参議藤原能保（45）を権中納言に、従三位非参議藤原光雅（39）を参議にと、それぞれ昇叙の叡慮なり。これみな善政なり。能保は当時の珍（珍は重んずべきもの。公家と鎌倉の仲介役）なり。よって、左右する能わず。その他の任人、いずれも道理至極の事なり。悦ぶべし、貴むべし。天下の謳歌、驚かすのみなり、と摂政兼実、法皇の御意に賛同せり。【玉葉】

三月二十七日

早旦、摂政兼実、昨日の法皇御書の返事を書きて、蔵人頭藤原宗頼をもって鳥羽殿に進達せしむ。よって後白河法皇より北面下﨟・左衛門尉藤原親盛をもって使者となし、法皇の御書を賜う。兼実、披見のところ、「蔵人頭宗頼使者の旨趣、肝要なり、よって大納言の任用を行うべきか」と。法皇の任人案によれば、任大納言（中納言藤原忠良28・中納言藤原定能44）、任中納言（参議藤原能保45・同藤原実教42）、任参議（大宮権大夫藤原光雅39・蔵人頭右中将藤原実明41）、蔵人頭（左中将藤原兼宗29・右中弁藤原親雅〔「親能」は誤写〕47）の叙任を行うべし、とあり。しかして正四位下蔵人頭藤原宗頼は「正三位」に昇叙すべし、と。法皇の御書を一覧せし兼実は、即座に法皇に報状を進上せり。

「昨日の仰せ（二十六日御書）は第一の善政なり。しかるに、今日の儀は、天下必ず驚目すべし。参議の首座たる藤原雅長（47）を超越しての三座の左中将藤原実教（従二位丹後局子の左中将教成の養父・42）の任用は不当なり。また、正四位下藤原宗頼の三位昇殿は四位の参議数人を超越せるにより、定めて人の怨みあらんか。宗頼においては、ただ参議（正四位下のまま）を本望せり。大納言の加叙といい、この宗頼の叙三品（従三位）は定めて世の誹謗あるべし。」と奏上す。

宗頼（38）、夜に入りて大炊亭に帰来。法皇の御書を伝う。その趣、快然に似たり。悦思少なからず。除目の事、法皇の御定みな分明なり。摂政兼実（43）、前参議従三位勘解由長官藤原光長（48）を吹挙、除目任人に注付の上、法皇に進達す。これ、光長室ならびにその妹、摂政兼実に親昵の縁故に由来す。すなわち、光長室は兵部大輔藤原朝親の女なり。兼実長女・従三位任子（17）、後鳥羽天皇（10）女御として入内するに際し、任子乳母（宰相局、のち宣旨殿）として文治五年（一一八九）十一月二十六日、初参せり。また、その妹（光長養女・大弐局）も同日、女御任子の女房として新参、姉妹ともども、爾来、中宮任子（19）の中宮御所に近侍せり。よって、この姉妹、摂政兼実にとりて、きわめて緊密な由縁に結ばる。ゆえに、夫光長の昇任につき摂政兼実、格別の吹挙せざるを得ない理由ありたり。しかるに、摂政藤原兼実の折角の吹挙にもかかわらず、後白河法皇、除目任人名簿より削除さる。その故は、光長、能登国知行国たり。かねて法皇、能登国の所課を付して熊野神宮造営の下命ありたり。光長、それに違背して造営せざるにより、不当の由、仰せあり。よって兼実、光長の許に尋ね遣わし、法皇に子細の返事を明日中に奏上すべく奉答す。しかるに、来る四月一日の除目には洩れたり。

この夜、蔵人頭藤原宗頼、携帯の後白河法皇の御書により、除目事、勅定みな分明なり。法皇、関東の明法博士中原広元（44）を五位尉（左衛門大尉正五位下）に叙し、検非違使に任用すべし、と。兼実、これを知り未曾有の事か、と驚く。

【玉葉（文治五年十一月二十六日・同六年正月十一日・三月十一日条も）】

三月二十八日〔午上（正午前）、雨降る〕

参議第二座の正三位左兵衛督検非違使別当藤原能保（45）、権中納言に任ぜらる。任日労効もっとも深く、才漢（才幹）奉公共に範たり。しかして東将（正二位源頼朝）の縁者（頼朝同母姉夫）にして、当時の珍たり。他人、あながちに愁を成すべからず。しかるに参議第一座の藤原雅長（47）、嗜才（才をほこる）の聞えあり、また位は二品（従二位）たり、任日の第一（参議第一座）なり。かたがた哀憐あるべしと雖も、超越せらるるを愁い、この両三年、すべて出仕せず。後白河法皇、これを悪みて任ぜざるか。今、この雅長、なんぞあながち籠居に及ぶや。はなはだ奇怪の由、院宣あるなり。

【玉葉】

三月二十九日　**佐々木定綱父子、日吉社宮仕に濫行**

去る二十七日、延暦寺の衆徒、近江国佐々木荘（千僧供荘）に日吉七社の宮仕法師数十人を差遣して、千僧供料の未進滞納につき譴責せしむ。しかるに、この夜、近江国総追捕使左衛門尉佐々木定綱（50）の子・左兵衛尉定重、宮仕寄宿の宅に放火し、刃傷に及ぶ。よって叡山三塔会合の奏状をもって定綱父子を召されんことを請う。【牒状類集（近江国）、華頂要略、玉葉（四月二日条）】

四月一日〔雨下る〕

この朝、後白河法皇、鳥羽殿より熊野御幸に進発。【玉葉（三月二十五日条も）】

四月五日〔天晴る〕　**源頼朝女大姫、後鳥羽天皇に入内の風聞**

巳刻（午前十時頃）、摂政藤原兼実（43）、或る人より源頼朝女子（大姫14）、来る十月に後鳥羽天皇（12）に入内すべし、と伝聞す。かくの如き大事は、ただ伊勢大神宮・石清水八幡宮・春日社の御計らいなり。人意の成敗《せいばい》（裁断）に非ざるものなり。これよりさき、去る二月二十一日、摂政兼実の北政所・従三位藤原兼子（40）、入内せし長女・中宮任子（19）に皇子誕生あるべし、との吉夢あり。兼実、「践祚の吉瑞なり、悦ぶべし、悦ぶべし。感ずべし、感ずべし」と、狂喜の思いあり。よって、この頼朝女子の入内の風聞、心中に複雑の念あるか。【玉葉（二月二十一日条も）】

この日、佐々木定綱狼藉の事（三月二十九日条参照）、山門の衆徒、折柄、熊野御幸により熊野道に在る後白河法皇および関東（源頼朝45）に三綱らを差遣して訴う。よって、その成敗を待つの間、この一件、しばらくは落居せり、と。【玉葉】

四月六日〔天陰り、微雨下る〕

摂政藤原兼実、佐々木定綱濫行の一件につき、みずから左右するあたわず。天聴（後白河法皇）に達すれば、定めて科断あるか。後白河法皇の熊野還御以前に、勝手な成敗あたわず。南山（熊野路往来中の後白河法皇）ならびに関東（源頼朝）への使者（延暦寺所司義範・弁勝二人）発遣（使者、四月三十日鎌倉到着）のこと、もっとも然るべし。したがってまた、法皇の還幸、間近く、相待ちてその成敗を決すべし、と。【玉葉、吾妻鏡（五月三日条）】

四月十六日〔天晴る〕

来る十九日、日吉祭なり。かねて佐々木定綱濫行の事件により、日吉祭延引のやむなきにより、熊野御幸中の後白河法皇にその旨、注進ありき。しかるに、この日、天台座主・法印顕真（61）申して云く、「日吉祭の事、仰下さるるの旨に任せ、早やかに遂行すべきの由、三塔（延暦寺）の大衆一同申すところなり」と。よって、顕真の請文を飛脚に着して熊野より還向の路次なる後白河法皇に進達せしむ。【玉葉】

四月十九日〔雨降る〕

後白河法皇、熊野御幸より還御。【玉葉】

四月二十日〔天晴る〕

賀茂祭なり。近衛使は右少将藤原保家（前権中納言基家二男・25）、中宮使は中宮権亮右中将藤原忠季（内大臣忠親二男）なり。また、左衛門大尉中原広元（44）、後白河法皇より院御厩の御馬を賜い、御厩舎人金武（赤色上下、款冬《かんどう》衣を着用）を供人として相具さる。広元、眉目を施す、と。後白河法皇、祭の使出立の行列を見物あり。【玉葉、吾妻鏡（五月十二日条）】

四月二十一日

後白河法皇、六条殿において仁和寺道法法親王（法皇々子・26）を招じて、始めて愛染明王法を修せらる。【仁和寺御伝】

四月二十二日

後白河法皇、蔵人頭大蔵卿中宮亮藤原宗頼（38）をもって摂政藤原兼実（43）に仰せ下さる、「太政官中の執権は元大夫史小槻隆職（57）に仰すべし」と。隆職は当時、「官務の故実、局中（外記局）の練習、更に誰か肩を比べん哉」（『玉葉』四月二十三日条）という練達の器量人なり。この法皇の仰せを伝聞の兼実、「この条、その理然るべし。ほとんど善政というべし。ただし、源頼朝在京の時、小槻隆職はかつて源義経に加担したるにより頼朝の申請にて解官、すでに本官に還着すと雖も、官務においては前日向守小槻広房（隆職子）たるべし、人々相違すべからず」と申す。その謂れの根源は頼朝の奏請より起りたる事なり。よって、この儀はまず、関東に打診の要ありと思考す。けだし思慮あるべし、と兼実。ちなみに、小槻隆職は来る五月二日に復任除目において左大史に還任さる。【玉葉、地下家伝】

四月二十四日〔天晴る〕　**後白河法皇、妓女の舞曲を堪能**

申刻（午後四時頃）、摂政藤原兼実、直衣を着して、後白河法皇御所六条殿に参上す。折柄、院中、「胡《こ》旋《せん》、袖を翻す」（妓女舞曲の会）と。よって、法皇に面謁を申入れず、逐電退出。閑院内裏に参内。夜に入りて退出。帰参の途次、再度、六条殿に参上せるも、なお「胡旋、曲を尽せり」と。よって、摂政兼実、今夕明旦の間に、申入るべし、と退出せり。午後以後、夜に入りてなお後白河法皇、舞楽の歓を尽（「胡旋、曲を尽す」）せり、と。「胡旋」は『白氏文集』（巻第三・四「新楽府」胡旋女）の連想なり。【玉葉】

四月二十五日

或る人、摂政兼実に談りて云う、「一日（昨二十四日）、前小摂政藤原師家（基房47子・20）、始めて後白河法皇御所六条殿に参上。供人は左中将藤原忠季（内大臣忠親二男・高松殿〔松殿関白藤原基房北政所藤原忠子・太政大臣藤原忠雅女〕の猶子）一人のみ。これよりさき前大摂政藤原基通（基房の兄基実の子・32）、六条殿に参入、後白河法皇の簾中に祇候す。小摂政師家は簾外においてこれをよく見物せらる」と。前大摂政基通は、源頼朝の口入により兼実と替任の前摂政なり。【玉葉】

四月二十七日

佐々木定綱・定重父子濫行事件により、昨二十六日、延暦寺の衆徒、日吉・祇園・北野三社の神輿を奉じて、かれらに刑罰を加えられんことを閑院内裏に強訴す。摂政藤原兼実（43）、延暦寺に慰諭の御教書を下し、定綱を召出すべき宣旨の発布を得策とす。他の僧綱の内裏参入も公卿簽議も無益と思慮す。よって、この夜、摂政兼実、院御所六条殿に参上。しかるに夜中にて、人々みな退出して一切人なし。やむなく、女房をもって申入る。数刻の後、新右少将藤原忠行（26・入道修理権大夫重季子。近日、後白河法皇寵愛の人なり）出で来りて、召しありと告ぐ。よって兼実、法皇御前に参入。佐々木定綱召進めしむべき御教書を賜うの儀、上計《じょうけい》なる旨を奏上。法皇、然るべしと天気《てけ》あり。夜漏に及ぶにより、早やかに退出せんとす。折柄、従三位丹後局、出で来たる。よって暫くこれに謁し、ほどなく退下、閑院内裏の直廬に帰参す。御教書の趣、蔵人頭大蔵卿中宮亮藤原宗頼（38）に仰せ下す。【玉葉、吾妻鏡（五月二日条も）】

四月二十八日〔天晴る〕

去る三月二十八日、正二位大納言藤原忠親（61）、内大臣に任ぜらる。今夜、内大臣忠親、任大臣の拝賀を行う。まず、院御所六条殿に参上。後白河法皇、御馬を賜う。ついで、中宮御所（閑院）に参入。中宮藤原任子（19）より送物として笙一管を賜う。これ必ずしも然るべからず。その内大臣忠親の子息ら（左中将兼宗29・右中将中宮権亮忠季ら）の奉公を優して、これを給う所なり。ついで、摂政藤原兼実の大炊亭に参賀を触るるも、兼実、便宜なきにより来るべからざるの由を答う。よって、閑院内裏の殿上において摂政兼実、新内大臣忠親にひそかに謁せり。【玉葉】

四月二十九日〔天晴る〕

この夜、新権大納言藤原忠良（兼実甥・28）、拝賀あり（去る三月二十八日、任権大納言）。中宮御所（閑院内裏）についで、後白河法皇御所六条殿に参賀す。召しにより法皇御前に参入す。しかるに後白河法皇、御寝《ぎょし》の間、日没の程より子刻（午前零時頃）に及び御前の広庇に祇候待機せり。法皇、目醒めにおよび、人影に驚き給う。簾外を御覧ずるのところ、束帯を着装の人、厳然として候す。忠良拝賀参上の由を、法皇、忘却ありて、はなはだ驚奇に思召す。しばらくして、思い出して、早やかに退出すべしと仰せあり。忠良、その時、始めて起座退出せり、と。摂政兼実、この事を伝聞、「尾籠《おこ》の至り、言いて余りあり。かくの如き人、先祖の恥を顕わすか。悲しむべし、悲しむべし」と。【玉葉（五月十日条も）】

四月三十日〔天晴る〕

日吉社祭礼により、後白河法皇御幸あり。晩に及びて六条殿に還御。よって蔵人頭大蔵卿中宮亮藤原宗頼（38）、参上して条々の事を奏上す。【玉葉】

今日、豊原泰元を日野牧の下司職（滋賀県蒲生郡日野町）に補さる。彼《か》の家、重代相伝の職たるによってなり。摂政藤原兼実（43）、「能州事」（勘解由長官藤原光長知行所能登国一件・後白河法皇に召上げの叡慮あるか）を院近臣らに尋ね遣わす。【玉葉（三月二十七日条も）】

五月一日〔晴〕

今旦、後白河法皇、方違えのため天王寺（京城外）に臨幸。遂に違乱（佐々木定綱濫行事件による山門衆徒騒擾）出来せば、はなはだ宜しからず。よって殊に、その子細を法皇の許に仰せ遣わす。しかるに、神輿を日吉本社に移し、奉幣の事、無為に行わる、と。摂政藤原兼実、これに安堵せり。法皇、この日の中に還御か（翌二日、摂政兼実、奏事のため家司・蔵人頭大蔵卿藤原宗頼を参院せしむるも、伝奏の人なきにより、奏達あたわず、と。しかるに後白河法皇在院なり）。【玉葉（三月二十七日・五月二日条も）】

この日、摂政兼実、去る比（四月六日）、叡山より鎌倉に差遣の使者（所司義範・弁勝）、すでに帰来せり、と伝聞す。源頼朝（45）、佐々木定綱を大衆の中に召致すべしとの分明の裁断あり、と。

五月二日

院近臣・右少弁藤原資実（30）、摂政藤原兼実の大炊亭に来る。かねて「能州事」（勘解由長官藤原光長知行所能登国の一件）を後白河法皇寵愛の女房（従三位丹後局）に伝うべきの由、先日、これを仰するところなり。件の返事を示すための入来なり。しかるに、いまだ安危（召上げか否か）分明ならず、と。よって、兼実、なお執奏すべきの由を答う。【玉葉】

佐々木定綱濫行事件により、山門大衆、日吉・祇園・北野社の神輿を奉じて閑院内裏に強訴《ごうそ》せし顚末につき、検非違使別当藤原兼光（47）の書状を源頼朝に進達すべく、検非違使左衛門大尉中原広元（44）、京都より鎌倉に飛脚を発し、この日、鎌倉に到着す。「去る月二十六日、神輿入洛の時、鎌倉武士ら、防禦に及ぶも、検非違使別当宣により戦闘を発すべからずと制止され謹慎せしところ、家人四人、同所従三人、山徒のため刃傷せらる。朝威を仰ぎ神鑑を怖るるにより、勇士の道を忘るるが如き結果にして、ほとんど衆人の嘲笑を招く結果なり」と。頼朝、これを披見して、直ちに重臣を招集して沙汰せしむ。【吾妻鏡】

五月三日〔天晴る〕

この日来《ひごろ》、摂政藤原兼実、後白河法皇の天気《てけ》不快により御前に祗候せず。しかるに、近日、恩免あり。午刻（正午頃）、直衣を着装、六条殿に参上。左大弁藤原定長（43）をもって申入る。しかるところ、法皇、今夜、御精進屋（天王寺参詣のため）に入御のため取乱しの事などあり。ただし、奏事あらば面謁せんとの仰せあり。よって定長をもって条々の事を奏聞す。このうち、伊勢大神宮役夫工解怠の一条につき、法皇の御分国・御領および諸国等に神宮役夫工米を課せしめ、工事の進捗を急がせ給う。【玉葉】

昨二日、京都の左衛門大尉中原広元（44）よりの飛脚便に対し、源頼朝（45）、議定の果てに、院近臣・散三位高階泰経（62）に奏書を付して、後白河法皇に事由を言上せしむ。奏状の起草は執事三善康信（51）。清書は右筆・筑後権守藤原俊兼。この日、申刻（午後四時頃）、雑色成重、これを携帯して上洛進発す。「罪科を定め頼朝に触るれば、先例を顧みず斬罪を行うべし。綸言《りんげん》に背き、禁裏乱入を企てたる大衆もまた、木石に異ならず。また佐々木定綱（50）の有罪を寛宥するにおいては、日吉山王社の霊威をさげすむが如し。よって、ここに一通の奏状を捧げ、天聴（後白河法皇）に達せしめたり。理ある事、法皇の裁許を仰ぐに、何の拘《こだわ》りあらんや」と。【吾妻鏡】

五月七日〔天陰る〕

摂政藤原兼実（43）、方違えのため九条亭に赴く。夜に入り御堂に参籠。この夜、蔵人頭大蔵卿中宮亮藤原宗頼（38）、後白河法皇の御使として入来、源頼朝の申状を持参せり。叡山大衆訴人の左衛門尉佐々木定綱の罪科につきての事なり。法皇、計らい申すべし、と。申状の記載分明なり。詮議の議定に自然に符合せり。よって、尤も神妙の由、法皇に奏上せしむ。【玉葉】

五月十四日〔天晴る〕

神泉苑御読経、開白《かいびゃく》の日なり。丑刻（午前二時頃）、閑院内裏の下方、院御所（六条殿）近辺に火事あり。摂政藤原兼実、この夜、閑院直廬に宿せり。よって衣裳を倒して（着のみ着のまま）、院御所に急参す。しかるところ、後白河法皇、火災の風下に御坐《おまし》ありて、火事の見物なり。兼実、昇殿、公卿座に祗候す。火消ゆるの後、法皇還御。右中弁平棟範（42）をもって見参に入り、すなわち退出す。時に天曙なり。件の火事は五条南、油小路西の小屋より出火、南は六条坊門、東は油小路に到り延焼。いまだ西洞院（院御所、所在）に及ばずして消火せり。【玉葉】

五月十五日〔天晴る。炎暑、日を逐《お》いて日に盛《さか》る。天下の歎き、只、此の事に在り〕

今晩、後白河法皇、摂津・四天王寺に方違えのため御幸あり。来る二十三日、御帰京あるべし、と。【玉葉（五月十四日条も）】

五月十八日〔天晴る、雨止む。猶、頗る天陰る〕

摂政藤原兼実、左衛門権佐藤原資実（30）を召す。資実、申刻（午後四時頃）、大炊亭に来る。明暁、摂津・天王寺に発足せしめ、後白河法皇に条々の奏事を申さしむ。⑴祈雨法の間の事、⑵諸宗、御教書の事、⑶御祈り用途の事、⑷内裏盗人結構の法師の事、⑸定綱下向（昨

十七日、配所薩摩国に子息三人とともに乗船。海路より領送使護送）の事等なり。【玉葉】

五月二十三日〔去る夜より卯刻（午前六時頃）に及び甚雨あり〕

日没以前に、後白河法皇、天王寺より還御あり。【玉葉】

五月二十九日〔天陰る〕

院御所、供花会始行す。巳刻（午前十時頃）、摂政藤原兼実（43）、法皇御所六条殿に参上。散三位高階泰経（62）をもって見参に入る。しかるに、後白河法皇、只今、供花の間、拝謁あたわず。暫く待つべし、と。よってしばらく祗候の間、泰経出で来りて、「法皇の御帰坐、定めて数刻の間を要すべし。しかのみならず、今旦、朝餉《あさがれい》（法皇の朝食）以前に、供花会の座に出御あり。たとえ、朝餉以前と雖も、法皇、御対面の心なし。法皇の御気色を伺うに、今日は御前に召すべからざるの天気《てけ》なり」。よって、兼実、逐電退下。閑院内裏の直廬に帰参せり。【玉葉】

六月一日〔天晴る〕

近日、院御所中、火事の怪異しきりに風聞の上、近隣の在家、放火、度々に及ぶ。後白河法皇、諸道をして勘奏せしめらるるところ、三合《さんごう》の厄《やく》あり（太歳・太陰・客気の三神が合する大凶の年）、もっとも御慎重あるべしと占卜あり。ことに六月中が専らその期なり、と。よって、今日、後白河法皇、醍醐寺の権僧正勝賢（54）を請じて、六条殿において不動御修法《みしほ》を勤行せしめらる。【建久二年祈雨日記】

六月二日〔天晴る〕

摂政藤原兼実、参内（閑院）前に、右中弁平棟範（42）、大炊亭に来りて云う、「伊勢大神宮造宮役夫工などにつき、散三位高階泰経を伝奏として奏聞のところ、後白河法皇、以ての外の逆鱗なり。行事弁（名未詳）ならびに摂政兼実に対して、大いに鼻突き（勘当）あり。『今より以後、一切、神宮役夫工のこと奏上に及ばず』との勅定あり」と。摂政兼実、伊勢造宮のことにつきては、力の限りを尽くして沙汰を致し来れり。しかるに、去る年の内宮の造宮の時、また今年、外宮の沙汰ともども、両度ながら法皇の勘責の御詞、まことに過法たり。よって退心（この役、辞退の気持）を催す因縁なり。まことに悲しきかぎりなり。しかるに、いまこれらの事情、法皇に披陳のすべなし。ひたすら、罪に沈みて過す所なり。所詮は、大神宮の冥鑑《みょうかん》に任せ奉る以外に方途なきか。【玉葉】

六月四日〔天陰る〕

臨時除目あり。蔵人頭大蔵卿中宮亮藤原宗頼（38）、摂政藤原兼実の大炊亭に入来。後白河法皇より下し給う折紙《おりかみ》（除目任人名簿）を持参す。みなもって珍事なり。左右《とこう》するあたわず。かねて法皇懸案の「能州事」（勘解由長官藤原光長知行所能登国の一件・三月二十七日条）は光長より召上げとなり、右衛門督藤原隆房（44）が拝領す。よって、この日、隆房二男・長門守隆宗（11）が能登守を兼任す。【玉葉（三月二十七日条も）、公卿補任】

六月六日〔天晴る〕　**重源、東大寺造営の件で上洛するが、後白河法皇、連日の御遊により面謁せず**

大仏上人（俊乗房重源71）、南都より上洛、摂政藤原兼実（43）の大炊亭に入来せり。神事たるにより北宅に招入る。上人、後白河法皇の勅喚により参洛する所なり、と。しかるに、法皇御所六条殿、連日、「御遊」により隙なきの間、いまだ拝謁叶わず、造東大寺の件、天聴に達することあたわず。事の隙において面謁、御定ありとの事により、京洛に滞留、その日を相待つ次第なり、と。【玉葉】

六月八日〔陰り晴れ、定まらず。午後、少し雷鳴、形の如し〕

後白河法皇、今熊野社に参籠入御あり。【建久二年祈雨日記】

六月十日〔天晴る〕

未刻（午後二時頃）、院御所六条殿内、西蓮僧房の湯屋より出火、東面の築垣に近接する萱御所に延焼。ついで上西門院終焉御所および六条殿の宝蔵等、たちまち焼失す。ただし本体御所（六条殿）においては余焔を免がる。折柄、参上の右大臣藤原兼雅（47）、足に所労あるも、直衣・烏帽子を着装、指貫の上括《じょうくくり》をからげ、本尊ならびに宝物等を搬出せしむ。後白河法皇は今熊野社参籠につき御所に不在。八条院（55）は急ぎ仁和寺（蓮華心院）に飛幸（急ぎ御幸）せらる。【百錬抄、玉葉、建久二年祈雨日記】

六月十六日〔陰り晴れ、定まらず。時々、雨降る〕

後白河法皇、今熊野社より六条殿に還御。火災後の六条殿、儲け（修理を加う）により新造御所の如し、と。面目を遂げたるか。【建久二年祈雨日記】

六月二十日〔雨降る〕

大仏上人（重源）、後白河法皇の召しにより六条殿に参上す。大和の室生寺空諦（空諦房・空体房。盲目聖人鑁也《ばんや》＝重源弟子・宋人。『吾妻鏡』）同伴、法皇御前に参進。空諦、後白河法皇に仏舎利三十粒（中に金色仏舎利一粒あり）、女房従三位丹後局に二粒、ならびに右大臣藤原兼雅に一粒をそれぞれ進献す。法皇、この仏舎利を深く信仰あり。しかるに、何故にか今後、常に参院すべからず、と空諦に勅定あり。【玉葉】

六月二十五日〔陰り晴れ、定まらず〕

この夜、後白河法皇の姫君（覲子《あきこ》内親王11。母は従三位丹後局）、明日の院号宣下のため院御所六条殿に行啓す。右兵衛督藤原兼光（丹後局婿・47）、これに供奉せり。【玉葉】

この日、近江国高島郡毘沙門堂（滋賀県高島郡高島町）供養なり。この本尊は五丈の大毘沙門天像。去る養和の比（一一八一－八二）、後白河法皇の発願により仏師院尊法印、作始。大相国入道清盛在世時に造立、源氏調伏の願趣なり、と。後白河法皇の勧進により、諸人結縁す。左大弁藤原定長（43）、法皇の下命により奉行となり江州に下向して供養を行う。【一代要記、山丞記（定長卿記）、吾妻鏡（五月十二日条）】

六月二十六日〔天晴れ、陰る。少雨、時々、降る〕　**観子内親王に院号宣下（宣陽門院）。その生母・高階栄子を従二位に叙す**

後白河法皇第六姫宮観子内親王（准后）、院号の事あり。午刻（正午頃）、蔵人頭大蔵卿中宮亮藤原宗頼（38）、公卿散状《さんじょう》（当日の公卿諸役の交名《きょうみょう》）を摂政藤原兼実（43）に示す。ついで、院近臣・左衛門権佐藤原資実（30）、後白河法皇の御使として、群議により決定の院号「宣陽門院」を摂政兼実に示し来る。申一点（午後三時すぎ）、摂政兼実、束帯を着し、閑院内裏に参内。左大臣藤原実房（45）・右大臣藤原兼雅（47）以下、仗座に参着して、観子内親王院号定めの儀を行う。摂政兼実、観子内親王をもって宣陽門院となすべきの由を仰下す。ついで、後白河法皇、左衛門督源通親（姫宮後見人。今日の儀、本家執行人・43）ならびに左衛門権佐藤原資実らを院司（宣陽門院）となすべきを、藤原宗頼をもって摂政兼実に仰せらる。ついで、宣陽門院観子内親王の母儀・高階栄子（従三位丹後局）を従二位に叙すべきの宣下あり。事了りて後、摂政兼実、六条殿に参上、公卿座（今日、姫宮殿上座となす）に着座す。相ついで右大将藤原頼実（37）参入。この間、摂政兼実、新院司・左衛門権佐藤原資実を招きて、法皇に見参に入る。帰り来りて、「院号の宣下、尤も神妙なり」との法皇の勅語を伝う。小時にして左大臣藤原実房・右大臣藤原兼雅・内大臣藤原忠親（61）ら参入。その後、数刻にして晩頭、新女院別当・左中将源通宗（通親子・24）法皇の召しを伝うるにより、兼実、後白河法皇御前（寝殿南庇、東面妻戸＝宣陽門院御所となる）に参入。院司折紙を賜う。摂政兼実、日来所労不快、この日、追従《ついしょう》の心切なるにより、所労を相扶け参入。座において更に発熱す。相構えて祗候せり。事了りて退出す。【玉葉】

七月三日〔雨降る〕

後白河法皇、法勝寺に御幸。夜に入りて、摂政藤原兼実、相招くにより、左大弁藤原定長、大炊亭に入来す。室生寺仏舎利の事を尋ぬ。同寺空諦上人より仏舎利三十粒を進献せられし後白河法皇、一向に御信伏あり、と。このほか、多くの雑談の中、今熊野社の巫女および日吉社二宮の巫女、神託を告げて、後白河法皇、今月、殊に御慎みあるべき由を託宣す、と。【玉葉】

七月七日〔天晴る〕

後白河法皇、法勝寺に御幸あり。【玉葉】

七月八日〔天晴る、申時（午後四時頃）、俄かに少雨降る〕

後白河法皇、今熊野社に参籠あり。【玉葉】

七月九日〔晴〕

後白河法皇の皇女・宣陽門院（覲子内親王11）、殿上始の儀を行わる。新女院、日頃、六条殿内、法皇御所に同居。六条殿の殿上をもって女院の殿上となす。よって、院殿上は暫く西透渡殿を代用さる。この日、院司すべて参入。左大弁藤原定長（43）は院司に非ざるも、法皇の仰せにより未刻（午後二時頃）六条殿に参上すべし、と。よって、申刻（午後四時頃）、檳榔毛車《びろうげのくるま》に乗駕、参入せり。時に右大臣藤原兼雅（47）・右大将藤原頼実（37）・左衛門督源通親（43）・権中納言藤原泰通（非院司・47）・権中納言源通資（非院司）・参議右中将藤原公継（17）ら祗候す。しばらくして、後白河法皇、今熊野社より六条殿に還御あり。略儀により御輿に乗駕しての還幸なり。【山丞記（定長卿記）】

七月十三日〔天晴る〕

今夕、宣陽門院（覲子内親王）、初度の御幸。後白河法皇御所六条殿（日来、法皇と同居。去る六月二十六日の院号の日より御坐の六条殿寝殿南庇、東面妻戸）より正親町亭（正親町東洞院）に渡御あり。女院は唐車に乗駕。出車は五両（檳榔毛車に女房二人乗る）が従う。公卿、右大将藤原頼実以下二十人が供奉す。左大将藤原良経（23）、申刻始め（午後三時すぎ）、供奉の催しを蒙るも、卒爾にして不参。【玉葉】

後白河法皇、宣陽門院（六条殿）に謁見のため今熊野社より出御、六条殿に還幸あり。左大弁藤原定長も秉燭以前に六条殿に参上。定長の長男・勘解由次官藤原清長（母は周防入道藤原能盛女・21）、宣陽門院判官代に補さる。院号日（宣陽門院・去る六月二十六日）、毘沙門堂供養の奉行として父定長と共に江州下向。殿上始日に補せられざるにより、院司に補加されずして昇殿を許さる。今日、殊沙汰なり。

女院の正親町亭進発以前に、後白河法皇、宣陽門院に贈物（筝、錦袋に入る）あり。院蔵人、寝殿面北辺において右大将藤原頼実に伝供《てんぐ》す。ついで、女院の御車を寝殿の南階に寄す。御車は法皇常用の唐車（新調せず）、牛童は七郎丸。女院の唐車についで出車五両、その後に半《はした》物《もの》（下仕女房）の車が続く。その路は六条東行、東洞院北行、正親町亭西面門より入御。後白河法皇、六条坊門東洞院において御車を立て、見物なり。今熊野社より出御につき、殿上人・北面武士はいずれも浄衣を着装。法皇、行列御覧の後、今熊野社に還御、ふたたび参籠。【山丞記（定長卿記）】

七月十六日〔天晴る〕

左大将藤原良経、院御所六条殿に参上。網代車に乗駕参向す。番長、所労により移馬《うつしうま》を引かず。よって半蔀車を用いず。後白河法皇の召しにより御前に参入す。この日、良経まず大炊亭に来り、此所より六条殿に参る。ついで閑院内裏に参内、晩頭、帰宅す。【玉葉】

七月十七日〔天晴る〕　**後白河法皇、法皇呪詛の落書により、藤原兼実に不快を示す**

巳刻（午前十時頃）、後白河法皇、従二位丹後局を介して御使をもって、摂政藤原兼実の許に書札に付して落書一通を送達せらる。「この落書の内容については、信用無しと雖も、他所より聞及ばれ、奇となさるるにより、この状を遣わす」と。法皇、兼実の心底を量らるるに似たり。また奇怪至極というべきか。左右するあたわず。

兼実（43）、落書を披見するところ、勘解由長官藤原光長（48）および兼実家司・修理権大夫入道藤原頼輔（法名円阿）ら、一所の家領等を長者（藤氏長者・摂政兼実）に付せられざる事を怨み（光長・頼輔入道ともに兼実に深縁あり）、後白河法皇を呪咀す、と。これ、法皇、かれらの家領を院宣をもって抑留さるるの故なり（光長家領の一件につきては、六月四日条参照）。しかのみならず、光長は武士を集結して謀叛を企つ、と。頼輔入道は使者を朝暮、関東（源頼朝45）に送り、法皇の不可を通報す、と。また、院近臣、左衛門督源通親（43）・左大弁藤原定長（43）・兵部卿平基親（41）らは、いずれも非常者（無礼）なり、と列記されたり。

兼実、一覧の後、御使をもって落書を丹後局の許に返進。「法皇、落書の趣、御信用なき由、まことに事体は笑止千万。謬事等のあるは、他事をもって察せらるべし。なお、定めて真偽を糺定さるべし」と奉答す。また、この一件、兼実、ただちに光長・頼輔入道（円阿）に示し遣わすところ、各驚歎して、神状（神文《しんもん》証状の略。無実を披陳の書状）を送り来たる、と。【玉葉】

七月十八日〔天晴る〕

摂政藤原兼実、右馬権頭藤原兼親を使として、消息を副え、昨日に重ねて従二位丹後局の許に、子細の次第を示し送る。落書の一件につき、委しき事情を注進す。「落書に数ヶ条の顕然の不実あり。よって、この注進状をもって御推察の事あるべく後白河法皇に奏聞あらんことを。その上、なお子細の不審あらば、また沙汰を致すべきの趣なり」と。しかるに、今夜は便宜《びんぎ》を得ずして、使者兼親、女房丹後局に謁し得ず、と。この夕、検非違使別当藤原能保（45）、摂政兼実の大炊亭に入来。兼実の所労見舞いのためなり。兼実、障子を距ててこれに謁し、雑事を談ず。つい、落書の一件に及ぶ。能保、はなはだ驚奇す。この落書、もとは前周公（前摂政藤原基通32＝「周公」は、摂政の異称。中国古代の周公旦、摂位たるによる）の身辺、卑賤の輩の結構せしことか、と。【玉葉】

七月十九日〔天晴る〕

右馬権頭藤原兼親、昨日に引続き、院御所六条殿に参上。女房丹後局に面謁。落書の一件、顕然の不実につき子細を奏達す。丹後局の返事、はなはだ快然たり。よって、摂政兼実もまた悦思少からず。【玉葉】

七月三十日〔雨降る。終日、止まず〕

摂政藤原兼実、円阿（頼輔入道）ならびに勘解由長官藤原光長らの誓状を携帯せしめ、右馬権頭藤原兼親を従二位丹後局の許に使として参上せしむ。この誓状を後白河法皇に奏覧のためなり。しかれども、丹後局、これを受けず。その旨趣を返送するに、かならずしも快気に非ず。返札の沙汰もまた不快なり。この礼不審にして、兼実、左右するあたわず、と。落書事件、収拾策、二転、三転の成り行きか。【玉葉】

八月三日〔天晴る〕　**室生寺空諦が進上の仏舎利、偽物と判明**

この朝、摂政藤原兼実（43）、仏厳上人を招請して、去る六月二十日、室生寺空諦進上の仏舎利一粒の真贋を質《ただ》す。しかるに不審たるにより砥石をもってこれを磨らしむるのところ、仏舎利、しだいに磨滅せり。よって、この仏舎利、偽物と判明す。とならば、同日、後白河法皇に進献の三十粒ならびに従二位丹後局の二粒も、ともに偽物なるか。よって空諦の罪業は無間《むげん》地獄（五逆罪を犯したるものが堕す）の中劫にも値することなり。悲しむべき事なり。ただし、なお、今後、この仏舎利の真偽を尋ぬべき事か。【玉葉（六月二十日条とも）】

八月十二日〔天晴る〕

後白河法皇、方違えのため鳥羽殿に御幸。【玉葉】

八月十三日〔天晴る〕

巳刻（午前十時頃）、摂政藤原兼実、閑院内裏の直廬より鳥羽殿御坐の後白河法皇に拝謁のため参上。左衛門権佐藤原資実（30）をもって見参に入る。法皇の仰せは、只今、嵯峨（故高倉上皇内女房・若狭局第〔若狭局は若狭守平正盛女？＝平政子。高階栄子生母、高倉・安徳天皇乳母。当時、権勢の女房〕ならびに栖霞寺〔清凉寺〕）に御幸せんとするの間、物具等を取乱し謁するあたわず、と。よって、兼実退出す。しかるところ、資実追い来りて、法皇の勅語を伝う、「日来《ひごろ》久しく、摂政兼実、奏事にも参上せず。今日、折角の参入により、兼実より見参を申出ずるのところ、折悪く面謁もせず、もっとも遺恨に思う。かねてまた、先年（文治三年〈一一八七〉四月二十六日）、折紙（料紙）を下賜して草子（『拾遺抄』一部〔上下二冊か〕）の書写を下命せしを、いまに書写なし（兼実、四ヶ年書写を怠る）。早々に書写すべし。いま暑熱の比、書写の難儀あるも、なお、相構えて、書進むべき旨、勅定ありたり」と。兼実、資実の伝奏を聞きて、この暑中を過ぎて書進むべきの由を奏上して、退出、大炊亭に帰宅す。【仙洞御移徙部類記目録、拾遺愚抄】

八月十四日〔天晴る〕

巳刻（午前十時頃）、蔵人頭大蔵卿中宮亮藤原宗頼（38）、摂政藤原兼実の大炊亭に来りて申す、「石清水八幡宮別当法印成清（63）、只今、奏状（折紙＝これ近代作法なり）を進達せり。同八幡神宮寺の四ヶ条の訴訟、今日のうちに後白河法皇の裁断なきにおいては、明十五日恒例の石清水放生会を抑留すべし」と。

件の訴訟の事、日来、摂政兼実、抑留せり。よって、社僧ら、その事に鬱し申す。いま、事を放生会に寄せて法皇に讒奏せんとす。この事、まことに奇怪至極なり。よって、兼実、即刻、嵯峨（栖霞寺＝清凉寺）に参上、この旨、後白河法皇に奏聞すべく宗頼に下命す。宗頼、ただちに嵯峨に発足す。夜に入りて帰来して、法皇の仰せを兼実に伝う、「放生会は、必ず恒例を守り遂行すべし。四ヶ条の訴訟のうち、明舜が事は裁許す。自余の三ヶ条は、追って尋ね沙汰あるべし」と。【玉葉】

八月二十四日

この朝、後白河法皇、嵯峨（栖霞寺か）より六条殿に還御。【玉葉】

八月二十九日〔天晴る〕

摂政藤原兼実（43）、今日より七ヶ日を限り、春日社において如説《にょせつ》大般若経転読供養を行う。去る年、供養の御経を用う。伊勢大神宮に神馬二疋を奉献。また、春日社に神馬・奉幣使を差遣す。兼実、自筆をもって、告文《こうもん》を清書し、二ヶ条の事を祈願す。

(1)中宮任子（19）の御悩（去る二十三日夜より不例）、即時消除。必ず国母の号（立后）を待たるべき事

(2)院御所における落書結構の人（仕掛人）、必ずその失を露顕し、無実の身の早やかに青天となるべく、春日大明神の霊験あらば、忠士（頼輔入道・勘解由長官藤原光長）を棄つべからざる事

の二ヶ条の願趣を記載す。この告文、兼実みずからが加封の上、使に給い、春日社宝前において焼却すべし、と下命せり。【玉葉】

八月三十日

摂政藤原兼実、院女房・従二位丹後局に書札（落書事件）を遣わす。その返事到来。文面、はなはだ快然たり。遂に奇人の疑いを成す。定めし、これ東報（関東、頼朝の通報）、落書を信ぜざる様子を、兼実感知す。これによりさらに和顔（法皇と兼実の和解成立）か、と。しかるに、摂政兼実、六条殿に参院、奏事につきては、なお不快あり（しこりが残る）。これを為すに如何せん。兼実、この日の参院は白地《はくち》（すぐさま）退出せり、と。【玉葉】

九月六日

石清水八幡宮神宮寺五ヶ条訴訟につき、同社別当成清法印（63）、摂政藤原兼実を讒奏《ざんそう》、法皇、天気《てけ》不快なり。未刻（午後二時頃）、法皇、左大弁藤原定長（43）をして摂政藤原兼実に成清法印を召具し、即刻、参院すべく催せらる。この院宣、右大弁藤原親雅（47）が伝達し来る。摂政兼実、蔵人頭大蔵卿中宮亮藤原宗頼（38）を相具し、別当成清法印を召問せんとす。晩頭に至り、左大弁藤原定長・右大弁藤原親雅・別当成清法印、打揃いて摂政兼実の大炊亭に入来。よって、兼実、まず勘問す。この事、一塵の披陳に方途なし。ことに柘榴山・屋形山の杣人相論の事、日来、数十度に及び仰下せしも全く承諾せず、讒奏に及びしこと不当なり。兼実、別当成清法印問注の事、奏聞す。証人として左大弁藤原定長、申し副うる所なり。【玉葉】

九月七日〔天晴る〕
晩頭、摂政藤原兼実（43）、院御所六条殿に参上。一府生も祗候せず。よって預り法師をもって女房（法皇愛妾・従二位丹後局）に申入る。また、殷富門院（法皇皇女・亮子内親王45）御方を通じても内々、兼実参院を申入れたり。たしかに参候の事、聞き及びたりと仰せあり。同時にまた前摂政藤原基通（32）、六条殿に参入し来りて御厩広庇《みまやひろびさし》に着座す。まず、摂政兼実、召しにより法皇御前に参入、例の如し。供の殿上人に付し、院北面下﨟・左馬権頭平業忠、召しの事を伝えたり。例の落書事件により巷説嗷々《ごうごう》の後、今日、始めて法皇の龍顔に拝謁せり。しかるに、法皇、天気快然、瞬時にして兼実、心中、喜悦の思いを成す。やがて丹後局、出で来る。相代りて後白河法皇、奥の間に入御。前周公（前摂政藤原基通）に面謁せられんがためなり。その後、兼実、丹後局と談話。久方ぶりの蓄懐を陳《の》ぶ。貴妃（楊貴妃＝丹後局）、理に伏する（落書事件、納得す）の色あり。鄙生（兼実）の過失なきの験を顕わすか。退出、直ちに閑院内裏に参内。時に亥刻（午後十時頃）、すでに主上（後鳥羽天皇12）は御寝《ぎょし》なり。ついで中宮任子（19）の御方に参上、小時にして退出せり。【玉葉】

九月八日
摂政藤原兼実、院御所の従二位丹後局に書札を送り、去る夜（七日夜）の謝意を述べる。やがて、丹後局よりこの旨、後白河法皇に奏聞すべしとの報あり。【玉葉】

九月十日〔天晴る〕
今旦、後白河法皇、天王寺に参詣御幸なり。十ヶ日、経廻《けいがい》（滞留）あるべし、と。これ、同寺の念仏会に御当番なり。【玉葉】

九月十七日〔陰り晴れ、定まらず〕　**大内の桜、開花の異変**
摂政藤原兼実、天王寺御幸に扈従の右大臣藤原兼雅（47）の許に書札を送る。禁省《きんしょう》（大内）の桜樹開花せる異変により、臨時奉幣（石清水八幡宮以下、七社）を行うべき事を、後白河法皇の叡聞に達せんがためなり。【玉葉】
この夜、戌刻（午後八時頃）、天王寺供奉の従三位藤原経家（43）より摂政藤原兼実の大炊亭に急報あり。今朝、辰刻（午前八時頃）、天王寺の念仏三昧院ならびに念仏堂すべて焼失せり。しかるに、幸い天王寺の寺中に及ばざりき、と。件の念仏堂は西門の外、南腋に所在せり。近日、天変あり、諸社怪異の御占、多く火災の由を申せり、と。今、果してこの災あり、もっとも恐れ慎むべきか。

九月十八日
よって、摂政兼実、急ぎ家司の蔵人頭大蔵卿中宮亮藤原宗頼（38）を召し、明暁、勅使として寺門（天王寺）に参向すべきの由を下知す。兼実もまた、即刻、馳参ぜんとするも、法皇の還御は明後日（二十日）なり。しかのみならず、人々予参《よさん》すべからずとの院宣あるの由を告

げ来るにより、不参と法皇に奏聞す。【玉葉、百錬抄】

九月二十日〔雨降る〕

深更に及び、天王寺に使いせし藤原宗頼（38）、摂政藤原兼実（43）が許に帰来す。後白河法皇の御報を伝う、「天王寺の火災は、従二位丹後局止住の房（念仏三昧院中）より出火せり。しかるに幸いにも余焔寺中に及ばず」と。なお、珍重の事なり。【玉葉】

九月二十一日〔天陰る。夜に入りて雨降る〕

この日、三合《さんごう》（太歳・太陰・客気《かっき》の三神が合する厄）。天変および桜樹秋花等の事により、石清水八幡宮以下七社に奉幣使を立てらる。上卿は内大臣藤原忠親（61）、行事は権右中弁藤原定経（34）、奉行職事は蔵人右京権大夫藤原光綱（49）なり。ただし、この奉行職事はもと、蔵人頭大蔵卿中宮亮藤原宗頼なるも、俄かに天王寺御使に参りたるにより光綱に譲られる。

後白河法皇、天王寺より還御あり。【玉葉】

九月二十二日〔雨降る。午後、天晴る〕

後白河法皇、天王寺より帰洛。摂政藤原兼実、今日、巳刻（午前十時頃）、六条殿に参上。右中弁平棟範（42）をもって見参に入る。しかるところ、折柄、御所供花会たるにより取紛れ謁せざる由、後白河法皇仰せ出さる。よって、兼実、天王寺念仏堂炎上の事につき見舞いの辞を伝奏せしむ。法皇より服膺《ふくよう》（兼実の言葉を受けて）の天気《てけ》あり、と。【玉葉】

十月一日

後白河法皇御所法住寺殿、木曾義仲叛逆の時、悪徒乱入して炎上。ついで、文治元年〈一一八五〉七月の大地震において悉く頽傾の間、関東（源頼朝）の沙汰として法住寺殿の造営進捗し来れり。その工程において牛屋を建造。佐々木三郎盛綱（41）・宮六傔仗《けんじょう》国平（近藤国平）らの沙汰として陸奥国ならびに越後国より駿牛十五頭を召進、今日、源頼朝（45）の御覧に入る。しかるに、この牛、然るべからざるの由、前少将平時家（時忠二男）および幕府問注所の従五位下三善康信法師（法名善信51）、これを申す。よって京都において奔波（奔走）するは、また無きに似たり。よって、頼朝、御馬をもって牛の替りとなすべく、沙汰を下す、と。【吾妻鏡】

十月十日

この頃、関東の沙汰として後白河法皇御所法住寺殿修造工事、進捗中なり。この日、鎌倉・成勝寺執行昌寛法橋、源頼朝の使節として上洛す。これ、法住寺殿修造の間、造営奉行として前掃部頭中原親能（49）・左衛門大尉中原広元（44）・昌寛法橋を差置かれたり。昌寛法橋、去る比、頼朝の召しにより鎌倉に帰参せしが、修造の功を終えんがため、重ねて上洛するところなり。【吾妻鏡】

十月二十日
源頼朝（45）、在京中の正五位下因幡前司明法博士兼左衛門大尉中原広元（大博士広季男。頼朝腹心なり・44）に明法博士を辞すべく申送らしむ。関東（鎌倉幕府）祗候の輩、顕要の官職をもって恣《ほしいまま》の兼帯、然るべからず。よって、これを辞さしむべきの旨、仰せ下すによってなり。これよりさき、中原広元は去る三月二十七日、後白河法皇の吹挙により「除目事御定」の中に五位尉（正五位下・左衛門大尉）に任ずべしと注付されたり。摂政藤原兼実（43）、一覧して「未曾有か」と驚く。ついで、四月一日の臨時除目において明法博士（剰任、先例無きか）并びに左衛門大尉（近代頗る希なり）に任ず。その上、検非違使の宣旨を蒙る。「この事、如何。家すでに文筆の士なり。期する所は大外記・明経博士なり。しかるに、今の所任、天下の耳目を驚かす。此の事、左衛門督源通親（43）の追従のため諷諌（いさめる）を加う、と。人たとえ教訓を加うるも、みずから用うべからず。或いは云う。ついに靫負佐《ゆげいのすけ》（左衛門佐・従五位上）に転ずべし。およそ、言語の及ぶ所に非ず。恐らく頼朝卿の運命尽きんとするか。誠に是れ獅子中の虫、獅子を喰《くら》うが如きか。悲しむべし、悲しむべし」と。
【吾妻鏡、玉葉（三月二十七日・四月一日条）】

十一月二日〔天晴る〕
午刻（正午頃）、後白河法皇、山科殿に御幸あり。
【都玉記（藤原資実卿記）】

十一月三日
源頼朝、日頃御馬三疋（ともに鴾毛《つきげ》）を三浦介平義澄（65）に預け置かる。今日、それを京都の左衛門大尉中原広元の許に送り遣わす。これ法住寺殿竣工御移徙の後朝に、後白河法皇に進上すべき料なり。
【吾妻鏡】

十一月四日〔天晴る〕
今朝、後白河法皇、前摂政藤原基通（32）の近衛殿（五条東洞院御所）に密々に御幸。夜に入りて還御あり。左衛門権佐藤原資実（30）、日野宅に参り、秉燭入洛、直ちに参院。法皇、近衛殿より只今、還御と。しかるに人なきにより資実、網代車を寄せ、法皇下御を奉仕す。密々の故なり。
【都玉記】

十一月五日〔晴〕　**後白河法皇、臨時除目に際し、藤原兼実の奏聞に逆鱗す**
臨時除目あり。後白河法皇、成功《じょうごう》の輩、少々、任ぜらるべきの由、院宣あり。戌刻（午後八時頃）、法皇、北面下﨟を御使として御書（任人注付歴名）を摂政藤原兼実に賜う。それによれば、「従五位上右兵衛佐藤原教成（従二位丹後局子・15）を左少将（正五位下）に任ずべし。その前官の右兵衛佐（従五位上）をもって、大宰大弐藤原範能（31）の子・従五位下有能（母は相模守業房女・丹後局孫・8）を任ずべし。これ、丹後局の口入なり。さらに前摂政藤原基通（32）の子・従四位下右中将家実（13）を正四位下（越階《おっかい》）に叙すべし。また、右少将藤原実保（故権大納言公保一男）・右少将藤原基範（故中納言成範一男）・左馬頭藤原高能（検非違使別当能保一男・17）を中将に任ずべく計らい申すべし」と。摂政兼実（43）、これに答えて教成の少将、有能の右兵衛佐（越階）の事、承るべきを即座に奏上す。ただし、任中将の事、一度に三人の任用、過分の由を奏聞せり。また正二位右大臣藤原兼雅（47）、加階の事を申す。

蔵人頭大蔵卿中宮亮藤原宗頼（38）、摂政兼実に下されたる今度御書（任人注付歴名）を院御所に返上の節、法皇一覧後、すこぶる逆鱗あり、と、伝奏《てんそう》の左大弁藤原定長（43）、これを宗頼に伝う。また、摂政兼実の法皇に対する返事到来の後、むくつけさせ給い、このたびの除目、成功も何も任ずべからざる（除目中止）の旨、仰せあり、と。

深夜また、宗頼、法皇の御書を摂政兼実の許に持参。「中将には早やかに藤原高能を任ずべし、その父・権中納言能保（45）懇望の故なり。右大臣兼雅の加級（従一位）の事、僻事《ひがごと》なり」と。高能、もとは左馬頭、中将に昇任するならば、左馬頭を他の者を申任すべきや否や、不分明。よって、兼実、右衛門尉平貞時を御使として書札をもって、法皇に子細を尋ぬ。その勅報を待ちて、今夜の除目を開始せんとす。暁鐘の後、貞時帰参、返事遅々たり。法皇、このたびすべて中将任用せず、と。

摂政兼実、この夜の除目に際して孤立を嘆《たん》ず、「無権の執政、孤随の摂籙、薄氷破れんとす。虎の尾踏むべし、半死、半死」と。この夜の除目、議定に際し、左衛門督源通親（43）、例の如く、種々、法皇に兼実を讒奏せり、と。【玉葉】

今夜、天変御祈り（熒惑《けいこく》、太微宮に入る）のため、後白河法皇、六条殿において北斗七壇法を修せらる。【都玉記】

十一月六日〔天晴る〕（『玉葉』は「天陰り、微雨下る」）

後白河法皇、今熊野社御精進屋入御。早旦、蔵人左衛門権佐右小弁藤原資実（30）、六条殿に参上。御精進屋入御の御供人を申定めらる。公卿は右大臣藤原兼雅（47）・中納言藤原定能（44）・左衛門督源通親（43）・権中納言藤原親信（55）・参議左中将藤原実教（42）・左大弁藤原定長（43）・修理大夫藤原定輔（29）、殿上人は左中将藤原親能（定能子・23）・蔵人右少弁藤原資実（30）・右少将藤原忠行（26）・左少将藤原教成（従二位丹後局子・15）らなり。

この夜、後白河法皇、今熊野社御精進屋に入御。先達《せんだつ》は実慶僧正（75）。陰陽師大膳大夫安部季弘（56）、御禊《ごけい》を奉仕す。毎事例の如し。御供人はすべて浄衣にて供奉す。【都玉記】

十一月八日〔天晴る〕

未明、後白河法皇、今熊野社御精進屋を進発。左兵衛尉源師康（左衛門尉康信子）、初参により拝舞あり。辰刻（午前八時頃）、後白河法皇、今熊野社頭に入御。奉幣あり。まずは御禊、ついで宝前において右少弁藤原資実（30）、御幣を取りて先達に伝供、奉幣を終る。ついで礼殿において誦経あり。つぎに巫女神楽。ついで、恒例御八講の堂荘厳、正面の西をもって高麗縁畳を敷き諸僧の座とす。参仕の僧は権大僧都弁暁（53）・権少僧都公胤（47）・同行舜（32）・権律師祐範・同貞覚・同貞敏・已講《いこう》範円（37）・同覚親・同顕円・同聖覚なり。これらの僧、御八講の朝座・夕座の講師を勤む。夜に入りて、法皇以下、御通夜例の如し。【都玉記】

十一月九日〔天晴る。夜に入りて雨降る〕

後白河法皇、今熊野社において御行法。事了りて六条殿に渡御。この日、八十島《やそしま》祭使《まつりのつかい》（御使は主上乳母・大納言三位藤原保子。検非違使別当能保45女・母は右馬頭源義朝女〔頼朝姉〕、未嫁の人なり。）発遣により、法皇、八十島桟敷において見物のための出御なり。使、乗駕の車は院庇御車、車副八人、牛飼・御牛等、すべて法皇より遣わさる。申斜め（午後五時前）、今熊野社に還御あり。しばらくして例時僧供、恒の如し。ついで法華八講を行わる。次第、先々に同じ。【都玉記、玉葉】

十一月十日〔天晴る〕

後白河法皇、今熊野社の御八講、五巻の日（法華経提婆品の講説）なり。朝座、例の如し。夕座、行道の次に散花《さんげ》、続いて所司の公卿・殿上人、各自に桶・薪・花籠等を持ち行道の列に加わる。ついで僧徒。さらに夏衆《げしゅ》が捧物を捧げて行道す。酉刻（午後六時頃）、事了んぬ。【都玉記】

この夜、摂政藤原兼実（43）、閑院内裏に参内す。後鳥羽天皇（12）御前において画図（「長恨歌絵」か）を見る。後白河法皇より主上に進献さるるものなり。その後、八条院御所（八条北・烏丸東）に参上、ついで子刻（午前零時頃）に及びて大炊亭に帰宅す。【玉葉】

十一月十二日

巳刻（午前十時頃）、後白河法皇、今熊野社御精進屋において法華御八講を始行、朝座・夕座を了えらる。講師の僧に布施（美絹、各一疋）を給う。所司、これを取る。ついで、御宮廻（今熊野社）ならびに護法送を了え、法皇、今熊野社より六条殿に還御あり。【都玉記、玉葉】

十一月十三日〔天晴る〕

来る二十一日、延暦寺において内論義あり。後白河法皇、登山聴聞の志あり。しかるに二十日、山科殿渡御の予定にて、折節指合《さしあい》あり。もしも、叡山において延引の儀あらば、必ず臨幸せん、と。この儀、天台座主・前大僧正公顕（82）に申すべく、右少弁左衛門権佐藤原資実（30）にこの朝、仰せ下さる。ついで、仁和寺宮道法法親王（法皇皇子・26）、六条殿に来臨。後白河法皇、数刻にわたり対面あり。

申刻（午後四時頃）、法皇、浄土寺（丹後局別業）に渡御せらる。今夕、従二位丹後局、浄土寺に新造山荘移徙の儀あるにより、その装束

（室礼）等、御覧のため渡り給うなり。黄牛《あめうし》を引かる。後白河法皇・丹後局、この新造山荘に宿御。今夜より三ヶ夜逗留。これ移徙の儀に准じ、三ヶ夜、夫婦離れざるの義か。

【都玉記、玉葉】

十一月十四日〔朝の間、雨雪ふる〕

後白河法皇・従二位丹後局、新造浄土寺山荘に逗留。右少弁左衛門権佐藤原資実（30）もまた、前夜につづき逗留す。

【都玉記】

十一月十六日〔天晴る〕

後白河法皇ならびに従二位丹後局、新造浄土寺丹後局山荘より六条殿に還御あり。申刻（午後四時頃）、摂政藤原兼実（43）、六条殿に参上。散三位高階泰経（62）をもって見参に入る。召しあるによって法皇御前に参入。法皇、中宮任子（兼実女・19）の不予の事、御尋ねあり。子細を言上す。また、新制施行せられざる旨を奏聞す。法皇、これを聞いて驚き給うの天気《てけ》あり。

前摂政藤原基通（32）の一男・右中将家実（13）、去る五日の臨時除目において正四位下（越階）に叙せらる。今夜、その拝賀の儀あり。よって、後白河法皇の六条殿はじめ閑院内裏・中宮御所（閑院）ならびに摂政兼実の大炊亭など例の如く巡参す。また従二位丹後局の息・新左少将藤原教成（15）もまた各参賀す。中宮御所についで摂政兼実の大炊亭に入来。拝舞の後、昇殿せしめ面謁す。これ法皇愛妾丹後局に追従《ついしょう》のためなり。

【都玉記、玉葉（十一月十三日条も）】

十一月十七日〔天晴る〕

今夜、仁和寺御室守覚法親王（42）の沙汰として後白河法皇御所六条殿において天変御祈りのため愛染王護摩（権律師勝道、勤仕）を修せらる。

【都玉記】

十一月十八日〔天晴る〕

巳刻（午前十時頃）、後白河法皇、清水寺・蓮華王院千手堂に御幸。秉燭以前に還御あり。

【都玉記】

十一月二十日〔雨降る〕

申刻（午後四時頃）、後白河法皇、山科新御所成るにより、御輿により初渡御あり。これ長門守藤原成季造進す。密儀たるにより移徙の儀に非ず。わずか黄牛・五菓ばかりの儀を加えらる。供奉の人々は右大臣藤原兼雅（47）・中納言藤原定能（44）・同藤原親信（55）・参議左中将藤原実教（42）・従三位藤原経家（43）・権右中将藤原親能（定能子・23）・宮内卿源家俊・左少将藤原教成（15）・中務大輔藤原忠行（26）らなり。夜に入りて雨脚殊に甚だし。供奉に加わる右少弁左衛門権佐藤原資実（30）、今夜、近隣の民屋に寄宿す。松柱の間、上漏り下湿り

て、旅夢成りがたし、と。【都玉記】

十一月二十一日〔天晴る〕

後白河法皇、新造山科殿に逗留。御移徙、一夜の儀なり。しかるに、この日、帰忌日《きこにち》たるにより還御なし。夜に入りて御遊あり。右大臣藤原兼雅（47）以下、これに候す。女房安芸（絵師の土佐権守巨勢宗茂女・平治の乱の主謀者たりし右衛門督藤原信頼妾・のち右京権大夫源師光に再嫁・建春門院平滋子女房）、箏を弾く。この夜、大内、五節殿上の淵酔《えんずい》なり。御遊、深更に及ぶにより中将藤原親能（23）・左少将藤原教成（15）・右少将藤原忠行（26）ら若公卿ら淵酔に参上のため退去帰参す。山科殿、御遊の興闌《たけなわ》にして、暁天に及びて事了る。各退下せり。【都玉記】

十一月二十二日〔天晴る〕

後白河法皇、未斜め（午後三時前）に新造山科殿より還御せらる。

今日、大内、新嘗祭《にいなめさい》なり。この夜、童女御覧《わらわごらん》。人々参入、主上、出雲童所御覧なり。夜に入り、蔵人頭大蔵卿中宮亮藤原宗頼（38）・同蔵人頭右中将藤原実明（41）以下、人々、推参す。殷富門院（法皇と同居・45）、後白河法皇、密々にこの饗の座、見物あり。朗詠・今様など、頗るその興あり。【都玉記】

十一月二十六日〔天晴る〕

かねて源頼朝（45）の沙汰として修造中の法住寺殿、功成るにより後白河法皇渡御の儀決定す。今日、右大臣藤原兼雅、来月十六日、まず法住寺殿内、萱御所に渡御、ついで同二十日、法住寺殿渡御なりと申し沙汰すべき旨、告示あり。【都玉記】

十一月二十九日〔天晴る〕

寅刻（午前四時頃）、後白河法皇、最勝光院における念仏始に御幸あり。播磨守高階経仲（35）、奉行を勤仕す。右少弁左衛門権佐藤原資実（30）、辰刻（午前八時頃）に参入。明日よりの御祈僧名を申定む。不動法（権律師仙雲）、千手護摩法（法眼顕運）なり。【都玉記】

十二月四日〔天晴る〕

後白河法皇、腰痛により少しく灸治を加えらる。【玉葉】

十二月八日〔陰り晴れ、定まらず。時々、微雪〕

後鳥羽天皇（12）、松尾社に行幸。未一点（午後一時すぎ）、主上、閑院皇居の南殿を出御、陰陽頭賀茂宣憲、反閇《へんばい》（貴人の神拝、外出時に、邪気を払い除くために地を踏みしめ、呪文を唱える）を行い、進発。後白河法皇桟敷において見物あり。見物の輩は僅かに十分の一なり。

人々の不忠、王化の衰陵を知るべし。摂政藤原兼実（43）、これを悲しむ。【玉葉】

かねて、源頼朝（45）後白河法皇の院宣を奉けて修造中の法住寺南御所（法住寺殿）完成につき、天台座主・権僧正顕真（61）、安鎮法を修す。【華頂要略、梶井門跡略譜】

十二月十日〔天晴る〕

院御所より右大弁藤原親雅（47）、摂政藤原兼実の大炊亭に入来。前に召して条々の事を申す。後白河法皇の寸白《すばく》（條虫などの寄生虫により起る病・疝痛《せんつう》）の事を問うに、無為なり、と。【玉葉】

十二月十一日〔午後、少雪、夜に入りて頻りに降る〕

申刻（午後四時頃）、院御所より右中弁右衛門権佐藤原資実（30）、摂政藤原兼実の大炊亭に来る。後白河法皇の院宣を伝えて云う、「一日《ひとひ》（去る八日）の松尾社行幸、公卿ら多く還幸の供奉に不参。来る十三日の北野社行幸には、たしかに還御に供奉すべし。若し参らざる輩は、委しく注申せしむべし」と。よって、兼実、右中弁資実に御教書を書きて、家司・蔵人頭大蔵卿中宮亮藤原宗頼（38）の許に遣わさるべきの由を仰す。【玉葉】

十二月十二日〔夜より雪降りて、四、五寸に及ぶ〕

この朝、兼実の家司・蔵人頭大蔵卿中宮亮藤原宗頼、院御所よりの召しにて参上。後白河法皇、御筆をもって勧賞人注文を下賜さるるの由、仰せらる。この夜、宗頼、摂政兼実の許に到りて、この旨を報告す。【玉葉】

十二月十三日〔天晴る。風静かなり〕

後鳥羽天皇（12）、北野社行幸なり。主上、右少将藤原信清（33）の奉仕により御鬢を攪《か》き、装束を着装。奉献の神宝を御覧の後、南殿を出御。参議左中将藤原実教（42）、剣璽を役す。二条・東洞院・一条等を経て北野社の社頭に着御。後白河法皇、一条室町桟敷において見物あり。院判官代・播磨守高階経仲（35）一人、桟敷屋の庭中に祗候す。【玉葉、百錬抄】

十二月十四日〔少雪、晩に及びて晴る〕

左大弁藤原定長（43）、後白河法皇の御使として、摂政藤原兼実の大炊亭に来臨。守貞親王（故高倉天皇二宮・13）の元服の事につき、条々「(1)御袍の色の事、(2)同文の裏并びに闕腋《けってき》縫腋《ほうえき》の事、(3)加冠の禄の事、(4)理髪の禄の事、(5)勅使の禄の事、(6)総角《あげまき》の人并びに禄の事、(7)三宮（惟明親王13）元服事」、仰せ合わさる。【玉葉】

十二月十六日〔天晴る〕　**後白河法皇、新造法住寺殿に渡御**

後白河法皇、新造東山南殿（世にこれを法住寺殿と謂う）に渡御なり。渡御の刻限は酉刻（午後六時頃）を吉時と陰陽師占卜す。よって右少弁藤原資実（30）、秉燭の節、六条殿を出御あるべしと、摂政藤原兼実（43）に示し送る。出仕の人々、摂政兼実・右大将藤原頼実（37）・新権大納言藤原忠良（28）・左大将藤原良経（23）・中納言藤原定能（44）・右衛門督源通親（43）・中納言藤原親信（55）・民部卿藤原経房（49）・権中納言藤原泰通（45）・検非違使別当藤原能保（45）・権中納言平親宗（48）・右衛門督藤原隆房（44）・参議左中将藤原実教（42）・大宮権大夫藤原光雅（43）・参議右中将藤原公時（35）・左大弁藤原定長（43）・三位左中将藤原家房（25）・左京大夫藤原季能（39）・従三位藤原雅隆（45）・前宮内卿藤原季経（61）・従三位藤原経家（43）・参議右中将藤原成経（36）・蔵人頭右中将藤原実明（41）・蔵人頭大蔵卿藤原宗頼（38）以下なり。

摂政兼実、酉刻に束帯（蒔絵剣を佩用）、六条殿に参上。法皇の装束成り了り、掃部頭安倍季弘の反閉《へんぱい》を訖り、権右中弁藤原定経（34）、手に松明を取り庭中より来りて、法皇出御の事を告ぐ。御車を寄せ、修理大夫藤原定輔（29）および播磨守高階経仲（35）を召し、御車に打板を懸けしむ。摂政兼実、御座の御簾をもたぐるにより、法皇出御。ついで御車の御簾を褰《かか》げ、法皇、乗御。御車、中門より出ず。兼実、門外にて乗車。武者所・下北面《げほくめん》武士の後に候し、六条河原を経て、東山南殿（法住寺殿）の西面門に到着。御車、南面門より遣り入る。陰陽頭賀茂宣憲、反閉を奉仕す。黄牛《あめうし》二頭を引かる。

摂政藤原兼実、北門より参入。法皇御車の御簾を褰げ、法皇下御、ついで御殿に入御あり。殷富門院（45）も同じく入御。少納言藤原頼房・勘解由次官藤原清長（左大弁定長子・21）、水火《すいか》の役を奉仕す。兼実、にわかに右股を踏違えて負傷、直ちに退出す。北門を出ずる時、従二位丹後局、参入し来る。彼の女房車の下人、狼藉甚だし。しかるに闘諍に及ばずして、双車通過し終りて、事なきを得たり。

法皇入御の後、五菓を供す。右大将藤原頼実、これを進む。

ついで、殿上饗あり。役送《やくそう》、修理大夫藤原定輔・播磨守高階経仲らなり。右少弁藤原資実、殿上に出でて盃酌を勧む。左大将良経以下、着座す。一献、定輔盃を持参す。二献は左大弁定長、三献は権中納言平親宗。今日、左大臣藤原実房（45）・右大臣藤原兼雅（47）・内大臣藤原忠親（61）、三丞相いずれも現出仕の人たるにもかかわらず不参。如何。就中、右大臣兼雅の不参、もっとも奇怪なり。摂政兼実、後に聞く。当夜、雑人、供人の群中に松明一、二把を投入るる事件あり、と。折柄、右兵衛督藤原兼光（丹後局聟・47）、庭上に在りて、この事件傍観の証人たり。およそ近代の事、是非なし。後日のため子細を問うが、無為の由、返報あり。この夜、大風しきりに煽る。

【玉葉、吾妻鏡（十二月二十四日条）、都玉記（十一月二十六日条）、一代要記】

十二月十七日〔天陰り、雪降る。夜に入りて雲散じ、月明らかなり〕　**藤原兼実、摂政を辞し、関白となる**

摂政藤原兼実（43）、第五度上表文を捧げ、摂政を辞せんとす（復辟《ふくへき》第二度なり）。上表文の作者は右兵衛督藤原兼光（47）、清書は前宮内少輔藤原伊経なり。使は左少将藤原宗国（故権大納言宗家子）、勅答使は左少将藤原成家（入道皇太后宮大夫俊成一男・37）なり。使宗国、摂政兼実より表函を授かり、参内す。戌終り刻（午後九時前）に、勅答使・右少将成家、摂政兼実の大炊亭に来臨。勅答使の賜禄了りて、退出後、上表儀の装束を改め、ことごとく撤す。以後、兼実、関白となり摂政に准じ万機（天下の政事）を行うこととなる。【玉葉、公卿補任】

ついで、関白兼実、中門外において乗車、参院（東山御所＝法住寺殿）。左大弁藤原定長（43）をもって見参に入る。後白河法皇、御遊中によって御前の召しなし。後日、必ず参上すべし、と。よって兼実、閑院内裏に参内す。【玉葉】

法住寺殿御移徙の翌朝、法住寺修造奉行たる前掃部頭中原親能（49）・左衛門大尉中原広元（44）を後白河法皇召さるるにより、新御所（法住寺殿）殿上に参上。左中将藤原親能（23）をもって、中原親能・同広元両名に御剣（錦袋に入る）を賜う。左少将藤原忠行（26）、これを伝供《てんぐ》す。この両人、いずれも法皇寵幸の侍臣たり。広元の書状には、「御移徙の後朝（十七日）、頼朝（45）より法皇に進上の鴾毛《つきげ》馬三疋、これを引き進む」と。今夜、頼朝より進上の品々、御所に鈍色《にびいろ》装束、塗籠《ぬりごめ》に粘絹《ねりぎぬ》五百疋・繕綿《むしりわた》二千両・紺小袖一千領、御倉に米一千石、御厩に御馬二十疋。このほか女房・従二位丹後局に白綾百疋・綿二千両・紺絹百疋を進上せり。【吾妻鏡（十二月二十四日条）、百錬抄】

十二月十八日

午刻許り（正午頃）、関白藤原兼実、閑院内裏に参内、後鳥羽天皇（12）御前に参進す。折柄、参議左中将藤原実教（42）祗候、笛の稽古を伝授中なり。明年の朝覲行幸（後白河法皇・法住寺殿に行幸）の御遊において、主上、笛の吹奏あるべきの由、兼実奏聞せり。実教、これに答えて、「主上もまた、常にその旨、御沙汰あり。けだし、相叶うの儀なり」と。すでに、主上、吹笛の骨法を得給うにより、御遊の御所作（奏楽の一員）に加わり給うこと、まことに然るべし、と。【玉葉】

十二月十九日〔天晴る〕

関白藤原兼実、講演聴聞のため大炊亭より九条堂（法性寺）に参向す。舎利講、例の如し。講師は阿闍梨範源（延暦寺法師相者）、問者は法橋円能（延暦寺僧・右少将源通能子）なり。この夜、兼実、九条亭に宿泊す。明日の後白河法皇の御行始、東山御所（法住寺殿）より他行。九条亭と法住寺殿、近距離たるにより、供奉のため参入に利便なり、と。【玉葉】

十二月二十日〔午後、天晴る。晩頭より雨下る。夜に入りて甚雨、大風〕

後白河法皇、新造法住寺殿に渡御以後、初度の御幸なり。すなわち、最勝光院南萱御所（この御所、左衛門督源通親、加賀国の功をもって力営す）に渡御なり。未刻（午後二時頃）関白藤原兼実（43）、九条亭より直衣にて庇車に乗り参上す。左大弁藤原定長（43）をもって見参に入る。兼実に向いて、「今日は褻《け》の御幸なり。其方（西公卿座）は定めて風当り早からん、此方に参るべし」と仰せあり。よって、左大将藤原良経（23）を相伴、御所に参上。「定長、長講堂内に祗候すべし」と。兼実、堂中に入り仏前に安坐す。中納言藤原定能（44）入来、雑事を談じ、数刻を過すも、萱御所の装束（設営）、いまだ成らず、遅々たり。再三、人を遣わし催せらるる由、中務大輔藤原忠行（26）、来りて兼実に告ぐ。ようやくにして、日没以後、法皇臨幸となる。新法住寺殿の常御所の西面壺中に御車を寄せらる。関白兼実、御車に寄りて御簾を褰《かか》ぐ。法皇、御乗車、西面北門より出御。萱御所東面門に到達。御車、寝殿南門東妻戸に停め、兼実の参入を待たる。法皇、下車。中門廊より昇り給い、兼実、御簾をもたげ、入御あり。兼実ならびに左大将良経、退出す。後白河法皇、この後、六条殿に還御か。去る十六日の法住寺渡御、ついで今日の萱御所御行始に、左大臣藤原実房（45）・右大臣藤原兼雅（47）・内大臣藤原忠親（61）ら三丞相、一切供奉せず。就中、右大臣兼雅の不参、如何なる事か、と。【玉葉】

十二月二十五日（天陰り、少雪）　**後白河法皇の病状、日々深まる**

申刻（午後四時頃）、関白藤原兼実、大炊亭より六条殿に参上。散三位高階泰経（62）をもって見参に入る。しかるところ、左大弁藤原定長、出で来りて談りて云う、「法皇、御不食にて去る二十日より御増気あり。また、御脚腫れ給う。よって、御灸治を加うるに苦痛を訴え給い、御心地、六借《むつかり》（病苦吟あり）おわす」と。やがて、泰経来りて、「法皇、灸治御苦痛、術《すべ》なきにより拝謁あたわず」と。また従二位丹後局も出で来り、「法皇の御不食、日々、少しく増し給う。しかも、御脚の腫れも日々、相加わり給い、御看病のため、寸暇なし」。兼実見参の由を法皇に奏聞するも、拝謁便宜《びんぎ》なき有様、と。

よって、兼実、丹後局に言上す、「医師を召されて、治療の評定あるべく候。また、近比、天変頻りに現われ、しかも今年は三合の厄年。さらに閏月（閏十二月）を控えたり。よって、殊たる御祈禱を行わるべし。かくの如き法皇の御容態、驚き給わざるは不快至極の事なり。ともあれ、種々の御祈りを早やかに申行わるべし」と。【玉葉】

十二月二十六日（天晴る）　**故高倉上皇二宮（守貞親王）、元服**

申刻（午後四時頃）、故高倉上皇二宮（守貞親王。世に今宮と称す・13）元服の儀あり。後白河法皇御所六条宮（六条殿、六条北・西洞院西東）においてこの礼を挙げらる（晴儀）。加冠は左大臣藤原実房、理髪は蔵人頭右中将藤原実明（41）なり。すべて保延の例（後白河法皇の元服）の故実を追わる。関白藤原兼実、不参（保延度・故関白藤原忠通不参の儀に従う）。【玉葉、愚昧記】

この元服の儀の六条殿装束（室礼）、寝殿南庇四ヶ間を当てらる。すべて差莚《さしむしろ》を敷き鎮子《ちんじ》を置く。南庇東第六間、東面同南面六、七間に御簾を垂る。同六間、東西行に繧繝端《うげんばし》畳二枚を敷き、その上に施唐錦茵《しとね》を置きて後白河法皇御座所となす。法皇、法体たるにより出御なく、簾中（南廂西第二間、簾中なり。東面に御簾を懸く）に御坐。地舗を敷かず。【親王御元服部類（山槐記）、愚昧記】

ついで御遊あり（「御遊年表」参照）。御遊具を持参。この間、召人、座に着す。衝重《ついがさね》を給わり、つぎに絃管《げんかん》合奏せり。所作人は拍子（参議右中将藤原公継17。拍子、初度なり。中納言藤原定能44、辞退す）、琵琶（権大納言藤原実宗47）、横笛（権中納言藤原泰通47）、笙（右衛門督藤原隆房44）、箏（従三位左中将藤原忠経19）、篳篥（左中将藤原親能23）、和琴（右少将藤原忠行26）なり。調子、吹き了りて、「穴尊《あなとうと》」を唱う。歌唱の終頭、人々退出す。　【愚昧記、吉御記】

十二月二十七日〔雪降る〕

関白藤原兼実（43）、後白河法皇の御悩のその後の様子不審により、六条殿に参入。しかるに殊なる事、御坐《おわしま》さず（病状に変化なし）、と。散三位高階泰経（62）をもって明二十八日の京官除目の事、仰せあり。兼実、条々につき言上す。このたびの除書（除目記録・聞書）は冷然か。後白河法皇、御悩により除目につきては一切、口入《くにゅう》なし。ただ、計らい沙汰すべし、と仰せらる。ただし、前摂政藤原基通（32）の息・正四位下右中将家実（13）を従三位に任ぜらるべく、如何に、と仰せあり。よって兼実、然るべしと奉答す。はなはだ早速の吹挙にて、この任事、抑留あたわず。　【玉葉】

十二月二十八日〔天晴る〕

京官除目なり。従二位丹後局の聟・正三位権中納言藤原兼光（室は丹後局と相模守平業房との間に出生の女子・47）、検非違使別当に補せらる。丹後局の吹挙、後白河法皇の口入によるか。

戌刻（午後八時頃）、関白藤原兼実大炊亭の南方に火災あり。七条坊門油小路なり、と。坤《ひつじさる》（西南）、風頻りに煽る。法皇宮（六条殿＝六条西洞院）、延焼の危機あり。よって兼実、乗車して営参す。しかるところ、風たちまち変じて、焔、東御所の方角に赴く。よって恐れなし、と見受く。ただし、蔵人頭右中将藤原実明（41）をもって見参に入る。法皇、恐れありと雖も、六条殿無為たるにより悦び思食す、と。また、散三位高階泰経をもって申入るに、法皇、同旨の仰せあり。

今日、長講堂供養により後白河法皇、東山（六条殿内・長講堂）に渡御あり。導師は公顕僧正（82）、讃衆八口勤仕す。公卿は内大臣藤原兼雅（47）以下、済々として参仕す。秉燭《へいそく》に及びて法皇、六条殿に還御。　【玉葉】

後白河法皇、東寺の諸堂修理を発願、大臣より始めて院北面下﨟に至るまで近習の輩に命ぜらる。その内、灌頂堂は院庁沙汰として修造。母屋柱十二本は、古柱二本のみ、大略、新造の如し。今日、その灌頂堂の供養を行う。導師は東寺長者・法務僧正俊証（86）なり。大壇の左右に奉懸の両界曼陀羅は、新写してこれを施入さる。また十二天屛風も朽損により絵師・宅間勝賀をして、新たに描かしめらる。この十二天の尊名種子《しゅじ》（梵字）は、仁和寺御室二品守覚法親王（法皇第二皇子・42）の揮毫なり。今日、これを灌頂堂に安置す。

【東宝記、東寺長者補任、仁和寺御伝】

十二月二十九日

京都の民部卿藤原経房（49）ならびに法皇寵愛女房・従二位丹後局よりの源頼朝宛の書状、鎌倉に到来す。文面によれば、「法住寺殿修理、美を尽さるるの事、後白河法皇、賀し申さるる所なり。およそ、今年、頼朝（45）においては京都にては件の法住寺殿の造営、また関東にては鶴岡八幡宮の遷宮ならびに幕府庁屋の新造等の工事、競合せり。是れと云い、彼と云い、民戸（民の財用）を費さずして、大功を成さしむる所、法皇近辺の人々、感心せざるはなし」と。 【吾妻鏡】

閏十二月二日〔天晴る〕

後白河法皇三七日逆修供養の初日なり。よって関白藤原兼実（43）、庇車《ひさしぐるま》に乗りて院御所六条殿に参上。六条殿内、長講堂において供養の儀あり。兼実、召しによって法皇御坐《おまし》の簾中に祗候す。導師は公顕僧正（82）なり。説法において、いささか禁忌にわたる言辞あるか。請《しょう》僧《そう》は十二口、公顕僧正、導師の外に護摩師を勤仕す。右大臣藤原兼雅（47）以下、公卿済々として参入す。いずれも直衣着用なり。公顕僧正の説法後、摂政兼実は退出す。しかるに人々、なお懺法《せんぽう》例時等聴聞のため居残る。 【玉葉】

閏十二月三日

今日もまた、関白藤原兼実、後白河法皇逆修供養に参上。毎日講の講師は澄憲法印（66）なり。昨日の仏事は初日、只一度ばかりなり。今日の澄憲の説法、万人涙を拭う。法皇万歳《ばんぜい》（崩御）の後における天下の人々の有様、人民の愁嘆等、ことごとく演説せり。 【玉葉】

閏十二月四日

小除目を行い、内蔵頭を任ぜらる。未刻許り（午後二時頃）、後白河法皇より関白藤原兼実の許に御書あり。内蔵頭任人の事につき仰せ合わさるるなり。正四位下修理大夫兼内蔵頭藤原定輔（29）を非参議従三位に叙し、替りて院近臣・播磨守高階経仲（35）を内蔵頭に任ぜんとの勅定なり。兼実、所存を申す。よって、経仲、この日、内蔵頭に任用さる。 【玉葉】

閏十二月五日〔天晴る〕

関白藤原兼実、故皇嘉門院（崇徳天皇中宮聖子《きよこ》・兼実姉）のおんために、一品経供養を修す。入道関白藤原基房（47）以下、一族の輩ならびに男女の旧臣、みな結縁す。講師《こうじ》として澄憲法印を請ぜんとするも、折柄、後白河法皇逆修供養の毎日講（六条殿）の講師に指合《さしあ》う。よって、この日、六条殿の講了後、秉燭以後に至りて、澄憲法印、九条堂（法性寺）に来り、説法を始む。澄憲の説法、珍重にして、みごとなり。実にこれ当代の逸物。緇素《しそ》（僧侶と俗人）の才芸、いまだこの師の説法にしく者はなし。前世の感報なり。左右《とこう》するあたわず、左右するあたわず（兼実、感嘆の言辞）。ただし、今日の所存の意趣、両条略し了んぬ。もっとも遺恨なり。老いて事繁に侵され、忘却せしむるか。【玉葉】

閏十二月十一日

院御所より右少弁藤原資実（30）、関白藤原兼実（43）の許に入来。後白河法皇御悩の事ならびに伊勢大神宮役夫工の事などを申す。兼実、祈禱の事など、条々、存旨を言上す。【玉葉】

閏十二月十二日

午刻（正午頃）、関白藤原兼実、六条殿に参上。散三位高階泰経（62）をもって申入る。権左中将藤原親能（23）をもって召しあり。逆修供養毎日講の講演すでに開始せり。よって、参上の通路、また便宜なし。御所内を通り、後白河法皇御坐の御簾内に参候す。すでに天王寺別当・僧正定恵法親王（法皇第五皇子・36）ならびに聖護院宮・大僧都静恵法親王（法皇第八皇子・28）、御座近く祗候さる。やがて従二位丹後局、出で来りてこれに謁す。法皇の有様を問うに、「御不食の上、御痢病相加わり、大略、憑み少なき御身体なり」と。今日は僧都覚什（延暦寺僧・北野社権別当）の説法なり。異様、異様なり。

関白兼実、退下して便宜所（神殿西面）に候す。典薬頭丹波頼基（56）・織部正和気時成（33）らに法皇の容態を尋ぬるに、「難治か」と。右大臣藤原兼雅（47）、この座に在るにより、祈療の事につき、兼実の存旨を示す。また、右少弁藤原資実をもって、医師診断の旨ならびに兼実の旨趣を申し伝え、即ち退出す。【玉葉】

閏十二月十四日

未刻（午後二時頃）、関白藤原兼実、六条殿に参上。右少弁藤原資実をもって見参に入る。この間、右大臣藤原兼雅出で来たる。平礼《ひれ》（烏帽子の頂を折ってかぶる）に直衣姿なり。「明日より法皇御悩御祈りのため僧正真円をして尊星王法を修すべし。七仏薬師法は度々（建春門院・高倉上皇御悩の時）の不快（効験なし）により、これを行わるべからず」と。兼実、この事、奇異に感ず。また、権僧正勝賢（54）、明日より仏眼法を修す、と。一昨日（去る十二日）は、右大臣兼雅、「勝賢、如意宝珠法を修す」と。仏眼法、兼実の案に叶えり。しかし、その実、件の秘法（如意宝珠法）たりと雖も、偽りて他法（仏眼法）の由を称するか。右大臣兼雅の説は不審なり。または権僧正勝賢の思い返せるか、右大臣兼雅の訛言《かげん》なるか。

今日、法皇の逆修供養第四七日に当り、焔魔王を供養せられたり。兼実（43）、召しにより参入す。導師は祐範律師、説法は中品なり。事了りて退出す。

関白兼実、御所に参上、散三位高階泰経（62）をもって、後白河法皇の動静を丹後局に尋ねしむ。法皇、今日は痢病、随分、隙あるの由を示さる、と。よって兼実は、法皇御悩治癒の善根《ぜんごん》として、崇徳上皇ならびに安徳天皇崩御の場所に一堂を建立。彼の菩提ならびに亡命の士卒の滅罪の勝因（すぐれた因縁）に資せらるべき事、申し沙汰すべきの由を泰経に仰せ下して、退出す。【玉葉】

閏十二月十六日〔天晴る〕

後白河法皇、今日、いささか六借《むつかり》（容態わるし）給う、と。よって、関白藤原兼実、午刻（正午頃）、六条殿に参上。右少弁藤原資実（30）をもって見参に入る。召しによって法皇逆修供養の聴聞所に参る。宮達（法皇の皇子、定恵法親王36・静恵法親王28ら）、御坐あり。導師は聖覚法印（澄憲子・25）なり。今日、始めて説法を聴聞す。その骨《こつ》、天然を得て、感歎するに足る。

ついで、関白兼実、医師らを召し、法皇御悩の安否を問う。それによれば、「法皇の御腹張満して、さながら臨月の妊婦の如し。また、御脛・股の腫れ減なきの上、腰なお腫れ給う。昨日より、また御顔が少し腫れ給う。御痢（大便）の度数は減じたれども、その体、はなはだ得心せず、法皇、覚えずして洩らし給う」と。これまことに法皇の容態、不快の相なり。御不食もなおいまだ減ぜず、供御《くご》不通なり。しかるに、件の四腫の病気を帯されながらも、気力は全く衰微し給わず、起居はまことに軽利にして、行法ならびに御経の転読は、日来《ひごろ》、健康時の如し。死相は一切、現われ給わず。しかるに、服薬に随い御悩は陪増（病状が進行）し、なおひとえに邪気のなすところなり。つまり、病状は日に日に重らせ給う、と見えたり。【玉葉】

閏十二月十七日〔雪降り、風烈し〕

未明、関白藤原兼実の大炊亭に、人来りて急報を伝う。後白河法皇、崩御なり、と。しかるに、兼実、この伝言を信ぜず。果たして浮言なり。未刻（午後二時頃）、六条殿に参上。左大弁藤原定長（43）をもって申入る。このついでに、非常赦令を行わるべきの由、法皇に奏聞す。それにつき明日（十八日）、日次《ひなみ》もまた宜しきかと、言上せり。法皇、仰せられて、然るべく早やかに申し沙汰すべし、と。兼実、勅定をうけて、「非常赦詔書の旨趣如何なる文面と成すべきや。若しや逆修の由を記載せしめらるや」と。法皇、これに答えて先例によるべし、と仰せ下さる。

やがて、召しによって例の所（逆修供養、聴聞所）に参上。この日もまた、法皇の宮達、日来の如く祗候さる。今日は逆修供養五七日なり。本日の導師は澄憲法印（66）なり。木像千手観音像（一尺六寸か）を中尊として、左右に二十八部衆の形像を奉安、供養さる。七日ごとの仏は、すべてかくの如し。澄憲法印の説法は珍重にして、左右するあたわず。事了りて退下す。

ついで、関白兼実（43）、右大臣藤原兼雅（47）に面謁、法皇の容態を尋ぬ。「法皇、今日はすこぶる宜しく御坐《おわしま》す。去る夜（昨十六日夜）は御痢病（大便）の度数わずかに二、三度、今朝もまた同回数なり」と。ついで、近侍の権左中将藤原親能（23）、兼実に告ぐ、「昨夜、法皇、いささか御膳の事あり」と。よって、一同頗る安堵の体なり。【玉葉】

閏十二月十八日〔雪降る〕

後白河法皇逆修供養、法事を修せらる。導師は天台座主・前大僧正公顕（82）、讃衆八口（この中、二口は僧綱なり）参仕す。金泥両界種子《しゅじ》曼陀羅を奉懸、供養せらる。未終り（午後三時前）、関白藤原兼実、左大将良経（23）を相伴して参院。すでに法会始まりたり。時に導師、礼盤《らいばん》に登りて、惣礼の時なり。太政大臣藤原兼房（兼実弟・39）以下、公卿三十余人、堂中座に着座せり。兼実、日来、法皇の仰せにより簾中に着座聴聞せるも、今日、儀式日たるにより、出座するものなり。導師公顕の説法優美にして老耄《ろうもう》を感知せず。すでに生年八十二なり、と。事了りて布施を引かる。太政大臣兼房以下、これを取る。今日、別の願文なし。初日願文に今日の法事、記載せらるるによるなり。一同退下す。ついで、関白兼実、右大臣藤原兼雅に法皇の動静を問うに、今日、また宜しく御坐す、と。よって悦思少なからず。

この日、公家《こうけ》（後鳥羽天皇12）、後白河法皇御悩除愈《じょゆ》のおんために非常赦令を行わる。この非常赦は近例、かならず強窃《ごうせつ》二盗に拘《とど》めらる。しかれども、このたびの事、常篇に異なり、みなことごとく赦除せらるるの由を奏す。これ、先日、右大臣兼雅、この旨を申し、内々の御気色により一定せり。ただし、伊勢大神宮および石清水八幡宮の訴訟に触れる輩、および叡山大衆の訴えによる近江国住人・佐々木定綱の党類はこの限りに非ず、と。今日の非常赦、十四人の禁囚を赦されたり。【玉葉】

閏十二月二十日〔陰り晴れ、定まらず〕

秉燭に及び、関白兼実、六条殿に参上。左大弁藤原定長（43）をもって見参に入る。また、故崇徳上皇・同安徳天皇らのために、一堂を讃岐（崇徳上皇）・長門（安徳天皇）両州に建立すべき事、ならびに崇徳上皇は官幣に預るべきやの事を奏上す。これには太政官外記ならびに左大臣藤原実房（45）・内大臣藤原忠親（61）の申状を相副えたり。この事、法皇の仰せによれば、「只よろしくよく計らい奏せしむべし。各その趣にしたがい、沙汰あるべし。かつまた、よく人々に問いて沙汰あるべし」と。

関白兼実、この日、後白河法皇の御悩の有様を問うに、「依然、同然たり。ただし、痢病においては平癒なり。他事は、すべて減なし（快方の兆しなし）」と。

叡山無動寺の法印慈円（関白兼実弟・37）、今日より彼の寺において後白河法皇御悩平癒の御修法《みしほ》たる不動法を修せらる。よって、今日、白

河房より六条殿に参上。しかる後、比叡山に登山せり。【玉葉】

閏十二月二十一日〔雪、尺に及ぶ。瑞《ずい》と謂うべし〕

秉燭の後、関白藤原兼実（43）、直衣を着して閑院内裏に参内す。内裏において中納言藤原定能（44）に会う。定能、語りて云う、「後白河法皇の御悩、なお不快に御坐す。今日、御膳（食事）不供、また便通じ給わず。御腫ならびに御腹の張満、およそ減なし（腫れがひかない）。ほとんど、御腫においては増気あり」と。【玉葉】

閏十二月二十二日〔陰り晴れ、定まらず〕

後白河法皇逆修供養、結願（二十一日間、満願）なり。未刻（午後二時頃）、関白藤原兼実、左大将良経（23）を伴い、法皇御所六条殿に参上。すでに左大臣藤原実房（45）・内大臣藤原忠親（61）、殿上に祇候す。殿上廊は御修法の壇所となる。よって尋常の上達部候所をもって殿上となし、大盤を立つ。関白兼実・左大将良経、この大盤に加わり着座す。右少弁藤原資実（30）を招きて、見参に入らんと欲するの間、事具（準備完了）の由を告ぐ。よって人々、相共に御堂（長講堂）の方に参入す。関白兼実、今日は簾中に祇候す。左大臣実房以下、仏前座に着座せり。小時にして後白河法皇渡御ありて、始行すべきの由を仰せらる。已講聖覚（25）を導師となす。説法優美なり。事了りて布施を引かる。ついで例時《れいじ》を行わる。調声は聖覚。了りて重ねて布施を引かる。大臣以下、これを取る。口別に被物《かずけもの》二重なり。また、口別に牛一頭を引かる。これにより、法皇逆修供養、すべて完了す。

関白兼実、殿上に帰着す。左大臣藤原実房・右大臣藤原兼雅（47）・内大臣藤原忠親も着座。蔵人頭大蔵卿中宮亮藤原宗頼（38）を召し、人々を着座せしむ。それらは左衛門督源通親（43）・民部卿藤原経房（49）・検非違使別当藤原兼光（47）・大宮権大夫藤原光雅（43）・左大弁藤原定長（43）らなり。右大将藤原頼実（37）はすでに退出。関白兼実、文書を召し、下書を見る。左大弁定長に仰せて太政官外記の勘文を読ましむ。次第（崇徳院・安徳天皇怨霊を鎮めらるべきの事）を定め申す。定文を左大弁定長をして直ちに後白河法皇に奏覧せしめんとするも、御寝《ぎょし》によって申入るあたわず、と。よって、人々、退出す。【玉葉】

閏十二月二十六日〔天晴る〕

申刻（午後四時頃）、関白藤原兼実、六条殿に参上。右少弁藤原資実（30）をもって見参に入る。後白河法皇の御悩自若（容態不変）たり。【玉葉】

閏十二月二十七日

源頼朝（45）、今月中旬の比より後白河法皇御不予、痢病と御不食と計会《けいかい》（重なって難儀）し給うと聞き及ぶ。よって頼朝、今日より潔斎の

上、御悩平癒の祈請として、法華経を読誦す。【吾妻鏡】

閏十二月二十八日〔雨降る。夜に入りて甚だし〕

戌刻（午後八時頃）、関白藤原兼実（43）、九条亭より大炊亭に帰参す。今日、後白河法皇、蔵人頭大蔵卿中宮亮藤原宗頼（38）をもって、関白兼実に条々の事を仰せ下さる、「伊勢大神宮役夫工の間の事、深く恐れ思食す。御免の荘々ありと雖も、その理なきは召返すべし。子細を注記の上、言上すべし。また、釈尊寺の事、伊勢神宮を避けらるべし。法華堂領を放たるべきなり。また、崇徳院讃岐国御影堂領につきては官符を給付すべし。また長門国に一堂（安徳天皇堂）を建立すべきの宣下あるべし」と。関白兼実、これらの勅定、みな法皇御定に従うべき旨を宗頼に仰せ下し、法皇に奏聞せしむ。【玉葉】

閏十二月二十九日〔午後、雨止む。夜に入りて天晴る〕

後白河法皇の御悩により、故崇徳上皇の讃岐廟に奉幣使を送る。上卿は権大納言藤原隆忠（29）、使は参議右中将藤原公時（35）なり。また、故左大臣藤原頼長の廟にも奉幣。さらに、安徳天皇のために長門国に一宇の堂（長門堂）を建立し、あわせてその怨霊を鎮めらる。

【玉葉（閏十二月十四日・同十六日・同二十日～二十二日・同二十四日・同二十八日条も）】

建久三年（一一九二）　六十六歳・崩御

正月一日〔晴。昨日の夕より風気あり〕
院拝礼あり。関白藤原兼実（44）、院御所六条殿に参上。門外に到着の間、公卿ら、降り立ちて、右大臣藤原兼雅（48）以下、中門外に列び立つ。兼実、車より下りる。右中将藤原伊輔（故中納言伊実子・40）、沓を献ぐ。列前を経て右大臣兼雅の上位に立つ。他の公卿ら追参、みな列に加わる。左衛門督源通親（44）、御所の方より帰り出でて列に加わる。右大臣兼雅云う、「通親、申次《もうしつぎ》を勤むにつき、かねて法皇の出御を伺うために、御所に参上。すでに法皇出御か」と。しかるに、後白河法皇出御なし。ついで練歩を始む。関白兼実以下、拝舞、常の如し。了りて民部卿藤原経房（50）以下の公卿・殿上人、中門を出で行く。
関白兼実、殿上に昇りしばらく公卿座に居る。左大弁藤原定長（44）を招きて、後白河法皇の御悩の安否を問う。「昨日、今日、すこぶる宜しく御坐《おわしま》す」と。【玉葉】

正月三日〔陰り、晩に及びて小雨。夜に入りて甚雨〕
申刻（午後四時頃）、関白藤原兼実、束帯を着用、左大将良経（24）および右中将家房（兼実甥・26）を相伴して、六条殿に参上。内蔵頭高階経仲（36）をもって見参に入る。召しにより御前に参向。後白河法皇、入浴中につき、女房・従二位丹後局に謁し、御悩の安否を問う。女房、答えて曰く、「窮冬両三日（年末）は天気《てけ》快然（御気分良好）に御坐す。ただし、御病気は殊なる減なし（病状、快方に非ず）。新年に入り昨今、すこぶる御不快なり。わけても元日より御陰（陰茎・陰嚢）大いに腫れ給う。別に苦痛なしと雖も、起居・礼拝においては苦痛なきに非ず。医師も憂慮せり」と。
また、来る十二日、法皇御悩御祈りのため伊勢大神宮に公卿勅使を発遣さるべし、と。よって、兼実、殊に祈り申さるべきの趣を、つぶさに丹後局に言上せり、「愚身（兼実）、仙洞（院御所）において、疎遠無双、ほとんど謀反の首（主謀者）に処せらる。しかし、心底の潔白なることは、上天（天の神）定めて照覧あらんか。よって、もっぱら、法皇に対し奉り忠を存するのみ。兼実所存の程は、残らず法皇の叡聞に達すべし」と。【玉葉】

正月四日〔午刻（正午頃）、雨下る。晩に及びて天晴る〕
明日の叙位の儀につき、蔵人頭大蔵卿藤原宗頼（39）をもって、後白河法皇に条々奏聞す。しかるに、今日、法皇に灸治を施すべきや否や、その議定をめぐりて医師たち相論中につき、他より口入の機なし。奏事を申入る余地なきにより、空しく帰来す。ただし、叙位文書は散三位高階泰経（63）に託して退出せり。　【玉葉】

正月五日〔晴〕

叙位。執筆は左大弁藤原定長（44）が勤む。関白藤原兼実（44）、巳刻（午前十時頃）、直衣を着し、閑院内裏に参内。直ちに直廬に入る。申文を内覧の事、常の如し。その後、蔵人頭大蔵卿藤原宗頼を六条殿に参上せしめ、条々の事を後白河法皇に奏聞す。戌刻（午後八時頃）、帰来。法皇、仰せの旨を伝う。

今日、左大弁藤原定長、叙位の儀いまだ始まらざる以前に、関白兼実に後白河法皇の院宣を伝う。ついで、法皇御悩の事について語る、「昨日、諸医、療治につき相論の結果、法皇の御灸加療なし。しかるに、今日、卒爾に御灸あり」と。これを伝聞の兼実、「昨日は加灸のために最上吉日なり。血忌日《ちいみび》たりと雖も、灸点においては憚りなし。昨日の験《げん》をさしおき、今日に灸せしめ給うが、宜しきか。凡人の用いる所なり。人君（法皇）の御事、いま一重、心を用うべきなり。しかれども、事（病状）すでに急事なり。去る年、最初の御灸の時、かくの如き情況なりき。すでに、空しく吉日を過し、今日、寅の日、最悪の日に験を招き灸を加えらるる事、理解しがたし。昨日、灸点を指さるべきのところ、前後の相違、首尾の錯乱、次第もっとも不審なり」と、私見を述ぶ。

これに答えて左大弁藤原定長云う、「昨日は血忌日たるにより、灸点なお憚りあるべしと、前主税頭丹波知康法師（法名覚蓮）、霍執（確執＝我を張り主張をゆずらない）せり。よって、他の医は所見を述べず、終始、黙止せり」と。兼実、これを聞きて、「この経緯、未曾有の事なり。血忌の人、神の所在は全く日の吉凶に非ず。全く別事なり。諸道（医道・陰陽道など）の人、己が道を滅亡す。師子の中の虫の喩え（獅子身中の虫）の如し。末代の事、まことに悲しむべき次第なり」と。この期《ご》において無益の事なれど、兼実の存旨、定長に申し含めたり。

定長、深く服膺の色あるか。　【玉葉】

正月六日〔雨降る〕
昨五日、叙位において正五位下右衛門権佐藤原資能（中納言藤原定能45二男・20）を従四位下に叙し、従五位上兵庫頭藤原範保（摂津守為範子）を外記役の労により従四位上に叙す。これにつき後白河法皇、逆鱗あり。関白藤原兼実、事の次第、言うに足らざるにより、法皇に子細を披陳す。この具旨（詳しき事情）は記し尽すあたわず、と。
【玉葉（正月五日条も）】

正月七日〔晴〕

白馬《あおうま》節会なり。内弁は右大臣藤原兼雅（48）。加叙あり。去る五日の叙位における藤原資能（20）の従四位下、藤原範保の従四位上の昇叙につき、参議左中将藤原実教（丹後局子左少将藤原教成の養父・43）の追従の言葉により後白河法皇の逆鱗あり、と。その仰せにより院北面下臈・左馬頭平業忠を従四位上に叙す（範保の昇叙に依る）。また、法皇愛妾・丹後局の子、正五位下民部権大輔平業兼、および正五位下左少将藤原教成（16）を従四位下に叙す（資能の昇叙に依る）。　【玉葉（正月九日条も）】

正月八日〔晴〕

酉刻（午後六時頃）、関白藤原兼実（44）、直衣を着し、六条殿に参上す。折柄、一府生も見えず。東西を尋求すと雖も、人一人もなし。よって、供の殿上人を台所辺に遣わし、女房をもって申入る。やや久しくして右少将藤原忠行（27）来り、従二位丹後局の消息による後白河法皇の容態を伝う。法皇、本日もなお同じ病状なり。法皇、兼実の推参を殊に悦び給う、と。忠行云う、「来る十二日、伊勢大神宮公卿勅使発遣の事、一定なり。また、十日より孔雀経法を始めらるべし」と。これに対して兼実は、「公卿勅使以前に寝殿において大法（孔雀経法）の始行は如何。法皇、御法体たりと雖も公卿勅使発遣の上は、神斎の儀、必須なり。仏事に寝殿使用は、神宝・金銀幣の御覧、勅使に告文を賜う場所なきなり。よって十二日以後に孔雀経法の始修然るべし。もしも忩始の要あらば、長講堂において修せらるるが至当なり」と。ついで、女房丹後局、示して云う、「去る五日の叙位の儀、法皇心中に鬱あり。兼実の今日の参上、子細の陳述により、法皇の天気快然たり」と。兼実、退出の後、ひそかにこれを案ずるに、「言うに足らざる小事、法皇の鬱陶《うっとう》に及ばるること、理解しがたし。まことに狂人走るの喩えか」と。　【玉葉】

正月九日〔晴〕

この夜、法成寺修正会に参入のためとて、中納言藤原定能（45）、関白藤原兼実の大炊亭に立寄る。定能の語るところによれば、「後白河法皇の病状、今日、また増進し給う。およそ、申す限りに非ず、憂慮の事なり。また、去る五日の叙位の一件、参議左中将藤原実教の法皇に追従の言葉により、法皇の逆鱗出来せり」と。左右《とこう》するあたわず。　【玉葉】

正月十日〔晴〕

後白河法皇の御悩祈禱のため、仁和寺宮守覚法親王（法皇第二皇子・43）、法皇の叡慮をうけて孔雀経護摩を修せんとさる。しかれども伊勢勅使（十二日発遣）の参宮以前は憚りあるべしとの意見あり。しかのみならず、仁和寺宮渋らるるの気ありて、弘法大師作本尊・御経等を法皇御在所（病床）の傍らに奉安、今夜より孔雀経読経（僧六口）を行い、加えて孔雀経護摩を修せらる。護摩壇二壇のうち、一壇は保寿

院大僧正覚成（内大臣藤原忠親異母兄・67）の勤修《ごんじゅ》なり。　【建久三年孔雀経御修法記、玉葉（正月十三日・十四日条）】

正月十二日〔天晴る〕

後白河法皇、伊勢勅使を発遣の日なり。勅使は左衛門督源通親（44）なり。奉行別当は左大弁藤原定長（44）、判官代は勘解由次官藤原清長（定長子・22）が勤仕す。告文の清書は右大臣藤原兼雅（48）なり、この事、異例たり。昨十一日、右大臣兼雅、告文の清書につき左大弁定長をもって法皇に奏聞せしむ。「法皇の宸筆、病中にて叶いがたし、誰人をもって清書せしむべきや。公家の例に准じて関白（藤原兼実）書くべきや」と。法皇仰せて、「右大臣兼雅に書かしむべし」と。法皇、兼実に隔心ある故か。兼実（44）、この事、所望せず。ましてや、今度の伊勢公卿勅使においては違乱多端、寿永の不快例を想起す。法皇の勅使は理に背けり。したがって、この例、すでに最も不吉なり。このたびの強引なる勅使発遣、天照大神の神慮知りがたし。兼実、この事に交わらざること、第一の冥加なり。

よって、右大臣兼雅、勅使発遣の当日、告文を清書す。便宜の所なきにより、東廊簾中（日頃、公卿の候所）において清書す。法皇宸筆にて法諱「行真」の二字を加筆。この告文、懸紙ありて法皇、封を加え、その上に「封」の一字を書き給う。勅使通親の出立に際しては、わずかに殿上人七、八人が見送るのみ。　【玉葉（正月十一日条も）】

正月十三日〔晴〕

左衛門大尉中原広元（45）、源頼朝（46）の使節として上洛、この夜に入りて入洛す。しかるに後白河法皇の御悩、ほとんど危急たるにより、急ぎ石清水八幡宮に御剣を送達、施入し奉る。　【吾妻鏡（二月二十二日条も）】

正月十四日〔晴〕

戌刻（午後八時頃）、関白藤原兼実、六条殿に参上。散三位高階泰経（63）をもって見参に入る。後白河法皇の容態、只同前なり。足の腫れ、いささか減（腫れが引く）ありと雖も、御腹の張満、ことに上方部に増進せり、と。　【玉葉】

仁和寺宮守覚法親王（43）、後白河法皇御在所（病床）において孔雀経護摩を修せらるるも、一旬を経てその法験なきにおいては、大法を始めんとの御定ありき。しかるに、請人（公卿）の難により、七ヶ日の中に改修の決意あり。法皇のおんため、彼の宮（守覚法親王）に過ぎて、法皇を安んじ奉るべき人なし。もともと、この孔雀経法、法皇の叡慮によるものなり。

正月十七日

この日、関白藤原兼実、六条殿に参上。散三位高階泰経（63）をもって見参に入る。法皇の御悩、全く同前なり、と。折柄、右大臣藤原兼雅に面謁、「今夜より仁和寺守覚法親王の厳修《ごんしゅ》により孔雀経護摩を始めらる。日頃、無量の沙汰評定ありて、遂に人口を恐るるにより始修さる」と。また、去る十日より始行の保寿院大僧正覚成（67）の孔雀経護摩、この日、結願す。【建久三年孔雀経御修法記、玉葉、仁和寺御伝】

正月十九日

後白河法皇、御在所より出御。起居軽利にして、御所内の所々を歴覧あり。右大臣藤原兼雅（48）以下、公卿・侍臣、見参に入る。おのおの未曾有の思いを成す。これひとえに法験（孔雀経護摩）たるの由、上下の人々、称讃せり。日中時の修法を了りて仁和寺宮守覚法親王（43）、堀川宿所に退帰せんとして、梶井宮承仁法親王（法皇皇子・24。母は元遊女・丹波局）ならびに澄憲法印（67）と御所の廐の辺りにて出会う。片時、言談に及ぶ。医師・織部正和気時成（34）を呼び法皇の不例の事を問うに、「今朝、典薬頭丹波頼基（57）と共に診察せり。御腫、殊の外に減じ給う。また、この両三日、御食欲しきりに増進。よって人々、歓悦せり」と。【建久三年孔雀経御修法記】

正月二十日〔天晴る〕

午刻（正午頃）、左大弁藤原定長（44）、後白河法皇の御使として関白藤原兼実（44）の大炊亭に入来、勅定を伝う、「かつて覚忠僧正（兼実異母兄）、木幡浄妙寺別当職を譲与す。しかし、木曾義仲の乱の時、入道関白（基房）これを甥の覚尊に与えり。理、然るべからず、静恵法親王（法皇第八皇子・29）を補すべし」と。これに対し、兼実、「彼の寺、法成寺入道相国藤原道長の起請状ありて、寺務の仁、藤氏一族の人に限りたり。たとえ他人相交ると雖も、藤氏長者の最（第一等）たり。今、法親王の知行は、道理、相応せず、事また便宜なし。将来、違乱の基なり」とて、法皇の御定の奉けがたきを言上す。

関白兼実、法成寺参詣の帰途、六条殿に参上。法皇、左大弁定長をもって、早やかに彼の宮を補すべく勅定あり。兼実重ねて承伏しがたきを示すが、奏聞に及ぶべからず、と。よって、兼実、やむなくこれを申し承りて退出す。【玉葉】

この日、典薬頭丹波頼基、仁和寺宮守覚法親王の堀川宿所に来りて、後白河法皇の御悩、減に属く《つ》（快方に向う）の趣を呈し給うと、昨日の如く医師和気時成申すと言上す。また散三位高階泰経（63）、賢清を使者として仁和寺宮宿所に送りて、法皇、この両三日、気分能き様に御坐《おわしま》すの由を告ぐ。

また、この日、殷富門院（法皇皇女・亮子内親王46）より仁和寺宮守覚法親王（殷富門院同母弟）に、法皇、御悩平癒御祈りの孔雀経護摩の法験の事を感じ仰せらるるの由、書状をもって申し送らる。【建久三年孔雀経御修法記】

正月二十一日〔晴〕

関白藤原兼実、蔵人頭大蔵卿藤原宗頼（39）をもって浄妙寺別当職を進むべく、左大弁藤原定長に申達の旨、下命せり。しかるに、定長祗候せざるにつき、右少弁藤原資実（31）をして後白河法皇に奏聞せしむ。法皇、これに対し、尤も神妙に思食す、と。しかして、なお覚忠僧正の譲りに依るべき旨、証文に書き進むべし、と。よって兼実、勅定に従い、その由を書き進む。この日、静恵法親王（29）、木幡・浄妙寺別当に補せしめらる。　【玉葉、華頂要略】

正月二十三日

関白藤原兼実（44）、六条殿に参上。左大弁藤原定長（44）をもって見参に入る。法皇の有様、同前たり、と。折柄、右大臣藤原兼雅（48）出で来たりて雑事を談ず。召しあるにより御所に推参。女房・従二位丹後局に謁す。世上浮言の恐れ（法皇と兼実の仲・木幡浄妙寺別当職問題等）を陳謝す。兼実の報旨により丹後局、快然たり。少時にして退下す。なお右大臣兼雅に謁す。明日、仁和寺宮守覚法親王（43）の孔雀経護摩結願と。よって勧賞《けんじょう》の有無につき沙汰あるに、後白河法皇は勧賞を行うべし、と守覚法親王に仰せあり。しかるに、親王これを固辞さる、と。もっとも然るべきか。　【玉葉】

正月二十六日〔晴〕　**後白河法皇、病中に陽剣遊戯に興ぜらる**

除目中日なり。関白藤原兼実の家司・蔵人頭大蔵卿藤原宗頼（39）、除目の事を承るために、院御所六条殿に参上す。しかるに、後白河法皇、巫女の遊戯によって、事を奏上するあたわず。よって空しく退出せり。この遊戯の事、陽剣《ようけん》と称す。陽剣は南詔《なんしょう》（唐代に、雲南省の大理に建てられたチベットビルマ族の王国・大理王と称す）より流入の民族舞踊か。仙洞（法皇御所）の礼節すでに廃亡か。悲しき事なり。ただし、後白河法皇、先々よりこの遊興を行わる。このたびの巫女《みこ》装束は、すべて公卿以下、院近習のもっぱら調進する所なり、と。この事もまた、不吉の徴験たるか。　【玉葉】

この日、後白河法皇御悩御祈りのため、叡山一門を挙げて三七日五壇法を始行す。その各壇は、不動明王（天台座主・権僧正顕真62）・降三《ごうざん》世《ぜ》明王（良宴法印）・軍荼利《ぐんだり》明王（弁雅法印）・大威徳明王（勝基律師）・金剛夜叉明王（仙雲律師）なり。三七日を二ヶ日延行して、来る二月十八日結願す、と。　【五壇法記（教王護国寺本）】

正月三十日〔晴、夜に入りて雨降る〕

亥刻（午後十時頃）、後鳥羽天皇（13）、閑院内裏より後白河法皇御所白川押小路殿に方違え行幸あり。

未刻（午後二時頃）、左大弁藤原定長、後白河法皇御使として、関白藤原兼実の許に来る。兼実、閑院内裏、直廬において謁す。法皇の勅語を伝えて云う、「このたび、日吉社巫女の狂言によりて御悩御祈りとして日吉社に十列東遊《あずまあそび》（ふつう舞人は六人、また四人なれど、十人の舞人による）の御神楽を献ぜらるべし。よって祭使・公卿使・舞人等、もっぱら殿上人をもって計らい申すべし」と。「舞人装束は諸国の用途に非ず、院沙汰たるべし。ただし、摺袴は院司公卿の調進。社頭においては東遊にかぎる。舞人に賜う挿頭花《かざしのはな》は中門辺において賜うべきこと等を計らい沙汰す。よって、定長、条々の旨、六条殿に帰参の上、法皇に奏聞すべし」と兼実、申す。【玉葉（二月十三日条も）】

ついで、左大弁定長（44）語りて云う、「後白河法皇、近日、ひとえに巫女の説（託宣）をもって指南せらるる事あり。たとえば、去る年七月三日、今熊野神社巫女ならびに日吉社二宮巫女ら、神託と称して、当七月、後白河法皇の御慎みあるべきを告ぐることありき。かような次第にて不便の事等、世間に風聞す。八条院女房・三位殿（八条院無双の寵臣遠江守高階盛章の女・兼実の男子を出産して八条院猶子となす）、後白河法皇を呪咀し奉るとの風説あり。はなはだ、聞え悪しき事なり」と。関白兼実（44）、これを伝聞、「およそ訛謬の事、云う甲斐なし。これを見咎めず、失すべきなり」と付言す。【玉葉】

二月一日〔晴〕

申刻（午後四時頃）、関白藤原兼実、大炊亭において直衣を着し、六条殿に参上。後白河法皇の御悩、少し増気の由を聞くによりて参院す。右少弁藤原資実（31）をもって見参に入る。法皇の有様、只同前と。左大弁藤原定長、来りて日吉社臨時祭の事を語る、「左大臣藤原実房（46）・内大臣藤原忠親（62）の申状、兼実案に同じなり。公卿使・四位舞人は然るべからず。四位をもって使となし、五位の者、舞人を勤むべし、と。しかるに法皇の御定によれば、公卿を使となし、四位の舞人四人を入るべし。華族と近臣とを組み交うべし」と。

ついで兼実、右少弁藤原資実をもって医師・織部正和気時成を召して、法皇御悩の子細を問う。時成の申状によれば、「法皇の御容態、一塵もその憑みなく、日来、御減（快方）の由風聞せるは、不得心なり。やがて春暁の季に向いて勝負を決すべし」と。傍らでこれを聞く定長、「御悩御秘蔵は只事に非ず」と口入す。【玉葉】

二月四日〔午上（正午前）、雨降る。以後、天晴る〕

関白藤原兼実、書札をもって後白河法皇の動静（容態）を従二位丹後局に問う。その返報によれば、「この五、六日は夜々御辛苦にして、殊のほかに御増あり」と。また、兼実、右大臣藤原兼雅（48）に書状を送達す、「法皇の御悩、少し御増気の由、風聞す。今においては後鳥羽天皇（13）の御見舞いの行幸あるべきなり。近日の法皇の御有様、かくの如き進退にして、万一のこと憂慮あり。相計らいて主上の天気《てけ》を伺候さるべきか」と。

折返し、右大臣兼雅より返報到来せり、「後鳥羽天皇に奏聞のところ、もっとも然るべし、と六条殿行幸のこと御承引あり。ただし、いま六条殿においては、五壇法以下、御修法が充満せり。就中、六条殿の寝殿は件の御修法にて道場と化せり。これをなすに如何とも成し難き現状なり。よって、関白兼実において相計らいて、下知ありたし」と。【玉葉】

左衛門大尉中原広元（45）、源頼朝（46）の使節として上洛のため、この日、鎌倉を進発す。これ、去る年窮冬（十二月）の頃より、後白河法皇、御不予、玉体腫れ給うことに依るなり。頼朝、しきりに祈禱あり。このたび、広元に帯同せしめて秘蔵の御剣（鳩作《はとづくり》太刀〈鞘や金具に鳩の模様を表わした太刀〉）を石清水八幡宮に奉納せんとす。また神馬《しんめ》あり。この広元、去々年、上洛。ついで去る年、また法住寺殿修理のため、在京。検非違使左衛門大尉の当職として賀茂祭に供奉。重大行事、連綿たり。去る冬、月迫りて鎌倉に帰参す。重ねての上洛、気の毒ながら、天下の大事（後白河法皇御悩）たるにより、差遣の旨、頼朝、直ちに下命す。【吾妻鏡】

二月六日〔少雨あり、夜に入りて降る〕

申刻（午後四時頃）、関白藤原兼実（44）、六条殿に参上。右少弁藤原資実（31）をもって見参に入る。後白河法皇の有様、同前なり、と。

資実、兼実に語りて云う、「松尾社の験者三人、六条殿に参入。一人はこの両三日、祈禱するも、全くその効験なし。一人は去る夜（五日夜）、初めて参上。一切声を出ださず、只黙然として社頭（修壇奉祠の）にぬかずくのみ。人これを奇と成す。あるいは、この男、外法を虚構せるかと疑いあり」と。

よって兼実、右少弁資実に申して、「弟子をもって祈らしむべきなり。当人においては松尾社に罷り帰り、本尊を祈念し奉るべし」と。兼実思考するに、いよいよもって奇なる事あるか。およそ、かくの如きこと、もっぱら見苦しき事なり。後白河法皇においては仏法に薫修《くんじゅ》し給い、すでにその善根《ぜんごん》、当世を超過す。御修法の練行の輩（僧）、法華経の転読、すでに七百部に及ぶ。この効用をもって、ひたすらに十羅刹女（普賢菩薩の眷属）を責め奉らるれば、効験たちどころに顕わるべきか。しかるに、（法皇が）この事を思食さず、無量の狂惑《きょうわく》（さまざまの加持・祈禱の者）等を召さるる事は、はなはだ懦弱《だじゃく》（気が小さく臆病）の事か。右大臣藤原兼雅（48）の如きは、これらの事を申し行わず（法皇をいさめず）、太愚、太愚の者なり」と。

今夜より後白河法皇の御悩御祈りとして、後鳥羽天皇、閑院内裏において五壇御修法を行わる。公家《こうけ》（後鳥羽天皇13）においては一字金輪王法（東寺長者権僧正覚成・67）、中宮藤原任子《とうこ》（20）は仏眼仏母法（権律師隆聖・西行法師子）、殷富門院（46・「院」とあるは「女院」の誤りか）は愛染明王法（無動寺法印慈円・38）、関白藤原兼実は不空羂索観音菩薩法（醍醐寺大僧正宗厳）、左大将藤原良経（24）は不動明王法（法橋知詮）なり。これら五尊の分配は関白兼実の存ずる旨ありて、相配る。【玉葉】

二月九日〔晴〕

右大臣藤原兼雅（48）、消息をもって、来る十八日の払暁に後鳥羽天皇、後白河法皇の御悩見舞いとして六条殿に行幸あるべき由を、関白藤原兼実の家司・蔵人頭大蔵卿藤原宗頼（39）の許に告げ来る。よって兼実、蔵人頭右中将藤原実明（42）奉行せしむべく言上。ついで、その旨、実明に仰せ遣わさるる由、返報あり。【玉葉】

二月十二日

関白藤原兼実（44）、明日の日吉社臨時祭の使は院御所六条殿の西面の鞠壺において発遣の儀を行わるるにつき、人々、かねて参入すべきの旨、伝聞す。よって参上せんとするところ、外人（臨時祭勤仕以外の人）参入あたわず、と。兼実、この由、右大臣兼雅（48）に問合わすところ、後白河法皇の御気色を取るべし、と答う。しかし、兼実、この事無用なり。みずからは参入せず、と伝う。【玉葉】

二月十三日〔晴〕

後白河法皇御悩除癒のために、日吉社の臨時祭を行い、十列東遊を奉遣せらる。天延二年〈九七四〉、円融天皇（16）、十列東遊を北野社に献ぜられし例によるものなり。彼は報賽、是（後白河法皇）は祈禱なり。彼は略儀、是は厳重の儀なり。彼は円融天皇の御願により行わるるもの。是は日吉社巫女の神託との狂言により行われたり。その由緒・旨趣はともに異なれども、後白河法皇（射山）より発遣の事、ただ円融天皇の例に、その名を仮託されての神事なり。

御使は従三位右中将藤原忠経（20）なり。左近衛将監下毛野厚助・府生秦兼直の二人、乗馬の轆《くとり》（馬を引く役）となり、執物《とりもの》（採物）役を供奉す。舞人は左中将藤原兼宗（30）・左中将藤原親能（24）・右中将源通宗（25）・左少将藤原教成（丹後局子、幼名亀王・号金毘羅・16）ら従四位の四人。この内、教成は母・従二位丹後局、法皇愛妾たるにより、院随身・左近衛将監中臣近武が轆となり、執物役人一人供奉行粧せり。関白藤原兼実、少年教成の権勢による厚遇を悲しむ。また、五位の舞人は侍従藤原公定（30）・左少将藤原忠行（27）・侍従源雅親（13）・左少将藤原師経（17）・蔵人左近将監藤原忠綱・院蔵人（名不明）六人なり。陪従は四位四人、左京大夫藤原顕家（殿上人・40）のほか三名の名不明。

関白藤原兼実、思えらく、「今日の日吉社臨時祭の儀、人耳目を驚かす。敬神の礼、左右《とこう》に及ばずと雖も、すこぶる物の儀に叶わず。神慮はいかに。法皇の御悩すでに危急なり。かくの如き事、先々、多く立願あり、願の効験、すでに顕わる。以後、神賽のため行わるる例なり。万事、ただ目をもってするのみ（見て見ぬふりをする）」と。院御所六条殿において庭座の儀なし。ただ便宜の所において舞人の挿頭花《かざしのはな》を給うの後、片舞《かたまい》ありて、その後、日吉社に発遣。明日、日吉社より帰参の時、六条殿において舞人・陪従らに賜禄の事あり。【玉葉】

二月十四日〔陰り、雨降る〕

申刻（午後四時頃）、関白藤原兼実、閑院内裏に参内、そして、六条殿に参上。申次の人、一府生だになきによって、殷富門院付の女房を招き出して参入のことを伝え申さしむ。少時にして左中将藤原親能（24）出で来る。よって、この親能をもって、後白河法皇の有様を女房丹後局に問わしむ。「法皇の容態、只同じ御事なり。ただし、去る夜（十二日夜）は、静かに御寝《ぎょし》あり」と。

親能（24）、兼実（44）に昨日の日吉社臨時祭の事を語る。秉燭に日吉社の社頭に参着、神楽、ほとんど暁天に及べり、と。今日、御使・右中将藤原忠経（20）以下、舞人・陪従ら六条殿に帰参、西面織戸中門方において賜禄あり、と。【玉葉】

二月十五日〔小雨降る〕

公家《こうけ》（朝廷）、後白河法皇御悩御祈りのため延暦寺において千僧御読経を行わるるにつき、日時定めを行う。上卿は右大将藤原頼実（38）、弁行事は右中弁平棟範（43）なり。【玉葉】

二月十六日

関白藤原兼実、九条堂に参籠中、右中弁平棟範、申合せの事ありて参上す。兼実、堂中憚りあるにより、角屋に出でて謁す。千僧御読経の総講師、澄憲法印（67）に内定せるも、法皇御悩、片時も宜しからざるにより、京洛を離れ叡山に登山しがたきの由を申す。よって兼実、山僧・法橋智海に代替せしむべく、座主・前大僧正顕真（62）に仰せ下す。しかるに、夜に入りて、右中弁棟範、「智海老耄たるにより法印静賢（69）を召さるべきか」と。兼実、なおも智海を屈請《くっしょう》（招く）せんとするも、固辞するによって権少僧都静厳を召すべきの由を仰せ達す。深更に及びて、六条殿騒がしき様子なり。後白河法皇、いささか御悩乱ありと雖も、絶入り給うの危急に非ず、と。【玉葉】

二月十七日〔晴〕

この夜、関白藤原兼実、六条殿に参上。去る夜、後白河法皇、殊のほか辛苦の容態なり。その後、落居せらると雖も、今なお不快なり、と。院中において右大臣藤原兼雅（48）に謁す。兼雅、密かに法皇御領の処分の事を語る。「院北面下臈ども、新荘園を立て配分に預からんことを主張せり。甚だ哀れなるも、兼雅においてこの処置、力及ばず」と。兼実、これに答えて、「この事、すべて公家（朝廷）の御沙汰たり、もっとも珍重なり。子細、ことさらにこれを記さず。大事たる旨を伝言せり」と。【玉葉】

二月十八日〔雨下る。終日止まず〕　**後鳥羽天皇、後白河法皇を見舞う。天皇は笛、法皇は今様を歌う**

未明の刻、後鳥羽天皇（13）、法皇宮（六条西洞院亭＝六条殿）に、後白河法皇の御悩見舞いのために行幸あり。この行幸のこと、法皇はなはだ悦び給う、と。寅刻（午前四時頃）、閑院内裏に鳳輦御輿を寄す。天皇の六条殿着御は、夜漸く曙《あ》けんとする程なり。六条殿中門下において下御。右中将藤原成経（37）御璽を取り、左中将藤原家房（26）御剣を取る。関白藤原兼実、主上の御裾を取り、入御。簾中にて内侍二人、剣璽を受取る。寝殿北面の御在所に渡御、御所内の二階棚に剣璽を奉安す。

ついで関白兼実、蔵人頭右中将藤原実明（42）をもって、行幸着御の由を法皇に伝奏せしむ。法皇、「念誦以後、案内を申すべし」と仰せあり。時に天曙了んぬ。辰時（午前八時頃）、関白兼実、直廬に下りて直衣に改着、食膳を取らず休所（殿上東妻、母屋庇二ヶ間）に参上す。

午刻（正午頃）に至り、左中将藤原親能（24）、直衣に弓箭を帯び、法皇の御使として主上御所（寝殿北面）に参入。これよりさき、主上、引直衣《ひきのうし》を着装、御使を待ち給へり。御使親能、行幸あるべし、と法皇御在所に案内、渡御せらる。関白兼実（44）・同息左大将良経（24）、御供に候す。

後鳥羽天皇（13）、法皇と数刻、対面あり。ついで小御遊あり。主上は笛を吹き給い、女房安芸（故権中納言藤原信頼妾〔絵師巨勢宗茂女〕・58）が箏を合奏す。後白河法皇ならびに左中将藤原親能、左少将藤原教成（16）、今様を歌う。法皇の音声、平常に変らず。申刻（午後四時頃）、主上、六条殿の御在所に還御。関白兼実、丹後局をもっての法皇の御気色により御前に推参。法皇、兼実に種々の詔旨あり。

主上還御の後、従二位丹後局、法皇御使として六条殿内、御在所（寝殿北面）に参入、法皇の詔旨を奏聞す、「白川御堂（法勝寺）ほか蓮華王院・法華堂・鳥羽殿・法住寺殿等、皆公家（朝廷）の御沙汰となすべし。自余、諸国に散在の所領等は宮達（法皇の皇子・内親王）において、法皇の指図に従い、御沙汰あるべし。この外、今日吉社・今熊野社・最勝光院（故建春門院御願寺）・後院領・神崎・豊原・福地等の御領においては、すべて公家御沙汰となすべし。ただし、金剛勝院（鳥羽）一所においては殷富門院（法皇皇女・亮子内親王46）御領となすべし」と。関白兼実、この法皇の御処分の体、まことに穏便なりと感じ入る。

この夜、関白兼実、束帯に改着してふたたび主上の御在所に参入。主上、重ねて法皇御寝所に渡御あり。兼実もまた供奉す。法皇、このたびは、殊に御懸念の人々につき、主上に託し申し置かるることあり。宣陽門院（法皇皇女・覲子《あきこ》内親王12）および寵愛の左中将藤原親能（24）・左少将藤原教成（16）、三人の事なり。これ以外には、あえて他人の事なし。法皇、崩御の後、心底に特に心残りの人々なり。

やがて亥刻（午後十時頃）に及びて、後鳥羽天皇、閑院内裏に還御。御輿を中門に寄せ、雨甚だしきにより、雨皮《あまかわ》をもって御輿を掩う。雨中、あえて発輦。閑院に着御。御輿を南階に寄す。甚雨により鈴奏《すずのそう》の儀なし。左大将良経、随身のさしかける笠の下に在りて庭中に佇立。主上の入御を見送りて退出す。【玉葉】

二月二十四日

早旦、関白藤原兼実、六条殿に参上。「後白河法皇、今日は御無為（病状変化なし）に渡らせ給う」と。未刻（午後二時頃）、兼実、九条亭に帰来す。【玉葉】

二月二十七日〔晴〕

関白藤原兼実、右中将中宮権亮藤原忠季（内大臣忠親二男・入道関白藤原基房室藤原忠子の養子）を召し、内々、後白河法皇不慮の大事（崩御）出来せば、天下亮闇たるべきやのこと、父内大臣藤原忠親（62）に仰せ合わするなり。【玉葉】

二月二十八日〔雨降る〕
この日より、後白河法皇御悩、公家（朝廷）の御祈りとして閻魔天供十五壇を始行さる。中宮権亮藤原忠季、関白藤原兼実（44）の許に帰来して、父内大臣藤原忠親の返報を伝う、「後白河法皇亮闇の事、両方（後鳥羽天皇ならびに中宮藤原任子《とうこ》）、難なし」と。なお、「内々、法皇の御気色を仰ぐべきか。然るべからざる事と雖も、また殊にその思召し（法皇に拝伺）の旨あるか」と。これ大治四年〈一一二九〉七月七日の白河法皇（77）崩御の例宜しとの由、存ぜらるるか。【玉葉】

二月二十九日〔午後（正午すぎ）、天晴る〕
関白藤原兼実、六条殿に参上。右少弁藤原資実（31）をもって見参に入る。後白河法皇の御悩、このところ無為（病状変化なし）たり、と。【玉葉】

三月一日〔晴〕
午刻許り（正午頃）、左少将藤原定家（31）、法皇御所六条殿に参上。少時にして退出す。【明月記】

三月三日〔晴〕
午刻（正午頃）、関白藤原兼実、閑院内裏に参内す。主上（13）物忌により、御前に参らず。ついで中宮御方（中宮任子・20）に参上。少時にして六条殿に参入。蔵人頭右中将藤原実明（42）、出で来りて告ぐ。正六位上蔵人平宗清（故兵部卿信範入道孫）の叙爵（叙従五位下）のこと、後白河法皇勅許あり。その替りとして従六位下中宮権少進藤原業家（兵部少輔藤原能業子、母は右大弁平範家女）を正六位上に昇叙すべきの法皇御定あり。よって兼実、早やかに下知すべきの由、仰せ下す。
関白兼実、件の藤原業家をもって見参に入る。左大弁藤原定長（44）、出で来り、「只今、法皇、御念誦中なり」と。ついで、法皇の病状を語る、「この七、八日間、御増気なく、御手の腫れ減退せり。殊に御足の腫れ、すこぶる減じ給う。よって御辛苦なく、夜も快適に御寝《ぎょし》あり。御膳（食事）は去る二十三日以後は、なお御不快にて御不食。只今、法皇、御馬御覧なり」と。大略において、法皇の病状、減に付き給うか。【玉葉】

三月四日〔晴れ陰り、定まらず〕
閑院内裏において仁王会定あり。午時許り（正午頃）、左少将藤原定家、六条殿に参上。人々、多く参入さる。大納言藤原実宗（48）・大宮権大夫藤原光雅（44）ら束帯着用（仁王会定に参内の後なり）せり。定家、八条院（法皇妹・56）および殷富門院（法皇皇女・46）の女房に申入れて退出す。この間、参入の人々の気色、無為たるにより、法皇御悩、減あるか。【明月記】

三月六日
巳刻（午前十時頃）、左少将藤原定家（31）六条殿に参上。人々、相次いで多く参入す。未刻（午後二時頃）、定家退出せり。【明月記】

三月七日〔晴〕
午刻（正午頃）、左少将藤原定家、六条殿に参上。前摂政藤原基通（33）の嫡男・右中将藤原家実（14）、参入。左大弁藤原定長（44）をもって申入る。ついで、退出す。【明月記】

三月十日〔晴〕
関白藤原兼実（44）、六条殿に参上。院判官代・内蔵頭高階経仲（36）をもって見参に入る。昨日（九日）よりまた、法皇いささか御増気あり。よって、左大弁藤原定長（44）を招き出して子細を問う。「法皇、去る夜すこぶる御身体震えあり、今日なお御不快なり。御膳（食事）は無きが如き有様にて、食欲著しく減退なり」と。兼実、少時にして閑院内裏の直廬に帰参す。【玉葉】

この日、左少将藤原定家、伝聞す。後白河法皇、夜前（三月九日夜）より、また六借《むつかり》給う（御悩、増気せり）、と。今夕、後鳥羽天皇（13）、鳥羽殿への方違え行幸、中止せらる。【明月記】

三月十一日〔夜より雨降る。終日、止まず。夜に入りて大風〕
秉燭《へいそく》以後、左少将藤原定家、右京大夫藤原季能（40）の門前を通過中に示さるる事あり。「院御所六条殿、また物忩（後白河法皇御悩増気により、騒擾す）なり。しかし指せる事におわさず。昨今、法皇御悩、御増気あり」と。【明月記】

三月十二日〔晴〕
午刻（正午頃）、関白藤原兼実、六条殿に参上。内蔵頭高階経仲をもって見参に入る。後白河法皇の御悩、只同前なり、と。右少弁藤原資実（31）、委しく有様を語る、「御足の腫れの箇所、膿汁出ずる所、熱気あり。去る夕（十一日）、法皇、大略、絶入り（気絶する）給う御有様なりき。今朝もまた、御不快におわす。しかるに相者《そうしゃ》（人相を見る人）本覚を召して、法皇を観相せしむるに、猶更に怖畏（崩御のこと）あるべからざる由を申す」と。ついで右大臣藤原兼雅（48）、出で来たりて雑事を談ず。法皇の御悩重患たりと雖も、急なること（崩御）に非ざるか、と。【玉葉】

巳時許り（午前十時頃）、左少将藤原定家、関白藤原兼実の大炊亭に参上。折柄、左大将良経（24）も布衣にて参入。関白兼実、直ちに六条殿に参上。定家もまた、供奉。右大臣藤原兼雅に見参に入り、やや久しくして退出。ついで閑院内裏に参内。やがて大炊亭に還御。兼実、随身・牛等、番々、待機すべき下命あり。院御所六条殿、なお物忩たり。火急の気ありと見ゆ。【明月記】

三月十三日〔晴〕　後白河法皇、崩御

寅刻（午前四時頃）、後白河法皇、六条西洞院宮（六条殿）において崩御。未明の刻、右大臣藤原兼雅（48）および右少弁藤原資実（31）、関白藤原兼実（44）の大炊亭に法皇崩御の事、一定の由を告げ来たる。兼実、直衣・冠を着装、六条殿に営参す。散三位高階泰経（63）をもって殷富門院（法皇皇女・46）ならびに宣陽門院（法皇皇女・覲子《あきこ》内親王12、母は丹後局）に告げしむ。また、右少弁藤原資実をもって浄土寺家の従二位丹後局に通報せしめたり。

少時ありて右大臣藤原兼雅出で来り、関白兼実に法皇臨終の有様を語る、「法皇御在所（病床）には善知識として本成房湛敬上人と仁和寺宮守覚法親王（法皇第二皇子・43）、ならびに醍醐寺座主勝賢僧正（55）が祗候せり。大漸《たいぜん》（危篤）の期到りて十念具足、臨終正念、御顔を西方（浄土）に向け、御手に定印《じょういん》を結び給い、決定往生《けつじょうおうじょう》、更に疑いなし」と。関白兼実、後に聞く。西方を向き給わず、巽（東南）に向かせらる、と。また、すこぶる微笑を顔面に浮かばせ給う。疑いなく天上に生まれ給うの相なり、と。【玉葉】

後白河法皇崩御の直後、六条殿において院司の公卿たち参集して、院号を「後白河院」と定む。【玉葉（三月十四日条）】

法皇閉眼の直後、女房従二位丹後局、法皇の善知識たる本成房湛敬上人を戒師として落飾す。ついで主殿頭源光遠（前河内・伊豆守・院庁判官代）ならびに若狭守藤原範綱も出家す（法名観真）。法皇閉眼後の事につき、民部卿藤原経房（50）・右中弁平棟範（院庁別当・43）・右中弁藤原資実（院庁判官代・31）がこれを奉行す。【明月記、吾妻鏡（三月二十六日条）】

夜に入りて左衛門督源通親（44）、右大臣藤原兼雅の使として閑院内裏に参内。内女房卿局（蔵人頭大蔵卿藤原宗頼39後妻。刑部卿藤原範兼女・兼子38。後鳥羽天皇乳母）をもって、蓮華王院宝蔵に収納の宝物など散失の事を言上せり。よって関白藤原兼実、右大臣兼雅（在直廬）において計らい沙汰せらるべし、と答う。しかるところ、院御所（本院）の沙汰叶うべからざるにつき、出納一人を給うべきの由、右大臣兼雅奉答せり。よって、出納一人を差遣することなお不審によって、その趣意を右大臣兼雅の許に仰せ遣わせり。しかるに、いまだ右大臣兼雅よりの返事なし。左衛門督通親、内裏より帰参の後、かならず沙汰すべしと、右大臣兼雅、消息を内女房卿局（藤原兼子）の許に示し送りたり。そのため、この消息を証文として、保管せり、と。【玉葉（三月十四日条）、明月記（三月十四日条）、帝王編年記】

この日、後白河法皇崩御により、仁明天皇〈八一〇－八五〇〉の例をもって、亮陰（亮闇）あるべきの由、召し仰せらる。後鳥羽天皇（13）、法皇の猶子たるの儀によってなり。【百錬抄、帝王編年記】

崩御後

建久三年（一一九二）～建久七年（一一九六）

三月十四日〔晴〕

早旦、関白藤原兼実（44）、閑院内裏の直廬より退出、大炊亭に帰参。家司・蔵人頭大蔵卿藤原宗頼（39）、蓮華王院宝蔵の出納施封の次第ならびに右大臣藤原兼雅（48）の返札到来の旨を報ず。兼雅によれば、「左衛門督源通親（44）より宝蔵の宝物散失の由の通報を受けたり。よって、通親一人して宝蔵に施封せり」と。兼実、兼雅に使者を遣わす。この経過、兼雅不承なり。兼実、「御仏事の用途（道具類）、宝蔵内に宿納せるにつき、早やかに出納を遣わし、開封すべきなり。この一件、天下の聞こえ穏やかならず。通親の虚誕《きょたん》（いつわり）ならば、たとえ施封と雖も、彼の用途出庫の後に、再封しかるべきか。今の沙汰の如きは、公家より用途抑留するに似たり。事態、はなはだ非常にして、不慮の違乱なり。早々に、出納をして封を解かるべし」と。【玉葉】

この日、後白河法皇の遺領の処分あり。殷富門院（法皇皇女・46）相伝の分は白川押小路殿（相伝後、女院薨後は主上の領となる）、宣陽門院（法皇皇女・12、母は丹後局）は六条殿・長講堂ほか荘々、前斎院（式子《のりこ》内親王44）は大炊殿（関白藤原兼実に借与）・白川常光院のほか御荘二、三ヵ所、前斎宮（法皇皇女・好子内親王45）は花園殿（仁和寺）なり。また、法住寺殿（源頼朝修造直後の新造）・蓮華王院・六勝寺・鳥羽殿等は、すべて公家（後鳥羽天皇13）の沙汰となすべし。また宝倉（蓮華王院宝蔵・七倉殿御倉）以下は関白藤原兼実、封を付す。なお、この日、前上総介藤原為保、出家す。自余は大略虚言なり、と。【明月記】

この日、関白藤原兼実、五位蔵人勘解由次官平親国（権中納言親宗49子・28）に仰せて、故後白河院服喪につき後鳥羽天皇の倚廬《いろ》のことは、閑院内裏の東子午廊女房局ならびに御厨子所の屋しかるべし、と内裏に告げしむ。この所、高倉院の例によるべきの由なり。【玉葉】

三月十五日〔陰り、雨ふらず〕　**後白河法皇、葬送**

後白河院御葬送なり。御平生《へいぜい》の儀をもって蓮華王院東法華堂に渡し奉る。重日（陰が重なる亥の日）たりと雖も、法皇の遺詔（崩後第三日に行うべし、と遺言あり）により、行わる。その儀、待賢門院（法皇母后）、建春門院（法皇女御）等の儀の例なり、と。遺骸は廂御車に安置す。炬火六人は院北面下﨟（左衛門少尉大江公朝・右衛門尉橘定康・造酒正中原尚家・前大和守藤原親盛・検非違使右衛門尉中原章清・同左衛門尉藤原俊兼）、焼香四人は同北面下﨟（左衛門尉藤原能兼・同藤原実重・同平基保・同平資康）なり。素服（喪服）の人は右大臣藤原兼雅以下、歩行して法皇御遺骸御車の後に従う。他人は供奉せず。仁和寺宮守覚法親王(43)以下、一町ばかりその後に扈従。前陣は閑路より参向せらる。これ葬列、路頭の狼藉を停むるためなり。法皇、生前の遺言なり。葬列に用いし御車および牛等、導師・呪願の僧にこれを賜る。また、法皇遺骸の御車に舁き入る入棺奉仕は、左中将藤原親能(24)・右少将藤原基範・左少将藤原教成(16)・右少将藤原忠行(27)・資時法師(右馬頭源資時・32)・範綱法師(法名観真・若狭守藤原範綱)・能盛法師(法名能蓮・前周防守藤原能盛)・大膳大夫平業忠・元蔵人平範清(故兵部卿入道信範孫)なり。この夜、院北面下﨟、前大和守藤原親盛・検非違使左衛門少尉大江公朝ら、法皇に殉じて出家す。

【玉葉、明月記(三月十三・十四・十七日条)、吾妻鏡(三月十六・二十六日条)、百錬抄】

三月十六日〔陰り晴れ、未刻(午後二時頃)の後、雨降る〕

午時許り(正午頃)、左少将藤原定家(31)、関白藤原兼実(44)の大炊殿に参上。人々、云う、「後白河法皇崩御に殉じ出家せし人々の名。従三位前参議源雅賢(45)、本より病の上、法皇崩御により昨十五日に出家す。院判官代、中務権大輔源経業・前上総介藤原為保・□□少輔(主税頭)源光遠・前若狭守藤原範綱(光遠・範綱は崩御当日の早暁、出家)らなり。自余の人につきては虚言なり」と。【明月記】

未刻(午後二時頃)、鎌倉の源頼朝(46)の許に京都よりの飛脚参着。去る十三日寅刻(午前四時頃)、後白河法皇、六条殿において崩御と。この間、京都と鎌倉の早便わずか三日間なり。「法皇の御不予、大腹水なり。大原の本成房湛敬上人を召し、善知識となす。高声の念仏七十反、御手に印契《いんげい》を結び給い、臨終の正念、居ながらにして眠るが如く遷化《せんげ》し給う」と。宝算六十七(実年齢は六十六歳)を数え、すでに半百(五十歳)を過ぐ。治世を謂うに四十年。殆ど上古を超え、白河法皇(後白河院の祖父)のほか、かくの如きの君(帝王)は御坐《おわしま》さず。頼朝、悲歎の至り、丹府《たんぷ》(偽りのない心)肝胆を砕けり。合体の儀(法皇と頼朝の心が合致する)を忝うし、君臣の礼を重んぜらるるが故なり。【吾妻鏡】

三月十七日〔雨降る〕

未後(午後三時前)長講堂(後白河法皇御所六条殿内、持仏堂)において故後白河院のために講筵を始めらる。去る年の逆修供養の時(去年閏十二月二日)の如く、臨時に南廂の御簾を撤し公卿座となす。大納言藤原実宗(48)以下、多く参入す。いずれも布衣着用。この日の布施は御衣《みぞ》なり。申刻(午後四時頃)、退出。【明月記(三月二十日条も)】

関白藤原兼実、帰忌日たるにより去る夜(三月十六日夜)、大炊亭の北屋に宿す。来る十九日、後白河院初七日たるにより七寺に誦経使として院北面輩を差遣さるる事につき、今日、家司・蔵人頭大蔵卿藤原宗頼(39)を右大臣藤原兼雅亭に参向せしむ。兼雅(48)、後白河法皇遺詔の御処分帳(手箱一合に収納、施封あり)を来る十九日、内裏に進上すべきにつき、左大弁藤原定長(44)を御使とすべき由を申し来る。

これ、保元元年〈一一五六〉七月二日、鳥羽法皇（54）崩御の際、美福門院（皇后得子40）、修理大夫藤原忠能（63）を御使として院庁下文（御処分状に非ず、鳥羽法皇、諸事を公家に献ぜらるる由を列記せし庁の下文）を持参せし例を追わんとするなり、と。よって関白兼実、「その院庁下文は掌行表にして、御処分状とは軽重においてひとしからず。しかも今度は法皇類縁の八条院（法皇妹・56）および殷富門院（法皇長女・46）の両女院御坐しながら、さらに畏《おそ》るる事に非ず（ないがしろにして無視する）して、掌行の御跡（法皇領有の財産）をひとり右大臣兼雅において沙汰せしものなり。よって左大弁定長が右大臣の使者として閑院内裏に参内の事、道理において然るべからず。当の右大臣兼雅自身が持参すべきが道理なり」といささか難を示す。　【玉葉】

三月十八日〔晴〕

後白河法皇崩御後の六条殿、この日例時作法（勤行）の後、装束（殿内の室礼）を改めらる。御所内にすべて黒御簾（鼠色縁）を懸け、几帳も同じ。素服着用の人々の座は、白革の御簾をかけ鈍色縁の畳を敷く。ついで、素服を分与。素服を賜る人々、いずれも法皇類縁ならびに近臣の公卿・殿上人・北面輩なり。

〔宮達〕殷富門院（亮子内親王46）・宣陽門院（覲子内親王12）・前斎院（式子内親王44）・前斎宮（好子内親王45）

〔僧官〕仁和寺御室（守覚法親王43）・天王寺法親王（定恵法親王37）・聖護院法親王（静恵法親王29）・仁和寺法親王（道法法親王27）・梶井法親王（承仁法親王24）・持明院宮法印（真禎26）

〔女房〕二位殿（丹後局・高階栄子44？）

〔公卿〕右大臣藤原兼雅（48）・右大将藤原頼実（38）・中納言藤原定能（45）・同藤原親信（56）・民部卿藤原経房（50）・左大弁藤原定長（44）・散三位高階泰経（63）・右京大夫藤原季能（40）・前大宰大弐藤原範能

〔殿上人〕左中将藤原親能（中納言定能子・24）・右中将藤原基範・右中弁平棟範（43）・右中将藤原教成（丹後局子・16）・右少弁藤原資実（31）・右少将藤原忠行（27）・右馬頭入道源資時（32）・静賢法印（69）

〔上北面〕大膳大夫平業忠（33）・若狭守入道藤原範綱・刑部少輔源仲国

〔下北面〕左衛門少尉入道大江公国・性照法師（前左衛門尉平康頼）・能蓮法師（前周防守藤原能盛）ら十人なり。

【心記（定能卿記）、明月記（三月十三日条）】

関白藤原兼実（44）、法皇御在所に留置されし手箱（後白河法皇御処分帳納入）につき、家司・蔵人頭大蔵卿藤原宗頼（39）を遣わし、右大臣藤原兼雅に開封方を求む。兼雅、開封時に証人なきは後日の恐れありと、宗頼を伴い六条殿において、関白兼実ないしは故後白河法皇の近臣、散三位高階泰経（63）・左大弁藤原定長（44）らしかるべき立会いの上の開封を提案。よって、兼実、戌刻（午後八時頃）、閑院内裏に参内、鬼の間に参入。右大臣兼雅、右少弁藤原資実（31）に手箱一合を持参せしむ。兼実、家司宗頼をして開封せしめ、兼雅とともに一々これを見る。ほかに文書三通（御剣目録一通・砂金散用一通・御仏事注文一通）を披見す。兼実、御剣目録を留め、二通を返戻。砂金（源頼朝献上）の事は直ちに頼朝類縁の左兵衛督藤原能保（46）に示し合わすべく下知す。ついで御剣櫃十三合を持参す。この中、御剣十三振を法皇御悩御修法の籠り僧に下賜さるべく、従二位丹後局、申請す。しかるに関白兼実、「すべて本の如く六条殿に持ち帰るべきを指示。僧に給うべき御剣は早やかに断絶すべきなり。よって、貴重物等は蓮華王院宝蔵に納置さるべく、内裏に目録を留め、御要に応じて目録をもって申すべし」と。手箱には御剣目録を加納して、関白兼実みずからが加封の上、内女房卿局（藤原兼子38）に預け、兼実退下。明日、主上（後鳥羽天皇13）服喪のため倚廬《いろ》入御たるにより、閑院の直廬に宿す。【玉葉】

この日もまた、六条殿長講堂において故後白河法皇のために講筵（毎日講）あり。この日の布施は袈裟なり。【明月記（三月二十日条）】

三月十九日　後白河法皇初七日、後鳥羽天皇服喪

後白河院初七日なり。閑院内裏において朝懺法あり。後鳥羽天皇（13）、御衣《みぞ》を引かる（出座し給う）。大略、毎日の事か。中納言藤原定能（45）、午終り（午後一時前）に参内。これより先、右大臣藤原兼雅（48）、太政大臣入道藤原忠雅（法名理覚・69）もすでに参内。

亥刻（午後十時頃）、主上、倚廬（東子午廊女房局・御厨子所の屋）に渡御、服喪せらる。公家より素服を給わりし入御の御供の人々。

［公卿］大納言藤原実宗（48）・左衛門督源通親（44）・左兵衛督藤原能保・参議左中将藤原実教（43）・参議右中将藤原公時（36）

［殿上人］蔵人頭右中将藤原実明（42）・蔵人頭大蔵卿藤原宗頼（39）・左中将源通宗（通親子・25）・右少将藤原信清（34）・左少将藤原高通（24・不参）・中宮権亮藤原忠季・蔵人左京権大夫藤原光綱（50）・蔵人勘解由次官平親国（28）・蔵人右衛門権佐中宮大進藤原長房（25）・

式部少輔藤原範光ほか内蔵人非蔵人ら

［御厨子所預］左衛門尉紀久信

［出納］［内女房］帥典侍（修理大夫藤原信隆女・信子）・伊予掌侍（遠江守高階盛章女・秀子）・弁掌侍（少納言藤原盛憲女）らなり。

四月二日夜、後鳥羽天皇、倚廬より本殿（御所）に還御せらる。【玉葉（四月二日条も）、明月記、百錬抄、心記（定能卿記・四月二日条も）】

関白藤原兼実（44）、閑院内裏に在り。この日、後鳥羽天皇、故後白河法皇服喪のために正殿を避け、倚廬に渡御の日なり。関白兼実、直廬より御所に参上。大納言藤原実宗以下、素服を賜う人々に倚廬供奉の事を仰せ下す。ついで、ふたたび宿所（直廬）に退下、休息す。秉燭に及びて吉服直衣を着して、主上御前に参上。蔵人勘解由次官平親国、主上の倚廬の装束、いまだ持参せず、相待つ。この間、御所に左兵衛督藤原能保（46）を招き、昨日、右大臣藤原兼雅（48）持参せし法皇御処分帳を一覧せしむ。能保、「今日、右大臣兼雅に謁し、すべての事、申し談じ、承り了んぬ」と。兼実、本の如く兼実の封を付して置きたり。【玉葉】

今日、吉日たるにより故後白河院の初七日の御誦経使を発遣せらる。酉刻（午後六時頃）、上卿・大納言藤原実宗（48）、閑院内裏の陣に参入、御誦経使を立てらるるの間、六条殿において初七日の講筵始まる以前に、進発せしめらる。蓮華王院（使、前右馬権頭藤原隆信51）・延暦寺（使、紀伊守平経高13）・仁和寺・東寺・西寺・延暦寺・法勝寺の七寺なり。この寺名出入りあり。ほかに宝荘厳院（使、左衛門権佐藤原公清）などあり。【玉葉、明月記、師守記（貞治三年〈一三六四〉七月九日条）】

今日、後白河法皇初七日の忌景《きけい》（忌日）を迎うるにより、鎌倉幕府において仏事を修せらる。義慶房阿闍梨を導師となし、請僧七口を屈《くっ》請《しょう》す。正二位源頼朝（46）、この日より七ヶ日ごとに潔斎を行い、念誦等あり。【吾妻鏡】

三月二十日〔天晴る〕

辰時（午前八時頃）、左少将藤原定家（31）、六条殿（長講堂）に参上。俄かに懺法を始めらる。事終りて公卿および右中将藤原伊輔、布施（小袖）を取る。毎日、この事あり。

従二位尼丹後局、故後白河院のために結縁経（一品経供養）の沙汰あり。卿相以下、法皇近臣の結縁なり。左少将定家は、その内に加わらず。【明月記（四月五日条も）】

この日、関白藤原兼実（44）、閑院内裏の直廬において故後白河法皇の御処分帳等の自筆書写を終える。よって、本の如くに封を付け、これを内女房に返上。夜に入りて退出す。【玉葉】

この日、源頼朝、後白河法皇追福のため、鎌倉の山内において百ヶ日の温室を設け、往反《おうへん》の諸人ならびに土民らに施浴せしむるの由を高札にしたため、路頭に立てしむ。この事、民部丞平盛時ならびに堀藤次親家が沙汰す。よって百人をもって結番せしめ、雑色十人をこの温室に勤番せしむ。【吾妻鏡】

三月二十一日〔晴れ陰る。未後（午後三時前）雨降る〕

左少将藤原定家、六条殿に参上。長講堂の毎日御講始まるの間、退出す。【明月記】

三月二十三日

左少将藤原定家、布衣を着用、六条殿に参上。長講堂における朝懺法終りて、殿上人および右中将藤原伊輔、布施として帷子《かたびら》（汗取）を引かる。【明月記】

三月二十四日

左少将藤原定家（31）、六条殿（長講堂）に参上。朝懺法《あさせんぼう》終りて、布施として馬（院北面下臈および衛府官人、口取となる）を牽かる。従僧これを請取る。定家、毎日講以前に退出す。従二位尼丹後局勧進の一品経供養の結縁に、定家の父・釈阿入道（皇太后宮大夫入道藤原俊成79）も加わる。定家、この由を丹後局に言上す。【明月記】

三月二十六日〔終夜、今朝、なお雨降る。辰後（午前九時前）止む〕

早旦、左少将藤原定家、六条殿（長講堂）に参上。朝懺法終りて、公卿（殿上人に及ばず）布施を取り扇紙を僧たちに引かる。ついで例講（毎日講）、これまた終りて布施あり。定家も布施役に加わる。事終りて五条殿（父俊成第）に参入するに、釈阿入道（藤原俊成）は故法皇御所六条殿に参上、と。昏刻に及びて定家、兄の右少将成家（38）と同車、帰宅せり。

故後白河院二七日忌日なり。人々素服を着装、参院の上、七日ごとに装束の上に素服を着し、参会す。今日、簾中に他人なし、釈阿入道（俊成）ただ独りその中に御坐あり、と。【明月記】

上卿・大納言藤原実宗（48）、閑院内裏に参入。故後白河院二七日御誦経使を立てらる。貞観寺・元慶寺・安祥寺・勧修寺・法輪寺・法勝寺・蓮華王院の七寺なり。よって二七日・三七日忌両度の使を定めらる。【師守記】

故後白河法皇二七日の忌日たるにより、仏事を鎌倉幕府において修せらる。導師は安楽房法橋重慶なり。

後白河法皇崩御の事、今日、京都より関東（鎌倉）につぶさに披露されたり。

法皇遷化の刻（去る三月十三日、寅刻（午前四時頃））、従二位丹後局にわかに落飾す。戒師は法皇善知識の一人、大原の本成房湛敬なり。ついで、若狭守藤原範綱・主税頭源光遠の両人、殉じて出家す。範綱の法名は観真（『尊卑分脈』）。

法皇崩後の御事は、民部卿藤原経房（50）・院別当右中弁平棟範（43）・同判官代右少弁藤原資実（31）が奉行となって取り進む。崩御当日、巳刻（午前十時頃）、入棺の事あり、澄憲僧正（67）・静賢法印（69）が御棺役人となる。法皇の近臣、右少将藤原基範（故前中納言成範子）・左中将藤原親能（中納言定能45子・24）・左少将藤原教成（従二位尼丹後局子・16）・右馬頭源資時入道（故大納言資賢子・32）・若狭守入道藤原範綱（法名観真）・周防守入道藤原能盛（法名能蓮）ら入棺の役を奉仕す。ついで同十五日、法住寺殿法華堂に葬り奉る。重日《じゅうにち》たりと雖も遺令に依る。此の如き事は、すべて法皇御存日（生前）に定め置かれたり、と。【吾妻鏡】

三月二十七日〔天晴る〕

午終り（午後一時前）、左少将藤原定家、六条殿（長講堂）に参上。少時にして例講（毎日講）、始行さる。布施は公卿以下八人がこれを取る。

定家もその中の一人。明日、静賢法印、故後白河院のために臨時仏事を営む、と。【明月記】

三月二十八日〔天晴る〕

早旦、左少将藤原定家（31）、六条殿（長講堂）に参上。今日、静賢法印（69）、厳修の臨時仏事あり。導師は良縁法印なり。真言供養了りて、公卿以下、布施を取る。都合三十六口（請僧三十六人）なり。定家、事了りて退出。父釈阿入道（藤原俊成79）の五条殿に参入す。【明月記】

三月二十九日

早旦、左少将藤原定家、布衣を着し、六条殿（長講堂）に参上。懺法のつぎに布施として法皇御遺物（番匠具）を引かる。公卿、これを取らずして、預僧をもって、直かに各僧前に取り置かしむ。定家、退出す。【明月記】

四月一日〔天陰る。夜に入りて雨降る〕

午時許り（正午頃）、左少将藤原定家、布衣を着用、今日、更衣《ころもがえ》たるにより夏帯を帯し（他人もかくの如し）、六条殿（長講堂）に参上。講筵了りて布施を取る。左大弁藤原定長（44）ならびに修理大夫藤原定輔（30）は諒闇（素服）を着し、布施役を参仕。定家、その役に当らず。よって退出す。【玉葉、明月記】

四月二日

大納言藤原実宗（48）、閑院内裏に参内。故後白河院の中陰御斎会の日時ならびに行事所を定めらる。この日、行事所始なり。【師守記】

未時（午後二時頃）、左少将藤原定家、束帯（夏吉服）を着装して、毎日講により六条殿（長講堂）に参上す。布施役は公卿のみにて、殿上人に及ばず。よって定家役せずして退出す。

この間、上卿・大納言藤原実宗、閑院内裏に参上、着陣の上、故後白河院の中陰御斎会の事を定めらる。故後白河法皇の四十九日（七七日）忌を、蓮華王院において来る四月二十五日に修せらるべし、と。【明月記】

この夜、後鳥羽天皇（13）、故後白河法皇服喪中の倚廬《いろ》御所（東子午廊女房局・御厨子所の屋＝『心記』）より出御。亮闇につき諸社祭を停止すべきの由、宣下せらる。【玉葉、百錬抄】

四月三日〔朝の間、雨灑《そそ》ぐ〕

午後（正午すぎ）、左少将藤原定家、父釈阿入道の五条亭に参入。未時（午後二時頃）、六条殿（長講堂）に参上。講筵（毎日講）始まるの間なり。公卿済々として参入せり。今日の布施役、公卿のみにて殿上人に及ばず。昨今、参会の人々、多く諒闇（素服）を着用して参上。【明月記】

四月四日〔天晴る〕

故後白河法皇、三七日忌なり。午時許り〔正午頃〕、左少将藤原定家（31）、兄の右少将成家（38）、ともに衣冠の正装にて同車、六条殿〔長講堂〕に参上す。少時にして講筵始まる。導師は園城寺の小僧都公胤（48）なり。事了りて布施を取り退出す。今日、公卿は右大臣藤原兼雅（48）・内大臣藤原忠親（62）、右大将藤原頼実（38）以下十二人参仕す。人々いずれも素服を着用す。右大臣兼雅・右大将頼実、素服を着せず、只前に置かる。殿上人として参仕の左中将藤原兼宗（30）・同藤原成定（39）・右少将源雅行（25）は衣冠垂纓《すいえい》、藤原成家・藤原定家は衣冠巻纓《けんえい》なり。また、左京大夫藤原顕家（40）・左少将藤原隆保（43）は、夏束帯・巻纓冠にして、いずれも吉服なり。内蔵頭高階経仲（36）・木工頭源兼定（44）の両人は諒闇〔素服〕束帯なり。　【明月記、心記〔定能卿記〕】

公家〔後鳥羽天皇13〕、故後白河院三七日忌により御誦経使を、極楽寺・珍皇寺・清水寺・円融寺・円宗寺・法勝寺・蓮華王院の七寺に差遣さる。　【師守記】

鎌倉幕府において、故後白河院三七日の仏事を修す。導師は恵眼房阿闍梨なり。正二位源頼朝（46）、故後白河法皇の冥福を祈るため、この日より毎日、法華経一巻を読誦す。これ、頼朝の毎日の所作〔日課〕以外の事にして、新たなる日中行事なり。　【吾妻鏡】

四月五日〔天陰り、雨まま灑ぐ〕

未時許り〔午後二時頃〕、左少将藤原定家、六条殿〔長講堂〕の講筵に参上。始まりて後、退出す。公卿十三人参仕せらる。来る八日、従二位尼丹後局、故後白河院のために仏事を修す、と。ついで、また結縁経供養あり。　【明月記】

源頼朝、故後白河院の菩提に資せんとして、千手経三千巻を今月中に転読供養すべく、相模国の寺々に下知す。　【吾妻鏡】

四月八日〔天晴る〕

早旦、左少将藤原定家、六条殿に参上す。朝懺法、終了後なり。六条殿の寝殿に仏壇を装束〔鋪設〕、大日如来像を安置。従二位尼丹後局、故後白河院の菩提のために臨時仏事を厳修《ごんしゅ》。導師は小僧都公胤なり。事終りて公卿以下、布施を取る。殿上人、数反これを運ぶ。ついで、同所において結縁経〔一品経〕供養あり。左少将定家、結縁衆に非ざるにより、始行を相待たずして退出す。定家、今日、始めて亮闇布衣に生絹《すずし》指貫を着用。黒漆野剣《のだち》を佩す。父釈阿入道（79）の命に云く、「賀茂祭以前は冬指貫を着用すべきなり。ただし、今年諒闇たるにより祭なし。夏に入るの後、初めて諒闇〔素服〕を着するに、何んぞ冬指貫を調達すべきや」と。去る三日の六条殿毎日講に侍従藤原公房〔左大臣実房46長男・14〕、冬指貫を着用参上、諸人これを嘲笑せり、と。　【明月記】

この日、上卿・大納言藤原実宗（48）、閑院内裏に参入。故後白河院四七日忌および五七日忌等の御誦経使を定め、ついで中陰御斎会にお

ける僧名定めを行う。【師守記】

四月九日〔天晴る〕

辰時（午前八時頃）、左少将藤原定家（31）、束帯を着用、六条殿に参上。今日、坊門中納言藤原親信（56）、故後白河院のために仏事を修す。

巳時許り（午前十時頃）、布施終りて各退出す。【明月記】

四月十日

早旦、左少将藤原定家、閑院内裏に参内。左中弁藤原親経（42）、来る二十五日、蓮華王院における故後白河院の中陰御斎会の事等を申す、「僧は、仏前の平板敷に坐すべし。公卿は簀子に坐すべきなり」と。【明月記】

四月十一日〔天晴る〕

未時（午後二時頃）、左少将藤原定家、束帯を着用、六条殿に参上。故後白河院四七日講を始めらる。事終りて布施を取らる。公卿より五位に及びこれを役す。公卿十三人参入。遠江守藤原行房および民部大輔源仲房、堂童子となる。【明月記】

公家、故後白河院四七日御誦経使を慈徳寺・雲林院・禅林寺・八坂寺・浄土寺・法勝寺・蓮華王院の七寺に差遣さる。【師守記】

四月十二日〔天晴る〕

辰時許り（午前八時頃）、左少将藤原定家、束帯を着用して六条殿に参上。他の人みな布衣なり。

早旦、故後白河院のために六条殿において法勝寺執行・法印章玄の仏事あり。阿弥陀三尊像を新図す。法華経一部・最勝王経一部供養。寛舜、導師となり真言供養。布施十三（導師）、請僧三。供米、導師三石、請僧一石。

ついで大宰大弐藤原範能（32）の仏事あり。公卿以下、布施を取る。導師三十、請僧は口別十なり。【明月記、心記（定能卿記）】

ついで大膳大夫平業忠（33）の仏事あり。三尺阿弥陀仏を造立、本尊として安置す。色紙経十二部、金光明経一部を供養す。澄憲法印（67）、導師となる。布施三十一、題名僧十。供米、導師十石、請僧五石。【心記（定能卿記）】

四月十三日

今暁、中納言藤原定能（45）、夢中に故後白河法皇を拝す。「さながら御平生の如し。熊野御幸の御供にて、ついで還御。予（定能）、恩賜の事あり。委しく記さず。落涙禁じがたし」。六条殿において故法皇のための懺法あり。

つぎに、同六条殿において右少将藤原忠行（27）、故後白河院のために仏事あり。三尺阿弥陀像、新造安置す。法華経六部ならびに金光明経一部、自筆にてこれを書写す。導師は已講《いこう》聖覚律師（26）なり。布施十七、請僧三、預一重、布五、誦経三十。

ついで左中将藤原親能（中納言定能子・24）、故後白河院のために六条殿において仏事あり。三尺阿弥陀三尊仏新造、奉安す。経六部。祐範法橋、導師となる。布施二十、請僧六、預一重、布十、非時《ひじ》（午後の食事）十四具（一具は預料なり）を調進す。

六条殿、例講のつぎに右衛門督藤原隆房（45）、故後白河院のために仏事を修す。本尊は三尺来迎阿弥陀仏なり。【心記（定能卿記）】

四月十七日〔天晴る〕

早旦、左少将藤原定家（31）、布衣を着し六条殿に参上。故後白河院のために定勝法眼（東大寺別当顕恵法印子）の仏事なり。定家、布施を取りて退出す。【明月記】

四月十八日

故後白河法皇五七日忌なり。六条殿において懺法についで例講あり。中納言藤原定能（45）、素服に改着して参会。退出後、先々の如く衣冠を着し帰参す。

右大臣藤原兼雅（48）、六条殿において故後白河院のために仏事あり。本尊、半丈六阿弥陀仏を造立、安置す。金泥法華経一部、素紙法華経十一部供養。澄憲法印（67）、導師となる。関白藤原兼実（44）の参入を待ちて始行す。法皇の宮達も聴聞所に入座。講筵の後、導師の布施五十六（法服・衣筥・黒染・赤色・生薄物裹）、請僧布施二十六なり。この布施、過差にして古今比類なし。【心記（定能卿記）、明月記】

ついで五七日仏事を六条殿において行わる。先々七日の如し。ただし、布施は増加さる。後白河法皇平生（生前）の時、書置かるる儀にして、五七日、七僧法会なり。しかるに、公家（後鳥羽天皇13）御衰日に当るにより、この行を停止さる。六条殿の寝殿簾中において関白兼実、講説聴聞あり。また、故法皇の宮々たる静恵法親王（29）・道法法親王（27）・承仁法親王（24）ら、一所において聴聞せらる。

【心記（定能卿記）】

四月十九日〔天晴る、申刻許り（午後四時頃）、雨灑《そそ》ぐ〕

昨日、後白河法皇五七日忌に当ると雖も、公家御衰日たるにより、一日延引。今日、御誦経使を園城寺・西塔院・積善寺・栖霞寺・嘉祥寺・法勝寺・蓮華王院の七寺に差遣せらる。

六条殿、懺法のつぎ、前右馬助卜部元忠（元梅宮社社務）、故後白河院のために仏事あり。本尊は、三尺阿弥陀如来像。法華経十三部供養。導師は小僧都公胤（48）なり。布施は導師二十五に供米五石、請僧七に米二石。

ついで右兵衛督検非違使別当藤原兼光（丹後局聟・48）、故後白河院のために仏事あり。本尊は絵像阿弥陀曼陀羅なり。真言供養。導師は園城寺の良宴法印（左中将藤原忠頼子）なり。布施二十二、請僧五。

【師守記、明月記】

さらに前上総介藤原為保入道、故後白河院のための仏事あり。本尊は三尺阿弥陀仏、法華経十二部の供養。導師は東大寺の弁暁法印（法橋隆助子・54）。布施二十二、請僧五。　【心記（定能卿記）】

四月二十日〔天晴る〕

朝の間、六条殿において新左少将藤原教成（丹後局子・16）、故後白河院のために仏事あり。本尊は三尺虚空蔵菩薩像なり。法華経十二部。導師は已講聖覚律師（26）なり。布施二十、請僧五（鈍色装束）・供米二石。

ついで同じく主殿頭源光遠入道の仏事あり。本尊は三尺阿弥陀三尊像なり。金泥法華経一部、素紙法華経十一部の供養なり。導師は南都・興福寺の法印雅縁（内大臣源雅通子・55）なり。布施三十五、請僧七。

さらに散位橘清成の仏事あり。本尊は三尺救世観音像。法華経十二部。導師は園城寺の権僧正行舜（33）なり。布施二十八、請僧六。

この日の六条殿の講筵三座（前記）なり。左少将藤原定家（31）、衣冠を着し、早旦、参院、参会す。二座、布施を取り退出。左大将藤原良経（24）に見参の後、八条院（八条院御所＝八条北、烏丸東。女院・56）に参向、また六条殿に帰参す。

ついで未刻許り（午後二時頃）、六条殿において殷富門院（法皇長女・亮子内親王46）、故後白河法皇のために仏事あり。中納言藤原定能（45）、布衣を着して素服座に候す。右大臣藤原兼雅（48）・右大将藤原頼実（38）は烏帽子、中納言藤原親信（56）以下は冠を着し、素服座に候す。僧ら、いずれも甲袈裟《こうげさ》。堂童子（衣冠）、七日、七日の仏事の如し。本尊は釈迦三尊仏なり。金泥法華経一部、素紙法華経十二部。このほか阿弥陀経一巻、女院の自筆なり。導師は澄憲法印（67）。布施は三十五、請僧七。公卿、左大臣藤原実房（46）以下が済々としてこれを取る。よって素服の人、布施を取らず。願文は肥後守藤原敦綱の草進。新参議藤原光雅（44）がこれを清書す。願文、末尾の月日の奥、女院別当・右衛門督藤原隆房（45）が女院に代りて署を加う。この間、関白藤原兼実（44）より布施として法服十三具、折櫃物一千合、使、右馬権頭源兼親をして献進す。例時《れいじ》了りて布施の法服を引かる。　【明月記、心記（定能卿記）】

四月二十一日〔天晴る〕

朝の間、六条殿において故後白河院のために前若狭守藤原範綱入道、仏事あり。本尊は三尺阿弥陀三尊を奉安、金泥法華経一部、素紙法華経十一部の供養。導師は已講聖覚（26）なり。布施三十五、請僧十五。供米は導師十石、請僧五石なり。

この朝、前摂政藤原基通（33）は故後白河院墓所たる蓮華王院法花堂において仏事を修す。導師は勝賢僧正（55）。布施四十五、請僧九。この請僧のほか若僧十二口を進めらる。

やがて辰刻（午前八時頃）、左少将藤原定家、束帯を着し六条殿に参上。人々も冠を着し、法花堂より六条殿に帰参。仁和寺御室守覚法親王

（43）、故後白河院のために六条殿において仏事あり。堂童子あり。僧侶は甲袈裟を着用。本尊は三尺阿弥陀三尊仏なり。金泥法華経一部を供養。導師は澄憲法印（67）なり。布施三十五、請僧七。鈍色《にびいろ》装束一具。

ついで宣陽門院（母は丹後局・12）、父・故後白河院のために仏事あり。本尊は三尺阿弥陀三尊仏。二部大乗経のほかに金泥法華経一部。願文は左中弁藤原親経（42）が草進、新参議藤原光雅（44）が清書す。導師は澄憲法印なり。布施三十八、請僧十三。内、導師に鈍色法服。右大臣藤原兼雅（48）以下素服の人々、布施を取る。今日、甲斐国司（前甲斐守藤原宗隆知行）、布五百反を調進す。例講了りて、請僧・承仕・鐘突下僧に至るまでに各分配す。申刻（午後四時頃）、事了りて退出。

ついで故後白河院七七日仏事定あり。右大臣藤原兼雅・右大将藤原頼実（38）・中納言藤原定能（45）・民部卿藤原経房（50）・左大弁藤原定長（44）ら直衣を着し、六条殿の殿上に着座、これを議す。右中弁平棟範（43）、定文を清書す。

【明月記、心記（定能卿記）】

四月二十二日

六条殿において広隆寺宮真禎法印（26）、父・故後白河院のために仏事あり。本尊は三尺阿弥陀三尊なり。導師は已講聖覚（26）なり。布施十四、請僧三。

ついで同じく右京大夫藤原季能（40）、仏事を修す。厨子内に一搩手半《いっちゃくしゅはん》（小仏）の普賢菩薩像を安置。薬王薬上経十二部、金泥法華経一部、華厳経（四十巻本）を供養す。導師は澄憲法印なり。布施三十一、法服。請僧十、内、導師に鈍色法服を賜う。

つぎに前大宰大弐藤原範能、同じく六条殿において仏事。本尊は等身阿弥陀如来像。金泥法華経一部、素紙法華経十二部を供養す。導師は弁暁法印（54）。布施二十八、法服。請僧十、うち導師に鈍色装束。未斜め（午後三時前）、人々帰参す。

ついで正五位下石見守卜部仲遠、同じく故後白河院のために仏事あり。本尊は三尺阿弥陀仏。導師は園城寺の祐範法橋（熱田大宮司・従四位下藤原季範子）。布施二十五、請僧六。

さらに従五位下中務少輔大江成季、同じく仏事を営む。本尊は三尺阿弥陀如来像。導師は澄憲法印なり。布施三十、請僧五。事了りて、同じく六条殿（毎日講）、例時作法（勤行）なり。

左少将藤原定家（31）、巳刻（午前十時頃）に六条殿に参上、各法会に参会。布施の後、退出す。

今日、六条殿法会は四ヶ座なり。

【明月記、心記（定能卿記）】

四月二十三日〔天陰り、時々雨灑ぐ〕

朝の間、六条殿において中納言藤原定能（45）、故後白河院のために仏事を修す。本尊は等身阿弥陀如来立像。金泥法華経一部、素紙法華経十一部を供養す。誦経物三百（代白布三十疋）。導師は小僧都公胤（48）なり。諷誦文、論を致せり。布施三十の内、法服平裏、生赤色薄物。衣筥は平文、蒔絵なし。請僧七、預僧一重、色々布十段。

つぎに天王寺宮定恵法親王（37）、父・故後白河法皇のために、同じく六条殿において仏事あり。参仕の人々は衣冠、僧は甲袈裟なり。堂童子、上総介平親長（権中納言平親宗二男）、今一人不足、よって院の蔵人、これを勤む。本尊は等身阿弥陀如来立像。金泥法華経一部、素紙法華経十二部、導師は小僧都公胤、布施三十一、請僧七、内、導師に鈍色装束。

左少将藤原定家（31）、未時許り（午後二時頃）、左大将藤原良経（24）の許に参上、退出の後、六条殿に参入。この日、故後白河院のために曼陀羅供あり。定家参入時には、すでに始行せり。また、中納言藤原定能（45）、未一点（午後一時すぎ）、閑院内裏より帰参、束帯装束に改着の上、六条殿に再参上。讃衆三十人（この中、僧綱六人、已講禅聖・小僧都公胤、相交る）。参入の公卿は弘庇座に着座。酉終り（午後七時前）に事了りて、右大臣藤原兼雅（48）以下、布施を取る。

ついで例講作法（勤行）により、僧ら、参集す。例時の後、中納言藤原定能、退出。いまだ松明を取らず。さらに長講堂において仏事（後白河法皇法事）あり。よって人々、剣を帯びず、参上す。日来《ひごろ》もかくの如し。　【心記（定能卿記）、明月記】

この夜、公家《こうけ》（後鳥羽天皇13）、長講堂において故後白河院法事を行わる。導師は前大僧正公顕（83）、讃衆は三十人。参入の公卿は左大臣藤原実房（46）・内大臣藤原忠親（62）・大納言藤原実家（48）・新大納言藤原実宗（48）・左衛門督源通親（44）・権中納言藤原経房（50）・同平親宗（49）・右衛門督藤原隆房（45）・検非違使別当藤原兼光（48）・大宮権大夫藤原光雅（44）・治部卿源顕信（60）・六条三位藤原経家（44）・左中将藤原公衡・修理大夫藤原定輔（30）らなり。酉終り（午後七時前）に事了んぬ。

この日、公家より度者《どしゃ》使（右中将藤原伊輔40）ならびに御誦経使（右少将藤原隆保43）を六条殿に差遣さる。　【師守記、明月記】

四月二十四日

六条殿において故後白河院のために三座の法会を行わる。まず、権中納言平親宗（49）の仏事あり。本尊は等身地蔵菩薩像。金泥法華経一部、素紙法華経六部、地蔵本願経一部を供養。導師は小僧都公胤なり。布施二十二、法服は鈍色。請僧十一。平親宗、みずから布施を取る。

つぎに能蓮法師（前周防守藤原能盛）の仏事。本尊は三尺阿弥陀仏なり。法華経二部供養す。導師は澄憲法印（67）なり。布施三十、請僧八。供米は導師五石、請僧は三石。布施は請僧以下、預僧・承仕・鐘突僧にまで至る。

ついで刑部少輔源仲国の仏事なり。本尊は三尺阿弥陀三尊仏を安置。金泥法華経一部、素紙法華経も副う。導師は澄憲法印なり。布施五十五の内、綿あり、被物二。請僧十二。供米は導師十石、請僧・預僧にも分配あり。また、車、各一両を賜う。牛童《うしわらわ》・榻持《しじ》・笠持の下輩に至

るまで、皆装束を給す。よって布施物、「莫大過法」なり、と。【心記（定能卿記）】

四月二十五日

双林寺宮（後白河法皇妹・阿夜宮。母は美濃局・石清水社別当法橋紀光清女）、六条殿において故後白河院のために仏事あり。導師は小僧都公胤（48）なり。本尊、法華曼陀羅一鋪を懸く。真言供養なり。布施二十三、請僧五。

つぎに右大将藤原頼実（関白兼実44弟・38）も同じく仏事を修す。本尊は等身阿弥陀三尊仏なり。金泥法華経一部、素紙法華経十一部のほか、金泥宝筐印陀羅尼経一巻を一字三礼の自筆をもって書写、これらを供養、誦経百反なり。導師は澄憲法印（67）なり。布施三十五、請僧十、内、導師は鈍色法服。

ついで六条殿、例講（毎日講）あり。事了りて内蔵頭前播磨守高階経仲（36）、故後白河院の分国たる播磨国を知行せるにより、布五百端を献進す。これを結縁として故後白河院のための仏事となす。

さらに同六条殿において、尊勝寺上座・法眼最舜（「寂」は「舜」の誤写か・比叡山の権少僧都業全子）、故後白河院のために仏事を営む。本尊は三尺阿弥陀仏なり。法華経三部を供養す。布施二十、請僧五、預僧、綾一疋・絹一疋・布十段。中納言藤原定能（45）以下、布施を取る。【心記（定能卿記）】

公家（後鳥羽天皇13）、蓮華王院において六七忌御斎会を行わる。よって関白藤原兼実（44）、参上せんとす。まず大炊殿に参入の間、途中において中止さる。よって、左少将藤原定家（31）、単身、六条殿に帰参す。

御斎会は百僧を屈請せられたり。大納言藤原実家（48）以下、公卿十余人、参入せり。定能、後に聞く、右大将藤原頼実（38）・民部卿藤原経房（50）・左大弁藤原定長（44）ら参仕す、と。この御斎会の行事は左中弁藤原親経（42）・左少弁藤原宗隆（27）なり。橡《つるばみ》装束を着用す。

この日、公家、度者使（右少将源雅行25）ならびに御誦経使（左少将藤原高通24）を差遣さる。

この後、本所（六条殿）において故後白河院六七日仏事あり。右大臣藤原兼雅（48）以下、直衣を着して参入す。不動真言供養なり。導師は権僧正行舜なり。事了りて布施あり。

さらに引続き、六条殿において最勝寺執行某の故後白河院のための仏事あり。夜に入りて事終り、左少将藤原定家、布施を取りて退出す。【明月記、心記（定能卿記）】

四月二十六日〔天晴る〕

早旦、左少将藤原定家、衣冠を着して六条殿に参上す。今日、故後白河院のために三座の仏事、厳修さる。まず、参議右中将藤原成経

（37）の仏事あり。本尊は三尺地蔵菩薩立像、背面に障子を立つ。法華経十二部を供養す。導師は祐範法橋なり。布施二十二、請僧五、預僧。つぎに左衛門尉大江公朝入道の仏事なり。本尊は大日如来像。経供養。導師は澄憲法印（67）なり。布施三十二、請僧五。さらに聖護院宮（法皇第八皇子・静恵法親王29）の仏事。参仕の公卿は直衣なり。しかるに両三人、布衣の人あり。僧は甲袈裟なり。堂童子奉仕。本尊は三尺阿弥陀三尊仏なり。金泥法華経一部、素紙法華経十二部。導師は弁暁法印（54）。布施三十七、請僧十。おのおの短尺あり。素服の人々、布衣の人、少々、相交りて布施を取る。　【明月記、心記（定能卿記）】

四月二十七日〔晴れ陰り、未後（午後三時前）、雨降る〕

六条殿において故後白河院のために四座の法会あり。まず、法橋宗円（散三位高階泰経63弟）の仏事。本尊は絵像普賢菩薩十羅刹女を正面に懸く。法華経三部供養。導師は興福寺の雅縁法印（中納言源通親44弟）なり。布施二十五、請僧五。

ついで左衛門尉橘定康入道（院北面下﨟）の仏事なり。本尊は三尺阿弥陀如来像。法華経十二部供養。導師は行舜権僧正（33）なり。布施二十五、請僧六。諸僧の他、輿を舁く力者六人、装束を給う。預僧三人、鞍を置きたる馬を給せらる。

さらに左衛門督源通親の仏事。本尊は千眼千手等身観世音菩薩像にして、真言供養あり。導師は宣舜阿闍梨なり。布施五十、請僧十五。

また梶井宮（山法親王＝承仁法親王・母は丹波局・24）の仏事あり。本尊は等身阿弥陀如来像。導師は園城寺の権僧正行舜なり。仏事は他親王（定恵法親王・静恵法親王・道法法親王ら）の如し。布施三十、供米五石。　【明月記、心記（定能卿記）】

四月二十八日

この朝、六条殿、毎日講の懺法《せんぼう》あり。中納言藤原定能（45）参仕、事了りて樋口大宮亭（自宅）に退出す。午後、六条殿において故後白河院のため民部卿藤原経房（50）の仏事あるにつき、六条殿に再参。本尊は等身阿弥陀如来立像なり。金泥法華経一部、素紙法華経十一部供養す。誦経物百。導師は祐範法橋なり。布施三十三、法服打裹。請僧十、内鈍色装束は預《あずかり》の承仕《じょうじ》、これを給う。また熊野別当湛増（63）、白絹・布・砂金十両・馬三疋・牛二頭を進献す。僧ら、おのおのこれを給い、承仕・鐘突僧らに及ぶ。　【心記（定能卿記）】

この日、故後白河院三十五日忌に当り、鎌倉幕府において仏事を修す。恵眼房阿闍梨密蔵、導師となる。正二位源頼朝（46）、布施として綾被物《かずけもの》二重ならびに馬一疋（鞍を置く）を贈る。また、来る四十九日の仏事は百僧供たるべく、鎌倉中ならびに相模・伊豆国等、宗徒《むねと》の寺社の供僧ら、その請招に従うべく御書を下し、民部少丞二階堂行政・前左京進中原仲業、これを奉行す。また源頼朝、京都において故後白河院のために追善の仏事を修せらるべきの旨、兼日、沙汰あり。　【吾妻鏡】

四月二十九日〔通夜、雨降る。終日陰る〕

六条殿、朝懺法了りて、前院司・修理大夫藤原定輔（30）、故後白河院のために仏事を修す。本尊は三尺普賢菩薩像なり。法華経六部供養す。導師は聖覚法印（26）なり。

つぎに仁和寺宮御弟子法親王（法皇第十皇子・道法法親王27）の仏事。本尊は等身弥勒菩薩像を安置。金泥法華経一部、素紙法華経十一部を供養す。導師は雅縁法印（55）なり。

続いて前斎院（大炊御門斎院・法皇皇女・式子内親王44）の仏事あり。本尊は等身普賢菩薩像。導師は澄憲法印（67）なり。金泥観普賢経一巻。斎院自筆書写。

ついで前斎宮（法皇皇女・好子内親王。この直後の七月十八日に薨去）の仏事。本尊は等身阿弥陀仏。導師は澄憲法印が勤む。

【心記（定能卿記）、明月記】

四月三十日〔終日、雨降る〕

朝の間、六条殿において按察使前権大納言藤原朝方（58）、故後白河院のために仏事を修す。本尊は等身阿弥陀如来像なり。素紙法華経十二部を供養す。導師は澄憲法印なり。

午時許り（正午頃）、左少将藤原定家（31）、六条殿に参入。八条院（法皇異母妹・尼金剛観・56）修せる、後白河法皇菩提のための仏事に参会のためなり。殿上人、ことに不参、しかも布衣着用の輩多し。素服着用は公卿ばかりなり。冠着用の殿上人、員数少なし。本尊は等身釈迦三尊像。金泥法華経一部、五部大乗経を供養。導師は澄憲法印、請僧十。願文は大舎人助菅原為長（35）草進、参議藤原光雅（44）これを清書す。

【心記（定能卿記）、明月記】

四月□日

かねて後白河法皇、女房従二位丹後局とともに、絵巻（「隠れ蓑物語」か）調進の企図継続中なり。しかるに去る三月十三日、未功の中に法皇崩御。よって、落飾の尼丹後局は法皇菩提のため、この画稿料紙を翻えして『金光明経』（四巻）に『般若理趣経』（一巻）を付属する一具の写経供養を行う。この『般若理趣経』の書写は阿闍梨静遍（仁和寺・権大納言平頼盛子・27）、梵字は阿闍梨成賢（醍醐寺・権中納言藤原成範子・31）なり。

【大東急記念文庫蔵（「般若理趣経」）、京都国立博物館（「金光明経・巻第三」）ほか遺品現存】

五月一日〔天なお陰り、雨止まず〕

この朝、中納言藤原定能（45）、六条殿の懺法に参仕。事了りて樋口大宮亭に退出す。午刻（正午）、六条殿に再参せり。今日、前右大将源頼朝（46）施主となり、六条殿において故後白河院のために仏事あり。本尊は等身阿弥陀三尊像を安置。金泥法華経十三部供養す。導師は天台座主・前大僧正公顕（法皇御前僧に非ず・83）なり。請僧百口。参入の公卿は大納言藤原実家（48）・中納言藤原定能（45）・左衛門督源通親（44）・中納言藤原親信（56）・民部卿藤原経房（50）・権中納言藤原泰通（46）・同平親宗（49）・右衛門督藤原隆房（45）・検非違使別当藤原兼光（48）・権中納言藤原能保（室家は頼朝姉・46）・参議藤原雅長（48）・参議左中将藤原実教（43）・大宮権大夫藤原光雅（44）・左大弁藤原定長（44）・右中将藤原成経（37）・散三位高階泰経（63）・治部卿源顕信（60）・左京大夫藤原季能（40）・従三位藤原季経（62）・同藤原経家（44）・同左中将藤原公衡・修理大夫藤原定輔（30）、殿上人は四十余人出仕す。或る人云う。今日出仕の人の交名、関東（源頼朝）に送るべし、と。左少将藤原定家（31）、この日、窮屈（疲労）により不出仕なるも、この事、伝聞して「賢者奔営」と。この日の布施、導師公顕には被物《かずけもの》二十（白唐綾、平絹張単衣）、例布施一、錦一枚（横被《おうび》か）、綾三十疋（六匂綾一、懸子）、絹三百疋（二十結、下裹）、白布百端（十結）、紺布（同上）、藍摺（同上）。請僧は鈍色被物五重、平綾、例布施絹百疋、白布百段、藍摺百段。導師、鼉牙《のろ》三百。請僧、百なり。【心記（定能卿記）、明月記】

ついで六条殿において例講（毎日講）、例時作法なり。

この日、故後白河法皇の処分により、関白藤原兼実居第の大炊亭（兼実、後白河法皇より貸借なり）を譲渡せられし前斎院（式子内親王44）、この亭に渡御すべき申入れあり。兼実（44）、当時、居住せるにより当惑す。よって、家司・右馬権頭藤原兼親を使となし、右大臣藤原兼雅（48）ならびに民部卿藤原経房（50）にこの由、触れ遣わさしむ。経房、彼の斎院の後見たるによる。夜に入り、兼親、大炊亭に帰来す。右大臣兼雅云く、「公家の御沙汰により、法住寺殿萱御所、もしくは西八条泉御所（故内大臣平重盛旧居）等に、女院しばらく御坐、もっとも然るべし」と。【玉葉】

五月二日〔天晴る、午時（正午頃）、又雨降る。小雷鳴あり、未後（午後三時前）、更に雨降る〕

中納言藤原定能（45）、六条殿に参上。懺法についで例講（毎日講）了んぬ。その後、蓮華王院内、法花堂（後白河墓所）に参上。梶井宮（承仁法親王24）、故後白河院のために仏事あり。法親王、参向。藤原定能、布施を取る。参会の公卿両輩（一、二人）のみなり。

午時許り（正午頃）、六条殿（旧院）において故後白河法皇七七日仏事あり。澄憲法印（67）導師となり、雅縁法印（55）が読師、良宴法印が呪願を勤め、六十僧、堂中の座に着す。七僧は檻欄内に在り。公卿は広庇座に着く。座狭きによりまた南縁座に着く。公家、度者使および御誦経使なし。願文は式部大輔藤原光範（67）が草進、中務少輔藤原伊経、これを清書す。本尊は、等身釈迦三尊像なり。参入の公卿は左大臣藤原実房（46）以下十九人なり。法会、長講堂たるにより、みな剣、笏を帯びず。事了りて右大将藤原頼実（38）以下、布施を取る。これより先、大臣・大納言ら、皆退出せり。

今日、権中納言藤原兼光（48）、閑院内裏に参内。七七日御誦経使を醍醐寺・法成寺・法性寺・法勝寺・尊勝寺・最勝寺・蓮華王院の七寺に差遣さる。　【明月記、心記（定能卿記）、師守記】

六条殿の朝懺法のついでに、去る三月十七・十八日程より毎日、故後白河法皇の遺物等を僧に賜う。公卿以下の人々、これを取りて分与せり。囲碁枰（ごばん）・双六枰（すごろくばん）等の類は、人々これを取らず。ただ、預僧らはこれを運送し、僧館（寺）に秘し居えたり。

中納言藤原定能（45）、寵臣として平常、法皇に近侍せり。およそ中陰の忌日、馳せるが如し。すべからく委しく記すと雖も、心神、迷惑す（途方にくれる）。記さんと欲すれば、涙まず筆に落つ。よって思い出にしたがい、形の如くこれを記す。僻事《ひがごと》あるか、と述懐せり。

今日、公家（後鳥羽天皇13）、故後白河院の菩提のために、囚人四十六人を赦免さる。　【心記（定能卿記）】

この夜、六条殿に故後白河法皇と同居の両女院、六条殿を出御、分散し給う。まず、殷富門院（亮子内親王尼46）は御車に乗車、六条西行、猪隈北行、散三位高階泰経（63）の高辻猪隈家（高辻北、猪隈東）に御幸あり。公卿、右衛門督藤原隆房（45）以下六人、殿上人は前右馬権頭藤原隆信（51）以下十人が供奉す。中に左少将藤原定家（31）も扈従せり。ついで、宣陽門院（覲子《あきこ》内親王12・母は丹後局）は左衛門督源通親（44）の中院亭に御幸、明日、六条殿に還御と。この御所（六条殿）、伝領の故なり。前斎院（式子内親王44）は民部卿藤原経房（50）の吉田亭に遷御あり。左少将藤原定家は出車《いだしぐるま》を献ず。殿上人が騎馬にて御幸に供奉す。　【明月記、心記（定能卿記）】

五月三日

宣陽門院（覲子内親王）、故後白河法皇より六条殿を伝領するにより、渡御の中院亭（左衛門督源通親家）より六条殿に還御あり。公卿以下、供奉す。六条殿に残留の僧は七人。僧正勝賢（元の如く法花堂・55）・法印良宴（護摩師）・小僧都禅聖（同上）・小僧都公胤・律師寛舜（護摩）・律師仙雲・已講聖覚らなり。　【心記（定能卿記）】

五月八日

源頼朝（46）、故後白河法皇四十九日仏事を鎌倉の南御堂（勝長寿院）において修す。百僧供あり。早旦、各群集参入せるにより、口別三端（布）、袋米一を布施す。主計允二階堂行政ならびに前右京進中原仲業、これを奉行す。参集の僧衆は、鶴岡八幡宮（二十口）・伊豆山権現（十八口）・筥根《はこね》山《やま》権現（十八口）・勝長寿院（十三口）・大山寺（三口）・観音寺（三口）・高麗寺（三口）・六所若宮（二口）・岩殿寺（二口）・大倉観音堂（一口）・窟堂《いわやどう》（一口）・慈光寺（十口）・浅草寺（三口）・真慈悲寺（三口）・弓削寺（二口）・国分寺（三口）なり。　【吾妻鏡】

五月十三日

故後白河院の月忌《がっき》なり。中納言藤原定能、朝の間、蓮華王院の法花堂（故院墓所）に参上。午終り（午後一時前）、衣冠（橡袍《つるばみのほう》）を着装、六条殿に参入。右大臣藤原兼雅（48）以下、公卿十七人、着座す。導師は澄憲法印（67）なり。御講了る。

ついで六条殿において、故後白河院のために三井寺の僧正実慶（76）、仏事を修す。本尊は絵像不動明王なり。真言供養にして導師は法印良宴なり。布施二十、請僧五。例時作法了りて、僧侶退下す。【心記（定能卿記）】

つぎに同じく前斎院（式子内親王44）の仏事あり。本尊は絵像なり。導師は小僧都公胤（48）なり。布施は一重一裹、自余の僧は一裹。この後、阿弥陀経の読誦ありて、事了る。【心記（定能卿記）】

五月十四日

故後白河院服喪により素服の人々、服忌《ぶっき》解除の宣下あり。上卿は権中納言藤原泰通（46）なり。【心記（定能卿記）】

五月十五日

六条殿において、故後白河法皇創始以来、恒例の供花なり。右大臣藤原兼雅（48）・中納言藤原定能（45）・同息の左中将藤原親能（24）・中納言藤原親信（56）・民部卿藤原経房（50）・右中将平棟範（43）・散三位高階泰経（63）・左大弁藤原定長（44）・右少弁藤原資実（31）ら参入す。供花の間、人々、故後白河法皇の「往事（在世時）を思い、恐歎休《や》み難し」と。定能、家に帰るの後、太政官少納言局の外記、素服を除くべき宣旨を持参す。一見を加うるに、除服公卿の歴名を一紙に載せり。披見して返す。【心記（定能卿記）】

六月十日

申刻（午後四時頃）新御堂建立の議定のため、右大臣藤原兼雅・右大将藤原頼実（38）・中納言藤原親信・民部卿藤原経房・左大弁藤原定長・正三位高階泰経・右京大夫藤原季能（40）ら、素服を着して六条殿長講堂の弘廂に参集す。事趣は故後白河法皇、鳥羽殿内に丈六如法仏二体を造立、安置すべきの御願あり。この事につき去年の頃、鳥羽殿において両三度、議定等の事あり。すでに材木を切り出し、少々、鳥羽の辺に取寄せ置きたり。この如法仏の内、不動明王像はすでに造立終えたり。しばらく蓮華王院後戸に安置せり。いま一体の阿弥陀如来像においては、御体木の加持を終え、すでに彫進を始めたり。仏師にも料物少々賜う。よって、この事、今改めてその沙汰、必要なし。故院一周忌の中に急ぎ造進の上、供養あるべきか、と。その用途は先院（後白河法皇）の分国を充つべし。ただし播磨国は天王寺念仏堂（炎上）の再建に所用するにつき、美濃・備前両国を用途に充てらるべし、と。【心記（定能卿記）】

六月十三日

故後白河院の月忌により六条殿において仏事あり。法印雅縁（左衛門督源通親弟・55）、導師となる。この日、右大臣藤原兼雅、布施を取らず。大納言藤原実宗（48）以下、これを取り、事了んぬ。

その後、同殿において尊勝寺上座・最舜法眼、故後白河院のために仏事を修す。本尊は極楽曼陀羅なり。導師は澄憲法印（67）なり。布施は二十許り、請僧五人。石清水八幡宮別当成清（64）、引物《ひきもの》（米・炭・薪等）を進上す。事了りて退出。【心記（定能卿記）】

この後、恒例の前斎院（式子内親王44）の仏事あり。

六月十五日

故後白河法皇服喪のために着用の素服を除く。去る月十四日、除服の宣下あり。主計頭安倍資元、日時を勘申《かんじん》す。中納言藤原定能（45）、まず旧院庁（六条殿）において素服を請取る。定能、黒布衣を着装して蓮華王院法花堂（故後白河法皇墓所）に参詣。帰路、七条河原において陰陽師たちの参着を乗車しながら待つ。ついで、陰陽師の前に素服を（かねて手裹《てづつみ》に入れおく）置き、解除す。定能、「事に触れ、懐旧の儀、禁じ難し」（故後白河法皇追慕）と。【心記（定能卿記）】

六月十八日

中納言藤原定能、黒布衣を着し六条殿（いまは、崩後の処分により宣陽門院〔覲子内親王12〕伝領）に参上す。同女院御方の女房に謁す。ついで例時作法（勤行）を聴聞し退出す。【心記（定能卿記）】

この日、若宮（鶴岡八幡宮）別当・法眼円暁（号は宮法眼・輔仁親王〔後三条天皇第三皇子〕の孫・48）、京都より鎌倉に下着。直ちに源頼朝（46）に謁して、後白河法皇崩御後の事を委細言上す。去る四月二日、後鳥羽天皇（13）、渡御の倚廬《いろ》（去る三月十五日）より本殿（閑院清涼殿）に還御ありて、周闋《しゅうけつ》の事を解き（服喪忌明け）給う、と。【吾妻鏡】

六月二十四日

後白河法皇崩御の後、満百日に当るにつき、従二位尼丹後局、六条殿において仏事を修す。朝懺法の次に、留僧（予備僧）六人許り（僧正勝賢・法印良宴以下）が皆黒染衣を着して参仕す。この仏事の導師は少僧都公胤（48）が甲袈裟を着して勤仕す。本尊は三尺大日如来坐像を彫進安置す。胎内に仏舎利ならびに故後白河法皇御歯（去年、抜け落ち、日吉社に奉安せられたり）を籠め奉る。真言供養を行わる。

その後、右大臣藤原兼雅（48）、蓮華王院法花堂において、故法皇百ヶ忌日の仏事を修す。本尊は等身地蔵菩薩像なり。導師は同じく少僧都公胤が勤仕す。人々、伝聞して、相尋ね参入す。【心記（定能卿記）】

六月二十七日

蓮華王院宝蔵を開扉。公家（後鳥羽天皇）、収蔵御書の点検のこと、始めて沙汰あり。【百錬抄】

七月十二日　源頼朝、征夷大将軍に任ぜらる

正二位前権大納言源頼朝（46）、征夷大将軍に任ぜらる。今日、後白河法皇崩御後の朝政初度の特別沙汰（臨時除目）による恩寵なり。

【公卿補任、吾妻鏡（七月二十日条）】

公家（後鳥羽天皇13）、蓮華王院宝蔵より天神御筆（菅原道真の真筆）を取り出し、元の太政官外記局に返納せしめらる。この天神御筆は去る年二月十九日、後白河法皇より外記局に進上の下命ありて、宝蔵に収納中のものなり。

【百錬抄、玉葉（建久二年二月十九日条）】

七月十三日

故後白河院の月忌《がっき》なり。六条殿における仏事、常の如し。今日、参会の人々、素服たるにより、着替えの装束、先々、六条殿において預り置く。導師は弁暁法印（54）なり。左大臣藤原実房（46）・右大臣藤原兼雅（48）以下、公卿・殿上人参上す。事了んぬ。

ついで従二位丹後局発願の女房一品経供養を同六条殿において営まる。願文は左中弁藤原親経（42）が草進、清書は少納言藤原親家の筆。本尊は絵像釈迦三尊仏にして殷富門院（46）の沙汰調進。また一品経の経箱は宣陽門院（六条殿主・覲子内親王12）の沙汰調進なり。導師は已講聖覚（26）。事了りて、中納言藤原定能（45）は蓮華王院法花堂に参入す。

【心記（定能卿記）】

七月二十日

検非違使別当藤原兼光（48）の飛脚、鎌倉に参着す。去る十二日、正二位源頼朝を征夷大将軍に任じ、その除書（七月十二日付、左衛門督源通親44上卿となり参陣、正四位下参議源兼忠32清書す）を勅使（院庁官、肥後介中原景良・左衛門尉藤原康定）を差遣して進達せんとの由を申し送らる。

【吾妻鏡（七月二十六日条）】

九月十二日　**摂津・天王寺の念仏三昧院、再建落慶供養。寺額・願文に、藤原伊経筆を執る**

摂津・天王寺の念仏三昧院（念仏堂）の再建落慶供養なり。右大臣藤原兼雅・中納言藤原定能・左衛門督源通親・中納言藤原親信（56）以下、殿上人二十余人、下向して参会す。去る年九月、後白河法皇御幸の時、炎上す。故後白河法皇、御悩の時、この念仏堂再建の事、仰せ置かれ、去る六月棟上げ完了。法皇領国たる播磨国の所営により目代《もくだい》清成、不日《ふじつ》、功を終えたり。しかして、これ故後白河法皇の沙汰なり。法皇崩御後のこの日、供養を遂げらる。願文は中務少輔藤原伊経の清書、右大臣藤原兼雅、本願後白河法皇崩御により、代わりて署（草字＝草名《そうみょう》）を加う。寺額も同じく藤原伊経が揮毫せり。

【心記（定能卿記）】

十一月十一日〔晴〕

蓮華王院内に小御堂を建立せんとして、棟上を行う。造国司は備前守源仲国（母は中納言平清子（平宗盛室）の乳母）、故後白河法皇の沙汰なり。この御堂、もと鳥羽・勝光明院に建立の素意ありて、法皇御平生《へいぜい》の時に、その沙汰あり。また、夏の頃、旧臣ら議定せり。しかして近年、鳥羽、連々、水の恐れ（賀茂川下流）あり。よって、鳥羽の地を避け、議定ありて此の地に建てられたり。旧臣ら、参集す。明四年三月九日、落慶供養を行いたり。【心記（定能卿記）、玉葉（十月二日条）、皇代暦】

十一月十三日

故後白河院の月忌なり。六条殿における仏事は常の如し。導師は已講聖覚（法印澄憲子・26）なり。布施は大納言藤原実家（48）以下が取る。右大臣藤原兼雅（48）これを取らずして事了んぬ。中納言藤原定能（45）、六条殿より蓮華王院法花堂に参向。【心記（定能卿記）】

十一月二十一日

従二位尼丹後局、蓮華王院法花堂において故後白河院のために一切経供養を行う。これ法皇御平生の時、宿願により去る年の冬、書写を始めらる。しかるに未完にして崩御。その後、御遺志継承、完写に至る。よって、今日、ここに供養を遂ぐ。導師は澄憲法印（67）、請僧二十口。参仕の人々、布衣あるいは直衣を着用。素服の人は黒装束なり。願文は左中弁藤原親経（42）の草進、清書は中務少輔藤原伊経なり。【心記（定能卿記）】

建久四年（一一九三）

二月三日

源頼朝（47）、故後白河院周闋《しゅうけつ》（一周忌）法事のために召し聚めし長絹五百疋、因幡前司中原広元（46）の沙汰として、佐々木四郎左衛門高綱を使者に、京都（旧院御所六条殿）に進入のため鎌倉を発足す。【吾妻鏡】

二月五日

旧院（六条殿）において故後白河院の周闋法事の事を定めらる。右大臣藤原兼雅（49）以下、公卿五人、直衣を着して参入。六条殿の殿上間において議定す。右中弁平棟範（44）、定文を清書す。【心記（定能卿記）、玉葉】

二月十三日

六条殿において故後白河法皇正日法事（公家周闋御斎会）の事を定めらる。右大臣藤原兼雅以下公卿十人ばかり、衣冠の正装にて参入、議定す。右中弁平棟範、定文を清書す。【心記（定能卿記）】

二月十七日

去る年より故後白河法皇の旧臣・女房ら、各法華経一品を相分ちて千遍の転読を行う。今日、六条殿に結縁の人々参集して、その啓白供養を行う。公胤少僧都（留僧六口のうちの一人なり・49）、導師となる。請僧もまた留僧の残り五口の勤仕なり。左大臣藤原実房（47）・右大臣藤原兼雅（49）以下、公卿数輩参入。人々、捧物を調進す。中納言藤原定能（46）は被物《かずけもの》一具を進上。なお定能、灸治中、術なく打梨《うちなし》（萎《なえ》装束《しょうぞく》）を着用、参入して簾中にて講説を聴聞す。人々、直衣・布衣相交じる。

【心記（定能卿記）】

二月二十五日

公家（後鳥羽天皇14）、蓮華王院において故後白河院の周闋御斎会を行わる。よって度者使（右中将藤原成定40）ならびに御誦経使（左少将藤原隆保44）を差遣さる。中納言藤原定能は灸治によって不参。参入の公卿は左衛門督源通親（45）以下八人（『玉葉』は十人）。法皇の近臣・大納言藤原実宗（49）不参。まことに不敵なる事なり。左大弁藤原定長（45）は諒闇装束を着して着座す。右少弁藤原資実（32）・右少将藤原忠行（27）の両人は着服束帯。よって素服を着したるにより素服座に着す。両人、いまだ除服せず、と。ただし、日頃は両人ともに諒闇装束にて公事に従い、今日はまた素服を着用、不審なり、と。

【心記（定能卿記）、玉葉】

今日の御斎会の導師は山階寺（興福寺）権別当範玄（皇太后宮大進藤原為業子・57）、呪願は醍醐寺僧正勝賢（56）なり。

【玉葉】

三月三日

来る三月十三日、故後白河法皇周闋仏事たるにより、征夷大将軍源頼朝（47）、因幡前司中原広元（46）に沙汰せしめて、日頃召し聚むる所の長絹五百疋を京都（旧院御所六条殿）に進上。佐々木四郎左衛門尉高綱に執り進めしめ、前権大納言藤原能保（47）を介し、民部卿藤原経房（51）をもって旧院御所に進達せしむ。

【吾妻鏡】

三月九日

故後白河院のために蓮華王院内、法花堂において法事を修せらる。権律師祐範、導師となり、三昧僧六口をもって題名僧となす。本尊は迎《ごう》接《しょう》阿弥陀如来絵像を奉懸、法華経を供養。導師の布施十余なり。請僧は一重一裹なり。

また、今日、去る年より造営の蓮華王院の内、御堂（造国司、備前守源仲国）を供養せらる。丈六阿弥陀三尊仏、新造（仏師院尊作）、同丈六不動尊（二童子）を安置す。故院の周闋法事に用いらる、と。関白藤原兼実（45）、簾中に坐す。右大臣藤原兼雅以下、素服の人々、黒束帯を着用す。公家より度者使・御誦経使を差遣さる。

勧賞《けんじょう》あり。仏師の功をもって弟子を法橋に叙せらる。また、備前守源仲国は私力の用途多く入りたるにより、一階を進め、受領の功を定めらる。

【心記（定能卿記）、皇代暦、皇帝紀抄、帝王編年記】

三月十二日
故後白河院の周闋により伊豆国流人・住吉神主佐伯昌助（去る治承三年〈一一七九〉五月三日配流、頼朝に潜仕す）および薩摩国流人・左衛門尉佐々木定綱（去々年配流・52）を赦免召還す。
【吾妻鏡（四月十一日・二十九日条）】

三月十三日
故後白河法皇、周闋正日（一周忌命日）たるにより、六条殿において曼陀羅供を修せらる。導師は醍醐寺勝賢僧正（六条院留僧・56）なり。讃衆三十口。右大臣藤原兼雅（49）以下、人々参会す。素服の人々、いずれも黒装束を着装せり。
【心記（定能卿記）、百錬抄、皇代暦】
鎌倉幕府、この日、旧院（故後白河法皇）一廻忌辰を迎えらるるにより、仏事を修す。千僧供養なり。若宮（鶴岡八幡宮）・勝長寿院・伊豆山権現・筥根山権現・高麗寺・大山寺・観音寺等の寺々に相触れ、供僧・僧侶を結集す。武蔵守平賀義信を行事となす。布施は口別に布二端、藍摺一端、𪘂牙《のろ》一袋なり。
【吾妻鏡（三月四日条も）】

三月二十一日
故後白河法皇一廻忌の程は、諸国に狩猟禁止の命を下す。日数すでに過ぎたるも、源頼朝（47）、下野国那須野ならびに信濃国三原等の狩倉《かりくら》を御覧のため、今日、鎌倉を進発す。これよりさき、狩猟堪能にして弓馬の技に達し、隔心なき勇士二十二人を撰び弓箭を帯びしめ、その外は法皇周闋たるにつき弓箭を帯びず、踏馬衆として狩猟の技に擬せしむ、と。
【吾妻鏡】

五月十三日
故後白河院の月忌なり。六条殿内、長講堂において毎月、仏事を行わる。右大臣藤原兼雅・右大将藤原頼実（39）は共に烏帽子・直衣にて参上。公卿は総勢十余人なり。講師は弁暁法印（55）なり。法皇の遺言により、永代供養として、毎月仏事を修せらるべし、と。
【心記（定能卿記）】

九月七日
故後白河法皇旧跡、宣陽門院御所（正親町東洞院亭）、無人なり。宣陽門院（法皇皇女・13）、法皇崩御後、六条殿を伝領するにつき、母丹後局と同宿、六条殿に居住なり。よって群盗以下、宣陽門院御所狼藉せり。もっとも怖畏あるべきの由、前権中納言藤原能保（47）、征夷大将軍源頼朝に愁訴するにより、日来その沙汰あり。畿内近国在住の御家人などを相催し、宿直を差遣して御所警固せしむべく、佐々木中務丞経高・佐々木三郎盛綱（43）・後藤兵衛尉基清に下命せらる。
【吾妻鏡】

十月二十八日

元薩摩国流人・佐々木左衛門尉定綱（52）、鎌倉に参着す。去る三月十二日、故後白河院一廻忌御仏事により勅勘を免されし者なり。源頼朝（47）、日来、殊に歎息のところ、このたびたまたま恩赦ありて参上の間、歓喜する所なり。よって御前に召し、元の如くに近江国守護職を執行すべきの由を下命せらる。【吾妻鏡】

建久五年（一一九四）

三月四日

夜に入りて左衛門督検非違使別当藤原兼光（丹後局聟・50）、関白藤原兼実（46）の大炊亭に入来。先日、兼実示し置きたる故後白河院御忌月の仏事につき、従二位尼丹後局に申請せし旨の返事を告げる。【玉葉】

三月九日〔陰り晴れ、定まらず〕

午刻（正午頃）、関白藤原兼実、束帯を着用、閑院内裏に参内。終日、明日の大原野社行啓（中宮任子《とうこ》＝兼実女・22）、臨時祭（来る十六日）の試楽雑事を定む。公卿八人参入、議定の間、後白河法皇御忌月《きづき》（来る十三日、忌日）たるにより、臨時祭を他月に移すべき由、議あるも、その理なきにより、臨時祭挙行を改めざるに一定せり。【玉葉】

閏八月十六日

この夜、蓮華王院法花堂において、故後白河院のために、法華経六部一日経（この日の中に合筆書写）供養の事あり。また、尊勝寺の真円僧正をもって、伴僧二口を具して法華経供養を修せらる。【玉葉】

建久六年（一一九五）

二月十四日　源頼朝、上洛

巳刻（午前十時頃）、征夷大将軍源頼朝（49）、南都東大寺供養に結縁参会のため、御台所平政子（39）ならびに若君（万寿＝頼家14）ほか男女子息を具して、鎌倉を進発、上洛す。三月四日の秉燭の刻、入洛、六波羅亭に入る。同九日、頼朝、石清水八幡宮ならびに佐女牛《さめうし》若宮において臨時祭を挙行す。ついで、石清水八幡宮宝前において通夜。翌十日、同宮より直ちに南都に下向。東大寺供養に参会のため、東大寺東南院に着す。同十二日、東大寺供養に参列。翌十三日、頼朝、大仏殿に参拝。同十四日、南都を発し、入洛、六波羅亭に帰参す。【吾妻鏡】

三月十六日

晩に及びて源頼朝（49）、旧院御所六条殿に参入。宣陽門院（後白河法皇皇女覲子《あきこ》・母は丹後局・15）および従二位尼丹後局に面謁す。【吾妻鏡】

三月二十九日

源頼朝、故後白河法皇執権女房の従二位尼丹後局を六波羅亭に招請す。頼朝御台所平政子（39）ならびに大姫君（木曾義仲息、清水冠者義基旧室・17）ら、丹後局に対面す。頼朝より砂金三百両（銀蒔絵筥に納む）、白綾三十端（地盤に飾る）を進献す。また頼朝扈従の諸大夫侍等も引出物を進上す。頼朝の寵臣、左近将監大友能直（24）・左衛門尉八田朝重が所役に従う。【吾妻鏡】

三月三十日〔天晴る〕

関白藤原兼実（47）、閑院内裏に参内す。征夷大将軍源頼朝も随兵十騎を従え、車に乗駕して参内。関白藤原兼実に対面、雑事を談ず。談話に刻を移し、深更に及びて退出、六波羅亭に帰参す。【玉葉、吾妻鏡（四月十日は誤謬。岩国吉川家蔵本は三月三十日末尾に記事あり）】

四月一日〔天晴る〕

源頼朝、東大寺供養参会のため上洛の会釈として、関白藤原兼実に馬二疋を送り届く。頼朝の進物として甚だ乏少なり。いったい、これ如何したる事か、と。【玉葉】

四月十二日

征夷大将軍源頼朝、東大寺供養（去る三月十二日）に参会のため、去る月四日に入京、六波羅自亭（故権大納言入道平頼盛旧居・池亭跡に新造）に滞留中なり。この日、民部卿藤原経房（53）を六波羅亭に招き、盃酒の儀あり。因幡前司中原広元（48）、陪膳の役として祇候す。頼朝、終始、故後白河法皇の追憶談にふけり、当時の法皇政道（治政）の事等を語り、数刻に及ぶ。民部卿経房退出の後、頼朝、前掃部頭中原親能（53）を使者として、経房の勘解由小路亭に砂金・龍蹄（馬）等を送達せしむ。【吾妻鏡】

四月十七日

従二位尼丹後局、頼朝の六波羅亭に参上、御台所平政子および大姫君らに対面す。【吾妻鏡】

四月二十一日

征夷大将軍源頼朝、閑院内裏に参内、後鳥羽天皇（16）に拝謁す。ついで六条殿に参上、宣陽門院ならびに従二位尼丹後局に面謁。故後白河院旧領、長講堂領七ヶ所の荘園の事、故法皇の遺勅に任せ立荘せらるべきの由、申し沙汰す。【吾妻鏡】

四月二十二日

将軍源頼朝（49）、今日もまた、閑院内裏に参内す。【吾妻鏡】

四月二十四日

源頼朝、申し沙汰を行い、宣陽門院伝領の故後白河院長講堂七ヶ所の荘園、元の如くに貢物進済すべきの由を治定《じじょう》す。【吾妻鏡】

五月二十日〔陰り、常に小雨灑《そそ》ぐ〕

源頼朝、摂津・天王寺に参詣す。入道前権中納言藤原能保（49）、道中警固の顧慮により淀川船行を勧む。よって、卯刻（午前六時頃）、鳥羽にて乗船す。この船、従二位尼丹後局の持船なり。日中、渡部（大阪市天満橋付近）に到着。下船の上、乗車。御台所平政子（39）の御車、軒を連ね女房出車等あり。各行列を整え、随兵以下供奉人、いずれも騎馬にて扈従。午刻（正午頃）、天王寺に参着。天王寺門外の念仏堂に入る。翌二十一日、晩鐘の刻に帰洛、六波羅亭に到達す。【吾妻鏡】

五月二十二日

源頼朝、閑院内裏に参内。折柄、参上の関白藤原兼実（47）と対面。都鄙《とひ》理世《りせい》（京都公家《こうけ》と鎌倉幕府と協力して治世を行う）の事を語る。談話一に非ずして多岐にわたる。【吾妻鏡】

五月二十三日

源頼朝、六条殿に参上。宣陽門院（15）ならびに従二位尼丹後局に面謁。退出後、法住寺殿（蓮華王院）法華堂に赴き、故後白河法皇の墓所を拝す。【吾妻鏡】

五月二十四日

前掃部頭中原親能（53）、源頼朝の使として高野山に向かう。これ東大寺の重源上人（75）、去る十三日逐電、彼の山に在るの由、近日、風聞せり。源頼朝、帰洛すべき旨を重源に伝えんがためなり。【吾妻鏡】

五月二十九日

重源上人、高野山を下山、入洛せり。源頼朝の命を重んじ、東大寺再建の助力に謝するの故なり。将軍頼朝関東下向の事、日頃重源上人の行方を尋ねらるるにより延引に及ぶ。【吾妻鏡】

六月三日

征夷大将軍源頼朝の若公（万寿＝頼家14）、閑院内裏に参内、後鳥羽天皇（16）に拝謁す。網代車に乗駕、左馬頭藤原隆保（入道権中納言藤原

能保49嫡男）、扶持〔所作振舞いの助成〕を加えんがために相具す。供奉人は相模守大内惟義以下十二人なり。内裏弓場殿において源万寿丸（頼家）に御剣を賜う。参議左中将藤原忠経（23）これを伝供《てんぐ》す。【吾妻鏡】

六月八日

源頼朝（49）、六条殿に参上。別離口上の会釈として、宣陽門院（15）ならびに従二位尼丹後局に謁す。【吾妻鏡】

六月十三日

源頼朝、法住寺殿（蓮華王院）の法華堂に参入、故後白河法皇の墓所を再拝す。【吾妻鏡】

六月二十三日

源頼朝、使を方々に回参せしめ、明後日（二十五日）、関東下向の由、離別を告げしむ。【吾妻鏡】

六月二十四日

征夷大将軍源頼朝、閑院内裏に参内。万寿丸（頼家14）も織物の狩衣着装、随伴す。関東下向を後鳥羽天皇（16）に言上のためなり。【吾妻鏡】

六月二十五日〔時々、雨降る〕　**源頼朝、関東下向のため離洛**

源頼朝、関東下向のため離洛す。七月八日、申刻（午後四時頃）、鎌倉に帰着す。【吾妻鏡（七月八日条も）】

建久七年（一一九六）

十一月二十五日　**藤原兼実、関白を辞し、代りに藤原基通任ぜらる**

関白藤原兼実（48）、上表の儀なくして異例の関白を停め、代りに前摂政藤原基通（37）をもって氏長者ならびに関白となす由の宣下あり。故後白河法皇かねての素懐、この期に至りようやくにして実現か。【公卿補任、帝王編年記、百錬抄】

跋

本書『後白河法皇日録』は、小松茂美最後の一作である。原稿用紙二千枚余からなる遺稿を愛弟子・前田多美子氏が補訂し、学藝書院より三回忌紀念の上梓に恵まれた。

前田氏に託された補訂作業は、茂美存命の二〇〇六年から進められていた。ただし、茂美は、並行執筆していた『後白河法皇史　研究篇』（仮称）との同時出版を切望してやまなかった。だが、後者が脱稿に至らぬまま、二〇一〇年五月二一日に他界。かくして、私ども家族は熟慮の末、『日録』のみの補訂・編集作業の再開を願い出た。茂美の切望に悖ることになるが、供養も兼ねて、後世への一助になればと念じた次第である。前田氏はもとより、学藝書院主の森登氏も快諾。以来、前田氏は入稿原稿を整えるまでに六校に及ぶ補訂。また、茂美の最後の門弟・金子馨氏と、姪・浅井桂子が作業に加わり、主として、膨大な数の登場人物の時々の年齢確認、御遊年表と院司一覧の作成を、それぞれ担当。そして、わずか二年たらずの一瀉千里の総力結集の結果、三回忌にあわせた出版成就に与ったのである。奇しくも、森院主は、自称「古筆学」なる茂美創始の一学問分野を披露いただいた（「毎日新聞」一九七三年九月一〇日）、故・森豊氏の令息である。

茂美の半生と事績については、田中登『小松茂美　人と学問　古筆学六十年』（思文閣出版、二〇〇二年）、吉村克己『満身これ学究　古筆学の創始者、小松茂美の闘い』（文藝春秋、二〇〇八年）、この両編で詳細な紹介と高評を賜った。また、折に触れて、自らが足跡の一部を記してもきた。それゆえここでは、『日録』の顰みに倣い、憚りながら、晩年の諸相を臨終まで、家内の視角から書き留めておきたい。

茂美は一九九七年一〇月(七二歳)、『足利尊氏文書の研究』(旺文社、一九九七年)刊行の後、長年の睡眠時間を抑えた学究生活と、その糧ともなってきたはずの斗酒がおそらくたたり、心筋梗塞に見舞われた。爆心一・八kmの広島での被曝時と同様、一命は取りとめたものの、心筋の三分の一程度は壊死。以降は、神崎充晴氏をはじめとする門弟諸氏の渾身の忠言と献身により、健康にも心するようになった。が、生活全体が一変することはなく、むしろ執筆意欲に一層拍車がかかったように見受けられた。喜寿を迎えてからも、『図説平家納経』(戎光祥出版、二〇〇五年)、『平家納経 平清盛とその成立』(中央公論美術出版、二〇〇五年)、『天皇の書』(文春新書、二〇〇六年)と筆を運び、そして最後に執念を燃やしたのが、後白河法皇の研究にほかならない。

だが、齢を経るにしたがって、一度病んだ心臓は徐々に衰え、心不全のために入退院を繰り返すようになった。退院から入院までの間隔も短くなっていった。ただし、後白河法皇研究を完遂すべく、常に「公家日記」原典などの関連文献を携えての入院であった。そしてまた、かねてよりの日課のごとく、毎日数通の手紙を病床でもしたためたのであった。

「わしゃ、あと二〇年は生きて研究する」。

八〇歳に達した者が重ねた大言である。なるほど、冷静に省みれば、実現困難な悲願であろう。にもかかわらず、昭和二〇年八月六日以来、幾度となく死の淵から生還した実際を耳目にし、そして退院のたびに諫言を制して、ほどなく机へと向かう姿に接してきた私どもには、茂美は常識を覆す生得的な何かを有しているようにも感じられ、かかる大言が本当に実現するのではないかと、しばしば思われたのであった。

しかしながら、二〇〇九年一二月二二日(八四歳)、胆嚢結石から敗血症。ここでもまた九死に一生を得、明くる二〇一〇年一月一五日に退院したものの、敗血症そのものや、やむなきカテーテル手術などの心臓への負担は大きかったと思しい。かくて、三月八日からの検査入院で、致命的な心室頻拍・心室細動の前兆が認められたため、除細動器の植え込み手術を勧められる。研究貫徹の一念で即断受諾。だが、それからまもなく、虚血性小腸炎を発症し、同月一三日、疾患部位を摘除手術。さらに系列病院に転院しつつ、四月二日、元来の除細動器の植え込みを実施した。

付言するなら、三月三〇日の八五回目の誕生日は、病室で迎えたのであった。また、若き日に、学徒志望をめぐって勘当を命じられた厳父・幾蔵の三三回忌法要（四月四日、東叡山寛永寺）の主催・参列も、苦衷をもって断念したのであった。医師との方針相談や生活管理は、従来通り、茂美の意向を重視しつつ、長男・美彦が行った。

さて、かような一連の入院にあっても、九条兼実の日記『玉葉』原典などを携帯し、後白河法皇研究への執念は絶えることはなかった。そして、除細動器の植え込み後の経過も順調ゆえ、四月九日に退院。しかし、仕事に復帰しようとした矢先の同月一五日、呂律が廻らず、片手がほとんど効かないという、ある典型的な症状を併発。予想に違わず脳梗塞であった。ただし不幸中の幸いにも、ラクナ梗塞という脳毛細血管の軽度の梗塞であり、しかも驚嘆すべきことに、薬物療法のみで翌日にはほぼ快癒し、二四日に退院となった。

その後、門弟諸氏や家族が、まず静養に専念することを説得し、概ね従ったが、それでもなお研究を完全に断つことはなかった。五月四日、自宅付近のフランス料理店において、一ヶ月余遅れの八五歳誕生会晩餐。まさしくこれが最後の晩餐となった。同席者は、妻・丸、茂美宅の介助者・祝新宇《ズクシンイー》氏、長男・美彦とその妻・由可里、唯一無二の孫・美材《みき》であった。茂美は感謝の念と研究への変わらぬ意欲を述べ、また、その場で美彦の生命倫理学の共新著に目を通してもいる。

五月一一日、不整脈（心房細動）に由来する軽い胸苦しさが治まらず、念のため検査入院することとなった。検査の結果、一九日、心拍の安定確保の目的で、除細動器を心臓ペースメーカーとして併用する処置を受ける。処置後、自覚症状がすこぶる改善された旨を、家族に伝えている。ところが、当日深夜、病院から美彦のもとへ呼び出しの電話。もっとも危惧していた心室頻拍が二度にわたって起こり、二度目の現在は電気ショックによっても心停止のままだという。設定よりも拍動数の低い、予想外の心室頻拍であったため、除細動器が作動しなかったのである。救命のための気管内挿管（人工呼吸）を迷わず承諾。

美彦が駆けつけると、はたして、心臓は再拍動しており、意識もしっかりしているようであった。CCU（心臓集中治療室）にストレッチャーで運ばれる茂美の耳元へと、現状と対処法の要点を一言し、檄を飛ばす。気管内挿管のため、もはや声を発することができない。仰臥した茂美は檄に対して顎を心もち縦にしたが、このときほど阿吽という事態が体感されたことはなかった。

一時間の救命処置後、主治医の説明を受け、少々の面会が許された。呼びかけると、例によって握手を求めてきた。右手を軽く握ると、瀕死の者とは思えぬ驚愕の力で握りかえし、目をむき、声なき声で、何かを繰り返し訴えた。その勢いは、実際にベッドから起き上がるほどであった。この空無の絶叫の実体は、いったい何であったのか。私どもが引き受けなければならぬ遺言である。

翌日の夜、前田氏、神崎氏、桂子、美彦が揃ってCCUへ。茂美の求めでそれぞれ握手を交わし、語りかけた。茂美は音に近い声で各々に応じた。

そして、さらにその翌日の昼前、またもや病院から緊急電話。再び心室頻拍をきたし、電気ショックも奏功しないとのこと。馳せつけた金子氏と家族全員が見守るなか、八五年間拍動しつづけてきたその心臓は、医師による必死の胸骨圧迫によっても、ついに蘇ることはなかった。臨終、二〇一〇年五月二一日（金）一二時五三分。行年八六歳であった。

病室には、先の『玉葉』、藤原実房の日記『愚昧記』、藤原親長の日記『親長卿記』、そして一通の封書が残されていた（封書は、七七日の法要後、添え状とともに届けられた）。

顧みるなら、茂美は、多岐にわたる実に多くの方々から絶大な寵愛と恩恵を賜り、少なからぬ御迷惑をもおかけしてきた。跋文を閉じるにあたり、研究上に限定して、事跡を記しておきたい。八九歳の丸と、幼少時来の美彦の記憶によるため、あるいは遺漏等の欠礼があるやもしれない。なにとぞ御寛恕願い上げる。

まず、広島陸運局時代の処女作『いつくしま』（広島陸運局、一九五一年）については定かではないが、第二作『後撰和

歌集　校本と研究』（誠信書房、一九六一年）から本書『後白河法皇日録』に至る著作は、すべて、その時々の賛助者との組織体制のもとに上梓へと漕ぎ着けたもの、といっても過言ではあるまい。もちろん、文献解読、カード作成、執筆構想、執筆それ自体は、茂美一人の手によるが、資料の写真撮影、カード・コピーの整理、年譜・系図・索引の作成、原稿の清書・入力・校正等々、これら並々ならぬ基礎作業は——たとえばカードは、著書ごとに万の桁に昇る——、主に次の方々によって遂行されてきたのである。

神作光一、桑原博史、角井博、古谷稔、牛島（助弘）倫子、名児耶明、故・中井敏夫、亀野眞佐代、そして最後の最後まで付き添っていただいた、いわゆる「小松学校」の門弟、前田多美子、松原茂、神崎充晴、角田恵理子、島谷弘幸、久保木彰一、金子馨、以上の各氏である。センチュリーミュージアムと古筆学研究所の学芸員の方々にも尽力いただいた。

また、古筆学研究は、とりわけ、全国に散在し秘蔵されがちな古筆切との邂逅がなければ、継続不可能であっただろう。詳細は家族には不明であるが、それらの邂逅は、所蔵家の寛仁はもとより、坂本五郎氏をはじめとした骨董商の方々の媒酌がなければ、ありえなかったと確信している。

さらには、次の方々には、一介の国家公務員である茂美の研究を、土台ごと支えていただいた。すべて鬼籍に入られている。

木村弥三郎、根本謙三、伊東富士丸、日野原節三、梅沢信二、赤尾一夫

そして、そもそも、茂美の研究は、累代の担当編集者による辛労と、出版社幹部の採算よりも文化を重視する雅量なしには、著書として実を結ばなかった。厚情に与った出版元は以下である。

広島陸運局、誠信書房、二玄社、第一法規出版、墨水書房、岩波書店、講談社、中央公論美術出版、東京美術、集英社、六興出版、中央公論社、小学館、芸術新聞社、平凡社、旺文社、センチュリー文化財団、山口県教育委員会、防府天満宮、戎光祥出版、文藝春秋、学藝書院

最後に、冒頭でも記したように、本遺作は、学藝書院主の森登・裕子夫妻、小松学校の前田多美子氏、金子馨氏、姪の浅井桂子、これらの方々の血潮の結晶にほかならない。補訂の大任を背負っていただいた前田氏にとって、この七百日間は、計り知れない重圧に苛まれた累日であったと拝察する。前田氏の水火も辞さぬ尽瘁がなければ、二千余枚の遺稿が日の目を見ることはなかったのである。金子氏の参与と奮励は、最年少の後継者として茂美が鶴望していたことに違いない。桂子の粉骨砕身の篤行の内奥には、伯父への深厚な敬愛があったように思われる。そして、森夫妻には、浄土に向けた至極の追善供養を賜った。

総じて、以上の各位と各出版元の重恩に対し、本人に成り代わって、深甚の謝意を心底より捧げる。

一九二五年（大正一四年）三月三〇日、山口県三田尻（現・防府市）において、鉄道員・小松幾蔵、豪農の娘・大黒屋タカとの間に生まれ、あの八月六日から生還し、厳島神社平家納経の美と謎の虜となり、勘当の末に池田亀鑑に師事し、以来、数多の人々に支えられながら、古筆学に精進した小松茂美全一巻は、本書『後白河法皇日録』をもって完結である。

二〇一二年五月二一日三回忌を前に

小松　丸
小松　美彦

後白河法皇日録　©

二〇一二年五月二十一日　初版
二〇一三年一月二十一日　再版

編著者　小松茂美
補訂者　前田多美子
発行者　森　登
発　行　学藝書院
鎌倉市材木座二丁目十一番三号
電話〇四六七（二二）三〇六二
印　刷
製　本　広研印刷株式会社

ISBN 978-4-904524-05-3

後白河法皇日録　別冊

目次

系図

皇統・藤原氏・平氏・源氏

前田多美子 編

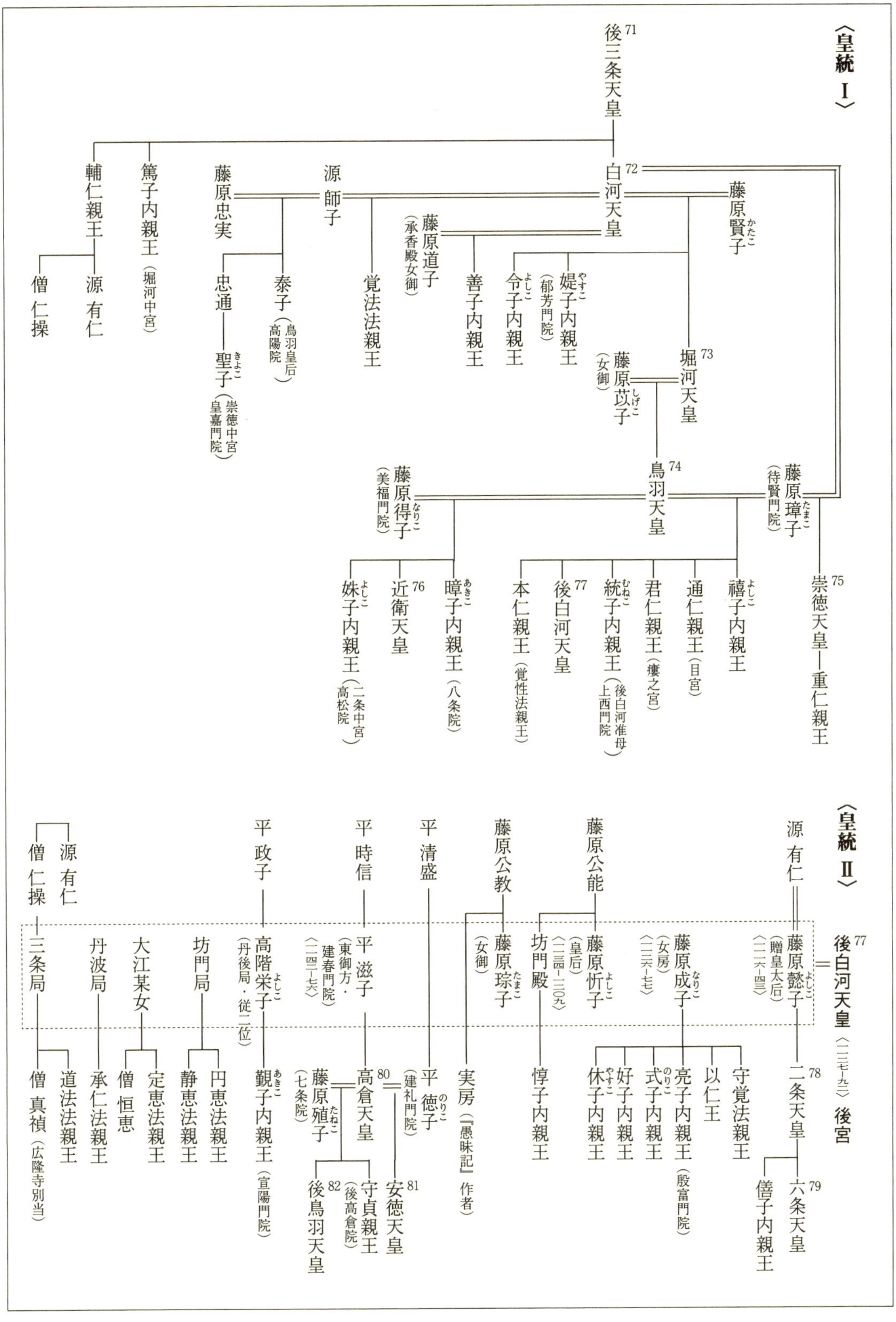
〈皇統 Ⅰ〉
71 後三条天皇
輔仁親王
篤子内親王（堀河中宮）
藤原忠実
源師子
72 白河天皇
藤原賢子《かたこ》
藤原道子（承香殿女御）
善子内親王
令子《よしこ》内親王
媞子《やすこ》内親王（郁芳門院）
73 堀河天皇
藤原苡子《しげこ》（女御）
僧仁操
源有仁
忠通
泰子（鳥羽皇后 高陽院）
覚法法親王
聖子《きよこ》（崇徳中宮 皇嘉門院）
74 鳥羽天皇
藤原得子《なりこ》（美福門院）
藤原璋子《たまこ》（待賢門院）
姝子《よしこ》内親王（二条中宮 高松院）
76 近衛天皇
暲子《あきこ》内親王（八条院）
本仁親王（覚性法親王）
77 後白河天皇
統子《むねこ》内親王（後白河准母 上西門院）
君仁親王（瘻之宮）
通仁親王（目宮）
禧子《よしこ》内親王
75 崇徳天皇
重仁親王
〈皇統 Ⅱ〉
源有仁
藤原懿子《よしこ》（贈皇太后）（一一一六―四三）
77 後白河天皇（一一二七―九二） 後宮
藤原公能
藤原公教
平清盛
平時信
平政子
源有仁
僧仁操
藤原成子《なりこ》（女房）（一一二六―七七）
藤原忻子《よしこ》（皇后）（一一三四―一二〇九）
坊門殿
藤原琮子《たまこ》（女御）
平滋子（東御方・建春門院）（一一四二―七六）
高階栄子《よしこ》（丹後局・従二位）
坊門局
大江某女
丹波局
三条局
78 二条天皇
79 六条天皇
僐子内親王
守覚法親王
以仁王
亮子内親王（殷富門院）
式子《のりこ》内親王
好子内親王
休子《やすこ》内親王
惇子内親王
実房（『愚昧記』作者）
平徳子《のりこ》（建礼門院）
80 高倉天皇
藤原殖子《たねこ》（七条院）
覲子《あきこ》内親王（宣陽門院）
円恵法親王
静恵法親王
定恵法親王
僧恒恵
承仁法親王
道法法親王
僧真禎（広隆寺別当）
81 安徳天皇
守貞親王（後高倉院）
82 後鳥羽天皇

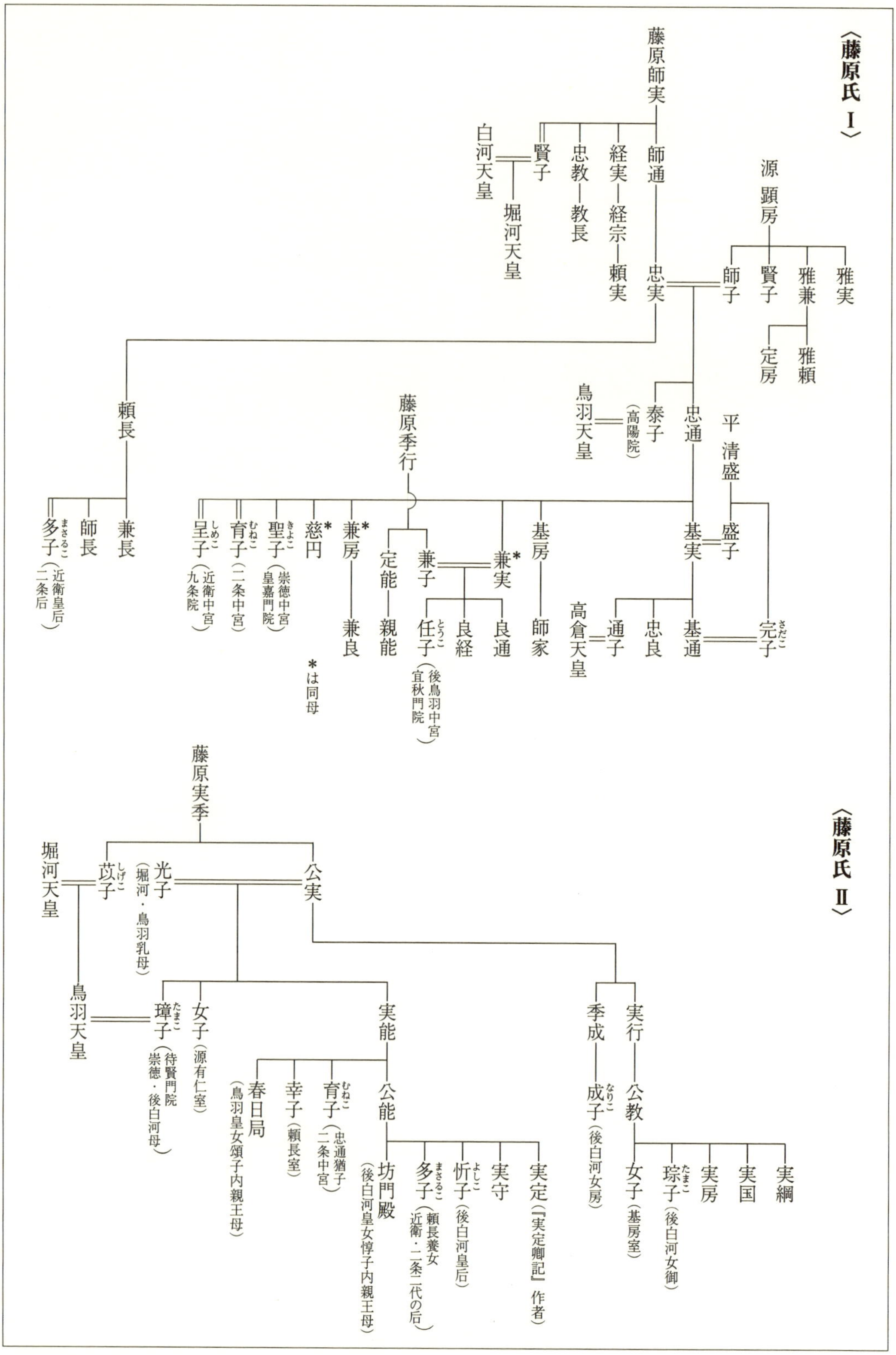
〈藤原氏 Ⅰ〉
藤原師実
師通
経実
経宗
頼実
忠教
教長
賢子
白河天皇
堀河天皇
忠実
源 顕房
師子
賢子
雅兼
雅実
雅頼
定房
頼長
忠通
泰子（高陽院）
鳥羽天皇
平 清盛
盛子
完子《さだこ》
基実
基通
忠良
通子
高倉天皇
藤原季行
基房
師家
兼実*
良通
良経
兼子
任子《とうこ》（後鳥羽中宮 宜秋門院）
定能
親能
兼房*
兼良
慈円*
聖子《きよこ》（崇徳中宮 皇嘉門院）
育子《むねこ》（二条中宮）
呈子《しめこ》（近衛中宮 九条院）
*は同母
兼長
師長
多子《まさるこ》（近衛皇后 二条后）
〈藤原氏 Ⅱ〉
藤原実季
公実
光子（堀河・鳥羽乳母）
苡子《しげこ》
堀河天皇
鳥羽天皇
実行
季成
公教
成子《なりこ》（後白河女房）
実綱
実国
実房
琮子《たまこ》（後白河女御）
女子（基房室）
実能
公能
実定（『実定卿記』作者）
実守
忻子《よしこ》（後白河皇后）
多子《まさるこ》（頼長養女 近衛・二条二代の后）
坊門殿（後白河皇女惇子内親王母）
育子《むねこ》（忠通猶子 二条中宮）
幸子（頼長室）
春日局（鳥羽皇女頌子内親王母）
女子（源有仁室）
璋子《たまこ》（待賢門院 崇徳・後白河母）

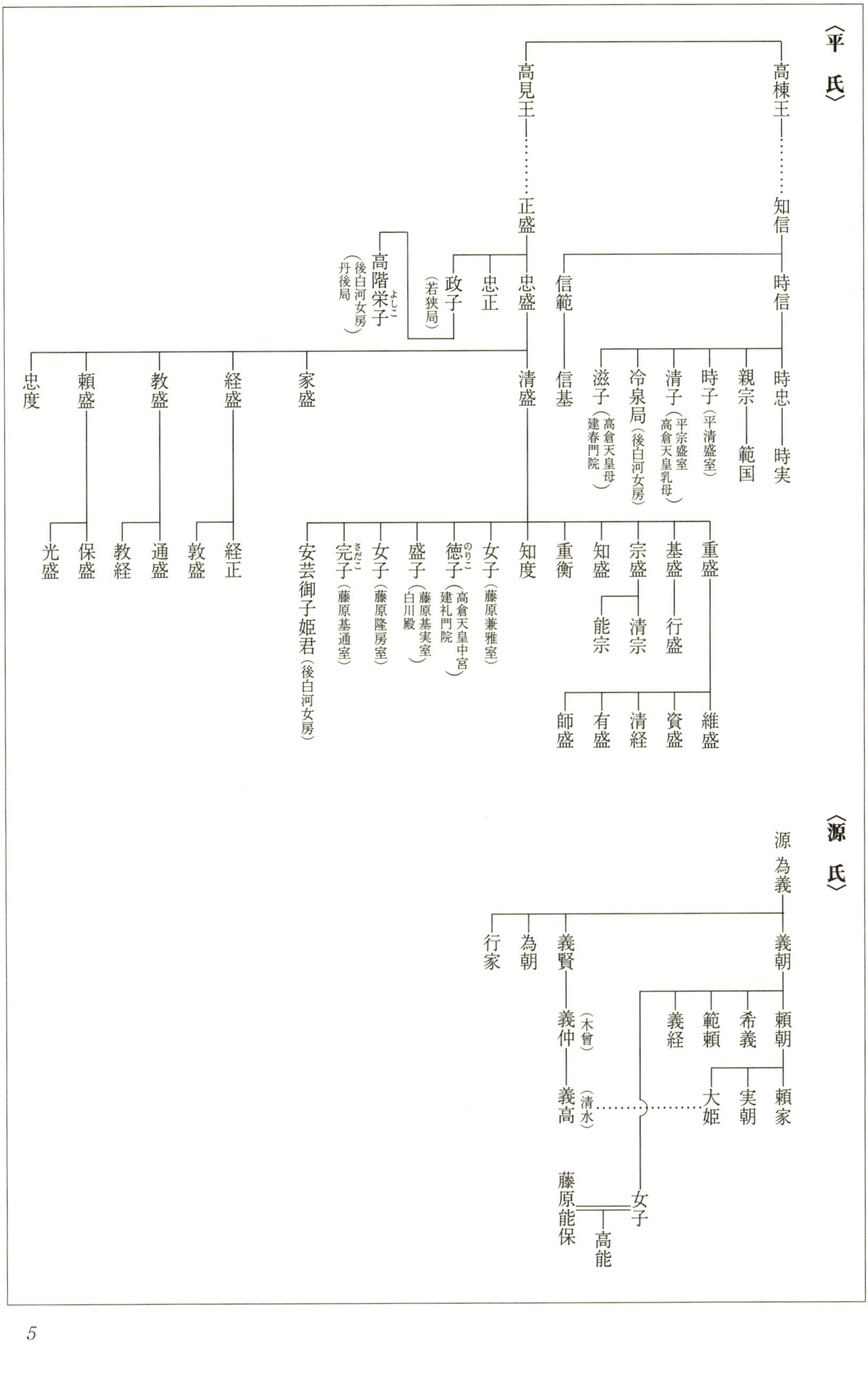
〈平　氏〉
高棟王
知信
時信
時忠
時実
親宗
範国
時子（平清盛室）
清子（平宗盛室 高倉天皇乳母）
冷泉局（後白河女房）
滋子（高倉天皇母 建春門院）
信範
信基
高見王
正盛
忠盛
忠正
政子（若狭局）
高階栄子《よしこ》（後白河女房 丹後局）
清盛
家盛
経盛
経正
敦盛
教盛
通盛
教経
頼盛
保盛
光盛
忠度
重盛
維盛
資盛
清経
有盛
師盛
基盛
行盛
宗盛
清宗
能宗
知盛
重衡
知度
女子（藤原兼雅室）
徳子《のりこ》（高倉天皇中宮 建礼門院）
盛子（藤原基実室 白川殿）
女子（藤原隆房室）
完子《さだこ》（藤原基通室）
安芸御子姫君（後白河女房）
〈源　氏〉
源為義
義朝
頼朝
頼家
実朝
大姫
希義
範頼
義経
女子
藤原能保
高能
義賢
義仲（木曾）
義高（清水）
為朝
行家

後白河法皇同時代年譜

前田多美子 編

西暦	和暦	後白河年齢	天皇	院	院	摂政関白	太政大臣	左大臣	右大臣	内大臣	事項	日録頁
1127	大治二年	1	崇徳9	白河法皇75	鳥羽上皇25	摂政 藤原忠通31		藤原忠通31	藤原家忠66	源有仁25	4・8 待賢門院璋子、着帯の儀 9・11 **待賢門院御産、第四皇子（後白河）誕生** 11・14 第四皇子、親王宣下、御名「雅仁」 11・19 雅仁親王侍所始の儀	三 五 七 八
1128	三年	2	崇徳10	白河76	鳥羽26	忠通32	12・17 忠通32	忠通32 12・17	家忠67	有仁26	2・13 三院（白河法皇・鳥羽上皇・待賢門院）熊野御幸	九
1129	四年	3	崇徳11	白河77 7・7 崩御	鳥羽27	忠通33 7・1 関白 忠通33	忠通 4・10 上表		家忠68	有仁27	1・1 崇徳天皇、元服 1・9 藤原忠通女・聖子、崇徳天皇に入内 7・7 **白河法皇、崩御**	九 一〇
1130	五年	4	崇徳12		鳥羽28	忠通34			家忠69	有仁28	2・21 藤原聖子、崇徳天皇中宮となる	
1131	六年 1・29 天承元年	5	崇徳13		鳥羽29	忠通35		12・22 藤原家忠70	12・22 源有仁29	12・22 藤原宗忠70	1・1 雅仁親王、着袴の儀 1・29 天承改元（去年の炎旱・天変に依るなり）	一三 一三
1132	二年 8・11 長承元年	6	崇徳14		鳥羽30	忠通36		家忠71	有仁30	宗忠71	3・13 平忠盛、鳥羽上皇の命により建立の得長寿院（三十三間堂）、落慶供養。その功により、忠盛、昇殿を許さる 8・11 長承改元（疫病・火事に依るなり）	一三
1133	二年	7	崇徳15		鳥羽31	忠通37		家忠72	有仁31	宗忠72	6月 藤原忠実女泰子、鳥羽上皇に入内 7・6 鳥羽上皇と待賢門院、久々に対面。無邪気にはしゃぐ皇子に涙す	一四
1134	三年	8	崇徳16		鳥羽32	忠通38		家忠73	有仁32	宗忠73	3・19 藤原泰子、鳥羽上皇皇后となる 12・5 雅仁親王、髪剃ぎの儀 この年 藤原得子、鳥羽上皇に入内	一四 一四

西暦	和暦	後白河年齢	天皇	院（上）	院（下）	摂政関白	太政大臣	左大臣	右大臣	内大臣	事項	日録頁
1135	長承四年 4・27 保延元年	9	崇徳17		鳥羽33	忠通39		家忠74	有仁33	宗忠74	4・27 保延改元（天下の飢饉に依るなり） 8・19 平忠盛、海賊を捕縛。その功により、息清盛、従四位下に叙さる	一五 一五
1136	二年	10	崇徳18		鳥羽34	忠通40		家忠75 5・12出家 12・9 源有仁34	有仁34 12・9 藤原宗忠75	宗忠75 12・9 藤原頼長17		
1137	三年	11	崇徳19		鳥羽35	忠通41		有仁35	宗忠76	頼長18	12・25 雅仁親王、読書始	一五
1138	四年	12	崇徳20		鳥羽36	忠通42		有仁36	宗忠77 2・26	頼長19	2・23 待賢門院御所、炎上	一五
1139	五年	13	崇徳21		鳥羽37	忠通43		有仁37		頼長20	5・18 鳥羽上皇第九皇子（近衛天皇）誕生 7・28 皇后藤原泰子、高陽院の院号宣下 8月 藤原得子、鳥羽上皇女御となる 12・27 雅仁親王元服、三品に叙さる。加冠は源有仁、理髪は藤原教長	一六 一六 一六
1140	六年	14	崇徳22		鳥羽38	忠通44		有仁38		頼長21		
1141	七年 7・10 永治元年	15	崇徳23 12・7 近衛3	3・10 鳥羽法皇39	鳥羽39 12・7 崇徳上皇23	忠通45 12・7 摂政 忠通45		有仁39		頼長22	3・10 鳥羽上皇、出家 7・10 永治改元（辛酉並びに厄運に依るなり） 12・7 崇徳天皇譲位、体仁親王（近衛天皇）践祚 12月 藤原得子、鳥羽法皇皇后となる 12月 藤原聖子、皇太后	一六 一七 一七
1142	二年 4・28 康治元年	16	近衛4	鳥羽40	崇徳24	忠通46		有仁40		頼長23	2・26 待賢門院、出家 4・28 康治改元（御即位に依るなり）	一七 一七

西暦	和暦	後白河年齢	天皇	院	院	摂政関白	太政大臣	左大臣	右大臣	内大臣	事項	日録頁
1143	康治二年	17	近衛 5	鳥羽 41	崇徳 25	忠通 47		有仁 41		頼長 24	6・17 雅仁親王夫人藤原懿子、男子（二条天皇）を出産 6・24 雅仁親王夫人懿子、薨去	一八 一八
1144	三年 2・23 天養元年	18	近衛 6	鳥羽 42	崇徳 26	忠通 48		有仁 42		頼長 25	2・23 天養改元（革令に依るなり）	一九
1145	二年 7・22 久安元年	19	近衛 7	鳥羽 43	崇徳 27	忠通 49		有仁 43		頼長 26	7・22 久安改元（彗星に依るなり） 8・22 **待賢門院、薨去**	一九 一九
1146	二年	20	近衛 8	鳥羽 44	崇徳 28	忠通 50		有仁 44		頼長 27		
1147	三年	21	近衛 9	鳥羽 45	崇徳 29	忠通 51		有仁 45 1・30		頼長 28	この年 源頼朝、誕生 6・15 祇園臨時祭において、田楽を奉納した平清盛の郎等ら、祇園社と乱闘	
1148	四年	22	近衛 10	鳥羽 46	崇徳 30	忠通 52				頼長 29		
1149	五年	23	近衛 11	鳥羽 47	崇徳 31	忠通 53	10・25 藤原忠通 53	7・28 藤原頼長 30	7・28 藤原実行 70	頼長 30 7・28 藤原雅定 56	この年 藤原兼実、誕生 8・3 皇后藤原得子、美福門院の院号宣下	二一
1150	六年	24	近衛 12	鳥羽 48	崇徳 32	忠通 54 12・8 上表 12・9 関白 忠通 54	忠通 54 3・13 上表 8・21 藤原実行 71	頼長 31	実行 71 8・21 藤原雅定 57	雅定 57 8・21 藤原実能 55	1・19 藤原多子、近衛天皇女御 2月 皇太后藤原聖子、皇嘉門院の院号宣下 3月 藤原多子、近衛天皇皇后 4月 藤原呈子、近衛天皇に入内、女御 6月 藤原呈子、近衛天皇中宮	

西暦	1151	1152	1153	1154	1155	1156
和暦	久安七年 1・26 仁平元年	二年	三年	四年 10・28 久寿元年	二年	三年 4・27 保元元年
後白河年齢	25	26	27	28	29	30
天皇	近衛13	近衛14	近衛15	近衛16	近衛17 7・23崩御 / 7・24 後白河	後白河
院	鳥羽49	鳥羽50	鳥羽51	鳥羽52	鳥羽53	鳥羽54 7・2崩御 / 7・12 崇徳法皇38
院	崇徳33	崇徳34	崇徳35	崇徳36	崇徳37	崇徳38 7・12出家
摂政関白	忠通55	忠通56	忠通57	忠通58	忠通59	忠通60
太政大臣	実行72	実行73	実行74	実行75	実行76	実行77
左大臣	頼長32	頼長33	頼長34	頼長35	頼長36 5・10	2・2 藤原頼長37 7・14死去 / 9・13 藤原実能61
右大臣	雅定58	雅定59	雅定60	雅定61 5・28		9・13 藤原宗輔80
内大臣	実能56	実能57	実能58	実能59	実能60	実能61 / 9・13 藤原伊通64

西暦	月日	事項	日録頁
1151	1・26	仁平改元（去年の風水に依るなり）	二二
1152	3・6	鳥羽法皇、五十賀	二三
1153			
1154	8・9	鳥羽・金剛心院の落慶供養	二五
	10・28	久寿改元（焼亡に依るなり）	二六
1155	7・23	近衛天皇、崩御	二九
	7・24	**雅仁親王（後白河天皇）、践祚**	二九
	9・23	後白河天皇第一皇子・守仁親王を皇太子に	三〇
	10・26	後白河天皇、即位	三一
	11・23	大嘗会	三一
1156	4・27	保元改元（御即位に依るなり）	三五
	7・2	**鳥羽法皇、崩御**	三五
	7・5	**保元の乱**	三五
	7・11	後白河天皇方、崇徳上皇方を破る。平清盛、播磨守に任ぜらる	三六
	7・21	左大臣藤原頼長、流矢に当たり落命せしこと、判明	三八
	7・23	崇徳上皇を讃岐国に移し、藤原忠実を紫野に幽閉	三九
	7・28	保元の乱の敗者に対して、断罪続く	三九
	10・27	藤原忻子、後白河天皇中宮となる	四〇
	10月	藤原呈子、近衛天皇皇后	

西暦	和暦	後白河年齢	天皇	院	院	摂政関白	太政大臣	左大臣	右大臣	内大臣
1157	保元二年	31	後白河	崇徳39		忠通61	実行78 8・9上表 / 8・19 藤原宗輔81	実能62 7・15出家 / 8・19 藤原伊通65	宗輔81 8・9 / 8・9 藤原基実15	伊通65 8・19 / 8・19 藤原公教55
1158	三年	32	後白河 / 8・11 二条16	崇徳40	8・11 後白河上皇	忠通62 / 8・11 関白 藤原基実16	宗輔82	伊通66	基実16	公教56
1159	四年 4・20 平治元年	33	二条17	崇徳41	後白河	基実17	宗輔83	伊通67	基実17	公教57
1160	二年 1・10 永暦元年	34	二条18	崇徳42	後白河	基実18	宗輔84			公教58

西暦	月日	事項	日録頁
1157	8・14	藤原兼実、初殿上	四六
1157	10・8	後白河天皇、新造大内裏に遷幸	四八
1157	10・11	藤原琮子、後白河天皇女御として入内	四八
1157	11・13	漏刻器を設置	四九
1158	正・22	内宴を復活	五二
1158	正・29	藤原兼実、元服	五三
1158	4・20	賀茂祭において、藤原信頼陵辱事件	五五
1158	6・28	相撲節会	五九
1158	8・11	**後白河天皇譲位（＝後白河上皇）、守仁親王践祚（＝二条天皇）。院政始まる。**藤原基実、関白となる	六五
1158	10・17	後白河上皇、宇治御幸	六八
1158	10・29	後白河上皇妹・姝子内親王、二条天皇に入内	七〇
1158	12・20	二条天皇、即位	七一
1159	2・13	統子内親王、上西門院の院号宣下	七五
1159	2・19	上西門院殿上始において、源頼朝、蔵人に任ぜらる	七五
1159	2・21	中宮忻子を後白河上皇皇后に、姝子内親王を二条天皇中宮に	七六
1159	2・22	白川千体阿弥陀堂落慶供養	七六
1159	4・20	平治改元（御即位に依るなり）	七七
1159	8・16	後白河上皇の仙洞御所高松殿、炎上す	七七
1159	9・2	後白河上皇、橘逸勢の社を建立す	七八
1159	12・9	**平治の乱**	七八
1159	12・17	少納言入道信西、自害す	七九
1159	12・26	清盛の軍勢、信頼・義朝らを破る	七九
1160	1・9	平治の乱の敗者・源義朝、首級を梟さる	八〇
1160	1・10	永暦改元（兵乱に依るなり）	八〇
1160	2・17	上西門院統子内親王、出家	八〇
1160	2・20	藤原経宗・藤原惟方・源師仲を逮捕・解官	八一

西暦		1161	1162	1163	1164
和暦		永暦二年 9・4 応保元年	二年	三年 3・29 長寛元年	二年
後白河年齢		35	36	37	38
天皇		二条19	二条20	二条21	二条22
院		崇徳43	崇徳44	崇徳45	崇徳46／8・26 崩御
院		後白河	後白河	後白河	後白河
摂政関白		基実19	基実20	基実21	基実22
太政大臣	7・20／8・11 藤原伊通68	伊通69	伊通70	伊通71	伊通72
左大臣	8・11 藤原基実18	基実19	基実20	基実21	基実22／閏10・7 上表／閏10・23 藤原基房20
右大臣	8・11 藤原公能46	公能47／8・11 死去／9・13 藤原基房17	基房18	基房19	基房20／閏10・23／閏10・23 藤原経宗46
内大臣	7・9 死去／8・11 藤原基房16	基房17／9・13／9・13 藤原宗能79	宗能80	宗能81	宗能82／閏10・13 上表／閏10・23 藤原兼実16

西暦	月日	事項	日録頁
	3・11	源頼朝らを配流、平治の乱終結	八一
	6・20	平清盛正三位（武家として初の公卿列座）	八二
	8・5	平清盛、厳島詣で	
	10・16	後白河上皇、新日吉社・今熊野社を建立	八五
	10・23	後白河上皇、初めての熊野御幸	八五
	11・23	美福門院藤原得子、薨去	八五
	12・29	平清盛、大宰大弐を辞す	八六
1161	4・13	後白河上皇、法住寺殿に移徙	八八
	9・3	平滋子、後白河上皇の皇子（憲仁親王）を出産	九一
	9・4	応保改元（天下疱瘡に依るなり）	九一
	9・15	平教盛・時忠ら、平滋子所生の皇子の立太子を謀るとして解官さる	九一
	9・28	後白河上皇の近習、藤原信隆・藤原成親ら解官さる	九一
	12・16	暲子内親王、八条院の院号宣下	九一
	この年	二条親政	
1162	2・19	女御藤原育子を二条天皇中宮とす	九三
	3・10	藤原教長・藤原成親を召還	九四
	6・23	二条天皇呪咀の罪により、源資賢・通家・平時忠らを配流	九四
	8・20	平清盛を従二位に叙す	九四
1163	3・29	長寛改元（天変に依るなり）	九五
	6・23	院近臣、配流	
	12・14	後白河上皇、熊野御幸に進発	九六
1164	4・10	関白藤原基実、平清盛女・盛子の婿となる	九七
	8・26	崇徳法皇、讃岐において崩御	九八
	9月	平家納経、奉納	九八
	11・14	二条天皇第二皇子（のちの六条天皇）、誕生	九八
	12・17	蓮華王院（三十三間堂）落慶供養。寺額は観蓮（藤原教長）筆	九八

西暦	和暦	後白河年齢	天皇	院	摂政関白	太政大臣	左大臣	右大臣	内大臣
1165	長寛三年 6・5 永万元年	39	二条23 6・25 六条2	後白河上皇 二条上皇23 7・28崩御	基実23 6・25 摂政 基実23	伊通73 2・3上表 2・15死去	基房21	経宗47	兼実17
1166	二年 8・27 仁安元年	40	六条3	後白河	基実24 7・26死去 7・27 摂政 藤原基房22		基房22 11・4上表 11・11 藤原経宗48	経宗48 11・11 11・11 藤原兼実18	兼実18 11・11 11・11 平清盛49
1167	二年	41	六条4	後白河	基房23	2・11 平清盛50 5・17上表	経宗49	兼実19	清盛50 2・11 2・11 藤原忠雅44
1168	三年	42	六条5 2・19 2・19 高倉8	後白河 2・19 六条上皇5	基房24		経宗50	兼実20	忠雅45

西暦	月日	事項	日録頁
1165	6・5	永万改元（天変怪異・病に依るなり）	一〇一
	6・25	順仁を親王となし、立太子、即受禅（六条天皇）。藤原基実、摂政となる	一〇一
	7・26	六条天皇、即位	一〇一
	7・28	二条上皇、崩御	一〇一
	8・9	二条上皇葬礼に際し、延暦寺と興福寺とが争う	一〇二
	9・14	流人・平時忠を召還	一〇二
1166	8・27	仁安改元（御即位に依るなり）	一〇五
	10・10	憲仁親王立太子礼、「花を折る」。平清盛を春宮大夫に	一〇六
	11・11	平清盛、内大臣に任ぜらる	一〇七
	11・16	内大臣平清盛、拝賀	一〇八
1167	1・19	後白河上皇、新造法住寺殿御所（南殿）に移徙	一一〇
	1・20	平滋子、女御となる	一一〇
	2・11	**平清盛、太政大臣に補任**	一一一
	2・19	後白河上皇、熊野御幸進発	一一三
	2・25	平清盛、厳島詣でに出立	一一三
	5・17	平清盛、太政大臣を辞す	一一八
	5・27	橘逸勢社、炎上	一一八
	6・26	後白河上皇、双六に熱中	一二〇
	9・3	平清盛、厳島社参詣	一二三
	9・21	後白河上皇・平滋子、熊野詣でに進発	一二四
	11・18	平盛子を准三后に	一二八
	12・9	東宮憲仁親王、読書始・手習始	一二九
1168	1・19	後白河上皇、熊野御幸に進発	一三二
	2・9	平清盛、寸白を病む。「天下の大事か」	一三二
	2・11	平清盛・時子、出家	一三三
	2・19	六条天皇譲位、憲仁親王（高倉天皇）受禅	一三四
	3・14	皇太后呈子、九条院の院号宣下	一三四
	3・20	高倉天皇即位、平滋子を皇太后に	一三五

西暦		1169	1170	1171
和暦		仁安四年 4・8 嘉応元年	二年	三年 4・21 承安元年
後白河年齢		43	44	45
天皇		高倉9	高倉10	高倉11
院		後白河 6・17 後白河法皇	後白河	後白河
院		六条6	六条7	六条8
摂政関白		基房25	基房26	基房27
太政大臣	8・10 藤原忠雅45	忠雅46	忠雅47 6・6 12・14 藤原基房26	基房27 4・20
左大臣		経宗51	経宗52	経宗53
右大臣		兼実21	兼実22	兼実23
内大臣	8・10 8・10 源雅通51	雅通52	雅通53	雅通54

西暦	月日	事項	日録頁
	5・11	後白河上皇、日夜、博奕に興ず	一三八
	11・13	大嘗会	一四四
	11・28	平頼盛・保盛父子、解官	一四六
	12・21	伊勢神宮焼亡	一四八
1169	3・13	後白河上皇、初めて高野山に参詣	一五三
1169	3・21	高野山参詣の帰途、後白河上皇、福原・清盛第の千僧供養に参会す	一五五
1169	3月	『梁塵秘抄口伝集』編纂	一五六
1169	4・8	嘉応改元（御即位に依るなり）	一五六
1169	4・12	皇太后滋子、建春門院の院号宣下	一五六
1169	6・17	**後白河上皇出家＝後白河法皇（法名「行真」）**	一六三
1169	11・25	八十嶋祭。祭使は平重盛室・藤原経子	一六九
1169	12・23	比叡山大衆、藤原成親流罪を後白河法皇に強訴す	一七一
1169	12・24	藤原成親を解官・配流	一七一
1169	12・28	後白河法皇の逆鱗にふれ、平時忠・平信範、解官・配流。代りに流人・藤原成親を召還す	一七二
1170	2・6	流人平時忠・平信範を召還、藤原成親を解官	一七六
1170	4・20	後白河法皇・平清盛、東大寺にて受戒	一七八
1170	4・23	故摂政藤原基実息・基通、元服の儀	一七八
1170	9・20	後白河法皇、輪田泊にて宋人見物。「天魔の所為か」	一八一
1171	1・3	高倉天皇、元服	一八三
1171	4・21	承安改元（天体赤気に依るなり）	一八五
1171	7・26	平清盛、後白河法皇に羊五頭と麝香鹿一頭を献ず	一八七
1171	9・5	後白河法皇、故藤原忠通筆の手本に執心	一八七
1171	10・23	後白河法皇、清盛の福原別業に渡御	一八九
1171	12・2	後白河法皇、平徳子を猶子となす	一九〇
1171	12・14	平徳子、入内	一九一
1171	12・26	平徳子、高倉天皇の女御となる	一九二

西暦	和暦	後白河年齢	天皇	院	院	摂政関白	太政大臣	左大臣	右大臣	内大臣	月日	事項	日録頁
1172	承安二年	46	高倉12	後白河	六条9	基房28 12・27 摂政 12・28 関白 基房28		経宗54	兼実24	雅通55	2・10	女御平徳子、高倉天皇の中宮となる	一九五
											3・15	後白河法皇、福原千僧供養に御幸	一九六
											7・9	伊豆・奥島に異形者、現わる	二〇〇
											9・17	宋国よりの後白河法皇・平清盛への貢納、物議をかもす	二〇一
											10・15	後白河法皇、福原での千僧供養において大阿闍梨を勤めらる	二〇三
1173	三年	47	高倉13	後白河	六条10	基房29		経宗55	兼実25	雅通56	3・13	宋国に返牒、後白河法皇と入道平清盛、贈物を付す	二〇八
											3・22	入道清盛、宋国の使者に面謁せず	二〇八
											3・24	後白河法皇、醍醐寺にて法華経を読誦、立派なる声	二〇九
											4・12	後白河法皇御所法住寺北殿、火災	二〇九
											4・29	文覚、千石荘を所望すれど許容なく、悪口雑言を吐く	二一〇
											5・2	後白河法皇、院御所にて鵯合	二一一
											5・16	文覚、伊豆に配流	二一一
											6・10	藤原兼実、高倉天皇に犬一匹献上	二一二
											6・12	後白河法皇女御琮子、落飾	二一三
											6・26	興福寺衆徒、多武峯を襲撃	二一五
											7・12	後白河法皇、建春門院御願の新御堂障子絵を下命	二一六
											9・9	新御堂の障子絵登場人物の顔貌は、藤原隆信の似絵	二一八
											10・11	藤原兼実、新御堂の色紙形揮毫のため、先蹤を巡検す	二二〇
											10・15	新御堂は「最勝光院」。願文・呪願文の清書は藤原伊経	二二一
											10・20	藤原兼実、建春門院御願の最勝光院の額を揮毫す	二二二
											10・21	最勝光院、落慶供養	二二二

西暦	和暦	後白河年齢	天皇	院	摂政関白	太政大臣	左大臣	右大臣	内大臣
1174	承安四年	48	高倉 14	後白河 六条 11	基房 30		経宗 56	兼実 26	雅通 57
1175	五年 7・28 安元元年	49	高倉 15	後白河 六条 12	基房 31		経宗 57	兼実 27	雅通 58 2・27 死去 11・28 藤原師長 38
1176	二年	50	高倉 16	後白河 六条 13 7・17 崩御	基房 32		経宗 58	兼実 28	師長 39

西暦	月日	事項	日録頁
1174	2・1	藤原兼実、八条院御願の蓮華心院の額字揮毫を下命さる	二一七
	3・16	後白河法皇・建春門院、厳島社参詣に出発。清盛合流参仕す	二三三
	3・17	藤原経房、蓮華王院宝蔵より「後三年合戦絵巻」を借覧	二三四
	6・19	建春門院夢想に、兼実揮毫の最勝光院額を都率内院に納付と	二三七
	7・27	紫宸殿前庭にて相撲節会	二三九
	8・13	後白河法皇、蓮華王院宝蔵御書目録の作成を下命	二四一
	9・1	後白河法皇、今様合を興行	二四三
	9・13	後白河法皇、今様合後の御遊にて、今様を歌う。上下の群集、満つ	二四六
1175	3・7	藤原兼実嫡男良通、元服	二五一
	7・28	安元改元（疱瘡流行に依るなり）	二五五
1176	3・4	後白河法皇五十賀	二六七
	3・6	御賀後宴に、高倉天皇、笛を吹く	二六八
	3・9	後白河法皇・建春門院、有馬温湯に	二六九
	4・8	大地震	二六九
	4・27	後白河法皇、延暦寺にて受戒	二七〇
	6・8	建春門院、腫物（二禁）発症	二七二
	6・13	高松院（姝子内親王）、薨去	二七三
	7・8	**建春門院、薨去**	二七七
	7・17	六条上皇、崩御	二八〇
	8・11	高倉天皇、建春門院菩提のために紺紙金泥経を書写す	二八一
	9・19	九条院（藤原呈子）、薨去	二八三

西暦	和暦	後白河年齢	天皇	院	摂政関白	太政大臣	左大臣	右大臣	内大臣
1177	安元三年 8・4 治承元年	51	高倉17	後白河	基房33	3・5 藤原師長40	経宗59	兼実29	師長40 3・5／3・5 平重盛40

月日	事項	日録頁
12・5	京官除目において、後白河法皇近臣に依怙の沙汰（藤原定能、藤原光能）	二八六
1・16	高倉天皇筆金泥法華経、「尤も神妙なり」	二八七
3・5	藤原師長を太政大臣、平重盛を内大臣に任ず	二九〇
3・15	後白河法皇、清盛の福原千僧供養に結縁参会	二九一
4・13	比叡山の衆徒、日吉社の神輿を奉じ、閑院皇居に西光・藤原師高を強訴	二九三
4・14	高倉天皇・中宮平徳子、法住寺殿に脱出	二九四
4・19	後白河法皇、故建春門院のために百ヶ日法華八講会を始行す	二九五
4・20	藤原師高を尾張国に配流	二九五
4・28	京中大火、内裏炎上（太郎焼亡）	二九六
5・5	後白河法皇、天台座主明雲を見任・解却す	二九八
5・11	覚快法親王を天台座主に補す	三〇〇
5・13	崇徳上皇・藤原頼長の鎮魂について協議す。叡山衆徒、群起騒擾す	三〇〇
5・15	延暦寺僧綱ら、後白河法皇院御所に群参	三〇一
5・21	天台座主明雲、伊豆に配流	三〇三
5・23	叡山大衆二千人、明雲を奪還	三〇三
5・29	**鹿ヶ谷事件、院近臣多数捕縛さる**	三〇五
6・1	平家の軍兵、洛中に満つ	三〇五
6・2	西光、後白河法皇および院近臣らによる清盛暗殺の謀議を自白	三〇六
6・3	平家の軍勢、京中に満つ	三〇六
6・18	藤原成親の一族、解官ののち配流さる	三〇八
6月下旬	俊寛ら三人、鬼界島に配流	三〇九
7・5	高倉天皇、故建春門院のために宸筆御八講を修す	三一〇
7・9	藤原成親、配所に死す	三一一
7・29	故讃岐院に崇徳院の院号を、故藤原頼長に正一位太政大臣を贈る	三一二
7・30	後白河法皇勤修の故建春門院のための百ヶ日法	三一二

西暦	和暦	後白河年齢	天皇	院	摂政関白	太政大臣	左大臣	右大臣	内大臣
1178	治承二年	52	高倉18	後白河	基房34	師長41	経宗60	兼実30	重盛41
1179	三年	53	高倉19	後白河	基房35 11・15／11・15 関白 藤原基通20	師長42 11・15	経宗61	兼実31	重盛42 3・11 上表 7・29 死去／11・15 藤原基通20

西暦	月日	事項	日録頁
		華八講会、結願	
	8・4	治承改元（大極殿火災に依るなり）	三一三
	8・19	藤原教長、守覚法親王に「崇徳天皇御本古今和歌集」を書写進上す	三一三
	10・27	大地震	三一五
1178	2・7	後白河法皇、叡山衆徒の蜂起を危惧し、園城寺灌頂を中止す	三二二
	6・19	角合	三二六
	6・28	中宮徳子、着帯の儀	三二七
	閏6・17	後白河法皇、新制十七ヶ条を下す	三二八
	10・25	守覚法親王、中宮御産御祈りとして孔雀経法を修す	三三四
	11・12	中宮徳子、皇子出産（のちの安徳天皇）	三三五
	12・8	若宮、親王宣下、「言仁」	三三八
	12・15	言仁親王を皇太子とす	三三九
	12・24	藤原良通・源頼政、ともに従三位に叙さる	三四〇
	12・25	後白河法皇、強盗に窃盗の秘術を尋問す	三四一
1179	1・11	平清盛、高倉天皇・中宮徳子・言仁親王に対面	三四四
	4・21	賀茂祭の使の行粧、過差の至り	三五三
	6・20	平盛子、逝去	三五六
	6・21	平重盛、病重篤。後白河法皇、密々に見舞う	三五六
	8・30	藤原兼実、「末葉露大将絵巻」の詞書を清書	三五九
	9・4	兼実、蓮華王院宝蔵の「玄宗皇帝絵巻」借覧	三六〇
	10・25	関白藤原基房の息・師家（わずか8歳）、次々と異例の昇進	三六二
	11・14	**入道清盛、武装して入京—治承三年のクーデター**	三六四
	11・15	平清盛の奏請により、藤原基房の関白を止め、基通を任ず	三六四
	11・16	僧正明雲、天台座主に還補	三六五
	11・17	後白河法皇近臣三十九人、解官。平頼盛も没官さる	三六六

西暦	和暦	後白河年齢	天皇	院	摂政関白	太政大臣	左大臣	右大臣	内大臣
1180	治承四年	54	高倉20 2・21／2・21 安徳3	後白河／高倉 2・21 高倉20	基通21 関白 2・21／2・21 摂政 基通21		経宗62	兼実32	基通21
1181	五年	55	安徳4	後白河／高倉21 1・14 崩御	基通22		経宗63	兼実33	基通22

西暦	月日	事項	日録頁
	11・18	藤原基房ら院近臣、配流さる	三六六
	11・20	**入道清盛、後白河法皇を鳥羽殿に幽閉、院政停止**	三六六
	12・16	東宮、入道清盛の八条亭に行啓。清盛、全くの好々爺たり	三七〇
1180	2・21	**高倉天皇、言仁親王（安徳天皇）に譲位**	三七四
	3・19	高倉上皇、厳島参詣に出発	三七八
	4・9	以仁王発せし平家追討の令旨、露見す	三七九
	4・22	安徳天皇、即位の儀	三七九
	5・14	後白河法皇、鳥羽殿から八条坊門南烏丸藤原季能亭へ	三八一
	5・15	以仁王の土佐配流を決定、以仁王は園城寺に逃る	三八一
	5・22	源頼政、自家に放火し、園城寺に馳せ参ず	三八三
	5・26	以仁王・源頼政、宇治にて敗死	三八四
	6・2	**安徳天皇・高倉上皇・後白河法皇、福原遷幸**	三八六
	8・17	源頼朝、石橋山に挙兵	三九二
	9・7	木曾義仲、挙兵	三九二
	9・21	高倉上皇、厳島御幸	三九三
	11・6	富士川で源頼朝に大敗せし平氏軍、入京す	三九六
	11・26	**福原より京に還都**	三九九
	12・16	松殿入道関白基房、配所より帰洛す	四〇二
	12・18	平清盛、後白河法皇に院政再開を奏請	四〇三
	12・28	平重衡、南都を焼く	四〇五
1181	1・13	高倉上皇崩御なれば、中宮徳子を後白河法皇後宮にという話。徳子、拒絶	四〇八
	1・14	高倉上皇、崩御	四〇九
	1・17	**後白河法皇**、**院政を再開**	四〇九
	1・19	平宗盛、五畿内・伊賀・伊勢・近江・丹波等の惣官となる	四〇九
	1・30	清盛女・安芸御子姫君、後白河法皇に入内	四一〇

西暦		1182
和暦	7・14 養和元年	二年 5・27 寿永元年
後白河年齢	55	56
天皇		安徳5
院		後白河
摂政関白		基通23
太政大臣		
左大臣		経宗64
右大臣		兼実34
内大臣		基通23 6・28 ／ 10・3 平宗盛36

月日	事項	日録頁
閏2・4	**平清盛、死去**	四一二
閏2・5	藤原兼実、清盛の遺言と臨終の様を耳にす	四一二
閏2・15	平重衡、源頼朝追討に出立	四一四
閏2・23	藤原邦綱死去、善知識は法然	四一四
閏2・25	後白河法皇、鳥羽殿幽閉以後始めて法住寺御所に渡御	四一五
3・15	藤原定家、後白河法皇に初めて面謁	四一六
5・23	後白河法皇、念誦中と偽称して藤原兼実に面謁せず	四二一
7・14	養和改元	四二四
8・1	源頼朝、後白河法皇に密書「源氏・平氏と相並び召仕わるべし」、平宗盛それを拒絶す	四二五
10・11	後白河法皇、『般若心経』一千巻を柿葉に書写供養す	四三一
10・14	後白河法皇、八万四千基小塔供養を発願	四三一
11・10	藤原俊成、初めて後白河法皇と歓談	四三二
11・14	藤原定家、父俊成の供で後白河法皇に参候	四三三
11・20	後白河法皇、八万四千基小塔供養	四三三
11・25	中宮平徳子、建礼門院と号す	四三四
12・4	皇嘉門院、薨去	四三五
12・13	後白河法皇、法住寺殿内新造御所に移徙	四三六
この年	大飢饉	
3・9	後白河法皇側近、藤原定能・藤原光能・高階泰経、還任す	四四三
5・27	寿永改元	四四六
6・21	天下の擾乱は、故藤原頼長の怨霊の所為なり	四四六
7・20	藤原良通の番長・秦兼重、殺害さる	四五〇
8・14	亮子内親王、安徳天皇の冊命皇后となる	四五三
10・3	平宗盛を内大臣に、藤原良通を権大納言に任ず	四五六
11・21	後白河法皇、文覚愁訴する神護寺興隆のため、荘園寄進を裁許	四五八

西暦	1183
和暦	寿永二年
後白河年齢	57
天皇	後鳥羽天皇4／（安徳）6
院	後白河
摂政関白	基通24　11・21 ┆ 11・21 摂政 藤原師家12
太政大臣	
左大臣	経宗65
右大臣	兼実35
内大臣	宗盛37　2・27 ┆ 4・5 藤原実定45　11・21 ┆ 11・21 藤原師家12

月日	事項	日録頁
2・21	安徳天皇、初めて後白河法皇御所に朝覲行幸	四六五
2月	藤原俊成『千載和歌集』撰進	四六七
6・5	去る5月、平維盛の大軍が木曾義仲・源行家に大敗（砺波山合戦）の報、京に伝わる	四七一
7・16	故崇徳上皇自筆の血書五部大乗経、成勝寺に施入	四七七
7・22	木曾義仲軍、総持院に入り、比叡山を占拠す	四七八
7・25	**安徳天皇を奉じ六波羅に火を放って、平家都落ち。**後白河法皇は、比叡山に登山す	四七九
7・26	山上の後白河法皇御所、武士・軍馬が群を成す	四八〇
7・27	後白河法皇、下山、帰洛	四八一
7・28	木曾義仲・源行家、入京。後白河法皇、両人に平家追討を命ず	四八一
7・30	木曾義仲、京中守護となる	四八二
8・5	新たな天皇候補に、故高倉上皇第四皇子（後鳥羽天皇）	四八四
8・6	平家一門二百余人を解官	四八四
8・12	藤原兼実、乱世の様相を憂い、後白河法皇を非難す。「嬰児の如き無防備、禽獣の如き貪欲なり」	四八五
8・20	**尊成親王（後鳥羽天皇）、剣璽を伝えずして践祚**	四八七
9・19	後白河法皇、木曾義仲に平家追討を命ず	四八九
10・2	源頼朝より後白河法皇へ、三ヶ条の折紙	四九〇
閏10・13	かねて源頼朝申請の東海道・東山道（北陸道は不許）の荘園・国領を本に復するを承認す	四九四
閏10・15	木曾義仲、西国の平氏に敗れ、帰京す	四九五
閏10・20	木曾義仲、源頼朝と不仲、後白河法皇に対しても疑心暗鬼	四九七
11・19	木曾義仲、後白河法皇御所法住寺殿を急襲。円恵法親王・明雲ら死す（法住寺合戦）	五〇五
11・21	木曾義仲の強請口入にて、藤原基房の息・12歳の師家を摂政・内大臣に	五〇七
11・29	後白河法皇近臣四十四人、解官さる	五一〇

西暦		1184	1185
和暦		寿永三年 4・16 元暦元年	二年（寿永四年）
後白河年齢		58	59
天皇		後鳥羽 5 ／（安徳）7	後鳥羽 6 ／（安徳）8 3・24 崩御
院		後白河	後白河
摂政関白		師家 13 1・22 ／ 1・22 摂政 藤原基通 25	基通 26
太政大臣			
左大臣		経宗 66	経宗 67
右大臣		兼実 36	兼実 37
内大臣		師家 13 1・22 ／ 1・22 藤原実定 46	実定 47

西暦	月日	事項	日録頁
	12・10	木曾義仲、強引に俊堯を天台座主に補す（「木曾座主」）	五一三
	12・15	後白河法皇、藤原秀衡に源頼朝追討の院庁下文を発給す	五一四
1184	1・4	後白河法皇、藤原良経に犬三匹を預く	五一六
	1・10	木曾義仲、征夷大将軍となる	五一六
	1・12	義仲と平氏の和平の儀、白紙に	五一七
	1・20	**源範頼・義経の軍勢、入京。木曾義仲、敗死**	五一八
	1・21	乱世における、藤原兼実の強き意志。「仏天の知見照覧あるべし」	五一九
	1・22	藤原基通、摂政。藤原実定は内大臣に還任	五一九
	2・8	**一の谷の合戦**。源義経、平氏を敗る	五二二
	3・16	かつて信西が語りし、後白河法皇評「比類少き暗主」	五二七
	4・16	元暦改元（兵革に依るなり）	五三一
	5・3	平頼盛、鎌倉に下向	五三四
	5・19	後白河法皇、文覚の申請により、丹波国吉富荘を神護寺に寄進す	五三四
	6・16	平頼盛、鎌倉より上洛	五三五
	6・17	後白河法皇、蒔絵師真戸の家に臨幸、戯言す	五三五
	6・19	後白河法皇、藤原兼実に対して不快の御気色。「我が至誠は仏神の知る所」と兼実	五三六
	7・28	後鳥羽天皇、剣璽の帰来なきままに即位	五四〇
	8・6	源義経、左衛門少尉に任ぜらるるも、鎌倉の源頼朝、不快	五四一
	10・11	源義経、後白河法皇・後鳥羽天皇に昇殿す	五四九
1185	1・10	源義経、平氏追討のため西国に発向	五六〇
	1・19	文覚、「四十五箇条の起請文」を定める。後白河法皇に、勅筆跋語と手印を請う	五六〇
	3・24	**壇の浦にて平氏滅亡。安徳天皇、崩御**	五六三
	4・21	神鏡・神璽の入洛、建礼門院・平宗盛の処遇について、公卿の議定	五六六

西暦	
和暦	8・14 文治元年
後白河年齢	59
天皇	後鳥羽 6
院	後白河
摂政関白	基通26
太政大臣	
左大臣	経宗67
右大臣	兼実37
内大臣	実定47

月日	事項	日録頁
4・22	摂政藤原基通の賀茂詣でを、禽獣の所為と万人批判す	五六七
4・25	神鏡・神璽入洛、大内に奉安す	五六七
4・26	平宗盛・清宗父子ら捕虜となりて、入洛	五六八
4・27	源頼朝を従二位に叙す	五六八
5・1	建礼門院、落飾す	五六八
5・7	平宗盛・清宗父子ら、鎌倉に護送	五七〇
5・20	平時忠・時実父子ら配流さる	五七一
6・21	平宗盛・清宗父子、斬首さる	五七二
6・23	平重衡、斬首さる	五七三
7・9	京都大地震。以後、余震長く続く	五七五
8・1	仏厳上人、天下の乱れは後白河法皇の非法にありと夢想	五八〇
8・14	文治改元（地震に依るなり）	五八二
8・28	東大寺金銅盧舎那仏開眼供養、後白河法皇、天平筆をもって自ら開眼	五八四
8・30	源頼朝、父義朝の首を黄瀬川に奉迎	五八六
10・13	義経、頼朝への反意を、後白河法皇に奏聞す	五八七
10・17	源行家、頼朝に反く。義経も同調	五八八
10・18	後白河法皇、源義経の申請のままに源頼朝追討の宣旨を下す	五八九
11・3	源行家・義経、西海に発向。鎌倉の頼朝、後白河法皇に対し「忿怒」の風聞	五九二
11・26	源頼朝追討宣旨に関し、頼朝、後白河法皇を「大天狗」と呼ぶ	五九七
12・6	源頼朝、議奏の公卿を定めて藤原兼実を内覧とすべき旨、奏達す	五九九
12・17	源頼朝の求めにより、義経に味方して頼朝追討の院宣に関与した高階泰経ら五人を解任す	六〇〇
12・28	源頼朝の上奏により、右大臣藤原兼実、内覧の宣旨を蒙る	六〇一
12・29	議奏公卿十人を置く	六〇二

西暦	1186	1187
和暦	文治二年	三年
後白河年齢	60	61
天皇	後鳥羽 7	後鳥羽 8
院	後白河	後白河
摂政関白	基通 27 ／ 3・12 ／ 3・12 摂政 藤原兼実 38	兼実 39
太政大臣		
左大臣	経宗 68	経宗 69
右大臣	兼実 38 ／ 10・17 上表 ／ 10・29 藤原実定 48	実定 49
内大臣	実定 48 ／ 10・29 ／ 10・29 藤原良通 20	良通 21

西暦	月日	事項	日録頁
1186	1・9	藤原兼実、内覧宣旨後初めて吉書を見る	六〇四
1186	2・3	後白河法皇、熊野御幸を発起す。諸費用は源頼朝に下命	六〇六
1186	3・12	**藤原兼実、摂政・藤氏長者となる**	六一一
1186	3・28	藤原兼実、直衣始。後白河法皇、双六に夢中にして拝謁なし	六一四
1186	5・12	源行家、和泉国において誅せらる	六一八
1186	7・3	源頼朝から後白河法皇への申状、「兼実の摂政就任、頼朝の引級に非ず、ひとえに天下、法皇のため」と	六二三
1186	9・27	後白河法皇六十賀に、後鳥羽天皇、諷誦を修せらるべし、と兼実	六三四
1186	10・5	後白河法皇、七年ぶりに二十九度目の熊野御幸へ	六三五
1186	10・29	藤原兼実の一男・良通、内大臣に任ぜらる	六三七
1186	11・25	逃亡中の源義経の名を義行から義顕に改め、探索の宣旨を下さる	六三九
1186	12・13	藤原兼実の諫言に対し、後白河法皇、兼実への信頼を明言	六四〇
1187	2・20	丹後局、高階栄子と称して三品に叙さる	六四八
1187	2・28	記録所を置く	六四九
1187	3・1	前摂政藤原基通に随身・兵仗を賜う	六五〇
1187	3・4	後白河法皇、諸卿・官人に治世の意見（意見封事）奏上を発令（奏上は5・23）	六五一
1187	3・28	後白河法皇、不予、発熱あり	六五二
1187	4・9	後白河法皇、病中にも双六に興ず。「物狂いの事たるか」	六五六
1187	4・23	先帝に安徳天皇の称号	六五九
1187	5・11	後鳥羽天皇初めての自筆詔、兼実の許に届く	六六三
1187	6・28	亮子内親王、女院号の事あり（殷富門院）	六六八
1187	8・22	後白河法皇、摂津・天王寺にて灌頂を受く	六七二
1187	9・20	藤原俊成、『千載和歌集』を撰進	六七五
1187	10・29	藤原秀衡、卒去す	六七九

西暦	和暦	後白河年齢	天皇	院	摂政関白	太政大臣	左大臣	右大臣	内大臣
1188	文治四年	62	後鳥羽 9	後白河	兼実 40		経宗 70	実定 50	良通 22 / 2・20 頓死
1189	五年	63	後鳥羽 10	後白河	兼実 41	12・14 兼実 41	経宗 71 / 2・13 出家 / 7・10 実定 51	実定 51 / 7・10 / 7・10 実房 43	7・10 藤原兼雅 45
1190	六年 / 4・11 建久元年	64	後鳥羽 11	後白河	兼実 42	兼実 42 / 4・19 上表	実定 52 / 7・17 / 7・17 実房 44	実房 44 / 7・17 / 7・17 兼雅 46	兼雅 46 / 7・17 / 7・17 藤原兼房 38

西暦	月日	事項	日録頁
1188	1・7	源通親、兼実二男・良経の正二位加階を難ず	六八四
	2・20	藤原兼実嫡男・良通、頓死す	六九一
	2・21	藤原泰衡に、源義経追討の宣旨下さる	六九一
	4・13	後白河法皇御所六条殿、焼亡す	六九二
	4・22	藤原俊成、『千載和歌集』奏覧本捧呈。本文は俊成、外題は藤原伊経の筆	六九三
	6・16	後白河法皇、藤原兼雅の五条亭を御所とす	六九四
	9・16	天王寺にて法橋観性勧進の如法経十種供養あり	七〇〇
	12・19	後白河法皇、新造六条殿に移徙	七〇四
1189	2・17	後白河法皇、院宣を下し、源頼朝に大内を修造せしむ	七〇九
	2・22	後白河法皇、摂津・天王寺に百ヶ日参籠	七〇九
	3・11	源義経に味方せし科により、藤原頼経、伊豆国に配流	七一〇
	閏4・30	源義経、藤原泰衡に襲撃されて敗死	七一三
	7・19	源頼朝、藤原泰衡追討のため、鎌倉を進発	七一八
	7・20	上西門院、薨去	七一八
	9・9	義経追討の宣旨、ようやく頼朝に届く	七二〇
	10・24	源頼朝、奥州遠征より鎌倉に帰着	七二二
	12・14	藤原兼実、太政大臣に任ぜらる	七二八
1190	1・3	後鳥羽天皇、元服	七二九
	4・11	建久改元（地震に依るなり）	七三二
	4・19	藤原兼実、太政大臣を辞す	七三三
	4・26	女御藤原任子、中宮（冊命立后）	七三三
	10・3	源頼朝、鎌倉を進発、京都に向う	七三九
	10・19	後白河法皇、東大寺上棟に御幸	七四〇
	11・7	**源頼朝、入洛**	七四二
	11・9	源頼朝、後白河法皇・後鳥羽天皇に対面。頼朝、権大納言に任ぜらる	七四二
	11・24	源頼朝、右大将に任ぜらる	七四四
	12・4	源頼朝、権大納言・右大将を辞す	七四五
	12・14	源頼朝、鎌倉への帰途につく	七四六

	1191	1192		1193	1194
西暦	1191	1192		1193	1194
和暦	建久二年	三年		四年	五年
後白河年齢	65	66			
天皇	後鳥羽 12	後鳥羽 13		後鳥羽 14	後鳥羽 15
院	後白河	後白河 3・13 崩御			
摂政関白	兼実 43 / 12・17 摂政 / 12・17 関白 兼実 43	兼実 44		兼実 45	兼実 46
太政大臣	3・28 兼房 39	兼房 40		兼房 41	兼房 42
左大臣	実房 45	実房 46		実房 47	実房 48
右大臣	兼雅 47	兼雅 48		兼雅 49	兼雅 50
内大臣	兼房 39 3・28 / 3・28 藤原忠親 61	忠親 62		忠親 63	忠親 64 7・26 上表

西暦	月日	事項	日録頁
1191	3・29	佐々木定綱父子、日吉社宮仕に濫行	七五四
	4・5	源頼朝女大姫、後鳥羽天皇に入内の風聞	七五五
	4・24	後白河法皇、妓女の舞曲を堪能	七五六
	6・6	重源、東大寺造営の件で上洛するが、後白河法皇、連日の御遊により面謁せず	七六一
	6・26	覲子内親王に院号宣下（宣陽門院）。その生母・高階栄子を従二位に叙す	七六二
	7・17	後白河法皇、法皇呪咀の落書により、藤原兼実に不快を示す	七六三
	8・3	室生寺空諦が進上の仏舎利、偽物と判明	七六五
	9・17	大内の桜、開花の異変	七六七
	11・5	後白河法皇、臨時除目に際し、藤原兼実の奏聞に逆鱗す。「虎の尾踏むべし、半死、半死」	七六九
	12・16	後白河法皇、新造法住寺殿に渡御	七七四
	12・17	藤原兼実、摂政を辞し、関白となる	七七六
	12・25	後白河法皇の病状、日々深まる	七七七
	12・26	故高倉上皇二宮（守貞親王）、元服	七七七
1192	1・26	後白河法皇、病中、陽剣遊戯に興ぜらる	七九〇
	2・18	後鳥羽天皇、後白河法皇を見舞う。天皇は笛、法皇は今様を歌う	七九四
	3・13	**後白河法皇、崩御**	七九八
	3・15	後白河法皇、葬送	八〇一
	3・19	後白河法皇初七日、後鳥羽天皇服喪	八〇四
	7・12	源頼朝、征夷大将軍に任ぜらる	八二〇
	9・12	摂津・天王寺の念仏三昧院、再建落慶供養。寺額・願文に、藤原伊経、筆を執る	八二一
1193			
1194			

西暦	和暦	後白河年齢	天皇	院	摂政関白	太政大臣	左大臣	右大臣	内大臣	事項	日録頁
									12・15 出家		
1195	建久六年		後鳥羽 16		兼実 47	兼房 43	実房 49	兼雅 51	11・10 良経 27	2・14 源頼朝、上洛 6・25 源頼朝、関東下向のため離洛	八二五 八二八
1196	七年		後鳥羽 17		兼実 48 11・25 11・25 藤原基通 37	兼房 44 11・28	実房 50 3・23 上表 4・25 出家	兼雅 52	良経 28	11・25 藤原兼実、関白を辞し、代りに藤原基通任ぜらる	八二八

平安御遊楽器別所作人一覧表

小松茂美 編

表中の通番号に付した＊は『後白河法皇日録』収載を示す。
『日録』には「御遊年表」と略称で表記した。

	年月日〈西暦〉	名称［主催］	拍子	付歌	箏	琵琶	和琴	笙	笛	篳篥	曲目	出典
1	寛弘五年〈一〇〇八〉9月19日	敦成親王（後一条天皇）第九夜産養［一条天皇29］	左衛門督 藤原公任43			左中弁 源道方40		左中将 源経信40	右少将 源済政34			不知記（『御産部類記』所収）
2	10月16日	敦成親王親王宣下［一条天皇29］	左衛門督 藤原公任43	参議大宰		左中弁 源道方40		左中将 源頼定32	右少将 源済政34			小右記
3	長元九年〈一〇三六〉10月19日	清暑堂御神楽［後朱雀天皇28］	（本拍子）権大納言 藤原頼宗44 （末拍子）前播磨守 源済政62	権大納言 藤原長家32 権中納言 藤原定頼42	左少将 藤原資房30	権左中弁 源資通32	左衛門佐 藤原経季27	二品式部卿 敦貞親王23		右中弁 源経長32	呂＝安名尊・安楽塩・蓑山 律＝記載なし	御遊抄
4	永承元年〈一〇四六〉11月17日	清暑堂御神楽［後冷泉天皇22］	権大納言 藤原頼宗54	蔵人頭左中将 藤原経季37 前尾張守 源実基 右中将右京大夫 源資綱27 右中弁 藤原経家29	参議 藤原俊家28	参議左大弁 源資通42	越前守 源経宗	前少将 藤原定長	侍従 源基平21		呂＝安名尊・安楽塩・蓑山 律＝記載なし	御遊抄 体源抄
5	永承五年〈一〇五〇〉11月21日	中殿御会［後冷泉天皇26］	参議大宰大弐 源資通46		参議春宮権大夫 藤原資房44	左馬頭 源経信35		前少将 藤原定長			律・呂 朗詠	御遊抄
6	治暦三年〈一〇六七〉10月7日	平等院行幸、還御［後冷泉天皇43］	権大納言 藤原俊家49			参議右大弁 源経信52	内蔵頭 源政長30		参議右中将 藤原宗俊22			御遊抄 扶桑略記
7	治暦四年〈一〇六八〉11月24日	清暑堂御神楽［後三条天皇35］	権大納言 藤原俊家50	参議右大弁 源経信53	式部卿 敦賢親王30（銘「小螺鈿」、村上天皇遺愛）	参議右大弁 源経信53（銘「玄上」）	右少弁 源師賢34（銘「鈴鹿」）	尾張権守 源季宗20	民部大輔 源政長31	左馬頭 藤原敦家36	呂＝安名尊・蓑山・鳥急 律＝記載なし	御遊抄
8	延久二年〈一〇七〇〉2月26日	後三条天皇37朝覲行幸［陽明門院禎子内親王58］	権大納言 藤原俊家52			参議右大弁 源経信55	蔵人左少弁 源師賢36	右兵衛佐 源季宗22	参議左中将 藤原宗俊25			御遊抄

平安御遊楽器別所作人一覧表

	年月日〈西暦〉	名称〔主催〕	拍子	付歌	箏	琵琶	和琴	笙	笛	篳篥	曲目	出典
9	延久三年〈一〇七一〉12月6日	中殿御会［後三条天皇38］	少納言 藤原公定23			参議右大弁 源経信56（銘「玄上」）	左少弁 源師賢37（銘「鈴鹿」）	左少将 源季宗23（銘「蚶気絵」）	参議右中将 藤原宗俊26			御遊抄
10	承保元年〈一〇七四〉11月23日	清暑堂御神楽［白河天皇22］	権大納言 藤原俊家56	春宮権亮 藤原公定26	式部卿 敦賢親王36	参議左大弁 源経信59	右少弁 源師賢40		民部権大輔 源政長37	加賀守 藤原敦家42	呂＝安名尊・鳥破・蓑山・武徳楽 律＝記載なし	御遊抄
11	承保三年〈一〇七六〉正月19日	関白左大臣藤原師実大饗［関白左大臣藤原師実35］	権大納言 藤原俊家58		参議左中将 藤原宗俊31	権中納言 源経信61	木工頭 源師賢42	侍従 源季宗28	民部少輔 源政長39	兵庫頭 藤原知定		御遊抄
12	10月12日	殿上御遊［白河天皇24］	権大納言民部卿 藤原俊家58		式部卿 敦賢親王38	権中納言 源経信61	木工頭 源師賢42	春宮権亮 藤原公定28	民部少輔 源政長39			御遊抄
13	10月24日	大井川行幸御遊［白河天皇24］	権大納言民部卿 藤原俊家58	春宮権亮 藤原公定28 木工頭権右中弁 源師賢42	式部卿 敦賢親王38	権中納言 源経信61		侍従 源季宗28	民部少輔 源政長39			御遊抄 扶桑略記 百錬抄
14	承暦三年〈一〇七九〉7月13日	善仁親王（堀河天皇）第五夜産養［白河天皇27］	権中納言 源経信64			権中納言左大将 藤原師通18	木工頭 源師賢45	春宮権亮 藤原公定31	若狭守 源政長42		呂＝安名尊・鳥破 律＝伊勢海・万歳楽・五常楽	経信卿記（『御産部類記』所収）
15	7月15日	善仁親王第七夜産養［白河天皇27］	権中納言 源経信64				木工頭 源師賢45	参議左中将 源雅実21	若狭守 源政長42		呂＝安名尊・武徳楽席田 律＝伊勢海・甘州	経信卿記（『御産部類記』所収）
16	永保三年〈一〇八三〉正月26日	任右大臣大饗［右大臣源顕房47］	権中納言 藤原宗俊38					右少将 藤原宗忠22	前若狭守 源政長47	侍従 藤原博定22		御遊抄
17	正月26日	任内大臣大饗［内大臣藤原師通22］	権中納言 藤原宗俊38		右少将 藤原宗忠22	右少弁 源基綱35		蔵人頭春宮権亮 藤原公定35	地下召人	兵庫頭 藤原知定		御遊抄

	年月日〈西暦〉	名称［主催］	拍子	付歌	箏	琵琶	和琴	笙	笛	篳篥	曲目	出典
18	9月13日	臨時御会［白河天皇31］	前若狭守 源 政長46		大納言春宮大夫 藤原実季49	権大納言民部卿 源 経信68		蔵人頭春宮権亮 藤原公定35	和泉守 藤原孝清			御遊抄
19	永保四年〈一〇八四〉正月21日	任内大臣大饗［内大臣左大将藤原師通23］	権大納言民部卿 源 経信69			右中弁 源 基綱36	左近中将 藤原公実32	右少将 藤原宗忠23	前若狭守 源 政長48			御遊抄
20	寛治元年〈一〇八七〉11月21日	清暑堂御神楽［堀河天皇9］	権大納言民部卿 源 経信72	権中納言 藤原公実35 参議右中将 藤原保実28 右大弁 藤原通俊41 参議 藤原公定39 刑部卿 源 政長51 近江守 藤原敦家55 右中弁 源 基綱39 右少将 藤原宗忠26	右少将 藤原宗忠26	内大臣左大将 藤原師通26（銘「玄上」）	刑部卿 源 政長51	参議 藤原公定39（銘「幾沙幾絵」）	右少将 藤原宗通17	左京大夫 源 俊頼33	呂＝安名尊・鳥破・席田 律＝伊勢海・万歳楽	御遊抄
21	寛治二年〈一〇八八〉12月14日	任太政大臣大饗［摂政太政大臣藤原師実47］	権大納言民部卿 源 経信73			内大臣 藤原師通27 右中弁 源 基綱40	権大納言 源 師忠35	右少将 藤原宗忠27	刑部卿 源 政長52	地下召人	呂＝安名尊・席田・鳥破 律＝青柳・万歳楽	御遊抄 中右記
22	寛治三年〈一〇八九〉正月5日	堀河天皇11元服	権大納言民部卿 源 経信74	権左中弁 源 基綱41 参議 藤原公定41 丹波守 源 顕仲32 右中将 藤原宗通19 近江守 藤原敦家57	右少将 藤原宗忠28	内大臣 藤原師通28	権大納言 源 師忠36	参議 藤原公定41 丹波守 源 顕仲32	刑部卿 源 政長53	近江守 藤原敦家57	呂＝安名尊・鳥破・席田 律＝伊勢海・万歳楽	御遊抄 後二条師通記

	年月日〈西暦〉	名称〔主催〕	拍子	付歌	箏	琵琶	和琴	笙	笛	篳篥	曲目	出典
23	正月11日	堀河天皇11朝覲行幸〔白河上皇37〕	刑部卿 源 政長53			内大臣 藤原師通28 左中将 藤原宗通19 右中弁 源 基綱41 左京権大夫 源 俊頼35		丹波守 源 顕仲32	堀河天皇11（初度）	治部大輔 藤原敦兼11	呂＝安名尊・鳥破・胡飲酒 律＝青柳・廻忽・抜頭	御遊抄
24	寛治六年〈一〇九二〉8月3日	童相撲〔内大臣左大将藤原師通31〕	大納言民部卿 源 経信77				右少将 源 有賢23	右少将 源 有賢23	権中納言右中将 藤原忠実15			中右記（脱漏）
25	寛治七年〈一〇九三〉2月22日	女御篤子内親王34立后大饗〔堀河天皇15〕	大納言民部卿 源 経信78		権中納言 藤原忠実16	内大臣 藤原師通32	右少将 源 有賢24	侍従 藤原宗忠32	蔵人頭 藤原宗通23	地下召人	呂＝安名尊・鳥破・鳥急 律＝青柳・万歳楽・五常楽急・三台	中右記（脱漏）
26	3月11日	種々御遊 小弓・蹴鞠・管絃〔中宮篤子内親王34〕	皇太后宮権大夫 藤原公定45	侍従 藤原宗忠32	権中納言 藤原忠実16	内大臣 藤原師通32	中宮大夫 源 師忠40	右中将 藤原宗輔17	蔵人頭 藤原宗通23 少納言 源 家俊		呂＝桜人・席田・颯踏・柳花園・鳥破急 律＝青柳・太平楽破・五常楽急	中右記（脱漏）
27	寛治八年〈一〇九四〉8月19日	賀陽院歌合興前池船楽〔前関白太政大臣藤原師実53〕	備中守 源 政長58	参議 藤原公定46	権大納言 藤原宗俊49	大納言大宰権帥 源 経信79		右中弁 藤原宗忠33 右中将 藤原宗輔18	権中納言左大将 藤原忠実17		呂＝安名尊・鳥破 律＝更衣・太平楽破・三台急	中右記
28	嘉保二年〈一〇九五〉正月19日	関白藤原師通大饗〔関白内大臣藤原師通34〕	権大納言 藤原宗俊50		権中納言左大将 藤原忠実18	大納言大宰権帥 源 経信80	権大納言中宮大夫 源 師忠42	右中弁 藤原宗忠34	少納言 源 家俊	地下召人 藤原有定53		御遊抄
29	嘉保三年〈一〇九六〉2月22日	京極御堂十種供養・御遊・和歌会〔前関白太政大臣藤原師実55〕	皇太后宮権大夫 藤原公定48		権中納言左大将 藤原忠実19	関白内大臣 藤原師通35 右大弁 源 基綱48	地下召人 源 兼俊	右中弁 藤原宗忠35	参議左中将 藤原宗通26		呂＝穴貴・席田・鳥破急 律＝青柳・万歳楽	御遊抄 中右記

	年月日〈西暦〉	名称［主催］	拍子	付歌	箏	琵琶	和琴	笙	笛	篳篥	曲目	出典
30	3月1日	鳥羽殿和歌御会 [白河上皇44]	皇太后宮権大夫 藤原公定48		女房（簾中）	女房（簾中）	権大納言中宮大夫 源 師忠43	右中弁 藤原宗忠35 右兵衛佐 藤原行宗33	参議左中将 藤原宗通26 [砌下] 兵庫頭 藤原知定 右近将監 多 佐忠51 左近衛府生 豊原時元38		呂＝桜人・席田・春鶯囀・颯踏入破・鳥急・美乃山 律＝庭生・万歳楽・五聖楽破急・太平楽破・甘州・三台急・陪臚	御遊抄 中右記
31	3月11日	清涼殿和歌御会 [堀河天皇18]	皇太后宮権大夫 藤原公定48	右中弁 藤原宗忠35	権中納言左大将 藤原忠実19	右大弁 源 基綱48	権大納言中宮大夫 源 師忠43	蔵人右少将 藤原宗輔20	蔵人式部丞 藤原宗仲		呂＝安名尊・此殿・席田・鳥破急・賀殿急 律＝伊勢海・万歳楽・廻忽	中右記
32	3月17日	関白藤原師通二条第作文会 [関白内大臣藤原師通35]	皇太后宮権大夫 藤原公定48		権中納言左大将 藤原忠実19		権大納言中宮大夫 源 師忠43				催馬楽・朗詠・今様＝藤原道信50・源師忠43・藤原公実44、歌う ＊「月前の遊興、絃管相合す」	中右記 後二条師通記
33	承徳二年〈一〇九八〉11月15日	殿上管絃御遊 [堀河天皇20]	[神楽] 人長＝蔵人左衛門尉 源 盛家30 堀河天皇20 ／ 少納言 藤原家俊	蔵人左衛門尉 源 盛家30 蔵人左衛門尉 源 雅職 蔵人修理亮 藤原佐実 蔵人縫殿助 藤原実光30	右大弁 藤原宗忠37 左中将 藤原顕実50	蔵人頭左中将 源 顕通28	右馬頭 藤原兼実56	刑部卿 源 顕仲41	右少将 藤原宗輔22	若狭守 藤原敦兼20	＊取物九種（前張～明星） ＊終了後、「朗詠」暁更に及ぶ	中右記

	年月日〈西暦〉	名称［主催］	拍子	付歌	箏	琵琶	和琴	笙	笛	篳篥	曲目	出典
34	承徳三年〈一〇九九〉3月28日	中宮篤子御方小弓・蹴鞠・管絃・和歌御会［堀河天皇21］	権大納言中宮大夫 藤原師忠46	蔵人頭内蔵頭 藤原宗忠38	左大将 藤原忠実22	関白内大臣 藤原師通38	右馬頭 藤原兼実57	刑部卿 源 顕仲42	左中将 藤原忠教24 右少将 源 師時23	若狭守 藤原敦兼21		御遊抄 後二条師通記
35	康和二年〈一一〇〇〉7月17日	任右大臣大饗［右大臣藤原忠実23］	参議右大弁 藤原宗忠39		右大臣 藤原忠実23	参議左大弁 源 基綱52		左衛門佐 藤原家保21	参議左中将 藤原忠教25			御遊抄
36	7月17日	任内大臣大饗［内大臣源雅実42］	参議右大弁 藤原宗忠39		右大臣 藤原忠実23	参議左大弁 源 基綱52		左衛門佐 藤原家保21	参議左中将 藤原忠教25			御遊抄
37	康和三年〈一一〇一〉正月21日	右大臣藤原忠実大饗［右大臣藤原忠実24］	参議右大弁 藤原宗忠40		右大臣 藤原忠実24	参議左大弁 源 基綱53	備後介 源 有賢32	左衛門佐 藤原家保22	参議左中将 藤原忠教26	地下召人		御遊抄 長秋記
38	4月3日	鳥羽殿臨時御会［白河法皇49］		兵部丞楽所預 源 成綱 □□則定 □□良久	右大臣 藤原忠実24	右大臣 藤原忠実24	右馬頭 藤原兼実59	内蔵頭 藤原顕綱73 備後介 源 有賢32		越後守 藤原敦兼23		御遊抄
39	康和四年〈一一〇二〉正月20日	内大臣源雅実大饗［内大臣源雅実44］	参議右大弁 藤原宗忠41		内大臣 源 雅実44	参議左大弁 源 基綱54	備後介 源 有賢33	刑部卿 源 顕仲45	右中将 藤原宗輔26	左京権大夫 源 俊頼48	呂＝此殿・鳥破・席田 律＝庭生・万歳楽	御遊抄 中右記
40	3月9日	白河法皇五十賀試楽［堀河天皇24］	参議右大弁 藤原宗忠41		右大臣 藤原忠実25	参議左大弁 源 基綱54	備後介 源 有賢33	刑部卿 源 顕仲45 右衛門佐 藤原家保23	右衛門督 藤原宗通32 右中将 藤原宗輔26	左京権大夫 源 俊頼48	呂＝安名尊・鳥破・席田 律＝伊勢海・三台急	中右記 殿暦
41	3月18日	白河法皇五十賀御宴［堀河天皇24］	参議右大弁 藤原宗忠41		右大臣 藤原忠実25	参議左大弁 源 基綱54（銘「玄上」）		刑部卿 源 顕仲45（銘「木佐絵」）	堀河天皇24 参議右中将 藤原忠教27	左京権大夫 源 俊頼48	呂＝安名尊・席田・鳥破急 律＝青柳・万歳楽	中右記
42	3月20日	白河法皇五十賀後宴龍頭鷁首船楽＝六艘	［龍頭］（一鼓童）平 宗重					［龍頭］備前介 藤原実隆24	［龍頭］尾張守 藤原長実28	［龍頭］安芸守 藤原経忠28		中右記

	年月日〈西暦〉	名称［主催］	拍子	付歌	箏	琵琶	和琴	笙	笛	篳篥	曲目	出典
		［白河法皇50］	（太鼓）左兵衛佐 藤原宗能20 （三鼓）右馬頭 藤原兼実60 （鉦鼓）少納言 藤原実行23 ［鶏首］ （一鼓童）藤原季輔 （太鼓）右少将 源 師時26 （三鼓）侍従少納言 藤原実明 （鉦鼓）兵部大輔 源 雅兼24					左少将 源 師重22 左兵衛佐 藤原能明22 右兵衛佐 藤原通季13 備後介 源 有賢33 ［鶏首］ 左馬頭 源 師隆28 蔵人左少将 源 顕国20 右少将 藤原家定 侍従少納言 藤原実明 刑部卿 源 顕仲45 右衛門佐越前守 藤原家保23	右中将 藤原宗輔26 ［鶏首］ 右衛門佐越前守 藤原家保23 侍従 藤原信通11	左京権大夫 源 俊頼48 ［鶏首］ 越後守 藤原敦兼24		
43	康和五年〈一一〇三〉正月22日	宗仁親王（鳥羽天皇）第七夜産養［堀河天皇25］	参議右大弁 藤原宗忠42	右少将 源 師時27	地下召人周防守 藤原孝清	民部大夫 藤原博定	備後介 源 有賢34	丹後守右衛門佐 藤原家保24	参議右中将 藤原忠教28 左京大夫 源 顕仲46	越後守 藤原敦兼25	呂＝安名尊・席田・鳥破急 律＝伊勢海・万歳楽・三台急	中右記 大記（為房記）
44	11月28日	東三条第神楽［右大臣藤原忠実26］	備後介 源 有賢34	兵部丞 源 盛綱 宮内丞 橘 元輔 楽所預 橘 栄基	右大臣 藤原忠実26	左大弁 源 基綱55	侍従 源 師親14	左近衛府生 豊原時元45	参議右中将 藤原忠教28	宮内丞 藤原忠光		殿暦
45	長治元年〈一一〇四〉4月24日	中宮篤子内親王45堀河院移徙御遊［堀河天皇26］	参議右大弁 藤原宗忠43	右中将 藤原宗輔28	右大臣 藤原忠実27	左大弁 源 基綱56	侍従 源 師親15	備後介 源 有賢35	参議左中将 藤原忠教29	左京権大夫 源 俊頼50	呂＝此殿・席田・鳥破急・賀殿急 律＝更衣・万歳楽	中右記

	年月日〈西暦〉	名称［主催］	拍子	付歌	箏	琵琶	和琴	笙	笛	篳篥	曲目	出典
46	12月25日	左大臣源俊房七十賀［左大臣源俊房70］	参議右大弁 藤原宗忠43	右少将 源師時28 少納言 源家俊	右中将 藤原宗輔28	左大弁 源基綱56	地下召人兵庫頭 源邦家	右少将 源雅定11	左少将 源師重24		呂＝安名尊・鳥破・伊勢海 律＝万歳楽・更衣	中右記
47	長治二年〈一一〇五〉正月5日	堀河天皇27朝覲行幸［白河法皇53］	参議右大弁 藤原宗忠44	右衛門督 藤原宗通35 左兵衛権佐 藤原宗能23	関白右大臣 藤原忠実28	参議左大弁 源基綱57	地下召人兵庫頭 源邦家	右少将 源雅定12	堀河天皇27 参議左中将 藤原忠教30	加賀守 藤原敦兼27	呂＝此殿・鳥破急・席田 律＝青柳・万歳楽・三台急	御遊抄 長秋記 中右記
48	2月21日	大炊殿臨時御会［白河法皇53］	参議右大弁 藤原宗忠44		関白右大臣 藤原忠実28 左兵衛権佐 藤原宗能23	右中将 藤原宗輔29	侍従 源師親23	右大臣 藤原忠実28 式部丞 藤原宗仲	参議左中将 藤原忠教30	左京権大夫 源俊頼51		中右記
49	3月5日	中殿御会［堀河天皇27］	参議右大弁 藤原宗忠44	右衛門督 藤原宗通35	関白右大臣 藤原忠実28	右中将 藤原宗輔29	備後介 源有賢35	丹後守 藤原家保26	参議左中将 藤原忠教30	左京権大夫 源俊頼51	呂＝安名尊・席田・鳥急 律＝青柳・万歳楽更衣・三台急	御遊抄 中右記
50	10月27日	宗仁親王（鳥羽天皇）3着袴［堀河天皇27］	参議右大弁 藤原宗忠44	蔵人左兵衛佐 藤原宗能23	関白右大臣 藤原忠実28	左大弁 源基綱57		右少将 源雅定12	参議左中将 藤原忠教30		呂＝安名尊・席田・鳥破急・賀殿急 律＝伊勢海・万歳楽	御遊抄 中右記
51	嘉承二年〈一一〇七〉正月19日	関白右大臣藤原忠実大饗［関白右大臣藤原忠実30］	権中納言 藤原宗忠46	右中将 藤原宗輔31 少納言 藤原家俊	蔵人右少将 藤原宗能25	権中納言 源基綱59	左京権大夫 源有賢38	丹後守 藤原家保28	参議左中将 藤原忠教32	木工頭 源俊頼53	呂＝阿名尊・席田・鳥破 律＝青柳・鷹子	御遊抄 中右記
52	3月6日	鳥羽殿和歌会［白河法皇55］	権中納言 藤原宗忠46	権中納言 藤原宗通37 少納言 藤原家俊	関白右大臣 藤原忠実30	権中納言 源基綱59	左京権大夫 源有賢38	左京大夫 源顕仲50	堀河天皇29	木工頭 源俊頼53	呂＝安名尊・桜人・鳥破急・席田・鳥急・賀殿急 律＝青柳・万歳楽・五常楽急	御遊抄 中右記
53	天仁元年〈一一〇八〉	六条殿方違御幸・密儀御神楽	権中納言 藤原宗通38				侍従備中守 藤原伊通16	左京権大夫 源有賢39	左中将 藤原信通17	兵部大輔 藤原経忠34	呂＝安名尊・鳥破急	中右記

No.	年月日〈西暦〉	名称［主催］	拍子	付歌	箏	琵琶	和琴	笙	笛	篳篥	曲目	出典
	11月17日	［白河法皇56］								加賀守 藤原敦兼30	律＝記載なし 今様・雑芸・朗詠	
54	11月18日	清暑堂御神楽習礼［摂政右大臣藤原忠実31］	権中納言 藤原宗通38	右少将 藤原宗能26	摂政右大臣 藤原忠実31	治部卿 源 基綱60	侍従備中守 藤原伊通16		左近衛将監 豊原時元50	兵部大輔 藤原経忠34	呂（双調）＝安名尊・席田・鳥破急・賀殿急 律（平調）＝伊勢海、藤原宗忠47歌う 朗詠＝「徳是北辰句」	御遊抄 中右記 殿暦
55	11月21日	大嘗会小安殿曲宴［鳥羽天皇6］	権中納言 藤原宗通38	右少将 藤原宗能26	摂政右大臣 藤原忠実31	治部卿 源 基綱60	侍従備中守 藤原伊通16	右少将 源 雅定15	左中将 藤原信通17	兵部大輔 藤原経忠34	呂＝穴尊・鳥破急・席田・賀殿急 律＝伊勢海・五常楽	江記
56	11月23日	清暑堂御神楽［鳥羽天皇6］	権中納言 藤原宗通38	権中納言 藤原宗忠47 侍従備中守 藤原伊通16	摂政右大臣 藤原忠実31	治部卿 源 基綱60	侍従備中守 藤原伊通16	右少将 源 雅定15	左中将 藤原信通17	兵部大輔 藤原経忠34	呂＝安名尊・鳥破・席田・鳥急・賀殿 律＝伊勢海・五常楽急	御遊抄 中右記 江記
57	12月20日	鳥羽天皇6朝覲行幸［白河法皇56］	権中納言 藤原宗忠47		摂政右大臣 藤原忠実31	治部卿 源 基綱60	侍従備中守 藤原伊通16	右少将 源 雅定15	左中将 藤原信通17	兵部大輔 藤原経忠34	呂＝安名尊・鳥破急 律＝伊勢海・万歳楽	御遊抄 中右記
58	天仁二年〈一一〇九〉4月28日	鳥羽天皇7朝覲行幸［白河法皇57］	権中納言 藤原宗忠48		摂政右大臣 藤原忠実32	治部卿 源 基綱61	侍従備中守 藤原伊通17	右少将 源 雅定16	参議左中将 藤原忠教34	兵部大輔 藤原経忠35	呂＝穴貴・鳥破・鳥急 律＝更衣・万歳楽・三台急	御遊抄 体源抄
59	天仁三年〈一一一〇〉2月24日	鳥羽天皇8朝覲行幸［白河法皇58］	権中納言 藤原宗忠49		摂政右大臣 藤原忠実33	権中納言 藤原宗通40	侍従備中守 藤原伊通18	右少将 源 雅定17	左中将 藤原信通19	地下召人木工少允 平 定光	呂＝穴貴・鳥破 律＝青柳・万歳楽	御遊抄 殿暦 体源抄
60	天永元年〈一一一〇〉	清暑堂御神楽習礼	（本拍子）権中納言 藤原宗通40			治部卿 源 基綱62	右少将 藤原伊通18	左近衛将監 豊原時元52	左中将 藤原信通19	兵部大輔 藤原経忠36	呂＝安名尊・席田・鳥破急・	御遊抄

		61	62	63	64	65
年月日〈西暦〉	11月18日	天永二年〈一一一一〉正月2日	2月14日	天永三年〈一一一二〉2月11日	3月18日	3月22日
名称［主催］	［摂政右大臣藤原忠実33］	臨時客御遊［摂政右大臣藤原忠実34］	鳥羽殿行幸 小弓・蹴鞠・管絃［鳥羽天皇9］	鳥羽天皇10朝覲行幸［白河法皇60］	白河法皇六十賀御宴［鳥羽天皇10］	白河法皇六十賀童舞御覧［皇后令子内親王35］
拍子	（末拍子）権中納言 藤原宗忠49	権中納言 藤原宗通41	権中納言 藤原宗忠50	権中納言 藤原宗忠51	権中納言 藤原宗忠51	権中納言 藤原宗忠51
付歌		権中納言 藤原宗忠50		右中将 源 師時36		右少将 藤原宗能30
箏			権中納言右中将 藤原忠通15	摂政右大臣 藤原忠実35	権中納言右中将 藤原忠通16	摂政右大臣 藤原忠実35
琵琶			左中将 藤原信通20	治部卿 源 基綱64	治部卿 源 基綱64	治部卿 源 基綱64
和琴			右少将 藤原伊通19	地下召人兵庫頭 源 邦家	右少将 藤原伊通20	右少将 藤原伊通20
笙			右少将 源 雅定18	右少将 源 雅定19	右少将 源 雅定19	右少将 源 雅定19
笛			権中納言 藤原忠教36	左中将 藤原信通21	左中将 藤原信通21	左中将 藤原宗輔36 左中将 藤原信通21
篳篥			地下召人 □□忠光	地下召人	越後守 藤原敦兼34	右馬頭 藤原経忠38
曲目	賀殿急 律＝伊勢海・万歳楽	呂＝安名尊・席田 律＝青柳・更衣 朗詠＝佳辰令月・徳是北辰・東岸西岸之句（藤原宗忠、数返歌）	呂＝安名尊・席田・鳥破急 律＝青柳・万歳楽・三台急	呂＝安名尊・鳥破・本滋（此歌、近日主上好歌也）・鳥急 律＝青柳・万歳楽・三台急	呂＝安名尊・席田・鳥破 律＝青柳・鷹子・万歳楽	呂＝真金吹・席田・眉刀自女・美作・鳥破急・賀殿急・胡飲酒 律＝伊勢海・更衣・万歳楽・五常楽急・三台急
出典		殿暦 長秋記 中右記	殿暦 長秋記 中右記	御遊抄 中右記	中右記	中右記

	年月日〈西暦〉	名称［主催］	拍子	付歌	箏	琵琶	和琴	笙	笛	篳篥	曲目	出典
66	12月14日	任太政大臣大饗［摂政太政大臣藤原忠実35］	権中納言 藤原宗忠51	右中将 藤原宗輔36 左中将 源 師時36	権中納言右中将 藤原忠通16	治部卿 源 基綱64	右少将 藤原伊通20	右少将 源 雅定19	左中将 藤原信通21	地下召人陪従 藤原時定		御遊抄 中右記 殿暦
67	天永四年〈一一一三〉正月1日	宗仁親王（鳥羽天皇）11元服	権中納言 藤原宗忠52	右少将 藤原宗能31	権中納言右中将 藤原忠通17	治部卿 源 基綱65	右少将 藤原伊通21	右少将 源 雅定20	右中将 藤原宗輔37 左中将 藤原信通22	越後守 藤原敦兼35	呂＝穴貴・鳥破・席田 律＝伊勢海・万歳楽	御遊抄 長秋記 殿暦
68	正月8日	鳥羽天皇11朝覲行幸［白河法皇61］	権中納言 藤原宗忠52		摂政太政大臣 藤原忠実36	治部卿 源 基綱65	右少将 藤原伊通21	右少将 源 雅定20	左中将 藤原信通22	右馬頭 藤原経忠39	呂＝穴貴・鳥破・鳥急 律＝伊勢海・万歳楽	御遊抄 孝重勧進記 体源抄
69	正月16日	任太政大臣大饗［摂政太政大臣藤原忠実36］	権中納言 藤原宗忠52	右中将 藤原宗輔37 右少将 藤原宗能31	権中納言右中将 藤原忠通17	治部卿 源 基綱65	右少将 藤原伊通21	右少将 源 雅定20	左中将 藤原信通22	越後守 藤原敦兼35		御遊抄 長秋記 殿暦
70	永久二年〈一一一四〉2月11日	鳥羽天皇12朝覲行幸［白河法皇62］	権大納言 藤原宗通42	権中納言 藤原宗忠53	関白 藤原忠実37	治部卿 源 基綱66	右少将 藤原伊通22	右少将 源 雅定21	鳥羽天皇12（初度） 左中将 藤原信通23	越後守 藤原敦兼36	呂＝安名尊・鳥破・席田・鳥急 律＝伊勢海・万歳楽・五常楽急	御遊抄 中右記 殿暦
71	永久三年〈一一一五〉4月28日	任内大臣大饗［内大臣藤原忠通19］	権中納言 藤原宗忠54		内大臣 藤原忠通19	治部卿 源 基綱67	右少将 藤原伊通23	右少将 源 雅定22	権中納言 藤原忠教40	地下召人陪従 藤原時定	呂＝安名尊・席田・鳥破急・賀殿急 律＝伊勢海・万歳楽	御遊抄 体源抄
72	9月21日	富家殿別業（宇治）御幸［白河法皇63］	権中納言 藤原宗忠54		内大臣 藤原忠通19	参議左中将 藤原信通24	権右中弁 藤原伊通23	右中将 源 雅定22	権中納言 藤原忠教40			殿暦
73	12月29日	東三条第神楽［関白藤原忠実38］	権中納言 藤原宗忠54		内大臣 藤原忠通19	治部卿 源 基綱67	左京権大夫 源 有賢46	右中将 源 雅定22	蔵人頭左中将 藤原信通24		律・呂＝有数曲、及晩更	殿暦

	年月日〈西暦〉	名称［主催］	拍子	付歌	箏	琵琶	和琴	笙	笛	篳篥	曲目	出典
74	永久四年〈一一一六〉正月23日	内大臣藤原忠通大饗 ［内大臣藤原忠通20］	権中納言別当 藤原宗忠55	左中将 藤原宗輔40 右中将 源 師時40 右少将 藤原宗能34	関白 藤原忠実39	治部卿 源 基綱68		左京権大夫 源 有賢47	蔵人頭左中将 藤原信通25	地下召人		御遊抄 殿暦
75	2月19日	鳥羽天皇14朝覲行幸 ［白河法皇64］	権中納言 藤原宗忠55	左京権大夫 源 有賢47 右少将 藤原宗能34	関白 藤原忠実39	蔵人頭右中将 藤原信通25	権右中弁 藤原伊通24	右中将 源 雅定23	右兵衛督 藤原忠教41	地下召人	呂＝穴貴・席田・鳥破・鳥急 律＝青柳・更衣・万歳楽	御遊抄 体源抄
76	永久五年〈一一一七〉3月7日	鳥羽天皇15朝覲行幸 ［白河法皇65］	権中納言 藤原宗忠56	右少将 藤原宗能35 蔵人右少将 藤原成通21	関白 藤原忠実40	参議右中将 藤原信通26	権右中弁 藤原伊通25	右中将 源 雅定24	蔵人頭左中将 藤原宗輔41	地下召人	呂＝穴貴・席田・鳥破・鳥急 律＝青柳・万歳楽	御遊抄 体源抄
77	永久六年〈一一一八〉正月2日	新造鴨井殿臨時客 ［関白藤原忠実41］	権中納言 藤原宗忠57								呂＝此殿 律＝青柳 朗詠＝嘉辰令月・徳是北辰句・新豊酒色句、藤原長忠61	中右記
78	正月26日	中宮藤原璋子18立后大饗 ［鳥羽天皇16］	権中納言 藤原宗忠57	右少将 藤原宗能36 参河守 源 有賢49	蔵人頭左中将 藤原宗輔42	参議左中将 藤原信通27	権右少弁 藤原伊通26	右中将 源 雅定25	権中納言 藤原忠教43	越後守 藤原敦兼40	呂＝安名尊・鳥破・席田 律＝伊勢海・万歳楽・三台急	中右記
79	2月10日	鳥羽天皇16朝覲行幸 ［白河法皇66］	権中納言 藤原宗忠57	蔵人頭左中将 藤原宗輔42 右少将 藤原宗能36	内大臣 藤原忠通22	参議左中将 藤原信通27	権右少弁 藤原伊通26	右中将 源 雅定25	権中納言 藤原忠教43	越後守 藤原敦兼40	呂＝安名貴・鳥破 律＝青柳・万歳楽・三台急	中右記 御遊抄 体源抄
80	元永二年〈一一一九〉正月2日	関白藤原忠実新年臨時客 ［右大臣源雅実62］	参議右中将 藤原信通28								呂＝安名尊・席田 律＝青柳・伊勢海・更衣	中右記

	年月日〈西暦〉	名称〔主催〕	拍子	付歌	箏	琵琶	和琴	笙	笛	篳篥	曲目	出典
81	2月11日	鳥羽天皇17朝覲行幸〔白河法皇67〕	権中納言 藤原宗忠58	蔵人頭左中将 藤原宗輔43 右少将 藤原宗能37	関白 藤原忠実42	参議右中将 藤原信通28	権右中弁 藤原伊通27	参議右中将 源 雅定26	左衛門督別当 藤原忠教44		呂＝安名尊・席田 律＝更衣・万歳楽	中右記 御遊抄
82	3月9日	新御所大宮三条殿渡御種々御遊（管絃・詩歌）〔内大臣藤原忠通23〕	権中納言 藤原宗忠58	蔵人頭左中将 藤原宗輔43	内大臣 藤原忠通23	備後守 藤原季通24	権右中弁 藤原伊通27	右中将 源 師時43	加賀権守 藤原忠基19		呂＝阿名尊・席田・鳥破 律＝伊勢海・万歳楽・更衣	中右記
83	6月2日	顕仁親王（崇徳天皇）第五夜産養〔鳥羽天皇17〕	権中納言民部卿 藤原宗通47	権中納言 藤原宗忠58	内大臣 藤原忠通23	参議右中将 藤原信通28	権右中弁 藤原伊通27	参議右中将 源 雅定26	権中納言 藤原忠教45	越後守 藤原敦兼41	呂＝阿名尊・鳥破・席田 律＝伊勢海・万歳楽・五常楽急	中右記 長秋記
84	6月4日	顕仁親王第七夜産養〔白河法皇67〕	権中納言 藤原宗忠58	蔵人頭左中将 藤原宗輔43	内大臣 藤原忠通23	参議右中将 藤原信通28	権右中弁 藤原伊通27	新参議右中将 源 雅定26	権中納言 藤原忠教45	越後守 藤原敦兼41	呂＝安名尊・席田・鳥破・賀殿急 律＝庭生・万歳楽・三台急・太平楽急	中右記 長秋記
85	7月21日	顕仁親王御五十日産養〔白河法皇67〕	権中納言民部卿 藤原宗通47	権中納言 藤原宗忠58 権右中弁 藤原伊通27	内大臣 藤原忠通23	参議右中将 藤原信通28	参河守 源 有賢50	参議右中将 源 雅定26	蔵人頭左中将 藤原宗輔43	越後守 藤原敦兼41	呂＝安名尊・鳥破・席田 律＝伊勢海・万歳楽・三台急	中右記 長秋記
86	9月9日	顕仁親王御百日産養〔白河法皇67〕	権中納言 藤原宗忠58（咳病中）		内大臣 藤原忠通23	左少将中宮権亮 藤原実能24	権右中弁 藤原伊通27	参議右中将 源 雅定26	蔵人頭左中将 藤原宗輔43	越後守 藤原敦兼41	呂＝穴尊・鳥破・席田 律＝伊勢海・万歳楽・三台急	中右記 長秋記
87	10月2日	鴨院殿法華八講会〔関白藤原忠実42〕	権中納言 藤原宗忠58		関白 藤原忠実42 内大臣 藤原忠通23	侍従 藤原宗重29	権右中弁 藤原伊通27	参議右中将 藤原信通28	蔵人頭左中将 藤原宗輔43 加賀権守 藤原忠基19		呂＝真金吹・鳥破急・席田・賀殿急・眉刀自女 律＝庭生・万歳楽・五常楽破	中右記

	年月日〈西暦〉	名称［主催］	拍子	付歌	箏	琵琶	和琴	笙	笛	篳篥	曲目	出典
											急・大芹・鷹子・更衣・廻忽・三台急	
88	保安元年〈一一二〇〉2月2日	鳥羽天皇18朝覲行幸［白河法皇68］	権中納言 藤原宗忠59	蔵人頭左中将 藤原宗輔44	関白 藤原忠実43	参議右中将 藤原信通29	蔵人頭権右中弁 藤原伊通28	右少将 藤原重通22	鳥羽天皇18	地下召人	呂＝安名貴・鳥破急・席田 律＝青柳・万歳楽	中右記 御遊抄
89	保安二年〈一一二一〉2月29日	鳥羽天皇19朝覲行幸［白河法皇69］	権中納言 藤原宗忠60	左中将 藤原通季32	内大臣 藤原忠通25	権大納言 源 有仁19（初度）	参河守 源 有賢52	参議右中将 源 雅定28	権中納言 藤原忠教46	尾張守 藤原敦兼43	呂＝穴貴・鳥破・席田・鳥急 律＝青柳・万歳楽・三台急	御遊抄
90	保安三年〈一一二二〉2月10日	鳥羽天皇20朝覲行幸［白河法皇70］	権中納言 藤原宗忠61		左大臣 藤原忠通26	権大納言右大将 源 有仁20	参河守 源 有賢53	参議右中将 源 雅定29	鳥羽天皇19 権中納言 藤原忠教47	尾張守 藤原敦兼44	呂＝穴貴・鳥破・鳥急 律＝万歳楽・更衣・三台急	御遊抄
91	12月17日	任内大臣大饗［内大臣源有仁20］	権大納言 藤原宗忠61	左中将 藤原宗能40		参議左中将 藤原宗輔46	参河守 源 有賢53	前右兵衛佐 源 行宗59	右少将 藤原忠基22			御遊抄
92	保安四年〈一一二三〉正月3日	顕仁親王（崇徳天皇）5着袴［白河法皇71・鳥羽上皇21］	権大納言 藤原宗忠62	右兵衛督 藤原伊通31	関白 藤原忠通27	内大臣右大将 源 有仁21	左京大夫 源 有賢54	権中納言 源 雅定30	権大納言民部卿 藤原忠教48	尾張守 藤原敦兼45		御遊抄 体源抄
93	9月25日	清暑堂御神楽拍子合［白河法皇71］	権大納言 藤原宗忠62		参議左中将 藤原宗輔47	内大臣右大将 源 有仁21	左京大夫 源 有賢54	前左兵衛佐 源 行宗60	権大納言民部卿 藤原忠教48	地下召人陪従 藤原時定	呂＝安名尊・鳥破・席田・賀殿急 律＝伊勢海・万歳楽・更衣・三台急・五常楽急	御遊抄
94	11月20日	清暑堂御神楽［崇徳天皇5］	左衛門督 藤原通季34	参議皇后宮権亮 源 師時47 前右兵衛佐 源 行宗60 右中将 藤原宗能41		内大臣右大将 源 有仁21	左京大夫 源 有賢54	権中納言 源 雅定30	右少将周防介 藤原忠基23	刑部卿 藤原敦兼45	呂＝安名尊・鳥破急・賀殿急 律＝伊勢海・万歳楽・五常楽急	御遊抄

	年月日〈西暦〉	名称［主催］	拍子	付歌	箏	琵琶	和琴	笙	笛	篳篥	曲目	出典
95	保安五年〈一一二四〉正月5日	崇徳天皇6朝覲行幸［白河法皇72］	権大納言 藤原宗忠63	権中納言 藤原通季35 権中納言 藤原実能29 参議左中将 藤原宗輔48	前太政大臣 藤原忠実47	内大臣右大将 源 有仁22	参河守 源 有賢55	権中納言 源 雅定31	鳥羽上皇22 権大納言民部卿 藤原忠教49	尾張守 藤原敦兼46	呂＝新年・鳥破・席田 律＝青柳・五常楽急	御遊抄
96	天治元年〈一一二四〉6月3日	通仁親王（鳥羽天皇第二皇子）第五夜産養［白河法皇72］	権中納言 藤原通季35		摂政左大臣 藤原忠通28	内大臣右大将 源 有仁22	参河守 源 有賢55	右中将 藤原重通26	権大納言民部卿 藤原忠教49	備中守 藤原敦兼46	呂＝穴貴・席田 律＝記載なし ＊「律呂和調」	花園左府記 為隆卿記（以上『御産部類記』所収） 中右記 永昌記
97	6月5日	通仁親王第七夜産養［鳥羽上皇22］	権中納言 藤原通季35		摂政左大臣 藤原忠通28	内大臣右大将 源 有仁22	参河守 源 有賢55	右中将 藤原重通26	権大納言民部卿 藤原忠教49	備中守 藤原敦兼46	呂＝穴貴・席田 律＝記載なし 催馬楽＝藤原通季歌う ＊「御遊歌曲、妙一夜（6月3日夜）。但し、賀殿急（呂）を加う」	花園左府記 為隆卿記（以上『御産部類記』所収） 中右記 永昌記
98	天治二年〈一一二五〉正月3日	崇徳天皇7朝覲行幸［白河法皇73］	権大納言 藤原宗忠64	左衛門督 藤原通季36	摂政左大臣 藤原忠通29	内大臣右大将 源 有仁23	参議右兵衛督 藤原伊通33	権中納言 源 雅定32	権大納言民部卿 藤原忠教50	地下召人陪従 藤原時定	呂＝安名尊・鳥破・席田・賀殿急 律＝万歳楽・更衣・三台急	御遊抄
99	5月28日	君仁親王（鳥羽天皇第三皇子）第五夜産養［白河法皇73］	権大納言 藤原宗忠64		摂政左大臣 藤原忠通29	内大臣右大将 源 有仁23	参議右兵衛督 藤原伊通33	参河守 源 有賢56	権大納言民部卿 藤原忠教50	備中守 藤原敦兼47		花園左府記 為隆卿記（以上『御産部類記』所収） 中右記

	年月日〈西暦〉	名称［主催］	拍子	付歌	箏	琵琶	和琴	笙	笛	篳篥	曲目	出典
100	6月1日	君仁親王第七夜産養［鳥羽上皇23］	権大納言 藤原宗忠64		摂政左大臣 藤原忠通29	内大臣右大将 源有仁23	参議右兵衛督 藤原伊通33	参河守 源有賢56	権大納言民部卿 藤原忠教50	備中守 藤原敦兼47		花園左府記 為隆卿記（以上『御産部類記』所収） 中右記
101	天治三年〈一一二六〉正月2日	崇徳天皇8朝覲行幸［白河法皇74］	権大納言 藤原宗忠65	参議左中将 藤原宗輔50	摂政左大臣 藤原忠通30	内大臣右大将 源有仁24	阿波守 源有賢57	権中納言 源雅定33	権大納言民部卿 藤原忠教51	備中守 藤原敦兼48	呂＝穴貴・鳥破・席田 律＝万歳楽・更衣・三台急	御遊抄
102	大治二年〈一一二七〉正月3日	崇徳天皇9朝覲行幸［白河法皇75］	権大納言 藤原宗忠66		前太政大臣 藤原忠実50	内大臣右大将 源有仁25	参議右兵衛督 藤原伊通35	阿波守 源有賢58	参議左中将 藤原宗輔51	但馬守 藤原敦兼49	呂＝新年・鳥破・席田・賀殿急 律＝青柳・万歳楽・三台急	御遊抄 中右記
＊103	9月15日	雅仁親王（鳥羽上皇第四皇子＝後白河天皇）第五夜産養［白河法皇75］	権大納言 藤原宗忠66	権中納言 藤原通季38	摂政左大臣 藤原忠通31	内大臣右大将 源有仁25	参議右兵衛督 藤原伊通35	前右兵衛佐 源行宗64	参議左中将 藤原宗輔51	但馬守 藤原敦兼49	呂＝安名尊・鳥破・席田・賀殿急 律＝伊勢海・万歳楽・五常楽急	中右記 九民記（民部卿藤原顕頼）
＊104	9月17日	雅仁親王（後白河天皇）第七夜産養［鳥羽上皇25］	権大納言 藤原宗忠66	権中納言 藤原通季38	摂政左大臣 藤原忠通31	内大臣右大将 源有仁25	参議右衛門督 藤原伊通35	前右兵衛佐 源行宗64	参議左中将 藤原宗輔51	但馬守 藤原敦兼49	呂＝安名尊・席田・鳥急 律＝万歳楽・更衣・三台急	中右記 九民記（民部卿藤原顕頼）
＊105	11月8日	雅仁親王（後白河天皇）御五十日産養［鳥羽上皇25］			参議左中将 藤原宗輔51	内大臣右大将 源有仁25	参議右兵衛督 藤原伊通35	参河守 源有賢58	右少将 藤原忠基27	但馬守 藤原敦兼49	呂＝安名尊・鳥・席田 律＝万歳楽・更衣・三台急	中右記
106	12月5日	内侍所御神楽［崇徳天皇9］	（本拍子）右近将監 多忠方43 （末拍子）右近将曹 多近方49		右中将 藤原宗能45			阿波守 源有賢58	左中将 藤原成通31 右少将 藤原忠基27 左少将 藤原教長19			中右記

	年月日〈西暦〉	名称[主催]	拍子	付歌	箏	琵琶	和琴	笙	笛	篳篥	曲目	出典
＊107	12月22日	雅仁親王（後白河天皇）御百日産養 [鳥羽上皇25]	権大納言 藤原宗忠66	参議右中将 源 師時51	摂政左大臣 藤原忠通31	内大臣右大将 源 有仁25	参議右兵衛督 藤原伊通35	阿波守 源 有賢58	参議左中将 藤原宗輔51	但馬守 藤原敦兼49	呂＝安名尊・鳥破・席田・賀殿急 律＝万歳楽・更衣・五常楽急	中右記
108	大治三年〈一一二八〉正月2日	崇徳天皇10朝覲行幸 [鳥羽上皇26]	権大納言 藤原宗忠67		前太政大臣 藤原忠実51	内大臣右大将 源 有仁26	参議右兵衛督 藤原伊通36	阿波守 源 有賢59	鳥羽上皇26 参議左中将 藤原宗輔52	下野権守 藤原時定	呂＝新年・鳥破・席田・鳥急 律＝青柳・万歳楽・更衣・五常楽急	御遊抄
109	正月17日	恂子内親王（白河法皇皇女）3着袴 [鳥羽上皇26]	権大納言 藤原宗忠67				参議右兵衛督 藤原伊通36		参議左中将 藤原宗輔52			御遊抄 中右記目録
110	12月17日	任太政大臣大饗 [太政大臣藤原忠通32]	権大納言 藤原宗忠67		右中将 藤原宗能46	参議右兵衛督 藤原伊通36	左少将 藤原季成27	右中将 藤原重通30	左中将 藤原成通32	少納言 源 忠宗		御遊抄
＊111	大治四年〈一一二九〉正月1日	崇徳天皇11元服	権大納言 藤原宗忠68	右中将 藤原宗能47 左中将 藤原成通33	摂政 藤原忠通33	内大臣右大将 源 有仁27 （銘「玄上」）	阿波守 源 有賢60	権中納言 源 雅定36 （銘「支佐介絵」）	左少将 藤原季成28 右少将 藤原公教27 ＊「初度の事、頗る優美なり」	但馬守 藤原敦兼51	呂＝安名尊・鳥破・席田 律＝伊勢海・万歳楽・五常楽急	中右記 御遊抄
112	正月20日	崇徳天皇11朝覲行幸 [鳥羽上皇27]	権大納言 藤原宗忠68		摂政 藤原忠通33	内大臣右大将 源 有仁27	阿波守 源 有賢60	権中納言 源 雅定36	参議左中将 藤原宗輔53	但馬守 藤原敦兼51	呂＝安名尊・鳥破・席田・賀殿急 律＝更衣・万歳楽	中右記 長秋記 御遊抄
113	11月24日	斎院恂子内親王4賀茂社御神楽	（本拍子）右中将 藤原宗能47 （末拍子）右少将 藤原公教27				丹波守 源 資賢17		右少将 藤原公隆27 左中将 藤原忠基29	能登守 藤原季兼		中右記

平安御遊楽器別所作人一覧表

	年月日〈西暦〉	名称［主催］	拍子	付歌	箏	琵琶	和琴	笙	笛	篳篥	曲目	出典
114	大治五年〈一一三〇〉9月5日	愛染明王五十体供養後御遊・和歌御会［鳥羽上皇28］	権大納言 藤原宗忠69		関白 藤原忠通34	内大臣右大将 源 有仁28	参議右兵衛督 藤原伊通38	権中納言 源 雅定37	左中将 藤原公教28	能登守 藤原季兼	呂＝安名尊・鳥破急・席田・賀殿急 律＝庭生・万歳楽・更衣・五常楽急・鷹子・三台急	中右記 長秋記
115	10月1日	崇徳天皇12朝覲行幸［鳥羽上皇28］	権大納言 藤原宗忠69	参議右兵衛督 藤原伊通38 蔵人頭左中将 藤原宗能48	関白 藤原忠通34	内大臣右大将 源 有仁28	但馬守 源 有賢61	権中納言 源 雅定37	左中将 藤原公教28	刑部卿 藤原敦兼52	呂＝穴貴・鳥破・席田・賀殿急 律＝万歳楽・更衣・五常楽急	御遊抄 中右記
＊116	大治六年〈一一三一〉正月1日	雅仁親王（後白河天皇）5着袴［鳥羽上皇29］	権大納言 藤原宗忠70	蔵人頭左中将 藤原宗能49	前太政大臣 藤原忠実54		但馬守 源 有賢62		蔵人頭左中将 藤原公教29 左中将 藤原成通35	刑部卿 藤原敦兼53		御遊抄 長秋記
117	正月2日	崇徳天皇13朝覲行幸［鳥羽上皇29］	権大納言 藤原宗忠70	蔵人頭左中将 藤原宗能49	関白 藤原忠通35	内大臣右大将 源 有仁29	但馬守 源 有賢62	中納言右衛門督 源 雅定38	左中将 藤原成通35（蔵人頭左中将 藤原公教29『中右記』）	刑部卿 藤原敦兼53	呂＝安名尊・鳥破・席田 律＝青柳・万歳楽・五常楽	御遊抄 中右記
118	正月19日	関白藤原忠通大饗［関白藤原忠通35］	権大納言 藤原宗忠70	蔵人頭左中将 藤原宗能49	関白 藤原忠通35	内大臣右大将 源 有仁29	但馬守 源 有賢62	中納言右衛門督 源 雅定38	右少将 藤原忠基31	能登守 藤原季兼	呂＝穴貴・莚田・賀殿 律＝鷹子・万歳楽	御遊抄 長秋記
119	天承元年〈一一三一〉10月23日	和歌御会［崇徳天皇13］	但馬守 源 有賢62	左中将 藤原成通35	権中納言 藤原宗輔55	内大臣右大将 源 有仁29	左中将 藤原季成30（銘「鈴鹿」）	中納言右衛門督 源 雅定38	蔵人頭左中将 藤原公教29	能登守 藤原季兼		御遊抄 時信記
120	12月22日	任内大臣大饗［内大臣藤原宗忠70］	参議 藤原宗能48		権中納言 藤原宗輔55	権中納言 藤原実能36	左中将 藤原季成30	中宮権亮 藤原重通33	蔵人右少将 藤原公能17 右少将 藤原忠基31	能登守 藤原季兼	呂＝安名尊・鳥破・席田・賀殿急 律＝更衣・三台急	御遊抄
121	天承二年	崇徳天皇14朝覲行幸	内大臣 藤原宗忠71	参議左中将 藤原宗能50	前太政大臣 藤原忠実55	右大臣右大将 源 有仁30		中納言右衛門督 源 雅定39		刑部卿 藤原敦兼54	呂＝新年・鳥破	御遊抄

	年月日〈西暦〉	名称[主催]	拍子	付歌	箏	琵琶	和琴	笙	笛	篳篥	曲目	出典
	〈一一三三〉正月2日	[鳥羽上皇30]									律＝青柳・万歳楽	
122	長承二年〈一一三三〉正月1日	本仁親王（鳥羽上皇第五皇子）5着袴	内大臣 藤原宗忠72	参議左中将 藤原宗能51	関白 藤原忠通37	右大臣右大将 源有仁31	参河守 源資賢21	中納言左衛門督 源雅定40		能登守 藤原季兼	呂＝阿名尊・賀殿急・席田 律＝更衣・万歳楽・五常楽急	中右記
123	正月2日	崇徳天皇15朝覲行幸[鳥羽上皇31]	内大臣 藤原宗忠72		前太政大臣 藤原忠実56	右大臣右大将 源有仁31	参河守 源資賢21	中納言左衛門督 源雅定40	権中納言 藤原宗輔57	右衛門佐 藤原季兼	呂＝新年・席田・鳥破・鳥急・賀殿急 律＝青柳・万歳楽・三台急	御遊抄 中右記
124	正月3日	臨時客[関白藤原忠通41]	内大臣 藤原宗忠72	参議左中将 藤原宗能51							呂＝席田・酒万□礼、眉刀自女 朗詠＝佳辰令月・東岸西岸・新豊酒色	中右記
125	3月26日	中宮藤原聖子13小弓会	参議左中将 藤原宗能51								呂・律、歌数曲	中右記
126	長承三年〈一一三四〉正月5日	崇徳天皇16朝覲行幸[鳥羽上皇32]	内大臣 藤原宗忠73	参議左中将 藤原宗能51	権中納言 藤原宗輔58	右衛門督 藤原実能39	参議左中将 藤原宗能52	左衛門督 源雅定41	参議右中将 藤原公教32	右衛門佐 藤原季兼	呂＝安名尊・席田・鳥破 律＝更衣・万歳楽・五常楽急	御遊抄 中右記
127	2月10日	作文・和歌会[権中納言右中将藤原頼長15]	参議左中将 藤原宗能52			右衛門督 藤原実能39		左中将 藤原公隆32	右少将 藤原公能20		朗詠＝藤原実光66歌う ＊「饗管絃共有」	中右記
＊128	3月19日	皇后藤原泰子40立后大饗[崇徳天皇16]	内大臣 藤原宗忠73		前太政大臣 藤原忠実57	権中納言 藤原宗輔58	権中納言 藤原伊通42	左衛門督 源雅定41	右少将 藤原忠基34	右衛門佐 藤原季兼	呂＝安名尊・鳥破・席田 律＝更衣・万歳楽	中右記
129	4月11日	中宮藤原聖子14初度和歌会[崇徳天皇16]	内大臣 藤原宗忠73		権中納言 藤原宗能52	権中納言 藤原宗輔58	左兵衛権佐 源資賢22	参議右中将 藤原重通36	参議右中将 藤原公教32 右少将 藤原忠基34	左兵衛佐 藤原季兼	呂＝安名尊・鳥破・席田・鳥急・眉刀自女・賀殿急	中右記

		130	131	132	133	134	135	136
年月日〈西暦〉		長承四年〈一一三五〉 正月4日	保延二年〈一一三六〉 正月5日	正月26日	3月27日	12月9日	保延三年〈一一三七〉 正月4日	正月21日
名称［主催］		崇徳天皇17朝覲行幸 ［鳥羽上皇33］	崇徳天皇18朝覲行幸 ［鳥羽上皇34］	叡子内親王（鳥羽上皇第四皇女）御五十日産養 ［鳥羽上皇34］	叡子内親王御百日産養 ［鳥羽上皇34］	任内大臣大饗 ［内大臣藤原頼長17］	崇徳天皇19朝覲行幸 ［鳥羽上皇35］	内大臣藤原頼長大饗 ［内大臣藤原頼長18］
拍子		内大臣 藤原宗忠74	内大臣 藤原宗忠75	内大臣 藤原宗忠75	内大臣 藤原宗忠75	権大納言 藤原実能41	権大納言 藤原実能42	権中納言 藤原宗能55
付歌		参河守 源 資賢23 権中納言 藤原宗能53	権中納言 藤原宗能54			参河守 源 資賢24		
箏		前太政大臣 藤原忠実58	権中納言 藤原宗輔60	関白 藤原忠通40 （前太政大臣） 藤原忠実59 『長秋記』	前太政大臣 藤原忠実59	中納言右衛門督 藤原宗輔60	関白 藤原忠通41 （前太政大臣） 藤原忠実60 『御遊抄』	前太政大臣 藤原忠実60
琵琶		権中納言 藤原実能40	権中納言右衛門督 藤原実能41	権中納言右衛門督 藤原実能41	右大臣 源 有仁34	参議右中将 藤原重通38	左大臣 源 有仁35	左大臣 源 有仁35
和琴		権中納言 藤原伊通43	権中納言 藤原伊通44	権中納言 藤原伊通44			左兵衛佐参河守 源 資賢25	
笙		中納言左衛門督 源 雅定42	参議右中将 藤原重通38	中納言左衛門督 源 雅定43		権大納言 源 雅定43 （右衛門督） 藤原宗輔60 『台記』	権大納言 源 雅定44	内大臣 藤原頼長18
笛		権中納言 藤原宗輔59	参議左中将 藤原成通40	参議左中将 藤原公教34	中納言左兵衛督 藤原宗輔60	権中納言 藤原公教34	中納言左衛門督 藤原宗輔61	中納言左衛門督 藤原宗輔61
篳篥		能登守 藤原季行22	参河守 源 資賢24 能登守 藤原季行23	能登守左衛門佐 藤原季行23 （能登守） 藤原季兼 『長秋記』	能登守 藤原季行23	地下召人陪従 藤原時定 （権大納言） 源 雅定43 『台記』	阿波守 藤原季兼 （能登守） 藤原季行24 『御遊抄』	阿波守 藤原季兼
曲目	律＝更衣・万歳楽・五常楽	呂＝穴貴・鳥破・席田 律＝更衣・万歳楽・五常楽急	呂＝穴貴・鳥破・席田 律＝更衣・万歳楽・五常楽急	呂＝安名尊・賀殿・莚田・鳥急 律＝更衣・万歳楽・五常楽急	呂＝安名尊・鳥破・席田 律＝万歳楽・更衣・五常楽急	呂＝安名尊・鳥破・席田・賀殿急 律＝伊勢海・万歳楽・五常楽	呂＝穴貴・鳥破急・席田・賀殿急 律＝青柳・万歳楽・更衣・五常楽	
出典		中右記 長秋記 九条相国記	御遊抄 長秋記	中右記 長秋記	中右記	中右記 台記	実能記 中右記 御遊抄	御遊抄

	年月日〈西暦〉	名称［主催］	拍子	付歌	箏	琵琶	和琴	笙	笛	篳篥	曲目	出典
137	6月3日	暲子内親王（鳥羽上皇第五皇女）御五十日産養 ［鳥羽上皇35］	宮内卿 源 有賢68		関白 藤原忠通41	左大臣 源 有仁35	中納言右衛門督 藤原伊通45	内大臣 藤原頼長18	中納言左衛門督 藤原宗輔61	能登守 藤原季行24		御遊抄 台記
138	6月19日	皇后宮御懺法講・法楽御遊 ［鳥羽上皇35・皇后藤原泰子43］	宮内卿 源 有賢68		女房 右衛門佐局（前太政大臣藤原忠実60女房）	権大納言 藤原実能42 地下召人 藤原孝博66		内大臣 藤原頼長18 権大納言 源 雅定44	鳥羽上皇35 中納言左衛門督 藤原宗輔61 左衛門府生 安部末正	能登守 藤原季行24		御遊抄
139	6月26日	御懺法講・法楽御遊 ［鳥羽上皇35］	宮内卿 源 有賢68			権大納言 藤原実能42 地下召人 藤原孝博66		内大臣 藤原頼長18 権大納言 源 雅定44	鳥羽上皇35 中納言左衛門督 藤原宗輔61 地下召人 大神基政59	能登守 藤原季行24		御遊抄 宇治左府記
140	7月23日	暲子内親王御百日産養	右大臣 藤原宗忠76		関白 藤原忠通41	左大臣 源 有仁35	中納言右衛門督 藤原伊通45	内大臣 藤原頼長18	中納言左衛門督 藤原宗輔61	左衛門佐 藤原季兼（能登守 藤原季行24『宇槐雑抄』）	呂＝安名尊・鳥破急・席田・賀殿急 律＝万歳楽・更衣・五常楽急	中右記 実能記 宇槐雑抄
141	9月23日	仁和寺競馬行幸 ［崇徳天皇19］	権中納言左兵衛督 藤原宗能55			左大臣 源 有仁35 権大納言 藤原実能42	宮内卿 源 有賢68	内大臣 藤原頼長18 権大納言 源 雅定44	権中納言 藤原公教35 参議右中将 藤原実衡38 参議左中将 藤原忠基37 左中将 藤原公能23	左衛門佐 藤原季兼	律＝甘州・陪臚・万歳楽・三台急・五常楽急 呂＝記載なし 今様、朗詠、白薄様	宇槐雑抄
142	12月10日	叡子内親王4着袴 ［鳥羽上皇35］	右大臣 藤原宗忠76		前太政大臣 藤原忠実60	左大臣 源 有仁35		権大納言 源 雅定44	中納言左衛門督 藤原宗輔61	左衛門佐 藤原季兼	呂＝安名尊・席田・鳥破・賀殿急 律＝万歳楽・更衣・伊勢海・五常楽急	中右記
＊143	12月25日	**雅仁親王**（**後白河天皇**）11読書始	中納言右衛門督 藤原伊通45									中右記 実能記

	年月日〈西暦〉	名称〔主催〕	拍子	付歌	箏	琵琶	和琴	笙	笛	篳篥	曲目	出典
		〔鳥羽上皇35〕										
144	保延四年〈一一三八〉正月2日	崇徳天皇20朝覲行幸〔鳥羽上皇36〕	権中納言右衛門督 藤原宗能56		前太政大臣 藤原忠実61	権大納言 藤原実能43	越中守左少将 源資賢26	内大臣 藤原頼長19	中納言左衛門督 藤原宗輔62	左衛門佐 藤原季兼	呂＝穴貴・鳥破・席田・鳥急 律＝青柳・万歳楽・更衣・五常楽	御遊抄
145	保延五年〈一一三九〉正月4日	崇徳天皇21朝覲行幸〔鳥羽上皇37〕	権大納言 藤原実能44		中納言左衛門督 藤原宗輔63	左大臣 源有仁37	宮内卿 源有賢70	内大臣 藤原頼長20	権中納言左兵衛督 藤原公教37	阿波守 藤原季兼 能登守 藤原季行26		御遊抄
146	5月6日	皇后宮管絃会〔皇后藤原泰子45〕				藤原孝博68（内大臣藤原頼長20家人）		権大納言 源雅定46 右近将曹 豊原時秋43	六□大夫 藤原基通			台記
147	5月24日	体仁親王（近衛天皇）第七夜産養〔鳥羽上皇37〕		権大納言 藤原実能44	権中納言右衛門督 藤原宗能57	左大臣 源有仁37	中納言 藤原伊通47	権大納言 源雅定46 ＊「今夜、管絃中第一、人力の及ぶ可きに非ず。聞く者、身を驚かす。感興尤も深し」	中納言左衛門督 藤原宗輔63	阿波守右兵衛佐 藤原季兼	呂＝安名尊・鳥破・鳥急・席田 律＝伊勢海・万歳楽・更衣・三台急	台記
＊148	12月27日	**雅仁親王**（後白河**天皇**）13元服〔鳥羽上皇37〕	内大臣左大将 藤原頼長20			左大臣 源有仁37	参議左中将 藤原季成38	参議右中将 藤原重通41	中納言左衛門督 藤原宗輔63	阿波守 藤原季兼		大右記（藤原公能卿記）
149	康治元年〈一一四二〉11月9日	清暑堂御神楽試楽〔摂政藤原忠通46〕			左中将 藤原忠雅19			内大臣 藤原頼長23 権大納言左大将 源雅定49			朗詠＝東岸西岸（藤原伊通50）	台記
150	11月17日	清暑堂御神楽〔近衛天皇4〕	権大納言右大将 藤原実能47	権大納言 藤原伊通50 権中納言左兵衛督 藤原重通44	権大納言 藤原宗輔66	鳥羽法皇40（銘「末濃」） 権中納言左衛門督 藤原重通44	越中守左少将 源資賢30（銘「鈴鹿」）	内大臣 藤原頼長23（初度）	権中納言左衛門督 藤原公教40	因幡守 藤原季行29	呂＝安名尊・鳥破・席田・鳥急 律＝伊勢海・万	御遊抄

	年月日〈西暦〉	名称［主催］	拍子	付歌	箏	琵琶	和琴	笙	笛	篳篥	曲目	出典
				越中守左少将 源 資賢30		（銘「玄上」）					歳楽・五常楽急	
151	康治二年〈一一四三〉正月3日	近衛天皇5朝覲行幸［鳥羽法皇41］	権大納言右大将 藤原実能48	越中守 源 資賢31	摂政 藤原忠通47	左大臣 源 有仁41	権大納言 藤原伊通51	権大納言左大将 源 雅定50	権大納言 藤原宗輔67	武蔵守 藤原季行30	呂＝穴貴・鳥破・席田・賀殿急 律＝青柳・万歳楽・五常楽急	御遊抄
152	康治三年〈一一四四〉正月5日	近衛天皇6朝覲行幸［鳥羽法皇42］	権大納言右大将 藤原実能49	越中守 源 資賢32	権大納言 藤原宗輔68	権中納言左兵衛督 藤原重通46		内大臣 藤原頼長25	権中納言左衛門督 藤原公教42（権中納言 藤原成道48『公房卿記』）	地下召人 源 時定		御遊抄 台記 公房卿記
153	天養二年〈一一四五〉正月4日	近衛天皇7朝覲行幸［鳥羽法皇43］	権大納言右大将 藤原実能50		権大納言 藤原宗輔69	権大納言 藤原伊通53	越中守 源 資賢33	権大納言左大将 源 雅定52	権中納言左衛門督 藤原公教43	武蔵守 藤原季行32		御遊抄
154	久安二年〈一一四六〉2月1日	近衛天皇8朝覲行幸［鳥羽法皇44］	権大納言 藤原伊通54	備後守 源 資賢34	摂政 藤原忠通50	権中納言左兵衛督 藤原重通48	備後守 源 資賢34	権大納言左大将 源 雅定53	権中納言左衛門督 藤原公教44	地下召人		御遊抄
155	久安三年〈一一四七〉正月2日	近衛天皇9朝覲行幸［鳥羽法皇45］	権大納言 藤原伊通55	備後守 源 資賢35		権中納言左衛門督 藤原公教45	備後守 源 資賢35	権中納言左兵衛督 藤原重通49	権中納言 藤原公能33	地下召人兵部丞 藤原頼方		御遊抄
156	3月27日	前関白入道藤原忠実七十賀饗宴［摂政藤原忠通51］	権中納言 藤原宗能65		前関白入道 藤原忠実70	権中納言左兵衛督 藤原重通49	権大納言 藤原伊通55	左大将 源 雅定54	権大納言 藤原宗輔71（銘「甘竹」）	地下召人兵部丞 藤原頼方		台記
157	3月28日	前関白入道藤原忠実七十賀御宴［摂政藤原忠通51］	摂政 藤原忠通51	権中納言 藤原宗能65	前関白入道 藤原忠実70	権中納言左兵衛督 藤原重通49	権大納言 藤原伊通55	左大将 源 雅定54	権大納言 藤原宗輔71	地下召人兵部丞 藤原頼方	呂＝阿名尊・席田・美作・鳥破急・賀殿急 律＝青柳・万歳楽・三台急	台記別記
158	9月14日	天王寺御幸［鳥羽法皇45］			六波羅蜜寺別当 覚暹	信西入道		内大臣 藤原頼長28	鳥羽法皇45 備後守 源 資賢35	越前守 藤原俊盛28	呂＝鳥破急・賀殿急・安名尊・妹与我	台記

	年月日〈西暦〉	名称［主催］	拍子	付歌	箏	琵琶	和琴	笙	笛	篳篥	曲目	出典
											律＝万歳楽・三台破急・五常楽急	
159	11月30日	白河小御堂舎利講［鳥羽法皇45］						内大臣 藤原頼長28 権大納言左大将 源雅定54	権中納言 藤原成通51 権中納言左衛門督 藤原公教45	武蔵守 藤原季行34（上総守 藤原季兼『本朝世紀』）	朗詠＝藤原伊通55歌う 今様＝源資賢35歌う	台記 本朝世紀
160	久安五年〈一一四九〉2月13日	近衛天皇11朝覲行幸［鳥羽法皇47］	権大納言右大将 藤原実能54		権大納言 藤原宗輔73	権中納言左兵衛督 藤原重通51	備後守 源資賢36	権大納言左大将 源雅定56	権中納言左衛門督 藤原公教47	地下召人		御遊抄
161	7月28日	任右大臣大饗［右大臣藤原実行70］	権大納言 藤原宗能67		大納言 藤原宗輔73	左少将 藤原実長20		中納言 藤原重通51	左中将 藤原忠基49	地下召人兵部丞 藤原頼方		本朝世紀
162	7月28日	任内大臣大饗［内大臣源雅定56］	権大納言 藤原宗能67		大納言 藤原宗輔73	中納言 藤原重通51	上総介 源資賢37	越後守 藤原隆季23	左中将 藤原忠基49	地下召人兵部丞 藤原頼方		本朝世紀
163	久安六年〈一一五〇〉正月4日	近衛天皇12元服	権大納言 藤原伊通58	蔵人頭左中将 藤原為通36 蔵人頭左中将 藤原伊実26（権大納言 藤原公教48『台記別記』）	大納言 藤原宗能68	左兵衛督 藤原重通52（銘「玄泉」）	上総介 源資賢38	内大臣 源雅定57	権大納言侍従 藤原成通54		呂＝阿名尊・鳥破・席田・賀殿急 律＝万歳楽・伊勢海・三台急	御遊抄 台記別記
164	正月20日	近衛天皇12朝覲行幸［鳥羽法皇48］	権大納言 藤原伊通58	権大納言 藤原宗能68 蔵人頭左中将 藤原為通36 蔵人頭左中将 藤原伊実26	摂政 藤原忠通54	中納言左兵衛督 藤原重通52	上総守 源資賢38	左大臣 藤原頼長31	権中納言左衛門督 藤原公教48	武蔵守 藤原季行37		御遊抄
165	8月21日	任太政大臣大饗［太政大臣藤原実行71］	権大納言 藤原宗能68			権大納言 藤原公教48	上総守 源資賢38	参議 藤原公通34	中納言右兵衛督 藤原公能36	土佐守 藤原季行37	万歳楽	御遊抄

	年月日〈西暦〉	名称【主催】	拍子	付歌	箏	琵琶	和琴	笙	笛	篳篥	曲目	出典
166	8月21日	任内大臣大饗［内大臣藤原実能55］	権大納言 藤原宗能68		大納言 藤原宗輔74	内大臣 藤原実能55	上総守 源 資賢38	参議 藤原公通34	中納言右兵衛督 藤原公能36	土佐守 藤原季行37		御遊抄
＊167	12月1日	重仁親王（崇徳上皇第一皇子）11元服［鳥羽法皇48］	内大臣 藤原実能55		権大納言 藤原宗能68	権大納言左衛門督 藤原公教48	上総守 源 資賢38	右大臣 源 雅定57	中納言左兵衛督 藤原公能36	土佐守 藤原季行37		本朝世紀
168	12月7日	内侍所御神楽［近衛天皇12］	（本拍子）右近将曹 多 盛方（末拍子）式部丞 藤原頼方	上総介 源 資賢38			蔵人左衛門佐 藤原忠頼20		加賀権守 藤原教宗			本朝世紀
＊169	12月13日	守仁親王（雅仁親王24子、二条天皇）8着袴	内大臣 藤原実能55		権大納言 藤原宗能68	権大納言左衛門督 藤原公教48	上総守 源 資賢38	右大臣 源 雅定57	中納言左兵衛督 藤原公能36	土佐守 藤原季行37		本朝世紀 或人記（『経宗卿記』『本朝世紀』）
170	久安七年〈一一五一〉正月2日	近衛天皇13朝覲行幸［鳥羽法皇49］	内大臣 藤原実能56		権大納言 藤原宗能69	権大納言 藤原公教49	上総守 源 資賢39	右大臣 源 雅定58	大納言 藤原宗輔75	土佐守 藤原季行38		御遊抄 台記 宇槐記抄
171	正月26日	内大臣藤原実能大饗［内大臣藤原実能56］		権大納言 藤原宗能69		権大納言 藤原公教49	上総守 源 資賢39	左馬頭越後守 藤原隆季25	権中納言 藤原忠基51	土佐守 藤原季行38	呂＝安名尊・席田・鳥破・賀殿急 律＝青柳・長慶子・万歳楽・鷹子	台記 宇槐記抄
172	仁平二年〈一一五二〉正月3日	近衛天皇14朝覲行幸［鳥羽法皇50］	内大臣右大将 藤原実能57	蔵人頭左中将 藤原伊実28		参議中宮権大夫 藤原為通37	上総守 源 資賢40	中納言中宮大夫 藤原重通54	権大納言 藤原公教50	土佐守 藤原季行39		御遊抄
173	正月26日	新年大饗［左大臣藤原頼長33］	内大臣右大将 藤原実能57（大納言民部卿 藤原宗輔76『台記』）	権大納言 藤原宗能70	大納言民部卿 藤原宗輔76	中納言中宮大夫 藤原重通53	上総守 源 資賢40	前少納言 源 師国（参議 藤原公通36『台記』）	中納言左兵衛督 藤原公能38	地下召人式部丞 藤原頼方（散位 藤原頼賢『台記』）	呂＝安名尊・席田・鳥破急・賀殿急 律＝伊勢海・更衣・鷹子・万歳楽・三台急	兵範記 台記

	年月日〈西暦〉	名称〔主催〕	拍子	付歌	箏	琵琶	和琴	笙	笛	篳篥	曲目	出典
174	2月24日	左大臣藤原頼長第管絃興 [左大臣藤原頼長33]						左大臣 藤原頼長33 雅楽允 豊原時秋52	基通法師 前備後守 藤原季通57			宇槐記抄
175	8月28日	鳥羽法皇五十賀舞楽	内大臣右大将 藤原実能57		参議左中将 藤原師長15	中納言左衛門督 藤原重通54	上総守 源 資賢40	右大臣左大将 源 雅定59	中納言左兵衛督 藤原公能69	中宮亮 藤原季兼		兵範記
＊176	8月29日	鳥羽法皇五十賀斎会 [前関白入道藤原忠実74]	内大臣右大将 藤原実能57		参議左中将 藤原師長15	中納言左衛門督 藤原重通54	上総守 源 資賢40	右大臣左大将 源 雅定59	権大納言 藤原公教50	備後守 藤原季兼		兵範記
177	仁平三年〈一一五三〉正月2日	近衛天皇15朝覲行幸 **[雅仁親王27]**	内大臣右大将 藤原実能58		参議左中将 藤原師長16	大納言 藤原伊通61	上総守 源 資賢41	右大臣左大将 源 雅定60		土佐守 藤原季行40		御遊抄
178	仁平四年〈一一五四〉3月23日	奉為堀河院法華八講第四日 [鳥羽法皇52]	内大臣右大将 藤原実能59	上総介 源 資賢42	前関白入道 藤原忠実76 大納言民部卿 藤原宗輔78	参議左中将 藤原師長17	上総守 源 資賢42	権大納言侍従 藤原成通58 権大納言 藤原公教52 中納言 藤原公能40 中宮権大夫 藤原為通39	左大臣 藤原頼長35 (銘「良道」) 右大臣左大将 源 雅定61 中納言左衛門督 藤原重通56	土佐守 藤原季行41	呂＝阿名尊・妹与我・鳥破急 律＝青柳・走井・清水・万歳楽・三台急・泊州・廻忽・五常楽破急	宇槐記抄 兵範記
179	久寿二年〈一一五五〉正月21日	新年大饗 [左大臣藤原頼長36]	内大臣左大将 藤原実能60		大納言民部卿 藤原宗輔79		上総守 源 資賢43	左大臣 藤原頼長36	中納言右衛門督 藤原公能41	讃岐守 藤原季行42		兵範記
＊180	11月25日	清暑堂御神楽 **[後白河天皇29]**	[御神楽] (本拍子) 内大臣左大将 藤原実能60 (末拍子) 権大納言 藤原公教53	右少将 藤原実定17 右少将 藤原実国16 上総介 源 資賢43 (侍従 藤原信能17 『兵範記』)	大納言民部卿 藤原宗輔79	権中納言左中将 藤原師長18 (銘「玄上」)	上総守 源 資賢43 (銘「鈴鹿」)	侍従 藤原信能17 (銘「支佐幾絵」)	中納言右衛門督 藤原公能41 (銘「小水龍」) 右少将 藤原実国16	讃岐守 藤原季行42	呂＝穴貴・鳥破急・蓑山・賀殿 律＝伊勢海・万歳楽・五常楽急	御遊抄 台記 宇槐記抄 兵範記

	年月日〈西暦〉	名称［主催］	拍子	付歌	箏	琵琶	和琴	笙	笛	篳篥	曲目	出典
			［御遊］ 内大臣左大将 藤原実能60		大納言民部卿 藤原宗輔79	権中納言左中将 藤原師長18 （銘「玄上」）	上総守 源 資賢43		右少将 藤原実国16	讃岐守 藤原季行42		兵範記
＊181	12月2日	内侍所御神楽 ［**後白河天皇**29］			右中将 源 師仲41		上総守 源 資賢43	右少将 藤原公光26	右少将 藤原実国16 右少将 藤原実定17			兵範記
182	保元二年〈一一五七〉 8月19日	右大臣藤原基実大饗 ［関白藤原忠通61］	宮内卿 源 資賢45	□兵衛佐 源 通家25		参議右中将 藤原実長28		上野守 藤原重家30	右少将 藤原実国18	前備後守 藤原季兼		兵範記
183	9月19日	右大臣藤原基実大饗 ［右大臣藤原基実15］	宮内卿 源 資賢45			参議右中将 藤原実長28	右少将 源 通家25	左兵衛佐上野守 藤原重家30	右少将 藤原実国18	前備後守 藤原季兼		御遊抄
184	9月19日	任内大臣大饗 ［内大臣藤原公教55］	宮内卿 源 資賢45	右少将 源 通家25		参議右中将 藤原実長28	権大納言 藤原季成56	左兵衛佐上野守 藤原重家30	右少将 藤原実国18	前備後守 藤原季兼		御遊抄
＊185	保元三年〈一一五八〉 正月10日	**後白河天皇**32朝覲行幸、東宮守仁親王16同行啓 ［鳥羽法皇56］	左大臣 藤原伊通66	右少将 藤原信能20	太政大臣 藤原宗輔82	権大納言按察使 藤原重通60	宮内卿 源 資賢46	左京大夫 藤原隆季32	内大臣左大将 藤原公教56	前土佐守 藤原季行45		御遊抄
＊186	正月22日	内宴 ［**後白河天皇**32］	左大臣 藤原伊通66	**後白河天皇**32 右少将 藤原信能20 右少将 源 通家26	太政大臣 藤原宗輔82	権大納言按察使 藤原重通60	宮内卿 源 資賢46	左京大夫 藤原隆季32 摂津守 藤原重家31	内大臣左大将 藤原公教56	前備後守 藤原季兼	呂＝安名尊・鳥破・席田・賀殿急 律＝伊勢海・万歳楽・青柳・五常楽急	御遊抄
＊187	保元四年〈一一五九〉 正月3日	二条天皇17朝覲行幸 ［**後白河上皇**33］	太政大臣 藤原宗輔83	修理大夫 源 資賢47	右少将 藤原兼雅15	二条天皇17	修理大夫 源 資賢47	権大納言按察使 藤原重通61	内大臣左大将 藤原公教57	前大宰大弐 藤原季行46		御遊抄
＊188	正月21日	内宴 ［二条天皇17］	内大臣左大将 藤原公教57		右中将 藤原俊通32	二条天皇17 （銘「玄上」）	左中将 藤原忠親29 （銘「鈴鹿」）	権大納言按察使 藤原重通61	右中将 藤原実国20	前大宰大弐 藤原季行46	呂＝穴貴・鳥破・美作・賀殿急	御遊抄 山槐記

	年月日〈西暦〉	名称[主催]	拍子	付歌	箏	琵琶	和琴	笙	笛	篳篥	曲目	出典
											律=伊勢海・万歳楽・更衣・三台急・五常楽急	
189	正月22日	関白藤原基実大饗[関白藤原基実17]	権大納言按察使 藤原重通61		右中将 藤原俊通32	前少納言 藤原通能	参議 源師仲45		皇后宮権大夫 藤原伊実35	前大宰大弐 藤原季行46	呂=美作	御遊抄 山槐記
＊190	2月21日	女御姝子内親王19立后大饗[二条天皇17]	内大臣左大将 藤原公教57	右中将 藤原俊通32 蔵人頭左中将 藤原信能21	右少将 藤原兼雅15	権大納言按察使 藤原重通61	左中将 藤原忠親29	左京大夫 藤原隆季33	右中将 藤原実国20	前大宰大弐 藤原季行46		御遊抄 山槐記
191	平治元年〈一一五九〉11月20日	清暑堂御神楽習礼[関白藤原基実17]	＊歌楽所見無之。所作人当日に同じ									御遊抄
192	11月25日	清暑堂御神楽[二条天皇17]	権大納言右大将 藤原公能45	修理大夫 源資賢47 蔵人頭左中将 藤原信能21	左中将 藤原成憲25	右少将土佐権守 藤原通能	参議侍従 藤原公光30	左京大夫 藤原隆季33	蔵人頭右中将 藤原実国20	前大宰大弐 藤原季行46		御遊抄
193	永暦元年〈一一六〇〉8月11日	任内大臣大饗[内大臣藤原基房17]	右大臣 藤原公能46		太政大臣 藤原伊通68	右少将土佐権守 藤原通能	左少将 源通家28	左兵衛佐上野守 藤原重家33	参議 藤原俊通33			御遊抄
＊194	10月11日	二条天皇18朝覲行幸[後白河上皇34]	右大臣 藤原公能46	左少将 源通家28	右少将 藤原兼雅16	右少将土佐権守 藤原通能	参議侍従 藤原公光31	左京大夫 藤原隆季34		中宮亮 藤原季行47		山槐記 御遊抄
195	11月3日	禁中御遊調絃[二条天皇18]			右少将 藤原兼雅16 女房某	二条天皇18 右少将土佐権守 藤原通能	蔵人頭左中将 藤原忠親30		民部少輔相模守 藤原信保 稚児太郎			山槐記
＊196	12月27日	内侍所御神楽	(本拍子)左少将 源家通18 (末拍子)前弾正少□ 源師広				左中将 藤原実家16		前兵部丞 藤原惟盛	兵部丞 □□頼□		山槐記

	年月日〈西暦〉	名称［主催］	拍子	付歌	箏	琵琶	和琴	笙	笛	篳篥	曲目	出典
＊197	永暦二年〈一一六一〉正月27日	二条天皇19朝覲行幸［後白河上皇35］		左少将 源 通家29	右少将 藤原兼雅17	権中納言 藤原実長32	左衛門督 藤原公光32	左京大夫 藤原隆季35	参議右中将 藤原俊通34	中宮亮 藤原季行48		御遊抄
198	応保元年〈一一六一〉9月13日	任内大臣大饗［内大臣藤原宗能79］	左少将 源 通家29	内大臣 藤原宗能79		前少納言 藤原通能		左兵衛佐上野守 藤原重家34	地下召人	地下召人		御遊抄
199	12月10日	禁中御遊［二条天皇19］	［初会］		兵部丞 藤原惟盛	民部丞 藤原有保		能登守 藤原重家34	参議右中将 藤原実国22			山槐記 御遊抄
			［再会］		右少将 藤原兼雅17	二条天皇19	蔵人頭左中将 藤原忠親31					
200	12月10日	内裏臨時御会［二条天皇19］	左中将 藤原実宗17		兵部丞 藤原惟盛 右中将 藤原兼雅17	二条天皇19 民部丞 藤原有保	蔵人頭左中将 藤原忠親31	能登守 藤原重家34	参議右中将 藤原実国22			山槐記 御遊抄
＊201	応保三年〈一一六三〉正月2日	二条天皇21朝覲行幸［後白河上皇37］	権中納言左衛門督 藤原公光34	参議丹波権守 藤原信能25	左中将 藤原兼雅19	権大納言右大将 藤原兼実15	右中将 藤原実家19	参議讃岐権守 藤原隆季37	参議右中将 藤原実国24	前備前守 藤原季兼	呂＝新年・鳥破・席田 律＝青柳・万歳楽・更衣・三台急・五常楽	御遊抄 宗家卿記
＊202	長寛二年〈一一六四〉正月26日	二条天皇22朝覲行幸［後白河上皇38］	参議丹波権守 藤原信能26		左中将 藤原兼雅20	権大納言右大将 藤原兼実16		参議讃岐権守 藤原隆季38				御遊抄
203	閏10月23日	任右大臣大饗［右大臣藤原経宗46］	権中納言左衛門督 藤原公光35		蔵人頭右中将 藤原家通22	権大納言 藤原実長35	参議左中将 藤原忠親34	参議丹波権守 藤原信能26	参議左中将 藤原実国25	地下召人		御遊抄
＊204	長寛三年〈一一六五〉正月2日	二条天皇23朝覲行幸［後白河上皇39］	参議 藤原宗家27		蔵人頭右中将 藤原家通23	権大納言 藤原実長36	左衛門督 藤原公光36	参議讃岐権守 藤原隆季39	権中納言 藤原俊通38	前内大臣 藤原宗能82		御遊抄
205	永万二年〈一一六六〉8月27日	六条天皇3朝覲行幸［後白河上皇40］	参議 源 資賢54（初度）	少将 平 維盛7	前権中納言 藤原師長29	右大臣 藤原兼実18		左兵衛督 藤原隆季40		丹後守 藤原定能19（初度）		御遊抄

	年月日〈西暦〉	名称［主催］	拍子	付歌	箏	琵琶	和琴	笙	笛	篳篥	曲目	出典
206	仁安元年〈一一六六〉11月17日	清暑堂御神楽［六条天皇3］	（本拍子）権大納言 藤原実定28 （末拍子）参議 源資賢54	散位 源師広 刑部卿 藤原重家39	参議左中将 藤原兼雅22	権大納言 藤原師長29（銘「玄上」）	左少将 源通家34（銘「鈴鹿」）	右少将 藤原隆房19	参議左中将 藤原成親29	左少将 藤原定能19	歌＝催馬楽・葛木・蓑山 神楽歌＝星歌・朝倉・楚駒	御遊抄 兵範記
				前上総介 源雅賢19（初度）								
207	11月17日	大嘗会巳日節会 曲宴［六条天皇3］	参議 藤原雅頼40	刑部卿 藤原重家39 少納言 源師広	参議左中将 藤原兼雅22	権大納言 藤原師長29（銘「玄上」）	左少将 源通家34（銘「鈴鹿」）	右少将 藤原隆房19	参議左中将 藤原成親29	左少将 藤原定能19	呂＝葛木・蓑山	兵範記
208	仁安二年〈一一六七〉正月4日	六条天皇4朝覲行幸［後白河上皇41］	参議 源資賢55	左少将 源通家35		右中将 藤原実宗23		右少将 藤原隆房20		左少将 藤原定能20		御遊抄
209	正月16日	踏歌節会［六条天皇4］	参議 源資賢55	左少将 源通家35	左中将 藤原兼雅23	権大納言 藤原師長30	参議左中将 藤原忠親37	右少将 藤原隆房20	参議左中将 藤原成親30	左少将 藤原定能20		玉葉
＊210	正月20日	憲仁親王（高倉天皇）7行啓［後白河上皇41］	参議 源資賢55	左少将 源通家35	左中将 藤原兼雅23	権大納言 藤原師長30	参議左中将 藤原忠親37	右少将 藤原隆房20	参議左中将 藤原成親30	左少将 藤原定能20	呂＝此殿・鳥破急・賀殿急 律＝伊勢海・更衣・万歳楽・五常楽急	兵範記 玉葉
＊211	正月28日	六条天皇4朝覲行幸［後白河上皇41］	参議 源資賢55	左少将 源通家35	左中将 藤原兼雅23	右中将 藤原実宗23		右少将 藤原隆房20	参議左中将 藤原成親30	左少将 藤原定能20	呂＝穴尊・美作・鳥破 律＝歌怨楽・五常楽	玉葉 愚昧記
＊212	2月11日	任内大臣大饗［内大臣藤原忠雅44］	参議 源資賢55		参議 藤原家通25	右中将 藤原実宗23	土佐守 源雅賢20	右少将 藤原隆房20	権中納言 藤原成親30	左少将 藤原定能20	呂＝此殿・賀殿破・席田・賀殿急 律＝更衣・五常楽急	御遊抄 山槐記
＊213	仁安三年〈一一六八〉	憲仁親王8朝覲行啓	権中納言 藤原宗家30		左中将 藤原兼雅24	大納言 藤原師長31	参議 源資賢56	右少将 藤原隆房21	右衛門督 藤原実国29	左少将 藤原定能21		兵範記 玉葉

	年月日〈西暦〉	名称［主催］	拍子	付歌	箏	琵琶	和琴	笙	笛	篳篥	曲目	出典
	正月6日	［後白河上皇42］										
＊214	3月20日	女御平滋子27立后大饗［後白河上皇42］	権中納言 藤原宗家30		参議 藤原家通26	大納言 藤原師長31	参議 源資賢56	右少将 藤原隆房21	権中納言 藤原成親31	左少将 藤原定能21		兵範記
＊215	8月4日	高倉天皇8朝覲行幸［後白河上皇42］	参議 源資賢56		権中納言 藤原兼雅24	右中将 藤原実宗24	権中納言 藤原忠親38	右少将 藤原隆房21	右衛門督 藤原実国29	左少将 藤原定能21		御遊抄 兵範記
216	8月10日	任太政大臣大饗［太政大臣藤原忠雅45］			権中納言 藤原兼雅24		権中納言 藤原忠親38	左少将 源有房	地下召人陪従			兵範記
217	8月10日	任内大臣大饗［内大臣源雅通51］			権中納言 藤原兼雅24		権中納言 藤原忠親38	左少将 源有房	地下召人陪従	左少将 藤原定能21		御遊抄 兵範記
218	11月10日	清暑堂御神楽拍子合［摂政藤原基房25］		右少将 源通能							呂＝穴貴・蓑山・鳥破・鳥急 律＝万歳楽・更衣	御遊抄
＊219	11月14日	清暑堂御神楽習礼［後白河上皇42］	（本拍子）大納言左大将 藤原師長31 （末拍子）参議 源資賢56	右中将 藤原実家24 右少将 源通能 土佐守 源雅賢21			権中納言 藤原忠親38		中納言左衛門督 藤原実国29	左少将 藤原定能21	呂＝穴貴・蓑山・鳥破・鳥急 律＝伊勢海・万歳楽・刺櫛・三台急・更衣・五常楽急	御遊抄 兵範記
220	11月16日	清暑堂御神楽習礼［摂政藤原基房25］	（本拍子）参議 源資賢56 （末拍子）右中将 藤原実家24	右少将 源通能 土佐守 源雅賢21	権中納言 藤原兼雅24	右大臣 藤原兼実20	権中納言 藤原忠親38	参議 藤原家通26	権大納言 藤原実房22 中納言 藤原宗家30 左衛門督 藤原実国29	左少将 藤原定能21	呂＝安名尊・美乃山・鳥破急 律＝更衣・万歳楽	兵範記 愚昧記
221	11月24日	大嘗会巳日節会 曲宴［高倉天皇8］	［神宴］参議 源資賢56	右少将 源通能			権中納言 藤原忠親38（銘「鈴鹿」）		権中納言 藤原成親31（銘「小水龍」）	左少将 藤原定能21	呂＝阿奈尊・蓑山 律＝伊勢海・催馬楽	兵範記
			［御遊］参議 源資賢56	土佐守 源雅賢21	権中納言 藤原兼雅24	右大臣 藤原兼実20（銘「玄上」）		参議 藤原家通26（銘「小蟻絵」）				

	年月日〈西暦〉	名称［主催］	拍子	付歌	箏	琵琶	和琴	笙	笛	篳篥	曲目	出典
222	11月24日	清暑堂御神楽［高倉天皇8］	（本拍子）左衛門督 藤原隆季42 （末拍子）参議 源 資賢56	土佐守 源 雅賢21 （神楽付歌）蔵人頭右中将 藤原実家24 右少将 源 通能 参議 藤原家通26	権中納言 藤原兼雅24	右大臣 藤原兼実20	権中納言 藤原忠親38（銘「鈴鹿」）	左少将 源 通家36（銘「幾佐キ絵」）	権中納言 藤原成親31（銘「小水龍」）	左少将 藤原定能21	呂＝安名尊・鳥破・蓑山・鳥急 律＝万歳楽・更衣・三台急・五常楽急・刺櫛・伊勢海 催馬楽	御遊抄 兵範記 玉葉
223	12月4日	内侍所御神楽［高倉天皇8］	（本拍子）刑部卿 藤原重家41 （末拍子）右少将 源 通能				土佐守 源 雅賢21		右少将 藤原隆房21	右少将 藤原定能21		兵範記
＊224	嘉応元年〈一一六九〉4月28日	高倉天皇9朝覲行幸［後白河上皇43］	参議 源 資賢57	右兵衛権佐 源 雅賢22	権中納言右兵衛督 藤原兼雅25	大納言左大将 藤原師長32	右中将 藤原実家25	右少将 藤原隆房22	左衛門督 藤原実国30	左少将 藤原定能22		御遊抄 兵範記
225	12月7日	内侍所御神楽［高倉天皇9］	（本拍子）左少将 藤原定能22 （末拍子）右兵衛権佐 源 雅賢22	左少将 源 通賢 侍従 藤原伊輔			散位 源 通定		右少将 藤原泰通23	掃部助 藤原範光16		兵範記
＊226	嘉応二年〈一一七〇〉正月3日	高倉天皇10朝覲行幸［後白河法皇44］	参議 源 資賢58	右兵衛権佐 源 雅賢23	大納言左大将 藤原師長33 （権中納言 藤原兼雅26『御遊抄』）	右大臣 藤原兼実22 （大納言左大将 藤原師長33『御遊抄』）	権中納言 藤原忠親40	右少将 藤原隆房23	左衛門督 藤原実国31	左少将 藤原定能23	呂＝穴貴・鳥破・美作・鳥急 律＝青柳・万歳楽・伊勢海・三台急	玉葉 御遊抄
＊227	12月14日	任太政大臣大饗［摂政太政大臣藤原基房26］	参議 源 資賢58	右少将 源 雅賢23		蔵人頭右中将 藤原実宗27	権中納言 藤原忠親40	右少将 藤原隆房23	左衛門督 藤原実国31	左少将 藤原定能23		御遊抄
＊228	嘉応三年〈一一七一〉正月3日	高倉天皇11元服	権中納言 源 資賢59	蔵人頭右中将 藤原実宗28	大納言左大将 藤原師長34	右大臣 藤原兼実23（銘「玄上」）	権中納言 藤原忠親41	権大納言 藤原隆季	権大納言 藤原実国32	左少将 藤原定能24	呂＝安名尊・鳥破・席田・鳥急	御遊抄 玉葉

	年月日〈西暦〉	名称［主催］	拍子	付歌	箏	琵琶	和琴	笙	笛	篳篥	曲目	出典
				右少将 源 雅賢24				刑部卿 藤原重家44	権中納言左衛門督 藤原成親34		律＝伊勢海・万歳楽	
＊229	正月13日	高倉天皇11朝覲行幸［後白河法皇45］	権中納言 源 資賢59	蔵人頭右中将 藤原実宗28 右少将 藤原泰通25 右少将 源 雅賢24	参議 藤原家通29	大納言左大将 藤原師長34	右中将 藤原実家27	刑部卿 藤原重家44	権大納言 藤原実国32	左少将 藤原定能24	呂＝新年・鳥破・美作・鳥急 律＝青柳・万歳楽・更衣・三台急	御遊抄 玉葉 愚昧記
230	正月13日	関白藤原基房、朱器大饗［関白太政大臣藤原基房28］	権中納言 源 資賢59	蔵人頭右中将 藤原実宗28 右少将 藤原泰通25 右少将 源 雅賢24	参議 藤原家通29	大納言左大将 藤原師長34	右中将 藤原実家27		権大納言 藤原実国32			御遊抄
231	承安元年〈一一七一〉9月17日	臨時御神楽	左中将 藤原定能24 右少将 源 雅賢24				兵部大輔 源 通定					玉葉
232	12月6日	内侍所御神楽［高倉天皇11］	（本拍子）右少将 源 雅賢24 （末拍子）地下召人				兵部大輔 源 通定		右少将 藤原泰通25			兵範記
233	承安二年〈一一七二〉正月2日	臨時客［摂政藤原基房29］	中納言 藤原宗家34 権中納言左衛門督 藤原成親35	参議 藤原家通30 右少将 藤原隆房25							催馬楽＝新年・席田・青柳 朗詠＝令月・東岸西岸・新豊 酒色・更衣	玉葉
＊234	正月19日	高倉天皇12朝覲行幸［後白河法皇46］	権中納言 源 資賢60	蔵人頭右中将 藤原実宗28 右少将 平 維盛13	参議 藤原家通30	右大臣 藤原兼実24	備中守 源 雅賢25	右少将 藤原隆房25	右少将 藤原泰通26	左中将 藤原定能25	呂＝安名尊・鳥破・席田・賀殿急 律＝伊勢海・万歳楽・更衣・三台急	御遊抄 玉葉

	年月日〈西暦〉	名称［主催］	拍子	付歌	箏	琵琶	和琴	笙	笛	篳篥	曲目	出典
＊235	2月10日	女御平徳子16立后大饗［高倉天皇12］	中納言 藤原宗家34	右中将 藤原実宗28 右少将 平維盛13	権中納言 藤原兼雅28	大納言左大将 藤原師長35	権中納言 藤原忠親42	右少将 藤原隆房25	権中納言 藤原成親35	左中将 藤原定能25	呂＝安名尊・鳥破・席田 律＝伊勢海・万歳楽・三台急	玉葉 愚昧記
236	8月21日	藤原良通（藤原兼実子）6着袴［右大臣藤原兼実24］	中納言 藤原宗家34								朗詠＝令月・徳是・北辰・席田・更衣	玉葉
＊237	承安三年〈一一七三〉正月13日	高倉天皇13朝覲行幸［**後白河法皇**47］	権中納言 源資賢61		大納言左大将 藤原師長36	蔵人頭右中将 藤原実宗29	右少将 源雅賢26	参議 藤原家通31	権大納言 平重盛36 （右少将 平維盛14『御遊抄』）	左中将 藤原定能26		愚昧記 明月記 山槐記 御遊抄
＊238	承安四年〈一一七四〉正月11日	高倉天皇14朝覲行幸［**後白河法皇**48］	権中納言按察使 源資賢62	右少将 平維盛15	大納言左大将 藤原師長37	右大臣 藤原兼実26	右少将 源雅賢27	参議 藤原家通32	左少将 藤原実教25	左中将 藤原定能27	呂＝安名尊・鳥破・席田・鳥急 律＝伊勢海・万歳楽・更衣・三台急	玉葉
＊239	9月13日	今様合［**後白河法皇**48］	権中納言按察使 源資賢62	右少将 源雅賢27	大納言左大将 藤原師長37	蔵人頭右中将 藤原実宗30		参議 藤原家通32	新権大納言 藤原実国35 左衛門督別当 藤原成親37 左少将 藤原実教25	左中将 藤原定能27	朗詠＝藤原師長37 催馬楽＝源資賢62 今様＝**後白河法皇**48	御遊抄 吉記 吉野玄水院楽書
＊240	承安五年〈一一七五〉正月4日	高倉天皇15朝覲行幸［**後白河法皇**49］	権中納言按察使 源資賢63	右少将 源雅賢28 右少将中宮権亮 平維盛15	大納言左大将 藤原師長38	右大臣 藤原兼実27	参議左中将 藤原実家31	中宮大夫 藤原隆季49	高倉天皇15	左中将 藤原定能28	呂＝安名尊・鳥破・席田急 律＝青柳・万歳楽	御遊抄 玉葉
241	安元元年〈一一七五〉閏9月21日	仮殿遷宮［高倉天皇15］				右大臣 藤原兼実27		右少将 藤原隆房28	高倉天皇15 権大納言 藤原実国36			玉葉

番号	年月日〈西暦〉	名称〔主催〕	拍子	付歌	箏	琵琶	和琴	笙	笛	篳篥	曲目	出典
242	11月28日	任内大臣大饗〔内大臣藤原師長38〕	中納言 源 資賢63		内大臣 藤原師長38	蔵人頭右中将 藤原実宗31	備中守 源 雅賢28	参議 藤原家通33	権大納言 藤原成親38	左中将 藤原定能28		玉葉
＊243	安元二年〈一一七六〉正月3日	高倉天皇16朝覲行幸〔**後白河法皇**50〕			内大臣左大将 藤原師長39	右大臣 藤原兼実28	参議左中将 藤原実家32	権大納言 藤原隆季50	権大納言 藤原成親39	左中将 藤原定能29	呂＝穴貴・鳥破・席田・鳥急 律＝青柳・万歳楽・更衣・五常楽急	玉葉
＊244	正月23日	**後白河法皇**御賀舞楽（総稽古）	〔前座〕					中務権大輔 藤原経家28 左少将 源 有房	左中将 藤原泰通30	左中将 藤原定能29		玉葉
			〔後座〕						右少将 藤原公時20 左兵衛佐 源 資時18 侍従 藤原隆保27 刑部少輔 藤原隆雅	散位 藤原季信 右兵衛権佐 源 盛定		
245	2月14日	小御遊〔高倉天皇16〕			女房安芸（簾中）	右大臣 藤原兼実28		権大納言 藤原隆季50 右少将 藤原隆房29	高倉天皇16			玉葉
＊246	2月21日	**後白河法皇**五十賀試楽	中納言 源 資賢64		内大臣左大将 藤原師長39	右大臣 藤原兼実28	権中納言 藤原忠親46	中宮大夫 藤原隆季50 右少将 藤原隆房29	権大納言 藤原実国37 右少将 平 維盛17	左中将 藤原定能29	呂＝安名尊・鳥破・美作・賀殿急 律＝伊勢海・万歳楽・更衣・三台急	玉葉
＊247	3月4日	**後白河法皇**五十賀御宴	中納言 源 資賢64	右少将 平 維盛17	内大臣左大将 藤原師長39（銘「伏見」）	右大臣 藤原兼実28（銘「玄上」）	備中守 源 雅賢29	中宮大夫 藤原隆季50	権大納言 藤原実国37	左中将 藤原定能29	呂＝安名尊・鳥破・席田・賀殿急 律＝伊勢海・万歳楽・更衣・三台急	玉葉

	年月日〈西暦〉	名称［主催］	拍子	付歌	箏	琵琶	和琴	笙	笛	篳篥	曲目	出典
＊248	3月5日	後白河法皇五十賀御宴第二日	［屋形中］中納言 源資賢64		内大臣左大将 藤原師長39（銘「伏見」）権中納言 藤原兼雅32	右大臣 藤原兼実28（銘「若御前」）		中宮大夫 藤原隆季50	権大納言 藤原実国37		呂＝桜人・鳥破・難波海・賀殿急 律＝青柳・万歳楽・大路・三台急	玉葉
			［殿上］			参議 藤原実宗32（銘「賢円」）	備中守 源雅賢29	右少将 藤原隆房29	右少将 平維盛17	左中将 藤原定能29		
＊249	3月5日	後白河法皇五十賀御宴第二日夜	中納言按察使 源資賢64		内大臣左大将 藤原師長39（銘「伏見」）権中納言 藤原兼雅32	右大臣 藤原兼実28（銘「玄上」）		中宮大夫 藤原隆季50	権大納言 藤原実国37		呂＝妹与我・春庭楽・青々馬・胡飲酒破・本滋・鳥破 律＝庭生・慶雲楽・大芹・五常楽急・浅水橋・倍臚	玉葉
＊250	3月6日	後白河法皇五十賀後宴	中納言 藤原宗家38	中納言按察使 源資賢64	内大臣左大将 藤原師長39	右大臣 藤原兼実28（銘「玄上」）	中納言 源資賢64	参議 藤原家通34	高倉天皇16 権大納言 藤原実国37	左中将 藤原定能29	呂＝阿名尊・鳥破・美作・賀殿急・眉刀自女 律＝伊勢海・万歳楽・更衣・甘州・倍臚	玉葉
251	治承元年〈一一七七〉12月9日	内侍所御神楽［高倉天皇17］	（本拍子）右中将 藤原泰通31（末拍子）右少将 藤原顕家25									玉葉
252	12月26日	藤原師家（藤原基房子）6着袴［関白藤原基房34］									朗詠＝穴名尊・青柳、藤原宗家39	玉葉
＊253	治承二年〈一一七八〉正月4日	高倉天皇18朝覲行幸［後白河法皇52］	中納言 藤原宗家40	右少将 源雅賢31	侍従越前守 平資盛18	右中将 藤原実宗34	参議左中将 藤原実家34	参議 藤原家通36	右少将 平維盛19	蔵人頭右中将 藤原定能31		玉葉 山槐記

典	年月日〈西暦〉	名称［主催］	拍子	付歌	箏	琵琶	和琴	笙	笛	篳篥	曲目	出典
254	6月17日	中殿御会［高倉天皇18］	中納言 藤原宗家40		参議 藤原家通36	太政大臣 藤原師長41（銘「玄上」）	右少将 源雅賢31（銘「鈴鹿」）	中宮大夫 藤原隆季52	高倉天皇18 権大納言 藤原実国39	蔵人頭右中将 藤原定能31	呂＝穴貴・鳥破・席田・賀殿急 律＝伊勢海・万歳楽・五常楽急	御遊抄 山槐記 玉葉
＊255	11月16日	言仁親王（安徳天皇）第五夜産養	中納言按察使 源資賢66	右少将 平維盛19	侍従越前守 平資盛18	右大臣 藤原兼実30	右少将 源雅賢31	右少将 藤原隆房31	左少将 源資時20	中務権少輔 藤原季信	呂＝安名尊・鳥破・席田 律＝伊勢海・万歳楽・五常楽急	玉葉
256	11月18日	言仁親王第七夜産養	中納言按察使 源資賢66		太政大臣 藤原師長41	右大臣 藤原兼実30	右少将 源雅賢31	参議 藤原家通36	右少将 平維盛19	中務権少輔 藤原季信	呂＝安名尊・武徳楽・席田 律＝伊勢海・甘州	玉葉
＊257	12月23日	法皇往生講［後白河法皇52］	按察使中納言 源資賢66		春宮権大夫 藤原兼雅34	太政大臣 藤原師長41	右少将 源雅賢31	周防守 藤原能盛	右少将 平維盛19 左少将信濃守 藤原実教29 右少将 源資時20	雅楽大夫 豊原時秋		御遊抄 玉葉 百錬抄
＊258	治承三年〈一一七九〉正月2日	高倉天皇19朝覲行幸［後白河法皇53］	中納言按察使 源資賢67	右少将 源雅賢32	侍従 藤原兼宗17	参議左中将 藤原実家35	参議左中将 藤原実家35	参議 藤原家通37	右少将 平維盛20	蔵人頭右中将 藤原定能32	呂＝安名尊・鳥破・席田 律＝青柳・万歳楽・更衣・五常楽急	玉葉 山槐記
259	正月6日	言仁親王御五十日産養［高倉天皇19］	中納言按察使 源資賢67	春宮権亮右少将 平維盛20	春宮大夫 藤原兼雅35	右大臣 藤原兼実31	参議左中将 藤原実家35	参議 藤原家通37	権大納言 藤原実国40	蔵人頭右中将 藤原定能32	呂＝安名尊・鳥破・席田 律＝伊勢海・万歳楽・長唐子 催馬楽	玉葉 山槐記
260	2月22日	言仁親王御百日産養［高倉天皇19］	権大納言 藤原実国40	右少将 源雅賢32	春宮大夫 藤原兼雅35	右少将 藤原隆房32	権中納言 藤原実家35	参議 藤原家通37	春宮権亮右少将 平維盛20	蔵人頭右中将 藤原定能32	呂＝此殿・席田・武徳楽急 律＝走井・万歳楽・廻忽	玉葉 山槐記

	年月日〈西暦〉	名称〔主催〕	拍子	付歌	箏	琵琶	和琴	笙	笛	篳篥	曲目	出典
261	12月14日	内侍所御神楽〔高倉天皇19〕	（本拍子）左中将 藤原泰通33 （末拍子）左少将 源 通資28				左少将 藤原兼宗17 刑部少輔 藤原隆雅		侍従 藤原隆保30	治部大輔 藤原季信		山槐記
＊262	治承四年〈一一八〇〉正月20日	言仁親王3御魚味・着袴	権大納言 藤原宗家42		参議右兵衛督 藤原家通38	参議右中将 藤原実宗36	権中納言右衛門督 藤原実家36	権大納言 藤原隆季54	権大納言 藤原実国41	右兵衛権佐 藤原盛定	呂＝穴尊・鳥破・席田・鳥急・賀殿急 律＝伊勢海・万歳楽	玉葉
＊263	寿永元年〈一一八二〉8月14日	安徳天皇5冊命皇后事、第一日〔前斎院亮子内親王36〕	権大納言 藤原宗家44	右中将 源 雅賢35	右権中将 平 資盛22	参議右中将 藤原実宗38	権中納言右衛門督 藤原実家38	参議左兵衛督 藤原家通40	権大納言 藤原実国43	右兵衛権佐 藤原盛定		吉記
＊264	8月15日	安徳天皇5冊命皇后事、第二日〔前斎院亮子内親王36〕	権大納言 藤原宗家44	右中将 源 雅賢35	右権中将 平 資盛22	参議右中将 藤原実宗38	権中納言右衛門督 藤原実家38	参議左兵衛督 藤原光能51	権大納言 藤原実国43	右兵衛権佐 藤原盛定		玉葉
＊265	9月14日	賀茂社御幸〔後白河法皇56〕			権大納言 藤原兼雅38 右権中将 平 資盛22	参議右中将 藤原実宗38	右中将 源 雅賢35		権大納言 藤原実国43			吉記
＊266	11月15日	清暑堂御神楽習礼〔後白河法皇56〕	＊所作人当日の如し								呂＝穴貴・鳥破・美作 律＝伊勢海・万歳楽・三台急・五常楽 今様	御遊抄
＊267	11月18日	清暑堂御神楽拍子合〔摂政藤原基通23〕	＊所作人同前か								呂＝席田・鳥破・眉止自女・賀殿急 律＝庭生・万歳楽 朗詠＝令月・徳是	御遊抄

	年月日〈西暦〉	名称［主催］	拍子	付歌	箏	琵琶	和琴	笙	笛	篳篥	曲目	出典
＊268	11月26日	清暑堂御神楽［安徳天皇5］	（本拍子）権大納言 藤原実国43 （末拍子）権中納言右衛門督 藤原実家38	右中将 藤原隆房35 （右中将 源 雅賢35 『玉葉』）	権大納言 藤原兼雅38	参議右中将 藤原実宗38 （銘「玄上」）	右中将 源 雅賢35 （権中納言 藤原忠親52 『玉葉』）	参議左兵衛督 藤原家通40	蔵人頭左中将 藤原泰通36	参議 藤原定能35	呂＝安名尊・鳥破・席田・鳥急 律＝伊勢海・万歳楽	御遊抄 玉葉
＊269	寿永二年〈一一八三〉2月4日	賀茂社御幸［後白河法皇57］	前権大納言（入道） 源 資賢71			前太政大臣（入道） 藤原師長46		前権大納言（入道） 藤原隆季57 沙弥 西景	左少将 信濃守 藤原実教34 右少将 源 資時25	参議左中将 藤原定能36 左衛門尉 平 知康		御遊抄 吉記
＊270	2月21日	安徳天皇6朝覲行幸［後白河法皇57］	権大納言 藤原宗家45	右中将 源 雅賢36	左馬頭 源 資時25	権中納言 藤原家通41	左衛門督 藤原実家39	蔵人頭左中将 藤原隆房36	蔵人頭左中将 藤原泰通37	参議左中将 藤原定能36		吉記
＊271	5月29日	内侍所御神楽三ヶ夜	（本拍子）右中将 源 雅賢36 （末拍子）前左兵衛佐 藤原盛定				前兵衛佐 藤原隆雅	右少将 藤原成定31	右中将 藤原実教34	右少将 藤原親能15		心記（『御神楽部類』所収） 玉葉
＊272	元暦元年〈一一八四〉11月13日	清暑堂御神楽拍子合［後白河法皇58］	（本拍子）内大臣 藤原実定46 （末拍子）権中納言 藤原定能37	蔵人頭左中将 源 通資33 右中将 藤原実教35 前丹波守 藤原盛定	権大納言 藤原兼雅40	権中納言 藤原実宗40	右中将 源 雅賢37	右衛門督 藤原家通42	参議左中将 藤原泰通38	左少将 藤原親能16		御遊抄 吉記
273	11月14日	清暑堂御神楽拍子合［前摂政藤原基通25］	（末拍子）蔵人頭左中将 源 通資33									御遊抄
＊274	11月20日	清暑堂御神楽［後鳥羽天皇5］	（本拍子）権中納言 藤原定能37 内大臣 藤原実定46	蔵人頭左中将 源 通資33 前丹波守 藤原盛定	権大納言 藤原兼雅40	権中納言 藤原実宗40	右中将 源 雅賢37	右衛門督別当 藤原家通42	右中将 藤原実教35	左少将 藤原親能16	呂＝安名尊・鳥破・蓑山・鳥急 律＝伊勢海・万歳楽	御遊抄 吉記 体源抄

番号	年月日〈西暦〉	名称［主催］	拍子	付歌	箏	琵琶	和琴	笙	笛	篳篥	曲目	出典
			（末拍子）参議左中将 藤原泰通38									
＊275	文治二年〈一一八六〉10月29日	任内大臣大饗［内大臣藤原良通20］	権大納言 藤原宗家48	少納言 源師広	右衛門督別当 藤原家通44	権中納言 藤原実宗42	左衛門督 藤原実家42	右兵衛督 藤原隆房39	参議左中将 藤原泰通40	権中納言 藤原定能39		御遊抄
276	文治三年〈一一八七〉正月3日	臨時客［摂政藤原兼実39］										玉葉
＊277	11月8日	後鳥羽天皇8朝覲行幸［後白河法皇61］	内大臣 藤原良通21		権大納言 藤原兼雅43	権中納言 藤原実宗43	権大納言 藤原実家43	左兵衛督 藤原隆房40	左衛門督 藤原隆忠25	左少将 藤原親能19	呂＝穴貴・鳥破・席田・鳥急 律＝伊勢海・万歳楽・更衣	玉葉
＊278	文治四年〈一一八八〉6月19日	法皇新造五条亭御所渡御［後白河法皇62］	権中納言 藤原定能41		入道太政大臣 藤原師長51	修理大夫 藤原定輔26		内蔵頭 藤原経家40	蔵人頭右中将 藤原実教39	左少将 藤原親能20		玉葉
＊279	文治五年〈一一八九〉正月28日	石清水八幡宮御幸［後白河法皇63］	権中納言 藤原定能42		権大納言 藤原兼雅45	権中納言 藤原隆房42 修理大夫 藤原定輔27		内蔵頭 藤原経家41	参議右中将 藤原実教40 蔵人頭左中将 藤原公時33			御遊抄
＊280	2月5日	賀茂上社御幸［後白河法皇63］	権中納言 藤原定能42		権大納言 藤原兼雅45	権中納言 藤原実宗45 修理大夫 藤原定輔27		権中納言 藤原隆房42	参議右中将 藤原実教40 内蔵頭 藤原経家41 左少将 藤原隆保43	権中将 藤原親能21		御遊抄 仲資王記
＊281	7月10日	任右大臣大饗［右大臣藤原実房43］	権中納言 藤原定能42	右少将 藤原公継15	内大臣 藤原兼雅45	修理大夫 藤原定輔27	右衛門佐 藤原隆雅	左兵衛督別当 藤原隆房42	参議右中将 藤原実教40	権中将 藤原親能21		御遊抄 愚昧記
282	7月10日	任内大臣大饗［内大臣藤原兼雅42］	権中納言 藤原定能42	右少将 藤原公継15	内大臣 藤原兼雅45	修理大夫 藤原定輔27	中務大輔 藤原忠行24	左兵衛督別当 藤原隆房42	参議右中将 藤原実教40	権中将 藤原親能21	呂・律＝席田・鳥朝兼・更衣・万歳楽・美作・伊勢海	御遊抄 愚昧記 玉葉

	年月日〈西暦〉	名称[主催]	拍子	付歌	箏	琵琶	和琴	笙	笛	篳篥	曲目	出典
283	7月10日	任左大臣大饗[左大臣藤原実定51]	中納言 藤原定能42	右少将 藤原公継15	内大臣 藤原兼雅45	修理大夫 藤原定輔27	右衛門佐 藤原隆雅 中務大輔 藤原忠行24	左兵衛督 藤原隆房42	参議右中将 藤原実教40	権中将 藤原親能21	呂・律＝席田・鳥朝兼・更衣・万歳楽・美作・伊勢海	玉葉
＊284	12月14日	任太政大臣大饗[太政大臣藤原兼実41]	中納言左衛門督 藤原定能42	左中将 藤原親能21	左中将 藤原忠経17	右少将 藤原公継15	右衛門佐 藤原隆雅	左兵衛督 藤原隆房42	権大納言 藤原隆忠27	中務大輔 藤原忠行24		御遊抄
＊285	文治六年〈一一九〇〉正月3日	後鳥羽天皇11元服	中納言左衛門督 藤原定能43	右少将 藤原公継16	左中将 藤原忠経18	権大納言 藤原実宗46 (銘「玄上」)	参議 源 雅賢43	左兵衛督 藤原隆房43	権大納言 藤原隆忠28	権中将 藤原親能22	呂＝安名尊・席田・鳥破 律＝伊勢海・万歳楽	御遊抄 愚昧記 心記(『御神楽部類』所収)
＊286	正月27日	後鳥羽天皇11朝覲行幸[**後白河法皇64**]	左衛門督 藤原定能43		左中将 藤原忠経18	修理大夫 藤原定輔28	前右衛門佐 藤原隆雅	左兵衛督 藤原隆房43	権大納言 藤原隆忠28	右衛門権佐 藤原資能18(初度)	呂＝安名尊・席田 律＝青柳・万歳楽	愚昧記 体源抄
＊287	建久元年〈一一九〇〉4月26日	女御藤原任子18立后大饗[後鳥羽天皇11]	左衛門督 藤原定能43	右少将 藤原親能22	左中将 藤原忠経18	右中将 藤原公継16	中務大輔 藤原忠行25	左兵衛督 藤原隆房43	参議右中将 藤原実教41	右衛門権佐 藤原資能18	呂＝安名尊・鳥破・席田 律＝伊勢海・万歳楽・三台急・更衣・五常楽急	御遊抄 玉葉 明月記
288	7月17日	任内大臣大饗[内大臣藤原兼房44]	左兵衛督 藤原隆房43		右少将 藤原宗国	内蔵頭 藤原定輔28	中務大輔 藤原忠行25	右衛門佐 藤原隆雅	権中納言 藤原泰通44	右衛門権佐 藤原資能18		御遊抄
289	12月9日	内侍所御神楽	(本拍子)左京大夫 藤原顕家38 (末拍子)左中将 藤原基宗36				右衛門佐 藤原隆雅			右衛門権佐 藤原資能18		明月記 玉葉
＊290	12月26日	守貞親王(高倉天皇第二皇子)12読書始[**後白河法皇64**]	中納言 藤原定能43		左中将 藤原兼宗28	権大納言 藤原実宗46	右衛門佐 藤原隆雅	左兵衛督別当 藤原隆房43	右中将 藤原実教41	中務大輔 藤原忠行25		御遊抄

	年月日〈西暦〉	名称［主催］	拍子	付歌	箏	琵琶	和琴	笙	笛	篳篥	曲目	出典
291	建久二年〈一一九一〉3月28日	任内大臣大饗［内大臣藤原忠親61］	右衛門督藤原隆房44		左中将藤原兼宗29	□□範顕	右衛門佐藤原隆雅	藤原経家45	右中将藤原忠季	右衛門権佐藤原資能19		御遊抄 玉葉
292	4月13日	中宮藤原任子19童舞（醍醐寺僧正積賢童舞）見物［摂政藤原兼実43］	右中将藤原公継17	前□□守中原有安		右衛門督藤原隆房44	楽人豊原利秋	権中納言藤原泰通47 右中将藤原忠季 楽人大神宗方	楽人安倍季道		呂・律＝賀殿・太平楽・三台・馬頭・龍王・地久・古鳥・狛鉾・皇仁・新摩河・納曾利	玉葉
＊293	12月26日	守貞親王13元服［後白河法皇65］	参議右中将藤原公継17（初度）		左中将藤原忠経19	権大納言藤原実宗47	右少将藤原忠行26	右衛門督藤原隆房44	権中納言藤原泰通47	左中将藤原親能23	呂＝安名尊・席田・鳥急・我家・賀殿急 律＝伊勢海・万歳楽・更衣・三台急	愚昧別記
294	建久五年〈一一九四〉2月27日	楽所［後鳥羽天皇15］			左中将藤原親能26	右中将藤原公継21 蔵人藤原重通		前右衛門佐藤原隆雅	右中将藤原忠季 蔵人藤原経伊			玉葉
295	8月11日	和歌会［後鳥羽天皇15］	左衛門督藤原隆房47	左少将藤原宗国	蔵人頭左中将藤原兼宗32 女房宰相局	大納言藤原実宗50 参議右中将藤原公継20	少納言藤原頼房	非参議藤原経家47	権大納言藤原隆忠32 中宮権亮藤原忠季	右権少将藤原忠行29	呂＝安名尊・鳥破・席田・鳥急 律＝伊勢海・万歳楽・更衣・三台急・鷹子・五常楽急	玉葉
296	建久六年〈一一九五〉10月7日	昇子内親王（後鳥羽天皇第一皇女）第五十日産養［後鳥羽天皇16］	権大納言藤原定能48	左少将藤原宗国 侍従藤原親能27	右大臣藤原兼雅51	参議右中将藤原公継21	少納言藤原頼房	左衛門督藤原隆房48	権中納言藤原泰通49	右権少将藤原忠行30		玉葉 三長記
297	11月10日	任内大臣大饗［内大臣藤原良経27］	参議右中将藤原公継21	安芸守中宮少進藤原宗行41	右少将藤原経通20	左衛門督藤原隆房48	少納言藤原頼房		中納言藤原泰通49	右権少将藤原忠行30		三長記

後白河院司異動一覧

小松茂美 編

	年号	月日	別当	判官代	主典代	年齢	出典・備考
1	大治二年〈一一二七〉	11月14日	勅別当按察使権中納言 藤原顕隆56 別当 大納言 藤原経実60 権大納言民部卿 藤原忠教52 家司 蔵人左少弁淡路守 平 実親41 若狭守 藤原信輔22 能登守 藤原季兼 蔵人中宮少進 藤原光房19 紀伊守 藤原顕長11 職事 少納言 源 俊隆 刑部大輔 藤原朝隆31			1歳	『中右記』 『長秋記』 ＊雅仁親王政所
2	保元三年〈一一五八〉	8月11日	権大納言 藤原経宗40 権中納言左兵衛督 藤原信頼26 非参議 平 範家46			32歳	『兵範記』 ＊後白河天皇譲位
3	保元三年〈一一五八〉	8月17日	内大臣 藤原公教56 権大納言按察使皇后宮大夫 藤原重通60 参議中宮亮 藤原顕長42 参議右兵衛督 藤原惟方34 蔵人頭右中弁 藤原俊憲37 左近衛中将 藤原成憲24	権右中弁蔵人皇后宮大進 平 親範22 右少弁右衛門権佐摂津守 藤原貞憲 勘解由次官皇后宮権大進 藤原経房16	右衛門少尉 安倍資良	32歳	『兵範記』
4	平治元年〈一一五九〉	5月28日	内大臣左近衛大将 藤原公教57 大納言中宮大夫陸奥出羽按察使 藤原重通61 権大納言 藤原経宗41 中納言 藤原忠雅36 権中納言 源 雅通42 前権中納言 藤原朝隆63 権中納言左衛門督検非違使別当 藤原光頼36 権中納言 藤原実定21 権中納言 藤原雅教47 権中納言中宮権大夫右衛門督 藤原信頼27 権中納言 源 師仲45 参議侍従播磨権守 藤原公光30	兵部権少輔 平 時忠30 勘解由次官安房守 藤原経房17 右近衛権少将武蔵守 藤原信説 左近衛権少将美濃守 藤原修範17 治部権少輔文章博士 藤原俊経47	右衛門少尉 安倍資良	33歳	高野山文書（『平安遺文』二九七九）

	年号	月日	別当	判官代	主典代	年齢	出典・備考
			参議皇后宮権大夫 藤原顕長43 参議左兵衛督出雲権守 藤原惟方35 参議 藤原俊通32 修理大夫 源　資賢47 大宰大弐 平　清盛42 治部卿越中守 藤原光隆33 内蔵頭備後守 藤原家明32 刑部卿 藤原憲方54 右馬頭因幡守 藤原信隆34 左近衛権中将播磨守 藤原成範25 右中弁 平　親範23 権左少弁 藤原貞憲				
5	永暦元年〈一一六〇〉	5月5日	内大臣左近衛大将 藤原公教58 権大納言中宮大夫陸奥出羽按察使 藤原重通62 権大納言 藤原基房16 権中納言中宮権大夫 源　雅通43 権中納言左衛門督 藤原光頼37 権中納言左衛門督 藤原実定22 権中納言 藤原実長31 権中納言右兵衛督 藤原公光31 参議皇后宮権大夫周防権守 藤原顕長44 参議左大弁勘解由長官 藤原顕時51 中宮亮 藤原季行47 修理大夫 源　資賢48 大宰大弐 平　清盛43 内蔵頭播磨守 藤原家明33 右馬頭因幡守 藤原信隆35 木工頭越後守 藤原邦綱40 中務権大輔尾張守太皇太后宮亮 平　頼盛30 左中弁伊勢権守 源　雅頼34 右中弁 平　親範24 伊予守左馬頭 平　重盛23	皇后宮権大進 藤原長方22 前佐渡守 高階為清 右衛門権佐 平　時忠31 勘解由次官安房守 藤原経房18 宮内権大輔皇后宮権大進 藤原重方38 権右少将文章博士 藤原俊経48 左少弁 藤原朝方26 右少弁 藤原成頼25	散位 中原基憲	34歳	大谷大学所蔵文書（『平安遺文』三〇九三）

	年号	月日	別当	判官代	主典代	年齢	出典・備考
6	永暦二年〈一一六一〉	正月　日	右大臣右近衛大将　藤原公能47 大納言中宮大夫陸奥出羽按察使　藤原重通63 権大納言　藤原忠雅38 権大納言中宮権大夫　源　雅通44 権大納言　藤原光頼38 中納言　藤原実定23 権中納言　藤原雅教49 権中納言左衛門督　藤原公光32 権中納言　藤原顕時52 参議右衛門督　平　清盛44 皇后宮権大夫右兵衛督周防権守　藤原顕長45 左京大夫　藤原隆季35 中宮亮　藤原季行48 左大弁勘解由長官遠江権守　藤原資長43 修理大夫　源　資賢49 播磨守　藤原家明34 右馬頭因幡守　藤原信隆36 木工頭越後守　藤原邦綱40 中務権大輔尾張守太皇太后宮権亮　平　頼盛31 右大弁伊勢権守　源　雅頼35 左馬頭常陸介　平　教盛34 左中弁　平　親範25 右近衛中将備前守　藤原家通19 内蔵頭伊予守左馬頭　平　重盛24 左近衛権少将美作介　源　通家29 権右中弁　藤原成頼26 右中弁　藤原朝方27	民部少輔皇后宮権大進　藤原長方23 前佐渡守　高階為清 右少弁右衛門権佐　平　時忠32 治部大輔中宮権大進　藤原行隆32 勘解由次官安房守　藤原経房19 越前守左衛門佐　平　基盛23 宮内権大輔皇后宮権大進　藤原重方39 左少弁文章博士　藤原俊経49	散位　中原基憲	35歳	妙法院文書（『平安遺文』三一三三）
7	永暦二年〈一一六一〉	2月26日	右大臣右近衛大将　藤原公能47 大納言中宮大夫陸奥出羽按察使　藤原重通63 権大納言　藤原忠雅38 権大納言中宮権大夫　源　雅通44 権大納言　藤原光頼38 中納言　藤原実定23	民部少輔皇后宮権大進　藤原長方23 前佐渡守　高階為清 右少弁右衛門権佐　平　時忠32 治部大輔中宮権大進　藤原行隆32 甲斐守　藤原盛隆 勘解由次官安房守　藤原経房19	散位　中原基憲	35歳	妙法院文書（『平安遺文』三一三八）

	年号	月日	別当	判官代	主典代	年齢	出典・備考
			権中納言 藤原実長32 権中納言左衛門督 藤原公光32 権中納言 藤原顕時52 参議右衛門督 平 清盛44 皇后宮権大夫右兵衛督周防権守 藤原顕長45 左京大夫 藤原隆季35 中宮亮 藤原季行48 治部卿 藤原光隆35 左大弁勘解由長官遠江権守 藤原資長43 播磨守 藤原家明34 右馬頭因幡守 藤原信隆36 木工頭越後守 藤原邦綱40 中務権大輔尾張守太皇太后宮権亮 平 頼盛31 右大弁伊勢権守 源 雅頼35 左馬頭常陸介 平 教盛34 左中弁 平 親範25 右近衛中将備前守 藤原家通19 内蔵頭伊予守左馬頭 平 重盛24 左近衛権少将美作介 源 通家29 権右中弁 藤原成頼26 右中弁 藤原朝方27	越前守左衛門佐 平 基盛23 宮内権大輔皇后宮権大進 藤原重方39 左少弁文章博士 藤原俊経49			
8	永万二年〈一一六六〉	正月10日	大納言 藤原忠雅43 大納言 源 雅通49 権大納言陸奥出羽按察使 藤原公通50 権大納言中宮大夫 藤原実長37 権大納言兵部卿皇太后宮大夫 平 清盛49 権中納言左衛門督 藤原公光37 権中納言皇后宮権大夫右衛門督 藤原顕長50 権中納言 藤原俊通39 参議左兵衛督讃岐権守 藤原隆季40 参議右兵衛督 平 重盛29 治部卿 藤原光隆40 従三位 藤原家明39	下野守 藤原光能35 前摂津守 高階泰経37 甲斐守 藤原盛隆 勘解由次官 藤原経房24 左衛門権佐 藤原為親 左少弁 藤原行隆37	散位 中原基兼	40歳	丹生神社文書(『平安遺文』三三七五)

	年号	月日	別当		判官代		主典代		年齢	出典・備考
			宮内卿 前因幡守 右京大夫中宮亮 修理大夫 造東寺長官右大弁 左中弁 備前権守	藤原 藤原隆房19 藤原邦綱45 平　頼盛36 藤原朝方32 藤原成頼31 藤原光忠52						
9	永万二年〈一一六六〉	3月8日	参議左兵衛督 従三位 右馬頭	藤原隆季40 藤原家明39 藤原信隆41	下野守 丹波守	藤原光能35 藤原	大蔵権少輔	中原基兼	40歳	高山寺旧蔵文書（『平安遺文』三三八六）
10	仁安元年〈一一六六〉	11月3日	左京大夫	藤原定隆	左衛門権佐	藤原重方44			40歳	『兵範記』 ＊新造鳥羽北殿御移徙
11	仁安二年〈一一六七〉	正月4日	大納言右大将 大納言 権中納言左衛門督検非違使 権中納言 参議治部卿 春宮権大夫右京大夫 参議 参議左大弁 参議讃岐権守	藤原忠雅44 源　雅通50 藤原隆季41 藤原資長49 藤原光隆41 藤原邦綱46 藤原成頼32 源　雅頼41 平　親範31	少納言 民部少輔	高階泰経38 藤原盛方31			41歳	『吉記』 『吉大記』 『仙洞御移徙部類記』 ＊法住寺殿御移徙
12	仁安二年〈一一六七〉	正月28日	権中納言 権中納言左衛門督検非違使 権中納言 権中納言 権中納言 前権中納言 前権中納言 前権中納言 参議左中将	藤原公保36 藤原隆季41 藤原実房21 平　重盛30 藤原資長49 源　師仲53 藤原顕長51 藤原顕時58 藤原忠親37	少納言 民部少輔 下野守 讃岐守 参河守 兵部権少輔 治部権少輔	高階泰経38 藤原盛方31 藤原光能36 藤原季能15 藤原光雅19 平　親宗24 藤原光範42			41歳	『兵範記』 『愚昧記』 ＊六条天皇6、法住寺殿朝覲行幸［勧賞］（『兵範記』） ＊院司正四位上大蔵卿藤原長成（『愚昧記』正月十九日条）

	年号	月日	別当	判官代	主典代	年齢	出典・備考
			参議 藤原成頼32 正三位 藤原顕広54 右兵衛督 藤原成範33				
13	仁安三年〈一一六八〉	8月4日	権中納言 藤原宗家30 兵衛督検非違使別当 平時忠39 参議加賀権守 藤原家通26 右大弁阿波権守 藤原実綱41 伊予守 藤原信隆43 皇太后宮亮左京大夫 藤原定隆35 左中将 平知盛17 右少将 藤原光能37 備後守 藤原雅隆22 左馬頭 平重衡12	能登守 平通盛15 勘解由次官 平基親18 右衛門佐 平忠度25 木工頭 藤原親雅24 左衛門佐 平信基26 右少将 藤原盛頼 治部権少輔 藤原光範43 皇太后宮権大進伯耆守 平親宗25 周防守 高階信章 相模守 藤原有隆 太皇太后宮権大進 藤原憲定		42歳	『兵範記』 ＊高倉天皇8、法住寺殿朝覲行幸（後白河上皇・皇太后滋子）［勧賞］（『兵範記』）
14	嘉応元年〈一一六九〉	11月23日	権大納言 藤原隆季43 権中納言右衛門督 平時忠40 大宮権大夫 藤原俊盛50 刑部卿 藤原重家42 左少将美濃守 藤原修範27 権右中弁備後権守 平信範58 右少将皇后宮権亮 藤原光能38	勘解由次官 平親宗26 少納言侍従 高階泰経40 左衛門権佐 藤原経房27 右衛門権佐 藤原盛隆 右少弁 藤原重方46	大蔵権少輔 中原基兼	43歳	高野山文書（『平安遺文』三五二一） 『愚昧記』 ＊6月17日、出家。以後、後白河法皇 ＊院司正四位上大蔵卿藤原長成（『愚昧記』正月十九日条）
15	承安二年〈一一七二〉	2月25日	権大納言 平重盛35 権大納言中宮大夫 藤原隆季46 権中納言 藤原邦綱51 権中納言左衛門督 藤原成親35 権中納言 藤原資長54 権中納言右衛門督 平宗盛26 権中納言中宮権大夫 平時忠43 参議民部卿近江権守 平親範36 大宮権大夫 藤原俊盛53 左京大夫 藤原修範30	中宮権大進左兵衛佐但馬守 藤原光範47 右衛門佐 藤原光雅24 左少弁 藤原兼光28 兵部大輔 藤原光綱30 皇后宮権大進 藤原	大蔵権少輔 中原基兼	46歳	夫須美神社文書（『平安遺文』三五九三）

	年号	月日	別当		判官代		主典代		年齢	出典・備考
			右大弁文章博士 内蔵頭主馬頭伊予守 右中将 修理左宮城使左中弁 散位	藤原俊経60 藤原親房35 藤原光能41 藤原長方34 高階泰経43						
16	承安四年〈一一七四〉	12月13日	権大納言中宮大夫 権大納言 権大納言 権中納言左衛門督 権中納言右衛門督 権中納言左兵衛督 参議右兵衛督 大宮権大夫 右中将 修理左宮城使左中弁 散位 遠江守 権右中弁	藤原隆季48 藤原実房28 藤原実国35 藤原成親37 平　宗盛28 藤原成範40 平　頼盛44 藤原俊盛55 藤原光能43 藤原長方36 高階泰経45 藤原季能22 藤原経房32	右少弁右衛門権佐 左衛門権佐 左少弁 兵部大輔	平　親宗31 藤原光雅26 藤原兼光30 藤原顕方	大蔵大輔	中原基兼	48歳	東南院文書（『平安遺文』三六六六）
17	治承二年〈一一七八〉	6月12日	権大納言中宮大夫 権大納言 権大納言右大将 権中納言按察使 権中納言 権中納言右衛門督 権中納言左兵衛督 権中納言右兵衛督 参議皇太后宮大夫阿波権守 右中将皇太后宮権大夫 左馬頭中宮亮 右京大夫伊予守 左中弁 右中弁内蔵頭	藤原隆季52 藤原実房32 平　宗盛32 源　資賢66 藤原資長60 藤原忠親48 藤原成範44 平　頼盛48 藤原朝方44 藤原光能47 平　行盛 高階泰経49 藤原重方56 藤原経房36	安房守 勘解由次官中宮権大進 右衛門権佐 勘解由次官中宮大進 右少弁	藤原定長30 藤原宗頼25 藤原親雅34 平　基親28 藤原光雅30	大蔵権大輔	中原基兼	52歳	石清水文書（『平安遺文』三八三三）

	年号	月日	別当		判官代		主典代		年齢	出典・備考
			讃岐守 権右中弁	藤原季能26 平　親宗35						
18	治承二年〈一一七八〉	6月20日	権大納言中宮大夫 権大納言 権大納言右大将 権中納言按察使 権中納言 権中納言中宮権大夫左衛門督 権中納言右衛門督 権中納言右兵衛督 権中納言左兵衛督 参議皇太后宮大夫阿波権守 参議右大弁 右近衛権中将皇太后宮権大夫 左馬頭中宮亮 左中弁 右京大夫伊予守 右中弁内蔵頭 讃岐守 権右中弁	藤原隆季52 藤原実房32 平　宗盛32 源　資賢66 藤原資長60 平　時忠49 藤原忠親48 平　頼盛48 藤原成範44 藤原朝方44 藤原長方40 藤原光能47 平　行盛 藤原重方56 高階泰経49 藤原経房36 藤原季能26 平　親宗35	阿波守 勘解由次官中宮権大進 右衛門権佐 勘解由次官中宮大進 右少弁 左少弁	藤原定長30 藤原宗頼25 藤原親雅34 平　基親28 藤原光雅30 藤原兼光34	大蔵権大輔	中原基兼	52歳	東寺百合文書(『平安遺文』三八三六)
19	治承三年〈一一七九〉	8月18日	権大納言 大蔵卿右京大夫伊予守 讃岐守	藤原実房33 高階泰経50 藤原季能27	右衛門権佐	藤原親雅35	大蔵権大輔	中原基兼	53歳	尊経閣所蔵東寺文書(『平安遺文』三八八四)
20	養和元年〈一一八一〉	12月2日	大納言左大将 大納言 権大納言大宰帥 権大納言 権中納言 権中納言中宮大夫左衛門督 参議左大弁近江権守 伊予守	藤原実定43 源　定房52 藤原隆季55 藤原実房35 藤原兼雅37 平　時忠52 藤原長方43 高階泰経52	勘解由次官 兵部権少輔 式部権少輔 右衛門権佐 造東大寺長官左少弁山城守	藤原宗頼28 藤原定長33 藤原範季52 藤原親雅37 藤原行隆52	散位	大江景宗	55歳	石清水八幡宮記録(『平安遺文』四〇一二)

	年号	月日	別当		判官代		主典代		年齢	出典・備考
			右大弁	藤原重方59						
			内蔵頭	藤原季能29						
			左中弁	平　親宗38						
21	養和元年〈一一八一〉	12月8日	大納言左大将	藤原実定43	宮内権大輔	藤原親綱	織部正皇后宮大属	大江景宗	55歳	新熊野神社文書（『平安遺文』四〇一三）
			権大納言大宰帥	藤原隆季55	勘解由次官	藤原宗頼28				
			権大納言	藤原実房35	兵部権少輔	藤原定長33				
			権中納言	藤原兼雅37	式部権少輔	藤原範季52				
			権中納言民部卿	藤原成範47	右衛門権佐皇后宮大進	藤原親雅37				
			参議	藤原光能50						
			伊予守	高階泰経52						
			内蔵頭	藤原季能29						
			右中弁	藤原光雅33						
22	寿永二年〈一一八三〉	9月27日	中納言民部卿	藤原成範49	左衛門権佐皇后宮大進	藤原親雅39	織部正皇后宮大属	大江景宗	57歳	仁和寺文書（『平安遺文』四〇一七）
23	寿永二年〈一一八三〉	閏10月21日	左大臣	藤原経宗65	宮内権少輔越前権介	藤原親経33	織部正皇后宮大属	大江景宗	57歳	東大寺文書（『平安遺文』四一一四）
			大納言皇后宮大夫	藤原実房37	木工頭	平　棟範34				
			権大納言	藤原忠親53	右衛門権佐	藤原定長35				
			中納言民部卿	藤原成範49	左衛門権佐皇后宮大進	藤原親雅39				
			権中納言左衛門督	藤原実家39	左少弁播磨介	藤原光長40				
			参議左大弁近江権守	藤原経房41						
			大蔵卿	高階泰経54						
			従三位	藤原頼季20						
			参議右大弁	平　親宗40						
			造興福寺長官左中弁蔵人頭	藤原兼光39						
			修理左宮城使右中弁皇后宮亮	藤原光雅35						
			造東大寺長官権右中弁山城守	藤原行隆54						
			左少将周防守	藤原定輔21						
			民部権少輔	藤原						
			前常陸介	高階経仲27						
24	寿永三年〈一一八四〉	2月7日	権大納言	藤原忠親54	勘解由次官皇后宮権大進	藤原定経27	織部正皇后宮大属	大江景宗	58歳	鳥居大路文書（『平安遺文』四一三八）
			民部卿	藤原成範50	右衛門権佐	藤原定長36				

	年号	月日	別当	判官代	主典代	年齢	出典・備考
			参議修理大夫 藤原親信48 右京大夫 藤原季能32 修理左宮城使左中弁皇后宮亮 藤原光雅36 式部権少輔 藤原範季55	左衛門権佐皇后宮大進 藤原親雅40			
25	寿永三年〈一一八四〉	2月18日	権大納言 藤原忠親54 民部卿 藤原成範50 参議修理大夫 藤原親信48 右京大夫 藤原季能32 式部権少輔 藤原範季55 権右中弁 藤原光長41	右衛門権佐 藤原定長36 左衛門権佐皇后宮大進 藤原親雅40	織部正皇后宮大属 大江景宗	58歳	春日神社文書（『平安遺文』四一三二）
26	元暦元年〈一一八四〉	4月 日	権大納言 藤原忠親54 民部卿 藤原成範50 参議修理大夫 藤原親信48 大蔵卿 高階泰経55 右京大夫 藤原季能32 従三位 平 親宗41 左中将蔵人頭 源 通資33	右衛門権佐 藤原定長36 左衛門権佐皇后宮大進 藤原親雅40	織部正皇后宮大属 大江景宗	58歳	高山寺文書（『平安遺文』四一六六）
27	元暦元年〈一一八四〉	5月19日	大納言皇后宮大夫 藤原実房38 権大納言 藤原忠親54 民部卿 藤原成範50 権中納言左衛門督 藤原実家40 参議修理大夫 藤原親信48 参議右大弁近江権守 藤原兼光40 大蔵卿 高階泰経55 右京大夫 藤原季能32 従三位 平 親宗41 左近衛権中将蔵人頭 源 通資33 修理左宮城使左中弁皇后宮亮 藤原光雅36 造東大寺長官右中弁 藤原行隆55 式部権少輔 藤原範季55 権右中弁 藤原光長41	勘解由次官皇后宮権大進 藤原定経28 木工頭 平 棟範35 右衛門権佐 藤原定長36 左衛門権佐皇后宮大進 藤原親雅40 右少弁 平 基親34	織部正皇后宮大属 大江景宗	58歳	神護寺文書（『平安遺文』四一七三）

	年号	月日	別当		判官代		主典代		年齢	出典・備考
28	元暦元年〈一一八四〉	8月8日	民部卿 大蔵卿 右京大夫 従三位 前常陸介	藤原成範50 高階泰経55 藤原季能32 平　親宗41 高階経仲28	右衛門権佐 左衛門権佐皇后宮大進	藤原定長36 藤原親雅40	織部正皇后宮大属	大江景宗	58歳	根来要書（『平安遺文』四一九一）
29	元暦二年〈一一八五〉	4月22日	大納言皇后宮大夫 権中納言 民部卿 参議讃岐権守 大蔵卿備後権守 右京大夫 右大弁皇后宮亮	藤原実房39 藤原朝方51 藤原成範51 平　親宗42 高階泰経56 藤原季能33 藤原光雅37	宮内権少輔越前権介 左少弁 左衛門権佐皇后宮大進	藤原親経35 平　基親35 藤原親雅41	織部正皇后宮大属	大江景宗	59歳	到津文書（『平安遺文』四二四二）
30	元暦二年〈一一八五〉	4月29日	民部卿 権中納言 参議讃岐権守 大蔵卿備後権守 右京大夫 右大弁皇后宮亮 右馬頭	藤原成範51 藤原朝方51 平　親宗42 高階泰経56 藤原季能33 藤原光雅37 高階経仲29	宮内権少輔 左衛門権佐皇后宮大進	藤原親経35 藤原親雅41	織部正皇后宮大属	大江景宗	59歳	賀茂別雷神社文書（『平安遺文』四二四四）
31	元暦二年〈一一八五〉	7月28日	大納言皇后宮大夫 民部卿 権中納言 参議讃岐権守 大蔵卿備後権守 右大弁皇后宮亮 木工頭 右馬頭	藤原実房39 藤原成範51 藤原朝方51 平　親宗42 高階泰経56 藤原光雅37 藤原範季56 高階経仲29	宮内権少輔 勘解由次官皇后宮権大進 右少弁 左衛門権佐皇后宮大進 左少弁	藤原親経35 藤原定経29 藤原定長37 藤原親雅41 平　基親35	織部正皇后宮大属	大江景宗	59歳	『吾妻鏡』
32	文治二年〈一一八六〉	4月13日	左大臣 内大臣左大将 大納言 前権中納言	藤原経宗68 藤原実定48 源　定房57 源　雅頼60	摂津守 皇后宮権大進 少納言侍従河内権守 左少弁	藤原行房 藤原長経 源　頼房 藤原定長38	式部少輔正 皇后宮大進	大江盛季	60歳	豊前・益永家記録（『鎌倉遺文』八五）

		33
年号		文治二年〈一一八六〉
月日		5月 日
別当	権大納言 藤原忠親56 権大納言右大将 藤原良通20 民部卿 藤原成範52 権中納言 藤原朝方52 権中納言左衛門督皇后宮権大夫 藤原実家42 権中納言右衛門督 藤原家通44 権中納言左兵衛督 藤原頼実32 権中納言 藤原定能39 参議右衛門督加賀権守 藤原隆房39 造興福寺長官左大弁勘解由長官 藤原兼光42 右京大夫 藤原季能34 内蔵頭 藤原経家38 修理左宮城使左中弁阿波介 藤原光長43 右中弁蔵人頭 源　兼忠26	左大臣 藤原経宗68 内大臣左大将 藤原実定48 大納言 源　定房57 前権大納言 藤原兼雅42 権大納言 藤原忠親56 権大納言右近衛大将 藤原良通20 民部卿 藤原成範52 権中納言 藤原朝方52 権中納言左衛門督皇后宮権大夫 藤原実家42 権中納言右衛門督 藤原家通44 権中納言左兵衛督 藤原頼実32 権中納言 藤原定能39 参議右兵衛督加賀権守 藤原隆房39 造興福寺長官左大弁勘解由長官 藤原兼光42 右京大夫 藤原季能34 内蔵頭 藤原経家38 造東大寺長官右大弁 藤原行隆57 大蔵卿 藤原宗頼33 修理左京城使左中弁阿波介 藤原光長43
判官代	勘解由次官皇后宮権大進 藤原定経30 左京権大夫 藤原光綱44 左衛門権佐 平　棟範37 民部権大輔 藤原為頼 左少弁皇后宮大進 藤原親雅42	摂津守 藤原行房 皇后宮権大進 藤原長経 少納言侍従河内権守 源　頼房 右少弁 藤原親経36 勘解由次官皇后宮権大進 藤原定経30 左京権大夫 藤原光綱44 右衛門権佐 平　棟範37 左少弁 藤原定長38 民部権大輔 藤原為頼 左少弁皇后宮大進 藤原親雅42
主典代		織部正皇后宮大属 大江景宗
年齢		60歳
出典・備考		高野山文書（『鎌倉遺文』一〇一）

	年号	月日	別当	判官代	主典代	年齢	出典・備考
			右中弁蔵人頭 源 兼忠26 権右中弁 平 基親36				
34	文治二年〈一一八六〉	5月24日	大納言 源 定房57 大納言皇后宮大夫 藤原実房40 前権大納言 藤原兼雅42 民部卿 藤原成範52 権中納言 藤原朝方52 権中納言右衛門督 藤原家通44 権中納言左兵衛督 藤原頼実32 造興福寺長官左大弁勘解由長官 藤原兼光42 右京大夫 藤原季能34 大蔵卿 藤原宗頼33 修理左宮城使左中弁阿波介 藤原光長43 右中弁蔵人頭 源 兼忠26 右中弁 平 基親36	摂津守 藤原行房 皇后宮権大進 藤原長経 右少弁 藤原親経36 勘解由次官皇后宮権大進 藤原定経30 左少弁 藤原定長38 民部権大輔 藤原為頼 左衛門権佐皇后宮大進 藤原親雅42	織部正皇后宮大属 大江景宗	60歳	肥前・河上山古文書（『鎌倉遺文』一〇七）
35	文治三年〈一一八七〉	2月1日	大納言右大将皇后宮大夫 藤原実房41 前権大納言 藤原兼雅43 権大納言皇后宮権大夫 藤原実家43 権中納言右衛門督 藤原頼実33 権中納言大宰権帥 藤原経房45 参議修理大夫備前権守 藤原親信51 右京大夫因幡権守 藤原季能35 内蔵頭 藤原経家39	摂津守 藤原行房 皇后宮権大進丹波守 藤原長経 右少弁 藤原親経37 右衛門権佐皇后宮権大進 藤原定経31 左少弁皇后宮大進 藤原親雅43	織部正皇后宮大属 大江景宗	61歳	『民経記』寛喜三年七月巻裏文書（『鎌倉遺文』二〇四）
36	文治三年〈一一八七〉	6月14日	前権大納言 藤原兼雅43 権大納言皇后宮権大夫 藤原実家43 権中納言按察使 藤原朝方53 権中納言右衛門督 藤原頼実33 権中納言大宰権帥 藤原経房45 参議左大弁 平 親宗44	皇后宮権大進丹波守 藤原長経37 右少弁 藤原親経37 左衛門権佐 平 棟範38 左少弁皇后宮大進 藤原親雅43 修理大夫 藤原定輔25	織部正皇后宮大属 大江景宗	61歳	壬生家文書（『鎌倉遺文』二三九）
37	文治三年〈一一八七〉	10月17日	大納言右大将皇后宮大夫 藤原実房41 前権大納言 藤原兼雅40	刑部権少輔 藤原 河内守 藤原清長17	織部正皇后宮大属 大江景宗	61歳	『民経記』寛喜三年四月巻裏文書

	年号	月日	別当		判官代		主典代		年齢	出典・備考
			権大納言	藤原兼房35	民部少輔和泉守	藤原長房20				（『鎌倉遺文』二七六）
			権大納言	藤原忠親57	摂津守	藤原行房				
			権中納言右衛門督	藤原頼実23	勘解由次官	平　親国23				
			権中納言大宰権帥	藤原経房46	右少弁	藤原親経37				
			参議修理大夫備前権守	藤原親信51	右衛門権佐	藤原定経31				
			参議左大弁	平　親宗44	防鴨河使左衛門権佐	平　棟範38				
			参議左兵衛督加賀権守	藤原隆房40	左少弁	藤原親雅43				
			右京大夫因幡権守	藤原季能35						
			内蔵頭	藤原経家39						
			大蔵卿備中権守	藤原宗頼34						
			造東大寺長官権右中弁	藤原定長39						
			修理権大夫	藤原盛隆						
38	文治四年〈一一八八〉	2月26日	左大臣	藤原経宗70	河内守	藤原清長18	織部正皇后宮大属	大江景宗	62歳	『吾妻鏡』文治四年四月九日条（『鎌倉遺文』三一三）
			右大臣	藤原実定50	民部少輔和泉守	藤原長房21				
			大納言	源　定房59	左少将	藤原公国26				
			大納言右近衛大将	藤原実房42	散位	藤原雅隆42				
			権大納言	藤原兼雅44	紀伊守	藤原為季				
			権大納言	藤原忠親58	土佐守	藤原資頼41				
			権大納言	藤原実家44	勘解由次官	平　親国24				
			権中納言按察使	藤原朝方54	右少弁	藤原親経38				
			権中納言	藤原実宗44	右衛門権佐	藤原定経31				
			権中納言右衛門督	藤原頼実34	防鴨河使左衛門権佐	平　棟範39				
			権中納言	藤原定能41	木工頭	藤原範季59				
			権中納言	源　通親40	左少弁	藤原親雅44				
			権中納言大宰権帥	藤原経房46						
			権中納言	藤原兼光44						
			参議備前権守	藤原親信52						
			参議左大弁丹波権守	平　親宗45						
			参議左兵衛督	藤原隆房41						
			右京大夫因幡権守	藤原季能36						
			宮内卿	藤原季経58						
			内蔵頭	藤原経家40						
			右中将播磨守	藤原実明38						

	年号	月日	別当	判官代	主典代	年齢	出典・備考
			修理大夫 藤原定輔26 修理右宮城使右中弁 平 基親38 造東大寺長官権右中弁 藤原定長40 修理権大夫 藤原盛隆 丹波守 藤原長経				
39	文治四年〈一一八八〉	4月9日	右大臣 藤原実定50 大納言 源 定房59 大納言右大将 藤原実房42 権大納言 藤原兼雅44 権大納言 藤原忠親58 権中納言按察使 藤原朝方54 権中納言 藤原実宗44 権中納言右衛門督 藤原頼実34 権中納言 藤原定能41 権中納言大宰権帥 藤原経房46 権中納言 藤原兼光44 参議備前権守 藤原親信52 参議左大弁丹波権守 平 親宗45 参議左衛門督 藤原隆房41 右京大夫因幡権守 藤原季能36 造東大寺長官権右中弁 藤原定長40 修理権大夫 藤原盛隆	河内守 藤原清長18 民部少輔和泉守 藤原長房21 摂津守 藤原行房 左少将 藤原公国26 散位 藤原雅隆42 紀伊守 藤原為季 右少弁 藤原親経38 防鴨河使左衛門権佐 平 棟範39 木工頭 藤原範季59 左少弁 藤原親雅44	織部正皇后宮大属 大江景宗	62歳	醍醐寺文書（『鎌倉遺文』三三二）
40	文治四年〈一一八八〉	11月　日	左大臣 藤原経宗70 右大臣 藤原実定50 大納言左大将 藤原実房42 権大納言 藤原宗家50 権大納言右大将 藤原兼雅44 権大納言 藤原忠親58 権大納言按察使 藤原朝方54 権大納言 藤原実家44 権中納言 藤原実宗44 権中納言右衛門督 藤原頼実34	河内守 藤原清長18 右衛門権佐和泉守 藤原長房21 摂津守 藤原行房 左少将 藤原公国26 少納言侍従 藤原 勘解由次官 平 親国24 権右中弁 藤原親経38 右少弁左衛門権佐 藤原定経31 左少弁 平 棟範39 右中弁 藤原親雅44	織部正皇后宮大属 大江景宗	62歳	『吾妻鏡』文治四年十二月十一日条（『鎌倉遺文』三五三）

		41
年号		文治五年〈一一八九〉
月日		4月14日
別当	権中納言　藤原定能41 権中納言　源通親40 権中納言大宰権帥　藤原経房46 権中納言　藤原泰通42 参議備前権守　藤原親信52 参議左大弁丹波権守　平親宗45 参議左兵衛督　藤原隆房41 右京大夫因幡権守　藤原季能36 宮内卿　藤原季経58 内蔵頭　藤原経家40 右中将播磨守　藤原実明38 修理大夫　藤原定輔26 大蔵卿備中権守　藤原宗頼35 造東大寺長官左中弁　藤原定長40 修理権大夫　藤原盛隆 丹後守　藤原長経	右大臣　藤原実定51 大納言左大将　藤原実房43 大納言　藤原忠親59 権大納言　藤原兼雅45 権大納言　藤原実家45 権中納言　藤原実宗45 権中納言　藤原定能42 権中納言　源通親41 権中納言大宰権帥　藤原経房47 権中納言　藤原泰通43 左近衛権中将権中納言　藤原良経21 参議美作権守　藤原親信53 参議左兵衛督伊予権守　藤原隆房42 参議讃岐権守　源雅賢42 左近衛中将播磨守　藤原実明39 修理大夫　藤原定輔27 宮内卿　藤原季経59
判官代		河内守　藤原清長19 右衛門権佐和泉守　藤原長房22 摂津守　藤原行房 左近衛権少将　藤原公国27 宮内大輔　藤原資実28 土佐守　藤原資頼42 少納言侍従　藤原 防鴨河使右少弁左衛門権佐　藤原定経32 左少弁　平棟範40 木工頭　藤原範季60 左京権大夫越中権守　藤原光綱47
主典代		織部正皇后宮大属　大江景宗
年齢		63歳
出典・備考		『寺門高僧記』(『大日本史料』四ノ二)

	年号	月日	別当	判官代	主典代	年齢	出典・備考
			丹波守 藤原長経 備前守 藤原仲経				
42	建久元年〈一一九〇〉	12月 日	右大臣 藤原兼雅46 権大納言 藤原実宗46 中納言 藤原定能43 中納言左衛門督 源　通親42 造東大寺長官左大弁讃岐権守 藤原定長42 右京大夫因幡権守 藤原季能38 修理大夫内蔵頭 藤原定輔28 大蔵卿蔵人頭中宮亮 藤原宗頼37 播磨守 高階経仲34 右中弁 藤原親経40 右中弁 平　棟範41	備後守 藤原家行16 美濃守 藤原 勘解由次官 藤原清長20 摂津守 藤原行房 右少弁左衛門権佐 藤原資実29	散位 安倍資成	64歳	東大寺要録（『鎌倉遺文』五〇一）
43	建久元年〈一一九〇〉	12月 日	右大臣 藤原兼雅46 権大納言 藤原実宗46 中納言 藤原定能43 中納言左衛門督 源　通親42 造東大寺長官左大弁讃岐権守 藤原定長42 右京大夫因幡権守 藤原季能38 修理大夫内蔵頭 藤原定輔28 大蔵卿蔵人頭中宮亮 藤原宗頼37 播磨守 高階経仲34 右中弁 藤原親経40 右中弁 平　棟範41	備後守 藤原家行16 美濃守 藤原 勘解由次官 藤原清長20 摂津守 藤原行房 右少弁左衛門権佐 藤原資実29	散位 安倍資成	64歳	石清水文書（『鎌倉遺文』五〇二）
44	建久二年〈一一九一〉	4月 日	右大臣 藤原兼雅47 権大納言 藤原隆忠29 権大納言右大将 藤原頼実37 中納言 藤原定能44 中納言左衛門督 源　通親43 権中納言 藤原親信55 権中納言民部卿 藤原経房49	備後守 藤原家行17 美濃守 藤原 勘解由次官 藤原清長21 前摂津守 藤原行房 右少弁 藤原資実30	散位 安倍資成	65歳	金剛寺文書（『鎌倉遺文』五三二）

	（前頁より）	45	46
年号		建久三年〈一一九二〉	建久三年〈一一九二〉
月日		正月　日	正月　日
別当	造東大寺長官左大弁讃岐権守　藤原定長43 左中将　藤原家房25 従三位　高階泰経62 右京大夫　藤原季能39 修理大夫内蔵頭　藤原定輔29 播磨守　高階経仲35 右中弁　平　棟範42	左大臣　藤原実房46 右大臣　藤原兼雅48 内大臣　藤原忠親62 大納言　藤原実家48 大納言　藤原実宗48 権大納言　藤原隆忠30 権大納言右大将　藤原頼実38 権大納言左大将中宮大夫　藤原良経24 前中納言　藤原光隆66 中納言　藤原定能45 中納言左衛門督　源　通親44 中納言　藤原親信56 権中納言民部卿　藤原経房50 権中納言　平　親宗49 権中納言右衛門督　藤原隆房45 権中納言右兵衛督　藤原兼光48 造東大寺長官左大弁讃岐権守　藤原定長44 左中将越中権守　藤原忠経20 正三位　高階泰経63 右京大夫　藤原季能40	左大臣　藤原実房46 右大臣　藤原兼雅48 内大臣　藤原忠親62 大納言　藤原実家48 大納言　藤原実宗48
判官代			
主典代			
年齢		66歳	66歳
出典・備考	新熊野神社文書（『鎌倉遺文』五七九）		長講堂定文案（伏見宮記録）（『鎌倉遺文』五八〇）

		47
年号		建久三年〈一一九二〉
月日		3月　日
別当	権大納言 藤原隆忠30 権大納言右大将 藤原頼実38 権大納言左大将中宮大夫 藤原良経24 前中納言 藤原光隆66 中納言 藤原定能45 中納言左衛門督 源　通親44 中納言 藤原親信56 権中納言民部卿 藤原経房50 権中納言 平　親宗49 権中納言右衛門督 藤原隆房45 造東大寺長官左大弁讃岐権守 藤原定長44 左中将越中権守 藤原忠経20 正三位 高階泰経63 右京大夫 藤原季能40	左大臣 藤原実房46 右大臣 藤原兼雅48 大納言 藤原実家48 大納言 藤原実宗48 権大納言 藤原隆忠30 権大納言右大将 藤原頼実38 権大納言左大将中宮大夫 藤原良経24 中納言 藤原定能45 中納言左衛門督 源　通親44 中納言 藤原親信56 権中納言民部卿 藤原経房50 権中納言 平　親宗49 権中納言右衛門督 藤原隆房45 権中納言右兵衛督 藤原兼光48 造東大寺長官左大弁讃岐権守 藤原定長44 左中将越中権守 藤原忠経20 正三位 高階泰経63 右京大夫 藤原季能40 右近衛権中将 藤原実明42
判官代		紀伊守 平　経高13 備後守 藤原成長12 治部大輔美濃守 藤原信雅 皇太后宮権大進 藤原雅経23 勘解由次官 藤原清長22 右衛門権佐中宮大進 藤原長房25 遠江守 藤原 左近衛権少将 藤原清信 左少弁 藤原宗隆27 治部少輔 藤原為季 少納言侍従 藤原 前石見守 藤原業盛 勘解由次官 平　親国28 左京権大夫 藤原光綱50
主典代		散位 安倍資成
年齢		66歳
出典・備考		大徳寺文書（『鎌倉遺文』五八四）

	年号	月日	別当		判官代		主典代		年齢	出典・備考
			大蔵卿蔵人頭中宮亮	藤原宗頼39						
			内蔵頭	高階経仲36						
			造興福寺長官右大弁	藤原親雅48						
			修理左宮城使左中弁	藤原親経42						
			修理右宮城使右中弁	平　棟範43						
			前遠江守	平						
			前丹後守	藤原仲経						
			権右中弁	藤原定経35						
48	建久三年〈一一九二〉	3月　日	左大臣	藤原実房46	紀伊守	平　経高13	散位	安倍資成	66歳	春日神社文書（『鎌倉遺文』五八五） 3月13日、後白河法皇崩御
			右大臣	藤原兼雅48	備後守	藤原成長12				
			大納言	藤原実家48	治部大輔美濃守	藤原信雅				
			大納言	藤原実宗48	皇太后宮権大進	藤原雅経23				
			権大納言	藤原隆忠30	勘解由次官	藤原清長22				
			権大納言右大将	藤原頼実28	右衛門権佐中宮大進	藤原長房25				
			権大納言左大将中宮大夫	藤原良経24	遠江守	藤原				
			中納言	藤原定能45	左近衛権少将	藤原清信24				
			中納言左衛門督	源　通親44	右少弁	藤原資実31				
			中納言	藤原親信56	治部少輔	藤原為季				
			権中納言民部卿	藤原経房50	少納言侍従	藤原				
			権中納言	平　親宗49	前石見守	藤原業盛				
			権中納言右衛門督	藤原隆房45	勘解由次官	平　親国28				
			権中納言右兵衛督	藤原兼光48	左京権大夫	藤原光綱50				
			造東大寺長官左大弁讃岐権守	藤原定長44						

後白河法皇日録 別冊 ©

二〇一二年五月二十一日 初版
二〇一三年一月二十一日 再版

編　者　小松茂美
　　　　前田多美子
発行者　森　登
発　行　学藝書院
鎌倉市材木座二丁目十一番三号
電話〇四六七（二二）三〇六二
印　刷
製　本　広研印刷株式会社